Michael Iwanowski

Südafrika

IWANOWSKI'S *i* REISEBUCHVERLAG

www.iwanowski.de
Hier finden Sie aktuelle
Infos zu allen Titeln,
interessante Links – und
vieles mehr!
Einfach anklicken!

Schreiben Sie uns, wenn
sich etwas verändert hat.
Wir sind bei der Aktuali-
sierung unserer Bücher auf
Ihre Mithilfe angewiesen:
info@iwanowski.de

19., komplett überarbeitete Auflage 2010

© 2010 Reisebuchverlag Iwanowski
Salm-Reifferscheidt-Allee 37 • 41540 Dormagen
Telefon 0 21 33/26 03 11 • Fax 0 21 33/26 03 33
E-Mail: info@iwanowski.de
Internet: www.iwanowski.de

Titelbild: South African Tourism
Alle anderen Farbabbildungen: siehe Bildnachweis Seite 696
Redaktionelles Copyright, Konzeption und
dessen ständige Überarbeitung: Michael Iwanowski
Karten und Reisekarte: Astrid Fischer-Leitl, München
Layout: Ulrike Jans, Krummhörn
Titelgestaltung sowie Layout-Konzeption: Studio Schübel, München

Gesamtherstellung: B.O.S.S Druck, Goch
Printed in Germany

ISBN: 978-3-933041-87-6

Inhaltsverzeichnis

Überblick

Reiserouten

Reiserouten

Reiserouten

Reiserouten

Reiserouten

Reiserouten

Reiserouten

Reiserouten

Außerdem weiterführende Informationen:

Karten und Grafiken:

Interessantes

Umschlagkarten:
vordere Umschlagklappe: Übersichtskarte Südafrika
hintere Umschlagklappe: Kapstadt

Legende

▲ Berg	⁛ Archäologische Stätte	▲ Camping
∩ Höhle	M Museum	🛏 Hotel
⌇ Heiße Quellen	T Theater	▭ Gate
)(Pass	👤 Denkmal	⍀ Picknickplatz
✳ Aussichtspunkt	★ Sehenswürdigkeit	🍴 Essen
⚓ Leuchtturm	ⓣ Kirche	🧺 Markt
i Information	🚂 Bahnhof	🍇 Weinanbau
🐟 Walbeobachtung	📖 Bibliothek	⌂ Camp/Lodge
🚶 Wandern	🚓 Polizei	⌂ Privates Camp

Einleitung

Südafrika, das Land am Kap der Guten Hoffnung, stand viele Jahrzehnte im Brennpunkt der Kritik. Zwischen den warmen Fluten des Indischen Ozeans und des kalten des Südatlantiks liegt jenes Land, das viele Menschen früher nur mit dem Begriff Apartheid assoziierten, jener Politik also, die auf der Trennung der verschiedenen ethnischen Gruppen beruhte. Und – berechtigterweise – schwingen darin immer wieder Emotionen mit, auch wenn die Apartheid offiziell in allen Bereichen abgeschafft ist, wird sie doch wahrscheinlich noch einige Zeit in den Köpfen Ewig-Gestriger zementiert bleiben.

Immer wieder muss man sich bei der Beschäftigung mit Südafrika vor Augen halten, dass es wohl nirgendwo auf der Welt einen Staat ähnlicher Größe gibt, in dem so viele unterschiedliche Völker zusammenleben – Völker, die sehr verschiedenen Kulturen angehören. Unübersehbar ist der Wille der meisten Bewohner des Landes, von einem Nebeneinander zu einer toleranten und friedlichen Koexistenz zu gelangen. Dieser Prozess ist in vollem Gange und dokumentiert sich am besten im Leben kosmopolitisch geprägter Städte wie Kapstadt und Durban.

Südafrika ist ein global **wichtiger Partner** in der Völkergemeinschaft. Dieses Land liefert eine Vielzahl unersetzbarer Rohstoffe an die Welt, und die Kontrolle über die Schifffahrtsroute um das Kap verweist auf eine immense strategische Bedeutung, denn bald 2/3 des Erdölbedarfs Westeuropas und der USA gelangen auf diesem Wege zum Verbraucher.

Beide nachfolgenden Zitate durchziehen auch heute noch das gesellschaftliche Leitbild Südafrikas – auch im Jahr der Fußballweltmeisterschaft.

„Wir präsentieren unsere Vision von einer neuen Verfassungsordnung nicht als Sieger, die den Besiegten Vorschriften machen. Wir sprechen als Mitbürger, um die Wunden der Vergangenheit zu heilen – mit der Absicht, eine neue Ordnung aufzubauen, die auf der Gerechtigkeit für alle basiert."
Nelson Mandela nach seiner Wahl am 9. Mai 1994 auf dem Rathausplatz in Kapstadt

„Die Völkergemeinschaft muss Südafrika auch weiterhin auf der Liste von Ländern führen, denen geholfen werden muss, damit sie Erfolg haben."
Vizepräsident *Frederik de Klerk* am 19. Mai 1994

Vor allem ist Südafrika ein landschaftlich sehr schönes Gebiet, das **großartige Kontraste und Szenerien** bietet. „Eine Welt in einem Land" lautet bezeichnenderweise der Werbeslogan des südafrikanischen Fremdenverkehrsbüros. Auf ihre so reizvolle Heimat sind Schwarze wie Weiße gleichermaßen stolz. Eine Reise in dieses faszinierende Land bietet die Möglichkeit, diese so kontrastreiche Geografie kennenzulernen. Wer je in Südafrika war, wird sich an die so überwältigende **afrikanische Tierwelt** im Kruger National Park gerne zurückerinnern, wird an die weiten, einsamen Strände am Indischen Ozean denken, wird das gemütliche Kapland mit seinen Bergen, fruchtbaren Tälern und der Architektur der alten Siedler vor Augen haben. Er hat vielleicht die einsamen Ebenen im Westen durchquert, die herrlichen **Farbenspiele der roten Dünen** und des Kumulushimmels in der Kalahari beobachtet, die grandiosen Berggiganten der Drakensberge oder die Atem beraubende Tiefe des Blyde River Canyon auf sich wirken lassen. Er wird sich an die romantisch-wilde Küste der Transkei zurücksehnen und die Vielfalt der verschiedenen Stämme mit ihren so andersartigen Sitten und **Gebräuchen** im Gedächtnis behalten.

Das vorliegende Reise-Handbuch Südafrika ist in einen ausführlichen landeskundlichen und einen für den Reisepraktiker gedachten touristischen Teil gegliedert:
*   Im **landeskundlichen Teil** finden Sie vielseitige Informationen zur Geschichte, Geographie und zur komplexen Sozialproblematik. Gerade im Falle Südafrikas ist ein solches Basiswissen wichtig, um Gesehenes und Erlebtes in Gesamtzusammenhänge einordnen zu können.
*   Die **gelben Seiten** liefern allgemeine Hinweise und Tipps zur Planung und Ausführung einer Reise nach Südafrika.
*   Im **Reiseroutenteil** werden besonders lohnende Gebiete des Landes beschrieben, die weniger das Ziel lexikalischer Vollständigkeit, sondern bewusster Auswahl verfolgen: Städte, Landschaften, Naturparks, bedeutende kulturelle und historische Orte. Und das nötige Hintergrundwissen wird hier entwickelt, damit das Gesehene nicht vordergründig auf der Ebene des flüchtigen Eindrucks verbleibt. Jeweils am Ende der Ortsbeschreibungen stehen Empfehlungen und Tipps zu Unterkünften, Essen & Trinken, Einkaufen, Aktivitäten, Verkehrsverbindungen. Während Ihrer Reise – und diese Aufgabe kann Ihnen das Reise-Handbuch nicht abnehmen – sollten Sie sich bemühen, ein Bild, wenn auch sicherlich kein vollständiges, vom Leben der farbigen wie der weißen Bevölkerung zu gewinnen.

Gesondert möchte ich auf die eigenständigen Königreiche **Lesotho** und **Swasiland** eingehen, die mit ihren vielseitigen Landschaftsformen und den zu Südafrika differenten kulturellen Traditionen ein ganz besonderes Erlebnis darstellen werden. Bezug zu heute?

In der **Nach-Apartheidzeit** erfreut sich Südafrika eines besonderen touristischen Interesses. Auch wenn das „neue Südafrika" noch voll in der Entwicklung steht, auch wenn die Überwindung von z. T. steigender Kriminalität und alten Apartheidstrukturen – sichtbar an unterschiedlichen Bildungs-, Einkommens- und Wohnstandards – noch lange dauern wird: Weiße und Schwarze atmen auf und sind in die gemeinsame Zukunft aufgebrochen. Doch nach wie vor steht Südafrika vor dem Problem einer hohen Arbeitslosigkeit und Armutsquote, Die ausufernden Elendsviertel z. B. vor den Toren Kapstadts mögen so manchen Besucher der Illusion berauben, dass in den letzten 15 Jahren für das Gros der Bevölkerung sich Entscheidendes zum Positiven gewendet hat. In den Gettos bestimmen leider nach wie vor Armut, dürftige Infrastruktur sowie Gewalt den Alltag.

Ich wünsche Ihnen eine intensive und interessante Reisevorbereitung und hoffe – mit welchen eigenen Erlebnissen Sie auch wiederkommen mögen – dass Sie feststellen können: Südafrika ist eine Reise wert.

Ich bedanke ich mich bei Herrn Jürgen Koers für seine Überarbeitung des Kapitels über Lesotho und bei Frau Anedore Kessler von Ilanga Travel für ihre redaktionelle Unterstützung.

Michael Iwanowski
Dormagen, im Februar 2010

*Im farbenfrohen Malay-Viertel
von Bo-Kaap, Kapstadt*

Auf einen Blick

Fläche/ Einwohner	1.219.912 km² / 48,78 Millionen Ew.
Bevölkerung	79 % Schwarze, 9 % Weiße, 9 % Mischlinge, 2,6 % Asiaten (2009)
Bevölkerungs- wachstum	1,06 % (2009)
Analphabeten- Quote	13,6 %
Hauptstadt	Pretoria (Exekutive – 1,8 Mio. Ew.)
	Kapstadt (Legislative – 4,9 Mio. Ew.)
	Bloemfontein (Judikative – 500.000 Ew.)
Sprachen	11 Amtssprachen, Afrikaans und Englisch, daneben gibt es z.B. unter den Schwarzen 9 Hauptsprachen (zumeist Xhosa und Zulu). Die meisten Südafrikaner sprechen mehr als eine dieser Sprachen, Englisch wird aber überall gesprochen und ist auch die übliche Handelssprache.
	Asiaten: 1,2 % Afrikaans
	Mischlinge: 83,3 % Afrikaans, 10,3 % Englisch
	Schwarze: eine der 9 Hauptsprachen (zumeist Zulu oder Xhosa) und mehr als 50 % Afrikaans, 37 % Englisch
Religion	75,5 % Christen (u. a. Niederländisch-Reformierte Kirche 8,9 %, Römisch-Katholische Kirche 8,6 %, Methodisten 7,1 %, Anglikaner 4 %, Lutheraner 2,6 %), traditionelle Religionsgemeinschaften mind. 17,5 % (Hindus 1,4 %, Moslems 1,4 %, Juden 0,2 %)
Flagge	seitlich liegendes Ypsilon in sechs versch. Farben; zumindest einige der sechs Farben sind auch in den Symbolen aller südafrikanischen Parteien wiederzufinden
Nationalfeiertag	27. April („Freedom Day": Tag der ersten freien Wahlen 1994)
Staats- und Regierungsform	parlamentarische Demokratie (im Commonwealth) seit 1961, Verfassung von 1997. Die Nationalversammlung besteht aus mindestens 360 Mitgliedern (400 Mitgliedern maximal), die direkt gewählt werden. Der Nationalrat der Provinzen setzt sich aus 90 Mitgliedern zusammen. Die Wahlen finden alle 5 Jahre statt. Das Staatsoberhaupt wird alle 5 Jahre von der Nationalversammlung gewählt. Wahlrecht haben alle Bürger ab 18 Jahren.
Staatsoberhaupt und Regierungschef	Jacob Zuma (ANC)
Ausfuhrprodukte	Perlen, Edelsteine und Münzen; Mineralische Stoffe; Unedle Metalle; Beförderungsmittel; Maschinen und Apparate; Chemische Erzeugnisse; Pflanzen; Lebens- und Genussmittel; Halbstoffe aus Holz; Tiere
Inflation	5,6 % (Stand 2010)
Arbeitslosigkeit	ca. 20 %

Außenhandel	Export: 79 Mrd. $. (Güter in % der Gesamteinfuhr der SACU (South African Customers Union): Edelsteine, Perlen, Münzen 23,1 %; Mineralprodukte 18,3 %; unedle Metalle 17,3 %; Beförderungsmittel 10,3 %; Maschinen, Apparate und Geräte 9,8 %; chem. Erzeugnisse 7,1 %)
	Import: 86,7 Mrd. $. (Maschinen und Apparate 25,5 %; Mineralprodukte 23,7 %; Beförderungsmittel 9,7 %; chem. Erzeugnisse 8,9 %; Geräte, Mess- und Musikinstrumente, Uhren 6,6 %; unedle Metalle 4,9 %)
	Haupt-Importländer: BRD 11,3 %, China 11,3 %, USA 8 %, Saudi Arabien 6,3 %, Japan 5,6 %, GB 4,1 %, Iran 3,8 %
	Haupt-Exportländer: Japan 10 %, USA 9,9 %, BRD 7,2 %, GB 6 %, China 5,3 %, Niederlande 4,3 %, Indien 2,8 %
Klima	Südafrika gehört zu den warmgemäßigten Trockengebieten der Subtropen; Sommerregen von Oktober bis April, mit Ausnahme der Küstenregion von Natal, dem immer feuchten, warmgemäßigten Küstenstrich von Mossel Bay bis Port Elizabeth und dem Winterregengebiet des Kaplandes (Regen Mai bis Oktober).
Höhe	Binnenhochland 1.000 bis 1.500 m
Landwirtschaft	Sie ist sehr leistungsfähig und sichert zum größten Teil die Eigenversorgung; Anbau besonders von Weizen, Zuckerrohr, Obst, Wein, Zitrusfrüchten, Tabak, Mais, Baumwolle
Bodenschätze	Weltgrößte Vorkommen an Aluminium-Silikaten, Chrom, Gold, Magnesium, Platin, Vanadium
Städte	über 50 % aller Südafrikaner leben in städtischen Gebieten:
	Kapstadt (Großraum) 4,9 Mio. Ew.
	Johannesburg 3,8 Mio. Ew.
	Durban (Großraum) 3,4 Mio. Ew.
	Port Elizabeth (Großraum) 1,0 Mio. Ew.
	Port Elizabeth (Großraum) 1,0 Mio. Ew.

Die Provinzen Südafrikas

Südafrika ist in neun Provinzen eingeteilt, die sich sehr in Größe, Geografie, Bevölkerungsdichte, Wohlstand und Wirtschaft unterscheiden. Die Provinzen heißen (in Klammern die Hauptstädte):

1. Limpopo Province (Polokwane, ehemals Pietersburg)
2. Northern Cape Province (Kimberley)
3. Gauteng (Johannesburg)
4. Mpumalanga (Nelspruit)
5. Free State (Bloemfontein)
6. North West Province (Mafikeng)
7. Western Cape Province (Kapstadt)
8. Eastern Cape Province (Bisho)
9. KwaZulu/Natal (Ulundi und Pietermaritzburg)

Kurzvorstellung der Provinzen

1. Limpopo Province: Geografisch besteht das 123.910 km² große Gebiet aus den vorwiegend landwirtschaftlich geprägten nördlichen Regionen des früheren Transvaal unter Einschluss des nördlichen Teils des Kruger National Park und der früheren Homelands Venda, Lebowa und Gazankulu. Generell muss man diese Region als ärmlich bezeichnen, die Infrastruktur in den ehemaligen Homelands ist z. T. sehr unterentwickelt. Obwohl hier etwa 11,3 % der Gesamtbevölkerung (5,4 Mio. Ew.) leben, erwirtschaften diese nur 6,5 % des Bruttoinlandsproduktes (BIP): damit ist dies die wirtschaftlich schwächste Region Südafrikas.

2. Northern Cape Province: Diese Region ist sehr weitläufig. Zumeist handelt es sich um weites Farmland, das nach Westen immer trockener wird. In dieser flächenmäßig größten Provinz (361.830 km²) leben die wenigsten Südafrikaner (0,8 Mio. Ew.). Der Anteil am BIP liegt analog zum Bevölkerungsanteil bei ca. 2 %. Die einzigen größeren Städte sind Kimberley (Bergbau) und Upington (Landwirtschaft). Im Nordwestzipfel liegt der Kgalagadi Transfrontier Park.

3. Gauteng: Dieses Gebiet ist wirtschaftlich die am weitesten entwickelte Region mit der besten Infrastruktur. Tshwane/Pretoria ist als Hauptstadt Südafrikas die bedeutendste Verwaltungsmetropole. In diesem Gebiet finden wir eine differenzierte Industriestruktur vor (Elektrotechnik, Automobilbau, Lebensmittelherstellung), ebenso ist diese Region das Finanz- und Bergbauzentrum des Landes. Hier leben 19,7 % der Gesamtbevölkerung (8,8 Mio. Ew.), die 34 % des BIP erwirtschaften! Die Bevölkerungsstruktur ist multi-ethnisch, wobei hier die meisten weißen Südafrikaner wohnen. Mit 17.010 km² ist Gauteng die kleinste Provinz Südafrikas.

4. Mpumalanga: Das 79.490 km² große Gebiet, in das die Homelands KaNgwane, KwaNdebele und Teile Bophuthatswanas aufgegangen sind, zählt zu den bedeutendsten Obst- und Gemüseregionen Südafrikas. Im südlichen Teil liegen große Kohleabbaugebiete und Kraftwerke, der Anteil am BIP liegt – im Vergleich zur Bevölkerungszahl von 3,1 Mio. – überdurchschnittlich hoch (7,2 %). Zu diesem Gebiet gehören der Südrand des Kruger National Park sowie Teile des Gebiets um das Blyde River Canyon. Als Sprachen werden neben Afrikaans hier Swasi und Zulu gesprochen.

5. Free State: Der alte Oranje-Freistaat verblieb nach der Umstrukturierung des Landes beinahe vollständig in den alten Grenzen, lediglich ein Teilstück von Bophuthatswana (ThabaNchu) und QwaQwa wurden in dieses Gebiet integriert, welches nun 129.480 km² umfasst. Die Provinz verfügt über große bergbauliche und agrarische Ressourcen. In Sasolburg befinden sich große Kohleverflüssigungsanlagen, Welkom ist ein bedeutender Mittelpunkt des Goldbergbaus und Bloemfontein Sitz des Obersten Gerichts. 6 % der Gesamtbevölkerung (2,7 Mio. Ew.) erwirtschaften 5,5 % des BIP. Neben Afrikaans wird hier Süd-Sotho gesprochen.

6. North West Province: Es handelt sich um ein sehr trockenes Gebiet, in dem traditionell die Tswanas leben. Insgesamt leben hier auf 116.320 km² 3,6 Mio. Ew. Hier liegen die großen Platinbergwerke, es ist nur eine extensive Landwirtschaft (Viehzucht) möglich. Das BIP ist mit 7,3 % unterdurchschnittlich. Die größten Teile des ehemaligen Bophuthatswana liegen hier. Mafikeng, die jetzige Provinzhauptstadt, verfügt über eine sehr gute Infrastruktur und ist als Verwaltungssitz in besonderem Maße geeignet. Insbesondere bietet sich ein wirtschaftliches Potential für den Ausbau des Tourismus und der Vergnügungsindustrie (Sun City).

7. Western Cape Province: Zentrum dieses landschaftlich sehr schönen Gebietes (129.370 km²), das entlang dem Indischen und Atlantischen Ozean liegt, ist Kapstadt. Hier befindet sich eine differenzierte verarbeitende Industrie. Außerdem spielt der Tourismus eine herausragende Rolle. Die Provinz hat die niedrigste Analphabetenrate und Arbeitslosigkeit. Landwirtschaftlich ist der Wein-, Obst- und Gemüseanbau von großer Bedeutung. Den größten Anteil der Bevölkerung stellen die Coloureds. 10,1 % der Gesamtbevölkerung Südafrikas (4,5 Mio. Ew.) erwirtschaften hier 13 % des BIP.

8. Eastern Cape Province: Dieses 169.580 km² große Gebiet ist stark agrarisch geprägt. Während es sich beim zentralen Südabschnitt um Port Elizabeth um intensiv genutztes weißes Farmland handelt, ist die Landwirtschaft im Gebiet der ehemaligen Ciskei und Transkei auf Selbstversorgung ausgerichtet. Statistisch betrachtet handelt es sich bei dieser Provinz um einen der ärmsten Teile Südafrikas, hervorgerufen durch die Integration der Homelands Transkei und Ciskei: 14,4 % der Gesamtbevölkerung (6,4 Mio. Ew.) erwirtschaften 8,2 % des BIP! Provinzhauptstadt ist Bisho.

9. KwaZulu/Natal: Die Bevölkerung besteht mehrheitlich aus Zulus. Kernraum ist das Gebiet um Durban, wo vor allem auch Inder leben. Die Infrastruktur, insbesondere im ländlichen Siedlungsgebiet der Zulus, bedarf einer starken Entwicklung. Probleme bereiten das schnelle Bevölkerungswachstum und der damit einhergehende Mangel an Arbeitsplätzen. Mit 9,4 Mio. Ew. hat KwaZulu Natal die größte Bevölkerungszahl in Südafrika (21 % der Gesamtbevölkerung). Provinzhauptstädte dieses 92.100 km² großen Gebietes sind Ulundi und Pietermaritzburg.

Geschichtlicher Überblick

Zeittafel

Frühe Zeit
Vor 1–3 Mio. Jahren Funde des *Australopithecus africanus* („Afrikanischer Südmenschenaffe")

Vor 500.000 Jahren Erste Funde von Steinwerkzeugen in Nord- und Osttransvaal

26000 v. Chr. Älteste Felszeichnungen von Buschmännern

300 n. Chr. Bantu sprechende Stämme kommen aus dem Norden und besiedeln Transvaal und Natal

1488 *Bartolomeu Diaz* segelt um das Kap der Guten Hoffnung

1497/99 *Vasco da Gama* umsegelt die Südspitze Afrikas auf dem Weg nach Indien

Kolonisierung
1605 Erste Schiffe der East India Company ankern am Kap

1652 *Jan van Riebeeck* landet in der Tafelbucht – Bau der ersten europäischen Siedlung

1688 Hugenotten treffen in Kapstadt ein

1779/91 Erste Kriege zwischen Xhosa und den nach Nordosten vordringenden weißen Siedlern

1795 Die Herrschaft der Ostindischen Kompanie am Kap wird beendet; die Briten übernehmen die Macht

1814 Das Land am Kap wird britische Kronkolonie

Abschaffung der Sklaverei
1834 Abschaffung der Sklaverei in Südafrika

1835 Beginn des Großen Burentreks nach Nordosten (Transvaal)

1838 Schlacht am Bloedriver, Sieg der Voortrekker über die Zulus

1844 Auch Natal wird britische Kronkolonie

1848 Annektierung des Gebietes zwischen Vaal und Oranje durch die Briten

1852/1854 Anerkennung der Burenrepubliken Transvaal und Oranje Freistaat durch die Briten

1860 Erste Inder kommen als Zuckerrohr-Arbeiter nach Natal

1867 Erste Diamantenfunde im Norden der Kapprovinz

1877 Die Briten annektieren die burische Transvaalrepublik, verlieren jedoch 1880 das Gebiet im Krieg mit den Buren

1883/1900 *Ohm Kruger* regiert als Präsident die Burenrepublik Transvaal

1886 Die Goldvorkommen am Witwatersrand werden entdeckt

1899/1902 Burenkrieg, bei dem die Briten siegen

Die Südafrikanische Union
1910 Gründung der Südafrikanischen Union

1913 Das „Eingeborenen-Gesetz" untersagt Schwarzen, Land außerhalb der Reservate zu erwerben

1915 „Deutsch-Südwestafrika" (heute Namibia) wird von den Südafrikanern besetzt

1925   Afrikaans wird neben Englisch die zweite Amtssprache in Südafrika
1939   Südafrika erklärt dem Deutschen Reich den Krieg

Der Apartheidstaat

1948   Aus den Parlamentswahlen geht die Nationale Partei als Siegerin hervor und baut die Apartheid auf („Politik der getrennten Entwicklung")
1950   Verbot der kommunistischen Partei; Group Area Act (Gesetz über die Gebietseinteilung für die Bevölkerungsgruppen)
1960   Eskalation des nicht-weißen Widerstandes im Aufstand von Sharpeville. Die Regierung erklärt den Ausnahmezustand und verbietet die Befreiungsbewegungen ANC und PAC.
1961   (Weißer) Volksentscheid für die Unabhängigkeit von Großbritannien und Etablierung der „Republik von Südafrika"
1962   ANC-Führer *Nelson Mandela* wird verhaftet

Die Eskalation

1976   Blutige Unruhen wegen der Einführung eines nach Rassen streng getrennten Schulsystems
1976-81   Gründung von „selbstständigen" Homelands mit Selbstverwaltung (international nicht anerkannt): Transkei (1976), Bophuthatswana (1977), Venda (1979) und Ciskei (1981)
1977   Die Polizei ermordet den Studentenführer *Steve Biko*
1983   Eine neue Verfassung gestattet den Indern und Coloureds ein stark eingeschränktes Mitspracherecht, wobei Schwarze aber weiter voll ausgeschlossen bleiben
1985   Arbeitsboykott der Schwarzen im November (24 Tote, Jahr der „Halskrausenmorde" an Schwarzen, die als „weißenfreundliche" Verräter gelten)
1986   Eskalation der Gewalt – Präsident *Pieter Willem Botha* verhängt den Ausnahmezustand. Einige Apartheidgesetze werden aufgehoben (Passgesetze, Zuzugskontrollen, Rassentrennung in Restaurants und Hotels). Die USA und in der Folge die meisten anderen westlichen Staaten beginnen mit umfangreichen Wirtschaftsboykotts.

Die Wende

1989   *Frederik de Klerk* tritt als Staatspräsident *Bothas* Nachfolge an und deklariert als Ziel seiner Politik das Ende der Apartheid
1990   *Nelson Mandela* wird aus der Haft entlassen, *Oliver Tambo* (ANC) kehrt aus dem Exil zurück. *De Klerk* kündigt Verhandlungen über eine neue Verfassung an.
1991   Die EG-Staaten sowie die USA heben nahezu alle Wirtschaftssanktionen gegen Südafrika auf. Innerhalb der „CODESA" (= Konferenz für ein demokratisches Südafrika) finden Verhandlungen über die neue Verfassung statt.
1992   Im Referendum sprechen sich 2/3 der weißen Bevölkerung für den Reformkurs *de Klerks* aus. Nach dem Massaker von Boipatong, wo Inkatha-Anhänger im Zusammenspiel mit der Polizei ANC-Mitglieder töten, stellt der ANC die CODESA-Verhandlungen vorübergehend ein.
1993   *Frederik de Klerk* und *Nelson Mandela* erhalten gemeinsam den Friedensnobelpreis.

1994	Der ANC geht bei den ersten freien Wahlen als eindeutiger Sieger hervor
1996	Am 1. Juli beendet die nationale Partei unter der Führung von *Frederik de Klerk* ihre Mitarbeit in der Regierung der nationalen Einheit

Das neue Südafrika

1997	*Mandela* gibt in seiner Regierungserklärung dem Wohnungsbau, der Ausbildung und der Bekämpfung der Kriminalität höchste Priorität
1998	*Mandela* tritt den Parteivorsitz an seinen Stellvertreter *Thabo Mbeki* ab. Im Oktober legt die Wahrheitskommission ihren Abschlussbericht vor.
1999	Der ANC gewinnt die zweiten freien Wahlen mit überwältigender Mehrheit. *Thabo Mbeki* wird neuer Präsident Südafrikas.
2001	Fast 5 Millionen Südafrikaner sind mit HIV infiziert oder an AIDS erkrankt
2002	Im August und September nehmen mehr als 200 Länder an der Weltgipfelkonferenz für nachhaltige Entwicklung in Johannesburg teil
2003	Nach *Nadine Gordimer* (1991) erhält *J.M. Coetzee* als zweiter Südafrikaner den Literaturnobelpreis
2004	Bei den Parlamentswahlen im April erzielt der ANC eine Zweidrittel-Mehrheit
2005	Der ANC-Vorsitzende und Vizepräsident, *Jacob Zuma*, wird wegen Korruption und Vergewaltigung angeklagt, von letzterem Vorwurf aber im April 2006 freigesprochen
2006	Häufige Stromausfälle beim staatlichen Energieversorger ESKOM behindern Wirtschaft und Verkehr in den Provinzen Western Cape und Northern Cape
2010	Südafrika ist Gastgeber FIFA Fussball-Weltmeisterschaft™

Vorkoloniale Zeit

Die frühe Geschichte Südafrikas
von Dr. Karl-Günther Schneider

Wenn Südafrika als Zeugen seiner Geschichte auch keine antiken Tempel, Amphitheater oder mittelalterliche Ritterburgen aufweisen kann, so hat die Frühgeschichtsforschung doch einwandfrei festgestellt, dass bereits in archäologischen Zeiten Menschen und ihre Vorfahren das südliche Afrika bewohnten. Aufsehenerregend waren die Entdeckungen von *Raymond Dart* und *Robert Broom*, Forscher aus dem Transvaal Museum in Pretoria. In der Zeit zwischen den Weltkriegen gelang es ihnen, in Höhlen von Transvaal Funde zu sichern, die den Beginn einer neuen Ära bei der Suche nach menschlichen Vorfahren einleiten. Sie hatten Knochen des *Australopithecus africanus* (Afrikanischer Südmenschenaffe) gefunden, eines Hominiden, der ungefähr vor 1–3 Mio. Jahren in Afrika

Einer der sieben 1.500 Jahre alten „Lydenburg Heads"

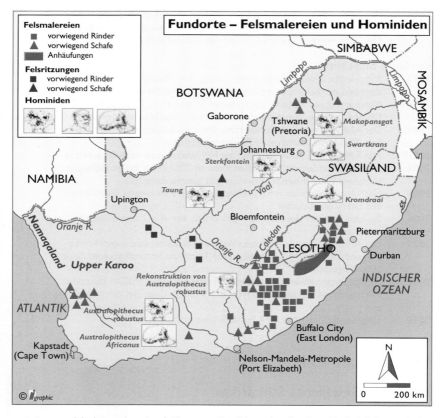

Fundorte – Felsmalereien und Hominiden

Felsmalereien
- ■ vorwiegend Rinder
- ▲ vorwiegend Schafe
- ▬ Anhäufungen

Felsritzungen
- ■ vorwiegend Rinder
- ▲ vorwiegend Schafe

Hominiden

SIMBABWE

BOTSWANA

Gaborone

Tshwane (Pretoria)

Makapansgat

Johannesburg

Swartkrans

Sterkfontein

NAMIBIA

SWASILAND

Taung

Kromdraai

Upington

Vaal

Oranje R.

Bloemfontein

Caledon

Pietermaritzburg

Oranje R.

LESOTHO

Durban

Upper Karoo

INDISCHER OZEAN

Rekonstruktion von *Australopithecus robustus*

ATLANTIK

Australopithecus robustus

Australopithecus Africanus

Buffalo City (East London)

Kapstadt (Cape Town)

Nelson-Mandela-Metropole (Port Elizabeth)

N

0   200 km

© *i*graphic

Früheste Menschenfunde gelebt hat und zu den **frühesten aller Menschenfunde** zählt. Südafrika wurde für mehr als ein Vierteljahrhundert der Brennpunkt der frühgeschichtlichen Forschung, als man „auf der Suche nach dem Menschen" das sogenannte „missing link" zwischen Affe und Mensch aufspüren wollte.

Vor etwa 70.000 Jahren tauchte im Südlichen Afrika der **„Homo sapiens"** auf. Seine Werkzeuge, die man ebenfalls in Höhlen fand, zeigen schon Verbesserungen und eine Vielfalt von Anwendungsmöglichkeiten. Felsmalereien an Eingangswänden oder markanten Felsüberhängen stehen teilweise in einem engen Zusammenhang mit den einzelnen Artefakten. **Ältere Schmelzstätten**, z. B. bei Phalaborwa im transvaalischen Lowveld, deuten ferner darauf hin, dass bereits am Ende der Jungsteinzeit oberflächennahe Erze verarbeitet wurden, mit denen man bessere Waffen und Werkzeuge herstellen konnte. Man benutzte sie vermutlich nicht nur zum Kampf oder zur Jagd, sondern auch zu einer einfachen Bodenbearbeitung (Getreideanbau) und zur Viehhaltung. **Verzierte Töpfe** dienten als Vorratsbehälter für Fleisch, Getränke und Früchte. Diese Fundstücke werden der frühen Eisenzeit zugerechnet (200–900 n. Chr.). Weitere Geräte und

Siedlungsreste (Wüstungen) im Nordosten Südafrikas weisen auf eine mittlere (900–1500 n. Chr.) und eine späte Eisenzeit (1500–19. Jh.) hin. Man nimmt an, dass die damalige Bevölkerung größere, mit Steinwällen umgebene Siedlungen anlegte, sodass es zu einer permanenten Besiedlung und Landnutzung an ausgesuchten Plätzen im feuchten Ostteil des Landes kam.

Wenn die San auch als die älteste heute noch in Botswana und Namibia präsente Bevölkerungsgruppe gelten, gehören sie doch nicht zur Urbevölkerung. Dies konnten die Archäologen aufgrund der erwähnten Funde einwandfrei nachweisen. Vielmehr nehmen sie an, dass die San aus dem östlichen Afrika zunächst in die feuchteren Regionen Südafrikas abgedrängt wurden, als Hirten- und Bauernvölker ihnen den Lebensraum in den ostafrikanischen Savannen nahmen. Den bald nachwandernden Bantu-Völkern mussten sie wiederum weichen und sich in die Trockengebiete des Landesinneren (Kalahari) bis in das heutige Staatsgebiet von Botswana und Namibia zurückziehen. Diese Regionen waren unattraktiv für den Ackerbau und die Großviehhaltung sowohl der Bantu als auch der später von Südwesten vorstoßenden weißen Farmer. Es begannen regionale Auseinandersetzungen der Bantu mit den einzelnen San-Gruppen. *San – Buschleute*

Diese historische Entwicklung, insbesondere die Wanderbewegungen der einzelnen Bantu-Völker, der in Kleingruppen lebenden San und der verwandten Nama sowie die spätere Einwanderung der Europäer (ab 1652 von Kapstadt aus), liefert einen ersten **Erklärungsansatz für die heutige Bevölkerungsverteilung**. *Wanderbewegungen*

Die Portugiesen an der Südküste Afrikas

Die ersten Europäer, die in der Neuzeit den Boden Südafrikas betraten, waren die Portugiesen. Beseelt von dem Wunsch, den Seeweg nach Indien zu finden, hatten sie seit Beginn des 15. Jh. Erkundungsfahrten entlang der westafrikanischen Küste unternommen und waren dabei allmählich immer weiter nach Süden vorgedrungen. 1485 erreichte mit *Diego Cao* erstmals ein portugiesischer Seefahrer nördlich des heutigen Swakopmund die Küste Südwestafrikas/Namibias und errichtete dort ein Kreuz (Kreuzkap). *Erste Europäer im Südlichen Afrika*

Fast drei Jahre später landete *Bartolomeu Diaz* im späteren Walvis Bay, danach in der heutigen Lüderitzbucht und anschließend umsegelte er das „Kap der Stürme", das bald in Kap der Guten Hoffnung umbenannt wurde. Er fuhr noch weiter bis zur Mündung des Großen Fischflusses, der späteren Mossel Bay, welcher er damals den

Die Portugiesen beim Aufstellen eines „padros". Gemälde von Charles Davidson Bell
(19. Jh. – historisches Foto)

Namen „Angra dos Vaqueiros" gab, weil dort riesige Herden von Kühen mit Hirten gesichtet wurden. In den Jahren 1497/99 reiste *Vasco da Gama* um das Kap. Auch er stellte, ebenso wie vorher schon *Diaz*, an mehreren Stellen der Küste Kreuze auf, die z. T. heute noch zu sehen sind.

Ab 1500 reisten ständig portugiesische Schiffe in die indischen Kolonien, wobei Mossel Bay als eine der wichtigsten Zwischenstationen galt, bei der Proviant und Frischwasser aufgenommen wurden. 1503 entdeckte der Seefahrer *Antonio da Saldanha* die Tafelbucht.

Holländische Besiedlung

Der Beginn der holländischen Besiedlung

Zufällige Begegnung

Im Jahre 1647 strandete in der Tafelbucht die „Nieuw Haarlem", ein holländisches Schiff, das sich auf der Rückreise von Indien befand. Die 60 an Bord befindlichen Personen überlebten zwar, und auch die Ladung wurde geborgen, doch mussten die Schiffbrüchigen ein ganzes Jahr lang warten, bis sie von der aus Indien kommenden niederländischen Flotte zurück in die Heimat mitgenommen wurden. Unter Leitung des Unterkaufmanns *Leendert Janszen* bauten die Holländer in der Zeit ihres unfreiwilligen Aufenthaltes am Kap eine kleine Festung am Fuß des Tafelberges, legten Gärten an und ernährten sich ansonsten vom Fischfang, der Jagd und dem Handel mit den Eingeborenen.

Kaum wieder in Europa, legte *Janszen* 1649 der Niederländisch-Ostindischen Kompanie (VOC = Vereenigde Oostindische Compagnie) einen Plan zur Errichtung einer ständigen Station sowie eines Gartens am Kap der Guten Hoffnung vor. Die Direktoren der VOC stimmten zu und fassten 1650 einen entsprechenden Beschluss. Die Stelle des Kommandanten der zu errichtenden Station wurde *Jan van Riebeeck* zugesprochen, der sich zwei Jahre zuvor auf einem jener Schiffe befunden hatte, welche auf ihrer Heimreise nach Holland *Janszen* und die gestrandete Besatzung in der Tafelbucht an Bord nahmen.

Am Weihnachtsabend des Jahres 1651 lief *Jan van Riebeeck* mit einer kleinen Flotte, bestehend aus fünf Schiffen, von der Insel Texel aus. In seiner Begleitung befanden sich 90 Menschen, darunter acht Frauen, die am Kap bleiben und dort die Station aufbauen sollten, außerdem Offiziere und Beamte der VOC. Ihr Auftrag bestand darin, eine Festung für 80 Mann zu errichten und zusätzlich einen Garten mit Obst und Gemüse anzulegen. Man wollte also lediglich eine Zwischenstation zur Verpflegung und Frischwasserversorgung der um das Kap fahrenden Schiffe der VOC gründen; an eine Siedlungskolonie hingegen war nicht gedacht.

Jan van Riebeeck (historisches Foto)

Am 6. April 1652 ging *van Riebeeck* mit den ersten drei Schiffen seiner Flotte in der Tafelbucht vor Anker; zwei Tage später wurde mit dem Bau der Festung begonnen. Ende 1652 war der Ausbau des Forts abgeschlossen.

Die anfängliche Entwicklung des Stützpunktes stellte die Erwartungen der VOC jedoch nicht zufrieden. *Van Riebeeck* wurde immer wieder ermahnt, die Kosten möglichst gering zu halten und sich selbst zu versorgen. So kam er bald auf die Idee, die Bewirtschaftung des Landes um die Station herum freien Bauern zu übertragen. Diese sollten sich nach seinen Vorstellungen aus entlassenen Angestellten der VOC rekrutieren. Bereits 1655 wurde der Plan genehmigt.

Mit der Landvergabe vollzog sich zugleich eine Entwicklung vom **Stützpunkt hin zur Siedlungskolonie** freier Bürger, die das Gebiet in der Folge als ihre Heimat empfanden. Es war geradezu natürlich, dass dies zur Konfrontation mit der Urbevölkerung, den Nama, führen musste.

Vom Stützpunkt zur Siedlungskolonie

Unter der Herrschaft der Niederländisch-Ostindischen Kompanie

Als *Jan van Riebeeck* 1662 Südafrika verließ, war Kapstadt immerhin schon ein Ort mit vier Straßen und 200 weißen Einwohnern. Die Verwaltung lag in den Händen eines Politischen Rates, der legislative, exekutive und judikative Befugnisse besaß und der dem Generalgouverneur Niederländisch-Ostindiens in Batavia unterstellt war. Wenngleich die wirtschaftliche Entwicklung etliche Fortschritte gemacht hatte – 1659 wurden beispielsweise schon die ersten Weintrauben am Kap geerntet –, so war die Station doch immer noch ein Zuschussposten.

Aktive Kolonisation

Seit 1685 setzte sich die VOC für eine aktive Kolonisation des Kaplandes ein. Damit wurde aus dem bisherigen Verpflegungsstützpunkt endgültig eine richtige **Siedlungskolonie**. Schon 1688 traf eine Gruppe von 146 Hugenotten in Kapstadt ein, die wegen ihres Glaubens Frankreich hatten verlassen müssen. Sie assimilierten sich relativ schnell, doch erinnern noch heute französische Familiennamen sowie der Ort Franschhoek mit seinem Hugenottendenkmal an ihre Einwanderung.

In Kapstadt und in den anderen Orten entwickelte sich im Laufe des 18. Jh. ein immer selbstständiger und selbstbewusster werdendes **Bürgertum**. Daneben war seit 1700 eine vermehrte Abwanderung von weißen Farmern ins Inland zu beobachten, die für ihre Schafe und Rinder neue, größere Weiden benötigten. Diese Viehbauern (= *Trekboer*, daher auch die Ableitung des Namens „Buren") entwickelten eine eigene Mentalität und entzogen sich mehr und mehr dem Einfluss der Kapstädter Zentralverwaltung. Ihr Leben und ihre Einstellungen waren geprägt von dem dauernden Konflikt mit den Völkern der San und der Xhosa, denen sie das Land streitig machten.

Trekboer

Teilweise bedingt durch die **Korruption ihrer Beamten**, hatte die VOC inzwischen einen unaufhörlichen wirtschaftlichen Niedergang zu verzeichnen. Die Niederlassung am Kap bildete ihren größten Verlustposten. Reformen kamen zu spät, und so musste die VOC 1794 ihren Bankrott erklären.

Buren und Briten

Südafrika als britische Kolonie

Nach dem vernichtenden Sieg der britischen Flotte über die Franzosen bei Trafalgar 1805 kontrollierte Großbritannien allein und ungestört die internationalen Gewässer. Die **Besetzung der Kapkolonie** ließ nicht lange auf sich warten: Anfang 1806 landeten britische Truppenverbände, die den holländischen zahlenmäßig weit überlegen waren. Die Gegenwehr der Holländer war dementsprechend schwach und wurde schon nach zwei Wochen ganz aufgegeben. Südafrika wurde britische Kronkolonie. Die Bevölkerung am Kap setzte sich zu diesem Zeitpunkt wie folgt zusammen: rund 26.000 Weiße, 20.000 Nama und 30.000 Sklaven. Gleichzeitig mit der Übernahme der Verwaltung durch die Briten erfuhr aber auch das Verhältnis der verschiedenen Ethnien untereinander eine Neuordnung. Dies geschah vor allem durch den Einfluss der in England bedeutsamen philanthropischen Bewegung, die sich für die Gleichheit aller Menschen und die Unverletzlichkeit der Menschenwürde einsetzte. So wurde bereits 1807 jeglicher Sklavenhandel auf britischen Schiffen untersagt.

Zwei Jahre später erfolgte die sog. Hottentotten-Gesetzgebung, eine Proklamation, durch welche die Nama zu britischen Untertanen erklärt, die Reste ihrer Häuptlingsherrschaft beseitigt und sie den Gesetzen und der Gerichtsbarkeit der Weißen unterstellt wurden. Außerdem wurden sie zu einem festen Wohnsitz, zum Tragen eines Passes sowie zur amtlichen Beurkundung ihrer Dienstverträge mit Weißen verpflichtet. 1828 stellte die Kapverwaltung die Nama durch die „Verordnung Nr. 50" – die sog. **„Magna Charta der Hottentotten"** – in ihren bürgerlichen Rechten den Weißen völlig gleich. Sie sicherte ihnen also Bewegungsfreiheit im Lande zu, ermöglichte ihnen Landbesitz und schaffte auch den Arbeitszwang ab.

Rechtliche Gleichstellung

Sklaverei wurde 1834 verboten (historisches Foto)

In gleicher Weise wurde die Gesetzgebung zur Sklaverei reformiert. Nach dem oben erwähnten **Verbot des Sklavenhandels** ordnete der Gouverneur 1816 die Registrierung aller Sklaven in der Kolonie an, um dem illegalen Menschenhandel entgegenzuwirken. 1823 erfolgte eine Proklamation, welche die Sklavenarbeit erheblich einschränkte, und 1833 schließlich erließ das britische Parlament das entscheidende Gesetz zur Aufhebung der Sklaverei in allen überseeischen Besitzungen vom 1.12.1834 an.

Aufhebung der Sklaverei

Diese Maßnahmen führten zur Entfremdung zwischen der britischen Verwaltung und den Buren, da letztere sich entsprechend ihrem streng calvinistisch ausgerichteten religiösen Verständnis als geborene Herren ansahen. Die Gleichstellung ihrer schwarzen Diener lehnten sie als eklatanten Verstoß gegen die ihrer Ansicht nach biblische Sozialordnung ab. Die Fronten verhärteten sich mit der Zeit immer mehr.

Mit der endgültigen Machtübernahme durch die Briten setzte nun eine zunehmende **Anglisierung am Kap** ein. Bedingt durch die fortschreitende Industrielle Revolution und die damit verbundene Armut und Arbeitslosigkeit verließen zu Beginn des 19. Jh. viele Briten ihre Heimat und wanderten nach Übersee aus. Am 9. April 1820 gingen die ersten 4.000 britischen Siedler in Algoa Bay, dem späteren Port Elizabeth, an Land. Die meisten von ihnen waren Handwerker. Die städtischen Kap-Holländer assimilierten sich, während die Buren auf dem Land, die der britischen Kolonialpolitik mit völligem Unverständnis begegneten, sich noch mehr entfremdeten. Die Gleichbehandlung der Schwarzen, die mangelnde Selbstverwaltung zugunsten einer starken Zentralregierung in Kapstadt und die fortschreitende Anglisierung des öffentlichen Lebens verstärkten zunehmend die Unzufriedenheit.

Macht-über-nahme der Briten

Das leitete letztlich die in die Geschichte als der „Große Trek" eingegangene Massenauswanderung von mehr als 10.000 Buren, den sog. „Voortrekkern", aus der Kapkolonie nach Norden und Nordosten ein. Diese Völkerwanderung ab 1835, die erst mit Gründung der beiden Burenrepubliken rund zwanzig Jahre später ihr Ende fand, trug entscheidend zur Ausdehnung des südafrikanischen Staatsgebietes auf seine heutige Größe und Form bei.

Britische Kolonien und Burenrepubliken

Entstehung der Burenrepubliken

Louis Trichardt und *Hans van Rensburg* waren die beiden ersten Anführer größerer Treks, die 1835 auszogen und den Norden Transvaals sowie die portugiesische Ostküste erschlossen. Doch die meisten Teilnehmer dieser Treks wurden durch Eingeborene getötet oder fielen dem Fieber und Krankheiten zum Opfer. Im folgenden Jahr verließ der dritte Auswanderer-Zug unter der Führung von *Andries Hendrik Potgieter* die Kapkolonie. Im Oktober 1836 mussten sie sich in der „Schlacht von Vegkop" gegen eine zahlenmäßig erdrückende Mehrheit von Matabele-Kriegern wehren. Zwar gewannen sie den Kampf, aber ihr gesamtes Vieh wurde von den Schwarzen geraubt.

Beginn der „Großen Treks"

So vereinigte man sich bald darauf mit einem vierten Trek unter *Gert Maritz* im Gebiet von Thaba'nchu (im späteren Oranje-Freistaat), wo ein großes Lager der Auswanderer entstand. Hier wurde im Dezember 1836 eine allgemeine Volksversammlung abgehalten, in der eine erste vorläufige Regierung der Buren entstand. *Maritz* wurde Vorsitzender des „Bürgerrates", *Potgieter* „Generalkommandant".

Im Jahr darauf traf der fünfte Burentrek unter *Piet Retief* in Thaba'nchu ein. Damit waren dort rund 5.000 **Voortrekker** vereint, und nun ging man auch daran, die Grundlagen einer staatlichen Ordnung zu schaffen. Im April 1837 wurde eine Verfassung verabschiedet. Wegen eines inzwischen ausgebrochenen Streits zwischen *Potgieter* und *Maritz* wurde *Piet Retief* zum „Gouverneur und Generalkommandanten" gewählt, *Maritz* blieb Vorsitzender des Bürgerrates.

Endgültiges Ziel der Wanderbauern sollte Natal werden. *Retief* zog mit seinem Trek voran. Bei Verhandlungen über Landerwerb mit dem **Zulu-König** *Dingane* wurden er und

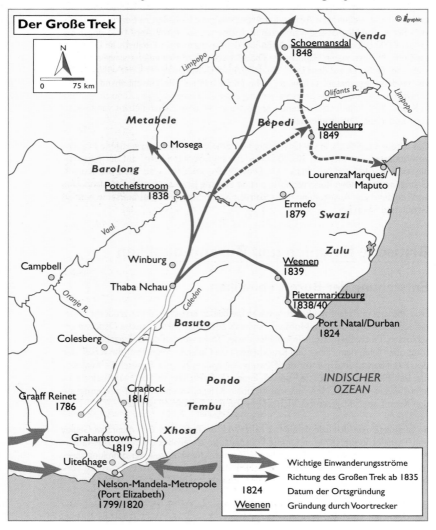

Der Große Trek

© *i graphic*

N

0   75 km

Limpopo

Schoemansdal
1848

Venda

Olifants R.

Limpopo

Metabele

Bepedi

Lydenburg
1849

Mosega

LourenzaMarques/
Maputo

Barolong

Potchefstroom
1838

Ermefo
1879   *Swazi*

Vaal

Winburg

Zulu

Campbell

Thaba Nchau

Weenen
1839

Caledon

Oranje R.

Basuto

Pietermaritzburg
1838/40

Colesberg

Port Natal/Durban
1824

Pondo

**INDISCHER
OZEAN**

Graaff Reinet
1786

Cradock
1816

Tembu

Grahamstown
1819

Xhosa

Uitenhage

Nelson-Mandela-Metropole
(Port Elizabeth)
1799/1820

Wichtige Einwanderungsströme

Richtung des Großen Trek ab 1835

1824   Datum der Ortsgründung

Weenen   Gründung durch Voortrecker

seine Begleiter Anfang Februar 1838 auf Befehl des Eingeborenenherrschers ermordet. Es folgten mehrere Angriffe der Zulus auf die Voortrekker-Lager, wobei es zahlreiche Verluste gab und auch der Trekführer *Piet Uys* getötet wurde. *Potgieter* zog daraufhin in das südwestliche Transvaal.

Im September 1838 starb der Führer der Buren in Natal, *Gert Maritz*. Als Generalkommandant wurde nun *Andries Pretorius* gewählt, der sogleich zum Vergeltungsschlag gegen den Zulu-König *Dingane* rüstete. Am 16. Dezember 1838 wurde die über 10.000 Mann starke Hauptstreitmacht der Zulus in der **„Schlacht am Bloedriver"** vernichtend geschlagen. Nun war der Weg frei zur Errichtung der ersten Burenrepublik in Natal. Im März 1839 wurde die Hauptstadt Pietermaritzburg gegründet (Zusammensetzung aus den Namen der beiden Voortrekker-Führer *Piet Retief* und *Gerd Maritz*). Allerdings war dem neuen Staat kein langer Bestand beschieden. Als die Buren im Laufe des Jahres 1841 damit begannen, mehrere Tausend Schwarze in einem Reservat an der Süd-

Sieg über die Zulus

Trekburen auf dem Weg durch die Halbwüste Karoo (um 1830 – historisches Foto)

grenze Natals anzusiedeln, stellte dies in den Augen des britischen Gouverneurs der Kapkolonie eine Bedrohung seiner Ostgrenze dar. Nach einem kurzen Kampf mussten die Buren im Juli 1842 kapitulieren. Natal wurde von den Briten zunächst nur als besetztes Gebiet betrachtet, am 31. Mai 1844 dann aber durch eine Verfügung der Regierung in London endgültig zu einem Teil der Kapkolonie erklärt.

Im Februar 1848 vergrößerte der Gouverneur die Kapkolonie, indem er das gesamte Land zwischen den Flüssen Vaal und Oranje und den Drakensbergen als „Hoheitsgebiet Oranje" annektierte. Dies führte zu weiteren Unruhen mit den in das Gebiet nördlich des Vaal-Flusses abgewanderten Voortrekker-Buren. In zähen Verhandlungen konnten sie schließlich erreichen, dass Großbritannien ihnen im **Sandrivier-Vertrag** vom 17. Januar 1852 die Unabhängigkeit Transvaals zusicherte. Um die Jahreswende 1856/57 kam es zur Gründung der „Südafrikanischen Republik", deren erster Staatspräsident *Marthinus Wessel Pretorius* wurde. Er war der Sohn von *Andries Pretorius*, nach dem die bereits 1855 gegründete Hauptstadt Pretoria benannt wurde.

Gründung der Südafrikanischen Republik

Ein zweiter Burenstaat entstand 1854 im Gebiet zwischen den Flüssen Vaal und Oranje, das erst 1848 vom Gouverneur der Kapkolonie einverleibt worden war. Da die britische Verwaltung hier jedoch von Anfang an mit dem Widerstand der Buren wie auch des Eingeborenen-Volkes der Sotho zu kämpfen hatte und überdies der Landstrich wirtschaftlich nur von untergeordneter Bedeutung war, entschloss man sich schon bald wieder zur Aufgabe desselben. In dem am 23. Februar 1854 abgeschlossenen Vertrag von Bloemfontein erhielten alle zwischen Vaal und Oranje lebenden Buren die Unabhängigkeit. Dies führte zur **Bildung des Oranje-Freistaats**, zu dessen erstem Präsidenten *Josias Philippus Hoffmann* gewählt wurde.

Politische Entwicklung in der zweiten Hälfte des 19. Jahrhunderts

Unter der Ministerpräsidentschaft von *Cecil Rhodes* erfolgte 1894 der endgültige Anschluss des gesamten Landes zwischen dem Kei-Fluss und Natal an die Kapkolonie. 1885 wurde das Gebiet südlich des Molopo-Flusses als Kronkolonie Betschwanaland unter britischen Schutz gestellt, 1895 der Kapkolonie eingegliedert. Im gleichen Jahr erfolgte die Proklamation des Landes nördlich vom Molopo zum „Protektorat Betschwanaland" (heutiges Botswana).

Einwanderungen von Indern

Mit der **Ankunft der ersten Inder** im Jahre 1860 trat ein Ereignis ein, das erhebliche Auswirkungen auf die zukünftige Bevölkerungsstruktur Natals haben sollte. Einige der eingewanderten europäischen Farmer hatten vorher auf der Insel Mauritius den Zuckerrohranbau kennengelernt und begannen nun auch in ihrer neuen Heimat mit der Anpflanzung dieser Kultur. Mit indischen Vertragsarbeitern hatten sie auf Mauritius gute Erfahrungen gemacht und holten diese nun auch nach Natal. Nach Ablauf des Vertrages blieb es jedem Inder überlassen, in seine Heimat zurückzukehren oder aber in Natal zu bleiben, wo er auch Landbesitz erwerben konnte.

Ankunft der ersten Inder in Südafrika (historisches Foto)

Während sich der Oranje-Freistaat zusehends zu einer Art politischer und wirtschaftlicher **Musterrepublik** entwickelte und dafür auch eine entsprechende Achtung im Ausland genoss, gaben die Zustände in der Südafrikanischen Republik mit der Zeit Anlass zur Besorgnis. Die politischen Führer des Staates waren untereinander derart zerstritten, dass dies zwangsläufig eine Schwächung der Aktionsfähigkeit von Regierung und Verwaltung nach sich zog. Wirtschaftlich und finanziell trieb das Land einem langsamen Ruin entgegen, und an seinen Grenzen kam es immer wieder zu verlustreichen Gefechten mit Eingeborenenstämmen.

In dieser **Schwäche** sah Großbritannien eine Gefahr für die allgemeine Sicherheit der europäischen Kolonien im südlichen Afrika. Es mehrten sich daher die Stimmen derjenigen, die ein Eingreifen Londons für notwendig erachteten. Dabei spielten nicht zuletzt auch wirtschaftliche Erwägungen eine Rolle, nachdem in Transvaal immer mehr ergiebige Goldfunde gemacht worden waren. Der damalige britische Kolonialminister, *Lord Carnarvon*, der schon 1867 den Zusammenschluss Kanadas zu einer Konföderation herbeigeführt hatte, fasste den Plan, die britischen Kolonien und Burenrepubliken Südafrikas zu einer Union zusammenzuschließen. Auf der hierzu im Mai 1876 einberufenen **Londoner Konferenz** zeigte sich aber, dass keineswegs Einmütigkeit für einen solchen Plan bestand: Der Oranje-Freistaat war nicht dafür zu gewinnen, die Südafrikanische Republik hatte gar nicht erst Vertreter entsandt und selbst aus der Kapkolonie fehlte eine Abordnung, weil man auch dort den britischen Plänen nur sehr abwartend gegenüberstand. Nur Natal unterstützte die Sache Londons voll und ganz.

Zusammenschluss von Kolonien und Burenrepubliken

Von dort kam denn auch der Mann, der im Auftrag *Lord Carnarvons* vollendete Tatsachen schaffen sollte: *Sir Theophilus Shepstone*, Staatssekretär für Eingeborenenfragen in Natal und Vertreter dieser Kolonie bei der Londoner Konferenz.

Fast drei Monate lang verhandelte er in Pretoria mit der politischen Führung der Südafrikanischen Republik und versuchte diese für die Unionspläne *Lord Carnarvons* zu gewinnen. Er wies dabei wiederholt auf die drohende Eingeborenengefahr hin, deren das Land sich nur noch mit britischer Hilfe erwehren könne. Am 12. April 1877 schließlich verlas *Sir Shepstone* vor dem Regierungsgebäude der Hauptstadt eine Proklamation, durch welche die **Südafrikanische Republik zur britischen Kolonie** erklärt wurde.

Verhandlungen für eine Union

Allerdings wuchs in den folgenden Jahren der Widerstandsgeist der Transvaaler Buren, und Ende 1880 kam es zum allgemeinen Aufstand gegen die Besatzungsmacht. Trotz ihrer militärischen Übermacht mussten die Briten empfindliche Niederlagen einstecken, die letztlich dazu führten, dass am 3. August 1881 der Friedensvertrag von Pretoria unterzeichnet werden konnte, in dem Transvaal die weitgehende Selbstregierung unter der Oberhoheit der britischen Krone zugestanden wurde. Auf burischer Seite hatte sich bei den Verhandlungen ein Mann hervorgetan, der später noch eine große Rolle spielen sollte: *Paul Kruger*. Nachdem er 1883 mit überwältigender Mehrheit zum Präsidenten gewählt worden war, reiste er im Jahr darauf nach London und erreichte dort praktisch die Beendigung der britischen Oberhoheit über sein Land, das sich hinfort wieder Südafrikanische Republik nennen durfte.

Paul Kruger (historisches Foto)

1886 wurden die großen **Goldlagerstätten am Witwatersrand entdeckt**, die ein ungeahntes Wirtschaftswachstum nach sich zogen. Mit dem Goldrausch strömten in großer Zahl neue Einwanderer in die Südafrikanische Republik, um hier ihr Glück zu finden. Schon um die Mitte der Neunzigerjahre setzte sich die weiße Bevölkerung Transvaals aus rund 80.000 Buren, aber fast doppelt so vielen Ausländern zusammen. Dies führte zu sozialen Spannungen, da die Gastarbeiter einen den Buren gänzlich fremden Lebensstil pflegten: Aufgrund ihrer besseren europäischen Schulbildung und ihres technischen Know-hows brachten sie ein anderes, offeneres Weltbild mit, während die Buren weitab von den Zentren der Zivilisation ein Leben in einfacher bäuerlicher Art, weitgehend geprägt von strengen religiösen Vorstellungen, führten. Nahezu das gesamte Kapital, das den wirtschaftlichen Aufstieg des Staates überhaupt erst ermöglichte, befand sich im Besitz der Zugereisten, die jedoch von den eingesessenen Buren, die um ihre Privilegien fürchteten, als Menschen zweiter Klasse behandelt wurden.

Erste Goldfunde

Cecil John Rhodes (historisches Foto)

In diesen Problemen erblickte der damalige Premierminister der Kapkolonie, *Cecil John Rhodes*, eine günstige Gelegenheit, die alten Pläne für ein vereintes britisches Südafrika wieder aufleben zu lassen. Dabei setzte er voll und ganz auf die Unterstützung der in Transvaal lebenden Ausländer bzw. deren Unzufriedenheit mit den bestehenden Verhältnissen.

1897 traf am Kap der neu ernannte Gouverneur, *Sir Alfred Milner*, ein, der von Anfang an keinen Zweifel daran ließ, dass er den sich verschärfenden Gegensatz zwischen Buren und Briten im südlichen Afrika notfalls mit Gewalt lösen werde. Die wechselseitigen Forderungen und Ultimaten eskalierten, bis am 11. Oktober 1899 offiziell der Krieg zwischen beiden Seiten ausbrach, der den endgültigen Untergang der Burenrepubliken zur Folge hatte.

Der Burenkrieg und die Folgen

Nach anfänglichen Erfolgen der Buren starteten die britischen Truppen unter dem Oberbefehl von Feldmarschall *Lord Roberts* und seinem Generalstabschef, General *Lord Kitchener* eine gezielte Offensive gegen die Kommandos der Buren. Am 13. März 1900 wurde Bloemfontein besetzt und am 24. Mai der Oranje-Freistaat zum britischen Territorium erklärt. Eine Woche später schon, am 31. Mai, fiel Johannesburg, und am 5. Juni zog *Lord Roberts* in das fast gänzlich geräumte Pretoria ein. Der Widerstand der Buren schien gebrochen, und am 1. September 1900 wurde auch Transvaal als britische Kolonie annektiert.

Guerilla-krieg Doch die britische Seite hatte sich verrechnet, denn jetzt begann der Gegner einen zermürbenden Guerillakrieg. Der zum Nachfolger von *Lord Roberts* ernannte britische Oberbefehlshaber, *Lord Kitchener*, begann daraufhin mit einer systematischen Jagd berittener Kolonnen gegen die Burenkommandos sowie einer Taktik der „verbrannten Erde". Die burischen Farmen in den Guerillagebieten wurden niedergebrannt, wodurch man dem Feind allmählich die Basen entzog. Außerdem errichtete man kilometerlange Blockhausketten, die durch Stacheldraht miteinander verbunden waren und die ständig vorgeschoben wurden. Die heimatlos gewordenen Frauen und Kinder fasste man in riesigen **Konzentrationslagern** zusammen – eine Maßnahme, die einen Sturm der Entrüstung in aller Welt nach sich zog. Schlechte Ernährung, mangelnde Hygiene und unzureichende ärztliche Betreuung führten zu Krankheiten und Epidemien, die bis zum Ende des Krieges rund 25.000 Frauen und Kinder das Leben kosteten.

Im März 1901 trafen sich *Lord Kitchener* und der Transvaaler Generalkommandant *Louis Botha* zum ersten Mal in Middleburg, um über einen möglichen Frieden zu beraten, doch gelangte man zu keiner Einigung. Als das Elend der Buren durch die britische Kriegsführung immer größere und sichtbarere Ausmaße annahm, setzte sich allmählich die Erkenntnis durch, dass ein Widerstand auf Dauer nur sinnlose Opfer fordern würde.

So nahm man Anfang 1902 erneut Kontakt miteinander auf, und am 31. Mai desselben Jahres wurde der in einem Zelt bei Vereeniging ausgehandelte Friedensvertrag in *Lord*

Kitcheners Hauptquartier in Pretoria unterschrieben. Die beiden ehemaligen Buren-republiken wurden dadurch zu britischen Kronkolonien. Dies bedeutete zugleich, dass jetzt das gesamte südliche Afrika unter britischer Oberherrschaft stand. Neben den vier Kolonien (Kapkolonie, Natal, Transvaal, Oranje-Kolonie) gab es die Hochkommissari-ate Basutoland, Betschwanaland und Swasiland, außerdem Südrhodesien.

Friedens-vertrag und britische Ober-herrschaft

Neben dem wirtschaftlichen Wiederaufbau, mit dem sogleich nach Beendigung des Krie-ges begonnen wurde, verfolgte *Milner* während seiner Amtszeit vor allem die verstärk-te **Anglisierung** Südafrikas. So startete er ein umfangreiches Umerziehungsprogramm für die burische Bevölkerung, das zum Ziel hatte, die holländische Sprache und Kultur mit der Zeit ganz zu verdrängen.

Als Folge der Politik *Lord Milners* zeigte sich bei den Buren schon bald ein wiedererstar-kendes Nationalgefühl. Anfang 1905 kam es in Transvaal zur Gründung der ersten bu-rischen Partei „Het Volk" unter Führung der Generäle *Botha, Burger, de la Rey, Beyers* und *Smuts*. Ein Jahr später wurde mit der „Orangia-Union" auch in der Oranje-Kolo-nie eine politische Partei der Buren ins Leben gerufen, deren Leitung die Generäle *Hert-zog* und *de Wet* sowie der ehemalige Freistaat-Politiker *Abraham Fischer* übernahmen.

In Großbritannien löste die Liberale Partei Ende 1905 die Konservativen in der Regie-rungsverantwortung ab. Dies war insofern von entscheidender Bedeutung, als die Li-beralen in der Zeit ihrer parlamentarischen Opposition stets für eine Politik der Ver-söhnung und der Verständigung zwischen Buren und Briten in Südafrika eingetreten waren. Verhandlungen zwischen beiden Seiten führten schließlich dazu, dass Transvaal im Dezember 1906 und die Oranje-Kolonie im Juni 1907 die innere Selbstverwaltung erhielten. Premierminister Transvaals wurde *General Louis Botha*, letzter Generalkom-mandant der Südafrikanischen Republik; *Abraham Fischer* wurde Premierminister der Oranje-Kolonie. So wurden nur fünf Jahre nach Kriegsende die beiden Kolonien von bu-rischen Politikern regiert, die de facto britische Minister waren.

Politik der Versöh-nung

Die Südafrikanische Union

Die Entstehung der Südafrikanischen Union

Als nächsten Schritt strebte Großbritannien nun die **Vereinigung der vier südafri-kanischen Kolonien** zu einer Union an. Dabei spielte neben wirtschaftlichen Aspek-ten – z. B. Vereinheitlichung der Zoll- und Handelspolitik – auch die Tatsache eine Rol-le, dass sich die Spannungen zwischen Großbritannien und dem Deutschen Reich ver-schärft hatten. Die Regierung in London war der Ansicht, ein politisch vereintes Süd-afrika bilde gegenüber den vermeintlichen Weltherrschaftsplänen *Kaiser Wilhelms II.* in einem möglichen Krieg zwischen beiden Staaten einen wichtigen Verteidigungsfaktor des Britischen Empires. Da ersichtlich war, dass ein Zusammenschluss Südafrikas zu ei-nem Staatsgebilde im Interesse der Regierungen aller vier Kolonien wie auch der bu-rischen und britischen Seite lag, verständigte man sich auf die Einberufung einer **Na-tionalversammlung**, die am 12. Oktober 1908 zum ersten Mal in Durban zusammen-trat.

National-staatliche Prozesse

South African Native National Congress Delegation
(Juni 1914 – historisches Foto)

Am 11. Mai 1909 wurde dann von allen Abgeordneten der Entwurf des Südafrikagesetzes, der vorgesehenen Verfassung der Südafrikanischen Union, unterzeichnet. Am 2. Dezember desselben Jahres wurde außerdem durch königliche Verordnung festgesetzt, dass das Gesetz mit Wirkung vom 31. Mai 1910, dem Jahrestag des Friedens von Vereeniging, in Kraft treten sollte.

In der Frage des **Stimmrechts für Nicht-Weiße** hatte es zuvor lange Diskussionen gegeben, und es schien sich hier zunächst auch kein Kompromiss zwischen Buren und Briten abzuzeichnen. Die Entscheidung, die den Nicht-Weißen das generelle Wahlrecht vorenthielt, führte in der Folge zu Protestkundgebungen unter Farbigen und Schwarzen und letztlich auch zur Entstehung nicht-weißer politischer Organisationen, deren wichtigste und bedeutendste bald der 1912 gegründete „South African Native National Congress" (ab 1923 „African National Congress") wurde.

Wahlrecht

Noch vor den Wahlen zum ersten südafrikanischen Parlament beauftragte der neu ernannte Generalgouverneur, *Viscount Gladstone*, den bisherigen Premierminister Transvaals, *Louis Botha*, mit der Bildung einer Unionsregierung.

Die Parlamentswahlen am 15. September 1910 bestätigten dann die Regierung im Amt. Die aus *Bothas* Partei „Het Volk" hervorgegangene „Südafrikanische Nationalpartei" (Transvaal), die „Orangia-Union" (Oranje-Freistaat) und die aus dem „Afrikaner-Bond" der Kapprovinz entstandene „Südafrikanische Partei" errangen zusammen die absolute Mehrheit der Sitze und vereinigten sich im folgenden Jahr zur „Südafrikanischen Partei" (SAP). Stärkste Oppositionspartei wurden die Unionisten, die sich aus den „Kap-Unionisten" unter der Führung von *Sir Jameson*, dem früheren Premierminister der Kapkolonie, der „Progressiven Partei Transvaals" und der „Konstitutionellen Partei" des Oranje-Freistaates zusammensetzten.

Das erste Jahrzehnt der neuen Union

Sehr bald schon zeigte sich, dass es innerhalb der Südafrikanischen Partei zwei divergierende Strömungen gab. Die eine Gruppe, durch Premierminister *Botha* sowie Innen- und Verteidigungsminister *Jan Smuts* repräsentiert, strebte eine **echte Integration** von Buren und Briten an. Außenpolitisch sollte Südafrika einen festen Bestandteil und eine starke Stütze des Britischen Weltreichs bilden. Dagegen stand die Auffassung des Justiz- und Eingeborenenministers *J. B. M. Hertzog*, dessen Anhänger den Gedanken eines **unabhängigen Staates** – möglicherweise einer Republik – unter britischer Führung vertraten. Buren und Briten sollten ihre kulturelle Eigenständigkeit behalten und gleichwertig nebeneinander existieren.

Kulturelle Eigenständigkeit

Die Gegensätze zwischen den beiden Gruppierungen führten Ende 1912 zunächst zum Ausscheiden *Hertzogs* aus dem Kabinett. Ein Jahr später kam es dann beim Parteikongress in Kapstadt zum offenen Bruch, was zur Folge hatte, dass *Hertzog* und die burischen Nationalisten eine neue Partei, die **Nationale Partei**, gründeten, die bei den Parlamentswahlen von 1915 bereits 26 Sitze errang.

Nationalistische Partei

Bis zum Jahre 1913 war es jedermann, also auch Nicht-Weißen, gestattet, überall in Südafrika Land zu kaufen oder zu pachten. Immer mehr Schwarze, welche die notwendigen finanziellen Mittel dafür aufbrachten, machten davon Gebrauch. Dies führte bei vielen Weißen zu immer heftigerer Kritik, zumal es eine steigende Zahl von verarmten Weißen gab. So kam es 1913 zu dem **„Eingeborenenland-Gesetz"**, das im Ansatz bereits die Grenzen der ehemaligen schwarzen Homelands festschrieb. Durch das Gesetz wurden etwa 7,3 % der Fläche der Union (neun Millionen Hektar Land) zu Reservationen für Schwarze erklärt, in denen kein Weißer mehr Landbesitz erwerben durfte. Schwarzen wurde es untersagt, außerhalb dieser Reservationen Land zu kaufen oder zu pachten. Da nicht alle Schwarzen in den überbevölkerten Reservationen Land besitzen und bewirtschaften konnten, mussten viele als billige Arbeitskraft auf einer weißen Farm arbeiten. Das Gesetz bildete den Grundstein zu einer unheilvollen Entwicklung, die über Jahrzehnte hinweg die fast unüberbrückbare gesellschaftliche Kluft zwischen Schwarzen und Weißen zementierte.

Reservationen

Ausweis eines schwarzen Arbeiters (historisches Foto)

1912 kam es dann zur Gründung des „South African National Congress", der 1923 in **„African National Congress"** **(ANC)** umbenannt wurde. Erster Vorsitzender dieses Kongresses war der in den USA ausgebildete Theologe *Dr. John Langibale Dube*, der 1937 zum Ehrendoktor der Universität von Südafrika ernannt wurde. Die politisch aktiven Schwarzen waren fast ausnahmslos ältere Akademiker und Intellektuelle, die jegliche Form des Widerstandes ablehnten.

Unter den Weißen Südafrikas kam es bei Ausbruch des Ersten Weltkriegs zu tragischen Auseinandersetzungen – die teilweise sogar die Form eines Bürgerkriegs annahmen – darüber, ob das Land in den Krieg eintreten sollte oder nicht. Als Dominion des Britischen Weltreichs war die Südafrikanische Union automatisch an die britische Kriegserklärung gegenüber dem Deutschen Reich vom 4. August 1914 gebunden. Sechs Tage später bat die Regierung in London den südafrikanischen Premierminister *Botha* darum, **Deutsch-Südwestafrika zu besetzen**, was dieser auch zusagte. Zwar erhielt seine Entscheidung im Parlament anschließend eine überwältigende Mehrheit, doch war die Stimmung unter der national gesinnten burischen Bevölkerung durchweg zugunsten einer Neutralität des Landes, z. T. sogar deutschfreundlich. Es kam da-

Kriegseintritt – ja oder nein

General Louis Botha (historisches Foto)

her zu einem Aufstand zahlreicher ehemaliger Burengeneräle, die sich der geplanten Eroberung Deutsch-Südwestafrikas nicht nur widersetzten, sondern überdies jetzt die Stunde für gekommen sahen, endgültig mit den Briten abzurechnen und eine unabhängige Burenrepublik zu verwirklichen.

Mehr als ein Vierteljahr dauerte es, ehe die Rebellion durch Regierungstruppen niedergeschlagen werden konnte. Erst danach – mit Beginn des Jahres 1915 – konnte man mit den Angriffsoperationen gegen Deutsch-Südwestafrika beginnen. Die zehnfache Übermacht der südafrikanischen Streitkräfte bewirkte, dass die deutsche Schutztruppe trotz teilweise erfolgreicher Gegenwehr schon am 9. Juli 1915 kapitulieren musste. Im Rahmen der Friedensverhandlungen in Versailles im Jahre 1919 wurde das Land dann als Mandatsgebiet des Völkerbundes der Südafrikanischen Union zur Verwaltung übertragen.

Im August 1919 starb Premierminister *Botha*. Nachfolger wurde sein bisheriger Stellvertreter, *General Smuts*.

Beginn der Rassengesetzgebung

Zunehmende Diskriminierung Die wichtigste gesetzgeberische Maßnahme schuf *Smuts* 1923 mit dem **„Eingeborenengesetz für städtische Gebiete"**. Darin wurden auch in den Städten getrennte Wohngebiete eingerichtet: Schwarze durften nun auch in Städten vor noch in Ghettos wohnen. Diese „Lokationen" – die Siedlungen für städtische Nicht-Weiße – waren wiederum in solche für Arme und Reichere unterteilt; letztere sollten ihre gemieteten Häuser gegebenenfalls pachten oder als Eigentum erwerben können.

Generalstreik im Jahre 1922 (historisches Foto)

Innenpolitische Auseinandersetzungen wie der 1922 von radikalen weißen Gewerkschaften ausgerufene Generalstreik sowie verschiedene außenpolitische Misserfolge ließen das Ansehen von *Smuts* erheblich sinken. *Smuts* trat daher mit seiner Regierung zurück und setzte Neuwahlen für den 19. Juni 1924 an, aus denen die Nationale Partei *J. B. M. Hertzogs* mit 63 Sitzen als stärkste Partei hervorging, während die südafrikanische Partei nur 53 Sitze erhielt.

Stärkung des burischen Nationalbewusstseins

Die nächsten anderthalb Jahrzehnte bis zum Ausbruch des Zweiten Weltkrieges standen nun ganz im Zeichen eines wieder erstarkenden burischen Selbstvertrauens. 1925 wurde die **Amtssprache** Holländisch durch **Afrikaans** ersetzt. Diese Sprache, entstanden aus niederländischen Dialekten des 17. Jh. mit Einflüssen vor allem aus dem Deutschen und dem Französischen (seit etwa 1800 bezeichnete man die neue sich herausbildende Sprache auch als Kapholländisch), hatte bereits in der 2. Hälfte des 19. Jh. das *Afrikaaner* Holländische mehr und mehr im Umgangssprachgebrauch vieler Buren abgelöst und wurde seit Beginn des 20. Jh. auch in der Schriftsprache immer häufiger benutzt. Die Bezeichnung „Buren" wurde nun offiziell ersetzt durch „Afrikaaner" (mit „aa"), ein Wort, das seinen Ursprung ebenfalls im 19. Jh. hat.

Nach heftigen Auseinandersetzungen zwischen Regierung und Opposition nahm das Parlament 1927 ein Gesetz an, mit dem die südafrikanische Union eine eigene Flagge erhielt. Man einigte sich auf die horizontal verlaufenden Farben orange-weiß-blau (Flagge der ersten holländischen Siedler am Kap). Auf dem weißen Mittelstreifen waren klein die Flaggen Transvaals, des Oranje-Freistaats und des britischen Union Jack als der Flagge der ehemaligen Kapkolonie und Natals angebracht. Außerdem erklärte man „Die Stem van

General J. B. M. Hertzog (historisches Foto)

Suid Afrika" neben dem britischen „God save the King" zur südafrikanischen Nationalhymne. Zusätzlich zur britischen wurde jetzt auch eine südafrikanische Staatsangehörigkeit eingeführt, und schließlich erhielt das Land auch sein eigenes Münzsystem.

Auf der Reichskonferenz des Empire in London im Jahre 1926 wurde festgelegt, dass die Dominien künftig in keiner Weise mehr der britischen Regierung untergeordnet sein sollten. Stattdessen sollten sie als autonome Glieder nur noch durch die gemeinsame Treue zur Krone, d. h. Personalunion, miteinander verbunden sein. Aus dem bisherigen britischen Weltreich wurde damit ein Bund unabhängiger Staaten, das Commonwealth of Nations. 1937 wurde mit *Sir Patrick Duncan* erstmals ein Südafrikaner Generalgouverneur der Union.

Die geschilderte Entwicklung der Union hin zu einem souveränen Staat im Rahmen des Britischen Commonwealth war in den Augen der meisten Afrikaaner das eindeutige Verdienst Premierminister *Hertzogs*. Hinzu kam, dass das Land seit Mitte der Zwanzigerjahre beachtliche wirtschaftliche Erfolge aufweisen konnte. So errang die Nationale Partei bei den Parlamentswahlen 1929 mühelos die absolute Mehrheit, wenngleich die Koalition mit der Arbeiterpartei auch danach fortgeführt wurde.

Mitglied im Commonwealth

Wiedervereinigung im weißen Lager

Die Weltwirtschaftskrise der nächsten Jahre, die auch in Südafrika ihre Spuren hinterließ, veränderte die politische Situation. Um die Schwierigkeiten, die sich überdies durch eine langwierige Dürre verschlimmerten, in den Griff zu bekommen, entschloss sich *Hertzog* Anfang 1933 zur Bildung einer **„Regierung der nationalen Einheit"**, d. h. einer großen Koalition seiner Nationalen Partei mit der Südafrikanischen Partei von Smuts.

Mit der breiten Mehrheit im Parlament konnte *Hertzog* nun darangehen, die schon lange gehegte Verschärfung der „Eingeborenengesetzgebung" zu verwirklichen. Bereits 1927 hatte das „Gesetz über die Eingeborenenverwaltung" dem Generalgouverneur verschiedene Sonderrechte gegenüber Schwarzen gegeben. Das „Gesetz gegen die Unmoral" aus dem gleichen Jahr stellte außerehelichen Geschlechtsverkehr zwischen Schwarzen und Weißen unter Strafe.

Sondergesetze gegenüber Schwarzen

In der jetzigen Phase erfolgte hingegen die politische Entrechtung durch das 1936 verabschiedete „Gesetz zur Vertretung der Eingeborenen", das den schwarzen Stimmberechtigten in der Kapprovinz praktisch auch das aktive Wahlrecht nahm, welches dort *Wahl-* seit 1853 bestanden hatte. Stattdessen durften sie in einem gesonderten Wahlgang le-*verbot für* diglich drei zusätzliche weiße Parlamentsmitglieder in das Abgeordnetenhaus der Union *Schwarze* und zwei Weiße in den Provinzrat der Kapprovinz wählen.

Daneben wurde ein „Rat der Eingeborenenvertretung" unter dem Vorsitz des Ministers für Eingeborenenangelegenheiten gebildet, dem fünf Eingeborenenkommissare sowie zwölf von den Eingeborenen gewählte und vier von der Regierung ernannte Schwarze angehörten. Diese Körperschaft, der alle Eingeborenengesetze vor der Behandlung im Parlament vorzulegen waren, hatte nur beratende Funktion.

Ebenfalls 1936 wurde das „Land- und Treuhandgesetz für Eingeborene" und 1937 das „Ergänzungsgesetz zur Eingeborenengesetzgebung" verabschiedet, die eine Verschärfung des Eingeborenen-Land-Gesetzes von 1913 darstellten. Die bestehenden Reservationen wurden um 6,2 Millionen Hektar Land erweitert, die von Schwarzen als Grundbesitz erworben werden konnten. Der Kauf von Grundstücken in den Städten und außerhalb der Lokationen wurde Schwarzen grundsätzlich untersagt.

De facto – Mit diesen Gesetzen war die alte Forderung *Hertzogs* nach Rassentrennung – die im *„Rassen-* Grunde auch *Smuts* wollte – in die Tat umgesetzt worden. Jetzt strebte er noch eine *trennung"* vollständige räumliche Trennung an.

Politische Organisierung unter den Schwarzen

Widerstand der schwarzen Bevölkerung *(historisches Foto)*

Schon in den 20er-Jahren des 20. Jh. waren auf schwarzafrikanischer Seite vielfältige, doch letztlich immer wieder erfolglose Versuche unternommen worden, sich politisch zu organisieren. Der oben erwähnte African National Congress (ANC) wurde 1928 von Kommunisten unterwandert. Um sich dagegen zu wehren, wählte man 1930 im Gegenzug den gemäßigten und gegenüber der Regierung kooperationsbereiten *Dr. Pixley Ka Isaka Seme* zum Präsidenten dieser vornehmlich aus schwarzen Intellektuellen bestehenden Organisation. Doch *Seme* gelang es in den folgenden Jahren nicht, den ANC als wirksames politisches Instrument einzusetzen, da ihm das hierzu notwendige Organisationstalent fehlte. Der ANC verharrte in Bedeutungslosigkeit und erwachte erst wieder zu neuer Aktivität, als 1940 *Dr. Alfred B. Xuma* zu seinem Präsidenten gewählt wurde.

Die Eingeborenengesetzgebung von 1936 führte zu einer weiteren **Politisierung unter den Schwarzen**. Bereits im Jahr zuvor, als Einzelheiten der vorgesehenen Gesetze an die Öffentlichkeit gedrungen waren, trafen sich in Bloemfontein rund 400 Vertreter aller nichtweißen Bevölkerungsgruppen zu einer „All-Afrikanischen Versammlung" (AAC). Eingeladen hatte dazu *Professor Davidson Don Tengo Jabavu*, ein bedeutender schwarzer Philologe, der als Dozent für Bantu-Sprachen an der südafrikanischen Universität für Schwarze in Fort Hare tätig war. Eine Abordnung unter seiner Führung erhielt den Auftrag, mit Premierminister *Hertzog* über Abänderungen der Gesetzesvorlagen zu verhandeln. Tatsächlich kam es zu einigen kleineren Modifikationen, doch vom Wesen und Inhalt her blieb die Gesetzgebung unangetastet.

Nach Verabschiedung der Gesetze fand Mitte 1936 eine weitere Versammlung des AAC statt. Zwar wurde die Rassenpolitik der Regierung einhellig verurteilt, doch zeigten sich hier bereits generationsbedingte unterschiedliche Anschauungen über die Art, wie man darauf reagieren sollte. Während die Jüngeren auf einen bedingungslosen Ablehnungskurs gingen und nun damit begannen, den ANC zu einem politischen Machtinstrument der Schwarzen auszubauen, erklärten sich die Älteren, durchweg qualifizierte Führungskräfte, bereit, wenigstens die geringen Möglichkeiten einer Mitwirkung, welche den Schwarzen noch geblieben waren, zu nutzen und damit einen – wenn auch nur minimalen – Einfluss geltend zu machen.

Reformer und Hardliner

Die Apartheid-Gesetzgebung

Unter der Regierung des 1948 gewählten Premierministers *Dr. Malan* sowie seiner beiden Nachfolger wurden zahlreiche schon bestehende diskriminierende Gesetze weiter verschärft, andere neu geschaffen. Das „Gesetz gegen Gemischtehen" von 1949 verbot jetzt auch Eheschließungen zwischen Weißen und Nicht-Weißen.

In einem 1950 verabschiedeten „Gesetz zur Registrierung der Bevölkerung" wurden dann die Einwohner der Südafrikanischen Union in drei große Gruppen unterteilt: Weiße, Farbige (Coloureds) und Eingeborene (Bantu). Ebenfalls in das Jahr 1950 fällt der Erlass des „Gesetzes über die Gebietseinteilung für die Bevölkerungsgruppen" (Group Areas Act), durch das nun eine Einteilung des gesamten Landes in für die einzelnen Rassen be-

Die Absurdität der Apartheid: getrennte Sitzplätze – sogar in Bussen (historisches Foto)

stimmte Regionen vorgenommen wurde. Damit aber trat neben den Ausbau der – bisher teilweise schon gesetzlich verankerten und praktizierten – gesellschaftlichen Trennung, der „kleinen Apartheid", zusätzlich die räumliche Trennung von Schwarzen, Weißen und Coloureds, die „große Apartheid".

„Rassenpolitik" in allen Bereichen

Unter dem Premier *J.G. Strijdom* erfuhr die Apartheid-Gesetzgebung eine weitere Perfektionierung. Zu diesem Zweck verabschiedeten Abgeordnetenhaus und Senat gemeinsam 1956 das „Gesetz zur getrennten Vertretung von Wählern". Danach konnten künftig auch die Coloureds in einem gesonderten Wahlakt nur noch vier weiße Vertreter ins Abgeordnetenhaus der Union und zwei in den Provinzrat der Kapprovinz wählen. Bei den Weißen hingegen fand die seit 1948 eingeschlagene Entwicklung eine immer breitere Zustimmung, was sich in den Parlamentswahlen von 1958 zeigte, in denen die Nationale Partei fast doppelt so viele Mandate errang wie die oppositionelle Vereinigte Partei.

Organisierung des Widerstandes

Während mit der Entrechtung der Schwarzen ja bereits vor dem Zweiten Weltkrieg begonnen worden war, hatte die Nationale Partei seit 1948 die Diskriminierungspolitik auch auf die Inder, die Mischlinge und die Asiaten ausgedehnt. Dies führte mit der Zeit fast zwangsläufig zu einem Zusammengehörigkeitsgefühl aller Nicht-Weißen.

Anlass dazu bildete die Dreihundert-Jahr-Feier des weißen Südafrika (1652 Landung der ersten weißen Siedler am Kap). ANC-Präsident *Dr. James S. Moroka* organisierte zahlreiche Demonstrationen und Protestaktionen, die anfänglich friedlich verliefen, schließlich jedoch in einzelne Gewalttätigkeiten ausarteten, die von der Polizei unterdrückt wurden. Obwohl die Führung des ANC sich von den Gewaltaktionen distanzierte, kam *Dr. Moroka* vor Gericht, wo er dann eine zwielichtige Rolle spielte, was zur Folge hatte, dass er Ende 1952 abgewählt und durch *A. J. Mvumbi Luthuli* ersetzt wurde. Die Vorgänge hatten aber noch eine andere Folge: Innerhalb kurzer Zeit wuchs die Mitgliederzahl des ANC von 7.000 auf 100.000!

Dr. James S. Moroka (historisches Foto)

Im Jahre 1955 berief der profilierte und zu den gemäßigten schwarzen Oppositionskräften zählende *Professor Zacharias K. Matthews*, Lehrstuhlinhaber an der Universität für Schwarze, Fort Hare, in Kliptown bei Johannesburg einen sog. „Volkskongress" ein, bei dem rund 3.000 Teilnehmer aus allen nicht-weißen Organisationen des Landes zusammenkamen. Man verabschiedete ein „Freiheitsmanifest", in dem eine Gesellschaftsordnung mit gleichen Rechten und gleichen Chancen bei gleicher Leistung für alle – unabhängig von Rasse oder Hautfarbe – gefordert wurde. Die Reaktion der Regierung darauf bestand in zahlreichen Polizeirazzien und Verhaftungen. **ANC-Präsident** *Luthuli* wurde ein Hochverratsprozess gemacht, der allerdings im Sande verlief. Von 1953 an bis zu seinem Tode 1967 aber stand *Luthuli* fast ununterbrochen unter einer Art Hausarrest, der ihn jeglicher größeren Aktionsmöglichkeit beraubte. Dennoch trat *Luthuli* stets für einen gewaltfreien Widerstand ein.

Die jüngere Generation innerhalb des ANC hingegen drängte auf spektakuläre Taten. 1959 spaltete sich ein radikaler Flügel unter *Robert Sobukwe* ab und gründete den

ANC-Präsident A. J. Mvumbi Luthuli (historisches Foto)

„**Pan-African Congress**" (PAC). Dieser organisierte am 21. März 1960 die ersten Massendemonstrationen im ganzen Lande, wobei es an etlichen Orten zu blutigen Auseinandersetzungen mit der Polizei kam. Der schwerste Zwischenfall ereignete sich in **Sharpeville** bei Johannesburg, wo 69 Schwarze erschossen und weitere 178 verletzt wurden. Die Regierung erklärte den Ausnahmezustand, und es dauerte mehrere Wochen, bis die Situation sich wieder normalisierte. Als Folge verabschiedete das Parlament kurz entschlossen das „Gesetz gegen gesetzeswidrige Organisationen", aufgrund dessen ANC und PAC verboten wurden und im Untergrund verschwanden.

Verbot von ANC und PAC

Von der Union zur Republik

Bereits im Wahlkampf des Jahres 1948 hatte die Nationale Partei erklärt, auf lange Sicht gesehen, die Südafrikanische Union in eine Republik umzuwandeln. Doch weder *Dr. Malan* noch sein Nachfolger *Strijdom* rührten ernsthaft an dieser Frage. Dafür wurde die Unabhängigkeit des Landes gegenüber Großbritannien immer offener betont. So besaßen die Bürger der Union ab 1949 nicht mehr automatisch die britische Staatsangehörigkeit. Seit 1957 galt als Staatsflagge ausschließlich die Flagge der Südafrikanischen Union – ebenso wurde „God Save the Queen" als zweite Nationalhymne gestrichen.

Erst *Dr. H. F. Verwoerd* griff dann das Thema „Republik" wieder auf, weil er dadurch die Bindung der Südafrikaner an Großbritannien noch weiter glaubte lockern oder sogar loslösen zu können. Am 5. Oktober 1960 führte er einen Volksentscheid durch, bei dem eine knappe Mehrheit von 52,3 % gegen 47,7 % für die Republik votierte, welche am 31. Mai 1961, dem Nationalfeiertag (31. Mai 1910 Gründung der Südafrikanischen Union), ausgerufen wurde. Erster Staatspräsident wurde der ehemalige Generalgouverneur *C. R. Swart*.

Dr. H. F. Verwoerd (historisches Foto)

Der schwarz-weiße Dialog

Grundlage der Politik der Regierung von Premierminister *Dr. Verwoerd* bildete das „**Gesetz zur Förderung der Bantu-Selbstregierung**" von 1959, das die Vertretung der Schwarzen im Kapstädter Parlament gänzlich beseitigte und stattdessen acht schwarze „Nationale Einheiten" schuf (Nord-Sotho, Süd-Sotho, Swasi, Tsonga, Tswana, Venda, Xhosa, Zulu), in denen sich die jeweilige Bevölkerung künftig selbst regieren sollte. Damit wurde die Apartheid-Politik zu einer Politik der „getrennten Entwicklung". Aus den Reservationen wurden allmählich **Heimatländer (Homelands)**, von denen 1963 als erstes die Transkei die innere Autonomie erhielt. Am 6. September 1966 wurde Premierminister *Dr. Verwoerd* ermordet. Zum Nachfolger wählte man den bisherigen Justiz- und Polizeiminister *B. J. Vorster*. Er führte die begonnene Homeland-Politik konsequent fort und konnte dabei durchaus mit der Kooperationsbereitschaft der gemäßigten schwarzen Führer rechnen.

Politik der Homelands

Der nun einsetzende permanente Dialog zwischen Schwarzen und Weißen begann mit der Zeit Früchte zu tragen. Die Gebiete der Homelands wurden teils vergrößert, teils zusammengelegt, und alle erhielten eine innere Selbstverwaltung. 1976 wurde die **Transkei** als erstes dieser Territorien „unabhängig"; es folgten **Bophuthatswana** (1977), **Venda** (1979) und die **Ciskei** (1981). Die übrigen sechs Heimatländer wurden „autonom" mit eigenen Parlamenten und Regierungen (Gazankulu, Kangwane, Kwandebele, Kwa-Zulu, Lebowa, Qwaqwa). Für die in den weißen Industriegebieten, also außerhalb der Heimatländer lebenden Schwarzen wurden seit 1977 Gemeinderäte geschaffen, die in der Lokalverwaltung weitgehend selbstständig waren.

*Außen-
politischer
Verständi-
gungskurs*

In der Außenpolitik bemühte sich Premierminister *Vorster* in verstärktem Maße um Verbindungen zu gemäßigten Staaten Schwarzafrikas. Schon 1968 nahm die Republik Südafrika mit Malawi als erstem Staat des schwarzen Kontinents volle diplomatische Beziehungen auf. Recht enge, vor allem wirtschaftliche Kontakte wurden auch zu den übrigen umliegenden Staaten Botswana, Lesotho und Swasiland geknüpft. Der Zusammenbruch des portugiesischen Kolonialreiches in Angola und Mosambik 1974/75 brachte dann für Südafrika eine neue Ausgangssituation. *Vorster* besuchte in diesen Jahren die Elfenbeinküste, Senegal und Liberia. Intensive Kontakte wurden außerdem mit Sambia gepflegt.

Und schließlich war es auch *Vorster*, der unter dem Druck äußerer Ereignisse 1974 die Bereitschaft seiner Regierung bekundete, Südwestafrika/Namibia in die Unabhängigkeit zu entlassen, wobei die Bevölkerung des Territoriums selbst über ihre Zukunft entscheiden sollte. Dies war dann die Grundlage für die sog. **Turnhallenkonferenz**, die im Jahr darauf in Windhoek zusammentrat und in der Vertreter aller Volksgruppen des Landes repräsentiert waren.

Einleitung des Reformprozesses

Auf dem Wege zur multinationalen Entwicklung

*Innen-
politische
Unruhen*

Die innenpolitische Situation spitzte sich in den 1980er-Jahren zu. Der ideologische Gegensatz zwischen der Zentralregierung in Pretoria und der schwarzen politischen Opposition (vorwiegend im Ausland) wurde größer. Die weißen Politiker wollten jedoch keinesfalls die Forderung der schwarzen Führer **„One Man, One Vote"** akzeptieren. Sie fürchteten, die Vorherrschaft zu verlieren. Das „Westminster Modell", das auch der schwarzen Bevölkerung das allgemeine Wahlrecht zugestanden hätte, wurde weiterhin strikt abgelehnt.

In der Folgezeit mehrten sich Anschläge, Unruhen und Protestmärsche. Auch innerhalb der schwarzen Opposition kam es zu schwerwiegenden Differenzen. Es kam zu blutigen Auseinandersetzungen zwischen ANC-Anhängern und Mitgliedern der Inkatha-Partei des Zulu-Führers *Buthelezi*. Die Folge der anhaltenden innenpolitischen Unruhen war ein starker Verfall der Landeswährung bei nachlassender Konjunktur; ein erheblicher Kapitalabfluss ins Ausland setzte ein. Das „Lager" der Weißen spaltete sich in „Verligte" (Liberale) und „Verkrampte" (Nationalkonservative) auf. Gesprächsbereitschaft auf der einen Seite, Forderung nach radikalem Einsatz der Polizeikräfte auf der anderen Seite standen sich gegenüber.

Reformdruck und Ende der Apartheid

Die politischen und ökonomischen Kosten zur Aufrechterhaltung der Apartheid wurden zu hoch. Intern gab es ab 1983 Reformdruck durch politische Protestkampagnen der *United Democratic Front* (UDF) und der Gewerkschaften. 1985 gründete sich der ebenfalls dem ANC nahe stehende Gewerkschaftsdachverband COSATU (*Congress of South African Trade Unions*).

Kosten zu hoch

Von außen wurde Südafrika von der internationalen Staatengemeinschaft durch unterschiedlich starke Sanktionen unter Druck gesetzt. Das Ende des Kalten Krieges, die dramatischen Änderungen in Osteuropa – die Unterstützung des Widerstandes aus Moskau entfiel – und die Dekolonisierung des bis 1989 von Südafrika besetzten Namibia waren weitere äußere Faktoren zur Einleitung von Reformen.

Der Abbau-Prozess der Apartheid

info

1981	Unbeschränkte Arbeiterorganisationen und Arbeiterverbände.
	Teilweise Abschaffung des Arbeitsvorbehaltsrechtes für Weiße.
1982	Aufhebung der Rassentrennung bei organisierten Sportveranstaltungen, außer bei Schulen.
1983	Gewährung politischer Rechte für Mischlinge und Inder.
1984	Einheitliche Einkommensteuergesetze.
1985	Aufhebung des Verbotes für „mehrrassische" politische Parteien.
	Anerkennung des Prinzips der vollen und gleichwertigen politischen Rechte aller Südafrikaner.
1986	Aufhebung der Kontrolle über Zuwanderung von Schwarzen in Stadtgebiete.
	Volle Grundbesitzrechte für Schwarze.
	Aufhebung des Verbots, alkoholische Getränke an Schwarze zu verkaufen.
	Aufhebung der getrennten Gerichte für Schwarze.
	Ende der Zwangsumsiedlungen.
	Öffnung einiger Handelsviertel für alle Bevölkerungsgruppen, auf Antrag.
	Öffnung der Hotels und Restaurants für alle Bevölkerungsgruppen.
	Öffnung einiger Kinos und Theater für alle Bevölkerungsgruppen auf Antrag.
	Wohnrechte für Inder im Oranjefreistaat und im nördlichen Natal.
	Abschaffung der Immigrantengesetze.
1987	Öffnung einiger Badestrände für alle Bevölkerungsgruppen.
	Gesetzliche Abschaffung des Arbeitsplatzvorbehaltes für Weiße.
1988	Aufhebung der Rassentrennung in Vorortzügen.
	Aufhebung des „group area act", wonach bis dahin bestimmte Bevölkerungsgruppen nur in bestimmten Wohngebieten leben durften.
1989	Öffnung einiger Wohngebiete für alle Bevölkerungsgruppen.
1990	Aufhebung des Verbots alternativer politischer Bewegungen, z. B. des ANC und PAC; Freilassung einer Reihe politischer Gefangener, darunter auch *Nelson Mandela*.
	Teilweise Aufhebung des Ausnahmezustandes.
1991	Freier Landerwerb für alle Bevölkerungsgruppen.
	Aufhebung der Zwangsregistrierung.

Mit dem Amtsantritt von Staatspräsident *Frederik W. de Klerk* (Nachfolger von *Botha* seit 15.8.1989) im September 1989 wurde der Prozess zur Abschaffung des Apartheidsystems und die Errichtung einer demokratischen Ordnung in Gang gesetzt. Begonnen wurde mit der Aufhebung des Verbots des ANC und der Freilassung seiner seit 1962 inhaftierten Symbolfigur *Nelson Mandela* am 11.2.1990. 100.000 enthusiastische Menschen hatten sich auf dem Platz vor dem Kapstädter Rathaus versammelt, um *Mandela* zu begrüßen. Im Gegenzug erklärte sich der ANC bereit, mit friedlichen Mitteln an der Lösung der innenpolitischen Probleme mitzuwirken. *Nelson Mandela* wurde zum Präsidenten des ANC gewählt.

Anfang vom Ende der Apartheid

Im Frühjahr 1990 trafen sich junge Mitglieder des ANC und der regierenden Nationalen Partei in Lusaka (Sambia) und einigten sich auf einen **grundlegenden Wechsel der Politik in Südafrika.** Bereits am 2. Februar 1990 hat *de Klerk* in einer historischen Rede zur Eröffnung des Parlaments in Kapstadt die politischen Leitlinien grundlegend verändert. Aus der Erkenntnis, dass man die Apartheid-Gesetzgebung nicht reformieren, sondern nur abschaffen könne, hob er mit einer Erklärung das Dogma der seit 1948 regierenden Nationalen Partei auf und setzte sich gleichzeitig für eine offizielle Zulassung aller schwarzen Oppositionsparteien ein. Seither stand die weiße Regierung in Gesprächen mit den schwarzen Organisationen (politische Parteien, Gewerkschaften, Selbstverwaltungen), insbesondere mit dem ANC, um die Bedingungen des Übergangs zu einer neuen dauerhaften demokratischen Ordnung und die Grundlagen einer neuen Verfassung zu erarbeiten.

Stille Allianz

Es kam zu einer „stillen Allianz" zwischen *de Klerk* und *Mandela* – trotz aller Gegensätze über eine zukünftige Verfassung Südafrikas. Beide Präsidenten setzten sich für einen multiethnischen Einheitsstaat ein, der einen politischen, sozialen und kulturellen Schutz für alle Minderheiten in Südafrika gewähren sollte.

Entwicklung für ein demokratisches Afrika

Im Dezember 1991 berief man im Welthandelszentrum bei Johannesburg den „Kongress für ein demokratisches Südafrika" ein (**CODESA** = Convention for a Democratic South Africa). Dieser beschäftigte sich zunächst nur mit gesellschaftlichen Fragen einer neuen Verfassung, mit Übergangsregelungen für die Zukunft der „Homelands" sowie mit dem Zeitplan für die Verwirklichung der CODESA-Beschlüsse. Wirtschaftsfragen blieben dagegen ausgeschlossen.

Im September 1992 kündigte Staatspräsident *de Klerk* ein weiteres Reformpaket an, das die Bildung einer Übergangsregierung ermöglichte und die nach Bevölkerungsgruppen getrennten Regierungsverwaltungen zusammenlegte. Die letzte landesweite Parlamentswahl, bei der nur bestimmte Bevölkerungsgruppen abstimmungsberechtigt waren, fand am 17. März 1992 statt. Durch sie erhielt *de Klerk* mit 69 % Ja-Stimmen aus der weißen Bevölkerung die gesetzliche Grundlage zur Fortführung seiner Reformpolitik.

Das neue Südafrika

Lange Jahre hat die weiße Regierung Südafrikas den Zug der Zeit nicht erkannt. Das erstarrte menschenverachtende System der Apartheid verfolgte das Ziel, den multiethnischen Staat nicht integrativ, sondern separatistisch zu führen. Zunehmende Unruhen, eine daniederliegende Wirtschaft und damit einhergehende Verarmung auch weißer Bevölkerungsschichten waren der Preis für die Apartheid.

Der Preis der Apartheid

Mit *Frederik Willem de Klerk* trat 1989 ein Mann auf die politische Bühne, der ernsthaft und konsequent den Dialog mit allen politischen Kräften des Landes aufnahm. Der ANC gab den bewaffneten Kampf auf und setzte sich an den Verhandlungstisch. Ziel des „runden Tisches" war die Ausarbeitung einer für alle tragfähigen Verfassung. Am Ende der innenpolitischen Revolution standen freie Wahlen nach dem lange geforderten Prinzip **„one man – one vote"** und die erste schwarze Regierung unter Ministerpräsident *Nelson Mandela.*

Porträt des ersten Nach-Apartheid-Staatspräsidenten Nelson Mandela – aus der Gefängniszelle auf den Präsidentensessel

info

Nelson Rolihlahla Mandela wurde am 18. Juli 1918 bei Umtata in der heutigen Provinz Eastern Cape geboren. Sein Vater war Berater des Oberhäuptlings des Stammes der Thembu. Dieser Häuptling übernahm nach dem Tode des Vaters von *Nelson* dessen Vormundschaft. Ziel der Erziehung war die Vorbereitung *Nelsons* auf seine spätere Rolle als Häuptling. Sehr früh zeigte er ein reges Interesse an Geschichte und Kultur seines Volkes.

Als Jura-Student an der Universität Fort Hare interessierte er sich zunehmend für politische Fragen. Später setzte er sein Studium an der Witwatersrand-Universität bei Johannesburg fort. Zusammen mit *Oliver Tambo*, dem 1993 verstorbenen früheren Präsidenten des ANC, eröffnete *Nelson Mandela* im Dezember 1952 die erste von Schwarzen geleitete Anwaltskanzlei Südafrikas. Politisch in besonderer Weise aktiv wurde *Nelson Mandela* 1944, als er gemeinsam mit dem späteren ANC-Generalsekretär *Walter Sisulu*, *Oliver Tambo* und anderen die ANC-Jugendliga gründete.

Nelson Mandela in jungen Jahren (historisches Foto)

1952 wählte man *Mandela* zum Leiter einer Widerstandsgruppe gegen diskriminierende Gesetzgebung. In dieser Funktion bereiste er das ganze Land. Wegen seiner aktiven Rolle wurde er kurz darauf auf Bewährung verurteilt. Etwas später wurde seine Bewegungsfreiheit durch einen Bann für 6 Monate auf den Raum Johannesburg beschränkt. In den Fünfzigerjahren wurde *Mandela* durch behördliche Verfolgung gezwungen, den ANC offiziell zu verlassen. Als die Apartheidpolitik immer konkretere Formen annahm, sagte er Massenumsiedlungen, politische Verfolgung sowie Polizeiterror voraus.

Nach dem Massaker von Sharpesville im Jahre 1960 wurde der ANC verboten, 1961 wurde *Nelson Mandela* verhaftet. Nach seiner Freilassung begab er sich in den Untergrund und gründete den militanten Flügel des ANC, den „Umkhonto we Sizwe" (= Speer der Nation), der Sabotage-kampagnen gegen Regierung und wirtschaftliche Institutionen unternahm.

1962 reiste *Mandela* nach Äthiopien, um an einer Konferenz der Panafrikanischen Freiheitsbe-wegung teilzunehmen und von dort nach Algerien, um sich militärisch ausbilden zu lassen. Bei seiner Rückkehr wurde er umgehend verhaftet und zu 5 Jahren Freiheitsstrafe verurteilt. Er war somit bereits im Gefängnis, als seine Mitangeklagten im Rivonia-Prozess am 11. Juli 1963 fest-genommen wurden. Dieser Prozess endete im Juni 1964 mit der Verurteilung *Nelson Mandelas* zu einer lebenslangen Haftstrafe: Er wurde für schuldig befunden, einen umfassenden Plan zur revolutionären Übernahme der Regierung initiiert zu haben.

Nelson Mandela wurde ins Ge-fängnis auf Robben Island, einer Insel vor Kapstadt, verbannt. Mit großer Energie widmete er sich politischen Studien und verlor nie sein Ziel aus den Augen, ein Südafrika ohne Apartheid zu schaffen. Zu keinem Zeitpunkt machte er irgendwelche politi-schen Zugeständnisse oder gab seine politischen Überzeugungen preis. 1982 wurde er in die Straf-vollzugsanstalt Pollsmoor in Kap-stadt verlegt, seit 1988 lebte er in einem Einfamilienhaus auf dem Gelände einer Haftanstalt bei Paarl.

Mandela und de Klerk nach der Regierungseinführung am 10. Mai 1994 (historisches Foto)

Seit 1986 stand *Mandela* in Kon-takt mit Regierungsvertretern, darunter Justizminister *Kobie Coetsee*, Verfassungsminister *Ger-rit Viljoen*, Präsident *Pieter W. Botha* und seinem Nachfolger *Frederik W. de Klerk*. Dessen Ab-kehr von der Apartheid und konsequente Hinwendung zu einem chancengleichen Südafrika führ-te zur Freilassung *Nelson Mandelas* am 11. Februar 1990. Damit kehrte *Mandela* ins politische Rampenlicht zurück. In den folgenden Jahren setzte er sich für die politische Normalisierung der Verhältnisse ein. Als Präsident des ANC arbeitete er sehr eng mit Präsident *de Klerk* zusammen, um in schwierigen Verhandlungen Südafrika in einen demokratischen Staat umzuwandeln. 1993 erhielten beide den Friedensnobelpreis für ihre Bemühungen um ein friedliches Südafrika.

Am Ende standen eine neue, demokratische Verfassung für den Übergang und freie, faire Wah-len, aus denen der ANC als Sieger und *Nelson Mandela* als Staats- und Regierungschef hervor-gingen. Eine Regierung der nationalen Einheit sollte Garant dafür sein, dass *Mandelas* Wunsch in Erfüllung ging: die Versöhnung innerhalb der Bevölkerung und die Schaffung einer in Harmonie lebenden Gesellschaft.

Die ersten allgemeinen und freien Wahlen im April 1994 waren für Südafrika der „Startschuss" in ein neues Zeitalter: Mit dem Amtsantritt des neuen Staatspräsidenten *Nelson Mandela*. Am 27. April 1994 trat eine Übergangsverfassung in Kraft, die zunächst bis 1999 gelten sollte. In ihr wurde die Gleichberechtigung aller Bevölkerungsgruppen festgelegt. Die Homelands wurden wieder in die Republik Südafrika integriert. Südafrika wurde in **neun Provinzen** (s. S. 19) unterteilt; durch die Übertragung von Erziehungs-, Verkehrs-, Gesundheits- und Wohnungswesen auf Provinzebene sollten föderale Strukturen entstehen.

Erste allgemeine und freie Wahlen

Zur Aufarbeitung der Vergangenheit setzte *Mandela* im Juli 1995 eine **„Wahrheits- und Versöhnungskommission"** (TRC = *Truth and Reconciliation Commission*) ein, die Menschenrechtsverletzungen untersuchen sollte, die zwischen dem 1.3.1960 (Massaker an Demonstranten in Sharpeville) und dem 5.12.1993 sowohl von der weißen Minderheitsregierung als auch von ihren Gegnern begangen worden waren. Personen, die an der Aufklärung mitwirkten, wurde im Rahmen des Gesetzes Straffreiheit zugesichert; die Opfer sollten Entschädigungen erhalten. Vorsitz hatte der Erzbischof von Kapstadt, *Desmond Tutu*. Die ersten Anhörungen begannen im April 1996.

Wahrheit und Versöhnung

Mit der Verabschiedung der neuen Verfassung Südafrikas im Sommer 1996 sah die NP auch ein Ende ihrer Mitarbeit in der Regierung der nationalen Einheit gekommen. Vi-

Die Wahrheits- und Versöhnungskommission

info

Als die damalige weiße Regierung von 1990 bis 1994 mit dem ANC verhandelte, wurde die Bildung einer Wahrheits- und Versöhnungskommission" (*Truth and Reconciliation Commission*, TRC) für Südafrika beschlossen. Aufklärungswilligen wurde im Rahmen des Gesetzes die Amnestie zugesichert; die Opfer sollten Wiedergutmachungen erhalten. Das 1995 von der Übergangsregierung verabschiedete **Gesetz zur Förderung der Nationalen Einheit und Versöhnung** sieht vor, die vor dem 12. Dezember 1996 politisch motivierten Verbrechen straffrei zu lassen, wenn die Taten öffentlich bekannt wurden.

Die Wahrheitskommission bestand aus einem Menschenrechts-, einem Amnestie- und einem Wiedergutmachungskomitee und hatte über 7.000 Amnestie-Anträge und 20.000 Stellungnahmen zu Menschenrechtsverletzungen zu bearbeiten. Die öffentlichen Anhörungen der Kommission wurden von dem anglikanischen Erzbischof und Friedensnobelpreisträger *Desmond Tutu* geleitet. Nach Beendigung der Anhörungen im März 1998 wurde bis Juni 1998 über die Amnestie-Anträge entschieden. Am 29. Oktober 1998 übergab die südafrikanische Wahrheitskommission dem damaligen Präsidenten *Mandela* ihren Bericht über Menschenrechtsverletzungen in den Jahren der Apartheid. Der 3.500 Seiten umfassende Bericht, beruhend auf fast drei Jahre dauernden Anhörungen von Opfern und Tätern, macht hauptsächlich Polizisten, Militärs und Politikern der früheren Regierung Vorwürfe. Aber auch Straftaten des ANC und anderer Gruppen des Widerstands werden behandelt. Der Amnestieausschuss der Wahrheitskommission weist im März 1999 einen Antrag von 27 ANC-Führern auf Straffreiheit ab mit der Begründung, dass sie ihren Antrag ohne die gesetzlich vorgeschriebene Auflistung der einzelnen Straftaten gestellt hatten und er durch das Gesetz nicht gedeckt sei. Es war der Versuch, sich nachträglich den „legitimen" Widerstandskampf bescheinigen zu lassen.

zeminister und NP-Führer *Frederik W. de Klerk* zog am 1.7.1996 seine Minister aus dem Kabinett zurück. Anfang Februar 1997 trat die neue Verfassung in Kraft, die weltweit als die liberalste Verfassung gilt. In seiner Regierungserklärung am 7. Februar 1997 räumte Ministerpräsident *Mandela* dem Wohnungsbau, der Verbesserung der Infrastruktur und der Ausbildung sowie der Bekämpfung zunehmender Kriminalität, die dringend benötigte Auslandsinvestitionen gefährdete, höchste Priorität ein.

Mit der Wahrheits- und Versöhnungskommission wurde ein wichtiger Schritt getan, um auf beiden Seiten – vor allem aber bei der schwarzen Bevölkerung – die Wunden zu schließen, die die Zeit der Apartheid hinterlassen hat. Nach der Aufarbeitung der Vergangenheit ermöglichte sie den Weg in eine gemeinsame Zukunft.

Im Juni 1999 wurde *Mandelas* „Kronprinz" *Thabo Mbeki* in den 2. freien Wahlen am 2. Juni 1999 zu dessen Nachfolger gewählt und bei den Parlamentswahlen am 14. April 2004 durch eine Zweidrittelmehrheit für den ANC im Amt bestätigt. Auch bei den Kommunalwahlen im März 2006 siegte der ANC haushoch, obwohl zuvor die Verwicklung von Vizepräsident *Jacob Zuma* in eine Korruptionsaffäre die Partei geschädigt hatte. Dem ANC machte auch die anhaltende Armut un-

Thabo Mbeki, Südafrikas zweiter schwarzer Präsident (historisches Foto)

ter der schwarzen Bevölkerung zu schaffen. So warteten in der Kleinstadt Ehlanzeni zwei Drittel der Haushalte auf sani-

Mbeki als neuer Präsident täre Anlagen, während der Stadtdirektor 170.000 € im Jahr verdient hat – mehr als der Präsident. Den ANC-Funktionären wurde Selbstbereicherung vorgeworfen. Im Jahr 2005 wurden deswegen mehr als 200 Unruhen und Protestaktionen gezählt (*Die Zeit*, Feb. 2006). Andererseits begünstigte Südafrikas stabile Wirtschaftslage *Mbekis* Erfolgskurs. In seiner letzten Amtszeit widmete sich der Premier vornehmlich der Bekämpfung der anhaltend hohen Arbeitslosigkeit (Schätzungen gingen bis zu 40 %, die offizielle Zahl lag

info | Die südafrikanische Flagge

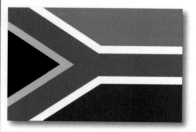

Am 26. April 1994, exakt eine Minute vor Mitternacht, wurde in ganz Südafrika die bisherige Nationalflagge eingeholt. 2 Minuten später, am 27. April, wurde die neue Nationalflagge gehisst. Die Wahl ihres Designs – es lagen über 7.000 Vorschläge vor – wurde damit begründet, dass darin das Bemühen um Einheit und Versöhnung besonders deutlich zum Ausdruck komme. Zumindest einige der sechs Farben sind auch in den Symbolen aller südafrikanischen Parteien wiederzufinden. Darüber hinaus wurde beschlossen, dass Südafrika während der Übergangsperiode zwei Nationalhymnen haben soll: „Die Stem" und „Nkosi Sikelel' iAfrika" (= Gott segne Afrika).

bei 26 %). Kritiker warfen ihm vor, eine unzureichende Bildungs- und Gesundheits- *Hohe*
politik zu betreiben – Hilfsorganisationen gingen davon aus, dass, entgegen niedrigerer *Arbeits-*
Statistiken, jeder vierte erwachsene Südafrikaner HIV-positiv ist. *losigkeit*

Südafrika heute
(S. Althoff)

Im September 2008 trat *Mbeki* als Präsident zurück. Ihm wurde vorgeworfen, er habe
das Gerichtsverfahren des ANC-Vorsitzenden *Jacob Zuma* beeinflusst. Dieser war wegen
Korruption angeklagt. Die Machtkämpfe zwischen *Mbeki* und *Zuma* und weitere poli-
tische Spannungen innerhalb des ANC führten im Dezember 2008 zur Abspaltung des
Congress of the People vom ANC. Bis zu den Wahlen im April 2009 wurde *Kgalema
Motlanthe* als Interimspräsident eingesetzt, seit Mai 2009 ist *Zuma* Präsident Südafrikas.

Mit dem starken Willen, das Land zu einem Vorbild von Einheit, Frieden, Aufbau und
Wachstum für die Welt zu machen, muss sich Südafrika nun neuen Problemen stellen.
Die soziale, wirtschaftliche und politische Trennung gehört formal der Vergangenheit
an und die Kinder Südafrikas wachsen in einem neuen Bewusstsein von Gemeinsam-
keit auf. Hier und da spukt immer noch altes Gedankengut herum, aber die Mehrheit
der Südafrikaner setzt sich aktiv und sehr bewusst damit auseinander.

Neben wirtschaftlichen und sozialen Problemen stellt die **HIV/AIDS-Epidemie** ei- *AIDS als*
ne Herausforderung ganz besonderer Art an Südafrika. Statistiken aus dem Jahr 2009 *größtes*
zeigen, dass fast 11 % der erwachsenen Südafrikaner mit dem Virus infiziert sind, in man- *Problem*
chen Regionen sind es sogar mehr als 50 %. Neben der menschlichen Tragödie stellt
dies auch ein immenses wirtschaftliches Problem dar, da die meisten Betroffenen im arbeitsfähigen Alter sind. Ein wichtiger Teil der Arbeitskraft Südafrikas stirbt an AIDS-be-
dingten Krankheiten und jeden Tag kommen fast 2.000 neue Infektionen hinzu. Eine ganze Generation von Kindern wächst als AIDS-Waisen auf. Die Regierung hat bisher eine sehr umstrittene AIDS-Politik vertreten und dafür weltweite Kritik hinnehmen müssen. Ein Kurswechsel ist dringend vonnöten, und durch hohe Investitionen und große
Kampagnen wächst in der Bevölkerung langsam das Bewusstsein, sich vor HIV/AIDS zu
schützen.

Politisch hat sich Südafrika zum stabilsten Land auf dem afrikanischen Kontinent ent- *Stabile*
wickelt und agiert heute als **führende Nation und Sprecher Afrikas.** Die politische *politische*
Instabilität des Nachbarlandes Zimbabwe bringt jedoch unvermeidbare Konsequenzen *Verhält-*
für Südafrika mit sich. In diesem Konflikt befindet sich Südafrika in einem Dilemma: Zim- *nisse*
babwe war nicht nur wirtschaftlicher Partner, sondern auch Anti-Apartheidfreund. Sich
offen gegen Zimbabwe und seinen Präsidenten *Robert Mugabe* zu stellen, würde bedeuten, diesen alten Bund von Loyalität und Beistand im Stich zu lassen. Sich aber auf *Mu-
gabes* Seite zu stellen, wirft ein schlechtes Licht auf Südafrika.

Die wirtschaftliche Hauptarbeit besteht in der Schaffung von Arbeitsplätzen. Nur dadurch kann die immer noch hohe Armut und **Kriminalität** bekämpft werden. Jedoch
tragen die beiden oben genannten Probleme nicht unbedingt dazu bei, ausländische In-

info

Die FIFA Fussball-Weltmeisterschaft™ 2010 in Südafrika

Mit Südafrika ist 2010 zum ersten Mal ein afrikanisches Land Gastgeber der FIFA Fussball-Weltmeisterschaft™ (WM). Diese Entscheidung der FIFA (Fédération Internationale de Football Association; Weltfußballverband) bedeutet eine hohe – und längst überfällige – **Anerkennung** der großen sportlichen Erfolge des (süd)afrikanischen Fußballs. So war die südafrikanische Nationalmannschaft, die von ihren Fans liebevoll Bafana Bafana („die Jungs") genannt wird, 1996 Afrikameister und qualifizierte sich 1998 und 2002 für die WM.

Für die WM wird in ganz Südafrika gebaut: Das **Straßennetz** und die gesamte Infrastruktur (Bus- und Eisenbahnverbindungen) werden ausgebaut, neue Hotels errichtet und neue, kilometerlange Glasfaserkabel gelegt – um Internetzugang über weite Teile des gesamten Kontinents zu ermöglichen.

In den neun WM-Städten werden neue **Stadien** gebaut oder die bestehenden ausgebaut: Bloemfontein, Durban, Johannesburg (mit gleich zwei Stadien), Kapstadt, Nelspruit, Polokwane, Port Elizabeth/Nelson Mandela Metropole, Pretoria/Tshwane und Rustenburg sind die Austragungsorte der WM.

Das Soccer-City-Stadion in Johannesburg, dessen Fassade einem afrikanischen Tongefäß nachempfunden ist, ist das Hauptstadion der WM: es fasst bis zu 95.000 Besucher! Das Dach des King-Senzangakhona-Stadions in Durban ist sicherlich noch spektakulärer: In 100 m Höhe überspannen zwei Stahlbögen das Stadion. In Kapstadt wird das alte Green-Point-Stadion durch einen neuen Stadionkomplex ersetzt. Auch in Nelspruit und Port Elizabeth/Nelson Mandela Metropole werden komplett neue Stadien errichtet.

Fans der südafrikanischen Fußballnationalmannschaft (Bafana Bafana)

Im Zuge der Vorbereitungen für die WM 2010 bemüht sich Südafrika auch darum, zwei große **Probleme** des Landes in den Griff zu bekommen: die hohe Kriminalitätsrate und die Energieversorgung. 41.000 Sicherheitsbeamte werden während der WM eingesetzt. Außerdem investiert die südafrikanische Regierung 115 Millionen Euro zusätzlich in die Bundespolizei SAPS (South African Police Service). Da durch den wirtschaftlichen Aufschwung in den letzten Jahren der Strombedarf gestiegen ist, kommt es seit 2008 immer wieder zu Stromausfällen. Der Bau weiterer Kraftwerke ist geplant. Für die WM wird zusätzlicher Strom u. a. aus Österreich geliefert.

vestoren nach Südafrika zu locken. Das macht den Rand als Währung nicht stärker, sehr zum Leidwesen der Bevölkerung und zur Freude der Touristen. Aber Südafrika ist fest entschlossen, ein investitionsfreundliches Klima zu schaffen.

Ein weiterer Versuch, das Land und den Kontinent in den Augen der Welt zu stärken, war 2001 die Gründung von **NEPAD** (The New Partnership for Africa's Development). Der frühere Präsident *Mbeki* hat richtig erkannt, dass Afrika nicht einfach nur finanzielle Hilfe der westlichen Welt erwarten kann, sondern sich die wirtschaftliche Unterstützung verdienen muss, indem es sich zu Demokratie und Menschenrechen bekennt. Auch hier hat Südafrika eine Führungsrolle eingenommen und ist Vorbild für viele andere afrikanische Nationen.

Insgesamt hat das Leben der Südafrikaner eine relativ stabile Normalität erreicht. Die Menschen sind voller Enthusiasmus und Visionen und der immer stärker wachsende Tourismus zeugt davon, dass auch Besucher aus aller Welt sich davon anstecken lassen. Vorausgesetzt Südafrika arbeitet weiterhin hart an der Bekämpfung von Armut und Kriminalität, hat es sicher die Chance auf eine gute und sichere Zukunft. Am Willen dazu mangelt es sicher nicht.

Hoffnung für die Zukunft

Geografischer Überblick

Kernraum des Subkontinents Südliches Afrika ist die Republik Südafrika mit 1.221.037 km². Damit ist Südafrika mehr als dreimal so groß wie Deutschland. Vom Grenzfluss Limpopo im Norden bis zur Südspitze am Kap Agulhas beträgt die Entfernung etwa 2.500 km, was einer Entfernung von Aachen bis nach Moskau entspricht. Vom westlichen Teil am Atlantik (Oranjemündung) bis zur Kosi Bay am Indischen Ozean sind es 2.000 km. Von Tshwane/Pretoria nach Kapstadt (= die Route des Blue Train) sind es 1.500 km, was einer Entfernung von Hamburg bis Neapel entspricht (Überblick über die 9 Provinzen s. S. 19).

Große räumliche Distanzen

Kein Wunder, dass Südafrika auch aufgrund der großen räumlichen Distanzen eine Vielzahl unterschiedlicher Landschaften, Klimate und Vegetationszonen aufweist.

Klima

Übersicht

Wenn man „Afrika" hört, dann stellen sich in Bezug auf das Klima bestimmte Assoziationen ein. Man denkt an unerträgliche Hitze, Schwüle oder andere unangenehme meteorologische Erscheinungen. Nun, auf Südafrika treffen solche Vorannahmen nur bedingt zu. Wer ahnt schon, dass das Kapland ein Klima aufweist, das sich am ehesten mit dem der Mittelmeerländer vergleichen lässt?

Andere Teile – wie die Natal-Küste und Limpopo – sind subtropisch geprägt. Das Binnenklima des südafrikanischen Hochlandes ist dagegen trocken und sonniger.

Beeindruckende Landschaft bei Franschhoek

Entgegen-gesetzte Jahreszeiten

Da Südafrika auf der Südhalbkugel liegt, sind die **Jahreszeiten entgegengesetzt** zu unseren. Seine Lage reicht bis zum 34. Grad südlicher Breite. Dabei ist die südlichste Spitze nicht etwa das Kap der Guten Hoffnung, sondern das Kap Agulhas. Die nördlichen Teile Südafrikas reichen bis zum 22. Grad südlicher Breite. Zum Vergleich: Johannesburg liegt auf einer ähnlichen Breite wie die Kanarischen Inseln oder Brisbane in Australien. Kapstadt kann man was seine Breitenlage angeht mit Casablanca oder Perth in Westaustralien vergleichen.

Obwohl das Land insgesamt zum Klimabereich der Subtropen gehört, gibt es große regionale Unterschiede, die insbesondere von folgenden Faktoren abhängen:
- der Höhenlage eines Gebietes,
- der Nähe zu den Meeren und
- den unterschiedlich temperierten Meeresströmen.

Temperaturen

Hier spielt zunächst einmal die extreme Höhenlage der meisten Gebiete Südafrikas eine Rolle. Man denke z. B. an die Höhenlage folgender Städte: **Johannesburg**: 1.753 m, **Tshwane/Pretoria**: 1.365 m, **Kimberley**: 1.223 m. Deshalb sind in der Regel die südafrikanischen Temperaturen niedriger als in Gebieten vergleichbarer Breitenlage. Das sollte man wissen, wenn man in der winterlichen Trockenzeit einen Aufenthalt z. B. in Johannesburg plant: Während am Tage die Temperaturen in der Sonne auf über 20 °C steigen können, sinkt das Thermometer in klaren Nächten u. U. auf Temperaturen weit unter dem Gefrierpunkt ab. Eine überraschende Erfahrung für Reisende, die das erste Mal in solche Regionen kommen.

Die kältesten Gebiete liegen naturgemäß dort, wo das Binnenplateau am höchsten ist. Die niedrigste je gemessene Temperatur liegt bei -14,7 °C (Carolina in Mpumalanga). In den tiefer gelegenen Gebieten kommt der Breiteneinfluss voll zur Geltung. Insbesondere am Unterlauf des Oranje sowie im Lowveld, dem tief gelegenen Teil Transvaals, werden oft Temperaturen von über 38 °C gemessen. Die höchste Temperatur wurde gar mit 47,8 °C (in Komatipoort) registriert.

Sehr unterschiedliche Temperaturen

Bemerkenswerterweise nehmen die Temperaturen von Süd nach Nord – also in Richtung Äquator – **nicht** zu. Der Grund dafür liegt in der Tatsache begründet, dass das südafrikanische Plateau Richtung Nordosten an Höhe zunimmt, und dieser Umstand gleicht die Wirkung der geografischen Breite weitgehend aus. So hat Kapstadt mit 17 °C Jahresdurchschnittstemperatur einen vergleichbaren Wert wie das viel weiter nördlich gelegene Tshwane/Pretoria mit 17,5 °C.

Die Küstenregionen ihrerseits werden von zwei unterschiedlich temperierten Meeresströmen stark beeinflusst. An der Küste des Indischen Ozeans fließt der aus Äquatorbreiten kommende warme Agulhas-Strom, während an der Westküste der kalte, von der Antarktis kommende Benguela-Strom entlangfließt. Daher sind die Temperaturen der Westküste wesentlich niedriger als die an der Ostküste. Durban (Ostküste), das auf vergleichbarer Breite mit Port Nolloth (Westküste) liegt, hat eine um 7 °C höhere Jahresdurchschnittstemperatur! Wie stark die Temperatur dieser beiden Meeresströme differiert, wird am Beispiel der Kap-Halbinsel deutlich: Die Jahresdurchschnittstemperatur bei Muizenberg/False Bay beträgt aufgrund des Agulhas-Stroms 16,6 °C, die bei Kapstadt aufgrund des Benguela-Stroms nur 12,8 °C.

Frost kommt, wie schon erwähnt, nur in den inländischen, hoch gelegenen Regionen vor. Die Küste dagegen ist frostfrei.

Luftfeuchtigkeit

Die Hochplateau-Landschaften Südafrikas haben eine sehr geringe Luftfeuchtigkeit. Insbesondere im Westen ist es sehr trocken. Die Küstenregionen weisen dagegen ein feuchteres Klima auf. An der wärmeren Ostküste ist es vor allem während der Sommerzeit zeitweise schwül (85–95 % Luftfeuchtigkeit). An der kühlen Westküste ist es besonders im Sommer nebelig. Dies ist dadurch bedingt, dass warme, feuchte Luft – aus dem Osten kommend – über dem kalten Benguela-Strom abkühlt und kondensiert.

Geringe Luftfeuchtigkeit und…

Niederschläge

Insgesamt betrachtet ist Südafrika ein äußerst niederschlagsarmes Gebiet. Dazu einige Fakten:

Der **Durchschnittsniederschlag** beträgt nur 464 mm pro Jahr. Zum Vergleich: Köln 696 mm, München 904 mm. Wenn man bedenkt, dass die Verdunstung im wärmeren Südafrika viel höher ist als bei uns, kann man sich vorstellen, dass der Regen in vielen Regionen nicht ausreicht. Klimatologen bezeichnen Südafrika als ein arides Land, weil in den meisten Regionen die Niederschlagsmenge geringer ist als die Verdunstungsmenge.

…niederschlagsarm

- 21 % Südafrikas haben weniger als 200 mm Regen im Jahr.
- 48 % erreichen Werte zwischen 200–600 mm im Jahr.
- 31 % erhalten mehr als 600 mm pro Jahr.

Insgesamt erhalten 65 % des Landes weniger als 500 mm pro Jahr. Das bedeutet, dass in diesen Regionen Anbau nur mit Hilfe von Bewässerung möglich ist.

Die **Verteilung der Niederschläge** zeigt einige Gesetzmäßigkeiten. So nimmt der Niederschlag auf dem Binnenplateau von Osten nach Westen ab. Die vom Indischen Ozean kommenden feuchten Luftmassen regnen sich zum großen Teil an der östlichen Randstufe ab und werden umso trockener, je weiter sie nach Westen gelangen. Deshalb liegen die regenärmsten Gebiete der Republik an der Westküste (hier zum Teil weniger als 50 mm Niederschlag pro Jahr).

Die **meisten Niederschläge** erhält Südafrika dort, wo ostwärts exponierte Gebirgshänge über die Küstenebenen hinausragen. So sind besonders regenreich die östlichen Abhänge der Kapberge, der Drakensberge und der Randstufe von Mpumalanga, also die sog. Luv-Seiten. Im südwestlichen Kapland werden Extremwerte von bis zu 3.200 mm Niederschlag erreicht, an der Randstufe von Mpumalanga durchschnittlich 2.088 mm pro Jahr. Die Gebirgsseiten im Windschatten (Lee-Seiten) dagegen sind wesentlich trockener.

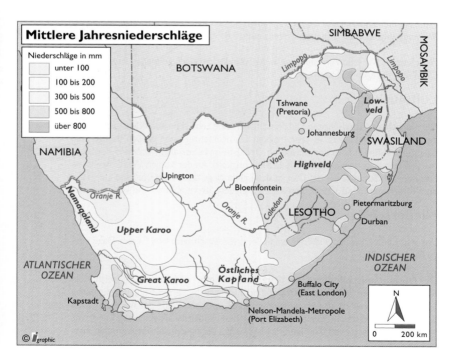

Mittlere Jahresniederschläge

Niederschläge in mm

- unter 100
- 100 bis 200
- 300 bis 500
- 500 bis 800
- über 800

SIMBABWE
MOSAMBIK
BOTSWANA
Limpopo
Limpopo
Tshwane (Pretoria)
Low-veld
Johannesburg
SWASILAND
NAMIBIA
Vaal
Highveld
Upington
Bloemfontein
Oranje R.
Oranje R.
Caledon
LESOTHO
Pietermaritzburg
Namaqaland
Durban
Upper Karoo
ATLANTISCHER OZEAN
INDISCHER OZEAN
Great Karoo
Östliches Kapland
Buffalo City (East London)
Kapstadt
Nelson-Mandela-Metropole (Port Elizabeth)
N
0   200 km

© graphic

In den meisten Regionen Südafrikas fällt der Hauptanteil an Regen in der Sommerzeit, zumeist in heftigen Niederschlägen am Nachmittag. Einzige Ausnahme hierbei bildet das Winterregen-Gebiet an der West- und Südwestküste des Kaps. Hier fällt der meiste Niederschlag im Winter. Doch alle Angaben bezüglich der Niederschlagsmengen sind langjährige Durchschnittswerte. Dürreperioden sind für subtropische Bereiche wie Süd- *Dürre-* afrika leider typisch. Am wahrscheinlichsten sind lange Trockenzeiten in den ohnehin *perioden* niederschlagsarmen Gebieten, also im Westen. Die niederschlagssichersten Gebiete liegen in den östlichen Teilen des Plateaus, in Natal, an der Ost- und Südküste sowie im südwestlichen Kapland.

Schnee fällt nur in extrem hohen Gebirgslagen der Drakensberge (im Durchschnitt fünf-mal jährlich in den Wintermonaten Juni bis August) und – seltener – am Witwaters-rand oder bei Kapstadt. Lohnende Ski-Abfahrten sind daher die Ausnahme...

Sonnenschein-Dauer

Südafrika ist ein ausgesprochen sonnenscheinreiches Land. Mehrere Monate strahlt in der winterlichen Trockenzeit über dem Hochland der stahlblaue Himmel. Aber auch im Sommer, wenn die meisten Niederschläge fallen, beschränkt sich der Regen auf kur- *Sonnen-* ze, aber ergiebige Gewittergüsse. Die Küsten sind sonnenreicher als diejenigen so be- *reiches* kannter Badeparadiese wie Hawaii und der Bahamas. Dabei muss man bedenken, dass *Land* trotz des „Sonnenreichtums" die Temperaturen für Europäer immer gut verträglich blei-ben. Entnehmen Sie folgender Tabelle die **Durchschnitts-Sonnenscheinstunden pro Tag**:

	Kapstadt	Durban	Johannes-burg	Kruger Nat. Park	Bahamas
Januar	11,2	6,5	8,3	7,0	7,2
Februar	11,1	6,7	8,1	7,5	7,9
März	9,7	6,8	7,9	7,3	8,4
April	8,0	7,0	7,9	7,0	8,9
Mai	6,5	7,1	8,7	7,9	8,5
Juni	5,9	7,5	8,7	7,6	7,5
Juli	6,5	7,5	9,1	8,0	8,9
August	6,8	7,4	9,9	8,1	8,5
September	7,9	6,4	9,5	7,7	7,1
Oktober	9,0	6,0	8,9	6,9	6,7
November	10,6	6,2	8,3	6,0	7,4
Dezember	11,2	6,5	8,4	6,6	7,1

Gewässer

von Dr. Karl-Günther Schneider

Längster
Fluss
Südafrikas
Der längste Strom Südafrikas (1.860 km) ist der **Oranje.** Er ist der kleinste unter den fünf großen Strömen, die den afrikanischen Kontinent über 100 km durchziehen. Er durchquert mit seinem einzigen größeren Nebenfluss, dem Vaal, den Subkontinent in südwestlicher Richtung. Beide Flüsse haben ihre Quellgebiete am regenreichen Ostrand des Hochlandes und durchfließen als Fremdlinge weite Trockengebiete, bis schließlich der Oranje das große zentrale Becken (Kalahari) und die westliche Randstufe durchbricht.

Über die Augrabies-Fälle bei Upington/Kakamas stürzt der Strom über 160 m in eine nur schwer zugängliche Klamm. Es beginnt der Unterlauf (ca. 500 km) mit einer Schluchten- und Kataraktenstrecke. Sandbarrieren sperren oft über mehrere Monate lang die Mündung in den Atlantischen Ozean. Infolge der reichen Niederschläge im Quellgebiet führt der Oranje auch in trockenen Jahren im Unterlauf ständig Wasser. Er ist ein Fremdlingsstrom wie der Nil. In der Regenzeit, während des Sommers, kommt aber das Hundertfache der Wassermenge der Trockenzeit herab. Mehrere Staudämme fangen das Hochwasser auf und regulieren den Wasserstand. Nur die notwendigen Wassermengen lässt man frei passieren.

Der Limpopo-Grenzfluss im Norden von Gauteng hat sein Einzugsgebiet im Hochland und kann als kleiner Strom noch die Randschwelle nach Osten, zum Indischen Ozean hin, durchbrechen. Eine Anzahl weiterer Flüsse entspringt an der feuchten Randstufe oder in den Kapketten, wobei der Kei-, der kapländische Olifant- und der Fisch-Fluss sowie Unzimkuli, Tugela-, Buffalo-River, Gr. Letaba und Crocodile-River die bekanntes-
Talsperren
und
Pfannen
ten sind. Kein Fluss ist schiffbar. Für die zahllosen künstlich angelegten „Dämme" (Talsperren), die der Trinkwasserversorgung, als Bewässerungsanlagen oder zur Bodenkonservierung dienen, sind sie aber von entsprechender Bedeutung.

Südafrikas stürmische wirtschaftliche Entwicklung scheint in letzter Konsequenz vielleicht durch einen Naturfaktor begrenzt zu sein, nämlich durch das zur Verfügung stehende Wasser. Der Gesamtniederschlag, der ohnehin recht dürftig ist, wird nur zu 9 % ins Meer getragen (Weltdurchschnitt: 31 %). Die Gründe dafür sind:
* die ungewöhnlich hohe Verdunstung und
* sandige Böden (besonders in der Kalahari und im Sandveld/Westküste).

Beim Durchreisen des Landes fällt dem Besucher auch die Seen-Armut auf. Am Indischen Ozean liegen Süßwasserlagunen bei Wilderness, St. Lucia, Sibaya und Kosi. Im trockenen Westen gibt es eine große Zahl von „Pfannen": das sind sehr seichte Wasserflächen, die zum großen Teil während der Trockenzeit völlig austrocknen, während Salzkonzentrate zurückbleiben. Das Grundwasser deckt nur zu 10 % den Wasserbedarf. Mittels tiefer Bohrlöcher – insbesondere im Landesinneren – kann die Wasserversorgung aufrechterhalten werden. Leider verfügt Südafrika auch nur über wenige artesische Quellen. Viele Bohrlöcher liefern aber nur salzhaltiges Wasser, dessen Verwertbarkeit stark eingeschränkt ist.

Großlandschaften und geologische Entwicklung

Die Geologie eines Landes ist ein Sachgebiet, das oft nur für Fachleute von Interesse und Bedeutung ist. Doch gerade wenn man sich mit Südafrika auseinandersetzt, sollte man die wesentlichen geologischen Bedingungen kennen. Das Land genießt eine sehr hohe montanwirtschaftliche Bedeutung! Der Bergbau ist die Folge der urzeitlichen geologischen Vorgänge.

Südafrika ist geologisch betrachtet eine **uralte Landmasse**. Die Basis bildet ein Grund- *Uralte* gebirge, zu dessen ältesten Schichten die fossilen Goldeinlagerungen des Witwaters- *Landmasse* rand gehören. Diese Formationen sollen ein Alter von bis zu 3,1 Milliarden Jahren haben (präkambrische Zeit). Im Süden finden wir Schichten, die teils während Landphasen, teils bei Meeresüberflutungen abgelagert wurden. Vor etwa 350 Millionen Jahren (im Oberkarbon) wurden diese Gesteine gefaltet. Der Nordosten Südafrikas begann in dieser Zeit sich zu senken: riesige, bis zu 7.000 m mächtige Schichten lagerten sich hier vor 350 bis 180 Millionen Jahren ab (Oberkarbon bis Trias). Diese „Karoo"-Schichten (meist Schiefer und Sandsteine) füllen ein 600.000 km² deckendes und 1.300 km langes Becken aus, das von Südwesten nach Nordosten verläuft.

Vor etwa 70 Millionen Jahren (Tertiär) erfolgte im Zuge weltweiter Gebirgsbildungen (Alpen, Rocky Mountains) auch in Südafrika die Heraushebung der das Binnenland umgebenden Randschwellengebirge, auch **Great Escarpment** genannt. Diese Gebirge, zu denen auch der Drakensberg gehört, weisen die höchsten Höhen auf (3.482 m). Vor

Bourke's Luck Potholes an der Panorama Route

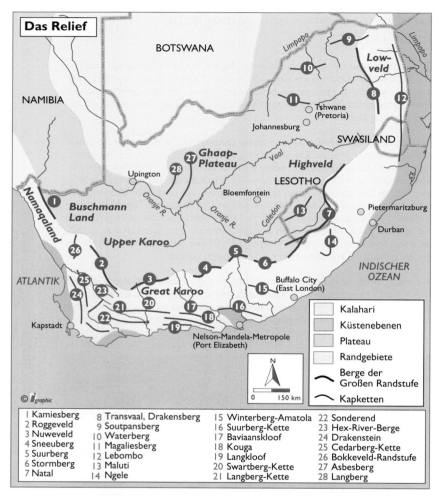

Das Relief

BOTSWANA

NAMIBIA

Low-veld

9

10

8

12

11

Tshwane
(Pretoria)

Johannesburg

SWASILAND

Ghaap-Plateau

27

28

Upington

Vaal

Highveld

LESOTHO

Bloemfontein

Oranje R.

Oranje R.

Caledon

13

7

Pietermaritzburg

Durban

1

Buschmann Land

Namaqualand

Upper Karoo

26

2

5

4

6

14

INDISCHER OZEAN

ATLANTIK

25

24

23

3

Great Karoo

20

21

22

17

16

18

19

Buffalo City
(East London)

15

Kapstadt

Nelson-Mandela-Metropole
(Port Elizabeth)

© *i graphic*

N

0   150 km

| Kalahari |
| Küstenebenen |
| Plateau |
| Randgebiete |
| Berge der Großen Randstufe |
| Kapketten |

1 Kamiesberg	8 Transvaal, Drakensberg	15 Winterberg-Amatola	22 Sonderend
2 Roggeveld	9 Soutpansberg	16 Suurberg-Kette	23 Hex-River-Berge
3 Nuweveld	10 Waterberg	17 Baviaanskloof	24 Drakenstein
4 Sneeuberg	11 Magaliesberg	18 Kouga	25 Cedarberg-Kette
5 Suurberg	12 Lebombo	19 Langkloof	26 Bokkeveld-Randstufe
6 Stormberg	13 Maluti	20 Swartberg-Kette	27 Asbesberg
7 Natal	14 Ngele	21 Langberg-Kette	28 Langberg

etwa 1 Million Jahren wurden diese Gebiete nochmals en bloc angehoben. Zum Teil drang aufgrund der Erdkrustenbewegung auch Magma in Form von Vulkanen nach oben. Das von diesen Randgebirgen eingeschlossene Binnenhochland ist auf der Grundlage des schon erwähnten präkambrischen Massivs entstanden. Hier senkte sich vor 600 bis 500 Millionen Jahren das Land teilweise, insbesondere im Gebiet der Kalahari, des Oranje und in Transvaal. Diese Senken wurden in der Folgezeit wieder zugeschüttet.

Präkambrisches Massiv

Mit Ausnahme der Bergwelt von Lesotho und des Drakensberg-Massivs waren die Bewegungen der Erdkruste selten von Vulkanausbrüchen begleitet. Eine Sonderform des Vulkanismus bilden die vulkanischen Explosionsröhren, die in der Erd-Urzeit vor etwa

1,2 bis 3 Milliarden Jahren und dann später vor etwa 180 bis 135 Millionen Jahren (Jura) die Erdkruste durchschlagen haben. In der letzteren Periode entstanden die **Diamantlager** von Kimberley.

All die geschilderten geologischen Vorgänge bewirkten die Entstehung der heutigen Großlandschaften Südafrikas. Kein anderer Teil des Kontinents zeigt in seinem Aufbau eine so große Einfachheit:

▶ **Das Binnenhochland**: Es liegt, mit Ausnahme des abflusslosen Kalahari-Beckens, etwa 1.000 bis 1.700 m hoch. Der Untergrund dieses Hochlandes ist aufgefüllt mit Gesteinsmaterial, das von den Randgebirgen hineintransportiert wurde.

▶ **Die Randschwellengebirge**: Allmählich steigt das Hochland an und erreicht in den umgebenden Randgebirgen Höhen von fast 3.500 m.

▶ **Das Küstenvorland**: Dieses ist im Vergleich zur Gesamtfläche Südafrikas sehr schmal.

Vereinfacht kann man sich die Oberflächengestalt Südafrikas wie eine Schüssel vorstellen.

Diese geologischen Vorgänge haben Folgen für den Menschen:

▶ Der geologische Werdegang Südafrikas beschert dem Land die **Vielzahl und den Reichtum an Bodenschätzen**.

▶ Die Ausbildung der Großlandschaften (Küstenvorland – Randgebirge – Binnenhochland) verursacht **spezifische Klimagegebenheiten**. Hierbei fungieren die Randgebirge als Regenfänger (insbesondere im Osten), während das umschlossene Binnenhochland ein trockenes Klima aufweist.

▶ Die Nähe von Küste und Randgebirge macht gerade diese Regionen für den Menschen reizvoll. Hier liegen die **herausragenden Feriengebiete** des Landes. Die Randgebirge üben besonders dort, wo sie steil und schroff sind, einen außerordentlichen landschaftlichen Reiz aus (z. B. Drakensberg).

Reizvolle Landschaften

Pflanzenwelt

von Dr. Karl-Günther Schneider

Überblick

Mit über 22.000 Pflanzenarten ist Südafrikas Flora nicht nur sehr vielfältig, sondern auch überwältigend schön. Durch die unterschiedlichen klimatischen Voraussetzungen verändert sich das Landschaftsbild oft dramatisch. Vom typischen Fynbos (holländisch: Feiner Busch) im Kapland, über dichten Wald an der Garden Route bis hin zu Dornbüschen und Akazien in der trockenen Savannenlandschaft im Norden sind alle Vegetationsformen vertreten. Zu den besonders schönen Landschaften zählen die Kapflora und das Namaqualand, das sich zur Regenzeit in einen endlosen Blütenteppich verwandelt.

Überwältigende Flora

Entsprechend den klimatischen Bedingungen (Regenfall) und den Bodenverhältnissen Südafrikas bedecken regengrüne Gehölze (Ostseite), Grasfluren (Hochveld) und Hartlaubgewächse (Kapland) den größten Teil des Subkontinents. Bei der Einteilung der Pflan-

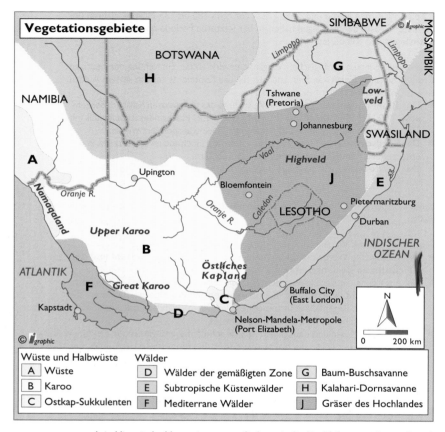

Vegetationsgebiete

SIMBABWE

MOSAMBIK

BOTSWANA

Limpopo

G

H

Low-
veld

NAMIBIA

Tshwane
(Pretoria)

Johannesburg

SWASILAND

A

Upington

Vaal

Highveld

J

E

Oranje R.

Bloemfontein

Namaqaland

Oranje R.

Caledon

LESOTHO

Pietermaritzburg

Durban

Upper Karoo

B

INDISCHER
OZEAN

ATLANTIK

F

*Östliches
Kapland*

Great Karoo

Buffalo City
(East London)

Kapstadt

D

C

Nelson-Mandela-Metropole
(Port Elizabeth)

© *graphic*

N

0   200 km

Wüste und Halbwüste	Wälder	
A Wüste	**D** Wälder der gemäßigten Zone	**G** Baum-Buschsavanne
B Karoo	**E** Subtropische Küstenwälder	**H** Kalahari-Dornsavanne
C Ostkap-Sukkulenten	**F** Mediterrane Wälder	**J** Gräser des Hochlandes

zenwelt in klimatische Vegetationszonen finden wir die für Afrika so wichtigen Begriffe Dorn-, Trocken- und Feuchtsavanne auch hier wieder. Eine Trockenzeit von 2,5–4 Monaten lässt noch eine Feuchtsavanne zu. Bei einer Trockenzeit von 5–7,5 Monaten tritt nur noch die Trockensavanne auf, die sich bei einer noch längeren Trockenheit in eine Dornsavanne verwandelt. Sind mehr als 10 Monate des Jahres regenlos, so gehen die Savannen (Grasländer) in die Halbwüste oder sogar in die Vollwüste über. Vorausgesetzt ist hierbei, dass der Mensch nicht in den natürlichen Wasserhaushalt eingreift und durch Anlegen von Bewässerungsanlagen kleinräumige Klimaänderungen vornimmt. Unter diesen Bedingungen lässt sich das Pflanzenkleid Südafrikas in mehrere großräumige Einheiten aufteilen.

Wald

Neben dem immergrünen Regenwald bei George-Knysa-Humansdorp im Süden sind noch kleinere Gebiete an den Südseiten (Luv) der einzelnen küstennahen Kapketten

(Lange-, Outenikwa-Berge) mit Feuchtwäldern bestanden. Typische Vertreter sind Yellowwood, Ironwood, Kiaat und Stinkwood – Hölzer, die oft zur Möbelherstellung dienen. Auch kann es in der Nebelregion und im oberen Teil der Engtäler der „Großen Randstufe" von Mpumalanga und in KwaZulu-Natal zu geschlossenem Baumwuchs kommen. Im Norden der Republik begleiten oft Uferwälder, in denen Akazien sowie Weiß- und Kameldorn vorherrschen, die Flüsse.

Regen- und Feuchtwälder

Die Gesamtfläche dieser natürlichen Waldgebiete, meist in Staatsbesitz, wird mit 2,6 Mio. ha angegeben. Auch zusammen mit den 1.173.000 ha angepflanzten Baumbeständen (Wattle, Pinusarten, Eukalyptus) macht die gesamte Waldfläche der Republik nur knapp 1 % des Staatsgebietes aus (in Kanada 27 %). Der Mopane-Trockenwald und in den trockenen Zonen der Mopane-Busch mit dem für diese Vegetation typischen Affenbrotbaum (Baobab) dominieren in den Gebieten mit weniger Feuchtigkeit (Limpopo). Auffallend ist der **Fevertree**, der in malariaverseuchten Sumpfgebieten zu Hause ist.

Die zahlreichen Aloe- oder Liliengewächse und Euphorbienarten, die u. a. mit ihrem charakteristischen „Schopf" über 1,80 m hoch werden können, lieben die Trockenheit und finden ihre Verbreitung vom Südende der Namib bis in die Great Karoo. In der „Großen Karoo" (Karoo, ein Nama-Wort für trocken, unfruchtbar) fallen weniger als 300 mm Regen – meist periodisch – im Jahr. Das Pflanzenkleid besteht nur noch aus kniehohen, schütter verteilten Büschen.

„Zaubergarten"

In der „Oberen Karoo" bei Calvinia-Ceres und in der südlichen „Kleinen Karoo" überwiegen noch die Sukkulenten, die bei zunehmender Höhe und infolge der Nachtkälte immer seltener werden. Ihre Stelle nehmen kniehohe, verkrüppelte Büsche ein, die nicht wie die Sukkulenten für längere Zeit Wasser speichern können. Einem unaufmerksamen Beobachter erscheinen sie als verdorrt. Wundervoll ist es aber, nach einem Regen zu erleben, wie diese Pflanzen und auch einige Zwiebelgewächse sich über Nacht ein grünes Kleid zulegen und in wenigen Tagen Blüten treiben.

Die Karoo wird zu einem zauberhaft prächtigen Garten, der nur von den Botanischen Gärten Kirstenbosch/Kapstadt und Karoo-Garten/Worcester in der Vielfalt ihrer Gewächse übertroffen wird. Besuche beider Gärten zählen für Naturfreunde zu den schönsten Eindrücken einer Südafrikareise.

Zauberhafte Gärten

Kapflora

In den eigentlichen Winterregengebieten (Helena-Bay, Port Elizabeth) ähnelt die Flora den Formen am europäischen Mittelmeer und in den Atlasländern (Kapmacchie). Die Kapflora ist zwar ärmer an Bäumen, aber weitaus reicher an Sukkulenten, Zwiebelgewächsen und Pflanzen mit Dornen. Die trockenen Hartlaubgewächse mit harten, oft schmalen, lederartigen Blättern sind für das in sich geschlossene kapländische Florareich charakteristisch. Die wichtigsten Vertreter sind die Protea (die Nationalblume Südafrikas), die kapländische Heide und gewisse Riedarten.

Bereits die ersten holländischen Siedler im 17. Jh. führten Pinien, die mediterrane Eiche und australische Exoten (Eukalyptus) ein. Ohne die verschiedenen Weinreben gibt es dank des milden Klimas insgesamt über 7.300 verschiedene Pflanzenarten. Hiervon sind 5.000 nur im westlichen Kapland zu finden. Botaniker zählen diese Region (Capensis) daher zu einem, dem kleinsten, der sechs Florenreiche der Erde. Das drei Kilometer lange Tafelbergmassiv allein beherbergt über 14.000 Pflanzenarten.

info

Die Protea – Südafrikas Wappenblume

Die Protea gehört zur Gattung der Zuckerbüsche, zu der 115 Arten zählen, und zur Familie der Silberbaumgewächse. Sie ist immergrün und wächst vor allem in nicht zu feuchten, sonnigen Gebieten Südafrikas und Australiens. Ein Protea-Strauch wird zwischen 1 bis 3 Meter hoch. Die kegelförmigen Blüten ähneln Disteln.

Königs-Protea (Protea cynaroides)

Die Königs-Protea, deren wunderschöne, große Blüten einen Durchmesser von bis zu 25 cm erreichen, ist die Wappenblume Südafrikas. In Südafrika findet sich die größte Anzahl an Protea-Arten, allein 85 in der Kapregion. Ihr Hauptverbreitungsgebiet erstreckt sich von Port Elizabeth/Nelson Mandela Metropole bis zur Westküste um Vanrhynsdorp. Sie wächst sowohl in den Küstenlandschaften als auch in Gebirgsregionen der Drakensberge auf über 2.500 m.

Tierwelt

von Dr. Karl-Günther Schneider

Ebenso wie die Flora hat der Mensch auch das Tierreich durch sein Eingreifen stark verändert. Wo es noch vor wenigen Jahren große Wildbestände gab, ist das Wild heute oft ausgerottet.

Die südafrikanische Regierung und zahlreiche zoologische Gesellschaften haben bereits im 19. Jh. begonnen, „Nationalparks" und „Game Reserves" neben den zoologischen Gärten in den Großstädten planvoll anzulegen. Bekannt ist der „Kruger-National-Park" – er ist über 320 km lang und 64 km breit. Dies entspricht dem Gebiet der Oberrheinischen Tiefebene von Bingen bis Basel. 1898 richtete Präsident *„Ohm" Kruger* diesen weltbekannten Park im subtropischen Lowveld (200–800 m) von Transvaal, nahe der Grenze zu Mosambik, ein.

Eine Woche wenigstens sollte der Safari-Besucher hier dem Wildreichtum Südafrikas widmen, um in Ruhe die Herden von Elefanten, Löwen, Gnus, Flusspferden (Hippos), die Krokodile, Affen und Warzenschweine zu beobachten. An den 145 angelegten Wasserlöchern lassen sich die Tiere vom Auto aus am besten beobachten. Die Erlebnisse mit den auf 1.100 geschätzten Löwen nebst ca. 28.000 Büffeln oder über 7.000 Elefanten liefern genügend Gesprächsstoff am abendlichen Lagerfeuer im „Camp". Gegenwärtig arbeiten 50 Wissenschaftler an 1.200 Projekten, damit die über eine Million Tiere – Reptilien, Vögel, Insekten nicht mitgezählt – in diesem großen Wildschutzgebiet auch nach Jahren noch ihren Lebensraum finden.

Die Giraffe ist das höchste Tier der Welt

Elefant im Kruger National Park

Die Wildschutzgebiete Südafrikas liegen alle in der Savanne oder sogar in der Halbwüste. Diese Lebensräume beheimaten die größten Landsäugetiere unserer Erde, Elefant und Nashorn, sowie das längste, die Giraffe, neben den besonders vielen Antilopenarten (Impala, Hartebeest, Kudu, Springbock etc.), ferner Zebra, Strauße u. v. a. Ihre Kopfzahl ist nur grob schätzbar und die Artenfülle erstaunlich groß. Der Löwe kann als typisch afrikanisches Tier bezeichnet werden. Zu den charakteristischen Tieren des südlichen Afrika zählen auch die Vögel (Strauß, Nilgans, Kranich, Kuhreiher, Webervogel – und nicht zu vergessen die europäischen Zugvögel, z. B. Störche und Schwalben); ferner die Reptilien (Schildkröte, Krokodil, Chamäleon,

Wildschutzgebiete

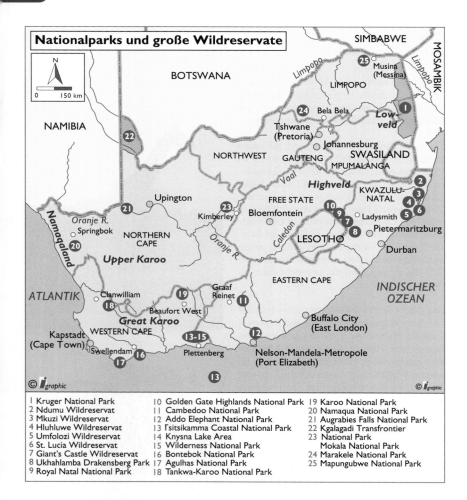

Nationalparks und große Wildreservate

N
0 | 150 km

SIMBABWE
MOSAMBIK
BOTSWANA
Musina (Messina)
LIMPOPO
Limpopo
NAMIBIA
Bela Bela
Low-veld
Tshwane (Pretoria)
Johannesburg
NORTHWEST
GAUTENG
SWASILAND
MPUMALANGA
Highveld
KWAZULU-NATAL
Upington
FREE STATE
Kimberley
Bloemfontein
Ladysmith
Oranje R.
Springbok
NORTHERN CAPE
LESOTHO
Pietermaritzburg
Namaqaland
Oranje R.
Caledon
Durban
Upper Karoo
ATLANTIK
EASTERN CAPE
INDISCHER OZEAN
Clanwilliam
Graaf Reinet
Beaufort West
Buffalo City (East London)
Great Karoo
Kapstadt (Cape Town)
WESTERN CAPE
Swellendam
Plettenberg
Nelson-Mandela-Metropole (Port Elizabeth)

© igraphic

© igraphic

1 Kruger National Park	10 Golden Gate Highlands National Park	19 Karoo National Park
2 Ndumu Wildreservat	11 Cambedoo National Park	20 Namaqua National Park
3 Mkuzi Wildreservat	12 Addo Elephant National Park	21 Augrabies Falls National Park
4 Hluhluwe Wildreservat	13 Tsitsikamma Coastal National Park	22 Kgalagadi Transfrontier
5 Umfolozi Wildreservat	14 Knysna Lake Area	23 National Park
6 St. Lucia Wildreservat	15 Wilderness National Park	Mokala National Park
7 Giant's Castle Wildreservat	16 Bontebok National Park	24 Marakele National Park
8 Ukhahlamba Drakensberg Park	17 Agulhas National Park	25 Mapungubwe National Park
9 Royal Natal National Park	18 Tankwa-Karoo National Park	

Schlange) und von den niederen Tieren die Termitenvölker und die Schmetterlinge. In Feuchtgebieten bedrohen bestimmte Mückenarten als Parasitenüberträger die Gesundheit (z. B. Malaria, Leishmaniosen, Trypanosomiasis), während Würmer den Menschen direkt schädigen können (z. B. Bilharziose oder Hakenwurminfektion). Moderne Hygienemaßnahmen, Impfungen und zentrale Wasserversorgung reduzieren heute die Gefahr dieser Erkrankungen im südlichen Afrika.

Beschreibungen einzelner Tierarten finden Sie im Tierlexikon (s. S. 672).

Wirtschaft

Überblick

Südafrika besitzt eine große Fülle von Rohstoffen, und die Wirtschaftssektoren Finanzen, Recht, Kommunikation, Energie und Transport sind gut entwickelt. Die Börse zählt zu den 10 größten der Welt, und eine moderne Infrastruktur garantiert die effiziente Versorgung des Landes. All dies macht Südafrika zum wirtschaftlich erfolgreichsten Land Afrikas.

Zu den großen Problemen und sozialen Ungerechtigkeiten zählen eine immer noch hohe Arbeitslosigkeit, Kriminalität, Korruption und die Auswirkungen von HIV/AIDS. Die Regierung versucht, die dadurch entstehenden Spannungen mit einer weit reichenden Umverteilungspolitik aufzufangen. Deswegen wird auch in Zukunft das zentrale wirtschaftspolitische Thema immer noch **„Black Empowerment"** heißen. Darunter versteht man, die durch die Apartheidpolitik benachteiligten Bevölkerungsgruppen (Schwarze, Coloureds, Frauen und Behinderte) besonders zu fördern und ihnen adäquate wirtschaftliche Möglichkeiten einzuräumen.

Wirtschaftsindikatoren 2009	
Bruttoinlandsprodukt:	277 Mrd. US$
BIP pro Kopf:	5.693 US$
Bevölkerungszuwachs:	0,4 %
Wirtschaftswachstum:	2 %
Auslandsverschuldung:	67 Mrd. US$
Devisenreserven:	31 Mrd. US$
Inflationsrate:	6,1 %
Arbeitslosigkeit:	19 %
Handelsimporte:	86,7 Mrd. US$
Handelsexporte:	79 Mrd. US$

Hohe Arbeitslosigkeit und soziale Spannungen

Durban ist der größte Hafen Afrikas

Südafrikas Wirtschaft stand nach der politischen Wende 1994 vor immens schwierigen Aufgaben und strukturellen Veränderungen: Die Apartheid-Politik führte Südafrika in die wirtschaftliche Isolation und zwang das Land in eine **teure Autarkie**. Vieles musste im eigenen Lande hergestellt werden, was auf dem Weltmarkt zu einem Drittel des eigenen Preises angeboten wurde.

Mit dieser im Kern schädlichen Wirtschaftsstruktur musste der Staat große Aufgaben bewältigen:
* Aufbau bzw. Verbesserung der Wohnungs- und Ausbildungssituation für Schwarze
* Ausbau der Verkehrsverbindungen und Kommunikationsnetze
* Verbesserung des Versicherungssystems (auch Weiße hatten bislang kein soziales Absicherungssystem)

Den Schlüssel für wirtschaftlichen Erfolg sahen Experten
* in der Weiterverarbeitung der Rohstoffe (Südafrika nimmt Spitzenpositionen im Bereich der Förderung von Gold, Platin, Diamanten und Uran ein),
* in einer zunehmenden Exportorientierung der Nahrungs- und Genussmittelindustrie sowie
* im Ausbau der touristischen Angebote.

Export-orientierte Wirtschaft

Deutschland als Wirtschafts- und Handels-partner

Nach der politischen Wende von 1990 sah man Deutschland weiterhin als Verbündeten und immer noch wichtigen Wirtschaftspartner, der beim Aufbau einer nicht-rassistischen Demokratie helfen konnte. Hinzu kommt auch, dass private deutsche Stiftungen im Rahmen von Entwicklungsprojekten in der Vergangenheit viel geleistet hatten.

Durch eine straffe Politik gelang der Regierung die Konsolidierung der Wirtschaft. Die Inflationsrate konnte gesenkt werden nach 9,7 % in 1997 auf 6,1 % in 2009.

Außenhandel

Nach einer positiven Phase hat sich die Außenwirtschaft Südafrikas durch den seit 2001 starken **Rand** negativ entwickelt. Seit 2004 offenbart die Handelsbilanz ein Defizit, im Jahr 2009 betrug es etwa 8 Mrd. Rand. Der Importboom kann die nachlassenden Exporte nicht ausgleichen. Allerdings hat der Rand im Zeitraum von Anfang 2006 bis 2008 im Vergleich zum Euro über 70 % an Wert verloren. Wie die Entwicklung weitergeht, hängt von verschiedenen Einflüssen ab.

Neben weltwirtschaftlichen Faktoren spielen auch typisch südafrikanische Faktoren dabei eine Rolle: Was die Integration in den Welthandel angeht, hat Südafrika aufgrund der Apartheidzeit einen hohen Nachholbedarf und ein noch unausgeschöpftes Außenhandelspotenzial. Leider bekommen die Unternehmen von Seiten der Regierung noch zu wenig Hilfestellung, denn Kammern und Verbände sind teilweise sehr schwach und schlecht organisiert. Bedingt durch die problematische Gesamtsituation im südlichen Afrika (Zimbabwe, politische Instabilität einiger Nachbarländer, Hungersnöte in den Nachbarländern, AIDS etc.) hat das Interesse vieler in- und ausländischer Investoren nachgelassen.

Begehrt: Edelsteine aus Südafrika

Wirtschaftspartner

Die bilateralen Handelbeziehungen zwischen Südafrika und Deutschland bzw. der EU *Frei-* sind sehr gut. Deutschland ist der größte Handelspartner Südafrikas. Auch das mit der *handels-* EU vereinbarte Freihandelsabkommen ist ein voller Erfolg. Die EU ist mit großem Ab- *abkommen* stand der wichtigste Lieferant für Südafrika. Im ersten Kalenderhalbjahr 2008 belief sich *mit der EU* der deutsche Export nach Südafrika auf 3,9 Mio. Euro, dabei war Spitzenreiter der Posten Kfz und -Teile mit 1,1 Mio. Euro.

Schon immer war Deutschland einer der wichtigsten Handelspartner Südafrikas, auch zu Zeiten der Apartheid. Dadurch sind immer wieder deutsche Unternehmen unter Beschuss geraten. Man wirft ihnen vor, mit ihren Investitionen die Apartheid mitfinanziert zu haben.

Im Jahre 2002 reichten Apartheidopfer eine Sammelklage in den USA gegen mehr als *Aufarbei-* 50 international tätige Unternehmen auf Entschädigung ein, darunter auch fünf deut- *tung der* sche Unternehmen. Ziel der Klage war es zu erreichen, dass die Firmen, die an der Zu- *Vergan-* sammenarbeit mit der Apartheid verdient haben, politische und finanzielle Verantwor- *genheit* tung für ihre Unterstützung der Apartheid übernehmen und sich an der Entschädigung der Opfer beteiligen. Die Regierungen einiger Staaten – darunter die USA, Südafrika und Deutschland – hatten Bemühungen der Unternehmen unterstützt, die Klagen abzuweisen. Ein Argument war, man könne den Kunden nicht vorschreiben, wie sie ihre Produkte benutzen sollten. Im Juli 2009 entschied eine US-Richterin, dass die Klagen gegen fünf große Unternehmen zugelassen werden. Sie begründete dies damit, dass die Unternehmen offensichtlich gewusst haben, dass ihre Produkte das System der Apartheid förderten.

Landwirtschaft

Der Weinbau und die Obstkulturen

Optimale Voraus-setzungen für Wein-anbau

Der Süden der RSA liegt annähernd gleich weit vom Äquator entfernt wie das Mittel-meer. Die südwestliche Kapprovinz hat ein ähnlich warmgemäßigtes Subtropenklima wie die mediterranen Küstenhöfe. Bei Durchschnittstemperaturen um 20 °C und einer in-tensiven Sonneneinstrahlung sind die klimatischen Voraussetzungen für den Anbau von Wein- und Obstkulturen recht günstig. Nur Wasser kann oft ein limitierender Faktor in der Landnutzung werden. Mehrere größere und zahlreiche kleinere Stauanlagen (Tal-sperren und Farmdämme) liefern aber auch in Notzeiten noch ausreichende Mengen für die Bewässerung u. a. im Hexriver-Tal, wo auf 3.600 ha 60 % der Exporttrauben heran-wachsen. Hier wie im Bergriver-Tal finden wir eine besonders intensive Landnutzung, die in Südafrika nur in Ausnahmefällen möglich ist.

Das Kapland ist heute das führende Wein- und Obstanbaugebiet der RSA: Von hier kommen über 75 % des Obstes und der (Tafel-) Trauben. Auf der Basis der natürlichen Bedingungen entwickelten sich marktorientierte Wirtschafts- und Betriebsformen, die noch in der Gegenwart einen optimalen Ausbau erfahren. Neben der Produktion von Weintrauben sind auch die Ernte- und Exportergebnisse von Äpfeln, Birnen, Zitrusfrüch-ten, Aprikosen, Avocados, Mangos, Bananen und Erdbeeren als gut zu bezeichnen. Die wichtigsten Abnehmer sind die Mitgliedsländer der EU. In die Bundesrepublik Deutschland wurden im Jahr 2009 Trauben und Obst im Wert von über 10 Mio. Euro verkauft. Die Zuwachsraten im Export beruhen einerseits auf den steigenden Export-preisen, dem günstigen Wechselkurs und der Anhebung der Ausfuhrmenge sowie an-dererseits auf der Verbesserung des außenpolitischen Klimas und der Öffnung neuer

Ein Blick auf die Weinberge der Western Cape Province

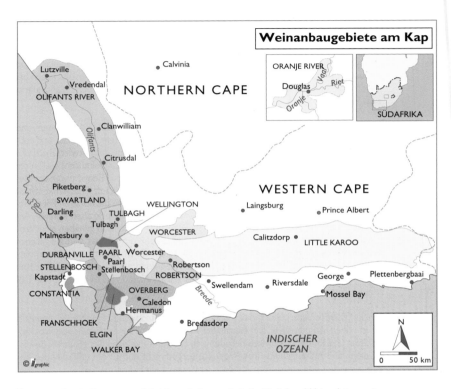

Weinanbaugebiete am Kap

Lutzville
Vredendal
OLIFANTS RIVER
Calvinia
NORTHERN CAPE
ORANJE RIVER
Douglas   Riet
SÜDAFRIKA
Clanwilliam
Citrusdal
Piketberg
SWARTLAND
Darling
TULBAGH
Tulbagh
Malmesbury
WELLINGTON
Laingsburg
Prince Albert
WESTERN CAPE
WORCESTER
Calitzdorp
LITTLE KAROO
DURBANVILLE   PAARL   Worcester
Paarl
STELLENBOSCH   Stellenbosch
Kapstadt
CONSTANTIA
ROBERTSON
Robertson
Swellendam
Riversdale
George
Plettenbergbaai
Mossel Bay
OVERBERG
Caledon
Hermanus
FRANSCHHOEK
ELGIN
WALKER BAY
Bredasdorp
INDISCHER
OZEAN
N
0   50 km
© graphic

Exportmärkte in Osteuropa. Seit Jahren bekannt sind die jährlichen Weinauktionen im Kapland, auf denen nicht nur die neuen Weine vorgestellt und verkauft werden, sondern auch Weinliebhaber auserwählte Flaschenweine für hohe Summen erwerben können.

Heute findet man auch im Oranje-Tal bei Upington (nördliche Kapprovinz) **Weinfelder**, die nur mit Hilfe einer bewährten Bewässerungstechnik hohe Ernten einbringen. Hier ist das Zentrum der Sultaninenerzeugung. Erwähnenswert sind auch die kleineren Weinbaugebiete in Mpumalanga, wo als Spezialität Reben für die Tafeltraubenproduktion gezogen werden.

Ausgewiesene Weinrouten und Auskunftstellen machen es den Touristen leicht, die insgesamt 14 Anbauregionen aufzusuchen und sich auf angenehme Art in die südafrikanische Weinkunde einführen zu lassen. Auf diesen Fahrten lernt man auch die einzelnen **Obstanbaugebiete** kennen. Sie konnten ebenfalls ausgedehnt werden und haben sich auf ausgewählte Früchte spezialisiert. Bekannt für den Apfel- und Birnenanbau sind im Kapland die Ortschaften Ceres und Tulbagh (Bokkeveld). Die natürlichen Bedingungen erlauben hier sogar, geschlossene Obstpflanzungen auf einer Gesamtfläche von 5.400 ha anzulegen. Der Großteil der Ernten wird zu natürlichen Fruchtsäften verar-

14 Weinanbauregionen

beitet, die in nahezu allen Lebensmittelgeschäften im südlichen Afrika angeboten werden. Bekannt ist auch das Apfelanbaugebiet bei Elgin und Grabouw. Von hier stammen etwa 25 % der „Cape Apples", die sofort in den Export gelangen, sobald sie gepflückt sind, und selten zwischengelagert werden. Als weitere Früchte aus dem Kapland sind Aprikosen, Pfirsiche und Pflaumen zu nennen, die vor allem auf den Obstplantagen bei Villiersdorp und Vyeboom angepflanzt werden und vorwiegend auf dem Inlandsmarkt zum Verkauf gelangen.

Wie bereits angedeutet, zeigt die Produktion von Sonderkulturen für den Binnen- und Überseemarkt seit den letzten Jahren eine expandierende Tendenz. Tropische und subtropische Fruchtbaumkulturen gewinnen mehr und mehr eine gesamtwirtschaftliche Bedeutung zurück. Zitrusfrüchte (Valencia-Apfelsinen, Navals, Pampelmusen) stellen die bedeutendsten Marktprodukte dar. Sie werden über den Citrus Board unter der Bezeichnung Outspan („ausspannen" auf Afrikaans) weltweit verkauft. Problematisch ist die Situation der kleineren, unter 50 ha großen Farmbetriebe, die die höheren Pflücklöhne oder die zunehmende Mechanisierung wirtschaftlich nicht verkraften können. Auf den mittleren und großen Betrieben wird als Ergänzung Fleischvieh gehalten oder tropische Früchte wie Mangos, Papayas, Guaven und Litschis angepflanzt. Gut ausgebaute Nahverkehrswege zu den Ballungszentren oder zu den Touristenzentren (Hotels) sorgen für ständigen und raschen Absatz. Kleinbetriebe konnten sich nur in den feuchten und heißen Zonen in Mpumalanga oder in der Küstenregion von KwaZulu-Natal halten; sie hatten sich auf den Bananenanbau spezialisiert.

Die industrielle Verarbeitung der tropischen und subtropischen Früchte hat ebenfalls einen hohen Stand erreicht und expandiert weiter. Betriebe zur Erzeugung von Trockenfrüchten und Konservenfabriken befinden sich fast immer in Nähe der größeren Bewässerungs- und Anbaugebiete. Ihre Produkte sorgen nicht nur für ein umfassendes Angebot auf den Binnenmärkten, sondern gewinnen auch Exportmärkte.

Ausblick

„Black Empowerment"

Empower-
ment
Charta für
alle
Industrie-
bereiche

Nachdem die Regierung die Politik der Umverteilung nach dem **„Employment Equity Act"** zunächst im öffentlichen Sektor umsetzte und dies auch von der Privatwirtschaft verlangte, hat sich dies auch auf die Industriesektoren ausgeweitet. Den Anfang bildete die umstrittene **„Empowerment Charta"** für den Bergbau. Demnach mussten alle Bergbauunternehmen bis 2009 zu mindestens 15 % Schwarzen gehören. Bis 2014 soll der Prozentsatz dann bei 26 % liegen. Das Programm wird nun auch auf andere Industriebereiche angewendet und schon jetzt bemühen sich viel Unternehmen um schwarze Partner. Die Regierung steht dabei unter einem unglaublich hohen Erwatungsdruck, sowohl von Seiten der Bevölkerung, als auch von Seiten der Industrie. Die Verhandlungen können nur stattfinden, wenn alle Parteien sich um Ausgleich und Kompromisse bemühen. Die größte Hürde bei der Umsetzung ist die oft unzureichende Ausbildung neuer Führungskräfte, und Kritiker merken an, dass vor einer nachhaltigen Befähigung der schwarzen Bevölkerung deren qualifizierte Ausbildung stehen muss.

Diese Politik wirkt sich natürlich auch auf das Investitionsklima aus. Nach Meinung der Experten steht fest, dass Investoren nun nicht mehr so frei agieren können wie in der Vergangenheit, denn jede neu zu übernehmende soziale Aufgabe und Zwangspartnerschaft erhöht die Kosten und steigert das Risiko. Insgesamt gesehen kann dies nicht zu einer Verbesserung des Investitionsklimas beitragen.

HIV/AIDS

Die Auswirkungen der AIDS-Epidemie auf die Wirtschaft werden immer dramatischer. Aids ist mittlerweile die häufigste Todesursache in Südafrika. Für das Jahr 2010 wird die erschreckende Rate von 66 % aller Todesfälle prognostiziert. Fast 11 % der südafrikanischen Bevölkerung sind mit HIV infiziert, etwa 6 Mio. Menschen. Dies hat – bei aller menschlichen Tragik – immense Auswirkungen auf die wirtschaftliche Entwicklung Südafrikas. Die Lücken in der Arbeiterschaft, die durch AIDS entstehen, sind gar nicht zu füllen und noch ist völlig unklar, wie die Verluste wirtschaftlich aufgefangen werden sollen.

Dramatische Auswirkungen...

Kriminalität

Dies ist ein weiteres ungelöstes Problem, das die Investitionsrahmenbedingungen nicht berechenbarer macht. Im Jahr 2008 wurden rund 18.148 Morde begangen, beinahe 50 Morde am Tag. Die Gründe sind unter anderem auch die hohe Arbeitslosigkeit und eine zunehmende Landflucht. Mittel- bis langfristig ist eher mit einer Verschlimmerung der Situation zu rechnen, wenn bald Millionen von Aidswaisen um ihr Überleben kämpfen müssen.

...und weitere Problematiken

Arbeitsmarkt

Zurzeit liegt die Arbeitslosenquote bei 20 %. Um die Situation erheblich zu verbessern, bräuchte es ein Wirtschaftswachstum von mindestens 6 % (2009: 2 %). Dabei wirken die Vorgaben des „Black Economic Empowerment" vor allem für den Mittelstand mitunter als Bremse: Die aufgrund ihrer relativ geringen Anzahl umworbenen schwarzen Manager bevorzugen Großunternehmen. Die Mittelständler selbst nehmen ungern schwarze Anteilseigner auf.

Tourismus
von Dr. Karl-Günther Schneider (Aktualisierung: Silke Althoff)

Bereits seit den 1960er-Jahren ist Südafrika ein beliebtes Reiseziel vieler in- und ausländischer Besucher. Eine breit angelegte touristische Infrastruktur wie ausgebaute Straßen, Hotelketten, Sport- und Vergnügungseinrichtungen, historische und technische Bauten kommen den Wünschen und Vorstellungen der Besucher entgegen. Im Jahre 2007 kamen nach Angaben des südafrikanischen Ministeriums für Tourismus 9 Mio. Touristen in die RSA (die Zahl verteilt sich i. d. R. auf rund 70 % aus Afrika und rund 30 % aus Übersee, 2005 waren es 7,5 Mio.). Von der WM 2010 erhofft sich das Land zudem einen Anstieg des Tourismus. Der Großteil der afrikanischen Besucher kommt aus den Nachbarländern. An der Spitze der Übersee-Herkunftsländer stehen nach der Zahl der

Besucher i. d. R. Großbritannien, Deutschland und die USA. Weit weniger Menschen kommen aus den Niederlanden, Frankreich, Australien, China, Italien, Irland und Belgien. Mitte der 2000er-Jahre blieben die Touristen im Durchschnitt für 9–10 Nächte im Land.

Organi-
sierte
Besucher-
pro-
gramme

In den letzten Jahren hat sich ein Massentourismus ins südliche Afrika mit voll organisierten Besucherprogrammen entwickelt. Verbilligte Gruppenflüge in Linien- und Chartermaschinen werden inzwischen von zahlreichen Reisediensten in Deutschland angeboten und gewinnen von Jahr zu Jahr an Bedeutung. Die Zusammenarbeit mit den süd-

Kunsthandwerk eignet sich auch als Mitbringsel

afrikanischen Eisenbahnen sowie mit internationalen Reiseagenturen und Luftfahrtgesellschaften macht dies möglich. Fast alle Besucher lockern ihr Reiseprogramm mit privaten oder offiziellen Rundreisen und Ausflügen zu den bekanntesten Touristenzentren, den Nationalparks und Seebädern, auf. Die ganzjährig hohe Besucherzahl sowie die entsprechende Bettenkapazität in den Küstenräumen und die lange Belegzeit in den Rastlagern der Nationalparks weisen auf die Bedeutung dieser Gebiete hin.

Die gesamte **touristische Infrastruktur** erfuhr seit dem Ende der 1970er-Jahre einen Ausbau. Es galt zunächst den Flugbetrieb reibungsloser abzuwickeln. Der zwischen Tshwane/Pretoria und Johannesburg liegende Flughafen O. R. Tambo International Airport wurde mehrfach ausgebaut und erweitert. Weitere Verbesserungen im Flugverkehr folgten. Das inländische Flugangebot wurde vergrößert und mit dem internationalen Flugverkehr koordiniert. Ballungsräume und Touristikzentren können jetzt mehrfach täglich von allen größeren Flughäfen des Landes erreicht werden.

Wesentliche Verbesserungen erfuhr auch das südafrikanische **Straßennetz**. Neben den erforderlichen Tunnel- und Brückenbauten wurden Autobahnen im Einzugsbereich der Großstädte angelegt sowie das Netz der National- und Provinzialstraßen vergrößert und über weite Strecken mit einer Bitumendecke versehen. Südafrika besitzt ein Straßennetz von rund 754.000 km Länge, davon rund 9.600 km Nationalstraßen. Größere Strecken von bis zu 1.000 km am Tag ohne besondere Schwierigkeiten zurückzulegen wird dadurch ermöglicht, dass die Überlandstraßen (Nationalstraßen), mit Rastplätzen versehen und außerhalb der Ballungsgebiete, oft schnurgerade durch äußerst dünn besiedeltes Gebiet führen.

Verbesserung der Infrastruktur

Wenn im gegenwärtigen Verkehrswesen die Eisenbahnen (SAR, South African Railways) nur bedingt für den Tourismus (Nah- wie Fernbereich) eingesetzt werden, so werden neben einem gut ausgebauten Busservice doch beliebte Zugverbindungen zwischen den wichtigsten Ferien- und Ballungszentren unterhalten.

Der bekannteste und oft im Voraus ausverkaufte Zug ist der „**Blue Train**". Ursprünglich war er als die rascheste Verbindung von dem größten Einwanderer- und Einreisehafen Kapstadt zu der Pretoria-Witwatersrand-Conurbation (1.600 km) gedacht. Heute gilt er als ein höchst luxuriöser Zug, der den Linienflugzeugen Konkurrenz macht.

Naturschutzgebiete für bedrohte Pflanzen und Tiere verknüpfte man mit den **Naherholungsflächen**. Größere Freizeitplätze konnten sich auch an den weniger perennierenden Flüssen des Binnenhochlandes entwickeln. Auch größere Wasserflächen, z. B. Stauseen, sind als Freizeit- und Erholungsflächen attraktiv. Hier entstanden neben einfachen Einrichtungen für den Wasser- und Angelsport ausgedehnte Freizeitzentren mit Unterkunftsmöglichkeiten, Restaurationsbetrieben und Ferienhäusern. Auch Heilbäder wurden verstärkt für den Tourismus ausgebaut. Nach jahrelanger Vernachlässigung wurden heiße Mineralquellen für einen größeren thermalen Kurbetrieb erschlossen, die

Naherholungsgebiete und Kurbäder

Auf Safari im Kruger National Park

Temperaturen zwischen 30 und 50 °C und eine chemische Zusammensetzung wie z. B. in Bad Ems haben.

Beliebt sind auch **Jagdfarmen** und kommerziell geführte Wildfarmen. Letztere halten größere Wildbestände (Antilopen), um Felle und das begehrte Dörrfleisch (Biltong) auch in die Ferienzentren, Rastlager, Hotels und Curio Shops (Souvenirläden) zu verkaufen. Man will hiermit die Rentabilität der Landwirtschaft mit Hilfe des Fremdenverkehrs fördern.

Ausweitung des Tourismus

Die Intensität des Fremdenverkehrs richtete sich bisher vorwiegend auf die Außenregionen der Republik, auf die Küstengebiete und auf bestimmte Nationalparks. In Zukunft beabsichtigt man auch die im Binnenland bestehenden oder noch zu erschließenden Gebiete für den Tourismus aus Übersee attraktiver zu machen. Man denkt an neue Wanderwege in der Karoo und Kalahari, programmierte Fahrten nach Kimberley (Big Hole), nach Upington (Augrabies-Wasserfälle), ins Namaqualand zur Blütezeit oder an Kuraufenthalte in den Mineralbädern.

Für interessierte Beobachter wird das südliche Afrika mit seiner regionalen Vielfalt und seinen zahlreichen Widersprüchen immer attraktiv sein. Südafrika wird das Zentrum dieser regionalen, kulturellen und materiellen Gegensätze bleiben. In der Sprache der Werbefachleute heißt es „A World In One Country". Besser würde es in der Übersetzung lauten: „Welten in einem Land", denn Südafrika zeigt wie in einem Kaleidoskop in wechselnder Folge bunte Einzelheiten und immer neue optische Figuren und Eindrücke.

Die Gesellschaft Südafrikas

von Dr. Karl-Günther Schneider (aktualisiert von S. Althoff)

Bevölkerung

Südafrika – ein Vielvölkerstaat im Wandel

Mit 48,78 Mio. Einwohnern (2009) ist die heutige Republik Südafrika (RSA) der bevölkerungsreichste Staat im südlichen Afrika. Was dem Land seine Problematik verleiht, ist die jahrzehntelange Apartheidgesetzgebung, die die gesamte Bevölkerung in Gruppen unterteilte und ihre menschlichen Grundrechte bis ins Detail reglementierte. Gleichzeitig sorgte sie für die politische und wirtschaftliche Dominanz einer weißen Minderheit über die zahlenmäßig nicht-weiße Mehrheit. Von einem „Schmelztiegel der Rassen" oder dem Zusammenwachsen einer multikulturellen Gesellschaft konnte lange sicherlich nicht gesprochen werden.

Land der Gegensätze

Die größte Bevölkerungsgruppe bilden die **schwarzen Afrikaner** (79,3 % der Gesamtbevölkerung), die zu den bantusprachigen Völkern des südlichen Afrika gezählt werden. An zweiter Stelle stehen die **weißen Afrikaner** (9,1 % der Gesamtbevölkerung), die bis 1960 noch als Europäer bezeichnet wurden, obwohl viele von ihnen seit mehreren Generationen in Südafrika leben. Sie betrachten das Land ebenfalls als ihre Heimat und

Die Coloureds (Farbige) machen etwa 9 % der Gesamtbevölkerung aus

haben keine Verbindung mehr zu ihrem europäischen Mutterland. Kein anderer Staat in Afrika hatte jemals einen solch hohen weißen Bevölkerungsanteil.

Die drittstärkste Gruppe bilden die **Farbigen** (9 % Anteil an der Gesamtbevölkerung), die, historisch bedingt, vorwiegend im westlichen Kapland leben. Die vierte und letzte größere Bevölkerungsgruppe sind die **Inder** (2,6 % Anteil an der Bevölkerung), die weiterhin von einer traditionell-kulturellen Eigenständigkeit geprägt sind, die sich insbesondere in Sprache und Religion äußert. Sie leben vorwiegend in KwaZulu/Natal und im Raum Durban-Pinetown. Eine Abwanderung in andere große Städte ist bei Farbigen und Indern festzustellen.

Bevölkerungsgruppen

San

Schon vor 12.000 bis 15.000 Jahren scheinen San im südlichen Afrika gelebt zu haben. Ihre Herkunft ist bis heute unbekannt. Sie sind keine Beziehungen mit den Khoikhoi, Schwarzen oder Weißen eingegangen. Dazu war wahrscheinlich ihre Lebensweise zu unterschiedlich, denn seit jeher waren sie umherziehende Jäger, deren Lebensraum nie klar definiert war, sondern sich vielmehr den Naturgegebenheiten anpasste. Viele Felsmalereien – in Namibia, Südafrika und Botswana – sind Überbleibsel ihrer alten Kultur und legen Zeugnis von ihren Jagdzügen und von ihrer Tradition ab. Diese prähistorischen Kunstdokumente zeigen sehr naturalistisch dargestelltes Wild, während der Mensch zurücktritt und nur abstrakt, langbeinig, ohne Gesicht und Profil skizziert ist.

Jäger und Sammler

Heute leben nur noch ca. **100.000 San** im südlichen Afrika, bevorzugt in den Gebieten der Kalahari, an der Namibia, Botswana sowie Südafrika Anteil haben. Sie zogen sich

Felszeichnungen der San

hierher zurück, als nomadisierende Viehzüchter bei der Suche nach neuen Weidegründen das Wild vertrieben und so den San die natürliche Nahrungsgrundlage raubten. Die San wurden immer weiter in unzugängliche und unwirtliche Gebiete zurückgedrängt, wo sie z. T. heute noch mit steinzeitlichen Werkzeugen jagen und in großem Einklang mit dem Rhythmus der Natur leben. Sie können u. a. tagelang ohne Nahrung und Wasser auskommen.

Khoikhoi

„Khoikhoi" bedeutet soviel wie „Mensch-Menschen" oder „die eigentlichen, wahren Menschen".

Die Khoikhoi untergliedern sich in viele Untergruppen, von denen zwei im südlichen Afrika leben:
① **Nama** (sie leben in Namibia)
② **Orlam** (sie haben ihre Heimat im Gebiet der Republik Südafrika)

Ursprung in Nordafrika Die Khoikhoi haben gewisse Ähnlichkeiten mit den San, auch ihnen ist eine helle, aprikosenfarbene Haut eigen. Ihre Ursprungsheimat vermutet man im Nordosten Afrikas. Manche Forscher meinen, dass dieses Volk aus einer Vermischung von San und Hamitisch sprechenden Hirtenvölkern hervorgegangen ist. Diese Hypothese wird vor allem durch sprachliche Gemeinsamkeiten untermauert: Im heutigen Tansania werden Klicklaut-Sprachen gesprochen, die gewisse Ähnlichkeiten in Grammatik und Wortstamm aufweisen.

Als die Weißen ans Kap kamen, lebten die Orlam als Viehzüchter. Von Beginn an waren sie kooperationsbereit, doch gerade dadurch büßten sie ihre Identität ein und wurden von Mischlingen, Malaien und Schwarzen absorbiert. Heute leben in Südafrika keine ursprünglichen Orlam mehr. Den verwandten Stamm der Nama trifft man jedoch auch heute noch in Namibia an.

Schwarz-Afrikaner

Vom 16. bis 19. Jh. sind viele schwarzafrikanische Stämme aus den Gebieten um die Großen Seen auf der Suche nach neuen Weidegründen in den südlichen Teil des Kontinents hineingewandert. Die Gründe für ihren Wegzug können nur vermutet werden: Vielleicht mussten sie wegen Stammesfehden in andere Gebiete ziehen oder das zu beweidende Land wurde aufgrund steigenden Bevölkerungsdrucks und längerer Dürren zu klein, um alle versorgen zu können.

Die Schwarzen in Südafrika stellen keinen homogenen Bevölkerungsblock dar, sondern unterscheiden sich sehr stark voneinander. Insgesamt werden sie in acht große Hauptgruppen gegliedert, die jedoch auch keineswegs homogen sind. (Bei den Zulu gibt es alleine ca. 200 verschiedene Stämme!) Von der Bantu sprechenden Bevölkerung sind etwa 10,4 Mio. Zulu, 8,3 Mio. Xhosa und ca. 0,4 Mio. Ndebele.

Ndebele in traditioneller Tracht

Da die Stammesgebiete nicht mit den heutigen Staatsgrenzen Südafrikas identisch sind, leben Teile der Stämme auch in den angrenzenden Ländern. So kommen jährlich Hunderttausende von Schwarzafrikanern nach Südafrika, um als „Gastarbeiter" für eine begrenzte Zeit ein Arbeitsverhältnis einzugehen:
* Sie schließen Arbeitsverträge mit Anwerbern der großen Minengesellschaften.
* Oder sie werden von ihren Regierungen förmlich „vermietet", was ihrem Heimatland Devisen einbringt.
Nach Ablauf der stets befristeten Arbeitsverträge versuchen viele, neue Verträge zu bekommen. Wenn ihnen das nicht gelingt, bleiben sie oft illegal in Südafrika.

Coloureds (Mischlinge)

Ihr Ursprung reicht in die Zeit der Holländer zurück. Die Vorfahren der Mischlinge sind zum größten Teil Khoikhoi, also Angehörige der Orlam, aber auch San, schwarze Skla-

Angehöriger der Volksgruppe der Zulu

ven aus Westafrika, Malaien, Angehörige der verschiedenen schwarzafrikanischen Stämme, Inder und Europäer. Man unterscheidet bei ihnen drei Gruppen: Die **Kapmischlinge** und die **Griquas** wohnen im nordwestlichen und nordöstlichen Teil des Kaplandes und haben überwiegend Orlam und Europäer als Vorfahren. Die **Kapmalaien**

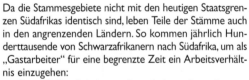

stammen von islamischen Volksgruppen ab, die von der Ost-Indischen-Gesellschaft hierher gebracht wurden. Ihre Zahl beträgt heute ca. 200.000, und sie leben meist in den Malaienvierteln Kapstadts und auf der Kaphalbinsel. Sie sind sehr traditionsbewusst und pflegen heute noch ihre alten Sitten und Gebräuche.

Die meisten Coloureds (75 %) leben in der Stadt und zu 80 % sprechen sie als erste Sprache Afrikaans.

Asiaten

Größte Gruppe außerhalb Indiens

In Südafrika gibt es heute ca. 900.000 Inder und 9.000 bis 10.000 Chinesen. Bei den Indern handelt es sich um die größte Gruppe, die außerhalb Indiens und Pakistans lebt. Sie kamen in zwei Wellen ins Land:

Insbesondere in Durban leben viele Inder

► als **Zuckerrohrarbeiter**
wurden ab 1860 indische Vertragsarbeiter in Süd- und Ostindien für die Zuckerrohrfelder in Natal angeworben. Es handelt sich um Angehörige der untersten Kasten, wobei die meisten aus der Schicht der Unberührbaren (Parias) kamen. Die Mehrheit der angekommenen Inder waren Hindus, die Fünfjahres-Arbeitsverträge erhielten. Danach gab es für sie folgende Wahlmöglichkeiten:
• sie konnten ihren Vertrag verlängern,
• sie konnten auf Regierungskosten in ihre Heimat zurückkehren oder
• sie erhielten Land in KwaZulu-Natal im Wert ihrer Rückpassage.
Die meisten entschieden sich für die Möglichkeit, Land zu erhalten, da ihnen die Lebensumstände in Natal mehr zusagten als in ihrer indischen Heimat. Die in Südafrika verbliebenen Inder gingen in der Folgezeit ihrer bisherigen Tätigkeit nach und bearbeiteten das ihnen übergebene Land.

Die Rolle der deutschsprachigen Südafrikaner

info

Die deutschen Beziehungen mit Südafrika begannen vor 340 Jahren, zu Zeiten der Nieder-ländisch-Ostindischen Gesellschaft. Bereits 1652 waren zwei Deutsche – *Paulus Petkauw* aus Leipzig und *Wilhelm Müller* aus Frankfurt am Main – Mitglieder des politischen Rates *Jan van Riebeecks*, des ersten Gouverneurs am Kap der Guten Hoffnung. 1662 wurde der Deutsche *Zacharias Wagenaar* (Wagner) aus Dresden Nachfolger *Jan van Riebeecks* als Gouverneur. Der als Held gefeierte *Wolraad Woltemade*, der im Januar 1773 bei der Rettung Schiffbrüchiger von der gestrandeten „Jonge Thomas" ertrank, war ebenfalls Deutscher.

Unter den ersten neun Freibürgern, die 1657 am Kap Land erwarben, um eine eigene Landwirtschaft aufzubauen, waren drei Deutsche. Später sollten Deutsche wie *Philip Morkel* auf „Onverwacht", *Henning Hüsing* auf „Meerlust" und *Johannes Höffke* auf „Welgelegen" wesentlich zur Entwicklung des Weinbaus am Kap beitragen. *Carl Georg Wieder* war einst Eigentümer von „Groot Constantia", der berühmtesten Weinfarm am Kap.

Unter den Deutschen, die zum Kap auswanderten, waren nicht nur Farmer, sondern auch Baumeister, Landvermesser, Lehrer, Kupferschmiede, Hufschmiede, Müller, Bäcker, Apotheker und Wissenschaftler. Von den 422 Soldaten, die 1761 zur Verteidigung des Kaps in Diensten standen, waren 24 Niederländer und 398 Deutsche. *Wilhelm Müller* und *Hieronymus Cruse* übernahmen die Führung bei der Erforschung des Binnenlandes.

Paul Herman, Heinrich Claudius und *Johann Auge* gehörten zu den ersten Wissenschaftlern, die in Südafrika Pflanzen sammelten und botanische Studien betrieben. Unter den deutschen Landvermessern waren *Karl Wentzel*, der die Beutler-Expedition begleitete, und *Hendrik Hop*, der während der Expedition nach Namaqualand Tagebuch führte.

Deutsche Missionsgesellschaften (Herrnhuter, Rheinische Berliner, Hermannsburger) engagierten sich besonders beim Zivilisationsprozess. Sie bauten im Laufe der Jahre zwei Dutzend Schulen, von denen manche heute noch bestehen. Neben ihrem Beitrag zur Bildung haben die deutschen Missionare wirkliche Pionierarbeit geleistet: zum Beispiel *Ewald Esselen* als Rechtsgelehrter, *Dr. Louis Leipoldt* als bekannter afrikaanser Dichter und Schriftsteller, *Dr. Hans Merensky* als wohl bedeutendster Geologe Südafrikas, *Dr. Theo Dönges* als Finanzminister, *Dr. Theo Schumann* als Präsident der Südafrikanischen Akademie für Wissenschaft und Kunst und *Dr. E. H. D. Arndt* als Nationalökonom von hohem Ansehen.

Unter den bildenden Künstlern findet man Namen wie *Erich Mayer, Irma Stern, Maggie Laubser* und *Elly Holm*. Deutsche Ingenieure waren am Bau großer südafrikanischer Unternehmen wie ISCOR, ESCOM und SASOL beteiligt. Bei der Gewinnung der unermesslichen Bodenschätze Südafrikas steht der Name *Ernest Oppenheimer* an erster Stelle. *Sir Ernest* stammte aus Friedberg in Hessen und gründete die „Anglo American Corporation", heute ein Weltkonzern.

Einen Wermutstropfen gibt es allerdings in den engen Beziehungen zwischen Südafrika und Deutschland: Transnational agierende Unternehmen haben jahrzehntelang mit dem südafrikanischen Apartheid-Regime kollaboriert. Dabei waren Verstöße gegen UN-Sanktionen ebenso an der Tagesordnung wie Verletzungen humanitärer Normen.

▶ als **„Passage-Inder"**,
die ihre Überfahrt selbst bezahlten. Als britische Staatsangehörige konnten sie frei reisen und wollten in KwaZulu-Natal gewerblich tätig werden. Die meisten dieser Inder waren Moslems, die entweder auf Plantagen arbeiteten oder sich als Geschäftsleute niederließen. Von KwaZulu-Natal aus zogen sie als Händler, Handwerker oder Geschäftsleute nach Gauteng und in die Kapprovinz. Im Zuge des „Goldrausches" am Witwatersrand eröffneten viele dort ihre Geschäfte. Ihre Verdienstspanne war stets niedriger als die der Weißen, sodass die weniger verdienenden Schwarzen ihre Hauptkundschaft bildeten. 20 % der heutigen südafrikanischen Inder sind Nachfahren jener „Passage-Inder".

Weiße

Die meisten Weißen sind Nachfahren holländischer, französischer, britischer und deutscher Siedler. Etwa 55 % von ihnen sprechen zu Hause Afrikaans, der Rest Englisch. Doch praktisch alle verstehen beide Sprachen.

Nach-fahren von Europäern
Die Afrikaans Sprechenden bezeichnet man auch als die **„Afrikaaner"**. Sie sprechen damit die jüngste der in Südafrika gesprochenen Sprachen. Diese „Afrikaaner" setzen sich von ihrer Abstammung her wie folgt zusammen: 40 % aus Holländern, 40 % aus Deutschen, 7,5 % aus Franzosen und 7,5 % aus Engländern. Der Rest verteilt sich auf andere europäische Nationen.

Die meisten **„Buren"** (= Nachkommen deutscher und niederländischer Siedler) lebten ursprünglich auf dem Lande, und sie und ihre Vorfahren haben die südafrikanische Landwirtschaft in ihrer heutigen Form aufgebaut. Doch heute wohnen sie zu 70 % in städtischen Regionen.

Die Englisch Sprechenden waren dagegen von Anfang an eher „Stadtmenschen" und prägten deshalb entscheidend das architektonische und soziale Leben der Städte. Ihr Tätigkeitsfeld war die Wirtschaft, insbesondere der Handel und die Industrie. Es waren vor allem Englisch sprechende Geschäftsleute, die sich im südafrikanischen Bergbau engagierten und damit die großen Eckpfeiler des Wohlstands setzten.

Die sozioökonomische Struktur

Die recht unterschiedliche Bevölkerungsstruktur Südafrikas spiegelt sich leider immer noch in ihrer sozioökonomischen Struktur wider. Zu lange hatte die Apartheidgesetzgebung den Rahmen der Bildung und Ausbildung, der Erwerbstätigkeit sowie des Einkommens beeinflusst: Daher entsprechen bestimmte soziokulturelle Gruppen immer noch bestimmten Berufs- und Einkommensgruppen.

Armut inzwischen aber auch in einem nicht unerheblichen Maß und Umfang die weiße Bevölkerung erreicht. Die Zahl der weißen Arbeitsuchenden und der sozialen Randgruppen (Clochards, Bettler) ist stark angestiegen. Das lange Warten auf einfache und kurzfristige Lohnarbeiten (Hausarbeiten, Botengänge) wird in Kauf genommen.

Neue Arbeitsgesetze wurden geschaffen, um die Benachteiligung der Schwarzen und Farbigen in der Vergangenheit auszugleichen. Die beiden wichtigsten Gesetze sind der **„employment equity act"** 1998 und der **„equality act"** aus dem Jahr 2000, die dafür sorgen sollten, dass Arbeitgeber eine „demografische Proportionalität" in der Arbeitnehmerschaft schaffen. Es wurden dabei keine festen Quoten vorgegeben, sondern von den Arbeitgebern wird erwartet, eigene Ziele zu setzen und die Regierung über die Erfolge zu informieren. Diese Politik sollte dazu führen, dass die Arbeitnehmerschaft bis zum Jahr 2005 zu

Armut in einem Vorort Kapstadts

einem Spiegel der Gesellschaft wurde und alle Bevölkerungsgruppen adäquat repräsentiert. Diese Gesetze haben aber auch dazu geführt, dass es besonders für weiße männliche Arbeitnehmer trotz sehr guter Qualifikation schwierig geworden ist, einen Job zu finden, und viele verlassen deshalb das Land. Offizielle Statistiken belegen, dass etwa 20 % der weißen Universitätsabgänger auf der Suche nach besseren Arbeitsmarktbedingungen auswandern. Die Dunkelziffer wird noch viel höher geschätzt, da viele der Auswanderer dies bei der Ausreise nicht angeben, sondern sich einfach ins Flugzeug setzen.

Abwanderung von weißen Arbeitskräften

Das Muster der Ungleichheit ändert sich. Die Kluft zwischen Arm und Reich wächst weiter, doch es ist nicht mehr nur eine Kluft zwischen den Hautfarben. Weder Reichtum noch Armut kann heute allein auf die Hautfarbe zurückgeführt werden.

Die soziale Not ließ auch die Zahl der kriminellen **Delikte** landesweit rasch ansteigen. Durch gesicherte Wohnhaus- und Gebäudeeingänge, Alarmanlagen und durch den Einsatz eines privaten Wachdienstes versucht man sich vor ihnen zu schützen. Inzwischen gehören diese Einrichtungen zum Alltag, wie in vielen Städten Amerikas und Europas.

Auch im Bereich der Bildung und Ausbildung vollzog und vollzieht sich ein bedeutender **Ausgleichsprozess**. Die Ausgaben für das staatliche Schulwesen der Schwarzafrikaner sind gestiegen. Der Schulbesuch wurde durch die schrittweise Einführung der Schulpflicht gesteigert. Der Zugang zu allen Universitäten ist nun für alle Bevölkerungsgruppen offen. Der Stand der Ausstattung in den einzelnen Schultypen bleibt allerdings recht unterschiedlich. Eine besondere Stellung nehmen weiterhin die zahlreichen privaten Schulen und Ausbildungsstätten ein. Ihre ideologische Spannbreite reicht von einer erzkonservativen bis zu einer weltoffenen Lehrmeinung.

Das **Bildungsbudget** macht einen hohen Anteil der jährlichen Haushaltsausgaben aus. Vor allem ist an eine Ausbildung in Industrie- und Handwerksberufen gedacht, wo ein großer Nachholbedarf besteht und Einstellungen notwendig sind, sobald sich eine Besserung der allgemeinen Wirtschaftslage abzeichnet.

Neben der offiziellen Ein- und Auswanderung existiert seit Jahrzehnten eine **starke Arbeitsmigration** (Wanderarbeitertum) aus den übrigen afrikanischen Staaten. Die

Arbeitsmigration

Der „informelle Sektor" ernährt viele Familien

Wanderarbeiter besitzen keinen offiziellen Einwanderungsstatus, sondern gelten als temporäre Arbeitskräfte (Gastarbeiter), die nach Ablauf ihres Kontraktes (max. 2 Jahre) wieder in ihre Herkunftsländer zurückkehren müssen. Der Bargeldbedarf, die unterentwickelte Landwirtschaft oder die staatliche Besteuerungspolitik in der Heimat sind Motive für die Aufnahme einer Tätigkeit in Südafrika. Ein Überweisungsdienst sorgt dafür, dass ein Teil des Lohnes in die Heimatländer geschickt wird. Über 80 % dieser Kontrakt- oder Wanderarbeiter waren bzw. sind bei den Gold- und Diamantenminen beschäftigt, während nur 4 % in der Landwirtschaft und im verarbeitenden Gewerbe tätig sind. Seit Mitte der 1970er-Jahre stammten die meisten Wanderarbeiter aus den Nachbarstaaten wie Lesotho, Swasiland und Mosambik und nicht mehr aus weiter entfernt liegenden Staaten. Neben den offiziell gemeldeten Wanderarbeitern halten sich schätzungsweise über 1 Mio. Arbeitsuchende illegal in Südafrika auf.

Das südafrikanische Populationsmuster weist Merkmale auf, die im Folgenden kurz aufgelistet werden:

- Es besteht ein deutlicher **Ost-West-Gegensatz**. Die trockenen westlichen Landesteile sind dünner besiedelt. Nur wenige Mittel- und Kleinstädte liegen hier wie Punkte in einem weiten und extensiv genutzten Farmland.
- Die Mehrzahl der Bevölkerung konzentriert sich auf **vier Ballungsräume**: Tshwane (Pretoria)-Johannesburg, Durban und Umland (Pinetown), Großraum Kapstadt und Port Elizabeth-Uitenhage.

Landflucht und Verstädterungsprozess

- Die **Landflucht** aller Bevölkerungsteile in die vier Verdichtungsräume hält an.
- Die ursprüngliche Tendenz der wirtschaftlich aktiven Bevölkerung, in die Hauptmetropole Pretoria-Johannesburg abzuwandern – zeitweise als „Zweiter Großer Trek" bezeichnet –, hat nur gering nachgelassen.
- Die **Aufsiedlung** der von den Weißen aufgegebenen Gebiete im trockenen Binnenland durch Farbige und Schwarze geht ebenfalls weiter.
- Die Zahl und Ausdehnung der Marginalsiedlungen **(Elendsviertel)** am Rande aller städtischen Siedlungen nahm seit Aufhebung der Zuzugskontrollen im Jahr 1986 **rapide** zu. Die Suche nach Arbeit ist das ausschlaggebende Motiv zur Abwanderung.
- Der rasant verlaufende **Verstädterungsprozess**, der sich in ganz Afrika bemerkbar macht, ist auch in Südafrika ungebremst. Erscheinungen der „Dritten Welt" und der „Ersten Welt" liegen räumlich oft dicht beieinander.
- Als spezifische Folge des starken wirtschaftlichen und infrastrukturellen Gefälles zwischen dem Kernraum Tshwane (Pretoria)-Johannesburg (Gauteng) und den peripheren Räumen im südlichen Afrika existiert weiterhin das internationale **Wanderarbeitertum**.

Amtliche Bevölkerungsvorausschätzungen (u. a. von UNO und Weltbank) gingen von einem weiteren hohen natürlichen Bevölkerungswachstum in den nächsten Jahren aus, wobei die schwarze Bevölkerung am stärksten zunehmen würde. Doch die hohe Infektionsrate von HIV hat diese Prognosen zunichte werden lassen. Pro Jahr sterben fast eine halbe Million Menschen an der Krankheit, und die Auswirkungen auf das Bevölkerungswachstum sind noch nicht absehbar, sie werden jedoch mit Sicherheit gewaltig sein.

Amtliche Familienplanungsprogramme und AIDS-Aufklärung

Zunächst ist es daher von grundlegender Bedeutung, die Programme sowohl zur Familienplanung als auch zur AIDS-Aufklärung zu realisieren. Daneben muss aber vor allem auch eine entscheidende Verbesserung der Lebensverhältnisse für weite Teile der schwarzen Bevölkerung erreicht werden.

Städte und Zentren in Südafrika

Allgemein

Heute leben 58 % der gesamten Bevölkerung Südafrikas in Städten. Es bestehen aber erhebliche Unterschiede im Urbanisierungsgrad bei den einzelnen Bevölkerungsgruppen. Die Asiaten leben fast komplett in Städten (97,5 %), gefolgt von den Weißen (knapp 90 %), während die schwarze Bevölkerung unterhalb des Gesamtdurchschnitts (56 %) liegt. Mit 87 % ist der **Verstädterungsgrad** der Farbigen fast ebenso hoch wie der der Weißen. Der Anteil der schwarzen Bevölkerung in den Städten wächst aber rapide, da die regulierenden Zuzugsbestimmungen bereits 1986 abgeschafft wurden. Die Hoffnung, hier Arbeit zu finden, wird nicht aufgegeben.

Zunehmende Urbanisierung

Der Großraum Johannesburg – Tshwane (Pretoria)

Das bedeutendste städtische und wirtschaftliche Zentrum des Landes sowie des gesamten südlichen Afrika befindet sich in der Provinz Gauteng mit Johannesburg als Kernstadt, dicht gefolgt von Tshwane (Pretoria). 2009 lebten in diesem Großraum 3,8 Mio. Einwohner. Es wird nicht mehr lange dauern, bis beide Stadtregionen völlig zusammengewachsen sind. Die städtische Siedlung Midrand nahe der Autobahn Johannesburg – Pretoria bildet hierfür das jüngste Beispiel. Der Reisende erkennt diesen Prozess zum Beispiel auch am Bau einer Eisenbahnstrecke, die Johannesburg, Pretoria und den Oliver Tambo International Airport miteinander verbinden soll (Gautrain-Projekt).

Die Provinz Gauteng umfasst Johannesburg, das seit Jahren in der Hierarchie der Städte einen **Weltrang** einnimmt, und die Städte, nebst (Gold-) Bergwerken, Industrien und Verkehrsanlagen, die sich hier im Laufe der letzten 100 Jahre entwickelt haben. Sie sind inzwischen zur interessantesten „Conurbation" des gesamten afrikanischen Kontinents herangewachsen. Die natürliche Leitlinie dieser bandförmigen und mehrkernigen Städteballung waren die Gold und Uran führenden geologischen Schichten des Witwatersrand-Systems. Alle städtischen Siedlungen in diesem **„Goldenen Bogen" (Golden Arch)**, einschließlich der Millionenstadt Johannesburg, sind aus Goldgräbercamps entstanden und wuchsen zu bedeutenden Bergbau-, Industrie- und Dienstleistungszentren heran.

„Conurbation" – Städteballung

Blick auf Johannesburg

Wie in allen Großstädten der Erde präsentieren sich auch hier **expandierende Citybereiche**, die durch moderne Bürohochhäuser, Fußgängerzonen, Einkaufspassagen und -zentren (Malls) gekennzeichnet sind. Die Probleme des Individualverkehrs versucht man durch ein Einbahnstraßensystem und mit Mitteln der Verkehrsberuhigung zu lösen.

In den **Außenzonen** des Verdichtungsraumes Gauteng befinden sich die meisten der nach dem Zweiten Weltkrieg gegründeten „Townships", die ausschließlich für die nichtweiße Bevölkerung gedacht waren. Die meisten entstanden im Zuge von umfangreichen städtischen Sanierungsmaßnahmen, durch die vor allem die räumliche Apartheid umgesetzt wurde: Schwarze, die als Arbeitskräfte in den Ballungsräumen gebraucht wurden, sollten nicht mehr im Stadtkern wohnen, sondern am fernen Stadtrand konzentriert werden. Den Bewohnern wurde kein Dauerwohnrecht zuerkannt, sondern sie sollten wie die Kontraktarbeiter nach Erfüllung ihres Arbeitsauftrags wieder in die „Homelands" zurückkehren. Besonders durch die starke Überbevölkerung wurden viele „Townships" zu Elendsvierteln. Die größte und bekannteste „Township", das heutige **Soweto** (Southwestern Township), wurde 1976 durch die dortigen Demonstrationen zum ersten Mal weltbekannt.

Visionen Das „Johannesburg City Council" hat einen visionären Plan für die Zukunft der Region eingeführt, der die Wirtschaft und Geografie nachhaltig verändern und die Region zu einem Geschäftszentrum der Weltklasse machen soll. Der Plan „Jo'burg 2030" sieht vor, Investitionen anzutreiben, das wirtschaftliche Wachstum anzukurbeln und die Lebensqualität aller Einwohner zu erhöhen.

Die wirtschaftliche Landschaft, so wird geschätzt, wird in Zukunft nicht mehr von Bergbau und Industrie, sondern von Dienstleistung und Service geprägt sein. Die Schwerpunkte sollen auf den Handel, das Finanzwesen, das Transportwesen, die Informations- und Kommunikationstechnologie und den „Wirtschaftstourismus" verlagert werden. Der Schlüssel für die Umsetzung dieses Plans wird sicher die Überwindung zweier großer Hürden sein: die hohe Kriminalität und das Fehlen qualifizierter Arbeitskräfte. Die Bekämpfung von Armut und der damit verbundenen Kriminalität sowie die Aus- und Weiterbildung der Menschen, um die Kluft zwischen der Nachfrage der Wirtschaft und dem Angebot auf dem Arbeitsmarkt zu schließen, werden daher die wichtigsten Ziele in den nächsten Jahren sein.

Der Großraum Kapstadt

Kapstadt hat seit seiner Gründung (1652) seine primäre Funktion als Hafen beibehalten. Durch seine **extrem günstige geografische Lage** zählt Kapstadt heute noch zu den bedeutendsten Seehäfen der Welt. Gleichzeitig wuchs die Stadt bereits wenige Jahrzehnte nach ihrer Gründung zu einem wichtigen Handels-, Banken- und Versicherungszentrum heran.

Um den Mangel an Baugrund für eine Cityerweiterung (Neuanlage von Büro-Hochbauten) zu beheben, wurden insgesamt 114 ha Land im Innenbereich der Tafelbucht (Foreshore-Ground) im Zuge der Hafenumbauten und -erweiterungen aufgeschüttet. Die älteren Hafenanlagen, insbesondere das Victoria Bassin, haben eine große Umwandlung *Moderne* erfahren. Dort ist ein modern gestaltetes und großzügig ausgebautes **Freizeit- und** *Stadt am* **Vergnügungsviertel** (Waterfront) mit einem vielfältigen touristischen Angebot ent- *Tafelberg*

Die Waterfront in Kapstadt – rechts der Clock Tower

standen, das den nationalen und internationalen Fremdenverkehr in Kapstadt selbst enorm gefördert hat und zu einer der Hauptattraktionen des Landes geworden ist. Jeden Abend füllen sich die Restaurants und Bars mit einem bunten Publikum. Man bevorzugt die Plätze unter den alten Gaslaternen, verzehrt frisch gefangene Fische und trinkt Kapwein. Und es wird weiter gebaut: Ein Kanal soll die Waterfront mit der Innenstadt verbinden, großzügige Wohnanlagen und Bürogebäude und nicht zuletzt das neue internationale Konferenzzentrum sollen die Wirtschaft der Stadt weiter ankurbeln und Kapstadt auch zum wirtschaftlichen Mekka werden lassen.

...eine der schönsten Städte der Welt

Wie alle Großstädte im neuen Südafrika hat auch Kapstadt eine „multiracial" City, ein **innerstädtisches Zentrum**, das von allen Bevölkerungsgruppen wahrgenommen wird. Die liberale Einstellung der Kapstädter war immer bekannt. Moderne Zweckbauten, durchsetzt mit historisch interessanten Gebäuden und Grünanlagen nahe der Achse Heerengracht – Adderleystreet oder vor dem herrlichen Panorama des Tafelberges gelegen, verleihen der ältesten Stadt Südafrikas weiterhin ein charakteristisches Gepräge.

Mittelständische Wohngebiete und Villen prägen heute die Fußregion des Tafelberges, in der Luftlinie wenige Kilometer von den dicht bevölkerten Cape Flats entfernt. Es sind die Wohngebiete hoher Beamter, Wissenschaftler oder Künstler. Die verschiedenen Wohnviertel von Sea Point bis Camps Bay sind mit Apartmenthäusern durchsetzt. In Sea Point selbst findet man viele Hotelbauten; ein Zeichen dafür, dass Kapstadt auch ein bekanntes und beliebtes Seebad ist und vielen Ruheständlern als Alterssitz dient.

Durban und das Umland

Wie in Kapstadt wurde auch in Durban die **Gunst des Hafens** in einer geschützten Bucht zum ausschlaggebenden Standortfaktor für die Anlage einer städtischen Siedlung.

Im Rahmen von Dezentralisierungsmaßnahmen entstanden in den 1960er-Jahren nach mehreren Umsiedlungsaktionen zunächst die schwarzen „**Townships**" Kwa-Mashu im Norden und Umlazi im Südosten. Auch der indischen Bevölkerung wurden getrennte Wohngebiete zugewiesen – z. B. Chatsworth, Isipingo und Phoenix –, nachdem es zu Auseinandersetzungen mit den Zulus gekommen war (Cato Manor). Von allen „Townships" gehen täglich zahlreiche Pendlerströme nicht nur zu den Betrieben bis in den Raum Pinetown und zu den Hafenanlagen, sondern auch zur Innenstadt. Arbeitsuchende aus den ländlichen Bezirken wandern immer noch in verstärktem Maße zu und führten bereits vor Jahren zu einer Überbelegung in den bestehenden peripheren Wohngebieten sowie zur Ausbildung von Marginalsiedlungen (Squattercamps).

Entlang den beiden parallel verlaufenden Verkehrsachsen Smith- und Weststreet befindet sich heute die City, der Haupteinkaufsbereich. Viktorianische Architektur zeigen nur noch wenige Gebäude (Post, Rathaus). Es dominieren hohe Hotelbauten an der verkehrsberuhigten Seefront (Golden Mile) mit Vergnügungs- und Freizeiteinrichtungen und zahlreiche Apartmenthäuser (Ferien- und Alterssitze) in einer zweiten Bauzeile sowie Mehrzweckbauten im Hafenbereich.

Zentrum der indischen Bevölkerung

Ein typisches Merkmal der City von Durban ist aber das Nebeneinander zweier Zentren: das europäische und das indische. Beide Zentren bestehen seit Jahrzehnten

Die „Goldene Meile" in Durban

und wurden von der städtischen Apartheidgesetzgebung nicht getrennt. Vielmehr erhielten sie Neubauten oder ältere Baueinheiten (Betriebshallen) bekamen neue Funktionen, z. B. „The Workshop" als Einkaufszentrum. Für viele Touristen ist es ein lohnendes Ziel, Durban als das bedeutendste Inderzentrum in Afrika kennenzulernen.

Eine wichtige Funktion übt die Stadt auch im **kulturellen Bereich** aus. Sie ist Sitz bedeutender Bibliotheken, Museen und zweier Universitäten.

Das randtropische Klima ließ Durban auch zum größten und preisgünstigsten **Ferienzentrum** in Südafrika und zum Kern der Touristenregion KwaZulu-Natal werden. Die ausgebauten Nationalstraßen – die N3, welche vom Binnenland über Ladysmith, und Howick nach Pietermaritzburg führt, sowie die N2, die parallel zur Küste nach Norden und Süden verläuft – ermöglichen den Touristen eine schnelle und bequeme Anfahrt. Zahlreiche Badeorte am Indischen Ozean und ausgewählte Plätze im Bereich der Randstufe, einschließlich der Nationalparks, liefern ein breit gefächertes touristisches Angebot.

Weitere Städte im Überblick

Wegen der „Hafenkonkurrenz" an der 1.800 km langen Küste zwischen Durban und Kapstadt und der wirtschaftlichen Rückständigkeit des Hinterlandes konnten nur wenige weitere größere Hafenstädte entstehen. Zu nennen sind lediglich **Buffalo City/East London** und die **Nelson-Mandela-Metropole/Port Elizabeth**. Der Hafen besitzt ein weit reichendes Hinterland. Erze aus Zaire und der nördlichen Kapprovinz sowie Kupfer aus Sambia werden hier umgeschlagen.

Fördermaßnahmen Buffalo City/East London ist der einzige Flusshafen Südafrikas und befindet sich in einer verkehrsgeografischen Abseitslage, trotz erheblicher staatlicher Stützungsmaßnahmen und Investitionen in die angesiedelte Verbrauchsgüterindustrie. Die Konkurrenz durch die beiden großen Hafen- und Industriestädte ist zu groß. Große Hoffnungen legt man weiterhin auf das integrierende Regional-Entwicklungsprogramm, das auch umfassendere Fördermaßnahmen in den Gebieten der ehemaligen Ciskei und Transkei enthält.

Einen sehr großen Einfluss auf die Wirtschaft der gesamten Region wird der Bau des 12.000 ha großen Industriegebietes inklusive eines neuen Tiefseehafens in Coega, 20 km östlich von Port Elizabeth, haben. Der Hafen Ngqura wurde 2006 fertig gestellt, im Oktober 2008 legten die ersten Schiffe an und 2009 wurde er offiziell eröffnet. Die Entwicklung des gesamten Gebietes wird sich aber über die nächsten Jahrzehnte erstrecken. Pro Jahr werden 500 Millionen Rand in die Entwicklung investiert und neben 50.000 Arbeitsplätzen in der Bauphase sollen insgesamt 20.000 permanente Arbeitsplätze geschaffen werden.

Die meisten städtischen Siedlungen in Südafrika sind Mittel- und Kleinstädte, meist Verwaltungs- und Handelszentren in den Farmgebieten (Distriktorte). Kleinere Industriebetriebe verarbeiten hier die landwirtschaftlichen Produkte. Auch in den Kleinstädten (Farmzentren) gibt es Banken, Geschäfte für den kurzfristigen Bedarf und Tankstellen mit Reparaturmöglichkeiten in der Ortsmitte. Durch den Ausbau des Straßenverkehrswesens besitzen die meisten von ihnen auch Übernachtungsmöglichkeiten (Hotel, Campingplatz).

Zentrale Orte mittlerer und unterster Stufe entwickelten sich auch in den ehemaligen „Homelands". Im Vergleich zu den Orten im alten weißen Farmland bestehen hier noch sozialökonomische Unterschiede. Erst langsam werden diese Klein- und Mittelstädte aufgewertet und ausgebaut.

Alles über Land & Leute

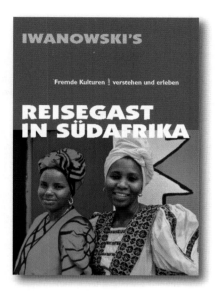

Südafrika übt Faszination aus. Für viele ist es die Traumdestination schlechthin. Aber es ist auch ein schwieriges Land, ein Land, das polarisiert. Auch zwanzig Jahre nach dem Ende der Apartheid ist Südafrika ein Land im Umbruch, das mit den Hinterlassenschaften von Kolonialismus und Rassentrennung kämpft. Die Nation hatte sich nach den ersten freien Wahlen 1994 viel vorgenommen, um gemäß Nelson Mandelas Vision von der Regenbogennation eine bessere, eine demokratische Zukunft aufzubauen.

„Reisegast in Südafrika" vermittelt Hintergrundwissen über dieses vielseitige Land und bietet zahlreiche Verhaltenstipps für Safari-Touristen, Großstadtbesucher, Geschäftsleute und Gaststudenten.

„Die kompakten Reisebegleiter geben Urlaubern und Geschäftsreisenden die nötigen Starthilfen, um sich im Zielgebiet fast wie ein Einheimischer zu bewegen."

Travel Talk

2. SÜDAFRIKA
ALS REISELAND

Mit den Hühnern auf dem Weg nach Hause ...

Allgemeine Reisetipps A–Z

 Hinweis

In den **Allgemeinen Reisetipps** finden Sie reisepraktische Hinweise für die Vorbereitung Ihrer Reise und für Ihren Aufenthalt in Südafrika. In den Kapiteln 3–11 finden Sie dann bei den jeweiligen Orten und Routenbeschreibungen detailliert Auskunft über Infostellen, Sehenswürdigkeiten, Adressen und Öffnungszeiten, Unterkünfte, Essen und Trinken, Verkehrsmittel, Einkaufen und Sportmöglichkeiten.

Adressen

- **South African Tourism**: Beim südafrikanischen Fremdenverkehrsbüro South African Tourism (South African Tourism Board) erhalten Sie ausführliche Informationen. In **Deutschland**: South African Tourism, Friedensstraße 6–10, D-60311 Frankfurt/Main, ☎ 069-9291290, 🖷 069-280950, www.southafrica.net. In **Österreich**: South African Tourism, Stefan-Zweig-Platz 11, 1170 Wien, ☎ 01-470-45110, 🖷 01-470-45114. In der **Schweiz**: Satour Active Marketing, Seestraße 42, 8802 Kilchberg/Zürich, ☎ 01-7151069, 🖷 01-715 1889. In **Südafrika**: Bojanala House, 90 Protea Road, Chislenhurston, Johannesburg 2196, Private Bag X 10012, Sandton 2146, ☎ 011-895 3000, 🖷 011-895 3001, www.southafrica.net
- **Nomad Africa Adventure Tours**: Bietet Touren zu den Victoria-Gällen, zum Kruger Park, nach Botswana, Namibia, Uganda/Ruanda, 40, Shortmarket St., Cape Town, ☎ 21-4265445, www.nomadtours.co.za
- **Deutsch-Südafrikanische Gesellschaft e.V.**, Bundesgeschäftsstelle Godesberger Allee 127, 53175 Bonn, ☎ 0228-371055, 🖷 0228-374766
- **Ritztrade**: Geschäftsvermittlung und Immigration Service, www.ritztrade.de

Aktivurlaub

Südafrika entwickelt sich immer mehr zu einem Dorado für den Aktivurlaub: Paragliding am Western Cape oder eine Fahrt mit dem Heißluftballon, Fallschirmspringen oder Windsurfen über den Drakensbergen ebenso wie Aktivitäten im und am Wasser – oder der neueste Trend: Abseiling. Informationen unter: www.abseilafrica.co.za, www.cybercapetown.com/tours/ Downhill, www.george.co.za/ecobound.

s. auch Stichwort Sport

Alkohol

- An Sonn- und Feiertagen durfte bis vor einigen Jahren in den öffentlichen Bars kein Alkohol ausgeschenkt werden. Mit der politischen Umstrukturierung wurde dieses Gesetz abgeschafft, kann aber noch von regionalen Behörden eingesetzt werden. D.h.: An Sonntagen darf Alkohol nicht in Läden, nur in Bars, Hotels und Restaurants verkauft werden.
- In nicht-lizenzierten Lokalen darf zwar kein Alkohol ausgeschenkt, dafür aber mitgebracht und getrunken werden („bring your own").
- Man kann alkoholische Getränke nur in besonderen Geschäften, den „Bottle Stores", kaufen. Nur in großen Städten haben einige wenige auch sonntags geöffnet. Wein kann Mo–Sa im Supermarkt gekauft werden.
- Der Alkoholausschank in Hotels ist wie folgt zu erkennen:
Y bedeutet: Wein und Bier dürfen nur zu den Mahlzeiten angeboten werden.
YY bedeutet: Es dürfen (nur) Wein und Bier auch ohne Mahlzeiten verkauft werden.
YYY bedeutet: Es dürfen Wein, Bier und Spirituosen verkauft werden, auch ohne Mahlzeiten.

Apotheken

In Südafrika sind Apotheken gleichzeitig Drogerien. Sie heißen „Apteek" (Afrikaans) oder „Chemist" (Englisch). Wie in Europa gibt es auch einen Notdienst.

Ausdrücke

Hier eine Übersicht über einige nützliche Ausdrücke in Afrikaans:

Guten Morgen!	Goeie more!	gut/schlecht	goed/sleg	Mittwoch	Woensdag
Guten Tag!	Goeie midday!	wieviel	hoeveel	Donnerstag	Donderdag
Gute Nacht!	Goeie nag!	Monat/Jahr	maand/jaar	Freitag	Vrytdag
bitte	asseblief	wo	waar	Samstag	Saterdag
danke	dankie	Wann fährt...?	Wanneer vertrek?	Sonntag	Sondag
Auf Wiedersehen!	tot siens!	Wie viel kostet dies?	Hoeveel is dit?	Grillen	Braai
ja/nein	ja/nee	Tageszeitung	dagblad	Tankstelle, Autowerkstatt	Garage
Verzeihung	ekskuus	Rundhaus	rondavel	Ampel	Robot
Wann	wannee	Tag/Woche	dag/week	Mitfahrgelegenheit/Fahrstuhl	Lift
Wie spät ist es?	Hoe laat is dit ?	Montag	Maandag	Trinkgeld	Tip
Verstehen Sie ?	Verstaan u?	Dienstag	Dinsdag		

Zahlen

eins	een	zwölf	twaalf	dreißig	dertig
zwei	twee	dreizehn	dertien	vierzig	veertig
drei	drie	vierzehn	veertien	fünfzig	vyftig
vier	vier	fünfzehn	vyftien	sechzig	sestig
fünf	vyf	sechzehn	sestien	siebzig	sewentig
sechs	ses	siebzehn	sextien	achtzig	tagtig
sieben	sewe	achtzehn	agtien	neunzig	negentig
acht	ag	neunzehn	negentien	hundert	honderd
neun	nege	zwanzig	twintig	hunderteins	eenhonderd-en-een
zehn	tien	einundzwanzig	een-en-twintig	fünfhundert	vyfhonderd
elf	elf	zweiundzwanzig	twee-en-twintig	tausend	'n Duisend

Auto fahren

In Südafrika herrscht **Linksverkehr**.
Folgende **Geschwindigkeitsbegrenzungen** gelten, wobei zu beachten ist, dass temporäre Geschwindigkeitsbegrenzungen zumeist nicht durch Schilder wieder aufgehoben werden:
- innerhalb geschlossener Ortschaften 60 km/h,
- auf Landstraßen 100 km/h,
- auf bestimmten Fernstraßen (Freeways) 120 km/h.

- Das südafrikanische **Straßennetz** ist in gutem Zustand und relativ dicht, die wichtigsten Verbindungen sind asphaltiert (84.000 km). Auch nicht-geteerte „gravel roads" sind gepflegt. Deshalb kommt man innerhalb Südafrikas mit einem Pkw praktisch überall hin – ein Geländewagen ist ein Luxus, der sich u. U. nur für Lesotho sowie abgelegene Gebirgsregionen empfiehlt. Benzin ist überall erhältlich, das Tankstellen-Netz dicht geknüpft. Es besteht Anschnallpflicht sowie eine Promillegrenze von 0,5 für Fahrer. Bei Übertretungen muss mit strengen Strafen gerechnet werden.
- Auch im Linksverkehr hat **rechts Vorfahrt**, auch im Kreisverkehr.
- In abgelegenen ländlichen Gebieten Südafrikas sowie den ehemaligen Homelands müssen Sie damit rechnen, dass öfter Vieh die Straße überquert. Von **Nachtfahrten in ländlichen Gebieten** ist abzuraten, oft fahren unzureichend beleuchtete Fahrzeuge. Meiden Sie auf jeden Fall auch die Ghettos der Großstädte.
- **„Four-Way-Stop"**: Viele Kreuzungen weisen an jeder Straße ein Stoppschild, unter dem „4-Way" steht, auf. Das bedeutet, dass derjenige zuerst fahren darf, der als erster an der Haltelinie zum Stehen gekommen ist.
- Es gilt der Führerschein des Heimatlandes des Besuchers, sofern er das Foto und die Unterschrift des Inhabers trägt und in englischer Sprache verfasst ist. Sie benötigen also den **internationalen Führerschein**. Dieser ist beim Amt relativ schnell erhältlich, wenn Sie im Besitz eines Kartenführerscheins sind. Ansonsten muss der alte Führerschein erst gegen den Kartenführerschein getauscht werden, was Kosten verursacht und die Bearbeitungszeit auf 6–8 Wochen ausdehnen kann. Trotzdem ist zum Anmieten eines Fahrzeuges auch der jeweilige nationale Führerschein notwendig!
- Wenn ein Fahrzeug **zum Überholen Platz macht**, bedankt man sich nach abgeschlossenem Überholmanöver mit dem Warnblinker.
- **Parkwächter** an offiziellen Parkflächen werden mittlerweile von den Städten und Gemeinden „autorisiert". Sie bekommen zwar kein Geld von Staatsseite, dafür aber bürgt der Staat dafür, diese Parkwächter vorher auf Ehrlichkeit „geprüft" zu haben. Das System klappt gut und gibt vielen Menschen eine Chance auf Arbeit. Zu erkennen sind die offiziellen Parkwächter an auffälligen, meist gelben oder orangefarbenen Gummijacken. Für das Bewachen Ihres Fahrzeuges sollten Sie nach Ihrer Rückkehr 2 ZAR geben.

☞ Hinweis

Einige Straßenabschnitte unterliegen einer Nutzungsgebühr. Eine Liste dieser „Toll Routes" mit weiteren Informationen (u.a. zu Mautstationen) finden Sie im Internet unter www.routes.co.za/tollroads/index.html.

Automobilclubs

Die „Automobile Association of South Africa" (= AA) bietet hervorragende Dienste für den Autoreisenden an. Wenn man Mitglied z. B. im ADAC oder AvD ist, wird gegen Vorlage des Mitgliedsausweises kostenlos Hilfe gewährt. Man erhält u. a. Karten und Tourenvorschläge.

▶ **Regionale Adressen:**
- **AA Pannenhilfe**: Denis Paxton House, Kyalami Grand Prix Circuit, Allendale Road, Kyalami, Midrand 1684, ☎ 011-799-1001, 🖷 011-799-1111, www.aa.co.za

▶ **Gauteng**
- Pretoria Menlyn, Shop 2, Level P3, Menlyn Park Shopping Centre, Atterbury Road, ☎ 012-348-2522, 🖷 012-348-2601
- Sandton, Village Walk, Shop U26, The Village Walk Centre, Ecke Maude und Rivonia Road, Sandown, ☎ 011-884-4104, 🖷 011-884-1448
- Fourways, Magic Travel, Shop G2, Entrance 1, Fourways Mall, Ecke William Nicol und Witkoppen Road, ☎ 011-465-8485, 🖷 011-465-8480

▶ **Mpumalanga:** Nelspruit, Shop 12, The Crossings, Ecke N4 und General Dan Pienaar Street, ☎ 013-753-3571, 🖷 013-752-6060

▶ **Western Cape:** Kapstadt, Picbel, Shop 33, Parkade Mall, Strand Street, ☎ 021-419-6914, 🖷 021-421-1343

▶ **KwaZulu/Natal:** Durban Musgrave, Shop 317, Musgrave Centre, Musgrave Road, ☎ 031-201-5244, 🖷 031-201-6792

▶ **Eastern Cape Province**
- East London, 45 Devereux Avenue, Vincent, ☎ 043-726-0601, 🖷 086-619-5353
- Port Elizabeth, Shop M64, Moffet on Main Lifestyle Centre, Ecke William Moffet und Main Road, Walmer, ☎ 041-368-6452, 🖷 041-368-6456

▶ **Free State:** Bloemfontein, AA Test & Drive, 101 Church Street, ☎ 051-447-6191, 🖷 051-430-8721

Autoverleih

Höchstmaß an Individualität
Die Kombination Mietwagen/Hotel und Inlandsflüge, um weite Strecken zu überbrücken, erweist sich gerade für Südafrika als optimal. Auf diese Weise kann man einen wirklich individuellen Urlaub gestalten. Am entsprechenden Zielflughafen steht der Mietwagen abfahrbereit. **Buchungen** sind möglich bei **Iwanowski's Individuelles Reisen**, www.afrika.de, ☎ 02133-26030.

Mietwagenfirmen
Die großen Mietwagenfirmen in Südafrika – Avis, Budget, Europcar und Hertz – verfügen über große Fahrzeugflotten mit unterschiedlichen Fahrzeugtypen. Die Fahrzeuge sind auch zugelassen für Namibia, Botswana, Lesotho und Swasiland. Die Einwegmiete zwischen Südafrika und Namibia wird derzeit mit ca. 3.500 Rand, zwischen Südafrika und Botswana mit ca. 5.500 Rand berechnet. Bei allen Vermietern muss man für die Fahrten nach Namibia, Botswana, Lesotho und Swasiland einen „Letter of Authority" bestellen. Fahrten nach Angola, Malawi, Mosambik, Sambia und Zimbabwe sind derzeit nicht gestattet.

Fahrzeugempfehlungen
Für die heißen Sommermonate sollte man auf jeden Fall ein Auto mit Klimaanlage wählen. Ein Wagen mit Automatik fördert die Fahrkonzentration und erleichtert dadurch die Gewöhnung an den Linksverkehr. Wer auf Nummer sicher gehen will, sollte ein Sicherheitsfahrzeug wie Mercedes wählen. Auch südafrikanische Autofahrer sind nicht zimperlich, was das Übertreten von Geschwindigkeiten und das Missachten von Überholverboten betrifft.

Lokaler oder überregionaler Vermieter?
Zweifelsohne sind die lokal operierenden Vermieter bis zu 25 % billiger als die überregional arbeitenden Unternehmen. Einige kleinere Firmen wie Tempest versuchen sich derzeit auf dem

überregionalen Markt. Aber: Ein lokaler Vermieter ist nur anzuraten, wenn man sich im engeren Umkreis bewegt. Sobald man weite Fahrten vorhat oder „one-way" fährt, empfiehlt sich die Anmietung bei einem der „großen Vier". Im Pannenfall oder sonstigen Notfall wird man den schnellen, professionellen Service zu schätzen wissen. Außerdem vermieten die großen Firmen stets eine neuwertige Fahrzeugflotte, während die billigeren Anbieter zumeist gebrauchte Fahrzeuge zur Verfügung stellen. Als beste Autovermieter gelten Avis und Hertz.

Versicherungsabkürzungen beim Automieten

- **CDW (Collision Damage Waiver)**: Vollkasko mit Haftungsbefreiung für Schäden am Mietwagen.
- **TP (Theft Protection)**: Diebstahlversicherung, bei der Sie aber unbedingt die Bedingungen lesen sollten, z. B. ist der Diebstahl von Einzelteilen (Reifen, Felgen, Spiegel etc.) i. d. R. nicht abgedeckt!
- **PAI (Personal Accident Insurance)**: deckt bei Unfall oder Todesfall Fahrer und Mitfahrer ab, wobei die maximal auszuzahlende Versicherungssumme nach europäischen Maßstäben sehr niedrig ausfällt.

 Hinweis

Bei allen o. g. Versicherungen ist das Gepäck, also das persönliche Hab und Gut, im Fahrzeug nicht mitversichert. Dazu benötigen Sie eine Reisegepäckversicherung, die Sie am besten schon in Europa abschließen sollten.

Sie sollten Ihr Fahrzeug möglichst bei einem Veranstalter in Deutschland vorausbuchen. Die hier gewährten Preise sind niedriger als in Südafrika selbst, das Fahrzeug steht sicher für Sie bereit und vor Ort sind Sie frei von Organisationsstress.

Avis Rent-A-Car

- Deutschland: Internat. Reservierungsbüro und Informations-Hotline, ☎ 01805-217702, www.avis.de.
- Südafrika: Zentrale Reservierungsnummer: ☎0861-021-111 oder 011-923-3660, www.avis.co.za.

Budget Rent-A-Car

- Südafrika: Zentrale Reservierungsnummer: ☎011-398-0123 oder 086-101-6622, www.budget.co.za.

Europcar

- Deutschland: Reservierungszentrale, ☎ 0180-58000, www.europcar.de.
- Südafrika: Zentrale Reservierungsnummer: ☎011-574-1000 oder 0861-131-000, www.europcar.co.za.

Hertz

- Deutschland: ☎ 01805-33-3535, www.hertz.de.
- Südafrika: ☎ 021-935-4800 oder 0861-600-136, www.hertz.co.za.

Badestrände

Südafrika rühmt sich seiner insgesamt mehr als 3.000 km langen schönen Badestrände. Doch muss man beim Baden in Südafrika Folgendes bedenken:

- Der kalte Benguelastrom sorgt an der Westküste dafür, dass die Wassertemperaturen selbst im Sommer Nordsee-Niveau kaum übersteigen.
- Entlang der Gardenroute ist aufgrund der Wassertemperaturen das Baden in den Monaten November bis April angenehm.
- Die ganzjährig wärmsten Wassertemperaturen hat die Natal-Nordküste aufzuweisen. Allerdings erreichen auch hier die Wassertemperaturen nicht karibisches Niveau.

Westküste	Beliebte Strände gibt es bei Strandfontein (nördlich von Lambert's Bay).
Südwestliches Kapland	Westlich von Mossel Bay liegen schöne Strandabschnitte bei Still Bay, Witsand und Infata-on-River (jeweils gut auf Stichstraßen von der N2 erreichbar). Schöne Strände ebenfalls bei Muizenberg (False Bay) sowie Clifton, Camps Bay und Hout Bay bei Kapstadt.
Gardenroute	Heroldsbaai (südwestlich von George): Sandstrände und Tidepool (Gezeitenschwimmbad)
	Mossel Bay: geschützte Lagunen in Hartebos, Groot Braakrivier
	Sedgefield (westlich Knysna): lange Sandstrände
	Buffels Bay (bei Knysna): ebenfalls schöne Sandstrände
	Plettenberg Bay: lang gestreckte Sandstrände
	Nature's Valley (östlich Plettenberg Bay): ruhige, schöne Badestrände
	Tsitsikamma Coastal National Park: weniger zum Baden geeignet, dafür aber eindrucksvolle Steilküste mit Flussmündung (Storm's River)
	Oyster Bay: lange, z. T. wenig besuchte Sandstrände
	St. Francis Bay: weite Sandstrände, bewegtes Meer
	Bushmans-Fluss-Mündung und Kariega (südlich Grahamstown): Sandstrände, Lagunen
	Morgan's Bay: weniger zum Baden geeignet, dafür aber tolle Kliff-Küste mit hoher Gischt
Eastern Cape Province	Hier beginnt die große Hai-Gefahr, vor allem im Bereich der Province Flussmündung, wo Schlamm nach heftigen Regenfällen ins Meer fließt – ein Tummelplatz für Haie.
	Besonders schöne Strände hat Port St. Johns sowie die Umgebung von Kei Mouth (Mündung des Great Kei-Flusses).
KwaZulu/ Natal-Küste südlich Durban	Generell sind alle großen Natal-Badestrände durch Netze gegen Haie gesichert. Erkundigen Sie sich aber vorher, damit Sie in Ruhe und ohne Angst das Baden genießen können.
	Zwischen Port Shepstone und Port Edward gibt es besonders viele, sehr schöne Sandstrände.
KwaZulu/ Natal-Küste südlich Durban	Beste Strände hier zwischen Umhlanga Rocks, Umdloti Beach und Ballito.
	Nördlich von Zinkwazi Beach sind die Strände nicht gegen Haie gesichert. Hier liegen keine geeigneten Badestrände mehr (schwere Zufahrten und Haigefahr). Die Binnenseen und Lagunen eignen sich auch nicht zum Baden, denn sie sind Heimat von Flusspferden und Krokodilen.

Banken

Die **Öffnungszeiten** der Banken sind i. d. R. wie folgt:

in der **Stadt**	9–15.30h (an Werktagen)	8.30–11h (samstags)
auf dem **Land**	werktags 9–12.45h	werktags 14–15.30h

Eine Bank ist auch zu den normalen Schalterstunden auf den drei internationalen Flughäfen in Johannesburg, Kapstadt und Durban geöffnet. Auf jedem dieser Flughäfen ist eine Wechselstube zwei Stunden vor jedem internationalen Abflug geöffnet und schließt zwei Stunden nach jeder internationalen Ankunft. **Bankautomaten (ATM = Automatic Teller Machines)** gibt es in Südafrika genauso häufig wie bei uns. An ihnen kann man mit den gängigen Kreditkarten Geld abheben. Auch die EC-Karte wird von den meisten Bankautomaten akzeptiert. Wichtig ist, dass der Automat mit dem Maestro-System kooperiert.

 Hinweise

- Nicht alle Tankstellen akzeptieren Kreditkarten, deshalb ist es immer ratsam, auch Bargeld dabei zu haben.
- Achten Sie darauf, dass Sie beim Geldwechseln nicht beobachtet werden. Nehmen Sie auch keine Hilfe an. In letzter Zeit kam es vermehrt zu Betrugsdelikten.

Bed and Breakfast

Diese typisch englische Einrichtung hat sich mittlerweile auch in Südafrika durchgesetzt, allerdings auf einem im Allgemeinen höheren Niveau. Die Preise betragen pro Person/Nacht mindestens 50 €. **Informationen: The Portfolio Collection**, Head Office, P.O. Box 132, Newlands, 7725 Kapstadt, ☎ 021-686-5400, 🖷 021-686-5310, Reservations: ☎ 021-689-4020, 🖷 021-686-5404, www.portfoliocollection.com.

Behinderte

Südafrika versucht seit Jahren, sich auf die Bedürfnisse behinderter Reisender einzustellen. Dennoch ist das Reisen immer noch nur mit Einschränkungen möglich. SAA (South African Airways) stellt an allen größeren Flughäfen allen Passagieren Hilfsgeräte zur Verfügung. Folgende Organisationen widmen sich den Belangen von Behinderten:
- **South African National Parks**, POB 787, Tshwane 0001, ☎ 012-426-5000, 🖷 012-426-5446, www.sanparks.org. Die Nationalpark-Behörde Südafrikas hat dafür Sorge getragen, dass es in allen Camps behindertengerechte Unterbringungsmöglichkeiten gibt.
- **Independent Living Centre** in Johannesburg, ☎ 011-482-5474, 🖷 011-482-5565, ilcentre@icon.co.za, www.independentliving.org. Hier erhält man Informationen über behindertengerechte Beförderung und Unterkünfte.
- **The Disabled People of South Africa**, Information Centre, Secretary General: POB 3467, Cape Town 8001, ☎ 021-422-0357, 🖷 021-422-0389, www.dpsa.org.za. Die Organisation für behinderte Menschen in Südafrika verfügt in Kapstadt über ein Informationszentrum.

Botschaften/Konsulate

▶ **in Deutschland**
- Südafrikanische Botschaft, Tiergartenstr. 18, 10785 Berlin, ☎ 030-220730, 🖷 030-22073190, www.suedafrika.org, Öffnungszeiten Mo–Fr 8–12.45 und 13.30–16.30h
- Südafrikanisches Generalkonsulat, Sendlinger-Tor-Platz 5, 80336 München, ☎ 089-2311630, 🖷 089-23116353, Öffnungszeiten Mo–Fr 9–12h

▶ **in der Schweiz**
- Südafrikanische Botschaft, Alpenstraße 29, CH-3006 Bern, ☎ 031-3501313, 🖷 031-3681751, www.southafrica.ch
- Südafrikanisches Generalkonsulat, 114 Rue de Rhône, CH-12041 Genf, ☎ 022-8495454, 🖷 022-8495432

▶ **in Österreich**
- Südafrikanische Botschaft, Sandgasse 33, A-1190 Wien, ☎ 0132-3206493, 🖷 0132-320649351
- Südafrikanisches Konsulat, Villefortgasse 13/II, A-8020 Graz, ☎ 0316-322548

▶ **in Südafrika**

Deutschland
- Deutsche Botschaft, 180 Blackwood Street, Arcadia, Tshwane 0001, P.O. Box 2023, ☎ 012-427-8900, 🖷 012-343-9401, www.pretoria.diplo.de
- Generalkonsulat der Bundesrepublik Deutschland, 19th Floor, Triangle House (ehem. Safmarine House), 22 Riebeek Street, Cape Town 8001, ☎ 021-405-3000, 🖷 021-421-0400, www.kapstadt.diplo.de
- Honorarkonsulat der Bundesrepublik Deutschland, 9 Kensington Drive, 3629 Westville, Durban (gegenüber dem Westville Einkaufszentrum, Caraville Travel premises), ☎ 031-266-3920, 🖷 031-266-3925, www.pretoria.diplo.de
- Honorarkonsulat der Bundesrepublik Deutschland, Maritime House, Ecke William Moffat und Circular Drive, Walmer, Port Elizabeth 6070, ☎ 041-397-4721, 🖷 041-397-4730, www.pretoria.diplo.de

Schweiz
- Schweizerische Botschaft, 225 Veale Street, Parc Nouveau, New Muckleneuk, Pretoria 0181, ☎ 012-452-0660, 🖷 021-346-6605, www.eda.admin.ch.
- Schweizerisches Generalkonsulat, No. 1 Thibault Square, 26th Floor (Ecke Long Street und Strijdom), Cape Town 8001, ☎ 021-418-3665 (Botschaft Jan.–März: 021-418-3669), 🖷 021-418-3688 (Botschaft Jan.–März: 021-418-1569), www.eda.admin.ch/capetown.
- Honorarkonsulat Durban, 216 Cozumel, 33 Northbeach Road, Umdloti Beach, 4350 Durban, ☎ und 🖷 031-568 2457, durban@honorarvertretung.ch

Österreich
- Österreichische Botschaft, 1109 Duncan Street, Brooklyn, Tshwane, POB 95572, Waterkloof 0145, Pretoria, ☎ 012-452-9155, 🖷 012-460-1151, pretoria-ob@bmaa.gv.at.
- Österreichisches Generalkonsulat Kapstadt, 1 Thibault Square, 3rd Floor, POB 6887, Roggebaai 8012, ☎ 021-421-1440, 🖷 021-425-3489, kapstadt-gk@bmaa.gv.at.
- Österreichisches Generalhonorarkonsulat Johannesburg, JHI House, 7th Floor, Craddock Ave 11, Rosebank, POB 782195, Sandton 2146, ☎ 011-447-6551, 🖷 011-447-6191
- Österreichisches Honorarkonsulat, 10 A Princess Anne Place, Glenwood, Durban 4001, ☎ 031-261-6233, 🖷 031-261-6234, seboarch@mweb.co.za.

Busreisen/Busverbindungen

Noch preiswerter als die Bahn – und vor allem flotter – fährt man mit dem gut ausgebauten Überland-Bussystem. Die regelmäßigen, pünktlichen Verbindungen sind ein Vorteil, allerdings werden nur die größeren Städte verbunden. Schwierig wird es, die meist abseits gelegenen, touristisch interessanten Stellen zu erreichen. Die überall zu sehenden kleinen Minibusse – meist hoffnungslos überfüllt – kann man nicht reservieren. Darüber hinaus sind diese Minibusse wegen Überladung und z. T. nicht verkehrssicherem Zustand oft in Unfälle verwickelt.

Überregionale Verbindungen

- **GREYHOUND Cityliner**, www.greyhound.co.za. Reservierungen in Johannesburg: ☎ 011-611-8000 oder 083-915-9000, Durban: ☎ 031-334-9702, Port Elizabeth: ☎ 041-363-4555. Luxuriös, verstellbare Sitze, Verkauf von Verpflegung an Bord, Toilette.
- **TRANSLUX Intercity**, www.translux.co.za. Reservierung in Johannesburg: ☎ 011-773-8056, Durban: ☎ 031-361-7670, Port Elizabeth: ☎ 041-392-1304, Kapstadt: ☎ 021-449-6209; Zentralreservierung/Infos: Translux, P.O.Box 1907, Pretoria 0001, ☎ 012-315-4364, 🖷 012-315-4360. Moderne Busse, oft Doppeldecker, Klimaanlage, Nichtraucher
- **MAINLINER Intercape**, www.intercape.co.za. Zentrale Reservierung: ☎0861-287-287, international: 027-21-380-4400. U. a. Verbindungen bis Windhoek ab/bis Johannesburg und Kapstadt.

Rucksackreisende durch Südafrika/Baz Bus

Rucksackreisende haben nun eine neue Möglichkeit, Südafrika nach individuellen Vorstellungen zu entdecken. Mit dem Baz Bus kann man nahezu alle Hostels in 40 Städten und Orten in Südafrika und Swasiland erreichen. Will man weiterfahren, bestellt man den Baz Bus und lässt sich vor der Tür der Unterkunft abholen. Das Hop-on/Hop-off-System ermöglicht damit eine freie Reisegestaltung und einen optimalen Verkehrsanschluss.

Baz Bus: P Level, Centurion Building, Ecke 275 Main Road und Frere Road, Sea Point, Kapstadt 8005, ☎ 021-439-2323, 🖷 021-439-2343, www.bazbus.com.

Camper

Südafrika ist durch sein gutes Straßennetz, durch seine ausgezeichneten Campingplätze sowie durch das Klima ein tolles Land für Camperferien. Die größten Vermieter von Wohnmobilen sind die Firmen Britz, Maui, KEA 4x4 und KEA Camper. Es werden von diesen Firmen verschiedene Fahrzeug-Typen mit firmeneigener Bezeichnung angeboten. Empfehlenswert sind auf jeden Fall etwas stärker motorisierte Fahrzeuge mit mindestens 2-Liter-Motor. Für Fahrten in Nachbarländer wie z. B. Botswana sind Allradfahrzeuge mit Dachzelten die richtige Wahl. Unterschiedliche Campertypen werden im Internet unter **www.afrika.de** vorgestellt. Die Preise liegen je nach Typ, Mietbedingungen, Saison, Mietdauer etc. bei ca. 77 € pro Tag.

Auf jeden Fall sollte man eine „Super Cover-" bzw. „All Inclusive Cover"-Versicherung abschließen, bei der der Selbstbehalt 0 Rand beträgt (Ausnahme: grobe Fahrlässigkeit/Vorsatz).

Camping

Südafrika ist ein ideales Land zum Campen. Es gibt landesweit über 700 Campingplätze, vor allem entlang der touristisch interessanten Routen sowie in den vielen Nationalparks und Naturschutzgebieten. Aufgrund des Klimas ist Südafrika ein für den Outdoor-Urlaub prädestiniertes Land. Die Campingplätze sind i. d. R. sehr gut ausgestattet: Man findet alle notwendigen Selbstversorgungseinrichtungen vor, saubere sanitäre Anlagen sowie die obligatorische Grillstelle (*braai*). Die Campingplätze stehen nicht nur Zeltern zur Verfügung, sondern auch Fahrern mit Wohnmobilen und Allradfahrzeugen mit Dachzelten. Oft befinden sich auf den Campingplätzen auch schlichte Chalets mit einfach eingerichteten Zimmern und eigenem Bad/WC.

Die Südafrikaner sind leidenschaftliche Camper und es verwundert nicht, dass in den südafrikanischen Schulferien die Campingplätze sehr gut besucht sind.

Wichtige **Websites** für Campingplätze:
- www.satour.de: Allgemeine Infos zum Camping sowie Auflistung ausgewählter Plätze, Darstellung nur in Kurzform.
- www.caravanparks.com: Sehr gute Seite, stellt landesweit Campingplätze ausführlich vor; Buchungsmöglichkeit.
- www.aventura.co.za: Hier werden ausgezeichnete Campingplätze vorgestellt, die man auch online buchen kann.

Einkaufen

Südafrika ist ein wahres Dorado für Mitbringsel – hier eine kleine Auswahl:
- Das obligatorische **Biltong** (gewürztes, getrocknetes Fleisch, meist vom Wild). Bei Biltong scheiden sich die Geister: Manche schwören darauf, andere fürchten um ihre Zähne und finden den Geschmack so ekelhaft, dass sie diesen „südafrikanischen Kaviar" in die Nähe von Hundefutter bringen. Probieren Sie's einfach!
- Der legendäre Vitamin-C-haltige **Rooibos-Tee** hat seine Liebhaber. Die hervorragenden **südafrikanischen Weine** dürfte jeder Reisende unterwegs probiert haben, wobei sich das Mitbringen (es sei denn, es handelt sich um eine Besonderheit) nicht lohnt, da man viele Importeure findet, die dem Kunden den Wein ins Haus liefern *(s. Stichwort Wein).*
- **Proteen** sind auch ein Stückchen schönes Südafrika, die man leicht mitnehmen kann: An den Flughäfen kann man sie gut verpackt kaufen und leicht nach Hause transportieren. Früher wurden Flugzeuge aus Südafrika auch als Proteen-Bomber bezeichnet, weil viele Passagiere nicht widerstehen konnten, diese Blumen mitzubringen.
- Natürlich sind **Schmuckwaren** aller Couleur ein beliebtes, wenn auch teures Mitbringsel. Als Diamanten- und Goldland bietet Südafrika beste Materialien zur Schmuckherstellung.
- Toll sind Südafrikas **Deko-Stoffe**, die Motive und Farbkombinationen der Zulu, Xhosa und Bantu sind Blickfänger. Ob als Tischdecke, Sets, Wandbehang oder Kissenbezüge: In der Kombination mit modernen Möbeln wirken sie exotisch.
- Beliebt sind alle **Straußen-Souvenirs**: Ob Straußeneier (naturbelassen oder künstlerisch aufgepäppelt oder auch als Teelichter-Umhüllung), wunderbare Straußenleder-Produkte (Taschen, Gürtel) oder Staubwedel aus den Straußenfedern.
- Masken, geschnitzte Figuren sowie diverse andere **Holzschnitzarbeiten** werden fast überall angeboten. Es muss ja nicht die 2 m hohe Giraffe sein, es geht auch um einiges kleiner…
- Sehr schön sind die **Perlenarbeiten der Zulu**. Serviettenringe und Untersetzer, mit bunten Glasperlen verschönert, sind eine attraktive Tischdekoration.
- **Kerzen aus Swasiland** in ihren verschiedenen Formen und Mustern sind ebenfalls ein dekoratives Souvenir.
- Es gibt eine Vielzahl an verzierten **Bestecken** aller Art – vom Teelöffel bis zur Suppenkelle – mit afrikanischen oder schlichten Griffen und Mustern. Besonders bekannt sind die Produkte von Carol Boyes.
- **CDs** mit afrikanischer Musik sind ein Hörgenuss für zu Hause.
- Herrliche **Korbflechtarbeiten** der Zulu aus KwaZulu/Natal sind Produkte, denen man kaum widerstehen kann.

 Tipp

Am Flughafen Johannesburg gibt es den „last minute"-Souvenir-Shop *Out of Africa*: Hier kann man noch nach der Passkontrolle Souvenirs aller Art kaufen.

Einreise

Besucher aus EU-Ländern sowie der Schweiz brauchen bei einem Aufenthalt von bis zu drei Monaten kein Visum, benötigen aber einen Reisepass, der bei Ankunft noch mindestens ½ Jahr Gültigkeit hat. Bei Weiterreisen nach Namibia, Botswana, Zimbabwe, Lesotho und Swasiland werden Visa an der Grenze ausgegeben.

Seit einiger Zeit legen die südafrikanischen Grenzbeamten besonderen Wert darauf, dass im Reisepass noch mindestens zwei Seiten frei sind, um die Stempel anzubringen. Wer länger im Land bleiben möchte, muss ausreichende finanzielle Mittel sowie ein Rückflugticket nachweisen.

Es dürfen zzt. 5.000 R eingeführt werden, wobei der Umtauschkurs in Südafrika i. d. R. sowieso günstiger ist und es an den großen Flughäfen Wechselschalter gibt, die auch nach Ankunft später Maschinen geöffnet sind. Reiseschecks und Devisen dürfen unbegrenzt eingeführt werden.

s. auch Stichworte Impfung, Gesundheit, Jagd, Zoll

Eintrittskarten

Bei **Computicket**, einem zentralen Reservierungssystem für Kino, Theater, Oper usw., kann man Eintrittskarten vorbestellen. Die Reservierungsbüros befinden sich in allen südafrikanischen Großstädten (Shopping Centers). Nähere Informationen unter ☎ 083-915-8000 (kostenpflichtige Hotline) oder 011-340-8000, www.computicket.co.za.

Elektrizität

Die Stromspannung in der Stadt und auf dem Land beträgt 220/230 V Wechselstrom, 50 Hz. Da die Stecker aber ein anderes Format als bei uns haben, ist ein **Adapter** nötig, den man in Elektrogeschäften und Kaufhäusern in Südafrika erhält. Größere Hotels dagegen haben im Bad passende Steckdosen.

Essen

Grundsätzlich ist die südafrikanische Küche europäisch geprägt. Sie zeigt Einflüsse der eingewanderten Hugenotten, Engländer, Südeuropäer, aber auch der Malaien und Inder. Besonders beliebt ist bei Südafrikanern das **„braaivleis"**, d. h. das Grillen unterschiedlicher Fleischwaren, wie Schweine- oder Rindfleisch, Hammel- oder Lammstücke, oder die *„borewors"* (würzige Würste s. u.). Nicht nur in der freien Natur, auf den Campingplätzen oder im privaten Kreise daheim frönt der Südafrikaner seiner Grill-Leidenschaft; auch Hotels bieten oft in ihrem Garten *braaivleis* an. *Braai* ist für die meisten Südafrikaner ein Kult, von dem sie glauben, ihn perfekt zu beherrschen. Man scheut sich allerdings oft nicht, richtig scharf zu grillen, das heißt, es gibt auch fast schwarz gegrillte Stücke.

Generell ist der Südafrikaner Fleisch-Esser. Zu den bekannten Fleischarten gibt es Bratenstücke von den verschiedenen Wildarten (z. B. Springbok, Oryx, Kudu), aber auch vom Strauß. Und natürlich noch exotischere Delikatessen wie Giraffen- oder Zebrafleisch, Stücke vom Krokodil usw. Dem *„braai"* ähnlich ist die **potjiekos**. Mit *„potjie"* meint man die unter der einheimischen Bevölkerung weit verbreiteten dreibeinigen Gusskessel, unter denen Glut entfacht wird.

Drinnen befinden sich kleinere Fleischstücke, die unterschiedlich gewürzt sind und relativ weich gekocht werden.

Tropische und subtropische Gemüsearten und Früchte sorgen für weitere kulinarische Höhepunkte. Gemüsegerichte sind in der **indischen Küche** durchaus verbreitet und haben auch in Afrika Einfluss genommen. Sie schmecken aufgrund der Gewürze einfach köstlich. Besonders beliebt sind Avocados, die oft Salaten beigemischt sind. Ebenfalls ein sehr beliebtes Gemüse ist „*butternut*", eine Kürbisart, die in unterschiedlichen Variationen verzehrt wird: entweder als Gemüse gekocht oder gegrillt oder auch als Suppe oder Mus. Daneben werden – insbesondere in den Küstenregionen um Kapstadt und entlang der Natalküste – verschiedene **Fischgerichte** angeboten. Crayfisch (Languste) wird sicherlich vielen Liebhabern von Meeresfrüchten besonders munden. Auch Austern und Muscheln fehlen nicht, daneben gibt es viele Fischarten aus dem Meer oder den Binnengewässern. Oft sieht man auf Speisekarten „*Line Fish*": Dabei handelt es sich um den Tagesfang und nicht um eine spezielle Fischart. Garantiert ist dabei absolute Frische.

Natürlich gibt es einige **regionale Spezialitäten:**
• **Malaiische Gerichte** bereichern insbesondere die Küche um Kapstadt. *Sosaties* (Fleischspieße mit Hammel- oder Schweinefleischstückchen), *Bobotie* (scharf gewürzter Hackfleischauflauf) oder unterschiedliche Arten von *bredie* (Fleisch- und Gemüseeintöpfe) sind hier besonders beliebt. Die malaiischen *Currys* sind gegenüber den indischen immer etwas süßlicher.

Samoosas sind eine Art Teigtaschen, die mit Gemüse oder Fleisch gefüllt sind, wobei der Inhalt stets gut gewürzt ist (Curry).
• Um Durban und Pietermaritzburg ist besonders die **indische Küche** stark vertreten. Fleisch-, Geflügel-, Fisch- oder Eiergerichte („*Curry*" genannt) sind z. T. sehr „hot" angerichtet. Abhilfe bei zu scharfen Gerichten schaffen die dazu servierten Kokosraspeln, aber auch köstliches Brot.
• **Biltong** ist ebenso wie in Namibia weit verbreitet. Es handelt sich um gewürztes, luftgedörrtes Fleisch vom Wild (z. B. Kudu oder Strauß).

Frühstück: typisch südafrikanisch gibt es morgens Eier in jeder Variation, Speck, *borewors*, Steaks, aber auch noch je nach Unterkunft alles, was wir auch gut kennen, also diverse Wurstsorten, Käse, Marmeladen.

Salate können überall bedenkenlos verzehrt werden, denn die Lebensmittelhygiene ist beispielhaft. Ebenso kann man über-

 Bobotie

(malaiischer Hackfleischauflauf)

Zutaten für 2 Personen:	*Zubereitung:*
½ kg Rinder- oder Lamm-hackfleisch Rosinen nach Geschmack 1 Teelöffel Chutney (scharf) 1 oder 2 Bananen 1–2 Eier 120 ml Milch Currypulver zum Würzen 1 kleine Zwiebel 1 Teelöffel Marillenmarmelade 1 Scheibe Weißbrot 1 kleines Stück Butter 1 Schuss Zitronensaft 2 Lorbeerblätter Salz	Das Weißbrot in ein wenig Milch einweichen, ausdrücken und mit dem Hackfleisch vermengen. Zwiebel, Marmelade, Zitronensaft, Chutney, Rosinen und Curry dazugeben und in einer Pfanne leicht anbraten. In eine feuerfeste Form geben, die Eier mit der restlichen Milch verquirlen, über die Masse gießen, die Bananen schälen, längs halbieren und auf den Auflauf geben und die Lorbeerblätter zwischen die Bananen legen. Bei 180 °C ungefähr 40–50 Min. in den Ofen geben.

all das Wasser aus der öffentlichen Wasserversorgung trinken.

Getränke

Zum Essen trinkt man das (gute) einheimische Bier oder die ausgezeichneten südafrikanischen Weine (s. *Kapitel über Weinanbau*) und natürlich auch Soft-Drinks.

Bier ist sehr beliebt. Gängige Sorten sind Amstel, Castle, Carlsberg, Mitchell's und Windhoek Lager. Die Brautradition hat deutsche und englische Wurzeln. Die *South African Breweries* (SAB) ist die viertgrößte Brauerei der Welt. Bier gibt es in verschiedenen Versionen, beliebt ist das leichte Lager-Bier. Von vielen Bieren gibt es auch stets eine „light"-Version. Bier kann man in Supermärkten nicht kaufen, nur Wein (und das auch nur in der Woche), sondern nur, wie auch andere alkoholische Getränke (wie Wodka, Whisky, Gin etc.), in den Bottle Stores.

Die südafrikanischen **Weine** sind von hervorragender Qualität, nur beste Weintrauben werden zu Wein weiterverarbeitet. 75 % der Weine sind Weißweine der Rebsorten Chardonnay, Sauvignon Blanc, Chenin Blanc, weniger Riesling. Andere Weinsorten (z. B. Gewürztraminer) spielen eine untergeordnete Rolle. Zu den beliebtesten Rotweinsorten gehören Cabernet Sauvignon, Pinot Noir, Pinotage (Kreuzung Hermitage und Pinot Noir), aber auch Shiraz, der besonders kräftig ist und sich z. B. gut Lammgerichten oder Pasta anpasst. Im Gegensatz zu Europa sind die Qualitätsunterschiede zwischen einfacheren Weisen und Spitzengewächsen nicht so gravierend. Jahrgänge spielen ebenfalls eine geringere Rolle, da das Klima am Kap von Jahr zu Jahr relativ gleichmäßig ist.

Natürlich gibt es auch leichte Rosé-Weine und „Champagner", der nach der Méthode Champenoise hergestellt wird.

Soft Drinks umfassen neben den weltumspannenden Marken vor allem auch exotische Fruchtsäfte (Lichee, Mango, Ananas, Papaya). Erfrischend sind Appletizer und Grapetizer.

Es existieren zwei unterschiedliche **Restaurant-Typen**: fully licensed-Restaurants haben eine Ausschankgenehmigung für alle alkoholischen Getränke, während unlicensed-Restaurants nur nicht-alkoholische Getränke anbieten.

Neben den traditionellen einheimischen Gerichten findet man in allen großen Städten zahlreiche Restaurants europäisch geprägter Küche (britisch, französisch, niederländisch).

¶¶ Boerewors

(würzige, zu einer Schnecke gerollte Würste zum Grillen, eine burische Spezialität)

Zutaten:	*Zubereitung:*
1,5 kg Rindfleisch	Das Rind- und das
1,5 kg Schweinefleisch	Schweinefleisch klein
500 g gewürfelter Speck	würfeln oder grob
5 ml gemahlener Pfeffer	faschieren.
50 ml gemahlener	Die gesamten Zutaten mit
Koriander	dem Fleisch gut
2 ml frisch gemahlene	vermischen.
Muskatnuss	Nun die Masse in die
1 ml gemahlene Gewürz-	Wursthülle füllen, dabei
nelke	eventuell eine (Torten-)
2 ml gemahlener	Spritze verwenden.
Thymian	Nicht zu viel Masse in die
2 ml gemahlener Piment	Hülle füllen und zu einer
125 ml Rotweinessig	Schnecke zusammen-
1 gepresste Knoblauch-	rollen.
zehe	Über Holzkohle 8–10 Mi-
50 ml Worcestershire-	nuten grillen oder in
Soße	einer Pfanne braten.
Hülle für die Würste	

Feiertage

Feiertage 2010	
01. 01.	Neujahr
21. 03.	Menschenrechtstag
02. 04.	Karfreitag
05. 04.	Ostermontag (Family Day)
27. 04.	Verfassungstag (= Tag der ersten demokratischen Wahlen in Südafrika 1994)
01. 05.	Tag der Arbeit (Workers' Day)
16. 06.	Jugendtag (= Schüleraufstand in Soweto)
09. 08.	Nationaler Frauentag
24. 09.	Tag des Erbes (Heritage Day; Geburtstag des Zulu-Kriegers Shaka)
16. 12.	Tag der Versöhnung (Day of Reconciliation; zum Gedenken an die Schlacht am Blood River 1838, in der Tausende Zulu-Krieger von einem Buren-Kommando getötet wurden)
25. 12.	1. Weihnachtsfeiertag
26. 12.	2. Weihnachtsfeiertag (Day of Good Will)

Fällt einer der Feiertage auf einen Sonntag, so ist der darauf folgende Montag frei. Außerdem gibt es noch besondere Feiertage in den asiatischen und jüdischen Gemeinden.

Ferienhäuser

Ritztrade International, Vermittlung von Ferien- und Gästehäusern, www.kapstadt.org. ☎ 21-9753103

Festivals

So bunt die Völkervielfalt am Kap ist, so vielfältig sind auch die besonderen Ereignisse in den verschiedenen Regionen Südafrikas. Zweimal jährlich erscheint deshalb bei South African Tourism ein „Ereigniskalender", der **Calendar of Events** (kostenlos zu beziehen bei South African Tourism *(s. Adressen)*. Hier eine Übersicht über die „großen" Ereignisse:

- **Januar**: In Kapstadt veranstalten Malaien und Mischlinge das bunte Treiben des Cape Minstrels Carnival.
- **Februar**: Ebenfalls in Kapstadt findet eine beachtenswerte Kunst- und Antiquitätenmesse statt.
- **März**: In Jeffreys Bay nahe Port Elizabeth wird das Muschelfest begangen.
- **März/April**: In Johannesburg wird um Ostern herum 2 Wochen lang die Rand Easter Show, die größte Messe Südafrikas, veranstaltet.
- **Juni**: In Grahamstown, der alten „Siedlerstadt" in der östlichen Kapprovinz, finden 2 Wochen lang Musik- und Theaterfestspiele statt.
- **Juli**: In Durban spielt sich Ende des Monats das sogenannte Shembe-Fest ab. Dies ist ein Tanzfest der Zulus, das einst von Missionaren zur Erhaltung der afrikanischen Kultur eingeführt wurde.
- **September**: In Port Elizabeth geht für sportlich Begeisterte ein amüsanter Wettlauf mit dem „Apple-Express" (Dampfeisenbahn) vonstatten.

- **Oktober**: In Roodepoort bei Johannesburg vollzieht sich alle 2 Jahre das 2 Wochen dauernde größte Musik- und Folklore-Fest der südlichen Hemisphäre.
  Ebenfalls im Oktober lädt das Stellenbosch Food & Wine Festival ein. Für Weinfreunde eine ausgezeichnete Möglichkeit, ausgiebig den köstlichen Tropfen vom Kap zu frönen.
  In Kapstadt findet die ruhigere Cape Craft Exhibition statt, eine Kunsthandwerksmesse besonderen Charakters.
  Auch Durban bietet mit seinem Durbaner Tattoo ein Festvergnügen an, diesmal aber nicht afrikanischer Art, sondern schottischen Ursprungs (Militärkapellen, Feuerwerk etc.).

Flüge

 ### Hinweis zum Fluggepäck

Zulässig sind i. Arbeitsschutzbestimmungen der Flughäfen jedoch folgende Vorgaben nicht überschreiten: Maximalgewicht: **32 kg**, Maximalgröße: 90 cm Länge, 72 cm Höhe, 45 cm Breite. Wenn dieses Gewicht überschritten wird, wird es als Fracht befördert – und das kann teuer werden!

Langstreckenflüge

Von Deutschland aus kann man mit Air Namibia (www.airnamibia.com), SAA (South African Airways, www.flysaa.com) und Lufthansa (www.lufthansa.com) täglich ab Frankfurt direkt nach Johannesburg fliegen. Kapstadt wird über Johannesburg angeflogen, von Ende Oktober bis April fliegt die Lufthansa direkt nach Kapstadt. Diese Fluggesellschaften sorgen auch für gute Anschlüsse zu anderen südafrikanischen Metropolen, insbesondere Air Namibia bietet Flüge nach Windhoek (Namibia) an. Die Preise schwanken je nach Saison zwischen ca. 760 und 1.020 €. SAA bietet außerdem günstige Inlandsflüge in Südafrika an.

Weitere Verbindungen

Über ausländische Flughäfen mit entsprechenden Anschlüssen ab Deutschland bieten British Airways (über London), Air France (über Paris), KLM (über Amsterdam), Alitalia (über Rom),

Ein SAA-Airbus über Kapstadt

TAP (über Lissabon) weitere Verbindungen an. Flugscheine dieser Gesellschaften werden preiswert angeboten, allerdings dauern diese Verbindungen länger als Direktflüge und sind u. U. insgesamt gar nicht billiger, da die Inlands-Anschlüsse in Südafrika zu normalen Tarifen gebucht werden müssen.

Fotografieren

Motive, seien es Landschaften, exotische Volksstämme, Tiere oder Pflanzen, gibt es genug. Der Gruppenreisende, aber noch mehr der Einzelreisende, wird je nach Interessenlage genügend Gelegenheit finden, in diesem vielseitigen Land seine fotografischen Schnappschüsse und seine Filme zu machen.

Fotoausrüstung

• Eine möglichst robuste, staubsichere **Spiegelreflexkamera** mit auswechselbaren Objektiven ist ein geeigneter Kameratyp, um gute Aufnahmen zu machen.
• Wenn Sie außer Landschaftsaufnahmen auch Tieraufnahmen machen wollen, dann kann ein **135 mm** langes **Teleobjektiv** Ihnen schon gute Dienste leisten. Ein **200 mm** und noch besser ein **400 mm** langes Tele erhöht Ihre Erfolgschancen, um auch scheuere und kleinere Tiere auf den Film zu bannen. Mit einer **600** oder **800 mm** langen „Kanone" zu operieren, ist schon etwas für Profis mit entsprechender Erfahrung. Der Bildausschnitt und der Schärfebereich sind sehr klein. Vorteilhaft sind auch **Zoom-Objektive**. In der Kombination von einem **35–70 mm** Zoom und einem weiteren von **80–200 mm** Zoom kann man mit nur 2 Objektiven vom Weitwinkel- bis zum Telebereich fotografieren.
• Da meist genügend Licht zur Verfügung steht und deshalb sehr kurze Belichtungszeiten möglich sind, kann man beim Fotografieren aus dem Auto durch Auflegen der Kamera auch mit Tele ohne **Stativ** auskommen. Sonst genügt i. d. R. ein Bruststativ.
• **Sonnenblenden** verhindern den direkten Einfall des Sonnenlichtes auf die Frontlinse und schränken die nicht immer gewünschten Lichtreflexe ein. Sie gehören zum unbedingt notwendigen Fotozubehör.
• Genauso wichtig ist der Gebrauch von **UV-Filtern**. Sie schirmen die fotoschädlichen UV-Strahlen ab und haben die günstige Nebenwirkung, dass sie die Frontlinse vor Staub, Regen, Zerkratzen und Beschädigung schützen.
• Zu der Fotoausrüstung sollte unbedingt ein **Blitzlichtgerät** gehören. Ideal ist natürlich ein Computerblitz, der das Rechnen übernimmt.
• **Ersatzbatterien** für Kamera und Blitzlichtgerät in ausreichender Zahl mitzunehmen, ist sinnvoll.

Digitalkamera: Wer mit einer Digitalkamera fotografiert, sollte an eine große Speicherkarte, einen Ersatzakku sowie an einen Stromadapter denken. Speicherkarten für Digitalkameras sind in Südafrika in allen Städten und größeren Dörfern zu bekommen.

Redaktionstipps zu Flügen

Generell ist eine kompetente Flugablauf-Analyse wichtig, um tatsächlich unterm Strich das günstigste Angebot zu sondieren. Es gibt billige Angebote mit verschiedenen Fluglinien nach Südafrika – doch Vorsicht:

▸ In Südafrika endet das vermeintlich billige Angebot, denn hier muss nun zu Normaltarifen jeder Inlandsflug bzw. Anschlussflug nach Windhoek gebucht werden – und das wird teuer! Statt eine Strecke für ca. 95 € auf dem Streckennetz der SAA fliegen zu können, muss der offizielle „one-way"-Tarif bezahlt werden!

▸ Bei Länderverbindungen wie Namibia – Südafrika bzw. Zambia – Südafrika sind meist die Angebote von SAA und LH konkurrenzlos gut.

▸ Die **Lufthansa** hat eine hohe Abflugfrequenzen ab Deutschland (7 x pro Woche), außerdem sind im Preis inbegriffen Anschlussflüge von jedem deutschen Flughafen und Weiterflüge in Südafrika (über Johannesburg) nach Windhoek (Namibia), Kapstadt u. a.

▸ Gute und günstige Verbindungen bieten auch British Airways via London.

Filme

Ein ausreichender Vorrat an Filmen sollte mitgenommen werden. 2 bis 3 Filme pro Safaritag sind nicht zu viel. Wenn Sie zu wenige Filme mitgenommen haben, so ist es fraglich, ob Sie die gewünschten Filmsorten bekommen, und wenn ja, dann sind diese Filme mindestens doppelt so teuer wie in Mitteleuropa. Empfehlenswert sind **Fuji-Filme** in unterschiedlicher Lichtempfindlichkeit (ASA).

Die Filme sollten möglichst kühl gelagert werden. Gegen Durchleuchten auf Flughäfen sind „Film-Safe"-Tüten zu empfehlen.

Tieraufnahmen

• Die **besten Chancen** als Tierfotograf oder -filmer hat man in den Morgen- und Abendstunden sowie an Wasserstellen.

• Die **Fluchtdistanz** in den Nationalparks und Wildreservaten gegenüber einem Auto ist oft erstaunlich gering. Das sollte jedoch nicht dazu verführen, dem Wild zu dicht „auf den Pelz zu rücken". Es geht in erster Linie darum, die Tiere nicht zu beunruhigen und sich ihnen vorsichtig zu nähern. Nicht nur Großaufnahmen, auch kleinere Tieraufnahmen in ihrem Biotop sind reizvoll.

• Vorsicht ist geboten beim Fotografieren und Filmen von **wehrhaftem Großwild** wie Kaffernbüffeln, Elefanten und Nashörnern. Es sollte bei einem eventuellen Angriff ein geeigneter Fluchtweg mit dem Auto vorhanden sein.

• Nicht nur Großwild, sondern auch **kleinere Tiere** sind ein Verweilen, Beobachten und eine Aufnahme wert.

 Hinweise

• Beim Aufnehmen von Einheimischen sollte man deren natürlichen Stolz und die **Menschenwürde** beachten. Es ist empfehlenswert, vorher zu fragen, ob es gestattet ist, ein Foto zu machen. Meistens wird gerne eingewilligt.

• Seien Sie auf Safaris stets **„schussbereit"**: Die Tiere warten nicht, bis z. B. die Kamera ausgepackt und das richtige Objektiv gewählt ist und die richtigen Einstellungen an der Kamera vorgenommen sind. Oft sind es nur Sekunden, die für einen Schnappschuss bleiben.

• **Schützen** Sie die Kamera- und Filmausrüstung vor Stoß, Staub und Hitze.

• Die Mitnahme einer **zweiten kleinen Kamera** für Schnappschüsse hat sich bewährt.

Fremdenverkehrsbüros *(South African Tourism)*

s.a. Stichwort Adressen

In den einzelnen Kapiteln stehen die Adressen der jeweiligen regionalen Tourist Information Offices, von denen Sie aktuelles Informationsmaterial erhalten.

 Tipp: Telefonnummer für touristische Information

Reisenden in Südafrika steht ein Informationssystem zur Verfügung, das unter ☎ 083-123-6789 täglich 24 Stunden erreichbar ist. Das Call Centre wurde in Zusammenarbeit zwischen dem Ministerium für Tourismus und der nationalen Petroleum Raffinerie Engen gegründet. Speziell ausgebildete Gesprächspartner beantworten Fragen zu touristischen Belangen in allen Gebieten Südafrikas.

Geld

Eine einfache Möglichkeit, in Südafrika an Bargeld zu kommen, ist die Sparkarte von der Postbank. Im Prinzip funktioniert dies wie das alte Postsparbuch. Viermal im Jahr kann man ohne Gebühren an jedem Geldautomaten mit den Zeichen Visa und Visaplus Geld abholen (Leserinnentipp).

s. auch Stichwort Währung/Devisen

Gesundheit

Südafrika verfügt über eine ausgezeichnete medizinische Versorgung, die sich absolut mit europäischen Verhältnissen messen kann. Entlang der touristischen Routen, aber auch abseits der Wege, kann mit kompetenter Hilfe gerechnet werden. Außerhalb der normalen Öffnungszeiten stehen in den größeren Städten stets Notapotheken zur Verfügung.

❗ Wichtig

Europäische Krankenscheine werden in Südafrika nicht akzeptiert. Besucher müssen für die Kosten selbst aufkommen. Deshalb ist eine Auslands-Krankenversicherung ratsam. Manche privaten Kassen decken das Auslandsrisiko ab.

Die Rufnummern der lokalen Krankenhäuser stehen vorne in den Telefonbüchern, Ärzte unter „Medical". Die Travel Clinic (in Kapstadt ☎ 021-4193172, www.travelclinic.co.za) vermittelt exzellente Spezialisten, bietet fachärztliche Beratung an und gibt Empfehlungen für Impfungen, Medikamente etc.
  Landesweiter Polizei-Notruf: **10 111**
  Landesweiter Notruf für Rettungswagen: **10 177**

▶ Impfungen
- **Cholera**: Eine Impfung ist zumeist nicht mehr nötig. In der Region KwaZulu/Natal sollte das Baden in Naturgewässern jedoch unbedingt vermieden werden. Beim Verzehr von Fisch und Meeresfrüchten in dieser Region ist darauf zu achten, dass diese auf jeden Fall ausreichend durchgegart sind.
- **Gelbfieber**: Alle Personen, die in Südafrika aus einer Gelbfieberzone in Afrika oder Südamerika eintreffen oder dort Orte oder Häfen passiert haben, müssen im Besitz einer internationalen Bescheinigung über eine Impfung gegen Gelbfieber sein. Eine Bescheinigung über Gelbfieberimpfungen ist 10 Jahre gültig.
- **Pocken**: Eine Schutzimpfung wird nicht mehr verlangt.
- Sinnvolle Impfungen sind: Schutz gegen **Tetanus**, **Diphtherie** und **Hepatitis A** sowie **Tollwut** für Jagd- und Trekkingreisen mit längerem Aufenthalt in ländlichen Gebieten (hier sollte der Kontakt zu herumstreunenden Hunden vermieden werden).

▶ Malaria: Eine **Malaria-Prophylaxe** ist für den Besuch des Kruger National Parks (Limpopo Province/Mpumalanga), der benachbarten Wildparks sowie beim Besuch der Wildschutzgebiete KwaZulu/Natals ratsam. Medikamente zur Malaria-Prophylaxe sind in den Apotheken erhältlich, allerdings vielerorts nur gegen Rezept. In Malaria-Gebieten sollte Parfüm oder Af-

ter Shave Lotion vermieden werden. Bei Eintritt der Dunkelheit: lange Hosen und lange Ärmel tragen. Tagsüber: Mückenspray benutzen.

Man hat nachgewiesen, dass durch die Prophylaxe das Risiko einer Malaria-Erkrankung auf etwa 15–25 % sinkt und dass auch die Auswirkungen der Malaria wesentlich geringer sind. Schwangeren Frauen ist von einer Einnahme von Malaria-Prophylaxe-Mitteln allerdings abzuraten.

- **Krankheitsursache und -verlauf**

Etwa 40 verschiedene Mückenarten der Gattung „Anopheles" übertragen die Blut schmarotzenden Erreger durch Stich, meistens in der Zeit zwischen Abenddämmerung und Sonnenaufgang, auf die Menschen. Nach dem Reifestadium im Blutkörperchen platzt der Erreger und zerfällt durch Unterteilung des Kerns in zahlreiche selbstständige Stücke. Dieser Vorgang verursacht den immer wiederkehrenden regelmäßigen Fieberschub (Wechselfieber) bei den Malariakranken.

- **Schutzmaßnahmen**

- Der **Schutz vor Moskitostichen** ist die wichtigste Vorbeugungsmaßnahme gegen Malaria! Es ist ratsam, nachts unter einem **Moskitonetz** zu schlafen und tagsüber in gefährdeten Gebieten nackte Körperteile mit vorzugsweise heller Khaki-Kleidung zu bedecken und einen Moskito-Kopfschutz zu tragen. **Mückenspray**, Mückensalbe oder angezündete Räucherspiralen können Malariamücken fernhalten.

- **Perethrin** ist ein auf Pyrethrum basierendes Insektengift, mit dem das Moskitonetz imprägniert wird.

- Zusätzlich sollte eine **medikamentöse Malaria-Prophylaxe** (Resochin, Lariam, Paludrine, Malarone oder andere aktuelle Mittel) unbedingt vorgenommen werden. Anzuraten ist eine Beratung beim Gesundheitsamt oder einem Tropeninstitut über das derzeit wirksamste Mittel für die Zielregion, die Dosierung oder eine Kombination verschiedener Medikamente.

Malariafreie Gebiete

sind Western Cape, Northern Cape, Gauteng, Free State und Eastern Cape.

Risiko-Gebiete

- mit hohem Risiko: ganzjährig, verstärkt November bis Juni: Tiefland im N und O der Limpopo Province und im O von Mpumalanga (einschließlich der Nationalparks) sowie Küstengebiet im NO von KwaZulu/Natal (Distrikte Ingwavuma und Ubombo), besonders in und nach der Regenzeit (Nov.-Juni)
- mittleres Risiko: restliches Tiefland im O von KwaZulu/Natal nach S bis 29° S (Tugela-Fluss) sowie in den Übergangszonen der o. g. Gebiete mit hohem Risiko
- geringes Risiko dort in der Trockenzeit (Juli bis Okt.); im Kruger-Park nimmt das Risiko von W nach O (Grenzgebiet zu Mosambik) zu

 Informationen
zu Malaria bietet die 24-h-Hotline
☎ 082-2341-800.
Aktuelle und wichtige Informationen vor der Reise erhalten Sie über folgende Links: www.travelmed.de und www.crm.de.
Außerdem bieten verschiedene **Tropeninstitute** Beratungshilfe:

Berlin: ☎ 030-301166, www.charite.de/tropenmedizin
Düsseldorf: ☎ 0211-8117031, -8116800
Hamburg, ☎ 0900-1234999 (kostenpflichtige Hotline: 1,98 /min), www.gesundes-reisen.de, www.bni-hamburg.de
München: ☎ 089-218013500
Rostock: ☎ 0381-4947511

▶ **Bilharziose**: Diese Krankheit ist in den Tropen weit verbreitet. Ca. 200 Millionen Menschen leiden unter ihr. Sie können sie sich durch Waten und Baden in stehenden und träge fließenden Süßwassergewässern zuziehen. Die Bilharziose wird durch sehr kleine Saugwürmer (*Schistosomum haematobium*), die von dem Deutschen *Theodor Bilharz* entdeckt wurden, hervorgerufen. Diese winzigen Würmer bohren sich durch die Haut der Menschen, gelangen schließlich in den Unterleib und verursachen dort Blasenentzündungen sowie Darm-, Magen-, Nieren- und Lebererkrankungen. Die Eier des Wurms werden von den erkrankten Menschen ausgeschieden und gelangen über das Süßwasser von Teichen, Pfützen, Seen und langsam fließenden Gewässern über ein Larvenstadium in einen Zwischenwirt, eine Süßwasserschnecke. Hier entsteht die zweite Generation der Würmer, die wieder über das Süßwasser in den menschlichen Körper gelangt. Die äußeren Krankheitsmerkmale bei fortgeschrittenem Verlauf sind: abgemagerter Oberkörper, unförmig aufgetriebener Bauch und Stauungen in den Beinen.

▶ **Darmerkrankungen**: In allen warmen Ländern der Erde sind besonders Besucher aus kühleren Klimazonen anfällig für verschiedene Darmkrankheiten. Da jedoch Typhus und Amöbenruhr sehr selten auftreten, handelt es sich meist nur um leichtere Darmerkrankungen, die medikamentös schnell zu beheben sind. Rohes und nicht ganz durchgebratenes Fleisch, ungeschältes Obst, Salate, Salat-Dressings mit Mayonnaise und rohes Gemüse können zu Darmerkrankungen führen.
Bei **Durchfallerkrankungen** ist immer auf eine ausreichende Flüssigkeits- und Elektrolytzufuhr zu achten. Abgepackte Glukose-Elektrolyt-Mischungen sind im Handel erhältlich und gehören in jede Reiseapotheke.

▶ **Wasser** kann man in ganz Südafrika aus der Leitung trinken, ebenso braucht man vor Salaten und anderen Nahrungsmitteln keine Angst zu haben.

▶ Beim **Schwimmen** im Ozean muss auf Strömungen und auf evtl. Gefährdung durch Haie geachtet werden (beliebte Strände sind z. T. durch Stahlnetze gesichert; ebenso gibt es an den Badeorten – besonders in Natal – „Haiwachen"). Die Hai-Gefahr ist sehr gering. Bei Einheimischen kann man sich darüber vergewissern.

▶ Ein Risiko, das immer wieder und immer noch unterschätzt wird: die **Sonnenbestrahlung**. In der südlichen Hemisphäre ist die Sonneneinstrahlung wesentlich stärker und intensiver als in Europa. Deshalb sollte man sich nicht übermäßig lange ungeschützt in der Sonne aufhalten. Vorsichtsmaßnahmen sind ein Sonnenschutzmittel mit mindestens Lichtschutzfaktor 25–30. Eine gute Sonnenbrille, die in jedem Optikerladen erhältlich ist, hilft gegen die UV-Strahlung. Gegen die direkte Sonne hat sich außerdem ein breitkrempiger Sonnenhut bewährt. Der beste Lippenschutz ist derzeit Anthélios (Fa. Roche-Posay) mit einem Lichtschutzfaktor von 50.

Grenzübergänge

Für Reisende, die Nachbarländer besuchen, gelten folgende Öffnungszeiten an den Grenzübergängen:

 Hinweis

Die Strecke Richtung Barberton (Grenzübergang Josephsdal) ist landschaftlich wirklich schön, aber unbefestigt und in sehr schlechtem Zustand. Vorsicht ist besonders bei Nässe geboten.

nach Botswana:		nach Namibia:	
Grobbelersbrug (aus Johannesburg)	8–18h	Alexander Bay	6–22h
Kopfontein/Tlokweng Gate (bei Gaborone)	6–24h	Gemsbok	8–16.30h
McCarthy's Rest	8–18h	Nakop (aus Johannesburg)	durchgehend
Pontdrift	8–16h	Onseepkans (von Augrabies Falls)	8–16.30h
Ramatlabama (Mmabatho)	6–22h	Rietfontein (v. Kalahari Gemsbok Park)	8–16.30h
Skilpadshek/Pioneer Gate (bei Lobatse)	6–24h	Vioolsdrift (aus Kapstadt)	durchgehend
Stokpoort (aus Johannesburg)	8–18h	nach Swasiland:	
Swartkopfontein	6–22h	Golela (nach Natal)	7–22h
nach Lesotho:		Josephsdal (Richtung Barberton)	8–16h
Ficksburg Bridge	durchgehend	Mahamba (aus Piet Retief)	7–22h
Maseru Bridge	durchgehend	Nerston	8–18h
Peka Bridge	8–16h	Oshoek (Mbabane)	7–22h
Van Rooyens Gate	6–22h	nach Zimbabwe:	
nach Mosambik:		Beit Bridge	durchgehend
Lebombo (bei Komatipoort)	6–24h		
Kosi Bay	8–16h		

Internet-Adressen

- www.afrika.de: Website des **Reiseveranstalters** Iwanowski, u. a. mit aktuellen Hinweisen auf die Länder des südlichen Afrika
- www.auswaertiges-amt.de: Auskunft zur aktuellen **Sicherheitslage** in Südafrika
- www.southafricantourism.de und www.southafrica.net: Website des südafrikanischen **Fremdenverkehrsbüros**
- www.suedafrika.org: Nachrichten und Berichte der südafrikanischen **Botschaft**
- www.suedafrika.net: Alle erdenklichen landeskundlichen und reisepraktischen **Auskünfte** zu Südafrika
- www.sanparks.org: Website der **Nationalparks**
- www.sa-venues.com: Fülle von **touristischen Infos**, mit Suchmaschine
- www.transnet.co.za: **Eisenbahnstrecken**, Fahrpläne etc.
- www.travelclinic.co.za: **Medizinische Auskunft**, Vermittlung von Ärzten, Beratung über Medikamente, Impfungen etc.
- www.museums.org.za: Vorstellung der südafrikanischen **Museen** – mit Hintergrund-Informationen, Öffnungszeiten etc.
- www.hostels.com/za.html: Liste aller **Jugendherbergen** Südafrikas
- www.foreversa.co.za: Liste der **Forever-Resorts** mit Karte und Beschreibung

- www.marzinfo-cape.co.za: Gästehäuser sowie Bed-and-Breakfast-**Unterkünfte** in Gauteng, Western Cape, Eastern Cape, KwaZulu Natal, Limpopo Province und entlang der Garden Route; Reservierungen können allerdings nicht direkt vorgenommen werden.
- www.computicket.com: **Programme aller Theater** Südafrikas – und Sie können direkt reservieren! Auch Buchung von Bustickets oder Kinokarten sowie Karten für verschiedene Events (inkl. Sportveranstaltungen)
- **Sprachschulen** in Südafrika:
  www.languagecourse.net: Informationen zu Englischkursen (auch Business English) in Kapstadt an (z. B. Cape Studies), mit Übersicht zu Unterkünften und Freizeitgestaltung
  www.ctenglish.co.za: Cape Town School of English and Foreign Languages – Programme, Touren, Ausflüge und Unterkünfte; neben Englisch werden übrigens auch afrikanische Sprachen unterrichtet.
- www.businessday.co.za: Website von Business Day – Informationen aus der **Wirtschaft**
- www.onlinenewspapers.com/sa.htm: Links zu verschiedenen Tageszeitungen Südafrikas
- www.ananzi.co.za: die größte südafrikanische **Suchmaschine** im Internet – übersichtlich und klar gegliedert
- www.iol.co.za und www.news24.co.za: die aktuellsten nationalen und internationalen **Nachrichten**
- weather.iafrica.com/: Wie das **Wetter** wird, können Sie auf dieser Seite nachschauen.

Kartenmaterial

Eine gute Übersichtskarte im Maßstab 1:2.000.000 liegt diesem Buch bei. Auch ist eine Übersichtskarte bei South African Tourism zu erhalten. Ebenfalls empfehlenswert ist die Karte South Africa 1:2.200.000 der Firma Busche, ISBN 978-3897642553, zum Preis von 7,95 €. Diese Karte ist über den Buchhandel zu beziehen.

Kinder

Südafrika ist ein ausgesprochen kinderfreundliches Land, entsprechend viele Unterhaltungsprogramme und Spielplätze gibt es. Auch zahlreiche Restaurants sind auf Kinder eingestellt, haben spezielle Gerichte auf der Karte und Hochsitze für die ganz Kleinen. Mit Kleinkindern zu verreisen, ist so „normal" in Südafrika, dass größere Hotels über einen eigenen Babysitter verfügen bzw. Adressen von seriösen Babysittern vermitteln. Sogar in den Gelben Seiten finden sich Babysitter-Organisationen (Stichwort „Babysitters & Child Care"). In Kapstadt erfreut sich die Organisation **„Super Sitters"** (☎ 021-5521220, www.supersitters.net) eines sehr guten Rufs. Es gibt auch Bücher, die sich speziell damit beschäftigen, was Kindern in Kapstadt Spaß machen könnte.
Bei der Buchung von Privatunterkünften, Guesthouses und auch Camps sollte man darauf achten, ob diese Kinder aufnehmen. Falls nicht, ist das kein böser Wille, sondern ist i. d. R. Folge davon, dass die Sicherheit der Kinder nicht gewährleistet werden kann. Wichtig ist, sich an Badeständen vorher über die **Strömungsverhältnisse** zu informieren. **Tidenpools** bieten an vielen Stränden mehr Sicherheit.

Kleidung

Der **Temperaturunterschied** zwischen Tageshitze und nächtlicher Kälte ist enorm. Wer in der Trockenzeit reist (südlicher Winter), kann ohne Weiteres tagsüber Temperaturen bis 35 °C und nachts weit unter 10 °C erleben. Bewährt hat sich das „Zwiebelschalenprinzip": Man zieht mehrere Schichten übereinander an und zieht sie nach und nach aus, wenn die Tageshitze kommt. Eine **Fleecejacke** („Faserpelz") sollte nicht fehlen. Im Sommer (Regenzeit) sollte eine leichte Regenjacke mitreisen.

Die **Kleidungssitten** sind sportlich-leger, abgesehen von offiziellen Anlässen oder besonderen Feierlichkeiten (Weihnachten). In Hotels und Restaurants ist angemessene Kleidung notwendig: kein Trainingsanzug, keine Schlappen – abends möglichst Jackett und Krawatte für die Herren, Damen genießen, wie in vielen Ländern der Welt, größere Freiheit hinsichtlich der Gestaltung ihrer Kleidung, sonst gilt: „No shoes, no shirt – no service!"

Wichtig ist **leichte, luftdurchlässige Kleidung**. Halbhohe feste Schuhe („**Trekkingschuhe**") sollten den Reisenden wegen der Dornen und der gelegentlich vorkommenden Skorpione unbedingt in die Naturparks begleiten, auch wenn keine weiten Wanderungen geplant sind. Sandalen gehören nur in die Wohnumgebung. Eine leichte Mütze (Sonnenhut) ersetzt nicht eine gute Sonnencreme und Sonnenbrille. Will man campen und/oder wandern, so gehören unbedingt ein (Tages-)Rucksack, eine große Wasserflasche und auch eine Stirnlampe (notfalls eine Taschenlampe) ins Gepäck! Für die Pirsch im Gelände sollte die Kleidung naturfarben sein, nicht allzu bunt und erst recht nicht blau. In den Hotels und Lodges wird alle Kleidung, die man zum **Waschen** gibt, gebügelt, um zu vermeiden, dass eine Fliegenart ihre Eier in das feuchte Gewebe legt. **Vorsicht** also mit Kunstfasern, z. B. mit Fleecejacken!

Klima, Reisezeit

Die Jahreszeiten der Südhalbkugel sind den europäischen entgegengesetzt: Wenn wir Winter haben, herrscht in Südafrika Sommer. Klimatisch sind Reisen nach Südafrika zu jeder Jahreszeit möglich. Generell gilt, dass die beste Zeit für die Wildbeobachtung die Monate der Trockenzeit sind (Juni–August). Im Kapland dagegen nimmt in dieser Zeit die Regenhäufigkeit zu.

Die besten Reisezeiten
① Die Zeit **zwischen Mitte September und Anfang Dezember**: Im September/Oktober blühen die Pflanzen und in der gesamten Zeit herrschen erträgliche Temperaturen – auch landeinwärts. Der Regen hält sich zurück. Im Oktober/November muss nur mit starken Winden gerechnet werden, die vereinzelte kühlere Tage mit sich bringen.
② Die Zeit **zwischen Mitte Januar und Mitte März** ist warm und wenig regnerisch. Heiß wird es aber im Landesinneren.
③ Die Wintermonate (**Mitte Mai bis Anfang September**) sind kühl und dabei regnet es auch am meisten. Der Regen fällt i. d. R. in kurzen, heftigen Schauern. Dazwischen können sonnige Tage auftreten. Der besondere Vorteil liegt in dieser Zeit aber darin, dass die Nebensaison für günstigere Preise sorgt und man ohne große Vorbuchung individuell und spontan herumreisen kann. Für „Sonnenanbeter" ist diese Zeit nichts.

Meiden sollte man auf alle Fälle die Zeit zwischen **Mitte Dezember und Mitte Januar**. Dann herrscht absolute Hochsaison. Die Preise sind hoch, die Straßen zu den touristischen Zielen voll und die Zimmer oft wochenlang im Voraus ausgebucht. Auch die beiden Wochen um Ostern sind diesbezüglich nicht zu empfehlen.

Krankenversicherung

Es ist ratsam zu prüfen, ob die Krankenversicherung im Krankheitsfalle für die Kosten im außereuropäischen Raum aufkommt. Die medizinische Versorgung im Lande ist gut, aber es besteht kein Sozialabkommen zwischen Deutschland und Südafrika. In der Regel ist daher eine Reisekrankenversicherung für das Ausland erforderlich.

Kriminalität

Die Kriminalität ist leider auch in Südafrika in den letzten Jahren gestiegen. Die meisten Überfälle und Diebstähle gibt es in den Großstädten wie Johannesburg, Kapstadt oder Durban. Man sollte nachts einsame Straßen meiden und nicht viel Bargeld oder Schmuckstücke bei sich tragen. Alle Wertsachen kann man im Hotelsafe einschließen lassen. Unauffälliges Verhalten und Kleidung ist sinnvoll. Im Auto sollte man während der Fahrt alle Türen verriegeln, besonders in Städten, und keine Wertsachen offen liegenlassen.

Literatur

Alle, die sich mit weiterführender Literatur, Landkarten oder Medien über Südafrika vertraut machen möchten, sollten sich an das Namibiana Buchdepot wenden: Bismarckplatz 2, 27749 Delmenhorst, ☎ 04221-1230240, 🖷 04221-1230241, buchdepot@nambiana.de, www.namibiana.de. Bitte sehen Sie im Anhang die ausgewählten Buchtipps.

Maße und Gewichte

Es gilt, wie in Deutschland, Österreich und der Schweiz auch, das metrische System.

Mehrwertsteuer

Die Mehrwertsteuer (Value Added Tax = VAT) beträgt zzt. 14 % und ist in den Preisen inbegriffen. Bei der Ausreise kann die Mehrwertsteuer erstattet werden, wenn die Einzelrechnungen (Gesamtsumme 250–10.000 Rand) vorgelegt werden und „Tax Invoice", VAT-Nummer, Invoice-Nummer etc. darauf steht. Informationen zum genauen Vorgehen: www.sars.gov.za. Mehrwertsteuerfrei ist der Kauf von Kleidungsstücken, Souvenirs, Schmuck, Teppichen etc., sofern der Versand an die Heimatadresse direkt durch den Laden erfolgt.

Für diejenigen, die teuren Schmuck und Diamanten kaufen möchten, gibt es folgende Möglichkeit, um die südafrikanische MwSt. herumzukommen: Man kauft in den Mitgliedsgeschäften des sog. Jewellery Council of SA, 339 Rivonia Boulevard, Rivonia, Johannesburg, ☎ 011-807-4681, 🖷 011-807-4683. Per Kreditkartenabzug und Quittung hinterlegt man gesondert die Mwst. Wenn man Südafrika verlässt, lässt man sich die Ausfuhr direkt hinter der Passkontrolle beim

 Lesertipp

In der Sandton City Mall in Johannesburg befindet sich ein VAT-Refund-Büro. Wenn man dieses aufsucht, kann man sich lange Warteschlangen am Flughafen ersparen. ☎ 011-784-7399, www.sandtoncity.co.za, geöffnet Mo–Fr 10–17.30h, Sa 10–14.30h, So 10–13.30h.

Schalter des Jewellery Councils bestätigen. Danach wird das Geschäft, in dem man gekauft hat, informiert, dieses zerreißt dann den Kreditkarten-Abzug für die MwSt.

Motorrad-Vermietung

Neuwertige Suzuki- und Yamaha-Motorräder in Kapstadt bei:
* Le Cap Motor Cycle Hire, 3 Carisbrook St, ☎ 021-423-0823, 🖷 021-423-5566
* Harley-Davidson Cape Town Tours & Rentals, 45 Buitengracht, ☎ 021-424-3990
* BMW-Motorradreisen und Vermietung in Südafrika durch: Karoo-Biking, ☎ 082-533-6655, www.karoo-biking.de, zu erreichen in Deutschland: 0221-3553-39002

Nationalparks

Besonders schöne Landschaften weisen Schutzgebiete in Form von **Nationalparks** auf. Diese Parks werden kontrolliert und verwaltet durch: **South African National Parks**, POB 787, Pretoria 0001, ☎ 012-426-5000, 🖷 012-426-5446, www.sanparks.org.

Die **Game Reserves von KwaZulu/Natal** werden dagegen gebucht bei: **KwaZulu/Natal Wildlife**, P.O. Box 13069, Cascades 3202, Reservierung/Buchungen ☎ 033-845-1000, Informationen ☎ 033-845-1002, www.kznwildlife.com; Buchungen auch über **Tourism Kwa-Zulu/Natal**, Tourist Junction Building Third Floor, 160 Pine Street, Durban 4001, P.O. Box 2516, Durban 4000, ☎ 031-366-7500, 🖷 031-305-6693.

Parkgebühren: Nicht-Südafrikaner müssen folgende Parkgebühren pro Besuchstag entrichten:			
R 40	Namaqua, Bontebok	R 88	Augrabies, Karoo, Mountain Zebra, Tsitsikamma, Golden Gate, Marakele, Mapungubwe
R 40–72	West Coast	R 110	Richtersveld
R 72	Mokala, Tankwa Karoo, Wilderness	R 130	Addo Elephant
R 75	Table Mountain	R 160	Kruger, Kgalagadi

Die South African National Parks (SANParks) haben eine „**Wild Card**" herausgebracht. Ab sofort zahlen Einzelpersonen einmalig beim Kauf der Karte 600 Rand, Paare 1.000 Rand. Damit hat man zehn Tage lang Eintritt zu allen Nationalparks.

Eastern Cape Province			
Name	Entfernungen/Lage	Größe	Schwerpunkt
Addo Elephant National Park	72 km nördlich von Port Elizabeth	148 km²	Buschlandschaft – viele Elefanten, Nashörner, Büffel – gut für Selbstfahrer – einfaches Camp/außerhalb des Parks luxuriöse Alternativen (s. S. 526)
Mountain Zebra National Park	ca. 30 km nördlich von Cradock	65 km²	Trockensavanne, manchmal dichter Wald – Bergzebras, Elenantilopen, Springböcke, Wasserbüffel (aggressiv), Gnus – Wandermöglichkeiten – einfaches Camp – gut für Selbstfahrer (s. S. 545)

Northern Cape Province			
Name	**Entfernungen/Lage**	**Größe**	**Schwerpunkt**
Augrabies Falls National Park	120 km westlich Upington	880 km²	wüstenähnliche Landschaft mit Euphorbien, Köcherbäumen – hoher Wasserfall (240 m) – tolle Schluchten – herrliche Wanderwege, Straßen und Pisten für Selbstfahrer – sehr schön gelegenes Camp (s. S. 351)
Kgalagadi Transfrontier National Park (Kalahari)	360 km nördlich von Upington	40.000 km²	tolle wüstenähnliche Landschaft mit roten Dünen, großen Trockenflusstälern – Löwen, Geparde und Leoparden, Antilopen (Spingbock, Oryx) – gutes, nicht befestigtes Wegsystem (zum größten Teil auch PKW-tauglich, hängt aber von Jahreszeit ab) – 3 auf den Park verteilte Camps (s. S. 354)
Namaqua National Park	ca. 60 km südwestlich Springbok	550 km²	besonders lohnend in der Frühlingszeit (Wild-blumenblüte) – 3.500 Pflanzenarten – Rundweg für Selbstfahrer – keine Übernachtungsmöglichkeiten. Öffnungszeiten: während der Wildblumenzeit im Frühjahr von 8–17 h (s. S. 381)
Richtersveld National Park	südlich des Oranjeflusses, Grenze zu Namibia	1.624 km²	gebirgige, bizarre Landschaft – herrlich am Oranjeufer – viele Sukkulenten – sehr einsam – Allrad erforderlich (s. S. 371)
Tankwa Karoo National Park	95 km südlich von Calvina	600 km²	Steppenvegetation – bergiges Gelände – Tiere: Schwarzadler, Nashörner, Track für Allradfahrer – einfaches Camp (s. S. 387)
Mokala National Park	10 km westlich von Barkly West	225 km²	viele Kampferbäume, Tiere: Antilopen, Giraffen, Büffel, Nashörner – einfache Unterkünfte (s. S. 348)

Western Cape Province			
Name	**Entfernungen/Lage**	**Größe**	**Schwerpunkt**
Agulhas National Park	bei Algulhas, 170 km östlich von Kapstadt	ca. 20 km²	200 einheimische Pflanzen, davon viele endemisch – zum kulturellen Erbe gehören die Schiffswracks entlang der Küste – raue Umgebung, vielfältige Übernachtungsmöglichkeiten (s. S. 472)
Bontebok National Park	8 km südöstlich Swellendamm	32 km²	sehr bunte Botanik im Frühling – Tierwelt: Buntböcke, Bergzebras, Antilopen – kurze Wanderwege – einfaches Camp (s. S. 476)
Cape Peninsula National Park	Kaphalbinsel	vom Signal Hill bis zum Kap	vielfältigste Pflanzenwelt, Paviane (Vorsicht!)
Knysna National Lake Area	westlich von Knysna	106 km²	besonders artenreiches Wasservogel-Gebiet, Kapottern – Strände – Fynbos-Vegetation – zwei einfache Camps (s. S. 502)
Tsitsikamma Coastal National Park	zwischen Humansdorf und Plettenberg Bay	85 km²	Abhänge zum Meer mit dichtem Waldbewuchs – tolle Küstenszenerie am Groot River Mouth – schöne Wanderwege – spektakulär gelegenes Camp (s. S. 507)
West Coast National Park	110 km nördlich von Kapstadt	180 km²	Gebiet an der Langebaan-Lagune – tolle Vogelwelt – viele Wanderwege – Naturlehrpfade – einfache Unterkünfte (s. S. 439)

Limpopo Province/Mpumalanga			
Name	**Entfernungen/Lage**	**Größe**	**Schwerpunkt**
Kruger National Park	400 km nordöstlich Johannesburg	20.000 km²	großer Artenreichtum an Fauna und Flora – „Big Five" neben praktisch allen afrika-typischen Tieren – ideal für Selbstfahrer – gutes Straßen- und Wegesystem – im Park selbst zahlreiche, über das gesamte Gebiet verteilte Unterkünfte, am Westrand viele private Game Lodges (s. S. 222)
Marakele National Park	etwa 250 km nordwestlich Johannesburg/ Nähe Thabazimbi	600 km²	jüngster Nationalpark Südafrikas, am Waterberg gelegen, gebirgige Szenerie mit Tafelbergen und schroffen Felsen, große Höhenunterschiede, Geier, viele Antilopenarten, auch Elefanten, Nashörner, Löwen – nur ein Zeltcamp (Allrad obligatorisch) (s. S. 249)
Mapungubwe (Vhembe-Dongola) National Park	an der Grenze zu Zimbabwe 85 km westlich von Musina (Messina)	ca. 300 km²	Begräbnis- und Ritualgegend mit dem Fund des „Golden Rhino" (Grabbeilage einer alten Kultur), idyllische Lage am Zusammenfluss Sashe-/Limpopo River) (s. S. 251)

KwaZulu/Natal			
Name	**Entfernungen/Lage**	**Größe**	**Schwerpunkt**
Hluhluwe Umfolozi Park	270 km nordöstlich von Durban	960 km²	hügliges, von tiefen Tälern durchzogenes Gebiet – viele Nashörner (auch u. a. Löwen, Elefanten, Giraffen, Büffel) – gutes Wegenetz für Selbstfahrer – tolles Camp (Hilltop) (s. S. 618)
Ukhahlamba Drakensberg Park	ca. 100 km westlich Ladysmith	2 428 km²	Hochgebirgspark mit tollen Gebirgsszenerien – Felszeichnungen – gut markierte Wanderwege – Unterkünfte unterschiedlichster Art (von Camps bis zu sehr guten Hotels) – einfache Anfahrt für Selbstfahrer (s. S. 640)
Itala Nature Reserve	70 km nordöstlich von Vryheid	300 km²	offene Buschfeldlandschaft, von tiefen Tälern zerfurcht – Nashörner, Impalas, Wasserbüffel, auch Kudus, Giraffen – gute Wege für Selbstfahrer – sehr schönes Camp (s. S. 626)
Mkuze Game Reserve	340 km nördlich von Durban	350 km²	relativ offene Landschaft mit schönen Bäumen, Nashörner, Giraffen, Leoparden, Flusspferde – Vogelreichtum – Wandermöglichkeit – gute Straße für Selbstfahrer – einfaches Camp (s. S. 623)
Ndumo Game Reserve	ca. 60 km nördlich von Jozini/Grenze zu Mosambik/ 470 km nördlich von Durban	100 km²	Feuchtgebiet mit z. T. dichten Flusswäldern – beste Vogelbeobachtungsmöglichkeiten in Südafrika (400 Arten) – gut für Selbstfahrer – Übernachtung in einem einfachen Camp oder einer Luxuslodge (s. S. 627)
Tembe Elephant Park	östlich des Ndumu Game Reserve	290 km²	viele Elefanten, unterschiedliche Landschaftstypen (Wald – offene Flächen) – Zufahrt nur im Allradwagen – schönes Camp (s. S. 628)
iSimangaliso (ehemals Greater St. Lucia) Wetland Park	200 km nördlich von Durban	360 km²	St. Lucia Lake ist das größte Binnengewässer Südafrikas – unterschiedliche Landschaftstypen (Wüstenlandschaften, Sümpfe, Trockenregionen) – toll für Vogelbeobachtungen – Flusspferde, Krokodile – Unterkunftsvielfalt (s. S. 621)

North West Province			
Name	**Entfernungen/Lage**	**Größe**	**Schwerpunkt**
Pilanesberg National Park	160 km nordwestlich von Johannesburg	550 km²	hügelige Vulkanlandschaft – Big Five neben fast allen Antilopenarten – gutes Wegesystem, gut für Selbstfahrer – verschiedene Übernachtungsmöglichkeiten – beste Tierbeobachtung in relativer Nähe zu Johannesburg (s. S. 262)

Free State Province			
Name	**Entfernungen/ Lage**	**Größe**	**Schwerpunkt**
Golden Gate Highlands National Park	etwa 300 km nordöstlich von Bloemfontein	346 km²	liegt am Fuße des Maluti-Gebirges – tolle Sandsteinformationen – Blütenpracht zwischen Frühling und Herbst – Wandermöglichkeiten – zwei Camps. Tiere: u. a. Steppenzebras, Springböcke, Elenantilopen (s. S. 332)

Big Five

Der Begriff „Big Five" (die großen Fünf) stammt ursprünglich aus der Jägersprache. Zu ihnen gehören der Löwe, der Leopard, der Elefant, der Büffel und das Nashorn. Jeder Reisende ist darauf erpicht, diese Tiere zu sehen, doch nur wenigen wird das Glück beschieden, sie alle zu sehen. Die höchste Wahrscheinlichkeit, die Big Five in freier Wildbahn zu sehen, bietet der Besuch von privaten Game Reserves, da erfahrene Ranger quer durch den Busch den Tieren nachspüren können.

info

Eine Löwin mit ihren Jungen

info

Transfrontier Parks

Eine neue Entwicklung im südlichen Afrika sind die sogenannten Transfrontier Parks, auch Peace Parks genannt, eine Idee, für die sich Dr. Anton Rupert bis zu seinem Tod 2006 einsetzte. Seit Ende der 1980er-Jahre hatte er unermüdlich für diese grenzübergreifenden Parks gestritten, um so die Eingrenzung der Lebensräume vieler afrikanischer Tierarten zumindest zum Teil rückgängig machen zu können.

Great Limpopo Transfrontier Park

Dieser Park ist ein Naturschutzgebiet, das durch ein Abkommen der Länder Mosambik, Südafrika und Zimbabwe entstanden ist. Es bedeckt eine Fläche von 3.577.144 ha, was einer Größe von 35.000 km² entspricht. Der Park fasst den südafrikanischen Kruger-„Limpopo-Nationalpark" im benachbarten Mosambik sowie den Gonarezhou-Nationalpark, das Manjinji-Pan-Schutzgebiet und das Malipati-Safarigebiet in Zimbabwe zusammen. Das Klima ist tropisch-feucht. Hier entdeckt man eine große Anzahl an Wildtieren, insbesondere die „Big Five".

Kgalagadi Transfrontier Park

Hier stoßen der Gemsbok National Park von Botswana und der Kalahari Gemsbok National Park von Südafrika aneinander. Der größere Anteil der Gesamtfläche von 37.991 km² liegt in Botswana. Trockensavanne und Sanddünen bestimmen das Klima.

Maloti-Drakensberg Transfrontier Conservation and Development Area

Dieses Gebiet erstreckt sich über die Berge an der nordöstlichen Grenze zwischen Lesotho und Südafrika. Es unterstützt ein einzigartiges bergiges und sub-alpines Ökosystem. Hier sind noch seltene Pflanzenarten, die nur in den Bergen vorkommen, erhalten. In dieser Region finden sich zudem eine größere Anzahl Naturreservate verschiedenster Provinzen wie z. B. der Ukhalamba Park im südafrikanischen KwaZulu/Natal und der Sehlaba-Thebe National Park Lesothos. Interessant ist diese Region besonders für Geologen, insbesondere aufgrund ihrer großen Klippen. Sie bedeckt eine Fläche von 8.113 km².

Lubombo Transfrontier Conservation and Resource Area

Von dieser Naturschutzregion wird die Grenze zwischen der südafrikanischen Provinz KwaZulu/Natal südlich von Mosambik und Swasiland überbrückt. Im Westen befinden sich die Lebombo Hills, im Osten der Indische Ozean. Ihre Fläche von 4.195 km² verteilt sich zur Hälfte auf Südafrika, die andere Hälfte auf Botswana und Zimbabwe. Charakteristisch sind die Lebombo Mountains, die südlichen mosambikanischen Talauen und das Weideland an der Küste. Kulturell hervorzuheben sind die traditionellen Fischfang-Methoden, das Königreich Swasiland und das benachbarte Zentrum des Zulureiches.

Limpopo-Shashe Transfrontier Conservation Area

Am Zusammenfluss des Limpopo und Shashe Rivers befindet sich dieses Naturschutzgebiet vornehmlich in der Grenzregion zu den benachbarten Ländern Botswana, Südafrika und Zimbabwe. Savanne und Auenwälder bestimmen das Klima der 4.872 km² großen Region. Archäologisch interessant ist das Mapungubwe Village.

Ai-Ais Richtersveld Transfrontier Conservation Park

Mit einer Größe von 6.222 km² umfasst dieser Park eine der spektakulärsten Landschaften im südlichen Afrika, die durch trockene Umgebung und Wüsten bestimmt ist. Zu ihm gehören der Ai-Ais Hot Springs Game Park in Namibia und der Richtersveld National Park in Südafrika.

Notruf

- **Polizei**: 10111
- **Ambulanz**: 10177, Notruf vom Mobiltelefon: 112.
- Bei Verlust von Reiseschecks, Kreditkarten etc.: **Sperr-Notruf für Deutschland** (EC-, Kredit- und Handykarten): 049-116-116; im Ausland zusätzlich 049-30-4050-4050. Sie gilt mit wenigen Ausnahmen (s. www.sperr-ev.de) für alle Arten von Karten bzw. Banken.

s. auch Stichwort Telefonieren

Öffnungszeiten

Normale Öffnungszeiten sind: 8.30–17h und samstags 8.30–12.45/13h. Gemüseläden, Apotheken, Buchhandlungen und diverse Supermärkte haben längere Öffnungszeiten. Einige kleinere Läden haben z. T. bis 22h und länger geöffnet.

Post

Schalterstunden:
montags–freitags 8.30h–15.30h, samstags 8h–11h

Briefkästen sind rot und haben meist die Form einer Säule. Die Luftpost von Südafrika nach Deutschland dauert zwischen fünf Tagen und bis zu drei Wochen. Der reguläre Preis für eine Luftpostmarke beim Postamt beträgt 3,5 Rand. Kioske oder Hotels verlangen i. d. R. einen geringen Aufpreis. (Leserhinweis)

Briefmarken sammeln
Serviceleistungen auf dem Sektor der Philatelie sind bei **Philatelic Services** erhältlich: Private Bag X505, Pretoria 0001, ☎ 021-845-2800, 🖷 012-804-6745, www.sapo.co.za/eBDN/philatelic_services.htm. Ein amtliches philatelistisches Büro gibt es im Gebäude des Postamtes von Tshwane (Pretoria), Ecke Vermeulen/Bosman Street.

Rauchen

Restaurants, Bars und selbst Shebeens müssen separate Nichtrauchersektionen aufweisen, kleinere Lokalitäten sind dadurch oft ganz rauchfrei. Auch öffentliche Gebäude, wie Staatsgebäude, Shopping Malls und Flughäfen, sind rauchfreie Zonen. Das Wegwerfen von Zigarettenkippen wird mit Strafgeldern geahndet.

Reiseleiter

Deutschsprachige Reiseleiter sind in Südafrika verfügbar. Anschriften über South African Tourism, s. dort.

Safari

Diesen Begriff findet man praktisch in allen Reiseprospekten. Ursprünglich handelt es sich um einen Begriff aus dem Kisuaheli, der wiederum aus dem Arabischen stammt: ‚safar‘ heißt soviel wie ‚Reise'. Ursprünglich wurden damit Reisen in Ostafrika bezeichnet, die von Trägerkarawanen unternommen wurden. Später bezeichnete man damit mehrtägige Jagdausflüge. Heute wird der Begriff „Safari" auf den Tourismus übertragen und meint Tierbeobachtung und Fotografieren (Fotosafari).

Die preiswertesten Safaris kann man auf eigene Faust unternehmen, wenn man einen Mietwagen hat. Die Nationalparks Südafrikas, z. B. der Kruger National Park oder der Hluhluwe Umfolozi Park, laden Selbstfahrer zu eigenständiger Erkundung ein. Die Unterkünfte in den Parks sind durchaus erschwinglich. Die Ranger der Parks geben gerne Auskunft, wo man mit etwas Glück bestimmte Tierarten beobachten kann. Als beste Jahreszeit eignen sich die vegetationsarmen Wintermonate (Juni bis August), da man durch das lichte Gebüsch einen guten Durchblick hat.

In den privaten Wildschutzgebieten mit ihren z. T. sehr luxuriösen Lodges ist man hinsichtlich „Safari-Ausbeute" auf der sicheren Seite. Am Westrand des Kruger Parks liegen die meisten privaten Wildschutzgebiete, hier fährt man mit offenem Landrover und erfahrenen Rangern durch die afrikanische Wildnis.

Sowohl in den Nationalparks als auch den privaten Wildschutzgebieten werden Fuß-Safaris mit fachkundiger Begleitung angeboten.

info

Das Kreuz des Südens

Das Kreuz des Südens ist ziemlich das einzige Sternbild, das uns Bewohnern der nördlichen Hemisphäre bekannt ist. Und wer im südlichen Afrika ist, wird stets nach diesem Sternbild Ausschau halten – und oft ein anderes Kreuz als das „Southern Cross" deuten. Die Seefahrer der Vergangenheit konnten mit seiner Hilfe auch ohne GPS den Süden genau bestimmen.

Um das Kreuz des Südens schneller zu finden, ist das Wissen um die Südrichtung hilfreich. Dabei ist ein Kompass nützlich. Je nach Jahreszeit steigt das Kreuz zu unterschiedlichen Uhrzeiten über den Südhorizont. Es wird von vier sehr hellen Sternen und einem weniger hellen gebildet. Wenn es nun gelingt, die Längsachse des Kreuzes um das 4 ½–5-Fache zu verlängern, dann muss man vom Endpunkt dieser Achse die Senkrechte fällen. Dort, wo diese Senkrechte den Horizont trifft, ist Süden.

Wenn man es noch genauer haben möchte, dann sollte man sich der hellen Zeige-Sterne, der sog. „pointers", bedienen, die am Southern Cross zu finden sind. Wenn man diese Sterne verbindet und von der Mitte der Verbindungsstrecke die Senkrechte nach oben fällt, so kreuzt sie die oben beschriebene 4 ½–5-fache Verlängerung der Längsachse des Südkreuzes. Von diesem Kreuzpunkt fällt man dann die Senkrechte und bestimmt damit genau den Süden.

Schiffsverbindungen

Früher war es üblich, mit dem Schiff nach Südafrika zu reisen. Doch die Zeiten, in denen zwischen Europa und dem Kap wöchentlich Postschiffe verkehrten, sind vorbei. Längst ist der schnelle Flug billiger als die mindestens 16 Tage dauernde Schiffsreise. Dennoch gibt es zahlreiche Angebote für Schiffsreisen:

Hier einige Adressen, wo Sie Details erfragen können:

- **Safmarine**: Buchung über Agentur „Pathfinder", 22 The Warren, Holbury, Southampton, Hants SO45 2QB, ☎ 023-8089-0900, www.safemariner.co.uk, bzw. Safmarine Kapstadt, Safmarine Quay, The Clocktower Precinct, Victoria & Alfred Waterfront, Kapstadt 8001, ☎ 021-408-6911, 🖷 021-408-6842, www.safmarine.com. Auf großen Containerschiffen werden jeweils Doppelkabinen angeboten. Sehr komfortabel: Es gibt eine Lounge, Schwimmbad, Cocktailbar und ein Sonnendeck. Reiseroute: Kapstadt – Southampton; Reisedauer: ca. 15 Tage.
- **St. Helena Shipping Company** bietet auf der RM St. Helena im regelmäßigen Rhythmus einige Plätze für Passagiere an. Buchungsadresse: Andrew Weir Shipping Ltd, Dexter House, 2 Royal Mint Court, London. EC3N 4XX, ☎ 020-7575-6480, 🖷 020-7575-6200, in Kapstadt bei Andrew Weir Shipping (SA) Pty Ltd, 17th Floor, 1 Thibault Square, Kapstadt, ☎ 021-425-1165, 🖷 021-421-7485, www.rms-st-helena.com.

Schlangen

Es gibt zwar viele und z. T. giftige Schlangen, übermäßige Angst ist deshalb aber nicht angebracht; trotzdem sollte man auf den Weg achten. In der Regel flüchten die Tiere schon lange, bevor man sie sehen kann. Sollte es dennoch zu einem Schlangenbiss kommen, ist es wichtig, sich Farbe und Kopfform der Schlange zu merken, damit der behandelnde Arzt oder ein anderer sachkundiger Helfer weiß, welches Gegenserum angebracht ist.

Schulferien

Hauptferienzeit in Südafrika ist um Weihnachten, von Anfang Dezember bis Mitte Januar. Die Osterferien finden etwa von Mitte März bis Mitte April statt, die Winterferien zwischen Mitte Juni und Mitte Juli und die Frühjahrsferien gegen Ende September.

Fazit für die Urlaubsplanung: Im April, Juli und Dezember/Januar überschneiden sich die Ferienzeiten Europas mit denen Südafrikas. In dieser Zeit ist eine Vorausbuchung der Unterkünfte dringend anzuraten!

Schusswaffen

Schusswaffen dürfen nur mit Genehmigung eingeführt werden. Diese Genehmigung erteilen die Zollbeamten bei der Einreise, sofern der Besitzer den legalen Besitz dieser Waffen nachweisen kann und die Waffen über Seriennummern verfügen, die eingestanzt sind. Die erteilten Genehmigungen sind 180 Tage gültig. Unerlaubter Waffenbesitz ist in Südafrika strafbar. Eine Waffenbesitz-Karte muss deshalb vorgelegt werden.

Sicherheit

Vor allem in den Großstädten sollte man sich vor Dieben hüten. Besuche von Townships sollte man nur mit Führung unternehmen, Nachtspaziergänge in den Großstädten sind zu unterlassen, ebenso die Benutzung von Vorortzügen. Fahrten per Anhalter sind ebenso nicht zu empfehlen. Auskunft erteilt der Reiseveranstalter oder das Auswärtige Amt (Website: www. auswaertiges-amt.de).

s. auch Stichwort Kriminalität

South African Tourism (South African Tourism Board)

Das südafrikanische Fremdenverkehrsamt erteilt touristische Auskünfte über das Land und hält hervorragendes Informationsmaterial bereit:
- **South African Tourism**, Friedensstraße 6–10, D-60311 Frankfurt/Main, ☎ 069-9291290, ✆ 069-280950, www.southafrica.net.

Die regionalen **South African Tourism-Vertretungen in Südafrika** stehen Ihnen entlang der Reiseroute zusätzlich mit Rat und Tat zur Seite. In Johannesburg am Flughafen gibt es in der Haupthalle einen großen South African Tourism-Stand, wo man Sie gerne informiert und bei Problemen weiterhilft.

Sport

Südafrika ist ein Land der Sportbegeisterten. In seinen unterschiedlichen Landschaften und Klimazonen sind praktisch alle Sportarten möglich. Da sich immer mehr Menschen auch im Urlaub aktiv betätigen möchten, finden Sie im Folgenden eine alphabetisch geordnete Darstellung der entsprechenden Sportmöglichkeiten. Wenn Sie eine Komplettübersicht über alle sportlichen Möglichkeiten in Südafrika erhalten möchten, wenden Sie sich an die South African Sports Commission, www.srsa.gov.za, ☎ 012 304-5000, oder informieren Sie sich anhand der Website: www.southafrica.co.za/sport. Auch South African Tourism hat für verschiedene Sportarten hervorragende Übersichten ausgearbeitet, so z. B. für Golf und Surfen.

Abseilen: „Abseiling" (das Wort wurde aus dem Deutschen abgeleitet) ist eine beliebte Sportart, besonders dort, wo es kleine Canyons gibt. Dabei wird man an einem Seil z. B. in einen Canyon und/oder an einer steilen Wand abgeseilt. Wenn man es etwas aufregender liebt, kann man sich auch ins Leere fallen lassen, ähnlich dem Bungee Jumping. Beliebteste Abseiling-Regionen um Kapstadt sind der Chapman's Peak, das Tafelberg-Gebiet und der Kamikaze Canyon. Letzterer beinhaltet zuerst eine Wanderung durch eine Schlucht, das Raufkraxeln auf die Kante und schließlich einen Abseil-Sprung von 60 m in die Tiefe.

Angeln: Besonders das Hochseeangeln erfreut sich großer Beliebtheit in den Kapprovinzen. In fast jedem Hafen kann man Boote mit fachkundigen Fischern chartern. Die kleinen Flüsse in den Bergen nördlich der Garden Route eignen sich hervorragend fürs Fliegenfischen und die Bergketten der Western Cape Province zum Forellenfischen.
Informationen erteilen:
- **South African Deep Sea Angling Association**, http://fishing-sa.co.za)
- **Federation of South African Flyfishers**: FOSAF, National Secretary, Stuart Tough, POB 921, Lonehill 2062, ☎ 011-467 5992, www.fosaf.org.za.

Bungee-Jumping: Südafrika und insbesondere die Kapprovinzen sind ein klassisches Ziel fürs Bungee-Jumping. Die beiden bekanntesten Brücken zum Bungee-Jumping liegen:
a) gut 350 km östlich von Kapstadt am Gourits River, ca. 30 km vor Mossel Bay, und

b) nahe dem Tsitsikamma Nat. Park (östl. von Plettenberg Bay) am Bloukrans River. Hier wartet der welthöchste Absprungplatz: 216 m!

c) Seit dem Jahre 2000 kann man auch aus der Gondel zum Tafelberg hinaushüpfen (etwa auf ¾ Höhe). Fallhöhe: ca. 70 m; Zeiten: i. d. R. zw. 6 und 8h morgens.

Drachenfliegen: Drachenflieger aus Übersee dürfen aus Versicherungsgründen nur fliegen, wenn sie Mitglied des South African Aero Clubs sind. Eine vorübergehende Mitgliedschaft ist möglich. Falls man nicht sein eigenes Fluggerät mitbringt (und wer kann das schon!), ist man allerdings auf Clubhilfen angewiesen, da es in Südafrika keinen offiziellen Drachenverleih gibt. Hervorragend eignen sich zum Drachenfliegen die KwaZulu/Nataler Drakensberge sowie die Tafelberglandschaften am Kap (allerdings nur in den Sommermonaten).
Kontaktadressen und Informationen erhältlich bei:

- **South African Hang Gliding and Paragliding Association**, ☎/🖷 012-668 1219, www.paragliding.co.za.

Fahrrad fahren: Einschränkend muss gesagt werden, dass Südafrika kein klassisches Radfahrer-Land ist, denn es gibt keine Radwege. Allerdings kann man abseits der großen Autostraßen durchaus die herrlichen Landschaften genießen. Das **Kapland** eignet sich für Unternehmungen in den regenarmen Zeiten von Oktober bis April. **KwaZulu/Natal** ist fast ganzjährig klimatisch geeignet, ebenso **Gauteng**.
Eine fahrradfreundliche Alternative bietet die Firma Jacana Country Homes and Trails an (P.O. Box 95212, Waterkloof, Tshwane 0145, ☎ 012-346-3550, 🖷 012-346-2499). Durch eine Farmlandschaft nordwestlich des Gariep Damms (südwestlich von Bloemfontein) wurde ein über 60 km langer Fahrradweg ausgeschildert. In den letzten Jahren haben einige Hotels Fahrräder für ihre Gäste angeschafft. Allerdings gibt es kaum kommerzielle Fahrrad-Verleiher, außer:

- **Kapstadt**: Die Firma Downhill Adventures in der Innenstadt (Shop 1, Overbeek Building, Ecke Kloof, Orange und Long Street; ☎ 021-422-0388, www.downhilladventures.com) verleiht Mountainbikes für rund 160 Rand am Tag. Sie bietet auch geführte Touren in Kleingruppen an: zum Cape Point, durch die Wälder und Weinberge von Constantia und auf den Tafelberg (Table Mountain Double Descent).
- **Johannesburg**: Linden Cycle and Canoe, 63 B 3rd Avenue, Linden, ☎ 011-782-7313.

Mountainbike-Freaks erhalten unter www.mtb.org.za Insider-Tipps zu den besten Trails in ganz Südafrika. Für Rennrad-Freunde gibt es unter www.cyclingnews.co.za ausführliche Informationen zu Fahrradrennen.

Fallschirmspringen: Südafrika hat nicht nur die rechten Landschaften, sondern auch das rechte Wetter für Fallschirmspringer. Fallschirmspringen ist mittlerweile so populär geworden, dass sich in Südafrika einige Veranstalter und Clubs darauf spezialisiert haben. Bevorzugte Regionen für Fallschirmspringer sind das Kap, die KwaZulu/Nataler Drakensberge sowie Gauteng (Magaliesberge). Weitere Informationen zum Fallschirmspringen, ob allein oder als Tandem, unter www.para.co.za.

Golf: Aufgrund des hervorragenden Klimas sowie des britischen Einflusses verfügt Südafrika über mehr als 400 Golfplätze in allen Landesregionen. Südafrikanische Besonderheit: Es gibt Golfplätze, wo sich auf den Fairways Antilopen und Affen ein Stelldichein geben (Golfplätze von Skukuza und Hans Morensky/Kruger National Park). Die Golfanlagen „Mowbray" und „Minerton" mit Blick auf den Tafelberg sind landschaftliche Juwelen.

Für den golfenden Reisenden empfiehlt sich das Studium der South African Tourism-Broschüre „Where to stay". Hier sind alle Hotels sowie andere Unterkünfte aufgelistet und Golfmöglichkeiten vermerkt. Ebenso hilfreich ist die South African Tourism-Broschüre „Golf in Südafrika". Beide sind zu beziehen über South African Tourism (s. *Stichwort Adressen*). Weitere Kontaktadresse: South African Golf Association, www.saga.co.za, ☎ 011-476-1713/4.

Große Golf-Turniere	
Januar:	South African Open Championship
	Lexington PGA Tournament/Johannesburg
Dezember:	Million Dollar Golf Classic/Sun City

Kanufahrten/Seakayaking: Südafrikas Flüsse eignen sich zum Teil hervorragend für Kanufahrten oder Schlauchboot-Abenteuer (Rafting). Verschiedene Firmen haben sich in den letzten Jahren auf Trips von 4–6 Tagen Dauer spezialisiert. Besonders der Oranje in Höhe des einsamen, spektakulären Richtersveld National Park im Nordwesten Südafrikas ist ein Eldorado. Dabei sind die Kanufahrten keineswegs wild, sogar Kinder dürfen daran teilnehmen. Geschlafen wird in Zelten und gekocht über dem offenen Lagerfeuer unter einem unvergesslichen Sternenhimmel. U. a. folgende Unternehmen bieten solche Touren an:
- **Felix Unite River Adventures (ehem. River Runners)**: 14 Stibitz Street, Westlake, 7945 Kapstadt, ☎ 021-702-9400, 🖷 021-702-9493, www.felixunite.com. Ein- und vor allem mehrtägige Kanu- und Schlauchboottouren auf Oranje, Breede und vielen anderen Flüssen im südlichen Afrika. Hier wird alles organisiert.
- **The River Rafters**: 1 Friesland Street, Durbanville, Goedemoed, Kapstadt, ☎ 021-975-9727, 🖷 021-975-9326, www.riverrafters.co.za.

Hobbykanuten können 1- bis 2-Tage-Touren auf dem **Breede River** bei Swellendam sowie auf dem **Keurbooms River** bei Plettenberg Bay unternehmen. Nahe bei Kapstadt gibt es aber keine nennenswerten Kanurouten, dafür steht hier das **Seakayaking** im Vordergrund. Ein Unternehmen, das sich u. a. auf die Organisation davon spezialisiert hat, ist
- **Adventure Village**, 229 Long Street, 8000 Cape Town, ☎ 021-424-1580, 🖷 021-424-1590.

Kloofing (Canyoning): Aktivitäten in Schluchten erfreuen sich auch in Südafrika immer größerer Beliebtheit: abseilen, springen und durchklettern. Organisierte Touren führen in das Gebiet um den Tafelberg, manchmal auch in andere Regionen Südafrikas. Ein Anbieter dafür ist:
- **Adventure Village**, s. o.

Marathon: Marathon ist in Südafrika sehr populär – ob am Kap, an der Strandpromenade von Durban oder anderswo. Besonders berühmte Laufveranstaltungen sind:
- **Comrades**, der 90-km-Lauf am 31. Mai, abwechselnd von Pietermaritzburg oder Durban ausgehend. Im Jahre 2009 gab es dabei 13.000 Teilnehmer, die insgesamt einen Höhenunterschied von 700 m zu bewältigen hatten und nicht länger als 11 Stunden unterwegs sein durften. Auf der Website www.comrades.com finden sich spannende Informationen rund um den Lauf.
- **Town-to-Town-Marathon** von Johannesburg nach Tshwane (Pretoria)
- **Two Oceans-Marathon** (50 km!) auf der Kaphalbinsel jeweils am Ostersonntag
Informationen: www.runnersguide.co.za.

Segelfliegen: Nicht nur das australische Outback hat weltberühmte Segelflug-Reviere. Auch Südafrika bietet vor allem im Bereich der Magaliesberge aufgrund optimaler Aufwinde und klarer Wetterlagen traumhafte Voraussetzungen für lange Flüge. Informationen und Adressen finden Sie auf der Website www.sssa.org.za.

Surfen: Südafrika ist das Surfer-Paradies schlechthin. Weltberühmte Surfer zieht es immer wieder an Südafrikas Küsten, um ihre Künste im Wellenreiten in Top-Form zu erhalten oder zu verbessern. Die generellen Wetterbedingungen sehen so aus:

Windsurfen am Kap

- Von **September bis Mai** liegt der südafrikanische Küstenbereich im Einzugsbereich ausgedehnter Hochs, die nur selten von Tiefausläufern gestört werden. Wenn dann über dem Kapstädter Tafelberg das „Tischtuch" liegt, sonst aber ringsherum der Himmel stahlblau ist, kündigt sich der „Cape Doctor" an, der berühmte Südostwind, der den Surfern 6–10 Beaufort sideshore beschert und für extrem gute Bedingungen sorgt.
- Im südafrikanischen Winter von **Juni bis August** zieht der Hochdruckgürtel Richtung Äquator und die Tiefdruckrinne gelangt ans Kap. Wellen unter 2 m sind dann eher eine Seltenheit.

Nicht nur Surfer, die auf extreme Wellen und Sprünge aus sind, werden zufriedengestellt. In Langebaan (nördlich von Kapstadt an der Westküste) greift eine fjordartige Meeresbucht ins Land. Hier gibt es ideale Voraussetzungen für Geschwindigkeitsfanatiker, die dann auf das schnellste Brett umsteigen.

Weltberühmtheit haben folgende „Spots" erlangt: Cape St. Francis, Jeffrey's Bay, das Mündungsgebiet des Swartkop River und Nordhoek (bei Kapstadt an der Westküste). Anfänger dagegen begnügen sich lieber mit den Gebieten um die Algoa Bay und Sylvic Bay (bei Port Elizabeth, mit Flachwasser und Brandung).

☞ **Weitere Tipps für Surfer**
- *Informationen über den Frachttarif für die Mitnahme des eigenen Gerätes erhalten Sie bei der entsprechenden Airline.*
- *Sinnvoll zwecks Mobilität sind das Mieten eines Wagens und der Kauf eines passenden Dachgepäckträgers (die meisten Vermieter sind nicht Surfer-freundlich eingestellt, da sie um ihren Wagen bangen).*
- *Empfehlenswert ist die Surfbroschüre von South African Tourism. Die Kontaktadresse: South African Longboard Surfing Association, www.salsa.co.za. Weitere Informationen unter www.surfingsouthafrica.co.za.*

Windsurfer finden auf den großen Inlandseen oder Lagunen entsprechende Riviere. Hier einige Beispiele:
- Gauteng: u. a. Hartebeesport Damm, Lake Ebernezer (Tzaneen), Stausee Bona Manzi
- KwaZulu/Natal: u. a. Midmar Lake, Zinkwazi (Lagune), Mtunzini (Lagune)
- Warner Beach (bei Scottburgh)
- Kapprovinz: u. a. George (Swartvlei), Plettenberg Bay, Struisbay

Tauchen: Aufgrund des kalten Benguela-Meeresstroms an der Westküste und des warmen Algulhas-Meeresstroms an der Ostküste verfügt Südafrika über eine sehr differenzierte Meeresflora und -fauna.
- **Kapprovinz**: Besonders im Mischbereich zwischen dem warmen und dem kalten Meeresstrom gibt es ein vielfältiges Meeresleben. Bekannt ist bei Kapstadt das Gebiet um Cape Hangklip. Im Tsitsikamma Coastal National Park gibt es einen Schnorchel- und Taucherlehrpfad. In East London werden Tages-Tauchlehrgänge angeboten. Interessant sind hier die Tauchreviere zwischen dem Great Fish River und Kidd's Beach. Adresse:
- Dive in South Africa, Cruise House, 25 Main Road Fish Hoek 7975, ☎ 021-785-6994, info@diveinsouthafrica.com, www.diveinsouthafrica.com.
- **KwaZulu/Natal**: Zwischen St. Lucia (Cape Vidal) und Kosi Bay (an der Grenze zu Mosambik) liegen die südlichsten Korallenbänke der Welt. Tauchertreff ist insbesondere der Sodwana Bay National Park, wo es Unterkünfte gibt und wo auch Tauchlehrgänge angeboten werden. Adresse:
- Sodwana Bay Lodge Scuba Centre, ☎ 035-571-6010, www.sodwanadiving.co.za
- Auch in und um **Durban** werden Tauchlehrgänge angeboten:
- The Undersea Club, Vetch's Pier, ☎ 031-368-1199, ⊠ 086-637-4301, www.duc.co.za.
- Trident Dive Shop & School, Maydon Wharf, ☎ 031-305-3081/2/3, ⊠ 031-301-7867.
- Underwater World, 251 Point Rd., ☎ 031-332-5820, ⊠ 031-337-5587, www.underwaterworld.co.za.

Tennis: In Südafrika gibt es sehr viele Tennisplätze. Sie sind u. a. in der South African Tourism-Broschüre „Where to stay" verzeichnet. Auch in den Klubs kümmert man sich gerne um Gäste. Kontaktadresse in Südafrika: South African Tennis Association SATA, www.satennis.co.za.

Wandern/Bergwandern/Klettern: Seit Jahren wird die Einrichtung staatlich kontrollierter Wanderwege – das National Hiking Way System (NHW) – ausgebaut. Aus diesem Grund gibt es in Südafrika ein hervorragendes Wanderwegenetz. Die schönsten und beliebtesten Wandergebiete sind:

- **Kapprovinz:**
- die *Kaphalbinsel, Lion's Head* und der *Tafelberg*
- das *Hottentots' Holland Nature Reserve* südlich des Weinlandes
- das *Limietberg Nature Reserve* um den Bain's Kloof Pass (östl. von Paarl)
- die *Cederberg Wilderness Area* südöstlich von Clanwilliam
- das *De Hoop Nature Reserve* südlich von Swellendam
- die Gebiete um die und nördlich der *Garden Route* (u. a. Wilderness Area, Knysna Forest, Tsitsikamma NP etc.)
- das Gebiet um *Montagu*
- das Gebiet des ehem. *Zuurberg National Park* (heute Teil des Addo Elephants NP)
- die *Soutansberge* in der Northern Province

- die *Drakensberge* (insbesondere für Bergsteiger und Kletterer)
- die *Magaliesberge*

Mitbringen bzw. in Südafrika kaufen sollte man vor allem festes Schuhwerk (Wanderschuhe), Regenkleidung, warme Kleidung (für einige Gebiete), Sonnenschutz (Hut, Creme), pro Person einen Tagesrucksack, Proviant und ausreichend zu trinken (3 Liter/Tag/Person), bei längeren Routen eine Karte und einen Kompass.

 Achtung

Für fast alle Aktivitäten in diesem Bereich gilt: Reservierung erforderlich!

Kontaktadressen
- **Hiking South Africa**: Suite 23, Postnet X108, Centurion, ☎ 083-535-4538, Christine.frost@pfizer.com
- **Mountain Club of South Africa**: 97 Hatfield St., Kapstadt 8001, ☎ 021-465-3412, 🖷 021-461-8456, www.mcsa.org.za. Gleicht unserem Alpenverein.

Sprachen

In Südafrika gibt es 11 offizielle Sprachen. Neben Englisch und Afrikaans werden die Sprachen der verschiedenen Ethnien, darunter der Xhosa, Zulu und Sotho, gesprochen, wobei sich Englisch als Amtssprache weitgehend durchgesetzt hat. Mit Englisch kann man sich überall im Land verständigen. Deutsch und Französisch werden in zahlreichen Hotels gesprochen, zudem leben zahlreiche Deutsche, Österreicher und Schweizer in Südafrika.

Sprachschulen

Was könnte es Schöneres geben, als Englisch in Südafrika zu lernen? So verbindet man Urlaub mit dem Erlernen bzw. Intensivieren einer Sprache. Sprachschulen gibt es zur Genüge in Südafrika. Die Kurse dauern i. d. R. zwischen 10 Tagen und 5 Wochen (ca. 20 Wochenstunden). Eine renommierte Sprachschule in Kapstadt ist:
- **One World Language School**: 50 Long St., ☎ 021-423-1833, 🖷 021-426-0166, Postanschrift: P. O. Box 7888, Roggebaai, Kapstadt 8012, www.owls.co.za. Diese Schule arrangiert auch Unterkünfte in Gastfamilien und Freizeitaktivitäten. Angeboten wird alles, vom Anfängerkurs bis hin zu TOEFL und Fachkursen.

Tankstellen

Das Tankstellennetz in Südafrika ist dicht. Die Benzinpreise liegen bei ca. 8 Rand je Liter. Öffnungszeiten: 7–18 Uhr. Große Tankstellen der Ketten Shell, BP usw. haben inzwischen auch 24 Stunden geöffnet. Benzin kann nicht per Kreditkarte, sondern nur bar bezahlt werden!

 Achtung

Man sollte darauf achten, dass auch tatsächlich Benzin eingefüllt wird. Einem Leser passierte es in Wilderness, dass der Tankwart zwar so tat und auch Geld kassierte, aber kein Benzin eingefüllt hatte.

Taxi

Die Tarife sind regional unterschiedlich. Die Grundgebühr beträgt i. d. R. 10 Rand plus 10 Rand pro Kilometer. Wartezeiten kosten 50 Rand die Stunde. Die Taxis dürfen nicht angehalten, sondern müssen von Taxiständen abgerufen werden.

Telefonieren/Telekommunikation

Wenn man von Telefonzellen ein Übersee-Gespräch führen möchte, muss man einen Haufen 50-Cent- bzw. 1-Rand-Münzen haben. Bequemer ist die Vermittlung in einem Postamt. Dann allerdings muss man mindestens 3 Minuten telefonieren und zahlt dafür knapp 19 Rand. Vorsicht in Hotels: Hier wird der 2- bis 3-fache Tarif berechnet.

Handys: Die meisten aus Europa mitgebrachten Handys (sie werden in Südafrika „Cellulars" bzw. kurz „Cells" genannt) können via „Roaming" in Südafrika genutzt werden. Es sollte darauf geachtet werden, welche südafrikanische Gesellschaft jeweils am günstigsten ist. Die Nutzung des Handys kann in Südafrika teuer werden. Ruft Sie jemand aus Deutschland an, zahlen Sie dafür den Auslandtarif, der Anrufer nur den Deutschlandtarif. Zudem sind die Preise für die Einheiten über Handy teurer als die über ein gemietetes Handy. Für Viel-Telefonierer lohnt sich die Miete eines Handys. Für Notfälle oder wenn das Handy nur wenig benutzt wird, lohnt die Miete nicht.

Infos zum Roaming im Internet bzw. über Telefon:
- **D1-Mobile**: www.t-mobile.de, ☏ 0180-3302202, 📠 0180-5330633 oder über Handy: 2202
- **D2-Vodafone**: www.vodafone.de, ☏ 0800-172-1212, 📠 02102-986575 oder über D2-Handy: 1212
- **E-Plus**: www.eplus.de, ☏ 0177-1000

Mieten oder Kaufen: In zahlreichen Geschäften in den Städten sowie an Ständen in den großen Flughäfen verkaufen bzw. vermieten die südafrikanischen Hauptbetreiber **Vodacom** und **MTN** Handys bzw. „Sim-Cards". Letztere sind die Chips, die Sie für die Zeit der Miete zu einem Kunden der entsprechenden südafrikanischen Gesellschaft machen. Die Kosten variieren sehr und sind oft auch abhängig von der Mietdauer. Grob ist mit 25 US$ für die Wochenmiete der Sim-Card und des Handys zu rechnen. Hinzu kommen dann die Gesprächseinheiten (2–3 ZAR pro Minute). Abgerechnet wird über die Kreditkarte.
Eine weitere Möglichkeit ist der Kauf einer „Prepaid Card", mit der man für eine bestimmte Zeit eine bestimmte Anzahl an Telefoneinheiten erhält. Der Vorteil daran ist, dass man etwas günstiger telefoniert, der Nachteil aber, dass man evtl. die Einheiten gar nicht alle benötigt bzw. diese nicht ausreichen. Mittlerweile stellen einige große Mietwagenfirmen sogar kostenlos Handys zur Verfügung, wenn man einen Wagen mietet (beim Buchen des Wagens angeben!). Hierbei muss man nur für die Versicherung des Handys zahlen.

Der Empfang über Handy ist in Südafrika entlang der Hauptverkehrsachsen sowie in den Orten und Ballungsräumen i. d. R. sehr gut. In der Karoo und in den Bergen gibt es natürlich einige „Löcher". Die Infolines der beiden großen Mobilfunk-Betreiber lauten:
- **Vodacom**: ☏ 082-1082, 📠 0860-082-082, www.vodacom.co.za
- **MTN (Mobile Telephone Networks)**: ☏ 083-173, www.mtn.co.za

Vorwahlen

- Die **Vorwahl für Deutschland** von Südafrika aus ist 0049 + die Ortsnetzzahl ohne die Null + die Teilnehmernummer. Die **Vorwahl für Österreich** ist 0043, **für die Schweiz** 0041.
- **Vorwahlen der angrenzenden Staaten:** Botswana: 09267 (von Südafrika aus), 00267 (intern., von Deutschland aus), Swasiland: Vorwahl 09268 (von Südafrika aus), 00268 (intern., von Deutschland aus), Lesotho: Vorwahl 09266 (von Südafrika aus), 00266 (intern., von Deutschland aus), Namibia: Vorwahl 09264 (von Südafrika aus), 00264 (intern., von Deutschland aus), Mosambik: Vorwahl 09258 (von Südafrika aus), 00258 (intern., von Deutschland aus), die Vorwahl für Südafrika von Deutschland aus ist die 0027.

❗ Achtung

Auch bei regionalen Telefongesprächen muss die Vorwahl mit gewählt werden.

Telefonzellen: Telefonzellen gibt es in ausreichender Zahl. Oft befinden diese sich auch in Hotels, Tankstellen und Restaurants. Hier überwiegen mittlerweile die Kartentelefone. Telefonkarten gibt es für 20, 50, 100 und 200 ZAR.

Telefonläden: Da nicht alle Bewohner, vor allem der ehemaligen Townships, Telefonanschlüsse haben, hat sich ein lukrativer Markt für Telefonläden entwickelt. Dies sind Geschäfte, in denen man ohne Kleingeld oder Telefonkarte telefonieren kann. Hier sind die Warteschlangen kürzer als in den Postämtern, dafür zahlt man aber auch mehr als an einem öffentlichen Fernsprecher (aber weniger als von den Hotels aus). Ein Preisvergleich ist also empfehlenswert. Von den Telefonläden aus kann man auch Faxe schicken.

Internet-Cafés: In den großen Städten gibt es mittlerweile mehrere Internet-Cafés. Abgerechnet wird nach Zeit (Minimum 30 Min.). Da die **Internet-Cafés** jedoch so schnell wieder schließen, wie sie öffnen, nennen wir hier keine Adressen. Schauen Sie am besten in den gelben Seiten des Telefonbuches unter dem Stichwort „Internet-Café" nach.

Wichtige und nützliche Telefonnummern für Südafrika

Landesweiter Polizei-Notruf: 10 111
Landesweiter Notruf für Rettungswagen: 10 177
Lokale Telefonauskunft: 1023
Nationale Telefonauskunft: 1025
Internationale Telefonauskunft: 0903
Gebuchte Gespräche/Collect Calls/Reverse Charge Calls (R-Gespräche) etc.: 0900
Zeitansage: 1026
Wettervorhersage: 011-275-0980
Computicket: 083-915-8000 oder 011-340 8000
South African National Parks: 012-426-5000
Game Reserves KwaZulu/Natal: 033-845-1002

Flughäfen (Auswahl):
- Johannesburg International: 011-975-9963
- Kapstadt: 021-934-0407
- George: 044-1076-9301
- Port Elizabeth: 041-334-444
Kreditkartenverlust (in Südafrika):
- American Express: 011-358-0400
- Diners Club: 011-337-3244
- Master Card/Eurocard: 011-498-4699
- Visa Card: 011-489-4699
- **einheitliche Sperrnummer**: 049-116-116, im Ausland auch 049-30-4050-4050
South African Tourism (ehem. SATOUR)-Hauptbüro in Johannesburg: 011-778-8000

Trinkgelder

Sie sollten nach Umfang und Qualität einer Leistung gegeben werden (z. B. bei Gepäckträgern oder Zimmermädchen ca. 5 Rand). Als Leitlinie gilt, dass das Trinkgeld 10–15 % des Preises/der Rechnung entsprechen sollte. Taxifahrer erwarten etwa 10 % Trinkgeld.

Unterkünfte

▶ **Hotels**

South African Tourism gibt alljährlich detaillierte Hotel- und Unterkunftsverzeichnisse sowie eine Übersicht über Campingplätze in Südafrika heraus. Hier finden Sie entsprechende Details wie Adressen, Preise, Ausstattung etc. Alle Übernachtungsmöglichkeiten in Südafrika sind klassifiziert. Generell kann man feststellen, dass Südafrikas Hotels beispielhaft sauber sind. Die Top-Hotels des Landes halten jedem internationalen Vergleich stand, sind aber preiswerter als an anderen Orten.

Die Übernachtungs-Kategorien (Preise für das Doppelzimmer pro Tag)	
$$$$$	über 2.000 ZAR
$$$$	1.000–2.000 ZAR
$$$	600–1.000 ZAR
$$	400–600 ZAR
$	unter 400 ZAR

Die meistverbreiteten Hotelketten sind:
Southern Sun, der auch die südafrikanischen **Holiday Inn Hotels** angeschlossen sind, bietet eine Palette von Deluxe-, First- und Touristenklasse-Häusern mit individuellem Charakter. Viele ehemalige teure Sun Hotels wurden zwischenzeitlich in preiswerte **Garden Courts** umgewandelt, wobei die Serviceleistungen reduziert wurden. Ebenso sind preiswerte **Town Lodges** und **City Lodges** angegliedert, die meist ziemlich zentral liegen und sich an budgetbewusste Touristen und Geschäftsleute wenden. Zur Kette gehören auch die äußerst effizienten **Formula One Hotels**, die im 2-Sterne-Bereich anzusiedeln sind. Infos: www.southernsun.com, auch Buchungsmöglichkeit online.

• **Protea-Hotels** verfügen über Hotels im ganzen Land, wobei die meisten Häuser dem 3–4-Sterne-Bereich zuzuordnen sind (Touristen, Geschäftsleute). Größte Hotelkette Südafrikas! Infos: www.proteahotels.com, auch Buchungsmöglichkeit online.
• **Karos-Hotels** liegen im 3–4-Sterne-Bereich und wenden sich an Geschäftsleute und Touristen. Keine eigene Website. Hotels u. a. in Rustenburg, Durban, Pietermaritzburg, Richards Bay.
• **Portfolio** ist ein Marketing-Zusammenschluss von Hotels, Lodges und Bed-and-Breakfast-Häusern. Es gibt dazu drei Hefte: Portfolio Country Places Collection, Portfolio Retreats Collection, Portfolio Bed and Breakfast Collection.

Die einzelnen Häuser werden von einem Firmenangehörigen inspiziert, aber nur aufgenommen, wenn sie die Darstellung in einem der Hefte bezahlen. Die Auswahl der Häuser ist ordentlich, wenn auch im Wesentlichen davon bestimmt, dass das Unternehmen für die Aufnahme bezahlt. **Infos**: www.portfoliocollection.com, auch Buchungsmöglichkeit online.

GHASA (*Guest House Association of Southern Africa*). Dies ist eine Vereinigung, zu der 3–4-Sterne-Häuser gehören, die nie mehr als 16 Zimmer haben. Info: www.ghasa.co.za, auch Buchungsmöglichkeit online.

Auch auf dem Lande und in niedriger klassifizierten Hotels findet man durchaus empfehlenswerte Unterkünfte. Bereits 2-Sterne-Hotels genügen durchschnittlichen Ansprüchen, 5 Sterne zeichnen die besten Hotels aus.

▶ Bed and Breakfast

Diese Übernachtungsform, ursprünglich in England „erfunden", hat sich in Südafrika rasant entwickelt. Es gibt entlang aller touristischen Routen viele Angebote. Die meisten Häuser bieten ein ausgezeichnetes Preis-Leistungsverhältnis und können u. a. über Portfolio gebucht werden. Gute Übersichten und Buchungsmöglichkeiten:
* www.bedandbreakfast.co.za: landesweite Darstellung von B&Bs, Buchungsmöglichkeit
* www.bookabed.co.za: wie oben

▶ Self-Catering Accommodation (Selbstversorger)

Die Südafrikaner lieben diese Art der Unterkunft, da sie Selbstversorgungsmöglichkeit bietet und das Ganze für Familien preiswerter ist. Selbstversorgungsunterkünfte gibt es in entsprechend eingerichteten Chalets, Rondavels, Ferienwohnungen etc. Die Unterkünfte verfügen über alle notwendigen Kocheinrichtungen.

▶ Backpacker Lodges/Youth Hostels

Nach dem Ende der Apartheid sind die Backpacker Lodges aus dem Boden geschossen. Selbst in kleineren Orten gibt es nun für Low-Budget-orientierte Reisende diese Unterkunftsart. Generell sind die Häuser sauber und verfügen über Schlafsäle und Doppelzimmer sowie Gemeinschaftsräume. Sie werden meist auch vom Baz Bus angefahren und bieten vor allem jüngeren Menschen gute Kommunikationsmöglichkeiten. Oft sind auch Selbstversorgungseinrichtungen vorhanden. Nützliche Adressen:
* **Hostelling International South Africa (HISA)**, Website: www.hisa.org.za. Man muss Mitglied sein, um in einem der Häuser des Jugendherbergwerks Südafrikas zu übernachten. Mitglied kann man online werden oder einfach bei der ersten Übernachtungsstelle anfragen.

 Supertipp: Backpacker-Unterkünfte und Baz Bus!

Das tolle, preiswerte Bus-System erlaubt wirklich individuelles Reisen. Der Baz Bus ist ein einzigartiger Busservice zwischen verschiedenen Backpacker-Hostels im südlichen Afrika. Man kauft einfach ein Ticket zu einem bestimmten Zielort und kann so oft ein- und aussteigen wie man möchte, wo immer und ohne jegliche zeitliche Beschränkung. Die derzeitige Route verläuft zwischen Kapstadt und Johannesburg in beiden Richtungen. Auf der Website www.bazbus.com kann man sich informieren, nicht nur zum Bussystem, sondern zu allen angefahrenen Unterkünften. Viele dieser Unterkünfte haben eine eigene Website und können direkt gebucht werden.

▶ **Camping:** s. Stichwort Camping

▶ **Nationalpark-Unterkünfte**
Folgende Übernachtungsmöglichkeiten stehen i. d. R. in den Nationalparks zur Verfügung:
* **Camping-Plätze** für Wohnmobile und Zelte. Ab 95 ZAR.

- **Hütten**: 1-Zimmer-Einheiten mit Gemeinschaftsküche und Badezimmer. Ab 130 ZAR.
- **Safari-Zelte**: Permanente Leinenzelte auf einer Plattform. Einige mit Gemeinschaftsküche und Badezimmer, einige mit etwas luxuriöserer Ausstattung. Ab 240 ZAR.
- **Bungalows**: 1-Zimmer-Einheiten mit Badezimmer. Mit Gemeinschaftsküche oder eigener kleiner Küchenzeile und Grundausstattung. Teilweise mit Blick auf den Fluss und/oder Luxusausstattung. Ab 415 ZAR.
- **Cottages**: Schlafzimmer, Wohnzimmer, Badezimmer und Küche. Ab 500 ZAR.

Private Gamelodges

Südafrika verfügt über eine Vielzahl privater Gamelodges, vor allem am Westrand des Kruger National Parks, aber auch in KwaZulu/Natal und in der Provinz Eastern Cape. Private Lodges unterscheiden sich ganz wesentlich von den staatlichen Camps. Der wichtigste Unterschied: Sie sind wesentlich teurer.

Der hohe Preis aber wird durch folgende Aspekte gerechtfertigt:

- Die Unterkünfte sind z. T. exzeptionell schön, sowohl von der Außen- als auch Innenarchitektur. Auf jeweils individuelle Weise passen sie sich der Natur und dem Gelände an.
- Die Mahlzeiten genügen höchsten Standards, ebenso wird man durch ausgewähltes Personal verwöhnt.
- Mit erfahrenen Rangern, die oft noch einen Tracker als Assistent haben, fährt man kreuz und quer durch den Busch und spürt Tieren nach. Während man im „staatlichen" Gebiet wie dem Kruger Park nur auf den ausgewiesenen Straßen und Wegen fahren darf, fühlt man sich hier – immer in einem offenen, hochsitzigen Geländewagen unterwegs – wirklich auf prickelnder Safari. Die Ranger sind meist junge Leute, die voller Enthusiasmus über Flora und Fauna zu berichten wissen (fast immer in Englisch). Aufregende Szenen (die Ranger sind sicherheitshalber bewaffnet und im Schießen geschult) sind garantiert und die Führer wissen stets, wie nah man beispielsweise an Elefanten, Büffel oder Nashörner heranfahren muss.

Typischer Tagesablauf auf einer privaten Lodge:

- Je nach Jahreszeit etwa 05.30–06.30h geht es auf Morgenpirsch, nachdem es einen Early-Morning-Tea gab. Und je nach Tierbeobachtungen kehrt man gegen 10–10.30h in die Lodge zurück, um ein opulentes Frühstück zu genießen. Manchmal wird die Morgenpirsch ausgedehnt und es gibt ein tolles Überraschungsfrühstück mitten im Busch oder an einer besonderen Stelle (Flussufer oder Hügel mit schöner Aussicht). Nach dem Frühstück und nach Rückkehr zur Lodge gibt es bis zum leichten Lunch (ca. 13–13.30h) eine Ruhepause. Gegen 15.30h gibt es dann Kaffee, Tee und Kuchen, bevor man gegen 15.30–16.30h auf Nachtmittags- und Abendpirsch geht. Zum Sonnenuntergang hält man zu einem Sundowner an, um Drinks jeglicher Art an einer besonders schönen Stelle zu genießen.
- Gegen 20h steuert man wieder die Lodge an, erfrischt sich, um dann im gemütlichen Boma das Abendessen zu genießen. Ein Boma ist ein runder Innenhof, von Schilfmatten umsäumt. In der Mitte gibt es meist ein Lagerfeuer, drum herum sind Tische eingedeckt. Der Tag klingt mit dem Austausch von Erfahrungen aus. Man geht relativ früh schlafen, da ja die nächste Morgenpirsch lockt. Ein Ranger begleitet dann die Gäste, um Sicherheit vor möglichen gefährlichen Tieren zu bieten. Und noch etwas: In den Pausen (später Vormittag/früher Nachtmittag) werden auch geführte Wanderungen durch die Wildnis angeboten. Oft variiert der Tagesablauf, wenn es noch eine Nachtpirschfahrt gibt.

- **Rondavels**: Rund gebaute, strohgedeckte Hütten mit Einrichtungen für Selbstversorger. Ab 700 ZAR.
- **Family Cottages**: Mehrere Schlafzimmer, Wohnzimmer, Badezimmer und Küche. Ab 885 ZAR.
- **Guest Cottages**: Mehrere Schlafzimmer, mindestens zwei Badezimmer, voll ausgestattete Küche. Ab 885 ZAR.
- **Guest Houses**: Mehrere Schlafzimmer, Badezimmer, Wohnbereich mit Bar und besonders schöner Aussicht. Ab 1.665 ZAR.
- **Bush Lodges**: Exklusive private Lodges, mit individueller Note und Atmosphäre. Mehrere Schlafzimmer und Badezimmer. Ab 1.575 ZAR.

Währung/Devisen

Die **Währung in Südafrika** ist der südafrikanische Rand (ZAR). Ein Rand entspricht 100 Cent und hat zzt. einen Gegenwert von ca. 0,09 € (Stand: November 2009). Pro Person dürfen 5.000 Rand ein- und 500 Rand ausgeführt werden. Andere Währungen und Reiseschecks dürfen uneingeschränkt mitgebracht werden, sind aber bei der Einreise zu deklarieren. Empfehlenswert ist die Mitnahme von Euro- (oder US $-) Reiseschecks (sicherer, da bei Diebstahl versichert). Euroschecks werden generell nicht akzeptiert. Kreditkarten können in größeren Geschäften, Hotels, Restaurants, bei den Airlines, Mietwagenunternehmen und anderen Zweigen der Touristikbranche benutzt werden. Gebräuchlich sind besonders VISA und Mastercard (Eurocard).

EC-Karte/Geld aus dem Geldautomaten

In Südafrika kann man bei jeder Standard-Bank mit der deutschen EC-Karte aus dem Automaten Geld ziehen, bis zu 1.000 € täglich in Rand. Die Abrechnungen sind günstig (Gebühren: ca. 5 €, dies variiert je nach Kreditinstitut). Beim Abheben muss man nur auf „Cheque" drücken und die Geheimnummer angeben.

Bei Kreditkartenverlust stehen Ihnen die Notrufnummern der einzelnen Unternehmen zur Verfügung (s. S. 133).

- Die **Währung in Lesotho** heißt Loti (Plural Maloti); daneben gilt überall der Rand als gesetzliches Zahlungsmittel.
- Die **Währungseinheit in Swasiland** ist der Lilangeni (Plural: Emalangeni). Ein L entspricht einem südafrikanischen Rand, der ebenfalls als Zahlungsmittel fast durchgängig akzeptiert wird.
- Die **Währungseinheit in Namibia** ist der Namibian $, der mit dem südafrikanischen Rand paritätisch ist.
- Die **Währung in Botswana** ist der Pula, der wesentlich mehr wert ist als der Rand; z. T. wird der Rand als Zahlungsmittel akzeptiert und entsprechend auf den Gegenwert des Pula umgerechnet.
- Die **Währungseinheit in Zimbabwe** ist der Zimbabwe $.
- Die **Währungseinheit in Mosambik** ist der Metical.

Hinweis für Lesotho: In der Regel kann man im Land nur mit Bargeld bezahlen! Allenfalls in der Hauptstadt bekommt man (mit Schwierigkeiten) Geld über Bank-/Kreditkarten. Es ist also ratsam, ausreichend finanzielle Mittel für den Aufenthalt mitzunehmen, da oftmals weder Euro noch US$ gegen Bargeld eingetauscht werden. Informationen über Höhe der einführbaren Beträge sowie weitere Einreisebestimmungen erhalten Sie über die Honorarkonsulate Lesothos in Hannover (☎ 0511-326-674, 🖷 0511-326-676) oder München (☎ 089-957-6801, 🖷 089-992-92020).

Wein(-anbaugebiete)

Der Besuch einer der Weinregionen gehört zum Pflichtprogramm bei einem Besuch Südafrikas, genauso wie zumindest eine Weinkellerei besichtigt werden sollte. Die klassischen und historisch interessantesten Weingüter befinden sich im **Constantia Valley** südlich des Tafelbergs (*Steenberg Vine Estate* ist das älteste Weingut des Landes) und im **Wineland** um die Orte Paarl, Stellenbosch, Franschhoek und Somerset West. In **Worcester** mag zudem noch die größte Brandy-Fabrik Südafrikas von Interesse sein. Besonders zu empfehlen ist das Weingut Vergelegen bei Sommerset West (s. S. 461).

Immer wieder fragen Leser nach **guten Adressen in Deutschland**, über die man südafrikanische Weine beziehen kann. Hier ist eine Auswahl:
* **Afrika-Import**: Der Feinschmecker Wein Gourmet (World's Best Wine Magazine) wählte dieses Sortiment aus und empfiehlt es als Top-Bezugsadresse für Weine aus Südafrika. Seestraße 2, 83209 Prien/Chiemsee, ☎ 08051-69030, 🖷 08051-62101, www.africa-cape-wine.com
* **Buitenverwachting-Weine**: Diese Topweine gibt es bei **Wein-Wolf**, Königswinterer Straße 552, 53227 Bonn, ☎ 0228-4496-0; 🖷 0228-4496-596, www.weinwolf.de.
* **Kapwein Import 1991 GmbH**: Postfach 450115, 28295 Bremen, ☎ 0421-409-7340, 🖷 0421-409-7341, www.kapwein-import.de.
* **Nederburg-Weine**: **Mack & Schühle AG**, Neue Straße 45, 73277 Owen/Teck, ☎ 07021-5701-0, 🖷 07021-5701-200, www.mack-schuehle.de

Wohnungs-/Haustausch

Eine interessante, preiswerte Alternative ist der Wohnungs- bzw. Haustausch. Die Firma **International Home Exchange** (www.homeexchange.com) vermittelt Mitgliedern den Tausch untereinander. Vorteile:
* Man bekommt im Tausch häufig Objekte, die sonst sehr teuer wären und die man sich vielleicht gar nicht leisten könnte.
* Sein eigenes Haus/seine Wohnung kann man getrost überlassen, da man weiß, dass der Tauschpartner sein Haus/seine Wohnung ebenso gut behandelt wissen möchte.
* Eintauchen in die Rolle eines „Einheimischen": Durch Kontakte zu den Nachbarn, tägliches Einkaufen usw. gewinnt man einen guten Eindruck vom Leben abseits der touristischen Infrastruktur. Manche Tauschpartner vertrauen ihren Gästen sogar Auto und Haustiere an.

Zeit

Die südafrikanische Zeit ist identisch mit der europäischen Sommerzeit. Im europäischen Winter muss die Uhr um eine Stunde vorgestellt werden (wenn es in Frankfurt 12 Uhr ist, ist es in Johannesburg 13 Uhr). Aufgrund der größeren Nähe zum Äquator ist der Übergang vom Tag zur Nacht viel schneller: Innerhalb von maximal 30 Minuten wird es stockfinster. Die Tage im südafrikanischen Sommer sind kürzer als die europäischen Sommertage, dafür sind die südafrikanischen Wintertage (= Trockenzeit) länger als die europäischen Wintertage. Im Sommer wird es gegen 19.15h dunkel, im Winter gegen 17h.

Zoll

Erlaubt ist die Einfuhr aller Dinge des persönlichen Gebrauchs. Handelswaren (neue und gebrauchte) dagegen dürfen nur bis zu einem Wert von 3.000 Rand eingeführt werden, außerdem bis zu einem Liter Alkohol, einschließlich Likör und Magenbitter, zwei Liter Wein, 50 ml Parfüm, 250 ml Eau de Toilette, 200 Zigaretten, 20 Zigarren, 250 g Tabak.

Zugverbindungen

Südafrikas Städte sind durch ein gutes Eisenbahnnetz verbunden, z. T. gibt es auch auf Nebenstrecken gute Verbindungen. Da viele Strecken so lang sind, dass eine Nachtfahrt unabdingbar ist, ist der Schlafwagenpreis bereits im regulären Fahrpreis eingeschlossen, allerdings muss zusätzlich noch eine Platzkarte gekauft werden (kann bei der Reservierung oder erst beim Zugschaffner erfolgen). Die Wagen der 1. Klasse verfügen über 2–4er-Abteile, die der 2. Klasse über 3–6er-Abteile. Auf den Langstrecken führen die Züge gewöhnlich einen Speisewagen mit.

Auskünfte über Routen und Preise:
Alle Züge gehören zu **Shosholoza Meyl** und sind in verschiedene Klassen eingeteilt. Unter www.shosholozameyl.co.za sind alle wichtigen **Informationen** über Zugverbindungen und auf Nachfrage über Fahrpläne und -preise erhältlich.

▶ **1. Hauptverbindungen in Südafrika**

Tourist Class (mit Schlafmöglichkeit)
Johannesburg – Port Elizabeth und zurück
Johannesburg – Durban und zurück
Johannesburg – Kapstadt und zurück
Johannesburg – Bloemfontein – East London und zurück
Kapstadt – Durban und zurück

Economy Class
Johannesburg – Kimberley – Bloemfontein und zurück
Johannesburg – Pietermaritzburg – Durban und zurück
Johannesburg – Nelspruit – Komatipoort und zurück
Johannesburg – Polokwane – Musina und zurück
Johannesburg – Kapstadt und zurück
Johannesburg – Bloemfontein – Port Elizabeth und zurück
Johannesburg – Port Elizabeth
Durban – Bloemfontein – Kimberley – Kapstadt
Kapstadt – East London und zurück

▶ **2. Besondere Züge**

Blue Train (www.bluetrain.co.za)

Der Wunschtraum vieler Südafrika-Reisender scheitert oft daran, dass dieser berühmte Zug nicht früh genug gebucht wird. Ein halbes Jahr im Voraus zu buchen ist dringend zu empfehlen. Der Blue Train ist mittlerweile astronomisch teuer geworden. Diese „Legende auf Schienen" hat sich einen Ruf geschaffen, der viele Reisende dazu verführt, immer mehr Geld für 25 Stunden Zugfahrt auszugeben. Die Fahrt von Kapstadt nach Tshwane (Pretoria) kostet in der Kategorie Deluxe (Bad/WC) ab 1.200 € und in der Kategorie Luxury (Suite) ab 1.300 € pro Person inkl. Verpflegung.

- **Vorteile**: Essen und Service sind exzellent und der Zug fährt sehr gemächlich, sodass man die Landschaft genießen kann.
- **Nachteile**: Der Blue Train fährt mittags los und kommt mittags an. Die schönste Gegend Südafrikas durchfährt man im Dunkeln. Der Zug fährt auf den alten Schienensträngen ziemlich unruhig, sodass die Nachtruhe gestört ist.

Wenn man nicht gerade ein absoluter Zugfan ist, sollte man sich dieses Geld sparen und stattdessen für ca. 25 % des Zugpreises von Johannesburg nach Kapstadt oder umgekehrt fliegen. Das eingesparte Geld reicht, um sich beispielsweise eines der privaten Wildschutzgebiete am Westrand des Kruger National Parks zu gönnen.

Rovos Rail (Dampflok) (www.rovos.co.za)

Südafrika ist ein Dorado für Fans von alten Dampfzügen. Nostalgisches Reisen durch wunderschöne Landschaften lässt das Herz eines jeden Freundes der schmauchenden „Eisenrösser" höher schlagen. „Reisen wie in der guten alten Zeit" lautet die Devise. Gezogen von einer restaurierten Dampflok geht die Fahrt in das östliche Transvaal. Sieben Waggons stehen 28 Gästen zur Verfügung.

Redaktions-Tipps Rovos Rail

▶ Dies ist ein exklusiveres, wirklich nostalgisches Zugerlebnis und dem „Blue Train" von der Qualität und Tiefe des Erlebnisses her weit überlegen – und insgesamt betrachtet sogar preiswerter. Zu beachten ist, dass auch Rovos Rail mindestens ein halbes Jahr vorher gebucht werden muss.

▶ Aktuelle Routen: www.rovos.co.za

▶ Kosten: ab 500 € p. P. (je nach Abteil und Strecke aber deutlich mehr)

Weitere Dampflok-Fahrten (Kurztrips)

Neben dem Rovos-Zug hier noch einige andere Leckerbissen:

Apple Express: Die Schmalspurbahn, die früher die Cape-Äpfel vom Anbaugebiet zum Hafen transportierte, verkehrt regelmäßig zwischen Port Elizabeth (Humewood Road Station) und Loerie. Buchungsadresse: Nelson Mandela Bay Tourism Info Office, ☎ und 🖷 041-583-4480, www.apple-express.co.za.

Outeniqua Choo-Tjoe: Die Fahrt geht von George entlang der berühmten Garden Route durch die atemberaubende Landschaft nach Knysna. Abfahrten: Je nach Jahreszeit drei- bis sechsmal pro Woche. Buchungsmöglichkeit in George unter ☎ 044-801-8288, 🖷 044-801-8286, www.onlinesources.co.za/chootjoe.

Entfernungstabelle

	Bloemfontein	Cape Town	Colesberg	Durban	East London	Gaborone	George	Grahamstown	Johannesburg	Kimberley	Ladysmith	Mafikeng	Maputo	Maseru	Mbabane	Port Elizabeth	Pretoria	Umtata	Welkom	Windhoek (Nam.)
Beaufort West	544	460	318	1178	505	1942	258	492	942	504	954	884	1349	609	1129	501	1000	713	697	1629
Bloemfontein	–	1004	226	634	584	622	773	601	398	177	410	464	897	157	677	677	456	570	153	1593
Britstown	398	710	195	1032	609	791	561	649	725	253	808	633	1289	555	1075	572	783	688	551	1378
Cape Town	1004	–	778	1753	1079	1501	438	899	1402	962	1413	1343	1900	1160	1932	769	1460	1314	1156	1500
Colesberg	226	778	–	860	488	848	547	375	624	292	636	672	1123	383	903	451	682	517	379	1573
De Aar	346	762	143	980	557	1012	571	444	744	305	756	685	1243	503	1023	520	802	636	499	1430
Durban	634	1753	860	–	674	979	1319	854	578	811	236	821	625	590	562	984	636	439	564	2227
East London	584	1079	488	674	–	1206	645	180	982	780	752	1048	1301	630	1238	310	1040	235	737	1987
Gaborone	622	1501	848	979	1206	–	1361	1223	358	538	755	158	957	702	719	1299	350	1192	479	1735
George	773	438	547	1319	645	1361	–	465	1171	762	1183	1203	1670	913	1450	335	1229	880	926	1887
Graaff-Reinet	424	787	198	942	395	1100	349	282	812	358	834	965	1321	599	1101	291	880	503	577	1697
Grahamstown	601	899	375	854	180	1223	465	–	999	667	932	1065	1478	692	1418	130	1057	415	754	1856
Harrismith	328	1331	554	306	822	673	1010	929	302	490	82	514	649	284	468	1068	332	587	258	1921
Johannesburg	398	1402	624	578	982	358	1171	999	–	472	356	287	599	438	361	1075	58	869	258	1801
Keetmanshoop	1088	995	1068	1722	1482	1230	1382	1351	1296	911	1498	1072	1895	1245	1657	1445	1354	1561	1205	505
Kimberley	177	962	292	811	780	538	762	667	472	–	587	380	1071	334	833	743	530	747	294	1416
Klerksdorp	288	1177	514	645	872	334	1061	889	164	308	421	176	763	368	525	1009	222	858	145	1693
Kroonstad	211	1271	437	537	795	442	984	812	202	339	313	284	742	247	522	888	245	781	71	1577
Ladysmith	410	1413	636	236	752	755	1183	932	356	587	–	597	567	366	386	1062	414	517	340	2008
Mafikeng	464	1343	672	821	1048	158	1203	1065	287	380	597	–	853	544	648	1141	294	1034	321	1577
Maputo	897	1900	1123	625	1301	957	1670	1478	599	1071	567	853	–	853	223	1609	583	1064	813	2400
Maseru	157	1160	383	590	630	702	913	692	438	334	366	544	853	–	633	822	488	616	249	1750
Mbabane	677	1932	903	562	1238	719	1450	1418	361	833	386	648	223	633	–	1548	372	1003	451	2162
Messina	928	1762	1154	1118	1512	776	1701	1529	530	1002	894	691	725	960	808	1605	472	1403	788	2331
Nelspruit	757	1674	985	707	1226	696	1530	1358	355	827	471	635	244	713	173	1434	322	976	639	2156
Oudtshoorn	743	506	517	1294	704	1241	59	532	1141	732	1194	1083	1705	959	1548	394	1199	1341	896	1828
Pietermaritzburg	555	1721	781	79	595	900	1240	775	499	791	157	742	706	511	640	905	557	360	485	2148
Pietersburg	717	1769	943	897	1301	560	1490	1318	319	732	675	580	605	749	515	1394	261	1192	577	2120
Port Elizabeth	677	769	451	984	310	1299	335	130	1075	743	1062	1141	1609	822	1548	–	1133	545	830	1950
Pretoria	456	1460	682	636	1040	350	1229	1057	58	530	414	294	583	488	372	1133	–	928	316	1859
Queenstown	377	894	280	676	207	999	615	269	775	554	754	841	1302	423	1240	399	833	237	525	1829
Umtata	570	1314	517	439	235	1192	880	415	869	747	517	1034	1064	616	1003	545	928	–	718	2066
Upington	588	894	568	1222	982	730	882	851	796	411	998	572	1395	745	1157	945	854	1061	669	1005
Welkom	153	1156	379	564	737	479	926	754	258	294	340	321	813	249	451	830	316	718	–	1679
Windhoek (Nam.)	1593	1500	1573	2227	1987	1735	1887	1856	1801	1416	2008	1577	2400	1750	2162	1950	1859	2066	1679	–

Das kostet Sie das Reisen in Südafrika

- Stand Dezember 2009 -

Auf den Grünen Seiten geben wir Ihnen Preisbeispiele für Ihren Südafrika-Urlaub, damit Sie sich ein realistisches Bild über die Kosten einer Reise und eines Aufenthalts machen können. Natürlich sollten Sie die Preise als **Richtschnur** auffassen, bei einigen Produkten/Leistungen geben wir Ihnen eine Preis-Spannbreite an.

Aktueller Kurs: 1 € = ca. 11,20 Rand; 1 Rand = ca. 0,10 €

Beförderung

Flüge
Es gibt bei den wichtigsten Fluggesellschaften (SAA, Lufthansa, British Airways) z.T. günstige Angebote, ebenso gibt es unterschiedliche Saisonzeiten. Die Preise bewegen sich etwa zwischen 540 € und 1.360 € je nach Airline. Fragen Sie am besten bei einem Spezialveranstalter nach, der die jeweils beste Tarif- und Airlinekombination für Sie ermitteln kann. Wenden Sie sich bitte nur an wirklich kompetente Reiseveranstalter, die das südliche Afrika kennen und für Sie den besten Flugablauf und -tarif heraussuchen.

Inlandsflüge
Es gibt günstige Inlandsflüge in Verbindung mit einem Langstreckenticket, sie variieren je nach Airline, z. B. mit der SAA.

Mietwagen
Bei Safe!Cars® operated by Budget, den bedeutendsten Vermietern in Südafrika, kosten die Fahrzeuge bei einer Mietdauer von z. B. 14 Tagen inkl. km/Steuer/Vollkaskoversicherung 20 €/Tag (Opel Corsa, 1,3), 27 €/Tag (Nissan Almera 1,6 inkl. Klimaanlage), 60 €/Tag (VW Sharan 1,8 inkl. Klimaanlage).

Camper
Preisbeispiele (Zwischensaison):
- Kleine Camper/2 Personen: Spirit 2, Mindestmietzeit ab 7–20 Tage, inkl. km/Steuer/Standard-Versicherung ca. 85 €
- Großer Camper/5 Personen: Spirit 5 LUX, Mindestmietzeit ab 7–20 Tage, inkl. km/Steuer/Standard-Versicherung ca. 97 €

In der Hochsaison (Mai–Dezember) sind die Preise höher.

> **! Wichtig**
> *Camper auf jeden Fall im Voraus buchen! Nur bei der Vorausbuchung ab Deutschland kommen diese günstigeren Tarife zur Anwendung – in Südafrika selbst kosten die Fahrzeuge dann mehr! Beachtet werden müssen vor allem auch die Versicherungsbedingungen.*

Rundreisen

* Rundreise von/bis Johannesburg, 5 Tage, Blyde River Canyon – Kruger National Park, Halbpension, ab ca. 1 000 € p. P.
* Rundreisen in Südafrika, 21 Tage ab/bis Deutschland, ab ca. 2.500 € p. P. inkl. Flug, Mietwagen und Übernachtungen

Aufenthaltskosten

Hotels/Lodges

Generell muss man die unterste Grenze ab ca. 30 € p. P. ansetzen. Im Durchschnitt wird man in einem Mittelklasse-Hotel zwischen 40 und 100 € p. P. im Doppelzimmer pro Nacht übernachten können, in Luxushotels dagegen muss man pro Nacht und pro Person im DZ zwischen 100 und 300 € rechnen. In den Nationalparks sollte man pro Person im DZ pro Nacht ab ca. 30–40 € veranschlagen.

Restaurants

Mittlere Preiskategorie: Hauptspeise 60–120 Rand
Gehobene Preiskategorie: Menü 150–300 Rand

Nationalparks

Die Kosten für eine Übernachtung in den Nationalparks – auf Campingplätzen oder in Chalets – variieren je nach Park und Unterkunftsart.

Eintrittsgebühren in die Nationalparks

Beispiel: Kruger National Park: ca. 15 € p. P. / pro Tag (muss direkt gezahlt werden)

Die South African National Parks (SANParks) haben eine WildCard herausgebracht. Ab sofort zahlen Einzelpersonen einmalig beim Kauf der Karte 600 Rand, Paare 1.000 Rand. Damit hat man zehn Tage lang freien Eintritt zu allen Nationalparks.

Lebensmittelpreise

Die Lebensmittelpreise für Grundnahrungsmittel sowie für Fleisch, Gemüse und Früchte liegen generell über dem Niveau in Deutschland, sodass für Selbstverpfleger etwas höhere Kosten als bei uns anfallen.

Flughafen-Bus-Transfers (Avis Point-to-Point)

Jan Smuts Johannesburg – Johannesburg ab ca. 60 €
Louis Botha Durban – Durban ab ca. 60 €
Cape Town International Airport – Kapstadt ab ca. 60 €

Taxi

Der Kilometer kostet ca. 1,30 €.

Benzin

Normalbenzin kostet ca. 0,60 €/l (je nach Gegend).

Mehrwertsteuer-Rückerstattung an Ausländer

Südafrika ist durchaus ein interessantes Land für Einkäufe. Afrikanische Kunst, Lederwaren oder Schmuck locken in besonderer Weise. Die Mehrwertsteuer (VAT = Value Added Tax) beträgt zzt. 14 % und wird dem ausländischen Besucher ab einem Warenwert von 250 Rand unter bestimmten Bedingungen zurückerstattet, s. Allgemeine Reiseinformationen, S. 117.

☞ **Tipp**
Viele Geschäfte sind nicht im Besitz eines VAT 255-Formulars. Besorgen Sie sich deshalb solche Formulare direkt bei Ihrer Einreise am Flughafen (VAT-Office). Bei der Ausreise reichen Sie dann Ihre Belege beim VAT-Office ein und erhalten die Mehrwertsteuer zurück. Viele Geschäfte sind nicht im Besitz eines VAT 255-Formulars. Besorgen Sie sich deshalb solche

Gesamtkostenplanung

Die folgende ungefähre Kostenplanung ist für jeweils **2 Personen** berechnet; alle Angaben in Euro. Nicht einbezogen sind Souvenirs, Museumsbesuche, Ausflüge etc.

Aufenthalt	2 Wochen	3 Wochen	4 Wochen
An- und Abfahrt Flughafen	120	120	120
Flugtickets	1.780	1.780	1.780
Gepäck- und Krankenversicherung	150	150	150
Mietwagen (inkl. Versicherung)	ab 336	ab 504	ab 672
Benzin	140	210	280
Übernachtungen	ab 1.400	ab 2.100	ab 2.800
Mittagessen (preisgünstiges Restaurant)	280	420	560
Abendessen	504	756	1.008
Getränke zwischendurch	70	105	140
Gesamt	**4.780**	**6.155**	**7.510**
Für ein Kind im Alter von unter 12 Jahren kämen noch folgende Kosten hinzu (Übernachtung im Zimmer der Eltern):			
Flugticket	650	650	650
Übernachtung	ab 420	ab 630	ab 840
Mahlzeiten	140	210	280

REISEN IN SÜDAFRIKA

Routenvorschläge

Im Folgenden möchte ich Ihnen 5 Routen- und Urlaubsalternativen vorstellen, die natürlich je nach individueller Urlaubslänge variiert werden können. Dies alles sind lediglich Vorschläge. Betrachten Sie deshalb die Routenvorschläge nur als Orientierungshilfe – und nicht als „Reise-Diktat".

Die unten angeführten km-Angaben beinhalten die konkreten Distanzen zwischen den Orten plus einem „Zuschlag" von 25 % (nach oben abgerundet), damit die Gesamt-Fahrleistung in etwa realistisch eingeschätzt werden kann.

▶ **Route Nr. 1** favorisiert den Ostteil Südafrikas einschließlich Gardenroute und Kapstadt einschließlich Verkürzungs- und Verlängerungsalternativen. Gesamt-Kilometer: mit Abstechern ca. 3.200.
▶ **Route Nr. 2** favorisiert den Westteil Südafrikas einschließlich dem Kruger Park/Blyde River Canyon in Osttransvaal einschließlich Verkürzungs- und Verlängerungsalternativen. Gesamt-Kilometer: mit Abstechern ca. 5.300.
▶ **Route Nr. 3** favorisiert „unbekanntere" Gebiete Südafrikas einschließlich Venda, Swasiland, Lesotho einschließlich Verkürzungs- und Verlängerungsalternativen. Gesamt-Kilometer: mit Abstechern ca. 3.600.
▶ **Route Nr. 4** favorisiert „Highlights" Südafrikas wie Kruger Park, Natals Berge und Badeküste und das Kapland. Gesamt-Kilometer: mit Abstechern ca. 3.800.
▶ **Route Nr. 5** favorisiert den „Aufenthaltsurlaub" mit nur 6 Übernachtungsstätten, von denen aus Sie sternförmig Ausflüge machen können (Nordtransvaal, Kapstadt, Plettenberg Bay, Royal Natal National Park). Gesamt-Kilometer: 2.600.

Generell werden Verkürzungs- und Verlängerungsmöglichkeiten angegeben. Urlauber mit Campern müssen ihre Einteilung so verändern, dass sie die Flugstrecken auf dem Landwege überbrücken. Fahrer mit Campern müssen daran denken, dass sie insgesamt ca. 20 % langsamer voran kommen als Fahrer mit Pkw, besonders auf bergigen Strecken.

Es empfiehlt sich für Camper, den Wagen in Johannesburg anzunehmen und je nach Routenführung in Kapstadt, Port Elizabeth oder Durban abzugeben (Zuschlag für Einwegmieten).

Südafrika ist ein fantastisch vielseitiges Land. Und es ist viel zu schade, seinen Urlaub hier mit einem Aufenthalt in Namibia, Botswana oder Zimbabwe zu „mischen". Wenn Sie aber trotzdem gerne über die Grenzen Südafrikas schnuppern möchten, hier einige Empfehlungen:
▶ Für Namibia benötigt man mindestens 10 Tage, um entweder den Norden (Etoscha National Park) oder den Süden von Windhoek aus „vernünftig" und ausgiebig zu bereisen.
▶ Nach Botswana empfehlen sich im Anschluss an einen Südafrika-Urlaub eventuell eine Safari ab/bis Johannesburg nach Botswana. Um Zeit zu sparen, sollte man nach Maun fliegen und dann mit einer kleinen Safarigesellschaft bis nach Victoria Falls u. a. entlang dem Okavango-Delta reisen (oder umgekehrt).
▶ Ab/bis Johannesburg kann man auf einer 3-Tage-Flugreise ab/bis Johannesburg schwerpunktmäßig die Victoria-Fälle besuchen.

Routenvorschlag 1:
Südafrikas Kruger Park, Blyde River Canyon, Swasiland, Natals Badeküste, Gardenroute und Kapstadt
Redaktionsmeinung: Diese große Südafrika-Rundfahrt erschließt die wesentlichen Höhepunkte des Nordostens, des Ostens sowie der Küste (Gardenroute) bis Kapstadt. Ideal für alle, die viel sehen möchten.

Tag	Ort/Fahrstrecke	ca.-km	Übernachtungstipps	Sehenswertes
1+2	Johannesburg/ Tshwane	60	Westcliff Hotel, Garden Court, Heia Safari Ranch	Gold Mine Museum, Voortrekker Monument, Stammestänze im Minenmuseum oder Heia Safari Ranch
3+4	Johannesburg/ Blyde River Canyon	480	Blue Mountain Lodge, Böhm's Zeederberg Country House	Blyde River Canyon, Pilgrim's Rest, Bourke's Luck Potholes, God's Window, Wasserfälle, Echo Caves
5-7	Kruger National Park oder private Game Reserve	70	Olifants bzw. andere Camps	Tierbeobachtung, private Wildschutz-gebiete: Kirkman's Camp, Mala Mala, Londolozi
8-9	Swasiland	350	Mountain Inn, Ezulwini Sun, Mantenga Lodge, Mlilwane Wildlife Sanctuary (Chalets, Zeltplatz)	Swasi Market/Mbabane, Lobamba Royal Village, Mantenga Falls, Mlilwane Wildlife Sanctuary
10-11	Hluhluwe	300	Hluhluwe & Umfolozi Game Reserve	St. Lucia Game Reserve (Vogelwelt) (Private Game Reserves)
12-13	Umhlanga Rocks	290	Beverly Hills, Cabana Beach, Oyster Box, Fleetwood on Sea	Baden, Besichtigung Durban, Umhlanga Rocks
14-16	Flug Durban - Nelson-Mandela-Metropole, Weiterfahrt bis Tsitsikamma bzw. Plettenberg Bay	240	The Plettenberg, Crescent Country, Hunter's Country House	Baden, Tsitsikamma Coastal NP, Nature's Valley
17-18	Oudtshoorn	170	Rosenhof Country House, Eight Bells Mountain Inn, Cango Mountain Resort	Mossel Bay/Diaz Museum, Cango Caves
19-20	Stellenbosch/Paarl	480	Paarl/Grande Roche Hotel, Stellenbosch/Devon Valley Hotel, Paarl/Roggeland Country House, Paarl/Berg River Resort (Club Caravelle)	Weingüter, Kapholländische Häuser, Sprachenmonument Paarl, Hugenotten-Denkstätte Franschhoek

21–23	Kapstadt	60	Mount Nelson, Ritz Hotel, Constantia/The Cellars-Hohenort, St. John's Waterfront Lodge	Tafelberg, Kap der Guten Hoffnung, Chapman's Peak Drive, Waterfront
24	Flug Kapstadt – Europa (meist über Johannesburg)			

Verkürzungsmöglichkeiten auf 20 Tage:
Nur 1 Übernachtung in Johannesburg/Pretoria – nur 1 Übernachtung in Swasiland auf dem Wege nach Nordnatal – nur 1 Übernachtung in Hluhluwe – nur 1 Übernachtung in Stellenbosch/Paarl = Ersparnis 4 Tage
Verlängerungsmöglichkeiten auf 27 Tage:
Von Umhlanga Rocks Abstecher nach Norden zum Royal Natal National Park in den Nataler Drakensbergen/3 Übernachtungen z. B. im herrlichen Mont-Aux-Sources-Hotel

---

Routenvorschlag 2:
Blyde River Canyon – Kruger Park – Kimberley – Augrabies Falls – Kgalagadi Transfrontier Park – Fish River Canyon (Namibia) – Kapstadt – Oudtshoorn – Plettenberg Bay – Port Elizabeth
Redaktionsmeinung: Eine wahrhaft „große" Tour für alle, die Natur lieben. Kontrastreich durch das Erlebnis der Tierwelt, Landschaften (Wasserfälle, Kalahari-Dünen, Fish River Canyon), Pflanzenwelt (Sukkulenten, Protea), Kulturlandschaften (Weinland am Kap), des Erlebnisses Kapstadt sowie der Gardenroute mit den Höhepunkten Oudtshoorn (Straußenfarmen) und der Steilküste von Tsitsikamma.

Tag	Ort/Fahrstrecke	ca.-km	Übernachtungstipps	Sehenswertes
1+2	Johannesburg/ Tshwane	60	Westcliff Hotel, Garden Court, Heia Safari Ranch,	Gold Mine Museum, Voortrekker Monument, Stammestänze im Minenmuseum, oder Heia Safari Ranch
3+4	Johannesburg/ Blyde River Canyon	480	Blue Mountain Lodge, Böhm's Zeederberg Country House	Blyde River Canyon Pilgrim's Rest Bourke's Luck Potholes God's Window Wasserfälle, Echo Caves
5–7	Kruger National Park oder private Game Reserve	70	Olifants bzw. andere Camps	Tierbeobachtung, private Wildschutzgebiete: Kirk man's Camp, Mala Mala, Londolozi
8	Rückfahrt nach Jo'burg/ Flug nach Kimberley	550		
9	Kimberley	k.A.	Garden Court, Diamond Protea Lodge, Riverton on Vaal/Riverton Pleasure Resort (Chalets, Camping)	„Big Hole", Diamantenmuseum
10–12	Fahrt zum Augrabies Falls National Park	k.A.	Augrabies Falls NP (Chalets, Campingplätze)	Vergelegen, Augrabies-Fälle (Oranje), Sukkulenten

13-15	Kgalagadi Transfrontier Park	370	Kgalagadi Transfrontier Park, Camps: Twee Rivieren, Mata Mata, Nossob (Chalets, Campingplätze)	Tierbeobachtungen (u. a. Geparde, Oryx, Springböcke)
16	Keetmannshoop	359	Canyon Nest Hotel, Pension Gessert, Campingplatz am Köcherbaumwald	Köcherbaumwald
17-18	Ai Ais/Fish River Canyon	210	Fish River Guest Farm, Ai Ais Rastlager, Chalets und Campingplatz in Ai Ais	Fish River Canyon, Sukkulenten, Thermalbad
19	Clanwilliam	570	Strassberger's Hotel Clanwilliam, Clanwilliam Dam Minicipal (Chalets, Camping)	Ramskop Naturschutzgebiet (Namaqua-Blumen), Rooibos-Tee
20-23	Kapstadt	60	Mount Nelson, Ritz Hotel, Constantia/ The Cellars-Hohenort, St. John's Waterfront Lodge	Tafelberg, Kap der Guten Hoffnung, Chapman's Peak Drive, Waterfront
24-25	Oudtshoorn	170	Rosenhof Country Lodge, Eight Bells Mountain Inn, Cango Mountain Resort	Mossel Bay/Diaz Museum, Cango Caves
26+27	Plettenberg Bay/ Tsitsikamma Coastal NP	170	The Plettenberg, The Crescent Country, Hunter's County House	Baden Tsitsikamma Coastal NP Nature's Valley
28	Flug Port Elizabeth – Johannesburg nach Europa			

Verkürzungsmöglichkeiten auf 23 Tage:
Nur 1 Übernachtung in Johannesburg/Tshwane – nur 2 Übernachtungen im Kgalagadi Transfrontier Park – keine Übernachtung in Keetmanshoop – nur 1 Übernachtung in Oudtshoorn – nur 1 Übernachtung in Plettenberg Bay = Ersparnis 5 Tage
Verlängerungsmöglichkeiten auf 30 Tage:
2 Tage im Weinland um Stellenbosch/Paarl oder Fahrt von Kapstadt nach Stellenbosch/Paarl (1 Übernachtung) und Matjiesfontein (1 Übernachtung) nach Oudtshoorn = Anschluss an die Vorschlagsroute

Routenvorschlag 3:
Blyde River Canyon – Kruger Park – ehem. Venda – Swasiland – Royal Natal National Park – Lesotho
Redaktionsmeinung: Eine Reise für alle, die „Besonderheiten" der südafrikanischen Reiselandschaft erkunden möchten. Aus diesem Grunde besonders für Wiederholungsreisende interessant.

Tag	Ort/Fahrstrecke	ca.-km	Übernachtungstipps	Sehenswertes
1+2	Johannesburg/ Tshwane	60	Westcliff Hotel, Garden Court, Heia Safari Ranch	Gold Mine Museum, Voortrekker Monument, Stammestänze im Minenmuseum oder Heia Safari Ranch

3+4	Johannesburg/ Blyde River Canyon	480	Blue Mountain Lodge, Böhm's Zeederberg Country House	Blyde River Canyon, Pilgrim's Rest, Bourke's Luck Potholes, God's Window, Wasserfälle, Echo Caves
5-7	Kruger National Park oder privates Game Reserve	70	Olifants bzw. andere Camps	Tierbeobachtung, private Wildschutzgebiete: Kirkman's Camp, Mala Mala, Londolozi
8-10	Limpopo Province	380	Venda Sun, Mphephu Resort	Kunsthandwerk, Mythen, Stammesleben
11-15	Swasiland	350	Mountain Inn, Ezulwini Sun, Mantenga Lodge, Mlilwane Wildlife Sanctuary (Chalets, Zeltplatz)	Swasi Market/Mbabane, Lobamba Royal Village, Mantenga Falls, Mlilwane Wildlife Sanctuary
16-19	Royal Natal NP	490	Orion Mont-Aux-Sources, Little Switzerland, Royal Natal NP (Chalets/Camping)	Hochgebirgswelt, Wandern, Zuludörfer
20-25	Lesotho	370	Lesotho Sun	Hochgebirgswelt, Ponysafaris (4 Tage)
26	Rückfahrt Maseru – Jo'burg/ Rückflug nach Europa	440		

Verkürzungsmöglichkeit auf 21 Tage:
1 Tag weniger Johannesburg/Pretoria – 1 Tag weniger Swasiland – 2 Tage weniger Royal Natal National Park – 1 Tag weniger Lesotho = Ersparnis 5 Tage
Verlängerungsmöglichkeit auf 29 Tage:
Flug Bloemfontein – Kapstadt, 3 Tage Kapstadt, 1 Tag Stellenbosch/Paarl – Rückflug von Kapstadt über Johannesburg nach Europa

Routenvorschlag 4:
Blyde River Canyon – Kruger Park – Royal Natal National Park – Natals Badeküste – Tsitsikamma Coastal Nat. Park/Plettenberg Bay – Oudtshoorn – Matjesfontein – Paarl/Stellenbosch – Kapstadt
Redaktionsmeinung: Eine wunderschöne Routenführung für alle Reisenden, denen die Erfahrung der Vielfalt und Wechselgestalt Südafrikas am Herzen liegt. Auf dieser Reiseroute erschließen sich die wesentlichen Höhepunkte Südafrikas.

Tag	Ort/Fahrstrecke	ca.-km	Übernachtungstipps	Sehenswertes
1+2	Johannesburg/ Tshwane	60	Westcliff Hotel, Holiday Inn Garden Court, Heia Safari Ranch	Gold Mine Museum, Voortrekker Monument, Stammestänze im Minenmuseum oder Heia Safari Ranch
3+4	Jo'burg/Blyde River Canyon	480	Blue Mountain Lodge, Böhms Zeederberg Guest House	Blyde River Canyon, Pilgrim's Rest, Bourke's Luck Potholes, God's Window, Wasserfälle, Echo Caves

5-7	Kruger National Park oder privates Game Reserve	70	Olifants bzw. andere Camps	Tierbeobachtung, private Wildschutzgebiete: Kirkman's Camp, Mala Mala, Londolozi
8	Ermelo	345	Garden Court	(Zwischenübernachtung)
9-11	Royal Natal NP	490	Mont-Aux-Sources, Little Switzerland, Royal Natal NP (Chalets/Camping)	Hochgebirgswelt, Wandern, Zuludörfer
12-13	Umhlanga Rocks	290	Beverly Hills, Cabana Beach, Oyster Box, Fleetwood on Sea	Baden, Besichtigung in Durban, Umhlanga Rocks
14-16	Flug Durban – Nelson-Mandela-Metropole, Weiterfahrt bis Tsitsikamma bzw. Plettenberg Bay	240	The Plettenberg, The Crescent Country, Hunter's Country House	Baden, Tsitsikamma Coastal NP, Nature's Valley, Tsitsikamma National Park
17-18	Oudtshoorn	170	Rosenhof Country Lodge, Eight Bells Mountain Inn, Cango Mountain Resort	Mossel Bay/Diaz Museum, Cango Caves
18	Matjiesfontein	225	Lord Milner Hotel	Historische Bahnstation
19-20	Stellenbosch/Paarl	480	Paarl/Grande Roche Hotel, Stellenbosch/Devon Valley Protea, Paarl/Roggeland Country House, Paarl/Berg River Resort (Club Caravelle)	Weingüter, Kapholländische Häuser, Sprachenmonument Paarl, Hugenotten-Gedenkstätte Franschhoek
21-23	Kapstadt	60	Mount Nelson, Ritz Hotel, Constantia/The Cellars-Hohenort, St. John's Waterfront Lodge	Tafelberg, Kap der Guten Hoffnung, Chapman's Peak Drive Waterfront
24	Flug Kapstadt – Europa (meist über Johannesburg)			

Verkürzungsmöglichkeiten auf 21 Tage:
1 Tag weniger Johannesburg/Pretoria – 1 Tag weniger Umhlanga Rocks oder Royal Natal National Park – 1 Tag weniger Paarl/Stellenbosch = Ersparnis 3 Tage
Verlängerungsmöglichkeiten auf 27 Tage:
Abstecher von Umhlanga Rocks nach Hluhluwe/St. Lucia in Nordnatal für 3 Tage **oder:** Abstecher vom Kruger Park nach Nordtransvaal ins ehemalige Venda für 3 Tage **oder:** 1 Tag länger Umhlanga Rocks – 1 Tag Addo Elephant Park bei Port Elizabeth – 1 Tag länger Kapstadt

Routenvorschlag 5:
Reise mit Schwerpunktaufenthalten in der Gegend um Johannesburg – Nordost-Transvaal –
Nataler Drakensberge – Küste bei Plettenberg Bay und Kapstadt
Redaktionsmeinung: Dies ist eine Tour für all diejenigen, die von wenigen festen Quartieren aus ein möglichst vielschichtiges Bild Südafrikas erhalten möchten. Die ausgewählten Unterkünfte bieten einen angenehmen Komfort, um sich mehrere Tage an einer Stelle wohl zu fühlen. Sie sollten trotz oder gerade wegen der Aufenthalte einen Mietwagen zur Verfügung haben, um die Umgebung „sternförmig" zu erkunden.

Tag	Ort/Fahrstrecke	ca.-km	Übernachtungstipps	Sehenswertes
1–3	Johannesburg/ Tshwane	60	Heia Safari Ranch	Gold Mine Museum, Voortrekker Monument, Stammestänze im Minenmuseum oder Heia Safari Ranch
4–9	Fahrt in die Region Blyde River Canyon	510	Böhms Zeederberg, Chilli Pepper Lodge	Kruger Nat. Park, Blyde River Canyon, Pilgrim's Rest, Tzaneen, Venda
10	Ermelo	345	Holiday Inn Garden Court	(Zwischenübernachtung)
11–15	Royal Natal NP	490	Mont-Aux-Sources	Hochgebirgswelt, Wandern, Zuludörfer
16–20	Durban Flug Durban – Port Elizabeth/Fahrt nach Tsitsikamma	200 240	Hunter's Country House	Plettenberg Bay/Strände, Tsitsikamma Coastal Nat. Park, Nature's Valley
20–25	Fahrt nach Port Elizabeth/Flug Port Elizabeth – Kapstadt	240	The Cellars-Hohenort, Stellenbosch/Devon Valley Protea	Tafelberg, Hafen, Museen, Kaphalbinsel, Weinanbauregionen um Stellenbosch/Paarl
26	Rückflug Kapstadt über Johannesburg nach Europa			

3. GAUTENG

Das Töpferhandwerk genießt in Südafrika eine lange Tradition

Johannesburg und Umgebung

Überblick

Die meisten ausländischen Süd-afrika-Besucher reisen mit dem Flugzeug an, und für sie ist Johan-nesburg die erste Begegnung mit Südafrika. Man landet ca. 25 km von der Stadt entfernt auf dem O. R. Tambo International Air-port. Schon beim Anflug gewinnt man einen ersten Eindruck von der Stadt: In der City drängen sich Hochhäuser, in den Voror-ten glitzern unendlich viele Swimmingpools, und auch die gelben Abraumhalden der Gold-bergwerke prägen das Land-schaftsbild.

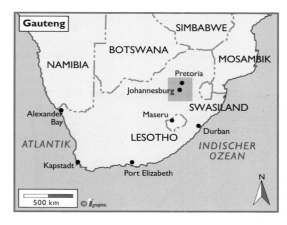

Je nach Jahreszeit ist die Savannenlandschaft um Johannesburg gelb-braun (während der winterlichen Trockenzeit) oder grün (in den regenreichen Sommermonaten). Der Flug-hafen selbst liegt im Gebiet der Gemeinde Kempton Park. Anfang des 19. Jh. wander-te ein Deutscher namens *Adams* aus Kempten im Allgäu hier ein und benannte die Ge-gend nach seiner Heimat.

Ballonfahren: Abheben für einen Blick von oben auf die Landschaft

Angeneh- Johannesburg zeichnet sich durch ein für Europäer besonders **angenehmes Klima**
mes Klima aus. Aufgrund der Höhenlage (1.753 m über NN) ist es auch im Sommer nie zu heiß
und nachts kühlt es sich angenehm ab. In der winterlichen Trockenzeit wird es nachts
empfindlich kalt, während tagsüber die Temperaturen in der Sonne Werte von ca. 20 °C
erreichen können. Der meiste Niederschlag fällt in den Sommermonaten (Oktober bis
März). Die Stadt bedeckt eine Fläche von insgesamt 2.500 km².

Johannesburg, abgekürzt oft „Jo'burg" genannt, wird in den Bantu-Sprachen als „Egoli"
bezeichnet, was soviel wie **„Stadt des Goldes"** heißt. Es ist die größte Stadt Afrikas südlich der Sahara und nimmt von der Einwohnerzahl her den dritten Rang auf
dem gesamten Kontinent ein (hinter Kairo und Lagos). Hier leben 3,8 Mio. Menschen,
dazu kommen schätzungsweise 3 Mio. Menschen in Soweto, das seit 2002 Stadtteil

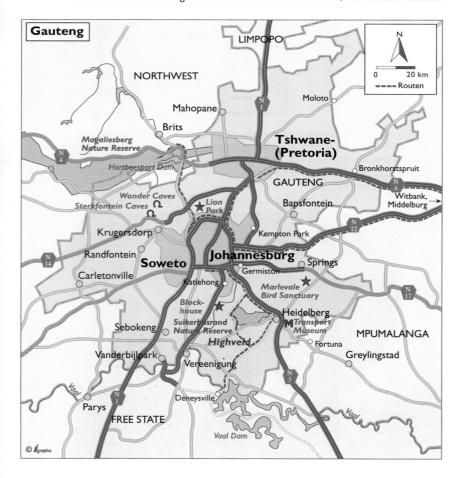

Nelson Mandela Bridge

von Johannesburg ist. Bereits Ende des 19. Jh. zählte Johannesburg 100.000 Einwohner. Und wenn wir schon bei den Superlativen sind: Johannesburg ist die größte Stadt der Welt, die nicht am Meer oder einem Fluss oder See liegt. Und es ist diejenige menschliche Ansiedlung, in deren Umfeld man die reichsten **Goldvorkommen** der Erde findet. Die „dumps", wie man die gelb leuchtenden Abraumhalden der Minen bezeichnet, prägen das Landschaftsbild und verweisen auch auf die Ursache zur Stadtgründung. Die Goldfelder sind gleichzeitig die größten Uranlager der Welt, da Uranoxid gewöhnlich als Nebenprodukt des Goldbergbaus abfällt.

Heute arbeiten in Johannesburg nur noch zwei der ursprünglich 14 Minenbetriebe, da der Goldbergbau sich verlagert hat. Der mineralische Reichtum führte auch zur Ansiedlung vielfältiger Industriezweige: Es gibt etwa 40 Diamantenschleifereien, Maschinenbau, Textilfabriken und Lederverarbeitung, Nahrungsmittelwerke und chemische Fabriken. Die Stadt ist die Finanz-Hochburg mit Sitz zahlreicher Banken, Versicherungen und der Börse. Zwei Universitäten (eine englisch- und eine afrikaanssprachige) haben hier ihren Sitz.

Die City ist auf Felsen gebaut. So war es möglich, Wolkenkratzer mit 50 Stockwerken zu errichten. Die großen Häuser der Stadt haben nur selten Nummern, die meisten tragen Namen bekannter Menschen oder Firmen.

Zugegeben, Johannesburg ist nicht gerade eine Metropole, die man unbedingt in Afrika erwarten würde, und selbst, wer von Freunden vorgewarnt wurde, wird fassungslos vor den Wolkenkratzern und Autobahnen dieser Stadt stehen und sich nur das eine wünschen: So schnell wie möglich weg hier! Dies sei keinem Reisenden verübelt (obwohl nach Erhebungen der South African Tourism Johannesburg die Stadt in Südafrika *„Vitale* ist, in der sich der Reisende am meisten aufhält!). Doch ein so hartes Urteil hat diese *Weltstadt"*

Redaktions-Tipps

▸ **Übernachten** je nach Preisklasse im West-cliff, im Garden Court Sandton City oder idyllisch: Heia Safari Ranch in Honeydew. (S. 165)

▸ **Abendessen** im Gramadoelas. (S. 182)

▸ **Abendprogramm**: eines der vielen Theater besuchen oder sich durch das bunte Nachtleben treiben lassen. (S. 183)

▸ **Geführte Tour** nach Soweto mit Jimmy's Face to Face Tours. (S. 173)

▸ **Einkaufsbummel** durch die Einkaufspassagen in Sandton und Rosebank. (S. 185)

▸ **Die bedeutendsten Sehenswürdigkeiten besuchen**: Gold Reef City (S. 158), Jo'burg Art Gallery (S. 165), Heia Safari Ranch mit Braai und Stammestänzen am Sonntag.

Stadt eigentlich nicht verdient. Hat sie sich doch in nur gut 120 Jahren zu dem entwickelt, was sie heute ist – eine Weltstadt, deren Hektik wohlwollend mit „vital" bezeichnet wird, die aber auch ein Herz hat!

Sieht man einmal von der langweiligen Architektur ab, bietet sie eine Vielzahl von Möglichkeiten – auch für den Touristen. Und für den führt sowieso jeder Weg über den O. R. Tambo International Airport. Es ist empfehlenswert, 3–4 Tage für die Stadt einzuplanen.

Immerhin ist Johannesburg die modernste Stadt Afrikas und auf jeden Fall einen Besuch wert, wenn man sein Bild von Südafrika abrunden will. Im Vergleich zu Kapstadt, das sehr europäisch anmutet, ist Johannesburg der **Schmelztiegel der Regenbogen-Nation.** Menschen aller Hautfarben, Reli-

Kosmo-politisches Flair

gionen und Sprachen geben Johannesburg ein sehr kosmopolitisches Flair. Die bunte Mischung der Menschen spiegelt sich auch in Johannesburgs belebter Kunst- und Kulturszene wider. Eine hier lebende Deutsche beschreibt ihre Stadt so: „Johannesburg ist wie Frankfurt: eine Finanzmetropole mit einem großen Flughafen, aber nicht unbedingt ein Urlaubsparadies. Auch wenn es auf den ersten Blick nicht so erscheint, hat diese Stadt so viel zu bieten, man muss sich nur darauf einlassen."

An Wochenenden empfiehlt sich ein Besuch der Flohmärkte, und wer einmal etwas Besonderes erleben möchte, sollte sich unter die High Society auf der Pferderennbahn

! Vorsichtsmaßnahmen für Johannesburg

Wie bereits erwähnt, lohnt Johannesburg eine Besichtigung. Es gibt aber einige wichtige Vorsichtsmaßnahmen zu beachten *(vgl. Kapitel Allgemeine Reisetipps A–Z)*. In der Innenstadt sollten auf jeden Fall die Fahrzeugtüren verschlossen gehalten und die Fenster hochgekurbelt werden. Bei Ampelstopps ist eine Wagenlänge „Fluchtabstand" zum Vordermann einzuhalten.

Die Stadtteile Hillbrow, Berea und Yeoville gelten als unsicher und es ist nicht zu empfehlen, sich hier ohne einen Ortskundigen zu bewegen. Über die aktuelle Lage informieren Sie sich am besten in Ihrem Hotel. Ab Freitagnachmittag bis einschließlich Sonntag sollte man die Innenstadt ganz meiden.

Seit einigen Jahren herrscht in Johannesburg ein Taxikrieg, sodass man von Sammeltaxis Abstand nehmen sollte, um nicht Opfer von bewaffneten Auseinandersetzungen zu werden. Nach Auskunft von Einheimischen sollten Touristen, die Johannesburg für längere Zeit besuchen möchten, in den nördlichen Vororten wie Sandton, Hyde Park, Rosebank, Parkview oder Houghton wohnen.

von Turffontein mischen und einmal einen Hauch von Eaton spüren. Hier kommen auch viele reiche Schwarze hin, von denen es selbst in Soweto mittlerweile einige gibt. Es ist besser, über Tag ein Taxi zu benutzen oder an organisierten Touren teilzunehmen: das erspart viele Nerven.

Aufgrund der hohen Kriminalität wanderten immer mehr Geschäfte, Büros und sogar die Börse aus der Innenstadt in die Vororte wie Sandton und Rosebank ab. Die Innenstadt wurde zum „No-Go"-Gebiet. Inzwischen wurde viel Geld in Sicherheit und Überwachungsmaßnahmen investiert. Firmen schlossen sich zusammen und gründeten die Initiative „Business against Crime". Die Initiative überwacht heute fast die gesamte Innenstadt mit Videokameras, und die Kriminalitätsrate konnte entscheidend gesenkt werden.

Geschichte

Im Jahre 1886 breitete sich hier noch eine fast menschenleere Savannenlandschaft aus, in der verstreut einige Farmen lagen. Durch Zufall wurde auf dem Gebiet der Farm Langlaate Gold entdeckt. Der Farmarbeiter *George Harrison* fand – während er seiner Arbeit nachging – hier eines Tages ein blau-weißes Gestein, in dem er Gold vermutete. Da er als Golddigger in West-Australien Erfahrung gesammelt hatte, waren seine Augen in dieser Hinsicht besonders geschult. Er zermalmte das „verdächtige" Gestein und wusch eine Probe aus. Tatsächlich blieben Goldpartikelchen als Rückstand in seiner Pfanne übrig!

Niemand konnte in diesem Augenblick ahnen, dass damit eine der goldreichsten Lagerstätten der Welt entdeckt war. Man wusste aus Erfahrungen auf ande-

Minenarbeiter Anfang des 20. Jh. (historisches Foto)

ren Kontinenten (Amerika und Australien), dass ein Goldrausch auch erhebliche negative Folgen nach sich ziehen konnte, wenn erst die Glückssucher aus aller Welt einfallen. Präsident *Kruger* ahnte wohl diese Entwicklung, aber verhindern konnte er sie nicht, bestenfalls steuern. So entstand bald eine Goldgräbersiedlung; aber schon jetzt bemühte man sich, die Ereignisse unter Kontrolle zu halten.

Eine der goldreichsten Lagerstätten der Welt

Der Landvermesser *Johann Rissik* und der Direktor des Minendepartments *Johannes Christian Joubert* begannen damit, Claims abzustecken und waren auch mit der Aufgabe betraut, die Basis für eine geordnete Ansiedlung zu schaffen. Und man brauchte für diesen neu entstehenden Ort natürlich einen Namen. Da beide (*Joubert* und *Rissik*) den Vornamen *Johannes* trugen, soll man beschlossen haben, den Ort Johannesburg zu nennen. Bald entwickelte sich aus diesen Anfängen ein kleines Städtchen.

Nun darf man sich nicht vorstellen, dass Gold hier in Form von mehr oder minder großen Klumpen, sog. „Nuggets", gefunden wurde. Vielmehr ist hier das begehrte Edelmetall in Form fein verteilter Partikelchen im Gestein enthalten. Es erforderte daher von Beginn an viel Kapital, um das Gold dem Gestein zu entziehen. *Harrison* soll bald seine Claims für nur 150 Pfund verkauft haben, da er keine Möglichkeit sah, gewinnbringend zu arbeiten.

Gewinne konnten erst die professionell arbeitenden großen Minenunternehmer erwirtschaften. Im Zuge dieser Entwicklung entstand eine Zulieferer- und Versorgungswirtschaft, die in ihrer Fortentwicklung auch heute noch das Wirtschaftsgefüge der Stadt prägt.

info

Mini-Quakes: die kleinen Erdbeben, die Johannesburg erschüttern

Einige Male im Jahr wird Johannesburg von kleinen Erdstößen heimgesucht. Doch dies sind keine „richtigen" Erdbeben: Vielmehr handelt es sich um unterirdische Ausgleichsbewegungen, die von den tiefen Goldminen am Witwatersrand stammen und ein Erzittern der Gesteine verursachen.

Für Mensch und Gebäude besteht aber keine Gefahr, da die Erdstöße zu schwach sind. Unter der Johannesburger City existieren keine Goldminen. Die Minen erstrecken sich – leicht an den Abraumhalden („dumps") zu erkennen – in Ost-West-Richtung und teilen damit die Stadt in zwei Hälften.

Die tiefste Mine im Stadtgebiet war bis zur Stilllegung 1977 die Crown Mine mit über 3.000 m.

Sehenswertes

Gold Reef City (6)

Kein Besucher Johannesburgs sollte es versäumen, die auf dem Gelände des früheren Gold Mine Museums entstandene Gold Reef City zu besuchen – obwohl ein Touch von Disney World über dem Ganzen liegt. Die ursprüngliche Idee für den Bau dieser „Stadt" stammt von *John Rothschild.* Die Chamber of Mines teilte ebenfalls die Auffassung, dass das frühere kleine Gold Mine Museum nicht so recht zu einem Land passt, dessen Reichtum im Wesentlichen auf Gold aufgebaut wurde. Bald fanden sich Investoren (u. a. die Barclays Bank), die die Bauten finanzierten. Der Gedanke, der hinter dem Bau von Gold Reef City steckt, war vor allem, der Nachwelt am Beispiel original nachgebauter Häuser, Geschäfte, Lokale und anderer Einrichtungen zu zeigen, wie das Leben in Johannesburg im 19. Jh. aussah. Der Besucher wird von Damen und Herren empfangen, die Kostüme und Anzüge aus der Goldgräberzeit tragen. Musikalische Einlagen versetzen den Besucher in Stimmung, die nostalgische Architektur trägt ebenso dazu bei. Mit einer Eisenbahn, die von einer Dampflok gezogen wird, kann man eine Rundfahrt durch das Gelände unternehmen. Auch werden zu bestimmten Zeiten Tänze verschiedener ethnischer Gruppen aufgeführt.

Minentänze und Minenbesichtigungen

Männer von mehr als 50 verschiedenen Stämmen des südlichen Afrika arbeiten in den Goldminen am Witwatersrand. Ihre Arbeit in den Bergwerken ist schweißtreibend und gefährlich, und für die Dauer eines Vertragsjahres wohnen sie unter zum Teil unmenschlichen Bedingungen in Arbeiterwohnheimen, den sogenannten „Hostels". Ihre Familien, ihre Frauen und Kinder leben weit weg ohne sie – und Tänze sind für viele die einzige seelische Verbindung zum Leben auf dem Lande. So haben es sich viele zum Hobby gemacht, zumindest einmal in der Woche ihre Arbeitsanzüge gegen Fellkleidung und andere Stammesutensilien einzutauschen.

Die Männer organisieren sich selber zu Teams, jedes Team hat einen Chef und einen Musik-Direktor. Am Sonntag geht es dann los zu Vorführungen des *„traditional dancing"*, und wer jemals dabei war, wird bemerken, wie sehr die zumeist jungen Burschen sich dem Tanzen hingeben.

Möglichkeiten, „echte" Minentänze zu erleben, gibt es an jedem 1., 2. und 4. Sonntag im Monat. Die Bergwerkskammer organisiert Touren zu verschiedenen Bergwerken. Man fährt mit dem Bus, je nach Entfernung zahlt man zwischen 30 und 80 Rand. Die Touren beginnen z. T. schon morgens um 6h und enden gegen 13h. Mittags gibt es bei schönem Wetter ein Braai (südafrikanisches Barbecue) im Freien, und man hat Gelegenheit, mit dem Manager zu plaudern. Im Gegensatz zu dem Museums-Stollen in Gold Reef City erlebt man hier Bergbau live. Fragen Sie nach einer Tour in den West Rand. Nicht geeignet für Herzkranke und Menschen mit Platzangst.

Chamber of Mines *(Public Relations Adviser): 5 Hollard Street, Ecke Main and Hollard Street, Anmeldung und Information:* ☎ *011-498-7100, www.bullion.org.za.*

Videovorführungen und eine geologische Ausstellung informieren über die Goldvorkommen. Im alten Shaft No. 14 kann der Besucher unter Tage einen Blick auf goldhaltige Gesteinsadern werfen. Im Schmelzhaus wird das Goldschmelzen vorgeführt. Man kann beobachten, wie ein Goldbarren von 25 kg (= 833 Unzen) Gewicht gegossen wird. Dieser Barren, aufgrund des hohen Eigengewichtes von Gold nur von der Größe eines Ziegelsteines, kann mit einer Hand nicht aufgehoben werden. Je nach aktuellem Goldpreis beträgt sein Wert ca. ½ Million Euro. Doch mit Argusaugen wird darüber gewacht, dass ja niemand dieses „Souvenir" mitnimmt.

Gold Reef City: *8 km südlich der Stadt an der M1 gelegen,* ☎ *011-248-6800, www.goldreefcity.co.za, geöffnet Di–So, 9.30–17h.* **Übernachtung** *ist möglich im Gold Reef City Hotel, siehe „Hotels".*

Disney World in Südafrika – Gold Reef City

Market Theatre, Flea Market (1)

Der Komplex des Market Theatre, das sowohl klassische als auch experimentelle Stücke bietet, beherbergt neben 5 Theaterbühnen u. a. eine Galerie, einen Jazzpub und ein Restaurant.
Market Theatre: *56 Margaret Mcingana Street,* ☏ *011-832-1641 oder 082-381-0663, www.markettheatre.co.za.*

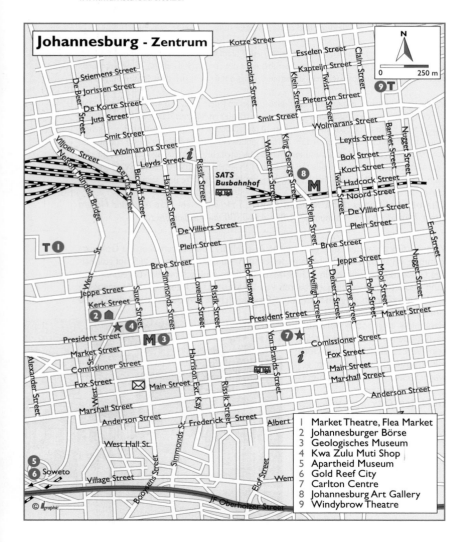

Johannesburg - Zentrum

0 — 250 m

SATS Busbahnhof

1 Market Theatre, Flea Market
2 Johannesburger Börse
3 Geologisches Museum
4 Kwa Zulu Muti Shop
5 Apartheid Museum
6 Gold Reef City
7 Carlton Centre
8 Johannesburg Art Gallery
9 Windybrow Theatre

Beim Flea Market handelt sich um einen sehr lebendigen „Original"-Flohmarkt mit Gegenständen aus ganz Afrika: Hier werden sowohl Souvenirs (Holzschnitzereien, Kleider, Lederwaren) als auch Kunstgegenstände und einfache Haushaltswaren angeboten.

Market Theatre Flea Market: *Newtown Cultural Precinct, Bree Street, geöffnet Mo–Sa ab 9h.*

Apartheid Museum (5)

Das Museum zeigt auf 6.000 m² in beeindruckender und aufwühlender Weise Szenen der Apartheid: auf Fotos und Bildschirmen, durch aufgezeichnete Erfahrungsberichte und alte, die Rasse kennzeichnende Ausweise. Schon die Eintrittskarten für das Museum machen deutlich, auf welch emotionale Reise sich der Besucher

Begegnung vor dem Apartheid Museum

einlässt: auf den Plastikkarten steht entweder „Non-white" oder „White". Die neue Nach-Apartheid-Verfassung Südafrikas ist ebenfalls ausgestellt – in einem Raum mit Kieselsteinen auf dem Boden. Als Zeichen der Solidarität mit den Opfern der Apartheid kann jeder Besucher selber einen Kieselstein auf einen Haufen legen. Zum Durchatmen nach diesen Eindrücken im Museum lädt die Umgebung des Museumsgebäudes ein: Buschlandschaft, Parkwege und ein kleiner See.

Apartheid Museum: *Northern Parkway & Gold Reef Road, Ormonde 2001, ℡011-309-4700, www.apartheidmuseum.org, geöffnet Di–So 10–17h.*

Carlton Centre (7)

Wie ein umgestülptes „Y" ragt das nach den Pyramiden zweithöchste Gebäude Afrikas in den Himmel. Und noch ein weiterer Superlativ: Das Carlton Centre ist das zweithöchste Stahlbetongebäude der Welt. Der ehemalige Hotelkomplex, der 50 Stockwerke hoch ist, verfügte über 600 Zimmer und 57 Suiten. Ganz oben gibt es eine Aussichtsplattform, von der man einen beeindruckenden Blick auf Johannesburg hat. Der Parkraumnot der City versuchte man zu begegnen, indem man auf 4 Etagen Parkmöglichkeiten für 2.000 Autos schuf. 1973 war der Komplex fertig, der insgesamt 2,6 ha Fläche in Anspruch nimmt und bei der Fertigstellung 88 Millionen Rand gekostet hatte. Täglich gehen hier 35.000 Menschen ein und aus.

Zweithöchstes Gebäude Afrikas

Heute befindet sich die Hauptstelle von Transnet, dem halbstaatlichen südafrikanischen Transportsystem, das Carlton Hotel sowie ein Einkaufszentrum mit über 180 Läden und eine Eislaufhalle im Carlton Centre.

Windybrow Theater (9)

Die Lage in Hillbrow, umgeben von großen Wohnanlagen, ist sicherlich nicht einladend. Das Theater selbst befindet sich in einem viktorianischen Bau im Tudor-Stil (1896 erbaut), zum Teil noch ursprünglich erhalten, mit schöner Veranda. Die Thea-

Experi- terstücke behandeln meist Stoffe aus der schwarzen, afrikanischen Szene. Hier be-
mentierfeld kommen junge Künstler eine Chance. Man betrachtet sich als „*home of creative writers*".
für junge Dieses experimentelle Theater wird staatlicherseits gefördert. Pittoresk ist die unter-
Künstler halb des Gebäudes befindliche „wall of fame". Hier ist u. a. *Sol Plaatje* dargestellt, der
einige Shakespeare-Stücke in die Tswana-Sprache übersetzte.
Windybrow Theater: *161 Nugget St, Ecke Petersen St., Doornfontein,* ☏ *011-720-
0003, www.windybrowarts.co.za.*

Randburg Waterfront

Auch Johannesburg schuf sich hier sein eigenes Pendant zur Victoria und Alfred Waterfront
Jo'burg hat in Kapstadt. In Randburg, etwa 30 km vom Central Business, wurde ein künstlicher See
eine aufgestaut, der das Wasser vom Jukskei River bezieht. Es gibt hier alles, was das (Frei-
Waterfront zeit-) Herz begehrt: tolle Kinos, Theater, zahlreiche Restaurants, einen Flohmarkt mit
350 Ständen und sehenswerte Wasserspiele mit bis zu 50 m hohen Fontänen.
Waterfront Flea Market: *geöffnet Di–Fr 10–17.30h, Sa und So 10–18h, im Dezember auch Montag.*

Die Waterfront in Randburg

Rosebank Rooftop Market

Dieser Markt wird als bester südafrikanischer Flohmarkt bezeichnet und sowohl von
Einheimischen als auch Touristen gerne besucht. Er findet jeden Sonntag auf dem Dach
der Rosebank Mall statt. Es gibt mehr als 500 Stände und es wird quasi alles angebo-

ten: Von Kunst über Bücher, afrikanische Souvenirs, Kleidung, Leckereien aller Art bis hin zu Möbeln.
Rosebank Rooftop Market: *Rosebank Mall, 50 Bath Ave., Rosebank, ☎ 011-442-4488, geöffnet So und an öffentlichen Feiertagen 9.30–17h.*

University of Johannesburg

Das Universitätsgelände liegt landschaftlich besonders reizvoll, ebenso ist die moderne architektonische Gestaltung dieser 1975 fertig gestellten Universität einen Besuch wert. Ursprünglich als „Burenuniversität" in der Zeit der Apartheid gebaut (1967), wurden hier mit einem Kostenaufwand von 54 Millionen Rand 5.000 Studienplätze geschaffen. Die Universität verfügt über 9 Fakultäten. Auf dem Campus können die Studierenden vollkommen autark leben. Lehrsprache ist heute Englisch.
University of Johannesburg: *Kingsway/University Road, P.O. Box 524, Auckland Park, 2006, ca. 4 km von der City entfernt. ☎ 011-559-2911, www.uj.ac.za. Besuche sind nach vorheriger Anmeldung beim Public Relations Department möglich. Es werden Führungen über das Universitätsgelände angeboten.*

Zoological Garden

Das Gebiet gehört zum Herman Eckstein Park. Auf dem Zoogelände leben etwa 365 Tierarten, so auch Elefanten, Löwen und viele Affenarten. Wer also noch nicht alle gewünschten Tiere auf freier Wildbahn erleben durfte, hat hier vor dem Abflug noch eine letzte Chance. Manche der Gehege sind offen, das heißt nur durch Wasserflächen getrennt. Auf dem Zoolake kann man Boote mieten.

Auf dem Gelände befinden sich auch das South African Military Museum und das Museum of Rock Arts, das u. a. Sanzeichnungen ausstellt.
Zoological Garden: *Jan Smuts Avenue, Parkview, Ausfahrt Nr. 13 von der M 1 North, ☎ 011-646-2000, www.jhbzoo.org.za, geöffnet tgl. 8.30–17.30h.*

The Johannesburg Botanical Garden

Das 125 ha große Gebiet ist besonders durch seinen Rosengarten berühmt, der ab 1964 angelegt wurde. Man kann über 4.500 Rosen, die zu 60 verschiedenen Arten gehören, bewundern. Interessant ist auch der Kräutergarten (Herb Garden), in dem es neben Gewürzkräutern auch Kräuter afrikanischer Medizinmänner gibt.
Botanischer Garten: *Thomas Bowler Street, Olifants Road, Stadtteil Emmarentia, Westufer des Emmarentia-Staudamms, www.jhbcityparks.com.*

Rhino & Lion Park (Löwenpark)

Ca. 30 km nördlich von Johannesburg liegt das 300 ha große Gelände an der Straße Krugersdorp/Tshwane (Pretoria). Vom Wagen aus kann man viele der in Mpumalanga und KwaZulu/Natal beheimateten Tiere, u. a. Strauße, Zebras und Impalas, sehen. Hauptattraktion sind natürlich die Löwengruppen. Es ist möglich, sich mit Löwenbabys fotografieren zu lassen (wenn diese noch klein genug sind). Weitere Hauptattraktionen sind Geparde, Wildhunde, Büffel und natürlich Nashörner. Ein 10 km langes Wegenetz führt durch das Gelände. Restaurant und Swimmingpool sind vorhanden.

Rhino & Lion Nature Reserve: *Kromdraai Rd., ☎ 011-957-0109, 🖷 011-957-0019, www.rhinolion.co.za. Eintritt: Erwachsene 90 R, Kinder 60 R, geöffnet tgl. 8–15.45h.*

Krugersdorp Game Reserve

Das 1.400 ha große Wildschutzgebiet liegt westlich von Krugersdorp an der R24. Hier leben u. a. Giraffen, Kudus, Impalas, Büffel, Nashörner, Löwen, Leoparden und Elenantilopen. Restaurant, Chalets zum Mieten, Campingplatz, Picknick- und Grillplätze sind vorhanden. **Krugersdorp Game Reserve**: *geöffnet tgl. 8–17h.*

🛏 **Unterkunft**

Ngonyama Caravan Park: *an der R 24, 1,5 km westl. von Krugersdorp, Buchung über Ngonyama Lion Lodge, ☎ 011-953-1511, 🖷 011-953-1770. www.ngonyama. caravanparks.co.za. 50 Caravanplätze, Pool, Restaurant.*

Sterkfontein Caves/Kromdraai Conservancy

Welt-
kulturerbe 45 Autominuten nordwestlich von Johannesburg liegt dieses Weltkulturerbe, das auch als die „Wiege der Menschheit" bezeichnet wird. In den Höhlen fand man die ältesten menschlichen Überreste überhaupt und so zählen sie zu den wichtigsten archäologischen Fundstellen der Welt. 1998 wurde hier ein 3,5 Mio. Jahre altes menschliches Skelett entdeckt, das man Mr. Ples taufte. Insgesamt tauchten über 600 Fossilien und Überreste des Australopithecus auf. Die geführten Touren finden halbstündlich statt und dauern ca. 1 Stunde.

Sterkfontein Caves: *Maropeng Visitor Centre, ☎ 014-577-9000, www.maropeng.co.za, Eintritt: Erwachsene 95 R, Kinder (4–14 Jahre) 55 R, geöffnet tgl. 9–17h.*

Sterkfontein Caves – die Wiege der Menschheit

Snake Park

Der Schlangenpark liegt an der R101 bei Halfway House. Hier kann man insbesondere viele Arten afrikanischer Schlangen sehen. Außerdem gibt es Alligatoren, Krokodile sowie Schildkröten.
Transvaal Snake Park: *geöffnet: tgl. von 10–17h.*

Heia Safari Ranch

Hier finden Sonntagnachmittag traditionelle afrikanische Tänze statt. Die Farm ist umgeben von einem idyllischen hügeligen Panorama. Bereits am Tor erwarten den Besucher Pfauen, Springböcke, Giraffen oder Zebras. Die riedgedeckten Bungalows sind der Landschaft angepasst und bieten jeden Komfort. Sie stehen auf einer leicht abfallenden Wiese mit Baum- und Buschbestand. Neben dem Restaurant gibt es eine Bar und einen Swimmingpool.

Traditioneller Tanz

Auf der gegenüber liegenden Seite steht ein nachgebautes Zuludorf mit einer riedgedeckten Tribüne, von der aus man den Tänzen zuschaut. Vor der zweistündigen Vorführung nimmt man an einem Mittagsbraai teil.
Heia Safari Ranch: *Honeydew 2040, Muldersdrift Road, ☎ 011-919-5000, 🖳 011-919-5078, www.heia-safari.co.za. Ca. 20 km nordwestlich der City, nach Norden Überquerung der R564 und R28, danach weitere 4 km/links.*

Museen in Johannesburg

Johannesburg hat eine Menge interessanter Museen zu bieten, weitere Infos unter www.museums.org.za.

▶ **Geologisches Museum (3)**: Dieses Museum ist nun integriert in das Museum Africa. Kollektion von Goldproben, geologische Exponate. 121 Bree Str., ☎ 011-833-5624, 🖳 011-833-5636

▶ **Johannesburg Art Gallery (8) and Sculpture Garden**: Ausstellung von Werken englischer, holländischer, französischer und südafrikanischer Maler (u. a. Monet, Pissarro, van Gogh, Degas, Renoir). Joubert Park, Ecke Klein und King George Streets, ☎ 011-725-3130, geöffnet Di–So 10–17h, Eintritt frei.

▶ **Roodepoort Museum**: Exponate zur lokalen Geschichte (Goldentdeckung) bis in die 30er-Jahre des 20. Jh. Roodepoort im Civic Centre, Ecke De Wet Road und Florida Park, ☎ 011-672-2147, 🖳 011-636-5384, geöffnet Di–Fr 9.30–16.30h, So 14–17h.

▶ **Adler Museum of Medicine**: Ausstellung über die Medizin in Südafrika der letzten 100 Jahre; Nachbau einer Apotheke und einer Zahnarztpraxis. Im Institute for Medical Research, 7 York Road, Parktown, ☎ 011-717-2081, geöffnet Mo–Fr 9.30–16h, Sa auf Anfrage.

Balloon Safaris

Im Heißluftballon kann man über die Magaliesberge nordwestlich von Johannesburg schweben, wobei man im Hotel abgeholt wird. Nach der Landung wird ein Sektfrühstück serviert.
Balloon Safaris: *Abholung im Hotel: 5.15–6.15h, gegen 12.30h zurück im Hotel. Bill Harrop's Original Balloon Safaris, P.O. Box 67, Randburg 2125, ☎ 705-3201, www.balloon.co.za.*

Weitere interessante Sehenswürdigkeiten in und um Johannesburg

The Wilds

Zwischen zwei felsigen Hügelhängen hat man hier mitten in der Stadt, im Stadtteil Houghton, einen offenen botanischen Garten angelegt, der vor allem Pflanzen der trockeneren Gebiete beherbergt. In mehreren Gewächshäusern sind Sukkulenten ausgestellt. Leider sind die Pflanzen kaum erläutert, aber für botanisch Interessierte ist dieser Park bestimmt einen Besuch wert. Auf einer Anhöhe, mit Blick auf Hillbrow, kann man gut ein Mittagspicknick einlegen.

The Wilds: *Houghton Drive, Houghton.*

Muti Market/Kwa Zulu Muti Shop (4)

Hier werden traditionelle Medizin und Wunderheilmittel verkauft. Für Nicht-Eingeweihte sehen manche von den Händlern präsentierten Objekte womöglich seltsam aus: Haarbüschel, Tierkrallen, Federn, Hufe. Daneben gibt es Kräuter und Wurzeln. Beeindruckend sind die Fetische und die verschiedenen Knochen, mit denen die Medizinmänner versuchen, die bösen Geister zu vertreiben. Die Händler leben zum Teil direkt auf dem Gelände des Marktes, zumeist in wenig geräumigen Blechschränken.

Muti Market: *Faraday Road, direkt unter der M2, Zugang neben Auffahrt zur M2.*
Kwa Zulu Muti Shop: *14 Diagonal Str., Newtown,* ☎ *011-836-4470, geöffnet Mo–Fr 7.30–17h, Sa 7.30–13h.*

Johannesburger Börse (2)

Führungen sind möglich. Nach einer kurzen Erläuterung und einem Film geht man dann auf die Tribüne des „Trading Floor" und kann den Brokern beim Handeln zusehen. Immerhin ist die Börse die bedeutendste Goldbörse der Welt.

Johannesburger Börse: *Diagonal Street, Newtown,* ☎ *011-520-7000, geöffnet Mo–Fr 9–16.30h, Führungen 11 und 14.30h.*

Alles über Gold

Allgemeines

In der Natur kommt Gold meist als sog. „Berggold" vor, also in Form fester Erze. Diese als primäre Lagerstätten bezeichneten Stellen stehen im Gegensatz zu den sekundären Goldlagern, bei denen es sich um Gold handelt, das durch die Verwitterung goldhaltiger Erze entstanden ist und sich in Form von Goldsanden und Klumpen in Sand- und Geröllablagerungen festgesetzt hat. Hier findet man die sogenannten „Nuggets".

Primäre Lagerstätten in dem eben erklärten Sinne finden wir in Gauteng, Kalifornien, Colorado, Alaska, Australien, Peru, Brasilien sowie in Sibirien. Reines Gold ist ein chemisches Element, das äußerst weich ist (auf der 10-gradigen Mohs-Skala weist es einen Härtegrad von nur 2,5 auf). Es besitzt eine hohe Polierfähigkeit. Bei 1 063 °C schmilzt dieses Edelmetall. Der mittlere Goldgehalt der Erdkruste beträgt nur 0,005 g pro Tonne Gestein. Nicht alles, was glänzt, ist Gold. So halten Laien oft Pyrit oder verwitterten Glimmer für Gold. (Diese Funde bezeichnet man als „Katzengold".) Als untere Grenze für die Abbauwürdigkeit von Golderzen gilt ein Gehalt von etwa 2,5 g Gold pro Tonne abgebauten Gesteins. Südafrikas Erze weisen einen durchschnittlichen Goldgehalt von 7 g pro Tonne auf.

Wertmäßig steht Gold bei der Gewinnung von Bodenschätzen (weltweit) an 6. Stelle hinter Erdöl, Kohle, Eisen, Kupfer und Erdgas. Ein Drittel allen Goldes auf der Welt nutzt man zu gewerblichen Zwecken (Zahnheilkunde, industrielle Verwendung), während zwei Drittel der „Hortung von Werten" (in Form von Barren oder Schmuck) dienen.

Die Goldmärkte der Welt sind London, Zürich und Paris. Die Gewichtseinheit für Gold ist die Feinunze (engl. „ounce"), die dem Gewicht von 31,104 g entspricht.

Die südafrikanische Goldgewinnung

Die ehemals 70 % Marktanteil Südafrikas an der Goldproduktion vor über 120 Jahren sind im Jahre 2005 auf 14 % zurückgegangen. 2008 ist die südafrikanische Goldproduktion um 14 % gesunken und hat damit ihren niedrigsten Stand seit 10 Jahren erreicht. Damit ist Südafrika nicht mehr die größte Fördernation der Welt und fällt hinter China auf Platz 2 zurück.

Goldgewinnung 2008 in t					
Südafrika	250	Kanada	100	Australien	225
Russland	165	USA	230	China	295
aus: Mineral Commodity Summaries, U.S. Geological Survey, Januar 2009					

Stellung des südafrikanischen Goldbergbaus heute

Durch die Zunahme der Förderung in anderen Ländern (Australien, Brasilien, China, USA) sinkt der Anteil an der Weltproduktion. Man schätzt die Vorräte an Gold in den bislang bekannten Lagerstätten auf weltweit 45.000 t, davon ca. 50 % in Südafrika. Der Nachteil in Südafrika ist jedoch, dass das Gold sehr tief liegt und die Förderkosten pro Unze ca. 400 $ betragen (in anderen Förderländern nur 200–280 $). Deshalb arbeiten bei einem niedrigen Goldpreis viele Minen in Südafrika unrentabel. Ursachen für die niedrigen Goldpreise sind die weltweit angestiegene Produktion, zunehmendes Recycling und hohe Verkäufe der ehemaligen UdSSR zur Importfinanzierung. Der Angebotssteigerung stand keine entsprechende Nachfrage gegenüber, da die stabilen Wirtschaftsverhältnisse in den Industrieländern keinen Anlass zu einem spekulativen Goldpreis gaben. Ebenso waren die Inflationsbefürchtungen entsprechend gering.

Es wird geschätzt, dass etwa 43 % der gesamten Weltförderung der letzten 95 Jahre aus Südafrika stammen. Der berühmte Kruger-Rand, der einer Feinunze entspricht, war noch 1981 so begehrt, dass 17% des gesamten südafrikanischen Goldes in dieser Form verkauft wurden.

Obwohl die ersten Goldfunde bereits 1868 in Ost-Transvaal gemacht wurden, begann der richtige Goldboom – wie schon erwähnt – erst 1886, als die Goldadern am Witwatersrand entdeckt wurden. Erst der technisierte Goldbergbau konnte hier große Gewinne erwirtschaften. Heute erstrecken sich die südafrikanischen Goldvorkommen in einem Bogen, der etwa 480 km lang ist und sich über Gauteng und den Freestate ausdehnt.

Im größten Abbaugebiet vor den Toren Johannesburgs muss Südafrikas Nummer 1, Anglogold Ashanti, jedoch immer tiefer ins Erdinnere vordringen. Bis zu 3 900 Meter fahren die Arbeiter hinunter. An jedem Werktag fahren ca. 220.000 Arbeiter in die Schächte ein. Riesige technische Probleme müssen bewältigt werden. Man muss sich einmal vorstellen, dass die Dichte des Erzes 2,7-mal größer ist als die des Wassers. Das bedeutet, dass der Druck, der auf den Gesteinen lastet, bei 1.000 m etwa dem Druck in einer Meerestiefe von 2.700 m entspricht. Bei Tiefen von 3.900 m entspricht das annähernd einem Druck einer Meerestiefe von 10.000 m! Ein großes Problem sind deshalb entstehende Risse im Erzmaterial. Trotz aller technischen Bemühungen herrschen in der Tiefe bis zu 60 °C Gesteinswärme, wobei die Lufttemperatur auf ca. 32 °C heruntergekühlt werden kann. Dazu allerdings muss man sich eine nahezu 100%ige Luftfeuchtigkeit vorstellen...

Man hat einmal Berechnungen angestellt, um den Aufwand zu verdeutlichen, der nötig ist, um nur eine Unze Gold zu gewinnen: Bearbeitung von 5 t Erz, 39 Arbeitsstunden, 5.441 l Wasser, 572 kWh Strom und 12 m³ Pressluft!

Wie gewinnt man aus normalerweise ca. 5 t Gestein die winzige Menge von nur einer Unze Gold? Zuerst wird das Erz pulverfein gemahlen, danach kommt es in eine Zyanidlösung. Das Zyanid laugt das Gold aus. Mittels komplizierter Prozesse wird das Gold später aus der Lauge ausgefällt. Viele Bergwerke bauen Erzflöze ab, die sowohl Gold als auch Uran enthalten. Nach der Extraktion von Gold und Uran wird das feinpulvrige Gestein in der Lösung auf Halden gepumpt. Auf diese Weise sind die „Pseudo-Tafelberge" um Johannesburg entstanden. Seit einigen Jahren bemühen sich die Minengesellschaften, diese Halden zu bepflanzen, damit der Erosion Einhalt geboten wird.

Der berühmte Kruger Rand

Von den insgesamt ca. 500.000 Beschäftigten in der Goldindustrie sind nur rund 10 % Weiße. Die Schwarzen, die unter Tage arbeiten, sind zumeist Gastarbeiter aus Mosambik, Lesotho, Botswana und Swasiland. Sie gehören etwa 50 unterschiedlichen Stämmen an und sprechen deshalb auch verschiedene Sprachen. Um eine Verständigung zu ermöglichen, erfand man daher die Mischsprache „Fannagalo", die aus Elementen der Zulusprache und des Englischen besteht. In der 6-wöchigen Einarbeitungszeit erlernen die Bewerber u. a. diese Sprache.

Die Arbeitsverträge der Arbeiter sind befristet und laufen ca. ein bis anderthalb Jahre. In dieser Zeit leben sie in sog. „compounds", d. h. in Wohnquartieren, die sich in der Nähe der Bergwerke befinden.

Soweto

Wohl zu keinem südafrikanischen Stichwort gibt es so viele widersprüchliche Darstellungen und Kommentare wie zu Soweto. Für die einen ist es ein unmenschliches Ghetto mit slumähnlichen Behausungen, wo Menschen in „Streichholzschachteln" untergebracht sind. Für die anderen ist Soweto „weder Slum noch Stadt", wie es in einem Artikel beschrieben wird. Die Wahrheit liegt wie so oft zwischen den Extremen!

Weltweit bekanntes Township

Namensherleitung

Zunächst einmal klingt Soweto sehr afrikanisch, ist aber schlicht und einfach die Abkürzung für „**So**uth **We**stern **To**wnship". Dies ist eine Gruppierung verschiedener schwarzer Vorstädte vor den Toren Johannesburgs.

Geschichte Sowetos

Bis zur Entdeckung der Goldfelder teilten sich Schwarze und Weiße die Nutzung der öden und kaum besiedelten Savannenregionen. Dies änderte sich schlagartig, als 1886 Gold entdeckt wurde und mit den Goldgräbern auch Händler eintrafen. Es entstan-

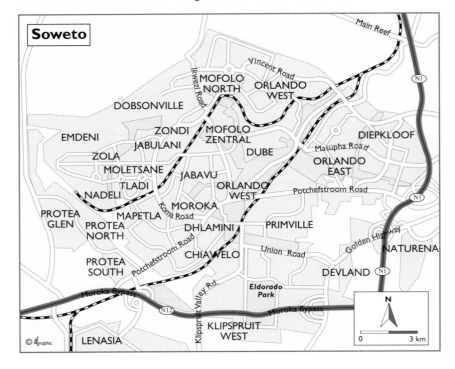

Ein Blick über Soweto

den erste Zulieferbetriebe und Versorgungseinrichtungen. Im Zuge dieser Entwicklung wurden viele Arbeitskräfte benötigt, die durch relativ hohe Löhne angelockt wurden.

Da man davon ausging, dass dieser Arbeitskräftebedarf nur vorübergehend war und man sicherlich noch weit entfernt war von einem Verantwortlichkeitsgefühl gegenüber den Schwarzen, fühlte sich auch die Stadtverwaltung nicht für die Art der Behausungen verantwortlich. 1904 lebten bereits über 110.000 Schwarze in der Umgebung der Stadt, als infolge der unhygienischen Wohnbedingungen die Pest ausbrach. Die Schwarzen mussten daraufhin die Elendsquartiere verlassen. Sie zogen in Behelfsquartiere um, die kleine Siedlungen bildeten; so entstand z. B. 1905 der Ort Pimville.

Vorübergehender Arbeitskräftebedarf
Für die Schwarzen wurden kleine Häuschen gebaut, doch sie reichten nicht aus, um mit dem kräftigen Zuzug der neuen Arbeitsuchenden Schritt zu halten. Die wohl gewünschte geordnete Entwicklung hinkte hinterher und es entstanden illegale Barackenlager. Diese Entwicklung wurde im Zweiten Weltkrieg verstärkt, als viele weiße Südafrikaner im Kriegsdienst waren und noch mehr Schwarze als Arbeitskräfte gebraucht wurden. Und später wollten die Schwarzen, die mit ihren Familien mittlerweile hier heimisch geworden waren, nicht mehr zurück.

1951 gründete man das **Administration Board**, eine Art Verwaltungsgesellschaft, die einen Siedlungsplan aufstellte. Man begann – endlich! – mit dem Bau von Straßen, der Anlage einer Kanalisation und der Installation von Wasserleitungen. Bis 1956 entstanden rund 6.000 kleine Ziegelhäuser. In dieser Zeit besuchte *Sir Ernest Oppenheimer* Soweto und überzeugte sich von den baulichen Leistungen. Gleichzeitig sah er aber auch das Elend derjenigen, die noch immer in menschenunwürdigen Unterkünften lebten. Gemeinsam mit anderen Unternehmern brachte er 6 Millionen Rand auf, die als zinslose Darlehen auf 30 Jahre vergeben wurden. Doch erst 1974 waren die letzten slumähnlichen Behausungen in Soweto durch menschenwürdigere Unterkünfte ersetzt. Leider aber ist der unkontrollierte, illegale Zuzug bei weitem nicht gestoppt, und der tatsächliche Wohnraumbedarf wird wohl nie wirklich ausgeglichen werden können.

Seit 1976 ist Soweto Symbol des Kampfes gegen die Apartheid: Der studentische Aufstand vom 16. Juni 1976 gegen die Regierung forderte über 500 Opfer. Seit 2002 ist Soweto ein Stadtteil von Johannesburg.

Soweto verfügte im ehemaligen Südafrika der Weißen über kommunale Selbstverwaltung: Bürgermeister und Stadtrat wurden von Schwarzen gestellt. Diese Autonomie war allerdings nur eine scheinbare: In Wirklichkeit entschied das West Rand Administration Board über das Schicksal Sowetos.

Soweto heute

Soweto bedeckt ein Gesamtgebiet von 150 km² und besteht aus insgesamt 31 Teilen. Offiziell liegt die Einwohnerzahl heute bei 2 Millionen, doch mit den hier illegal Lebenden dürften es weit über 3 Millionen sein. Genaue Zahlen gibt es hierzu nicht. Die mittlere Familiengröße beträgt 7 Personen.

In manchen Publikationen wird Soweto als reine Wohn- und Schlafstadt klassifiziert, denn Arbeitsplätze gibt es in Soweto keine. Es verfügt faktisch über keine industriellen Betriebe, und die einzige mögliche wirtschaftliche Betätigung beschränkt sich auf den Handel. Die etwa 500.000 Erwerbstätigen müssen täglich zu ihren Arbeitsplätzen in Johannesburg pendeln. Kein Township Südafrikas ist von der **ethnischen Zusammensetzung** her so gemischt wie Soweto. Der Ursprungsplan sah eine strenge ethnische Trennung vor, um verfeindete Stämme nicht direkt nebeneinander wohnen zu lassen. Faktisch ist heute jeder Stamm des südlichen Afrika hier anzutreffen, wobei die Zulu und Sotho dominieren.

Wohn- und Schlafstadt

Heute gibt es in Soweto 120.000 durchschnittlich 56 m² große Häuser, doch 30.000 Familien stehen auf der Warteliste. Der Grundtyp eines solchen Hauses kostet 6.000 Rand inklusive Strom-, Kanal- und Wasseranschluss. In einem solchen Haus befinden sich zwei Schlafzimmer, ein Wohnzimmer, eine eingerichtete Küche sowie ein gekacheltes Bad. Und zur Standardausrüstung gehören auch zwei Bäume nach eigener Wahl. Jährlich werden in Soweto über 8.000 Straßenbäume angepflanzt, wovon wieder 90 % zerstört werden. Mittlerweile ist ganz Soweto mit Strom versorgt. Viele Hausbesitzer lassen als weitere Einnahmequelle Blechhütten in ihre Gärten stellen, wo unter primitivsten Bedingungen Wohnungssuchende für bis zu 250 Rand Miete pro Monat hausen. In einem besonders großen Garten ließ der Besitzer 8 solcher Hütten aufstellen.

Grundversorgung...

Doch nicht nur diese unkontrollierte Bebauung führt zur Verslumung des Gesamtgebietes. Mittlerweile hat die **Arbeitslosigkeit** in Soweto das unvorstellbare Ausmaß von über 50 % erreicht – ein nicht mehr zu kontrollierendes Gewaltpotenzial. Dazu

...Arbeits- addiert werden muss der große Druck, der aus den 6 riesigen Arbeiterwohnheimen,
losigkeit den so genannten „Hostels", kommt. Hier wohnen bis aufs Engste zusammengedrängt
und Gewalt 18.000 Arbeiter, deren Familien in den ehemaligen Homelands verblieben sind. Z. T.
wird in „Schichten" geschlafen! Diese Enge beschwört Konflikte geradezu herauf.

Die Polizei hat den Kampf gegen so viel Gewalt längst verloren. Sie hält sich bei Konflikten immer mehr zurück. Von Seiten des Magistrats und der Bevölkerung wurde schließlich sogar der Wunsch geäußert, dass UN-Soldaten zur Überwachung der Sicherheit eingesetzt werden sollten.

Verschiedene Einrichtungen auf dem **Sozial- und Bildungssektor** beweisen aber auch, dass man sich durchaus für die legitimen Ansprüche der schwarzen Bevölke-
Größtes rung einsetzt. Das Groß-Krankenhaus Baragwanath ist sicherlich ein insgesamt posi-
Kranken- tives Beispiel für diese Entwicklung. Mit 2.900 Betten ist es sehr modern eingerichtet.
haus der Der Krankenhausaufenthalt kostet hier – unabhängig von Dauer und Kompliziertheit
südlichen der Behandlung – lediglich einen Rand. Es gilt als das größte Krankenhaus der südlichen
Hemi- Hemisphäre und beschäftigt bald 5.800 Angestellte. Daneben gibt es acht weitere
sphäre Krankenhäuser in Soweto. Der Großteil der Ärzte kommt aus Europa und anderen afrikanischen Ländern.

Neben dieser Einrichtung der klassischen Schulmedizin gibt es noch 5.000 praktizierende „Zauberdoktoren", die einen großen Einfluss auf ihre Klienten ausüben und z. T. horrende Honorarforderungen stellen. Viele Schwarze konsultieren sie. Apropos Bräuche: 75 % der Bewohner Sowetos verehren die Ahnen und 85 % schlachten noch Opfervieh beim Tod eines nahen Verwandten.

Auch auf dem **Bildungssektor** investierte der südafrikanische Staat in den Ausbau von Schulen sowie in den Aufbau der Universität. Soweto hat etwa 80 zumeist sehr vorbild-

Fußball wird überall gespielt

lich eingerichtete Kindergärten. Von den 200.000 Kindern im schulpflichtigen Alter besuchen 90 % die Schule. Hier allerdings gibt es das Problem des akuten Lehrermangels, da das Schulpersonal schlecht bezahlt wird. Die qualifizierten Schwarzen gehen deshalb lieber in die Wirtschaft, wo Verdienst und Aufstiegschancen besser sind.

In den Anfangsklassen lernen die Schüler in den entsprechenden Bantu-Dialekten, später kommt Eng

Die Siedlung Elias Motsoaledi

lisch, und auch Afrikaans hinzu. Afrikaans ist auch unter der Verfassung von 1997 geschützt, zählt zu den offiziellen Landessprachen und wird von über 15 % der Bevölkerung gesprochen, zumeist von Weißen und Coloureds, und damit sogar mehr als Englisch. Auf Initiative der Deutsch-Südafrikanischen Kammer für Handel und Industrie entstand ein Lehrerfortbildungszentrum in Diepkloof.

Man darf sich Soweto auch nicht als eine Ansiedlung vorstellen, die nur aus Einheitshäusern besteht. Vielmehr gibt es hier durchaus noble Viertel, die den Besucher erstaunen (so in den Stadtteilen Dube und Pimville).

Gerade in den neuen Siedlungen entwickelt sich spürbar ein Mittelstandsbewusstsein, und die **soziale Differenzierung** wird als eine (wenn auch vage) Möglichkeit angesehen, dass Stammesgegensätze allmählich überwunden werden. Immerhin leben in Soweto bereits Millionäre, die ihr Geld vor allem mit Immobilien und Taxiunternehmen verdienten. Nelson Mandela besitzt in Orlando West ein neues Haus, das mit finanzieller Unterstützung ausländischer Gönner errichtet wurde. Allerdings ist auch Nelson Mandela vor Angriffen nicht sicher: da sein Haus bereits zweimal Ziel von Anschlägen war, zog er es vor, nach Sandton zu ziehen. *Auch Millionäre gibt es in Soweto*

Authentische Touren nach Soweto führt **Jimmy's Face to Face Tours** durch. Jimmy, ein Schwarzer aus Soweto, führt die besten Touren in sein eigenes Wohngebiet. „See the good, the bad, the ugly" lautet seine Devise. Diese Tour ist ein Muss für jeden, der sein Südafrika-Bild abrunden möchte. *Abrunden des Südafrika-Bildes*
Jimmy's Face to Face Tours: 130 Main Street, Budget House, 2nd Floor, Johannesburg, ☎ 331-6109 oder -6132, 🖷 331-5388, www.face2face.co.za.

Reisepraktische Informationen Johannesburg

Vorwahl: *011*

Wichtige Telefonnummern
Johannesburg General Hospital, *488-4911, und* **Rosebank Clinic**, *328-0500*
Apotheke (Tag u. Nacht): **Daelite Pharmacy**, *883-7520, Suite 56, Sandton City, geöffnet täglich bis 20h*
Flughafenauskunft *(Ankunft/Abflug): 921-6262, Fluginformationen: 086-727-7888.*
Information des Flughafens: *921-6911*
Buslinien *(Metrobus Infoline): 375-5555*
Fluggesellschaften *(Auswahl):*
  Air Botswana, *Flughafen:* ☎ *447-6078*
  Air Namibia, *Flughafen:* ☎ *970-1767*
  Air Mauritius, *Flughafen:* ☎ *394-4548*
  Air Zimbabwe, *Flughafen:* ☎ *970-1687*
  British Airways, *Flughafen:* ☎ *441-8400*
  Comair, *Flughafen:* ☎ *921-0111*
  KLM, *Flughafen:* ☎ *961-6700*
  Lufthansa, *Flughafen:* ☎ *325-0870*
  South African Airways, *Flughafen & Reservierung:* ☎ *978-1111*
  Swissair, *Flughafen:* ☎ *390-2446*

i **Informationen**
Gauteng Tourism Authority/Johannesburg Publicity Association, *No. 1 Central Place, Ecke Henry Nxumalo/Jeppe Streets, Newton,* ☎ *639-1600,* 🖷 *639-1700, www.gauteng.net. Geöffnet von Mo–Fr von 8.30–17h, Sa und So geschlossen. Es werden auch Führungen durch Johannesburg organisiert.*
SA Tourism, *90 Protea Road, Bojanala House, Sandton,* ☎ *895-3000.*
Im **Internet***: www.johannesburginfo.com, hier findet man Informationen zu fast allem – Hotels, Events, Wetter etc.*

 Rundfahrten/Touren/Besichtigungen
Stadtrundfahrten: 4–5 Std.
Soweto-Touren (diese sind absolut sicher): 5 Std.
Gold Reef City: 2½ Std. (dienstags bis sonntags)
Heia Safari Ranch: nur sonntags – ganzer Tag
Mini Safari zum Pilanesberg Nature Reserve: täglich, morgens oder abends
Sun City: täglich, ganzer Tag
Alle Touren beginnen an den großen Hotels in der Innenstadt (nach Absprache, außerdem am Sandton Sun Hotel). Beide u. g. Touroperators bieten diese Touren an.
Jimmy's Face to Face Tours, *130 Main Street,* ☎ *331-6109 oder 6132,* 🖷 *331-5388, www.face2face.co.za. Dieses Unternehmen führt die besten Soweto-Touren durch.*
Springbok Atlas, *48 Tulbagh Rd., Pomona, Kempton Park,* ☎ *396-1053,* 🖷 *396-1069, www.springbokatlas.co.za. Dieses Unternehmen führt auch täglich Touren nach Soweto und Tshwane (Pretoria) durch, meist in Verbindung mit einer Tour zu den Diamantenminen. Dauer jeweils entweder ein halber oder voller Tag.*

Eine weitere interessante Tour ist die **Newspaper-Tour**. *Hier erlebt man hautnah, wie eine Zeitung hergestellt wird. Die 2½-stündige Tour beginnt mit einer kurzen Einführung. Danach wird man durch die einzelnen Ressorts geführt, bis zum Schluss der Druckvorgang vorgestellt wird. Reservierung nur telefonisch bei der „Star"-Newspaper,* ☎ *633-9111, www. thestar.co.za.*

🏦 Banken/Geld tauschen

Johannesburg hat als Wirtschaftsmetropole genügend Banken, sodass es sicher keine Probleme gibt, eine zu finden. Es werden alle gängigen Kreditkarten akzeptiert, und wenn einmal Not am Mann/an der Frau sein sollte, tauscht man auch einen Euroscheck ein. Bankautomaten gibt es überall. Lesen Sie hierzu die Sicherheitshinweise auf S. 156 und in den Allg. Reisetipps.
Schalterstunden: Mo–Fr: 9–15.30h, Sa: 8.30–11h
Wer später tauschen möchte, der kann dies bei folgenden Rennies Travel Geschäftsstellen tun: Flughafen (24h geöffnet), Sandton City, und Eastgate Mall in Bedfordview.
Auch die meisten größeren Hotels tauschen Geld zu den aktuellen Kursen.

☞ Konsulate

Deutschland, ☎ *012-427-8900 (Dt. Botschaft in Pretoria, da Johannesburg kein deutsches Konsulat hat)*
Österreich, ☎ *012-452-9155(ebenfalls in Pretoria)*
Schweiz, ☎ *012-452-0660 (ebenfalls in Pretoria)*
Wer für eines der Nachbarländer Visa benötigt und nicht gerne stundenlang Schlange stehen möchte, dem bieten mehrere Büros einen Visaservice an, d. h. für einen Aufpreis erledigen diese die ganze Lauferei und Sie können ihr Visum am nächsten Tag abholen.
Ein Büro, mit dem Reisende gute Erfahrungen gemacht haben, ist: **L&L Agencies**, *EP(CNA)-House, 112 Commissioner Street, Room 605, 6th Floor. Ebenfalls empfehlenswert:* **xPatria Immigration & Relocation Specialists**, *Kontakt: Margo Riley, mobil: 083-702-1131, www.xpatria.co.za.*

@ Internetzugang

In den meisten Hotels und Einkaufszentren gibt es Computerterminals mit Internetzugang (ab ca. 30 Rand/Stunde). Eines der bekanntesten Internetcafés ist das **Milky-Way Internet Cafe** *in Rosebank, Shop LG03, The Zone, Oxford Road, next to Nandos,* ☎ *447-1295, www.milkyway.co.za (ca. 35 Rand/Stunde).*

🛏 Unterkunft

In Johannesburg ist es möglich, zwischen fünf verschiedenen Möglichkeiten der Übernachtung zu wählen.
▶ *Ein Zimmer in einem* **Hotel** *ist sicher das Einfachste, aber auch das Teuerste, denn in einer Weltstadt sind die Preise entsprechend hoch. Für ein Einzelzimmer ist mit mindestens 900 ZAR und für ein Doppelzimmer mit mindestens 1.000 ZAR zu rechnen. Es gibt natürlich auch außerhalb von Johannesburg die Möglichkeit, ein Landhotel zu beziehen. Diese sind meist sehr schön gelegen und haben einen persönlichen Charakter. Für Unternehmungen in Johannesburg, besonders am Abend, sind sie aber meist nicht geeignet, zu lang ist die Anfahrt. Trotzdem bieten diese Hotels das richtige „Getaway" vom Großstadttrubel.*
▶ **Bed 'n' Breakfast**: *Dieses englische System ist auch in Südafrika weit verbreitet. Das Angenehme daran ist, dass man in Kontakt mit den Vermietern kommt und vor allem in der*

Regel einen viel größeren Raum zur Verfügung hat. Häufig wohnt man sogar im separaten Gartencottage. Der Nachteil liegt meistens darin, dass man sehr dezentral in abgelegenen Stadtteilen wohnt, die nicht sehr interessant sind. Die Preise rangieren um 500 ZAR pro Person. Zentrales Buchungsbüro ist: Portfolio Bed and Breakfast Collection, Reservierung: ☎ 021-689-4020, 🖷 021-686-5404, www.portfoliocollection.com.

▶ Sie mieten sich ein kleines **Apartment**. Dies ist üblich in Johannesburg. Ein Apartment besteht aus einem Zimmer mit 2 Betten und dem normalen Inventar, einer Küche und einem Badezimmer. Telefon ist vorhanden, und täglich wird Ihr Zimmer (plus Geschirr) gereinigt. Ein Garagenplatz ist inklusive. Der Einrichtungsstandard entspricht einem 2-Sterne-Hotel. Vieles spricht für diese Art von Unterkunft. Zum einen ist es um ca. 40 % billiger und zum anderen sind Sie viel unabhängiger und können durch eigenes Kochen viel Geld sparen. Der Nachteil ist, dass manche dieser Apartments in recht heruntergekommenen Stadtteilen liegen, was dem einen oder anderen eventuell zu aufregend erscheinen mag. Die Mehrzahl der Bewohner sind Südafrikaner, die tagtäglich zur Arbeit gehen. Erkundigen Sie sich vor der Buchung am besten bei einem der Informationsbüros (s. o.).

▶ **Jugendherbergen**: Es gibt in Südafrika nur sehr wenige an den internationalen Jugendherbergsverband angeschlossene Jugendherbergen. Es gibt aber eine Reihe von privaten Herbergen, die meist in einem Einfamilienhaus untergebracht sind. Die Adressen wechseln ständig. Somit rate ich Ihnen, sich vorher zu erkundigen, welche Jugendherberge gerade zu besuchen ist. Die vom YMCA und YWCA sind natürlich permanent geöffnet.

▶ **Camping**: Die wohl günstigste Möglichkeit zu übernachten, wenn man das nötige Equipment und ein Fahrzeug hat, das einen in die Stadt befördern kann. Die Campingplätze sind häufig voll belegt, u. a. auch von Leuten, die sich keine Wohnung leisten können oder wollen, und in der Ferienzeit natürlich auch von Urlaubern. Da die Südafrikaner ein Camping-freudiges Volk sind, kann es Probleme bei der Reservierung geben. Rufen Sie lieber vorher an. Vermeiden Sie es, mit einem Campingbus ins City Center von Johannesburg zu fahren. Diese Fahrzeuge sind häufig Zielscheibe von Autoknackern.

Die folgende Auflistung stellt nur eine kleine Auswahl von Unterkunftsmöglichkeiten dar.

🛏 Hotels
Die von Touristen besuchten Hotels liegen zumeist in den nördlichen Stadtteilen, also Richtung Pretoria. Wegen der relativen Unsicherheit ist von Übernachtungen im Stadtzentrum eher abzuraten.

In Johannesburg und bis 15 km von der City
Garden Court Sandton City $$ (7), Private Bag X9913, Sandton 2146, ☎ 269-7000, 🖷 269-7100, www.southernsun.com. 15 km von Johannesburg entfernt, am Rande des Einkaufscenters Sandton City (Ecke West Street und Maude Street). Super Preis-Leistungs-Verhältnis.

A Room with a View $$ (11), 1 Tolip Street, ☎ 482-5435, 🖷 726-8589, www.aroomwithaview.co.za. Das kleine, toskanisch angehauchte Gästehaus ist etwas für den Individualisten, der Herzlichkeit und Gemütlichkeit schätzt.

Protea Hotel Balalaika $$$ (3), 20 Maude Street, ☎ 322-5000, 🖷 322-5023, www.proteahotels.com. Landhausatmosphäre mit schönem Garten, Restaurant, Swimmingpool und Shopping-Center.

Sunnyside Park Hotel $$$ (12), Princess of Wales Street, Parktown, ☎ 640-0400, www.legacyhotels.co.za. Viktorianisch angehauchtes Hotel, sehr ruhig gelegen, mit Atmosphäre.

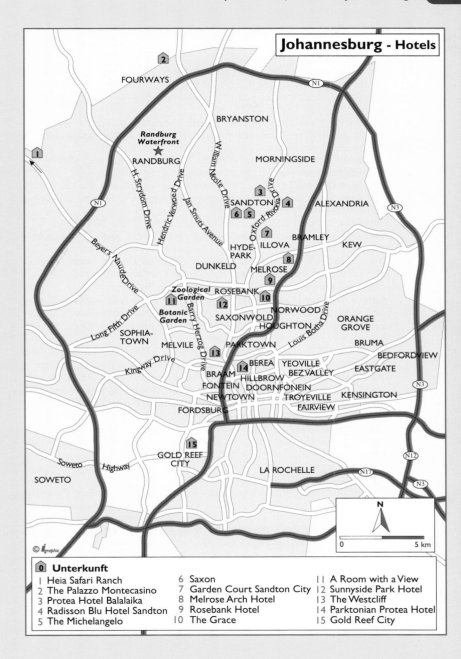

Johannesburg - Hotels

Unterkunft

1 Heia Safari Ranch
2 The Palazzo Montecasino
3 Protea Hotel Balalaika
4 Radisson Blu Hotel Sandton
5 The Michelangelo
6 Saxon
7 Garden Court Sandton City
8 Melrose Arch Hotel
9 Rosebank Hotel
10 The Grace
11 A Room with a View
12 Sunnyside Park Hotel
13 The Westcliff
14 Parktonian Protea Hotel
15 Gold Reef City

Parktonian Protea Hotel $$$ (14), *120 De Korte Street, Braamfontein,* ☎ *403-5740,* 🖷 *403-2401, www.proteahotels.com. Gepflegtes All-Suite-Hotel am Rande der Innenstadt, abseits des Trubels, mit gewissem Luxus.*

The Palazzo Montecasino $$$$ (2), *Montecasino Boulevard, Fourways,* ☎ *510-3000,* 🖷 *510-4001, www.southernsun.com. Luxus-Hotel inmitten des Montecasino-Komplexes. Ein mediterranes Restaurant und ein toskanischer Garten verleihen dem Hotel eine italienische Note.*

Radisson Blu Hotel Sandton $$$$ (4), *Ecke Rivonia Road und Daisy Street,* ☎ *245-8000,* 🖷 *245-8099, www.johannesburg.radissonsas.com. Das Radisson Sandton Hotel ist ein elegantes Hotel im Herzen von Sandton.*

Rosebank Hotel $$$$ (9), *Ecke Tyrwhitt/Sturdee Ave, Rosebank,* ☎ *448-3600,* 🖷 *448-3735, www.therosebank.co.za. Freundliches Hotel ca. 10 km nördlich der City.*

Gold Reef City $$$$ (15), *Northern Parkway, Gold Reef City,* ☎ *248-5152,* 🖷 *248-5400, www.goldreefcity.co.za. 9 km zur City, pseudo-nostalgisch in Gold Reef City gelegen; sehr sicher (bewacht) und ruhig.*

The Michelangelo $$$$$ (5), *135 Weststreet, Sandton,* ☎ *282-7000,* 🖷 *282-7171, www.legacyhotels.co.za; wunderschönes Stadthotel mit Anschluss an die Shopping Mall in Sandton.*

Saxon $$$$$ (6), *36 Saxon Road,* ☎ *292-6000,* 🖷 *292-6001, www.thesaxon.com. Das Saxon Hotel liegt in einer der schönsten Wohngegenden von Johannesburg in der Nähe von Sandton und bietet afrikanische Eleganz mit individuellem Stil.*

Melrose Arch Hotel $$$$$ (8), *1 Melrose Square,* ☎ *214-6666,* 🖷 *214-6600, www. africanpridehotels.com. Man nennt es auch das erste Designer-Hotel in Johannesburg. Besonders aufregend sind in einem flachen Pool stehende Bartische. Etwas für den besonderen und kühleren, ultramodernen Geschmack.*

The Grace $$$$$ (10), *54 Bath Avenue, Rosebank,* ☎ *280-7200,* 🖷 *280-7333, www. thegrace.co.za. Eine der luxuriösesten Adressen der Stadt, mehrfach dafür ausgezeichnet.*

The Westcliff $$$$$ (13), *67 Jan Smuts Avenue,* ☎ *481-6000,* 🖷 *481-6010, www. westcliff.co.za. Super-Luxus pur im nördlichen Gebiet von Johannesburg. Blick auf eine grüne, hügelige Landschaft von einem hoch gelegenen Hang aus, wo sich der Zoo der Stadt befindet. Man glaubt nicht, in einer Stadt zu sein. Die Anlage ist so verwinkelt, dass nicht der Eindruck eines großen Hotels (115 Zi.) entsteht. Nach Sandton (zum Einkaufen) sind es nur wenige Fahrminuten. Hervorragendes Restaurant sowie sehr schöne Swimmingpool-Area. Die Terrasse eignet sich toll für einen Sundowner.*

Am Airport (29 km von der City)

Garden Court O.R. Tambo International Airport $$, *2 Hulley Road, Private Bag X5, O.R. Tambo International Airport 1627,* ☎ *392-1062,* 🖷 *974-8097, www.southernsun. com, sehr preiswert.*

City Lodge $$, *4 Sandvale Road, Edenvale,* ☎ *392-1750,* 🖷 *392-2644, www.citylodge. co.za. Saubere, zweckmäßige Zimmer, sehr gutes Preis-Leistungs-Verhältnis.*

InterContinental Johannesburg O.R. Tambo Airport $$$, *O.R. Tambo International Airport, gegenüber von Terminal 3,* ☎ *961-5400,* 🖷 *961-5401, www.southernsun.com. Hotel direkt am Flughafen, mit Pool, Restaurant, Bar und allen Annehmlichkeiten eines Luxus-Hotels.*

Southern Sun O.R. Tambo International Airport $$$$, *P.O. Box 388, Kempton Park 1620,* ☎ *977-3600,* 🖷 *631-6383, www.southernsun.com. 500 m vom Flughafen.*

D'Oreale Grande Emperors Palace $$$$$, *64 Jones Street, Kempton Park,* ☎ *928-1770,* 🖷 *928-1741, www.doreale.com. In diesem bombastischen Casino-Komplex befinden sich ein 5-Sterne-Luxus-Hotel, ein Familien-Hotel und ein Wellness Centre.*

In der Umgebung von Johannesburg (bis zu 1½ Autostunden)

Für alle folgenden Unterkünfte ist eine Reservierung essenziell! Sollten alle folgenden Hotels ausgebucht sein, bieten sich im Dreieck Magaliesberge-Honeydew-Krugersdorp genügend andere Unterkunftsmöglichkeiten.

Lesedi African Lodge (Cultural Village), *P.O. Box 699, Lanseria 1748,* ☎ *087-940-9933,* 🖷 *086-515-0084, www.lesedi.com. Hier wohnen Zulu, Xhosa, Pedi und Basuthu; Hütten stehen für Gäste zur Verfügung; 16 Zimmer.*

La Bougain Villa $$, *6 Smits Road, Dunkeld West 2196,* ☎ *447-3404,* 🖷 *442-5097, www.labougainvilla.co.za. Sehr schönes privates Haus mit schönem Garten und Swimmingpool, große Zimmer, ruhig gelegen (in der Nähe der Shopping Centers von Hyde Park, Sandton und Rosebank).*

Wickers Riverside Estate $$, *R24 Rustenberg Road, Magaliesburg 2805,* ☎ *083-633-8770, www.wickers.co.za. Schönes Hotel in Tallage mit schattigen Bäumen im Garten. Gute Küche. 40 Autominuten zur City.*

Heia Safari Ranch $$$ (1), *Muldersdrift Road,* ☎ *919-5000,* 🖷 *919-5078, www.heia-safari.co.za. Eine „Institution" des deutschstämmigen Herrn Richter, inmitten einer typischen Highveld-Landschaft. Die Heia Safari Rondavels (riedgedeckt) sind sehr luxuriös eingerichtet und sehr geräumig. Herrlich: Afrikanische Tiere wie Zebras und Giraffen laufen frei herum und schauen vielleicht ins Fenster. Swimmingpool vorhanden; in unmittelbarer Nähe findet auch der Sonntagsbraai mit den besuchenswerten Eingeborenen-Tänzen statt.*

Misty Hills $$$, *Muldersdrift 1747, 69 Drift Boulevard, off DF Malan Drive,* ☎ *950-6000,* 🖷 *957-3212, www.mistyhills.warwickhotels.com. Idyllisch gelegene Lodge mit dem bekannten Carnivore Restaurant (besonders gut: afrikanische Wildgerichte). Ursprünglich war die Anlage ein Kloster. Geschmackvoll eingerichtet, ruhig gelegen.*

Valley Lodge $$$, *P.O. Box 13, Jennings Street, Magaliesburg 1791,* ☎ *014-577-1301,* 🖷 *014-577-1306, www.valleylodge.co.za. Großzügig angelegtes Landhotel mit geschmackvoller Einrichtung und verschiedensten Sportmöglichkeiten. 1½ Autostunden von der City.*

Mount Grace Country House & Spa $$$$$, *Private Bag 5004, Magaliesburg 2805,* ☎ *014-577-5600,* 🖷 *014-577-5777, www.grace.co.za. Es ist eines der luxuriösesten Landhotels Südafrikas und eignet sich ideal zum Entspannen. Riedgedeckte Chalets, gutes Restaurant, Bücherei und Sportmöglichkeiten. Frühmorgens bietet sich eine fabelhafte Aussicht über den Bodennebel des Magaliestales. 1½ Autostunden von Jo'burg.*

🛏 Apartments/Self Catering

Sandton Village House, *Ecke Concourse Crescent/Alliway Str., Lonehill, Sandton,* ☎ *465-3551,* 🖷 *465-7042.*

Bellgrove Guest House, *8A Trebyam Ave., Rivonia,* ☎ *803-4643, mobil: 082-731-9692,* 🖷 *807-0920.*

Inanda´s First Bed&Breakfast, *36 First Ave., Illovo, Sandton,* ☎/🖷 *788-2276, mobil: 082-418-2565.*

🛏 Jugendherbergen

Backpacker´s Ritz $ (16), *1A North Rd., Dunkeld West 2196,* ☎ *325-7125,* 🖷 *325-2521, www.backpackers-ritz.com. Zwischen Rosebank und Sandton gelegen, sehr beliebt,*

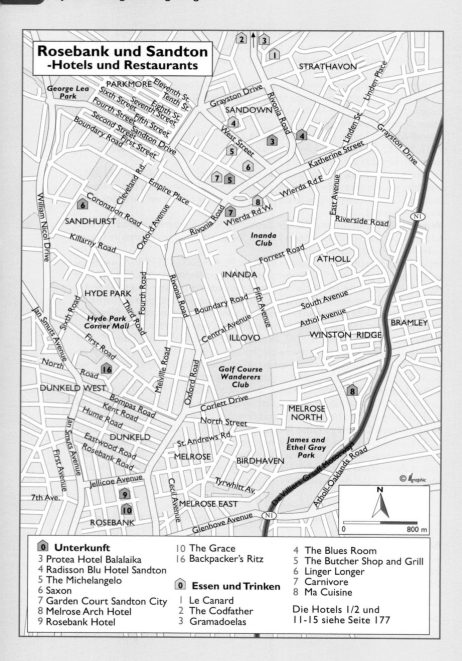

Rosebank und Sandton
-Hotels und Restaurants

Unterkunft

3 Protea Hotel Balalaika
4 Radisson Blu Hotel Sandton
5 The Michelangelo
6 Saxon
7 Garden Court Sandton City
8 Melrose Arch Hotel
9 Rosebank Hotel

10 The Grace
16 Backpacker's Ritz

Essen und Trinken

1 Le Canard
2 The Codfather
3 Gramadoelas

4 The Blues Room
5 The Butcher Shop and Grill
6 Linger Longer
7 Carnivore
8 Ma Cuisine

Die Hotels 1/2 und
11-15 siehe Seite 177

Pool, Bar, Garten, Zeltplätze vorhanden. Das Gebäude ist sehr schön und es wird viel Wert auf Sicherheit gelegt. Sehr sauber.

Airport Backpackers $, *3 Mohawk Str., Kempton Park 1619,* ☎ *880-5108,* 🖷 *880-5655. Zum Flughafen günstig gelegen, sauber.*

Rockey´s of Fourways $, *22 Campbell Rd., Craigavon, Sandton,* ☎ *465-4219,* 🖷 *467-2597, www.icon.co.za/~bacpacrs/Home.html. Obwohl Rockey´s etwa 20 km von der Stadt entfernt liegt, ist es sehr zu empfehlen. Hier gibt es neben Pool, großem Garten und Bar freundliche und kompetente Beratung. Zeltplätze vorhanden. Shopping-Möglichkeit in der Nähe.*

Gemini Backpackers $, *1 Van Gelder Str., Crystal Gardens,* ☎ *882-6845 oder 076-572-5408,* 🖷 *882-5022, www.geminibackpackers.co.za. Saubere und gemütliche Herberge mit breitem Freizeit- und Sportangebot, nicht weit von Sandton. Doppelzimmer und Schlafsäle, Nachteil: Geschäfte nicht in Fußweite!*

Inchanga Ranch Resort, *51 Inchanga Road, Craigavon,* ☎ *708-2505 oder 708-1304, gehört zu den Häusern des Jugendherbergswerks Südafrikas, Hostelling International South Africa (HISA).*

⚠️ **Campingplätze**

Die meisten Campingplätze in der Umgebung von Johannesburg erlauben das Zelten nicht. Es ist Voraussetzung, dass zumindest ein Kfz mit Trailer benutzt wird.

Aventura Heidelbergkloof, ☎ *016-341-2413,* 🖷 *016-341-6758. 40 km von der City, Zelte erlaubt. Der Caravanpark liegt an der R23 direkt am Suikerbos Nature Reserve.*

Aventura Kareekloof, ☎ *016-365-5334,* 🖷 *016-365-5628. 40 km von der City, ebenfalls am Suikerbos Nature Reserve gelegen; es stehen 240 Stände zur Verfügung.*

🍴 **Restaurants**

Es gibt eine Fülle von Restaurants aller Geschmacksrichtungen in Johannesburg. Mein Tipp ist, mittags nur eine Kleinigkeit in den teilweise sehr guten Fast-Food-Lokalen zu essen und den Hunger für abends aufzusparen. Insbesondere die guten Meeresfruchtspezialitäten und afrikanisches Wildfleisch sind sehr zu empfehlen. Nicht jedermanns Sache ist die deftige burische Küche mit Boerwürsten u. Ä. und die schwarzafrikanischen „Leckereien" wie Würmer. Dennoch sollte man sich einmal ein Herz fassen und diese probieren! Die Köche geben sich alle Mühe, es dem verwöhnten europäischen Gaumen recht zu machen. Mit einem Steakgericht liegt man in Südafrika niemals falsch.

Die Kellner, besonders die jüngeren, stellen sich sehr häufig mit ihrem Vornamen vor, den Sie sich merken sollten. Es ist immer höflicher, ihn dann später beim Vornamen zu nennen, als einfach „Waiter" zu rufen.

In fast allen Restaurants dürfen Sie Ihre eigene Flasche Wein mitbringen und sie dort für eine geringe Gebühr genießen.

Die folgende Liste ist nur eine kleine Auswahl von guten bis sehr guten Restaurants. Eine ausführlichere Liste finden Sie sowohl im „Eat Out Restaurant Guide" als auch im „Blake's Guide to Johannesburg". Besonders an Wochenenden ist Reservierung empfehlenswert, auch weil die reservierten Tische meist die besten sind.

Mittlere bis gehobenere Preisklasse

Le Canard (1), *163 Rivonia Road, Morningside, Sandton,* ☎ *884-4597,* 🖷 *883-8735, www.lecanard.co.za. Elegantes Restaurant mit sehr interessantem und abwechslungsreichem Menü. Sonntags geschlossen, öffnet samstags erst um 19h.*

The Codfather (2), I First Ave., Ecke Rivonia Road, Morningside 2057, ☎ 803-2077, 🖷 803-5633, www.thecodfathervillage.co.za. Seafood nicht nur in Kapstadt: auch in Johannesburg gibt's tolle Meeresgerichte. Den Fisch können Sie selbst auswählen. Es gibt auch eine Sushi-Theke.

Gramadoelas (3), Market Theatre Complex, Bree Str., Newtown, ☎ 838-6960, 🖷 838-6729, www.gramadoelas.co.za. Exzellente kapmalaiische Küche mit besten Zutaten – afrikanisches Ambiente. Selbst Bill Clinton war hier! Achtung: So und Mo mittags geschlossen.

The Butcher Shop and Grill (5), Shop 30, Nelson Mandela Square, ☎ 784-8676, 🖷 784-8674, thebutchershop@mweb.co.za. Das Restaurant nennt sich „South Africa´s Red Meat and Red Wine Capital". Damit ist alles gesagt. Steaks vom Feinsten in Qualität und Größe. Am Eingang gibt´s gemütliche alte Sofas für einen Kaffee oder Aperitif.

Linger Longer (6), 58 Wierda Road, off Johan, Wierda Valley, Sandton, ☎ 884-0465, 🖷 884-4798, lingerlonger@idws.co.za. Geöffnet Mo–Fr zum Lunch, Mo–Sa zum Dinner. Tolle Wildgerichte, Fisch und Topfenpalatschinken Schloss Fuschl!

Carnivore (7), Muldersdrift Estate, 69 Drift Boulevard, ☎ 950-6000, 🖷 957-3132, www.rali.co.za, „Erlebnisrestaurant", viele exotische Fleischsorten vom Spieß.

Ma Cuisine (8), Ecke 7th und 3rd Avenues, Parktown North, ☎ 880-1946, geöffnet Di–Sa zum Lunch und Dinner. Französische Top-Küche – jeder Gourmet sollte hier einmal essen!

Außerhalb des City Centers

The Swiss Inn, Garden Shopping Mall, 170 Hendrik Verwoerd Drive, Randburg, ☎ 789-3314, 🖷 787-9903. Hauptsächlich Schweizer Spezialitäten. Zu empfehlen ist das Fondue.

Preiswertere Restaurants

Günstige Lokale und Restaurants aller Geschmacksrichtungen finden sich an der 7th Street in Melville, in Greenside, Rosebank und an der Grant Ave in Norwood und natürlich auch in allen größeren Shopping Malls.

Asiatische Restaurants

Wer nun gar nicht mehr südafrikanisch essen mag und auch die englische Küche satt hat, der sollte sich einmal in ein asiatisches Restaurant begeben. Neben der bei uns ja schon hinreichend bekannten chinesischen Küche empfiehlt es sich in Südafrika vor allem, malaiische und indische Restaurants aufzusuchen. (Aber Achtung! Besonders die Inder kochen sehr scharf.) Zu empfehlen:

Golden Peacock, Shop N28, Oriental Plaza, Fordsburg, ☎ 836-4986. Ein Geheimtipp für indische Spezialitäten. Selbst viele Inder kommen hierher, um ihre geliebten Samosas im angeschlossenen Take-away zu kaufen. Die Gerichte im Restaurant sind einfach, aber gut. Preisgünstig!

Karma, Ecke Gleneagles und Greenfield Roads, Greenside, ☎ 646-8555, www.karmakorporate.co.za. Nett eingerichtetes Restaurant mit indischer Küche (Tandoori), sehr schmackhafte Gerichte.

☞ **Unterhaltung**

In einer Stadt wie Johannesburg ist eigentlich immer etwas los. Sich durch den Dschungel an Möglichkeiten zu finden ist nicht immer ganz einfach. Ständig werden neue Broschüren und Stadtmagazine herausgegeben, die leider aber auch oft genauso schnell wieder verschwinden. In diesen sind die wesentlichen Adressen, Restaurants, Hotels u. a. aufgeführt. Hier einige etablierte Informationsquellen:

„Blakes Guide to Johannesburg and it's Environs" *ist speziell für Touristen ge-schrieben und bietet in Kurzform fast alle erforderlichen Infos.*
„SA City Life", *Veranstaltungen, Restaurants, Konzerte und Unterhaltungstipps, mit vie-len In-Tipps vor allem für junge Leute.*
„Blakes What´s on in Gauteng" *ist speziell für Touristen geschrieben und bietet in Kurzform fast alle erforderlichen Infos. Auch im Internet unter www.gauteng.net.*
„Eat Out", *ein sehr ausführlicher Restaurant-Führer, der ganz Südafrika abdeckt. Die gut recherchierten Einträge machen es leicht, für jeden Geschmack das richtige Restaurant zu finden.*
„Rossouw's Restaurants", *auf der Website www.rossouwsrestaurants.com findet man die besten Lokale und Restaurants in Südafrika.*
Tagesereignisse, Theater, Musicals und Ähnliches sind in Tageszeitungen oder den Informa-tionsbroschüren von Computicket am besten beschrieben. Die weitaus beste Tageszeitung ist dafür der **„Star".** *Jeder Veranstalter, der glaubt, etwas Besonderes zu bieten, inseriert in die-ser Zeitung.*
Computicket *befindet sich in jedem größeren Shopping Center Südafrikas. Die zentrale Rufnummer für Johannesburg ist:* ☎ *340-8000, www.computicket.co.za.*

Nachtleben

Das Nachtleben in Johannesburg kennt keine Grenzen. Wer also nicht ins Theater möchte oder nicht nur zum Essen ausgehen will, dem bieten sich viele Möglichkeiten. Zu empfehlen sind vor allem die Musikkneipen, die besonders am Wochenende mit Livemusik aufwarten. In der Regel kann man in jedem dieser Lokale auch speisen, sodass sich das „Nützliche" mit dem Angenehmen gut verbinden lässt. Alle aufgeführten Lokalitäten sind – bei Einhaltung der Sicherheitsregeln – bedenkenlos zu besuchen. Zu beachten ist, dass Ju-gendliche erst ab 21 Jahren freien Einlass in die folgenden Lokalitäten haben, ansonsten ist die Begleitung Älterer Voraussetzung (wegen des Alkoholausschanks).

Musikkneipen (Livemusik)
The Blues Room *(4, Karte S. 180), Village Walk Mall, Sandton,* ☎ *784-5527, www. bluesroom.co.za. Wie der Name schon sagt: Blues, Jazz und gelegentlich auch Rock. Sehr beliebt.*
Roxy Rythm Bar, *20 Main Rd., Melville,* ☎ *726-6019, www.clubroxy.co.za. Musik aller Stilrichtungen für jüngeres Publikum.*
Bassline, *10 Henry Nxumalo Street, Newton Music Center,* ☎ *838-9145/6, www.bassline. co.za. Kleiner, angesagter Laden, bietet Di–So modernen internationalen Jazz.*

Diskotheken
Diskotheken in Johannesburg bieten Ähnliches wie in Europa. Wer aber trotzdem gerne ein-mal losziehen möchte, sollte sich in den Stadtteilen Mel-ville, Norwood und Rosebank umschauen. Da die Szene sich sehr schnell ändert, fragen Sie am besten in Ihrem Hotel oder einen Ortskundigen, welche Clubs gerade an-gesagt und sicher sind.
Ratz Bar, *9B Seventh Str., Melville,* ☎ *726-2019. Hier wird die ganze Nacht zu guter Musik mit netten Leuten gefeiert.*

 Hinweis

Meiden Sie die Diskothek „Masquerade" in der Wiellligh Street gleich um die Ecke des Carlton-Hotels. Hier ist es etwas unsicher und es gibt Gangs, die es spätabends be-sonders auf Touristen abgesehen haben.

Nightclubs

Unter Nightclub versteht man in Johannesburg eine Art von Diskothek. In der Regel verbindet der Südafrikaner den Besuch eines Nightclubs mit einem Abendessen. Häufig wird dieses auch als Dinner Dancing bezeichnet. Eine Reservierung ist unbedingt erforderlich. Für das Publikum ab Mitte 30 bieten sich aber eher die Dinner-Dancing-Veranstaltungen der größeren Hotels an. Und fast jedes dieser Hotels führt solche Veranstaltungen an den Wochenenden durch.

Manhattan Club, *19 Wessels Road, Rivonia, Sandton,* ☎ *803-7085, www.manhattanclub. co.za, geöffnet Do, Fr, Sa 20–4h. Elegant, exzellente Cocktails, ausgezeichneter Whiskey und Zigarren. Es gibt auch eine Raucher-Bar.*

Tanz Café, *Riverside Mews, Ecke River Road und Bryanston Drive, Bryanston,* ☎ *463-5937 oder 463-3128, www.tanzcafe.co.za, Abendessen ab 19h, Show ab 20.30h. Dieses Restaurant / Bar bietet traditionelle argentinische Küche und ein umfangreiches Abendprogramm, darunter hiesige Bands, Komödianten und DJ's. Außerdem gibt es eine Tanzfläche.*

Moloko Bar Lounge, *160 Jan Smuts Avenue, Ecke 7th Avenue, Design District, Rosebank,* ☎ *447-1082 oder 082-458-0675, www.molokojoburg.com, geöffnet Do und Sa ab 21h. Exklusiv und angesagt. Hier kann man vor allem tanzen.*

Paros At Cantare, *Shop 9A Montecasino, Montecasino Boulevard, Fourways,* ☎ *511-0505, www.cantare.co.za, geöffnet tgl. ab 10h. Das Restaurant befindet sich im bekannten Montecasino Komplex und bietet mediterrane Küche und „live"-Unterhaltung am Freitagabend.*

Ruby Blue Nightclub, *2 Selborne Avenue, Hammets Crossing Corporate Park, Fourways,* ☎ *704-3837, www.ruby-blue.co.za, drei Bars, modern und elegant.*

Pubs

Guildhall, *Ecke Harrison/Market Street,* ☎ *833-1770, geöffnet Mo–Fr ab 11h, Sa 11–19h. Alter Pub in der Innenstadt, wo sich Banker und Büroangestellte zum Pub-Lunch treffen. Vor allem ein Treffpunkt der älteren Generation dieses Genres.*

Radium Beer Hall, *282 Louis Botha Ave., Orange Grove,* ☎ *728-3866. Echte Kneipe, wie sie im Buche steht: alt, etwas verbraucht, aber urig. Eines der ersten ethnisch gemischten Lokale in Südafrika. Mit Restaurant.*

☞ Theater

Anglikanische Städte sind immer bekannt gewesen für ihr reichhaltiges Theater- und Musicalangebot. Johannesburg macht da keine Ausnahme. An jeder zweiten Straßenecke gibt es im Stadtzentrum ein Theater. Meist werden hier Komödien gezeigt, aber auch anspruchsvollere experimentelle Stücke gehören zum Angebot. Informieren Sie sich vor Ort anhand der Tageszeitungen oder der o. g. Broschüren über das aktuelle Angebot. Buchen Sie über Computicket. Als die besten Theater (wenn man das überhaupt so pauschalisieren kann) gelten zurzeit:

Market Theatre Complex, *s. S. 160.*

The Joburg Theatre, *Loveday Street, Braamfontein,* ☎ *877-6800, www.showbusiness. co.za, klassisch und Ballett.*

Pieter Toerien's Montecasino Theatre, *Shop 65, Montecasino Boulevard, Ecke William Nicol Drive und Witkoppen Road, Fourways,* ☎ *511-1988, www.montecasinotheatre. co.za, klassisch und Musicals.*

Theatre on the Square, *Nelson Mandela Square, Sandton,* ☎ *883-8606, bunt gemischtes Programm für die leichte Unterhaltung. Neben dem „The Butcher Shop And Grill" und* der „Sandton Library" gelegen. Der Eingang und die Parkgaragen befinden sich in der West Street und 5th Street.

Galerien

Aus der Fülle von Galerien sind die folgenden besonders hervorzuheben:
Johannesburg Art Gallery, s. S. 165.
Everard Read Gallery, 6 Jellicoe Ave., Rosebank, ☎ 788-4805, www.everard-read.co.za. Häufig Ausstellungen bekannter schwarzer Künstler, geöffnet Mo–Fr 9–18h, Sa 9–13h.
Kim Sacks Gallery, 153 Jan Smuts Avenue, Parkwood, ☎ 447-5804. Neben gelegentlichen Gemäldeausstellungen vor allem spezialisiert auf Skulpturen und Porzellan.
Goodman Gallery, 163 Jan Smuts Avenue, Rosebank, ☎ 788-1113, www.goodman-gallery.com, geöffnet Di–Fr 9.30–17.30h, Sa 9.30–16h.

Pferderennen

Dieses Ereignis, das hauptsächlich an Sonnabenden stattfindet, ist nicht nur etwas für Pferdeliebhaber. Die Bedeutung des Pferderennens ist in allen anglikanischen Ländern sehr groß, da es vor allem eine gute Möglichkeit bietet zu wetten.
Während nur ein Teil der Wettbegeisterten am Racecourse gebannt ihren Pferden hinterherschauen, sitzen die anderen in unzähligen Wettlokalen in der Stadt und drücken ihre Nasen an die Fernsehschirme, die die Rennen live übertragen. Ein Besuch auf einer Rennbahn ist immer ein Erlebnis. Die bekannteste Rennbahn ist „Turffontein" (südl. der City, entlang der Eloff Rd., dann Turffontein Rd.). Nähere Auskünfte erteilt der **Jockey Club**: ☎ 683-9283.

> ### ▶ Tipp für Golffreunde
>
> In Johannesburg gibt es den berühmten „Royal Johannesburg Golf Club" (Linksfield-North, Fairway Ave, P.O. Box 46017, Orange Grove, ☎ 640-3021). Hier darf man als Gast spielen und kann sich auch die Ausrüstung mieten. (Nur sonnabends ist für „Member's only".) Besonders eindrucksvoll ist das Clubhaus, wo man abends auch gut essen kann.

Einkaufstipps

Commissioner und Market Street: Hier finden Sie alles, was Fotoapparate, Kameras und Souvenirläden angeht.
ME-Store, ☎ 789-1604, Crossroads Shopping Centre, Hill St., Randburg: Hier gibt es die größte Auswahl an Camping- und Angelzubehör.
Zwischen **Bahnhof** und **Kerkstreet** gibt es unzählige kleine Geschäfte, die alles verkaufen, was man sich nur vorstellen kann. Darunter befinden sich so manche alte Gebrauchsgegenstände, wie z. B. Taschenuhren, alte Ferngläser und andere Trödelgegenstände, die man in Deutschland nur noch schwer findet. Sie können meist auch mit dem Ladenbesitzer handeln, was das Ganze noch unterhaltsamer macht. Bei Wertgegenständen wie Goldschmuck, Diamanten oder Ähnlichem ist vom Handeln abzuraten.
Um die **Diagonal Street** herum treffen zwei Extreme aufeinander: zum einen das Bankenviertel und die Börse mit ihren großen Neubaupalästen, zum anderen existieren hier aber noch die kleinen alten Geschäftsgebäude aus der Zeit der Jahrhundertwende. Wie groß die Gegensätze sind, zeigt sich vor allem darin, dass es hier noch Geschäfte mit traditioneller Medizin gibt, die in der Regel sehr gut besucht sind. Eines davon befindet sich in der Pritchard Street. Hier werden neben Pulvern und Wurzeln auch Fetische verkauft. Ansonsten haben hier besonders Inder und Juden ihre Krämerläden.

Einkaufen in Soweto

Buchhandlungen
Exclusive Books *in allen größeren Einkaufszentren (Hyde Park Mall, Sandton City Mall und Rosebank Mall),* ☎ *798-0000, www.exclusivebooks.com.*

Juweliere und Edelsteine
Messias Diamond Cuttig World: *Hier können Sie sich Ihren Diamanten aussuchen und dabei zusehen, wie er nach Ihren Wünschen geschliffen wird.*
Schwartz Jewellers, *Sandton City, Sandton,* ☎ *783-1717. Der Laden gilt als Top-Adresse für Gold.*

Souvenirläden und große Shopping Malls
Das Einkaufsparadies schlechthin liegt in Sandton: im **Sandton City Shopping Center** *(www.sandton-city.co.za) finden Sie alles, was das Herz begehrt. Das Einkaufszentrum ist sehr sicher, und es bietet eine ausreichende Anzahl an Parkplätzen – in Johannesburg ein Luxus! Außerdem:*
Rosebank Mall*: www.themallofrosebank.co.za*
Randburg Waterfront*: www.rwaterfront.co.za*
Fourways Mall*: www.fourwaysmall.com*
Eastgate Shopping Centre*: www.eastgatecentre.co.za*

Einkaufen für eine Campingtour
Was das anbetrifft, besonders Gegenstände des täglichen Bedarfs, ist es ratsam, dieses in der nächsten kleineren Stadt zu erledigen oder in einer der Shopping Malls der Vorstädte. Das ist erheblich angenehmer und Sie können Ihr Fahrzeug direkt am Geschäft parken.
Campingzubehör ausleihen oder Second Hand kaufen kann man u.a. bei Jo'burg **Drifter's Adventure Centre**, *Shop U88A, Sandton City Shopping Center,* ☎ *783-9200.*

Für neues Zubehör sind die **Cape-Union-Mart**-*Geschäfte zu empfehlen. Sie finden sich in vielen größeren Shopping Malls.*

Taxis

Die Fahrt vom Flughafen in die Stadt kostet mit dem Taxi 350–400 ZAR, mit dem Bus 80 ZAR. Die Organisation ACSA ist eine anerkannte Vereinigung von Taxis und Shuttle Services, jedes Taxi mit einem ACSA-Zeichen ist zuverlässig. Kontakt am O. R. Tambo Flughafen: ☎ *390-1502.*
Taxis müssen telefonisch angefordert werden, sie dürfen nicht auf der Straße angehalten werden. ☎ *648-1212 oder 403-9625. Die Gebühr beträgt zzt. 2 Rand + 9–10 Rand pro Kilometer.*

Mietwagen

Mietwagen sollten auf jeden Fall in Deutschland über einen Veranstalter gebucht werden, da dies wesentlich günstiger ist. Es gibt unzählige Mietwagenunternehmen in Johannesburg. Wer auch noch durchs Land fahren will, sollte sich an die teureren überregionalen Unternehmen halten. Denn gibt es einmal Probleme mit dem Fahrzeug, kann dieses leicht an jeder Filiale im Land umgetauscht werden. Für Johannesburg selbst kann man eher dazu raten, mit dem Taxi herumzufahren, das erspart Nerven und Parkplatzsucherei und ist sicherlich auch billiger. Falls Sie aber in die Umgebung fahren wollen oder außerhalb wohnen, ist ein Mietwagen unumgänglich, da die Taxis nur im Stadtgebiet und zum Flughafen verkehren dürfen.
Eine Auswahl der größten Mietwagenunternehmen:
Avis, *Reservierung* ☎ *0861-113-748 oder 923-3660, Flughafen* ☎ *923-3730, Stadtbüro: 884-2221, www.avis.co.za.*
Budget, *Reservierung* ☎ *086-101-6622 oder 398-0123, Flughafen* ☎ *390-1924, Stadtbüro (Sandton): 883-5730, www.budget.co.za.*
Europcar, *Reservierung* ☎ *0861-131-000, Flughafen* ☎ *574-1000, Stadtbüro (Sandton): 883-4352, www.europcar.co.za.*
Hertz, *Reservierung* ☎ *0861-600-136, Flughafen* ☎ *390-2066, Stadtbüro (Sandton): 327-6589, www.hertz.co.za.*
Campers Corner (Campmobile), ☎ *789-2327 oder 787-9105, 11 Mimosa Street, Randpark Ridge, Randburg 2194, www.campers.co.za*
Thrifty Car Rental, *Reservierung* ☎ *086-100-2111, Flughafen* ☎ *230-5201, www.thrifty.co.za*

Innerstädtischer Busverkehr

Es gibt sechs Tarifzonen. Fahrscheine gibt es beim Fahrer oder an der Verkaufsstelle am Gandhi Square. Die Busse fahren zwischen 6 Uhr morgens und ca. 5 Uhr abends. An jeder Bushaltestelle sind die Strecken der einzelnen Buslinien beschrieben. Der größte Busbahnhof befindet sich am Gandhi Square, nahe dem Carlton Centre. Weitere Informationen erhalten Sie von **Metrobus** *unter* ☎ *375-5555 und auf der Website www.joburg.org.za.*
Busse nach Sandton und Tshwane (Pretoria) fahren ab dem Gandhi Square, nahe dem Carlton Center (Ecke Ellof und Main Street). Informationen unter ☎ *375-5555.*

Überregionale Busverbindungen

In der Regel reist man in Südafrika längere Strecken mit dem Bus, der zum einen billiger und zum anderen schneller als die Eisenbahn ist.

Die zwei größten Busunternehmen sind Greyhound und Translux.

Greyhound: *tägliche Verbindungen:*
 Tshwane (Pretoria) – Jo'burg – Kapstadt (Abfahrt: mittags und nachmittags)
 Tshwane (Pretoria) – Jo'burg – Durban (Abfahrt: früh morgens)
 Tshwane (Pretoria) – Jo'burg – Nelson-Mandela-Metropole (Port Elizabeth) (Abfahrt: nachmittags)
 Jo'burg – Nelspruit (Abfahrt: morgens)
 Tshwane (Pretoria) – Jo'burg – Kimberley: (Abfahrt: mittags)
Reservierung: ☎ *611-800 oder 083-915-9000, www.greyhound.co.za.*

Translux: *tägliche Verbindungen:*
 Tshwane (Pretoria) – Jo'burg – Nelson-Mandela-Metropole (Port Elizabeth) (Abfahrt nachmittags)
 Tshwane (Pretoria) – Jo'burg – Kapstadt (Abfahrt mittags und nachmittags)
 Tshwane (Pretoria) – Jo'burg – Durban (Abfahrt morgens und abends)
 Kimberley wird von Translux täglich auf der Strecke nach Kapstadt angefahren.
Reservierung: ☎ *774-3333, www.translux.co.za.*

Ein weiteres Busunternehmen, das von Kapstadt aus operiert, ist **INTERCAPE-Mainliner**. *Dieses Unternehmen fährt täglich von Johannesburg über Bloemfontein und Welkom nach Kapstadt. Außerdem gibt es eine tägliche Verbindung nach Upington. Reservierung:* ☎ *0861-287-287, www.intercape.co.za.*

Reservierungen können für alle Busunternehmen auch über **Computicket** *durchgeführt werden.* ☎ *340-8000 (Informationen), 083-915-8000 (Reservierungen).*
Alle Busse fahren vom Transit Center der Park City Station.

🚄 Eisenbahnverbindungen

Züge sind in der Regel langsamer als die Busse und etwas teurer, doch mag man vielleicht den Genuss einer Zugreise mit Bett und Restaurant nicht missen. Wer also lieber mit dem Zug fährt, sollte rechtzeitig buchen, besonders Plätze in der ersten und zweiten Klasse (Economy und Premier). Alle Züge gehören zu **Shosholoza Meyl** *und sind in verschiedene Klassen eingeteilt: Tourist, Economy und Premier.*
Folgende Zugverbindungen gibt es ab Johannesburg:

Trans Karoo, *Jo'burg – Kapstadt: Abfahrt täglich – Autoreisezug*
Trans Natal, *Jo'burg – Durban: Abfahrt täglich (außer dienstags)*
Algoa, *Jo'burg – Nelson-Mandela-Metropole (Port Elizabeth): Abfahrt täglich (außer samstags)*
Amatola, *Jo'burg – Buffalo City (East London): Abfahrt täglich (außer samstags)*
Marula, *Jo'burg – Musina (Louis Trichardt): Abfahrt täglich (außer samstags)*
Bosvelder, *Jo'burg – Musina (Louis Trichardt): Abfahrt täglich (außer samstags)*
Diamond Express, *Jo'burg – Kimberley: Abfahrt freitags und sonntags*
Komati, *Jo'burg – Tshwane (Pretoria) – Nelspruit – Komatipoort: Abfahrt täglich (außer samstags) – abends*
Diese Abfahrtstage bzw. -zeiten können sich immer wieder ändern, daher sollten Sie sich vor Ort erst einmal informieren.

Reservierung und Information: ☎ *086-000-8888 oder 774-4555, www. shosholozameyl.co.za.*

Ausflüge in die Umgebung von Johannesburg

Von Johannesburg bieten sich folgende Tagesausflüge an:

1. Fahrt in das Highveld südlich von Johannesburg

☞ Streckenbeschreibung

Länge der Tour: ab/bis Johannesburg ca. 250 km
Route/Sehenswertes: Vom Zentrum in Johannesburg folgen Sie der Eloff Street südwärts, bis Sie den Hinweisschildern auf die M2 folgen können. Die M2 befahren Sie ostwärts (M2 East), später biegen Sie am Geldenhuis Interchange auf die N3 Richtung Heidelberg. Von der N3 fahren Sie ab dem Interchange 29 km nach Süden, fahren an der Abfahrt zur R550 nach links ab und überqueren die N3, um nach weiteren 6 km westwärts der Ausschilderung zum Suikerbosrand Nature Reserve zu folgen. Nach weiteren 4 km kommen Sie an das Gate.

Suikerbosrand Nature Reserve

Kurz hinter dem Eingang befindet sich am modernen Verwaltungsgebäude (Diepkloof) eines der ältesten Farmhäuser von Gauteng (etwa um 1850 erbaut).

Wanderweg

Für den Tagesbesucher mag der „Cheetah Trail" (Wanderweg von etwa 4 km Länge, Dauer etwa 60–70 Minuten) interessant sein, denn man gelangt an einen steinzeitlichen Kraal - ein Zeitzeuge für die Besiedelung des Gebietes vor der Ankunft der Weißen. *Cheetah Trail*

Von Diepkloof aus führt eine 36 km lange geteerte Straße durch eine Landschaft, wie man sich das Highveld schon vor etwa 200 Jahren vorstellen muss. Zwischen Felsgraten liegen weite Grasflächen, auf denen Antilopen weiden. Das gesamte Naturschutzgebiet umfasst etwa 13.500 ha. Außer Antilopen leben hier Geparde, Kudus, Paviane, Gnus, Hyänen, Schakale. Über 200 Vogelarten sind hier heimisch. In der Pflanzenwelt fällt vor allem die *Aloe davyana* auf, die zu den besonders kleinen Aloearten zählt und nie größer als etwa 50 cm wird. Ihre lachsroten Blüten kann man auf dem trockenen „veld" besonders in den späten Wintermonaten (Juli/August) sehen. Beim Verlassen des Naturschutzgebietes ist ein Abstecher zum Kareekloof Public Resort reizvoll. Hier gibt es ein hübsches kleines Ferienresort (Hütten zum Mieten, Schwimmbad).

Der R557 folgen Sie nun nach Südosten bis zur R549, die nach Südwesten führt zum

Vaal Dam

Der Stausee, auch als „Highveld Inland Sea" bezeichnet, versorgt Johannesburg mit Wasser. Er dient als Erholungsgebiet (Segeln, Schwimmen, viele kleine Erholungs- *Erholungsgebiet* resorts). Die Uferlänge des Sees misst mehrere hundert Kilometer. Man mag's nicht glauben: Das Wasser des Vaal-Damms stammt von den Midlands in Natal. Es wird über den Drakensberg gepumpt und in den Sterkfontein-Damm geleitet. Von hier fließt das Wasser in den Wilge River, der den Vaal-Damm speist.

Vom Vaal-Damm folgen Sie der R549 wieder zurück und fahren nach

Heidelberg

Diese Kleinstadt entstand am Kreuzungspunkt der alten Ochsenkarren-Trails, die nach Tshwane (Pretoria), Potchefstroom, Bloemfontein und Durban führten. 1860 gründete hier der deutsche Kaufmann *Heinrich Ückermann* ein Geschäft und benannte das entstehende Örtchen nach seiner alten Universitätsstadt in Deutschland. Während des Goldrausches entstanden hier 18 Hotels und während des Anglo-Transvaal-Krieges (1880–81) residierte hier vorübergehend sogar die Transvaal-Regierung. Im alten Bahnhofsgebäude ist heute das Heidelberg Transport Museum untergebracht. Hier sind die größte Sammlung südafrikanischer Fahrräder, Dreiräder und Motorräder ebenso sehenswert wie etwa 30 Autoveteranen.

2. Fahrt zum Hartbeespoort Dam und zu den Magaliesbergen

 Streckenbeschreibung

Länge der Tour: ca. 280 km
Route/Sehenswertes: Von Johannesburg aus folgen Sie der Straße nach Sandton oder befahren die N1 North. Sie fahren dann die R511 North von Fourways weiter nach Norden. Diese Straße stößt auf die R27, der Sie nun nach Nordwesten folgen. Nach einigen Kilometern geht die R514 nach Nordosten ab Richtung Tshwane (Pretoria). Gleich nach der Abbiegung (ca. 1 km) gibt es den Hartbeespoort Cableway.

Hartbeespoort Cableway

Diese Seilbahn ist 1.200 m lang und führt auf die Höhe der Magaliesberge. Von oben genießt man einen exzellenten Blick auf die Gebirgskette. Die Magaliesberge bilden die Grenze zwischen Gauteng und der Limpopo Province. Sie fahren nun die gleiche Strecke bis zur R27 wieder zurück und gelangen zum Abzweig in die 513, die Sie nach Kosmos am Hartbeespoort Dam führt.
Hartbeespoort Cableway: *geöffnet Mo–Sa von 10–15.30h, So 10–17h.*

Hartbeespoort Dam

Naherholung und Anbau von Früchten

Dieser Stausee, bereits 1923 erbaut, dient der Bewässerung der umliegenden Farmregionen. Das Wasser wird mittels eines 544 km langen Kanalsystems auf etwa 16.000 ha große Feldflächen geleitet, wo Tabak, Weizen, Luzerne, Blumen und ver-

Der Stausee Hartbeespoort Dam

schiedene subtropische Früchte angebaut werden. Daneben dient die 12 km² große Wasserfläche der Naherholung (Wassersport, Fischen).

Wenn Sie Ihre Fahrt hier beenden möchten, können Sie über die R512 weiter nach Osten fahren, um später in die R511 South nach Johannesburg zurückzugelangen. Sollten Sie eine größere Rundfahrt bevorzugen, so fahren Sie die R512 wieder nach Norden und biegen in die R27 West ein, die Richtung Rustenburg führt. Von hier aus kommen Sie nach ca. 5 km an die Stelle, wo die R27 rechts nach Rustenburg führt. Sie fahren hier jedoch geradeaus. Die Straße führt entlang einiger Zitrusplantagen, später durch typisches Buschveld. Anschließend folgen Sie dem Schild nach „Maanhaarrand", eine kurze Abzweigung ostwärts führt zum kleinen Buffelspoort-Damm. Weiter nach Süden geht die Straße in die Gravel-Road über. Vom Breedt's Nek haben Sie nochmals eine schöne Aussicht auf die Magaliesberge. Ihre Straße mündet nun auf die R24. Bei Hekpoort biegen Sie nach Südosten in die R563, später die R47, ein, die Sie nach Johannesburg (Mündung in die N1) zurückführt.

3. Fahrt zum Wilhelm Prinsloo Agricultural Museum und dem Botshabelo Game Reserve mit dem sehenswerten Fort Merensky sowie dem malerischen Ndebele-Dorf

Willem Prinsloo Agricultural Museum

Dieses Freilichtmuseum war einst eine Farm, die als Freilichtmuseum wiederbelebt wurde. Am Wochenende finden verschiedene Vorführungen statt (Brotbacken,

> ## 👉 Streckenbeschreibung
>
> **Länge der Tour**: ca. 350 km
> **Route/Sehenswertes**: Sie fahren von Johannesburg aus kommend auf der N1 nach Tshwane (Pretoria) und von hier aus weiter auf die N4 East. Nach etwa 25 km auf der N4 zweigt die R515 nach Norden ab. Etwas später biegen Sie nach Osten in die R104 ab, die parallel zur N4 verläuft. Etwa 4 km hinter dieser Abzweigung führt ein kurzer Weg zum Willem Prinsloo Agricultural Museum.

Schmieden, Schafschur). Auch ein leckerer Peach Brandy (Pfirsich-Obstler) wird hier gebrannt.
Willem Prinsloo Agricultural Museum: ☎ *012-736-2035*, 🖷 *012-736-2037*, *prinsloo@nfi.museum*.

In Bronkhorstspruit erreichen Sie wieder die N4 und folgen ihr bis zur Abzweigung nach Middelburg. (Der Name dieses Städtchens rührt aus den alten Siedlerzeiten her, als Middelburg in der Mitte zwischen Tshwane (Pretoria) und Lydenburg lag.) Wenn Sie der Kerkstraat nach Norden folgen, kommen Sie automatisch auf die R35, die bis zur Abzweigung zum Botshabelo Game Reserve führt. Auf einer Gravel-Road gelangen Sie zum

Fort Merensky

Ort der Zuflucht „Botshabelo" bedeutet „Ort der Zuflucht". Eine Mission dieses Namens wurde hier 1865 von *Alexander Merensky* gegründet, einem Missionar der Berliner Missionsgesell-

Fort Merensky

schaft. Die Mission diente als Zufluchtsort für zum Christentum bekehrte Afrikaner, die von den Kriegern des Häuptlings *Sekukuni* verfolgt wurden. Um die Mission und seine Bewohner besser schützen zu können, erbaute *Merensky* ein Fort auf dem Hügel des Missionsgeländes. Ursprünglich nannte er es „Fort Wilhelm", und die kleine Schutzburg ist eine Mischung aus Sotho-Steinbaukunst und deutscher Burgarchitektur.

Wenn Sie nun den Zufahrtsweg wieder zurückfahren, gelangen Sie zum alten Missionshaus, und am gegenüberliegenden Ufer des Klein Olifants River liegt ein malerisches Dorf:

Ndebele-Dorf

Hier leben Nachkommen der ehemaligen Glaubensflüchtlinge, die in der Mission Zuflucht und Schutz gesucht hatten. Besonders sehenswert sind die farbigen, mit abstrakt wirkenden Mustern bemalten Hütten und Schutzwände. Der gesamte Komplex liegt inmitten des kleinen Botshabelo Game Reserve.

Nachkommen der Glaubensflüchtlinge

Botshabelo Game Reserve

Auf kleineren Wanderungen können Sie vor allem Elenantilopen, Springböcke und Gnus sehen.

Zurück nach Johannesburg gelangen Sie wieder über die R35 South auf die N4 und bei Witbank biegen Sie in die R22 West ab.

Johannesburg: Drehscheibe für Flugsafaris

Zum Kruger Park

Wer nur wenig Zeit zur Verfügung hat, kann Flugsafaris zum Kruger National Park buchen. Die Abflüge finden täglich statt. Die Übernachtung kann wahlweise in den Camps des Kruger National Parks erfolgen oder in den privaten Wildschutzgebieten am Westrand des Kruger Parks.

Ins Okavango-Delta in Botswana

Im Anschluss an eine Südafrika-Reise ist die Organisation eines Aufenthaltes im herrlichen Okavango-Delta in Botswana gut von Johannesburg aus möglich. Sie fliegen von hier aus nach Maun und nehmen dann je nach der zur Verfügung stehenden Zeit an einer Safari teil, die ins Okavango-Delta führt.

Zu den Victoria-Fällen in Zimbabwe

Täglich gibt es von Johannesburg aus Flugverbindungen nach Victoria Falls. Hier gibt es die eindrucksvollsten Wasserfälle Afrikas. Für diesen Ausflug sollten drei Tage angesetzt werden.

Anschluss-Strecken

Aufgrund seiner verkehrsmäßig äußerst zentralen Lage kann man von Johannesburg alle Ziele des Landes ohne Umstände per Flugzeug und Auto erreichen. Die Haupt-Straßenachsen führen nach Osten zum Kruger Park/Blyde River Canyon, nach Süden nach Durban, nach Südwesten nach Kapstadt und nach Westen nach Kimberley und nach Namibia.

Als Zwischenstopp auf dem Wege nach Nordosten (also Blyde River Canyon bzw. Kruger Park) empfehle ich den Ort Dullstroom (ca. 2 ½ Fahrstunden vom Flughafen Johannesburg). Dullstroom ist ein friedlicher, kleiner Ort. Die Landschaft erinnert an das schottische Hochland und liegt ca. 2.000 m über dem Meer. Hier gibt es intensive Forellenzucht.

Reisepraktische Informationen Dullstroom (Mpumalanga)

Vorwahl: *013*

Unterkunft
The Dullstroom Inn $$, *P.O. Box 44, Dullstroom 1110,* ☎ *254-0071,* 🖨 *254-0278. Altes, sauberes und atmosphärisches, typisch südafrikanisches Landhotel.*
Forever Aventura Loskopdam-Camp *am Loskopdamm 44 km nördlich von Middelburg, über R35 erreichbar, Private Bag X1525, Middelburg 1050. Die R 575 nach Middelburg, dann rechts auf die R 555, die zur N11 wird. Nach 45 km erreicht man das Resort.* ☎ *262-3075,* 🖨 *262-5269, www.foreverloskopdam.co.za.*
Toll in Dullstroom ist das sehr preiswerte **The Old Transvaal Inn $$**, *P.O. Box 17, Dullstroom 1100,* ☎/🖨 *254-0222. Sehr sauberes, gemütliches Gasthaus.*
Critchley Hackle $$$$, *Teding van Berkhout Street,* ☎ *254-0149,* 🖨 *254-0262, www. critchleyhackle.co.za. Sehr gemütlich, an idyllischen Forellenteichen gelegen, sehr viel Atmosphäre.*
Walkersons Hotel & Spa $$$$, *zu erreichen über die R 500, 20 km nördlich des Ortes,* ☎ *253-7000,* 🖨 *253-7230, www.walkersons.co.za. Eines der luxuriösesten Landhotels, riedgedeckte Steinhäuschen (sehr gemütlich) am See, Angelmöglichkeit in 10 Seen! Tolles Restaurant mit ungewöhnlichen Spezialitäten.*

Restaurants
Eher ländlich-elegant in der **Critchley Hackle Lodge**, *rustikal-südafrikanisch im* **Dullstroom Inn**.
Harrie's Pancakes, *Ecke Main Road / Gunning Street,* ☎ *254-0801, geöffnet täglich 8–17h, tolle Pfannkuchen, leichte Gerichte (Sandwiches, Suppen).*

Tshwane (Pretoria)

Überblick

Natürlich ist die offizielle Hauptstadt ein kleines „Muss" für jeden Südafrika-Reisenden. Sobald man das eher hektische Johannesburg verlassen hat, erreicht man nach knapp 60 km die „Beamtenstadt", in der die Gangart ruhiger ist.

Auf dem Wege von Johannesburg kommend, lohnt das Voortrekker Monument eine Besichtigung, und beim Verlassen der Stadt in Richtung Kruger National Park ist die Cullinan-Mine (Premier Diamond Mine) ein interessanter Stopp. In der Stadt sind vor allem die Union Buildings neben anderen Kleinoden einen Besichtigungsgang wert.

Allgemeines

Die Hauptstadt der Republik Südafrika liegt mit 1.367 m etwa 400 m niedriger als Johannesburg. Dadurch ist das Klima im Sommer heißer und im Winter milder, wozu natürlich auch die geschützte Lage zwischen einer südlichen Hügelkette und den nordwestlichen Magaliesbergen beiträgt.

Die Stadt wurde bereits 1855 durch *Marthinus Wessel Pretorius* gegründet, der sie nach seinem Vater, *Andries Pretorius*, benannte. Dieser hatte nämlich die entscheidende Schlacht am Blood River gewonnen und damit die weiße Besiedlung Gautengs eingeleitet. Seit Bestehen der Republik Südafrika ist Tshwane (Pretoria) Hauptstadt. Da das südafrikanische Parlament in der ersten Jahreshälfte in Kapstadt tagt, muss auch die Regierung umziehen. Das fällt im heißen Sommer des Highvelds nicht schwer, da dann Kapstadt eine klimatisch und landschaftlich besonders reizvolle Alternative bietet.

Im Rahmen der Reorganisation der Verwaltungsbezirke, bemüht sich die heutige Regierung um eine „Afrikanisierung" der aus der Kolonialzeit stammenden Städtenamen. Seit 2005 trägt die Stadt Pretoria den Namen Tshwane. Es wird aber sicherlich noch eine Weile dauern, bis sich der neue Name eingebürgert hat und auch auf den meisten Straßenschildern stehen noch die alten Namen. In der Übergangsphase sind auf jeden Fall beide Namen gebräuchlich.

Tshwane hat insgesamt etwa 1,8 Mio. Einwohner. Trotz der räumlichen Ausdehnung über 570 km² wirkt die Hauptstadt eher provinziell. Zum „gemütlichen" Eindruck tragen sicherlich viele alte Gebäude bei, ebenso die hügelige Lage, aber auch die zahlrei-

Beamtenstadt

 Entfernungen

von Tshwane (Pretoria) nach:
Johannesburg _ _ _ _ _58 km
Kapstadt _ _ _ _ _ _ _1.460 km
Durban _ _ _ _ _ _ _ _636 km
Nelspruit _ _ _ _ _ _ _322 km
Kruger National Park
(Numbi Gate) _ _ _386 km

Redaktionstipps

▸ **Übernachtung** im Victoria Hotel oder Rozenhof Guest House (S. 203f)
▸ **Abendessen** im La Madeleine (S. 204)
▸ **Besichtigungen** der Union Buildings (S. 199), des Voortrekker-Monuments (S. 201) und des Gebiets um den Church Square, Ausflug zur Cullinan-Diamanten-Mine (S. 201), kann auch auf der Fahrt Richtung Kruger National Park mitgenommen werden.

Marthinus Wessel Pretorius
(historisches Foto)

Jacaranda-
Bäume

chen gepflegten Parks mit ihren bunten Blumenbeeten. In ein wahres **Blütenmeer** ist die Stadt im Oktober getaucht, wenn die Jacaranda-Bäume blau-lila blühen („Jacaranda City"). Sicherlich ist dies die schönste Besuchszeit des Jahres, denn über 70.000 dieser Bäume umsäumen knapp 500 km Stadtstraßen. Immerhin konnte Tshwane 2005 den LivCom-Award der Städte über 750.000 Einwohner gewinnen. Damit durfte sich Tshwane in diesem Jahr als „lebenswerteste Stadt der Welt" bezeichnen.

Mit außergewöhnlichen Sehenswürdigkeiten kann Tshwane nicht aufwarten – ausgenommen das Voortrekker-Monument. Aber trotzdem sind die folgenden Stätten einen Besuch wert.

Andries Pretorius (historisches Foto)

Sehenswertes

Paul Krugers Haus (1)

Hier lebte der viermal gewählte Präsident. Viele Dinge aus seinem Leben sind an dieser Stelle zusammengetragen. Sogar seine Staatskarosse sowie der private Eisenbahnwaggon sind zu besichtigen.
Paul Krugers Haus: *60 Church Street, ☎ 012-326-9172, 📠 012-328-5173, Eintrittsgebühr, geöffnet Mo–Fr 8.30–17.30h, Sa u. So 8.30–17h.*

Das Kruger-Denkmal im Zentrum von Tshwane

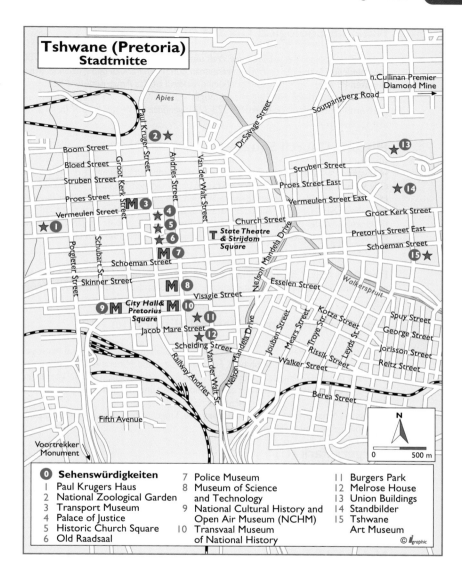

Tshwane (Pretoria)
Stadtmitte

Sehenswürdigkeiten

1 Paul Krugers Haus
2 National Zoological Garden
3 Transport Museum
4 Palace of Justice
5 Historic Church Square
6 Old Raadsaal
7 Police Museum
8 Museum of Science and Technology
9 National Cultural History and Open Air Museum (NCHM)
10 Transvaal Museum of National History
11 Burgers Park
12 Melrose House
13 Union Buildings
14 Standbilder
15 Tshwane Art Museum

National Zoological Garden (2)

Dieser Zoo ist einer der größten der Welt und beherbergt über 9.000 Tiere über 700 verschiedener Arten. Mit einer Bahn kann man durch den Park zu den einzelnen interessanten Punkten fahren. Besonders beeindruckend ist das Aquarium- und Reptilien-Haus. Sogar nächtliche Führungen sind möglich.
National Zoological Garden: ☎ *328-3265, geöffnet: im Winter tgl. 8–17h, im Sommer tgl. 8–17.30h.*

Historic Church Square (5)

Hier stand die erste Kirche, um die herum die Stadt wuchs. Dies ist das Herz der City, wo vor allem die **Paul Kruger Statue** besichtigt werden kann. Am Sockel des Monuments befinden sich vier Bronze-Statuen, die Soldaten der damaligen Bürgerwehr darstellen. Hier steht auch der **Palace of Justice (4)** (Justizpalast), der 1898 fertig gestellt wurde. Während der britischen Besatzung wurde er im Jahre 1900 als Militärkrankenhaus benutzt. Heute ist das Gebäude Sitz des Obersten Gerichtshofes für Transvaal.

Ebenfalls am Church Square befindet sich der **Old Raadsaal (6)** (von Sytze Wierda im italienischen Renaissancestil konzipiert), dessen Grundstein 1889 Präsident *Kruger* legte.

Transvaal Museum of Natural History (10)

Hier erwartet den Besucher eine eindrucksvolle Sammlung zur Natur und Naturgeschichte, u. a. Säugetiere, Amphibien, Fossilien, Vögel und Mineralien. Interessant ist Mrs. Ples, der 1947 gefundene Kopf eines *Australopithecus Africanus*. Diese Vorgänger des heutigen Menschen lebten vor ca. 2,5 Mio. Jahren und werden als Stufe zwischen Affen und dem heutigen *homo sapiens* angesehen.
Transvaal Museum of Natural History: *Paul Kruger Street, (zwischen Church Square und Tshwane Station), geöffnet tgl. 8–16h.*

Burgers Park (11)

Erholsamer, zentral gelegener Park, der bereits 1882 geschaffen wurde. Der Park wurde nach dem 2. Präsidenten (1873–77) Transvaals, *Thomas F. Burger*, benannt. Dieser Park lädt zum Verweilen ein: Teilanlagen und ein Café schaffen die Voraussetzungen dafür.
Burgers Park: *Ecke Van der Walt/Jacob Marée Str., geöffnet: 8–18h.*

Melrose House (12)

Dieses Haus ist im **viktorianischen Stil** errichtet und eines der schönsten Häuser dieser Stilrichtung in Südafrika. Es wurde 1884 für *George Heys* gebaut, 1902 wurde hier der Friedensvertrag unterzeichnet, der den Burenkrieg beendete. Besonders die Inneneinrichtung ist sehr eindrucksvoll. Man kann noch das Originalporzellan betrachten, von dem die Unterzeichner des Friedensvertrages gegessen haben.

Melrose House

Union Buildings (13)

Das Regierungsgebäude wird von besonders patriotischen Südafrikanern und in manchen Prospekten als einer der schönsten Regierungssitze der Welt bezeichnet. Das von *Sir Herbert Baker* errichtete Gebäude mit seinen Ministerien und dem Staatsarchiv der Republik ist weniger aufgrund der architektonischen Originalität ("griechischer Stil", wie es manchmal heißt) sehenswert, sondern vielmehr wegen der schönen Aussicht auf Tshwane. *Schöner Ausblick auf die Stadt*

Unterhalb der Union Buildings fällt das Gelände terrassenförmig ab, und hier befinden sich sehr gepflegte Parkanlagen mit einer Vielzahl von Blumen. In den Parkanlagen stehen auch **Standbilder (14)** von drei ehemaligen Premierministern (*Louis Botha, J. C. Smuts* und *J .B. M. Hertzog*).
Union Buildings: *Meintjie's Kop.*

Unisa

Die größte Fernuniversität der Welt mit 40.000 Studenten aller Hautfarben ist die University of South Africa, deren modernes Gebäude auf einer Anhöhe liegt, schon von weitem zu sehen ist und nicht gerade zu den architektonischen Highlights der Stadt zählt.

info

Die Geschichte von Jacaranda-Jim

Überall wird heute Tshwane als die „Stadt der Jacarandas" bezeichnet. Und während des Oktobers und Novembers taucht die Stadt in ein zartes Lila der blühenden Jacarandas. Die Bäume sind von Millionen Blüten bedeckt.

Das war nicht immer so. In den frühen Jahren nach der Stadtgründung war Pretoria als die Stadt der Rosen bekannt. Kletterrosen blühten überall und ihre Ableger kann man noch heute allerorten im Stadtbild finden. 1888 importierte ein Stadtbürger Pretorias, *J. A. Celliers*, zwei „Jacaranda mimosifolia" aus Rio de Janeiro. Der ursprünglich aus dem Nordwesten Argentiniens stammende Baum gedieh in dem Klima Gautengs ausgezeichnet. Mr. *Celliers* pflanzte die Bäume in seinem Garten in Sunnyside. Sie stehen noch immer hier, und heute steht statt seines Hauses an gleicher Stelle die Schule von Sunnyside. 1898 kam der Gärtner *James Clark* nach Pretoria. Er sollte im Auftrag der Regierung geeignete Baumsorten züchten. Er bestellte Samen aus Australien. In der Lieferung war ein Paket Samen der gleichen Jacaranda-Art, die *Celliers* gepflanzt hatte. In der staatlichen Baumschule von Groenkloof entwickelten sich daraus stämmige Bäumchen, die *Clark* 1906 der Stadt Pretoria schenkte. Diese „Ur-Jacarandas" wurden entlang der Bosman Street gepflanzt. Sie fanden so viel Anklang bei der Bevölkerung, dass man beschloss, in ganz Pretoria diese Bäume zu pflanzen. *James Clark* erhielt den Spitznamen „Jacaranda-Jim".

Heute sieht man in Tshwane auch einige weiße Jacarandas, die 1961 der Park-Direktor Tshwanes, *H. Bruinslich*, aus Südamerika einführte. Jacarandas wachsen gut in warmen Klimaten und benötigen genügend Wasser. Sie erreichen eine Höhe von etwa 15 Metern und bieten wunderbaren Schatten.

Die Union Buildings sind von wunderschönen Jacaranda-Bäumen umgeben

Weitere Museen in Tshwane

Website: www.museums.org.za

▶ **Transport Museum (3):** Exponate zur Geschichte des Straßenverkehrs. Pretorius Street, ☎ 012-290-2016, Eintritt frei, geöffnet Di und Do 8–16h.

▶ **Police Museum (7):** Polizei- und Verbrecherwaffen, Uniformen, Rekonstruktionen berühmter Kriminalfälle. Thibault Main Entrance, Pretorius Street, ☎ 012-301-5260, geöffnet Mo–Fr 9–16h, Sa 8–11.30h (wegen Renovierungsarbeiten ist es derzeit geschlossen – bitte nachfragen: sapsmuseum@saps.org.za).

▶ **Museum of Science and Technology (8):** Exponate der Weltraumforschung. Skinner Street, ☎ 322-6406, geöffnet Mo–Fr 8–13h, 14–16h.

▶ **National Cultural History and Open Air Museum (9):** prähistorische Felskunst, ethnologische Abteilung der Stämme Transvaals, Sammlungen von Gegenständen der europäischen Bevölkerung. ☎ 012-341-1320, 🖷 012-341-6146, geöffnet tgl. 8–16h.

▶ **Tshwane Art Museum (15):** Sammlung von Bildern südafrikanischer Maler. Arcadia Park, Ecke Schoeman u. Wessels Street, ☎ 344-1807, geöffnet Di–So 10–17h.

Ausflüge

Cullinan: Diamanten-Mine

Die Premier Diamond Mine liefert alljährlich ca. **eine Million Karat Diamanten**, allerdings zumeist Industriediamanten.

1905 wurde hier ein 3.106 Karat schwerer Diamant gefunden, aus dem der „Stern von Afrika" geschliffen wurde. Insgesamt konnte man nach seiner Spaltung 9 größere Edelsteine, 96 kleinere Brillanten und 10 Karat an Splittern herstellen. Eine verantwortungsvolle Aufgabe war diese Spaltung, die *Joseph Ascher* in Amsterdam unternahm. „Cullinan I", der „Stern von Afrika", hat 530 Karat und ziert das Königlich-Britische Zepter. Der „Cullinan II", 317 Karat, ist in die Krone der britischen Majestät eingearbeitet. Übrigens: Um 29 Karat Diamanten zu fördern, müssen in der Cullinan-Mine 720.000 kg Kimberlit-Gestein gefördert werden.

Stern Afrikas

Cullinan Diamanten-Mine: *Führungen Mo–Fr jeweils um 10h und 14.30h, Sa und So um 10h (Kindern unter 10 Jahren ist der Besuch nicht gestattet), Eintritt 50 ZAR.*

Voortrekker Monument

Das Denkmal (eigentlich noch mehr: eine Wallfahrtsstätte!) der weißen Südafrikaner liegt vor den Toren Tshwanes auf einem Hügel. Es erinnert an die Entscheidungsschlacht am Blood River vom 16. Dezember 1838. Zum geschichtlichen Hintergrund lesen Sie bitte das Kapitel über die Entstehung der Burenrepubliken, S. 29. Der 16. Dezember wurde deshalb zum Nationalfeiertag erklärt, doch er betonte eigentlich zwei sehr unterschiedliche Standpunkte:

Mahnmal zur Geschichte Südafrikas

• Für die **Weißen** war das historische Datum eine herausragende Marke in Bezug auf die Sicherung ihrer Position und ein Beweis ihrer Durchsetzungsfähigkeit.

• Für die **Schwarzen** markierte das Ereignis den Beginn des Widerstands gegen den Herrschaftsanspruch der Weißen.

Voortrekker Monument – Mahnmal für die Versöhnung?

Heute ist der Tag immer noch ein **Nationalfeiertag**: der Tag der Versöhnung *(Day of Reconciliation)*.

Beschreibung des Denkmals

Es ist aus Granit erbaut und macht einen äußerst trutzigen Eindruck. Es wurde am 16. Dezember 1949 eingeweiht. Um das Denkmal herum befindet sich eine Ringmauer aus Granit, die eine Wagenburg mit 64 Wagen symbolisiert. Am Aufgang befindet sich ein Ehrenmal für die Voortrekker-Frauen (gestaltet von *Anton v. Wouw*): Eine Mutter beschützt ihre Kinder. An den vier Ecken des Gebäudes erinnern Granitköpfe an die Trekführer: *Hendrik Potgieter, Piet Retief, Andries Pretorius* und einen unbekannten Voortrekker. In der Heldenhalle erzählen 27 Marmor-Reliefs die Geschichte des Treks. Die Kuppel des Doms weist eine Öffnung von ca. 10 cm auf, die so angebracht ist, dass am 16.12., dem Nationalfeiertag, genau mittags Sonnenstrahlen direkt auf den Ehrenschrein *Piet Retiefs* und eine Tafel scheinen, auf der steht: *„Ons vir jou, Suid-Afrika"* (Wir für Dich, Südafrika).

Heute ist aus dem Denkmal ein **Mahnmal** geworden. Schämte sich Südafrika zunächst seiner burischen Vergangenheit, so soll die Geschichte heute nicht mehr totgeschwiegen werden. Besonders am Tag der Versöhnung besuchen sehr viele Südafrikaner das Monument und gedenken der Ereignisse.
Voortrekker Monument: geöffnet Mo–Sa 9–16.45h, So 11–16.45h.

Reisepraktische Informationen Tshwane (Pretoria)

Vorwahl: *012*

Wichtige Telefonnummern und Adressen
Feuerwehr und **Ambulanz**: *10177*
Krankenhaus: *Steve Biko Academic Hospital*, ☎ *354-1000, Malan Street*
Post: *Ecke Church Str./Church Square*

i **Information**
Tourist Information Bureau, *Old Nederlandsche Bank Building, Church Square.*
☎ *358-1430*, 🖨 *358-1485 (Buchung von Zimmern, Touren etc.), www.tshwanetourism. co.za, www.tshwane.gov.za/travelinformation.cfm*
Das Tourist Office gibt verschiedene **Informationshefte** *heraus:*
Places of Interest: Hier werden alle Museen, Kirchen, Parks u. Ä. aufgeführt.

Pleasure Resorts: Campingplätze
Focus to Focus: Veranstaltungskalender für das laufende Halbjahr
Information Brochure: mit kurzer Erläuterung der Stadt und den wichtigsten Adressen
„Be my Guest": verschiedene Hefte über Restaurants und andere Themen
„Truk Pact Info": Zeitschrift, die über das Kulturprogramm des PWV-Gebietes berichtet. Interessant für Theaterbesucher.
Für Tagesereignisse oder aktuellste Infos ist die „Pretoria News" die beste Zeitung.

◉ Fototipp

Einen hervorragenden Blick über die Stadt hat man von der Willem Punt Street in Muckleneuk (Süden). Am besten kann man hier morgens und abends fotografieren.

@ Internetzugang
In den meisten Hotels und Einkaufszentren gibt es Computerterminals mit Internetzugang (ab ca. 30 Rand/Stunde).

🛏 Unterkunft
Greenwoods Guest House $$, *425 Walter Bunton Street, Garsfontein Ext. 8,* ☎ *348-5679,* 🖨 *348-2512, www.greenwoodslodge.co.za. Das Gästehaus liegt in einem ruhigen, östlichen Vorort von Tshwane und ist ideal zum Entspannen. Charakteristisch ist die Einrichtung mit rhodesischem Teakholz und schmiedeeisernen Möbeln. Französisch geprägte Küche. Außerdem gibt es einen kleinen Konferenzraum. Das Haus ist riedgedeckt, verfügt über einen Swimmingpool und eine sehr gepflegte Außenanlage.*
El Nise Guest House $$, *21 Ninth Street West, Menlo Park,* ☎ *346-5389,* 🖨 *346-1644, elnise@mweb.co.za. Swimmingpool, nett eingerichtet. In einer ruhigen Wohngegend nahe der Universität und von Botschaften gelegen. Leicht von der N 1 aus zu erreichen, nur 30 Min. vom Johannesburger Flughafen entfernt. Sicheres Parken auf eigenem Gelände.*
Indaba Hotel and Conference Centre $$$, *William Nicol Drive, Fourways, im Stadtteil Sandton/Bryanston zwischen Jo'burg und Tshwane,* ☎ *011-840-6600,* 🖨 *011-840-6610, www.indabahotel.co.za. Riedgedecktes Landhotel, ruhig gelegen, luxuriöse Ausstattung, 210 Zimmer mit Klimaanlage, Swimmingpool außerhalb, Joggingstrecke und Tennisplätzen.*
Garden Court Hatfield $$$, *Ecke Pretorius und End Streets, Hatfield,* ☎ *342-1444,* 🖨 *342-3492, www.southernsun.com. Gutes Mittelklassehotel, über 150 Zimmer in warmer, gemütlicher Atmosphäre. Von hier aus ist die ideale Basis zu den historischen Stätten der Hauptstadt. Der außergewöhnliche Zoo und der Botanische Garten befinden sich ganz in der Nähe.*
Karos Manhattan $$$, *247 Scheiding St, P.O. Box 26212, Arcadia 0007,* ☎ *392-0000,* 🖨 *320-0721. Komfortables und renommiertes Hotel am Rande der Innenstadt, nahe Einkaufsmöglichkeiten.*
Protea Hotel Capital $$$, *390 van der Walt Street, P.O. Box 2154, Pretoria,* ☎ *322-7795,* 🖨 *322-7797, www.proteahotels.co.za. Neues und vornehmes Innenstadthotel. Sehr zentral gelegen. Vom Speisesaal aus herrlicher Blick auf einen wunderschönen Garten. Möglichkeiten zum Kegeln, Golfen und Tennis spielen.*
Arcadia Hotel $$$, *515 Proes Street, Arcadia 0083,* ☎ *326-9311,* 🖨 *326-1067, www.arcadiahotel.co.za. Gutes Hotel in Innenstadtnähe, modern, zeitgemäß, informelle Atmosphäre. Spektakulär ist die Glas- und Eisenfassade mit Blick auf den großzügigen Garten und Pool.*
Rozenhof Guest House $$$, *525 Alexander Street, Brooklyn,* ☎ *460-8075,* 🖨 *460-8085, www.rozenhof.co.za. Das elegante Gästehaus zeigt in Stil und Ausstattung Einflüsse*

der französischen Hugenotten, der Briten sowie der Holländer. Das Gelände gehört dem früheren südafrikanischen Premierminister Tielman Ross. Nahe zur Brooklyn Mall (Geschäfte, Boutiquen, Restaurants).

Orange Court Lodge $$$, 540 Vermeulen Street, Ecke Hamilton Str., ☎ 326-6346, 📠 326-2492, orangecourt@absamail.co.za. Komfortables Guest House in historischem Gebäude mit Garten. Zentral gelegen, für Selbstversorger, jedes Zimmer hat eine eigene Küche.

The Victoria Hotel $$$$, gegenüber dem Hauptbahnhof gelegen, Scheiding Str., ☎ 323-6052, 📠 323-0843. 11 elegante Zimmer in einem originellen Hotel mit „kolonialem" Ambiente und großen Suiten sowie sehr gutem Restaurant. Im Stil der 1920er-Jahre gibt es zudem einen gemütlichen Pub mit Wandgemälden. Insbesondere für Fahrgäste des Blue Train und Rovos Rail geeignet.

Illyria House $$$$$, 327 Bourke Street, Muckleneuk Hill, ☎ 344-5193 und 344-4641, 📠 344-3978, mobil: 083-263 8815, www.illyria.co.za. Das Illyria House ist ein erstklassiges Herrenhaus im Kolonialstil für anspruchsvolle Gäste. Ursprünglich residierten hier nur Adlige, jetzt steht das Haus mit seinen antiken Möbeln und den Wandteppichen aus dem 17. Jh. sowie dem barocken Speisesaal jedem offen. Es bietet außergewöhnliche Gastfreundlichkeit und beste Küche. Vom Haus aus hat man einen ausgezeichneten Blick auf die historische „Jakaranda-Stadt" von Tshwane und ist in 25 Min. am Johannesburger Flughafen.

🛏 Backpackers

Pretoria Backpackers $, 425 Farenden Str., ☎ 343-9754, 📠 343-2524, www.pretoriabackpackers.net. Sehr nettes Hostel mit freundlichem Wirt, schönen Schlafsälen und Doppelzimmern in zwei älteren Häusern. Die Einrichtung vermittelt eine etwas gediegenere Atmosphäre als andere Häuser.

North South Backpackers $, 355 Glyn Str., ☎ 362-0989, www.northsouthbackpackers.co.za. Nette Schlafsäle und Doppelzimmer, schöner Garten mit Schwimmbad.

⚠ Camping

Fountain's Valley, P.O. Box 1454, Tshwane 0001, ☎ 440-2121. Sehr nahe an der Innenstadt. Entlang der M18 nach Süden, mit Pool und Restaurant.

🍴 Restaurants

The Godfather, 2 Biella Centre, Ecke Heuwel & Mike Crawford Streets, Centurion, ☎ 663-1859, www.godfather.co.za. Super Steaks – hier gehen auch die Locals hin.

Internationale Küche

Park Street Chagall's, 924 Park Street, Arcadia, ☎ 342-1200; geöffnet Mo–Fr zum Lunch, Mo–Sa zum Dinner, geschlossen am Samstagmittag und am Sonntagabend. Elegantes Restaurant mit fantastischer Küche und ausführlicher Weinkarte. Vom Hotel Arcadia direkt zu erreichen.

La Perla, Bronkhorst Street, zwischen Tram u. Dey Street, New Muckleneuk, ☎ 460-1267; geöffnet zum Lunch: Mo–Fr 12–14.30h, Dinner: Mo–Do 18.30–21h, Fr–So 18.30–22h. Ebenfalls ein elegantes Restaurant mit ausführlicher Weinkarte und perfekten Gerichten.

Französische Küche

La Madeleine, 122 Priory Road, Lynnwood, ☎ 361-3667. Küche vom Feinsten – eines der besten französischen Restaurants in Südafrika.

Blick über Südafrikas Haupt- und Bankenstadt Tshwane

Indische Küche
Pride of India, *22 Groenkloof Plaza, 43 George Storrar Drive,* ☏ *346-3684. Sehr gute indische Curries und vegetarische Gerichte, gepflegtes Ambiente, gute Weinkarte. Samstagmittag und sonntagabends leider geschlossen.*

 Unterhaltung
Das Unterhaltungs- und Kulturprogramm kann zwar nicht mit dem von Johannesburg mithalten, aber es gibt auch hier zahlreiche Möglichkeiten. Das Nachtleben spielt sich hauptsächlich in den Vierteln Hatfield und Brooklyn ab. Das Kino- und Theaterprogramm können Sie dem Veranstaltungskalender der „Pretoria News" entnehmen.

Mietwagen
s. Reisepraktische Informationen Johannesburg, S. 187.

Busverbindungen
Greyhound Cityliner *(nach Nelspruit/Kapstadt/Durban/Nelson-Mandela-Metropole),* ☏ *323-1154, www.greyhound.co.za*
Intercape *(nach Upington und Kapstadt):* ☏ *0861-287-287, www.intercape.co.za*
Translux *(nach Durban/Bloemfontein):* ☏ *315-3476, www.translux.co.za*
Der Busbahnhof befindet sich im Süden der Stadt.

Eisenbahnverbindungen
Auskunft *für Tshwane des Shosholoza Meyl,* ☏ *011-773-9086, www. shosholozameyl.co.za*

4. MPUMALANGA UND LIMPOPO PROVINCE

Blyde River Canyon

Panorama-Route (Blyde River Canyon) und Kruger National Park

Überblick

Im Nordosten der Provinz Mpumalanga liegt eine der **schönsten Landschaften Südafrikas**. Hier, an den Nahtstellen des Highvelds und des Lowvelds, erschließt die Panorama-Route großartige landschaftliche Eindrücke, deren Höhepunkt der **Blyde River Canyon** ist.

Vom Hochland, das Höhen von über 2.000 m erreicht, bricht eine Landstufe ins Lowveld ab, das durchschnittlich 300 bis 600 m hoch liegt. In diesen schon subtropisch geprägten Buschebenen liegt der **Kruger National Park**, eines der größten Natur- und Wildreservate der Erde. In diesem riesigen Gebiet wurde 1898 einer Vielfalt von Pflanzen und Tieren Lebensraum gewährt, als sich Menschen anschickten, diese Landschaft zu erobern und damit zu zerstören. Weitsichtige Politiker dieser Zeit erkannten die Notwendigkeit, intakte Ökosysteme durch Gesetze zu sichern. Fauna und Flora des Kruger Parks repräsentieren daher heute in exemplarischer Weise einen großen Teil der Natur des südlichen Afrika.

Eine der schönsten Landschaften

Außerdem ist diese Landschaft von großer historischer Bedeutung: Auf Ochsenkarren zogen einst die Voortrekker hierher, und unter großen Entbehrungen und Opfern (z. B. durch Malaria) erschlossen sie das High- und Lowveld. Die besonders Wagemutigen unter ihren Führern stellten erste Verbindungswege zu öden portugiesischen Häfen her. Diesen Entdeckungslinien folgten später die Verkehrsverbindungen. Doch auch Glücksritter prägten die Regionalgeschichte: Schon vor den Goldfunden am Witwatersrand wurden Schatzsucher des begehrten gelben Metalls fündig. Ob an den Bourke's Luck Potholes oder in Pilgrim's Rest – die stummen Zeugen dieser Periode machen die Vergangenheit für den Besucher wieder lebendig.

Von und bis Johannesburg werden 3- bis 5-tägige geführte Bustouren und Fly-In-Safaris zum Kruger Park (meistens 2–3 Tage) angeboten. Buchbar sind sie über Reiseveranstalter in Deutschland. Selbst-

Redaktionstipps

▸ **Übernachtung** in der Blue Mountain Lodge, Böhm's Zeederberg oder Chilli Pepper Lodge. Ideal für sternförmige Ausflüge in die Umgebung! (S. 220f)

▸ **Zeitplanung**: Minimum 2, besser 3 Übernachtungen (= zwei volle Tage).

▸ **Beste Besichtigungspunkte**: Wasserfälle (S. 213) – Bourke's Luck Potholes (S. 213) – Blyde River Canyon (S. 214) – evtl. Pilgrim's Rest (S. 218)

▸ **Hervorragende Wandermöglichkeiten** für alle, die 5 Tage zur Verfügung haben: Fanie Botha Hiking Trail (S. 216) und Blyde River Canyon Hiking Trail (S. 215)

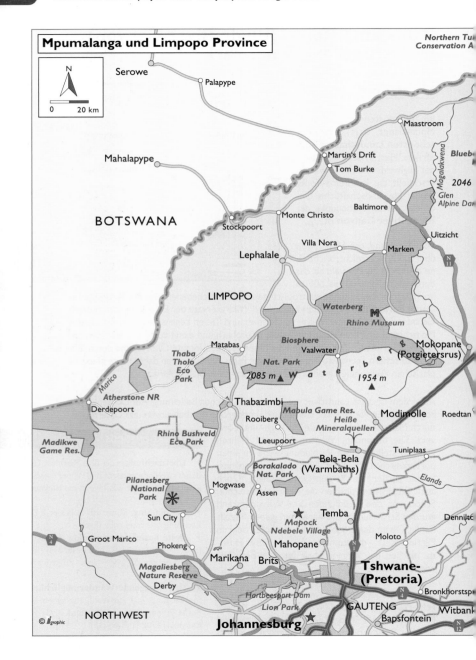

Mpumalanga und Limpopo Province

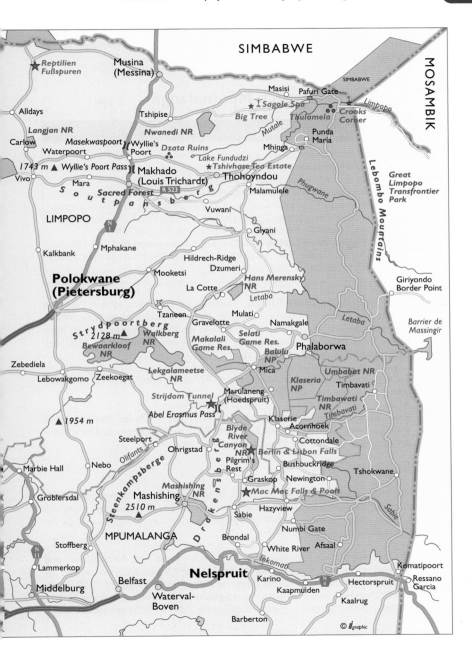

fahrer erwartet in diesem Reisegebiet ein ausgezeichnetes Straßennetz. Einige Nebenstrecken sind mit Schotter bedeckt, aber ebenfalls gut mit normalen Pkw befahrbar.

Auf dem Weg nach Mpumalanga

 ## Streckenbeschreibung

Alle Straßen sind sehr gut ausgebaut und fast ausschließlich asphaltiert. Auch kleinere Zufahrtstraßen zu Hotels bzw. Abkürzungen zwischen den Orten, die z. T. mit einer Kiesdecke versehen sind, können problemlos befahren werden.

- Der **schnellste Weg zum Blyde River Canyon** (Gegend um Pilgrim's Rest und Blyde River Canyon Resorts): Von Johannesburg aus über die N1 bis Tshwane, dann N4 bis kurz hinter Waterval Boven, danach in die R36 bis nördlich Mashishing (früher Lydenburg) und später ostwärts in die R533. Wer weiter nach Norden will, bleibt auf der R36.
- Der **schnellste Weg zum Blyde River Canyon und zum Kruger Park**: Von Johannesburg aus N1 bis Tshwane, dann N4 bis Nelspruit, danach R40 bis White River, danach R538/R569 bis zum Numbi Gate/Kruger Park.

Wenn Sie von Johannesburg/Tshwane kommen, empfiehlt es sich, auf dem Weg nach Mpumalanga sowohl die Cullinan-Diamanten-Mine zu besuchen als auch das Willem Pinsloo Agricultural Museum, das Fort Merensky, das Ndebele Village oder das Botshabelo Game Reserve. Später biegen Sie bei Belfast von der N4 auf die R540 nach Dullstroom/Mashishing (Lydenburg) ab.

Fahralternativen: Entweder über die R540/R37 (Long Tom Pass) direkt nach Sabie oder zurück über Machadodorp auf die N2.

Wenn Sie nun weiter bis nach Elandshoek fahren (etwa 57 km von Waterval Boven entfernt), zweigt nach Norden die R36/später R539 ab. Sie gelangen ca. 15 km hinter der Abzweigung – über den Montrose-Pass – zu den

Sudwala Caves

Hier trifft man auf ein riesiges Tropfsteinhöhlen-System. Die P. R. Owen-Halle bildet ein natürliches Amphitheater mit einem Durchmesser von 67 m und einer Höhe von 37 m. In dieser Dolomitgestein-Höhle gibt es eine hervorragende Akustik, die für Choraufnahmen genutzt wird.

Welt der Stalaktiten und Stalagmiten   Der über 600 m lange Rundgang führt den Besucher in die Welt der Stalaktiten und Stalagmiten. Die Temperatur ist über das Jahr hin ziemlich gleichbleibend und liegt bei durchschnittlich 17 °C. Führungen finden täglich zwischen 8.30 und 16.30 Uhr statt. Spezialführungen werden am ersten Samstag eines jeden Monats veranstaltet, dauern fünf Stunden und führen u. a. in die Crystal Rooms und in die tiefer gelegenen Höhlen.

Der nächste zentrale Ort ist Nelspruit.

Nelspruit

1884 gegründet und heute einer der zentralen Orte des östlichen Mpumalanga. Er liegt 660 m hoch im Crocodile River Valley. Rosa- bzw. lilafarbene Bougainvilleen, herrliche Jacarandas und Akazien prägen das Bild. Das Rathaus ist im spanischen Stil erbaut.

Der Ort ist industrielles Zentrum des Lowvelds und vor allem Umschlagplatz für landwirtschaftliche Produkte. Nelspruit bildet den Mittelpunkt eines der größten Zitrusfrucht-Anbaugebiete Südafrikas. Aufgrund der fruchtbaren Böden, ausreichender Niederschläge und des frostfreien Klimas befindet sich hier der „Gemüsegarten Mpumalangas". Neben gängigen Früchten und Gemüsesorten werden auch Avocados, Papayas, Litchees, Mangos und Bananen angebaut.

Gemüsegarten Mpumalangas

☞ **Hinweis**

Nördlich des Ortes gibt es für botanisch Interessierte den 154 ha großen **Lowveld Botanic Garden**, an den Ufern des Nels und Crocodile River gelegen. In der natürlich belassenen Wildnis sind 500 einheimische Pflanzen zu sehen, auf einem weiteren Areal (22 ha) kann man typische Pflanzen aus dem gesamten Lowveld sehen.

Nelspruit – Mittelpunkt des Zitrusfrucht-Anbaus

Panorama-Route

Überblick

🖝 Entfernungen
von Johannesburg nach:
Hazyview _ _ _ _ _ _ _400 km
Pilgrim's Rest _ _ _ _ _380 km
Nelspruit _ _ _ _ _ _ _358 km

Diese Route umfasst das westliche Gebiet der Drakensberge, die steil – über 1.000 m – über eine Randstufe ins Lowveld abbrechen. Durch diese Randstufe haben sich Flüsse ihren Weg gebahnt und so gibt es hier viele Schluchten und Wasserfälle.

Einstieg in die Panorama-Route

Die uralten präkambrischen Gesteine (Dolomite und Quarzite) sind sehr oft mit verschiedenfarbigen Flechten bedeckt. Große Gebiete sind wiederaufgeforstet, andere ursprünglich bewachsen.

Der „Einstieg" in die Panorama-Route kann von verschiedenen Orten erfolgen.

Sehenswertes auf der Panorama-Route

Die Rundtour sieht wie folgt aus:
Sabie – MacMac Falls – Graskop – God's Window (über R534) – Lisbon Falls (R532) – Berlin Falls – Bourke's Luck Potholes (R532) – Odendaal Camp – Echo Caves (R36 mit Abzweig nach Westen) – Ohrigstad – Pilgrim's Rest – Sabie

Sabie

Der kleine Ort liegt 1.109 m über dem Meer, direkt am Abhang des Mount Anderson (2.285 m) und des Mauchbergs (2.115 m). Letzterer wurde nach Carl Mauch benannt, dem deutschen Geologen, der 1871 die berühmten Ruinen von Great Zimbabwe entdeckte. Der Ort ist von dichten Wäldern umgeben und in seiner Nachbarschaft liegen herrliche Wasserfälle wie z. B.

Herrliche Wasserfälle

- die Lone Creek Falls (68 m, eindrucksvoller Wasserschleier);
- Horseshoe Falls;
- Bridal Veil Falls („Brautschleier"-Wasserfälle).

In der unmittelbaren Umgebung von Sabie wurde von 1895 bis 1950 Gold abgebaut. Heute lebt der Ort vorwiegend von der Forstwirtschaft sowie der Zellstoffindustrie und dem Tourismus.

MacMac Pools und Falls

Der MacMac bietet dem Naturliebhaber herrliche natürliche Pools mit wunderbar klarem, kaltem Wasser (2 km südöstlich von den Fällen entfernt). Die Zwillings-Wasserfälle (Zugang von der Straße Sabie – Graskop) stürzen 56 m tief in eine bewaldete Schlucht.

1873 entdeckte in diesem Flusslauf Johannes Muller Gold, zwar in guter Qualität, doch in relativ geringen Mengen, die es nicht zuließen, dass viele Digger erfolgreich waren.

Trotzdem kam es zu einem regelrechten „rush" in diese Gegend. 1874 besuchte der damalige südafrikanische Präsident Thomas Burgers die Fundstätte und war erstaunt, sehr viele Schotten an der Arbeit zu sehen: Jeder Zweite war irgendein „Mac" – und fortan hießen die Zwillingswasserfälle einfach „MacMac".

Graskop

Graskop ist eine kleine Ortschaft, die einen Verkehrsknotenpunkt bildet: Die nach Norden gehende Straße R524 führt zum Blyde River Canyon. Nach Westen gelangt man über die R533 nach Pilgrim's Rest, nach Osten über die R533/R535 nach Hazyview und zum Kruger National Park.

God's Window

3 km nördlich von Graskop führt nach Osten die Schleife der R534 zu folgenden sehenswerten landschaftlichen „Leckerbissen":
• **The Pinnacle**: Dies ist eine freistehende Granitsäule, die aus einer Waldschlucht herausragt.
• **God's Window**: Von hier aus schweift der Blick über das 1.000 m tiefer liegende Lowveld.

Die MacMac Falls

Wasserfälle

Lisbon Falls

Bei diesem Abstecher westlich der R532 in der Nähe der Einmündung der R534 kann man die 92 m hohen Wasserfälle bewundern.

Touristische Highlights

Berlin Falls

Ein besonders schöner Wasserfall: Hier stürzt das Wasser über 80 m tief in einen Pool.

Bourke's Luck Potholes

Diese Potholes am Zusammenfluss des Blyde River mit dem Treur River sind eine interessante **geologische Erscheinung,** die schon vor Jahrmillionen entstanden ist: Damals, als der Fluss noch mehr Wasser und Geröll mitführte, wurden diese Strudelkessel in dem Untergrund aus weicherem Gestein ausgehöhlt. Man kann sie heute auf Pfaden und über kleine Holzbrücken erreichen. Hier fand einst um 1870 *Tom Bourke* Gold, zwar keine sehr ergiebigen Vorkommen, aber dennoch fühlte er sich glücklich, „lucky", deshalb der Name „Bourke's Luck Potholes".

Hinter den Bourke's Luck Potholes stürzt sich der Blyde River in eine Schlucht, die Tiefen von bis zu 800 m erreicht. Hier beginnt der Blyde River Canyon seinen spektakulären Verlauf. Überragt wird der Canyon von den Three Rondavels und dem Mariepskop (1.944 m).

Das Ufer des Blyde River Canyon ist von Bäumen umsäumt. Natürlich ist der Fluss heute wesentlich schmaler als in der regenreicheren Vergangenheit. Auch der weiter aufwärts liegende Staudamm trägt heute dazu bei. Dieser Stausee hat die Aufgabe, die im Lowveld gele-

Wasser-reservoir gene Bergbaustadt Phalaborwa mit Wasser zu versorgen.

Zu einem relativ gleichmäßigen Wasserstand des Blyde River trägt die Ufervegetation bei. Dichtes Wurzelwerk von Sträuchern und Bäumen hat die Wirkung eines Schwammes, der nicht nur Schutz

Das Gestein wurde vom Wasser des Flusses ausgehöhlt

vor Hochwasser gibt, sondern auch dafür sorgt, dass bei trockeneren Perioden Wasser wieder abgegeben wird.

Blyde River Canyon

Der Blyde River Canyon ist sicherlich einer der größten **landschaftlichen Höhepunkte** im südlichen Afrika. Oft wird er mit dem Grand Canyon in Arizona/USA verglichen. Die beiden Flüsse Blyde und Ohrigstad River haben die Landschaftsszenerie geschaffen: 32 km lang ist der Blyde River Canyon, der kürzere Diepkloof Canyon 16 km.

Weshalb ist hier eine so beeindruckende Tallandschaft entstanden?

Das östlich gelegene Lowveld weist eine durchschnittliche Höhe von 600 m auf, während dann die Landschaft bis auf 1.944 m (Mariepskop) ansteigt. Der Höhenunter-
Beeindruckende Tallandschaft schied beträgt damit mehr als 1.300 m. Vom Indischen Ozean werden feuchte Luftmassen herangetragen, die über diesen Höhenzug steigen müssen. Dabei kühlen sie sich ab, die mitgebrachte Feuchtigkeit kondensiert zu Wolken und fällt als Regen auf die Berge. Hier fließt das Wasser – im Sinne des Kreislaufs – wieder zurück zum Ozean und räumt bei seinem Weg zur See aufgrund des starken Gefälles immer mehr vom anstehenden Gestein ab. Die Niederschlagsunterschiede sind enorm: Betragen sie

im Lowveld lediglich 500 mm pro Jahr, so erreichen sie im Gebiet des Blyde River Canyon Werte von 2.000 mm im Jahr. Natürlich hat das auch für die Pflanzenwelt Folgen: Es gedeihen dichte Wälder und auch Stinkwood- und Eisenholzbäume sind hier vertreten.

Geschichte

Im Winter 1840 leitete der Voortrekker *Hendrik Potgieter* eine Expedition zum portugiesischen Hafen Laurenco Marques. Die Frauen wurden auf den malariafreien Höhen des Drakensbergs in der Nähe von Graskop zurückgelassen. Als die Männer zur vereinbarten Zeit nicht zurückkehrten, glaubten sie, dass ihnen Unheil zugestoßen sei, und nannten den Fluss, an dem sie campierten, „Treur" (Trauer). Dann brachen sie Richtung Ohrigstad auf, doch auf ihrem Wege wurden sie von *Potgieter* und seinen Männern am weiter westlich fließenden Fluss eingeholt. Und diesen Fluss nannten sie „Blyde" (Freude).

Wanderungen

Für Wanderfreunde stehen zwei Fernwanderwege und drei kleinere Strecken zur Verfügung, die eine besonders intensive Begegnung mit dieser Landschaft ermöglichen:

• Blyde River Canyon Hiking Trail (65 km, 5 Tage)

Er erstreckt sich von God's Window (herrliche Ausblicke) nordwärts durch den Blyde State Forest bis zum Sybrand van Niekerk Public Resort. Vier Hütten bieten Unterkunftsmöglichkeiten auf dem insgesamt 65 km langen Weg. Zuerst wandert man über baumloses Berg-Grasfeld und umgeht große Felsblöcke, die interessant geformt sind. Danach folgt der Weg dem Verlauf des Blyde-River-Ufers bis nach Bourke's Luck Potholes. Die Vegetation ist auf diesem Abschnitt bemerkenswert: Man sieht wilde Orchideen, Bergzedern, Lilien und Aloen. Dann windet sich der Weg hinunter zur Sohle

Reizvolle Flora und Fauna

Ein landschaftlicher Höhepunkt: der Blyde River Canyon

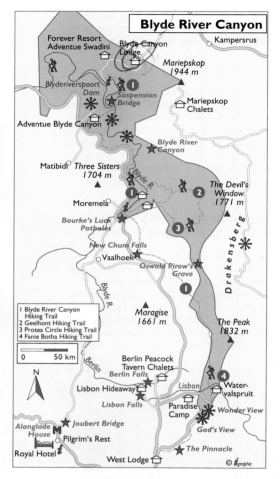

Blyde River Canyon

Forever Resort
Adventue Swadini

Blyde Canyon Lodge

Kampersrus

Mariepskop
1944 m

Blyderiverspoort Dam

Suspension Bridge

Mariepskop Chalets

Adventue Blyde Canyon

Blyde River Canyon

Matibidi Three Sisters
1704 m

The Devil's Window
1771 m

Moremela

Bourke's Luck Potholes

Drakensberg

New Chum Falls

Vaalhoek

Oswald Pirow's Grave

1 Blyde River Canyon
  Hiking Trail
2 Geelhont Hiking Trail
3 Protea Circle Hiking Trail
4 Fanie Botha Hiking Trail

0   50 km

N

Blyde R.

Maragise
1661 m

The Peak
1832 m

Berlin

Berlin Peacock
Tavern Chalets

Berlin Falls

Lisbon Hideaway

Lisbon

Watervalspruit

Lisbon Falls

Paradise
Camp

Wonder View

Alanglade
House

Joubert Bridge

Pilgrim's Rest

God's View

Royal Hotel

West Lodge

The Pinnacle

© Jographic

des Canyons entlang dem westlichen Ufer. Im Fluss leben Flusspferde, die allerdings nur am frühen Morgen und am Spätnachmittag/Abend aus dem Wasser steigen. Am Stausee Blydepoort Dam endet der Weg.

- **Fanie Botha Hiking Trail (79 km, 5 Tage)**

Dieser Wanderweg ist nach Stephanus Botha, dem Minister für Forst- und Wasserwirtschaft (1968–1976), benannt. Er beginnt in der Nähe der Lone Creek Falls bei einem Forsthaus (Ceylon State Forest) 13 km westlich von Sabie und verbindet sich mit dem Blyderiverspoort Hiking Trail bei God's Window. Der Pfad bietet auf seinen 79 km insgesamt vier Übernachtungsmöglichkeiten. Unterwegs kommt man immer wieder an Wasserstellen vorbei, die sich zum Schwimmen oder zur Erfrischung eignen.

Die Route führt an den Hängen des Mauchberges (2.115 m) und am Mount Anderson (mit 2.285 m der zweithöchste Berg in Mpumalanga) vorbei. Neben der imposanten Landschaft sorgt die Verschiedenartigkeit der Flora und Fauna dafür, dass die Wanderung nie langweilig wird: Zahlreiche Schmetterlingsarten gibt es zu beobachten, ebenso Paviane, graue Rehböcke und Buschschweine. Sogar Leoparden soll es geben … Die Gegend, durch die der Wanderweg führt, gehört zu den größten Aufforstungsgebieten der Welt. Da Südafrika arm an natürlichen Wäldern ist (nur ein halbes Prozent der Staatsfläche besteht aus Naturwald), hat man seit 1904 klimatisch geeignete Regionen systematisch aufgeforstet. Vor allem pflanzte man schnell wachsende Bäume an (Eukalypten, Akazien), deren Holz für den Bergbau gebraucht wurde.

Weitere Trails Außerdem gibt es noch kleinere Wanderwege im Gebiet des Blyde River Canyon:
- Geelhout Hiking Trail
- Protea Circle Hiking Trail

Weitere Informationen erhalten Sie unter www.traveller.co.za.

Strijdom Tunnel/Erasmus-Pass

Nicht mehr zur Panorama-Route gehörend, aber für die Fahrt nach Norden (R36, Richtung Limpopo Province, Tzaneen, Phalaborwa) von Bedeutung, ist der Erasmus Pass. Diese Pass-Straße wurde 1959 eröffnet. Durch den Strijdom Tunnel (133,5 m) fahren Sie zum Abel-Erasmus-Pass und überwinden dabei einen Höhenunterschied von 700 m. Vor dem Strijdom Tunnel verlassen Sie allmählich das Lowveld. Auf der späteren Passhöhe bietet sich Ihnen ein imposanter Blick auf das Ohrigstad Valley.

Für nach Norden Weiterreisende sei der Ort Tzaneen empfohlen.

Tzaneen

Tzaneen bedeutet in der Sprache der Khoikhoi soviel wie „Korb". Und damit ist die Einbettung des Städtchens, das am Letaba-Fluss liegt, in eine idyllische Talmulde gemeint. Das kleine Städtchen ist bekannt für seine herrliche subtropische Vegetation. Etwa 710 m über dem Meer am Ufer des Letaba gelegen, wird der Ort von Wäldern und Baumwoll-, Zitrus- und Teeplantagen (Besichtigungen möglich) umgeben. Besonders in den Wintermonaten ist das Klima einfach phantastisch: Es gibt kaum Niederschläge und es ist angenehm warm.

Die 1912 gegründete Stadt ist ein **zentraler Ort** für das umliegende Agrarland, wo außer Tee vor allem auch subtropische Früchte, Blumen, Nüsse, Wintergemüse und Kartoffeln angebaut werden. Der Ort konnte sich erst entwickeln, als die Malaria besiegt wurde. Tzaneen ist ein guter Zwischenstopp für Touren nach Norden (Limpopo Province, Zimbabwe) bzw. bei einer Fahrt im „großen Bogen" zur North West Province und Kimberley.

Reisepraktische Informationen Tzaneen

Vorwahl: *015*

i | **Information**
Tzaneen Tourist Information, *Agatha Str.*, ☎ *015-307-1411*, 🖳 *015-307-1507, www.tzaneen.co.za.*

Unterkunft
Kings Walden Lodge $$, *P.O. Box 31, Tzaneen 0850*, ☎ *307-3262*, 🖳 *307-1548, www.kingswalden.co.za. Das Haus liegt 12 km von Tzaneen entfernt an der Coach House Road. Sehr ruhig gelegen, mit Kaminen in allen Zimmern. Schöne, englische Gartenanlage, Swimmingpool. Dinner: gute südafrikanisch-rustikale Küche. Im November 2009 nach Renovierung wiedereröffnet.*
Coach House $$$$, *P.O. Box 544, Tzaneen 0850*, ☎ *306-8000*, 🖳 *306-8008, www. coachhouse.co.za. Lage: Old Coach Road, Agatha (15 km südlich von Tzaneen). Wunderschön gelegenes Landhaushotel mit sehr gutem Restaurant und herrlichen Ausblicken auf die Täler.*

Echo Caves

*Weit-
läufiges
Höhlen-
system*

Die einheimischen Schwarzen glauben, dass ihre Vorfahren einst in diesen Höhlen Zuflucht vor den Angriffen der Swasi fanden. I.A. Classen betrat als erster Weißer diese Höhlen, als er hier eine Farm kaufte, auf deren Gelände sie sich befinden. Hier wurden Waffen und Messer gefunden, doch auch die rußigen Decken weisen darauf hin, dass hier einst Menschen wohnten. Das Höhlensystem mit seiner Stalaktiten- und Stalagmitenwelt ist sehr weitläufig und erstreckt sich über viele Kilometer.

An der Straße, die zu den Höhlen führt, befindet sich das **Museum of Man**, wo u. a. auch in den Echo Caves gefundene Gegenstände ausgestellt sind.
Museum of Man: *Informationen unter* ☎ *013-238-0015, Eintritt: Erwachsene 30 Rand, Kinder (unter 12) 15 Rand, geöffnet tgl. 8.30–16.30h.*

Mashishing (Lydenburg)

Weiter südlich – eigentlich nicht mehr zur Panorama-Route gehörend – finden wir den Ort Mashishing (Lydenburg) vor. Der alte Name „Lydenburg" deutet auf „Leiden" hin. 2006 wurde Lydenburg in Mashishing umbenannt. Die Ortsgründung reicht in das Jahr 1849 zurück. Die Voortrekker, die diesen Ort gründeten, benannten ihre Siedlung nach den großen Leiden der Bewohner von Ohrigstad, die von einer Malaria-Epidemie heimgesucht wurden. Hier in Mashishing steht das älteste Schulhaus in Mpumalanga (1851).

Wenn Sie später von der R36 in die R533 abbiegen, liegt ca. 11 km vor Pilgrim's Rest das „Jock of the Bushveld"-Monument.

Pilgrim's Rest

Der Ort, heute längst ein beliebtes Touristenziel, liegt am Fuße des Mauchberges und ist aufgrund seiner Bedeutung ein National-Denkmal. 1873 entdeckten hier *Alec Patterson* und *William Trafford* entlang des Pilgrim's Creek Gold. *Alec Patterson* trug den Spitznamen „*Wheelbarrow Alec*" (= Schubkarren-Alec), da er seine ganze Habe auf diese Weise mit sich führte. *Trafford* soll bei

Pilgrim's Rest – ehemaliges Refugium der Goldsucher

info

„Jock of the Bushveld"

Jeder Südafrikaner kennt den „Klassiker" seines Landes: „Jock of the Bushveld", eine Serie von Hundegeschichten, die von *Sir Percy Fitz Patrick* geschrieben wurden. Seit dem ersten Druck im September 1907 wurde das Werk immer wieder neu aufgelegt.

Sir Percy wurde am 24. Juli 1862 in King Williams Town (Kapprovinz) als Sohn eines Richters geboren und wuchs in Kapstadt auf. Im Alter von 16 Jahren verstarb sein Vater; *Sir Percy* nahm eine Stelle in einer Bank an. Doch das Angestellten-Leben langweilte ihn sehr und nach fünf Jahren gab er seinen Job auf. Er machte sich nach Ost-Transvaal auf und heuerte als Transport-Reiter im Lowveld an. Es folgten sechs Jahre eines Lebens in Freiheit – mit entsprechenden Abenteuern. In dieser Zeit erwarb er auch seinen Hund *„Jock"*. Sein Buch „Jock of the Bushveld" beruht in allen wesentlichen Teilen auf wirklichen Erlebnissen: Es wird von Jagdepisoden ebenso erzählt wie von Abenteuern und Begegnungen mit der afrikanischen Tierwelt inmitten der ungebändigten Natur. All das erlebte *Sir Percy* bis zum Jahre 1889, als in Osttransvaal die Tsetsefliege (Übertragung der Schlafkrankheit) den Ochsenbestand dahinraffte. Er war wirtschaftlich am Ende und ging mittellos nach Barberton. Hier lernte er seine Frau *Lilian Cubitt* kennen, die er 1889 heiratete.

Bald nahm er eine neue Stelle in einer Johannesburger Minengesellschaft an. Er konnte nun seinen geliebten Hund *Jock* nicht mehr gebrauchen und übergab ihn einem Freund, der seinerseits den Hund wahrscheinlich einem Händler anvertraute, der ein Geschäft im heutigen Mosambik betrieb, 25 km nördlich von Maputo. Eines Nachts verfolgte *Jock* einen umherstreifenden Hund, der in einen Hühnerhof eingedrungen war, und biss ihn tot. Doch sein neuer Herr erschoss *Jock* aus Versehen, da er ihn in der Dunkelheit nicht erkannte.

Während dessen wurde *Sir Percy* im Minengeschäft immer erfolgreicher, engagierte sich in der Politik und schrieb das Buch „Transvaal from Within" (Transvaal von Innen). Nach dem Burenkrieg wurde *Percy* aufgrund seiner politischen Verdienste zum Ritter geschlagen und einer der Begründer der Südafrikanischen Union.

Das Jock-of-the-Bushveld-Denkmal

Weil er im Schreiben begabt war, hielten ihn seine Kinder an, „Jock of the Bushveld" zu schreiben. Da er es nun zu Wohlstand gebracht hatte, schaute er sich nach einem Illustrator um. Aus Zufall entdeckte er bei einem Besuch in London ein ausgezeichnetes Aquarell eines Kudu-Bullen. Auf der Stelle lud er den Künstler *Edmund Caldwell* ein, nach Südafrika zu kommen, um sein Buch zu illustrieren.

Noch heute zieren die wunderschönen Bilder die Ausgaben des Buches, doch der Schriftsteller sollte davon nicht viel haben. Im Jahre 1931 verstarb *Sir Percy* auf seinem Altersruhesitz bei Uitenhage in der östlichen Kapprovinz.

der Entdeckung vor lauter Freude gerufen haben: „The pilgrim is at a rest" (der Pilger hat seine Ruhe gefunden), das Echo der Berge verkürzte den Ausruf zu „Pilgrim's Rest". Es handelte sich damals um die ergiebigsten Goldfunde im südlichen Afrika, und die Kunde drang bis zu den Goldadern Kaliforniens und Australiens, sodass sich bekannte Digger von dort aus nach Pilgrim's Rest aufmachten, in der Hoffnung, das große Glück zu finden.

Die Goldsucher liebten Pilgrim's Rest, weil hier das Klima angenehm kühl war – und weil man praktisch entlang des gesamten Creeks fündig wurde.

Reisepraktische Informationen Panorama-Route

i **Information**
Nelspruit Info, *im Erdgeschoss des Civic Centre,* ☎ *013-755-1988/9,* 🖨 *013-755-1350, www.nelspruitinfo.co.za.*

✈ **Flüge**
täglich zwischen Johannesburg und Nelspruit.

🚗 **Autovermietungen**
Einige Autovermieter sind in Nelspruit vertreten.

🛏 **Unterkunft**
Es ist empfehlenswert, mindestens zwei volle Tage einzuplanen, um die Schönheit dieser Landschaft voll aufnehmen zu können.

Pilgrim' Rest
Pilgrim's Rest Caravan Park, *172 Main Street,* ☎ *013-768-1309,* 🖨 *013-768-1306, www.holidayresorts.co.za. 260 Zelt-/Caravanplätze teilweise mit Strom, Pool und Bar vorhanden.*

Am **Blyde River Canyon** direkt empfehlen sich:
Blyde Canyon \$\$, *Private Bag X 405, Graskop 1270,* ☎ *0861-22-6966,* 🖨 *013-769-8901, www.foreverblydecanyon.co.za. Chalets, Camping- und Caravanplätze, Restaurant, Schwimmbad – alles topsauber und super-preiswert! Tolle Sicht in den Canyon!*
Swadini \$\$, *Private Bag X 3003, Hoedspruit 1380,* ☎ *015-795-5141,* 🖨 *015-795-5178, www.foreverswadini.co.za. Chalets, Camping- und Caravanplätze, Schwimmbad, Restaurant – unten am Canyon gelegen – landschaftlich nicht so toll wie das o. a. Blydepoort Camp. Sehr preiswert!*

Geeignete Domizile, um alle attraktiven **Ziele der Drakensberge** zu erreichen:
Chestnut Country Lodge \$\$, *P.O. Box 156, Kiepersol 1241,* ☎ *013-737-8195,* 🖨 *737-8196, www.chestnutlodge.co.za. Anfahrt: Von Hazyview in die 2nd Kiepersol Road. Sehr persönlich, schönes Schwimmbad, ruhige Lage, nette Zimmer – und das alles preiswert!*
Böhm's Zeederberg Country House \$\$\$, *an der R536 gelegen, ca. 14 km westlich Hazyview, P.O. Box 94, Sabie 1260,* ☎ *013-737-8101,* 🖨 *737-8193, www.bohms.co.za. Schwimmbad. Familiäre Atmosphäre, idealer Ausgangspunkt für Erkundungen rund um den*

Die Chestnut Country Lodge

Blyde River Canyon. Deutsche Gastgeber-Familie, gutes Restaurant gleich nebenan (von der Tochter betrieben). Tipp: Die Familie Böhm unterhält auch den nahe gelegenen „Windmill Wine Shop". Dort gibt es nicht nur Cape-Weine zu probieren, sondern auch weitere regionale Produkte zu kaufen wie Bier, Grappa, Käse und Olivenöl.

Chilli Pepper Lodge $$$, *an der R536 ca. 10 km von Hazyview, linker Hand, P.O. Box 193, Kiepersol 1241,* ☎ *013-737-8373,* 🖷 *737-8258, www.chillipepperlodge.co.za. Sehr nette Lodge, tolle Lage, sehr geschmackvolle Zimmer, Swimmingpool und schöne Gartenanlage.*

Blue Mountain Lodge $$$$-$$$$$, *Abzweig von der R536 in die 514, P.O. Box 101, Kiepersol 1241,* ☎ *013-737-8446,* 🖷 *013-737-6917, www.bluemountainlodge.co.za. Eine der gediegensten Lodges in der südlichen He-*

 Lesertipp

The Antbear Guesthouse $$$, P.O. Box 526, Estcourt 3310, ☎ 36 352-3143, www.antbear.de. Unterkunft in reetgedeckten Bungalows, wundervolle Fernsicht und herzliche Gastgeber.

misphäre. Tolle, riesige Zimmer und Bäder, alles individuell dekoriert, erstklassiges Restaurant, wunderschöne, ruhige Umgebung, herrliche Swimmingpool-Anlage.

 Camping
Erstklassige Campingplätze bieten die Aventura Resorts/siehe weiter oben.

🚶 **Wandern**
Die Erlaubnis für die Wanderung und die Buchung der Hütten auf den beiden Wanderwegen im **Blyde River Canyon Nature Reserve**, *P.O. Box 1990, Nelspruit 1200,* ☎ *013-759-4006.*

Kruger National Park

Überblick

„Kein Südafrika-Urlaub ohne den Kruger National Park" – so oder ähnlich könnte man es formulieren. Das riesige Gebiet, das so groß wie die Staatsfläche von Belgien ist, lockt alljährlich Hunderttausende von Besuchern an.

Wenn die europäische Reisewelle mit den südafrikanischen Ferien zusammentrifft, sind die staatlichen Unterkünfte und Campingplätze hoffnungslos ausgebucht. Auch Tagesbesucher sollten insbesondere an Wochenenden, Feiertagen und während der südafrikanischen Schulferien vorher reservieren, um sich eine Enttäuschung zu ersparen.

Der Kruger Park ist ein staatlich verwaltetes Naturschutzgebiet, ebenso sind die Camps staatlich organisiert. Das Parkgebiet ist ganzjährig geöffnet. **Die beste Zeit, um Tiere zu beobachten**, sind die Trockenmonate Juni bis September:
- In dieser Zeit ist die Savanne trocken, und die Tiere ziehen an die verbliebenen Wasserstellen, sodass man die Chance hat, sie aus unmittelbarer Nähe beobachten zu können.
- Da auch die Vegetation um diese Zeit wesentlich lichter ist, kann man schneller Tiere entdecken.

Das gesamte Parkgebiet ist von asphaltierten Straßen, aber auch von Schotterwegen durchzogen. Man darf auf keinen Fall von den vorgeschriebenen Wegen abweichen, was natürlich die Beobachtungsmöglichkeiten stark einschränkt. Während der Hochsaison kommt es öfter zu Fahrzeugstaus, wenn jemand Tiere in der Nähe der Straße entdeckt hat. Doch Afrika-Neulinge, aber auch viele Wiederholungsreisende, sehen darin keinen Nachteil.

Stichwortartig seien einige der **staatlichen Camps** des Kruger Parks vorgestellt (siehe Karte S. 223):
- **Punda Maria** ist das nördlichste Camp, von üppiger tropischer Vegetation umgeben (Affenbrotbäume). Es befindet sich 8 km vom Eingang und verkörpert die Atmosphäre der Gründerzeit des Kruger Parks – auch weil der Massentourismus am Camp (noch) vorübergegangen ist.
- **Shingwedzi** ist ein großes, sehr schönes Camp inmitten von Mopane-Bäumen und Mlala-Palmen. Es werden oft Elefanten, Nyalas (eine Antilopenart) und Elenantilopen gesichtet.
- **Mopani**: modernes, fast luxuriöses Camp, toll die Tierbeobachtungen am 17 km östlich gelegenen Nshawudam.
- **Letaba**: sehr schönes Camp am Südufer des Great Letaba River, 53 km vom Phalaborwa Gate

Redaktions-Tipps

▶ Je nach Geldbeutel muss die **Grundsatzentscheidung** fallen: **Camp im Kruger National Park** (einfache Unterkunft, Safarifahrt nur auf den vorgeschriebenen Straßen und Wegen, ohne Führung) **oder privates Wild-Schutzgebiet am Westrand** (exzellente Unterkünfte, geschulte Safarileiter dürfen kreuz und quer mit offenem Landrover auf eigenem Gebiet durch den Busch fahren). **Zeit**: Mindestens 3 Übernachtungen (= zwei volle Tage) einplanen.

▶ **Schönste Camps** im Kruger Park: Olifants Camp, Letaba Camp, Lower Sabie (S. 224, 222, 227)

▶ **Schönste private Wildcamps**: Londolozi, Inyati, Sabi Sabi Game Reserve, Mala Mala, Singita (ab S. 228) Für die Camps im Kruger Park sowie für die privaten Camps gilt: **unbedingt vorausbuchen**, und das möglichst langfristig!

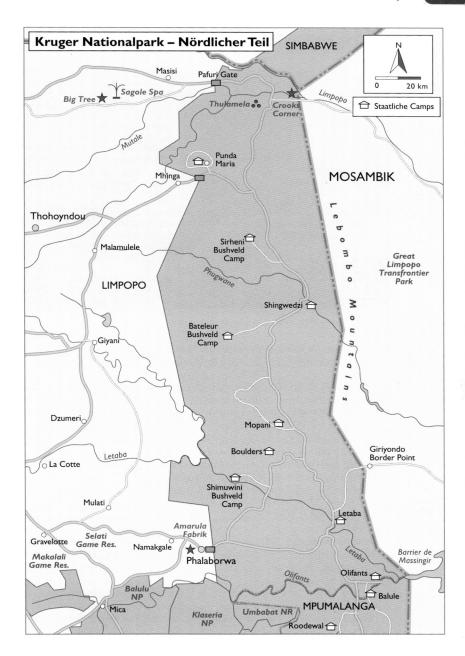

Kruger Nationalpark – Nördlicher Teil

SIMBABWE

N

0   20 km

⌂ Staatliche Camps

Masisi

Pafuri Gate

Big Tree   Sagole Spa

Limpopo

Thulamela   Crooks Corner

Punda Maria

Mhinga

Mutale

MOSAMBIK

Thohoyndou

Malamulele

Sirheni Bushveld Camp

LIMPOPO

Phugwane

Shingwedzi

Lebombo Mountains

Great Limpopo Transfrontier Park

Bateleur Bushveld Camp

Giyani

Dzumeri

Mopani

Boulders

Giriyondo Border Point

Letaba

La Cotte

Shimuwini Bushveld Camp

Mulati

Letaba

Selati Game Res.

Amarula Fabrik

Gravelotte

Namakgale

Phalaborwa

Makalali Game Res.

Letaba

Barrier de Massingir

Olifants

Olifants

Balule

Balulu NP

Mica

Klaseria NP

Umbabat NR

MPUMALANGA

Roodewal

Blick auf das Letaba Rest Camp

Open Air-Restaurant entfernt. Open Air-Restaurant inmitten von Mahagoni-Bäumen. An den Fluss kommt oft das Wild zum Trinken. In der Nähe werden häufig Löwen, Leoparden und Elefanten gesehen.

• **Olifants**: Es ist das landschaftlich am schönsten gelegene Camp, hoch über dem Olifants River! Man kann die Aussicht auf die Weite der Savannenlandschaft bis zu den Lebombo-Bergen genießen, außerdem gibt es in dieser Gegend viele verschiedene Tierarten zu sehen. Eine besonders interessante Route mit vielen Beobachtungsmöglichkeiten ist die Strecke, die dem Great Letaba-Fluss zum Letaba Camp nach Norden folgt (48 km).

• **Balule** liegt am Olifants River. Hier können Giraffen, Wasserbüffel, Elefanten und Flusspferde beobachtet werden. Bis zum Orpen Gate sind es 95 km.

Staatliche Camps • **Satara**: ein großes Camp inmitten einer Graslandschaft, im Zentrum des Parks gelegen, wo es gute Weiden und viele Wasserstellen gibt. In dieser Gegend werden oft Zebras, Elefanten, Giraffen, Löwen, Leoparden und Geparde gesichtet. Zum Orpen Gate sind es 45 km.

▶ *(siehe ab hier Karte S. 225)*

• **N'wanetsi**: Dieses kleine Camp liegt an den Ufern des N'wanetsi-Flusses. Es kann nur en bloc gebucht werden und bis zu 15 Personen aufnehmen. Bis zum Orpen Gate sind es 66 km.

• **Orpen**: Dieses kleine Camp ist besonders für Erkundungen in der Park-Mitte geeignet, allerdings dient es als Anlaufcamp für Spätankömmlinge.

• **Skukuza** ist das größte Camp, das nur 12 km vom Paul Kruger Gate entfernt liegt. Es eignet sich insbesondere zur Erkundung des Südens. In der Nähe werden häu-

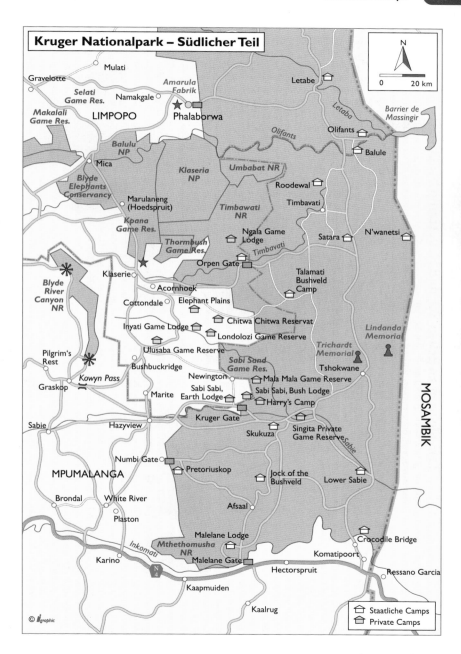

Kruger Nationalpark – Südlicher Teil

Abstände und ungefähre Zeit, die man zwischen Tor und Hauptcamp benötigt

Bspl. Berg-en-dal bis Skukuza: Entfernung = 72 km; ungefähre Zeit = 2 h 55 Min.
(Geschätzte Zeit bei 25 km/h Geschwindigkeit, Entfernungen sind auf geteerten Straßen gemessen, manchmal ist sie auf Sandstraßen kürzer.)

Werte: Entfernung (km) / ungefähre Zeit

	Skukuza	Shingwedzi	Satari	Punda Maria	Pretoriuskop	Phalaborwa Gate	Paul Kruger Gate	Paturi Gate	Orpen	Oilfants	N'wanetsi	Numbi Gate	Mophani	Malelane	Lower Sabie	Letaba	Crocodile Bridge	Berg-en-dal
Berg-en-Dal	72 / 2h55	344 / 13h45	165 / 6h35	415 / 16h35	92 / 3h40	285 / 11h25	83 / 3h20	453 / 18h10	213 / 8h30	219 / 8h45	180 / 7h10	97 / 3h50	281 / 11h15	12 / 0h30	113 / 4h30	234 / 9h25	149 / 6h	·
Crocodile Bridge	77 / 3h05	306 / 12h15	127 / 5h05	377 / 15h05	125 / 5h	246 / 9h50	88 / 3h30	415 / 16h35	175 / 7h	181 / 7h15	142 / 5h40	130 / 5h10	243 / 9h45	141 / 5h40	34 / 1h20	196 / 7h50	·	149 / 6h
Letaba	162 / 6h30	109 / 4h20	69 / 2h45	176 / 7h	211 / 8h25	51 / 2h	173 / 6h55	218 / 8h45	117 / 4h40	32 / 1h20	94 / 3h45	216 / 8h40	47 / 1h55	226 / 9h	162 / 6h30	·	196 / 7h50	234 / 9h25
Lower Sabie	43 / 1h45	271 / 10h50	93 / 3h45	342 / 13h40	90 / 3h35	213 / 8h30	53 / 2h10	380 / 15h10	141 / 5h40	147 / 5h55	108 / 4h20	95 / 3h50	209 / 8h20	105 / 4h10	·	162 / 6h30	34 / 1h20	113 / 4h30
Malelane	64 / 2h45	333 / 13h20	156 / 6h15	408 / 16h20	85 / 3h25	277 / 11h05	74 / 3h	444 / 17h45	204 / 8h10	210 / 8h25	170 / 6h50	94 / 3h50	272 / 10h55	·	105 / 4h10	226 / 9h	141 / 5h40	12 / 0h30
Mopani	209 / 8h20	63 / 2h30	116 / 4h40	130 / 5h10	258 / 10h20	74 / 3h	220 / 8h50	172 / 6h55	164 / 6h35	86 / 3h25	141 / 5h40	263 / 10h30	·	272 / 10h55	209 / 8h20	47 / 1h55	243 / 9h45	281 / 11h15
Numbi Gate	54 / 2h10	325 / 13h	147 / 5h55	396 / 15h50	9 / 0h20	267 / 10h40	65 / 2h35	434 / 17h20	195 / 7h50	201 / 8h	162 / 6h30	·	263 / 10h30	94 / 3h50	95 / 3h50	216 / 8h40	130 / 5h10	97 / 3h50
N'wanetsi	108 / 4h20	203 / 8h10	25 / 1h	274 / 11h	156 / 6h15	145 / 5h50	119 / 4h45	312 / 12h30	63 / 2h30	79 / 3h10	·	162 / 6h30	141 / 5h40	170 / 6h50	108 / 4h20	94 / 3h45	142 / 5h40	180 / 7h10
Olifants	147 / 5h55	141 / 5h40	54 / 2h10	212 / 8h30	195 / 7h45	167 / 6h40	158 / 6h20	335 / 13h25	63 / 2h30	·	79 / 3h10	201 / 8h	86 / 3h25	210 / 8h25	147 / 5h55	32 / 1h20	181 / 7h15	219 / 8h45
Orpen	137 / 5h30	226 / 9h	48 / 1h55	297 / 11h55	184 / 7h20	167 / 6h40	152 / 6h05	335 / 13h25	·	63 / 2h30	63 / 2h30	195 / 7h50	164 / 6h35	204 / 8h10	141 / 5h40	117 / 4h40	175 / 7h	213 / 8h30
Pafuri Gate	380 / 15h10	109 / 4h20	287 / 11h30	76 / 3h	438 / 17h30	246 / 9h50	392 / 15h40	·	335 / 13h25	335 / 13h25	312 / 12h30	434 / 17h20	172 / 6h55	444 / 17h45	380 / 15h10	218 / 8h45	415 / 16h35	453 / 18h10
Paul Kruger Gate	12 / 0h30	283 / 11h20	104 / 4h10	354 / 14h10	60 / 2h25	224 / 9h	·	392 / 15h40	152 / 6h05	158 / 6h20	119 / 4h45	65 / 2h35	220 / 8h50	74 / 3h	53 / 2h10	173 / 6h55	88 / 3h30	83 / 3h20
Phalaborwa Gate	213 / 8h30	137 / 5h30	119 / 4h45	201 / 8h	261 / 10h25	·	224 / 9h	246 / 9h50	167 / 6h40	167 / 6h40	145 / 5h50	267 / 10h40	74 / 3h	277 / 11h05	213 / 8h30	51 / 2h	246 / 9h50	285 / 11h25
Pretoriuskop	49 / 2h	318 / 12h45	140 / 5h35	389 / 15h35	·	261 / 10h25	60 / 2h25	438 / 17h30	184 / 7h20	195 / 7h45	156 / 6h15	9 / 0h20	258 / 10h20	85 / 3h25	90 / 3h35	211 / 8h25	125 / 5h	92 / 3h40
Punda Maria	342 / 13h40	71 / 2h50	245 / 9h50	·	389 / 15h35	201 / 8h	354 / 14h10	76 / 3h	297 / 11h55	212 / 8h30	274 / 11h	396 / 15h50	130 / 5h10	408 / 16h20	342 / 13h40	176 / 7h	377 / 15h05	415 / 16h35
Satari	93 / 3h45	178 / 7h10	·	245 / 9h50	140 / 5h35	119 / 4h45	104 / 4h10	287 / 11h30	48 / 1h55	54 / 2h10	25 / 1h	147 / 5h55	116 / 4h40	156 / 6h15	93 / 3h45	69 / 2h45	127 / 5h05	165 / 6h35
Shingwedzi	271 / 10h50	·	178 / 7h10	71 / 2h50	318 / 12h45	137 / 5h30	283 / 11h20	109 / 4h20	226 / 9h	141 / 5h40	203 / 8h10	325 / 13h	63 / 2h30	333 / 13h20	271 / 10h50	109 / 4h20	306 / 12h15	344 / 13h45
Skukuza	·	271 / 10h50	93 / 3h45	342 / 13h40	49 / 2h	213 / 8h30	12 / 0h30	380 / 15h10	137 / 5h30	147 / 5h55	108 / 4h20	54 / 2h10	209 / 8h20	64 / 2h45	43 / 1h45	162 / 6h30	77 / 3h05	72 / 2h55

Skukuza Camp

fig Löwen, Giraffen, Elefanten, Büffel und Flusspferde gesehen. Wenig Atmosphäre, da zu groß (bis zu 600 Personen!).

• **Pretoriuskop** war das erste Camp, das im Nationalpark gebaut wurde. Hier befindet sich ein erfrischendes Schwimmbad aus Naturgestein. Da dieses Camp etwas höher liegt, ist es besonders in der sommerlichen Hitze angenehm. Es befindet sich inmitten einer interessanten Felsenlandschaft. In der Nähe des Shitlhave Damms trifft man Rappenantilopen an. Löwen, Geparde und Leoparden werden oft gesichtet. Bis zum Numbi Gate sind es 9 km.

• **Lower Sabie:** Dieses etwas kleinere, aber sehr schöne Camp liegt am Sabie-Fluss. Hier werden oft große Elefanten- und Büffelherden beobachtet, und an der Lower Sabie Road trifft man manchmal Löwen an. Gut auch für Ornithologen! Bis nach Skukuza sind es 46 km.

• **Crocodile Bridge** befindet sich in der Südost-Ecke des Parks und ist leicht über den nahe gelegenen Parkeingang zu erreichen. In der Nähe des Camps befindet sich ein „hippo pool", wo Flusspferde baden. Das Grasland lieben vor allem Zebras, Gnus, Impalas und Büffel.

• **Malelane** ist an den Ufern des Crocodile River gelegen, 3 km vom Malelane Gate entfernt (günstige Lage zur Straße nach Nelspruit). Besonders gut sind hier Löwen, Elefanten, Büffel und Zebras zu beobachten.

Private Wildschutzgebiete am Westrand des Kruger Parks

Besucher, die die Tierwelt Kenias, Tansanias oder gar Botswanas erlebt haben, sind vom Kruger Park eher enttäuscht. Für „tierverwöhnte" Reisende ist daher der Aufenthalt in einem der **privaten Wildreservate am Westrand** des Kruger Parks zu empfehlen: Hier dürfen die Wildhüter kreuz und quer durch den Busch fahren, und hervorragende Tiererlebnisse sind quasi garantiert. Allerdings kostet der Aufenthalt in solchen privaten Camps ein Mehrfaches des Aufenthalts im staatlich kontrollierten Kruger Park, da neben wesentlich besseren Unterkünften auch die Verpflegung und die fachkundig geführten Safari-Fahrten im Preis eingeschlossen sind.

Die sogenannten „Private Game Reserves" befinden sich an der Westgrenze des Nationalparks. Sie sind alle privat organisiert, z. T. sehr luxuriös. Die Safari-Fahrten finden im offenen Geländewagen statt, es werden aber auch Fußsafaris angeboten. Die erfahrenen Wildhüter (game rangers) bemühen sich um optimale Tierbeobachtungen.

Als Aufenthaltsdauer sind 3 Übernachtungen (= 2 volle Safari-Tage) optimal. Die nachfolgende Auflistung gibt eine Übersicht. Alle Lodges sind buchbar über entsprechende deutsche Reiseveranstalter.

- **Motswari**, Lodge 1981 von einem Deutschen errichtet, heute als Familienbetrieb geführt. 15 Luxusbungalows, südlich von Phalaborwa gelegen, Swimmingpool, Boma, Konferenzraum, Bar, Veranda.
- **Ngala Game Lodge**, Aufenthaltsraum, Laden, Bar, Boma, Swimmingpool.
- **Elephant Plains**, sehr gutes Preis-Leistungsverhältnis. Unterkunft in den sehr komfortablen 5 geräumigen riedgedeckten Chalets. Pool, Ausschaudeck, Curio Shop vorhanden.
- **Chitwa Chitwa Reservat**: verfügt über 2 Lodges. Beide Lodges sind im afrikanischen Stil eingerichtet und bieten Unterkunft in schönen Chalets mit eigener Ter-

Manchmal braucht man etwas Geduld, bis es weitergeht…

rasse. Die Main Lodge ist etwas hochwertiger. Die Safari Lodge hat ein sehr gutes Preis-Leistungsverhältnis.

• **Ulusaba Game Reserve**

- **Safari Lodge**, schöne Lodge im afrikanischen Stil. Zimmer und Haupthaus mit Hängebrücken verbunden. Alle Zimmer verfügen über eine eigene Terrasse. Pool, Boma, Curio Shop vorhanden.

- **Rock Lodge**, stilvolle, auf einen Felsen gebaute Lodge mit beeindruckendem Blick über den afrikanischen Busch. Alle Zimmer verfügen über eine eigene Terrasse. Pool, Boma, Curio Shop vorhanden.

• **Inyati Game Lodge**, Aufenthaltsraum, Swimmingpool, Boma, Laden.

• **Londolozi Game Reserve**. Dieses Game Reserve ist besonders exklusiv und für die Beobachtungsmöglichkeit von Leoparden bekannt; am Sand River gelegen, offene Veranda, Swimmingpool, Bar, Boma, Laden. 3 Camps: Tree Camp (am teuersten), Bush Camp, Main Camp, die alle am Fluss liegen. Das Naturschutzgebiet

1	Djuma
2	Arathusa
3	Simbambali
4	Elephant Plains
5	Chitwa Chitwa
6	Nkorho
7	Ulusaba
8	Inyati
9	Exeter
10	Leopard Hills
11	Dulini
12	Idube
13	Savanna
14	Singita
15	Londolozi
16	Mala Mala
17	Nottens
18	Sabi Sabi
19	Lion Sands
20	Kirkmans

Private Wildschutzgebiete

0   10 km

Kruger Nationalpark

© L graphic

ist international bekannt – und prämiert – für sein Management, das in außergewöhnlicher Weise die Erhaltung der Natur, Integration der Tierwelt und die Einbeziehung der Einwohner vor Ort gewährleistet. Von hier aus besteht die beste Möglichkeit in Südafrika, Leoparden zu sehen und natürlich auch andere Wildtiere zu beobachten. Das Ultimum an Exklusivität und Privatheit!

• **Mala Mala Game Reserve**. Der weltberühmte Klassiker unter den privaten Game Reserves; Aufenthaltsraum, Bar, Boma, 2 Swimmingpools, Laden. Das Private Game Reserve verfügt über das weitaus größte private Wildschutzgebiet im Sabi Sands Reserve. Die beiden Flüsse Sabi und Sand fließen durch dieses Reservat und bieten hervorragende Wildbeobachtungsmöglichkeiten. Hierzu gehören insgesamt drei Lodges, neben dem Main Camp und Rattray's on Mala Mala:

- **Sable Camp**, im Stil der 1920er-Jahre erbaut, koloniale Atmosphäre. Aus Sicherheitsgründen ist der Aufenthalt von Kindern unter 12 Jahren nicht erlaubt. Oberhalb des Sand River, Aufenthaltsraum, Bar, Tennisplatz, Swimmingpool, Boma, Laden.

- **Rattray's on Mala Mala**, das kleinste Camp im Mala Mala Game Reserve. Alle Camps zeigen durch ihre spezifische Architektur und Dekoration einen Ausschnitt aus der afrikanischen Kultur. Hier werden die geometrischen Muster und Figuren der Ndbele nachempfunden. Aufenthaltsraum, Bar, Boma, Swimmingpools, Laden.

• **Sabi Sabi Game Reserve**: ein Modell des ökologischen Tourismus. Aufenthaltsraum, Bar, Swimmingpool, Boma, Laden.

- **Bush Lodge**, die größte und preiswerteste der 3 Lodges. Große, schöne Chalets im afrikanischen Stil mit eigener Terrasse. Ebenfalls am Flussbett gelegen. Pool, Boma, Curio Shop, Bücherei vorhanden.
- **Earth Lodge**, moderne, kleine Lodge mit beeindruckendem Design. Total in den Bush integriert. Alle Zimmer mit eigener Terrasse und eigenem Pool sowie Innen- und Außenduschen. Pool, Boma, Curio Shop, Kunstgalerie sowie Wellnessbereich vorhanden.
- **Selati Lodge**, kleinste, sehr intime Lodge. Nur 8 Zimmer. Pool, Boma Curio Shop vorhanden. 15 km nach Skukuza Airport, tolle Luxus-Atmosphäre wie zum Ende des 19./Anfang des 20. Jh., am Msuthlu-Fluss gelegen.
- **Singita Private Game Reserve**: 35 km vom Flughafen Skukuza entfernt, totaler Luxus, phantastische Wildbeobachtungsmöglichkeiten

Die Giraffe überragt so manches

- **Singita Lebombo Lodge:** 15 Chalets, herrlicher Blick auf die Vorberge der Lembobo Mountains
- **Singita Ebony Lodge:** 12 Chalets, Pirschfahrten, Fußsafaris, Swimmingpool
- **Singita Boulders:** 12 Chalets, oberhalb des Sand River, Swimmingpool
- **Akeru**, kleine Lodge im Timbavati-Gebiet. Das Besondere: Diese Lodge hat keinen Strom. Es werden Fackeln, Petroleumlampen und ein Generator benutzt. Boma, Pool und Aussichtsplattform vorhanden.
- **Savanna**, schönes Zeltcamp in offener Buschsavanne. Zelte sind luxuriös mit eigenem Bad und Terrasse ausgestattet. Pool und Curio Shop vorhanden.
- **Tshukudu Game Lodge**, in der Nähe von Marulaneng (früher Hoedspruit) gelegen, offene Veranda, Bar, Swimmingpool, Boma, Laden.

Wilderness Trails

Wildniswanderungen

Im Kruger National Park werden unter dem Schutz und der Führung von erfahrenen Wildhütern faszinierende Wildniswanderungen auf sieben verschiedenen Pfaden veranstaltet:

Wolhuter
Boesman
Olifants
Nyalaland
Metsimetsi
Napi
Sweni

 Informationen
unter www.southafrica-travel.net/north/a_knp_trails.htm.

Ratschläge für den Aufenthalt im Nationalpark

- Das **Aussteigen aus dem Auto** außerhalb der eingezäunten Camps ist **verboten**, da es zu gefährlich ist. Die Tiere decken sich oft farblich mit der Landschaft.
- Die meisten Straßen sind in sehr gutem Zustand und sogar asphaltiert, was manchen Besucher zum schnellen Fahren verleitet (die **Geschwindigkeitsbegrenzung beträgt 50 km/h**!). Bei ca. 20 km pro Stunde haben Sie die Chance, die Landschaft voll zu erfassen, um Tiere zu sichten. Ein langsames Ausrollen des Wagens – ggf. Motor abstellen – ermöglicht ungestörtes Beobachten. Allerdings ist es ratsam, bei Elefanten den Motor laufen zu lassen, um bei Gefahr schnell starten zu können. Gereizte Elefanten nehmen es auch mit einem Auto auf!
- Während der **heißen Tageszeit** suchen auch die Tiere Schatten und halten sich oft unter Bäumen und Büschen auf. Diese Zeit eignet sich nur **schlecht für Pirschfahrten**.
- Viele Dämme, Flüsse und Wasserlöcher sind ausgeschildert. Hier trifft man **insbesondere morgens, aber auch spätnachmittags Tiere**, die zum Trinken kommen.
- Kreisende Geier, ebenso umherschleichende Schakale, weisen auf gerissenes Wild hin. Vielleicht sind Löwen oder andere Raubtiere in der Nähe.
- Hören Sie genau auf Geräusche, und **unterhalten Sie sich nur leise im Wagen** – manche Tiere haben ein erstaunliches Gehör und zeigen sich erst gar nicht. Schauen Sie auch manchmal auf die Bäume und Sträucher: Über 500 Vogelarten leben im Nationalpark!
- Die Fotografen sollten ihre **Kamera immer schussbereit** halten. Empfehlenswert sind ein sehr guter Zoom und ein Fernglas. Bei analogen Fotoapparaten ist ein Teleobjektiv unentbehrlich.

Im Kruger Park gibt es gut 11.000 Elefanten

- **Pirschfahrten** sind nur **zwischen Sonnenaufgang und Sonnenuntergang** gestattet. Die Zeiten ändern sich deshalb ständig.
- Beachten Sie bitte die Schließzeiten der Camps und Gates. Wenn Sie nicht rechtzeitig den Park verlassen haben bzw. zurück in Ihrem Camp sind, müssen Sie mit einer empfindlichen Geldstrafe rechnen.
- Das Kruger Park-Gebiet gilt als Malaria-gefährdet. Decken Sie sich deshalb vor der Ankunft mit einem **Malaria-Präparat** ein. Erkundigen Sie sich nach einem geeigneten Mittel bei Ihrem Arzt oder in einer südafrikanischen Apotheke.
- Das **Füttern und Stören** der Tiere ist **strengstens verboten**.

Die Wanderungen dauern zwei Tage und bieten die Möglichkeit, die Vielfältigkeit der Tierwelt und der Vegetation des Nationalparks zu sehen. Drei Nächte werden in rustikalen Hütten im Busch verbracht. Alle Ausrüstungsgegenstände und die Verpflegung werden gestellt und durch den National Parks Board befördert. Die Größe der Gruppen ist auf jeweils maximal acht Personen beschränkt, die mindestens 12 und höchstens 60 Jahre alt sein dürfen. Rucksäcke sind nicht notwendig.

Beschreibung des Kruger National Parks

Der Kruger National Park ist sicherlich ein **touristisches „Muss"** einer jeden Südafrika-Reise. Die Entfernung nach Johannesburg ist nicht zu groß, und selbst mit dem Auto braucht man nicht länger als einen Tag. Bei wenig Zeit kann man direkt vom Johannesburger International Airport ins Königreich der Tiere fliegen. Für den Kruger Park sind mindestens drei Tage einzuplanen. Es ist natürlich unmöglich, den ganzen Park einschließlich der gesamten Tierwelt kennenzulernen. Tierbeobachtungen sind immer auch Zufallsbeobachtungen. Daher sollten die Erwartungen nicht zu hoch gespannt sein.

Reizvolle landschaftliche Erlebnisse

Der Nationalpark, der im Osten an Mosambik und im Norden an Zimbabwe grenzt, bedeckt heute eine Fläche von ca. 19.000 km², das ist immerhin 1,7 % der Gesamtfläche der Republik Südafrika oder die Fläche des Bundeslandes Hessen. Die Nord-Süd-Ausdehnung beträgt ca. 350 km, die Breite schwankt zwischen 40 und 80 km. Das gesamte Gebiet ist vollständig eingezäunt. Es ist leicht, hier auf Pirschfahrt zu gehen: Es stehen insgesamt 1.863 km Straßen zur Verfügung, die z. T. asphaltiert sind (697 km), sodass man auch in der Trockenzeit nicht immer Staubpisten befahren muss. Sicherlich nehmen die geteerten Straßen etwas vom „Urtümlichen" der Landschaft, sie sind zum Fahren aber bequemer, und durch das leisere Rollen der Autos werden die Tiere weniger gestört. Natürlich ist es verboten, von den Wegen abzuweichen, um kreuz und quer durch den Busch zu fahren. Das ist auch gut so, denn schließlich ist der Mensch hier zu Gast im Reich der Tiere – und nicht umgekehrt.

Eine Gruppe von Impalas

Rücksicht auf die Tiere

Geschichte

Die Notwendigkeit des Naturschutzes wurde in Südafrika schon sehr früh erkannt. Bereits 1889 beschloss der Volksrat, das Jagen im Gebiet zwischen dem Sabie- und dem Crocodile-Fluss zu verbieten. In dieser Zeit war die Malaria stark verbreitet und in allen Flüssen des Parks gab es die Bilharziose, eine gefährliche Wurmkrankheit.

Moskitos und die Tsetsefliege behinderten die Besiedlung der Landschaft, doch in der Trockenzeit kamen Wilderer, die allmählich einige Tierarten – insbesondere Elefanten wegen ihres Elfenbeins – auszurotten drohten.

Notwendigkeit des Naturschutzes

Vereinzelt wohnten hier Schwarzafrikaner, die sich von den Nachbarstämmen abgesondert hatten, doch sie wurden durch das Malaria-Fieber und die Bilharziose-Krankheit geschwächt und auch ihre Tiere wurden durch Krankheiten erheblich dezimiert. Aber immerhin wurde das Gebiet durch die umherstreifenden Jäger und von durchziehenden Händlern gut erforscht. Auch Voortrekker – so *Luis Trichardt, Johannes van Rensburg* und *Hendrik Potgieter* – kreuzten die Gegend, um Verbindung mit den portugiesischen Häfen in Mosambik zu knüpfen.

In viel früherer Zeit jagten bereits San hier. Felszeichnungen legen davon Zeugnis ab. Die San zogen vom Hochveld jeden Winter in dieses Gebiet, da es dann keine Moskitos gab.

Ehemaliges Gebiet der San

Wer war James Stevenson-Hamilton?

Als das Gebiet zwischen dem Sabie River und dem Crocodile River im Jahre 1902 zum Wildschutzgebiet erklärt wurde, vergab man die Stelle als Ober-Wildschutzhüter (Chief Warden) an *Stevenson-Hamilton*. Er erhielt sehr vage Angaben darüber, wie er der Wilderei Einhalt gebieten sollte. Ebenso hatte er niemanden, der ihm helfen sollte. Doch er machte sich sehr ernsthaft an die Aufgabe, mittels Erlassen der Wilderei rigoros ein Ende zu bereiten. Bald standen ihm zwei Gehilfen zur Verfügung. So erhielt er von den Afrikanern den Beinamen *„siKhukhuza"*. Die europäische Form des Namens wurde dann „Skukuza" – und so heißt heute der Ort der Hauptverwaltung im Park.

J. Stevenson-Hamilton
(historisches Foto)

Stevenson-Hamilton gilt bei den Südafrikanern als der „Vater des Kruger Parks". Er arbeitete bis zu seiner Pensionierung im Jahre 1946 an seiner Aufgabe und es gelang ihm, die Grenzziehung des Naturschutzgebietes gegenüber anderen Interessen zu behaupten.

Geografie

Der Park liegt auf einer Höhe zwischen 200 und 800 m. Bis auf wenige Erhebungen und den hügligeren Norden ist die Landschaft eher flach. Der Niederschlag, der sich auf die Sommermonate Oktober bis März verteilt, beträgt im Norden durchschnittlich 125 mm, im Süden 750 mm pro Jahr. Die Temperaturen können im Sommer auf über 40 °C ansteigen, während sie in der Trockenzeit bis auf 2 °C absinken. Im Sommer sind die tiefer liegenden Bereiche im Norden wegen der Hitze geschlossen.

Das Parkgebiet lässt sich in **fünf Hauptregionen** einteilen:
① **Gebiet nördlich des Olifant River**: Hier wachsen mittelgroße Mopane-Bäume, die sich an den geringen Niederschlag und an die alkalischen Böden angepasst haben.

Sie beweisen die enormen Anpassungsleistungen der Pflanzen an die klimatischen Gegebenheiten: Bei Hitze falten sich ihre Blätter entlang einer mittleren Kerbe zusammen, sodass sie keine Sonne auffangen. So bewahrt der Baum seine Feuchtigkeit. Aus diesem Grunde sind Mopane-Bäume als Schattenspender völlig ungeeignet. Ihre Blätter sind aber sehr nahrhaft und werden von Elefanten und Antilopen bevorzugt. Der Mopane-Wurm, eine fette Raupenart, kann selbst von Menschen gegessen werden: Er weist einen hohen Proteingehalt auf, kann getrocknet oder geröstet werden und ist bei manchen schwarzafrikanischen Volksgruppen äußerst beliebt.

② **Gebiet südlich des Olifant River bis zum Crocodile-Fluss (östlicher Teil)**: Hier ist die Erde fruchtbar und die Landschaft erhält viel Niederschlag. Die süß schmeckenden Gräser werden von vielen Tierarten bevorzugt und bieten ihnen beste Lebensbedingungen. Man trifft hier insbesondere Büffelherden, Giraffen, Zebras und Gnus an. Die in diesem Bereich wachsenden Dornakazien bieten zusätzlich nahrhafte Blätter und Samenschoten. Sie stehen im Frühjahr in Blüte (weiß-gelbe Blüten) und duften. Die Akazienbäume bieten aufgrund ihrer schirmartigen Form den Tieren viel Schatten während der heißen Tageszeit.

③ **Gebiet südlich des Olifant- und des Crocodile-Flusses (Mittelgebiet)**: Das Gebiet ist eine weite Parklandschaft mit süß schmeckenden Gräsern und roten Busch-Weiden.

④ **Region entlang der Westgrenze zwischen Olifant River und Crocodile-Fluss**: Mit 760 mm Niederschlag pro Jahr fällt in dieser Gegend viel Regen, sodass die Landschaft gut bewässert ist. Das Gras schmeckt in diesem Bereich allerdings sauer, was die Antilopen weniger mögen. Hier finden sich viele Baumarten.

⑤ **Region entlang der Nordgrenze, in den Tälern des Luvuvhu- und Limpopo-Flusses**: In diesem Gebiet treffen wir tropischen Regenwald mit Mahagoni-, Ebenholz- und Baobab-Bäumen an.

Ein Nashorn nach einem ausgiebigen Schlammbad

Tierwelt

Der Kruger National Park ist reich an verschiedenen Tierarten. Doch die vielgestaltige Tierwelt verteilt sich auf eine große Fläche. Das, was man zu sehen bekommt, ist vom Ort, von der Jahreszeit und vom Zufall bestimmt. Man kann von einer Wasserstelle gerade weggefahren sein – und nur eine Minute später tritt eine Elefantenherde aus dem Savannendickicht und inszeniert ein unvergessliches Bad.

 Hinweis
Beschreibung der häufigsten Tiere des Parks ab S. 672.

Der Nationalpark ist in insgesamt **400 Kontrollblöcke** eingeteilt. Jede dieser Regionen wird von Fachleuten sorgfältig beobachtet, der Zustand der Vegetation registriert und die Arten sowie die Menge des vorkommenden Wildes notiert. So kann auch die maximale Tragfähigkeit eines Gebietes ermittelt werden, die vom Zustand der Vegetation sowie der Anzahl der Tiere bestimmt wird. *Ständige Kontrolle der Natur*

Diese **ständigen Kontrollmaßnahmen** sind deshalb wichtig, weil die Natur hier in die Grenzen eines Schutzgebietes gewiesen wurde: Die normalen Zugwege der Tiere in benachbarte Landschaften sind unterbunden. Außerdem vermehren sich manche Tierarten so stark, dass sie die natürlichen Grundlagen aus dem Gleichgewicht bringen und die Lebensmöglichkeiten bestimmter Pflanzen und Tiere beschneiden könnten. Daher muss künstlich für ein ökologisches Gleichgewicht gesorgt werden, um den Naturschutz zu gewährleisten, indem Tiere gezielt getötet werden.

Zählungen der vergangenen Jahre ergaben folgende Übersicht über die Anzahl der Tiere:		
	1998	**2004**	**2009**
Spitzmaulnashorn	-	350	350
Streifengnu	˜14.000	17.000	17.000
Büffel	˜22.500	28.489	25.150
Zebra	˜30.000	32.000	32.000
Gepard	˜200	200	-
Elenantilope	˜600	500	300
Elefant	8 870	11.500	11.670
Giraffe	˜5.000	9.000	9.000
Flusspferd	3.200	3.000	3.000
Hyäne	˜2.000	2.000	2.000
Impala	˜100.000	150.000	> 170.000
Kudu	˜8.000	5.000	5.000
Leopard	˜1.000	1.000	1.000
Löwe	˜2.000	1.500	2.000
Roan Antilope	˜70	70	60
Säbel Antilope	˜450	550	550
Tsessebe	˜200	200	200
Wasserbock	˜3.000	5.000	5.000
Breitmaulnashorn	˜2.500	5.000	5.000
Wildhund	˜380	350	200

Reisepraktische Informationen Kruger National Park

i **Information und Buchung**
South African National Parks, P.O. Box 787, Tshwane 0001, ☎ 012-428-9111, ☎ 012-426-5500, www.sanparks.org/parks/kruger/.

☞ **Eintrittsgeld**
Der Aufenthalt im Kruger Park kostet 160 ZAR pro Erwachsener pro Tag und 80 ZAR pro Kind (bis 15 Jahre).

✈ **Flüge**
Kruger Mpumalanga International Airport (KMIA): ☎ 013-753-7500, ☎ 013-753-7553, www.mceglobal.net.

🚗 **Mietwagen**
ab Kruger Mpumalanga International Airport verfügbar.

🛏 **Unterkunftsmöglichkeiten im Kruger National Park**
Auch hier gilt, was man in ganz Südafrika beobachten kann: Alles ist sauber, funktionell ausgestattet und komfortabel. Die angebotenen Rundhütten haben z. T. Klimaanlage und sind sehr geräumig. Die Rastlager sind ebenfalls für Camping eingerichtet. Allerdings kommt es regelmäßig, vor allem während der südafrikanischen Schulferien, zu Kapazitätsengpässen. Reservierungen für diese Zeit sind deshalb unbedingt empfehlenswert. Alle staatlichen Camps werden bei der o. a. Adresse **zentral gebucht**!

Camps
Es gibt zwölf **Hauptcamps** im Kruger Park. Alle Hauptcamps haben einen Laden mit Artikeln des täglichen Bedarfs und Lebensmitteln. Orpen und Crocodile Bridge sind die einzigen Camps ohne Restaurants.
Im nördlichen Teil: Punda Maria, Shingwedzi, Mopani, Letaba, Olifants, Satara
Im südlichen Teil: Orpen, Skukuza, Pretoriuskop, Lower Sabie, Crocodile Bridge, Berg-en-Dal
Alle großen Hauptcamps haben Strom, ein Erste-Hilfe-Zentrum, einen Laden, Grillplätze und Gemeinschaftsküchen, Waschmöglichkeiten, ein Restaurant und/oder eine Cafeteria, Telefonzellen und eine Tankstelle. Informationszentren gibt es in Letaba, Skukuza and Berg-en-dal. Wanderwege gibt es in Punda Maria, Berg-en-dal und Pretoriuskop.

Weiterhin gibt es einige **Satellitencamps**. Hier gibt es weder eine Rezeption noch ein Restaurant oder Laden. Sollten Sie in einem dieser Camps wohnen, müssen Sie sich im jeweiligen Hauptcamp anmelden:
Balule (Satara), Malelane (Mal. Gate): Berg-en-Dal, Maroela (Orpen), Tamboti (Orpen)

Es gibt fünf **Buschcamps**. Sie sind klein und geben dem Besucher ein Gefühl der Abgeschiedenheit. Auch hier gibt es weder Restaurant noch Laden: Bateleur, Biyamiti, Shimuwini, Sirheni, Talamati

Es gibt zwei **Buschlodges**. Diese sind sehr exklusiv und abgeschieden gelegen: Boulders, Roodewal

Behindertengerechte Einrichtungen *stehen Ihnen in folgenden Camps zur Verfügung: Berg-en-Dal, Crocodile Bridge.*

<u>Private Wildschutzgebiete</u> (Beschreibungen s. ab S. 228)
Chitwa Chitwa Game Reserve *(S. 228), Information und Buchung: P.O. Box 26291, Steiltes 1213, Mpumalanga,* ☎ *013-744-0876,* 🖷 *013-744-3748, www.chitwa.co.za.*
Chitwa Chitwa Main Lodge $$$
Ulusaba Game Reserve *(S. 229), Information und Buchung:* ☎ *011-325-4405 (Johannesburg) oder 013-735-5460, www.ulusaba.virgin.com.* **Safari Lodge $$$, Rock Lodge $$$, Cliff Lodge $$$**
Sabi Sabi Game Reserve *(S. 229f), Information und Buchung: 4 Jameson Avenue, Melrose Estate, Johannesburg, Reservierung:* ☎ *011-447-7172,* 🖷 *011-442-0728, www.sabisabi. com.* **Selati Camp $$$,** *Information und Buchung:* ☎ *013-735-5771.* **Bush Lodge $$** *(S. 230),* **Earth Lodge $$$$** *(S. 230).*
Singita Private Game Reserve *(S. 230):* **Singita Lebombo Lodge, Singita Ebony Lodge, Singita Boulders $$$,** *Information und Buchung:* ☎ *021-683-3424,* 🖷 *021-671-6776, www.singita.com.*
Elephant Plains $$ *(S. 228), Information und Buchung:* ☎ *013-735-5358,* 🖷 *013-735-5468, www.elephantplains.co.za.*
Savanna $$$, *P.O. Box 3619, White River 1240,* ☎ *013-751-2474,* 🖷 *013-751-3620, www.savannalodge.com, im Sabi Sand Game Reserve, sehr gute Wildbeobachtungsmöglichkeiten, Bibliothek, Laden, Internetanschluss, Lounge, Swimmingpool, Boma.*
Londolozi Game Reserve $$$$ *(S. 229), zentrale Reservierung: Private Bag X 27, Benmore, Johannesburg 2010,* ☎ *011-280-6655,* 🖷 *011-280-6656, www.londolozi.com.*
Mala Mala Game Reserve $$$$ *(S. 229), Reservations Department,* ☎ *011-442-2267,* 🖷 *011-442-2318, www.malamala.com, an der Westgrenze des Kruger N.P. gelegen, Aufenthaltsraum, Bar, Boma, 2 Swimmingpools, Laden.* **Sable Camp $$, Rattray's on Mala Mala $$.**
Nyala River Lodge $$$$$, *westlich des Kruger N.P. am Mohlabetsi-Fluss gelegen. Im Umhlametsi Private Nature Reserve, angrenzend an das Klaserie N.R. Information und Buchung:* ☎ *083-794-1347,* 🖷 *086-623-2198, www.nyalasafarilodge.co.za.*
Motswari $$$$$ *(S. 228), Information und Buchung: Motswari Private Game Reserve, P.O. Box 67865, Bryanston 2021,* ☎ *011-463-1990, www.motswari.co.za.*
Ngala Game Lodge $$$$$ *(S. 228), Zentrale Reservierung: Private Bag X 27, Benmore, Johannesburg 2010,* ☎ *011-809-4300,* 🖷 *011-809-4400, www.ngala.co.za.*
Inyati Game Lodge $$$$$ *(S. 229), Information und Buchung: P.O. Box 38838, Booysens, Johannesburg 2016,* ☎ *011-880-5907/9,* 🖷 *011-788-2406, www.inyati.co.za.*

<u>Unterkunft außerhalb des Kruger Parks</u>
Wenn man keine Unterkunft im Kruger Park mehr erhält, so besteht die Möglichkeit, in einem der Orte zu übernachten, die in der Nähe eines Einganges zum Nationalpark liegen.

<u>Unterkunft in Hoedspruit</u>
Bushmans Adventure Lodge $$, *Orpen Road R 531,* ☎ *083-337-4835, www. bushmansafaris.de, nur 35 km außerhalb des zentralen Eingangstores Orpen gelegen, Touren in den Kruger Park werden angeboten – insbesondere eine Einführung in die Welt der Schlangen.*

Unterkünfte in Nelspruit/White River (Entfernung 30–50 km zur Einfahrt „Numbi Gate"):
Pine Lake Inn $$$, *Main Hazyview Rd.*, ☎ *013-751-5036*, 🖨 *013-751-5134, pinelake@africanskyhotels.com. 8 km von White River Richtung Hazyview gelegen. Schwimmbad, 9-Loch-Golfplatz.*
Hulala Lakeside Lodge $$$, *P.O. Box 1382, White River 1240,* ☎ *013-764-1893,* 🖨 *013-764-1864, www.hulala.co.za. Idyllisch gelegen, Schwimmbad, Boote, „nature walks".*
Jatinga Country Lodge $$$, *P.O. Box 3577, White River 1240,* ☎ *087-751-4363,* 🖨 *086-635-9788, www.jatinga.co.za. Tolle Lage inmitten tropischer Vegetation. Sehr gediegenes Ambiente, phantastisches Essen, gemütliche Zimmer.*
Tshukudu Game Lodge $$$$, *Beschreibung, s. S. 230. Information und Buchung:* ☎ *015-793-2476/1886,* 🖨 *015-793-2078, www.tshukudulodge.co.za.*

Unterkünfte in Hazyview (Einfahrt Phabeni Gate/Entfernung 12 km)
Rissington Inn & Restaurant $$, *P.O. Box 650, Hazyview 1242,* ☎ *013-737-7700,* 🖨 *013-737-7112, www.rissington. co.za. Ruhig gelegenes, legeres Haus zum Wohlfühlen, 2 km südlich der Stadt, nahe der R 40. Nette Zimmer, Swimmingpool, sehr gutes Preis-Leistungs-Verhältnis. Sehr schmackhafte und vegetarische Gerichte.*
Sabie River Sun Lifestyle Resort $$$, *Main Sabie Road, P.O. Box 13, Hazyview 1242,* ☎ *013-737-7311,* 🖨 *013-737-7314, www.southernsun.com. Nördlich der Stadt gelegen, schöne, ruhige Lage, Schwimmbad, 9-Loch-Golfplatz, Restaurant (Buffet).*
Cybele Forest Lodge $$$$, *Abzweig von der R40 ca. 25 km nördlich von Hazyview, P.O. Box 346, White River 1240,* ☎ *013-750-9500,* 🖨 *013-750-9510, www.cybele.co.za. Schwimmbad, Wanderwege. Besonders idyllisch (mitten im Wald) und sehr gepflegt, „britische" Atmosphäre, ausgezeichnete Küche!*

Unterkünfte in Phalaborwa (Einfahrt beim Phalaborwa Gate/Entfernung 2 km)
Kaia Tani $$, *29 Boekenhout Str.,* ☎ *015-781-1358,* 🖨 *015-781-1216, www.kaiatani. com, 4 Doppel- und 2 Familienzimmer in afrikanischem Stil, Fernsehraum mit Bibliothek und Bar, Swimmingpool, Restaurant und wunderschöner Garten; angeboten werden Massagen und Flughafentransfers.*
Steyn´s Cottage $$$, *67 Bosvlier Str.,* ☎ *015-781-0836,* 🖨 *015-781-5622. Nur 3 km zum Kruger Park Gate, sehr geschmackvoll angelegt, Swimmingpool, schöner Garten.*

Unterkunft in Malelane
Buhala Game Lodge $$$$, *P.O. Box 165, Malelane 1320,* ☎ *013-790-4372,* 🖨 *013-790-4306, www.buhala.co.za. Sehr schönes, riedgedecktes Haus inmitten von Plantagen, schöner Ausblick auf den Crocodile-Fluss, gepflegte Außenanlagen, geräumige Zimmer.*

🍴 **Restaurants**
In den Unterkünften und entlang den Hauptstraßen.

☞ Touren
Nyawuti-Safaris, *Margot und Andy Schröpf, Soenie Str. 3649, Marloth Park, P.O. Box 733, Komatipoort 1340, ☎ 083-746-3926, www.nyawuti-safaris.de, Tages- und Mehrtagesfahrten in den Park, Ausflüge z. B. zum Blyde River Canyon.*

⛽ Benzin/Motoröl
Außer in Bateleur, Letaba, Mbyamiti, Sirheni, Shimuwini und Talamati kann man in allen Restcamps tanken. Diesel gibt es nur in Skukuza, Satara, Letaba, Punda, Maria, Shingwedzi, Olifants, Lower Sabie und Pretoriuskop.

☞ Kreditkarten
Visa, Mastercard, Diners, American Express, Barclay und Volkskas Card werden akzeptiert.

☞ Waschen
Waschautomaten gibt es in den Camps Letaba, Satara, Berg-en-Dal und Skukuza.

☞ Straßenkarten
Sie sind erhältlich bei South African National Parks oder an allen Eingängen des Parks und in den Camps.

Vom Blyde River Canyon oder Kruger Park zur Limpopo Province

Ähnlich wie Bophuthatswana wurde das damalige Venda 1979 von Südafrika in eine international nicht anerkannte „Unabhängigkeit" entlassen. Später wurde diese Unabhängigkeit jedoch wieder aufgehoben und das Gebiet des ehemaligen Venda dann in die „Limpopo Province" integriert. Für alle Reisenden, die viel Zeit für ihren Südafrika-Urlaub mitbringen, ist das relativ ursprünglich gebliebene, hügelige Gebiet an der Grenze zu Zimbabwe reizvoll. Und von hier aus ist es ein „Katzensprung" nach Zimbabwe, um eventuell die Victoria-Fälle und die Great Zimbabwe Ruins zu besuchen.

Ursprüngliches Afrika

Wenn es Ihre Zeit zulässt, sollten Sie bei Ihrem Wege in das Gebiet des ehemaligen Venda oder von dort zurück in den Süden das kleine reizvolle Städtchen Tzaneen besuchen (s. S. 217).

 Streckenbeschreibung

Es gibt folgende Möglichkeiten, die Limpopo Province im Anschluss an den Besuch des Kruger National Parks bzw. des Blyde River Canyon zu besuchen:
- **Vom Kruger Park aus**: Sie durchfahren bei Ihrem Besuch den Park bis Punda Maria, übernachten hier und fahren danach die R524 nach Thohoyandou.
- **Vom Gebiet des Blyde River Canyon aus**: R36 nach Norden, die später in die R529 und R81 übergeht. Die R81 stößt auf die R524 und führt direkt nach Thohoyandou.

Limpopo Province

Ehemaliges Venda

☞ **Entfernungen**

von Thohoyandou nach:
Johannesburg　＿＿＿568 km
Makhad
(Louis Trichardt)　＿＿64 km

Beeindruckende Landschaftsformen

Venda war das kleinste „unabhängige" Homeland in Südafrika und durch seine periphere Lage den meisten Reisenden höchstens von der Karte her bekannt. Das Gebiet beeindruckt alleine schon durch seine unterschiedlichen und teilweise noch sehr natürlichen Landschaftsformen. Wegen des trockenen Klimas ist der Norden nur spärlich besiedelt, der Süden, wegen seines gebirgigen Charakters mit erheblich mehr Regen bedacht, dagegen dichter. Es gibt aber auch hier keine richtigen Städte. Interesse weckt aber vor allem die **Kultur** des Landes. Kaum von fremden Einflüssen berührt, spiegelt sie noch einiges von den alten Mythen Afrikas wider, die in anderen Gebieten kaum noch zu finden sind.

Redaktions-Tipps

▸ **Übernachtung**: in Thohoyandou im Venda Sun. (S. 245)

▸ Machen Sie am nächsten Tag eine **Rundfahrt** mit einem Führer des Tourist Office zu den Dzata-Ruinen (S. 247), dem Sacred Forest (S. 246) und zum Lake Fundudzi (S. 246).

▸ Am dritten Tag können Sie eine **Teeplantage** besichtigen und danach zum **Nwanedi National Resort** fahren (S. 247).

▸ Am vierten Tag zum Big Tree (S. 248).

Nach unzähligen Weiden und Dörfern kommt man plötzlich zu einer etwas größeren Siedlung und einer Straßenkreuzung mit Ampel – die wohl erste Ampel seit Hunderten von Kilometern für Reisende aus Richtung Osten. Dies ist **Thohoyandou**, die ehemalige Hauptstadt des Homelands. Hier in der Nähe gibt es so einige Sehenswürdigkeiten, die mit dem Privatwagen oder mit Minibussen aufgesucht werden können. Viele dieser Sehenswürdigkeiten sind eng mit der **Kultur der VhaVenda** verbunden und gelten teilweise als heilig.

Für eine Fahrt von Johannesburg aus empfehle ich, von Süden aus in den Kruger National Park zu fahren und diesen im Norden am Punda Maria Gate zu verlassen. Die Strecke führt direkt nach Thohoyandou.

Wenn Sie dieses Gebiet der Limpopo Province verlassen möchten, nehmen Sie südlich von Makhado (früher Louis Trichardt) die R36, die Sie nach Tzaneen und weiter in die Bergregion des östlichen Mpumalanga führt. Von dort fahren Sie dann zurück nach Johannesburg. Diese Route ist um einiges interessanter als die N1.

✚ **Gesundheit**
Empfehlenswert ist eine Malariaprophylaxe vor allem in der feuchten Jahreszeit (Sommer). Außerdem gehört die Limpopo Province zu den potenziellen Bilharziosegebieten. Vorsicht also beim Baden, besonders in stehenden Gewässern.

Geschichte und Politik der VhaVenda

Seit 800 Jahren besiedelt

Von den **großen Seen Zentralafrikas** wanderten die Vorfahren der VhaVenda ab dem 12. Jh. nach Süden. Im 18. Jh. überquerte eine Gruppe der Vha Senzi und der Vhalemba unter der Führung von *Dimbanyika* den Limpopo, zog durch das heiße und trockene Limpopotal und entdeckte im Gebirge des Soutpansberges ein neues Siedlungs-gebiet, das sie Venda nannten. Der neue Häuptlingskraal erhielt den Namen Dzata. Nach dem Tode *Dimbanyikas* wanderte das Volk ins Nzehele-Tal, wo ein zweiter Dzata gegründet wurde. Hier, unter der Führung des *Thohoyandou*, entfaltete sich der Stamm, gewann an Wohlstand und Einfluss, der vom Olifant-Fluss im Süden bis zum Zambezi im Norden reichte. *Thohoyandou* verschwand auf geheimnisvolle Weise und Dzata wurde verlassen.

Es folgte eine Zeit der inneren Unruhe; Venda, „das angenehme Land", wurde Ziel anderer Einwanderer: Es kamen die Buren unter *Paul Kruger*; die Swasi drangen ein und wurden zurückgeschlagen von *Makhado*, dem „Löwen des Nordens"; die Bapedi und Tsonga kamen, aber die VhaVenda hielten ihnen stand. 1951 verordnete der südafrikanische Apartheidstaat im Sinne des „Bantu Authority Act" dem Land 27 Stammes- und 3 Kolonialbehörden, denen 1962 eine Territorialbehörde folgte. 1969 wurde Venda eine **„partielle Selbstbestimmung"** zugestanden, 1973 bekam es dann den Status zur internen „Selbstverwaltung". Bei der anschließenden Wahl erhielt die „Venda Independence People's Party"/VIPP die Stimmenmehrheit und errang 10 der 18 wählbaren Sitze im Abgeordnetenhaus. Zweite große Partei war die „Venda National Party"/VNP, die von den traditionellen Führern (meist Häuptlingen) gegründet wurde. Seit der Unabhängigkeit 1994 ist Venda Teil der Limpopo Province.

Selbst-verwaltetes Homeland während der Apartheid

Geografie und Bevölkerung

Das Gebiet des ehemaligen Venda grenzt im Nordosten an den Kruger National Park, im Süden und Westen an die Soutpansberge und ganz im Norden fast bis an die Ufer des Limpopo. Der ca. 5 km breite Streifen, der dort noch zu Südafrika gehört, war strategisch wichtig, denn Südafrika wollte die Grenze zum Frontstaat Zimbabwe selber kontrollieren.

VhaVenda Village

Landschaft bei Modjadjiskloof (Duiwelskloof)

Das Land lässt sich **geografisch in drei Teile** gliedern:

① Der **Norden**: Er ist klimatisch relativ trocken. Das Land fällt hier sanft zum Limpopo hin ab und wird auch als Malanga-Ebene bezeichnet. Hier gibt es keine auffälligen Erhebungen und die Fläche fällt ab bis auf 400 m über dem Meeresspiegel.

② Das **Bushveld**: Dieses Gebiet ist etwas hügeliger und durch dichteren Bewuchs gekennzeichnet. Die durchschnittliche Höhenlage beträgt hier 600 m. Durch höhere Niederschläge bedingt wird hier bereits intensivere Landwirtschaft betrieben, vorwiegend aber noch Weidewirtschaft.

Das Land der hundert Flüsse
③ Die **Soutpansberge**: Sie erheben sich bis auf 1.900 m und sind Quelle vieler Flüsse, weswegen Venda auch das „**Land der hundert Flüsse**" genannt wird. Hohe Niederschläge, besonders an den Südhängen, lassen hier großenteils Ackerbau zu. Kleine Wasserkraftwerke und Staudämme für Bewässerungskulturen in den Tälern wurden errichtet.

Klima

Die Niederschlagsmengen variieren beträchtlich: Im äußersten Norden fällt teilweise weniger als 300 mm Regen im Jahr. Dagegen liegt die Niederschlagsmenge an den Südhängen der Soutpansberge bei bis zu 1.500 mm. Der meiste Niederschlag fällt in den Sommermonaten. Im Sommer kann das Klima daher sehr drückend und schwül sein, nur in den höheren Berglagen ist es immer noch leidlich kühl. Die durchschnittlichen Sommertemperaturen in den Tieflagen liegen bei 27 °C, können aber bis auf 40 °C ansteigen. Im Winter liegen sie dann bei 14 °C. Fröste treten nur selten auf und dann nur in den Bergen.

Vegetation

Für den botanisch interessierten Reisenden bietet sich dieser Teil der Limpopo Province geradezu an. Besonders die Vielzahl an Baumarten ist beeindruckend. Während in den Bergen noch teilweise Feuchtwaldvegetation anzutreffen ist, herrscht im Norden der Mopane-Busch vor, der des Öfteren mit Affenbrotbäumen *(Baobabs)* durchsetzt ist. Die Flussläufe in dieser Region sind mit Galeriewäldern bestanden. Die offenen Flächen kann man als (meist landwirtschaftlich genutzte) **Parksavanne** bezeichnen, für die die Schirmakazie prägend ist. *Feuchtwald und Mopane-Busch*

Ehemals waren die Hänge der Soutpansberge dicht bewaldet, doch sind zusammenhängende Waldflächen heute selten geworden. Einzelne Aufforstungen (Eukalyptus und Kiefern) unterbrechen das Bild einer nunmehr landwirtschaftlich genutzten Feuchtsavanne in dieser Region.

Bevölkerung

Der überwiegende Teil der Bevölkerung (ca. 80 %) lebt im klimatisch günstigeren Süden. Da die Industrie kaum Arbeitsplätze anbietet, wohnen fast alle VhaVenda auf ihren kleinen Farmen oder in den Dörfern.
Der Anteil der Stadtbevölkerung an der Gesamtbevölkerung blieb in den letzten Jahren mit weniger als 5 % nahezu konstant.

Kunst und Handwerk

Die VhaVenda sind **gute Handwerker** und zählen heute zu den besten Holzschnitzern, Korbflechtern, Webern und Töpfern im südlichen Afrika. Die Frauen fertigen Tonkrüge an, wobei sie weder Töpferscheibe noch Brennofen verwenden. Die Krüge werden auf einem alten Töpferhaufen geformt und mit einem Lederstück geglättet. Die traditionellen Krüge gibt es in verschiedenen Größen und Formen; sie werden zum Kochen, zum Servieren von Essen und Getränken und zur Aufbewahrung von Lebensmitteln verwendet. Die mit schönen Mustern und Farben gestalteten Krüge dienen aber mehr zur Dekoration als zum praktischen Gebrauch.

Eine VhaVenda-Frau mit ihrer Perlenarbeit

Körbe, Matten, Handtaschen und Hüte werden aus Sisal, Rohr, Ried, Rinde und Palmenblättern hergestellt und sind sowohl funktionell als auch dekorativ. Besonders nützlich und interessant sind die Holzschnitzarbeiten: Schüsseln, Töpfe, Löffel, Tabletts und Spazierstöcke werden mit traditionellen Mustern der Venda-Kultur geschmückt. *Gute Handwerker*

In Thohoyandou entstand ein Handwerkszentrum, das ganz Südafrika mit den Erzeugnissen der Venda beliefert.

Mythen und Menschen

Jäger und Sammler ...

Die ersten Bewohner des Landes waren San, die als Jäger und Sammler in den Wäldern lebten und die großen Wildherden jagten. Ihr Vermächtnis sind die Felszeichnungen, die in entlegenen Höhlen versteckt sind. Mit der Ankunft der Venda verließen die San das Land, aber sie ließen die unzähligen Geister ihrer Vorfahren und die Naturgeister der Flüsse, Berge und Wälder zurück. Jeder Fluss war von Wasserelfen und Wassergeistern bewohnt, die Wälder hatten ihre eigenen Geister und auf den einsamen Bergspitzen standen verzauberte Bäume. Aberglaube und Legenden beeinflussen bis in die Gegenwart das Alltagsleben der VhaVenda, denn die Geschichten sind bis heute im ganzen Land verbreitet und lebendig.

Der Ursprung vieler Geschichten und Bräuche der Venda liegt im Dunkeln, so auch der Beginn der bedeutendsten und spektakulärsten aller Initiationszeremonien – der **Domba**, die Mädchen auf ihr Erwachsensein vorbereitet. Die großen Domba-Trommeln ertönen Nacht für Nacht, im ganzen Land werden Geschichten erzählt, es wird Musik gemacht und getanzt. Die Mädchen tanzen in einer langen Reihe, weshalb dieser Tanz auch Schlangen- oder Pythontanz genannt wird. Der Chief wohnt dieser Zeremonie bei und sucht sich dabei neue Frauen aus. Kein Wunder, dass einige Chiefs mehr als fünfzig Frauen und Hunderte von Kindern haben.

...Aberglaube und Legenden

Von Kindheit an gibt es Lieder für alle Lebenslagen. Die Alten und Kranken vertrauen ihr Leben den Medizinmännern und Kräuterkundigen an, und mit Hilfe des „ndilo" vermag der Medizinmann zu lesen, was die Geister offenbaren. Traditionell glauben die Vha-Venda, dass die Funktionen des Körpers zentral von einem Organ, dem „nowa" (= Schlange) gesteuert werden. Es liegt in der Nähe des Magens, daher wird einem Kranken die Medizin oral verabreicht, damit dieses Organ sie aufnehmen kann. Nachdem die Medizin verdaut worden ist, beginnt deren Wirkung und das kranke Organ wird ausgeschieden. Ein Medizinmann kann aber auch Übeltäter bestrafen: Zum Beispiel kann er einen magischen Blitzschlag auslösen, der die Hütte des Betreffenden zerstört. Oder er verwünscht einen Stock und legt ihn der zu strafenden Person auf den Heimweg, sodass diese ihn unwissentlich berührt. Kurze Zeit später beginnt das Bein zu schmerzen und stirbt im schlimmsten Fall sogar ab.

Sehenswürdigkeiten

Thohoyandou

Hauptstadt ohne Flair

Thohoyandou ist eine neue „Stadt" und hat eigentlich nichts zu bieten. Alles wirkt halb fertiggestellt und es herrscht ein Durcheinander von neuen Geschäften, Regierungsgebäuden und traditionellen Rundhütten. Vor den Geschäften sitzen viele Frauen, die das Gemüse ihrer kleinen Farmen verkaufen. Einige von ihnen kommen aus Zimbabwe oder Malawi, um hier etwas harte Währung zu verdienen, mit der sie dann Dinge kaufen, die es bei ihnen zu Hause nicht gibt.

Der größte Markt ist in Sibasa, der Siedlung auf dem Berg oberhalb von Thohoyandou. Von hier führt die Straße nach Mphephu und Makhado. Nach wenigen Kilome-

Teeplantage im ehemaligen Venda

tern bietet sich eine schöne Aussicht über die Hauptstadt und ihr Umland. Ein Stück weiter sind bereits zu den ersten Dörfern und zu zwei der **Teeplantagen**.

Das Tourist Office befindet sich an der Hauptstraße von Makhado (Louis Trichardt). Hier kann man sich auch eine Reihe von Kunsthandwerksgegenständen ansehen.

Reisepraktische Informationen Thohoyandou

Vorwahl: *015*

i Information
Informationsmaterial zu der Region erhalten Sie beim **Tourist Information Office** *in Makhado (Louis Trichardt),* ☎/🖷 *519-3000, www.makhado.gov.za oder im* **Venda Sun Hotel***.*

🛏 Unterkunft
Mphephu Resort*, 34 km außerhalb, P.O. Box 9, Sibasa 970,* ☎ *973-0282,* 🖷 *973-0333, reservation@lwr.co.za, schöne Chalets, hier in der Nähe gibt es auch die schönen Munwamadi-Quellen.*
Bougainvillea Lodge $$*,* ☎ *962-4064,* 🖷 *962-3576, www.bougainvillalodge.com. 1 km außerhalb von Thohoyandou gelegen, sauber, freundlich und komfortabel, allerdings funktional (motelartig).*
Venda Sun Hotel $$$*, Mphephu Str.,* ☎ *962-4600,* 🖷 *962-4540. Luxuriöses Casinohotel mit Pool.*
Sigurwana Lodge $$$$*, Limpopo,* ☎ *031-764-7161, www.sigurwana.co.za. Kleine Lodge am Soutpansberg, umgeben von vielfältiger Pflanzen- und Tierwelt.*

Thatha Vondo

Dies ist eine Bergwelt mit Flüssen, Wasserfällen und Wäldern. Von einem Aussichtspunkt bietet sich ein Blick auf den Vondo-Damm. In diesem Gebiet befindet sich eine Reihe von Sehenswürdigkeiten. Um sie alle zu besuchen, benötigt man teilweise ein Geländefahrzeug oder zumindest ein Fahrzeug mit ausreichender Bodenfreiheit. Besonders für den Besuch der heiligen Stätten empfiehlt es sich aber sowieso, eine Tour mit einem Führer zu unternehmen, um die Geschichten und Sagen aus dem Mund eines VhaVenda zu hören und zu verstehen.

Heiliger Ort

Sacred Forest: Dieser heilige Wald ist sagenumwoben und schon seit frühester Zeit werden hier die VhaVenda Chiefs begraben. Die Begräbnisstätte selbst kann man nicht besuchen. Die Sage berichtet, dass der ehemals mächtige *Chief Nethathe*, verkörpert durch einen weißen Löwen, mit seinen Gehilfen, den Affen, darüber wacht, dass niemand diesen heiligen Ort aufsucht. Wer hier Feuerholz sammelt, wird von einer Schlange gewarnt und bei Ungehorsam gebissen, was zum Tode führt. Die Chiefs wurden alle mit ihrem besten Freund und Berater begraben. Bei Wassermangel wurden ihre Knochen ausgegraben, zermalmt und mit Wasser vermengt. Diese Mischung wurde dann den Dorfangehörigen verabreicht, die dabei schweigend auf einem Feld sitzen mussten, um ihnen Stärke zu verleihen.

Man gelangt über eine Piste in diesen Wald und darf, mit Genehmigung, auch das Auto verlassen und die magische Kraft auf sich wirken lassen, die von diesem Ort ausgeht.

Lake Fundudzi: Auch dieser See gilt als heilig, seine Magie ist eng verbunden mit der des heiligen Waldes. Die VhaVenda betrachten ihn als das Herz und die Seele des

Im Hintergrund: der heilige See Fundudzi

Vendalandes. In seinen Tiefen lebt eine große, weiße Pythonschlange und ein Kroko- *Magische*
dil wacht darüber, dass niemand Trinkwasser aus dem See entnimmt. Obwohl es ge- *Kräfte*
rade in diesem Gebiet sehr viel regnet, erhält der See sein Wasser in der Trockenheit,
wenn die Erde der Berghänge es freigibt. Diese Tatsache hat die VhaVenda fasziniert
und zu dem Glauben geführt, dass sich einfaches Regenwasser mit dem heiligen Wasser des Sees nicht vermengen kann, und selbst das Wasser des Mutale River fließt nur
durch ihn hindurch, um am anderen Ufer wieder auszutreten. Der See ist sehr fischreich, doch versucht niemand, diese Fische zu fangen, denn wer sich ihm nur mit einer
Angel nähert, wird eine Stimme aus seinen Tiefen hören, die ihn davor warnt. Von
einer Anhöhe aus können Sie den ganzen See überblicken. An die Ufer darf man aber
nur, wenn man vorher die Erlaubnis des ansässigen Chiefs eingeholt hat.

Tshatshingo Potholes: In diese in Granitgestein geformten Wasserlöcher wurden
in alten Zeiten die „Staatsfeinde" geworfen, nachdem ein Häuptlings-Gericht sie für
schuldig befunden hatte. Niemand durfte aber von der Hinrichtung erfahren und nur
ein paar ausgewählte starke Männer vollbrachten die Tat. Dabei töteten sie die Feinde,
legten einen Strick um ihren Hals und brachten sie dann zu den Löchern, um sie hin-
einzuwerfen. Derjenige, der diese Tat weitererzählte, wurde auf gleiche Weise getötet.

Tshivhase Tea Estates: Diese Teeplantage eignet sich am besten für einen Besuch,
da sie nicht weit von der Hauptstadt entfernt liegt. Die Bergregion bietet in der Regel
genügend Niederschlag, um Tee anzubauen, und falls dieser einmal nicht ausreichen
sollte, wird Wasser aus den Bergen entnommen, die eine hohe Wasserspeicherkapa-
zität aufweisen. Der Tee wird in einer angeschlossenen Fabrik weiterverarbeitet.
Tshivhase Tea Estates: *Einen Besuch können Sie über das Touristenbüro anmelden,
Kontakt: s. Reisepraktische Informationen Thohoyandou, S. 245.*

Dzata-Ruinen

Sicherlich nicht so eindrucksvoll wie die Zimbabwe-Ruinen, aber ein weiteres Zeugnis *Bedeu-*
dafür, dass die afrikanische Kultur vor dem Eindringen der Europäer in der Lage war, *tende prä-*
Steinbauten zu errichten. Viel ist noch nicht bekannt über diese Ruinen, aber eine Theo- *historische*
rie geht davon aus, dass der Bau maßgeblich von den Zimbabwe-Ruinen beeinflusst war. *Kultur*
Ein neues, kleines Museum zeigt eine Ausstellung zur Geschichte der **VhaVenda**.

Nwanedi National Resort (Kwandewi Resort)

Der Park liegt etwa 70 km nördlich von Thohoyandou und ist über 11.000 ha groß.
Das letzte Stück dorthin ist eine Sandstraße, die in gutem Zustand ist und mit einem
normalen Pkw befahren werden kann. In der Regenzeit ist sie mit einem einfachen Pkw
allerdings nicht immer leicht zu befahren. Mit dem Ausbau dieses Teilstücks soll aber
bald begonnen werden.

In diesem Gebiet liegen die Zwillings-Seen **Nwanedi** und **Luphephe**. In den Seen gibt
es gute Angelmöglichkeiten und im Park sind Giraffen, Kudus, Zebras, Impalas, Warzenschweine und Rhinozerosse zu beobachten. Nach einem Zwischenfall vor wenigen
Jahren wurden die hier ansässigen Löwen gefangen und in den Kruger Park gebracht.
Ein Naturlehrpfad wurde angelegt.

Am Ende des Nwanedi-Sees liegt ein Wasserfall, dessen Wasser in drei Pools aufgefangen wird. Schwimmen in diesen Pools gilt als sicher. Wer sich näher mit der Tierwelt beschäftigen will, kann entweder auf eigene Faust oder besser mit einem Führer auf einem geländegängigen Fahrzeug durch den Park fahren. Außerdem kann man hier Kanus ausleihen und auf dem See herumpaddeln. Dieses ist aber während der heißen Mittagsstunden nicht ratsam!

Unterkunft
Nwanedi Resort $$: ☎ 015-290-7300, 🖷 015-291-4140, www.wildliferesorts. org, luxuriöse Räume, Rondavels (Selbstverpflegung) und Campingplatz. Es gibt auch ein kleines Geschäft und ein Restaurant.

Sagole Spa und der „Big Tree"

Heiße Quellen und Erholungsgebiet In Sagole gibt es heiße Quellen und man hat dort ein kleines Erholungsgebiet eingerichtet. Legenden berichten, dass das heiße Wasser von einer Python ausgespuckt wird, die unterhalb der Quellen lebt. Keiner darf sie stören, ansonsten trocknen entweder die Quellen aus oder das Wasser wird eiskalt. Im nahe gelegenen Schilf beruhigt eine freundliche, mit einem Wollkopf versehene Schlange die Geister der Quellen.

Eigentlich ist dies ein idealer Platz zum Entspannen. Von hier aus kann man auch Touren unternehmen, u. a. zu den Tshiungane Fortress Ruins, den Sandsteinhöhlen in den Damba Hills und zum **größten Affenbrotbaum Afrikas**, den die Venda einfach „The Big Tree" nennen.

Affenbrotbäume

Es wird behauptet, der Baum sei über 4.000 Jahre alt. In ihm finden 15 Leute Platz und sein Umfang beträgt 43 m. Die Früchte des Affenbrotbaumes nutzen die Venda als Medizin. Eine häufige Zubereitungsmethode: Die Medizinmänner schneiden nur das zentrale Fruchtfleisch heraus, trocknen es, vermischen es mit einer Reihe von anderen Heilkräutern (u. a. den Blättern von den „Leberwurstbäumen") und kochen es dann auf. Zum Schluss wird Knochenmehl untergerührt. Die Medizin soll besonders Magenleiden bekämpfen.

Sagole Spa: ☎ 015-94-1577, *Hütten (Selbstverpflegung – komplett eingerichtet), Rondavels, Camping. Die Cottages haben alle ihren eigenen Pool. Strom gibt es hier nicht, alles läuft über Gas.*

Weitere interessante Sehenswürdigkeiten im ehemaligen Venda

▶ das **Nzehele Nature Reserve:** Es liegt um einen kleinen Stausee und bietet besonders botanisch Interessierten einen kleinen Überblick über die vielfältige Vegetation der Region;

▶ die **Breathing Rocks;**

▶ und die **Felsen von Kokwane,** wo es auch ein paar prähistorische Fußspuren gibt.

Marakele National Park

Allgemeiner Überblick

Der im Nordosten der Limpopo Province liegende jüngste Nationalpark Südafrikas umfasst 600 km². Nach Johannesburg sind es 250 km und ca. 40 km in die südlich gelegene Stadt Thabazimbi.

Die nicht asphaltierten Naturwege sind Sand- und Schotterpisten und erfordern zur Erkundung des Gebiets einen Allradwagen. In der Tswana-Sprache heißt Marakele soviel wie „Heiliger Zufluchtsort". Und genau das ist der Park für die Tiere, die hier in einem Übergangsgebiet zwischen den trockenen westlichen Landschaften und dem feuchteren Osten Südafrikas leben. Angesiedelt wurden hier Elefanten, Nashörner, Büffel, Giraffen und Nilpferde, aber es gibt auch Löwen, Rappenantilopen und vor allem 800 Paare Kapgeier. Das Landschaftsbild ist durch die Bergregion des Waterberges geprägt: Es gibt Bergzüge, grüne Hügel und tief eingeschnittene Täler – und damit auch einen Artenreichtum an Vegetation. Seltene Yellowwood-Bäume, Zedern Zykaden und Baumfarne (bis 5 m hoch) gilt es zu bestaunen.

Allrad-Fahrzeug obligatorisch

Klima/Reisezeit

Die Winter sind trocken und manchmal so kalt, dass die Nachttemperatur unter Null Grad sinkt. Die Sommer können sehr heiß und nass sein, heftige Gewitter sorgen für kurze Abkühlung. Obwohl es im Sommer nicht ganz so nass ist wie im Kruger Park, empfiehlt sich auch hier die Trockenzeit als Reisezeit, um bessere Tierbeobachtungen zu genießen (Mai–Oktober).

Reisepraktische Informationen Marakele National Park

ℹ️ Information und Buchung
South African National Parks, *P.O. Box 787, Tshwane 0001, ☎ 012-428-9111, 🖷 012-426-5500, www.sanparks.org.*
Park-Büro: ☎ *014-777-6929, 🖷 014-777-1866, geöffnet 1. Mai–31. August 7.30–17h, 1. September–30. April 7.30–18h.*

🛏 Unterkunft
Tlopi Tented Camp $$$, *am Matlabas River, ca. 17 km vom Reception Office entfernt, liegt ein sehr schönes Zeltcamp. Die großen Safari-Zelte verfügen über Veranda mit Tischen, Stühlen und Grillmöglichkeit, Dusche, Toilette und voll eingerichtete Küche. Nachts gibt es keinen elektrischen Strom. Das Restcamp selbst ist nicht eingezäunt, Tiere können also Besuch abstatten. Kosten Doppelzimmer 775 ZAR. An Aktivitäten werden angeboten Wildfahrten, Nachtsafaris und Wanderungen, geführt von den Rangern des Parks.*

☞ Versorgung
Im Nationalpark keine. Lebensmittel und Benzin müssen in Thabazimbi eingekauft werden.

Der Marakele National Park

Mapungubwe (Vhembe Dongola) National Park

Dieser Park liegt im äußersten Nordosten der Limpopo Province, Zufahrt 60 km westlich von Musina (Messina). Der Park ist ein Teil des geplanten Vhembe/Dongola and Limpopo Transfrontier Park, an dem Südafrika, Zimbabwe und Botswana ihren Anteil an den insgesamt 4.900 km² Fläche haben werden.

Der Park birgt vor allem archäologische Funde einer vergangenen San-Kultur. 1932 entdeckte man hier alte Begräbnisstätten auf dem Mapungubwe Hill (Ort der Schakale). Die berühmte Grabbeilage des „Golden Rhino" war ein Symbol für die Macht des Königs des Mapungubwe-Stamms, der vor etwa 1.000 Jahren das Gebiet am Limpopo River im Zusammenfluss des Sashi River bewohnte. Dieser Stamm lebte u. a. davon, dass er alte Handelswege zwischen dem Indischen Ozean und der Ostküste kontrollierte.
Mapungubwe Museum: ☎012-420-3146, 🖷 012-420-2262, www.mapungubwe.com/cultural.htm, Fine Arts Building an der Pretoria University, geöffnet Di–Fr 10h–16h.

Nicht golden, aber eines der prächtigsten Tiere in Südafrika – das Spitzmaulnashorn

Das berühmte Goldene Rhino

info

Das Rhino wurde in den alten Zeiten als Symbol der Macht gesehen. Noch immer ist das Nashorn ein Machtsymbol bei den Shonas in Zimbabwe, die z. T. Nachfolger der Mapungubwe-Zivilisation sind.

Das gefundene Goldene Rhino, in der Bedeutung etwas ähnlich den Grabbeilagen in Ägypten, ist ein Beweis für die alte Geschichte Schwarzafrikas. Es ist 22 cm lang und es handelt sich dabei um eine in Gold gewickelte Holzfigur. An der gleichen Fundstelle grub man auch eine Goldschale und alte Töpferwaren aus.

Reisepraktische Informationen Mapungubwe (Vhembe Dongola) National Park

i **Informationen**
South African National Parks, P.O. Box 787, Tshwane 0001, ☎ 012-428-9111, 🖷 012-426-5500, www.sanparks.org.

Unterkunft
Tshugulu Lodge, mit 12 Betten, Kochmöglichkeit, Klimaanlage, Pool in der Nähe. Buchung über **Mapungubwe National Park**, P.O. Box 383, Musina (Messina) 0900, ☎ 015-534-2014, mapungubwe@sanparks.org.
Tumelo Game Lodge $$$$, Informationen und Buchung: **The Nature Workshop**, 19 Seventh Avenue, Parktown North, ☎ 011-537-4600, 🖷 011-447-0993, www. natureworkshop.com, Anfahrt: N 1 nach Polokwane (Pietersburg), R 521 über Dendron/ Alldays zum Grenzübergang Pont Drift. Hinter dem Grenzübergang nach Botswana wird man als gebuchter Gast abgeholt. Die Lodge liegt im Tuli Block. Fahrzeit von Johannesburg: ca. 4 ½–5 Stunden. Die sehr gediegene Lodge-Anlage liegt an den Ufern des Limpopo-Flusses. Es werden interessante Gamedrives und Fußsafaris angeboten. Gute „Buschküche" und viel Afrika-Romantik.

Polokwane

Polokwane ist die Hauptstadt der Limpopo Province. Neben vielen Jacarandabäumen gibt es wunderschöne Parkanlagen und historische Gebäude zu bewundern.

Sehenswert ist das Freiluft-Museum Bakone Malapa, in dem es neben Wandmalereien alte Handwerksarbeiten zu sehen gibt: Korbflechten, Töpfern oder Bierbrauen.
Bakone Malapa: ☎ 015-295-2432, 9 km südlich (R 37), geöffnet Mo–Fr 8–16h.

Nur 5 km südlich befindet sich mit dem Union Park das größte städtische Naturschutzgebiet des Landes: Es ist 2.500 ha groß – u. a. Nashörner, Zebras und Giraffen leben hier.
Polokwane Game Reserve: ☎ 015-290-2331, geöffnet tgl. 7–18 h.

Reisepraktische Informationen Polokwane (Pietersburg)

Vorwahl: 015

i **Information**
Limpopo Tourism & Parks, Ecke Church und Grobler Str., ☎ 290-7300, 🖷 086-587-7033, www.golimpopo.com.

Unterkunft
Plumtree Lodge $$, 138 Marshall Str., ☎ 295-6153, www.plumtree.co.za. Nette Lodge in der Nähe des Ortszentrums mit schönem Garten und Pool. Nette Gastgeber!

Holiday Inn Garden Court $$, *Ecke Thabo Mbeki und President P. Kruger Str.,* ☎ *291-2030,* 🖷 *291-3150, www.southernsun.com, Standardzimmer, die alle jedoch ihren Preis wert sind, Swimmingpool.*
African Roots Guesthouse $$, *58 Devenish Str.,* ☎ *297-0113, www.africanroots.info, originelle Unterkunft, Gastgeber sind Künstler, daher sind alle Zimmer sehr kreativ eingerichtet.*

⫼ Restaurants
The Restaurant, *Ecke Thabo Mbeki und Dorp Str.,* ☎ *291-1918. Hier erwarten Sie in gemütlicher Atmosphäre sehr gute Fisch- und Fleischgerichte. Auch gibt es gute Currys!*

🚌 Busverbindungen
Alle Buslinien (Translux, Greyhound) befahren die N 1 von Johannesburg nach Breitbridge und halten an den großen Orten (Warm Katus, Makhado und Musina). Viele fahren weiter nach Bulawayo, Victoria Falls und Harare. Tägliche Verbindung.

🚆 Eisenbahn
Tägliche Verbindung (außer Di) nach Johannesburg (Haltestellen: Ladysmith, Newcastle, Standerton, Germiston) und Durban.

Anschluss-Strecken von Limpopo Province/ Mpumalanga

Über Musina (früher Messina) nach Zimbabwe

Die N1 verbindet die Limpopo Province über Makhado (Louis Trichardt) und Musina (Messina) mit Zimbabwe. Von hier aus kann man auf geteerter Straße leicht Bulawayo, die Great Zimbabwe Ruins sowie die Victoria Falls erreichen. Achtung: Mit südafrikanischen Mietwagen ist eine solche Tour nicht gestattet.

Ausflug nach Zimbabwe

Über Malelane und Jeppe's Reef nach Swasiland

Wenn man den Blyde River Canyon sowie die Region Kruger National Park besucht hat, bietet sich eine Weiterfahrt durch den Südteil des Kruger Parks nach Malelane und weiter zum Grenzübertritt nach Swasiland bei Jeppe's Reef an. Nach einem Aufenthalt und den Erkundungen in Swasiland kann man dann weiter nach KwaZulu/Natal an den Indischen Ozean fahren und hat Anschluss an die Hauptstrecke nach Durban.

Nach Kimberley

Nach einem Besuch des Blyde River Canyons und des Kruger Parks kann man den „großen Bogen" fahren: Von Phalaborwa über die R71 und Tzaneen nach Polokwane, dann weiter über Bela Bela (Warm Baths), von hier aus auf die R516 nach Westen bis Thabazimbi, von hier auf die R510 nach Süden und ca. 30 km hinter Northam zum Pilanesberg National Park/Sun City. Von hier führt dann die R565 nach Rustenburg, danach die R30 nach Klerksdorp. Von hier weiter auf der R29 nach Kimberley.

Stolzer Impala

Überblick

Die North West Province ist das ehemalige Bophuthatswana. Dies war ein nahezu klassisches Relikt der Apartheid mit sieben voneinander isolierten Teilen und ist sicherlich nicht das Reisegebiet Südafrikas. Aber: Neben dem Vergnügungs- und Spieler-Eldorado Sun City bietet der **Pilanesberg National Park** auch eine „ruhigere" Alternative für alle, die per Wagen dieses Gebiet aus Richtung Northern Province/ Mpumalanga auf dem Wege in die nördliche Kapprovinz streifen.

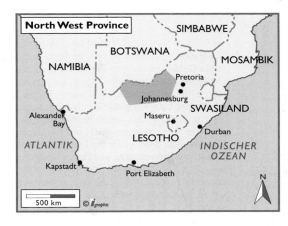

Unter der schwarzen Mehrheitsregierung ist der ehemalige Flickenteppich ebenso verschwunden wie der von Venda, der Transkei oder der ehemaligen Zulu-Homelands.

Ehemaliger „Flickenteppich"

 ## Streckenbeschreibung

Johannesburg - Krugersdorp - Rustenburg - Boshoek, nach ca. 13 km geht es rechts ab nach Sun City (insgesamt ca. 170 km). Nötig ist eine englische Übersetzung des Führerscheins oder ein Internationaler Führerschein.

➕ Gesundheit

Malariaprophylaxe: *In den Sommermonaten empfohlen (Oktober bis April) – gilt insbesondere für die Nationalparks.*

Bilharziose-Gefahr: *Besteht in vielen Gewässern und Flüssen, deshalb sollte man hier nicht schwimmen oder Trinkwasser entnehmen.*

Geschichtlich-geografischer Überblick

Das Tswana-Volk ist bereits im 14. Jh. ins südliche Afrika gelangt. Heute gibt es 59 Stämme in Südafrika, die den übergreifenden Namen „Tswana" akzeptieren. Etwa 600.000 Tswanas leben jenseits der Grenze in Botswana. Zu Beginn ihrer Stammesdifferenzierung sollen die Tswanas aus zwei Stämmen bestanden haben: den „**Bafokeng**" und den „**Rolong**". Die Rolong wanderten nach Transvaal und siedelten am Mosega River. Von Natur aus sind diese Menschen sehr friedlich und gesellig. Deshalb bevorzugten sie es, in großen Gruppen zusammenzuleben.

Lange Siedlungsgeschichte

Ein Teil des Tswana-Volkes, der im Gebiet von Swasiland und Zululand dem Nguni-Volk begegnete, wurde später als Sotho bzw. als **Basotho** bekannt. Heute leben diese Menschen in Lesotho und sprechen die gleiche Sprache wie die Tswanas, auch ihr Lebensstil ist sehr ähnlich.

Entfernungen

von Johannesburg nach:
Sun City _ _ _ _ _ _ _ _ 170 km

Als die Weißen nach Nordtransvaal kamen, verdrängten sie die Tswanas, sodass viele nach Norden ins heutige Botswana ausweichen mussten. Doch als gesichert gilt, dass die Tswanas bereits um 1600 in den Gebieten lebten, in denen Bophuthatswana liegt. Das traditionelle Siedlungsgebiet der Tswana umfasste vor Ankunft der Weißen das gesamte Gebiet der heutigen Republik Botswana und reichte bis nach Südafrika hinein. Die Briten kolonisierten die Region und nannten sie „Betschuana-Land". 1885 erfolgte eine Teilung: Der südliche Teil wurde Teil der britischen Kronkolonie „Britisch Betschuanaland", der nördliche Teil blieb Protektorat und wurde 1966 als Republik Botswana unabhängig. Der Südteil wurde entgegen dem Willen der Tswana-Häuptlinge durch die Kapkolonie annektiert und damit später ein Teil der Republik Südafrika. Im Zuge der Apartheid wurde das Land zum Homeland, das man am 6. Dezember 1977 in eine international nicht anerkannte Unabhängigkeit entließ.

Integraler Bestandteil der Republik Südafrika

Bophuthatswana war eines der vier „selbstständigen" Homelands bzw. „Nationalstaaten". Bophuthatswana heißt in der Tswana-Sprache: „Der Platz, an dem die Tswanas sich versammeln". Dieses Land wurde außer von Südafrika und der Transkei von keinem anderen Land der Welt anerkannt. Die Zukunft Bophuthatswanas war nicht losgelöst von den innersüdafrikanischen Entwicklungen. Die Befürworter für eine **Wiedereingliederung** in ein „neues", demokratisch organisiertes Südafrika wurden daher zahlreicher. Allerdings wandte sich die Regierung von Bophuthatswana gegen solche „Ansinnen": Offiziell wurde verlautet, dass man ein eigener und unabhängiger Staat bleiben möchte, gleichzeitig sich aber als einen integralen Bestandteil im südlichen Afrika betrachten wolle. Allerdings, so die Meinung des damaligen Präsidenten Mangope, müssten sich die Bürger seines Landes zu einem Zeitpunkt, wenn die Zukunft Südafrikas feste Konturen angenommen habe, frei entscheiden, ob sie lieber selbstständig bleiben oder in die Republik Südafrika eingegliedert werden möchten. Sie wollten 1994 Südafrikaner werden!

Schwierigkeiten bei der Verwaltung

Die Gesamtfläche Bophuthatswanas betrug rund 44.000 km² (so groß wie Hessen und Rheinland-Pfalz zusammen bzw. fast identisch mit der Landesfläche Dänemarks). Die Landschaft ist generell flach bis hügelig und weist Höhen von 900–1.829 m über dem Meeresspiegel auf. Hier leben 1,66 Millionen Tswanas, was einer Bevölkerungsdichte von 38 Menschen pro Quadratkilometer gleichkommt. In Südafrika selbst leben noch weitere 1,1 Millionen Menschen des Stammes. Das Tragische dieses „autonomen" Gebietes war, dass es aus sieben isolierten Teilgebieten bestand, die z. T. weit voneinander entfernt lagen. Dass dadurch Verwaltung und Wirtschaft große Schwierigkeiten zu überwinden hatten, liegt auf der Hand.

Starke Temperaturschwankungen

Klimatisch gehört das Land nicht gerade zu den besten Regionen Südafrikas. Die Sommer (Oktober bis April) sind heiß und in der Regel trocken, die Winter zeichnen sich durch hohe Tag-/Nacht-Unterschiede aus. Tagsüber ist es angenehm warm, während nachts die Temperaturen unter den Gefrierpunkt absinken können. Die Niederschläge (sie fallen praktisch ausschließlich in der Sommerzeit) betragen im Westen gerade 300 mm, im Osten steigen sie bis auf 600 mm/Jahr an. Von Natur aus eignet sich die Landschaft insbesondere für Rinderzucht. Nur etwa 6 % des Bodens taugen für den Ackerbau; Mais, Sorghum und Bohnen werden auf den Feldern angebaut. In der Nähe von Mafikeng entstand die Hauptstadt Mmabatho („Mutter des Volkes"), nun die Provinzhauptstadt der North West Province.

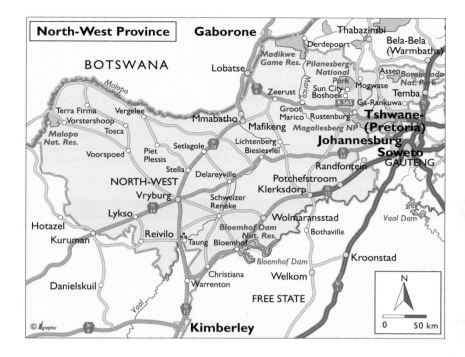

Der wahre Reichtum dieses Gebiets liegt unter der Erde: 50 % des auf der Welt ge-
förderten **Platins** werden hier gewonnen. Impala heißt die größte Platinmine, in der
32.000 Schwarze und 1.500 Weiße beschäftigt sind. Ebenso verfügt das Land über Re-
serven an Chrom, Mangan und Vanadium. In der Nähe von Sun City entdeckte man
1980 ein ausgiebiges Uranlager. Die Bergwerke, Düngemittelfabriken und kleinindu-
striellen Betriebe sichern insgesamt 90.000 Arbeitsplätze. In den nächsten Jahren hat
man sich vorgenommen, insbesondere die Landwirtschaft zu fördern, indem die Saat-
techniken verbessert und Düngemittel eingesetzt werden.

*Res-
sourcen-
reichtum*

Trotz der Dürre der letzten Jahre steht die North West Province auf gesunden **ökonomischen Füßen**. In einer Untersuchung des „Population Crisis Committee" in
Washington wurden 114 Staaten weltweit untersucht. Die Hauptkriterien der Analyse
waren Schulbildung, Lebensraum, Kalorienkonsum, Verfügbarkeit von Trinkwasser,
Bruttosozialprodukt, politische Freiheit und Menschenrechte. Danach gehörte das
ehemalige Bophuthatswana zu 24 Ländern der Kategorie „geringes menschliches Leiden". Dies war sicherlich in Anbetracht der katastrophalen Lebensbedingungen in
den meisten afrikanischen Ländern ein gutes Ergebnis.

Nach wie vor gehört der Grundbesitz in der Regel dem Stamm und der Häuptling verteilt ihn nach persönlichem Wohlwollen.

Sehenswertes

Borakalalo National Park

 Lage
20 km nördlich von Tshwane (Pretoria)

Ca. 50 km nördlich von Ga-Rankuwa liegt der 130 km² große Borakalalo National Park inmitten eines hügeligen Savannen-Landes (Antilopen, vor allem auch viele Vögel aufgrund des Klipvoordams). Durch das Gebiet sind etwa 100 km Schotterpisten angelegt. Es stehen 3 Zelt-Camps zur Verfügung, alle mit guten sanitären Anlagen versehen.

Reisepraktische Informationen Borakalalo National Park

i **Buchung und Information**
North West Parks and Tourism Board, *Heritage House, Cookes Lake, 30/31 Nelson Mandela Drive, Mafikeng,* ☎ *018-397-1500,* 🖷 *018-397-1660, www.tourismnorthwest.co.za.*
Borakalalo National Park, *P. O. Box 1890, Brits 0250,* ☎ *012-252-0131 (Reservierungen),* ☎/🖷 *012-729-3337, www.borakalalo.co.za.*

🕐 **Öffnungszeiten**
September–März 5–20h
April–August 6–19h

🛏 **Unterkunftsmöglichkeiten im Game Reserve**
Moretele, *Safari-Zelte, Zeltplätze, Campingplätze, sanitäre Anlagen, warmes/kaltes Wasser, Spültoiletten, Grillplätze*
Phudufudu, *Safari-Zelte, sanitäre Anlagen, warmes/kaltes Wasser, Spültoiletten, ausgestattete Küchen, Kühlschränke, Speiseraum, Schwimmbad*

Sun City

Las Vegas Südafrikas Sun City ist ein riesiger **Vergnügungskomplex** in der Savannenlandschaft und die zweitwichtigste Einnahmequelle der North West Province. Da im calvinistisch gepräg-

 Streckenbeschreibung

Südlich des Pilanesberg National Parks. Von Johannesburg/Tshwane nach Rustenberg. Von Rustenburg fährt man etwa 6 km auf der Swartruggens Road (R 27), dann biegt man nach rechts in die Straße nach Boshoek/Sun City (R 565) ab. Nach weiteren 33 km biegt man auf die Straße nach Heystekrand/Sun City ab.

ten Südafrika früher Glücksspiele und Nacktrevuen verboten waren, kamen viele Südafrikaner hierher, um sich an den verbotenen Früchten zu laben. Oft wird Sun City deshalb im Volksmund als „Sin City" (Sündenstadt) bezeichnet. Bis zu 40.000 Besucher kommen täglich hierher und bringen pro Jahr mehr als 500 Millionen Rand. Doch auch viele sportbegeisterte Südafrikaner kommen, weil im Stadion von Mmabatho und im Vergnügungszentrum Sun City Fußballspiele und Weltmeisterschaften im Profiboxen ausgetragen werden.

☞ Entfernungen

von Johannesburg nach:
Sun City _ _ _ _ _ _ _ _170 km

Sun City liegt wie eine grüne Oase im Busch und ist sicherlich nicht jedermanns Geschmack. Das „Las Vegas des südlichen Afrika" bietet neben 4 Luxushotels das zweitgrößte Spielkasino der Welt (Roulette, Black Jack, Punto Banca, Spielautomaten). Daneben gibt es Kinos, Diskotheken sowie ein großes Schwimmbad. Es gibt einen ausgezeichneten Golfplatz. Alle Besucher mit einem Pkw fahren mit einem **„Skytrain"** (Einschienenbahn) zum Hotelkomplex. Ein großer, selbstverständlich künstlich angelegter See dient verschiedenen Wassersportarten, für Kinder steht ein Abenteuer-Spiel-

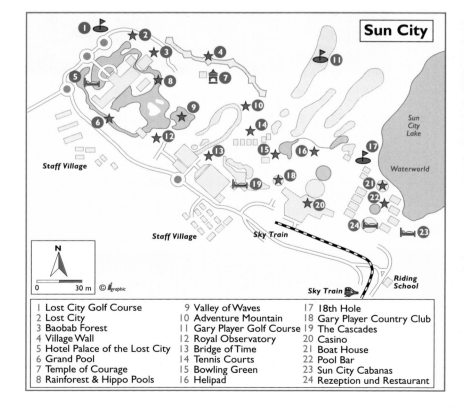

1 Lost City Golf Course	9 Valley of Waves	17 18th Hole
2 Lost City	10 Adventure Mountain	18 Gary Player Country Club
3 Baobab Forest	11 Gary Player Golf Course	19 The Cascades
4 Village Wall	12 Royal Observatory	20 Casino
5 Hotel Palace of the Lost City	13 Bridge of Time	21 Boat House
6 Grand Pool	14 Tennis Courts	22 Pool Bar
7 Temple of Courage	15 Bowling Green	23 Sun City Cabanas
8 Rainforest & Hippo Pools	16 Helipad	24 Rezeption und Restaurant

Lost City – der Vergnügungskomplex Südafrikas

platz zur Verfügung. Zusammenfassend kann man Sun City durchaus als eine gelungene Mischung zwischen Natur, Sporterlebnis und „Glitzerwelt" der Kasinoszene bezeichnen. Dass ein Aufenthalt hier nicht gerade für Budget-bewusste Reisende geeignet ist, versteht sich von selbst.

Seit den 1990er-Jahren erwartet hier den Besucher **„Lost City"**, ein weiterer Kasino-Komplex im Stil einer „versunkenen, legendären afrikanischen Stadt". Die Anlage ist märchenhaft schön gestaltet und soll an alte, versunkene afrikanische Kulturen erinnern.

Reisepraktische Informationen Sun City

Vorwahl: *014*

ℹ️ Information
Sun City Information Desk, ☎ *014-552-2116, infodesksunc@mweb.co.za*

 Busverbindungen
Tägliche Abfahrten ab Johannesburg nach Sun City mit Ingelosi Shuttles. Buchung über **Computicket**, ☎ *011-340-8000 oder 083-915-8000, www.computicket.co.za.* **Ingelosi Shuttles**, ☎ *552-3260*, 🖨 *086-514-9637, www.ingelositours.co.za.*

✈ **Flugverbindungen**
Pilanesberg Airport, ☎ 552-1261, 🖶 552-1244, www.airports.co.za, Informationen über die Airlines und Flugpläne.

🛏 **Unterkunft**
Alle Hotels können gebucht werden über: **Sun International Reservations**, ☎ 011-780-7800, www.suncity.co.za

The Cascades $$$$ (19), ☎ 557-5840. Luxus-Palast. Das Hotel verfügt über 234 Zimmer und 11 Apartments. Sehr schöne Anlage mit tropischen Wasserfällen, Grotten, Lagunen, üppigem Pflanzenwuchs und vielen Vögeln. Restaurant Peninsula: Schöner Blick auf die Gartenanlagen und Wasserfälle. Internationale Speisekarte.

Sun City Cabanas $$$$ (23), ☎ 557-1580. Entspanntes Familienhotel mit vielen kleinen Extras. „Mittelklassehotel" mit Zugang zu allen Annehmlichkeiten von Sun City. 284 gut eingerichtete Zimmer, Abenteuerspielplatz für Kinder und Minigolf.

Sun City Hotel $$$$, ☎ 557-5110. Riesiges Kasino-Hotel (300 Zimmer, 40 Apartments) am Fuße der Pilanesberge. Verfügt über alle Annehmlichkeiten wie Klimaanlage, Farbfernsehen, Telefon etc. Abenteuerspielplatz für Kinder, alle erdenklichen Sportanlagen und „Waterworld". Hervorragende Restaurants sind ebenfalls vorhanden.

Hotel Palace of the Lost City $$$$$ (5), ☎ 557-4301. Architektur des Gebäudes einer nordafrikanischen Legende fantasievoll nachgebildet. Ausgestattet mit allem, was das Herz begehrt: Schönheitsfarmen, Tennisplätze, Shows … die Krönung – Luxus vom Allerfeinsten.

🍴 **Restaurants**
In allen Hotels stehen Restaurants der verschiedensten Richtungen zur Verfügung.

The Cascades in Sun City

Palm Terrace Buffet, Selbstbedienungsrestaurant für Frühstück, Mittag und Abend

Villa del Palazzo, im Hotel Palace of the Lost City: beste italienische Küche in einem eleganten Restaurant – einfach traumhaft!

Calabash, Curries, Salatbuffet, traditionelle afrikanische Gerichte – ideal für Familien.

Krokodilfarm „Kwena Gardens"

Sehr sehenswerte Krokodilfarm mit über 300 verschiedenen Arten, kurz hinter dem Gate nach Sun City gelegen.
Kwena Crocodile Ranch: ☎ 014-736-5059, geöffnet tgl. 10–18h.

Pilanesberg National Park

Streckenbeschreibung

Direkt nördlich an den Sun City-Komplex anschließend. Der Pilanesberg National Park hat 3 Eingänge. Am beliebtesten ist die Einfahrt am Bakubung Gate (bei Sun City). Das Bakgatla Gate erreicht man über die Straße, die von Northam und Thabazimbi kommt. Das Manyane Gate liegt bei Mogwase und ist von der Hauptstraße zwischen Rustenburg und Thabazimbi zu erreichen.

Höchste Erhebung der North West Province

Der Nationalpark liegt in einem erloschenen alkalischen Vulkankrater; davon gibt es nur drei auf der ganzen Welt. Das Zentrum dieses Kraters ist von drei konzentrischen Hügelketten umgeben. Der Pilanesberg ist mit 1.687 m die höchste Erhebung der North West Province. Bis in die Mitte der 70er-Jahre des 20. Jh. war diese Region Farmland. Als die Regierung beschloss, hier einen Nationalpark zu errichten, mussten die Farmer auf neue Siedlungsgebiete ausweichen. Danach wurde ein hoher Wildschutz-Zaun errichtet und in der nachfolgenden „Operation Genesis" wurden hier

„Operation Genesis"

durch die Southern African Nature Foundation Tiere „angesiedelt":
* aus Namibia stammen die Elenantilopen;
* aus dem ehemaligen Transvaal die Zebras und Wasserböcke;
* aus KwaZulu/Natal Breit- und Spitzmaulnashörner;
* vom Addo Elephant Park bei Port Elizabeth Elefanten und Büffel.

Im Pilanesberg National Park

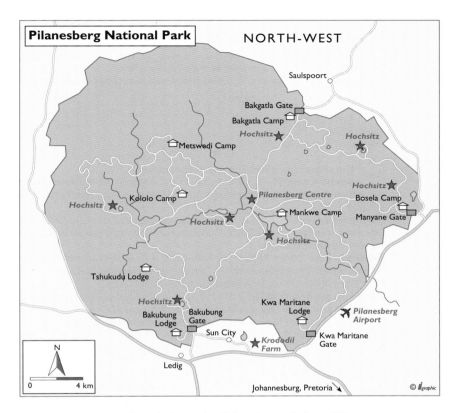

Mittlerweile gibt es auch Geparde, Leoparden, Zebras, Löwen, Kudus und Hyänen zu sehen.

Der etwa 550 km² große Park (der viertgrößte Nationalpark im südlichen Afrika) musste natürlich erst der einheimischen Bevölkerung „schmackhaft" gemacht werden. Der erste Parkdirektor, *Jeremy Anderson*, musste diese Überzeugungsarbeit leisten. Seiner Meinung nach sollte das Tierschutzgebiet keineswegs nur eine große Spielwiese für reiche Touristen werden. Von den Einheimischen konnte nicht erwartet werden, dass sie von einem Wildpark begeistert sein würden. Schließlich stellt das Wild traditionell eine wichtige Fleisch-Quelle dar und zumindest die war nun verloren. Man bedenke: Das Tswana-Wort für „Antilope" ist gleichzeitig die allgemeine Bezeichnung für „Fleisch".

Es galt also, von der ökonomischen und ökologischen Wichtigkeit der Parkeinrichtung zu überzeugen. Überzählige Tiere, welche das ökologische Gleichgewicht gefährden, sollten geschlachtet und ihr Fleisch der Bevölkerung preiswert angeboten werden. Das Geld, das reiche Trophäenjäger einbringen würden, sollte direkt den

Reisepraktische Informationen Pilanesberg National Park

i **Buchung und Information**
s. Reisepraktische Informationen Borakalalo National Park, S. 258.
Pilanesberg Game Reserve, ☏ 014-555-1600, www.pilanesberg-game-reserve.co.za.

🕐 **Öffnungszeiten**
März/April/Oktober 6–18.30h
Mai–September 6.30–18h
November–Februar 5.30–19h

🛏 **Unterkunftsmöglichkeiten im Nationalpark**
Bosele Camp $$, *das Camp befindet sich innerhalb des Mayane Resort und ist mit warmem Wasser und Speiseraum ausgestattet. Bar, Laden und Restaurant befinden sich im Camp.*
Manyane Caravan Park $$, *voll ausgestattete Safarizelte und Stellplätze für Camper. Gute sanitäre Anlagen sowie Grillplätze; Laden, Pool und Restaurant sind vorhanden, gute Tier- und Vogelbeobachtungen.*
Tshukudu Bush Lodge $$$$, ☏ 014-552-6255, 🖷 014-552-6266, *exklusives Rastlager mit eigener Wasserstelle, an der man Tiere aus nächster Umgebung beobachten kann. Sechs strohgedeckte Chalets mit privatem Bad stehen zur Verfügung.*
Kwa Maritane Resort $$$$, ☏ 014-552-5100, 🖷 014-552-5333, www.kwamaritane. co.za. *50 Apartments, 28 Cabanas (Apartments mit Küche) und 22 Chalets. Wildbeobachtungsfahrten, Barbecues, Restaurant mit Wildgerichten, Schwimmbad, Tennis.*
Buchung jeweils über **Golden Leopard Resorts**, *P.O. Box 6651, Rustenberg 0300,* ☏ 014-555-1000, 🖷 014-555-7555, www.goldenleopardresorts.co.za.

☞ **Safari-Veranstalter**
Profile Safaris, *Safari-Veranstalter & Reiseberatung im südlichen Afrika, P.O. Box 11013, Windhoek, Namibia,* ☏ 061-224-358, 🖷 061-222-357, www.profilesafaris.com.

Urmenschliche Funde im südlichen Afrika

info

Die vorgeschichtlichen Knochenfunde bezeichnet man als „Australopithecinen": aus dem Griechischen, was so viel heißt wie „südliche Affen". Es handelt sich um ein Übergangsstadium zwischen Tieren und Menschen, wobei diese Funde auf Lebewesen deuten, die bereits als menschliche Wesen bezeichnet werden können. Diese Lebewesen werden beschrieben als kleinhirnige, aufrecht gehende Hominiden, die bereits Geräte herstellten. Sie waren etwa 120 cm groß, hatten einen hohen Gehirnschädel sowie einen ausladenden Vorderkiefer.

neuen Ansiedlungen zugute kommen, indem Ländereien aufgeforstet würden. Es heißt, dass dieses Gebiet sich zu Tierbeobachtungen besser eignet als der Kruger Park! Über 8.000 Großtiere sind hier nun beheimatet. 150 km gut ausgebaute Sandpisten erschließen das Gebiet. Die weitaus meisten Besucher kommen aus Sun City. Hier können die Gäste Safari-Fahrten für 2–3 Stunden buchen.

Der Kontrast zwischen der „Glitzerwelt" der Kasino-Stadt sowie der urwüchsigen Safari-Landschaft des Pilanesberg National Parks könnte nicht größer sein.

Madikwe Game Reserve

Nahe zu Botswana liegt das Madikwe Game Reserve. Die Grenzen des 75.000 ha großen Gebietes, das aus Gras- und Buschebenen und einzelnen Inselbergen besteht, bilden im Osten der Marico River und im Süden die Dwarsberg Mountains. Hier leben Elefanten, Breitmaul- und Spitzmaulnashörner, Büffel, Giraffen, Zebras, Geparden und Antilopen – insgesamt etwa 12.000 Tiere, zusätzlich etwa 350 Vogelarten. Damit ist Madikwe das viertgrößte Wildreservat in Südafrika und besitzt die zweitgrößte Population an Elefanten.

*Viert-
größtes
Wild-
reservat*

Nördlich von Zeerust erreicht man nach etwa 85 km Asphaltstraße das Abjarterskop Gate. Eine andere Möglichkeit das Madikwe Game Reserve zu erreichen, ist das Derdepoort Gate. Allerdings ist dies nur bei trockenem Wetter zu empfehlen, da hierher eine Schotterstraße führt, die nordwestlich von Sun City beginnt. Ein Vierradantrieb ist empfehlenswert.

Reisepraktische Informationen zum Madikwe Game Reserve

ℹ️ Information und Buchung
s. Reisepraktische Informationen Borakalalo National Park, S. 258.
Madikwe Game Reserve, ☏ *018-350-9931,* 🖨 *018-350-9933, www.madikwe-game-reserve.co.za.*

🛏️ Unterkunft
Madikwe Bush House $$: ☏ *018-365-9011,* 🖨 *086-678-6077, www.bushhouse.co.za, das Bush House war früher ein Farmhaus, das renoviert und umgebaut wurde. Die komfortablen Zimmer sind ausgestattet mit Badezimmer (Bad/Dusche), Klimaanlage und Heizung für kalte Winterabende. Die Lodge hat einen Gesellschaftsraum, ein Restaurant, eine Bar, eine Veranda und einen Swimmingpool, von dem aus das Wasserloch zu sehen ist, das von verschiedenen Tierarten aufgesucht wird.*
Impodimo Game Lodge $$$: ☏ *018-350-9400, www.impodimo.com, die 8 luxuiösen Chalets liegen direkt an einem Hügel – mit herrlichem Blick auf die Landschaft. Swimmingpool, Bibliothek, kleiner Souvenir-Shop, Weinkeller. Die Chalets sind mit Badezimmer, Außendusche, Klimaanlage, Kamin und Veranda ausgestattet. Außerdem ist in den Suiten jeweils eine Mini-Bar und ein Kühlschrank.*
Madikwe Safari Lodge $$$$: ☏ *011-809-4314 (Reservierung), 018-350-9902, www.andbeyondafrica.com, die Madikwe Safari Lodge besteht aus 3 Camps:* **East Camp** *(7 Suiten),* **North Camp** *(5 Suiten) und* **West Camp** *(4 Suiten). Alle Suiten mit Wohnzimmer, Schlafzimmer, Feuerplätzen, Bar sowie Innen- und Außendusche. Die Zimmer haben ein Holzsonnendeck, das zum Pool führt. Im Preis eingeschlossen sind: alle Mahlzeiten, Pirschfahrten und Fußpirschen. Die Lodge ist umzäunt, der Zaun ist aus Sicherheitsgründen ständig elektrifiziert.*

Blick auf das Madikwe Game Reserve

Madikwe Hills Private Game Lodge $$$$$: P.O. Box 551, Zeerust, ☎ 018-350-9200, 🖳 018-350-9206, www.madikwehills.com, am Ufer des Mariko Flusses inmitten von Tamboti- und Marula-Bäumen gelegen. Luxuriöse Suiten, die geschickt in die felsige Landschaft eingefügt wurden. Moskitonetze, neben Deckenventilatoren auch Klimaanlage, ein voll ausgestattetes Fitness- und Gesundheitsangebot, Internetverbindung. Im Hauptgebäude mit der Rezeption befindet sich auch ein kleiner Laden.

Mafikeng

 Lage
ca. 63 km nordwestlich von Lichtenburg

Mafikeng (ca. 12.000 Einwohner) ist die Bezeichnung der Tswana für die bis 1980 als Mafeking bekannte nördlichste Stadt in der Provinz. Es handelte sich ursprünglich um eine britische Ansiedlung, die auf das Jahr 1857 zurückgeht. Bis ins Jahr 1965 wurde von hier aus das britische Protektorat Betschuana-Land (heute Botswana) verwaltet, obwohl der Ort außerhalb des Betschuana-Gebietes lag.

Nördlichste Städte der Provinz Die Stadt wurde 1980 von den Südafrikanern an Bophuthatswana übergeben, doch ab 1984 fungierte das benachbarte Mmabatho als Regierungssitz. Beide Städte liegen etwa 5 km auseinander, sind aber praktisch zu einem geschlossenen Siedlungsgebiet zusammengeschmolzen. Mafeking wurde 1899/1900 217 Tage von Buren belagert, doch die britischen Soldaten unter dem Befehl von Colonel R. *Baden-Powell* trotzten dem Druck. Im Verlaufe der Belagerungszeit gründete Baden-Powell ein Kadettenkorps, das sich auf die Übermittlung von Nachrichten und auf Botengänge spezialisierte. Auf der Grundlage dieser Erfahrungen entwickelte Powell ab 1907 in England die Pfadfinder-Bewegung.

Sehenswert sind in der Stadt:

▶ Das **Mafikeng-Museum**. Exponate zur lokalen Geschichte sowie über die Entwicklung der Batswana.
Mafikeng-Museum, *Martin Str.*, ☎ *018-381-6102, geöffnet Mo–Fr 8–16h, Sa 10– 12.30h.*
▶ Die **anglikanische Kirche**, die zu Ehren der Toten der Belagerungszeit von *Sir Herbert Baker* erbaut wurde (der auch die Union Buildings in Tshwane konzipierte).

Mmabatho

 Lage
5 km nördlich von Mafikeng

In Mmabatho, Hauptstadt der North West Province leben etwa 10.000 Menschen. Die ehemalige Hauptstadt Bophuthatswanas verfügt über einen internationalen Flughafen. In der Stadt gibt es das für afrikanische Verhältnisse riesige und ultramoderne **Einkaufszentrum** „Mega City" (Geschäfte, Boutiquen, Restaurants), ein großes Sportstadion (60.000 Sitzplätze) sowie eine Universität (1979 gegründet, Pädagogisches Institut, Studium der Gesundheits-, Sozial- und Rechtswissenschaften).

Ultramodernes Einkaufszentrum

Reisepraktische Informationen Mafikeng und Mmabatho

Vorwahl: *018*

ℹ Information
Mafikeng Tourism Information & Development Centre, *Ecke Carrington und Martin Street,* ☎ *381-0067,* 🖷 *381-0764, geöffnet Mo–Fr, Sa morgens.*

🛏 Unterkunft
Ferns Country House $$, *Cook Str.,* ☎ *381-5971,* 🖷 *381-6764, www.ferns. co.za. Sehr schönes Guesthouse, modern eingerichtet, mit Swimmingpool und schönem Garten.*
Tusk Mmabatho Resort $$$$, *Nelson Mandela Dr.,* ☎ *389-1111,* 🖷 *386-1661, Mmabatho@tusk-resorts.co.za. Das Luxus-Hotel von Mafikeng mit Swimmingpool, Restaurants, Bars, Tennisplätzen, Kasino und Kino.*

⚠ Camping
Cooke's Lake Camping Ground $, ☎ *384-3040, Cooke's Lake, südlich des Ortes, sehr einfach.*

30 km nördlich der Stadt liegt das **Botsalano Game Reserve** (6 km², bei Lehurutshe). Hier kann man Giraffen, Springböcke, Elenantilopen, Warzenschweine und Nashörner beobachten.

Reisepraktische Informationen Botsalano Game Reserve

Unterkunft
In Zelten im **Mogobe-Camp $**, *am Mogobe-Damm gelegen (gute sanitäre Anlagen, Küche, fließend warmes und kaltes Wasser, Duschen). Buchung:* **Botsalano Game Reserve**, ☎ *018-381-5611,* 🖷 *018-381-8663, www.tourismnorthwest.co.za*

Vryburg

Vryburg war 1882 Hauptstadt der kleinen Republik Stellaland, die aber nur bis 1885 bestand. Dann wurde sie in das Gebiet von Britisch-Betschuanaland eingegliedert, das wiederum ab 1895 zur Kapkolonie gehörte. Der Name „Vryburg" stammt von der stolzen Selbstbezeichnung seiner Einwohner: „Vryburghers" – „freie Bürger".

Zu sehen gibt es einen wöchentlichen Viehmarkt, eine Missionskirche aus dem Jahre 1904 sowie das Vryburg Museum. Darüber hinaus ist das etwa 2.000 ha große Leon Taljaard Naturreservat nur wenige Kilometer vom Stadtrand entfernt. Es liegt nordwestlich an der R378 in Richtung Ganyesa.
Leon Taljaard Naturreservat: *Chalets, Cottages und Camping,* ☎ *053-927-4825.*

Das Ortseingangsschild von Vryburg

Reisepraktische Informationen zu Vryburg

Information
Vryburg Municipality, *Vry Str.,* ☎ *082-374-8499,* 🖶 *086-693-0179, www. vryburg.com.*

Unterkunft
International Hotel, *41 Market Str.,* ☎ *053-927-2235,* 🖶 *053-927-6248, zentrale Lage, 40 Zimmer, 2 Bars und 2 Restaurants, Swimming Pool.*
Boereplaas Holiday Resort, *18 km von Vryburg an der Stella / Mafikeng Str.,* ☎ *053-927-4462,* 🖶 *053-927-4218, www.boereplaas.co.za. Schönes Resort mit Stellplätzen, Chalets, Restaurant (mit Bar) und Swimming Pool.*

Taung

 Lage
ca. 140 km nördlich von Kimberley gelegen

Hier wurde der etwa 2,5 Millionen Jahre alte „Taung-Schädel" von dem Archäologen Professor Dart im Jahre 1942 entdeckt. Die Gegend ist nach dem kleinwüchsigen Volksstamm der Tau benannt. ,Tau' meint „Ort des Löwen", denn der Löwe galt hier als Totem.

Urmenschliche Funde

Reisepraktische Informationen Taung

Unterkunft
Tusk Taung Casino Hotel $$$, *Main Road,* ☎ *053-994-1820,* 🖶 *053-994-1788. 1 Apartment und 39 Zimmer, Schwimmbad, Kasino. Schönes Hotel mit direktem Zugang zur Fundstätte des „Taung-Schädels".*

Restaurant
Toroko, Restaurant mit internationaler Küche im **Tusk Taung Casino Hotel**.

Frische Ananas auf dem Markt

Swasiland

Überblick

Swasiland ist mit 17.364 km² kaum größer als Schleswig-Holstein und doch bietet es dem Reisenden ein vielseitiges Landschaftsbild. Man findet Gebirge (bis 1.800 m), Hochflächen, Buschland, Wälder, Plantagen und eine Vielzahl von Kleinstfarmen und bekommt bei einer Durchreise einen guten Überblick über den afrikanischen Naturraum. Besonders reizvoll sind das **Bergland im Westen**, das von vielen tiefen Flusstälern durchschnitten ist, und natürlich die **Wildparks**, die, abseits der Hauptreiserouten des südlichen Afrika gelegen, einen geruhsamen Aufenthalt versprechen. Das Straßennetz ist relativ gut ausgebaut. Sowohl die Asphaltstraßen als auch die Hauptpisten werden regelmäßig unterhalten und sind damit ohne Probleme mit einem herkömmlichen Pkw zu befahren. Während der Regenzeit (Oktober bis März) empfiehlt es sich aber, vorher Erkundigungen über den Zustand der Pisten einzuholen.

Wer einen mehrtägigen Besuch des Landes plant, sollte es nicht versäumen, zumindest eine größere **Rundtour** zu machen, um einen Eindruck vom afrikanischen Landleben zu erhalten. Der Gegensatz von Kleinfarmen (ca. 1 ha) und den riesigen Zuckerrohr- und Ananasplantagen wird besonders deutlich bei der empfohlenen Route. Dem weniger eiligen Reisenden empfehle ich, die R33 nach Barberton und dann die R40 nach Pigg's Peak zu wählen. Sowohl der Bothasnek-Pass als auch der Blick über die Ebene von Barberton vom

[Karte: Swasiland & Lesotho]
NAMIBIA, BOTSWANA, SIMBABWE, MOSAMBIK, Pretoria, Johannesburg, SWASILAND, Alexander Bay, Maseru, Durban, ATLANTIK, LESOTHO, INDISCHER OZEAN, Kapstadt, Port Elizabeth, 500 km, © I graphic, N

Redaktionstipps

▶ **4 Tage Aufenthalt:**
1. Tag: Besichtigung von **Mbabane** (S. 283) und des **Ezulwini Valley** (S. 286, 289) (mit Mlilwane Wildlife Sanctuary)
2. Tag: **Nordostrundtour** mit Mittagspause im Tambankulu Club und Besichtigung der Zuckerplantagen (S. 298)
3. Tag: Ausflug zur **Ngwenya-Glasbläserei** (S. 295), danach Rundfahrt: Mhlambanyatsi-Bhunya-Malkern Valley, mit Mittagspause im Forester's Arms Hotel
4. Tag: Wahlweise Phophonyane Lodge (S. 294) oder ein anderer Nationalpark. **Übernachtungstipp**: Mountain Inn, Forester's Arm oder Smokey Valley Village. Abendessen: The Calabash und 1st Horse. Einkaufen: Stoffe und Glasbläserarbeiten

▶ **1 Woche Aufenthalt:** Zusätzlich einen Tag für Nordostrundfahrt und dabei den Hlane Royal National Park (S. 297) besuchen – Übernachtung im Tambankulu Club. Zusätzlich eine Nacht in der Phophonyane Lodge, um es dort richtig zu genießen. Zusätzlich weitere Sehenswürdigkeiten nach Belieben im Umkreis von Mbabane besuchen.

▶ **Oder ... etwas ganz anderes:** 3 Tage nach **Maputo** (Mosambik) fliegen (S. 300, Fahren mit einem Mietwagen gestatten die Vermieter nicht).

Saddleback-Pass aus und die Bergwelt des Nordwestens von Swasiland entschädigen für die drei Stunden längere Anfahrt. Aber vielleicht sollte man auch die erste Nacht nicht in Mbabane verbringen, sondern z. B. in der angenehmen Atmosphäre der Phophonyane Lodge, die inmitten einer Landschaft mit üppiger Vegetation in der Nähe eines schönen Wasserfalles gelegen ist. Dieser Abstecher würde die richtige Erholung nach einem Großstadtaufenthalt bringen.

Die Durchreise durch Swasiland bietet sich auch auf dem Weg vom Kruger Park nach Durban oder von Durban nach Johannesburg an. Swasiland bietet auch einen guten Zwischenstopp für Reisende nach Maputo, da der einzige Korridor am Grenzübergang Lomahasha (Nordosten) beginnt.

Angenehmes Reiseland Swasiland ist ein angenehmes Reiseland mit **erträglichen Temperaturen** und einer **guten Infrastruktur**. Es sollten damit auch für den Individualreisenden keinerlei Probleme auftreten. Für die Hochsaison (Weihnachten/Neujahr und Ostern) ist es aber durchaus ratsam, rechtzeitig Reservierungen vorzunehmen. Am besten schon 2–3 Monate vorher.

 Anfahrten nach Swasiland

- direkt von Johannesburg aus über die N17 und R29 bis Ermelo, von hier über die R39 und den Grenzübergang Oshoek nach Mbabane
- die meistgenutzte Strecke von Johannesburg aus ist die N4 (bis Machadodorp) und dann über die R541 (N17) nach Mbabane
- von Nord-Natal (Wildschutzgebiete um St. Lucia/Hluhluwe) auf der N2 bis Grenzübergang Golela/Lavumisa, danach über Nsoko, Big Bend nach Manzini/Mbabane
- vom Kruger National Park aus: Ausfahrt im Kruger Park bei Malelane, danach R570 bis Grenzübergang Jeppe's Reef/Matsamo, dann über Pigg's Peak nach Mbabane

Swasiland auf einen Blick	
Fläche/ Einwohnerzahl	17.364 km²/1,12 Mio. Einwohner
Bevölkerung	97 % Swasi, die zur Nguni-Gruppe der Bantu gehören und ethnologisch mit den Zulu verwandt sind. Weitere Gruppen: Zulus, Tongas, Shangaan, Europäer, Asiaten
Staatssprache	Si-Swati, Englisch als Verwaltungs- und Bildungssprache
Religion	78 % Christen, Bantu-Religionen
Unabhängigkeit	6.9.1968
Staatsoberhaupt	König Mswati III.
Regierungschef	Premierminister Barnabas Sibusiso Dlamini
Städte	Mbabane (Hauptstadt) 70.000 E., Manzini 110.000 E., Bulembu (Havelock Mine) 3.000 E., Mhlume 9.300 E.
Wirtschaft	Bruttoinlandsprodukt: 4.800 US $/Einw.
Ausfuhr	Zucker, Fleisch, Baumwolle, Kohle, Holz, Zitrusfrüchte, Asbest, Kühlschränke

☞ **Planungshinweise**

Einzelstrecken	km	Tage
Mbabane u. Umgebung	300	2–3
Barberton-Pigg's Peak-Mbabane	150	2 (davon 1 in Phophonyane Lodge)
Mbabane-Hlane Royal N. P.-Mhlume-Mbabane	330	2 (davon 1 im Hlane Royal N. P.)
Alternativen		
Mbabane-Big Bend-Lavumischa	190	½
Mbabane-Grand Valley-Nhlangano-Mahamba	160	½

☞ **Grenzübergänge**
Der **Maputo-Korridor** sollte am besten bis 16h durchfahren sein, d. h., am sichersten ist es, man beginnt die Grenzformalitäten spätestens um 12h.

Bulembu/Josefdal 8–16h
Gege 8–16h
Lavumisa/Golela 7–22h
Lomahasha 7–20h
Lundzi/Warvely 8–16h
Mahamba 7–22h
Mananga 8–18h

Matsamo/Jeppes Reef 7–20h
Mhlumeni 24 Stunden
Ngwenya/Oshoek 7–22h
Salitje/Onverwacht 8–18h
Sandlane/Nerston 8–18h
Sicunusa 8–18h

Geschichte und Politik

Die Vorfahren der Swasi stammen aus **Zentralafrika** und lebten bis etwa 1700 im Gebiet des heutigen Mosambik. Unter der Führung von *Ngawane III* zogen sie nach Natal und später (Beginn des 18. Jh.) nach Unstimmigkeiten mit den Zulus wieder nach Norden in das Gebiet nördlich des Pongoloflusses. Erste Siedlungen waren Hluti und Nhlangano. Später zogen sie unter König *Sobhuza I* weiter nordwärts in die Gegend von Lobamba, da es auch im Süden Konflikte mit den Zulu gab. Die verschiedenen Stämme schlossen sich allmählich, unter der Führung von König *Mswati* (1840–69), zu einer **Nation** zusammen (Swasi bedeutet „Leute der Mswati"). Ihm gelang es durch geschickte Diplomatie und Heirat, ein Reich von der doppelten Größe des heutigen Staates zu errichten. Neue Hauptstadt wurde Hhohho im Nordwesten des Landes. Ab etwa 1840 kamen die ersten Weißen ins Land.

Es war eine Mischung aus Abenteurern, Jägern, Händlern, Missionaren und Farmern. Sie wurden, dank eines Traumes *Sobhuza's*, friedlich empfangen. In diesem Traum wurde er nur gewarnt vor der Einführung des Geldes und des Buches unter dem Arm des Weißen (die Bibel). Mit den Jahren aber wurde der Druck der Weißen, besonders der aus Transvaal kommenden Buren, immer größer und *Mswati* bat die Briten um Schutz. Diese willigten bedingt ein. *Mswati's* Nachfolger wurde 1875 sein Enkel *Mbandzeni*. Dieser verkaufte während seiner Regierungszeit große Teile des Landes, um dem eigenen Volk eine wirtschaftliche Grundlage zu geben. Er verkaufte zum Beispiel 2.590 km² im Südosten an einen Buren und erhielt dafür 30 Rinder und 5 brit. Pfund Pacht jährlich. Diese Entscheidung war zu seiner Zeit vielleicht richtig, sie rächte sich jedoch im 20. Jh.

Abtreten von Land und Rechten

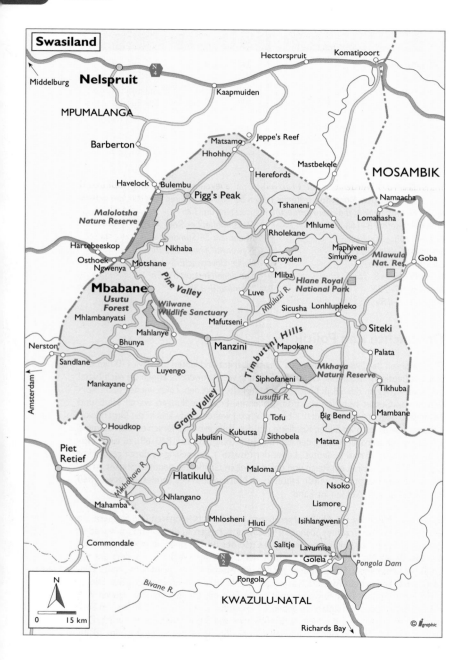

Doch entscheidender waren die **Bergbaukonzessionen,** die den Südafrikanern alle Rechte an den Bodenschätzen gaben. Noch 1968, am Tag der Unabhängigkeit, waren 44,7 % des Landes in südafrikanischem Besitz.

Der Einfluss der Buren, auch auf politischem Gebiet, wuchs während der 2. Hälfte des 19. Jh. Doch 1877 wurde Transvaal von den Briten annektiert und 1881 Swasiland durch die Pretoria-Konvention (und danach auch die London-Konvention) die Unabhängigkeit von Transvaal zugesichert, die **heutigen Grenzen wurden festgelegt.** Diese Grenzfestlegung missfiel den Swasi natürlich, denn dadurch wurde die Hälfte von ihnen zu Südafrikanern.

Von 1894 bis zum Beginn des Burenkrieges 1899 wurde Swasiland zum Protektorat Transvaals. 1899 wurde auch der 1982 verstorbene legendäre Swasikönig *Sobhuza II* geboren und bereits bei seiner Geburt zum König designiert, doch erst 1921 bestieg er den Thron. Bis dahin regierte seine Großmutter, eine weise und weitsichtige Frau. Unter ihrer Regentschaft gab es die Parole „Buy Swasiland" („Kauft Swasiland zurück"). So motivierte sie die jungen Landsleute, in den Bergwerken von Südafrika zu arbeiten, um Geld zu verdienen, mit dem sie Land zurückkaufen konnten.

Sie kam mit den Briten gut aus, und 1906 wurde das Land britisches Protektorat mit eingesetztem High Commissioner. 1907 nahm die Kolonialverwaltung eine Neuverteilung des Landes vor. Die Swasi erhielten hauptsächlich das Ackerland mit guten Böden, was für wenig Konfliktstoff sorgte, da die Weißen eher an Bergbau, Forstwirtschaft und Viehzucht interessiert waren. Das dualistische Regierungssystem mit Kolonialverwal-

Ärmliche Behausungen in Swasiland

tung und Regententum sorgte aber in den Folgejahren immer wieder für Probleme. Trotzdem nahmen Swasisoldaten auf der Seite der Briten am 2. Weltkrieg teil. Dafür kaufte London 1941 Land von den Weißen auf und gab es dem Staat zurück.

Erste Schritte zur Unabhängigkeit

1960 begannen die ersten Vorbereitungen zur Unabhängigkeit, 1964 wurden erste Wahlen unter Teilnahme der zukünftigen Parteien durchgeführt. Das Imbokodvo National Movement ging als klarer Sieger aus diesen Wahlen hervor. Am 6.9.1968 erlangte Swasiland die **Unabhängigkeit**. Doch schon kurz darauf gab es politische Unstimmigkeiten, die 1973 dazu führten, dass das Parlament die Verfassung für nichtig erklärte. 1978 wurde das Parlament durch den König wieder eröffnet. Als *Sobhuza II* im Jahre 1982 starb, war er der am längsten regierende Monarch der Welt. Er hinterließ 600 Kinder! Zum Nachfolger hatte er einen minderjährigen Lieblingssohn bestimmt, für den jedoch zunächst die erste Frau *Sobhuzas* die Regentschaft übernahm.

Durch innenpolitische Streitigkeiten und Palastintrigen wurde sie aber bereits ein Jahr später wieder abgesetzt und Prinzessin *Ntombi* – die Mutter des minderjährigen Kronprinzen – übernahm für drei Jahre den Thron. 1986 schließlich wurde Prinz *Makhosetive* zum König *Mswati III*. Ihm und seinem Premierminister *Dlamini* gelang es, die Machtfülle des obersten Staatsrates zu reduzieren, was ihnen mehr Handlungsfreiraum gewährte.

Ungewöhnlich ist das **parlamentarische System** des Staates. Das Parlament besteht aus Senat und Repräsentantenhaus. Der Senat hat 20 Mitglieder, wovon 10 durch die Mitglieder des Repräsentantenhauses gewählt und 10 vom König ernannt werden. Das Repräsentantenhaus hat 50 Mitglieder, 10 vom König bestimmte und 40 von einem Wahlausschuss gewählte. Dieser Wahlausschuss schließlich besteht aus 80 Mitgliedern, die auf 40 Tinkhundhlas, traditionellen Ratsversammlungen, bestimmt werden.

Ungewöhnliche Wahlzeremonien

Tinkhundhla-Wahlen sind sehr ungewöhnliche **Zeremonien**: Die Kandidaten werden erst am Wahltag bekannt gegeben. Jeder von ihnen stellt sich bei der Wahl an ein Tor. Die Wähler gehen dann durch das Tor, an dem ihr Wunschkandidat steht. Jeder Swasi kann an der Wahl in dem Bezirk teilnehmen, in dem er arbeitet oder lebt. Eine Wahlliste gibt es nicht. Die Exekutive liegt beim **König**, der auch den Premierminister aus den Reihen der Minister ernennt.

Der Ruf nach einem demokratischen System ist jedoch in den letzten Jahren immer lauter geworden und gewinnt seit Beginn des neuen Jahrtausends mehr und mehr an Bedeutung. Der König versucht den Widerstand der Gewerkschaften und der prodemokratischen Gruppen mit aller Macht zu unterbinden, aber der Wandel zu einer demokratischen Gesellschaft ist langfristig kaum aufzuhalten.

Geografie

Starke Kontraste

Swasiland ist insgesamt 17.364 km² groß, vergleichbar also mit der Fläche von Schleswig-Holstein. Der Staat zählt damit flächenmäßig zu den kleinsten Ländern Afrikas. Das Land weist **vier Landschaftszonen** auf, sodass auf dem relativ kleinen Raum starke Kontraste anzutreffen sind. Diese Zonen ziehen sich von Norden nach Süden durch das Land. Von Westen nach Osten gliedert sich das Landschaftsprofil folgendermaßen:

▶ **Highveld (Hochland mit Höhen über 1.800 m)**: Hier gibt es malerische Landschaften mit tief eingeschnittenen Tälern und weit ausgedehnten, z. T. angelegten Wäldern. Dieses Gebiet nimmt einen großen Teil des Landes ein.

▶ **Middleveld (500–1.000 m)**: Diese Landschaft ist hügelig und mit fruchtbarem Gras bestanden. Hier ist die Besiedlung am dichtesten, bedingt durch den natürlichen Gunstraum und die Tatsache, dass die Kolonialverwaltung 1907 dieses Land bevorzugt den Swasi überschrieben hat (siehe „Geschichte").

▶ **Lowveld (150–500 m)**: Hier findet man die für Afrika so typischen Savannenebenen vor, die zum großen Teil durch künstlich bewässerte Zitrus- und Zuckerrohrplantagen kultiviert wurden.

▶ **Lubombo-Berge (300–800 m)**: Sie stellen einen Steilabbruch mit schroffen Schluchten dar. Nach Osten hin fällt die Gebirgskette allmählich in Richtung Mosambik ab.

Vegetation

Swasiland besitzt kaum natürliche Wälder, doch wurden durch Aufforstungsprogramme seit den 1940er-Jahren über 125.000 ha Wald geschaffen. Dieser Wald wurde vornehmlich im Highveld angepflanzt. Es handelt sich um Eukalyptus- und Kiefernanpflanzungen. Ansonsten findet man im Highveld offenes Grasland vor. Zum Middleveld hin wird das Gras üppiger, bedingt durch die hohen Niederschläge und die milderen Temperaturen (Steigungsregen). Hier tauchen dann auch die für Afrika typischen Schirmakazien auf. Im Lowveld schließlich ist die Savanne durch Dornbüsche geprägt, da hier die geringsten Niederschläge fallen.

Aufforstungsprogramme

In der Gegend des Forester Arms Hotels

Klima

Swasiland ist durch ein Höhenstufenklima mit **tropischem Charakter** geprägt. Mit abnehmender Höhe sinken auch die Niederschlagsmengen. Der Regen fällt in den Sommermonaten: Regenzeit ist von Oktober bis März. Die Durchschnittstemperaturen fallen mit zunehmender Höhe. Mittlere Sommertemperaturen liegen im Lowveld um 26 °C und im Highveld um 18 °C. Die Winterwerte liegen bei 16 °C bzw. 12 °C. In fast allen Teilen des Landes tritt in den Wintermonaten Frost auf.

Klimadaten			
Station	Niederschlag	Temperaturen (Monatsmittel)	
		Januar	Juli
Mbabane	1.387 mm	20,0 °C	12,4 °C
Manzini	911 mm	23,2 °C	15,2 °C
Nsoko	508 mm	25,5 °C	16,0 °C

Bevölkerung

Landbe-
völkerung
überwiegt

Bei einer Bevölkerung von ca. 1,12 Mio. Einwohnern ergibt sich eine Bevölkerungsdichte von etwa 65 Einwohnern pro Quadratkilometer. Durch die natürlichen Gunsträume der westlichen und mittleren Landesteile bedingt, beträgt die Bevölkerungsdichte hier über 70 E/km², während sie in den östlichen Landesteilen teilweise unter 20 E/km² absinkt. Auch die bessere Infrastruktur und der höhere Industrialisierungsgrad lassen immer mehr Menschen im Westen siedeln. Wenn auch der Verstädterungsgrad mit 30 % der Gesamtbevölkerung noch relativ niedrig liegt, hat sich dieser Wert in nur 10 Jahren um 11 Prozentpunkte erhöht. Trotzdem kann man Swasiland als ein Land bezeichnen, das maßgeblich durch die Landbevölkerung geprägt ist.

Traditionen, Tänze und rituelle Zeremonien

Traditionen
und
Gebräuche

Das Leben der Swasi ist noch sehr mit den alten Traditionen verbunden. Zu den meisten feierlichen Anlässen wird die **traditionelle Kleidung** angelegt und nach alten Sitten und Gebräuchen gefeiert und getanzt. Doch selbst im alltäglichen Leben sieht man noch viele Menschen in Trachten herumlaufen. Besonders die Chiefs halten an dieser Tradition fest, und man sollte sich nicht wundern, wenn man in Stoff gewickelte Männer mit modernen Aktenkoffern durch die Straßen von Mbabane laufen sieht. Diese Tracht nennt man „Emahiya".

Für den Reisenden, der das Glück hat, an einer **Swasi-Zeremonie** teilzunehmen, seien hier einige wichtige vorgestellt:

Incwala-Fest

Eine der heiligsten und symbolträchtigsten Festivitäten ist das Incwala-Fest, eine Art Fruchtbarkeitszeremonie, die im Dezember/Januar abgehalten wird und etwa 3 Wochen dauert. Da sie auch die Legitimität der Monarchie bekräftigt, steht der König im Mittel-

In einer Werkstatt der berühmten Swazi Candles

punkt und bestimmt den Ablauf der Feierlichkeiten. Der König verkörpert die Kraft der ganzen Nation und seine Medizin soll seine Untertanen vor jeglichen Gefahren schützen und für Wohlstand sorgen.

Eingeleitet wird das Fest durch die Reise einiger Abgesandter des Bemanti-Volkes an die Küste, wo sie die Gischt des Ozeans einfangen sollen, der mystische Kräfte nachgesagt werden. Nach ihrer Rückkehr und einem kleinen Fest treffen dann junge Swasimänner mit gesammelten Pflanzen, Ästen des Lusekwana-Baumes und anderer Medizin ein. Mit den Ästen wird der Königskral umfriedet. Für das Volk beginnt die Zeremonie in der Hauptstadt in dem offenen „Viehstall" des Königs. Der König spuckt dabei die heilige Medizin nach Westen und Osten, was die Erneuerung der Bodenfruchtbarkeit im neuen Erntejahr symbolisiert. Die zentralen Feierlichkeiten finden in der folgenden Vollmondnacht wieder am Königskral statt und dauern 6 Tage. In den letzten Jahren findet aber auch diese Zeremonie in der Hauptstadt statt. Unverheiratete Swa- *Das Fest* si treffen sich dort, und ihre Fruchtbarkeit wird durch die Anwesenheit des Königs und *der Frucht-* der Nutzung seiner Medizin bekräftigt. Der dritte Tag nach Vollmond ist der „Day of *barkeit* the Bull": Ein schwarzer Bulle, der Potenzstärke symbolisiert, wird erlegt, seine Überreste werden als Medizin und zu Opferzwecken genutzt. Der folgende Tag, „The Great Day", ist der Höhepunkt. Der König kleidet sich in seine schillerndsten Gewänder, die Swasi singen und tanzen, schließlich werden alle gesammelten Utensilien auf einem Altar verbrannt. Hiermit hat der König seine Macht erneuert und die Nation auf das folgende Jahr vorbereitet.

Die Incwala-Saison endet, wenn die Krieger die Felder des Königs gemäht haben.

Reed- und Umhlanga-Tanz

Ende August treffen sich unverheiratete Mädchen aus allen Teilen des Landes, um dem König zu huldigen. In vergangenen Jahren gab dies dem König und seinen engsten Vertrauten die Gelegenheit, sich eine neue Braut auszusuchen. Bei der Zeremonie tanzen die Mädchen in farbenfrohen Kleidern. Während der Feierlichkeiten werden Jungen und

Mädchen ausgeschickt, um Stroh aus bestimmten Gebieten zu sammeln, welches sie dann als Windschutz für die Gebäude der Königinmutter aufrichten müssen. Dabei dürfen sie die gesamte Strecke nur zu Fuß zurücklegen.

Sibhaca-Tanz

Hierbei tanzen nur die Männer und stellen sich auf diese Weise heiratswilligen Frauen zur Schau. In der Regel treten die Männer in Gruppen auf, und die Veranstaltung wird häufig zu einem Wettstreit. Es werden sowohl bunte Kostüme getragen als auch mit Fell verzierte Kriegstrachten.

Swasi-Heirat

Bei der Hochzeits-Zeremonie steht die Braut im Mittelpunkt, während der Mann sich sehr zurückhalten muss. Die zukünftige Ehefrau tanzt den ganzen Tag, die Gäste tanzen um sie herum.

Sangoma-Fest

Frauen beim Reed-Tanz in traditioneller Kleidung
(www.swazi.travel)

Sangoma wird der traditionelle Heiler genannt. Er wird von den alten, erfahrenen Heilern ausgewählt und muss eine mehrjährige Lehrzeit *(Kwetfasa)* absolvieren. Am Ende dieser Zeit gibt es ein großes Fest, an dem alle Heiler aus der Umgebung teilnehmen. Es wird dabei viel getanzt, die Gäste sind in farbenprächtige Tücher gehüllt.

Die Nationalflagge

Die rote Farbe symbolisiert den Kampf der Swasikönige und Chiefs, um das Land zu dem aufzubauen, was es heute ist. Gold steht für den Reichtum an natürlichen Schätzen (gute Böden, regelmäßiger Regen, Gold, Diamanten und Asbest). Blau steht für den Frieden im Land. Das schwarz-weiße Schild erinnert an das Emasotja-Umsizi-Regiment, das im 2. Weltkrieg heldenhaft gekämpft hat.

Blau steht für den Frieden

Reisepraktische Informationen Swasiland

Vorwahl von Südafrika *aus:* **09268, internationale Vorwahl:** *00268*

i Information

Swaziland Tourism Authority, *www.welcometoswaziland.com, Informationen über Unterkünfte, Sehenswürdigkeiten und Aktivitäten in Swasiland.*
Informationsheft: **Swaziland Guide „What's on"** *erscheint jeden Monat und bietet neben den Aktivitäten des Monats auch eine Auflistung der interessantesten Touristenattraktionen. Erhältlich in allen Hotels und in vielen Geschäften. „What's on gibt es auch online: www.swaziwhatson.com.*
Informationsheft: **Swaziland Jumbo Tourist Guide** *mit allen nützlichen Informationen, erhältlich zum Beispiel auf www.africabookcentre.com*

☞ Wichtige Telefonnummern und Adressen

Mobiltelefon: *GSM 900 Mobilfunknetz betrieben durch Swazi MTN, www.mtn.co.sz*
Faxanschlüsse: *Stehen in einigen Hotels zur Verfügung.*
Internet/E-Mail: Hauptanbieter: *Real Image Internet, www.realnet.co.sz*
Polizei, Notruf: *999*
Mbabane: *404-2221*
Krankenhäuser:
Mbabane Clinic Service: *404-2423*
Mbabane Government Hospital: *404-2111*
Feuerwehr: *404-3333*

☞ Botschaften und Honorarkonsulate

Europa: *High Commission of the Kingdom of Swaziland, 20 Buckingham Gate, Westminster, London SW1E 6LB, England,* ☎ *044-207-630-6611/2/4.*
Südafrika: *Consulate of the Kingdom of Swaziland, 23 Jorissen Street, Braamfontein Centre, 6th Floor, Johannesburg,* ☎ *011-403-2036/2050/7472,* 🖷 *011-403-7473; 715 Government Avenue, Tshwane (Pretoria),* ☎ *012-344-1910/1917,* 🖷 *012-343-0455.*
Deutschland: *Honorargeneralkonsulat des Königreichs Swasiland, Worringer Str. 59, 40211 Düsseldorf,* ☎ *0211-350-866,* 🖷 *02133-7701-7082, www.swasiland.de.*
Schweiz: *Generalkonsulat, Lintheschergasse 17, 8039 Zürich,* ☎ *01-211-5203,* 🖷 *01-211-5086.*
Swasiland: *In Swasiland gibt es keine deutsche Botschaft. Zuständig ist die Deutsche Botschaft in Pretoria, Südafrika, 180 Blackwood Str., Arcadia,* ☎ *012-427-8900,* 🖷 *012-343-9401.*

☞ Visum und Reisepass

Für Deutsche ist ein Visum für touristische Aufenthalte bis zu drei Monaten nicht erforderlich. Der Reisepass muss bei Einreise eine Mindestgültigkeit von sechs Monaten aufweisen. Kinder ab 6 Jahren sollten einen eigenen Reisepass mit Lichtbild besitzen, obwohl der Kinderausweis durchaus anerkannt wird.

✚ Gesundheit

Es bestehen keine Impfvorschriften. Impfempfehlungen des Auswärtigen Amtes: Tetanus, Diphtherie, Polio, Hepatitis A, evtl. Tollwut, Typhus und Hepatitis B; Malaria-Prophylaxe.

Malaria kommt das ganze Jahr vor, besonders im Regenwaldgebiet (Osten).
Bitte informieren Sie sich vor der Einreise über die aktuelle Cholera-Situation.
Bei Einreise aus einem Gelbfieber-Gebiet muss eine Gelbfieber-Impfbescheinigung vorgelegt
werden. Informationen unter: **Zentrum für Reisemedizin:** www.crm.de.
Wie in Südafrika ist auch in Swasiland AIDS ein großes Problem. Man schätzt, dass etwa ein
Viertel der erwachsenen Bevölkerung mit dem HI-Virus infiziert ist.

Währung
Die Währung heißt Lilangeni (Pl.: Emalangeni) und wird im Verhältnis 1:1 gegen Rand
getauscht. Der Rand (nur Noten) wird immer noch als Währung akzeptiert, besonders in den
größeren Hotels, ist aber kein offizielles Zahlungsmittel.

Stromstärke
220 V/50 Hz

Gesetzliche Feiertage
1. Januar: Neujahr
Karfreitag
Ostermontag
19. April: Geburtstag von King Mswati III
25. April: Tag der Nationalflagge
1. Mai: Tag der Arbeiter
Himmelfahrt

22. Juli: Public Holiday (= King Sobhuza II's
Geburtstag)
Aug./Sept.: Umhlanga/Reed Dance
6. September: Unabhängigkeitstag
(Somhlolo Day)
25./26. Dezember: 1./2. Weihnachtstag
Im Dezember/Januar wird noch der Incwa-
la-Tag gefeiert.

Tankstellen
Generelle Öffnungszeiten sind 7–18h.
Es gibt aber in Mbabane und im Ezulwini Valley einige Tankstellen mit 24-Std.-Service.

Banken
Die meisten Banken haben ihren Sitz in Mbabane, hier tauscht man auch am besten
sein Geld. Die Öffnungszeiten variieren ein wenig. In der Regel sind aber alle Banken von 8.30–
15.30h in der Woche, samstags von 8.30–11h geöffnet. Die Standard Bank of Swasiland in
der Swazi Plaza ist auch zusätzlich von 14–15.30h geöffnet.

Post
Luftpost nach Europa ist bis zu zwei Wochen unterwegs. es gibt nur wenige Postäm-
ter. Öffnungszeiten: Mo–Fr 8–17h, Sa 8.30–13h.

Internet
Es gibt eine ganze Reihe von Internet-Cafes in Mbabane, außerdem bieten viele Hotels einen Internetzugang.

Reiseveranstalter
Swazi Trails, bei dieser Gesellschaft kann man alles buchen, was touristische Ange-
legenheiten angeht (Hotels, Nature Reserves, Touren u. a.), im Mantenga Craft Centre, Mbabane, ☎ 416-2180, www.swazitrails.co.sz, www.swazi.travel/.

ecoAfrica Safaris: *3rd Floor Milnerton Mall, 14 Loxton Road, Milnerton, Kapstadt,* ☎ *021-555-4152,* ▤ *086-633-8479, www.ecoafrica.com.*

Busverbindungen
Der Busbahnhof liegt direkt zwischen der Swazi Plaza und der Innenstadt Mbabanes. Hier fahren alle Stadt- und Regionalbusse ab. Abfahrtszeiten gibt es nicht, der Bus fährt i. d. R., wenn er halbwegs voll ist. Man kann aber davon ausgehen, dass morgens Busse in alle Teile des Landes fahren und zu den größeren Destinationen auch noch weitere Busse im Laufe des Tages abfahren.

Eisenbahnverbindungen
Eine Zugverbindung zwischen Durban und Maputo verläuft durch Swasiland mit Aufenthalt in Mpaka, 35 km östlich von Manzini.

Flugverbindungen
South African Airlines bietet täglich Flüge nach Johannesburg.
South African Airlines, *www.flysaa.com*
Wie komme ich zum Flugplatz?
Mit dem Auto fahren Sie in Richtung Manzini. 8 km bevor Sie Manzini erreichen, liegt der Matsapha Airport auf der rechten Seite.
Mit dem Bus: Es gibt keine offizielle Busverbindung dorthin, aber die Airlines bieten meistens einen Minibus-Service zu den wichtigsten Abflügen an.

Taxi
Taxis stehen am Busbahnhof hinter der Swazi Plaza. Die Preise werden mit dem Fahrer ausgehandelt.

Mietwagen
Avis: *Matsapha Airport,* ☎ *518-6226*
Europcar: *Airport Matsapha,* ☎/▤ *518-4396*

Sehenswertes

Mbabane

Die Stadt ist nach Chief *Mbabane* benannt. Er wurde von König *Mbandzeni* beauftragt, auf die königlichen Viehbestände zu achten, denn zu dieser Zeit wurde immer mehr Vieh vom Middleveld ins Highveld getrieben, da hier das Gras noch ausreichender war. Da Chief *Mbabane* ein sehr strenger Mann war, wird seither das Wort „Mbabane" von den Swasi für „bitter" und „scharf" gebraucht.

Die ersten weißen Pioniere hatten diese Stelle zunächst „Sonnenbergs Retreat" genannt, nach *Isaac Sonnenberg*, einem Abenteurer, der sein Glück schon in Südafrika versucht hatte. 1888 gründete *Michael Wells* dann einen Pub sowie ein kleines Geschäft. Insbesondere der Pub florierte, lag er doch direkt an dem Weg, den viele Glücksritter – unterwegs zu den Goldentdeckungen – beschritten. Um den Pub und den Laden entstand bald ein kleines Dorf. Am Ende des Anglo-Burischen Krieges wählten die Briten diesen Platz als Verwaltungssitz für das annektierte Gebiet, da es hier viel kühler war als in Bremersdorp (jetzt: Manzini), dem ehemaligen Sitz ihrer Verwaltung.

Mbabane heute

Sprung-
haftes
Wachstum

Die Stadt ist in den letzten Jahrzehnten sprunghaft gewachsen. Im Stadtkern werden immer neue Bauten errichtet, meistens Regierungsgebäude oder Banken. Haupteinkaufsstraße ist die **Allister Miller Street**. Die Planung der umliegenden Siedlungen beruht zum einen darauf, wo und wie man am besten Wasser heranschaffen kann, und zum anderen auf dem Bedürfnis der Swasi, möglichst einen kleinen Garten anlegen zu können, in dem sie einige Grundnahrungsmittel für den Eigenbedarf anpflanzen können. Blickt man von oben auf die Stadt, ist sie viel grüner als vergleichbare Städte in Südafrika. Beeindruckend ist auch das bunte Treiben auf den Straßen.

Im Zentrum von Mbabane

Touristische Höhepunkte bietet Mbabane nicht. Zu erwähnen wäre höchstens der **Swazi-Market** am Südende der Allister Miller Street, wo eine breite Palette handwerklicher Produkte und Souvenirs angeboten wird (u. a. bedruckte Stoffe, Masken, Speere, Korb- und Flechtwaren, Keramikarbeiten etc.). Einkaufen kann man auch in den Geschäften der Allister Miller Street oder in den beiden Einkaufszentren (Swasi Plaza und The Mall).

Mbabane bietet sich als Alternative zu den Touristenzentren im Ezulwini Valley an: für Tagesausflüge entlang der Tea Road, dem Pine Valley, nach Pigg's Peak oder in das Grand Valley.

Tea Road

Sie bietet eine Möglichkeit zum Zwischenstopp auf der Hauptstraße nach Manzini. Achten Sie hinter Ezulwini auf das Hinweisschild nach links (von Mbabane kommend). Sie werden eine schöne Aussicht über die Mdzimba Mountains haben. Wie der Name schon sagt, durchfährt man hier auch die Teegärten des Landes. Bei Lozitha wird die neue Residenz des Königs passiert.

Reisepraktische Informationen Mbabane

Unterkunft
Kapola Guest House $$, *6 km außerhalb des Ortes an der MR3,* ☎ *404-0906,* 🖷 *404-8014, schöne, ruhige Zimmer mit Balkon und Garten.*
The Mountain Inn $$$, *Princess Drive, P.O. Box 223, Mbabane,* ☎ *404-2781,* 🖷 *404-5393, www.mountaininn.sz, sehr schönes Hotel am Berg mit faszinierender Aussicht aufs Ezulwini Valley, Swimmingpool, ca. 4 km südöstlich der Stadt gelegen.*
27 km außerhalb: **The Forester Arms Hotel $$$**, *Piste nach Mhlambanyati, P.O. Box 14, Mhlambanyati,* ☎ *467-4177,* 🖷 *467-4051, www.forestersarms.co.za; ruhig gelegen mit Wander- u. Angelmöglichkeiten, sehr gemütlich, Swimmingpool und Sauna.*

Backpackers
Grifters Lodge $, *Gilfillan Str.,* ☎ *404-5342, im Zentrum von Mbabane. Einzel-, Doppelzimmer und Schlafsäle.*

Restaurants
Valentinos, ☎ *404-1729, Swazi Plaza, bunt gemischte Speisekarte, für jeden etwas, sehr schmackhafte Curries.*
La Casserole Restaurant, ☎ *404-6462, Omni Centre, Gwamile Str., eines der besten Restaurants der Stadt, auch gute vegetarische Gerichte.*

Das Forester Arms Hotel bei Mbabane

LM Restaurant, *Ecke Gilfillan und Allister Miller Str.,* ☎ *404-3097, ausgezeichnete portugiesische Küche in privater Atmosphäre.*
Weitere *Hotels, Restaurants und Campingplätze: siehe Ezulwini, S. 286f*

Einkaufstipps
African Fantasy Shop, *in der Mall,* ☎ *404-0205,* 🖷 *416-1244; hier findet man ausgesuchte handwerkliche Produkte aus allen Teilen Swasilands und Kleidung (mit afrikanischen Aufdrucken).*
African Bookshop, *Swazi Plaza, ausgesuchte Bücher zu allen Themen, die das südliche Afrika betreffen; vor allem Romane afrikanischer Schriftsteller und politische Bücher, die man sich sonst in den verschiedensten Buchläden Südafrikas zusammensuchen müsste.*

Öffentliche Verkehrsmittel
Der **BAZ-Bus** *fährt nach Johannesburg (3 x wöchentlich) und nach Durban (3 x wöchentlich).*

Ezulwini

Ezulwini bedeutet „Platz des Himmels". Benannt wurde das Tal nach den früheren königlichen Krals. Hier liegen die meisten Hotels des Landes, die meisten Sehenswürdigkeiten sind nicht weit. Für „Gambler" wurde ein Spielcasino errichtet, eine lohnende Einnahmequelle für das Königreich. Golf- und Tennisplätze sowie Reiterhöfe und eine heiße Mineralquelle sorgen für Entspannung nach durchspielten Nächten.

Glücksspiel in Nationaltracht **Glücksspiele** gehören zu den Leidenschaften der Südafrikaner und auch die Swasi-Chiefs spielen gerne (und das in Nationaltracht). Besonders an den Wochenenden herrscht ein buntes Treiben. Im Ezulwini Valley findet man auch die meisten Craft Shops. Sie reihen sich wie Perlen an der Hauptstraße auf. Daneben gibt es noch einige an der Straße nach Malkern (hinter Ezulwini nach rechts und ca. 2 km fahren).

Sehenswert ist das **Swaziland National Museum**, das in die Kultur und Geschichte der Swazi einführt. Neben den typischen Rundhütten werden auch Kleidung, Bücher, Fotografien und andere historische Gegenstände ausgestellt.
National Museum, ☎ *416-1516,* 🖷 *416-1875, www.sntc.org.sz (Swaziland National Trust Commission).*

Reisepraktische Informationen Ezulwini

i Information
Ezulwini Tourists Office, *am Matenga Craft Centre,* ☎ *416-2180.*
Kingdom of Swaziland's Big Game Parks, ☎ *528-3944,* 🖷 *528-3924, www.biggameparks.org, am Mlilwane Wildlife Sanctuary.*

Hotels/Lodges
Mantenga Lodge $$$, *Mantenga Road,* ☎ *416-1049,* 🖷 *416-2516, www.mantengalodge.com, saubere Lodge mit 26 Zimmern und Restaurant.*

Lugogo Sun $$$$, *Straße Mbabane-Manzini, Private Bag, Ezulwini,* ☏ *416-4000,* 🖨 *416-1111, www.suninternational.de. Größtes Hotel des Landes.*
Ezulwini Sun $$$$, *Straße Mbabane-Manzini, P.O. Box 123, Ezulwini, Reservierungen:* ☏ *416-6000,* 🖨 *416-1782, www.suninternational.de. Ruhigeres Hotel zum Entspannen.*
Royal Swazi Spa $$$$$, *Straße Mbabane-Manzini, Private Bag, Ezulwini,* ☏ *416-5000,* 🖨 *416-1859, www.suninternational.de, Casinohotel mit Golfplatz; gehört zu 37,5 % dem König, sehr „lebendig".*

🛏 Jugendherberge
Sondzela Lodge, *Mlilwane Wildlife Sanctuary, Ezulwini Valley, P.O. Box 311, Malkerns-Mlilwane Wildlife Sanctuary, Lobomba,* ☏ *0268-528-3117,* 🖨 *0268-528-3924, www.biggameparks.org, gehört zu den Häusern des Jugendherbergswerks Südafrikas, Hostelling International South Africa (HISA).*

🛏 Chalets
Smoky Mountain Village, *P.O. Box 21, Ezulwini,* ☏ *416-1291,* 🖨 *416-6465, schöne Hütten im skandinavischen Dreiecksbaustil.*

⚠ Campingplätze
Timbali Caravan Park, *Straße Mbabane-Manzini, Ezulwini Valley, P. O. Box 1, Ezulwini H106,* ☏ *416-1156, 011-880-5108 (Backpack Africa),* 🖨 *011-880-5655 (Backpack Africa).*
Mlilwane Wildlife Sanctuary, *Kontakt s. o. Kingdom of Swaziland's Big Game Parks, hier kann man auch verschieden große Chalets mieten.*

🍴 Restaurants
Alle oben aufgeführten Hotels haben gute Restaurants. Weitere empfehlenswerte Restaurants:
1st Horse, *in der Einfahrt zum Yen Saan Hotel,* ☏ *416-1137, kontinentale und indische Küche.*
The Calabash, *hinter dem Timbali-Campingplatz,* ☏ *416-1187,* 🖨 *416-2098, www.restaurant-calabash.com, süddeutsche, österreichische und schweizerische Küche.*

Lobamba Royal Village

Im Herzen des Ezulwini Valley gelegen, befinden sich hier Königskral, Parlamentsgebäude, Nationalmuseum und weitere Staatsgebäude:
• Der **Embo State Palace**: Hier empfängt der König seine Untertanen und hält Audienzen ab.
• **State House**, Lositha: 1978 erbaut und mit viel Pracht besetzt (Marmorböden, Kuppelanlage u. a.), dient es vorwiegend staatlichen Anlässen und als Schule für die Kinder des Königs.
Beide Anlagen sind aber leider nicht zu besichtigen.

Parlament: Es wurde 1979 in der Form eines Hexagon errichtet und beherbergt neben den Parlamentsräumen auch Konferenzräume, eine Bücherei und die Presse. Besucher können Debatten verfolgen, müssen sich aber entsprechend kleiden (Jackett, Krawatte, keine Jeans).

Somhlolo Stadium: Hier werden alle größeren kulturellen Veranstaltungen abgehalten. Neben den Staatsfeierlichkeiten sind das vor allem Konzerte und Tanzveranstaltungen, aber auch Reden des Königs an seine Untertanen.

Exponate aus allen Epochen

Das **National Museum** bietet einen guten Überblick über die **Swasi-Kultur.** Man findet hier Exponate aus allen Epochen, beginnend mit der Steinzeit. Interessant ist vor allem die Abteilung mit den traditionellen Kleidern, die besonders die Symbolik der einzelnen Kleidungsweisen gut veranschaulicht. Zum Beispiel haben die Schilder, die die Swasimänner während der Festivitäten tragen, eine bestimmte Bedeutung: Männer unter 25 haben einen bunten, braunrot gehaltenen Schild und um ihren Stock Pavianfell gewickelt. Erwachsene Männer tragen dagegen ein Schild mit schwarzweißem Fell und um den Stock ein seltenes Affenfell. Alte und weise Männer schließlich tragen ein graues Schild und wickeln Schakalfell um ihren Stock. Außerdem ist neben dem Museum ein echter Swasikral aufgebaut.

Manzini

Erst 1960 wurde der Ort in Manzini umbenannt (= am Wasser gelegen). 1885 unterhielt hier der Händler *Bob Rogers* in einem Zelt am Ufer des Mzimneni River einen „Laden". Im folgenden Jahr kaufte *Albert Bremer* die Stelle und errichtete hier ein festes Gebäude sowie ein Hotel. Allmählich entstand um das kleine Anwesen ein Ort, der Bremersdorp genannt wurde. 1890 wurde Bremersdorp gar „Hauptstadt", nachdem sich Briten und Buren entschlossen hatten, die europäischen Interessen in Swasiland gemeinsam zu kontrollieren. Doch am Ende des Anglo-Burischen Krieges wurde fast alles zerstört und Mbabane erhielt wegen seines angenehmeren Klimas den Status der Hauptstadt.

Heute ist Manzini wirtschaftlicher Mittelpunkt des Landes. Im Frühjahr blühen hier violette Jacarandabäume und die roten „Flametrees". Auch in Manzini gibt es einen Markt, auf dem man verschiedene in Swasiland produzierte Andenken kaufen kann.

Manzini – aus der Luft betrachtet (www.swazi.travel)

Reisepraktische Informationen Manzini

Unterkunft
Swaziland Backpackers $, ☎ 528-2038, wazilandbackpackers@realnet.co, 8 km an der Straße nach Malkerns. Hier hält auch der BAZ-Bus. Saubere Schlafsäle und Zimmer, schöne Umgebung.

Restaurants
Gil Vincente Restaurant, Ilanga Centre, Martin Str., ☎ 505-3874, gutes Standardessen, auch portugiesische Gerichte.
Mocambique Hotel and Restaurant, Mahleka Street, ☎ 505-2489, 🖨 505-6430, portugiesische Küche mit Seafood, preisgünstig, das Hotel ist aber einfach.

Öffentliche Verkehrsmittel
Der Busbahnhof befindet sich an der Louw St.

Weitere Sehenswürdigkeiten im Umkreis von Mbabane/Ezulwini

Mlilwane Wildlife Sanctuary

Das Gebiet war früher Privateigentum, das der Besitzer im Jahre 1964 dem Staat als Schutzgebiet schenkte. Spenden von Privatpersonen und der Southern African Wildlife Foundation ließen den Park zu seiner heutigen Größe von 4.500 ha anwachsen. Sobhuza II wurde von der Notwendigkeit des Naturschutzes überzeugt, als eines Tages 20 königliche Jäger nach vier Tagen Jagd mit nur zwei Impalas zurückkamen. Die ersten Tiere wurden mit einem alten Landrover aus entfernten Gebieten (bis aus Sambia) hierher gebracht. Dämme mussten errichtet und bestimmte Pflanzen und Bäume angepflanzt werden, damit alle Tierarten einen für sie angemessenen Lebensraum erhielten. Heute leben hier u. a. Rappen- und Elenantilopen, Wasser-, Spring-, Stein-, Ried- und Buschböcke, daneben Zebras, Hippos, Nashörner, Krokodile und Giraffen.

Die Wege sind in der Trockenzeit gut mit dem Pkw zu befahren. Es werden aber auch Touren in Landrovern angeboten.

Empfehlenswert ist ein Zwischenstopp an den Mantenga Falls und dem Mantenga Craft Village.

Wunderschöne Landschaft im Mlilwane W. S.
(www.swazi.travel)

Unterkunft/Restaurant
Der Park verfügt über einfache Unterkünfte, einen Zeltplatz und ein Restaurant. Reservierung: **Mlilwane Nat. Res.**, *Kontakt s.* Kingdom of Swaziland's Big Game Parks, S. 286.

Usutu Forest

Künstlich angelegter Forst

Mit 70 Mio. Kiefern auf über 65.000 ha ist der Usutu Forest einer der größten künstlich angelegten Forste der Welt. Es bietet sich an, von Mbabane aus eine Rundtour (ca. 110 km) zu machen. Man nimmt hierzu die Straße nach Bhunya und fährt südlich übers Malkerns Valley zurück nach Ezulwini. Schon kurz hinter Mbabane fährt man durch das erste Waldgebiet und erreicht vor Meikles Mount das Mhlambanyatsi-Tal. Von da an steigt die Straße an und erreicht die ersten Forstplantagen. In Mhlambanyatsi ist der Sitz der Forstverwaltung. Auf der Wegstrecke danach hat man schöne Ausblicke auf die bewaldeten Höhenzüge. Etwa 27 km hinter Mbabane liegt linker Hand das **Foresters Arm's Hotel**, ein Hotel im englischen Kolonialstil. Eine Lunchpause bietet sich hier an.

Der Mphophoma Wasserfall im Usutu Forest (www.swazi.travel)

In Bhunya schließlich findet sich eine der beiden Papierfabriken. Jede Mühle produziert ca. 180.000 t Papier pro Jahr. Eine Kiefer braucht etwa 16–18 Jahre, bis sie schlagreif ist. Das größte Problem ist die Feuergefahr. Die meisten Feuer werden durch Honigsammler verursacht, die Bienenschwärme ausräuchern, bevor sie sich an den Honig wagen.

In Bhunya zweigt die Straße nach Sandlane und Amsterdam ab. Sie fahren aber weiter bis ins Malkern Valley. Nachdem Sie das Forstgebiet verlassen haben, tauchen rechts und links der Straße große, aufgeteilte Felder auf: Dies sind Ananaskulturen, die zu der Konservenfabrik in Malkerns gehören. Das untere Malkernstal ist eines der fruchtbarsten Gebiete im Land. Knapp 80 km hinter Mbabane treffen Sie dann wieder auf die Hauptstraße im Ezulwini Valley.

Wer diese Tour noch etwas ausdehnen möchte, biegt 20 km hinter Bhunya nach rechts in Richtung Mankayane ab. Hier fährt man noch durchs urtümliche Swasiland. Kleinstfarmen verteilen sich in unregelmäßigen Abständen über die Berghänge, und nirgendwo sonst laufen so viele Rinder frei herum. Mankayane selbst ist ein kleiner Ort mit wenigen Geschäften und einem einfachen Pub.

Grand Valley

Dieses Tal besticht durch seine faszinierenden Ausblicke von den Höhen herunter. Die Strecke führt auf und ab und ist sehr kurvenreich. Hier ließen sich die ersten Swasi nieder und erweiterten von hier aus ihr Reich. Durch regelmäßige Niederschläge war die Landwirtschaft gesichert. Die Swasi bezeichnen dieses Gebiet heute noch als das „most picturesque in the Kingdom". Den wohl schönsten Ausblick hat man von Hlatikulu hinunter ins Tal. Nhlangano (ca. 90 km von Ezulwini entfernt) bedeutet „Treffpunkt". Hier haben sich schon die ersten Swasihäuptlinge zu ihren Palavern getroffen. 1947 fand hier das legendäre Treffen zwischen *Sobhuza II* und *King George IV* statt. Heute ist die Region das **Haupttabakanbaugebiet** des Landes.

The most pictu-resque...

Tabak-anbau

🛏 **Unterkunft**
Auch hier wurde ein Casinohotel errichtet: **Nhlangano Sun**, *Private Bag, Nhlangano,* ☏ *207-8211,* 🖶 *207-8402.*

Wer von KwaZulu/Natal kommt oder dorthin will, kann diese Strecke als Alternative zur Route Big Bend/Lavumisha wählen, sollte aber zwei Stunden mehr Fahrzeit einplanen.

Beeindruckender Blick ins Grand Valley (www.swazi.travel)

Pine Valley

Direkt nördlich von Mbabane gelegen, bietet es sich für einen 2-stündigen Kurztrip an.
Linker Hand sieht man eine Reihe von Wasserfällen des Black Umbeluzi River, rechter
Hand imponieren Granitfelsen („Domes"). Dieses Gebiet eignet sich hervorragend für
Spaziergänge.

Streckenbeschreibungen

Barberton – Pigg's Peak – Malolotja Nature Reserve – Mbabane (150 km)

Überblick

Wer nicht über Oshoek nach Swasiland einreisen möchte und eine besonders schöne Alternative dazu sucht, der ist mit dieser Strecke gut beraten. Kurz hinter Barberton steigt die Straße steil bergan und man hat schon nach kurzer Zeit einen hervorragenden Ausblick über das Tal von Barberton. Auf der Passhöhe des Saddleback-Passes
durchquert man dann riesige Forstgebiete beiderseits der Grenze. Dazwischen kreuzt
immer wieder die Transportseilbahn der Asbestmine in Bulembu die Piste. Nachdem
man die Grenze und auch die Minenstadt passiert hat, führt die Strecke erneut auf kur-
venreicher Piste durch Waldgebiete, bis man schließlich Pigg's Peak erreicht, einen kleinen Ort, der den Nordwesten des Landes versorgt. Von dort geht es auf dem gut aus-
Bergwelt gebauten „Mswati III Highway" über Höhen und Täler bis nach Mbabane, wobei man
des Swasi- einen guten Eindruck von der **Bergwelt Swasilands** erhält und viele schöne Ausbli-
landes cke in die Täler hat.

Etwa 30 km hinter Pigg's Peak erreicht man das **Malolotja Nature Reserve**, das mit
seiner geologischen Vielfalt (hier hat man Steine gefunden, die dem Mondgestein sehr
ähnlich sind), den ältesten Eisenerzvorkommen der Welt (ca. 45.000 Jahre) und einer
besonders artenreichen Vegetation nicht nur Touristen, sondern auch Wissenschaftler aus der ganzen Welt anzieht.

☞ **Streckenbeschreibung**

• Von Barberton aus die R40 nach Bulembu. Nachdem man den Pass erreicht hat, hört der
Asphalt auf bis Pigg's Peak. Daher sollte man sich in der Regenzeit vorher über den Straßen-
zustand erkundigen. Folgen Sie immer der Hauptpiste. 43 km hinter Barberton erreichen Sie
den Grenzposten. Von dort sind es noch 23 km bis Pigg's Peak. Hier biegt man dann nach
rechts ein in den „Mswati III Highway" und erreicht schließlich nach 52 km in Motshane die
Straße Oshoek – Mbabane. Nach weiteren 16 km gelangt man in die Hauptstadt.
• Wer nicht die Pistenstrecke von Barberton nach Pigg's Peak fahren möchte, kann auch von
Norden über Jeppe's Reef nach Pigg's Peak in das Land einreisen.

Barberton

Wenn es auch heute nicht mehr so scheint, ist Barberton doch eine der historisch wichtigen Stätten Südafrikas. 1884 fanden nämlich die Geschwister *Barber* hier Gold, was sofort einen wahren „Rush" auslöste. Binnen kürzester Zeit lebten hier 8.000 Menschen,
gab es **200 Pubs** und wurden gleich **2 Goldbörsen** eingerichtet. Von einer kann man
heute noch die Fassadenruine besichtigen. 1885 fand man im benachbarten Eureka City noch mehr Gold. 1888 waren aber bereits die meisten Goldschätze geplündert und
die Goldsucher zogen weiter an den Witwatersrand, wo zu gleicher Zeit das erste Gold
gefunden wurde.

Historisch wichtige Stadt

Heute hat die Stadt rund 24.500 Einwohner und ist Zentrum der Holz- und Obst-
industrie der Region.

Reisepraktische Informationen Barberton

Unterkunft
Barberton Manor $$, *81 Sheba Road,* ☎ *013-712-4826,* 🖷 *013-712-3588, www.
barbertonmanor.com, ruhig gelegen, Mittag- und Abendessen nach Vereinbarung. Wird von ei-
ner holländischen Familie sympathisch geführt.*

Camping
Barberton Chalets & Caravan Park, *General Street,* ☎/🖷 *013-712-3323,
www.barbertonchalets.co.za, Kinderspielplatz.*
Forever Resort Badplaas, *283 km östlich von Johannesburg,* ☎ *017-844-8000,* 🖷 *017-
844-1391, www.foreverbadplaas.co.za, Chalets, Caravanplätze mit Strom. Pool und Shop vor-
handen. Tennis spielen, Reiten und Golfen möglich.*

Havelock Mine

1886 wurde auch hier Gold gefunden, was mehr zählte als die schon bekannten **As-
bestvorkommen**. Havelock war für drei Jahrzehnte Anziehungspunkt für Glücksrit-
ter aus aller Welt. Nach Ende des 1. Weltkrieges entdeckte *Izaak Holtzhausen* die As-
bestvorkommen erneut und eine kanadische Firma begann mit den nötigen Prospek-
tionsarbeiten. 1930 entschloss sich diese Firma, 100 Claims für 480.000 Emalgeni zu
kaufen, der höchste Preis, der jemals für Bergbau-Claims bis dahin im südlichen Afri-
ka bezahlt wurde. Eine deutsche Firma aus Leipzig errichtete die Transportseilbahn zur
nächsten Bahnstation in Barberton.

Die Seilbahn hat eine Länge von 20 km und wird von 52 Pfeilern getragen. Über 200
Lastengondeln konnten jeweils bis zu 200 kg transportieren. Auf dem Rückweg von Bar-
berton wurde Steinkohle für die Maschinen der Mine befördert. Der gesunkene Welt-
marktpreis für Asbest hat auch dieser Mine Existenzprobleme verursacht. Die Einwoh-
nerzahl von Bulembu, der Minenstadt, ist von ehemals 6.500 auf 3.000 gefallen. 2001
wurde die Mine eingestellt.

Pigg's Peak

Auch dieser Ort entstand aufgrund von Goldfunden. Bereits 1881 fand *Tom McLachlan* die ersten Unzen im Fluss. Im Jahre 1885 stieß dann der Franzose *William Pigg* auf eine so reiche Ader, dass hier für die nächsten 80 Jahre die größte Goldmine des Landes operieren konnte. Die ersten Goldsucher waren es auch, die den Pfad nach Barberton begehbar machten. Zu weit und kostspielig war die Strecke nach Süden. Doch war der Weg über die Höhen damals gefährlich. Banditen lauerten den Glücksrittern auf und Barberton war ein von Malaria verseuchtes Gebiet.

Höfe in Pigg's Peak (www.swazi.travel)

Phophonyane Lodge

Die ehemalige kleine Farm liegt in der Nähe von **Wasserfällen**, ein Teil der Unterkünfte befindet sich direkt am Fluss. *Rod de Vletter* hat sie zu einer der schönsten Lodges des südlichen Afrika ausgebaut. Die wenigen Schlafplätze versprechen einen angenehmen und ruhigen Aufenthalt. Neben den vier komfortablen Chalets bietet sich auch die Möglichkeit, in luxuriösen Zelten zu nächtigen und das Gefühl von Natur um sich zu spüren. *Arten-reichtum* Besonders beeindruckend sind die **Vegetation** und die **artenreiche Vogelwelt**, die man auf kleinen Wanderwegen erkunden kann. *Rod* selbst ist ein Naturfreund, der alle diesbezüglichen Fragen beantworten kann. Er organisiert und leitet auch Touren, sowohl in die nähere Umgebung als auch nach Südafrika, Botswana und Zimbabwe.
Phophonyane Lodge: *10 km nach Norden (Jeppe's Reef), dann nach links, 3 km auf Piste. Kontakt: s. S. 295.*

Malolotja Nature Reserve

Der Park ist 18.000 ha groß und bietet für Naturliebhaber eine Fülle von Attraktionen. Die Pflanzenwelt umfasst u. a. verschiedenste Proteenarten (besonders in den Tälern) und Zykaden. Neben bekannten Savannentieren wie Zebras und Gnus kommen besonders viele Reptilien vor, wobei vor den Schlangen gewarnt sei (Puffotter und Mozambik-Kobra).

Besonders interessant ist aber die Geologie. Es gibt hier die **ältesten Sedimentgesteine der Erde** und fossile Algen datieren 3,5 Milliarden Jahre zurück. Proben der Sedimentgesteine wurden nach dem ersten Mondflug von der NASA entnommen und es stellte sich heraus, dass sie dem Mondgestein sehr ähnlich sind. *Interessante Geologie*

Im Süden des Parks kann man, nach vorheriger Anmeldung im Parkbüro, die wohl **älteste Mine der Welt** besichtigen, die Ngwenya Mine. Hier haben Menschen bereits vor 45.000 Jahren Hämatite und Smectite abgebaut, welche sie zum Färben und als Kosmetik benutzten. In der Neuzeit baute man hier Eisenerz ab, bis die Förderung Ende der 1970er-Jahre eingestellt wurde. Die große offene Mine ist aber immer noch imposant und einen Besuch wert. Für Wanderfreudige gibt es ausreichend Wanderwege und 17 Camps, in denen man übernachten kann. Dabei sollte man eine Route wählen, die zu den Bushman Paintings im Komati-Tal führt. *Wanderwege*

Reisepraktische Informationen Malolotja Nature Reserve

Unterkunft

Phophonyane Lodge $$$, *P.O. Box 199, Pigg's Peak, ☎ 437-1429, 🖷 437-1319, www.phophonyane.co.sz, diese Lodge ist inmitten der Bergwelt des Nordwestens gelegen – ideal für Individualisten.*
Pigg's Peak Hotel & Casino $$$$, *12 km nach Norden in Richtung Jeppe's Reef, King Maswati II Highway, ☎ 437-1104, www.piggspeakhotel.com, Casinohotel, das aber auch viele andere Freizeitaktivitäten bietet und wunderschön in den bewaldeten Bergen liegt.*
Malolotja Nature Reserve, *P.O. Box 1797, Mbabane, ☎/🖷 442-4241, www.sntc.org.sz (Swaziland National Trust Commission), Chalets und Campingplatz. Kein Restaurant und kein Geschäft im Park!*

Ngwenya Glassworks

Diese kleine Glasfabrik, die 1976 errichtet wurde, ist der „Stolz des Landes". Unter der Leitung einer südafrikanischen Familie produzieren hier ca. 20 einheimische **Glasbläser** Tiere und Gebrauchsgegenstände aller Art. Unter der Woche kann man von einer Galerie aus den Arbeiten zusehen. Ein kleiner Fabrikladen verkauft ausgesuchte Ware. Besonders beeindruckend ist, dass fast das gesamte Rohmaterial aus Altglas gewonnen wird, das vor allem Kinder für ein Taschengeld heranbringen. Ein Anteil des Gewinns wird dem Wildlife Fund gestiftet und bevorzugt der „Save the Rhino"-Stiftung überschrieben.

Etwa 700 m hinter den Ngwenya Glassworks liegen die Endlotane Studios. Die Einrichtung wurde von dem deutschen Künstlerehepaar *Reck* gegründet und wird auch von ihnen betrieben. In dieser Werkstatt mit Herstellungsschwerpunkt auf sehr ansprechenden **Wandteppichen** kann man bei der Produktion zusehen. Gewebt wird mit Angora-Wolle, die z. T. von der eigenen Angora-Herde stammt. Hier arbeiten etwa 40 Swasi-Frauen, die fest angestellt sind.

Ngwenya Glassworks: *An der Kreuzung in Motshane biegt man nach rechts ab und fährt ca. 3 km. Rechts führt ein Wegweiser zu der Glasfabrik.*

Mbabane – Manzini – Siteki – Hlane Royal National Park – Mhlume – Croydon – Manzini (ca. 330 km)

Diese Strecke eignet sich hervorragend, um einen **guten Überblick über das Land** zu erhalten. Die Tour beginnt in den Städten des High- und Middleveld und führt durch alle Landschaftszonen von Swasiland. Hinter Manzini wird die Besiedlungsdichte merklich geringer. Von den letzten Höhen des Middlevelds hat man einen weiten Blick über das Lowveld mit den Lubombo-Bergen am Horizont.

Bekanntestes Wildschutzgebiet Swasilands

Auf der Straße nach Lomasha passiert man als erstes das **Hlane Royal National Park**, das wohl bekannteste Wildschutzgebiet des Landes. Hier gibt es u. a. auch Elefanten. Der Park gehört dem König, der hier in regelmäßigen Abständen Jagdsafaris veranstaltet. Daher ist nur ein Teil des Reservates für Besucher zu betreten. Im Gebiet zwischen Simunye und Tshaneni sind die riesigen **Zuckerrohrplantagen** interessant. Mit dem Verkauf von Zucker erwirtschaftet das Land einen großen Teil seiner Devisen.

Nachdem man bei Tshaneni wieder nach Süden abgebogen ist, fährt man durch typisches Agrarland mit kleinen Farmen und Weideland. Hier lebt die Bevölkerung noch von der Subsistenzwirtschaft.

 Streckenbeschreibung

Folgen Sie der Hauptstraße von Mbabane nach Manzini und dann immer weiter geradeaus, bis Sie 53 km hinter Manzini auf die Abzweigung nach Siteki stoßen. Hier biegen Sie nach rechts ab. Nach ca. 8 km erreichen Sie Siteki. Diese Strecke fahren Sie danach wieder zurück und folgen weiter der Hauptstrecke. 10 km nördlich der Kreuzung kommen Sie an dem Hlane Royal National Park vorbei, gleich dahinter liegt der Ort Simunye. Nach 25 km kommen Sie schließlich an den Abzweig nach Mhlume und Tshaneni (geradeaus geht es nach Maputo). Sie durchfahren jetzt auf ca. 30 km Zuckerrohrplantagen. Hinter Tshaneni biegen Sie nach links auf die Piste nach Bhalekane ein. Nach knapp 35 km, in Bhalekane, biegen Sie wieder nach links ab in Richtung Mpisi Bridge und Manzini. Kurz hinter Croydon beginnt dann die neu ausgebaute Asphaltstraße, die in Mafutseni an der Tankstelle wieder auf die Hauptstraße nach Manzini stößt.

Die Piste kann man problemlos mit einem herkömmlichen Pkw befahren; man sollte aber nicht zu schnell fahren, um sich auf dem steinigen Geröll keine Reifenpanne einzuhandeln.

Siteki

Siteki bedeutet „Heiratsplatz". *Mbandzeni* hat hier stationierten Soldaten seines Regimentes erlaubt, sich ihre Frauen aus der Bevölkerung des Ortes auszusuchen. Siteki wirkt etwas trostlos: Verlassene Häuser und zerfallene Kirchen geben Zeugnis von ei-

Siteki (www.swazi.travel)

ner besseren Zeit, als der Ort noch Garnisonsort, Durchgangsstation und letzter Rast-platz vor der Grenze auf der alten Straße nach Mosambik war. Mit dem Ausbau der neuen Strecke über Lomahasha wird sich auch in Zukunft wenig ändern. Heute leben hier noch 1.500 Menschen, und Siteki ist noch Verwaltungshauptstadt des Lubombo-Distrikts.

Gute Ausgangs-station

Wer im Siteki-Hotel seine Zelte aufschlägt, hat von hier aus gute Möglichkeiten, das östliche Swasiland zu erkunden.

🛏 Unterkunft

Siteki-Hotel $, *Main Street,* ☎ *343-6573,* 📠 *343-6570, kleines Countryhotel unter Leitung eines Engländers, der auch Touren und Jagden im Lubombo-Distrikt organisieren kann, das einzige Hotel im Ort.*

Hlane Royal National Park

Der Name Hlane bedeutet in Swasi „Wildnis". Mit 30.000 ha ist dieser Park der größte in Swasiland. Er wurde 1967 von König *Sobhuza II* offiziell zum Schutzgebiet erklärt, und im Laufe der Jahre hat man sich bemüht, den Wildbestand aufzustocken. Es gibt hier mittlerweile Elefanten, Rhinos, Giraffen, Wasserbüffel, Strauße, Zebras, Krokodile und viele andere Savannentiere. In letzter Zeit nistet hier sogar jedes Jahr ein Storchenpaar, das wohl südlichste in ganz Afrika. Einmal im Jahr findet die **„Butimba"**, die vom König eröffnete Jagd, statt. Daran dürfen nur erfahrene, geladene Jäger teilnehmen. Die Hütten sind sehr komfortabel und eignen sich hervorragend für einen 1- bis 2-tägigen Aufenthalt. Besonders eindrucksvoll ist auch die dichte Buschvegetation, die man in vielen anderen Parks vermisst. Das macht natürlich das Ausspähen von Tieren schwieriger, doch hat man dazu an den Wasserstellen genügend Gelegenheit.

Dichte Busch-vegetation

Kurz nach Verlassen der Parkgrenzen durchquert man **Simunye**, eine kleine Stadt, die erst vor wenigen Jahren für die Arbeiter der Zuckerindustrie erbaut worden ist. Heute leben hier 5.600 Menschen, und es gibt neben einem Einkaufszentrum einen Countryclub, Sportanlagen und eine Landebahn für Privat- und Sprühflugzeuge. Linker Hand sieht man die neueste Zuckerfabrik des Landes, die ca. 160.000 t Zucker im Jahr produziert.

Projekt
Game-
farming

Direkt hinter Simunye führt eine kleine Straße nach rechts zum **Mlawula Nature Reserve**. Es ist aber für die Allgemeinheit geschlossen, da es nur für Jagdsafaris und wissenschaftliche Zwecke genutzt wird. U. a. versucht man hier zu erkunden, ob sich für Swasiland Gamefarming rentieren könnte und wenn ja, mit welchen Tieren.

Nachdem man nach rechts abgebogen ist, erreicht man nach ca. 6 km die Ladenzeilen der **Tambankulu Estates**. Diese bieten sich für einen Besuch an, da der dazugehörige Club auch Unterkünfte und ein gutes und preiswertes Restaurant für Durchreisende hat. In netter Atmosphäre hat man hier die Möglichkeit, mit den Leuten von der Zuckerindustrie ins Gespräch zu kommen, evtl. die Fabriken zu besichtigen oder sogar mit einem der Sprühflugzeuge einen Rundflug über das Gebiet zu machen. Fragen Sie einfach den Clubmanager; man ist diesbezüglich sehr hilfsbereit. Neben Zuckerrohr werden auch Zitrusfrüchte angebaut, die meist in den Nahen Osten und nach Japan exportiert werden.
Tambankulu Recreation Club: ☎ 373-7111.

Die folgende Piste führt durch das klassische Gebiet der kleinen Farmen des unteren Middlevelds. Hier sollte man auf frei herumlaufende Rinder achten. In diesem Gebiet gibt es auch mehrere kleine Staudämme, die zur Bewässerung der Felder in den Tälern dienen. In **Bhalekane** hat man die Möglichkeit, anstatt zurück nach Manzini zu fahren, über die Piste nach rechts in die Berge nach Pigg's Peak zu gelangen.

Nachdem man Bhalekane passiert hat, kommt man durch Buckham und **Croydon**, wo sich vor 100 Jahren zuerst eine Familie *Buckham* aus Croydon (England) niedergelassen hat. Croydon entwickelt sich langsam zu einer kleinen zentralen Gemeinde, die sich vom Ausbau der Asphaltstraße einen wirtschaftlichen Aufschwung erhofft.

🛏 **Unterkunft**
In **Lodges** *verschiedener Größen. Zwei Camps:* **Bhubesi Camp** *und* **Ndlovu**. *Reservierung: s. Kingdom of Swaziland's Big Game Parks, S. 286.*

Manzini – Big Bend – Lavumisha

Überblick

Dieses ist die Hauptstrecke nach KwaZulu/Natal. Hinter Manzini führt die Straße durch das untere Middleveld, vorbei am Mkhaya Nature Reserve, wo es auch Elefanten gibt. Von hier aus kann man Wildwasserfahrten unternehmen in das Lowveld nach Big Bend, dem **Zentrum der südlichen Zuckerrohrplantagen**. Die Straße macht hier einen

Bogen und führt südwärts entlang der Lubombo-Berge nach Lavumisha, dem Grenzort. Dieser Teil der Strecke ist besonders reizvoll durch den Kontrast der Zuckerrohrfelder zu den dahinterliegenden Bergen. Dazwischen schlängeln sich Flüsse, die meist aus den Bergen kommen.

 Streckenbeschreibung

Biegen Sie 8 km hinter Manzini in Hlelehhele nach Süden ab und folgen Sie dieser Straße bis Lavumisha. Big Bend und Lavumisha sind immer ausgeschildert.

Mkhaya Nature Reserve

Dieser knapp 6.300 ha große Park ist im Privatbesitz von *Ted Reilly*, der auch schon den Mlilwane- und den Hlane-Park aufgebaut hat. Diesen Park legte er speziell für gefährdete Tiere an, sodass man neben den „üblichen" Tieren besonders junge Elefanten und einige schwarze Rhinos sehen kann. Letztere wurden extra vom Zambezi-Tal hierher gebracht. Der Park ist nur nach vorheriger Anmeldung zu betreten und Privatfahrzeuge müssen am Eingang (sicheres Parken) abgestellt werden. Von dort geht es mit Parkfahrzeugen zum Camp. Die Zelte sind einfach, aber bequem.

Ein Elefant im Mkhaya Nature Reserve
(www.swazi.travel)

⚠ **Unterkunft**
In **Zelten** *(komfortabel), Reservierung:*
s. Kingdom of Swaziland's Big Game Parks, S. 286.

Big Bend ist eine uninteressante Stadt und sowohl das Hotel dort als auch das im nahe gelegenen Matata sind sehr einfach. Im „Big Bend Inn" kann man aber einen vernünftigen Publunch zu sich nehmen und von der Terrasse über die Zuckerrohrfelder sehen. Für abendliche Speisen eignet sich eher das portugiesische Restaurant im Riverside-Hotel in Matata (direkt an der Hauptstraße, 6 km hinter Big Bend).

Lavumisha ist der Grenzort und die Zwillingsstadt des südafrikanischen Golela. Das „Lavumisa-Hotel" ist eines der ältesten Hotels des Landes, hat aber mit Sicherheit bessere Zeiten gesehen. Selbst die Zwischenmahlzeiten sollte man lieber in den benachbarten Hamburgerbuden zu sich nehmen. Zu sehen gibt's hier sonst gar nichts.

Von Lavumisha sind es noch ca. 180 km bis Richards Bay und 330 km bis Durban. Die Straße auf südafrikanischer Seite führt abwechselnd durch Sisalplantagen und Akaziensavannen. Kurz vor Richards Bay überwiegen dann Eukalyptusaufforstungen. Alle Parks *Eukalyptus* entlang der Straße versprechen nette Reiseunterbrechungen. Am schönsten und urtümlichsten sind aber die, die weiter abseits der N2 in Richtung Nordosten liegen (Mkuzi Game Reserve, Ndlume Game Reserve und Sodwana Bay).

Exkursion: ein Abstecher nach Maputo/Mosambik

Maputo ist eine alte Stadt, die ihren **portugiesischen Charakter** nicht verloren hat. Breite Straßen mit bunten Bäumen, Lambada an jeder Straßenecke und eine südamerikanisch anmutende Ausgelassenheit vermitteln einen ganz neuen Eindruck vom südlichen Afrika. Es sind bereits große Anstrengungen unternommen worden, die Stadt touristisch attraktiv zu machen. Zwei große Hotels wurden ausgebaut und es gibt eine Reihe von guten Restaurants.

Das Ganze hat leider auch eine Schattenseite: Der Reichtum in der Stadt entspringt der Tatsache, dass fast alle Entwicklungshilfegelder der letzten Jahre hierher geflossen sind. Bisher gab es keine sichere Möglichkeit, die Gelder sinnvoll im Land zu verteilen.

Wer einen Ausflug dorthin machen will, benötigt als erstes ein **Visum** für Mosambik. Es ist leider nicht erlaubt, mit dem Mietwagen nach Mosambik zu fahren, da es nicht zur südafrikanischen Zollunion gehört. Daher ist es ratsam, von Manzini aus mit dem Flugzeug zu fliegen. Es gibt tägliche Verbindungen und der Flug dauert nur etwa 30 Minuten. Am Flugplatz in Maputo kann man ein Fahrzeug mieten.

Reisepraktische Informationen Maputo

Vorwahl von Südafrika aus: *09258, internationale Vorwahl: 00258*

Visum
Für einen Ausflug nach Maputo benötigen Sie ein Visum, erhältlich bei der Deutschen Botschaft, Rua Damião de Góis 506, ☎ 21-48-2700, 🖷 21-49-2888, www.maputo.diplo.de, geöffnet Mo–Fr 9–12h.

Unterkunft
Cardoso, *Avenida Matires da Mueda 707, ☎ 49-1071, 🖷 74-1804, www. hotelcardoso.co.mz, hier befindet sich auch das Tourist Office, das Ihnen die neuesten Informationsbroschüren aushändigt.*

Anschluss-Strecken von Swasiland

- zum **Kruger National Park**: über Grenzübergang Matsamo/Jeppe's Reef nach Malelane;
- zum **Blyde River Canyon** und zur **Limpopo Province**: über Grenzübergang Bulembo/Josefsdal und Barberton nach Nelspruit, Whiteriver oder Hazyview;
- in den Norden **KwaZulu/Natals** und nach **Durban**: über die Grenzübergänge Lavumisa/Golela oder Nsalitje/Onverwacht.

Lesotho
(Übersichtskarte s. S. 271)

Überblick

Lesotho bildet als Enklave inmitten der Republik Südafrika eine interessante Alternative für einen einwöchigen Aufenthalt. Mit seiner faszinierenden Bergwelt (bis 3.500 m) und den Lebensformen eines schwarzafrikanischen Staates hat es schon so manchen Reisenden begeistert. Seine Ausdehnung über die Hochebene der nach Nordwesten hin langsam abfallenden Drakensberge beschert ein gemäßigtes Gebirgsklima mit für Europäer angenehmen Tagestemperaturen.

Lesotho ist ein **Königreich**, dessen Bewohner hauptsächlich noch von der Landwirtschaft für den Eigenbedarf leben. San haben dieses Land schon vor Jahrtausenden bewohnt, wovon Felsmalereien noch heute Zeugnis ablegen. Im 17. Jh. kamen dann die ersten Nguni über die Drakensberge und verdrängten die San.

Zu Beginn des 19. Jh. kamen weitere Nguni zusammen mit den Sotho ins Land, auf der Flucht vor dem Expansionsdrang des Zuluführers *Chaka*, der sein Reich unterhalb der Drakensberge immer mehr auszudehnen versuchte. Als *Chakas* Truppen schließlich auch noch das Hochland von Lesotho besetzen wollten, kam es zu heftigen Kämpfen. Es ist

Königreich
Lesotho

Redaktionstipps

▸ Greifen Sie in Maseru etwas tiefer in die Tasche und übernachten Sie in einem der **Sun-Hotels**. Wenn Sie sparen wollen, ist das **Lancer's Inn** die beste Alternative. (S. 319)

▸ Bleiben Sie **maximal einen Tag in Maseru**, ein längerer Aufenthalt lohnt nur, wenn Sie sich näher mit den Handwerkskooperativen befassen wollen. Das Restaurant „**Rendezvous**" in Maseru bietet stilvolle koloniale Atmosphäre. (S. 320)

▸ Verweilen Sie **zwei bis drei Tage in den Blue Mountains** oder besser in einer der Lodges im Landesinneren: Marakabei, Semonkong oder Malealea, wobei letztere sicherlich den schönsten und interessantesten Aufenthalt verspricht – machen Sie einen **Ausritt mit einem Pony**.

Hirtenfamilie in einem Basotho-Dorf

dem Sothokönig *Moshoeshoe* zu verdanken, dass er Sotho- und Ngunistämme zu einer starken Gemeinschaft vereinigte, die schließlich die Zulu zurückdrängen konnte. Durch geschickte Diplomatie spielte er Buren, Briten und Zulu gegeneinander aus und stellte sein Land 1868 unter britische Schutzherrschaft. Somit blieb es auch vor weiteren Angriffen der Buren aus dem Free State verschont.

1966 erhielt das Land seine **Unabhängigkeit**, verblieb aber im Commonwealth. Nur wenige Talregionen sind für den Ackerbau nutzbar und aus klimatischen Gründen kann in den Bergen nur extensive Weidewirtschaft betrieben werden. In den dicht besiedelten Tälern weitet sich die Bodenerosion somit besonders schnell aus.

Lesotho lässt sich auf verschiedene Weisen bereisen. Aufgrund der schlechten Straßenzustände im Osten des Landes ist es empfehlenswert, nur die Hauptrouten bis Moyeni (Quthing) im Süden, Oxbow im Norden sowie bis Makarabei und entlang der Leribe-Strecke im Landesinneren mit einem herkömmlichen Pkw zu befahren.

Über den Straßenzustand informieren

Für andere Strecken, besonders die **Durchquerung des Landes** nach Qacha's Nek und zum Sani-Pass, ist ein Geländewagen unumgänglich. Pisten, wie die nach Malealea, Quaba und Semonkong, sind sehr rau und sollten daher langsam befahren werden. Außerdem ist es hierbei ratsam, sich vor der Abfahrt bei Ortskundigen über den aktuellen Zustand der Strecken zu informieren. Denn besonders in der Regenzeit (Oktober bis April) sind manche Pisten unbefahrbar. Für Touren in die abgelegenen Gebie-

Lesotho auf einen Blick	
Fläche/Einwohner	30.355 km²/1,9 Mio. E.
Bevölkerung	Rund 99 % Basotho, Rest andere afrikanische Gruppen (Zulu u. Xhosa); Europäer und Asiaten
Staatssprache	Sesotho; Englisch als Verwaltungs- und Bildungssprache
Religion	44 % Katholiken; 30 % Protestanten; 11,5 % Anglikaner; Rest andere christl. Glaubensrichtungen; Moslems und Naturreligionen
Unabhängigkeit	4. Oktober 1966 (ehemalige britische Kolonie)
Staatsoberhaupt	König Latsie III
Regierungschef	Bethuel Pakalitha Mosisili
Regierungsform	Parlamentarische Monarchie seit 1993
Städte	Maseru (Hauptstadt) 130.000 E. (Distrikt: 400.000 E.), Teya-Teyaneng 75.000 E., Mafeteng 57.000 E., Hlotse 50.900 E., Mohale's Hoek 41.000 E.
Wirtschaft	Bruttoinlandsprodukt: 940 US$/Einwohner
Ausfuhr	Wolle, Mohair, Fleisch, Schirme, elektrotechn. Erzeugnisse, Fahrzeuge
Nationalflagge	Wie in den meisten Ländern symbolisieren auch hier die Farben der Nationalflagge bestimmte Sehnsüchte. Für Lesotho gilt Folgendes: blau = Regen, weiß = Frieden, grün = Wohlstand. Im Oktober 2006 wurde die neue Flagge eingeführt, die in der Mitte einen schwarzen Mokorotlo zeigt, die traditionelle Basotho-Kopfbedeckung.

te stehen Ihnen gut organisierte Reiseunternehmen, wie z. B. das Lesotho Tourist Board, zur Verfügung, die Sie per Kleinbus, Flugzeug, ja sogar Pony zu den Sehenswürdigkeiten bringen. Alle diese Touren können Sie sowohl vor Reiseantritt in Europa als auch spontan im Land buchen.

Lesotho bietet eine **reizvolle Alternative** zu den klassischen Reisezielen des südlichen Afrika, und der Afrikaliebhaber wird das „kalkulierbare" Abenteuer auf dem „Dach Südafrikas" in unvergesslicher Erinnerung behalten.

Eines dürfen Sie in diesem Land aber nicht erwarten: besonderen Luxus. Auch die Hinweise auf historische Gebäude und Monumente sind etwas irreführend. In der Regel handelt es sich nur um einfache, häufig verfallene Kirchen oder nur um simple Steinplatten. Die Geschichte ist aber trotzdem interessant und besonders die „Geschichtchen", *Interes-* die Ihnen ein sachkundiger Reiseführer erzählen kann, sind alleine schon den Besuch *sante „Ge-* wert. Es verbirgt sich so einiges Unerwartetes in jedem kleinen Dorf am Rande der *schicht-* Straße. Man sollte das Land daher unter dem landschaftlichen Aspekt bereisen, verbun- *chen"* den mit der Offenheit, die dazu gehört, ein afrikanisches Land zu verstehen.

 Tipp

Wenn Sie von der Garden Route, ob von Port Elizabeth oder East London, kommen, fahren Sie einfach über Lady Grey und die Grenzstation Tele Bridge ins Land. Nehmen Sie dann die Route über Mohale's Hoek und Mafeteng nach Maseru, von wo aus Sie Ausflüge ins Landesinnere unternehmen. Zum Schluss können Sie Lesotho im Norden bei Butha-Buthe verlassen, um zurück nach Johannesburg zu gelangen.

 Grenzübergänge

Maseru Bridge durchgehend
Makhaleen Bridge Mo–Fr 8–18h, Sa und
So 8–16h
Caledoonspoort 6–22h
Tele Bridge 6–22h
Ficksburg Bridge durchgehend
Qacha's Nek 7–20h

Peka Bridge 8–16h
Sani Pass 8–16
Van Rooyen's Gate 6–22h

Alle hier nicht aufgeführten kleineren
Grenzübergänge haben von 8–16 h
geöffnet.

☞ Planungsvorschläge

Einzelstrecken	km	Tage
Aliwal North – Moyeni – Maseru	310	1–2
Maseru u. nähere Umgebung	150	1–2
Maseru – Blue Mountain-Pass – Maseru	150	1
Maseru – Semonkong – Maseru	240	2 (1 Tag Aufenthalt)
Maseru – Butha-Buthe – Oxbow – Butha-Buthe	310	2–3 (1 Tag Bethlehem Aufenthalt)
gesamt	**1.160**	**7–10**

Geschichte und Politik

Die ersten Bewohner des „Daches Afrikas" waren die **San**, die wohl um ca. 3500 v. Chr. das Gebiet östlich des Caledon besiedelten. Sie lebten weit über das Hochland verteilt und ernährten sich von der Jagd und dem Sammeln von wild wachsenden Früchten. Als im 17. Jh. mit der Bantuwanderung von Norden her immer mehr Ackerbau und Viehzucht betreibende Stämme in das Land eindrangen und sich besonders im Caledon-Tal niederließen, wurden die San immer weiter nach Westen gedrängt. Heute erzählen nur noch unzählige Felsmalereien von ihrer ehemaligen Anwesenheit. In der Sprache der Sotho finden sich aber auch heute noch Reste der Khoisan-Sprache, was auf eine Zeit gemeinsamer Besiedlung hinweist.

Die ersten **Ngunistämme** waren die Phetla, die Polane und die Phuti. Ihnen folgten später die Fokeng, die Taung und die Bakwena. Aufgrund des eintretenden Landman-

gels im Caledon-Tal kam es immer wieder zu Streitigkeiten zwischen den einzelnen Stämmen.

Zu Beginn des 19. Jh. versuchte der Zulu-Führer *Chaka*, sein Reich von Kwa-Zulu/Natal aus bis ins Hochland von Lesotho auszuweiten. Es folgten erbitterte **Kämpfe**, die dank *Moshoeshoes* (des Großen), Führer der Bakwena („Volk der Krokodile"), zugunsten der Sotho ausgingen. Ihm gelang es, alle rivalisierenden Stämme der Sotho zu vereinigen und eine schlagkräftige Armee aufzustellen. 1831 wurde *Moshoeshoe I* zum Führer aller Sotho ernannt. Innenpolitisch stabilisierte er die Lage, indem er soziale Institutionen einrichtete (Stammesräte = „Pitsos", Rat der Chiefs

Uralte Sanzeichnungen

und einen Gerichtshof). Die gemeinsamen Pitsos entwickelten sich später zum Parlament. Außenpolitisch stand *Moshoeshoe* ein französischer Missionar namens *Eugen Casalis* zur Seite.

Kämpfe zwischen Zulu und Sotho

Andauernde Grenzkonflikte mit den Buren des Free State zwangen *Moshoeshoe* dazu, die Briten um Schutz zu bitten. Diese waren aber aus finanziellen Erwägungen nicht sehr geneigt, dieser Bitte nachzukommen. Trotzdem wurde 1843 ein Schutzbrief mit dem Gouverneur der Kapkolonie (*G. Napier*) unterzeichnet, durch den die britische Seite aber nur geringfügige Zugeständnisse machte. 1854 wurde dieser Vertrag noch durch einige Zusätze bekräftigt, aber 1859 von britischer Seite wieder rückgängig gemacht. Die Kapkolonie wollte ihr Verhältnis zu den Buren nicht zu sehr strapazieren. Die Buren wiederum bekräftigten ihr Interesse am Caledon-Tal, was schließlich 1864 zum „Westgrenzkonflikt" führte. Während dieses Krieges wurden *Moshoeshoe* und seine Krieger bis auf die Anhöhen von Thaba Bosiu zurückgedrängt. Im **Vertrag von Thaba Bosiu** mussten die Sotho dann große Teile westlich des Caledon-Tales an den Free State abtreten. Ihrer Kornkammer entledigt, griffen die Sotho 1867 wieder zu den Waffen. Als eine erneute Niederlage drohte, bat *Moshoeshoe* die Briten wieder um Hilfe. Aus Furcht vor einer allzu großen Ausdehnung der Burenrepublik wurde Basotholand zu einem britischen Protektorat erklärt. Dies ließ die Buren noch einmal zu Felde ziehen. Daraufhin wurde in Aliwal North ein Vertrag unterschrieben, der genaue Grenzlinien festsetzte und zwar im Westen entlang des Caledon. Während die Sothoführung diesem Vertrag zustimmte, machte sich Unmut bei den um ihr Land betrogenen Häuptlingen breit.

Permanenter Konflikt und britisches Protektorat

1871, ein Jahr nach dem Tod von *Moshoeshoe I.*, wurde das Basotholand der **Kapkolonie angegliedert**. Neuer König war *Letsie I.* Doch erhielten die Chiefs keine Sitze im Parlament von Kapstadt. Aufstände waren die Folge und es kam zum „Gun War". Dieser Name entstammt der Tatsache, dass die Sotho mit der Angliederung an die Kapprovinz ihre Waffen abgeben mussten. 1882 übernahm nun die Regierung in London die direkte Verwaltung des Basotholandes, der Krieg wurde 1883 beendet. 1884 wurde das Gebiet schließlich zur britischen Kronkolonie erklärt. Eine Aufnahme in die Union von Südafrika lehnten die Sotho aber kategorisch ab. Zu schlecht waren ihre Erfahrungen in den letzten Jahrzehnten gewesen.

Verwaltungsreform

Mit dem „National Council" wurde im Jahre 1903 eine Versammlung gegründet, die der Kolonialverwaltung mit Rat zur Seite stehen und innenpolitische Probleme debattieren sollte. Eine zweigleisige Staatsführung nach bekanntem britischen Muster („Self-Ruling System") war geboren. Als aber die Chiefs ihre Rolle immer mehr auslebten und sich mehr um das eigene Wohlbefinden sorgten als um das ihrer Untertanen, wurde eine Kommission aus London beauftragt, diese Missstände zu untersuchen. Der daraus resultierende **Pim-Report** (1934) veranlasste London zu einer drastischen Verwaltungsreform, die besonders die Machtbefugnisse der Chiefs beschnitt. U. a. wurde die Zahl der Gerichtshöfe von 1.340 auf 122 verringert (später sogar auf 107).

Nach dem 2. Weltkrieg begann langsam die Entwicklung zur Unabhängigkeit. Der „National Council" erhielt mehr Machtbefugnisse. Die „Gesetze der Lerothodi" erweiterten wiederum den Einfluss der Chiefs (bes. Gerichtsbarkeit), jedem Bürger wurde ein fairer Prozess zugesichert.

1960 schließlich, ein Jahr nach der Unterzeichnung der ersten Kolonialverfassung, wurden die ersten allgemeinen Wahlen abgehalten. Stärkste Partei wurde die BCP (*Basotholand Congress Party*, vergleichbar mit dem ANC in Südafrika) vor der BNP (*Basotholand National Party*) unter der Führung von Chief *Jonathan*. Völlige **innere Selbstverwaltung** erhielt das Land nach den Wahlen 1965. Stärkste Partei wurde diesmal die BNP. Im gewählten Parlament saßen von nun an 60 Abgeordnete, im Senat 33 Chiefs.

Abhängigkeit von Südafrika

Am 4. Oktober 1966 wurde Basotholand als Lesotho in die **Unabhängigkeit** entlassen. Als Staatsform wurde die konstitutionelle Monarchie gewählt. Das Land ist Mitglied im Commonwealth. *Moshoeshoe II*, ein Nachkomme von *Moshoeshoe I*, wurde zum König ernannt, *Lebua Jonathan* (BNP) zum Premierminister. Die Politik des neuen Staates war von da an stets überschattet von der **Abhängigkeit zu Südafrika**. Die Regierung musste Pretoria gegenüber immer einen gemäßigten Kurs steuern und konnte sich nur verhalten zum Thema Apartheid äußern. Als *Jonathans* Ansehen vor den Wahlen 1970 zu sinken drohte, setzte er die Verfassung außer Kraft („Fünf Jahre Ferien von der Politik"), schickte den König für acht Monate ins Exil und verbot die Oppositionsparteien.

1973 wurde wieder eine Interims-Nationalversammlung einberufen, an der auch oppositionelle Parteien teilhaben durften. Diese wurde aber von der Basis dieser Parteien boykottiert, und *Ntsu Mokhele*, Führer der größten Oppositionspartei (BCP), rief eine Exilregierung aus. In den Folgejahren kam es immer wieder zu innenpolitischen Unruhen und später dann zur Übernahme der Macht durch das Militär. Das Parlament wurde 1986 bei einem Putsch aufgelöst. Exekutiv- und Legislativrechte unterstehen seitdem dem König. *Moshoeshoe II* wurde 1990 zum Rücktritt gezwungen und ins Exil geschickt. Nachfolger wurde sein Sohn *Latsie III*.

In einigen politischen Kreisen Lesothos macht sich inzwischen **Unmut über die traditionellen Herrschaftsstrukturen** breit. Es wird besonders kritisiert, dass es den armen Staat sehr teuer kommt, Chiefs und Königshaus zu finanzieren. Die Diskussion begann laut zu werden, als Ex-König *Moshoeshoe II* aus dem Exil zurückkehrte und 1995, fünf Jahre nach seinem Abtritt, erneut König wurde. Im Januar 1996 kam er jedoch bei einem tragischen Autounfall ums Leben und sein Sohn wurde wieder zum König ernannt. Daraufhin kam es zu einem Bruch in der BCP und es bildeten sich zwei Lager: die Unterstützer und die Gegner *Ntsu Mokhehles* als Premierminister. *Mokhehle* gründete die Partei LCD *(Lesotho Congress for Democracy)*, die 1998 die Wahlen gewann, und blieb an der Macht. Seit dem 29. Mai 1998 ist Bethuel Pakalitha Masisili Premierminister (LCD). *Erosionsprozess der Monarchie*

Doch die Spannungen zwischen Regierung, Militär und Bevölkerung wuchsen. Als die Regierung fürchtete, die Kontrolle zu verlieren, bat sie schließlich die Nachbarstaaten – insbesondere Südafrika – zu intervenieren. Nach einigen Jahren, die von Chaos und Unruhen geprägt waren, wurden im Mai 2002 neue Wahlen abgehalten, die die LCD mit einer Mehrheit von 54 % gewann. Auch im März 2007 konnte die LCD die absolute Mehrheit gewinnen. Noch sind die traditionellen Einflüsse zu stark, als dass die Monarchie abgeschafft werden könnte. Heute ist der König Symbol für die nationale Einheit und besitzt weder legislative noch exekutive Macht.

Geografie

Lesotho ist mit 30.355 km² eines der kleinsten Länder Afrikas und damit nur knapp so groß wie Nordrhein-Westfalen. Es bildet eine Enklave im Staatsgebiet der Republik Südafrika und ist umgeben vom Free State, Eastern Cape und KwaZulu/Natal. Das Land erhebt sich als **mächtiges Hochplateau** über das südafrikanische Hochland. Die höchsten Erhebungen finden sich in den parallel zum Indischen Ozean verlaufenden Drakensbergen im Norden und Osten. Der höchste Berg ist der Thabana Ntlenyana, der mit

Schneebedeckte Berge

3.482 m auch der höchste Berg im südlichen Afrika ist. Weiter im Westen durchziehen die Maloti Mountains und die Central Range das Land von Nord nach Süd. Während die östlichen Hochflächen über 2.000 m hoch liegen, ist das Highveld im Westen nur zwischen 1.000 und 1.500 m hoch, mit wenigen Ausnahmen bis zu 2.100 m. In diesem Hügelland und am Caledon-Fluss liegt auch das Hauptsiedlungsgebiet mit Ackerbau und Großviehhaltung.

Lesotho bildet auch das **Quellland** der beiden großen Flüsse Oranje (hier Senqu genannt) und Caledon. Der Oranje hat bis zu 800 m tiefe Canyons in das Basaltgestein geschnitten. An den Abbruchkanten finden sich unzählige Wasserfälle. Die bekanntesten sind die Qiloane-, die Ribaneng- und schließlich die Maletsunyane-Fälle, die mit einer Fallhöhe von 192 m die höchsten im Südlichen Afrika sind. Sandsteinplateaus bilden den Übergang zum Highveld. Aufgrund dieses weichen Gesteines und der Überbesiedlung im Westen leidet das Land unter starker Bodenerosion.

Starke Bodenerosion

Die **Vegetation** wird in den Hochlagen aus Bergweiden und in den tieferen Gebieten aus Grasflächen gebildet. Bäume und Sträucher finden sich nur in geschützten Tälern. Hierbei handelt es sich häufig um Ölbäume, Aloearten und wilden Knoblauch. Beeindruckend ist die Blüte der Pfirsich- und Aprikosenbäume im September. Sie stehen hauptsächlich in den Gärten der Sotho oder vereinzelt auf den Feldern. Die rosarote Blüte gibt der Landschaft während der Trockenzeit einen besonders schönen Kontrast. Um Weihnachten herum erblühen die ebenfalls rosaroten Kosmospflanzen.

Klima

Das Klima von Lesotho kann, dank seiner Höhenlage, als gemäßigt warm bezeichnet werden. Mit zunehmender Höhe schwanken die Jahrestemperaturen immer stärker. Im Highveld liegen die Temperaturen im Juli bei 8 °C und im Januar um bis zu 30 °C, während die Werte in den Hochlagen des Nordens und Ostens bei -12 °C bzw. +16 °C liegen. Fröste sind in allen Gebieten im Winter möglich.

Klimadaten			
Station	Niederschlag	Temperaturen (Monatsmittel)	
		Januar	Juli
Maseru	674 mm	21,1 °C	7,7 °C
Mohale's Hoek	723 mm	20,8 °C	8,0 °C
Mokothlong	575 mm	16,6 °C	4,8 °C

Niederschläge fallen überwiegend im Sommer und sind kurz und heftig. In den höchsten Gebirgslagen ist das ganze Jahr hindurch Schneefall möglich.

Bevölkerungsverteilung

Etwa 70 % der Bevölkerung siedeln in den westlichen Landesteilen, besonders im Caledon-Tal. Hier beträgt die Bevölkerungsdichte bis zu 100 E/km². Bezogen auf die Agrarfläche liegen die Werte bereits bei 500 E/km², in einigen Gebieten sogar bei 1.000 E/km²

(Butha-Buthe). In der östlichen Gebirgsregion liegt die Bevölkerungsdichte mit 20–40 E/km² zwar wesentlich niedriger, doch die ungünstigen natürlichen Bedingungen und die Konzentration auf wenige Gunsträume (z. B. Qacha's Nek: 752 E/km²) lassen einen extremen Bevölkerungsdruck erkennen. Der Anteil der Stadtbevölkerung an der Gesamtbevölkerung ist mit 20 % sehr niedrig. Doch drängen auch hier immer mehr Menschen in die Hauptstadt.

Zurückgehende Bevölkerungszahlen

Das jährliche Bevölkerungswachstum beträgt zurzeit etwa 0,1 % und hat damit in den letzten Jahren stetig abgenommen. Dies ist besonders auf die Auswirkungen von HIV/AIDS zurückzuführen. Die Quote der HIV-Infizierten liegt derzeit bei rund 30 %, bis 2015 steigt sie vermutlich auf über 40 %.

Landwirtschaft

Lesotho gehört zu den Ländern mit einem **niedrigen Pro-Kopf-Einkommen** und ist in erster Linie ein **agrarisch geprägter Staat**. Über 60 % der ortsansässigen Bevölkerung ist von der Landwirtschaft abhängig. Dennoch trägt die Landwirtschaft nur einen Anteil von 18 % zum Bruttosozialprodukt (BSP) bei, denn die meisten Bauern wirtschaften auf ihren Feldern und Weiden auf Subsistenzbasis (Selbstversorgung). Viele Familien betreiben sowohl Viehzucht als auch Ackerbau, was Bodenerosion zur Folge hat.

Agrarstaat

Hauptanbauprodukt ist Mais, gefolgt von Sorghum und Weizen. Die Nahrungsmittelproduktion hängt stark von äußeren Einflüssen ab. Dürre, Hagelschlag und andere Klimafaktoren machen kontinuierliche Erträge fast unmöglich. Weitere Anbauprodukte sind Erbsen, Bohnen, Kartoffeln und Spargel. Für den Export wird in den letzten Jahren die Aufzucht von Schnittblumen und Erdbeeren vorangetrieben. Der Anbau von Reis, der auf einem chinesischen Landbauprojekt versucht wurde, erwies sich mangels Regen als Fehlschlag.

Hirte mit einem Lamm

Viehzucht: In den tieferen Lagen überwiegt die Rinderhaltung, die jedoch recht unproduktiv ist. Das Prestige und die Schaffung von Eigenkapital (z. B. als Brautpreis) stehen für die meisten Familien dabei im Vordergrund. Der Grad der Überweidung wird von Experten mittlerweile auf 300 % geschätzt! Dies verwundert nicht, da etwa 70 % der Bevölkerung über einen eigenen Viehbestand verfügen. Weiterhin werden in den Bergregionen Schafe und Ziegen gehalten. Besonders die Angoraziegen sind hierbei von wirtschaftlicher Bedeutung. Sie liefern die begehrte Mohairwolle. Lesotho gehört zu den führenden Produzenten dieser Wolle auf dem Weltmarkt. Ferner ist auch Schafwolle für den Export von Bedeutung.

Fischfang: Obwohl die Flüsse sehr fischreich sind (Forellen und Karpfen), hat der Fischfang nur lokale Bedeutung. Es wird aber mit dem Aufbau von Zuchtanlagen begonnen, die dann auch die Städte beliefern sollen.

Wirtschaft

Wasser-projekt

Der Aufbau des **Industriesektors** steckt noch in den Kinderschuhen. Doch ist der Anteil der industriellen Wertschöpfung am BIP von 1,9 % im Jahre 1971 auf rund 40 % gestiegen. Besonders das Baugewerbe erhielt einen Auftrieb, u. a. bedingt durch den Baubeginn des **Lesotho-Highlands-Water-Projekts**. Die Regierung bemüht sich besonders um Investoren aus Südafrika. Sie wirbt dabei mit günstigen Standorten und Krediten und mit dem niedrigen Lohnniveau. Hinderlich sind hierbei aber der kleine Binnenmarkt und die teuren Transportkosten beim Export. Sowohl die Binnenlage mit relativ weiten Wegen zu den Seehäfen als auch die Abhängigkeit von den südafrikanischen Transportunternehmen bilden hier die Hauptprobleme. Besonders die südafrikanische Eisenbahngesellschaft mit ihrer Orientierung auf Schwertransporte bietet keine attraktiven Transportpreise für die Fertigwaren aus Lesotho. Erschwerend kommt noch hinzu, dass das rohstoffarme Land erst einmal die nötigen Rohstoffe ins Land bringen muss.

Neben elektrotechnischen Erzeugnissen und Maschinen ist die Textilindustrie immer noch der Leistungsträger der industriellen Produktion. Übertroffen werden diese Posten nur noch durch die Nahrungsmittelproduktion. Mit den gezielten **Wiederaufforstungsmaßnahmen** gewinnt auch die Möbelindustrie immer mehr an Bedeutung. Ferner gibt es eine kleine Eisen- und Stahlindustrie und mehrere Druckereien.

Lesotho gehört der Zollunion mit Südafrika an (neben Botswana, Namibia und Swasiland), wodurch Im- und Exportzölle in diese Länder entfallen.

Wanderarbeiter

Einen entscheidenden Wirtschaftsfaktor für Lesotho machten die Wanderarbeiter aus. Etwa 60 % der männlichen Erwerbspersonen arbeiteten in Südafrika, vornehmlich in den Minen. Sie erwirtschafteten ca. 35 % des Bruttosozialproduktes von Lesotho. Damit wird die starke Abhängigkeit von dem großen Nachbarn deutlich. Um die Gehälter dieser Arbeiter zu einem großen Teil ins eigene Land zu holen, überwiesen die Minengesellschaften 60 % der Löhne direkt an die Lesotho National Bank, die diese erst nach Ablauf des Arbeitskontraktes auszahlte.
Mit der Schließung vieler Minen in Südafrika zu Beginn der 2000er-Jahre mussten Zehntausende Basothos zurück in ihr Land und die Arbeitslosenrate stieg immens. Kirchen

und andere soziale Einrichtungen versuchen, diese Männer in eigenen Projekten unter- *Hohe*
zubringen. Dennoch liegt die Arbeitslosenrate immer noch bei rund 45 %. *Arbeits-*
losigkeit

Natürliche Ressourcen

Lesotho verfügt über keine nennenswerten Bodenschätze. Von Bedeutung war ehemals
nur eine Diamantenmine bei Letsengla-Terai im nördlichen Hochland. Wegen Unrenta-
bilität (2,8 Karat auf 100 t Gestein) wurde die Förderung 1982 nach nur fünf Jahren wieder eingestellt. Heute verdienen sich einige Basothos noch ein Zubrot, indem sie versuchen, Diamanten in kleineren Mengen abzubauen. Der Staat kauft ihnen diese dann ab. *Wasser als*
Von weitaus größerer Bedeutung ist aber **Lesothos Wasserreservoir**. Schätzungen *wirtschaft-*
zufolge geht man von einem täglichen Wasserabfluss von 7.280 Mio. Litern aus. Diese *licher*
Wasserkapazität lässt sich zur Bewässerung, für Kraftwerke und zum Verkauf an Süd- *Faktor*
afrika nutzen.

Oxbow River

Bildungswesen

Das Bildungswesen ist im Vergleich zu anderen Ländern Schwarzafrikas sehr gut. Eine
Analphabetenquote von nur 19 % gilt als eine der niedrigsten auf dem Kontinent.
Dieses ist zum großen Teil auf die Tätigkeit der christlichen Religionsgemeinschaften
zurückzuführen, die Träger von 97 % der Grundschulen sind. Bis vor wenigen Jahren war
der Schulbesuch sogar kostenlos und auch heute sind die Schulgebühren niedriger als
in den umliegenden Staaten. Daher kommen sogar Schüler aus Südafrika nach Lesotho.
Die allgemeine Schulpflicht beträgt sieben Jahre. Anschließend kann ein 5-jähriger Besuch einer Mittelschule angehängt werden (Sekundarstufe). Leider finden sich auch in
Lesotho Tendenzen, die Kinder eher als Viehhirten einzusetzen, als sie in die Schule zu
schicken, sodass häufig 10-Jährige in der ersten Grundschulklasse zu finden sind.

Neben berufs- und lehrerbildenden Anstalten verfügt Lesotho auch über eine Universität in Roma (34 km westlich von Maseru) mit etwa 3.000 Studenten. Diese Univer-

sität entstand aus einem katholischen Kolleg, welches französische Missionare bereits 1945 in Roma gegründet hatten. 1964 wurde dieses Kolleg in die „University of Lesotho, Botswana and Swasiland" umgewandelt. 1975 wurde sie zur unabhängigen „University of Lesotho".

Die Sprache der Sotho ist auch heute noch stark von den Akzenten der Khoisan- (= San-) Sprache geprägt. Auffälligstes Merkmal ist der Klicklaut, der besonders in vielen Ortsnamen vorkommt (der Buchstabe „Q" wird geklickt).

Gesundheitswesen

Am Stand der westlichen Schulmedizin gemessen, ist das Gesundheitswesen relativ rückständig. In vielen Gebieten gibt es nicht einmal Erste-Hilfe-Stationen und der Besuch von Krankenhäusern ist relativ teuer. Interessant ist aber die Tatsache, dass selbst die *Traditionelle Heiler* Krankenhäuser mit traditionellen Heilern zusammenarbeiten, die in Lesotho noch eine große Bedeutung haben. Viele Basothos vertrauen ihren Heilkünsten mehr als der „modernen" Medizin. Es gibt zwei Arten von Heilern, zum einen die „Papostolas", welche nur mit Asche und einfachen Wasserbädern kurieren, und zum anderen die „Matuelas" (auch: „Sangomas"), die mit Heilkräutern arbeiten und z. T. spirituelle Sitzungen abhalten. Beide müssen sich, bevor sie sich niederlassen, einem staatlichen Test unterziehen. Ausgebildet werden sie aber von erfahrenen Heilern.

Reisepraktische Informationen Lesotho

Vorwahl von Südafrika aus: *09266,* **Vorwahl international:** *00266*

i **Information**
Lesotho Tourism Development Corporation, *Ecke Linare und Parliament Road, P.O. Box 1378, Maseru 100,* ☎ *2231-2238,* 🖷 *2231-0189, www.ltdc.org.ls*
Botschaft des Königreichs Lesotho, *Kurfürstenstr. 84, 10787 Berlin,* ☎ *030-2575720,* 🖷 *030-25757222, embleso@yahoo.com.*
Auf der Website **www.lesotho.gov.ls** *finden sich zahlreiche Informationen über Lesotho.*

☞ **Wichtige Telefonnummern und Adressen**
Mobiltelefon, *Vodacom Lesotho, www.vodacom.co.ls*
Faxanschlüsse *stehen in einigen Hotels zur Verfügung.*
Internet/E-Mail: *Es gibt nur wenige Internet-Cafés in Maseru, bitte im Hotel nachfragen.*
Feuerwehr: *122*
Polizei: *123 oder 124*
Krankenhäuser und Ambulanz: *121, Leribe 2240-0305, Maseru Private Hospital, Thetsane Ind Area, Maseru* ☎*2231-3260. Das größte Krankenhaus des Landes ist das Queen Elizabeth Hospital in Maseru, Kingsway,* ☎ *2231-2501.*

🧳 **Anreise**
Bus- und Flugverbindungen existieren von Johannesburg nach Maseru und zurück. Über Bloemfontein (Anflug durch SAA) kann Maseru ebenso erreicht werden. Bloemfontein ist ebenfalls der Verzweigungspunkt für Reisende aus Kapstadt oder aus der Nelson-Mandela-Metro-

pole. Ein weiterer Grenzübergang im Nordwesten liegt bei Ficksburg, im Südwesten bei Mafeteng und im Süden bei Matatiele/Qacha's Nek. Der Weg im Osten über den Sani Pass ist für Allradfahrzeuge passierbar oder mit Taxibussen. Ebenso kann Lesotho von der ehem. Transkei aus auf dem Landwege gut erreicht werden.

Botschaften und Honorarkonsulate
Deutschland: Honorarkonsul, 70 C Maluti Rd., Maseru, ☎ 2233-2292, 🖨 2233-4198
Schweiz: Botschaft in Pretoria, 225 Veale Str., Parc Nouveau, New Muckleneuk 0181, ☎ 012-452-0660, 🖨 012-346-6605, pre.vertretung@eda.admin.chi

Visum
Touristen aller Länder, die weniger als drei Monate im Land bleiben wollen, benötigen kein Visum. Achtung: Vor Reiseantritt nochmals nachfragen!
Folgende Unterlagen sind bei Einreise notwendig: Reisepass (noch mindestens sechs Monate gültig), Nachweis über Mittel zur Bestreitung der Aufenthaltskosten, Rückflugticket.

Gesundheit
Es bestehen keine Impfvorschriften, aber folgende Impfungen werden vom Auswärtigen Amt empfohlen: Tetanus, Diphtherie, Polio und Hepatitis A, evtl. Typhus, Hepatitis B und Tollwut. Malariaprophylaxe ist nicht notwendig. Eine gut ausgestattete Reiseapotheke ist wichtig. Wie in Südafrika ist auch in Lesotho die HIV-Infektionsrate sehr hoch.

Währung
Die Währungseinheit ist der Loti (1 Loti = 100 Lisente); Plural: Maloti („Berg"). Zur Zeit entsprechen rund 11,64 Maloti 1 (Stand: November 2009). Der Rand gilt in Lesotho auch als legales Zahlungsmittel, wobei die Münzen nicht immer akzeptiert werden.
In Südafrika erweist es sich als schwierig, mit Maloti-Scheinen zu bezahlen. Versuchen Sie daher, diese vor der Ausreise auszugeben bzw. wieder umzutauschen.

Stromstärke
220 V/50 Hz

Gesetzliche Feiertage
1. Januar - Neujahr
11. März - Moshoeshoe's-Tag
Karfreitag
Ostermontag
Himmelfahrt
1. Mai - Tag der Arbeit

25. Mai - Africa/Heroe's Day
17. Juli - Geburtstag des Königs
4. Oktober - Unabhängigkeitstag
25. u. 26.12. - Erster und zweiter
    Weihnachtsfeiertag

Tankstellen
Mittlerweile gibt es entlang der Asphaltstraßen genügend Tankstellen und in den größeren Ortschaften auch welche, die 24 Stunden geöffnet sind. Wer ins Landesinnere oder in den Ostteil des Landes fährt, sollte sich aber sicherheitshalber einen Reservekanister mitnehmen, da hier das Tankstellennetz sehr dünn ist und diese Tankstellen auch manchmal kein Benzin mehr haben.

Banken
In Maseru können Sie Geld und Reisechecks bei folgenden Banken umtauschen: **Development Bank**, **Standard Bank** *und* **Nedbank**. *Öffnungszeiten: Mo–Fr 8.30–15.30h, Sa 8.30–11.30h.*

Post
Öffnungszeiten: Mo–Fr 8–16.30h, Sa 8–12h

Telefonieren
Lesotho ist zzt. noch nicht mit einem modernen Telefonsystem ausgerüstet. Daher sind abgelegene Gebiete, wie z. B. Mokhotlong und Qacha's Nek, noch nicht direkt anzuwählen. Hier gibt es verschiedene Möglichkeiten, diese anzurufen oder von hier zu telefonieren. Erkundigen Sie sich am besten vor Ort über das System. Nach der Vorwahl von Lesotho folgt der Hausanschluss, wobei die Nummern durch Voranstellen der „22" 8-stellig werden. Mobiltelefone sind weit verbreitet.

Sightseeing-Touren
Lesotho Tourism Development Corporation *(Adresse s. o.) bietet eine Reihe von Touren an. Die Palette reicht von halbtägigen Stadtrundfahrten in Maseru bis hin zu 10-tägigen Tourpaketen, bei denen man das ganze Land kennenlernt (inkl. Pferdeausritte zu den Wasserfällen).*

Busverbindungen von Maseru
Inlandbusse in die nähere Umgebung fahren vom Busterminal auf dem Pits Ground (Market Street, in der Nähe der Main North 1 Str.) ab. Überlandbusse fahren ab dem Bushalteplatz an der Main South 1, etwa 600 m vom Kreisel entfernt. Tickets löst man beim Fahrer. Viele Kleinbusse in die Umgebung fahren auch entlang des Kingsway und nehmen winkende Fahrgäste auf. Ein offizieller Busservice zum Flughafen existiert nicht, aber die Hotelbusse fahren ihre Gäste zum Flughafen.

Eisenbahnverbindungen
Es gibt keine Passagierzüge mehr, da die meisten Reisenden ohnehin mit den schnelleren Bussen gefahren werden.

Flugverbindungen von Maseru
South African Air Link, ☎ 2235-0418, www.saairlink.co.za, *fliegt täglich von Johannesburg zum Moshoeshoe Airport.*
Mission Aviation Fellowship, ☎ 2231-3640. *Diese Gesellschaft macht Rundflüge bzw. bringt Touristengruppen zu abgelegenen Gebieten des Landes. Landepisten gibt es in den meisten Ortschaften des Landes. Frühzeitig erkundigen!*

Mietwagen
Avis, *Moshoeshoe International Airport, Maseru,* ☎ 2235-0328, 🖨 2235-0011.

Unterkunft
Die Hotels und Lodges in Lesotho entsprechen nicht immer den gewohnten Ansprüchen und sind häufig nur eine bessere Bar. Die Hotelpreise sind etwas höher als in Südafrika und die Preise der weniger guten Hotels sind immer noch relativ hoch. Die Jugendherbergen

sind sehr einfach. Häufig bieten kirchliche oder Entwicklungshilfeorganisationen günstigen Unterschlupf. Alternativen zu den Hotels in Maseru bietet die kleine Stadt Ladybrand auf südafrikanischer Seite (20 km von Maseru), wo es neben einfachen, aber sauberen Hotels auch einen schönen Caravanpark gibt, der auch Selbstversorgungs-Chalets hat. Low Budget-Reisende und Camper seien daher vor einem Aufenthalt in Maseru gewarnt und sie sollten genügend Zeit mitbringen, um von Maseru aus die o. g. Alternativen aufsuchen zu können.

Wer überhaupt keine Unterkunft finden sollte oder einmal in freier Natur übernachten möchte, dem ist dieses gesetzlich gestattet, nur sollte man möglichst dem Chief des nächstgelegenen Dorfes Bescheid sagen, zum einen aus Höflichkeit, aber auch zur eigenen Sicherheit.

Straßen
Viele Straßen sind keine Allwetterstraßen und man sollte sich vor Ort über den Straßenzustand und die Wetterverhältnisse (im Winter sind einige Strecken zugeschneit!) erkundigen. Der Osten des Landes ist nicht für herkömmliche Pkw geeignet. Auch die Asphaltstraßen sind mit Vorsicht zu befahren, da sie sehr kurvenreich sind und viel Vieh frei herumläuft. An Geschwindigkeitsbegrenzungen hält sich selbst in den Ortschaften kaum jemand. Die Straße nach Marakabei ist sehr schmal und geht über mehrere Pässe. Da sie häufig an steilen Abhängen entlangführt und nicht immer mit Planken gesichert ist, sollte man diese Strecke nur selbst fahren, wenn man einigermaßen schwindelfrei ist und das Fahrzeug beherrscht. Besonders schnell fahrende Busse und Lkw zwingen einen des Öfteren an den äußersten Fahrbahnrand. Auf den Hauptverkehrsstraßen (mit A und einer Zahl gekennzeichnet) kommt man gut voran. Sobald Pisten zu befahren sind, sollten nicht mehr als 30 km/h einkalkuliert werden.

Pony-Trekking
Man kann mehrtägige Pony-Trekking-Touren unternehmen. Die Ponys sind sehr friedlich und genügsam und gehorchen dem Führer aufs Wort, sodass selbst unerfahrene Reiter keine Probleme haben werden. Es gibt Pony-Touren im ganzen Land und sie bilden einen Höhepunkt des Aufenthaltes in Lesotho!
Es gibt zahlreiche Anbieter dieser beliebten Touren. Zu empfehlen sind besonders die Tourangebote der **Malealea-Lodge***, Kontakt s. S. 318.*

Kunsthandwerk
Teppichweberei: *Helang Basali, 35 km nördlich von Maseru, an der Straße nach Teya-Teyaneng, an der St. Agnes Mission, Private Bag X30 Teya-Teyaneng. Die Teppiche werden meist aus Mohairwolle hergestellt, seltener aus normaler Schafwolle. Neben klassischen afrikanischen Motiven kann man sich hier auch ein eigenes Motiv knüpfen lassen. Wenn Sie also ein bestimmtes Motiv wünschen, bringen Sie ein Foto davon mit.*
Grasflechterei: *Hierbei handelt es sich hauptsächlich um Hüte, Körbe und seltener Wandhängereien. Produkte dieser Art finden Sie bei Straßenhändlern und in der Basotho Hat.*

In allen Werkstätten kann man mit Kreditkarten bezahlen, und man schickt Ihnen auf Wunsch die ausgewählten Waren direkt nach Europa und übernimmt dabei auch alle Zollformalitäten in Lesotho.

Sehenswertes

Strecke Lady Grey – Mafeteng – Maseru

Diese Strecke führt Sie zuerst durch einen kleinen Teil der Eastern Cape Province. Nach der Einreise an der Tele Bridge-Grenzstation in Lesotho erreichen Sie bald Moyeni, das wegen seiner Poststation auch Quthing genannt wird. Hier gibt es die Möglichkeit, in Richtung Osten auf einer Teerstraße bis Mphaki weiterzufahren und von dort bis Qacha's Nek (nur mit einem Geländewagen empfehlenswert). Sehenswert ist besonders die in Mphaki nach rechts abzweigende Piste über den Maphooaneng-Pass und die Quthing-Mission zurück zur Hauptstraße nach Moyeni (auch nur mit Geländewagen ratsam). Sie gilt als eine der **schönsten Strecken im Land**.

Landschaftlich reizvoll

Von Moyeni aus führt eine neu ausgebaute Teerstraße über Mohale's Hoek und Mafeteng nach Maseru. Viele Talregionen sind stark von der Erosion betroffen, doch kann man auch erste Tendenzen erkennen, dass kleine Terrassenfelder angelegt werden. Die auf den Karten eingezeichneten Dinosaurierspuren sind nicht markiert, nur Ortskundige können Sie dorthin führen. Wenn Sie solche Spuren interessieren, fragen Sie im Tourist Board in Maseru nach oder in den einzelnen Hotels und Lodges. Kurz hinter Mohale's Hoek bietet sich Ihnen noch die äußerst reizvolle Alternative, über die Piste B40 (schmal und rau, aber mit einem herkömmlichen Pkw zu befahren) nach Qaba und zur wunderschön gelegenen Malealea Lodge zu fahren. 30 km hinter der Lodge gelangt die Piste wieder an die Hauptstraße nach Maseru. Die Distanz von Moyeni nach Maseru beträgt auf direktem Weg etwa 180 km, der Umweg über Malealea 214 km.

 Streckenbeschreibung

Von Aliwal North auf der R58 kommend, biegen Sie 5 km vor Lady Grey nach links in Richtung Sterkspruit ein (R392). Nach 30 km erreichen Sie Sterkspruit und folgen der Asphaltstraße in Richtung Zastron. Nach weiteren 10 km kommen Sie zu der Abzweigung in Richtung Tele Bridge. Die nächsten 35 km sind Piste (leider etwas rau, aber befahrbar). An der Teerstraße angelangt, geht's nach rechts in Richtung Moyeni, das Sie nach 10 km erreichen. Sie müssen, um den Hauptort zu erreichen, aber erst an der auffälligen Kirche zur rechten Hand vorbei und durch die Schlucht durchfahren. Von Moyeni nach Maseru folgen Sie einfach der Teerstraße zurück, vorbei an der Abzweigung zur Tele Bridge, und müssen nur noch den Hinweisschildern nach Mohale's Hoek, Mafeteng und Maseru folgen. Für die Alternativstrecke biegen Sie 6 km hinter Mohale's Hoek auf die Piste B40 ein und folgen ihr bis 6 km hinter Qaba, von wo aus eine kleine Piste über den „Gate of Paradise Pass" bis nach Malealea führt (7 km auf dieser Piste). Von Malealea fahren Sie wieder zurück auf die Piste B40 und folgen ihr weiter bis zur Hauptstraße nach Maseru.

Moyeni

Moyeni hat etwa 15.000 Einwohner und ist die Hauptstadt des Distrikts Quthing. Der oft verwirrende Doppelname entstammt der Tatsache, dass die erste Poststation Quthing hieß, um die sich der heutige Ort entwickelt hat. Moyeni heißt bei den hier ansäs-

sigen Sephuti „Der Platz des Windes", da um den Berghang und entlang der nahe ge- *„Platz des*
legenen Schlucht immer ein starker Wind herrscht. 8 km von Moyeni entfernt, in Rich- *Windes"*
tung Maseru, liegt die Masitise-Mission, deren großer Kirchenbau hier etwas fehl am
Platz wirkt. Diese Mission wurde von *Rev. D. F. Ellenberger*, einem der bekanntesten und
verdientesten Missionare in Lesotho, gegründet. *Ellenberger* lebte in einem Haus unterhalb eines Felsüberhangs, das heute als „Cave House" bezeichnet wird.

Sonst gibt es hier nicht viel zu sehen und Moyeni sollte höchstens als Ausgangspunkt
für eine **Exkursion ins Senqutal** genutzt werden.

Mohale's Hoek

Auch dieser kleine Ort bietet selbst nicht viel, eignet sich aber gut für Touren in die
Umgebung. Attraktivste Ziele sind die Dinosaurierspuren und die Makhaleng-
Schlucht.

Unterkunft
Hotel Mount Maluti \$, *Hospital Rd., P.O. Box 10, Mohale's Hoek 800,* ☎ *2278-
5224, www.hotelmountmaluti.co.za, kleines, angenehmes Hotel, wohl das beste entlang der
Hauptstrecke. Hier erhalten Sie die Möglichkeit, Pony-Trekking-Touren zu buchen. Durch das
südliche Hochland kann man entlang einer Allrad-Strecke fahren. Pool sowie ein Zeltplatz sind
vorhanden. Gutes Restaurant (auch vegetarische Gerichte).*

Mafeteng

Mafeteng ist eine Industriestadt mit 57.000 Einwohnern. Auf dem Friedhof gibt es einen Obelisken, auf dem 116 Namen gefallener Soldaten der Kaptruppen eingraviert sind,

Musiker mit selbstgebauten Instrumenten

die im „Gun War" ihr Leben ließen. Dieser Ort ist ansonsten so trostlos, dass man sicherlich einen guten Eindruck erhält von den Lebensbedingungen der Basotho und dem Pioniergeist, der in diesen Gegenden noch immer gefragt ist.

Malealea Lodge

Beste Lodge des Landes

Diese Lodge kann man wohl als die beste im Land bezeichnen. Nicht gerade, weil sie luxuriös eingerichtet ist; die Zimmer sind klein und der Strom wird um 22h abgestellt. Aber die Atmosphäre ist herzlich, die Gemeinschaftsräume sind großzügig und nach nur kurzer Zeit hat man Kontakt zu anderen Gästen und verabredet sich zum abendlichen Braii und Lagerfeuer. Von hier aus lassen sich Ausritte zu den verschiedensten Zielen in den nahe gelegenen Bergen machen, z. B. zu den **Riboneng-Fällen,** man kann wandern oder sich einfach in den Garten setzen, entspannen und dabei über das **Makhaleng-Tal** auf die dahinter liegende Thaba-Putsua Range schauen.

Mike und Di Jones haben auch verschiedenste Routen ausgearbeitet, die jeder Art von Abenteuerlust entsprechen. Von hier aus können Sie auch über eine einfache Piste (mit einem normalen Pkw etwas schwierig zu befahren) nach Roma fahren, um von dort nach Maseru zu gelangen. Für diese Strecke, die entlang schöner Seitentäler des Makhaleng-Flusses führt, sollten Sie 4 Stunden einplanen.

 Unterkunft
Malealea Lodge, *P.O. Box 27974, Danhof, Bloemfontein 9310,* ☎ *082-552-4215,* 🖳 *0866-481-815, www.malealea.co.ls.*

Maseru

Maseru ist die Hauptstadt von Lesotho und damit auch die größte Stadt im Lande (218.000 E.). Sie liegt am Caledon River im westlichen Tiefland. Die Lage am Berghang mit Blick über das Flusstal veranlasste 1869 die britische Kolonialmacht unter Leitung ihres High Commissioners, Commandant *J. H. Bowler,* die Hauptstadt von Thaba Bosiu hierher zu verlegen. Es waren hauptsächlich Kaufleute, die sich zuerst hier niederließen. *Richard Trower* war der erste von ihnen. Er errichtete auch das erste feste Gebäude: Es war ein Krämerladen an der Stelle, wo heute das Lancer's Inn ist. Ein Polizeicamp und ein kleines Regierungsgebäude mit 3 Räumen waren die einzigen Staatsgebäude zu dieser Zeit.

Maseru wuchs langsam und hatte 1906 erst 1.000 Einwohner. 1966, am Tag der Unabhängigkeit, zählte es 14.000 Einwohner, zuzüglich etwa 6.000 Einwohner in den Randgemeinden. Es gab damals zwei befestigte Straßen im Stadtgebiet. Mittlerweile ist die Stadt stark gewachsen, fast alle Straßen sind geteert und ein Stadtbebauungsplan versucht, das Wachstum zu lenken – großenteils vergeblich.

Ausgangspunkt für Touren

Touristische Höhepunkte erwarten den Reisenden nicht. Man kann sich ein wenig mit der Geschichte vertraut machen und bei einem Rundgang durch die Stadt Überreste der **Pionierzeit** erkunden (Lancer's Inn, St. John's Church u. a.). In erster Linie aber ist

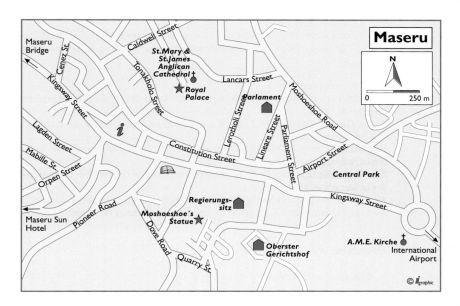

Maseru Ausgangspunkt für Touren ins Landesinnere und ein Aufenthalt von 1 bis maximal 2 Tagen genügt, um Stadt und Umland zu erkunden.

Reisepraktische Informationen Maseru

Unterkunft

Lancer's Inn $$, *Ecke Kingsway/Pioneer Rd., Private Bag A216, Maseru 100, ☎ 2231-2114, 🖷 2231-0223, ältestes Hotel, mitten im Zentrum, sauber, aber auch sehr belebt, britisches Ambiente – auch Chalets für Selbstversorger. Das Haus wurde kürzlich renoviert. Netter Biergarten, schöner Garten und Pool. Hier kann man sich wohlfühlen!*

Als Alternative kann man auch in der **Riverside Lodge** *gleich hinter der Maseru Bridge (südafr. Seite) übernachten oder im 20 km entfernten* **Ladybrand***.*

Für **Low Budget-Touristen** *bieten sich am besten die Unterkünfte der Kirchen (z. B.* **Anglican Training Center***, Assisi Rd.) oder einiger Entwicklungshilfeorganisationen (z. B.* **Danish Volunteers***, Danish Bldg., 22 Mabile Rd.) an. Diese bieten aber nur Unterkünfte an, wenn sie nicht vom eigenen Personal benötigt werden. Das Tourist Board gibt vor Ort aktuelle Auskünfte dazu. Ansonsten gibt es noch ein einfaches* **Youth Hostel** *in Tsotsane an der Straße zum Lancer's Gap (8 km vom City Center), ☎ 2231-2900.*

Lesotho Sun Hotel & Casino $$$$, *Hilton Rd., Private Bag A68, Maseru 100, ☎ 2224-3000, 🖷 2231-0104, www.suninternational.com, Luxushotel, kleine Zimmer, aber großes Buffet. Kleines Casino, Pool und Kino vorhanden, zentrale Lage.*

Maseru Sun $$$$, *Orpen Rd., Private Bag A84, Maseru 100, ☎ 2231-2434, 🖷 2231-0158, www.suninternational.com, luxuriöses Hotel, kleines Casino. Besser geeignet für Familien mit Kindern als Lesotho Sun.*

Caravanparks
Little Rock Holiday Resort, 25 km von Maseru, Leliehoek Str., Ladybrand, Südafrika, ☎ 051-924-0260, 🖨 051-924-0035, großer gepflegter Caravanpark, auch mit Selbstversorgungshütten.

Restaurants
Mimmos Restaurant, United Nations Rd., Maseru Club, ☎ 2232-4979, gutes italienisches Restaurant.
China Garden, Orpen Rd., ☎ 2231-3915, chinesische Küche. Die Atmosphäre ist nicht berauschend, langsamer Service.
Rendezvous, im Hotel Lancer's Inn, Kingsway, ☎ 2231-2114, stilvolle „koloniale" Atmosphäre, internationale Küche.
The Regal (Basotho Hat), ☎ 2231-3930, asiatisch angehauchte Küche, das beste Essen des Landes gibt es vermutlich hier!
Ansonsten bieten die **Sun Hotels** ein erstklassiges Buffet an, und im **Lesotho Sun** gibt es ein Steakhaus. Im **Victoria Hotel** ist ein einfaches, mediterranes Restaurant.

Umgebung von Maseru

• Matsieng und Morija

Wenn man Maseru in Richtung Mafeteng verlässt, erreicht man nach 20 km die Abzweigung nach **Matsieng**, dem **Königsdorf**. Hier lebt die Königsfamilie in einem Palast, der eher einem besseren Wohnhaus gleicht. Während des „Gun War" hat sich die Königsfamilie hier niedergelassen, da man von dem Berghang besser herannahende Feinde sichten konnte und das darunter liegende Tal relativ fruchtbar ist. Der erste König, der hier lebte, war *Latsie I*. Er bewohnte eine Rundhüttensiedlung, etwa 100 m oberhalb des heutigen Palastes. Diese besondere Stelle wählte er, weil hier von der Winderosion geformte Steine hervorragende Essplattformen boten. Sie sind leicht ausgehöhlt, sodass bei Meetings oder Gerichtssitzungen in den Steinen verschiedene Gerichte angeboten werden konnten. Jeder Stein hatte eine eigene Funktion, so gab es einen „Suppenstein", eine „Fleischplatte" und einen Stein für kleine Leckereien.

Königsdorf und afrikanische Erzählkunst

Ein besonderer Stein war der „Umbrella-Stone", wo sich *Latsie I* im Schatten niederlassen konnte, um zu meditieren oder seinen Untergebenen bei der Feldarbeit im Tal zuzusehen. Fragen Sie einen Chief im Dorf und für ein paar Rand erklärt er Ihnen die Geschichte dieses Dorfes in **afrikanischer Erzählkunst**. Allerdings ist das Dorf Sicherheitszone und das Fotografieren des Palastes ist strengstens verboten.

Morija, 8 km weiter entlang der Seitenstraße, ist der älteste Missionsstandort des Landes. Er wurde 1833 von Missionaren der Pariser Evangelischen Missionsgemeinschaft errichtet. Auch die Kirche stammt aus diesen ersten Jahren. Der bekannteste Missionar war *Eugene Casalis*, der *Moshoeshoe I* als Berater zur Seite stand.

Seit Beginn des 20. Jh. sammelten die Missionare Kulturgegenstände der Basotho und archäologische Funde, seit den 1950er-Jahren auch Schriftstücke. Aus dieser Sammlung entstand das **Morija Museum & Archives**, das einzige Museum des Landes. Es ist ein kleines Museum, aber es gibt doch einen guten Überblick über die Geschichte des Landes. Vor allem die Sammlung archäologischer Funde, wie Dinosaurierknochen u. Ä., ist recht interessant. Wer sich genauer mit der Geschichte des Landes auseinander setzen möchte und das Archiv benutzen will, benötigt dazu vorher die Genehmigung des Museumsleiters.

Morija Museum & Archives: *P.O. Box 12, Morijia 190, ☎/🖶 2236-0308, www.morijafest.com, das einzige Museum des Landes, geöffnet Mo–Sa 8–17h, So 12–17h, Eintritt: Erwachsene 6 Maloti, Kinder 3 Maloti.*

In Morija gibt es weiterhin das ökumenische Konferenzzentrum, **Mophato Oa Morija Conference Centre**, wo man in einfachen, aber sehr sauberen Rundhütten günstig übernachten kann. Fahren Sie nun noch 1 km weiter, gelangen Sie wieder auf die Hauptstraße, die Sie zurück nach Maseru führt.

Ein Hirte aus Morija

• Teya-Teyaneng

Teya-Teyaneng (oder „TY", wie die Basotho es nennen) ist eine kleine Stadt 45 km nördlich von Maseru mit etwa 75.000 Einwohnern. Der Name bedeutet „Schneller Sand" und entstammt der Tatsache, dass häufig Rinder im Lehm des nahe gelegenen Flusses versackten. Heute ist der Ort Handelszentrum des Berea-Distrikts, und ein Besuch lohnt nur dann, wenn man sich für Teppichknüpfereien interessiert. In und um TY gibt es fünf **Kooperativen**, die diesem Handwerk nachgehen, und eine Töpferei im nahe gelegenen Kolonyama. Alle sind ausgeschildert.

Von TY führt eine teilweise schwierig zu befahrende Piste über Mohathlane und Sefikeng zurück nach Maseru. An dieser Strecke befinden sich, nach etwa 22 km auf der linken Seite, einige „**Höhlenhäuser**", die Ende des 19. Jh. von zwei Familien erbaut worden sind. Auf der Flucht vor den einfallenden Buren und herumwandernden Kannibalen suchten sie hier Schutz. Um die heute unbewohnten Häuser zu besichtigen, muss man etwa 20 Minuten den Hang hinauflaufen. *Höhlenhäuser*

Kurz vor Maseru passieren Sie dann das **Lancer's Gap**, einen markanten Felseinschnitt, wo 1852 die Basotho die Lanzer unter General *Sir George Cathcart* besiegten. Von hier hat man eine schöne Aussicht über die Stadt.

🛏️ Unterkunft
Blue Mountain Inn $$, *P.O. Box 7, Teya-Teyaneng, ☎ 2250-0362, traditionelles Hotel, das aber sehr einfach ist und als Übernachtung nur eine Notlösung darstellt. Im Hotel gibt es ein Restaurant mit ganz passabler Küche. Camping möglich.*

Bergstrecke nach Marakabei bzw. Semonkong

Schwindel-
freiheit
gefordert

Diese Strecke führt Sie aus dem dicht besiedelten Tiefland hinauf bis in die südlichen Hochlagen der Maluti Mountains. Die Strecke nach Marakabei ist, bis auf die letzten 25 km, durchgehend geteert und auch diese letzten Kilometer sind gut unterhalten; die Strecke nach Semonkong ist hauptsächlich Piste. Die Straßen sind sehr schmal und nicht immer seitlich gesichert. Da sie auch über Pässe von über 2.600 m führt, sollten Sie sich über die Wetterbedingungen vorher informieren, besonders im Winter.

Es empfiehlt sich allemal, für die Strecke nach Marakabei zwei Tage einzuplanen und in einer der Lodges abzusteigen, besonders wenn Sie einen **Ponyausritt** unternehmen wollen. Für die Strecke nach Semonkong benötigen Sie 3–4 Tage. Die Gesamtdistanz der Strecke nach Marakabei, inklusive des Abstechers nach Thaba-Bosiu, beträgt von und nach Maseru 230 km. Wenn Sie nur zur Ponytrekkingstation, kurz hinter der Molimo Nthuse Lodge, fahren und dann umkehren, verringert sich die Gesamtdistanz auf 140 km. Hin und zurück nach Semonkong sind es 250 km.

Traditionen
und Riten

Entlang der Strecke wehen an einzelnen Hütten kleine Flaggen. Sie haben alle eine Bedeutung: Sterne oder Halbmonde weisen auf spirituelle Doktoren oder auch auf traditionelle „Kirchengebäude" hin. Eine weiße Baumwollflagge kündigt eine bevorstehende Hochzeit an. Bunte, meist dreifarbige, professioneller aussehende Fahnen bedeuten, dass sich hier die entsprechende politische Partei trifft. Seltener findet man eine Flagge mit der Aufschrift „Peace" oder „Prosperity", was den Wunsch des jeweiligen Hausbesitzers ausdrückt. Eine einfache Plastikfahne, meist schon zerrissen, ist der häufigste Wimpel und zeigt jedem an, dass sich hier eine Bar befindet.

Ein weiteres Phänomen sind die **Mochoros**, riedgedeckte Hütten, die oval angelegt sind und deren Dach sich zum Eingang hin vorwölbt. Dieses sind große Küchenhäuser, die

Eine Frau trägt Feuerholz

einem reicheren Familienclan gehören und in denen die Zweit- bzw. Drittfrauen des Clanältesten auch wohnen.

Seit 1994 ist die Rundstrecke Maseru – Marakabei – Katse-Dam – Leribe (Hlotse) – Maseru so weit ausgebaut, dass sie mit einem normalen Pkw befahrbar ist. Diese Strecke berührt alle Landschaftselemente Lesothos. 12 km hinter Maseru (noch im Vorortbereich), auf der Straße nach Mafeteng, biegt eine Asphaltstraße nach links ab in Richtung Roma und Thaba Bosiu. Folgen Sie dieser Straße einige Kilometer und achten Sie dann auf den Wegweiser nach **Thaba-Bosiu**. Biegen Sie dort ein, nach 10 km erreichen Sie diesen Ort.

Thaba-Bosiu

Thaba-Bosiu wurde von *Moshoeshoe I* 1824 als kleines Fort gegründet. Der Name bedeutet „Berg bei Nacht" und resultiert aus der Tatsache, dass *Moshoeshoe* ihn während der Nacht mit seiner 4.000 Mann starken Truppe besiedelte. Lange Jahre war dieser Platz Hauptstadt des Landes und weder angreifende Ndebele noch die Buren unter *Louw Wepener* konnten diese Festung einnehmen. *Wepener* fiel hier bei der Attacke. Während der Kriegshandlungen zogen sich die Basotho auf den Bergkamm zurück, von wo aus sie ihre Feinde leichter bekämpfen konnten. In Friedenszeiten wurde unterhalb des Berges gesiedelt. Viele Geschichten kursieren über diesen Platz, unter anderem auch die von den Kannibalen, die hier von *Moshoeshoe* friedlich davon überzeugt wurden, Rindfleisch anstatt Menschenfleisch zu essen. Danach starb dann der Kannibalismus im ganzen Land aus, so heißt es.

„Berg bei Nacht"

Heute ist Thaba-Bosiu einer der wichtigsten historischen Plätze im Land, verstorbene Chiefs werden auf dem Berg begraben. Wer etwas Energie hat, kann den Berg besteigen und hat eine schöne Aussicht über das Berea-Plateau. In der Verlängerung des Tales erkennt man den **Berg Qiloane**, dem die Form der Basotho-Strohhüte nachempfunden ist.

Fahren Sie nun wieder die 10 km zurück auf die Straße nach Roma. Die **Mmelesi Lodge** an der Strecke ist ein kleines Hotel. Nach 10 km teilt sich die Straße erneut. Geradeaus gelangen Sie nach **Roma**, der Universitätsstadt Lesothos. 1869 wurde hier die erste katholische Missionsstation gegründet, aus der 1945 ein Kolleg und später die Universität hervorging (siehe Bildungswesen). Zu sehen gibt es hier aber nichts. Folgen Sie der Piste weiter, erreichen Sie nach 83 km **Semonkong**.

Semonkong

Von hier aus kann man Wanderungen und Ausritte machen. In der Nähe befinden sich auch die gleichnamigen Wasserfälle, die mit 192 m die höchsten des südlichen Afrika sind. Die Gischt dieser Fälle gab ihnen und dem Ort den Namen („Platz des Rauches"). Das Gebiet liegt so abgelegen, dass Lasten und Gepäck nur mit Eseln von und nach Maseru gebracht werden konnten, und bevor 1971 überhaupt das erste Auto hier ankam, wurden die Gäste der Semonkong Lodge mit dem bereits 1952 eingerichteten Linienflug hierher gebracht. Auch die heutige Piste ist noch sehr elementar und nicht zu jeder Jahreszeit für ein herkömmliches Fahrzeug zu empfehlen.

Höchste Wasserfälle des südlichen Afrika

Biegen Sie vor Roma nach links ab und folgen Sie der Straße in die Blue Mountains. Nachdem die erste kleine Passhöhe überschritten ist, erkennt man rechts das Tal, in dessen Mittelpunkt Roma mit seinen Universitätsbauten zu sehen ist. Kurz vor Nazareth, in der kleinen Ortschaft HaNhatsi, zweigt eine kleine Piste nach links ab zu den **Ha Baroana Rock Paintings** (6 km von der Hauptstraße). Ha Baroana bedeutet „Haus des kleinen Buschmanns", und die Felsmalereien sind die am besten zugänglichen in Lesotho. Neben einigen Savannentieren sind auch Jäger und Tänzer auf den Fels gezeichnet. Diese Malereien sind aufgrund ihrer exakten Darstellung und ausgefeilten Zeichenkunst sicherlich nicht besonders alt.

„Haus des kleinen Buschmanns"

Die Hauptstraße passiert hinter Nazareth die Ortschaft Machache, wo sich ein kleiner Campingplatz befindet. Von diesem fruchtbaren Plateau aus steigt die Straße erst langsam und dann immer steiler an zum **Bushman-Pass**. Rechts und links sehen Sie „Cattle Posts", deren Steineinfriedungen den Viehherden als Winterlager dienen. Von hier aus können Sie auch noch den Mount Qiloane bei Thaba-Bosiu erkennen. Fast die gesamte weitere Strecke verläuft in ebensolchen Steigungen. Minibusse und vor allem der große Überlandbus verkehren hier. Kurz hinter dem Pass fällt die Straße ab ins Makhaleng-Tal und steigt gleich wieder auf zum **Molimo Nthuse-Pass**, wo sich auch die gleichnamige Lodge befindet.

Pässe und Schluchten

Unterkunft
Molimo Nthuse Lodge, ☎ 2231-2002, *einfache, relativ saubere Unterkunft mit Restaurant im Pavillongebäude.*

Wenige Kilometer weiter liegt das **Basotho Pony Trekking Centre**, von wo aus verschiedene Ponytrecks starten. Für weniger Sportliche empfiehlt sich ein 3- bis 4-stün-

Pony-Ausritt – auch für unerfahrene Reiter möglich

diger Ritt zu den **Qiloane-Fällen**. Doch kann man auch mehrtägige Ausritte mit Übernachtung in einfachen Hütten zu verschiedenen Zielen im Land unternehmen.

Von hier aus überquert die Strecke kurze Zeit später den Blue Mountain-Pass *vom*
(2.634 m). 10 km weiter fällt die Straße steil ins **Likalaneng-Tal** ab, und zu Ihrer Lin- *Likalaneng-*
ken öffnet sich das große Tal des Senqunyana River, der sich in dieser Ebene mit meh- *Tal …*
reren kleinen Flüssen vereinigt – noch! Die Tatsache, dass sich hier so viel Wasser ansammelt, hat die Planer des Highlands Water Project dazu veranlasst, hier einen weiteren, wenn auch kleineren Stausee anzulegen, der allerdings erst 2020 fertiggestellt sein wird. Er wird vornehmlich für die Wasserversorgung Lesothos sorgen, u. a. auch Trinkwasser für Maseru. 10 km vor Marakabei gilt es, noch einmal einen 2.620 m hohen Pass zu überqueren. **Marakabei** ist eine kleine Ortschaft mit einem Geschäft, einer Erste-Hilfe-Station und auch einer kleinen Tankstelle (die aber häufig kein Benzin haben soll). Sie liegt direkt am Senqunyane River. Hinter Marakabei wird die Piste etwas schlechter (soll aber in den nächsten Jahren ausgebaut werden), sodass es ratsam ist, hier wieder umzukehren und auf gleichem Wege zurück nach Maseru zu fahren.

Für den Fall, dass Sie weiterfahren möchten, gelangen Sie etwa 70 km hinter Maraka- *… nach*
bei nach **Thaba-Tseka**, einem kleinen Ort mit einem kleinen Krankenhaus und ein *Thaba-*
paar Geschäften. Hinter Thaba-Tseka wird die Piste zu einem besseren Trampelpfad, *Tseka*
was jedoch einheimische Minibusfahrer nicht davon abhält sie zu nutzen. In wenigen Jahren wird aber die von Norden kommende Asphaltstraße aus Leribe bis hierher führen. Damit soll nach dem Plan der Regierung eine „Circular Road" geschaffen werden, die touristisch sicherlich sehr reizvoll sein wird.

Informieren Sie sich am besten aktuell während Ihres Aufenthaltes in Lesotho über den Zustand dieser oder anderer Strecken im östlichen Teil des Landes. Gewarnt sei aber vor den Hotels dort, die in der Regel keinen guten Ruf genießen, da sie nur errichtet worden sind, um den jeweiligen Besitzer in den Besitz einer Alkohollizenz zu bringen. Bis vor wenigen Jahren wurden diese Lizenzen nämlich nur noch dann verteilt, wenn ein Hotel errichtet wurde. Ein sicherlich von der Regierung gut gemeintes Vorhaben, das aber nicht immer zum Wohlbefinden des Gastes beitrug.

Reisepraktische Informationen Semonkong

Unterkunft
Semonkong Lodge $, *P.O. Box 21 Semonkong 120,* ☎/🖷 *2700-6037, www. placeofsmoke.co.ls, kleine Lodge mit Selbstverpflegungsunterkünften. Von Maseru rechts abfahren in alle Richtungen zu Mafeteng/Mohale. Links nach Roma abbiegen, dann 3 Stunden lang immer geradeaus fahren. Die Lodge liegt etwa 120 km von Maseru entfernt.*
Mountain Delight Lodge $, *Buchung über Private Bag A35, Maseru 100,* ☎ *5874-2976, kleines Hotel, das auch ein Restaurant hat.*

Ponytrekking
kann von den Lodges aus gebucht werden.

Strecke Maseru – Teya-Teyaneng – Leribe – Butha-Buthe – Oxbow – (Mokhotlong – Sani-Pass)

„The Roof of Africa Road" Diese Straße wird als „The Roof of Africa Road" bezeichnet, obwohl dieses wohl erst hinter Butha-Buthe zutrifft. Von dort an weist sie alleine 5 Pässe über 3.000 m auf (davon 4 auf Lesotho-Gebiet). Die Basotho nennen sie schlicht „North Road", da sie die nördlichen Distrikte durchquert.

Bis hinter Butha-Buthe verläuft die Strecke mehr oder weniger parallel zum Caledon River. Hier findet man Spuren aller Geschichtsepochen, wie z. B. eine Reihe von **Sanzeichnungen** (TY), erste Missionsstationen (Leribe, Berea) oder schließlich moderne Landbewässerungsflächen bei Leribe. Auch die Landschaft wird erst in den Gebieten nördlich von Butha-Buthe wirklich schön. Hinter Butha-Buthe steigt die Strecke an und wird bis zum Grenzübergang bei Sani Top immer über 2.300 m verlaufen. Da die Straße ab Oxbow nicht mehr asphaltiert ist und im Winter (wegen Schneefall) und während der Regenzeit nur schwer zu befahren ist, ist es empfehlenswert, nur bis zur Oxbow Lodge zu fahren, besonders dann, wenn Sie nicht über ein geländegängiges Fahrzeug verfügen (für den Sani-Pass ist ein Geländewagen zu jeder Jahreszeit essenziell). Doch selbst dann ist es ratsam, sich von mehreren (!!) Seiten über den aktuellen Zustand der Strecke zu informieren, da Schneebarrieren oder Erdrutsche die Strecke häufig unpassierbar machen. Wer es aber schließlich wagt, diesen Abschnitt zu befahren, wird mit einer einmaligen Landschaft belohnt.

Höchster Pass Afrikas 35 km hinter Oxbow überquert man den **Tlaeng Pass**, der mit 3.275 m ü. NN der höchste Pass in Afrika ist. Mokhotlong ist ein Provinznest, dem man nicht viel abgewinnen wird. Von hier aus können Sie auch die Rückfahrt über die beschwerliche Piste nach Thaba-Tseka und weiter zur Marakabei Lodge oder über Lejone, entlang der neu asphaltierten Straße, zum Highlands Water Project und zurück nach Leribe wählen.

Erkundigen Sie sich auch über die Wetterlage vor Ihrer Abfahrt aus Oxbow. Es macht wenig Spaß, die Strecke in tief liegenden Wolken zu befahren. Es würde der Tour den

 Tipp

Selbst wenn Sie nicht bis Mokhotlong fahren wollen, sollten Sie, bevor Sie von Butha-Buthe nach Südafrika ausreisen, trotzdem noch bis Oxbow weiterfahren, dort Tee trinken oder zu Mittag essen und dann wieder umkehren. Die drei „verlorenen" Stunden lohnen sich wegen der schönen Landschaft allemal, besonders bei klarem Wetter.

 Streckenbeschreibung

Folgen Sie einfach der A1 und achten Sie jeweils auf die Ortsschilder, die zu dem nächsten größeren Ort führen. Ab Oxbow lauten sie in der Regel Mokhotlong, seltener Sani-Pass. Falls Sie die neue Straße zum Highland Water Project fahren wollen, biegen Sie in Leribe in Richtung Katse ab (B25). Nach ca. 100 km endet die Asphaltdecke.

Reiz nehmen. Die Strecke von Maseru nach Oxbow misst knapp 200 km. Von dort sind es noch einmal 140 km bis Mokhotlong. Man sollte sich vor Ort über die aktuellen Entwicklungen und den neuesten Stand informieren.

Tsikoane

3 km vor der Hlotse-Brücke (5 km vor Leribe) biegt man nach rechts ab und erreicht nach weiteren 4 km die Kirche von Tsikoane, in der ein Altar aus Oberammergau mit dem Motiv des Abendmahls zu bewundern ist. Die Kirche wurde 1904 aus Sandstein erbaut. Ganz in der Nähe, auf einem Felsüberhang über der Kirche, finden sich 60 dreizehige Dinosaurierspuren. Fragen Sie am besten Dorfbewohner nach dem Weg.

Dinosaurierspuren

Leribe (Hlotse)

Ehemals ein Camp, das 1876 hier errichtet wurde und seinen Namen dem Fluss Hlotse verdankte, geriet Leribe während des „Gun War" häufiger unter Beschuss. Aus dieser Zeit entstammt auch der Doppelname. Mittlerweile ist die Stadt aber zu einer „modernen" afrikanischen Kleinstadt mit etwas Industrie herangewachsen und nur die St. Saviour's Church und der Major's Bell Tower zeugen von vergangenen Tagen. Die Anglikanische Kirche (im Rectory Garden) stammt aus dem Jahr 1877 und ist damit das älteste Gebäude der Stadt.

Wer hier einen Zwischenstopp machen möchte, sollte sich das **Leribe Crafts Center** am Ortseingang anschauen. Es ging aus einer Missionsschule hervor, die Schwestern der Anglikanischen Kirche 1911 hier gegründet haben. Sie haben den Basothofrauen das Weben beigebracht. Heute kann man hier eine Reihe verschiedener Kunsthandwerksprodukte besichtigen und erwerben, wobei die typischen Ponchos der Bergbewohner sicherlich die reizvollsten Produkte sind.

Ein Schäferdorf bei Leribe

Wenn Sie einen Tag Zeit haben, sollten Sie die Asphaltstraße zum Katse-Dam fahren. Sie führt durch den Leribe-Distrikt und je weiter man sich von Leribe selbst entfernt, desto spärlicher wird die Besiedlung und umso schöner wird die Landschaft. Die Strecke überwindet auch einen über 3.000 m hohen Pass. Am Damm wurde Ende 1992 das **Katse Dam Hotel** eröffnet.

🛏 Unterkunft
Leribe Hotel $, *Main Str., P.O. Box 14, Leribe (Hlotse) 300,* ☎ *2240-0559, nettes kleines Hotel.*

Butha-Buthe

Die Kleinstadt mit 10.000 Einwohnern bietet kaum etwas. Es gibt ein Crafts Center und eine Moschee, die vornehmlich von der hier ansässigen indischen Gemeinschaft genutzt wird. In Butha-Buthe hat *Moshoeshoe I* die Basothovölker um 1823 vereint, daher stammt wahrscheinlich auch die Namensgebung („Platz, wo man sich niedergelassen hat").

New Oxbow Lodge

Neben Wander- und Ponyreitmöglichkeiten bietet das Gebiet um die Lodge im Winter Skiläufern die Gelegenheit, Wintersport zu betreiben (beste Monate: Juni bis August). Die Slopes sind in der Regel nicht so steil wie z. B. in den Alpen. Skilifte gibt es nicht. Die Vegetation in dieser Höhe ist natürlich sehr spärlich und besteht eigentlich nur aus niedrigem Gras. Es gibt aber auch im Winter keine kontinuierliche Schneedecke. Mal schneit es und dann schmilzt der Schnee wieder innerhalb weniger Tage. Skier können Sie an der Lodge ausleihen.

Ski fahren in Afrika

Reisepraktische Informationen Butha-Buthe

🛏 Unterkunft
Crocodile Inn $, *Reserve Rd.,* ☎ *2246-0223,* 🖨 *2246-0506, zweckmäßiges Hotel ohne besonderen Luxus. Zimmer sind geräumig, Restaurant mittelmäßig, an Wochenenden sehr laute Bar.*
New Oxbow Lodge $-$$, *Buchung über P.O. Box 60, Ficksburg 9730, Südafrika,* ☎ *051-933-2247, www.oxbow.co.za, etwas in die Jahre gekommene Anlage.*

Lesertipp: *Alternative zur New Oxbow Lodge:* **The Green Acorn Guest House** $$, *7 Fontein Str., Ficksburg, Südafrika,* ☎/🖨 *051-933-2746, www.greenacorn.co.za.*

Letseng-la-Terae

Dieser kleine, halb verlassene Ort auf halbem Weg zwischen Oxbow und Mokhotlong war bis Ende der 1970er-Jahre die einzige Diamantenmine des Landes. Ermutigt durch die Prognosen der Geologen und mit der Aussicht auf Devisen, ging die Regierung immense Zugeständnisse ein, damit eine südafrikanische Bergwerksfirma beginnen würde, die Diamanten abzubauen. Doch schon im ersten Jahr der Förderung sank der Diamantenpreis auf dem Weltmarkt und der Abbau war nicht mehr kostendeckend.

Nach fünf Jahren gab die Firma auf und nun verteilt die Regierung Lizenzen an Privatpersonen, die für einen geringen Gewinn unter schwierigsten klimatischen Bedingungen weiter schürfen. Die südafrikanische Firma hat aber immer noch Optionsrechte auf die Mine.

Mokhotlong

Der Ort bildet das Zentrum des abgelegensten Distriktes von Lesotho. Im Ort selber gibt es wirklich nichts zu sehen, aber er eignet sich hervorragend für Wanderungen und Ausritte in die **Welt der Drakensberge** oder entlang des Mokhotlong River. Auskünfte darüber erhalten Sie am besten im Hotel, dort vermittelt man Ihnen auch einen Führer. In dieser einsamen Gegend ist es empfehlenswert, eine längere Tour nicht alleine zu machen.

Ausgangspunkt für die Drakensberge

🛏 **Unterkunft**
Mokhotlong Hotel $, ☎ 2292-0212, *kein schönes Hotel, aber die einzige nutzbare Unterkunft im gesamten Distrikt.*

Sehlabathebe National Park

Der Park ist 6.500 ha groß und es leben hier Rehboks, Oribis, Wildkatzen, Affen und andere Tiere. Die Vegetation besteht aus Berggras. Das Plateau ist umgeben von den „Three Bushmen Mountains". Wanderungen oder Ausritte sind ein Muss, um die Schönheit der Landschaft voll auskosten zu können. Im Winter schneit es gelegentlich, aber dieser Schnee bleibt meistens nicht lange liegen. Winter und Herbst bieten klare, sonnige Tage, während im Frühling und Sommer nach den warmen Regenfällen die Pflanzen blühen. Das Beste ist, Sie fliegen mit einer Chartermaschine hierher.

Wanderungen und Ausritte

Reisepraktische Informationen Sehlabathebe National Park

🛏 **Information/Unterkunft**
Es gibt neben einer Lodge eine einfache Herberge und einen kleinen Campingplatz. Buchung: **Lesotho National Parks**, *Ministry of Agriculture, Conservation & Forestry Division, P.O. Box 92, Maseru 100,* ☎ 2232-3876.

Anschluss-Strecken von Lesotho

Alternativen zurück nach Johannesburg

Strecke Butha-Buthe – Bethlehem – Johannesburg

Sicherlich ist es einfacher und schneller, die Strecke von Maseru bzw. Butha-Buthe nach Johannesburg über Winburg und Ventersburg entlang der N1 zu fahren. Wer Zeit und Muße hat, sollte aber lieber ein bis zwei zusätzliche Tage einplanen und über den Golden Gate Highlands Park, Qwa-Qwa, Bethlehem und den Vaal Dam fahren, entlang der R26 und der R51.

Redaktions-Tipp

Verbringen Sie einen halben Tag im **Golden Gate Highlands National Park** – **Übernachten** Sie in einem der beiden Berghotels in Qwa-Qwa – Essen Sie im Athlone Castle Restaurant in Bethlehem (S. 334).

Der **Golden Gate Highlands National Park** mit seinen bizarren und farbenprächtigen Felsformationen ist faszinierend, und ein Abstecher zu den Berghotels in Qwa-Qwa lohnt sich auch. Hier kann man aus dem Hotelfenster direkt auf das Drakensberg-Amphitheater schauen und Wanderungen in

Bizarre Felsformationen den Bergen unternehmen. Im **Vaal Dam Nature Reserve** gibt es eine Reihe von schönen Campingplätzen. Während der südafrikanischen Schulferien (Weihnachten/Ostern) kann es an dem Damm etwas voll werden. Die gesamte Strecke ist von Ackerfeldern und sattgrünen Wiesen gesäumt, die sich herrlich in das hügelige bis bergige Umland einpassen.

Planungsvorschlag

Einzelstrecken	km	Tage
Butha-Buthe - Golden Gate Park	75 km	1 Tag
Golden Gate Park - Qwa-Qwa-Hotels	75 km	1 Tag
Qwa-Qwa - Bethlehem - Jo'burg	365 km	1 Tag

Streckenbeschreibung

Für Eiligere: 10 km hinter dem Grenzübergang Caledonspoort kommen Sie an eine Kreuzung. Dort folgen Sie der Ausschilderung nach Bethlehem über die R26. Von Bethlehem aus nehmen Sie die R51 nach Reitz, die von dort weiterführt nach Francfort und zur N3. Von der N3 geht nach wenigen Kilometern die R54 ab zum interessanteren nördlichen Teil des Vaal Dam Reserve. Wenn Sie auf der N3 bleiben, gelangen Sie direkt nach Jo'burg.
Wer zum Golden Gate Park will, nimmt ab der o. g. Kreuzung die R711 bis Clarens und folgt von dort den Schildern zum Park. Durch den Park in Richtung Osten geht's dann auf einem kurzen Stück Piste nach Qwa-Qwa. In Qwa-Qwa bleiben Sie immer auf der Hauptstraße, die Sie schließlich zu den beiden Berghotels führt. Zurück fahren Sie auf der R720 bis Kastell und von dort nach Bethlehem. Schneller geht's von Qwa-Qwa über die R712 nach Harriessmith und dann auf die N3 nach Johannesburg.

Eine Farm bei Clarens

Clarens

Clarens wurde 1912 gegründet und nach dem schweizerischen Ferienort benannt, in dem der ehemalige Präsident von Transvaal, *Paul Kruger*, sein Exil verbrachte und 1904 schließlich starb. Heute ist es ein kleiner Ferienort, in dem es einige Kunsthandwerksgeschäfte, Teestuben und zwei kleine Restaurants gibt. Der Ort liegt in einem schönen Talende mit Blick auf das Golden Gate, was sich einige reiche Städter zunutze gemacht haben und teure Villen an die Hänge setzten. In der Umgebung gibt es einige Wanderwege. Nähere Auskünfte dazu erhalten Sie im Hotel oder bei der Gemeinde (Municipality).

Reisepraktische Informationen Clarens

Vorwahl: *058*

ℹ️ Information
Clarens Tourism Centre, ☎ 256-1542, *www.clarenstourism.co.za.*

🛏️ Unterkunft
Maluti Mountain Lodge Hotel $$, *Steil Str., Box 21, Clarens 9707,* ☎ 256-1422, *www.malutilodge.co.za. Nettes, sauberes Hotel, schöne, gepflegte Rondavels im Garten.*
Cottage Pie $$, *89 Malherbe Str.,* ☎ *256-1214, www.cottagepiebb.co.za. Nettes B&B-Haus mit Terrassenblick auf den Fluss und die Berge. Etwas für Individualisten!*

🔺 Camping
Bokpoort Holiday Farm & Game Ranch, ☎ 256-1181, 🖨 256-1048, *zwischen Clarens und Golden Gate Park gelegen, 5 km von Clarens auf der Straße zum Golden Gate Park, danach beschildert (3 km Gravelroad).*

Beeindruckende Landschaft im Golden Gate Park

Golden Gate Highlands National Park

Farbenspiel Der Name Golden Gate wurde den beiden Klippen am Damm von dem Farmer J.N.R. Renen 1875 verliehen. Er kam häufig hierher und bewunderte das Farbenspiel der Felsen in der Abendsonne: Besonders dann schimmerten sie in goldenen Farben. Während des Anglo-Burischen Krieges versteckten sich viele Familien in den Höhlen dieses Gebietes, um nicht von den Briten in die gefürchteten Lager gesteckt zu werden. Doch schon San haben hier vor langer Zeit gewohnt, immer wieder finden sich Reste ihrer Kultur.

1962 wurde der Park als erster Nationalpark des Free States eingerichtet. Damals hatte er nur eine Fläche von 4.800 ha. Durch Zukauf der umliegenden Farmen wurde er 1988 auf knapp 12.000 ha erweitert. Sein Reiz machen weniger die Tiere aus (Zebras, Gnus, Elands und andere Steppentiere) als mehr die Einzigartigkeit der Geologie.

Im Laufe verschiedenster **Sedimentationsprozesse** haben sich die unterschiedlichsten Gesteinsfarben entwickelt, die sich wie Bänder horizontal um die Felsen winden. Am auffälligsten sind die roten und dunkelbraunen Streifen, die sich während einer Zeit größter Trockenheit abgesetzt haben. Die oberste Schicht, auch sehr dunkel in der Farbe, entstammt einem Lavaerguss vor 190 Mio. Jahren. Mit diesem Ereignis war die Sedimentation abgeschlossen und die Erosionskräfte setzten ein.

Das Tal wurde von dem Kleinen Caledon River geformt, vornehmlich in einer Zeit, als er noch mehr Wasser führte. Interessant sind auch die abgerutschten Hangflächen. Dabei gefriert zuerst der gesamte Boden. In wärmeren Jahreszeiten taut die Oberschicht auf und rutscht, von den Graswurzeln zusammengehalten, als Fläche auf dem gefrorenen Unterboden ab.

Wer sich näher mit dem Park beschäftigen möchte, kann ihn entweder erwandern – auf den längeren Strecken gibt es einfache Hütten – oder sich ein Pferd ausleihen.

Wenn Sie der Straße in Richtung Osten folgen, kommen Sie nach Qwa-Qwa.

Reisepraktische Informationen
Golden Gate Highlands National Park

i　**Information und Reservierung**
South African National Parks, *P. O. Box 787, Tshwane 0001,* ☎ *012-428-9111,* 🖳 *012-426-5500, www.sanparks.org.*
Golden Gate Highlands National Park, ☎ *058-255-1000,* 🖳 *058-255-1100, tgl. 7–17.30h.*

Qwa-Qwa

Der Name Qwa-Qwa bedeutet „weiß-weiß" und wurde dem Mountain Qwa-Qwa entliehen. Dieser wiederum erhielt seinen Namen nicht wegen des Schnees, der gelegentlich auf seiner Spitze liegt, sondern wegen der weißen Flecken, die von den Kapgeiern stammen, die hier gerne Rast machen.

Basotho-Dorf bei Qwa-Qwa

Reisepraktische Informationen Qwa-Qwa

Vorwahl: *058*

Unterkunft

Witsieshoek Mountain Resort $$, *25 km südlich von Phuthaditjhaba,* ☎ *713-6362,* 🖷 *713-5274, wunderschön gelegenes Mittelklassehotel mit Blick auf das Amphitheater. 25 km südlich der Hauptstadt. Die Zimmer sind eher schlicht, dafür stimmt der Service.*
Fika Patso Mountain Resort $$, *21 km südlich von der Hauptstadt, Reservierung:* ☎ *789-7642, achten Sie im zweiten großen Flusstal auf Wegweiser nach rechts.*

Bethlehem

Bethlehem wurde 1860 auf der Farm Pretoriuskloof gegründet. Da das Umland zum Anbau von Weizen hervorragend geeignet war, erhielt der damals kleine Ort den Namen Bethlehem (= Haus des Brotes). Um die Sache abzurunden, gab man dem Fluss den Namen Jordaan. Während des Anglo-Burischen Krieges, als Bloemfontein von den Engländern besetzt war, diente Bethlehem kurz als Hauptstadt des Free States. Heute ist es Zentrum der Agrarindustrie dieser Region, Eisenbahnknotenpunkt und zentrale Pumpstation der Ölpipeline von Durban nach Johannesburg.

„Haus des Brotes"

Ein paar ältere Gebäude und Monumente sind hier zu sehen, doch nur von geringem Interesse.

Reisepraktische Informationen Bethlehem

Vorwahl: *058*

i Information

Tourist Office, *9 Muller Str., Civic Centre,* ☎ *303-5732,* 🖷 *303-4073.*

Unterkunft

Camebridge Guest House, ☎ *303-8843,* 🖷 *303-9141, www. cambridgeguesthouse.co.za. Stolz der Gastgeber ist der Garten des Hauses, in dem Vogeltränken eine Vielzahl gefiederte Tiere anlocken.*
Park Hotel $$, *23 Muller Str., P. O. Box 8, Bethlehem 9700,* ☎/🖷 *303-5191, ein traditionelles Kleinstadthotel mit dem typischen 1930er-Jahre-Charme.*

⚠ Camping

Loch Athlone Holiday Resort, *4 km südlich aus der Stadt, Camping, Hütten und Wassersportmöglichkeiten.*

🍴 Restaurant

Athlone Castle Restaurant *(Loch Athlone Resort), untergebracht in einer Schiffsattrappe mit maritimem Interieur. Gute Publunches.*

Das **Bethlehem-Museum** bietet die typischen Gegenstände aus burischen Haushalten. Daneben steht im Garten eine alte Dampflokomotive, die gegen Ende des 19. Jh. die Strecke Kapstadt – Mafikeng bedient hat.
Bethlehem-Museum: ☎ *058-303-5076, geöffnet Mo und Do 10–12.30h, Di, Mi und Fr 10–12.30h und 14.30–17h, Sa 10–12h.*

Vaal Dam Nature Reserve

Dieser Staudamm wurde 1938 für die Wasserversorgung des Vaal-Dreiecks angelegt und war damals der größte Stausee des Landes. 1952 wurde die Staumauer um 6 m erhöht, wodurch das Fassungsvermögen auf 2,4 Mio. m³ Wasser vergrößert wurde; genug, um die 5 Mio. Menschen dieser Region zu versorgen. Da seine Kapazität aber bald ausgeschöpft sein wird, haben die Planer sich rechtzeitig dazu entschlossen, das Lesotho-Highlands-Water-Projekt anzugehen, um auch in diesem Jahrtausend ausreichend Wasser zur Verfügung zu haben. Das Nature Reserve dient vornehmlich als Naherholungsgebiet für die Vaal-Region. Daher sei davor gewarnt, hier im Sommer an Wochenenden und während der Schulferienzeit herzukommen: Einige Campingplätze könnten überfüllt sein. Für Angler und Wassersportler bietet der See eine Reihe von Möglichkeiten. Die trübe Färbung des Wassers sollte nicht abschrecken. Es handelt sich dabei nur um Lehm und nicht um Industrieabwässer. Das Wasser wird täglich kontrolliert und Bilharziosegefahr besteht nicht.

Naherholungsgebiet

> 🛏 **Unterkunft**
> *Entlang des Sees, besonders auf der Nordhälfte, gibt es eine Reihe von schönen Zeltplätzen und einige Holiday Resorts, die auch Chalets anbieten.*

Weitere Anschluss-Alternativen

Weiter nach Bloemfontein/Kapstadt oder Gardenroute (Anschluss Port Elizabeth/Nelson-Mandela-Metropole)
Sie fahren von Maseru über den Grenzübergang Maserubrug auf der R64 über Thaba Nchu nach Bloemfontein und dann weiter die N1 nach Kapstadt (1.161 km). Anschluss an Gardenroute: N1 bis Colesberg, dann auf der R57 bis Carlton, weiter auf der N10 bis zur Einmündung auf die N2 (Port Elizabeth – Grahamstown).

Weiter nach Buffalo City (East London)
Sie fahren von Maseru über den Grenzübergang Maserubrug auf der R64 über Thaba Nchu nach Bloemfontein und von hier auf der N6 nach East London (741 km).

Weiter in die östliche Kapprovinz/Gebiet der ehemaligen Transkei
Grenzübergang Tele Bridge in der Südwestecke Lesothos, dann über Lady Grey auf die R58 nach Süden über Elliot nach Engcobo, von hier nach Osten auf der R61 nach Umtata, wo Sie auf die N2 stoßen (620 km).

7. NORTHERN CAPE PROVINCE

Im Kgalagadi Transfrontier Park

Kimberley – Kgalagadi Transfrontier Park

Überblick

Die Landschaft, durch die man fährt, ist im Wesentlichen flach und liegt ungefähr 800–1.000 m über dem Meeresspiegel. Je weiter man nach Westen gelangt, desto geringer werden die Niederschläge. Die Abstände von Siedlung zu Siedlung vergrößern sich stetig. Werden im östlichen Teil Mais und Sonnenblumen angebaut, so grasen im Westen Rinder und Schafe auf den weiten, oft spärlichen Weideflächen. Inmitten dieser stillen und einsamen Landschaft lockten im 19. Jh. Diamanten Menschen aus aller Welt an. Aufgrund des Edelstein-Rausches ist Kimberley entstanden, und das Big Hole als größtes von Menschenhand geschaffenes Erdloch dokumentiert eindrucksvoll die Mühen Tausender von Schürfern.

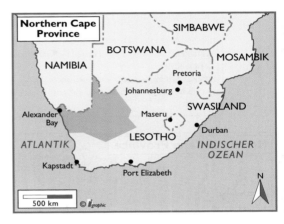

„Größtes von Menschenhand geschaffenes Erdloch"

Weiter westwärts gelangen Sie zu einem der großen landschaftlichen Höhepunkte Südafrikas, zu den **Augrabies Falls**, wo inmitten einer Halbwüstenlandschaft der Oranje hinabstürzt. Noch einsamer wird die Fahrt zum Kalahari Gemsbok Park. Entlang der breiten, meist trockenen Flusstäler des Nossob und des Auob können Sie die faszinierende Tierwelt beobachten. Die roten, mit wenigen Grasbüscheln bestandenen Dünen der Kalahari zeichnen einen scharfen Kontrast zum tiefblauen Himmel.

Auf dem Weg nach Kimberley

 Streckenbeschreibung

Nach Kimberley über Sun City und Pilanesberg National Park: Die Anfahrtsbeschreibung finden Sie im Kapitel „Sun City" und „Pilanesberg National Park". Rückfahrt von hier aus über die R565 nach Rustenburg, von hier weiter auf der R24, später R30 (nach Südwesten) nach Klerksdorp. Von hier aus über die N12 nach Kimberley.

Nach Kimberley über Taung: Ab Warrenton (an der N12 gelegen) fahren Sie die Stichstrecke R47 nach Taung (hin und zurück ca. 130 km).

Direkt ab Johannesburg über die N 1: Ab der City richten Sie sich nach dem Highway 2 East und fahren dann die N1 Richtung Vanderbijlpark, biegen aber bald nach Osten auf die N12 (R29) Richtung Potchefstroom und Kimberley ab.

☞ **Planungsvorschläge**

Einzelstrecken	km	Tage
Johannesburg (auf N13) – Potchefstroom-Farm		
für Camper Stowlandson-Vaal – Riverton on Vaal		
(ideal für Camper als Übernachtung) – Kimberley	510	1
Kimberley/Besichtigung	30	1
Kimberley – Campbell – Griquatown – Upington	411	1
Upington – Augrabies Falls (über Keimos – Alheit)	114	1
Augrabies Falls – Kakamas – Lutzputs – Swartmoder – Boksputs –		
Twee Rivieren	386	1
Rundfahrten im Kalahari Gemsbok Park		
zum Nossob/Mata Mata Camp und zurück nach Twee Rivieren	320	ca. 3
gesamt	**1.771**	**8**

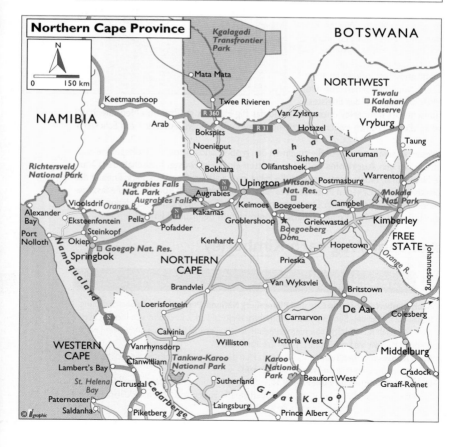

Potchefstroom

Potchefstroom wurde nach dem Voortrekker-Führer *Potgieter* benannt und bedeutet „Strom vom Chef Potgieter". *Andries Potgieter* gründete 1838 den Ort, der jahrelang Hauptstadt des ehemaligen Transvaal war. Die Stadt liegt inmitten eines besonders fruchtbaren Gebietes von Südafrika. Der Mooi River liefert genügend Wasser zur Bewässerung und auch die Niederschläge sind mit über 600 mm pro Jahr relativ hoch. Die Sommer sind warm, sodass man hier Obst, Gemüse und Mais anbaut. Allerdings kann es – wie überall im Highveld Südafrikas – im Winter kalt und frostig werden.

Fruchtbares Gebiet

Heute leben in der Stadt über 100.000 Einwohner, und an der Universität studieren etwa 33.000 Studenten. Sehenswert ist die Nederduits Hervormde Kerk, die erste afrikaanse Kirche nördlich des Vaals. Sie wurde 1866 eingeweiht und ist heute zum Nationaldenkmal erklärt. In der Nähe des Bahnhofs gibt es Überreste eines alten Forts aus dem ersten Burenkrieg. Hier liegt auch ein Friedhof und ein Gedenkstein erinnert an die Belagerung der britischen Garnison. Im Fort selbst waren damals 322 Männer, Frauen und Kinder 95 Tage lang eingeschlossen.

Felskunst kann man auf dem Gebiet der Farm Stowlandson-Vaal sehen.

Bloemhof Dam

Der Damm liegt unterhalb des Zusammenflusses vom Vet und Vaal River. Am Nordufer liegt das Bloemhof Nature Reserve, wo interessante Wildarten leben, u. a. das Weiße Nashorn. Ornithologen kommen insbesondere auf der Halbinsel zwischen den beiden Teilen des Stausees im **Sandveld Nature Reserve** auf ihre Kosten (Campingmöglichkeiten, Chalets).

Kimberley

Überblick

Kimberley liegt im semiariden bis ariden Hochland der Northern Cape Province und verdankt seine Entstehung einzig den Diamantenfunden, die hier seit 1866 gemacht wurden. Namen wie *Barnato, Rhodes* und *de Beers* prägten nicht nur die Geschichte dieser Stadt, sondern auch die des ganzen Landes. Mit Recht kann man wohl behaupten, dass hier die Grundpfeiler des südafrikanischen Wohlstandes gesetzt wurden.

Diese Vergangenheit hat bleibende Spuren hinterlassen. Das Big Hole, das größte je von Menschenhand geschaffene Loch, legt Zeugnis vom Diamantenfieber der 80er-Jahre des 19. Jh. ab.

Redaktionstipps

▸ **Übernachten** im Garden Court oder im Edgerton House. (S. 346)

▸ **Speisen** bei Tiffany's und ein **Publunch** im Star of the West, abends einmal im Halfway House Pub reinschauen. (S. 347)

▸ **Besichtigung**: Big Hole inkl. Museum (S. 343) – Besuch einer Diamantenmine (S. 344) – Duggan-Cronin Gallery (S. 345).

Geschichte

Im Jahre 1867 (in manchen Quellen wird 1866 genannt) wurde durch Zufall der erste Diamant in Südafrika gefunden: Der Burenjunge *Erasmus Stephanus Jacobs* las auf dem *„Spiel-* „Veld" einen besonders glitzernden Stein auf, den er seinen Schwestern zum Spielen gab. *zeug" als* Da dieses „Spielzeug" äußerst auffällig war, erregte es die Aufmerksamkeit der Mutter, *Glücks-* die den Stein dem Nachbarn *Schalk van Niekerk* zeigte. Dieser vermutete, dass es sich *bringer* um einen Diamanten handelte, doch sicher war er sich nicht.

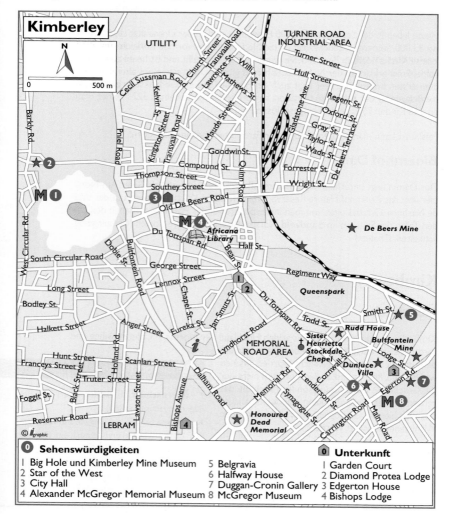

Sehenswürdigkeiten

1 Big Hole und Kimberley Mine Museum
2 Star of the West
3 City Hall
4 Alexander McGregor Memorial Museum

5 Belgravia
6 Halfway House
7 Duggan-Cronin Gallery
8 McGregor Museum

Unterkunft

1 Garden Court
2 Diamond Protea Lodge
3 Edgerton House
4 Bishops Lodge

Ein örtlicher Händler wurde ins Vertrauen gezogen, der später den Stein von *Dr. G. W. Atherstone* in Grahamstown untersuchen ließ. Die Vermutung wurde endlich zur Gewissheit: Es war tatsächlich ein Diamant, dessen Gewicht gar 21,75 Karat betrug. Der Gouverneur der Kapkolonie, *Sir Phillip Wodehouse*, erstand ihn später für 500 L. Bald darauf – 1869 – brachte ein Schwarzer *van Niekerk* wieder einen „Stein". Diesmal schaltete *van Niekerk* schnell. Er tauschte den ihm angebotenen Diamanten gegen 500 Schafe, 11 Kälber, ein Pferd mit Sattel und ein Gewehr. In Hopetown (120 km südwestlich von Kimberley) erhielt er für den Diamanten 11.200 L, denn der Edelstein wog immerhin stolze 83,25 Karat. Gespalten erlangte er als 47,7-karätiger „**Stern von Südafrika**" Berühmtheit.

„Stern von Südafrika"

Doch das alles sollte nur der Anfang sein. Im Mai 1871 wurden Diamanten auf der Farm Vooruitzicht gefunden, die den Brüdern *Diederick* und *Nicolaas Johannes de Beer* gehörte. Hier sammelte der Holländer *Corneilsa* eine Streichholzschachtel voller Diamanten. Am 18. Juli 1871 brachte *Esau Damon* von einem nahe gelegenen Hügel sogar eine Handvoll Diamanten mit.

Den Hügel bezeichnete man als **Colesberg Koppie**. Diese Stelle wurde für viele Jahre der Brennpunkt des Diamantenrausches. Bald aber war der Hügel abgetragen, Tausende von Schürfern gruben weiter in die Tiefe. Bis zu 16.000 Claims waren zeitweise abgesteckt. Chaotische Verhältnisse bestimmten den Alltag. Bald entstand auf dem Gelände von Vooruitzicht eine „Stadt" mit dem Namen New Rush. Am Rande des sich allmählich vertiefenden „Big Hole" wurden Hütten, Häuser und Straßen erbaut – Grund-

Blick in das Big Hole

stein für das spätere Kimberley, benannt nach dem britischen Kolonialminister *Earl of Kimberley*.

Bis zum 14. August 1914 wurden aus dem „Big Hole" Diamanten herausgeholt. Inzwischen war ein Loch mit einem Umfang von 1,6 km entstanden. Immer tiefer drang man auf der Suche nach Diamanten – und wurde fündig. Bis zur Tiefe von 400 m arbeiteten die Männer im Tagebau, danach legten sie Schächte an und gruben bis auf 1.100 m weiter. Über 28 Millionen Tonnen Abraum mussten bearbeitet werden, um an die Ausbeute von 14.504.566 Karat zu gelangen, was rund 3 Tonnen Diamanten entspricht (Wert ungefähr 150 Millionen Euro). Das „Big Hole" lief voll Wasser, dessen Oberfläche heute ca. 135 m unterhalb des Randes liegt; dieser „See" ist an die 240 m tief.

Abbau von 3 t Diamanten

info

Informationen über Diamanten

Die Diamanten in Kimberley kommen als Einsprengsel in vulkanischen Schloten („Pipes") vor, die einen Durchmesser von 200 bis 300 m aufweisen und aus einem vulkanischen Gestein, dem dunkelblauen Kimberlit, bestehen. Vor 60 Millionen Jahren, während einer vulkanisch aktiven Zeit, drang Magma durch die Röhren bis an die Erdoberfläche. Es handelt sich um ein weiches, bläuliches Material, das Kimberlit.

Auf der Erdoberfläche verwittert der Kimberlit zum sog. „yellow ground" und ist so weich, dass er relativ schnell weggeschwemmt wird. Im Kimberlit sind Diamanten eingeschlossen, die aus der Tiefe hinaufkatapultiert wurden. Denn nur in der Tiefe

Das Diggers Memorial in Kimberley

liegen die „Geburtsstätten" der Diamanten. Hier kann der Kohlenstoff unter hohem Druck und hohen Temperaturen kristallisieren. Unter diesem Zwang hat sich die Materie zu harmonisch geordneten Körpern geformt, die von regelmäßigen Flächen begrenzt sind: Oktaeder (8 Flächen) oder seltener Dodekaeder (12 Flächen) und Würfel (6 Flächen).

Lagerstätten wie in Kimberley bezeichnet man als **primäre Lagerstätten**, weil die Diamanten am Ort der Entstehung gefunden werden. Von den ca. 150 vulkanischen Schloten, die man ausfindig gemacht hat, enthalten allerdings nur 25 Diamanten. **Sekundäre Lagerstätten** – also weiter entfernt liegende Gebiete, in denen Diamanten abgelagert wurden – gibt es z. B. in Namibia (z. B. Oranjemund) oder Botswana (z. B. Orapa).

In den letzten Jahren ging der Absatz von Diamanten zurück, gleichzeitig wurden die Förderkapazitäten in vielen Ländern gesteigert, besonders in Zaire, Russland und Angola. Die Central Selling Organisation (CSO) der südafrikanischen De Beers-Gruppe, die etwa 80 % aller Rohdiamanten der Welt vermarktet, teilte mit, dass der Einzelhandelsabsatz nur um ca. 3 % gesunken sei. Dagegen gab es bei Industriediamanten einen *Absatz-* Rückgang von rund 15 %. Verantwortlich für diese Absatzeinbußen ist der verminder- *einbußen* te Bedarf im Bergbau und bei der Erdöl- und Erdgasförderung, wo ein Großteil der Industriediamanten für die Bohrgeräte benötigt wird.

Kimberley heute

Die Stadt hat heute etwa 170.000 Einwohner und ist wirtschaftlich nicht mehr alleine auf die Diamantenförderung angewiesen. Dennoch haben der Verfall des Diamantenpreises und die wackelige Stellung des De Beers-Diamantenkartells erste Spuren hinterlassen: Junge Leute finden häufig keine Arbeit mehr und müssen in die großen Industriezentren abwandern. In Kimberly gibt es u. a. Kalkwerke, Asbest-, Mangan- und Eisenerzabbaubetriebe. Hinzu kommen noch einige Unternehmen der Leichtindustrie, wie z. B. Textil-, Möbel-, Papier- und Nahrungsmittelfabriken. Als größte Stadt in dieser Region ist Kimberley auch das Zentrum der Agrarwirtschaft im nördlichen Kapland.

Bis auf wenige Hochhäuser hat Kimberley seinen kleinstädtischen Charakter nie ganz abstreifen können. Einige alte Gebäude und Pubs zeugen noch heute von der aufregenden Zeit. Der Innenstadtbereich ist großenteils modern und langweilig gestaltet, dafür finden sich aber in den Randgebieten eine Reihe von alten und schönen Häusern, meist im viktorianischen Baustil.

Klima: Kimberley liegt in 1.197 m Höhe auf dem südafrikanischen Hochplateau. Die Regenfälle sind mäßig (414 mm/Jahr). Der Sommer ist sehr heiß, die durchschnittliche maximale Temperatur liegt im Dezember/Januar bei 33 °C, wobei Temperaturen von 40 °C durchaus auftreten können. Im trockenen Winter liegen die Durchschnittswerte bei 19 °C.

Sehenswertes

Kimberley Mine Museum (1)
Es liegt direkt am Big Hole, und von einem Aussichtspunkt erhalten Sie einen guten *Geschichte* Überblick vom größten von Menschenhand geschaffenen Loch der Welt. Das Minen- *des* museum lässt die Geschichte des Diamantenrausches wieder lebendig werden, Gebäu- *Diaman-* de aus dieser Zeit sind restauriert. *ten-* *rausches*
Sie können das älteste Haus der Stadt hier besichtigen, das einst per Ochsenwagen hergeschafft wurde; ebenso gibt es eine Schmiede, Barney Barnato's Boxakademie sowie die erste lutheranische Kirche zu sehen. Doch am interessantesten dürfte vielleicht die Diamantenausstellung sein. Rohe und geschliffene Exemplare gibt es zu bestaunen und Replikate aller weltberühmten Diamanten. Der zehntgrößte je gefundene Diamant (616 Karat), der 1974 in der Dutoitspan Mine entdeckt wurde, ist ebenfalls zu besichtigen.
Kimberley Mine Museum: *Tucker Str.,* ☎ *053-833-1557,* 🖳 *053-839-4208, http:// kimberley-bighole.museum.com, geöffnet tgl. 8–17 h.*

De Beers Mine Observatory
Von einer Aussichtsplattform hat man einen guten Blick auf den Bergwerksbetrieb, der im Tagebau stattfindet. Mit einem Permit kann man auch die Werksanlagen von De Be-

Ein Gebäude des Mine Museums

ers besichtigen. Die Führungen, die am Dutoitspan Mine Gate beginnen, führen u. a. zu einer Diamantenausstellung und zu den Minenanlagen.

De Beers Mine Observatory: *Das Permit erhält man im Hauptbüro, 36 Stockdale Street,* ☎ *053-842-1321,* 🖨 *053-839-4230.*

Bultfontein Mine
Die Mine befindet sich in Beaconsfield an der Molyneaux Rd. Auch hier kann man sich den Minenbetrieb ansehen. Wer hier den Schürfbetrieb **unter Tage** einmal miterleben will, sollte sich beim Tourist Office zu einer Tour anmelden.

Bultfontein Mine: ☎ *053-842-1321, Touren: Mo–Fr, zweimal täglich.*

Market Square
An diesem Platz befand sich ursprünglich das Zentrum der Zeltstadt während des Diamantenrausches. Hier wurde alles gehandelt, was die Diamantengräber brauchten. Die **City Hall (3)** wurde 1899 zu einem Preis von 26.000 Pfund errichtet.

McGregor Museum
Während das alte **Alexander McGregor Memorial Museum (4),** das insbesondere naturgeschichtliche Exponate und eine Steinsammlung zeigt, südlich der City Hall in der Chapel Street gelegen ist, befindet sich das **McGregor Museum (8)** in der Egerton Road. Das Gebäude des Museums war ehemals ein Sanatorium. Während der viermonatigen Belagerung Kimberleys im Anglo-Burischen Krieg diente es den Reichen der Stadt, unter ihnen auch *Cecil Rhodes,* als Unterkunft. Später wurde das Gebäude zu einem Hotel umfunktioniert und danach zur Schule einer Religionsgemeinschaft. 1971 schließlich wurde das Museum hier untergebracht. Im Wesentlichen gibt es eine gro-

Sanatorium, Reichen-Unterkunft, Hotel, Schule ... und Museum

ße Abteilung, die sich mit der Zeit der Belagerung Kimberleys befasst, daneben eine naturwissenschaftliche Ausstellung und eine „Hall of Religion".
McGregor Memorial Museum: *Chapel Str.,* ☎ *053-839-2722,* 🖨 *053-842-1433, geöffnet Mo–Fr 9–17h.*

Belgravia (5)
Belgravia ist ein Viertel südöstlich des Zentrums. Ab 1873 bauten hier wohlsituierte Bewohner schöne Villen. Auch heute noch ist dieser Stadtteil bei entsprechend betuchten Bürgern beliebt. Sehenswert sind viele der alten, gut restaurierten Häuser.

Halfway House (6)
An der Ecke Du Toitspan Road/Egerton Road steht der 1880 erbaute Drive-in-Pub Südafrikas. Nahm man früher von der Kutsche aus seinen Drink, so heute vom Auto.
Halfway House $: *229 Du Toitspan Rd.,* ☎ *053-831-6324, Traditionshotel, günstige Preise.*

Duggan-Cronin Gallery (7)
Das Haus diente bis in die 1950er-Jahre häufig als Versammlungsplatz der Reichen und Mächtigen der Stadt, und selbst *Königin Elizabeth von England* stattete ihm einen Besuch ab. In dem nun hier untergebrachten kleinen Museum kann man sich über das Leben der verschiedenen afrikanischen Stämme informieren. Besonders eindrucksvoll ist die Fotosammlung von *A. M. Duggan-Cronin*, die das Herzstück des Museums darstellt. *Duggan* reiste in den ersten 30 Jahren des 20. Jh. unentwegt in einem klapprigen Auto durch das südliche Afrika bis hoch nach Sambia, zusammen mit einem treuen Diener und Freund. Seine Fotoausbeute kann man als einmalig bezeichnen. Man bedenke nur, welche Strapazen er damals auf sich nehmen musste: Nicht nur die Straßen waren *Fotoaus-* schlecht und die Fahrzeuge einfach, sondern auch die Fotoausrüstung bestand aus meh- *rüstung in* reren Koffern und wog ein Mehrfaches einer heutigen Ausrüstung. Neben den Fotos *mehreren* gibt es auch eine Ausstellung über Sanzeichnungen und eine über den Freiheitskampf *Koffern* der Schwarzen.

Wer sich also für die ethnischen Belange der afrikanischen Bevölkerung des südlichen Afrika interessiert, sollte sich für dieses Museum unbedingt zwei Stunden Zeit nehmen.
Duggan-Cronin Gallery: *Egerton Road,* ☎ *053-839-2722, geöffnet Mo–Fr 9–17h, an Wochenenden und Feiertagen nach Absprache.*

Reisepraktische Informationen Kimberley

Vorwahl: *053*

☞ **Wichtige Telefonnummern**
  Feuerwehr: *832-4211*
Krankenhaus: *802-1111*
Apotheke: *831-3035 (Centre Pharmacy)*

i **Informationen**
  Tourist Information Office, *Diamondveld Visitors Centre, 121 Bultfontein Rd.,*
☎ *832-7298.*

@ Internet-Café
Small World Net Café, 42 Sidney Str. (nahe des Tourist Information Office), ☎ 831 3484.

👁 Touren
Es gibt eine Reihe von Tourorganisatoren. Buchen kann man über das Tourist Office. Wer gerne ein Diamantenbergwerk besichtigen möchte, sollte sich im Voraus anmelden. Man sollte mit zwei Tagen Anmeldefrist rechnen, besonders wenn man unter Tage fahren möchte.

☞ Diamantenschleifereien
Bei der Firma **Big Hole Diamond Cutting Factory**, 51 Plims Centre, 31 Chapel Str., kann man beim Diamantenschleifen zusehen. Hier kann man auch Diamanten erstehen. Anmeldung: ☎ 832-1731.

🛏 Hotels
Diamond Protea Lodge (2) $$, 124 Du Toitspan Rd., P. O. Box 2068, Kimberley 8301, ☎ 831-1281, 🖷 831-1284, www.proteahotels.com/protea-hotel-diamond-lodge.html, modernes Hotel, günstig gelegen.
Bishops Lodge (4) $$, Bishops Avenue, ☎ 831-7876, 🖷 831-7479, www.bishopslodge.co.za, modernes Hotel. Zielgruppe: eher Geschäftsleute.
Garden Court (1) $$$, 120 Du Toitspan Rd., P. O. Box 635, Kimberley 8300, ☎ 833-1751, 🖷 832-1814, www.southernsun.com, gehobener Standard, gutes Preis-Leistungs-Verhältnis.
Edgerton House (3) $$$, 5 Edgerton Road, Belgravia, ☎ 831-1150, schöne Zimmer in stilvollem Hotel nahe am Zentrum. Swimmingpool, sehr gutes Dinner (entsprechend teuer).

🛏 Gästehäuser
Milner House $$, 31 Milner Street, Belgravia, ☎ 831-6405, 🖷 86-615-2494, www.milnerhouse.co.za, ruhig gelegen, Swimmingpool, gepflegter Garten.
Langberg Guest Farm $$, Western Front of Magersfontein Battlefield, 21 km südlich von Kimberley an der N12, P. O. Box 10400, Beaconsfield 8301, ☎/🖷 832-1001, eine echte Karoo Wild- und Viehfarm. Das Hauptthaus ist im kapholländischen Stil gebaut. Schön: die viktorianischen Bäder, Schwimmbad.

🛏 JH Jugendherbergen
Gum Tree Lodge, 2 km außerhalb der Stadt, Ecke Hull Str./Old Bloemfontein Road (R64), ☎ 832-8577, 🖷 831-5409, www.gumtreelodge.com, Schlafsäle, Doppelzimmer für Selbstversorger. Mit Swimmingpool. Hier kann man auch Fahrräder mieten. Preiswertes Restaurant direkt daneben (Old Diggers).

🛏 Bed'n Breakfast
Zurzeit ist das System noch nicht sehr ausgereift in Kimberley, aber es gibt die Möglichkeit, auf Farmen oder bei Privatleuten unterzukommen. Das Tourist Office berät Sie dazu aktuell.

Lesertipp: Übernachtungen entlang der Strecke Kimberley – Upington: **Die Tuishuis B&B**, 22 Meyburgh Str., Fraserburg 6960, ☎/🖷 023-741-1379, www.fraserburg.co.za, recht schön gelegen, mit persönlicher Betreuung.

⚠ Camping
Big Hole Open Mine Pleasure Resort and Caravan Park, *West Circular Rd.,* ☎ *830-6322,* 🖷 *831-3103, schöner neuer Platz. Leider spenden die noch jungen Bäume nur wenig Schatten.*

Riverton Pleasure Resort, *28 km außerhalb, zuerst entlang der Transvaal Street (N12), nach etwa 15 km nach links abbiegen,* ☎ *832-1703,* 🖷 *831-2017, schön gelegen. Hier gibt's auch luxuriöse Hütten.*

🍴 Restaurants und Pubs
Die gastronomische Seite der Stadt bietet nicht allzu viel. Sie können also getrost im Hotelrestaurant speisen. Ausnahme sind die Publunches in den beiden u. g. Pubs.

Star of the West (2), *West Circular Rd.,* ☎ *832-6463, ältester Pub der Stadt. Gezapftes Bier.*

Tiffany´s *(Savoy Hotel), 19 De Beers Rd.,* ☎ *832-6211, sehr gutes, „förmliches" Restaurant, ausgezeichnete Fleisch- und Fischgerichte, guter Service.*

Halfway House Pub, *229 Du Toitspan Rd.,* ☎ *831-6324, alter Pub, in dem Rhodes auf halbem Weg nach Hause sein Bier im Sattel eingenommen hat. Am Wochenende häufig Livemusik. Nicht jedermanns Geschmack: man nimmt hier seinen Drink im Auto ein.*

Mohawk Spur, *beim Garden Court, 120 Du Toitspan Rd.,* ☎ *832-6472, Steakhaus mit guter Salatbar.*

Mario's, *149 Du Toitspan Rd.,* ☎/🖷 *831-1738, http://marioskimberley.co.za, geöffnet Mo–Fr 12–15h, ab 18h, Sa und So ab 18h, gute italienische Speisen, Spaghettigerichte sind zu empfehlen.*

Umbertos, *229 Du Toitspan Rd.,* ☎ *832-8741, gute Pizzas und Pasta, sonntags geschlossen.*

Barnato's, *6 Dalham Rd.,* ☎ *833-4110, hübsches altes Kolonialhaus mit Atmosphäre. Die Küche hält eine große Auswahl an Fleisch- und Fischgerichten bereit. Besonders zu empfehlen sind jeweils die Spare Ribs und Scholle mit geräuchertem Lachs und Muscheln in Cremesauce. Unbedingt reservieren. Samstags kein Lunch, sonntags geschlossen.*

🚋 Tram
Die Straßenbahn verbindet die Innenstadt (City Hall) mit dem Kimberley Mine Museum. In der Nebensaison verkehrt sie im 2-Stunden-Takt, in der Hochsaison im Stundentakt, jeweils zwischen 9 und 16.15h.

🚌 Busverbindungen
Mehrere größere Buslinien fahren Kimberley an und unterhalten Verbindungen zu den anderen Großstädten des Landes. Die folgenden Abfahrtstage dienen nur als Anhaltspunkt und können sich nach Aussage der Busunternehmen ändern. Erkundigen Sie sich also vorher noch einmal nach dem aktuellen Stand der Dinge.

Greyhound, *www.greyhound.co.za, Busverbindungen täglich nach Johannesburg und nach Kapstadt.*

Intercape, ☎ *0861-287-287, www.intercape.co.za, mehrfach wöchentlich nach Kapstadt und Johannesburg.*

Translux, *www.translux.co.za, verkehrt zweimal wöchentlich nach Johannesburg und einmal nach Kapstadt.*

Greyhound, Intercape und Translux fahren ab Shell Ultra City an der N2.

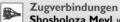

Zugverbindungen
Shosholoza Meyl, www.shosholozameyl.co.za, freitags und sonntags fährt ein Zug nach Johannesburg und Bloemfontein, mittwochs nach Kapstadt und montags nach Durban.

Flugverbindungen
SAA unterhält mehrere Flüge täglich von und nach Kapstadt, Johannesburg und Upington. Nähere Informationen erhalten Sie bei SAA (☏ 838-3339). Einen Flughafenbus gibt es nicht, aber alle größeren Hotels bringen und holen ihre Gäste vom Flughafen. Taxis können Sie ansonsten auch dorthin bringen. Der Flughafen liegt 12 km außerhalb. Fahren Sie entlang der Oliver Rd.

Mietwagen am Airport
Avis, ☏ 851-1082
Budget, ☏ 851-1182
Europcar, ☏ 011-574-1000

Taxis
Taxis stehen an der City Hall und an der Pniel Street (gegenüber dem Indischen Einkaufszentrum). Hierbei handelt es sich meist um Minibusse, die auch den Nahverkehr bestreiten. Taxiruf: ☏ 861-4015/10111.

Unterwegs von Kimberley nach Upington

 Streckenbeschreibung

Sie fahren die 411 km von Kimberley nach Upington auf der R64.

Mokala National Park

Landschaft im
Mokala National Park

Der ehemalige Vaalbos N. P. heißt nun Mokala National Park und ist fast 20.000 ha groß. In diesem Gebiet entlang des Vaal-Flusses können Sie Wildtiere folgender Arten sehen: Spitzmaulnashorn und Weißes Rhinozeros, Kap-Büffel, diverse Antilopenarten wie Eland, Kuh-Antilopen und „Tsessebes". Der Park eignet sich gut zu einem Tagesausflug, da er

nur 20 km von Barkly West und 52 km von Kimberley entfernt liegt. Der größte Teil der Vaalbos-Vegetation besteht aus Kalahari-Dornsavanne. Interessant ist auch der Baum „Camel thorn", der am häufigsten im Park anzutreffen ist. Niederschlag fällt hauptsächlich im Sommer und kann zwischen 300 und 700 mm jährlich betragen. Die Temperatur steigt gerne bis 44 °C. Dagegen sind die Winter kalt und erreichen Grade bis -4 °C.
Mokala National Park: ☎ 053-2040-158, 🖷 053-2040-176.

Upington

Upington ist mit 60.000 Einwohnern der zentrale Ort der Northern Cape Province und liegt inmitten des Bewässerungsgebietes des Oranje River. Die Stadt selber bietet eigentlich nicht viel. Unzählige Geschäfte und moderne Ladenzeilen prägen das Stadtbild. Zu besichtigen gibt es das **Kalahari Oranje Museum**, das in der alten Missionsstation untergebracht ist. Hier findet man Gegenstände zur Geschichte dieses Gebietes. Besuchenswert ist sicherlich die **Oranje River Wine Cellars Co-Operative**. Sie ist die größte Kooperative Südafrikas und die zweitgrößte der Welt. Weinproben können arrangiert werden. Günstigste Jahreszeit ist die Erntezeit (Jan. bis Apr.). Ein großer Teil der Ernte wird aber nicht zur Weinproduktion verwendet, sondern gelangt als Tafeltrauben per Flugzeug nach Europa. Daher sind die Weinfarmer besonders begünstigt, deren Ernte bereits Anfang Dezember beginnen kann, damit die Trauben rechtzeitig zur Weihnachtszeit bei uns in den Supermärkten ausliegen. Die Traubenfarm „**Karsten Boerdery**" auf Kanoneiland (20 km in Richtung Keimoes) bietet eine Gästeunterkunft. Upington bietet sich ansonsten als Basisstation an für den Besuch der **Augrabies-Fälle** (etwa 130 km westlich) und des **Kgalagadi Transfrontier Parks** (240 km nördlich gelegen).

Weinkooperative

Kalahari Oranje Museum: *4 Schroder Str.,* ☎ *054-331-2640, geöffnet Mo–Fr 9–12.30h und 14–17h.*
Oranje River Wine Cellars Co-Operative: ☎ *054-337-8800,* 🖷 *054-332-4408, www.orangeriverwines.com.*
Traubenfarm „Karsten Boerdery": *Informationen im Tourist Office in Upington (Adresse s. S. 350) oder auf der Farm selbst.*

Auf der Weiterfahrt nach Kimberley verlassen Sie das Oranje-Tal bei **Groblershoop**. Hier gibt es das kleine **Grootrivier Hotel** und am südlich gelegenen **Boegoeberg Dam** einen Campingplatz und Chalets.
Grootrivier Hotel: ☎ *054-833-0114, 34 km entfernt vom Boegoeberg Dam von der R 64 aus.*

Die Strecke ist recht langweilig, außer **Griekwastad** (Griquatown) gibt es keine Abwechslung. Hier können Sie sich das **Mary Moffat Museum** ansehen, wenn Sie etwas Zeit haben. In diesem Gebäude wurde *Mary Moffat* geboren, die Tochter des bekannten Missionars *Robert Moffat*, die später *David Livingstone* heiratete. Im Museum gibt es vornehmlich Gegenstände aus der Pionierzeit der Missionare zu sehen. Das **Louis Hotel** ist sehr einfach und der Campingplatz ist auch nicht besonders ausgestattet.

...und wieder Pionierzeit

Mary Moffat Museum: *Main Str., Griekwastad/Griquatown,* ☎ *053-343-0180. 150 km von Kimberley, nördlich von Orange River.*

Reisepraktische Informationen Upington

Vorwahl: *054*

Informationen
Tourist Office, *im Kalahari Oranje Museum*, ☎/🖷 *332-6064.*

Unterkunft
The Eiland Holiday Resort $, *Private Bag X6002, Upington 8800*, ☎/🖷 *334-0286, hier kann man zelten und Hütten am Fluss mieten.*
Oasis Protea Hotel $$, *26 Schröder Str., P. O. Box 1981, Upington 8800*, ☎ *337-8500, www.proteahotels.com/protea-hotel-oasis.html, moderner Anbau zum o. g. Protea Hotel.*
Le Must Guest Manor $$, *12 Murray Ave.*, ☎ *332-3971, www.lemustupington.com, schön am Oranje-Ufer gelegenes Gästehaus (kapholländischer Stil). Die Einrichtung und das Ambiente sind sehr gediegen, hervorragendes Frühstück.*
A La Fugue Guesthouse $$, *40 Jangroentjieweg, P. O. Box 2262, Upington 8800*, ☎ *338-0424*, 🖷 *338-0084, www.lafugue-guesthouse.com, sehr persönliches Haus mit Zimmern, die nach Musikern benannt sind. Die Bungalows und Chalets im Garten sind ideal für Selbstversorger eingerichtet. Klimaanlage!*
Upington Protea Hotel $$$, *24 Schröder Street, P. O. Box 13, Upington 8800*, ☎ *337-8400*, 🖷 *337-8499, www.proteahotels.com/protea-hotel-upington.html, gemütliches älteres Hotel mit einigem Luxus. Blick auf den Oranje River.*
A Chateau de Lux Guesthouse, *9 Coetzee Str.*, ☎ *332-6504, chateau@lantic.net, nettes B&B-Haus in der Stadt, im Art-Déco-Stil.*

Backpackers
Yebo Backpackers and Guesthouse $, *21 Morant Str.*, ☎ *331-2496*, 🖷 *332-1373, sehr sauberes, ruhiges Hostel mit Schlafsälen und Doppelzimmern. Swimmingpool und Grillplatz vorhanden.*

Restaurants
Le Must, *11a Schroder Str.*, ☎ *332-6700*, 🖷 *332-6033, à-la-Carte Restaurant mit vorwiegend kontinentaler Küche. Sehr persönlicher Service!*
Im Upington Protea Hotel befindet sich das **Spur Steakhouse**, *24 Schröder Str.*, ☎ *337-8400, Steakranch mit ausgewählter Salatbar.*

Öffentliche Verkehrsmittel
Intercape-Bus, ☎ *0861-287-287, www.intercape.co.za, Haltepunkt: die Protea-Hotels. Verbindungen: Kapstadt: 4x wöchentl., Johannesburg: 4x wöchentl., Tshwane: 3x wöchentl.*

Flüge
Je 1x täglich nach Kapstadt und Johannesburg.

Weiterfahrt zum Augrabies Falls National Park

Von Upington zum Augrabies Falls National Park sind es 128 km über die R64 durch Keimoes und Kakamas.

Augrabies Falls National Park

Für die San und Khoikhoi war der Oranje „die Mutter aller Flüsse". Sie nannten ihn Igarib, „den großen Fluss". Allein der Oranje ermöglicht Leben in diesen extrem trockenen Halbwüstenlandschaften im Norden Südafrikas.

Die Quelle des Oranje, der einen Gesamtlauf von 1 860 km aufweist, liegt auf 3.160 m Höhe in den Drakensbergen, wo hohe Niederschläge fallen, die für eine ganzjährige Wasserführung sorgen. Er hat einen unruhigen Lauf, viele Katarakte und Sandinseln, sodass er nicht schiffbar ist. Doch bei der Bewässerung sowie bei der Wasserversorgung spielt er als größter Fluss Südafrikas eine herausragende Rolle. Das **Oranje-Fluss-Projekt (ORP)** ermöglicht die Bewässerung von insgesamt 250.000 ha Land: Zwei riesige Staudämme sind bereits fertiggestellt: der Gariep Damm mit einer Kapazität von 6 Milliarden m³ und der Vanderkloof Damm mit 3 Milliarden m³.

Kurz vor der Grenze zu Namibia sorgt der Oranje für ein besonderes Naturschauspiel: Er stürzt hier in eine tiefe Schlucht, die er selbst vor ca. zwei Millionen Jahren in den rötlichen Granit gegraben hat. Die Augrabies-Fälle, seit 1967 zum Augrabies Falls National Park erklärt, gehören zu den 6 größten Wasserfällen der Welt. Insgesamt 146 m tief stürzen die braunen Fluten beim Hauptfall in die rote Granitschlucht, doch während der spätsommerlichen Hochwasserzeit steigern weitere 19 Fälle das Naturspektakel. Die gesamte Schlucht ist 9 km lang und bis zu 260 m tief.

Besonderes Naturschauspiel

Im Zuge einer Anhebung der Landmassen vor 70 Millionen Jahren begann der Oranje, sich in den Untergrund einzugraben. Man vermutet, dass der Oranje im Laufe der

Augrabies Falls

Zeit eine große Menge von Diamanten transportiert haben dürfte, um sie später vor allem in seinem Mündungsbereich abzulagern. Dort liegt heute **Oranjemund**, das Zentrum des namibischen Diamantenabbaus. Ein Teil dieser Diamanten liegt sicherlich auf dem Grunde der Schlucht, in die die Wassermassen des Oranje stürzen. Die Pflanzen- und Tierwelt ist vielfältig: Es wachsen wilde Olivenbäume, Kapweiden und Köcherbäume. Turmschwalben, Bachstelzen, Finken, Regenpfeifer, Trappgänse und Fischadler können beobachtet werden. Ebenso beanspruchen Paviane, Steinböcke, Springböcke und Klippspringer diese Gegend als Lebensraum.

Flora und Fauna

Der erste Weiße, der an die Augrabies-Fälle kam, war der schwedische Söldner *Hendrik Wikar*, der aus seiner Garnison am Kap flüchtete und sich auf eine dreijährige Wanderschaft durch die Wildnis des Nordens begab. Am 6. Oktober 1778 gelangte er an die Fälle, die die Khoikhoi „Ankoerebis" oder „Loukurubes" nannten, was „Ort des Kraches" bedeutet.

Der Augrabies Falls National Park, 9.415 ha groß, besitzt vielseitige Möglichkeiten zum Camping, hat einen schön gelegenen Caravan-Platz und bietet außerdem noch

Sukkulenten, die Trockenheits-Künstler

info

Die Sukkulenten wenden verschiedene Strategien an, um mit ihren ariden Lebensräumen fertig zu werden: Sie speichern Wasser im Stamm, in Wurzeln oder Blättern. Vor Verdunstung schützen sie sich durch Wachsüberzüge (z. B. *Aloen* und *Welwitschia*); Behaarung oder dichte Bestachelung (z. B. *Euphorbia*). Manche haben ihren Stamm sogar in die Erde verlegt (z. B. Welwitschia). Die Wasseraufnahme geschieht durch Blätter oder Pfahlwurzeln. In der Biologie unterscheidet man folgende Sukkulenten-Arten:

• **Blatt-Sukkulenten** (z. B. Lithops) speichern in stark verdickten, manchmal walzenförmigen Blättern Wasser. Diese genügsamen Pflanzen haben ihren Stammplatz im Sand (oft sind sie gar von ihm zugedeckt) oder im Gesteinsschutt. In der feuchten Jahreszeit sind die beiden dickfleischigen Blätter voll Wasser gefüllt, zwischen denen die Blüte erscheint. Lithops-Arten können lange Dürreperioden überleben. Es gibt zahlreiche Arten und Unterarten.

• **Stamm-Sukkulenten** (z. B. Köcherbäume): Die verdickten Sprosse speichern das Wasser. Köcherbäume erreichen eine Höhe von bis zu 8 m.

• **Wurzel-Sukkulenten**: Verdickte Wurzeln dienen als Wasserspeicher, so z. B. bei Welwitschia mi-

Köcherbäume sind extrem anpassungsfähig

rabilis, deren kurzer Stamm im Boden steckt. Feine Haarwurzeln saugen das Wasser des Bodens auf.

Hinweis

Der Köcherbaum-Bestand im Augrabies Falls NP wurde durch einen Buschbrand im Jahr 2005 vollständig vernichtet. Bewunderer finden ein „Wäldchen" dieser Pflanzen in der Gegend von Kennhardt, ca. 15 km hinter dem Ort in Richtung Brandvlei. (Für weitere Möglichkeiten: s. S. 361ff)

Übernachtungen in kleinen Häuschen an. Unmittelbar vom Camp führt ein kurzer Weg zur Schlucht des Oranje sowie zu den Wasserfällen. Der Weg geht über Felsen und ist zur Schluchtseite hin durch Gitter gesichert. Etwa am Ende des offiziellen Weges gibt es große **Potholes** (herausgewaschene, ausgeschmirgelte runde Löcher, bis 2 m tief), in die man hineinfallen kann. Ein ganz besonderer Tipp ist eine Fahrt mit dem Wagen auf der Parkstraße Richtung Westen. Man gelangt hier in wenigen Minuten zu verschiedenen spektakulären Aussichtspunkten: *Die berühmten „Potholes"*

- **Ararat**: ein unvergesslicher Blick in die Schlucht des mäandrierenden Oranje.
- **Oranjekom**: auch hier eine spektakuläre Landschaftsszenerie.
- **Echo Corner**: Hier sollte man vom Parkplatz ca. 100 m Höhenunterschied hinuntersteigen (10 Minuten). Dann sieht man die eindrucksvolle Schlucht des Oranje mit sehr schönem Blick zu beiden Seiten. Testen Sie das Echo!

Reisepraktische Informationen Augrabies Falls National Park

 Information
South African National Parks, *P. O. Box 787, Tshwane 0001,* ☎ *012-428-9111,* 🖷 *012-426-5500, www.sanparks.org.*
Augrabies Falls National Park, ☎ *054-452-9200,* 🖷 *054-451-5003, tgl. 7–19h.*

☞ **Eintritt**
Erwachsene 88 ZAR, Kinder 44 ZAR.

🛏 **Unterkunft**
In Augrabies: **Vergelegen $$**, *Voortrekker Rd.,* ☎ *054-431-0976, www.augrabiesfalls. co.za, schöne Zimmer, Restaurant, Shop und Informationszentrum. Im Park selbst: ein sehr schön gelegenes* **Camp** *mit Chalets und Campingplätzen sowie Restaurant und Schwimmbad. Zu buchen über* **Augrabies Falls National Park** *oder* **South African National Parks**, *Adressen s. o.*

🍴 **Restaurants**
Im Hotel sowie im National Park vorhanden.

 Klipspringer-Wanderweg
Am Caravanpark der Augrabies-Fälle beginnt ein 26 km Rundweg, der über Twin Falls, Oranjekom und Echo Corner führt. Man veranschlagt den Weg mit drei Tagen. Unterwegs gibt es Hütten; Verpflegung und Schlafsäcke müssen aber mitgebracht werden. Von Oktober bis Ende Februar werden keine Wanderungen genehmigt. Anmeldung über **South African National Parks**, *Adresse s. o., 140 ZAR pro Person.*

Weiterfahrt zum Kgalagadi Transfrontier Park

Sie fahren zurück bis Kakamas, dann Richtung Norden nach Lutzputs, überqueren die N10 und fahren weiter über Bokhara, Noenieput und Bokspits über die jetzige R360 (parallel zum Nossob Rivier) nach Twee Rivieren.

Kgalagadi Transfrontier National Park

Dieser auf südafrikanischem und botswanischem Staatsgebiet liegende Wildpark hat eine Größe von 38.000 km². Nach 10 Jahren Verhandlungen einigten sich beide Staaten *Einzig-* darauf, ein einzigartiges Ökosystem zu ermöglichen: Der botswanische Gemsbok Park *artiges* und der südafrikanische Kalahari Gemsbok Park wurden vereinigt. Die Grenze zwischen *Ökosystem* Südafrika und Botswana verläuft entlang des Nossob-Flusses. Damit das Wild bei seinen Wanderungen nicht behindert wird, ist die Grenze offen: lediglich Grenzsteine im Nossob Rivier weisen den Reisenden darauf hin, ob er sich gerade auf südafrikanischem oder botswanischem Gebiet befindet. Es ist der erste Park in Afrika, der auch formal zum „Transfrontier Park" erklärt worden ist, da er zwei Ländergrenzen überschreitet.

Der Kgalagadi Transfrontier Park liegt inmitten der Kalahari

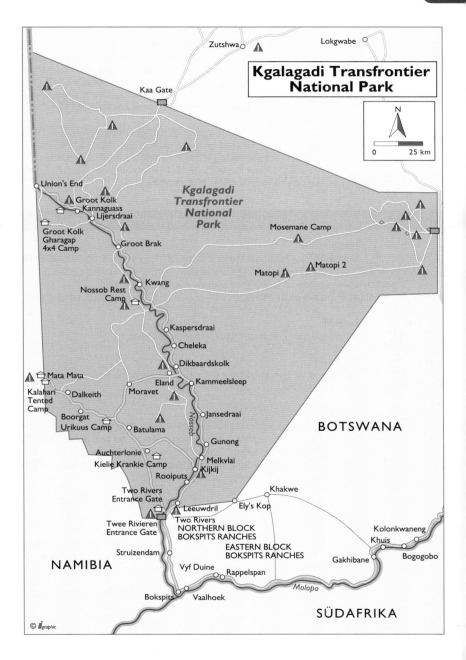

Kgalagadi Transfrontier National Park

N

0   25 km

Zutshwa

Lokgwabe

Kaa Gate

Kgalagadi Transfrontier National Park

Mosemane Camp

Union's End

Groot Kolk
Kannaguass
Lijersdraai

Groot Kolk
Gharagap
4x4 Camp

Groot Brak

Matopi   Matopi 2

Kwang

Nossob Rest
Camp

Kaspersdraai

Cheleka

Dikbaardskolk

Mata Mata

Kalahari
Tented
Camp

Dalkeith

Eland
Moravet

Kammeelsleep

Boorgat
Urikuus Camp

Batulama

Jansedraai

Nossob

BOTSWANA

Auchterlonie

Kielie Krankie Camp

Gunong

Melkvlai
Kijkij

Rooiputs

Khakwe

Two Rivers
Entrance Gate

Leeuwdril   Ely's Kop

Twee Rivieren
Entrance Gate

Two Rivers
NORTHERN BLOCK
BOKSPITS RANCHES

EASTERN BLOCK
BOKSPITS RANCHES

Kolonkwaneng
Khuis

NAMIBIA

Struizendam

Vyf Duine   Rappelspan

Gakhibane

Bogogobo

Bokspits   Vaalhoek

Molopo

SÜDAFRIKA

© *ilgraphic*

Die Wege, entlang derer man das Wild beobachtet, folgen den beiden Flüssen Auob und Nossob, die jedoch nur selten Wasser führen. Die beiden Flusstäler unterscheiden sich landschaftlich: Während der Auob Rivier (Rivier = Bezeichnung für Flusstäler) enger, grasreich und mit vielen Bäumen bestanden ist (vor allem mit Kameldorn-Bäumen, einer Akazienart), liegt der Nossob Rivier breit und weit vor dem Besucher. Im Gebiet des Nationalparks tummeln sich große Herden von Springböcken, Oryxantilopen, Blaugnus und Straußen. Oft kann man auch Löwen und Geparde beobachten.

Der Nationalpark wurde 1931 errichtet. Vorher diente das Gebiet als Farmland. Da es jedoch sehr mühsam war, hier lohnend Landwirtschaft zu betreiben, gab man die Region als Wirtschaftsland auf. Insbesondere in der sommerlichen Regenzeit erwarten den Besucher unbeschreiblich schöne Farbenspiele: Rötliche Dünen, grüne Akazien und ein tiefblauer Himmel sichern ein grandioses Naturerlebnis.

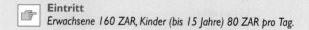

Reisepraktische Informationen Kgalagadi Transfrontier National Park

i **Information**
South African National Parks, P. O. Box 787, Tshwane 0001, ☎ 012-428-9111, 🖷 012-426-5500, www.sanparks.org, Campingplätze müssen nur während der südafrikanischen Schulferien oder an langen Wochenenden vorausgebucht werden.
Kgalagadi Transfrontier Park, ☎ 054-561-2000, 🖷 054-561-2005, tgl. ab 7.30.

☞ **Eintritt**
Erwachsene 160 ZAR, Kinder (bis 15 Jahre) 80 ZAR pro Tag.

☞ **Reisezeit**
Optimal sind die Monate Februar bis Mai. Im Süd-Sommer (November–Februar) fallen die meisten Niederschläge.

☞ **Straßen**
Alle Straßen im Park sind unasphaltierte Pisten, die in der Regenzeit z. T. überflutet sind. Die Verbindungsstraße zwischen Auob und Nossob Rivier führt über die Kalahari-Dünen und ist deshalb mit Schotter bedeckt. Insgesamt ist der Park für Pkw geeignet. Die Weiterfahrt nach Namibia ist seit 1990 bei Mata Mata leider nicht mehr möglich. Man muss also im Süden bei Mata Mata das Parkgebiet verlassen und dann über Rietfontein nach Namibia einreisen.

🛏 **Unterkunft**
Twee Rivieren $$, direkt im Süden am Nossob Fluss (Trocken-Flussbett). Das größte Camp des Parks, gleichzeitig Hauptquartier der Parkverwaltung mit kleinen Geschäften, auch Lebensmittel, Restaurant, Tankstelle, Swimmingpool. Es gibt unterschiedlich große Chalets (immer mit eingerichteter Küche, Außengrill) und schöne Campingplätze mit sauberen Toiletten/Duschen und Grillmöglichkeit
Nossob Rest Camp $$, etwa 3 ½ Stunden nördlich von Twee Rivieren entfernt, direkt am Trockenfluss Nossob. Chalets in verschiedener Größe (alle mit eingerichteter Küche, Außengrill). Campingplätze mit Grillmöglichkeit, aber kein Stromanschluss. Tankstelle, kleiner Laden. Nachtsafaris werden durch Ranger angeboten, ebenso Tages-Fußsafaris.

Mata-Mata Rest Camp $$–$$$, *am Ufer des Auob-Trockenflusses 2 ½ Stunden nordwestlich von Twee Rivieren entfernt, direkt an der namibischen Grenze. Camp mit unterschiedlichen Chalets (eingerichtete Küche, Grillstelle), Campingplätze mit Grillmöglichkeit und sauberen Toiletten/Duschen (kein Stromanschluss!).*

Außerhalb des Parks
Molopo Kalahari Lodge $, ☎/🖨 *054-511-0008, www.molopo.co.za/, ca. 60 km südlich von Twee Rivieren gelegen. Einfache Lodge, die in die Jahre gekommen ist. Schwimmbad, Restaurant. Modernisierung ist im Gange. Von der Lodge aus werden Ausflüge – z. T. mehrtägig – in die Kalahari angeboten.*
Kalahari Trails $-$$, *P. O. Box 77, Upington 8800, ☎ 054-902-916341, www.kalaharitrails.co.za, ca. 35 km südlich von Twee Rivieren gelegen. Sehr saubere Lodge, Selfcatering ohne Restaurant, 3.500 ha großes Naturschutzgebiet. Es werden hier insbesondere Wanderungen angeboten, unterwegs wird in Außencamps übernachtet. Toll: Übernachtung in einem Zelt-Buschcamp.*

 Benzin
In jedem Rastlager ist Benzin erhältlich.

 Öffnungszeiten
Der Park ist ganzjährig geöffnet.

Anschluss-Strecken

- Nach Namibia: Man muss über Twee Rivieren und Rietfontein (= Grenze) nach Namibia (Anschluss hier nach Keetmanshoop, Fish River Canyon, Lüderitz oder nach Windhoek).
- Über Augrabies/Kakamas die R64 durch Pofadder nach Springbok /Namaqualand (= 316 km).
- Über Upington die R27 nach Calvinia, nach Vanrhynsdorp (= N7) und nach Kapstadt.

Pofadder

Der Ort liegt inmitten eines Karakulschaf-Zuchtgebietes und wurde von Rev. *Christian Schröder*, einem Missionar der Rheinischen Mission, aus diplomatischen Erwägungen nach dem hier ansässigen Chief benannt. Blumen finden sich vor allem an der Piste nach Onseepkans. Hier wurde ebenfalls vom Missionar *Schröder* (wie in Upington) 1875 eine Missionsstation gegründet. Ab 1889 siedelten hier aufgrund einer immer sprudelnden Quelle weiße Siedler. Der Ort verfügt über ein einfaches Landhotel, einige Geschäfte und eine Tankstelle. Man sieht überall im Ort Windräder, die Wasser aus dem Untergrund pumpen.

🛏 **Unterkunft**
Pofadder Hotel $$, *P. O. Box 3, Pofadder 8890, ☎ (054) 933-0063, 🖨 (054) 933-0455, www.pofadderhotel.co.za, kleines, schönes Hotel, gemütliche, große Lounge mit offenem Feuer.*

Witsand Nature Reserve

 Streckenbeschreibung

Vom Nationalpark folgt man zunächst der Straße 360, dann außerhalb des Nationalparks der R 31 nach Osten bis Van Zylsrus, von hier südwärts nach Olifantshoek. 6 km westlich von Olifantshoek zweigt die Straße nach Süden zum Witsand Nature Reserve ab. Von hier aus sind es etwa 80 km zum Reserve auf einer z. T. schlechten Sandpiste.

Faszinierend: das weißsandige Dünenmeer des Witsand N. R.

Hier kann man ein faszinierendes Panorama bestaunen: 9 km lang und 4 km breit liegt ein weißsandiges Dünenmeer (**Witsand**) im Kontrast zu den roten Kalahari-Sanden. Dieser weiße Sand liegt über unterirdischen Wasserreservoirs. Wasser, das durch die Sandmeere in dieses Wasserreservoir sickert, hat im Laufe geologischer Zeiträume den *„Roaring Sands"* Eisenoxid-Mantel der Sandkörnchen gelöst. An der südlichen Seite des Dünengebiets kann das Phänomen der „Roaring Sands" erfahren werden: Die Reibung zwischen den oberen heißen und trockenen sowie den unteren kühleren Sandschichten ruft in den Monaten zwischen September und April ein Brummen hervor, wenn die obere Schicht durch Herunterrutschen an einem Steilhang in Bewegung gerät.

Unterkunft/Camp

Es gibt hier ein sehr schönes **Camp** *mit geschmackvollen Chalets, zwei Schwimmbädern sowie einem schönen Campingplatz. Ein kleiner Laden bietet die allernotwendigsten Getränke und Lebensmittel – ein Restaurant ist nicht vorhanden. Es gibt Fahrräder zu leihen, mit denen man die Parkwege befahren kann. Eine Campingsite kostet 70 ZAR pro Person. 70 km südwestlich von Postmasburg gelegen. P. O. Box 1474, Postmasburg 8420, ☎/🖨 053-313-1061/2, www.witsandkalahari.co.za.*

Fahrt vom Witsand Nature Reserve über Upington entlang dem Oranje nach Okiep/Springbok

 Streckenbeschreibung

Diese Tour ist ungewöhnlich. Sie führt von Upington über Augrabies Falls National Park, Pofadder, Pella, Klein-Pella, Goodhouse nach Okiep. Landschaftsbestimmend sind unendlich weite Ebenen, Berge am Oranje und das Oasen-Tal des Oranje selbst. Vom Witsand Reserve fahren Sie Richtung Groblershoop, wo Sie auf die Straße 64 stoßen, die auf die nach Upington führende N 10 führt. Die asphaltierte N 14 erreichen Sie in Upington, die nach Springbok (= 400 km) weiterführt. Dazwischen liegt Pofadder, ein Nest mitten im „Nirgendwo".

Von der N 14 zweigt nach ca. 25 km die Straße nach **Pella** ab. Pella wurde 1814 von der London Missionary Society gegründet. 1872 wurde die Station aufgrund einer lang andauernden Trockenheit aufgegeben und 1878 wieder von der Roman Catholic Church weitergeführt. Die Missionskirche ist auch heute noch sehenswert, ebenso das alte Missionarshaus. Im westlich gelegenen **Klein-Pella** befindet sich an den Ufern des Oranje die zweitgrößte Dattelplantage der Welt. Seit 1978 werden hier Datteln angebaut, *Dattel-* seit 1996 ebenfalls Tafeltrauben im organischen Anbau. Die Bewässerung erfolgt mittels *plantage* Flächenüberflutung auf die Dattelplantagen, während die Rebstöcke direkt bewässert werden. Pro Jahr werden 450 Tonnen Datteln geerntet, wobei 50 % in den Export gehen. Exportiert wird nach Übersee, und zwar nur die allerbeste Qualität, die den Namen „Medjoul" trägt: Dies sind besonders große und sehr süße Datteln. Während die Datteln von Mitte Februar bis Ende Mai geerntet werden, findet die Haupternte für die Tafeltrauben zwischen November und Dezember statt – rechtzeitig für den Export in das winterliche Europa.

Interessant ist die „Dattel-Logistik". Alle Datteln werden handgepflückt („selective harvesting"). Danach findet die „Fumigation" statt, mit deren Hilfe alle Insekten getötet werden. Erst dann sind die Datteln exportfähig. Sie werden nach Größe sortiert und verpackt und bei -18 Grad im Coldstorage gelagert. Danach werden sie per LKW in Kühlcontainern bei -20 Grad nach Kapstadt gebracht, von hier geht es auf Kühlschiffen nach Rotterdam.

Bemerkenswert ist die Regelung der **Wasserrechte**. Die Wasserentnahme ist reglementiert. Mit dem Kauf landwirtschaftlicher Nutzfläche kann man das Nutzungsrecht für Wasser kaufen, 15 Kubikmeter pro ha/Jahr. Dieses Recht wird mit dem Landkauf gegen einen bestimmten, einmaligen Preis erworben. Zusätzlich muss man eine jährliche Gebühr für das entnommene Wasser zahlen.

Weiterfahrt über Goodhouse und Steinkopf nach Okiep/Springbok

Vom Oranje nähert man sich nun dem Winterregengebiet der Northern Cape Province. Die Vegetation ändert sich allmählich und wird spärlicher. In der Zeit von August bis Oktober kann man herrliche Wildblumen betrachten.

In Okiep liegt das **Okiep Country Hotel**, der einzige Punkt weit und breit, wo man nett untergebracht ist und auch gut essen kann. Der Besitzer des Hotels, *Norman Featherstone*, ist Satour-Guide und bietet tolle Ausflüge in die Umgebung an. U. a. kann man durch einen fantastischen Canyon wandern, wobei man abgesetzt und nach 6 Stunden am Ende der Wanderung wieder mit dem Wagen abgeholt wird.

Wanderungen und Mountainbike-Touren

Sehr schön ist auch ein Besuch des südlich von Springbok gelegenen **Goegap Nature Reserve** (s. auch S. 379). Hier kann man tolle Sukkulenten sehen, ein Sukkulenten- und Pflanzengarten gibt darüber hinaus einen lexikalisch vollständigen Überblick über die Flora des Namaqualandes.

Neue touristische Angebote im Sinne eines „community based project" bietet die ca. 50 km nördlich von Okiep liegende Nama-Gemeinde **Steinkopf** an. Hier hat man – mit Führung – die Möglichkeit, die Missionskirche sowie den lokalen Friedhof zu besuchen, wo sich Missionarsgräber befinden. Es werden ebenfalls mehrstündige Wanderungen in der Umgebung angeboten, wobei man am Ende typische Nama-Gerichte probiert, u. a. das köstliche „*ash bread*" (Brot, das über der Glut gebacken wird). Der Besucher kann auch traditionelle Nama-Hütten besichtigen, in denen Frauen verschiedenen Flecht- und Schneiderarbeiten nachgehen. Oft wird in das Besichtigungsprogramm auch der Schülerchor der Highschool einbezogen: Dies ist ein wunderschönes Erlebnis. **Kontakt:** *Tourism Commitee,* ☎ *721 - 8162.*

Von Okiep nach Eksteenfontein

 ### Streckenbeschreibung

Über die N 7 erreicht man nach ca. 115 km die Grenze zu Namibia bei Vioolsdrif. Von hier aus fährt man nach Westen auf einer staubigen Piste parallel zum Oranje.

Unterkunft
Es gibt hier eine Reihe von Campingplätzen, die vor allem für Kanureisende gedacht sind. Zwei Campingplätze sind besonders zu empfehlen: **Oewerbos Park** *(ca. 12 km von Vioolsdrif) und* **Peace of Paradise** *(weitere 12 km nach Westen).*

Peace of Paradise liegt idyllisch an einer Oranje-Biegung, ist sehr gepflegt und leise, da keine Kanugruppen akzeptiert werden. Trotzdem kann man hier einen individuellen Kanu-Tagestrip arrangieren.

Vom Peace of Paradise-Camp fährt man ca. 37 km nach Südwesten und erreicht die Piste nach Eksteenfontein. Diesen kleinen Namaort erreicht man nach weiteren 8 km. Ca. 10 km entfernt liegt das **Rooiberg Guesthouse** inmitten einer stillen Berglandschaft. Das Haus wird von Namafrauen bewirtschaftet, ist sehr sauber, hat aber keine Elektrizität. Stattdessen gibt es Petroleumlampen, und eine Namafrau bereitet über dem offenen Feuer köstliches Grillfleisch für die Gäste und backt parallel dazu frische Brötchen.

Köcherbaumwald und Fish River Canyon (Namibia) – Namaqualand – Kapstadt

Überblick Namibia-Abstecher

Der lange Weg nach Kapstadt (über 1.200 km) führt über eine kurze Strecke durch den äußersten Südosten von Namibia. Der bereits im Kgalagadi Transfrontier Park gewonnene Eindruck der landschaftlichen Weite und Schönheit erfährt eine weitere Steigerung durch den Besuch des Köcherbaumwaldes bei Keetmanshoop, wo wahre Sukkulentenwälder dieses so markigen Baumes wachsen. Nicht mehr weit ist es dann zum Fish River Canyon mit seinen phantastischen Ausblicken.

Fast könnte man diese Landschaft mit ihren bizarren Tafelbergen und abrupt abbrechenden Landstufen als das **„Outback" Namibias** bezeichnen. Es ist eine der trockensten Landschaften des südlichen Afrika mit weniger als 200 mm Niederschlag im Jahr. Man kann sich natürlich länger hier aufhalten: Lüderitz, die alte Hafenstadt aus der deutschen Kolonialzeit, lohnt den Besuch ebenso wie die verlassene „Diamanten-Ghosttown" Kolmannskuppe. Auch ein Aufenthalt auf einer der urigen Gästefarmen im Randbereich der Namib ist reizvoll (Farm Namtib, Farm Sinclair westlich von Helmeringhausen).

Outback Namibias

Bei Vioolsdrif erreicht man nach der Überquerung des Oranje wieder Staatsgebiet der Republik Südafrika und fährt durch das im Frühjahr herrlich blühende **Namaqualand**.

☞ Planungsvorschläge

Mata Mata – Keetmanshoop: 336 km, 1 Tag. Von Twee Rivieren die R360 nach Süden, dann die R31 nach Westen zum Grenzübergang Rietfontein. Von hier die C16 über Aroab nach Keetmanshoop.

Keetmanshoop – Holoog - Fish River Canyon – Noordoewer: 414 km, 2 Tage. Straße B4 Richtung Lüderitz 32 km, danach links auf die 545 (33 km), danach wieder links auf die C12 (49 km), nun rechts auf die 601 Richtung Fish River Canyon (ca. 60 km), zurück über die von der 601 abbiegende 324 Richtung Ai-Ais, dann auf die C10, die nach 50 km auf die B1 (Hauptstrecke Windhoek-Kapstadt) führt; nach 108 km erreichen Sie Noordoewer.

Noordoewer – Kapstadt: 685 km, 2-3 Tage. Die N7 führt direkt nach Kapstadt.

Namaqualand Nordwestlich am Oranje liegt der Richtersveld National Park, dessen bizarre Landschaft abrupt am Südufer des Oranje endet.

Auf dem weiteren Weg nach Süden reizen Abstecher an die wild-einsame Westküste, z. B. nach Hondeklipbaai. Aber auch Clanwilliam, die Cederberge oder der West Coast National Park „verlängern" auf angenehme Weise den Weg nach Kapstadt.

Köcherbaumwald

Der Köcherbaumwald liegt in der Nähe von Keetmanshoop auf dem Gelände der Farm Gariganus. Hier wachsen ca. 300 sog. Baum-Aloen („Aloe dichotoma"), die zu den Sukkulenten zählen. Die Gruppe der Sukkulenten ist vor allem gekennzeichnet durch ihre Fähigkeit der langfristigen Wasserspeicherung. Diese Pflanzen speichern das Wasser in ihrem großzelligen Gewebe.

Der Name „Köcherbäume" ist wie folgt zu erklären: Die San höhlten ihre Äste aus und die das Pflanzenmark umgebende Rinde diente als Köcher für die Pfeile. In ganz Namibia stehen Köcherbäume unter Naturschutz. Sie erreichen eine Höhe von etwa 8 m. (Siehe auch Informationen über Sukkulenten – Augrabies Falls, S. 352.)

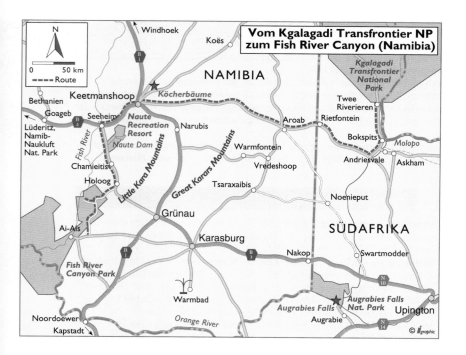

Köcherbäume

Reisepraktische Informationen Köcherbaumwald

Vorwahl von Südafrika aus: *09264*, **internationale Vorwahl:** *00264*

Unterkunft
Am Eingang liegt das **Quivertree Forest Restcamp**, *P. O. Box 262, Keetmanshoop,*
☎/🖷 063-222835, www.quivertreeforest.com, einfaches Camp mit Campingplätzen, Hütten,
Duschen und WC.

Von Keetmanshoop über den Naute Damm zum Fish River Canyon

Keetmanshoop

Keetmanshoop liegt 1.002 m über dem Meeresspiegel und hat heute über 17.000 Ein- *Ehemalige* wohner. Der Ort wurde 1866 als Missionsstation der Rheinischen Mission gegründet, *Missions-* um die Nama in dieser Region zu bekehren. Die Geldmittel stellte der wohlhabende *station* deutsche Industrielle *Johann Keetmann* zur Verfügung, der diesen Ort aber nie besuchte. Keetmanshoop liegt an den Ufern des Swartmodder River, der meistens trocken ist, aber nach kurzen, heftigen Regengüssen Wasser führt. Die Stadt wuchs um die Missionsstation herum; die 1895 erbaute Steinkirche dominiert auch heute noch. 1894 wurde hier ein Fort errichtet und 1908 wurde die Schmalspurbahn nach Lüderitz fertiggestellt.

Raue Die Gegend um Keetmanshoop ist sehr rau und äußerst trocken; der Niederschlag pro
Gegend Jahr beträgt nur 100–200 mm. Das Trinkwasser stammt vom Naute Damm, der den Lö-
wenfluss aufstaut (ca. 50 km südwestlich). Der Haupterwerbszweig ist die Haltung von
Karakulschafen. Keetmanshoop wird auch als die Hauptstadt des Südens bezeichnet.
Immerhin handelt es sich hier um die viertgrößte Stadt des Landes.

Reisepraktische Informationen Keetmanshoop

Vorwahl von Südafrika aus: *09264,* **internationale Vorwahl:** *00264*

ℹ️ Information
Southern Tourist Information, *im ehemaligen Kaiserlichen Postamt am
Stadtgarten gelegen, geöffnet: Mo–Fr 07.30h–12.30h und 14–17h, Sa 09–12h.*

🛏️ Unterkunft
Birds Mansions Hotel $$$, *P. O. Box 460, 6th Ave, Keetmanshoop,* ☎ *063-
221711,* 🖨 *063-221730, www.birdsaccommodation.com, im Zentrum des Ortes. Durchaus
stilvolles Hotel, alle Zimmer sind nett eingerichtet und verfügen über Klimaanlage. Swimming-
pool und Biergarten, großes Restaurant, sichere Parkplätze. E-Mail und Internetzugang (ein Inter-
net-Café nebenan).*
Bird´s Nest Bed & Breakfast $$$, *P. O. Box 460, Pastorie Street,* ☎ *063-222906,
www.birdsaccommodation.com, nette, persönliche Pension im Zentrum gelegen, 10 Doppel-
zimmer mit Klimaanlage, sicheres Parken, Lounge-Bar.*
Pension Gessert $$$, *P. O. Box 690, Keetmanshoop,* ☎ *063-223892,* 🖨 *063-223892,
www.natron.net/gessert, nette, persönlich geführte Pension mit 5 Zimmern, Abendessen kann
auf Bestellung zubereitet werden.*
Central Lodge $$$, *5th Avenue,* ☎ *063-225850,* 🖨 *063-224984, www.central-lodge.
com, große, saubere Zimmer mit Klimaanlage, Swimmingpool, Restaurant, zentrale Lage, gu-
ter Service.*
Canyon Nest Hotel $$$$, *bereits von der B 1 sichtbar, P. O. Box 950, Keetmanshoop,*
☎ *063-223361,* 🖨 *063-223714, canyon@namibnet.com, komfortables Hotel für den Durch-
reisenden, viele Busgruppen. 50 DZ, Schwimmbad vorhanden.*

Tankstellen
Keetmanshoop, Ai-Ais, Canyon Roadhouse

Fish River Canyon/Ai-Ais

Die Strecke führt Sie in den sehr trockenen Süden. Vom Naute Damm aus können Sie
den weiten Blick auf das sonst eher flache Land genießen. Die Vegetation besteht aus
vielen Bittersträuchern, Grasbüscheln und niedrigen Büschen. Später sehen Sie östlich
die Kleinen Karasberge (bei Holoog). Nach Ai-Ais windet sich der Weg zum Fischfluss
hinunter. Die herrlichen Ausblicke vom Rand des Fischfluss-Canyons werden den Höhepunkt der Fahrt bilden. Man sollte den Canyon nicht erst am späten Nachmittag besuchen, da dann die Sonne die Schlucht nicht mehr ausleuchtet.

Entfernung und Streckenbeschreibung

Entfernung: Keetmanshoop – Ai-Ais: ca. 270 km (mit Abstechern zu den Aussichtspunkten). Fahren Sie ab Keetmanshoop zunächst die Teerpad Richtung Lüderitz. Nach 32 km kommt eine Abzweigung nach links auf die Pad 545, die Sie am **Naute Damm** vorbeiführt (schöne, sehr einsame Landschaft). Dann kommen Sie auf die Hauptpad C12 und biegen hier nach links Richtung Holoog ein. Die Pad führt entlang der Bahnlinie. Nach 47 km biegen Sie dann hinter Holoog auf die Pad 601 Richtung Fish River Canyon ein. Nach 45 km erreichen Sie den Canyon. Danach fahren Sie die gleiche Straße 14 km zurück, nach rechts geht es dann auf die Pad 324 nach Ai-Ais (57 km).

Bis auf den kurzen Abschnitt Keetmanshoop – Abzweigung zum Naute Damm ist die gesamte Strecke nicht asphaltiert, aber in gutem Zustand.

Naute Damm

Der 1972 erbaute Damm hat ein Stauvolumen von 83 Millionen m³ und ist damit der drittgrößte Staudamm des Landes. Er staut den Großen Löwenfluss auf.

Fish River Canyon

Der Fish River Canyon gilt nach dem Grand Canyon als zweitgrößter der Welt. Insgesamt ist der Fish River Canyon 161 km lang, bis zu 27 km breit und bis 549 m tief. Er beginnt bei **Seeheim im Norden** und hat seinen Ausgang bei **Ai-Ais im Süden**. Im östlichen Naukluft-Gebirge entspringend, ist der Fischfluss bis zu seiner Mündung in den Oranje insgesamt 650 km lang. Wenn man heute auf den Fischfluss (ca. 500 m tiefer) hinabschaut, glaubt man nicht, dass er die Kraft hatte, eine so große Erosionsleistung zu vollbringen. In der Tat fließt er in der heutigen Klimaperiode nur äußerst langsam und z. T. sogar mit Unterbrechungen. Ihm wird ja auch weiter im Norden erheblich Wasser abgezapft (Hardap Damm, Bewässerungen).

Zweitgrößter Canyon der Welt

Die Haupt-Erosionstätigkeit liegt schon lange zurück. In den sog. Pluvialzeiten (Regenzeiten) führte der Fluss vor vielen Millionen Jahren sehr viel Wasser, sodass er sich in die Quarzite, Dolomite und Kalksteine hineinfressen konnte. Im Gegensatz zum Grand Canyon in Arizona/USA ist der Fish River Canyon nicht ausschließlich ein Produkt der Erosion. Vielmehr ist der Hauptteil der Schlucht ein Erosions- und Einbruchstal. Der Fischfluss führt heute als längster Fluss des Landes nur periodisch Wasser. In der Trockenzeit sieht man nur eine Reihe von Wassertümpeln. Trotzdem: In regenreichen Jahren vermag der Hardap Damm seine Fluten nicht zu halten. 1988 überflutete der Fischfluss Ai-Ais.

Wandern durch den Fischfluss-Canyon

Die Länge der Wanderung vom Aussichtspunkt im Norden nach Ai-Ais im Süden beträgt 86 km. Dafür muss man ca. 3–5 Wandertage veranschlagen. Belohnt wird der Wanderer durch die wildromantische Szenerie des Canyons.

Am besten beginnt man die Wanderung am Aussichtspunkt nördlich (rechts) vom Hauptaussichtspunkt, auf den die Straße zuführt. Ein steiler Weg führt in ca. 45 Minu-

Fish River Canyon – zweitgrößter Canyon der Welt

ten an den Fischfluss. Man folgt dann den Fluss-Mäandern, überquert gegebenenfalls den zum größten Teil schmalen und flachen Fluss und sucht sich das Flussufer aus, an dem man voraussichtlich am besten wandern kann. Der Weg führt im Allgemeinen langsam abwärts; nur an den sandigen oder felsigen Stellen wird die Wanderung etwas strapaziöser.

Es gibt keine festen Übernachtungsplätze, man hat also freie Wahl! Ein Lieblingsplatz ist die Stelle an den Schwefelquellen, denn hier stehen einzelne Palmen, die vermutlich während des 2. Weltkrieges von flüchtenden deutschen Gefangenen gepflanzt wurden. Am Ende der Wanderung erreicht man Ai-Ais.

Wenn Sie den Fischfluss-Canyon erreichen, stoßen Sie auf den **Hauptaussichtspunkt**. Es gibt aber noch weitere, sehr gute Stellen, von denen aus Sie den Canyon einsehen können: Vom Hauptaussichtspunkt, auf den die Pad 601 stößt, geht nach rechts eine Spur zu einem weiteren Aussichtspunkt ab, wo ein Weg in den Canyon führt (unangemeldet Wandern im Canyon ist aber streng verboten). Der Abstieg dauert etwa 45 Minuten, der Aufstieg ca. 1 ½ Stunden. Vom Hauptaussichtspunkt fahren Sie den Weg etwas zurück. Eine Abzweigung nach rechts (Süden) führt Sie zu weiteren Aussichtsstellen.

Ai-Ais

Dazu eine kurze **Vorgeschichte**: Nach Überlieferungen suchte ein kleiner Hirtenjunge 1850 verloren gegangenes Vieh. Dabei entdeckte er zufällig die warmen Quellen von Ai-Ais, was der Nama-Sprache nach die Bedeutung von „sehr heiß" hat.

Warme Quellen

Die Quellen hier sind reich an Fluoriden, Sulfaten und Chloriden. Das Wasser hat eine Temperatur von 60 °C und speist sowohl Bäder (Swimmingpool) draußen als auch in der Halle (Wannenbäder). Dieses Heilbad ist insbesondere für Rheumakranke empfehlenswert, aber ebenso ist es für einen Erholungsaufenthalt während einer Reise ideal. Man kann hier Wanderungen unternehmen und in den umliegenden Bergen Rosenquarz finden. Selbst in der „Winterzeit" steigen aufgrund der geschützten Lage die Mittagstemperaturen bis auf 25 °C!

Reisepraktische Informationen Ai-Ais

Vorwahl von Südafrika aus: *09264*, **internationale Vorwahl:** *00264*

Unterkunft

Ai Ais Rastlager $$, *Buchung über Namibia Wildlife Resorts, Private Bag 13378, Windhoek, ☎ 061-285-7200, ☎ 061-224-900, www.nwr.com.na, ☎ in Ai Ais: 063-262045, ☎ 063-262047. Am Ende des Canyons über die C 37 oder C 10 erreichbar. Anfang 2009 (Februar) eröffnete das komplett renovierte Ai-Ais Camp. Schön ist der warme Außenpool. Restaurant und Tankstelle sowie Laden vorhanden. Man kann vom Lager-Endpunkt des Fish River Canyons schöne Wanderungen unternehmen. Der große Campingplatz bietet wenig Schatten, allerdings gibt es einige Rasenplätze unter großen Bäumen. Gute sanitäre Einrichtungen, allerdings in der Hochsaison sehr unruhig. Das Thermalbad kann man im Übrigen auch innerhalb eines Tagesausflugs von den anderen Unterkünften aus besuchen. Vorsicht: in den Sommermonaten extrem heiß!*

Seeheim Hotel $$, *P. O. Box 1338, Keetmanshoop 9000, ☎ 063-250503, ☎ 063-250531, www.seeheim.co.za, direkt an der B 4 in einem Talkessel der alten Bahnstation gelegen. Das Hotel ist sehr nostalgisch und gemütlich, bietet saubere Zimmer und hat so etwas wie ein rustikales Ambiente. Restaurant, Swimmingpool, Veranda. Alternative zu Keetmanshoop und zum Fish River Canyon, falls dort alles ausgebucht sein sollte.*

**Fish River Guest Farm $$$$**, *mit Campingmöglichkeit, POB 1840, ☎ 063-693005, ☎ 063-693006, www.canyonnaturepark.com, Schlafhaus mit Selbstverpflegung (The Stable), Koelkrans Camp (Campingplätze) 12 N$/PP und 200 N$/Auto. Anfahrt von Keetmanshoop über B 4 bis Seeheim, dann nach Süden 32 km entlang der C 12, an der rechten Seite dann Einfahrt zur Farm (weitere 20 km). Die Lodge liegt außerhalb des offiziellen Naturschutzparks Fish River Canyon und hat keine eigene Zufahrt dorthin. Die Unterkünfte sind generell einfach, Wanderungen im Fish-River-Tal werden angeboten (Fish River Canyon Trail 12 km vom Farmhaus mit Ausblicken auf das Flusstal, auch 5-Tage-Wanderungen werden angeboten).*

Canyon Roadhouse $$$$, *mit Campingmöglichkeit, direkt: ☎ 063/266031. An der C 37 gelegen, ca. 18 km nach dem Abzweig von der C 12. Sehr originelle, liebevoll restaurierte Unterkunft mit gemütlicher Bar und urigem Außenbereich. Tankstelle vorhanden.*

Canyon Lodge $$$$, *direkt: 063-693 014. An der C 37 gelegen, ca. 7 km südlich der Abzweigung zum Fish River Canyon. Wunderbare Lage einer in die Landschaft eingepasster Lodge. Man wohnt in originellen, z. T. in den Fels gebauten riedgedeckten Unterkünften (30). Das alte Farmhaus (1908) dient als Restaurant, das mit guter namibischer Küche verwöhnt. Busgruppen werden angenommen, insofern ist man im Canon Roadhouse individueller untergebracht. Sehr schöne Terrasse mit toller Aussicht!*

Die Gondwana Collection, zu der unter anderem die 4 Lodges (s. u.) im Naturschutzgebiet Gondwana Canyon Park gehören, setzt sich in Namibia seit vielen Jahren sehr erfolgreich für Naturschutz und sanften Tourismus ein. Die Lodges werden besonders umweltschonend be-

trieben: So stammen etwa 70 % der verwendeten Nahrungsmittel aus eigenem Anbau. Auch die Schaffung von Arbeitsplätzen und die Ausbildung der Mitarbeiter gehören zum Erfolgsmodell.

Buchungen aller Unterkünfte bei: Gondwana Travel Center Booking Office, *P. O. Box 80205, Windhoek,* ☎ *061/230066,* ☎ *061/251863, 24h-Service: 0811/1292424, www.gondwana-collection.com, www.gondwana-canyon-park.com.*

Canyon Mountain Camp $, *direkt:* ☎ *063/693014,* ☎ *063/693017, das Camp liegt 6 km von der Canyon Lodge entfernt und bietet 8 Doppelzimmer für Selbstversorger, mit Grillmöglichkeit, voll ausgestattete Küche, gemeinsame Toiletten und Duschen. Sehr idyllisch in den Dolerit-Bergen gelegen!*

Canyon Village, *direkt:* ☎ *063/693025,* ☎ *063/693027, 20 km vom Fish River Canyon entfernt. Das Canyon Village wurde im kapholländischen Stil erbaut und ist von Bergen umgeben. Für die Gäste stehen 42 Zimmer mit eigenem Badezimmer, Grasdach und je eigener Veranda zur Verfügung. Zudem gibt es ein Schwimmbad, einen zum Teil überdachten Biergarten sowie ein Restaurant mit einem wunderschönen Ausblick auf die Landschaft. Am Abend werden Sundowner-Fahrten und Wanderungen angeboten.*

Rastlager Hobas, *10 km vom nördlichen Hauptaussichtspunkt auf den Fish River entfernt vor der Einmündung der Pad 324 nach Ai-Ais, mit Swimmingpool, sehr schöne Anlage! Das Camp in Ai-Ais ist vom 2. Freitag im März bis zum 31. Oktober geöffnet. Das Touristenlager verfügt über Hütten, Zelte, Wohnungen, Camping- und Zeltplätze. Ein Laden, ein Restaurant und eine Tankstelle sind vorhanden. Man muss vor Sonnenuntergang im Camp sein und darf es nicht vor Sonnenaufgang verlassen. Die Essenszeiten im Restaurant sind: 7–8.30h, 12–13.30h und 18–20.30h. Reservierungen:* **Namibia Reservations**, *P. O. Box 2172, Otjiwarongo,* ☎ *067-304-716,* ☎ *067-304-728, oder direkt in Windhoek, Independence Ave., Erkrath-Gebäude (neben dem Souvenirgeschäft „Bushmanart").*

Überblick Namaqualand

Redaktions-Tipps

▸ Einen Tag **in Springbok** (S. 377) **verweilen** und die Umgebung erkunden, einschließlich des Goegap N. R.

▸ **Übernachtung** im Springbok Hotel oder einem Haus der Springbok Lodge (S. 378).

▸ Einen Tag auf einer abgelegenen Piste herumfahren, um das **Namaqualand richtig zu spüren** (Vorschlag: Messelpad Pass (S. 379) oder Piste nach Port Nolloth (S. 380)).

▸ Sich nach **Touren ins Richtersveld** (S. 371) erkundigen.

▸ **Fotofreunde** sollten sich im Kamieskroon Hotel (rechtzeitig) zu einem Workshop einbuchen (S. 381).

▸ Nicht auf schnellstem Weg nach Kapstadt fahren, sondern entweder im Süden an die Küste nach **Lamberts Bay** (S. 444) oder **Velddrif** (S. 443) abbiegen und dort **Crayfish essen** oder einen Abstecher in die **Cederberge** (S. 373) machen.

Auf den ersten Blick wirkt das Namaqualand öde und menschenfeindlich. Wie an der Küste Namibias fallen auch hier nur wenige Niederschläge, die teilweise noch unter 50 mm/Jahr liegen. Bis zur Mitte des 19. Jh. lebten hier nur San. Erst die Kupfererzfunde bei Springbok lockten die ersten Weißen hierher. Mittlerweile wurden an der Küste auch Diamanten gefunden, und Farmer haben sich auf Schafzucht konzentriert.

Nur im Süden, in der Umgebung von Clanwilliam und Citrusdal, wird bewässert, sodass neben Tabak und Weizen auch Wein und Zitrusfrüchte angebaut werden. Berühmt ist auch der **Rooibos-Tee**, ein aromatischer und Vitamin-C-reicher Tee.

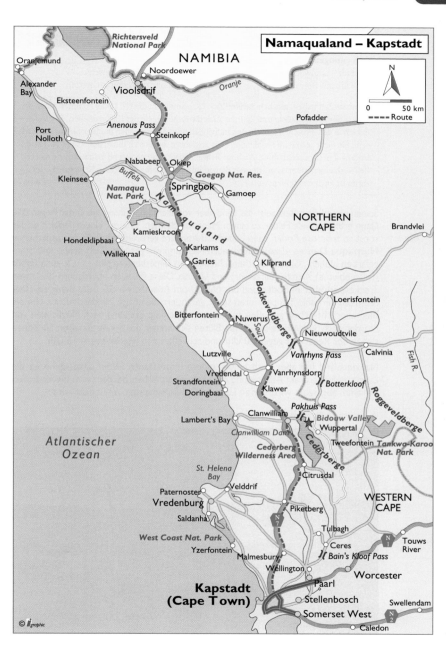

Namaqualand – Kapstadt

N

0   50 km
- - - - Route

Richtersveld National Park
NAMIBIA

Oranjemund
Alexander Bay
Eksteenfontein
Noordoewer
Vioolsdrif
Oranje
Pofadder

Port Nolloth
Anenous Pass
Steinkopf

Nababeep   Okiep
Kleinsee
Buffels
Namaqua Nat. Park
Goegap Nat. Res.
Springbok
Gamoep
NORTHERN CAPE
Brandvlei

Hondeklipbaai
Kamieskroon
Namaqualand
Wallekraal
Karkams
Garies
Kliprand

Bitterfontein
Nuwerus
Sout
Bokkeveldberge
Loerisfontein
Nieuwoudtville
Vanrhyns Pass
Calvinia
Fish R.

Lutzville
Vredendal
Strandfontein
Doringbaai
Klawer
Vanrhynsdorp
Botterkloof
Roggeveldberge

Lambert's Bay
Clanwilliam
Clanwilliam Dam
Pakhuis Pass
Bidouw Valley
Wuppertal
Tweefontein   Tankwa-Karoo Nat. Park

Atlantischer Ozean
Cederberg Wilderness Area
Cederberge
Citrusdal

St. Helena Bay
Velddrif
Paternoster
Vredenburg
Saldanha
Piketberg
WESTERN CAPE

West Coast Nat. Park
Yzerfontein
Tulbagh
Ceres
Touws River
N1

Malmesbury
Bain's Kloof Pass
Wellington
Worcester
N7

Kapstadt (Cape Town)
Paarl
Stellenbosch
Somerset West
Swellendam
Caledon
N2

© *igraphic*

👉 Entfernungen und Planungsempfehlungen

Entfernungen:

Kapstadt – Clanwilliam: _____244 km

Clanwilliam – Springbok: _____345 km

Springbok – Pofadder: _____165 km

Springbok – Noordoewer/
Vioolsdrif (Namibia-Grenze): __126 km

Wenn Sie Zeit haben, machen Sie eine Zick-Zack-Route um die N7. Dabei kommen Sie in den Genuss der Atlantikküste und können auch die Randgebiete der Karoo erleben. Erkundigen Sie sich in den einzelnen Ortschaften individuell nach den aktuellen Blumenstandorten. Auch wenn Sie nicht gerade im Frühling hier entlangfahren, bietet sich Ihnen abseits der N7 ein eindrucksvolles Landschaftsbild. Wichtig: Nehmen Sie immer genügend Trinkwasser und eventuell auch einen Reservekanister mit Benzin mit! Ein Zelt für die kleinen Küstenorte oder die Karoo ist auch empfehlenswert.

Blumen-meer

Seinen eigentlichen Reiz zeigt das Land aber vor allem im Frühling, wenn der Regen fällt. Dann erblühen viele Felder zu einem Meer von Blumen. Wie mit einem Teppich ist der sonst so trostlose Boden dann bedeckt. Besonders verbreitet sind die orangefarbenen **Namaqua Daisies** *(dimorphoteca)*, auch Kapmargerite genannt. Gelb, ocker- und orangefarben blühen „Gänseblümchen". Neben den *Dimorphoteca* gibt es u. a. auch *Cotula* (Laugenblume), *Arctotis* (Bärenohr) und Ursinia. Diese Pflanzen überdauern die langen Trockenperioden im Boden und der Nebel vom Atlantik, wo der kalte Benguela-Meeresstrom für kühle Temperaturen sorgt, garantiert die nötige Mindestfeuchte. Um die Blumenpracht richtig genießen zu können, sollten Sie das Land nach Möglichkeit von Norden nach Süden bereisen, da die Blüten sich immer der Sonne zuneigen. Sie öffnen sich in der Regel erst gegen 10 Uhr und schließen sich wieder gegen 16 Uhr.

Namaqualand hat aber auch einige andere interessante Seiten. Dazu gehören die Langustenfischerei am Atlantik und das Diamantentauchen, bei dem vom Meeresboden Schlamm abgesaugt wird, der an Land dann auf Diamanten untersucht wird.

Im Frühling ein Blumenmeer – Namaqualand

Gute Regionen, um die Wildblumen im Frühling zu bewundern:
* *die Gebiete links und rechts der N7,*
* *bei Springbok das Goegap Nature Reserve,*
* *bei Clanwilliam das Naturschutzgebiet Ramskop,*
* *das Bidouw Valley („Mikrokosmos des Namaqualandes")*
* *und in verschieden Gebieten abseits aller Hauptrouten. Hierzu müssen Sie sich in jedem Ort erkundigen, wo es Pflanzen zu sehen gibt.*

Richtersveld National Park

👉 Streckenbeschreibung

Von Namibia oder von Springbok aus kommend auf der N 7, dann über Eksteenfontein nach Sendlingsdrift. Hier befindet sich der einzige Parkeingang, wobei man südlich davon bei Helskloof Gate aus dem Park herausfahren kann.
Von Eksteenfontein fährt man ca. 120 km bis nach Sendlingsdrift.

Im äußersten Nordwesten der Northern Cape Province von Südafrika gelegen, symbolisiert der Richtersveld National Park eine der letzten Wildnisse des südlichen Afrika. Das Gebiet ist eine „mountain desert", eine Gebirgswüste mit weniger als 50 mm Jahresniederschlag. Oft bringen Morgennebel die erforderliche Feuchtigkeit vom Meer (Ursache: der kalte Benguelastrom). Im Park selbst haben sich die wasserspeichernden Sukkulenten den klimatischen Bedingungen angepasst. Dazu gehören die Köcherbäume, artverwandte Stammessukkulenten wie die *Aloe Pillansii* sowie die nur hier vorkommenden „halfsmen". Im Norden grenzt der Park an den Oranje, am anderen Ufer liegt Namibia.

Der Park ist durch ein Wegesystem gut erschlossen, wobei es in einigen Flusstälern sehr sandig werden kann. Ebenso sind die Abstiege von der Hochfläche zum Oranje, z. B. zum Camp De Hoop, selbst für geübte Offroad-Fahrer eine Herausforderung. Im südlichen Teil sind die Wege in ausgezeichnetem Zustand. Es gibt 5 nicht eingerichtete Campingplätze im Parkgebiet: Pooitjiespram, de Hoop, Richtersberg, Kokerboomkloof und de Koei.

Reisepraktische Informationen Richtersveld National Park

 Information & Buchung
South African National Parks, P. O. Box 787, Tshwane 0001, ☎ 012-428-9111, 🖷 012-426-5500, www.sanparks.org.

🛏 **Unterkunft**
Alle Unterkünfte und Campingplätze buchbar über **South African National Parks** *(s. o.).*
Sendelingsdrift Restcamp, *direkt am Eingang im Westen in den Richtersveld-Teil des Nationalparks, 10 ansprechende, aber einfache Chalets für Selbstversorger, Klimaanlage, Veranda mit Blick auf den Oranje, Campingplatz (kein Strom) und Swimmingpool vorhanden.*

Tatasberg und Ganakoriep Wilderness Camps, *in beiden Camps gibt es einfache Chalets bzw. zeltartige Unterkünfte, Selbstversorgung, gute sanitäre Einrichtungen mit warmem Wasser, Trinkwasser muss mitgebracht werden, Campingmöglichkeiten.*

⚠️ **Camping**
De Hoop Restcamp, *direkt wunderschön am Oranje-Ufer gelegen, 12 Plätze, sanitäre Einrichtungen nur mit kaltem Wasser, Potjiespram Restcamp (18 Plätze, sanitäre Einrichtungen nur mit kaltem Wasser), Richtersberg Restcamp (direkt am Oranje, 12 Plätze, sanitäre Einrichtungen nur mit kaltem Wasser), Kokerboomkloof Restcamp (kein Wasser, nur einfache „Trocken-Toiletten", 8 Plätze).*

Allgemeine Informationen zum Gebiet zwischen dem Oranje und den Cederbergen (Citrusdal)

Geografie

Verschiede-
ne Klimate
Das Gebiet teilt sich in vier große Einzelgebiete auf (einschließlich des Oliphants River Valley und der Cederberge wären es sechs), die alle einer anderen geologischen Formation angehören und deren Mikroklimate verschiedenste Boden- und Vegetationsverhältnisse geschaffen haben:

Richtersveld
Diese Bergwüste erstreckt sich im Nordwesten von der namibischen Grenze hin bis zur Asphaltstraße nach Port Nolloth und bis zur N7. In dieser Region finden sich unzählige Sukkulenten, die kaum größer als 50 cm

werden. Eindrucksvoll sind besonders die Gegensätze zwischen grün-bunten Blumenwiesen und der kargen Bergwüste. In einem Reservat wohnen noch einige Namas, die hier alleinige Weiderechte haben.

Namaqualand Klipkoppe
Das Gebiet erstreckt sich von Springbok entlang der N7 bis etwa Bitterfontein. Berge mit Höhen bis 1.700 m prägen das Landschaftsbild. Hier sind Niederschläge von 200 mm keine Seltenheit, in einigen Gebieten erreichen sie sogar bis zu 400 mm. Somit ist man zum Teil erstaunt, wie grün einige Felder in den Tälern sein können. Höchste Wasserquoten finden sich direkt am Fuße der abgerundeten Granitfelsen, von denen das abfließende Regenwasser herabkommt. In den kleinen Tälern um Kamieskroon herum findet man dank dieses Phänomens kleine Getreidefelder. Dennoch musste der ehemalige Ort Kamieskroon, 8 km nördlich in

Im Richtersveld N. P. unterwegs

einem Tal direkt unterhalb von den Berghängen gelegen, wegen **Wassermangels** aufgegeben werden.

Schwarze Granitfelsen werden in dem Gebiet südlich von Garies abgebaut. Man sprengt sie in 30- bis 40-t-Quadern aus den abgerundeten Granitdomen heraus und transportiert sie so nach Kapstadt, wo sie in „Scheiben" geschnitten und hinterher mit Diamantenschleifgeräten poliert werden. Diese etwa 8 cm dicken Scheiben benutzt man dann als Häuserwandfassaden. Sie gelten nicht nur als schön, sondern sind auch witterungsbeständig, dafür aber sehr teuer und in der Regel nur an Bankpalästen zu sehen. Auf dem Bahnhof von Bitterfontein können Sie diese Quader bewundern. *Granitfelsen*

Die Vegetation im Bereich der Klipkoppe ist relativ vielseitig, die Sukkulenten wachsen erheblich höher (bis über 2 m) und die Blumenpracht ist dank des höheren Niederschlags am eindrucksvollsten.

Knersvlakte

Dieses Areal, das sich von Bitterfontein bis Vanrhynsdorp südlich an die Klipkoppe anschließt, ist sicherlich am trostlosesten. Niederschläge von 100 mm (bis max. 200 mm) und eine schwach gewellte Hügellandschaft erwecken den Eindruck einer Halbwüste. Ewig erscheint einem die Fahrt hier durch, und selbst im Frühling muss man viel Geduld mitbringen, um größere Blumenareale zu entdecken. Der Boden ist ausgesprochen hart, sodass kaum Landwirtschaft möglich ist und nur extensive Schafweidewirtschaft betrieben werden kann. *Halbwüste*

In den Flussbetten, besonders am Sout River (dort wo die Eisenbahnbrücke die N7 kreuzt), vermuten Geologen weitere Diamanten. Spektakuläre Funde hat es aber bisher noch nicht gegeben. Die Vegetation besteht in der Regel aus Blattsukkulenten, die die Charaktereigenschaft haben, die Stomata-Öffnungen ihrer Blätter nur nachts zu öffnen. Damit vermeiden diese Pflanzen eine zu starke Austrocknung während der heißen Tageszeit.

Sandveld

Dieser 20–30 km breite Sandstreifen erstreckt sich entlang der Küste. Im Landesinneren ist der Sand dunkelrot und an der Küste weiß. Dieses kann man gut erkennen, wenn man die Strecke nach Port Nolloth fährt. Der Sand wurde vom Wind angeweht, die Färbung resultiert u. a. aus der unterschiedlichen Niederschlagsmenge. Der rote Sand erhält mehr Niederschlag und oxidiert, während direkt an der Küste selten mehr als 40 mm Regen im Jahr fallen. Hier hängt zwar der bekannte Küstennebel, der aber dem Boden kaum Feuchtigkeit bringt. An der Küste erreichen die Sträucher gerade eine Höhe von 30 cm, während sie weiter landeinwärts bis zu 1 m hoch werden. *Roter Sand*

Cederberge und Oliphants River Valley

Diese Region kann man eigentlich nicht mehr zum Gebiet des Namaqualandes zählen. Sie ist bereits Teil der geologischen Formation der Tafelberg-Gruppe und die Bergregionen erhalten erheblich mehr Niederschlag. Nur in den westlichen Ausläufern fällt verhältnismäßig wenig Regen, was aber durch ein groß angelegtes Bewässerungssystem kompensiert wird. Der Oliphants River sammelt sein Wasser bereits bei Paarl, das dann vom Clanwilliam-Stausee aus über Kanäle auf die Felder verteilt wird. Daher können hier Obst- und Weinkulturen hervorragend gedeihen. In den Cederbergen wächst der Waboom, eine Protea-Art aus Hartholz, die bis zu 8 m hoch werden kann, und die Clanwilliam-Zeder, die den Bergen ihren Namen gegeben hat. *Obst- und Weinkulturen*

Reisepraktische Informationen Cederberge

Vorwahl: 027

Unterkunft

Es gibt eine Reihe von Unterkunftsmöglichkeiten in dieser Region, meist in einfachen Hütten oder als Campingplätz, u.a.
Cederberg Tourist Park, 49 km von N7, ☎ 482-2807, www.cederbergtourist.co.za, Chalets, Camping.

Pflanzenwelt und Klima

Das Namaqualand kann man als Halbwüste bezeichnen. An der Küste fallen selten mehr als 50 mm Niederschlag im Jahr. Wie an der Küste Namibias sorgt der kalte Benguelastrom für viel Nebel, der sich besonders in den Morgenstunden ausbreitet und erst über Tag von der Sonnenwärme absorbiert wird. Zum Landesinneren hin nimmt dann die Niederschlagsmenge zu und erreicht an den Berghängen teilweise mehr als 250 mm/Jahr. Trotzdem reicht auch dieses nicht für eine ganzjährige üppige Pflanzenwelt. Die Ve-

Spärliche Vegetation getation besteht hier hauptsächlich aus Wasser speichernden Sukkulenten, wie z. B. den Köcherbäumen. In so einer trockenen Welt können viele Pflanzen nur gedeihen, indem ihre Samen die ungünstigen Perioden im Erdboden überdauern und erst keimen, wenn genügend Regen fällt.

Botaniker haben aber festgestellt, dass im Namaqualand genügend Regen allein häufig nicht ausreicht, um die Samen zum Keimen zu bringen. Daher ist es hier selbst während der feuchten Jahreszeit so schwierig, Pflanzen zu finden. Theorien gehen davon aus, dass der Niederschlag bestimmte chemische Substanzen mitbringen muss, um die Keimung zu starten, und das ist eben nicht immer der Fall. Andere Auslöser, wie genügend Sonne (was während der wolkenbehangenen Regenzeit nicht immer der Fall ist), kein zu starker Wind, die chemische und physikalische Bodenbeschaffenheit und natürlich das Vorhandensein von Samen sind weitere wichtige Faktoren. Die Samen werden von vorangegangenen Blumen gezeugt und der Wind verstreut sie dann über ein größeres Gebiet. Im Boden können sie schließlich jahrelang verweilen.

Bevölkerung

Die ersten Bewohner dieses Gebietes waren die **San**, von denen man glaubt, dass sie bereits vor 8.000 Jahren hier lebten. Ihnen folgten später die **Khoikhoi**, die als die „Kleinen Namas" hier siedelten und bereits die Weidetierhaltung einführten. Sie wurden auch Namaquas genannt, woher der Name des Landes entsprang. Sie teilten sich immer mehr auf und Untergruppen von ihnen ließen sich an der Tafelbucht nieder. Ihre stärkste Gruppierung waren die **Kochoquas**, die auch die ersten waren, die mit den weißen Siedlern in Kontakt gerieten. Dieser Kontakt und das Vordringen der Bantustäm-

Verlust der Kultur me von Norden haben dann leider bewirkt, dass sie den größten Teil ihrer Kultur abgestreift und sich immer mehr dem europäischen Lebensstil angepasst haben. Nur wenige alte Khoikhoi sprechen noch ihre Stammessprache, während die Jüngeren selbst untereinander in Afrikaans kommunizieren.

Landschaft bei Calvinia

Die ersten Weißen begannen Ende des 18. Jh., das Namaqualand zu entdecken. Es handelte sich vornehmlich um die **Trekburen**, die immer den Weidegründen folgten und sich nirgends dauerhaft niederließen. Das änderte sich erst in der Mitte des 19. Jh., als die ersten Kupferminen in der Umgebung von Springbok eröffnet wurden.

Heute findet man noch eine Reihe von Sanzeichnungen im Namaqualand, besonders im südlichen Teil zwischen Vanrhynsdorp und Citrusdal. Sie sind nicht besonders alt, aber sie geben einen guten Aufschluss über die Tierwelt, die hier noch vor wenigen hundert Jahren existiert haben muss. Eines der Hauptmotive sind Elefanten, die hier heutzutage völlig ausgestorben sind. Die in den reisepraktischen Informationen aufgeführten Zeichnungen sind gut zu erreichen, der Besuch muss aber vorher telefonisch angemeldet werden.

Reisepraktische Informationen Namaqualand

Information
Cape Town Tourism, *Shop 107 Clocktower, Waterfront, Kapstadt,* ☎ *021-405-4500,* 🖷 *021-405-4524, www.tourismcapetown.co.za.*
Namaqualand Tourism Board, ☎ *027-744-1770,* 🖷 *027-744-1170, www. namaqualand.com.*

Busverbindungen
Intercape *fährt auf dem Weg nach Windhoek entlang der N7. Abfahrt ab Kapstadt: dienstags vormittags. Abfahrt ab Springbok: dienstags abends. Buchungen:* ☎ *0861-287-287, www.intercape.co.za.*

Organisierte Touren

Es gibt eine Reihe von Firmen, die Touren ins Namaqualand und speziell zu den Blumenreservaten durchführen. Die meisten von ihnen haben ihren Sitz in Kapstadt. Am besten erkundigen Sie sich aktuell bei Cape Town Tourism in Kapstadt.

Unterkunft

Es gibt eine Reihe von kleinen Hotels und auch viele Farmunterkünfte und Lodges. Der Standard ist einfach, aber alle Unterkünfte sind sehr sauber. Da die Hotels hauptsächlich von der Stoßzeit während der Blumenblüte leben müssen, sind sie relativ teuer, damit sie ihre Kosten decken können. Während der Frühlingsmonate sollte man sich rechtzeitig einbuchen, da ein Großteil der Unterkünfte ausgebucht sein könnte. In Springbok z. B. sind die Wochenenden meist schon ein Jahr im Voraus ausgebucht! Das Gleiche gilt auch für die wenigen Campingplätze. Sie sind im August/September häufig hoffnungslos überbelegt.

Übernachtungsmöglichkeiten auf der Strecke

Garies Hotel and Restaurant $, P. O. Box 259, Garies 8220, ☎ 027-652-1042, 🖷 027-652-1141, stilvolles kleines „Pionierhotel".

Bitterfontein Hotel $, P. O. Box 1, Bitterfontein 8200, ☎ 027-642-7042, einfaches, aber ausgesprochen sauberes Hotel. Lassen Sie sich nicht vom Äußeren täuschen.

Klawer Hotel $, 120 Main Rd., Klawer 8145, ☎ 027-216-1934, 🖷 027-216-1032, www.klawerhotel.co.za.

Okiep Country Hotel, P. O. Box 17, Okiep 8270, ☎ 027-744-1000, 🖷 027-744-1170, einfach, traditionelle ländliche Gastfreundschaft.

Garies Municipal Caravan Park, Overstrand, 33 Fifth Ave., Kleinmond, ☎ 027-652-1014, ziemlich einfach, aber einige Schattenplätze!

Restaurants

Das Namaqualand bietet sich sicherlich nicht für kulinarische Genüsse an. Falls Sie also essen gehen wollen, können Sie getrost im Hotel bleiben, das meistens sowieso das einzige Restaurant im Ort hat. Einzige Ausnahme ist nur **Tauren Steakhouse** in Springbok, wo es gutes Seafood gibt (s. dort).

Tankstellen

Entlang der N7 gibt es in jedem Ort eine 24-Stunden-Tankstelle. Sobald Sie aber auf die Pisten fahren, sollten Sie sicherheitshalber vorher voll tanken und gegebenenfalls einen Reservekanister einpacken.

Sanzeichnungen

Citrusdal, am Bath Resort

Stadsaal, am Matjiesrivier

Kagga Kamma, hier gibt es auch ein kleines Touristenresort. Der Fußmarsch zu den Zeichnungen dauert knapp 2 Stunden.

Bokwater, bei Clanwilliam

Travellers Rest, nordöstlich von Clanwilliam.

Springbok

Springbok ist umgeben von hohen Granitfelsen. Einst tranken hier große Springbockherden an einer Quelle, doch wurden sie durch die Entdeckung der Kupferminen vertrieben. Heute ist Springbok ein zentraler Ort und gilt als die „Hauptstadt des Namaqualandes". Die Kupferminen befinden sich mittlerweile außerhalb des Stadtgebietes in den nahen Ortschaften Nababeep und Okiep. *Hauptstadt des Namaqualandes*

Bereits 1685 entdeckte Gouverneur *Simon van der Stel* die Kupfervorkommen auf seiner Suche nach dem sagenumwobenen Goldreich Monomatapa. Doch lohnte sich der Abbau damals nicht, da weder die Infrastruktur ausreichte noch genügend Trinkwasser vorhanden war. Erst Mitte des 19. Jh. begann man mit dem Erschließungsprogramm. Es war das erste bedeutende Bergbauprojekt in Südafrika. Eine Schmalspurbahn wurde nach Port Nolloth gebaut, um das Kupfer exportieren zu können. Diese wurde aber 1944 wieder abmontiert, als es effizienter erschien, das Kupfer über den Bahnhof von *Abbau von* Bitterfontein nach Kapstadt zu befördern. Da das Kupfer aber eine gute Qualität hat, *Kupfer* wird es auch heute noch abgebaut, obwohl der Abtransport immer noch mühsam ist. Um die Transportkosten niedrig zu halten, wird das Kupfer bereits vor Ort vom Gestein extrahiert (durch Schmelzen) und dann erst mit Lkws nach Bitterfontein gebracht.

Wer sich für den Kupferbergbau interessiert, sollte sich einmal das kleine **Minen-Museum** in Nababeep ansehen. Außerdem kann man gleich oberhalb von Springbok die erste Mine, die **Blue Mine**, besichtigen.

Springbok – umgeben von Granitfelsen

Reisepraktische Informationen Springbok

Vorwahl: *027*

ℹ️ Information
Springbok Regional Tourism Office, *Voortrekker Str., gegenüber der Shell-Werkstatt,* ☎ *712-8035,* 🖷 *712-1421.*
Außerdem erhalten Sie im **Springbok Restaurant** *eine Menge nützlicher Informationen.*

🛏️ Unterkunft
Springbok Hotel \$, *87 Van Riebeck Rd., P. O. Box 46, Springbok 8240,* ☎ *712-1161,* 🖷 *712-1932, das wohl netteste Hotel im Ort.*
Masonic Hotel \$, *Van Riebeck Rd., P. O. Box 9, Springbok 8240,* ☎ *712-1505,* 🖷 *712-1730, eine annehmbare Alternative zum Springbok Hotel, renoviert.*
Old Mill Lodge \$\$, *69 van Riebeeck Str.,* ☎ *718-1705, www.oldmilllodge.com, angenehmes Gästehaus.*
Springbok Lodge und Restaurant \$\$, *37 Voortrekker Str.,* ☎ *712-1321,* 🖷 *712-2718, dazu gehören verschiedene Häuser (auch für Selbstversorger), die in der unmittelbaren Nähe liegen. Seit 1947 befindet sich die Lodge (ursprünglich als Springbok-Café bezeichnet) in Familienbesitz.*
Naries Guest Farm \$\$\$, *etwa 28 km außerhalb der Stadt an der R355 nach Kleinsee, P. O. Box 6315, Uniedal, Stellenbosch 712,* ☎ *712-2462, www.naries.co.za, diese B&B-Unterkunft (auch Mahlzeiten werden auf Wunsch zubereitet) gilt als die wohl luxuriöseste im ganzen Namaqualand.*
Lesertipp: Mountain View Guesthouse \$\$, *2 Overberg Avenue,* ☎ *712-1438, www.mountview.co.za, schöne große Zimmer in ruhiger Lage, die Gastgeber sind sehr hilfsbereit.*

⚠️ Caravanpark
Goegap Nature Reserve \$\$, *15 km außerhalb des Ortes gelegen,* ☎ *718-9906, hier gibt es Unterkünfte in Chalets für Selbstversorger. Sehr schöne, ruhige Lage.*
Springbok Caravan Park, *Gamoep Rd., 2 km außerhalb der Stadt an der Goegap Rd. gelegen,* ☎ *718-1584, Swimmingpool vorhanden, aber Straßenlärm.*

🍴 Restaurants
Tauren Steakhouse, *Hospital Street, gilt als eine der besten Seafood-Adressen im Namaqualand, so dass selbst Leute von Port Nolloth hierher kommen.*
Springbok Restaurant, *in der Springbok Lodge (s. o.),* ☎ *712-1321, gemütlich – gutes Essen. Originelle Einrichtung, gute Infos für die Umgebung.*

🚗 Mietwagen
Man kann über **Jowells Motor Division** *Fahrzeuge mieten,* ☎ *712-2061.*

🚌 Öffentliche Verkehrsmittel
Bushaltestelle: Springbok Lodge. Von hier aus mit Intercape 1x wöchentlich Verbindung nach Kapstadt, Johannesburg (über Upington) und Windhoek.

Es gibt in Springbok noch ein kleines Museum, das die Stadtgeschichte ein wenig widerspiegelt. Es ist in einer jüdischen Synagoge untergebracht. Besuch nach Vereinbarung.

Wenn Sie von Springbok in Richtung Süden fahren, können Sie entlang der Piste über den Messelpad Pass bis nach Hondeklipbaai fahren, um dann über Wallekraal zurück nach Garies zu gelangen. Diese Straße wurde gebaut, um eine weitere Möglichkeit zu haben, Kupfer zu exportieren. Heute ist Hondeklipbaai ein verschlafenes Fischerdorf mit einer eigenen Idylle, wo die Zeit stehen geblieben zu sein scheint. Wallekraal, das einst ein blühender kleiner Ort war, besteht nur noch aus wenigen Gebäuden. Besonders aber die Passstrecke ist lohnend.

Goegap Nature Reserve

Dieses Nature Reserve liegt ca. 15 km außerhalb von Springbok, an der Straße in Richtung Flugplatz (nicht nach Pofadder!). Dieses 150 km² große Gebiet ist ein Muss für jeden Pflanzenfreund. Es gibt alle im Namaqualand vorkommenden Sukkulenten zu bewundern. Während der Blumenblütezeit (Ende Juli bis Anfang Oktober) wird hier ein „Flower Information Office" eingerichtet, wo man Informationen über den Standort der Blumen – je nach Regenfällen – im Namaqualand erhält. Im Park kann man auf ausgewiesenen Wanderwegen die Vegetation bewundern. Ebenso kann man mit dem Mountainbike Ausflüge unternehmen und auf einem Allradfahrzeug-Trail das gesamte Naturgebiet erkunden. Im Informationsbüro gibt es weiterhin ganzjährig eine Ausstellung über die Entstehungsgeschichte der Namaqualand-Wüste und ihrer Tier- und Pflanzenwelt.

Ein Muss für jeden Botaniker

Goegap Nature Reserve: ☏ *027-718-9906, geöffnet tgl. 8–16.30h.*

Wunderschöne Wildblumen-Teppiche im Goegap N. R.

Port Nolloth

Port Nolloth wurde 1855 gegründet und nach dem Kommandanten, der ein Jahr zuvor die Küste erkundet hat, benannt. Es wurde als Hafen für die Kupferexporte aus Springbok angelegt. Nach dem Ersten Weltkrieg, als die Kupferpreise drastisch absackten, erlosch seine Bedeutung. Doch der Zufall wollte es, dass man nur acht Jahre später Diamanten fand und der Ort erwachte aus seinem kurzen Schlaf. In nur einem Monat, bevor die Minengesellschaften alle Schürfrechte erhielten, fanden eilige Glücksritter bereits 12.549 Karat Diamanten. Heute werden die Diamanten zum großen Teil aus dem Wasser geholt. Während de Beers alle Schürfrechte direkt am Strand und im flacheren Wasser hat, gehen private Diamantentaucher weiter ins Wasser hinaus und pumpen den Meeresschlamm ab, um hinterher an Land die Diamanten herauszufiltern. Bei den kühlen Luft- und Wassertemperaturen ist das ganz bestimmt kein angenehmer Job. Mit den Absatzschwierigkeiten von de Beers und dem allmählichen Verlust seines Weltmarktmonopols gibt es aber Schwierigkeiten für die Diamantentaucher: Ihnen werden als erstes die Schürfgenehmigungen abgenommen.

Vom Kupfer- zum Diamanten abbau

Wer nach Port Nolloth kommt, sollte sich darauf einstellen, dass es hier keine Sehenswürdigkeiten gibt und dass weder Strand noch Klima besonders reizvoll sind. Es ist allein die hier herrschende Pionieratmosphäre, die den Besuch lohnend macht, und die Landschaft auf dem Weg hierher. Zurück nach Springbok sollten Sie die **südliche Piste** nehmen (R355), die Sie durch eine schöne Landschaft führt. Nach Kleinsee selbst dürfen Sie nicht hineinfahren, es ist Diamantensperrgebiet.

Pionier- atmo- sphäre

Reisepraktische Informationen Port Nolloth

Vorwahl: *027*

i Information
Richtersveld Tourism Information, *Private Bag X113, Port Nolloth 8280,* ☏ *851-1111.*

Unterkunft
Scotia Inn Hotel $, *505 Beach Rd.,* ☏ *851-8353,* 🖨 *851-8847, einfaches Küstenhotel unter portugiesischer Leitung.*
Bedrock Lodge $$, *2 Beach Rd., P. O. Box 187, Port Nolloth 8280,* ☏ *851-8865, www.bedrocklodge.co.za, Unterkunft in kleinen Häusern. Es gibt wohl kaum jemanden, der einem mehr über den Ort erzählen kann als Grazia de Beers, die Besitzerin der Lodge.*
McDougall's Bay Caravan Park, *4 km südlich von Port Nolloth,* ☏ *851-8657, hier gibt es auch einfache Chalets zu mieten.*

Kamieskroon

Kamieskroon ist sicherlich eines der verschlafensten Nester an der N7: Außer der kleinen Kirchenruine in Bowesdorp, der ehemaligen Siedlung Kamieskroon, 8 km nördlich des heutigen Ortes, gibt es hier nichts zu sehen. Doch einmal im Jahr ändert sich das

Bild. Dank der Initiative der Hotelbesitzer geben sich während der Blumenblüte Besucher aller Nationen hier die Türklinke in die Hand. Neben besten Infos über aktuelle Blumenstandorte und Führungen in die Umgebung ziehen vor allem Fotoworkshops und ein installiertes Fotolabor Gäste von so weit her wie Uruguay oder Taiwan an. In dieser Zeit berät ein professioneller Fotograf die Teilnehmer der Fotoworkshops. Lei- *Fotosession* der sind diese Workshops in der Regel lange im Voraus ausgebucht, sodass Sie sich bei einem spontanen Besuch wenig Hoffnung machen sollten. Doch werden mittlerweile auch Kurse in der „blumenlosen Zeit" angeboten. Teilnehmer dieser Kurse haben es noch nie bereut, und besser kann man das Namaqualand nicht kennenlernen (auch ohne Fotokurs) als in der Atmosphäre dieses Hotels.

Auch von hier bietet sich die Nutzung der Piste über Wallekraal und Soutfontein an, um nach Garies zu gelangen.

Reisepraktische Informationen Kamieskroon

Information
Namakwa National Park, *P. O. Box 117, Kamieskroon 8241,* ☎ *027-672-1948.*

Unterkunft
Kamieskroon Hotel $, *Old National Rd., P. O. Box 19, Kamieskroon 8241,* ☎ *027-672-1614,* 🖷 *027-672-1675, www.kamieskroonhotel.com, mit Campingplatz.*

Namaqua National Park

  Streckenbeschreibung

Zu erreichen ist das Gebiet von Kapstadt aus über die N 7 (495 km). Vor Kamieskroon biegt man zum Park ab (22 km).

In diesem 550 km² großen Gebiet der Nordostecke der Northern Cape Province blühen im Frühjahr wahre Wildblumen-Teppiche aus 3.500 Pflanzenarten. Die an sich sehr karge Landschaft zaubert dann nach Regenfällen quasi über Nacht eine ungeahnte Farbenpracht hervor. Die Landschaft wird von Granitfelsen bestimmt, die zum Teil rund sind, z. T. flache Flächen bilden. Das gebirgige Gebiet weist 4 Gipfel über 1.500 m Höhe aus, der höchste ist der im Süden liegende Rooiberg mit 1.700 m. Durchzogen wird der NP von sandigen Flusstälern. Wenn es nicht blüht, gilt es die vielen Sukkulenten (auch Köcherbäume) zu entdecken. Das Gebiet unterteilt sich in 4 Regionen:
* Meeresnahe Sukkulenten-Karoo („strandveld succulent Karoo")
* Lowland Succulent-Karoo
* Upland Succulent-Karoo
* North Western Mountain Renosterveld (hier gibt es Fynbos-Vegetation).

Im Park selbst gibt es keine Übernachtungsmöglichkeiten (im nördlich gelegenen Springbok gibt es eine Anzahl von Unterkünften). Der Park ist während der Frühjahrsblüte von 8–17h geöffnet, wobei die beste Beobachtungszeit der Blumen zwischen 10.30h und 16h liegt. Ein Rundweg (Gebühr) erschließt auf 5 km die Schönheiten. Ein kleiner Farmstall bietet Imbissmöglichkeiten.

Reisepraktische Informationen Namaqua National Park

i **Information und Buchung**
South African National Parks, P. O. Box 787, Tshwane 0001, ☎ 012-428-9111, 🖷 012-426-5500, www.sanparks.org.

Unterkunft
Im Park selbst gibt es keine Unterkünfte, dafür aber genügend in der Region.

Vanrhynsdorp

Der Ort wurde irgendwann in der Mitte des 18. Jh. von den ersten Trekburen gegründet. Er diente als kleine Versorgungszentrale. Damals hieß er noch Troe-Troe, was sich von dem Kriegsruf Toro-Toro der Khoikhoi ableitete und soviel hieß wie „Attacke-Attacke". Später wurde er umbenannt nach dem ersten Friedensrichter der Region. Der

Reisepraktische Informationen Vanrhynsdorp und Nieuwoudtville

Vorwahl: 027

i **Information**
Tourist Information Office, im Museum, ☎/🖷 219-1552, www.tourismvanrhynsdorp.co.za.
The Town Clerk, Voortrekker Str., Nieuwoudtville, ☎ 027-218-1336, in der Blumensaison, sonst Restaurant Smidswinkel.
Sehr informativ ist auch die Website **www.nieuwoudtville.com**.

Unterkunft
Van Rhyn Guest House $, 1 Van Riebeeck Str., Vanrhynsdorp 8170, ☎ 219-1429, www.vanrhyngh.co.za, gemütliches, kleines Gästehaus.
Namaqualand Country Lodge $, P. O. Box 126, Vanrhynsdorp 8170, ☎ 219-1633, 🖷 219-1635, www.namaqualodge.co.za, alter Country Pub mit einfachen Zimmern.
Vanrhynsdorp Caravanpark, Gifberg Rd., P. O. Box 162, Vanrhynsdorp 8170, ☎ 219-1287, www.vanrhynsdorpcaravanpark.co.za, hier gibt es auch einfache Hütten. Auf dem Gelände befindet sich auch das kleine Die Lapa-Restaurant, wo es typische Gerichte dieser Gegend gibt (unlicensed!).
Es gibt noch eine Reihe **privater Unterkünfte**: Infos im Tourist Information Centre.

Restaurant
Smidswinkel Restaurant, ☎ 218-1535, sehr gutes Essen! Hier gibt es auch Infos zur Vermietung von netten Gästehäusern.

Ort eignet sich gut für die Erkundung des südlichen Knersvlakte und ein Aufenthalt hier verspricht mehr Ruhe als in Vredendal. Lohnend ist sicherlich ein Besuch in der **Kokkerboom Nursery** (auch Kern Nursery genannt) am Ende der Voortrekkerstreet. Sie gilt als die größte Sukkulenten-Gärtnerei in Südafrika. Hier können Sie sich eventuell sogar eine Pflanze mitnehmen, um sie zu Hause einzupflanzen. Die Besitzer haben Erfahrung damit und verpacken Ihnen die Pflanze so, dass sie einen Rückflug überstehen wird. Es gibt auch ein kleines Museum hier.

Wenn Sie etwas Muße haben und eine ein wenig raue Piste nicht scheuen, sollten Sie von hier aus eine kleine Rundtour nach Osten unternehmen. Die Piste führt südlich aus dem Ort und passiert einen Wasserfall, schöne Felsformationen und am Ende, kurz bevor Sie wieder Vanrhynsdorp erreichen, den **Tumaqua-Marmorsteinbruch**. Lassen Sie sich am besten eine Karte im Tourist Office geben. *Wasserfälle und Felsformationen*

Eine weitere Alternative wäre ein Ausflug nach Nieuwoudtville, wo es neben einem schönen Flower Reserve auch die 100 m hohen **Nieuwoudtville-Wasserfälle** gibt. Von der Anhöhe des Vanrhyns-Passes haben Sie einen guten Ausblick auf die Ebene bis hin zum Atlantik.

Vredendal

Vredendal ist ein belebtes Zentrum inmitten der Weinkulturen des Oliphant-River-Tales. In der Stadt selber gibt es nicht viel zu sehen, aber Sie haben die Möglichkeit, die Weinkellereien zu besichtigen. Es werden hauptsächlich trockene Weißweine produziert. Das Wasser erhält die Gegend aus dem Clanwilliam-Stausee, mit dem sie durch ein weit verzweigtes Kanalnetz verbunden ist.

Von Vredendal bietet sich außerdem ein Ausflug an die Küste an. Fahren Sie entlang der R362 nach Lutzville und von dort weiter bis nach Papendorp. Hier gibt es einen unberührten Sandstrand. Etwas weiter südlich liegt das kleine Dorf **Strandfontein**, wo es ein kleines Hotel und einen Caravanpark mit Hütten gibt. Im Cabin Restaurant in Doringbaai gibt es ausgezeichnetes Seafood. *Sandstrand*

Reisepraktische Informationen Vredendal und Strandfontein

Vorwahl: *027*

i **Information**
Tourism Vredendal, *Church Str.,* ☏ *201-3300,* 🖷 *213-4819, www. tourismvredendal.co.za.*

🛏 **Unterkunft**
Maskam Hotel $, *Ecke Church/Van Riebeck Str.,* ☏ *213-1336, zentral gelegenes Hotel.*
Vredendal Hotel $$, *11 Voortrekker Rd., P. O. Box 17, Vredendal 8160,* ☏ *213-1064,* 🖷 *213-1003, www.vredendalhotel.co.za, gemütliches Hotel mit ausgezeichnetem Publunch.*

Onderhoek Guest House, an der Straße nach Lutzville, fahren Sie die Church Street aus der Stadt heraus, ☏ 213-2326, Gästehaus auf einer Weinfarm.
Weitere Gästehäuser und Unterkünfte können über das Tourist Office gebucht werden.
Hotel und Caravanpark mit Hütten in Strandfontein.

> ⚠ **Camping**
> **Vredendal Caravan Park,** Dam Street, ☏ 231-2924.

> 🍴 **Restaurant**
> **Cabin Restaurant,** Main Road, Doringbaai, ☏ 215-1016, 📠 215-1771, www.doringbaai.com, hier gibt es ausgezeichnetes Seafood. Außerdem bekommt man Informationen über das Walbeobachten.

Clanwilliam

Clanwilliam gehört zu den ältesten Städten Südafrikas: 1732 gab es bereits eine Reihe von Farmen entlang des Oliphants River. Nachdem die Kapverwaltung 1820 hier einen Magistratssitz eingerichtet hatte, versuchte sie, englische Siedlerfamilien als Gegengewicht zu den Buren anzusiedeln. Der Versuch schlug aber fehl, nur sechs Familien blieben in der Gegend. 1901 brannte die Stadt fast gänzlich nieder, nur ein kleiner Teil in der Parkerstreet überstand das Feuer.

Weltbekannter Rooibos

Clanwilliam liegt in einem warmen, gut bewässerten Tal mit fruchtbaren Böden. Hier wächst u. a. der „Rooibos" (roter Busch), der den **Rooibos-Tee** liefert, der von hier aus in alle Welt exportiert wird. Dieser Tee ist tanninfrei und sehr reich an Vitamin C. Diese gesundheitsfördernden Eigenschaften machte als Erster der örtliche *Dr. Le Fras Nortier* publik. Außer Tee gedeihen hier nahezu alle subtropischen Früchte, Gemüse, Weizen und Tabak.
Rooibos Tea Natural Products: OU Kaapse Weg, ☏ 027-482-2155, Touren Mo–Do 10h, 12h, 14h, 16h, Fr 10h, 12h, 14h.

In der Nähe der Stadt liegt das Naturschutzgebiet **Ramskop** mit seinen im Frühling blühenden Namaqualand-Wildblumen. Der **Clanwilliam-Stausee,** der das Wasser des Oliphants River aufnimmt, ist ein beliebtes Erholungszentrum (Schwimmen, Bootfahren, Angeln).

Abstecher von Clanwilliam

• Östlich über den Pakhuis Pass zur Rheinischen Missionsstation von **Wuppertal** (1830 gegründet). In der Umgebung des Dorfes wird Rooibos-Tee angebaut; im Dorf bietet man handgefertigte „Feldschuhe" („Veldskoens") und andere Lederarbeiten an;
• **Bidouw Valley,** östlich vom Ort ebenso über den Pakhuis Pass erreichbar, ist berühmt wegen seiner Wildblumenblüte im Frühjahr. Um die Felder besichtigen zu dürfen, benötigen Sie aber die Genehmigung der Farmer (Auskünfte erteilt das Touristenbüro).
• 25 km südlich von Clanwilliam biegt eine Piste ab zur **Forststation Algeria.** Sie ist das „Zentrum" der Cederberge. Von der Forststation führt ein Pfad auf die Spitze

Missionsstation Wuppertal

der Bergkette, vorbei an einem Wasserfall und durch einen Zedernwald. Auf der Höhe gibt es zwei Hütten. Von hier aus führen zwei Pfade ins Zentrum der Gebirgswelt. Das Cederberggebiet ist etwa 130.000 ha groß, wovon 71.000 ha zum Schutzgebiet erklärt worden sind. Ein großer Teil ist noch von Zedern bestanden. Es gibt noch eine Reihe anderer Wanderwege hier.

Reisepraktische Informationen Clanwilliam

Vorwahl: *027*

i Information
Tourism Bureau, *im alten Gefängnis, Main Road,* ☏ *482-2024,* 🖷 *482-2361, www.capewestcoast.org.*

Unterkunft
Strassberger's Hotel Clanwilliam $$$, *Main Str., P. O. Box 4, Clanwilliam 8135,* ☏ *482-1101,* 🖷 *482-2678, gepflegtes Hotel in 100 Jahre altem Gebäude – Country-Pub-Stil.*
Saint Du Barrys Country Lodge $$$, *13 Augsburg Rd., P. O. Box 346, Clanwilliam 8135,* ☏ *482-1537,* 🖷 *482-2824, www.saintdubarrys.com, gepflegte, persönlich geführte Lodge inmitten einer Berglandschaft, geschmackvoll möbliert.*
Clanwilliam Dam Municipal Caravan Park & Chalets, *am Stausee gelegen, Selbstversorgungs-Einrichtungen, Chalets und Campingplätze.*

Restaurant
Reinholds Restaurant, *im Clanwilliam Hotel, Main Rd.,* ☏ *482-2163, überregional bekannt für seine südafrikanischen Gerichte.*

Qutdoor-Aktivitäten Der weiter östlich gelegene Doring River bietet Gelegenheit für Kanu- und Wildwasserfahrten. Diese sollten Sie aber rechtzeitig bei einem der Outdoor-Spezialisten in Kapstadt buchen.

Citrusdal

Als die erste Expedition das Gebiet des heutigen Citrusdal erreichte, erblickten ihre Teilnehmer im Tal eine Herde von 200–300 Elefanten, die an den Ufern des Flusses graste. Daraufhin erhielt dieser Fluss den Namen Oliphants River. Aber erst 1916 wurde der Ort gegründet. Von Mai bis Juni duftet es in und um Citrusdal herrlich nach frisch gepflückten Orangen. Citrusdal ist heute der zentrale Ort im Oliphants-Tal, von dem aus die Zitrusfrüchte aus der Umgebung versendet werden. Über 2 Mio. Kisten Obst mit über 80.000 t Gewicht verlassen jährlich den Ort. Eine junge Frau von hier schaffte es, in einer 46-Stunden-Woche 204.000 Orangen zu verpacken. Das Gebiet ist das *Der älteste* drittgrößte Obstanbaugebiet des Landes. Von hier kommen die bei uns als „Cape-Oran-*Orangen-* gen" bekannten Früchte, da ein überwiegender Teil des Obstes exportiert wird. Auf der *baum des* Hex River Farm nördlich der Stadt steht der älteste Orangenbaum des Landes, der et-*Landes* wa 250 Jahre alt sein soll und noch heute Früchte trägt. Ansonsten bietet der Ort nicht viel, eignet sich aber für Exkursionen in die Cederberge.

Korn- Von Citrusdal sind es noch 180 km bis Kapstadt. Nachdem Sie den Piekenieskloof Pass *kammer* überwunden haben, gelangen Sie ins Swartland, der Kornkammer des Kaps. Weizenfel-*des Kaps* der erstrecken sich, so weit das Auge reicht. 30 km vor Kapstadt haben Sie dann einen schönen Blick über die Stadt, der noch eindrucksvoller ist als der von Bloubergstrand. Leider werden den Fotografen die Stromkabel etwas stören.

Reisepraktische Informationen Citrusdal

Vorwahl: 022

ⓘ Information
Citrusdal Tourism Buro, P. O. Box 425, Citrusdal 7340, ☎ 921-3210, www. citrusdal.info.

🛏 Unterkunft
The Baths $, 15 km außerhalb entlang des Oliphants River (ausgeschildert), P. O. Box 133, Citrusdal 7340, ☎ 921-8026, 🖷 921-8029, www.thebaths.co.za, Chalets, Zimmer, Camping. Hier gibt's auch einige Felszeichnungen.
Citrusdal Country Lodge $$, 66 Voortrekker Rd., ☎ 921-2221, 🖷 921-2704, www.citrusdallodge.co.za, guter Standard.
Piekenieskloof Mountain Lodge, Piekenieskloof Pass, P. O. Box 241, Citrusdal 7340, ☎ 921-3574, hübsches neues Hotel in der Nähe des Piekenieskloof-Passes an der R44.

🍴 Restaurants
Mc Gregors, im Hotel The Baths, ☎ 921-8033, u. a. typische Landgerichte dieser Gegend. Piekenieskloof Restaurant, in der Piekenieskloof Mountain Lodge, Kapgerichte aller Art, leider ab 19h geschlossen, daher nur für Lunch zu empfehlen.

Tankwa Karoo National Park

 Streckenbeschreibung

Von Kapstadt über Ceres, dann die R 355 nach Norden (einsame, aber gute Straße, schöne Landschaftsszenerien). Mit vollem Tank fahren, Tankstellen gibt es nur in Ceres und Calvinia.

Diesen Park darf man nicht mit dem Karoo National Park bei Beaufort West verwechseln! Erst 1987 gegründet, bedeckt er inzwischen eine Fläche von 1.110 km². Die Gesamtfläche wird seitdem nicht mehr wie früher landwirtschaftlich genutzt: Langsam kann sich deshalb in diesem Bereich die Vegetation erholen. Nomaden haben schon vor 2.000 Jahren diese Landstriche mit Schafherden genutzt, später kamen Europäer von der Kaphalbinsel, um hier ihre Viehherden grasen zu lassen. Doch für eine ständige Weidenutzung war diese Landschaft einfach zu trocken. Das heutige Parkgebiet ist eines der trockensten der Karoo, es fällt nicht mehr als 100 mm Niederschlag pro Jahr. Die Temperaturschwankungen zwischen Winter (etwa 5,7 °C) und Sommer (38,9 °C) sind enorm. Da das Gebiet aufgrund der vergangenen Überweidung sehr kahl ist, interessieren sich zurzeit kaum Touristen, sondern eher Botaniker, Ökologen und Zoologen für diese abseits liegende Region. Nach seltenen Regenfällen allerdings überzieht die Blütenpracht von Wildblumen den Park. Beste Besuchszeit ist das Frühjahr zwischen August und Oktober, wo nicht nur die Wildblumenpracht zu bestaunen ist, sondern auch gute Vogelbeobachtungen möglich sind.

Unterkunft

Tanqua Guest House $$, *Buchung über South African National Parks, ☎ 027-341-2389, 🖷 027-341-2814, www.sanparks.org, Selbstversorgung. Dieses einfache Gästehaus, im Stil eines Forts gebaut, liegt am südlichen Rand des Nationalparks.*

Die Karoo – ein unwirtliches Gebiet

8. WESTERN CAPE PROVINCE MIT GARDEN ROUTE

Landschaft bei Knysa

Kapstadt und Kaphalbinsel

Überblick

Kapstadt wird aufgrund seiner herausragenden landschaftlichen Lage und seiner multikulturellen Zusammensetzung oft mit San Francisco verglichen. Zweifelsohne ist Kapstadt die besuchenswerteste Stadt in Südafrika und gehört eigentlich ins Programm jeder Rundreise. Neben landschaftlichen Leckerbissen bietet Kapstadt als „Gasthaus der Meere" eine Vielzahl kulinarischer Höhepunkte, vom hervorragenden Wein des Kaplandes bis zu den abwechslungsreichen Küchen der verschiedenen hier lebenden Nationalitäten.

Die Stadt liegt am Fuße des Tafelberges, umgeben von Weinbergen, Obstplantagen, einer faszinierenden Vegetation und malerischen Meeresbuchten. Nur 15 % der Bevölkerung Kapstadts sind Schwarze. Zu den traditionellen Gebieten der großen Stämme der Tswana, Zulu, Xhosa und Sotho ist es weit. Die Geschichte der ältesten europäischen Siedlung im südlichen Afrika begann 1652, als Jan van Riebeeck im Auftrag der Niederländisch-Ostindischen Handelskompanie eine Versorgungsstation aufbaute.

Vor der Ankunft der Weißen wurde die Region von Khoikhoi-Hirten für ihre Schafherden und von den mit ihnen verwandten San für die Jagd genutzt. Allmählich entwickelte sich das spätere Kapstadt zu ei-

Redaktionstipps

▸ **Übernachten** im Mount Nelson („Kolonialhotel"), The Table Bay oder Diamond Guesthouse (sehr privat), Cascades Holiday Apartments (preiswert) oder auf dem Campingplatz in Parow (der Verkehrslage wegen), je nach Geldbeutel. Und wer lieber auswärts wohnen möchte: Tipps sind Cellars-Hohenort oder die Constantia Uitsig Hotel. (ab S. 409)

▸ **Abendessen**: Cape-malaiisch im Biesmiellah, vornehm im Cape Colony (Mount Nelson Hotel), afrikanisch bei Mama Africa oder sehr gemütlich im Ons Huisie (Bloubergstrand). (ab S. 415)

▸ **Die bedeutendsten Sehenswürdigkeiten** besuchen wie Castle of Good Hope (S. 395), Tafelberg (S. 405), Malay Quarter (S. 396), Hafenrundfahrt (S. 404), Victoria & Alfred Waterfront (S. 402), Fahrt nach Robben Island (S. 407).

▸ **Rundfahrt** zu den umliegenden Sehenswürdigkeiten (ein Muss ist der Kirstenbosch Botanical Garden) sowie zum Kap der Guten Hoffnung einschließlich Chapman's Peak Drive. (S. 429, 434, 436)

▸ Sich einen „kleinen Genuss" gönnen wie **Publunch im Fireman's Arms** und den **Nachmittagskaffee in einem Coffee House** oder eine kleine **Weinprobe auf Groot Constantia**. (S. 431)

▸ **Tageseinteilung für Kapstadt** (Minimalprogramm): 1 Tag Innenstadt inkl. Tafelberg – 1 Tag Rundfahrt um die Kaphalbinsel – 1 Tag Ausflug in das Weinanbaugebiet um Paarl/Stellenbosch. Optimal: Aufenthalt von 5–6 Tagen mit Zeit zum Genießen.

nem „Garten Eden" für die Seeleute, die sich auf dem langen Weg von Asien nach Europa und umgekehrt befanden. Schon aus 150 km Entfernung signalisierte an klaren Tagen der Tafelberg, dass man bald den Schutz des Hafens erreichen würde und dass man endlich wieder frisches Fleisch, Obst, Gemüse und Wasser genießen konnte. Das heutige Kapstadt hält für den Besucher eine Vielzahl an Reminiszenzen aus alten Zeiten bereit.

Während Pretoria (Tshwane) Sitz der Regierung und Bloemfontein Sitz des Bundesgerichtshofes ist, tagt in Kapstadt in der ersten Jahreshälfte das Parlament – und die Regierung muss in dieser Zeit hierher ziehen. So ist Kapstadt ein halbes Jahr lang Regierungszentrale des Landes. Im Großraum Kapstadt/Kaphalbinsel leben etwa 4,9 Millionen Menschen.

Die Sehenswürdigkeiten der Stadt sowie Ausflüge zu den Höhepunkten der Kaphalbinsel beanspruchen mindestens drei Tage.

Geschichte

Erster Kontakt Das Kap der Guten Hoffnung wurde das erste Mal 1488 von *Bartolomeu Diaz* gesichtet. Auf seiner Reise nach Osten konnte er das Kap zunächst nicht sehen, weil sehr ungünstiges Wetter herrschte. Erst bei seiner Rückfahrt – am 6. Juni 1488 – konnte er es sichten, ging an Land und errichtete in der Nähe der Kapspitze ein „padro", d. h. ein Kreuz. Er nannte die Kapspitze „Kap der Stürme". Die Kapspitze wurde später „Cabo de Boa Esperanca", Kap der Guten Hoffnung, genannt. Der Historiker *Joao de Barros* behauptete, dass *Diaz* später vorgab, diese Bezeichnung stamme von Portugals *König Johann II.* Dadurch wollte er seinem König Referenz erweisen.

Zum ersten längeren Kontakt zwischen Eingeborenen und Europäern kam es, als am 25. März 1647 die Nieuw Haerlem strandete. Während die sie begleitenden Schiffe „Oliphant" und „Schiedam" ihre Fahrt nach Holland fortsetzten, mussten 60 Menschen in der Tafelbucht verharren, um unter der Leitung von *Leendert Janszen* die Ladung aus dem gestrandeten Schiff zu bergen. Man blieb ungefähr ein Jahr, handelte und tauschte mit den eingeborenen Hirten. Im März 1648 kehrte *Janszen* mit einer Flotte von fünf holländischen Schiffen nach Holland zurück, und nicht nur die Überlebenden des Vorjahres kamen heim, sondern man lieferte den geretteten Teil der Ladung der gestrandeten Nieuw Haerlem ab.

Ein Bericht von *Janszen* erleichterte der Niederländisch-Ostindischen Handelskompanie den Entschluss, an der Südspitze Afrikas eine Versorgungsstation für ihre Schiffe auf dem weiten Weg in den Fernen Osten einzurichten. Dazu brauchte man nun einen fähigen Mann, der diese Aufgabe wahrnehmen sollte. *Van Riebeeck* war an diesem Posten stark interessiert, denn er sah darin ein Sprungbrett zu seiner persönlichen Rehabilitation: Wenn er sich hier bewährte, so seine Überlegung, sollte später einer Versetzung in den Fernen Osten nichts mehr im Wege stehen. Da er als fleißiger und in der Menschenführung geschickter Vorgesetzter geschätzt wurde, konnte er sich im Jahre 1651 schließlich im Auftrag der Niederländisch-Ostindischen Handelskompanie auf den Weg nach Südafrika machen. Mit an Bord waren seine Frau und sein vier Monate alter Sohn.

Pinguine am Boulders Beach

Am 6. April 1652 erreichte sein Schiff die Tafelbucht und gleich am nächsten Tag sollte die Arbeit beginnen. Aus den Unterlagen der damaligen Zeit ist klar zu ersehen, dass zunächst nicht daran gedacht wurde, eine neue Kolonie zu gründen. Vielmehr verfolgte man pragmatische Aspekte, wobei die Hauptaufgabe sein sollte, die Schiffe der Niederländisch-Ostindischen Handelskompanie auf ihrem langen Wege von Europa nach Asien und zurück zu versorgen.

Van Riebeeck wurde beauftragt, ein **Fort** zu bauen, das ca. 80 Mann Platz bieten und den Namen „Fort de goede Hoop" tragen sollte. Es war vorgesehen, kleine Äcker anzulegen, Gemüse und Obst anzubauen und mit den Eingeborenen Viehhandel zu betreiben, wobei insbesondere angeregt wurde, auf ein einträchtiges Auskommen mit ihnen Wert zu legen. Wenige Monate später – bereits am 3. August – lebten alle Menschen innerhalb des Forts, doch ein harter Winter mit viel Regen und Hagel strapazierte die Gesundheit so sehr, dass 20 Menschen verstarben. *Fort-Vorhaben*

Dennoch bestand die Versorgungsstation im März 1653 ihre erste Bewährungsprobe: Eine Flotte unter dem Kommando von Admiral *Gerard Demmer* legte auf dem Wege nach Holland an der Tafelbucht an. Die Mannschaften wurden mit Gemüse, Fleisch und Milch versorgt und die Leistungen der Station wurden vom Admiral lobend hervorgehoben. Doch für die weitere Aufbauarbeit mangelte es *van Riebeeck* vor allem an Arbeitskräften. Die Eingeborenen waren zu handwerklichen Tätigkeiten kaum zu motivieren, sodass 1657 Sklaven aus Java und Madagaskar herangeschafft wurden. Im Laufe der Zeit wurden die landwirtschaftlichen Flächen vergrößert und 1659 wurde bereits der erste Wein aus Kaptrauben gepresst. *Versorgungsstation*

Doch trotz aller Anstrengung wurde das **Ziel der Selbstversorgung** nicht erreicht. So fielen z. B. die Weizenernten sehr dürftig aus und Reis konnte man nicht anbauen. *Van Riebeeck* schlug deshalb die Ansiedlung von Freibürgern vor, die den Aufbau einer freien Marktwirtschaft ermöglichen sollten. 1655 durfte er die ersten Beamten entlassen. Sie erhielten Land, das sie als freie Bürger bewirtschafteten. Dadurch war der erste Schritt auf dem Wege von einer Versorgungsstation zur Kolonie vollzogen.

Insel der Erholung

Als *van Riebeeck* 1662 das Kap verließ, um als Kommandant und Präsident in Malakka tätig zu werden, waren schon vier kleine Festungen entstanden, die vor allem dem Schutz des Viehs und der Ernten dienten. Für die Seefahrer wurde die neue Versorgungsstation immer mehr zu einer Insel der Erholung. Nicht nur, dass man hier mit feinsten Nahrungsmitteln versorgt wurde, auch Schiffe konnten repariert und Kranke im Hospital versorgt werden. Die „Mutterstadt" Südafrikas begann sich zu entwickeln.

Lage und Klima

Kapstadt liegt am Nordende der Kaphalbinsel, auf 33 Grad 54 Minuten südlicher Breite und 18 Grad 32 Minuten östlicher Länge. Das entspricht der Breitenlage der Insel Madeira oder der nordafrikanischen Mittelmeerküste. Die Kaphalbinsel stellt eine Landzunge von insgesamt 52 km Länge (von Norden nach Süden) und bis zu 16 km Breite dar. Am südlichen Ende dieser Landzunge liegt das berühmte Kap der Guten Hoffnung. Die Kaphalbinsel ist durch die sog. Cape Flats, einen sandigen Streifen von ca. 20 km Länge, mit dem Festland verbunden.

Insgesamt kann man das Klima Kapstadts und damit auch der Kaphalbinsel als mediterran bezeichnen: die Sommer sind trocken und wirklich warm, während es im Winter

Camps Bay

kühl und regnerisch ist. In den Sommermonaten kommt es regelmäßig zum „Southeaster": Dann bläst der Wind mehrere Tage aus südöstlicher Richtung und am Tafelberg kondensiert die warmfeuchte Luft, sodass über ihm eine Wolkendecke hängt, die als „Tischdecke" bezeichnet wird.

Der Einfluss der Meeresströme

Zwei große Strömungen, eine vom Äquator und eine von der Antarktis kommend, verschmelzen an der Südwestküste Afrikas wie das Wasser aus einer warmen und kalten Wasserleitung. Der warme Mocambique-Agulhas-Strom entsteht in den äquatorialen Wassern des Indischen Ozeans und wirbelt um Madagaskar herum bis hinunter zur Ostküste Südafrikas. Wenn die Strömung die Agulhas-Bank erreicht, wird das meiste Wasser nach Osten abgelenkt, während der Rest sich nach Südafrika ergießt. Am Kap der Guten Hoffnung trifft der Agulhas-Strom mit der zweiten Strömung, dem kalten Benguela-Strom, zusammen. Er hat seinen Ursprung weit südlich in den Eisbergen der Antarktis und streift die Südwestküste Afrikas.

Während das Wasser an der Westseite der Kaphalbinsel unangenehm kalt ist, sind die Badestrände an der Ostseite (False Bay) in nur 10 km Entfernung wohlig warm. Durch die Einflüsse des Agulhas- und des Benguela-Stromes entstehen starke Gegensätze in den geografischen Gegebenheiten sowie im Pflanzen- und Tierreich auf beiden Seiten des südlichen Afrika.

Gute Bademöglichkeiten

Der **Agulhas-Strom**, mit einer Geschwindigkeit von 90–230 km pro Tag, hat eine Temperatur von etwa 20 °C. Das Wasser verdampft vergleichsweise leicht, verursacht Regen und schafft grüne und fruchtbare Bedingungen für die Ostküste. Der **Benguela-Strom**, mit einer Geschwindigkeit von 16–40 km pro Tag, ist mehr als 5 ° kälter. Die Verdunstung vollzieht sich langsamer, daher fällt an der Westküste nur wenig Regen und es herrschen wüstenähnliche Bedingungen vor.

Die Unterschiede der beiden Küsten zeigen sich auch in der Divergenz der Fauna. Die nährstoffreiche Flut von der Antarktis fördert das Wachstum von Plankton an der Westküste. Es bildet die Grundlage einer Nahrungskette, die Fische, Seehunde und Seevögel anzieht – und hier ist auch das Zentrum der südafrikanischen Fischerei. Die Ostküste, wo das Meer des Agulhas-Stroms nicht so nährstoffreich ist, hat zwar auch ihr typisches Meeresleben, aber die Fischbestände sind viel geringer.

Kriminalität – ein leidiges Kapitel

info

Überall in Südafrika grassiert die Kriminalität und auch Kapstadt ist nicht davon verschont. Doch bemüht sich die Polizei sehr um einen sicheren Aufenthalt und hat mittlerweile auch eine „Touristenpolizei" etabliert. Auffällige Wertsachen, große Summen Bargeld und Schmuck sind im Hotel-Safe besser aufgehoben. Vorsicht ist vor allem im Malaienviertel geboten, dort besonders in der Nacht. Auch die Innenstadt sollte man sicherheitshalber in der Nacht nicht alleine durchwandern. Sea Point und Green Point gelten als relativ sicher. In die Townships sollten Sie nur mit organisierten Touren fahren.

Sehenswürdigkeiten in der Innenstadt
(siehe Karte in der hinteren Umschlagklappe)

van Riebeeck-Statue (1)

Das Standbild für *Jan van Riebeeck* wurde von *John Tweed* aus London gestaltet, das Standbild für *Maria van Riebeeck* von *Dirk Wolbers* aus Den Haag. Etwa an dieser Stelle wurde nach der Ankunft *van Riebeecks* am 6. April 1652 das erste Lager aufgeschlagen. Heute befindet sich hier u. a. auch das Civic Centre, in dem die Büros der Stadtverwaltung liegen. Das hafenwärts anschließende Gebäude beherbergt das Artscape Theatre.

Gold of Africa Museum (2)

Hier erfährt der Besucher alles über die Geschichte des Goldes in Südafrika. Es gibt wundervolle Exponate zu bewundern, und man kann Goldschmieden bei der Arbeit zusehen. Wenn man etwas mehr Zeit mitbringt, kann man einen Goldschmiedekurs besuchen, um selber Schmuck herzustellen.
Gold of Africa Museum: *Martin Melck House, 96 Strand Street,* ☏ *021-405-1540,* 🖷 *021-405-1541, www.goldofafrica.com, geöffnet tgl. (außer So) 9.30–17h, Eintritt: Erwachsene 25 Rand, Kinder 15 Rand, ermäßigt 20 Rand.*

Blick auf Kapstadt

Sendinggestig Museum (3)

Das kleine Museum für Missionsarbeit ist in der hübschen apricot und weiß gestrichenen Missionskirche, die 1804 von der South African Missionary School erbaut wurde, untergebracht. Sie wurde früher als Ausbildungsstätte für Sklaven und Nicht-Christen genutzt.
Sendinggestig Museum: *40 Long Street, ☎ 021-423-6755, geöffnet Mo–Sa 9–16h.*

Adderley Street (4)

Sie schließt sich an die Heerengracht an und ist heute Kapstadts Hauptstraße mit einer Vielzahl von Geschäften. Bis 1850 wurde diese Straße von einem Wasserlauf durchzogen und an den Seiten standen Eichenbäume. Damals hieß die Allee ebenfalls Heerengracht.

Flower Market (5)

Er liegt am Trafalgar Place, zu dem es links (Richtung Tafelberg) abgeht. Hier bieten Händler eine Fülle farbenprächtiger Blumen an. Trockenblumen zum Mitnehmen werden ebenfalls angeboten.
Flower Market: *an der Adderley Street, zwischen Strand Str. und Darling Str.*

Golden Acre Shopping Centre (6)

Dies ist ein typisches Shopping Centre mit vielen Läden, Restaurants und Cafés. Mit 108 m ist es das fünftgrößte Gebäude Kapstadts.
Golden Acre Shopping Centre: *Ecke Adderley und Strand Street, ☎ 021-419-4190.*

Castle of Good Hope (7)

An der Stelle, wo die Heerengracht in die Adderley Street übergeht, biegt die Strand Street ab, die zum **Castle of Good Hope** führt. Dieses älteste Steingebäude Südafrikas entstand 1666 und wurde von etwa 300 Matrosen in einem Jahr erbaut. Der Standort bot sicherlich nicht sehr guten Schutz, doch es wurden nie Angriffe auf das Kastell gestartet, sodass dessen Wehrhaftigkeit auch nie richtig getestet wurde. Jeder der hier *Erstes Steingebäude Südafrikas*

verarbeiteten Steinblöcke stammt aus Holland. In dem historischen Gebäude kann man Gemälde, Möbel und Porzellane sehen. Ebenso gibt es hier ein Schifffahrts- und Militärmuseum. Vor dem Kastell gibt es übrigens einen großen Parkplatz.
Castle of Good Hope: *Ecke Darling und Buitenkant Str., ☎ 021-787-1260, www. castleofgoodhope.co.za, geöffnet Mo–Sa 9–16h, Eintritt: Erwachsene 25 Rand, Kinder 10 Rand.*

Das Castle of Good Hope

Koopmans de Wet Museum (8)

Kultureller Salon Kapstadts

Das Koopmans de Wet Haus stammt aus dem Jahr 1701 und war einst bekannt als der „kulturelle Salon Kapstadts". Es war das Haus von *Marie Koopmans-de Wet*, einer wohlhabenden Persönlichkeit des sozialen und politischen Lebens in Kapstadt im 19. Jh. Heute zeigt das Museum eine umfangreiche Sammlung von Kap-Möbeln, chinesischer und japanischer Keramik sowie holländischer Kupferware. Die großzügige Architektur beeindruckt ebenfalls und um das gesamte Haus zu besichtigen, benötigen Sie mindestens eine Stunde. Am Eingang erhalten Sie eine umfangreiche und interessante Broschüre mit geschichtlichem Hintergrund.
Koopmans de Wet House: *35 Strand Street,* ☏ *021-481-3935, www.iziko.org.za/koopmans/, geöffnet Di–Do 10–17h, Eintritt: Erwachsene 10 Rand, Kinder unter 16 Jahren frei.*

Malay Quarter

Malaienviertel

Sie gehen auf die Wale Street zurück und überqueren in Richtung Signal Hill die Buitengracht. Zwischen Rose Street, Wale Street, Chiappini Street und Shortmarket Street liegt das Wohnviertel der Malaien. Minarette und pastellfarbene Häuser prägen das Bild der im 17. Jh. entstandenen Wohngegend. Die Malaien sind Nachkommen jener Sklaven, die in der zweiten Hälfte des 17. Jh. aus Asien kamen. Viele waren sehr geschickte Handwerker, die sich später kleine Häuschen bauten und dabei auf Bauelemente des kapholländischen und englischen Stils zurückgriffen. Die Malaien verbindet der islamische Glaube und sie konnten bis heute ihre kulturelle Identität bewahren. Sie kämpften sehr um die Erhaltung ihres traditionellen Wohnviertels, sodass schließlich ein Sanierungsprogramm begann, um die z. T. zu Slums verkommenen Gebäude zu retten.

Bo-Kaap Museum (9)

Kultur der Kap-Malayen

Das Bo-Kaap Museum befindet sich in einem der ältesten Gebäude Kapstadts, welches noch in seiner ursprünglichen Form erhalten geblieben ist. Direkt im Bo-Kaap-Viertel gelegen, porträtiert das Museum die Cape-Muslim-Kultur, die Kultur der Kap-Malayen. Im Community Centre, im hinteren Teil des Museums, befindet sich eine Sammlung von Karten, Wagen und anderen Gerätschaften. Dort finden auch Feste und Konferenzen statt. Die Broschüre zum Bo-Kaap Museum gibt umfangreiche Informationen zur Geschichte und Kultur der Moslems am Kap.
Bo-Kaap Museum: *71 Wale Street,* ☏ *481-3939, www.iziko.org.za/bokaap/, Mo–Sa 10–17h, Eintritt: Erwachsene 10 Rand, Kinder unter 16 Jahren frei.*

Old Town House (10)

Jetzt gehen Sie die Wale Street zurück und von hier aus nach links in den Greenmarket Square. Das Old Town House diente von 1761 bis 1905 als Rathaus. Heute ist hier die Michaelis Collection untergebracht (holländische und flämische Gemälde aus dem 17. Jh.).

Groote Kerk (11)

Wenn Sie die Longmarket Street weitergehen, kommen Sie an der **Groote Kerk** vorbei. Bereits 1678 war an dieser Stelle die erste Kirche Südafrikas erbaut worden. Das heutige Gotteshaus entstand 1836, der Glockenturm stammt allerdings noch aus dem Jahre 1703. Im Inneren ist besonders die Kanzel sehenswert, die *Anton Anreith* schuf.

City Hall (12)

Die City Hall liegt am Grand Parade, dem ehemaligen militärischen Paradeplatz, heute ein großer lebendiger Platz mit buntem Markttreiben *(Mi + Sa; Gemüse und Blumen, einige Souvenirs)* und Lärm von Autos und Kleinbussen. Das imposante, vor der Kulisse des Tafelbergs liegende Gebäude wurde 1905 in einer Mischung aus britisch-kolonialem und italienischem Renaissance-Stil erbaut. Die City Hall wurde sorgfältig restauriert (beeindruckend ist die gewaltige Marmortreppe im Inneren) und beherbergt die Innenstadt-Bücherei.

Im Februar 1990, als *Nelson Mandela* aus dem Gefängnis entlassen wurde, warteten 100.000 Menschen bis zu sieben Stunden auf dem Grand Parade, um seine erste Rede vom Balkon zu hören. Er begann seine Rede mit „Amandla! Iafrika! Mayibuye!" (Macht dem Volk).

Amandla! Iafrika! Mayibuye

Long Street (13)

In der über 300 Jahre alten Long Street, mit ihren teilweise wunderschön restaurierten viktorianischen Häusern mit schmiedeeisernen Balkongeländern, befinden sich viele Trödel- und Antiquitätenläden, Antiquariate sowie Restaurants, trendy Cafés und Pubs. In letzter Zeit siedelten sich zudem viele Hostels (Backpacker) rund um die Straße an, sodass man dort sehr viele Reisende aus der ganzen Welt antrifft. Dementspre-

In der Long Street finden sich schöne, alte Häuser

chend passt sich auch die Gastronomie an. Der interessante Abschnitt dieser Straße liegt zwischen Wale Street und Buitensingel.

South African Library (14)

Die 1818 von Lord *Charles Somerset* gegründete South African Library ist das älteste kulturelle Institut in Südafrika und eine der ersten freien Bibliotheken in der Welt. Auch als Gast in der Stadt hat man Einblick in die Bücher und ein Besuch in diesem alten Gebäude lohnt sich auf jeden Fall. Innen herrscht eine arbeitsame Atmosphäre, ganz im Stile einer alten Bibliothek. Hier können Sie nicht nur in der Geschichte der Stadt stöbern, sondern sich auch über aktuelle, z. B. politische, Entwicklungen des Landes informieren. Bei schlechtem Wetter ist dies sicherlich eine gute Alternative zu einem Museumsbesuch.

South African Library: *5 Queen Victoria Str.*, ☎ *021-424-6320, www.nlsa.ac.za.*

St. Georges Cathedral (15)

St. Georges Cathedral ist Sitz des Erzbischofs von Kapstadt und die Mutterkirche der Anglikaner. 1901 hatte der spätere König von England, *Georg V.*, den Grundstein des von *Sir Herbert Baker* aus Tafelberg-Sandstein erbauten, gotischen Kirchengebäudes gelegt. Bewundernswert ist insbesondere das große Bleiglasfenster an der Nordseite der Kirche. Es finden regelmäßig Messen und kirchenmusikalische Veranstaltungen statt.

St. Georges Cathedral: *5 Wale Street*, ☎ *021-424-7360*, 🖷 *021-424-9772, www.stgeorgescathedral.com.*

Slave Lodge
(ehem. South African Cultural History Museum) (16)

Das nach dem Castle zweitälteste Gebäude diente ehemals als Sklavenquartier der Niederländisch-Ostindischen Handelskompanie und später als erstes Post-, anschließend Bibliotheks- und dann Gerichtsgebäude. Teile der Kapgeschichte werden anhand von Keramiksammlungen, Textilien, Silber und Spielzeug beschrieben. Hervorzuheben sind hier die frühen Poststeine, unter denen die ersten Seefahrer ihre Briefe in ölgetränktem Tuch für nachfolgende Schiffe hinterließen. Auf den Steinen waren meistens der Name des Schiffes, die geplante Route, das Ankunfts- und Abfahrtsdatum sowie der Name des Kapitäns eingraviert.

Südafrika-nische Geschichte

Weiterhin finden Sie eine Ausstellung zur Geschichte des südafrikanischen Währungs- und Postsystems sowie eine umfangreiche Briefmarkensammlung. Nicht zu vergessen sind archäologische Funde der Ägypter, Griechen und Römer. Im Hof befinden sich die Grabsteine von Jan und Maria van Riebeeck.

Allein schon wegen des historischen Gebäudes lohnt sich ein Besuch. Fragen Sie am Eingang nach einer Beschreibung der Entwicklung des Hauses.

Slave Lodge *(ehem. South African Cultural History Museum): Ecke Adderley und Wale Str.,* ☎ *021-460-8242, www.iziko.org.za/slavelodge/, geöffnet Mo–Sa 10–17h, Eintritt: Erwachsene 15 Rand, Kinder unter 16 Jahren frei.*

District Six Museum (17)

„District Six", östlich des Stadtzentrums gelegen, war ein multikultureller Stadtteil, wo ca. 60.000 Menschen verschiedener Ethnien in einer lebendigen, bunten Gemeinschaft lebten. 1966 wurde das Gebiet als „For Whites only" erklärt und die teilweise schon seit Generationen hier lebenden Menschen wurden in die Townships umgesiedelt. Als Begründung wurde damals angeführt, dass die Kriminalität grassierte und auf die umliegenden (weißen) Wohngebiete übergriffe. Die Kriminalitätsrate war zwar relativ hoch, gefährdete aber die Gemeinschaft kaum. Der eigentliche Hintergedanke war, dass die Weißen in der sogenannten City Bowl unter sich bleiben wollten und politische Übergriffe vom District Six aus befürchteten.

Mit der Umsiedlung traf die Apartheid-Regierung den Lebensnerv der Menschen hier, „zersiedelte" sie und nahm ihnen damit ihre Identität. Der gesamte Stadtteil wurde dem Erdboden gleichgemacht. Auch heute noch befindet sich hier brach liegendes Land zur *Absurdität* Erinnerung an die Apartheid. Und so soll es jetzt auch bleiben, trotz der in den 1980er- *der* Jahren bereits gebauten Gebäude (Technicon u. a.). Im **District Six Museum** gibt es *Apartheid* eine Fotoausstellung sowie eine Sammlung von Straßenschildern und anderen Überbleibseln zu sehen.

Ein Besuch des Museums ist in den meisten Township-Touren enthalten, jedoch ist der Aufenthalt im Museum während der Tour nur sehr kurz. Sie sollten daher einen Extrabesuch einplanen und sich viel Zeit nehmen, um die vielen Artikel im Museum in Ruhe zu lesen. Die unbegreiflichen Regeln der Apartheid werden nirgends so deutlich vor Augen geführt. Oder haben Sie schon eine Bank gesehen, die nur für Weiße zugelassen ist? **District Six Museum**: *25A Buitenkant Str., ☎ 021-466-7200, www.districtsix.co.za, geöffnet Mo 9–14h, Di–Sa 9–16h, So nach Absprache.*

Houses of Parliament / Company's Garden (18)

Die Adderley Street geht hier in einen Promenadenweg, die Government Avenue, über. Dieser Weg führt durch die früheren Gärten der Niederländisch-Ostindischen Handelskompanie. Hier baute van Riebeeck Gemüse und Obst an. Ein Teil des Geländes ist in einen botanischen Garten umgewandelt worden. Unterwegs kommen Sie an den Houses of Parliament vorbei, die 1855 fertiggestellt wurden. Um die Anlage herum findet man das Gebäude der South African National Gallery (ausgestellt werden hier vor allem Werke südafrikanischer Künstler), das Jewish Museum sowie das South African Museum.

Das Rathaus Kapstadts

Jewish Museum (19) und Holocaust Centre (20)

Durch die älteste Synagoge Südafrikas, 1863 erbaut und im Zuge des Umbaus 1999 wieder in ihr ursprüngliches Aussehen versetzt, gelangen Sie in das Jewish Museum. Neben ausgestellten Büchern und anderen Gegenständen der jüdischen Zeremonien werden Sie umfassend über das Leben und die Entwicklung der 60.000–85.000 in Südafrika lebenden Juden informiert. Neben dem Jewish Museum gibt es im Holocaust Centre zudem eine interessante Ausstellung zum Thema Holocaust – einzigartig in Afrika.
Jewish Museum: *84 Hatfield Street, ☏ 021-465-1546, www.sajewishmuseum.co.za, geöffnet So–Do 10–17h, Fr 10–14h, Eintritt: Erwachsene 50 Rand, Kinder 15 Rand.*
Holocaust Centre: *88 Hatfield Street, ☏ 021-462-5553, www.ctholocaust.co.za, geöffnet So–Do 10–17h, Fr 10–13h, Eintritt ist frei.*

Direkt neben dem Museum steht die 1905 errichtete **Great Synagoge**, die aufgrund von finanziellen Schwierigkeiten beinahe zum Kino umfunktioniert worden wäre. Heute dient sie mit ihrer gewaltigen zentralen Kuppel als Gebetsplatz für Kapstadts jüdische Gemeinde.

South African Museum and Planetarium (21)

Dieses imposante Gebäude ist das älteste Museum Südafrikas (1825). In der anthropologischen Abteilung werden Kulturen der verschiedenen südafrikanischen Stämme gezeigt. Das Museum ist bekannt für die lebensgroßen Figuren von **San**. Die Figuren in einer künstlichen Kalahari-Umgebung sehen ungewöhnlich lebensecht aus. Das liegt un-

Einer von vielen Märkten in Kapstadt

ter anderem daran, dass man 1911 Gipsabdrücke der lebenden Menschen anfertigen ließ. Angeblich sollen sich die als sehr humorvoll geltenden San vor Lachen gebogen haben, als ihnen die Modelle vor einigen Jahren gezeigt wurden.

Weiterhin befindet sich in dem Museum neben südafrikanischen Möbeln, Silber und geologischen Funden eine sehr interessante Ausstellung zur **„World of Water"**. Es sind neben einer Nachbildung des Kelp-Forest, einer in den Gewässern vor Südafrika besonders groß und schnell wachsenden Alge, sämtliche hier vorkommenden Meerestiere sowie, teilweise über mehrere Stockwerke ragende, Walskelette ausgestellt. In einem **„Discovery Room"** haben Kinder die Möglichkeit, Flora und Fauna Südafrikas zu entdecken.

In dem im Nebengebäude untergebrachten **Planetarium** können Sie sich den Sternenhimmel der südlichen Hemisphäre erklären lassen. Es stehen unterschiedliche Vorführungen auf dem Programm. Informationen erhalten Sie über die Tel.-Nr. des Museums.

South African Museum and Planetarium: *25 Queen Victoria Str.,* ☏ *021-481-3800, www.iziko.org.za/sam/, geöffnet tgl. 10–17h, Eintritt: Erwachsene 15 Rand, Kinder unter 16 frei.*

Planetarium: *25 Queen Victoria Str.,* ☏ *021-481-3900, www.iziko.org.za/planetarium/, geöffnet tgl. 10–17h, Eintritt: Erwachsene 20 Rand, Kinder 6 Rand.*

Bertram House (22)

Das Bertram Haus ist das einzige erhaltene rote georgianische Backsteingebäude, stammt wahrscheinlich aus dem frühen 19. Jh. und gehörte wohlhabenden englischstämmigen Südafrikanern. Es befindet sich im historischen Herzen Kapstadts, im Company's Garden, nicht weit entfernt von den Houses of Parliament. Ausgestellt sind englische Möbel, Porzellan, Schmuck und Silber.

Interessant ist es, die Architektur und Einrichtung dieses Hauses mit einem typischen kapholländischen Stadthaus, wie dem Koopmans de Wet-Haus (s. o.), zu vergleichen. **Bertram House**: *Company's Garden, am Ende der Goverment Avenue, Ecke Orange Street,* ☏ *021-424-9381, www.iziko.org.za/bertram/, geöffnet Mo und Fr 10–17h, Eintritt ist frei.*

Hier noch eine kleine Auswahl an weiteren Museen in Kapstadt:
South African National Gallery, *von der Government Ave. abgehend,* ☏ *021-467-4660, Sammlung von Werken südafrikanischer und internationaler Künstler, geöffnet Di–So 10–17h.*
Old Town House *(Michaelis Collection), Greenmarket Square,* ☏ *021-481-3933, das Old Town House (altes Rathaus) von 1755 zeigt Sammlungen von holländischen und flämischen Gemälden aus dem 17. Jh., geöffnet Mo–Fr 10–17h, Sa 10–16h.*
Irma Stern Museum, *Cecil Road (von der Rhodes Ave. abzweigend),* ☏ *021-685-5686, www.irmastern.co.za, Sammlung von Werken dieser berühmten südafrikanischen Künstlerin, geöffnet Di–Sa 10–17h.*
Rust-en-Vreugd, *78 Buitenkant Str.,* ☏ *021-464-3280, William Fehr-Sammlung: Aquarelle, alte afrikanische Gemälde, geöffnet Di–Do 10–17h.*
The South African Maritime Museum *(Maritime Centre), 1st Floor, Union-Castle House, Dock Road, Waterfront,* ☏ *021-405-2880, geöffnet tgl. 10–17h.*

Victoria & Alfred Waterfront
(am Duncan Dock gelegen)

Nun hat auch Cape Town seine „Fisherman's Wharf" à la San Francisco. Als die Victoria- und Alfred-Hafenbecken drohten zu klein zu werden und immer mehr Seeschiffe im großen Duncanbecken festmachten, beschlossen die südafrikanischen Hafenbetriebe zusammen mit der Stadt, dem Land und einer Reihe von privaten Geschäftsleuten, *Vergnü-* hier einen multikulturellen Stadtteil aufzuziehen. Dazu wurden Architekten und Planer *gungs-* auch von außerhalb des Landes herangezogen. Ziel war es, ähnlich den Docks im East-*viertel* end von London, nicht nur Touristen anzulocken, sondern auch die einheimische Be-

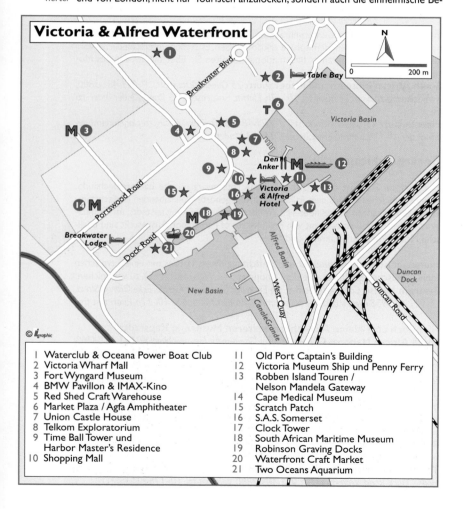

Victoria & Alfred Waterfront

1	Waterclub & Oceana Power Boat Club	11	Old Port Captain's Building
2	Victoria Wharf Mall	12	Victoria Museum Ship und Penny Ferry
3	Fort Wyngard Museum	13	Robben Island Touren /
4	BMW Pavillon & IMAX-Kino		Nelson Mandela Gateway
5	Red Shed Craft Warehouse	14	Cape Medical Museum
6	Market Plaza / Agfa Amphitheater	15	Scratch Patch
7	Union Castle House	16	S.A.S. Somerset
8	Telkom Exploratorium	17	Clock Tower
9	Time Ball Tower und	18	South African Maritime Museum
	Harbor Master's Residence	19	Robinson Graving Docks
10	Shopping Mall	20	Waterfront Craft Market
		21	Two Oceans Aquarium

völkerung zu animieren, sich hier zu vergnügen und zu arbeiten. Es wurden auch Büro-flächen, die Wirtschaftsfakultät der Universität und eine kleine Werft hier etabliert.

Neben unzähligen Restaurants, Cafés, Kinos, Theaterbühnen und Geschäften hat man ein Seefahrermuseum und ein meereskundliches Museum eingerichtet. Die Theater werden von führenden Künstlern geleitet. Man setzt hier besonders auf experimentelle Stücke, wobei eine Bühne immer „leichte Kost" bieten soll. Weiterhin gibt es mehre-re Hotels und unbegrenzte Möglichkeiten für Freizeitaktivitäten: Segeltouren, Hub-schrauberflüge, Stadtrundfahrten, die Besichtigung von Seenot-Rettungsanlagen und vieles mehr versprechen einen abwechslungsreichen Tag. Inzwischen ist die Waterfront zur bestbesuchten Attraktion Südafrikas geworden und eine nochmalige Vergrößerung ist im Bau. Neben weiteren Geschäften, Restaurants und Apartmenthäusern sind in der Zwischenzeit ein großes Casino und ein internationales Kongresszentrum entstanden. Außerdem wird die Waterfront durch einen Kanal mit der Innenstadt verbunden. Nehmen Sie sich also ruhig einen Tag Zeit für dieses Gebiet.

 Veranstaltungstipp

Das **„Cape Town International Jazz Festival"** (ehem. North Sea Jazz Festival) ist eine hoch-klassige Jazz-Veranstaltung mit Künstlern aus Südafrika und aller Welt. Es findet i. d. R. Ende März im International Congress Centrum an der Foreshore statt und dauert zwei Tage. Tickets gibt es bei allen Computicket-Buden (in jeder Mall). Infos im Internet: www.capetownjazzfest.com.

Blick auf die Waterfront

Wassertaxi in Kapstadt

Zwei Wasserwege in Kapstadt sind von großer städtebaulicher Bedeutung. Auf dem kürzlich eingeweihten Waterfront Canal verkehrt ein Boot zwischen dem Arabella Sheraton Grand Hotel (nahe dem Cape Town Convention Center gelegen) und dem Cape Grace Hotel an der V&A Waterfront. Dieses Wassertaxi bietet 38 Personen Platz und ist damit einerseits eine neue Alternative für die einheimische Bevölkerung auf dem Weg von und zur Arbeit, andererseits natürlich auch eine Attraktion für Touristen.

Der zweite, kleinere Kanal stellt eine Verbindung zum Viertel Roggebaai her, das im Westen Kapstadts liegt und bisher vernachlässigt worden ist.

Mit dem weiteren Ausbau des Kanalsystems und der damit verbundenen Ansiedlung von großen Hotels, einem Weingut und besonderen Angeboten für Touristen, wie etwa eine Flaniermeile am Ufer, soll dieses Viertel deutlich aufgewertet werden. Selbst der berühmte Blue Train wird zukünftig in Roggebaai anhalten.

Reisepraktische Informationen Victoria und Alfred Waterfront

Busse
Es gibt einen Shuttle-Service zwischen Waterfront und Information Center sowie zu bestimmten Zeiten zur Talstation der Tafelberg-Seilbahn und zum Airport. Den Fahrplan erhalten Sie bei Cape Town Tourism oder beim Informationsschalter der Waterfront.

i **Informationen**
*Im Waterfront-Bereich gibt es ein Informationsbüro, wo Sie sich über den neuesten Stand der Dinge erkundigen können und wo Sie auch einen Lageplan des Gebietes erhalten. Außerdem befindet sich im **Clock Tower** ein großes Büro von Cape Town Tourism. Hier erhalten Sie jede nur erdenkliche Information.*

Hafenrundfahrt

Sie bietet einen guten Abschluss der Stadtbegehung. Der Hafen von Kapstadt ist der größte Passagier- und Posthafen des Landes. Insgesamt gibt es 35 Anlegestellen für Ozeanriesen. Von hier aus wird auch ein Großteil des Obstes Südafrikas exportiert, sodass Kapstadt weltweit der drittgrößte Fruchtexporthafen ist. Der Hafen selbst ist künstlich angelegt. Die durchschnittliche Tiefe bei Niedrigwasser liegt bei 12 m. Man kann den Hafengrund nicht durch Ausbaggern weiter vertiefen, da der Untergrund aus festem Felsgestein besteht. Neben Hafenrundfahrten können Sie auch interessante Bootstouren rund um die Bucht buchen. Bitte erkundigen Sie sich in einem der Informationscenter.

Century City

Dieser Komplex liegt etwa 10 km außerhalb der Innenstadt an der N1. Es ist Afrikas größtes Shoppingcenter mit Hunderten von Geschäften, Restaurants, Cafés und Kinos.

Sie finden hier auch Dockside, ein Entertainment-Zentrum, daneben Intaka Island, ein 16 ha großes Naturschutzgebiet. Nicht weit von Century City, in Goodwood, liegt das Grand West Casino. Auch hier sind die Unterhaltungsmöglichkeiten unendlich: Glücksspiel, eine Revue- und Cabaret-Bühne, Restaurants und Geschäfte, eine Eiskunstlaufhalle und ein großer Unterhaltungsbereich für Kinder machen das Grand West Casino sicher zu einem abwechslungsreichen Zeitvertreib.

Grand West Casino*: 1 Vanguard Dr., Goodwood, ☎ 021-505-7777, www.grandwest.co.za, geöffnet 24 h täglich.*

Tafelberg

Auf keinen Fall dürfen Sie den herrlichen Rundblick vom Tafelberg versäumen. Der „Table Mountain" verleiht Kapstadt erst das Attribut, eine der am schönsten gelegenen Städte der Welt zu sein – in Konkurrenz zu Rio de Janeiro und San Francisco.

Auf über 300 Wegen kann man auf den Tafelberg hinaufgelangen. Der Schwierigkeitsgrad reicht von relativ leichten Aufstiegen bis zum Erklimmen mit Seil und Haken. Für eine „Gipfelbesteigung" muss man etwa drei Stunden ansetzen. Wegen der Steilheit der Wege ist der Aufstieg nichts für Herz- und Kreislaufkranke und auch für Untrainierte ist die Anstrengung enorm. Schneller geht es natürlich mit der Seilbahn (Drehboden!), die 1.244 m lang ist und innerhalb von sieben Minuten auf den 1.067 m hohen Berg führt. Unterwegs genießt man bereits einen herrlichen Blick auf die Stadt, den Hafen und die Vororte. *Ein faszinierender Ausblick*

Der Tafelberg – im Hintergrund: Kapstadt

> ## Tipp
>
> Sobald der Tafelberg wolkenfrei ist, sollten Sie unverzüglich hinauffahren. Es wäre doch sehr schade, wenn Sie Ihre Seilbahn-Fahrt auf den nächsten Tag verschieben und gerade dann der Berg – in Wolken gehüllt – seine „Tischdecke" trägt.

Der Tafelberg besteht aus Granit, Schiefer und Quarz. Oben ist er eben, man kann herumwandern und u. a. evtl. Paviane, Steinböcke oder Kapmangusten entdecken. Je nach Jahreszeit blühen hier verschiedene Blumen (Fauna und Flora stehen unter Naturschutz). Oben vom Plateau aus bietet sich dann von den wunderbar angelegten Plattformen folgender Blick, wenn Sie Richtung Hafen schauen: Rechts erhebt sich – direkt an das Tafelbergmassiv anschließend und in die Bucht abfallend – der 1.001 m hohe **Devil's Peak**, wo früher Zinn abgebaut wurde. Links – durch eine Senke getrennt – sieht man den **Lion's Head** (725 m). Auf dem Berg befand sich früher eine Signalstation, die mit Flaggen und Kanonenschüssen auf die Ankunft von Schiffen aufmerksam machte.

Devil's Peak und Lion's Head

Der Lion's Head

Vor dem Lion's Head liegt zum Meer hin der 364 m hohe **Signal Hill**. Hier gibt es einen Aussichtspunkt, den man über die Kloof Nek Road und die Signal Hill Road erreicht. Vorgelagert ist der Green Point Common, auf dem früher das Vieh der Niederländisch-Ostindischen Kompanie weidete. Während der britischen Besatzung wurde hier die erste südafrikanische Rennbahn gebaut, später fanden Cricket- und Rugbyspiele statt. Im Verlauf des zweiten Burenkrieges befand sich hier ein Lager mit Gefangenen, die später nach dem damaligen Ceylon transportiert wurden.

Wanderweg

Ein interessanter Wanderweg beginnt rechts neben der Talstation der Seilbahn. Immer den Schildern „Plattekliff" folgen, ca. 3–4 Stunden!

Im Meer können Sie die frühere, berüchtigte Gefangeneninsel **Robben Island** erkennen. Hier verbrachte Südafrikas politischer Gefangener Nr.1, *Nelson Mandela*, den Hauptteil seiner Gefangenenzeit. Von der Waterfront aus starten täglich fünf Sightseeing-Touren nach Robben Island. Sehr eindrucksvoll – man besucht auch *Mandelas* Zelle. Dauer: ca. 3,5 Stunden.

Tafelberg Anfahrt: *Mit dem Kloof Nek-Bus können Sie vom Busbahnhof an der Adderley Street bis zur Kloof Nek-Endstation fahren. Von hier aus nehmen Sie den Seilbahnbus zur unteren Kabelstation.* **Seilbahnbetrieb:** *Die Abfahrzeiten variieren je nach Jahreszeit. Generell gilt: Die letzte Auffahrt ist 1 Stunde vor der letzten Abfahrt. Wenn sich das Wetter verschlechtert bzw. wenn die letzte Gondel talwärts fährt, ertönt eine Sirene. Auskunft:* ☎ *021-424-8181 oder www.tablemountain.net. 160 ZAR inkl. Rückfahrt.*

Fahrt durch das südliche Stadtgebiet

Falls Sie zum Indischen Ozean fahren oder von dort kommen, werden Sie sicherlich zuerst einmal den Simon van der Stel Freeway (M3) benutzen. Er bietet eine reizvolle Sicht auf die südlichen Stadtteile und auf das Tafelbergmassiv. Wenn Sie nun diese Strecke aber ein zweites Mal fahren sollten, bieten sich Ihnen zwei Alternativen an: Zum einen die M5 weiter im Osten, die im südlichen Abschnitt an einigen Townships entlangführt, aber sonst doch recht langweilig und bei hohem Verkehrsaufkommen des Öfteren verstopft ist.

Interessanter ist die Fahrt entlang der Main Road, die bereits in Muizenberg beginnt und sich bis zur City durch verschiedenste Stadtteile windet. Wenn Sie diese Route wählen, erhalten Sie einen guten Querschnitt der Stadt. Die Straße ist eine Lebensader Kapstadts, an der viele Kapstädter arbeiten oder wohnen. Im Süden, kurz nachdem Sie den Küstenort Muizenberg verlassen haben, führt die Straße erst einmal durch unterschiedliche Vororte. In Retreat und Heathfield wohnen vorwiegend Coloureds. Entsprechend lebhaft *Lebhafte* geht's hier zu, besonders in den Seitenstraßen. Wynberg dann ist die englische Hochburg, *Vororte* der Kernbereich macht den Eindruck einer mittelenglischen Stadt: enge Straßen, Geschäftsarkaden und der Hauch von englischer Aristokratie. Hier befinden sich u. a. auch die bekanntesten englischsprachigen Highschools des Landes. Kenilworth besteht vorwiegend aus Kleinindustrie und einer mittelständischen Wohngegend am Rande.

Claremont ist das Einkaufszentrum der südlichen Stadtteile. Modernste Shopping-Arkaden prägen das Bild dieses Stadtteils. Newlands, Rondebosch und Rosebank sind stark beeinflusst durch die Studenten hier. Unzählige Kneipen, kleine Restaurants und eine Reihe von Boutiquen säumen die Straße.

Mit Observatory und Woodstock erreicht man schließlich das klassische innerstädtische Industriegebiet von Kapstadt. Textilfabriken, zahllose Autowerkstätten und Handwerksläden sind hier die zentralen Einrichtungen, während in den Seitenstraßen klei- *Industriegebiet* ne Wohnhäuser und alte Einkaufspassagen im englischen und kapholländischen Stil zu finden sind. Weiter stadteinwärts wird die Main Road zur Sir Lowry Street, passiert das Good Hope Center, das Castle und endet schließlich an der Town Hall im Stadtzentrum. Es gibt an dieser Strecke sicherlich keine Touristenattraktionen, doch wer sich ein wenig näher mit der Stadt beschäftigen will, sollte sich einmal die Zeit nehmen, hier entlangzufahren. Die Fahrt dauert etwa 45 Minuten länger als auf der M3.

Reisepraktische Informationen Kapstadt

Vorwahl: 021

Wichtige Telefonnummern
Feuerwehr: 535-1100
Christiaan-Barnard-Krankenhaus: 480-6111, **Travel Clinics:** 419-3172
Polizei: 461-7282
24-Std.-Apotheke: 948-5706
Telefonauskunft: 1023 (national), 0903 (international)
Flughafenauskunft (Ankunft/Abflug): 934-0407
Taxi: 448-4444
Bergrettungswacht (mountain rescue): 937-0300

i **Informationen**
Cape Town Tourism, Ecke Castle/Burg Street, in der Innenstadt, ☎ 434-1750, 🖷 434-8597, www.capetown.travel. Dieses ist mit Sicherheit eines der am besten organisierten Touristenbüros, die es überhaupt gibt. Es besteht aus mehreren Räumen, und man kann hier nicht nur Informationen einholen, sondern auch alle möglichen Touren buchen, Geld tauschen, Unterkünfte aller Preisklassen buchen, sich über verschiedenste Souvenirshops erkundigen, Kaffee trinken etc. Eigentlich ist es **die** Adresse überhaupt, um einen Besuch zu beginnen. Lassen Sie sich unbedingt die Broschüren über Unterkünfte und Restaurants, den Touristenführer (gibt es in Kurzform auch in Deutsch) und den Veranstaltungskalender „What's on" geben. Damit sind Sie bestens präpariert und können sich in Ruhe Ihre Wunschliste zusammenstellen. Öffnungszeiten: Im Sommer von Mo–Fr von 8–19h, Sa von 8.30–14h, So von 9–13h. Im Winter von Mo–Fr 8–17h, Sa 8.30–13h, So 9–13h. Ein zweites Informationszentrum befindet sich im neuen Clock Tower Precinct an der V&A Waterfront, South Arm Road, ☎ 405-4500. Hier ist auch das Informationszentrum des Western Cape zuhause. Täglich geöffnet von 9–21h.

👁 **Rundfahrten/Touren/Besichtigungen**
Es gibt unzählige Tourangebote in Kapstadt. Das Beste ist, sich bei Cape Town Tourism persönlich zu informieren und die buchen dann eine Tour für Sie nach Ihren Wünschen. Man kann Cape Town Tourism bereits von Europa aus anschreiben, erhält dann Infos und wird bei Zusage eingebucht. Hier nur eine kleine Auswahl:
Robben Island Ferry Services, V&A Waterfront, Clock Tower Precinct, Nelson Mandela Gateway, ☎ 413-4200, 🖷 419-1057, www.robben-island.org.za, geführte Touren nach Robben Island, ca. 3,5 Stunden, mehrmals täglich (wetterbedingt).
Hylton Ross, ☎ 511-1784, 🖷 511-2401, www.hyltonross.co.za, Stadtrundfahrten und Fahrten in die Umgebung mit deutscher Begleitung.

Court Helicopters, ☎ 425-2966, 🖷 425-1941, *Rundflüge aller Art mit einem Hubschrauber. Nicht ganz billig, aber ein lohnendes Erlebnis.*

Cape Town Flying Club, *Cape Town International Airport,* ☎ 934-0257, 🖷 934-0827, *www.capetownflyingclub.co.za, Rundflüge mit kleinen Hochdeckern, erheblich billiger als die Hubschrauber.*

Sightseeing Cape Town, ☎ 511-6000, *www.citysightseeing.co.za, Stadtrundfahrten in offenem London Bus („Hop On-Hop off").*
Alternativ gibt es den **Baz Bus**, ☎ 439-2323, *einfach ein- und aussteigen, wo man will, und die City mit viel Spaß entdecken.*

The Backpack & Africa Travel Centre, *74 New Church Street, beim Backpack Hostel,* ☎ 423-4530, 🖷 423-0065, *www.backpackers.co.za, hier kann man von Touren bis zum Mietwagen alles z. T. preiswert buchen.*

💲 Banken/Geld tauschen
Banken gibt es genügend in Kapstadt, besonders im Umkreis von Adderley Street und St. George Mall. Wer nach den üblichen Schalterstunden tauschen möchte, hat hierzu Gelegenheit bei:
Rennies Foreign Exchange, *normale Schalterstunden: Mo–Fr 8.30–17h, Sa 8.30–12h.*
Rennies an der Waterfront, *täglich von 9–21h.*
Normale Schalterstunden: Mo–Sa 9–15.30h.
Kreditkarten akzeptiert jede Bank, wobei die **First National Bank** *damit am reibungslosesten umgeht.*

☞ Konsulate
siehe Allgemeine Reiseinformationen, S. 100.

@ Internetzugang
Es gibt inzwischen unzählige Internet-Cafés in Kapstadt, doch auch hier ist deren Existenz oft nur von kurzer Dauer. Man findet sie jedoch entlang der Long Street (Innenstadt), nahe den Backpacker-Lodges, auf der Main Road in Sea Point und im Studentenviertel in Observatory auf der Main Road.

🛏 Unterkunft
Kapstadt ist gleichermaßen Ziel von Touristen und Geschäftsleuten, ausgestattet mit den unterschiedlichsten Geldbörsen. Entsprechend vielseitig ist das Angebot an Unterkünften. Es gibt sicherlich für jeden etwas, ein komplettes Angebot vorzulegen, ist unmöglich. Sicherlich finden Sie auch die eine oder andere Unterkunft, die Ihnen besonders gefällt, die in diesem Buch nicht erscheint. Wer nicht unbedingt den Allround-Service eines Hotels genießen möchte, ist auch in Kapstadt am besten bedient mit Gästehäusern und vor allem mit Holiday Apartments. Letztere bieten größere Zimmer und sind um ein Drittel billiger. Und da Sie in Kapstadt sowieso die Gelegenheit nutzen sollten, außerhalb essen zu gehen, werden Sie hier auch das Hotel-Restaurant nicht vermissen.

🛏 Hotels
im Bereich City/Gardens:
Esperanza Guest House $$, *11 Belvedere Avenue,* ☎ 462-2451, 🖷 086-650-1241, *www.esperanza.co.za, in der Nähe der City, 6 Doppelzimmer, geschmackvoll eingerichtet, Lounge.*

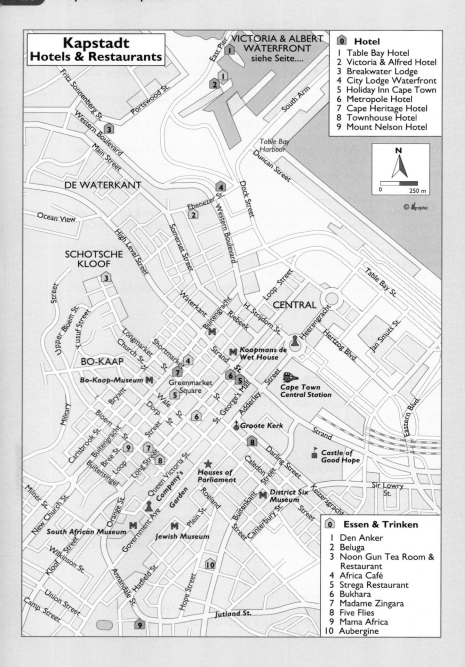

Kapstadt
Hotels & Restaurants

VICTORIA & ALBERT WATERFRONT siehe Seite....

Hotel
1. Table Bay Hotel
2. Victoria & Alfred Hotel
3. Breakwater Lodge
4. City Lodge Waterfront
5. Holiday Inn Cape Town
6. Metropole Hotel
7. Cape Heritage Hotel
8. Townhouse Hotel
9. Mount Nelson Hotel

Essen & Trinken
1. Den Anker
2. Beluga
3. Noon Gun Tea Room & Restaurant
4. Africa Café
5. Strega Restaurant
6. Bukhara
7. Madame Zingara
8. Five Flies
9. Mama Africa
10. Aubergine

Breakwater Lodge (3) $$$, *Portswood Rd., V&A Waterfront,* ☎ *406-1911,* 🖥 *406-1070, www.breakwaterlodge.co.za, kleine, aber moderne Zimmer, ausgezeichnetes Preis-Leistungs-Verhältnis.*

City Lodge Waterfront (4) $$$, *Ecke Dock und Alfred Road, Viktoria & Alfred Waterfront,* ☎ *419-9450,* 🖥 *419-0460, www.citylodge.co.za, modernes Hotel, wie überall preisbrechend, wenn auch kleine Zimmer und reduzierter Service.*

Cape Heritage Hotel (7) $$$, *90 Bree Str./Heritage Square, Innenstadt,* ☎ *424-4646,* 🖥 *616-7281, www.capeheritage.co.za, kleines Hotel mit viel Ambiente und liebevoll eingerichteten Zimmern im Herzen der Stadt.*

Metropole Hotel (6) $$$, *38 Long Street,* ☎ *424-7247,* 🖥 *424-7248, www.metropolehotel.co.za, sehr zentral gelegenes „Old World" Hotel mit freundlichem Service.*

Holiday Inn Cape Town (5) $$$$, *101 St. Georges Mall,* ☎ *480-8300,* 🖥 *480-8330, modernes Innenstadthotel mit allem Luxus. Versuchen Sie hier, in den oberen Stockwerken unterzukommen, des Ausblicks wegen.*

Victoria & Alfred Hotel (2) $$$$, *Waterfront, Pierhead,* ☎ *419-6677,* 🖥 *419-8955, www.vahotel.co.za, direkt inmitten der Waterfront gelegen mit Blick auf Hafen und Innenstadt.*

Townhouse Hotel (8) $$$$, *60 Corporation Street,* ☎ *465-7050,* 🖥 *465-3891, www.townhouse.co.za, privates Stadthotel mit altem Mobiliar, gemütlich.*

Mount Nelson Hotel (9) $$$$$, *76 Orange Street,* ☎ *483-1000,* 🖥 *483-1001, www.mountnelson.co.za, viktorianischer Stil, angenehme Plüschromantik und am Fuße des Tafelberges gelegen. Ein Klassiker unter den Luxushotels Afrikas.*

Table Bay Hotel (1) $$$$$, *Quay 6, Victoria & Alfred Waterfront,* ☎ *406-5000,* 🖥 *406-5977, www.tablebayhotel.co.za, neuestes Luxushotel im sog. „neoviktorianischen" Stil. Einfach perfekt!*

Lesertipps:
Elements, *49 Sandpiper Crescent,* ☎ *557-8847,* 🖥 *086-683-1972, www.elementscapetown.com, die Zimmer sind nach den vier Elementen der Erde gestaltet, individuell und gemütlich, Swimmingpool, sehr freundliche Gastgeber!*

Die imposante Einfahrt zum Mount Nelson Hotel

Cactusberry Lodge $$$, *30 Breda Str., ☎/🖨 461-9787, www.cactusberrylodge.com, Flair eines alten viktorianischen Stadthauses plus moderner Komfort, Innenhof mit Grillplatz und kleinem Pool, Lounge mit Fernseher und Bar, vom Sonnendeck schöne Sicht auf den Tafelberg, 6 Gästezimmer.*

Am Atlantischen Ozean:
Sea Point
St. John's Waterfront Lodge $, *6 Braemar Rd., Greenpoint, ☎ 439-1404, 🖨 439-1424, www.stjohns.co.za, preiswert und sauberes Gästehaus nahe der Waterfront.*
Ritz Hotel $$$, *Ecke Camberwell und Main Rd., ☎ 439-6010, 🖨 434-1848, großes Hotel im Zentrum von Sea Point. Buchen Sie ein Zimmer in den höheren Stockwerken. Das Restaurant im 21. Stockwerk ist ausgezeichnet.*

Camps Bay
Ambiente $$$$, *58 Hely Hutchinson Ave., ☎/🖨 438-4060, www.ambiente-guesthouse. com, Ambiente – der Name sagt´s: Dieses Haus ist absolut extravagant – und dabei schön (!) eingerichtet. Große Zimmer, Super-Badezimmer und ein tolles Frühstück machen dieses Haus zum „Führer" in seiner Klasse!*
The Bay Hotel $$$$$, *69 Victoria Road, ☎ 438-4444, 438-4455, www.thebay.co.za, ein kühl-elegantes Designer-Hotel mit „distanzierter" Atmosphäre. Durch eine Hauptstraße vom Strand getrennt, nicht sehr persönlich.*
The 12 Apostels Hotel and Spa $$$$$, *Victoria Road, ☎ 437-9000, 🖨 437-9001, www.12apostleshotel.com, dieses Hotel liegt etwas außerhalb von Camps Bay Richtung Hout Bay. Die Aussicht ist atemberaubend.*
Lesertipp: *In Hout Bay:* **Brightwater Lodge $$**, *☎ 790-2031, 🖨 790-2025, www. brightwaterlodge.co.za. 5 B&B-Zimmer und ein Apartment mit Selbstverpflegung.*

Constantia
Constantia Uitsig Hotel $$$, *☎ 794-6500, 🖨 794-7605, www.constantia-uitsig. com, in einer ruhigen Umgebung an den Hängen des Constantiabergs stehen 8 Country Cottages, umgeben von Weinbergen. Schwimmbad vorhanden.*
Alphen Hotel $$$$, *Alphen Drive, ☎ 794-5011, 🖨 794-5710, www.alphen.co.za, Hotel in altem kapholländischen Haus (Nationalmonument) mit altem Mobiliar und „Atmosphäre". Leider: Der Neubau passt so gar nicht in die Anlage.*
The Cellars-Hohenort $$$$, *93 Brommersvlei, ☎ 794-2137, 🖨 794-2149, www. cellars-hohenort.com, hervorragendes, gepflegtes Haus in ruhiger Lage, mit Schwimmbad und ausgezeichneter Küche. Kinder unter 14 Jahren nicht zugelassen.*

Claremont
Greenways $$$, *1 Torquay Avenue, ☎ 761-1792, 🖨 761-0878, www.greenways.co.za, der 1920 erbaute Herrensitz ist von einem großen Park umgeben und bietet eine private Atmosphäre. Schwimmbad vorhanden. Kinder unter 10 Jahren nicht zugelassen.*

Am Indischen Ozean:
Sonstraal Guest House $$$, *4 Axminster Rd., Muizenberg 7945, ☎/🖨 788-1611, www. sonstraalguesthouse.com, persönlicher Service, geschmackvoll eingerichtete Zimmer und nur 1 Minute vom Strand entfernt.*
A Whale Of A Time Guesthouse $$$, *11 Echo Road, Fish Hoek 7975, ☎/🖨 782-5040, www.awhaleofatime.co.za, unglaublich schön gelegenes Guesthouse mit 3 Apartments und einem Cottage, alle mit atemberaubendem Blick aufs Meer. Von hier kann man Fish Hoek bequem zu Fuß erkunden.*

Gästehäuser/private B & B-Häuser

La Splendida $$, *121 Beach Road, Mouille Point,* ☎ *439-5119,* 🖷 *439-5112, www.lasplendida.co.za, sauberes Haus direkt an der Meerpromenade (dazwischen Straße), saubere Zimmer, nette Atmosphäre (architektonisch allerdings hoch geratener 3-stöckiger Zweckbau).*

Olaf´s Guest House $$, *24 Wisbeach Road, Sea Point,* ☎ *439-8943,* 🖷 *439-5057, www.olafs.co.za, mehrfach prämiertes, sehr gemütliches Gästehaus unweit der City, sehr persönlich und liebevoll ausgestattet, tolles Frühstück.*

Inn with a View $$, *127A Kloofnek Road, Gardens 8001,* ☎ *424-5220,* 🖷 *424-5293, www.innwithaview.co.za, wie der Name schon sagt: Der Blick auf den Tafelberg und die City ist unschlagbar. Auch der liebevolle Service lässt nichts zu wünschen übrig.*

Andros Guesthouse $$$, *Ecke Phyllis und Newlands Rd., Claremont 7708,* ☎ *797-9777,* 🖷 *797-0300, www.andros.co.za, die schöne Villa ist im kapholländischen Stil errichtet und bietet gediegen eingerichtete Zimmer. Die Außenanlagen sind herrlich (Swimmingpool, viel „Blühendes"), die Lage ruhig und sicher.*

Sonnekus Guest House $$$, *88 Main Rd., St. James 7945,* ☎ *788-4789,* 🖷 *788-2992, www.sonnekus.co.za, ruhiges und gemütliches Gästehaus. Fünf große, schön dekorierte Zimmer, drei mit eigenem Kamin.*

Diamond Guest House $$$, *61 Hely Hutchinson Ave., Camps Bay,* ☎ *438-1344,* 🖷 *438-1557, www.diamondhouse.co.za, ruhig gelegene, moderne Villa mit schönem Blick auf das Meer. Alles ist sehr liebevoll eingerichtet, die Besitzer kümmern sich sehr um ihre Gäste.*

Bluegum Hill Guest House $$$, *13 Merriman Road, Green Point 8001,* ☎ *439-8764,* 🖷 *434-6302, www.bluegumhill.co.za, freundliche, entspannte Atmosphäre, Meerwasserpool. Direkt am Signal Hill Nature Reserve gelegen, hat man hier einen fantastischen Blick über die ganze Bucht, Robben Island und den Hafen.*

Southern Comfort $$$, *12 Rosmead Avenue, Oranjezicht 8001,* ☎/🖷 *424-4521,* 🖷 *086-670-9219, www.scomfort.co.za, sehr gepflegt in herrlicher Lage mit Blick auf den Tafelberg. Hier spricht man Deutsch.*

Lesertipps:

Tranquility Guest House $$, *25 Peak Road, Fish Hoek 7975,* ☎/🖷 *782-2060, www.tranquil.co.za, wundervolle Aussicht auf die Bucht und herzliche Atmosphäre, Gäste können umsonst ins Internet.*

Shenandoah Host Home B&B $$, *12 Gull Road, Bloubergstrand,* ☎ *554-0576,* 🖷 *554-0578, he._s-e-d@iafrica.com, sehr sauberes, kleines Haus mit nur zwei Räumen, einer Suite und grandiosem Blick auf den Tafelberg, ruhig gelegen.*

Jugendherbergen

Kapstadt ist ein beliebtes Ziel für Rucksackreisende und entsprechend viele und gute Backpackers haben sich hier etabliert. Hier nur eine kleine Auswahl:

Cat and Moose Backpackers, *305 Long Street (am oberen Ende),* ☎/🖷 *423-7638, www.catandmoose.co.za, von hier aus kann man sich direkt in den Trubel der Stadt stürzen.*

Ashanti Lodge, *11 Hof Street, Gardens,* ☎ *423-8721,* 🖷 *423-8790, www.ashanti.co.za, dies ist ein ehemaliges Gästehaus mit guter Ausstattung (Pool, große Bar), die Räume sind relativ groß. Eines der besten Backpacker in Kapstadt.*

The Back Pack, *74 New Church Street, Tamboerskloof 8001,* ☎ *423-5555,* 🖷 *423-0065, sicherlich ein zentralste Platz in der Stadt – Tipp Nr. 1!*

The Oak Lodge, *5 Outspan Rd., Fish Hoek 7975,* ☎/🖷 *782-4258, www.theoaklodge.co.za, noch ein Favorit. Wunderschönes altes Haus, jede Menge Flair und ein ausgezeichnetes Informationsbüro.*

Zu den Häusern des Jugendherbergswerks Südafrikas, Hostelling International South Africa (HISA) gehören:

Aardvark Backpackers Lodge, 319 Main Road, Ecke Conifer Road, Sea Point, ☎ 434-4172, 🖷 439-3813.

ABE Bailey, 11 Maynard Road, Muizenberg 7945, ☎/🖷 788-2301, abeb@new.co.za.

Riverview Lodge, 3 Anson Road, Observatory, ☎ 447-9056, 🖷 447-5192, www.riverview. co.za, insbesondere auf große Reisegruppen spezialisiert.

Stans Halt, The Glen, Camps Bay 8005, ☎/🖷 438-9037, stanh@new.co.za.

🛏 Holiday Apartments

Diese Apartments sind in der Regel sehr gut ausgestattet und haben meistens TV und Telefon. Die Küchen sind voll ausgestattet, die Zimmer werden einmal am Tag gereinigt (inkl. Geschirr). Die Preise sind sehr unterschiedlich. Cape Town Tourism hilft Ihnen gerne bei der Buchung.

Cascades Holiday Apartments $$, 8 Vesperdene Rd., Green Point 8001, ☎ 434-3385, 🖷 439-9346, www.cascadescapetown.co.za, sehr stadtnah, komfortabel eingerichtet und sauber.

Hiddingh Village $$$, direkt am Garden Centre gelegen, ☎ 422-4254, 🖷 422-4248, www.ctrentals.co.za, vollausgestattete, sonnige Apartments, sehr zentral gelegen.

Garden Center Holiday Flats $$$, Mill Street, Gardens, ☎ 461-8000, 🖷 461-5588, www.gardensapartments.co.za, über der City gelegen. Versuchen Sie, in den oberen Geschossen unterzukommen.

Tudor House Luxury Holiday Apartments $$$$, 43 Simon's Town Rd., Fish Hoek, ☎ 782-6238, 🖷 086-559-7909, www.tudorhouse.co.za, Zimmer mit Blick direkt auf die Walroute.

Amalfi Holiday Flats, 125 Beach Rd, Mouille Point, ☎ 439-4920, 🖷 439-9346, großes Haus, modern. Nicht alle Zimmer liegen zum Meer!

Cape Lofts, 29 Montrose Avenue, Oranjezicht, ☎/🖷 465-0884, www.cape-lofts.com, sehr moderne und komfortabel eingerichtete Apartments und zentraler Lage, ideal für Paare.

Lesertipp: Alina's Haus $$, 11 Clifford Avenue, Vredehoek, ☎ 461-2418, www.capestay. co.za/alinas-haus, Wohnung für zwei Personen, direkt am Fuß des Tafelbergs.

⚠ Campingplätze

Es gibt zwar viele Campingplätze rund um Kapstadt, aber nur wenige, die in Bezug auf Ausstattung und Sauberkeit empfehlenswert sind. Wer nun lieber außerhalb der Stadt verweilen möchte, sollte sich in Stellenbosch oder Paarl einquartieren (siehe dort). Über die N1 ist man in einer Stunde im Zentrum von Kapstadt.

Parow Caravan Park, Hendrik Verwoerd Drive, Parow, ☎ 921-913, etwa 20 km von der Innenstadt gelegener Platz mit guter Autobahnanbindung. Jeder Stellplatz verfügt über ein eigenes Bad und eine Kochstelle. Zelte und Caravans.

Imhoff Park – Kommetjie, Wireless Road, Kommetjie, ☎ 783-1634, sehr zu empfehlen, da sehr ruhig und gepflegt. Der nahe gelegene Strand lädt zu Spaziergängen ein. Chalets, Zelte und Caravans. Keine Motorräder erlaubt.

Oatlands Holiday Village, Froggy Pond, ca. 2 km außerhalb von Simon's Town, ☎ 786-1410, einer der schönsten Plätze; mit Blick auf die False Bay. Chalets, Zelte und Caravans.

🍴 Restaurants

Kapstadt ist ein Schmelztiegel der Nationen und das hat auch seine Spuren in der Gastronomie hinterlassen. Es gibt eigentlich keine Nation, deren Speisekarte hier nicht vertreten ist. Besonders viele Küchenchefs aus den Mittelmeerländern haben sich hier niedergelassen, und neben den üblichen Pizza- und Pastaläden (die eine gute Qualität anbieten) trifft man auch auf eine Reihe von Griechen, Spaniern und sogar Serben und Libanesen. Aber eigentlich sollte man sich in Kapstadt eher den Genüssen der Cape-Dutch-Küche oder der kapmalaiischen Currygerichte hingeben. Und wer dann noch Ambitionen hat, sollte Seafood oder einen „Exoten" ausprobieren.

Mittags bieten sich kleine Leckereien in den unzähligen Coffee Houses an, die nicht nur Kuchen, sondern vor allem auch Kleinigkeiten wie selbstgebackene Quiche Lorraine oder Salate haben. Kommen Sie hier rechtzeitig, da zur Mittagspause in den Büros (13–14h) der Andrang groß ist. Eine empfehlenswerte Alternative für den Mittagsschmaus, aber auch nicht jedermanns Sache, ist der Publunch. Um die Stammkunden zu halten, bemüht sich jeder Kneipenwirt um erstklassige kleine Gerichte, die preislich um 20 Rand liegen. Besonders bei wohlsituierten Bankern steht gerade der Publunch hoch im Kurs. Qualität und Menge des Essens hängen häufig von dem Wohlbefinden des Koches ab. Kapstädter meiden es daher häufig, Restauranttipps auszusprechen. Dennoch hier eine Auswahl:

Das Quay Four an der Waterfront

Restaurantempfehlungen für die Waterfront

Morton's on the Wharf, Shop 221, oberstes Stockwerk, Victoria Wharf, ☎ 418-3633, geöffnet täglich 12–15h und 18.30–23h, Bistro im New-Orleans-Stil mit hervorragender Küche (Bar mit der Möglichkeit, kleine Imbisse zu bestellen).

Café Balducci, Shop 6162, Victoria Wharf, unteres Stockwerk, ☎ 421-6002/3, 🖷 421-6010, www.balduccis.co.za, geöffnet täglich 12–23h, elegantes Restaurant/Café. Kinder sind willkommen. Hervorragendes Frühstück. Die Gerichte sind phantasievoll mit italienisch/kalifornischem Flair.

Quay Four, Pierhead, ☎ 419-2008, 🖷 421-2056, www.quay4.co.za, täglich zum Lunch und Dinner geöffnet, inzwischen ein Klassiker. Restaurant mit Hafenblick, freundliche Bedienung, Auswahl an zahlreichen Fischgerichten und Pub-Style Gerichten, nette Atmosphäre.

Restaurants auf dem Weg zum Kap

Black Marlin, Main Road, Millers Point, False Bay, ☎ 786-1621, 🖷 786-3876, www.blackmarlin.co.za, geöffnet Mo–Fr 12–22h, Sa–So 8–22h, sehr gute Fischgerichte – herrliche Lobstergerichte – und das alles mit einer zauberhaften Aussicht über die False Bay.

Mariner's Wharf, Hout Bay Harbour, ☎ 790-1100, 🖷 790-7777, www.marinerswharf.com, täglich zum Lunch und Dinner geöffnet, ausschließlich Fischgerichte – und eine schöne Aussicht über den Hout Bay Hafen. Das beste Take-Away-Seafood der Stadt, man kann hier aber auch sitzen.

Dunes Restaurant & Bar, 1 Beach Road, Hout Bay, ☎ 790-1876, täglich geöffnet zum Lunch und Dinner, ein Geheimtipp: Tolle Fischgerichte. Traumhafte Aussicht vom oberen Deck.

Restaurantempfehlungen für die Weingegend um Kapstadt

Boschendal Restaurant, *Boschendal Estate, Pniel Road, Groot Drakenstein – auf dem Hels-hoogte Pass zwischen Stellenbosch und Franschhoek, ☎ 870-4272, www.boschendal.com, täglich zum Mittagessen geöffnet, Boschendal ist eines der schönsten Weingüter Südafrikas – Vorausbuchung unbedingt erforderlich. Hervorragendes Mittagsbuffet. Im Sommer werden Picknicks unter den Bäumen angeboten.*

De Volkskombuis, *Aan de Wagen Road, Stellenbosch, ☎ 887-2121, ☒ 883-3413, www.volkskombuis.co.za, geöffnet zum Luch und Dinner Mo–So, typische Cape-Küche mit Biltong Paté, Karoo-Lamm und Menüs am Sonntag.*

Harbour Lights, *Old Harbour, Gordons Bay, ☎ 856-1830, geöffnet Di–Fr und So zum Lunch, Di–Sa Dinner, schöner Blick auf den malerischen Seglerhafen, sehr gute Fischgerichte und eine prima Weinauswahl.*

Lesertipp: Café Allée Bleue, *genau wo die R130 auf die R45 stößt, zwischen Stellenbosch und Franschhoek, ☎ 874-1021, stilvolles Ambiente, die „scones" mit hausgemachter Marmelade und Sahne sind besonders zu empfehlen.*

SONSTIGE

Africa Café (4), *108 Shortmarket Street, ☎ 422-0221, ☒ 422-0482, www.africacafe.co.za, traditionelle afrikanische Küche.*

Madame Zingara (7), *192 Loop Street, ☎ 426-2458, zeitgenössisches Dinieren in märchenhaftem Ambiente, ausgezeichnet als bestes neues Restaurant 2002.*

Africa Café

Strega Restaurant (5), *Heritage Square, ☎ 423-4889, italienische Küche, einfache Gerichte, kostengünstig. Square, Shortmarket*

Lesertipp: The Mexican Kitchen, *13 Bloem Street, ☎ 556-1101, authentische mexikanische Küche und Atmosphäre, obwohl es sich um eine Restaurant-Kette handelt. Gutes Preis-Leistungsverhältnis und liebevolle Einrichtung.*

Cape-Malayan

Diese Küche ist eine Mischung aus malaiischer Tradition, indischen Currygewürzen und kap-holländischen Einflüssen. Selbst die Currygerichte sind gut zu ertragen. Curry bedeutet nämlich nicht immer, wie bei uns in Europa, ein scharfes Gewürz, sondern Curry ist eine Mischung aus verschiedenen Gewürzen, und die Schärfe hängt ganz von der Hand des Küchenchefs ab.

Die Lokale sind moslemisch geführt, d. h. auch das Mitbringen von Alkohol ist nicht gestattet und Schweinefleisch gibt es natürlich auch nicht. Neben den unten genannten Restaurants gibt es auch die eine oder andere Privatadresse, wo typische Gerichte angeboten werden. Falls Sie also Geschmack daran gefunden haben, sollten Sie sich einmal bei einem Reiseführer nach einer solchen Adresse erkundigen.

Biesmiellah, *Icon House Foreshore, Lower Loop Str.,* ☎ *425-9951,* 📠 *423-0850, www. biesmiellah.co.za, wohl immer noch* **die** *Adresse für Cape-Malayan. Leider ist man von der alten Tradition, auf dem Fußboden zu sitzen und mit den Händen zu essen, abgekommen.*

Noon Gun Tea Room & Restaurant (3), *273 Longmarket Str.,* ☎ *424-0529, www. noonguntearoom.co.za, Gerichte und Aussicht sind einfach zauberhaft.*

Cape Malay Restaurant im Cellars, *Hohenort Hotel, 93 Brommersvlei, Constantia 7800,* ☎ *794-2137 (es meldet sich das Hotel: bitte das Cape Malay Restaurant verlangen),* 📠 *794-2149, www.cellars-hohenort.com, täglich zum Dinner geöffnet (außer in den Wintermonaten Mai–Aug.), fantastische Auswahl von traditionellen Kap-Malai-Gerichten, sehr freundlicher Service.*

Cape-Dutch

Ein Cape-Dutch-Essen verspricht immer eine gepflegte Atmosphäre und einen guten Tropfen Wein. Die Gerichte bestehen häufig aus einer Mischung von Continental Food, gelegentlichen asiatischen Einflüssen und Auflauf, gebacken in gusseisernen Töpfen. Dazu werden in der Regel auch verschiedene Meeresfrüchtegerichte angeboten, u. a. auch Hering in Sahnedip.

Emily's, *202 Clock Tower, V&A Waterfront,* ☎ *421-1133,* 📠 *421-1131, www.emily-s.com, Lunch und Dinner täglich, ausgefallene und exotische Gerichte und eine riesige Auswahl an lokalen und internationalen Weinen.*

Seafood

Falls Sie keine Lust auf Hummer (Crayfish) haben sollten, bietet sich immer der Linefish an, besonders wenn es sich um Kabeljau handelt. Linefish bedeutet: Fisch frisch von der Leine, d. h. er ist am selben Tag gefangen.

Panama Jacks, *Ecke Eastern Mole Rd. und Quay 500, in der Nähe des Yacht Clubs,* ☎ *448-1080, www.panamajacks.net, seit Jahren ist dieses Lokal der „Insider-Treff" für die einheimischen Seafoodfreunde. Besonders lecker sind die Hummer, die man in allen Größen bestellen kann, und der Kabeljau. Das Ganze in einer alten Hafenbaracken-Atmosphäre! Unbedingt vorher reservieren.*

La Perla, *Beach Rd., Sea Point,* ☎ *439-9538,* 📠 *439-0817, www.laperla.co.za, Lunch und Dinner täglich, immer frisch zubereitete Fischgerichte. Der Crayfish hier gilt als der beste in der Stadt.*

The Codfather, *37 The Drive, Ecke Geneva Drive & The Drive, Camps Bay,* ☎ *438-0782, Lunch und Dinner täglich, der Himmel für Fischliebhaber. Stellen Sie sich Ihre eigene Kombination der besten und frischesten Fische zusammen, außerdem exquisite Sushi Bar.*

Black Marlin, *Main Rd., Miller's Point,* ☎ *786-1621, www.blackmarlin.co.za, immer noch ein ausgezeichnetes Restaurant. Es bietet sich an, hier ein Dinner einzunehmen, nachdem man das Kap besucht hat.*

La Med, *Victoria Rd., Glen Country Club, Camps Bay,* ☎ *438-5600,* 📠 *438-2018, www. lamed.co.za, schön gelegenes Restaurant mit Blick aufs Meer. Seafood und andere Leckereien. Livemusik Mi, Do und Sa.*

Den Anker (1), *Pierhead, Victoria & Alfred Waterfront,* ☎ *419-0249, www.denanker.co.za, Lunch und Dinner täglich, belgisches Restaurant in einer Mischung von flämischer und lokaler Küche (Fisch- und Fleischgerichte). Gehobenes Restaurant mit toller Aussicht, die Bierauswahl kann sich sehen lassen.*

Indisch

Die indische Küche ist in Kapstadt nicht so weit verbreitet, doch finden sich immer mehr Inder aus Durban ein, sodass indische Küchenchefs nach Kapstadt gefolgt sind. Die Gerichte sind in der Regel schärfer als bei den Kapmalaien, aber auf Wunsch bereitet man Ihnen diese auch milder zu. Indische Restaurants sind in Kapstadt häufig eine Mischung aus indischer und arabischer Küche, daher ist Alkohol nicht immer erlaubt.

Bukhara (6), *33 Church Street,* ☎ *424-0000, Lunch Mo–Sa, Dinner täglich, sehr beliebtes Restaurant (vorher buchen), erstklassige nordindische und mongolische Küche.*

Japanisch

Sicherlich ist Kapstadt nicht der Ort, wo man sich vorstellen würde, japanisch essen zu gehen, aber die frischen Meeresfrüchte und die erträglichen Preise sollten einen eigentlich dazu veranlassen, es hier einmal auszuprobieren. Gegessen wird bei den Japanern direkt am Kochherd, einer großen, tischähnlichen Kochplatte, wobei man dem Koch bei der Arbeit zusehen kann. Typisches Gericht ist Sushi, kalte Fischfiletstücke, mit verschiedenen Saucen zubereitet. Wer dieses nicht leiden kann, hat auch die Möglichkeit, verschiedene asiatisch zubereitete Fleischgerichte zu bestellen. Besonders das Auge wird verwöhnt: Lotusblumen, Muschelschalen, zu Schwänen verzierte Windbeutel u. a. gehören zur Dekoration der Mahlzeiten.

Fujiyama, *100 Main Rd., im Courtyard, Sea Point,* ☎ *434-6885, selbst für die ansässigen Japaner die „erste Wahl". Das Essen ist erstklassig, eine Tischreservierung unabdingbar.*

Wine & Dine

Wine and Dine ist ein beliebtes Dinnervergnügen bei den Südafrikanern. In gepflegter Atmosphäre, meist mit Kerzenlicht, werden hier erstklassiges Essen und erlesene Weine geboten.

Ons Huisie, *Ecke Generaal Jansens und Stadler Rd., Bloubergstrand, ca. 25 Minuten Autofahrt von der Stadtmitte,* ☎ *554-1553, www.seascapecollection.co.za, täglich zum Lunch und Dinner geöffnet. Im ehemaligen Fischerhaus (Nationaldenkmal, von 1816) werden frische Fische, Austern, Kalamari und Lobster serviert.*

Leinster Hall, *Weltevreden Street, Gardens,* ☎ *424-1836, www.leinsterhall.com, geöffnet zum Dinner Mo–Sa, vorzügliche Haute Cuisine in eleganter Atmosphäre. In einer alten Villa mit schönem Garten und Terrasse gelegen, Restaurant mit besonderer Ambiente.*

Five Flies (8), *16 Keerom Str.,* ☎ *424-4442, www.fiveflies.co.za, Lunch Mo–Fr, Dinner täglich, moderne internationale Küche in außergewöhnlichem Ambiente, freitagabends Live-Musik.*

Mama Africa (9), *178 Long Street,* ☎ *426-1017, www.mamaafricarest.net, geöffnet Mo–Sa zum Dinner ab 19h, sehr legere Atmosphäre, Einrichtung im afrikanischen Stil. Es gibt ein vielfältiges Angebot an Springbock-, Kudu- und Krokodilfleisch, aber auch vegetarische Gerichte, Fisch und südafrikanische Spezialitäten wie Bobotie und Potjiekos. Gute Weinauswahl. Jeden Abend afrikanische Live-Musik.*

Café Bardeli, *Longkloof Studios, Kloof Road,* ☎ *423-4444,* 🖨 *424-1122, geöffnet Mo–Sa von 8.30–1h, hier versammelt*

Mama Africa

sich die Schickeria. Bar und Deli in der Mitte des Lokals, die Tische sind ringsum verteilt, teils höhere Barstühle und Tische, zeitgemäße Musik. Zum Imbiss oder Drink nach Theater- oder Kinobesuch geeignet. Eine Institution in Kapstadt.

Aubergine (10), 39 Barnet Street, Gardens, ☎ 465-4909, www.aubergine.co.za, Lunch auf Anfrage, Dinner Mo–Sa, im Sommer auch So, mehrfach ausgezeichnetes Restaurant mit intimer Atmosphäre. Eine der Top-Adressen der Stadt.

Rozenhof, 18 Kloof Street, Gardens, ☎ 424-1968, geöffnet zum Lunch Mo–Fr, Dinner Mo–Sa, typisch südafrikanische Küche vom Feinsten: Ente, Lamm, Fisch…

Beluga (2), The Foundry, Prestwich Str., Greenpoint, ☎ 418-2948/9, www.beluga.co.za, Lunch und Dinner Mo–Fr im Restaurant, täglich im Café, sehr trendiges Restaurant im Herzen des Filmstudio-Viertels. Das Menü ist international, die Portionen sind großzügig, die Weinauswahl ist ausgezeichnet.

La Colombe, Spaanschematriver Road, Constantia, ☎ 794-2390, 🖷 794-7914, www.constantia-uitsig.com, Lunch täglich 12.30–14.30h, Dinner täglich 19.30–21.30h, französische Küche für den Gourmet. Legere Atmosphäre in ländlicher Umgebung auf einem Weingut. Es werden nur ganz wenige Spezialitäten pro Tag angeboten, diese werden mündlich erklärt und sind auch auf einer Tafel ausgeschrieben.

Obz Café, 115 Lower Main Road, Observatory, ☎ 448-5555, www.obzcafe.co.za, Frühstück, Lunch und Dinner täglich, Treffpunkt von Leuten aus der Medien- und Werbebranche im New York Stil. Es ist eine Kombination von Delikatessenladen mit Barstühlen vor dem Deli und Restaurant (einfache Stühle und Tische) – alles in einem Raum. Es werden verschiedene Delikatessen angeboten, z. B. Tapas, Crostini, Couscous, Lamm usw. Sehr lockere Atmosphäre – laut, da sich alles in einer Halle abspielt.

The Blue Danube, 102 New Church Street, Tamboerskloof, ☎/🖷 423-3624, geöffnet Lunch Di–Fr, Dinner Mo–Sa, gehobene Küche.

Food Affair, 247 Main Road, Sea Point, ☎ 976-7151, 🖷 976-0191, www.afoodaffair.co.za, Lunch Di–Fr, Dinner Mo–Sa, besonders leckere Fleischgerichte, versuchen Sie das Käse-Fondue!

Cape Colony, im Mount Nelson Hotel, 76 Orange Street, Gardens, ☎ 483-1948, www.mountnelson.co.za, elegante Atmosphäre. Das Essen entspricht einer globalen Zusammensetzung von Asien bis Italien sowie einem Hauch der Cape Malay Cuisine. Fisch und Fleischgerichte – und hervorragende Weine!

Buitenverwachting, Buitenverwachting Estate, Klein Constantia Road, Constantia, ☎ 794-3522, www.buitenverwachting.co.za, von November bis Ostern geöffnet zum Lunch 12–15h, Dinner 18.30–22h, von Ostern bis Oktober geöffnet zum Lunch 12–14h, Dinner 19–21.30h, sehr vornehm, feine Küche.

Blue Peter, Blue Peter Hotel, Popham Str., Bloubergstrand, ☎ 554-1956, 🖷 554-1364, www.bluepeter.co.za, Frühstück, Lunch und Dinner täglich, mit Blick auf Tafelberg, Robben Island und das Meer, sehr romantisch, bunt gemischtes Menü.

Kennedy's, 251 Long Street, ☎ 424-1212, www.kennedys.co.za, Lunch und Dinner Mo–Sa, Jazzbar, Zigarren-Lounge und Restaurant in einem, sehr gemütlich, der ideale Platz, um einen langen Abend abzuschließen. Das Menü ist brillant.

Champers, Deer Park Drive, Upper Vredehoek, ☎ 465-4335, 🖷 465-4750, geöffnet: Di–Fr zum Lunch, Mo–Sa zum Dinner, Spezialitäten: Medaillons mit Roquefort, Ente mit Stachelbeeren, Springbok-Medaillons mit Cognac.

Giles, 9 Grafton Road, Craighall Park, ☎ 442-4056, exzellente Fleischgerichte und ein „besonderer" Service: Die Wände sind mit Cartoons geschmückt, für interessierte Gäste liegen Comic-Hefte bereit.

🍴 Hinweis

Wer die italienische Küche liebt und bei einem „echten" **Italiener** speisen möchte, und das preisgünstig, der sollte die Main Rd. im Abschnitt Green Point und auch Sea Point ablaufen; dort gibt es eine Reihe von Pizza-Pasta-Trattorias. In diesem Teil der Stadt findet man auch weitere gute Restaurants der mittleren Preiskategorie. Das reicht von chinesischer über mexikanische und mediterrane bis hin zu mitteleuropäischer Küche.

Eine weitere Alternative bieten die Studentenlokale um die Main Street in Observatory, Rondebosch und Claremont. Auch hier finden sich Italiener, Griechen und verschiedenste Kontinentalrestaurants mit gemäßigten Preisen.

Col Cacchio, Shop 2, The Spearhead, 42 Hans Strijdom Av., Foreshore, ☎ 419-4848, www.colcacchio.co.za, Lunch Mo–Fr, Dinner täglich. Ohne Zweifel die beste Pizza der Stadt.

🍸 Pubs

Pubs, welcher Art auch immer, gibt es scheinbar an jeder Straßenecke in Kapstadt. Sie sind ein Kernstück des sozialen Lebens der englischsprachigen Bevölkerung. Wer abends also vor dem Dinner noch einen Aperitif einnehmen will oder mittags eine kleine Mahlzeit benötigt, um gestärkt den Nachmittag zu überstehen, ist hier immer richtig. Jeder Pub hat seine Stammkundschaft und so kann es passieren, wie z. B. im Fireman's Arms, dass die Kneipe alt und abgenutzt wirkt, der Barmann aber mit Schlips und Kragen bedient, weil hier eine Reihe von Bankern täglich Einkehr halten. Die kleine Auswahl hier soll einen groben Überblick verschaffen.

Fireman's Arms, *Ecke Buitengracht und Mechau Str.,* ☎ *419-1513, trotz der ganzen Feuerwehrhelme keine Feuerwehrmännerkneipe, sondern ehemals der Pub für die Kohlenstoker auf den Schiffen. Heutzutage mittags Treffpunkt der Banker und Büroleute, abends gemischt. Ausgezeichnete Publunches. Sonntags geschlossen.*

Ferryman's Tavern, *Victoria&Alfred Waterfront,* ☎ *419-7748,* 🖨 *421-4463, www.ferrymans. co.za, gezapftes Bier, guter Publunch, erster Pub an der Waterfront. Eher jüngeres Publikum.*

Brass Bell, *Kalk Bay,* ☎ *788-5455/6,* 🖨 *788-3130, www.brassbell.co.za, gemütlich, freundlich. Näher kann man nicht am Meer sitzen. Ganz Mutige springen auch schon mal vom Tisch ins kühle Nass.*

Forester's Arm, *52 Newlands Ave., Newlands,* ☎ *689-5949, großer Pub in ruhiger Wohngegend. Publikum: Studenten und mittleres Alter.*

Red Herring, *Monkey Valley, Noordhoek,* ☎ *789-1783, tolle Aussicht, Familienpub.*

Kronendal Brewhouse, *Hout Bay, Main Rd.,* ☎ *790-4011, historisches kapholländisches Farmhouse mit Biergarten und Bier aus eigener Brauerei.*

Paulaner Brauhaus, *Shop 18/19, Clock Tower, V&A Waterfront,* ☎ *418-9999,* 🖨 *425-5445, www.paulaner.co.za, deutsches Bier, deutsche Gerichte und deutsches Publikum. Nur die Aussicht ist eben etwas anders…*

Alphen Hotel Pub, *Adresse s. S. 412, gepflegter Pub in altem, kapholländischem Weinestate. Treffpunkt am Freitagnachmittag zu verspätetem Publunch.*

Barrister's, *Cardiff Castle, Ecke Kildare Rd./Main Str., Newlands,* ☎ *671-7907,* 🖨 *086-517-6852, www.barristersgrill.co.za, Traditionspub mit Publikum aller Altersgruppen. Häufig Folklivemusik.*

☞ Livemusik

Musikveranstaltungen in Restaurants u. Kneipen sind in den letzten Jahren sehr beliebt geworden. Einen Abend mit guter Jazzmusik, Blues, Pop&Rock Evergreens und natürlich tra-

ditioneller afrikanischer Musik sollte man sich auf keinen Fall entgehen lassen. Die Stimmung ist immer gut und meist auch feucht-fröhlich. Häufig wird auch in Restaurants Musik gespielt, sodass hier erst nach 22h die Band auftritt. Am besten, Sie besorgen sich den aktuellen Veranstaltungskalender (in den Tageszeitungen) oder das monatlich erscheinende Stadtmagazin **„Cape Review".**

Dizzy Jazz Café, The Drive, Camps Bay, ☎ 438-2686, die Küche wird mit dem Codfather geteilt, ist also ausgezeichnet. Hier spielen oft gute Jazzbands, aber auch Mainstream-Rock&Pop-Bands kommen gut an.

Kirstenbosch Botanical Gardens, Rhodes Drive, Newlands, ☎ 799-8899, 🖷 797-6570, www.nbi.ac.za, im Sommer finden hier regelmäßig Open-Air-Konzerte statt. Picknick und Decke einpacken und einfach genießen. Das Programm gibt es bei Cape Town Tourism.

The Drum Café, ☎ 425-1486, www.drumcafe.net, jeden Do Live-Musik, an allen anderen Tagen (außer Di) kann man hier die Trommel selbst in die Hand nehmen. Tolle Stimmung, die wirklich mitreißt.

Green Dolphin, Victoria&Alfred Waterfront, ☎ 421-7471, Seafood Restaurant mit dem angeblich besten Jazz in der Stadt.

Baxter Theatre Centre, Main Rd., Rondebosch, ☎ 685-7880, 🖷 689-1880, www.baxter.co.za, oft gute Live-Musik aller Art.

On Broadway, 88 Shortmarket Street, ☎ 424-1194, 🖷 424-0250, www.onbroadway.co.za, glamoröses Cabaret Restaurant. Alle Shows starten um 21h.

Constantia Nek Restaurant, Constantia Nek Dr., ☎ 794-5132, www.constantianek.co.za, Dinner&Dance jeden Fr u. Sa.

☞ Coffee Houses

Kapstadt hat unzählige Kaffeehäuser, und das spiegelt eigentlich den Lebensstil der Bevölkerung wider. Man hat Zeit, erholt sich bei einem Plausch, trinkt Cappuccino und genießt das Leben. Coffee Houses finden Sie an jeder Straßenecke. Hier werden aber nicht nur süße Speisen angeboten, sondern auch herzhafte Gerichte.

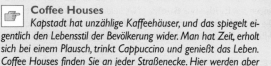

Kleine Straßenmusiker in Kapstadt

Da diese Cafés oft ihren Besitzer und/oder ihren Standort wechseln, wird hier auf eine bestimmte Empfehlung verzichtet. Rund um Greenmarket Square, St.George's Mall und Waterfront werden Sie aber sicherlich fündig werden.

🎁 Einkaufstipps

Kapstadt bietet sich fürs Shopping hervorragend an. Neben den gewohnten Ladenketten, besonders für Textilien, gibt es eine Reihe von Souvenirläden, Antiquitätenhändlern und auch andere Fachgeschäfte aller Art.

Innenstadt

Die Haupteinkaufszentren sind **Golden Acre**, **Grand Central**, die Warenhäuser in der **Adderley Street** sowie das Gardens Center.

Neben der **Victoria und Alfred Waterfront** mit unzähligen Geschäften aller Art gibt es außerdem **Canal Walk** in Century City. Die im Jahr 2000 fertig gestellte Mall mit Hunderten von Geschäften ist das zurzeit größte Shopping Center Afrikas.

Antiquitäten: Eine Reihe von Antiquitätengeschäften gibt es in und um die **Churchstreet.**

Kleidung: *Auf dem* **Green Market Square** *gibt es von Mo–Sa einen Kleidermarkt. Die Kleider sind neu. Meist handelt es sich um bunte Mode, die vor allem jüngere Leute ansprechen wird.*

Souvenirläden: *Davon wimmelt es in der Stadt. Hier nur eine kleine Auswahl:*
Pan African Market, *76 Long Street,* ☎/🖷 *426-4478, auf drei Etagen bieten hier über 50 Kunsthandwerker Afrikanisches aller Art an.*
Afrogem, *64 New Church Str.,* ☎ *424-0848, Steine und eine breite Palette aller anderen Dinge.*
Victoria & Alfred Waterfront, *auch an der V&A Waterfront hat man eine große Auswahl, meistens ist es hier aber etwas teurer (am Duncan Dock gelegen). Infocenter:* ☎ *408-7600 oder www.waterfront.co.za.*

Juweliere: *Die meisten kleineren Läden haben ihren Sitz in dem Gebiet Longstreet/Greenmarket/Burgstreet. Beim Kauf von Diamanten und Gold sollten Sie sich an die größeren Firmen halten und sich vorher bei Cape Town Tourism nach seriösen Adressen erkundigen. Keine Probleme gab es bisher mit:*
Uwe Koetter, *4th Floor, Amway House, Dock Road, Foreshore,* ☎ *425-7770, www.uwekoetter.co.za.*
Prins&Prins, *Huguenot House, Ecke Hout & Loop Str.,* ☎ *422-1090, www.prinsandprins.com.*
Diamond World, *45 St. Georges Mall,* ☎ *423-8559.*

Zeitungen: *Der ausgewählteste Zeitungsladen ist der* **CNA** *im Golden Acre Center an der Adderley Street. Hier gibt es auch internationale Zeitungen. Außerhalb der üblichen Geschäftszeiten erhalten Sie Zeitungen bei:* **Exklusive Books**, *CNA, beides in der V&A Waterfront.*
Deutsche Bücher: *Die deutsche Buchhandlung* **Ulrich Naumann** *führt deutschsprachige Afrika-Literatur, Bildbände, Zeitungen und Zeitschriften, 17 Burg Str.,* ☎ *423-7832.*

Outdoor-Ausrüstung: *Falls Sie noch etwas benötigen für Wandertouren o.ä. bietet* **Cape Union Mart** *(www.capeunionmart.co.za) die größte Auswahl. Geschäfte dieser Kette gibt es in allen größeren Shopping Centern, u. a. in der V&A Waterfront und im Gardens Center, Ecke Mill & Buitenkant Str.*

Zigarren: Sturk's, *54 Shortmarket Str.,* ☎ *423-3928, ist die Adresse für Zigarrenfreunde.*

Wer besonderes Interesse an kunsthandwerklichen Gegenständen hat, sollte sich bei Cape Town Tourism die Broschüre **„Arts&Crafts Map"** *besorgen, in der ausgewählte Läden beschrieben und auf einer Karte eingetragen sind.*
Wenn Sie etwas dem Trubel der Innenstadt entgehen wollen, ist es schön, in einem der **Shopping Center der Vororte** *einzukaufen. Besonders empfehlenswert:*
Mainstreet in Claremont und hier besonders das **Cavendish Shopping Center** *in der Dreyer Street,* ☎ *657-5620, www.cavendish.co.za.*
Das schöne Shopping Centre **„Tyger Valley"** *im südlichen Teil von Parow (folgen Sie der N1 und biegen Sie in Richtung Parow ab),* ☎ *914-1822, www.tygervalley.co.za. Sie können alternativ auch die Voortrekkerstr. (R102) benutzen.*
Außerdem Afrikas größter Shopping-Komplex **Century City**, *Sable Road, Canal Walk,* ☎ *529-9699/8, www.canalwalk.co.za.*

Wer seine Campingküche mit **europäischen Delikatessen** ausrüsten will:
Raith Gourmet, Shop 38, Gardens Center, Mill Str., ☎ 465-2729, www.raithgourmet.com, deutscher Metzger, u. a. Kassler, Eisbein, Aufschnitt u. Sauerkraut.
Giovanni's, 103 Main Road, Green Point, ☎ 434-6893, italienische Leckereien und eine große Auswahl an Käsesorten.

Factory Shops: Kapstadt ist die Stadt der Fabrikläden. Hier können Sie zu ausgesprochen günstigen Preisen Kleidung, Nahrungsmittel und anderes kaufen. Die Zentren dieser Fabriken sind zum einen in Observatory, entlang der Upper Main Street und zum anderen in Kenilworth/Claremont: Zwischen Lansdowne Rd. und Chichester Rd., an der M5, gibt es das große **Access Park Center**, in dem Sie alleine 60 Läden finden. Ein weiterer Access Park existiert in Bellville/Kuilsriver, Ecke Voortrekker Rd./La Belle Rd. Es gibt auch Fabric Shops, die Autoteile, Gewürze und anderes verkaufen.
Besonders empfehlenswert ist wohl der Kauf von Lederwaren und Stoffen (meist europäische Muster, seltener afrikanische).

☞ **Veranstaltungen**
In Kapstadt tut sich eigentlich immer etwas und es wird Ihnen sicherlich nicht schwer fallen, das Passende zu finden. Entgehen lassen sollten Sie sich nicht einen Besuch in einem Theater und vielleicht eine Musikveranstaltung oder ein Kabarett. Falls Sie die Gelegenheit haben, sollten Sie einmal das Kapstädter Philharmonische Orchester sehen und hören. Es gilt als das beste auf dem Kontinent (buchen Sie im Artscape Theatre einen der vorderen Plätze, der Akustik wegen!). Aber nicht alleine die Musik, vor allem auch die Atmosphäre ist faszinierend. In einem solchen Konzert trifft sich alles: die Haute Volée, der einfache Student und der gutbürgerliche Handwerker. Was in Kapstadt so passiert, entnehmen Sie am besten dem Veranstaltungskalender der Tourism Board Website www.capetown.travel/2010/whatson/ oder der Zeitung **Cape Argus**, vor allem aber deren täglicher Beilage „**Tonight**". Buchen und sich ausführlicher informieren können Sie bei Computicket (☎ 083-915-8000, www.computicket. co.za). Bei **Cape Town Tourism** erhalten Sie außerdem Faltbroschüren, die besondere Theater- u. Musikveranstaltungen (Klassik) ankündigen.

🏠 **Theater**
Neben Johannesburg hat Kapstadt sicherlich die besten Theater des Landes. Es werden nicht nur klassische Stücke aufgeführt, sondern in den kleineren Abteilungen auch eine Reihe von experimentellen Aufführungen, sicherlich eher etwas für Liebhaber dieses Genres. Häufig finden auch Gastvorstellungen statt, eine verbreitete Sache in englischsprachigen Ländern. Falls Sie sich nicht so recht entscheiden können, wird man Ihnen bei **Cape Town Tourism** oder am Theater selber bei der Auswahl behilflich sein. Buchen können Sie entweder bei **Computicket** oder bei den unten angegebenen Adressen. Telefonisches Buchen ist möglich.
Artscape Theatre, D F Malan Str., ☎ 410-9800, www.artscape.co.za, mehrere Bühnen, gute Ballettvorführungen. Das größte Theater der Stadt.
Baxter Theatre Centre, Adresse s. S. 421, mehrere Bühnen, häufig experimentelle Aufführungen auf den Nebenbühnen.
Theatre on the Bay, 1a Link Str., Camps Bay, ☎ 438-3301, www.theatreonthebay.co.za, moderne Komödien mit einem Touch Cabaret.
Milnerton Playhouse, 87 Pienaar Rd., Milnerton, ☎ 555-3180, Theater mit typisch englischem Charakter. Oft Kriminalgeschichten oder Komödien.

Diskotheken

Die Discoszene ist auch in Kapstadt von der Techno- und Hipp-Hoppwelle überrollt worden, und das trifft wohl eher den Geschmack des jungen Publikums. Wer es mehr im Stil der 1960er- und -70er-Jahre wünscht, muss sich nach Rondebosch und Claremont bemühen, wo noch einige versteckte Discos den „alten Sound" auflegen. Die Szene ändert sich ständig und so sollte man sich vorher erkundigen, welche Discos im Moment angesagt sind.

Hier nur eine kleine Auswahl:

Rhodes House, 60 Queen Victoria Str., ☎ 424-8844, www.rhodeshouse.com, groß, voll, trendig, hier trifft sich alles, was Rang und Namen hat. Regelmäßig finden hier Themen-Parties statt.

The Fez, 38 Hout Str., Green Market Square, ☎ 423-1456, Di: Latino, Mi: Africanism, Do: Funky House, Fr: Disco House, Sa: Deep House, So: R&B.

The Shack Complex, 41 De Villiers Street, District 6, Pool-Billard, Live-Musik, Disco, Restaurant, Internet-Café und Bar in einem Complex.

Für die Nachteulen

Die Pubs schließen spätestens um 23h, am Wochenende vielleicht mal etwas später. Selbst an der Waterfront schließen die letzten Läden um Mitternacht. An der **Long Street** ist auch spätabends noch etwas los. Auch in anderen Teilen der Stadt haben sich mittlerweile Partymeilen gebildet. So auch in **Green Point**, **Somerset Road**. Hier befinden sich viele Clubs und Bars, die bis spät in die Nacht geöffnet sind. Hier verkehrt hauptsächlich die Schwulenszene. Auch in **Green Point**, auf der Main Road am Kreisverkehr, befinden sich einige sehr schöne Bars.

Märkte/Flohmärkte

Irgendwo in Kapstadt findet immer ein Flohmarkt statt. Generell gilt: Handeln ist erlaubt und erwünscht.

Greenmarket Square, Mo–Sa 9–16h, Kleidung und Kunsthandwerk, ein paar Bücherstände. Fast nur neue Sachen, und Handeln ist auch nur begrenzt möglich. Dafür aber ein bunter Kontrast in der Innenstadt.

Church Street, täglich, Antiquitäten, der wohl interessanteste Flohmarkt in der Stadt. Hier kann man noch ein Schnäppchen machen.

Waterfront Craft Market & Red Shed Craft Workshop, beides an der V&A Waterfront, hier kann man den Künstlern bei der Herstellung verschiedenster Kunstwerke zuschauen.

Greenpoint Market, am Stadium, So und an Feiertagen, ein „echter" Flohmarkt, wo die Kapstädter ihren „Ramsch" verkaufen. Aber auch hier viele neue Sachen. Ein Sonntagstreffpunkt für die Familien.

Hout Bay Craft Market, jeden So, hier kann man vor allen Dingen schönes Kunsthandwerk erstehen.

Strände

An Kapstadt fließt auf der Atlantikseite der kalte Benguela-Strom entlang; in die False Bay im Osten gelangt warmes Wasser vom Agulhas-Strom. Dementsprechend verhält es sich mit den Bademöglichkeiten: Gut und warm sind die Gewässer um **Muizenberg** (hier Richtung Osten weite, sandige Strände). Weniger geeignet aufgrund der Temperaturen und der mehr oder weniger parallel zum Strand verlaufenden Straße sind dagegen die Atlantik-Strände zwischen **Clifton** und **Sea Point**. Der **Long Beach von Noordhoek** und der **Blaubergstrand** laden zu stundenlangen Strandspaziergängen ein. In **Camps Bay** und **Clifton** ist zwar das Wasser kalt, hier kann man aber trotzdem prima sonnenbaden, wenn der

Am Strand in Kapstadt

Wind nicht bläst. Surfer und Wassersportler erkundigen sich am besten bei der Wetteransage nach den aktuellen Hot Spots.

Fluggesellschaften *(Auswahl; siehe auch www.kapstadt.de)*
Air Namibia, *Standard Bank Center, Hertzog Blvd.,* ☎ *421-6685 oder 934-0757.*
British Airways, *12th Floor, BP Centre, Thibault Square, Hans Strydom Str.,* ☎ *441-8600 oder 936-9000; für Flüge über/ab Johannesburg auch* ☎ *011-921-6391 oder 011-975-3931.*
KLM, *1002 Main Tower, Standard Bank Center, Heerengracht,* ☎ *421-1870 oder 934-3495.*
Lufthansa, *Southern Life Center, 8 Riebeeck Str.,* ☎ *425-1490 oder 934-8534.*
SAA, *Southern Life Center, 8 Riebeeck Str.,* ☎ *403-1111, 936-1111 oder 934-0407.*

Flugverbindungen
SAA *bedient die Strecke Kapstadt – Johannesburg mehrmals täglich, während der Stoßzeiten sogar im Stundentakt. Durban, Buffalo City und Nelson-Mandela-Metropole werden auch täglich angeflogen. Täglich bietet SAA Flüge nach Windhoek (Eros City-Airport) an, ebenso* **Air Namibia**.

Überregionale Busverbindungen
Der zentrale Busbahnhof für Überlandbusse befindet sich am Bahnhof. Hier haben auch Greyhound und Translux/Transstate ihre Büros. Beachten Sie bitte, dass diese Angaben sich

schnell ändern können, besonders da der enge Markt einige Firmen von manchen Strecken verdrängt. Daher ist es ratsam, sich rechtzeitig nach dem aktuellen Stand der Dinge zu erkundigen.

Greyhound-Citiliner, *tägliche Verbindungen nach Johannesburg/Tshwane (Pretoria), Kimberley, Nelson-Mandela-Metropole (Port Elizabeth), Durban. Reservierungen:* ☎ *083-915-9000, www.greyhound.co.za.*

Translux/Transcity/Transstate, *tägliche Verbindungen nach Nelson-Mandela-Metropole (Port Elizabeth) und Johannesburg, Buffalo City, Kimberley, Reservierung:* ☎ *449-6209, www.translux.co.za.*

Intercape Mainliner, *nach Johannesburg/Tshwane (Pretoria) sowie nach Windhoek (Namibia), Reservierungen* ☎ *0861-287-287, www.intercape.co.za.*

Reservierungen können auch bei jeder **Computicketstelle** *angenommen werden,* ☎ *083-915-8000, www.computicket.co.za.*

Innerstädtischer Busverkehr

Der Hauptbusbahnhof befindet sich gleich hinter dem Golden Acre Center, Ecke Castle/Plein Street. Hier fahren die Stadtbusse ab, bezahlt wird beim Fahrer. Viele Strecken, besonders in Richtung Sea Point, werden von privaten Kleinbussen bedient. Diese halten auf Zuwinken und haben ein kleines Schild in der Windschutzscheibe, das die Richtung angibt. **Airportbus:** *Airport Shuttle Service Bus,* ☎ *505-6300 (Magic Bus), 934-4440 (City Hopper) und 934-8281 (Centurion).*

Eisenbahnverbindungen

Es gibt täglich Zugverbindungen nach Johannesburg, Durban (über Bloemfontein), Nelson-Mandela-Metropole (Port Elizabeth), Windhoek (Namibia), ☎ *0861-287-287, www.intercape.co.za.*

Taxis

Mit den Taxis hat es in den letzten Jahren laut Aussage vieler Touristen einige Probleme mit überhöhten Preisen gegeben. Daher bemüht sich die Stadt besonders darum, dieses Übel aus der Welt zu schaffen. Ein Fahrgast hat das Recht, wenn er glaubt, dass der Preis nicht stimmt, sich alle Angaben über Fahrer und gefahrene Strecke geben zu lassen, um sich gegebenenfalls hinterher beschweren zu können. Wer ein Taxi besteigt, sollte allemal darauf achten, dass der Taxameter richtig eingestellt ist. Ein verlässliches Taxiunternehmen, laut Cape Town Tourism, ist **„Marine Taxis"**, ☎ *434-0434. Weiter:* **Unicab**, ☎ *448-1720,* **Sea Point Taxis**, ☎ *434-4444.*

Mietwagen

Es gibt neben den gängigen großen Organisationen auch unzählige kleinere Mietwagenunternehmen in Kapstadt, bei denen Sie alles mieten können, vom Luxusfahrzeug bis hin zu 15 Jahre alten VW-Käfern. Avis, Budget, Europcar und Hertz haben auch Fahrzeuge am Flughafen. Hier eine Auswahl:

Avis, *123 Strand Str.,* ☎ *927-3000, Flughafen* ☎ *934-0330.*

Budget, *120 Strand Str.,* ☎ *418-5232, Flughafen* ☎ *380-3180.*

Hertz, *40 Loop Str.,* ☎ *410-6800, Flughafen* ☎ *935-3000.*

Sehenswürdigkeiten auf der Kaphalbinsel

Wie ein leicht angewinkelter Daumen reicht die Kaphalbinsel ca. 60 km nach Süden. An ihrem Ende liegt das berühmte Kap der Guten Hoffnung, wo sich die kalten Wasser des Benguela- mit den warmen Fluten des Agulhas-Stroms mischen. Die Hauptsehenswürdigkeiten kann man an einem Tag aufsuchen, wenn man rechtzeitig losfährt.

 Streckenbeschreibung

Für **Selbstfahrer** empfehle ich folgende Route mit Hauptsehenswürdigkeiten:
- Fahren Sie zum nördlich von Milnerton liegenden **Bloubergstrand**, von dem aus Sie einen eindrucksvollen Blick auf den Tafelberg sowie auf das zu seinen Füßen liegende Kapstadt haben. Von hier aus erscheint der Tafelberg in ein bläuliches Licht getaucht (daher der Name „Blaubergstrand"). Dann sollten Sie in Richtung Stadt zurückfahren und das **Rhodes Memorial** besichtigen, das zum Andenken an den berühmten Wirtschaftsmagnaten und südafrikanischen Politiker errichtet wurde.
- Der **Kirstenbosch Botanical Garden** ist ein Höhepunkt für jeden, der die Flora Südafrikas liebt.
- Das Gut **Groot Constantia** zeigt beispielhaft die Schönheit des kapholländischen Baustils und liegt idyllisch von Weinbergen umgeben.
- Über **Muizenberg** (ein schöner Sandstrand, der zum Baden einlädt und im Gegensatz zur Tafelbucht viel wärmeres Wasser hat) geht es zum **Kap der Guten Hoffnung**, das inmitten eines Naturreservats liegt. Hier genießen Sie den Blick auf die atemberaubend schöne Lage des Kaps und der Kaphalbinsel.
- Richtung Kapstadt geht es dann zurück über die Panorama-Straße „**Chapman's Peak Drive**", später zur rechten Hand an den „Twelve Apostels" (Bergkette) vorbei in die City. Die Gesamtstrecke beträgt ca. 200 km und nimmt einen vollen Tag in Anspruch.

Rhodes Memorial

Es liegt am Abhang des Devil's Peak und wurde in zweijähriger Arbeit aus dem Granit des Tafelbergs geschaffen.

 Streckenbeschreibung

M3 Richtung Muizenberg, Ausfahrt hinter der Uni-Beschilderung. Hier befindet sich auch ein nettes Restaurant, von dem aus man einen herrlichen Blick über die Vororte Kapstadts hat.

Das Cecil-Rhodes-Denkmal in Kapstadt

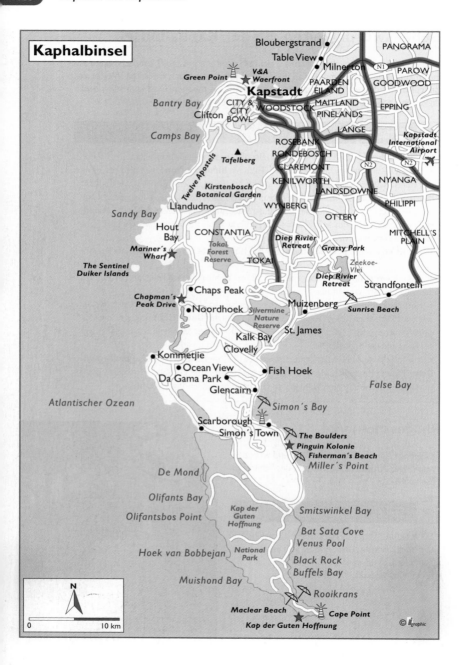

Kaphalbinsel

Bloubergstrand
Table View
Green Point
V&A Waerfront
Kapstadt
Milnerton
PANORAMA
PAROW
GOODWOOD
PAARDEN EILAND
N1
Bantry Bay
Clifton
CITY & CITY BOWL
WOODSTOCK
MAITLAND
PINELANDS
EPPING
Camps Bay
LANGE
Kapstadt International Airport
Twelve Apostels
Tafelberg
ROSEBANK
RONDEBOSCH
CLAREMONT
N2
N2
Kirstenbosch Botanical Garden
KENILWORTH
LANDSDOWNE
NYANGA
Sandy Bay
Llandudno
WYNBERG
PHILIPPI
Hout Bay
CONSTANTIA
OTTERY
MITCHELL'S PLAIN
Mariner's Wharf
Tokai Forest Reserve
TOKAI
Diep Rivier Retreat
Grassy Park
The Sentinel Duiker Islands
Zeekoe-Vlei
Diep Rivier Retreat
Strandfontein
Chapman's Peak Drive
Chaps Peak
Silvermine Nature Reserve
Muizenberg
Sunrise Beach
Noordhoek
Kalk Bay
St. James
Clovelly
Kommetjie
Ocean View
Da Gama Park
Fish Hoek
False Bay
Glencairn
Atlantischer Ozean
Simon's Bay
Scarborough
Simon's Town
The Boulders
Pinguin Kolonie
Fisherman's Beach
Miller's Point
De Mond
Olifants Bay
Smitswinkel Bay
Olifantsbos Point
Kap der Guten Hoffnung
Bat Sata Cove
Venus Pool
Hoek van Bobbejan
National Park
Black Rock
Buffels Bay
Muishond Bay
Rooikrans
Maclear Beach
Cape Point
Kap der Guten Hoffnung

N

0   10 km

© graphic

Cecil Rhodes – ein Imperialist prüfte das südliche Afrika

Cecil Rhodes hat in besonderer Weise die Entwicklung Südafrikas mitgeprägt. Er wurde am 5.7.1853 in Bishop's Stortford in England geboren. 1870 kam er als 17-Jähriger nach Südafrika in der Hoffnung, dass seine Tuberkulose im milden Klima geheilt werde. Zunächst arbeitete er auf der Baumwollfarm seines Bruders Herbert in Natal, doch bereits im ersten Jahr seines Aufenthaltes brach der Diamantenrausch im nördlichen Kapland aus. Beide Brüder gaben die Farm auf und besorgten sich drei Claims, die ihnen bald viel Geld einbrachten. Cecils Bruder kam jedoch kurz darauf bei einem Brand um. In den nächsten Jahren vermehrte Rhodes in unvorstellbarer Weise sein Vermögen, bis er 1880 selbst seinen stärksten Gegenspieler, *Barley Barnato*, ausschalten konnte, indem er dessen Minenrechte im Big Hole von Kimberley aufkaufte (s. Kapitel über Kimberley). In der Zwischenzeit fand *Rhodes* auch für Studien an der Oxford-Universität Zeit. 1887 gar weitete er sein Imperium aus, indem er die Gold Fields of South Africa Company gründete und damit auch Herr am Witwatersrand wurde.

Auch politisch engagierte er sich immer stärker, wurde 1884 Finanzminister und im Jahre 1890 gar Premierminister der Kapkolonie. 1889/90 drang die South Africa Company unter *Cecil Rhodes* mit Siedlern und Truppen in das Gebiet zwischen Limpopo und Sambesi ein, später wurde sogar die Gegend nördlich des Sambesi erobert. Er war es auch, der den Eisenbahnbau nach Rhodesien vorantrieb und die Brücke über den Sambesi an den Victoria-Fällen initiierte, um eine wirtschaftliche Erschließung dieser landwirtschaftlich so wertvollen Räume für Südafrika zu realisieren. Als britischer Imperialist verfolgte er hartnäckig das Ziel, die Burenrepubliken Transvaal und Oranje-Freistaat an das britische Südafrika anzugliedern.

Am 26. März 1902 starb *Rhodes* in seinem Ferienhäuschen in St. James. Sein Leichnam wurde mit dem Zug nach Rhodesien gebracht und er wurde in einem Grab auf einem Granithügel der Matopos Hills bestattet.

Cecil Rhodes Cottage: Man kann das Cottage in St. James (bei Muizenberg) besichtigen, geöffnet Di–So 10–13h, 14–17h.

Mostert's Mill

Eine holländische Reminiszenz aus dem Jahre 1796! Diese Mühle im Vorort Rondebosch ist noch heute in Betrieb, und wer will, kann schnell mal vorbeischauen *(täglich geöffnet)*.

Kirstenbosch National Botanical Garden

Am Südost-Abhang des Tafelberg-Massivs liegt einer der berühmtesten botanischen Gärten der Welt. Inmitten der idyllischen Landschaft gelegen, erstreckt er sich über eine großzügige Fläche von annähernd 600 ha und reicht von 100 m bis auf über 1.000 m Höhe. So ermöglicht die Anlage einen eindrucksvollen Überblick über die Vielfalt der südafrikanischen Flora. Die Ursprünge des botanischen Gartens gehen auf eine Initiative *Cecil Rhodes'* zurück. 1895 kaufte er das unberührte Gebiet, das ihn durch seine Welt der Blumen, Büsche und Bäume beeindruckte. Auf dieser Seite des Massivs regnet es besonders ergiebig, sodass neben den günstigen Temperaturen auch genügend Wasser vorhanden ist. Er schenkte dieses Gebiet, auch als Kirstenbosch bekannt, der Nation. Der Name geht auf *J. F. Kirsten* zurück, einen leitenden Beamten der früheren holländischen Regierung am Kap.

Höhepunkt für Flora-Begeisterte

Kirstenbosch National Botanical Garden

Im Jahre 1913 schuf man hier den National Botanical Garden, dessen erster Direktor Professor *Harald Pearson* wurde. Hier bestand die gute Möglichkeit, die großartige Flora des südlichen Afrika zu sammeln, zu schützen und zu studieren. Über 4.000 der 18.000 im südlichen Afrika beheimateten Pflanzen sind hier zu bewundern. Besonders lohnend ist ein Besuch im Frühling, wenn unzählige Blumen blühen.

Aufgrund der unterschiedlichen Höhenlagen, über die sich das Gelände erstreckt, gibt es eine Vielzahl spezifischer Lebensräume für bestimmte Pflanzen. Besonders sehenswert ist ein Besuch der Proteafelder, der Heidegärten, des Farnkraut-Tals, des Mathew's Steingartens sowie des Comptom Herbariums, wo etwa 200.000 verschiedene subtropische Pflanzen gesammelt sind. Ein Herbarium ist besonders für Botaniker hochinteressant, da neben der Fülle der vorgestellten (getrockneten und zumeist auf Papierbogen befestigten) Pflanzen eine Vielzahl von zusätzlichen Angaben informativ ist (z. B. Fundort, Sammeldatum, Pflanzengesellschaft, Volksname, Verwendung etc.).

Zum **Ursprung der Kapflora** gibt es zwei Theorien, die gemeinsam das heutige Erscheinungsbild der Vegetation am Kap erklären: Im Verlauf der Kaltzeiten, als sich Gletscher von Nordeuropa aus nach Süden schoben, mussten die damals vorherrschenden Vegetationsgürtel nach Süden ausweichen und fanden u. a. am Kap ideale Zufluchtsbedingungen. Die andere Theorie geht davon aus, dass die Kapflora schon immer eigenständig war und sich entwickelte, als sich Afrika – gemeinsam mit den späteren Landmassen Australien, Neuseeland, Indien, Südamerika und Antarktis – aus dem Urkontinent Gondwana herausbildete. So gibt es als Beweis dafür eindeutige Beziehungen zwischen bestimmten Protea-Arten am Kap und in Australien.

Protea

Die Kapflora weist unverwechselbare Charakteristika auf, die durch die besonderen klimatischen Verhältnisse bedingt sind. So ziehen beispielsweise auch in der trockenen, heißen Sommerzeit Nebelschwaden um den Tafelberg, die nicht nur Feuchtigkeit spenden, sondern auch extrem heiße Temperaturen verhindern. Daher wächst hier – neben 1.400 anderen blühenden Pflanzenarten – die *Blue Drip Disa*, eine endemische Orchidee. Die Vegetation der Kaphalbinsel wird von Fachleuten als **„Fynbos"** bezeichnet. Darunter versteht man dichte, strauchartige Gewächse, die grobes oder feines, weiches oder hartes Blattwerk aufweisen. Sicherlich ist die Protea die berühmteste Vertreterin des Kap-Fynbos.

In den Sommermonaten von November bis März finden hier regelmäßig Open-Air-Konzerte statt. Besonders beliebt sind die Weihnachtskonzerte, bei denen eine magische Stimmung aufkommt. Die Wiesen laden außerdem zu einem mitgebrachten Picknick ein. **Kirstenbosch Botanical Garden:** ☎ 021-799-8899, www.nbi.ac.za, geöffnet tgl. 8–19h (September–März), 8–18h (April–August), Eintritt: Erwachsene 35 Rand, Kinder 10 Rand.

Groot Constantia

Inmitten einer anmutigen Landschaft gelegen, umgeben von Weingärten und schattigen Bäumen stellt das Herrenhaus des Weingutes Groot Constantia eines der schönsten Beispiele des kapholländischen Baustils dar. Hier kann man leicht nachempfinden, weshalb viele Europäer gerne im Kapland geblieben sind.

1683 bekam der Gouverneur *Simon van der Stel* aufgrund seiner Verdienste um die Niederländisch-Ostindische Handelskompanie das Gut geschenkt. Hier sollte er ausprobieren, welche landwirtschaftlichen Produkte am besten im Kapklima gedeihen. Bis zum Jahre 1695 pflanzte er auf dem Gelände 8.400 Bäume an, neben verschiedenen

Groot Constantia

Obstsorten auch Bananenstauden, Olivenbäume und unterschiedliche Reben. Dazu reichten ihm die ursprünglichen 800 ha nicht aus, sodass er das Farmgelände durch den Zukauf einiger Nachbarfarmen erweiterte. Mit den Jahren wurde der Constantia-Wein weltberühmt und fand selbst unter den Adligen im weinverwöhnten Europa Anhänger.

Van der Stel baute sich ein gediegenes Wohnhaus, in das er 1699 nach seiner Pensionierung zog und wo er als 73-Jähriger im Jahre 1712 verstarb. Leider hatten seine Erben den stattlichen Nachlass bald aufgebraucht und 1716 musste das Gut in drei Teile aufgeteilt werden. Jener Teil, auf dem das Herrenhaus stand, wurde Groot Constantia genannt. In der Folgezeit verkam das Gut leider und wechselte den Besitzer.

Erst ab 1778, als *Hendrik Cloete*, Enkel eines der bekanntesten ersten holländischen Siedler, Groot Constantia kaufte, ging es mit dem Anwesen wieder aufwärts. Er baute die Weinfelder aus und steigerte bis 1791 die Weinproduktion derart, dass er einen neuen Weinkeller bauen musste. Der Architekt *Thibault* und der Bildhauer *Anreith* vergrößerten und verschönerten das Wohnhaus. Bei dem „Weinkeller" handelte es sich um ein oberirdisches Nebengebäude, dessen Giebel *Anreith* gestaltete.

info

Der kapholländische Stil – Architektur der ersten weißen Siedler

Die landschaftliche Schönheit des Kaplandes mit seinen blau-violetten Bergkulissen, den anmutigen Weintälern sowie der Blütenpracht seiner Gärten kann nur noch durch die anmutigen kapholländischen Häuser gesteigert werden. Obwohl der Baustil seine Wurzeln in Europa hat, konnte er sich hier in einer spürbaren Harmonie mit der Landschaft entwickeln. Die Bauten sind **dem Klima angepasst**: dicke, verputzte Wände – blütenweiß gestrichen – halten extreme Tempera-

Architektonische Harmonie

turschwankungen fern. Sie zeichnen sich durch ihre **praktische Einfachheit** aus, sind symmetrisch angelegt und einfach gemütlich.

Die Gastfreundschaft der hier siedelnden Weinbauern, die u. a. durch die großen Entfernungen und das Fehlen von Gasthäusern bedingt ist, findet ihre architektonische Antwort in den groß angelegten Empfangsräumen und Küchen. Auch die wirtschaftliche Entwicklung des Kaplandes spiegelt sich in diesen Bauwerken wider: Waren die ersten Häuser rechteckig und mit zwei einfachen Giebeln versehen und verlief an der Vorderseite eine erhöhte Plattform, so wurde mit wachsendem Wohlstand immer mehr Wert auf die Ausgestaltung der Mittelgiebel gelegt. Die Giebel der frühen Häuser waren dreieckig, und erst allmählich – im 18. Jh. – gestaltete sich daraus die gewundene Form des Kapgiebels.

Oft waren die Fenster mit Sprossen versehen und hatten in der unteren Hälfte Klappläden, damit das starke Sonnenlicht nicht allzu sehr die Möbel und die Teppiche der „guten Stube" traf. An vielen Hauseingängen gab es sog. Stalltüren: das sind zweigeteilte Türen, deren untere Hälfte man arretieren konnte, damit kein Vieh ins Wohnhaus gelangte. Später wurden diese Haus- und Hofformen immer raffinierter, doch blieben sie in der Gesamtkonzeption stets klar und einfach: T-, U- und H-Formen lösten den einfachen rechteckigen Grundriss ab.

In Stadthäusern befand sich oft ein gepflasterter Innenhof mit Schatten spendenden Bäumen. Manchmal schmückte sogar ein Teich das Innengeviert. Vor den Häusern pflegte man Eichen anzupflanzen, die im südafrikanischen Klima schnell wuchsen und für den in der Sommerhitze so nötigen Schatten sorgten. Als in Europa die Zeit des Barocks anbrach, wurden – zumindest bei den Leuten, die es sich leisten konnten – die Giebel noch schwungvoller und mit Reliefszenen versehen. Besonders schöne Zeugnisse des kapholländischen Stils können Sie an folgenden Stellen bewundern:

Ort	Name	Baujahr
Kapstadt	**Koopmans de Wet House**, 35 Strand Street	1701
	Martin Melck House, 96 Strand Street	1782
	The Old Town House, Greenmarket Square	1762
	The Old Supreme Court, am Ende der Adderley Street	1686
	Rust-en-Vreugd, 78 Buitenkant Street	18. Jh.
Kaphalbinsel	**Groot Constantia**	1685
	Tokai (Tokai Forest), kann nur von der Straße aus gesehen werden	1796
	Alphen (Constantia), Weingut-Gebäude, heute als Hotel	1750
	Kronedal, Main Road, Hout Bay, heute als Restaurant	1800
Stellenbosch	Hier gibt es die längsten Reihen von alten Gebäuden. Zum Besuch offen sind:	
	Burgher House	1797
	Libertas Parva	1783
	Dorp Street (heute die Rembrandt van Rijn-Kunstgalerie)	
Umgeb. v. Stellenbosch	Hier gibt es eine **Vielzahl von Baudenkmälern**, oft als Sitz eines Weinguts oder Hotels.	

Ursprünglich hatte *van der Stel* Eichen aus Europa importiert, um ihr Holz für den Fässerbau zu verwenden. Doch die Eichen wuchsen im milden Klima viel zu schnell, sodass ihr Holz zu weich und damit für Weinfässer ungeeignet war. Außerdem litten viele Bäume an Innenfäule.

1885 wurde die Farm Groot Constantia samt Wohnhaus an die mittlerweile britische Kolonialverwaltung verkauft, die sie als Versuchsfarm nutze. In dem schönen Wohnhaus waren die Farmverwaltung und Landwirtschafts-Studenten untergebracht. 1925 stellte ein Schicksalsjahr für das im kapholländischen Stil erbaute Herrenhaus dar: Am 19. Dezember brannte es binnen weniger Minuten aufgrund eines Funkenflugs durch den Küchenschornstein bis auf die Grundmauern nieder. Mit Hilfe des kapitalkräftigen und engagierten Mäzens *Alfred Aaron de Pass* wurde das Haus wieder aufgebaut und in ein Weinmuseum umgewandelt. *De Pass* bestückte es mit alten Möbeln und kaufte ständig neue Antiquitäten hinzu.

Weinanbau und Weinmuseum
Auch heute noch wird auf Constantia Wein angebaut: Anbau, Pressung, Abfüllung und Vermarktung sind in einer Hand. Seit 1983 ist die Groot Constantia Tavern eröffnet, die direkt neben dem Weinmuseum liegt. Hier kann man zum Essen die Gebietsweine kosten.
Groot Constantia, ☎ 021-794-5128, *www.grootconstantia.co.za*, geöffnet tgl.

Kap der Guten Hoffnung

Der südliche Teil der Kaphalbinsel ist seit 1939 zu einem Naturschutzgebiet zusammengeschlossen, nachdem Farmen aufgekauft wurden. Auf einer Fläche von 7 750 ha sind

Beeindruckend: das Kap der Guten Hoffnung

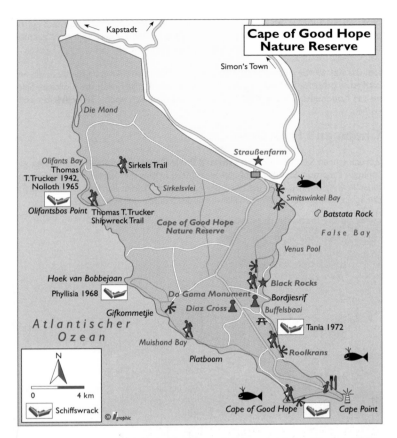

Fauna und Flora seitdem geschützt. Zur Blütezeit sieht man auf dem hügeligen Gelände viele Proteae und andere Blumen. Wenn man Glück hat, kann man Elenantilopen, Schwarzgnus, Reh-, Spring- und Grysböcke entdecken, ebenso wie Strauße und Warzenschweine. Auf jeden Fall werden Sie – spätestens am Parkplatz – Paviane erleben. Nehmen Sie sich vor diesen dreisten Burschen in Acht und verschließen Sie den Wagen gut.

Auf dem Wege zum Kap zweigt ein Weg zur **Buffelsbaai** ab, wo zur Erinnerung an die Entdeckung des Landstriches durch *Vasco da Gama* ein Gedenkkreuz steht. Auch an die Landung von *Bartolomeu Diaz* im Jahre 1488 erinnert ein Kreuz bei **Platboom**. *Diaz* bezeichnete das Kap als das „Kap der Stürme". In der Tat ist es hier an den meisten Tagen sehr windig. Die Straße endet an einem großen Parkplatz, von dem aus man zu Fuß oder per Gefährt zum 244 m über dem Meer liegenden Leuchtturm gelangt. Von hier hat man einen phantastischen Blick auf das Kap der Guten Hoffnung. Ebenso kann man die **False Bay** sehen. Sie heißt „Falsche Bucht", da früher versehentlich Schiffe hier hineingefahren sind in der Annahme, dass man auf diesem Wege nach Kapstadt gelange. Der alte Leuchtturm ist heute nicht mehr in Betrieb. Weiter unterhalb steht ein moderner Leuchtturm, der einer der lichtstärksten der Welt ist.

Um das Kap fahren jährlich etwa 24.000 Schiffe. Damit ist die Kaproute heute die am häufigsten benutzte Schifffahrtsroute der Erde. Doch hier liegt nicht die südlichste Spitze des Kontinents. Dies ist Kap Agulhas und befindet sich noch 150 km weiter südöstlich.

Chapman's Peak Drive

Zurück fahren Sie über den **Chapman's Peak Drive**, eine kühn in den Felsen gesprengte Panorama-Straße, 150 m über dem Meer. Entlang der Strecke genießen Sie malerische Aussichten, u. a. auf die Hout Bay („Holzbucht"). Hier kam früher das Holz für die Schiffsmasten der Niederländisch-Ostindischen Handelskompanie her.

Der Chapman's Peak Drive

 Hinweis

Für die Passage wird eine Maut von 28 ZAR pro PKW verlangt. Die Gebühr dient der Finanzierung der aufwendigen Renovierungs- und Sicherungsmaßnahmen, die man während der jahrelangen Sperrung der Straße wegen massiver Schäden vorgenommen hat.

An den Twelve Apostels geht die Fahrt am (kalten) Clifton Strand vorbei zurück nach Kapstadt.

Westküste *(Karte s. S. 486)*

Überblick

Die Strecke führt nördlich aus Kapstadt heraus und bis **Lamberts Bay** mehr oder weniger entlang der Küste des Atlantischen Ozeans. 10 km hinter Kapstadt sieht man Robben Island, die berüchtigte Sträflingsinsel, auf der auch *Nelson Mandela* einen Teil seiner Haft verbracht hat. Von den Küstenorten Table View und Bloubergstrand hat man einen ausgezeichneten Blick auf den Tafelberg. Der Name **Blouberg** entstammt der Tatsache, dass der Tafelberg häufig in blauen Dunstfarben zu sehen ist. Hier ist es schön, sich einmal abends in eines der Restaurants zu setzen und die Aussicht auf den angestrahlten Berg zu genießen. Wer im September auf dieser Strecke unterwegs ist, sollte einen Abstecher nach Darling machen, wo zu dieser Zeit ein Blumenfestival stattfindet. Die ganze Stadt und vor allem die Blumenreservate stehen dann in vollster Blütenpracht. Die eigentliche Blütezeit beginnt aber bereits im August und endet im Oktober.

Redaktionstipps

▸ **Dinner mit Blick auf den Tafelberg** (in Table View) (S. 405)
▸ **West Coast National Park** (S. 439)
▸ **Hafen** von Saldanha Bay (S. 442)
▸ **Crayfisch** essen
▸ **Übernachten** in der Kliphoek Guest Farm oder im Cashel Guest House (S. 441, 440)

Die **Saldanha Bay** ist durch zwei Extreme gekennzeichnet: zum einen den **West Coast National Park**, zum anderen den in den 1970er-Jahren angelegten Erzhafen. Wer Interesse am Wirtschaftsleben eines Rohstofflandes hat, sollte sich den Hafen einmal kurz ansehen, um eine Idee zu bekommen, mit welchem Aufwand allein die Rohstoffe transportiert werden. Nur um das Erz von den Minen heranzubringen, wurde eine 850 km lange Eisenbahnstrecke durch wüstenähnliches Gebiet hierhin gebaut. Nördlich davon führt die Strecke vorbei an dem Verwaltungsort Vredenburg und verläuft dann immer parallel entlang der Erzbahn bis nach Lamberts Bay. Vielleicht haben Sie ja Glück und sehen einen dieser sehr langen Erzzüge.

Die Strecke von Yzerfontein bis nach Lamberts Bay wird auch als **„Seafood Route"** bezeichnet, da es hier unzählige Muschel- und Crayfisch-Aufzuchtstationen gibt, deren Produkte in den nahe gelegenen Restaurants auf verschiedenste Weisen zubereitet werden. Nördlich geht dieser Teil des Kaplandes über ins Namaqualand, zu dem es aber keine direkte Grenze gibt, da es sich nicht um einen Regierungsbezirk handelt. In der Zeit von Juli bis November kann es auch passieren, dass Sie Wale an der Küste sichten. Diese halten sich gerne in der kühlen Meeresströmung auf, da sie in der Regel nährstoffreicher ist. Dieses Reisegebiet eignet sich hervorragend für einen zweitägigen Ausflug von Kapstadt aus und ist eigentlich ein Muss für Crayfischliebhaber.

Ein Muss für Crayfischliebhaber

☞ Entfernungen und Planungsvorschlag

Entfernungen:
Kapstadt – Clanwilliam: über N7 = 225 km, über R27 u. R364 = 280 km

Einzelstrecken	km	Tage
Kapstadt – West Coast Nat. Park	100	1–2 Tage (1 Tag Aufenthalt)
West Coast N. P. – Clanwilliam	180	1 Tag

Streckenbeschreibung

Verlassen Sie Kapstadt im Stadtteil Paarden Eiland über die R27 und folgen Sie dieser Straße bis zum Abzweiger zum West Coast N. P. Bloubergstrand, Darling und Yzerfontein sind jeweils ausgeschildert. Vom Park aus können Sie der R27 entweder weiter folgen bis Lamberts Bay oder aber vorher noch über die R79 und die R399 nach Saldanha Bay und Vredenburg fahren. Bei Velddrif trifft letztere wieder auf die R27. Teile der R27 sind noch nicht asphaltiert (zwischen Velddrif und Lamberts Bay), aber mit einem herkömmlichen Pkw gut zu befahren. Von Lamberts Bay nach Clanwilliam führt dann die R364, die dort die N7 zurück nach Kapstadt kreuzt.

Sehenswertes entlang der Strecke

Darling

Der Ort wurde 1853 gegründet und nach dem Leutnant-Gouverneur der Kapprovinz benannt. In der Umgebung fand die südlichste Schlacht des Anglo-Burischen Krieges statt und noch heute erinnert ein Monument an die burischen Helden, die sich bis hierher durchgeschlagen haben. In Darling wurden auch die ersten Merinoschafe ausgesetzt, dank eines nautischen Irrtums. Damit begann die Schafzucht im nördlichen Kapland. Heute werden auch Rinder in der Umgebung gehalten und trotz der Meeresnähe wird auch Wein angebaut.

Am interessantesten ist aber das **Darling Flower Reserve**, das sich auf Farmen südlich des Ortes befindet. Ein weiteres Flower Reserve befindet sich an der Straße nach Yzerfontein. Während im Sommer hier Kühe grasen, erblühen die Wiesen im Frühling zu einem bunten Teppich. Leider kann man nur zu bestimmten Zeiten im Frühling auf die Farmen fahren, sodass Sie sich vorher im Tourist Office (Town Clerk, Church Street) erkundigen sollten. Dort erhalten Sie auch aktuelle Karten betreffs der Standorte der

Reisepraktische Informationen Darling

Vorwahl: 022

ℹ️ Information
Tourist Bureau, *im Darling Museum,* ☎ *492-3361,* 🖷 *492-2935, www. darlingtourism.co.za.*

🛏️ Unterkunft
Darling Lodge $$, *22 Pastorie Str.,* ☎ *492-3062,* 🖷 *492-3665, www.darlinglodge. co.za, altes, kapholländisches Gästehaus mit 3 eleganten Zimmern.*

🍴 Restaurant
Zum Schatzi, *7 Long Street,* ☎ *492-3095, ein Kaffeehaus mit deutschem Frühstück und Gebäck.*

schönsten Blumen. Während der dritten Woche im September findet in Darling die „**Wild Flower Show**" statt und die ganze Stadt ist ein einziges Blütenmeer. Außerhalb der Blütezeit bietet der kleine Ort aber nicht viel.

Falls Sie sich für die Herstellung von Butter interessieren, können Sie in das kleine **Buttermuseum** schauen. Hier finden sich verschiedenste Utensilien zur Butterherstellung. **Darling Museum**, *Pastorie Str., ☏ 022-492-3361, 🖨 022-492-2935, geöffnet Mo–Do 9–13h und 14–16h, Fr 9–13h und 14–15.30h, Sa–So 10–13 und 14–16h.*

West Coast National Park

Mit dem Bau des Hafens von Saldanha Bay entschloss man sich, dass auch die Natur in dieser Region geschützt werden müsse, daher erweiterte man das bereits bestehende Postberg Nature Reserve. Damit erhofft man sich den Erhalt des Ökosystems der West Coast. Austernfischer, Kormorane und unzählige Möwen besiedeln das Sumpfgelände. Man schätzt die Zahl der Vögel im Sommer auf über 60.000. Es gibt mehrere Möglichkeiten, den Park zu erkunden. Die sicherlich eindrucksvollste ist die per Kanu. Täglich werden Kanutrips mit Führer durchgeführt.

Ökosystem an der Westküste

Für weniger Sportliche steht auch ein motorisiertes Boot zur Verfügung, für Wanderfreunde gibt es eine Reihe von Wanderwegen. Für längere Wanderungen stehen einfache Unterkünfte auf dem Weg zur Verfügung. Nähere Auskünfte erteilt die Lodge-Verwaltung. Im Frühling blühen auch hier unzählige Blumen, in der Zeit von August bis Anfang Oktober ist auch das private Postberg Nature Reserve am nördlichen Zipfel der Halbinsel für die Öffentlichkeit freigegeben. Wenn Sie genügend Zeit haben, ist es empfehlenswert, für den Park und seine Umgebung einen Extratag einzuplanen.

Im West Coast N. P.

Reisepraktische Informationen West Coast

Vorwahl: 022

i Information
Langebaan Tourism Association, *Breë Str.,* ☎ 772-1515, 🖷 772-1531, *www. langebaaninfo.com.*
Cape West Coast Peninsula, ☎ 714-2088, 🖷 714-4240, *www.capewestcoastpeninsula. co.za, hier gibt es Informationen zu den im Verwaltungsbezirk West Coast Peninsula zusammengefassten Orten.*
South African National Parks, *P. O. Box 787, Tshwane 0001,* ☎ 012-428-9111, 🖷 012-426-5500, *www.sanparks.org.*
West Coast National Park, ☎ 772-2144/5, 🖷 772-2607.

☞ Eintritt
Hochsaison („Peak Flower Season") Erwachsene 72 ZAR, Kinder 36 ZAR, Nebensaison 40 ZAR pro Person.

⏰ Öffnungszeiten des West Coast National Park
1. April bis 30 September: 7–19.30h, 1. Oktober bis 31.März: 6–20h.

🛏 Unterkunft
Im Park selbst gibt es keine Übernachtungsmöglichkeiten für Touristen, jedoch in Langebaan und Yzerfontein.

Langebaan
The Farmhouse $$$, *5 Egret Str.,* ☎ 772-2062, 🖷 722-1980, *www.thefarmhousehotel. com, Hotel mit Blick auf die Bucht, sehr gutes Restaurant.*
Club Mykonos Resort, *Reservierungen* ☎ 707-7000 *oder* 0800-226-770, *www. clubmykonos.co.za, griechisch inspirierte Ferienanlage mit Apartments direkt an der Lagune von Langebaan. Gute Möglichkeit für Wassersport und Outdoor-Aktivitäten.*

Lesertipp: Bavaria Haus B&B $$, *5 Croix Street,* ☎/🖷 772-1640, *www.langebaaninfo. com, sehr zentral, wird von einem freundlichen Ehepaar aus Namibia geführt.*

Yzerfontein
Emmaus On Sea $$, *30 Versveld Street, P. O. Box 25, Yzerfontein 7351,* ☎/🖷 451-2650, *www.emmaus.co.za, nahe des Swartland Wine Reserve, 19 km vom Reservat entfernt. Selbstversorgung ist auch möglich.*
Cashel Guest House $, *26 Lutie Katz Rd., P. O. Box 47, Yzerfontein 7351,* ☎ 451-2475, *großzügige moderne Zimmer mit Bad, alle mit Meerblick. Wahl zwischen B&B oder Ferienwohnung mit Kochgelegenheit. Hervorragend geeignet für die Beobachtung von Walen und Delfinen. Das Haus hat verschiedene Preise gewonnen für das beste große Gästehaus und für seinen guten Service.*

⚠ Camping
Langebaan
Langebaan Caravan Park, *Bree Street*, ☎ 772-2115, *es sind eigentlich drei Camping-plätze, wobei einer etwas veraltet ist.*
Stywelyne Caravan Park, Voortrekker Rd., Velddrif 7365, ☎/🖨 *783-0408, direkt am Strand.*

Yzerfontein
Yzerfontein Caravan Park, *Dolfyn Street,* ☎ *451-2211, nur wenige Chalets, dafür 120 Campingplätze mit Strom, Shop und Restaurant vorhanden.*

🍴 Restaurants
Langebaan
Die Strandloper, *am nördlichen Ende von Langebaan direkt am Strand,* ☎ *772-2490, www.strandloper.com, in dem Open-Air-Restaurant erhalten Sie auf Holzkohle gegrillten Fisch sowie Hummer und Muscheln. Lunch Buffet um 12h, Dinner um 18h, das sich jeweils meh-rere Stunden hinziehen kann. Eine Reservierung wird dringend empfohlen.*
Bouzouki, *im Club Mykonos, Kontakt s. o., griechische Küche, ein seltenes Erlebnis in Süd-afrika! Sehr lebhaft während der Hochsaison.*

Lesertipp: *Das* **Oyster Cater** *im Dorf versuchen. Fischfabrik, Fischverkauf und Restau-rant in einem, man isst aus Körben, frischer geht's nicht.*

🛏 Unterkünfte entlang der Strecke
Paternoster Hotel $, *inmitten des Fischerdörfchens Paternoster,* ☎ *752-2773,* 🖨 *752-2750, www.paternosterhotel.co.za, in dem 100 Jahre alten Gebäude befindet sich ein Restaurant (à la carte).*
Naries Guest Farm $$$, *etwa 27 km außerhalb der Stadt an der R355 nach Kleinsee,* ☎ *027-712-2462, www.naries.co.za, sehr gastfreundliche Farm (10.000 ha groß), einfach, aber geschmackvoll eingerichtet. Selbstversorger-Einrichtungen, Gästezimmer im Guesthouse und drei Mountain Suites in afrikanischem Stil. Tolles Frühstück und gutes Abendessen.*
Weitere Gästehäuser *und* **Selbstversorgungsapartments** *können Sie bei den Tou-risteninformationsbüros erfragen.*

⚠ Caravanpark entlang der Strecke
Ou Skip Park, *Otto du Plessis Drive, Melkbosstrand,* ☎ *021-553-2058,* 🖨 *021-553-3611, www.ouskip.co.za, Feriencampingplatz, häufig überfüllt.*

🍴 Restaurants entlang der Strecke
Die Kreefhuis, *4 Strand Str., Lambert's Bay 8130,* ☎ *027-432-2235, kreefhuis@ gmail.com, Fischgerichte, aber auch Steaks und Pizza.*
Kliphoek Guest Farm, *P. O. Box 168, Velddrif,* ☎ *783-0822, B&B, Gästehaus oder für Selbstversorger.*

🚐 Öffentliche Verkehrsmittel
Intercape Mainliner, *Buchungen:* ☎ *0861-287-287, www.intercape.co.za oder in jedem Reisebüro. Das Ticket muss im Bus bezahlt werden.*

Saldanha Bay

Eisenerz-
export

Wie Richards Bay in KwaZulu/Natal wird Saldanha Bay seit den 1970er-Jahren als Massenguthafen für den **Export von Erzen** immer weiter ausgebaut. 120 km nördlich von Kapstadt in einem an sich strukturschwachen Gebiet gelegen, bot sich die natürliche Bucht geradezu an. Zum einen wurden Arbeitsplätze geschaffen, zum anderen konnte endlich das qualitativ gute Eisenerz aus der Gegend um Sishen effizient verschifft werden. Denn die Verschiffung von Port Elizabeth war zu umständlich geworden.

Anders als bei Richards Bay übernahm hier ein Konzern, nämlich ISCOR, die Bauleitung. ISCOR ist eine der ganz großen Firmen im südafrikanischen Bergbau, die auch in der Eisen- und Stahlproduktion mitmischt. 1973 wurde schließlich mit den ersten Konstruktionen begonnen. Mit einer Fläche von 7 434 ha ist dieser natürliche Hafen der flächengrößte in ganz Afrika.

Um nun das Erz von Sishen hierher transportieren zu können, wurde eine 860 km lange **Eisenbahnstrecke** gebaut. Diese musste vor allem rentabel zu bewirtschaften sein. Daher wurde auf geringe Steigungen geachtet und ein sehr lange haltbares Material (Chrom-Mangan) für die Schienen verwandt, damit zum einen lange Züge verkehren konnten und zum anderen die Instandhaltungskosten überschaubar blieben.

Die Züge sind im Schnitt 2,2 km lang und werden von drei großen E-Loks gezogen. Auf diese Weise kann ein Zug 16.000–20.000 t Erz transportieren.

Der Staat hielt sich, vertreten durch die SAR&H (South African Railway and Harbour) und einen Planungsstab, beim Ausbau zurück und hoffte auf die Initiative der Wirtschaft,

Fischerboote in Saldanha Bay

Paternoster – ein kleiner Fischerort

die mit Fabriken und einer Großwerft weitere Arbeitsplätze schaffen wollte. Doch als 1976 der Hafen und die Eisenbahnlinie fertig waren, befand sich die Weltwirtschaft mitten in einer Rezession und zudem wurden die Handelsbeziehungen zu Südafrika weiter beschränkt. Das industrielle Wachstum in der Region Vredenburg-Saldanha blieb daher bescheiden, die großen Industriepläne wurden mittelfristig verschoben und nur die Fischindustrie war neben dem Erzhafen von Bedeutung.

1977 übergab die ISCOR dann auch die Hafenleitung an die SAR&H. Der Erzhafen wird seitdem aber gut genutzt und eine Erzreserve in Sishen von 4 Mrd. Tonnen gibt dem Hafen gute Zukunftsperspektiven. Jährlich werden 15 Mio. t Erz von den Zügen über 7 km lange Förderbänder auf die Schiffe verladen mit einer Kapazität von 8.000 t pro Stunde. Der Hafen ist tief genug, um Frachter mit einer Größe von 250.000 t aufzunehmen.

Neben dem Erz wird auch etwas Kupfer aus dem Namaqualand umgeschlagen und in bescheidenem Umfang auch Stückgut. Hierbei handelt es sich zum größten Teil um Obst aus der Region Citrusdal.

Nördlich von Saldanha-Vredenburg liegen die beiden Fischerorte **Paternoster** und **Velddrif**. Besonders ersterer hat noch seine alten Strukturen und Häuser erhalten. Vor den Küsten dieser Orte wird vor allem Crayfisch gefangen und in Velddrif der für die Westküste bekannte Bokkems, ein in Salz eingelegter Fisch, hergestellt. In der Flussmündung des Berg-River nisten häufiger Pelikane und Flamingos.

Reisepraktische Informationen Saldanha Bay

Vorwahl: 022

ℹ Information
Cape West Coast Peninsula, Kontakt siehe S. 440, hier gibt es Informationen zu den im Verwaltungsbezirk West Coast Peninsula zusammengefassten Orten.

🛏 Hotel
Protea Hotel Saldanha Bay $$, 51b Main Rd., Saldanha, ☎ 714-1264, 🖷 714-4093, www.proteahotels.com, Hotel mit großartigem Meerblick und jeglichem Komfort, First Class-Restaurant, in dem Fischgerichte, Muscheln aber auch Essen à la carte serviert werden.

🛏 Bed'n Breakfast
Oranjevlei Holiday Farm $$, P. O. Box 11, Saldanha 7395, ☎ 714-2261, 🖷 714-2262, schöne Unterkunft auf alter Farm. Die Zimmer befinden sich z. T. in den umgebauten Stallungen.

⚠ Camping
Saldanha Holiday Resort, Private Bag X12, Vredenburg 7380, ☎ 714-2247, 🖷 714-2717, hier gibt es Chalets. Dieses Resort ist auch unter dem Namen Tabakbaai bekannt.
Blouwaterbaai Holiday Resort, Henry Wicht Ave., Blouwaterbaai, P. O. Box 18, Saldanha 7395, ☎ 714-1177, 🖷 714-2400, www.blouwaterbaai.com, auch hier gibt es Chalets.

Lamberts Bay

Der Ort wurde 1913 gegründet und nach Sir *Robert Lambert* benannt, dem Commander der Marinestation in Kapstadt (1820–21). Zuerst war der Ort nur ein verträumtes Fischerdorf. Doch schon bald hielten sowohl die Fischindustrie als auch der Tourismus Einzug. Die kalten Meeresströmungen vor der Küste schufen ausgezeichnete Fangbedingungen und besonders der Crayfisch aus diesen Gewässern ist im ganzen Land berühmt. Viele Kapstädter kommen am Wochenende extra hierher, um diese Delikatesse frisch gefangen zu verzehren.

Beliebtes Ausflugsziel

Doch auch die Blumen sind in dieser Gegend ein besonderer Anziehungspunkt. Im Frühling blüht das ganze Umland. Nicht versäumen sollten Sie einen Spaziergang zum **Bird's Island**. Von einer Plattform aus können Sie Kormorane, Pinguine und unzählige Möwen beobachten. Die Plattform ist gleich hinter dem Hafengelände. Wer einmal mit einem Crayfischboot aufs Wasser möchte, hat hier die Gelegenheit. Nähere Informationen dazu erteilt das Touristenbüro. Das gleiche gilt auch für den Besuch einer Crayfischfabrik.

Im Ort gibt es außerdem ein kleines Museum, in dem neben antiken Möbeln auch eine 300 Jahre alte Bibel ausgestellt ist, die in Hoch-Niederländisch geschrieben ist. **Sandveld Museum**: Church Str., ☎. 027-432-1000, geöffnet Mo–Fr 9–12 h und 14–17 h, Sa 9–13 h.

Reisepraktische Informationen Lamberts Bay

Vorwahl: *027*

i Information
Tourist Information, *im Sandveld Museum, Church Str.,* ☎ *432-1000,* 🖷 *432-2335, www.lambertsbay.co.za.*

🛏 Unterkunft
Raston Guest House **$$**, *24 Riedeman Str.,* ☎/🖷 *432-1695, www.lambertsbayaccommodation.co.za, geschmackvoll eingerichtete Zimmer, Swimmingpool, guter Service.*
Lamberts Bay Hotel **$$$**, *72 Voortrekker Street,* ☎ *432-1126,* 🖷 *432-1036, www.lambertsbayhotel.co.za, komfortables Hotel in historischem Gebäude mit guter Küche, Swimmingpool – leider in der Nähe einer Fischfabrik.*

🛏 Selbstverpflegungsapartments
Eureka Apartments **$$**, *5 Seekant Str.,* ☎ *432-1211,* 🖷 *432-2627, neue Apartments, sehr persönlich und engagiert geführt.*

⚠ Camping
Lamberts Bay Caravan Park, *nördlich, nahe Korporasie Str.,* ☎ *432-2238, moderner Campingplatz.*

🍴 Restaurants
Bosduifklip Open-Air-Restaurant, *an der Straße nach Clanwilliam (4 km),* ☎ *432-2735, www.bosduifklip.co.za, das „Restaurant" befindet sich unter einem Felsvorsprung. Hier gibt es sowohl Crayfish als auch alle Arten von typischen „Binnenlandgerichten". Der Besitzer betreibt eigentlich die anliegende Farm, kam aber auf die ungewöhnliche Idee, hier ein Restaurant zu eröffnen, nachdem dieser Platz schon für mehrere Familienfeiern gedient hatte. Anmeldung ist erforderlich, und es wird nur gekocht, wenn mindestens 8 Personen kommen. An Wochenenden ist das aber kein Problem, und ein Besuch hier ist ein Erlebnis! Unlicensed!*
Muisbosskerm, *5 km südlich der Stadt,* ☎/🖷 *432-1017, www.muisbosskerm.co.za, Anmeldung einen Tag im Voraus erforderlich. Tolle Lage, Lunch und Dinner zu festen Zeiten.*

Anschluss-Strecken

• Ins Namaqualand und nach Namibia über die R374 nach Clanwilliam und von hier die N7 nach Norden (siehe Namaqualand, S. 368).
• Von Lamberts Bay aus haben Sie auch die Alternative, weiter entlang der Küste zu fahren, um erst bei Vredendal und Klawer auf die N7 zu gelangen.
• Zu den Augrabies Falls/zum Kgalagadi Transfrontier Park ebenfalls über Clanwilliam, von hier aus die N7 nach Norden bis Springbok, dann weiter die R64 nach Augrabies usw.

Kapstadt – Weinanbauzentren Paarl und Stellenbosch – Vier-Pässe-Fahrt über Franschhoek

Überblick

Redaktions-Tipps

▶ **Übernachten** in einem der atmosphärischen Landgasthäuser wie Mountain Shadows, Pontac Estate, Roggeland Country House (alle Paarl) oder im D'Ouwe Werf (Stellenbosch). Super: Übernachtung im Grande Roche Hotel in Paarl oder Rusthof in Franschhoek (S. 454, 464)

▶ Dinner im Grande Roche oder im Le Quartier Français (S. 454, 464)

▶ **Weinprobe** bei Nederburg (Paarl, S. 454) oder auf einem der Weingüter entlang der Stellenbosch/Franschhoek-Weinroute

▶ **Besuch des „Dorpmuseum"** von Stellenbosch (S. 458), des **Sprachendenkmals** in Paarl (S. 452) sowie des **Hugenotten-Denkmals** in Franschhoek (S. 462)

▶ Landschaftlich sehr schön: die Vier-Pässe-Fahrt (S. 461)

Diese Route führt Sie in das vielleicht **schönste Weinanbaugebiet der Welt.** Vor der Kulisse blau-violetter Berge erstrecken sich Weinfelder, in denen idyllische Weingüter liegen. Eine **„Weinroute"** führt Sie von Weinkellerei zu Weinkellerei, wo Sie bei einem guten Essen die Kap-Kreszenzen kosten können. Ebenso sehen Sie beste Zeugnisse des kapholländischen Stils, insbesondere in Stellenbosch. In Paarl dokumentiert das Sprachendenkmal den Stolz des Landes auf die eigenständige Sprache „Afrikaans". Und im Verlauf der **Vier-Pässe-Fahrt** erleben Sie die landschaftlichen Höhepunkte dieser Region. Franschhoek erinnert durch das Hugenotten-Denkmal an die Besiedlungsgeschichte dieses Landstrichs.

☞ Planungsvorschläge

Kapstadt – Paarl (über N1): 61 km, 1 Tag
Paarl – Stellenbosch: 31 km, 1 Tag (mit Weinroute +40 km)
Stellenbosch – Vier-Pässe-Fahrt – Stellenbosch (über Somerset West, Sir Lowry's Pass, Viljoen's Pass, Franschhoek Pass, Franschhoek, Helshoogte Pass, Stellenbosch): 124 km, 1 Tag
gesamt: 216 km, 3 Tage (256 km, 4 Tage)

Weinanbau im Kapland

Schon *Jan van Riebeeck,* der erste Gouverneur am Kap, begann vor mehr als 300 Jahren mit dem Weinanbau. Er erkannte schnell, dass sich das Klima am südlichen Ende Afrikas hervorragend für Rebkulturenanbau eignete, sodass er unermüdlich die Herren der Niederländisch-Ostindischen Handelsgesellschaft mahnte, ihm Rebstöcke aus Deutschland, Frankreich und Spanien zu schikken. Und bereits 1656 – nur sieben Jahre nach seiner Ankunft – erntete er den ersten Wein. Am 2. Februar 1659 schreibt *van Riebeeck* in sein Tagebuch: *„Heute, der Herr sei gepriesen, wurde zum erstenmal aus Kaptrauben Wein gepresst."*

aus: Grütter/Zyl: Die Geschichte Südafrikas

Kommandeur Simon van der Stel **förderte den Weinbau** so stark, dass er 1680 im Tal von Constantia, direkt an der östlichen Seite des Tafelbergs und im klimatischen Einfluss des Ozeans gelegen, über 100.000 Rebstöcke anpflanzen ließ. Bald wurden hier die weltberühmten Constantia-Dessertweine hergestellt, die schnell einen ausgezeichneten Ruf an den Höfen Europas erlangten. Selbst Napoleon soll im Monat mehr als zwei Dutzend Flaschen Constantia-Wein getrunken haben.

Einen weiteren Qualitätsschub erhielt der südafrikanische Weinbau, als 1688 **Hugenotten-Familien** aus Frankreich Zuflucht in den Tälern des Kaplandes suchten. Sie brachten Erfahrung im Weinbau und differenzierte Kellereikenntnisse (die den ersten holländischen Siedlern fehlten) aus Bordeaux, Burgund und der Provence mit. Damit waren nun auch vom „know how" her optimale Möglichkeiten gegeben, Südafrika zu einem der besten Weinbaugebiete der Welt zu entwickeln. Immer mehr erlangten Kapweine Berühmtheit, nicht zuletzt wegen der weltumspannenden Verflechtungen der Niederländisch-Ostindischen Handelsgesellschaft, die Länder zwischen Europa und Batavia versorgte.

Heute nimmt Südafrika mit einer Produktion von etwa 8 Mio. hl einen **Spitzenplatz** unter den Weinerzeugern ein, weit vor Griechenland und Österreich. Dieser Erfolg der insgesamt 10.000 Winzer ist dem systematischen Ausbau der südafrikanischen Weinwirtschaft zu verdanken, die stark exportorientiert ist, da bei weitem nicht der gesamte produzierte Wein im Lande selbst getrunken werden kann. Die südafrikanischen Weinanbaugebiete haben etwa die gleiche Breitenlage wie die Weinanbaugebiete am Mittelmeer. Der kalte Benguela-Strom an der atlantischen Westküste mildert die sommerliche Hitze und da der meiste Regen im Winter fällt, ist ein optimales Wachstumsklima gesichert. Da Reben sog. „Tiefwurzler" sind, können sie sich auch in trockenen Sommern mit Feuchtigkeit aus tieferen Bodenschichten versorgen. Die ausgeglichenen klimatischen Bedingungen gewährleisten qualitativ und quantitativ gleichmäßige Jahrgänge. Natürlich gibt es regionale Unterschiede, bedingt durch Mikroklimate und Böden. So sind die Weingebiete in 16 markante Ursprungsgebiete unterteilt, wobei Lage, Boden und Klima als den Weincharakter beeinflussende Faktoren berücksichtigt sind.

Diese Anbaugebiete mit gleichen Böden und Mikroklimaten lassen sich zu den folgenden **drei großen Weinanbauregionen** zusammenfassen:
① **Küstenregion (coastal region)**: Dazu gehören Stellenbosch, Constantia, Durbanville, Paarl und Swartland. Der kalte Nordwestwind sorgt im Winter für Regenfälle. Im Sommer dagegen herrschen Südostwinde vom Indischen Ozean vor, die die sommerliche Hitze mildern. In diesem Raum werden Südafrikas beste Rot- und Weißweine produziert: Cabernet Sauvignon, Shiraz, Pinotage und Cinsaut; Riesling, Clairette, Blanche und Chenin Blanc.
② **Boberg-Region**: Das sind die von hohen Gebirgsketten geschützten Teile des Gebietes von Paarl und Tulbagh. Hier wachsen die besten Rieslinge und Gewürztraminer.
③ **Brede-River-Valley**: Hierzu gehören Teile von Paarl, Tulbagh, Worcester, Robertson, Swellendam sowie der Kleinen Karoo. Das Land hier erhält nur geringe Niederschläge, die Sommer sind heiß. Bekannt sind diese Anbaugebiete für ihre sehr guten, trockenen Weißweine und für ihre ausgezeichneten Muskat- und andere Süßweine.

Die bekanntesten Rebsorten in Südafrika
▶ **Weißwein-Rebsorten:**
 Riesling: Er ergibt Weine von fruchtiger Eleganz.
 Colombard: Diese Sorte ergibt vollfruchtige und harmonische Weine. Wird auch zur Brandy-Produktion verwandt.

Chardonnay: Burgunder-Sorte, die sich vor allem in der Neuen Welt durchgesetzt hat. Gilt als trocken. Zumeist kommt das Holzaroma des Fasses stark zur Geltung. Viele Sorten werden leicht angereichert mit Fruchtgeschmack (Zitrone, Limone).

Chenin Blanc: Diese Rebsorte ist auch unter dem Namen „Steen" bekannt. Sie liefert restsüße Weißweine sowie auch Sherry und weißen Port. Der Fruchtcharakter ist eher süß (Aprikose-, Guave- bzw. Pfirsich-Aroma). Meistangebauter Wein in Südafrika (nahezu 30 % der Anbaufläche).

Muscadel: Halbtrocken bis trocken mit reichem Aroma (Rosine, Honigsüße).

Sauvignon Blanc: Die ursprünglich von der Loire stammende Rebe ist relativ neu in Südafrika. Die sehr unterschiedlichen Aromen (Feige, Stachelbeere, Spargel u. a.) machen ihn aber immer wieder zum Erlebnis und damit jedes Jahr wieder zu „In"-Weinen.

Ferner werden noch folgende weiße Rebsorten am Kap angebaut: **Bukettraube, Gewürztraminer** und **Semillon**.

▶ **Rotwein-Rebsorten:**

Pinotage: Diese Rebsorte wurde am Kap aus Pinot Noir- und Hermitage (Cinsaut) -Sorten gezüchtet und verbindet die Vorteile beider Ursprungssorten: Der fruchtige Charakter der Pinot-Traube ist mit der Lieblichkeit der Hermitage-Rebe kombiniert.

Cinsaut: Diese Hermitage-Sorte ergibt frische und ausgeglichene Weine, die nicht schwer sind, sodass sie sich als Tischweine gut eignen. Oft mit Kirsch- bzw. Erdbeeraromen angereichert.

Cabernet Sauvignon: Es ist die beste Rebsorte für die Edelweine des Kaps. Die Weine sind dunkelrot und besitzen einen fruchtigen Geschmack. Ihr Charakter wird gebildet durch Aromenanreicherungen von Gemüsesorten, Kräutern und auch Vanille. Das i-Tüpfelchen macht dann der besondere Reifungsprozess in jeweils speziellen Fässern aus.

Shiraz: Diese Rebsorte ergibt einen körperreichen, dunkelroten Wein. Oft rauchig bis leicht „bissiges" Aroma. Manche Sorten werden auch mit Kirscharomen angereichert.

Tinta Barocca: Zunächst baute man diese Rebsorte für die Herstellung von Port an. Neuerdings werden aus ihr schwere, tiefrote, fruchtige Rotweine gekeltert.

Ferner werden noch folgende rote Rebsorten am Kap angebaut:
Gamay, Merlot, Pinot Noir, Ruby Cabernet und **Zinfandel**.

Wenn Sie südafrikanischen Wein genießen wollen, sollten Sie etwas über das amtliche südafrikanische Weinsiegel wissen, das sich am Flaschenhals jeder Flasche befindet. 1972 führte die Regierung ein differenziertes System zur Klassifizierung und Kontrolle der südafrikanischen Weine ein, wobei man sich an den Bestimmungen der EG orientierte. Heute muss die Angabe der Herkunft, der Sorte, des Jahrgangs und der Lage erfolgen. Auch die Begriffe wie „Estate" und „Superior" wurden festgelegt. So ist die Bezeichnung „Estate" nur ca. 40 bestimmten Weinkellereien gestattet. Die Bezeichnung „Superior" dagegen garantiert, dass der Wein zu 100 % aus der angegebenen Rebsorte gekeltert wurde.

Paarl

Wörtlich übersetzt bedeutet „Paarl" Perle, weil die Berge um die Stadt bei einem bestimmten Tageslicht eine perlenähnliche Farbe annehmen. Paarl ist eine der ältesten Siedlungen des Hinterlandes von Kapstadt, an den Ufern des Berg River gelegen, 132 m über dem Meer. Das Tal erhält rund 700 mm Niederschlag pro Jahr, davon 80 % im Winter. Die Gegend ist aber nicht nur vom Klima verwöhnt, sondern auch dank der Böden sehr fruchtbar. Seit der Besiedlung werden hier deshalb verschiedene Obst- und

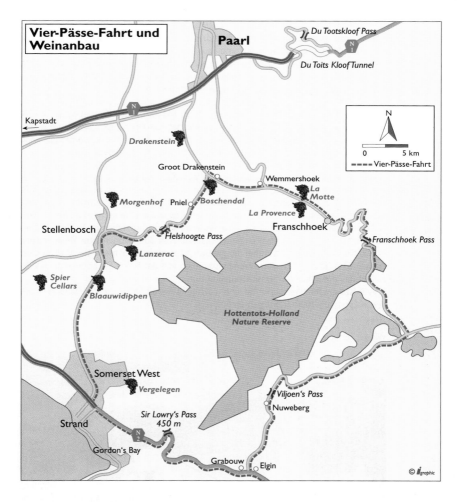

Vier-Pässe-Fahrt und Weinanbau

Paarl

Du Tootskloof Pass

Du Toits Kloof Tunnel

Kapstadt

Drakenstein

Groot Drakenstein

Wemmershoek

La Motte

Morgenhof   Pniel   Boschendal

La Provence

Stellenbosch

Franschhoek

Helshoogte Pass

Franschhoek Pass

Lanzerac

Spier Cellars

Blaauwidippen

Hottentots-Holland Nature Reserve

N

0   5 km

----- Vier-Pässe-Fahrt

Somerset West

Vergelegen

Viljoen's Pass

Nuweberg

Sir Lowry's Pass 450 m

Strand

Gordon's Bay

Grabouw   Elgin

© *igraphic*

Gemüsesorten angebaut, Grundlage der hier angesiedelten Konservenfabriken. Die Granitberge der Umgebung dienten als Steinlieferanten für Grabsteine. Paarl ist für die Herstellung von „Eau de Cologne" bekannt. Heute zählt die Stadt ca. 188.000 Einwohner.

Der erste Europäer, der in dieses Tal gelangte, war *Abraham Gabbema*, bereits ein Jahr später erfolgte die erste Landvergabe an Siedler. Es waren französische Hugenotten, die hier eine neue Heimat fanden. Die Namen der frühesten Farmen belegen die Herkunft der Erstsiedler: Laborie, Picardie, Goede Hoop, La Concorde und Nancy. „Laborie" befindet sich heute im Besitz der KWV, der größten südafrikanischen Winzergenossenschaft (s. u.).

Die Stadtgeschichte beginnt im Jahre 1720, als die erste Kirche gebaut und die „Main Street" angelegt wurde, an der man die charakteristischen Eichen pflanzte. Viele der historisch bedeutsamen Gebäude stammen aus dem 18. Jh., so z. B. die Oude Pastorie aus dem Jahre 1787. Diese ehemalige Pfarrei wurde 1937 von der Stadt Paarl aufgekauft, restauriert und in ein Museum umgewandelt, in dem man alte Möbel sowie Glas-, Silber-, Kupfer- und Messinggegenstände bewundern kann.

Die an der Main Street gelegene **Strooidakkerk (3)** (Strohdach-Kirche) wurde am 28. April 1805 eingeweiht. Der berühmte Architekt der damaligen Zeit, *Thibault*, soll sie geplant haben. Normalerweise ist die Kirche geschlossen, doch oft arbeitet irgendjemand auf dem Gelände um die Kirche, den man bitten kann, sie aufzuschließen.

Größte Winzergenossenschaft in Südafrika Natürlich kommt man nicht umhin, die **KWV-Kellereien (4)** zu besuchen. Hinter dieser Abkürzung verbirgt sich die „Kooperatiewe Wijnbouwers Vereeniging", die größte südafrikanische Winzergenossenschaft, die bereits 1918 gegründet wurde. Die KWV produziert jährlich große Mengen an Wein und Spirituosen. Sie vermarktet ihren Wein außerhalb Südafrikas, wobei der größte Abnehmer Großbritannien ist. In über 30 Länder exportiert man mittlerweile die Erzeugnisse. Etwa 30 Millionen Liter Wein werden in den Kellereien gelagert, wobei die geräumigsten Holzfässer mehr als 200.000 Liter fassen! 90 % des exportierten Weines stammen von der KWV. Sie können die KWV-Kellereien in der Kohler Street besuchen.

KWV-Kellereien: *Weinprobe Mo–Fr 8–16.30h, Sa 8–16h, So 10–14.30h, Führungen nach Vereinbarung, deutsche Führungen sind möglich.*

Weingut bei Paarl

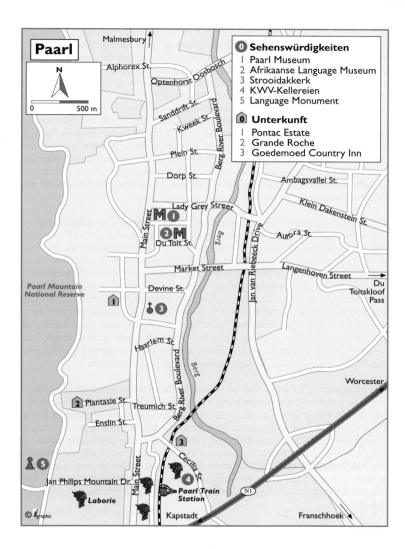

Sie können die Weine entweder bei einer Führung probieren oder im „Laborie" am Fuße des Paarl Mountain bei einem guten Essen genießen.

Nederburg ist ein weiteres, über die Landesgrenzen hinweg berühmtes Weingut, wo man an Weinproben teilnehmen kann. Es liegt idyllisch innerhalb von Weingärten, das Nederburger Herrenhaus ist ein gepflegtes Beispiel kapholländischer Baukunst. Die Anfänge des Weingutes reichen in das Jahr 1792 zurück: *Philip Wolvaart*, ein deutscher Einwanderer, erwarb das Farmgelände, das sich für den Weinanbau besonders eignete und nannte es „Nederburgh", nach dem Chef-Advokaten der Niederländisch-Ostindischen Handelskompanie. Das Herrenhaus wurde 1800 errichtet. Viele Generationen blieben dem Weinbau treu, erweiterten die Flächen und experimentierten mit neuen Rebsorten. Schließlich erwarb *Johann Georg Graue* aus Bremen 1937 die Farm, der Nederburg zu seinem heutigen Ruf verhalf. Er nutzte die Naturgegebenheiten optimal, widmete sich insbesondere dem Anbau von Cabernet Sauvignon- und Riesling-Trauben und verbesserte die Kellereitechniken. Seine Weine wurden international prämiert. Nachdem jedoch sein Sohn und Nachfolger *Arnold Graue* im Alter von 29 Jahren bei einem Flugzeugunglück ums Leben kam, verkaufte *Graue* 50 % seiner Aktien an Monis, einen Produzenten von Sherrys und Dessertweinen. Er konnte die Angebotspalette kontinuierlich erweitern, sodass Ende 1978 auf Nederburg 23 Weine der höchsten Qualitätsstufe hergestellt wurden. Kein Wunder, dass auf dem Weingut Nederburg alljährlich eine der großen südafrikanischen Weinauktionen stattfindet.

Cabernet Sauvignon- und Riesling-Trauben

Eine große Rolle spielte Paarl bei der Etablierung der **Afrikaans-Sprache**. Ein führender Verfechter war der aus Holland stammende *Arnoldus Pannevis*, der am Gymnasium der Stadt klassische Sprachen unterrichtete. Ihm fiel in den 70er-Jahren des 19. Jh. auf, dass die holländische (niederländische) Sprache von den meisten Einwanderern holländischer Abstammung in Südafrika nicht mehr verstanden wurde. Durch die geografische Isolierung hatten die Menschen hier im südlichen Afrika die Beziehung zum Hoch-Niederländisch verloren, sodass allmählich eine Sprachwandlung eintrat, die immer stärker wurde. Die holländischen Dialekte der Einwanderer veränderten sich auch durch den Einfluss immigrierter Franzosen, Deutscher und schließlich auch der einheimischen Bevölkerung. Nach der Überzeugung *Pannevis'* handelte es sich dabei nicht um einen südafrikanischen Dialekt des Holländischen, sondern um eine eigenständige Sprache, das **Afrikaans**. Er diskutierte diese Beobachtung in Kollegenkreisen.

Einfluss des Holländischen und Französischen

Am 14. August 1875 kam es zu einer historisch bedeutsamen Versammlung im Hause von *Gideon Malherbe*, einem Farmer, der mit der Tochter des Gymnasialdirektors verheiratet war. Man gründete bei dieser Gelegenheit das „Genootskap van Regte Afrikaners". Diese Institution widmete sich der Erforschung der Afrikaans-Sprache und brachte am 15. Januar 1876 die erste afrikaanse Zeitung, „Die Patriot", heraus. Sie wurde mit einer einfachen Druckpresse im Hause von Malherbe gedruckt. Damit war Afrikaans zur **Schriftsprache** erhoben. Wortschatz und Grammatik dieser Sprache wurden aufgelistet, aber erst 1925 wurde Afrikaans neben Englisch als Amtssprache in Südafrika akzeptiert. Heute hat Afrikaans in alle Gebiete der Kultur und Wissenschaft Einzug gehalten.

Über die Entstehung und Entwicklung der Afrikaans-Sprache kann man sich im **Afrikaanse Language Museum (2)** informieren. An die Entstehung der Afrikaans-Sprache erinnert auch das **Language Monument (5)**. Der Entwurf dieses Monuments stammt vom Architekten *Jan van Wyk*, der sich durch die Dichter *C. J. Langenhoven* und *N. P. van Wyk Louw* inspirieren ließ. Das Denkmal wurde am 10. Oktober 1975 eingeweiht. Es besteht aus zermalmtem Granit der Umgebung, der zu Beton verarbeitet wurde. Die drei sich links am Eingang befindlichen Säulen, die miteinander verbunden sind, symbolisieren den Anteil Afrikas, Englands und Hollands am Entstehen der afrikaansen Sprache. In einem Bogen schwingt sich dann eine Verbindung zur 57 m hohen, hohlen

Säule hinüber, welche das Afrikaans symbolisiert. Das weder aus Europa noch aus Afrika stammende Malaiisch wird durch die kleine Mauer in der Mitte des Treppenaufgangs dargestellt. Neben der Sprachensäule ragt aus dem Wasser die Republiksäule (26 m hoch) empor, ein mehr politisch gedachtes Symbol, das durch seine Öffnung die Aufgeschlossenheit nach Afrika hin darstellen soll. Diese Säule steht stellvertretend für zwei Staaten Europas (Großbritannien und die Niederlande), die am Entstehen der Republik Südafrika beteiligt waren. Die drei gerundeten Formen im Innenkreis repräsentieren Wunder, Geheimnis und Tradition Afrikas.

Afrikaans Language Museum: *Das Haus von Malherbe beherbergt heute das Museum, geöffnet Mo–Fr 9–13h, 14–17h.*

Language Monument: *Gabbema Drive,* ☎ *021-872-3441,* 🖷 *021-871-1106, geöffnet tgl. 8.30–17h.*

Ebenfalls sehenswert ist das **Paarl Museum (1)**, das Haushaltswaren und Möbel vom Kap zeigt. Darüber hinaus wird die Geschichte Paarls und der europäischen Kolonisation anhand verschiedener Exponate dargestellt.

Paarl Museum: *303 Main Street,* ☎ *021-872-2651, geöffnet Mo–Fr 9–17h, Sa 9–13h, staatliche Feiertage 9–14h, Eintritt: Erwachsene 5 Rand, Kinder: frei.*

Reisepraktische Informationen Paarl

Vorwahl: *021*

i **Information**
   Paarl Tourism Association, *216 Main Rd.,* ☎ *872-0860,* 🖷 *872-9376, www. paarlonline.com, geöffnet Mo–Fr 8–17h, Sa 9–14h, So 10–14h.*

🛏 **Hotels/ländliche Häuser mit „Atmosphäre"** (s. Karte S. 451)
   Pontac Estate (1) $$$, *16 Zion Street,* ☎ *872-0445,* 🖷 *872-0460, www.pontac. com, das Hotel liegt mitten im Ort, allerdings an einer Seitenstraße. Die Zimmer sind sehr groß, ebenfalls die Bäder. Alles zeugt von einem guten, dezenten Geschmack. Eine nette Bar lädt zum Verweilen ein, zumal der Weinkeller bestens sortiert ist. Swimmingpool vorhanden. Toll: überdachte Veranda mit Blick auf einen parkähnlichen Vorgarten.*
   Mountain Shadows $$$, *an der Klein Drakenstein Road,* ☎ *862-3192,* 🖷 *862-6796, www.mountainshadows.co.za, ein Landhotel im kapholländischen Stil, innerhalb der Weinfelder des Drakenstein Valley gelegen; gutes Essen und edle Weine.*
   Goedemoed Country Inn (3) $$$$, *Cecilia Street,* ☎ *863-1102,* 🖷 *863-1104, www. goedemoed.com, gemütliches altes Weingut mit nett eingerichteten Gästezimmern und südafrikanischer Gastfreundschaft!*
   Roggeland Country House $$$$, *Daljosaphat Valley, Roggeland Road,* ☎ *868-2501,* 🖷 *868-2113, www.roggeland.co.za, idyllische Lage des aus dem Jahre 1778 stammenden Hauses. Gute, bodenständige Küche. Kinder ab 12 Jahren zugelassen.*
   Palmiet Valley Estate $$$$, *P. O. Box 9085, Klein Drakenstein 7628 (Paarl),* ☎ *862-7741,* 🖷 *862-6891, www.palmiet.co.za, Gästezimmer befinden sich in den im Cape Dutch Stil erbauten Herrenhäusern, die Cottages verfügen über eigenen Garten, luxuriös eingerichtet, exquisite Küche!*

Grande Roche (2) $$$$$, *Plantasie Street*, ☎ 863-5100, 🖷 863-2220, www.granderoche.
co.za, *erstklassige Herberge auf einem restaurierten Weingut sowie ebenfalls erstklassiges
Restaurant. Ruhig und idyllisch gelegen, Kinder ab 10 Jahre.*

🛏 **Einfachere Unterkunft**
Berghof Guesthouse $$, *Monte Christo Avenue*, ☎ 871-1099, 🖷 872-6126,
www.berghofguesthouse.co.za, *ein Geheimtipp! Swimmingpool, Sauna und Sonnenterrasse.*
Lemoenkloof Guest House $$, *3 Malan Street, Ecke Malan und Main Road*, ☎ 872-
3782, 🖷 872-7532, www.lemoenkloof.co.za, *nettes, sauberes typisch südafrikanisches Gäste-
haus mitten in Paarl, geschmackvoll eingerichtete Zimmer.*

⚠ **Camping**
Berg River Resort, *P. O. Box 552, Paarl 7624*, ☎ 863-1650, 🖷 863-2583, *www.
bergriverresort.co.za, Chalets, Caravan- und Campingplätze, Swimmingpool.*

🍴 **Restaurants**
Rhebokskloof, *8 Wine Route*, ☎ 869-8386, 🖷 869-8504, www.rhebokskloof.co.za,
das Weingut hat ein Restaurant, das zur Lunchzeit geöffnet hat. Schön gelegen.
Toll: Abendessen im **Roggeland** *(*☎ *868-2501, www.roggeland.co.za, bitte anmelden) und
im* **Grande Roche** *(First Class Restaurant, Plantasie Str.,* ☎ *863-5100,* 🖷 *863-2220, www.
granderoche.com).*

☞ **Weinroute**
*Auch Paarl hat seine Weinroute, welche z. T. historische Weingüter berührt. Informa-
tionen und eine Karte bekommen Sie in Paarl über* **Paarl Vintners**, *P. O. Box 46, Paarl 7622,
86 Main Str.,* ☎ *863-4886,* 🖷 *863-4883, www.winecountry.co.za.*

Lesertipp: *3 km außerhalb von Paarl, auf der R45 Richtung Franschhoek befindet sich die
auf Obstbrände spezialisierte* **Wilderer's Distillery**, *P. O. Box 150, Paarl 7670,* ☎ *863-
3555,* 🖷 *531-5222, www.wilderer.co.za, die Grappa-Farm lässt Besucher hinter die Kulissen
der Destillerie schauen und unterhält von September bis April ein Lunch-Restaurant. Regelmäßige Jazz-Nachmittage.*

☞ **Weinberg- und Kellereibesichtigungen**
KWV-Kellereien, *Kontakt s. S. 450.*
Von Nederburg, *Sonstraal Rd.,* ☎ *862-3104,* 🖷 *862-4887, www.nederburg.co.za, Weinproben und Führungen möglich, im Vorgeschmack auf Ihre Südafrika-Reise oder als „Nach-
lese" nach Ihrer Reise durch das Land am Kap können Sie zu Hause südafrikanischen Wein
genießen. Alleinimporteur der Nederburg-Weine ist die Firma Weinwelt Mack & Schühle
GmbH, Neue Straße 45, 73277 Owen/Teck,* ☎ *07021-5701-0,* 🖷 *07021-5701-200,
www.mack-schuehle.de, wo Sie Kataloge und Preislisten der Weine erhalten. Kosten Sie vielleicht folgende Angebote:*
Nederburg Cabernet Sauvignon: *ein trockener Rotwein mit langjähriger Lagerfähigkeit
und intensivem Geschmack.*
Nederburg Paarl Riesling: *ein trockener klassischer Weißwein mit ausgeprägter Frucht
und Reife.*
Nederburg Kap-Sekt, Brut: *ein trockener Sekt, der dank seines hohen Fruchtsäurege-
haltes über eine feine Rasse verfügt.*

Stellenbosch

Stellenbosch liegt am Eerste River, 111 m über dem Meer, in einem sehr fruchtbaren Tal. Die zweitälteste Stadt Südafrikas beherbergt etwa 100.000 Einwohner. Bekannt wurde Stellenbosch als Zentrum eines der besten südafrikanischen Weinanbaugebiete und als Sitz der renommierten Stellenbosch-Universität (1918 gegründet, mit mehr als 24.000 Studenten 2008).

Außerdem ist Stellenbosch berühmt für seinen Reichtum an **historischer Bausubstanz**. Von allen Siedlungen, die am Kap während der Zeit der Niederländisch-Ostindischen Handelskompanie gegründet wurden, ist Stellenbosch die am besten erhalten geblieben. So kann man in diesem idyllisch gelegenen Städtchen hervorragende Zeugnisse kapholländischer Architektur sehen.

Auf einer Inspektionsreise ins Landesinnere kam der neu ernannte Gouverneur *Simon van der Stel* in das Gebiet des heutigen Stellenbosch. Er wurde von der Schönheit des Landes gefangen genommen, zumal in dieser Zeit viele Blumen blühten und der Fluss (Eerste River) aufgrund der winterlichen Regenfälle viel Wasser führte. Die Stelle, an der van der Stel campierte, nannte man in der Folgezeit Stellenbosch (was so viel bedeutet wie van der Stel's Busch).

Van der Stel's Busch

Schon 1680 ließen sich die ersten Siedler hier nieder. Ihnen wurde so viel Grund zugesprochen, wie sie selbst bearbeiten konnten. Sie bauten gemütliche strohgedeckte Häuser mit dicken wärmeabweisenden Wänden, die weiß gekalkt wurden. Fenster und Türen gestalteten Handwerker aus hartem Yellowwood oder Stinkwood. Die angelegten Straßen wurden von Furchen begleitet, die Wasser an jedes Haus brachten. Ebenfalls pflanzte man schattenspendende Eichen an.

Blick auf Stellenbosch

Doch Stellenbosch war von Anfang an nicht nur als ein landwirtschaftlicher Mittelpunkt gedacht. Bereits 1682 wurde der Ort Sitz einer örtlichen Behörde und 1685 sogar Gerichtsort für ein Gebiet von rund 25.000 km² und damit für das gesamte Kaphinterland. Der Magistrat kontrollierte die Jäger, die Forschungsreisenden und die Pioniere, die weiter ins Landesinnere vorstießen. Das Stellenbosch der damaligen Zeit war Grenzstadt zum unbesiedelten Südafrika (mit Steuerstelle und „law and order"): Unmittelbar hinter den Stadtgrenzen begann afrikanische Wildnis. *Simon van der Stel* liebte seine Gründung so sehr, dass er jedes Jahr anlässlich seines Geburtstages hierher kam. Er war stets Schirmherr eines Jahrmarktes mit Schießwettbewerben, Spielen und einem Festmahl.

Doch die Geschichte von Stellenbosch wurde im Verlauf der Jahre durch den Ausbruch von drei großen Feuern überschattet. Ein starker Brand zerstörte 1710 viele alte Häuser.

Jacarandas und kapholländische Häuser

Die **herrlichen kapholländischen Häuser**, gesäumt von alten Eichen und manchmal auch von blauviolett blühenden Jacarandas, sind für die heutigen Besucher des Städtchens ein reizvolles und unvergessliches Erlebnis. Besonders am Samstagnachmittag oder am Sonntag, wenn die geschäftige Unruhe gewichen ist, wird man von der friedlichen und gemütlichen Atmosphäre gefangen genommen.

Sehenswertes

Stellenryck Wijn Museum (1)
In diesem Museum dreht sich alles um den Wein – seine Herstellung und seine Geschichte. Es gibt Werkzeuge zur Weinherstellung, eine Weinpresse aus dem späten 18. Jh., alte Fässer, Weinkrüge, Becher und mundgeblasene Gläser aus vielen Epochen und Ländern zu sehen.
Stellenryck Wijn Museum: *Dorp Street,* ☎ *021-888-3588, geöffnet Mo–Fr 9–12.45h und 14–17h, Sa und Feiertage 10–13h und 14–17h.*

Die Dorp Street
Die **Dorp Street (2)** ist die älteste und zugleich die besterhaltene geschlossene Häuserzeile in Südafrika. Besonders besuchenswert sind:

Libertas Parva 29 *Dorp Street*
Dieses Gebäude hat einen Seitengiebel von 1783, doch die Frontgiebel, die Fronttür sowie die Fenster sind jüngeren Datums. Hier ist die **Rembrandt van Rijn Galerie** untergebracht.

Vredelust 63 *Dorp Street*
Dieses Haus hat einen neuklassizistischen Giebel von 1814.

La Gratitude 95 *Dorp Street*
Das Gebäude wurde 1798 von *Reverend Meent Borcherds* erbaut und diente bis 1835 als Pfarrhaus. Der Giebel mit dem „allsehenden Auge Gottes" ist ein gutes Beispiel frühneuklassizistischer Giebelkunst. Das Haus wurde im Laufe der Zeit vergrößert und nach einem Feuer erneuert.

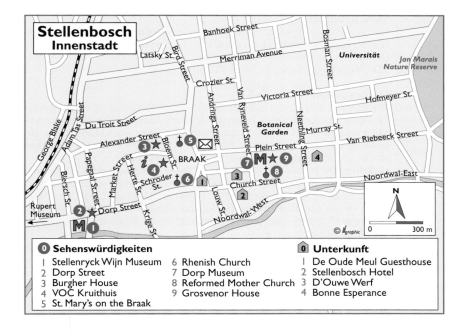

Stellenbosch
Innenstadt

0 **Sehenswürdigkeiten**

1 Stellenryck Wijn Museum
2 Dorp Street
3 Burgher House
4 VOC Kruithuis
5 St. Mary's on the Braak
6 Rhenish Church
7 Dorp Museum
8 Reformed Mother Church
9 Grosvenor House

0 **Unterkunft**

1 De Oude Meul Guesthouse
2 Stellenbosch Hotel
3 D'Ouwe Werf
4 Bonne Esperance

Voorgelegen *116 Dorp Street*
Ursprünglich war dieses 1797 erbaute Haus mit einem Strohdach versehen. Später wurde es um ein Stockwerk erweitert, wobei der H-förmige Grundriss beibehalten wurde. Viel Authentisches ist heute noch zu sehen, so z. B. die batavianische Kachelung in der Vorhalle sowie die Balken und Decken aus Yellowwood. Hinter dem Haus befindet sich ein schön angelegter Garten, der an das Pfarramt der Rheinischen Mission und den Mühlenbach grenzt.

Die Braak
Dies war der ehemalige Exerzierplatz der Miliz. Ebenso feierte man hier die großen Feste. Das einzige Gebäude, das hier gebaut werden durfte, ist **St. Mary's on the Braak (5)**, die 1852 erbaute anglikanische Kirche. Am südlichen Ende steht die **Rhenish Church (6)**, die Kirche der Rheinischen Mission, 1823 für Sklaven und Farbige erbaut, 1830 von der Rheinischen Mission übernommen und 1840 durch einen Nordflügel erweitert. Sie besitzt eine prachtvolle Kanzel, die sehr sehenswert ist.

Burgher House (3)
Hier sieht man ein gutes Beispiel eines Hauses wohlhabender Bürger. 1797 von *Antonie Fick*, dem Enkel eines deutschen Einwanderers erbaut, beherbergt es heute ein kleines Museum.
Burgher House: *Ecke Alexander und Bloem Street,* ☎ *021-887-0339,* 🖨 *021-887-9337, geöffnet Mo–Sa 9–16h, Eintritt frei.*

VOC Kruithuis (4)

1777 wurde dieses Munitionsmagazin gebaut, nur der Glockenturm ist jünger. Das Kruithuis ist einmalig in Südafrika: Es ist das einzige Munitionsmagazin aus dieser Zeit. Heute beherbergt es ein kleines Militärmuseum.

VOC Kruithuis: geöffnet September–Mai, Mo–Fr 9–14h.

Dorpmuseum (7)

Einblick in die Baukunst der Jahrhunderte

In Stellenbosch befindet sich ebenfalls das Stellenbosch Dorpmuseum, Eingang von der Ryneveldstraße. Ziel des Museumsdorfes (7.000 m²) ist es, einen Eindruck der Architektur zwischen 1709 bis 1929 zu geben. Von Haus zu Haus gehend, kann sich der Besucher ein Bild vom Wandel der Zeiten machen und Möbel, Mode und Hauseinrichtungen betrachten. Die einzelnen Häuser im Dorpmuseum sind:

- **Schreuder House** (um 1709): Es ist das älteste Stadthaus Südafrikas. 1709 wurde ein deutscher Söldner, *Sebastian Schröder*, von der Niederländisch-Ostindischen Handelsgesellschaft als Verwalter der alten Mühle eingesetzt. 1709 verließ er als „freier" Bürger die Handelsgesellschaft. Er erhielt als *„Sebastian Schreuder"* ein Stück Land geschenkt, auf dem er 1710 dieses Haus baute. Hausrat und Möbel entstammen der Periode von 1690–1720.
- **Blettermannhuis** (um 1789): Ein typisches Haus aus dem 18. Jh. mit sechs Giebeln und H-förmigem Grundriss. Es wurde von *Hendrik Lodewyk Blettermann*, dem letzten Friedensrichter der Niederländisch-Ostindischen Kompanie, erbaut. Hausrat und Inneneinrichtung entsprechen einem wohlhabenden Haus aus der Periode 1750–1780.
- **Grosvenor House (9)** (um 1803): Heute ist hier das Stellenbosch-Museum untergebracht. Ursprünglich hatte das 1782 errichtete Gebäude ein Strohdach. Später wurden ein zweites Stockwerk und ein Flachdach gebaut. Links neben diesem Haus befanden sich früher Sklavenquartiere, rechts steht ein altes Kutschenhaus. In einer Gartengalerie ist die Ausstellung „Spielzeug von gestern" zu sehen.
- **Haus von O. M. Bergh** (um 1850): Ursprünglich hatte dieses Haus wie das Blettermanhuis ein Strohdach. Im 19. Jh. wurde es zu dem jetzigen Erscheinungsbild umgebaut. So muss man sich eine Stellenboscher Wohnung in den Jahren 1840–1870 vorstellen.

Stellenbosch Dorpmuseum: Van Ryneveldstr. 37, ☎ 021-887-2948, geöffnet Mo bis Sa 9.30–17h, So 14–17h.

Reformed Mother Church (8)

Die Kirche wurde 1717–1722 erbaut. Der Grundriss wurde kreuzförmig angelegt, das Dach als Strohdach konzipiert. 1864 wurde das Gotteshaus erweitert. 1864 wurde der Kirchturm errichtet, der damalige Architekt *Carl O. Hager* gab dem Bau ein neugotisches Erscheinen.

Reformed Mother Church: Drostdy Street

Stellenbosch hat ein neues Museum: Im **Rupert Museum** gibt es südafrikanische und internationale Kunst, vorwiegend Gemälde aus der Zeit von 1950 bis 1985, zu bewundern. Highlights sind u. a. 27 Werke von *Irma Stern*.

Rupert Museum: Stellentialaan, ☎ 021-888-3344, www.rupertmuseum.org, geöffnet: Mo–Fr 9.30–13h und 14–16h, Sa 10–13h, Eintritt für Erwachsene 20 Rand, Kinder 10 Rand.

Stellenbosch Wine Route

Stellenbosch ist Zentrum eines der besten Weinanbaugebiete Südafrikas.

Die Weinroute führt Sie zu den berühmten Weingütern der Umgebung. Hier, in den *Ein Ausflug* fruchtbaren Tälern des Berg-, Eerste- und Bree-Flusses, gedeihen Weinreben besonders *zu den* gut. Die Winzereien, deren gepflegte Gebäude oft im kapholländischen Stil erbaut sind, *Wein-* liegen idyllisch zwischen den weiten Weinfeldern. Neben der Möglichkeit, die Weine zu *gütern –* kosten, kann man oft auch im winzereieigenen Restaurant hervorragend essen. Neh- *ein beson-* men Sie sich Zeit, genießen Sie die Weine und das gute Essen – den Ausflug zu den *deres* Weingütern, die entlang der Weinroute liegen, werden Sie nicht bereuen! Be- *Erlebnis* sonders idyllisch liegen die Weingüter Blaauwklippen, Hartenberg Estate, Morgenhof, Overgaauw, Simonsig.

American Express Wine Route: *Aktuelle Informationen erhalten Sie bei* **Stellenbosch Wine Routes**, *Postnet X5061, Stellenbosch 7599,* ☎ *021-886-4310,* 🖷 *021-886-4330, www.wineroute.co.za.*

 Tipp

Wie wäre es mit einem Lunch, verbunden mit einer Weinprobe? Möglich auf den Weingütern Blaauwklippen, De Heidelberg Coop, Delheim, Hartenberg Estate, Morgenhof, Oude Nektar, Spier, Welmoed Coop. Super: ***Boschendal***, zwischen Franschhoek und Stellenbosch an der Pniel Road (R310).

Ausflug von Stellenbosch zu den Protea Heights

Mitten im lieblichen Farmland des Devon Valley liegt das 25 ha große Protea Heights Nature Reserve. Das Land wurde 1944 von Frank Batchelor gekauft, 1976 schenkte er das Gebiet der South African Nature Foundation. Hier wachsen z. T. sehr alte Blumen, so z. B. die „painted ladies" *(Gladiolus blandus)* und eine große Zahl von Protea-Arten.

Reisepraktische Informationen Stellenbosch

Vorwahl: *021*

i **Information**
Stellenbosch Tourism, *36 Market Str.,* ☎ *883-3584,* 🖷 *882-9550, www. tourismstellenbosch.co.za, geöffnet Mo–Fr 8–18h, Sa 9–17h, So 10–17h.*

 Zugverbindungen
Täglich ab Kapstadt. Informationen und Fahrpläne unter www.capemetrorail.co.za.

🛏 **Hotels/ländliche Häuser mit „Atmosphäre"**
Devon Valley Hotel $$, *Devon Valley Road,* ☎ *865-2012,* 🖷 *865-2610, www. devonvalleyhotel.com, ruhig gelegen mit einem sehr schönen Talblick.*

Bonne Esperance (4) $$, 17 Van Riebeeck Street, ☎ 887-0225, 🖷 887-8328, www. bonneesperance.com, ein B&B-Haus im viktorianischen Stil mit einem kleinen Swimmingpool, Kinder ab 10 Jahren.

Simonsberg Cottage $$-$$$, 83 Jonkershoek Road, Mostertsdrift, ☎/🖷 886-6653, diemont@worldonline.co.za, nur 1,5 km entfernt von der Innenstadt und nahe dem Lanzerac Wine Estate am wunderschönen Jonkerhoek Valley. Die Besitzer Steffi und Dirk wohnen im angrenzenden Haupthaus und geben freundlich und kompetent Auskunft über Stellenbosch. Das Cottage hat ein Schlafzimmer mit zwei Betten (TV), ein Badezimmer und eine Küche (mit einer weiteren Schlafmöglichkeit).

Stellenbosch Hotel (2) $$$, Ecke Dorp/Andringa Street, ☎ 887-3644, 🖷 887-3673, info@stellenboschhotel.co.za, zentral in Stellenbosch gelegen mit gutem Restaurant (Jan Cats Restaurant – gute Fischgerichte).

D'Ouwe Werf (3) $$$, 30 Church Street, ☎ 887-4608, 🖷 887-4626, www.ouwewerf. co.za, im Herzen des historischen Stellenbosch gelegen, gediegen ausgestattet.

L'Auberge Rozendal $$$$, Omega Str., gegenüber Lanzerac außerhalb von Stellenbosch, ☎ 809-2600, 🖷 809-2640, www.rozendal.co.za, auf einem Weingut gelegen, schöne und ruhige Unterkünfte.

The Lanzerac Manor $$$$–$$$$$, Lanzerac Road, ☎ 887-1132, 🖷 887-2310, www. lanzerac.co.za, aus dem Jahre 1692 stammendes „Kleinod" in Stellenbosch.

Preiswerte Unterkunft

De Oude Meul Guesthouse (1) $$, 10a Mill St., ☎/🖷 887-7085, www. deoudemeul.com, im Zentrum von Stellenbosch. Doppelzimmer, Familienräume und ein sicherer Parkplatz. Auf Wunsch organisieren die Inhaber auch Weingut-Besichtigungen und Golftouren.

Backpackers Inn, 1st Floor De Wet Centre, Church Street, ☎ 887-2020, 🖷 887-2010, gehört zu den Häusern des Jugendherbergswerks Südafrikas, Hostelling International South Africa (HISA).

Camping

Mountain Breeze, an der R44 Richtung Somerset West, ☎/🖷 880-0200, www. mountainbreezeresort.co.za, bietet auch 3 Apartments an, Wäscherei vorhanden.

Restaurants

Doornbosch Restaurant, an der Old Strand Road (R 44), ☎ 886-6163, 🖷 883-3413, nette Atmosphäre, „Cape Dutch"-Cuisine, preiswert.

De **Volkskombuis**, Aan de Wagen Road, ☎ 887-2121, 🖷 883-3413, www.volkskombuis. co.za, typische Kapküche mit schmackhaften Gerichten.

Daneben haben die **Hotels** und **Weingüter** oft gute Restaurants, auf Weingütern wird zumeist jedoch nur Lunch angeboten, dies besonders rustikal in Form eines „Coachman's Lunch" auf dem Weingut **Blaauwklippen**, 4 km außerhalb von Stellenbosch an der Strand Road.

Autovermietung

Avis, ☎ 887-0492.

Budget, ☎ 887-6935.

Vier-Pässe-Fahrt *(Karte s. S. 449)*

Stellenbosch – Somerset West – Sir Lowry's Pass – Grabouw – Elgin – Viljon's Pass – Fransch- Land-
hoek Pass – Franschhoek – Groot Drakenstein – Helshoogte Pass – Stellenbosch (124 km) schaft-
liches
Highlight
Von Stellenbosch geht es zunächst über Somerset West auf den

Sir Lowry's Pass

Er liegt 402 m hoch. Wie viele Passwege wurde auch dieser Bergübergang ehemals von Tieren als Pfad ausgetreten. Bereits 1838 baute man den Trampelpfad zu einem Pass für die ersten Siedler aus. Er wurde nach Sir Lowry Cole, dem damaligen Kap-Gouverneur, benannt, auf dessen Drängen hin er gebaut wurde.

 Tipp

In **Somerset West** lädt das Weingut Vergelegen zum „Wine tasting" ein. Diese Gelegenheit, Spitzenweine zu probieren, sollten Sie sich auf keinen Fall entgehen lassen.

Nahe Somerset West gibt es ein interessantes Museum, das **Lwandle Migrant Labour Museum**. Auf der N2 von Kapstadt kommend durch Somerset West fahren und kurz danach am Schild Lwandle abzweigen. Das Museum ist dann ausgeschildert. Thema des Museums ist die Geschichte der schwarzen und farbigen Wanderarbeiter, die hier in einem Hostel gelebt haben, tagsüber in die Stadt pendeln mussten und ihre weit entfernt lebenden Familien nur alle paar Wochen besuchen konnten. Neben einer kleinen Ausstellung können Sie das Hostel besuchen und ein Arts & Crafts Center bietet kunsthandwerkliche Souvenirs an. Besuche von Familien in den beiden Townships Lwandle und Nomzano können arrangiert werden.
Lwandle Migrant Labour Museum, *Vulindlela Street, Lwandle,* ☎ *021-845-6119, www.lwandle.com.*

☞ **Weingut**
Vergelegen Wines, *Lourensford Road,* ☎ *021-847-1334,* 🖷 *021-847-1608, www. vergelegen.co.za, dieses 100 ha große Weingut bietet großartige und exzellente Weine, Charakter-Weine, die zum Probieren einladen.*

Elgin

Dieser sehr kleine Ort ist als Obstversand-Station bekannt. Von hier aus werden vor allem Äpfel, Birnen und Pfirsiche per Kühlwagen nach Kapstadt gebracht, wo sie dann zum Export auf Kühlschiffe verladen werden.

Die Apfelernte dauert von Januar bis Mai. Wenn nicht gerade Hochbetrieb ist, kann man in dieser Zeit einen Blick in die Packhäuser werfen.

Viljoen's Pass

Er erreicht eine Höhe von 525 m und wurde nach Sir Anthony Viljoen benannt, der einer der führenden Köpfe der Farmer in dieser Gegend und auch politisch engagiert war.

Franschhoek Pass

Früher hieß der Pass „Olifants Pass", da Elefanten diesen Weg ausgetrampelt hatten. Er liegt 701 m hoch und wurde 1819 als Weg ausgebaut.

Blick vom Franschhoek Pass

Franschhoek

Franschhoek (etwa 3.400 Einwohner) ist bekannt als Siedelplatz der Hugenotten, die sich ab 1688 hier niederließen, nachdem sie den Verfolgungen in Frankreich entgangen waren. Die Namen vieler Güter weisen auf die französische Herkunft der Siedler hin, so z. B. La Motte, Bien Donné, La Cotte, Champagne und La Dauphine.

Das **Hugenotten-Denkmal** erinnert an die Vertreibung aus der europäischen Heimat. Es wurde zum 250. Jahrestag 1938 eingeweiht und besteht aus Paarl-Granit. Die

Wie kamen die Hugenotten ausgerechnet in dieses Tal?

info

Ab ca. 1685 entschloss sich die Niederländisch-Ostindische Handelskompanie, Menschen zu motivieren, sich im Kapland niederzulassen. Man sprach deshalb die Hugenotten an, die durch die Aufhebung des Edikts von Nantes ihre Glaubensfreiheit verloren, sich aber weigerten, ihren protestantischen Glauben aufzugeben, und nun ihre Heimat verlassen mussten. So kam eine kleine Gruppe im April 1688 an Bord der Oosterland an. Man gab ihnen Land in der Umgebung von Drakenstein, wo van der Stel bereits zwei Jahre zuvor Holländer auf 26 Siedlungsplätze verteilt hatte. Natürlich legten die Holländer großen Wert darauf, dass sich die Franzosen assimilierten. Sie durften ihre Sprache beibehalten, doch bereits nach einer Generation beherrschten nur noch die Älteren die Muttersprache.

Viele Namen von Weingütern in der Umgegend weisen heute noch auf die französische Herkunft der Siedler hin, so z. B. Bien Donné, La Cotte, La Motte und La Dauphine. Und wer einen Blick in südafrikanische Telefonbücher wirft, dem werden dort immer wieder im Lande längst typische Namen wie Du Toit, Fourie, Basson, De Villiers, Viljoen, Le Roux, Thibault, Malan, Joubert u. a. begegnen.

Zentralfigur stellt eine Frau dar, die in der rechten Hand eine Bibel hält. Die zerbrochene Kette symbolisiert die Überwindung der religiösen Unterdrückung. Die drei Bögen dahinter stellen die Dreifaltigkeit dar. Auf den Bögen ist die Sonne der Rechtschaffenheit zu sehen, darüber das Kreuz. Als Zeichen für das Überweltliche steht die Figur auf dem Erdball.

Auch der Teich davor gehört zur Gesamtaussage des Denkmals: Er symbolisiert die Ruhe, die man nach großer Unterdrückung hier in Südafrika fand. Das nahe gelegene Museum widmet sich der Geschichte der Hugenotten.

Das Hugenotten-Denkmal

Reisepraktische Informationen Franschhoek

Vorwahl: *021*

🛏 **Unterkunft/ländliche Häuser mit „Atmosphäre"**
Clermont Auberge and Vineyards $$, *Robertsvlei Road, P. O. Box 504, Franschhoek 7690,* ☎ *876-3700,* 🖷 *876-3701, www.clermont.co.za, zauberhaft inmitten von Weinfeldern gelegen, die Zufahrt ist von Rosen gesäumt. Sehr geschmackvolle Zimmer, ruhige Lage, Swimmingpool. Sie werden sich wohlfühlen!*

Rusthof $$-$$$, *12 Huguenot St.,* ☎ *876-3762,* 🖅 *086-614-2799, www.rusthof.com, ein wirklich tolles Haus mit einer äußerst geschmackvollen Einrichtung. Die Zimmer sind bis ins Detail „schöner wohnen" pur. Kleiner Swimmingpool vorhanden. Direkt gegenüber kann man im Quartier Français hervorragend speisen – wie Gott in Frankreich!*

Le Quartier Français $$$, *16 Huguenot Road, P. O. Box 237, Franschhoek 7690,* ☎ *876-2151,* 🖅 *876-3105, www.lequartier.co.za, ein hübsches kleines Landhotel (14 Zimmer), Schwimmbad, alle Räume haben einen Kamin. Darüber hinaus gibt es ein sehr gepflegtes Restaurant mit französischer und kaptypischer Küche, gute regionale Weine.*

Gable Manor Guest House, $$$, *4 Malherbe Street,* ☎ *876-3833,* 🖅 *876-3858, www.gablemanor.com, Buchung ab 2 Übernachtungen. Luxussuiten.*

Tipp

Auf dem wunderschön gelegenen **Weingut La Provence** wird ein idyllisches Cottage vermietet (Bed & Breakfast), ☎ 876-3194, www.laprovencevin.co.za, an der Straße nach Stellenbosch gelegen, auf Beschilderung achten.

🍴 Restaurants

Außerhalb von Franschhoek – ca. 1 ½ km nach dem Ortsausgang in Richtung Franschhoek-Pass – liegt auf der linken Seite das **Cabrière Estate Cellar Restaurant**, ☎ *876-8500,* 🖅 *876-8501, www.cabriere.co.za, das Essen ist sehr gut, vor allem aber der vom Estate hergestellte Sekt sowie die Rotweine. Man sitzt gemütlich in einem Weinkeller, der in den Berg hineingebaut ist.*

Weinanbau bei Franschhoek

La Petite Ferme, *Pass Road*, ☎ 876-3016, ▤ 876-3624, *www.lapetiteferrme.co.za*, *kapmalaiische und französische Küche.*

Boschendal Estate, *R 310 nach Stellenbosch*, ☎ 870-4274, *www.boschendal.com*, *tolle französische Küche, tolle Weine, tolles kapholländisches Haus.*

☞ **Weingüter**
Wie um Paarl und Stellenbosch liegen auch um Franschhoek herum wunderschöne Weingüter, die oft zu einer Weinprobe locken. Entlang der Franschhoek Wine Route liegen die zu den **„Vignerons De Franschhoek Valley"** *zusammengeschlossenen Weingüter von Boschendal, L'Ormarins, Bellingham, Môreson (keine Besucher), La Motte (keine Besucher), La Provence, Haute Provence, Dieu Donné, Franschhoek Vineyards, Clos Cabrière (Besucher nur nach Anmeldung), La Bri (Besucher nur nach Anmeldung), La Couronne (keine Besucher) und Mouton-Excelsior.*

Drakenstein Valley

Dieses Tal, durch das man nach Stellenbosch zurückfährt, erhielt seinen Namen von Gouverneur *Simon van der Stel* (Drakenstein bedeutet Drachenfelsen). Die Farmer begannen hier vor mehr als 200 Jahren, Weizen, Früchte und Wein anzubauen. Doch gerade mit dem Obst hatte man große Lagerungsprobleme und vieles verdarb. 1886 gelang es erstmals, Trauben bis nach London zu transportieren.

Während man zu jener Zeit in Kapstadt für ein Pfund Trauben einen Penny bekam, erhielt man für die gleiche Menge in London 15 Schillinge. Damit war die Fruchtexport-Industrie Südafrikas geboren. Wer kennt heutzutage nicht das „Cape"-Markenzeichen, sei es von importierten Weintrauben, Äpfeln oder anderen Früchten her.

Helshoogte Pass („steile Höhe")

Dieser Pass erreicht eine Höhe von 336 m und verbindet Stellenbosch mit dem Drakenstein Valley.

Anschluss-Strecken

- Nach Johannesburg über Worcester und Bloemfontein auf der N1 (siehe S. 153).
- Zur Garden Route und Küste über die R45 nach Grabouw auf die N2 (siehe S. 483).

Stellenbosch – Caledon – Hermanus – Kap Agulhas – Swellendam/ Bontebok National Park

Übersicht

Wenn man so will, ist dieses Reisegebiet, auch Overberg genannt, ein Übergang zwischen dem attraktionsreichen Kapland und den ruhigeren, flachhügligen Landschaften des südwestlichen Küstenabschnittes der Kapprovinz. Vorwiegend Agrarland ist diese Landschaft mehr ein „Durchreisegebiet" für aus dem Osten (der Garden Route) oder aus dem Westen (Kapstadt) kommende Besucher. Und es reizt, einmal nachzuschauen, was es in Hermanus, am Kap Agulhas oder in Swellendam zu sehen gibt. Immerhin bewegt man sich hier auf historischem Altsiedelland: Burische Agrarwirtschaft dominiert, wenn auch an der Küste der Fremdenverkehr – hier zumeist durch einheimische Südafrikaner – gewisse „Attraktionen" setzt.

☞ Streckenbeschreibung

Von Kapstadt aus gelangt man ganz einfach über die N2 in dieses Gebiet, von Stellenbosch/Paarl erreicht man die N2 entweder über die R44 und Somerset West oder über die R45/R321/R43.

Fynbos- Die Fahrt entlang der Küste (biegen Sie kurz hinter Strand von der N2 auf die R44) ist
Königreich besonders schön. Dieses durch Winterregenfälle begünstigte Gebiet wird auch das „Fynbos-Königreich" genannt. Fynbos („Feiner Busch") ist eine Vegetation mit über 1.600 Pflanzenarten. Allen voran die berühmte Protea. Auf dem Weg nach Hermanus kommen Sie durch die Badeorte Rooiels, Pringle Bay, Betty´s Bay und Kleinmond.

Wenn Sie über die N2 fahren und nicht nach Süden nach Hermanus abbiegen, fahren Sie durch den kleinen Ort Caledon.

Caledon

Caledon

Der Flecken verdankt seine Entstehung 50 °C heißen Quellen, aus denen pro Tag 900.000 Liter eisen- und mineralienhaltiges Wasser sprudeln, dem man Heilwirkungen nachsagt. 1708 baute hier der erste Siedler, *Ferdinand Appel*, ein kleines Haus für kranke Gäste. Das war der Beginn des kleinen Städtchens, das man nach dem Gouverneur *Earl of Caledon* benannte. Sehenswert ist der 10 ha große Botanische *Heilbäder* Garten, der 1927 gegründet wurde. Alljährlich findet hier im September eine Blumenschau statt. Die Umgebung von Caledon wird vor allem zum Weizenanbau und zur Schafzucht genutzt.

 Streckenbeschreibung

Von der N2 sollten Sie bei Bot River auf die R44/R43 abbiegen, um einen Abstecher nach Hermanus zu machen, einem traditionellen Badeort.

Reisepraktische Informationen Caledon

Vorwahl: *028*

Information
Caledon Tourism Bureau, *22 Plein Street*, ☏/🖷 *212-3282*, *www.tourismcapetown.co.za*, *geöffnet Mo–Fr 9–16h.*

Unterkunft
The Caledon Casino, Hotel & Spa $$$$, *1 Nerina Ave.*, ☏ *214-5100*, 🖷 *212-2773*, *in diesem modernen Resort können Sie in den heißen Quellen baden oder Ihr Glück im Casino versuchen.*

Hermanus

Der vor allem bei Kapstädtern beliebte Badeort an den schönen Sandstränden der Walker Bay ist ein rechter Ferienort mit vielen kleineren Hotels, Pensionen und vor allem Ferienwohnungen. In den Hochsommermonaten, vor allem in der Weihnachtszeit, *Beliebter* herrscht hier Hochbetrieb. Für den Übersee-Besucher lohnt ein Aufenthalt hier vor al- *Badeort* lem von September bis Oktober. Hermanus eignet sich v.a. zur Walbeobachtung (August bis Oktober), die Umgebung lädt aber auch zu ausgedehnten Wanderungen und Spaziergängen ein.

Reisepraktische Informationen Hermanus

Vorwahl: *028*

Information
Hermanus Tourism Bureau, *155 Main Rd.*, ☏ *086-123-4777*, 🖷 *313-0495*, *www.hermanus.co.za. Wal-Hotline:* ☏ *312-1475.*

 Unterkunft
Whale Cottage Guest House $$, *38 Westcliff Drive*, ☏ *021-433-2100*, 🖷 *021-433-2101*, *www.whalecottage.com, nettes, kleines Haus, 6 Zimmer, freundliche Wirtsleute.*

Whale Rock Lodge $$$, 26 Springfield Ave, ☎ 313-0014/5, 🖷 312-2932, www.whalerock.co.za, 11 sehr schöne, individuell eingerichtete Zimmer. Toller Swimmingpool, freundlicher Service. Altes, riedgedecktes Haus mit eindrucksvoller Kunstsammlung.

Nelshof Blue Beach House $$$, 37 Tenth Street, ☎ 082-665-9113, www.nelshof.co.za, vom Bett oder Jacuzzi aus Wale beobachten. Sehr empfehlenswert.

Auberge Burgundy $$$$, 16 Harbour Road, ☎ 313-1201, 🖷 313-1204, www.auberge.co.za, Haus im provenzalischen Stil, sehr gemütlich angelegt, im Ortskern befindlich. Gutes Restaurant (Mix aus französischen und südafrikanischen Einflüssen).

Marine Hotel $$$$, Marine Drive, ☎ 313-1000, 🖷 313-0160, www.marine-hermanus.co.za, sehr gutes Traditionshotel mit Blick auf die Bucht.

🛏 Backpackers

Hermanus Backpackers $, 26 Flower Str., ☎ 312-4293, 🖷 313-2727, www.hermanusbackpackers.co.za, saubere und freundliche Doppelzimmer, Schlafsäle, Swimmingpool, Garten.

🍴 Restaurants

Milkwood, 5 km von Hermanus, auf dem Strand in dem kleinen Ort Onrus, ☎ 316-1516, traditionelle Fischgerichte.

Rossis Italian Restaurant, 10 High Street, ☎ 312-2848, berühmt für die wirklich leckere Pizza.

Burgundy Restaurant, Marine Drive, ☎ 312-2800, www.burgundyrestaurant.co.za, in der Auberge Burgundy, sehr gutes Essen, vor allem Fisch, relativ teuer, draußen auch Sitzplätze.

Harbour Rock, New Harbour, ☎ 312-2920, www.harbourrock.co.za, gute Fischgerichte, schöne Aussicht von der Veranda, mittlere Preisklasse.

🚐 Öffentliche Verkehrsmittel

Splash Shuttle, ☎ 316-4004, tägliche Verbindung zwischen Kapstadt/Bahnhof und Hermanus.

Hermanus

Weiterfahrt

Von Hermanus fahren Sie weiter östlich über die R43 bis Stanford, dann über die R326 und R316 über Napier und Bredasdorp die R319 nach Süden bis Kap Agulhas. Alternative: Dem Küstenverlauf folgend die R43 bis Gans Bay, danach über Pearly Beach und weiter über die R317 Richtung Vogelvlei, von hier nach Südosten bis zur R319, dann weiter nach Kap Agulhas.

Stanford

Dieses idyllische Dörfchen ist ein Geheimtipp für Vogelliebhaber. Auf dem Klein River kann man geführte Bootstouren durch ein wahres Vogelparadies unternehmen. Die lokalen Farmer bieten auf Anfrage persönliche Touren über ihre Farmen an und erklären gerne die beeindruckende Pflanzenvielfalt.

 Streckenbeschreibung

Alternative Route zum Kap Agulhas: Von der R326 Richtung Bredasdorp zweigt rechts eine etwa 50 km lange Schotterstraße nach Elim ab. Von Elim führt die Straße weiter bis zur R319 und von dort über Struisbaai zum Kap.

Reisepraktische Informationen Stanford

Vorwahl: *028*

i **Information**
Stanford Tourism Bureau, *Ortsmitte, gegenüber Spar-Supermarkt, 17 Queen Victoria Str.,* ☎ *341-0340, www.stanfordinfo.co.za.*

Unterkunft
B's Cottage $, *17 Morton Str.,* ☎ *341-0430, die riedgedeckten Cottages liegen in einem „Old English Country Garden" – für Selbstversorger.*
Stanford River Lodge $$$, *20 Queen Victoria Street,* ☎/🖷 *341-0444, www. stanfordriverlodge.co.za, die Unterbringung erfolgt in kleinen viktorianischen Cottages, die von gepflegten Gärten umgeben sind. Ausgezeichnetes Restaurant!*

Restaurants
Restaurant in der **Stanford River Lodge,** *sehr schönes Ambiente, ausgezeichnete Küche.*
Marianas Home Deli & Bistro, *Du Toit Str.,* ☎ *341-0272, nur am Wochenende geöffnet, Fr–So 9–16h, ausgezeichnete Gerichte.*
Paprika Restaurant, *Shortmarket Str.,* ☎ *341-0662, geöffnet Di–Sa, sehr gutes Dinner, leichte Gerichte insbesondere Fisch.*

Elim

Denkmal-
geschütz-
tes
Städtchen

Das ganze Dorf Elim steht zu Recht unter Denkmalschutz. 1824 als deutsche Missions-station gegründet, wird es auch heute noch ausschließlich von Mitgliedern des Mora-vian-Ordens bewohnt. Die kleinen bunten Häuschen sind zum Teil sehr liebevoll restau-riert und gut erhalten. Die Eindrücke sind allemal diesen Umweg wert.

> **Information**
> **Elim Tourism Office**, ☎ *028-482-1806.*

Gans Bay

Gans Bay ist weltweit berühmt und berüchtigt für die große Anzahl weißer Haie ent-lang der Küste. Wer Zeit hat, sollte unbedingt einen Bootsausflug zu den beiden vor der Küste liegenden Inseln, Dyer und Geyser Island, unternehmen. Hier siedeln große Rob-benkolonien und das Gewässer zwischen beiden Inseln wird auch „Hai-Gasse" genannt. Man hat die Möglichkeit, diese beeindruckenden Tiere einmal ganz aus der Nähe in ih-rer natürlichen Umgebung zu sehen. Ganz Mutige können auch mit den Tieren tauchen, geschützt durch einen Käfig. Doch auch vom Boot aus ist das Erlebnis sicherlich über-wältigend. Die Touren dauern zwischen vier und sechs Stunden.

Die Robbenkolonie bei Gans Bay

Reisepraktische Informationen Gans Bay

Vorwahl: *028*

ℹ️ **Information**
Gans Bay Tourism Bureau, *Gateway Centre, Main Road,* ☎ *384-1439,* 🖷 *384-0955, www.gansbaaiinfo.com, Mo–Fr 9–16h, Sa 10–14h.*

Bootsausflüge/Tauchen mit Weißen Haien
White Shark Diving Co., ☎ *021-671-4777,* 🖷 *086-665-2366, www. sharkcagediving.co.za.*
Marine Dynamics, ☎ *384-1005 und 384-0406, www.sharkwatchsa.com, www. whalewatchsa.com.*
White Shark Projects, ☎ *021-405-4537, www.whitesharkprojects.co.za.*

Grootbos Nature Reserve

Dies ist eine wahre Traumlandschaft für Liebhaber der Kap-Vegetation, des Fynbos. Das Reservat ist über 25 ha groß und liegt über den Dünenausläufern der Walker Bay mit einem Panoramablick bis zum Kap der Guten Hoffnung. Die Unterkünfte liegen schön verteilt, Trittpfade laden zur Erkundung der Umgebung ein. Gemüse und Salate kommen aus eigenem Anbau, dazu werden oft kulinarische Spezialitäten wie Langusten und lokale Fische gereicht. Badestrände in der Nähe. Die deutschen Gastgeber, Familie Lutzeyer, kümmern sich bestens um die Gäste.

☞ **Buchung**
Über Reiseveranstalter oder über P. O. Box 148, Gans Bay 7220, ☎ *028-384-8000,* 🖷 *028-384-8040, www.grootbos.co.za.*

Kap Agulhas

Dieser Abstecher führt zum südlichsten Ende Afrikas. Zum Namen gibt es zwei Erklärungen:

Das Kap der Nadeln

• Portugiesische Seefahrer hätten dieses Kap als „Kap der Nadeln" (das ist die Bedeutung von Agulhas) bezeichnet, denn hier hätte ihr Kompass ohne jede Abweichung genau nach Norden gewiesen.
• Eine andere Namensdeutung behauptet, dass mit den Nadeln die scharfen Riffe gemeint seien.

Fest steht jedoch, dass sich hier die Trennungslinie zwischen dem Indischen und dem Atlantischen Ozean befindet. Die große Landebene fällt allmählich ins Meer ab und wird als „Agulhas-Bank" bezeichnet. Das Meer ist hier 250 km seewärts ziemlich flach (bis ca. 110 m), danach fällt es steil in die Tiefsee ab. Das Gewässer dieser Region gilt als einer der kommerziell am besten genutzten Fischfanggründe der Welt. Der Leuchtturm

Der südlichste Punkt Afrikas

ist der zweitälteste in Südafrika. Er wurde 1848 erbaut und ist eines der beiden einzigen Gebäude Südafrikas, die von der ägyptischen Architektur inspiriert sind. Heute ist hier ein Museum untergebracht. Entlang dieses Küstenabschnitts sanken mehr als 125 Schiffe. Einige der Gegenstände dieser gesunkenen Schiffe können im Shipwreck Museum in Bredasdorp besichtigt werden.

Agulhas National Park

Wunderwelt des Fynbos

Der südlichste Punkt Afrikas, das ist das Markenzeichen dieses Nationalparks 170 km östlich von Kapstadt gelegen. Das Kap der Stürme – wie die Gegend auch genannt wird – ist ein **artenreiches Schutzgebiet**. Der Park beheimatet über 2.000 einheimische Pflanzen – davon viele endemisch. Fynbos-Vegetation durchzieht den Park, wobei die meisten Blumen zwischen Mai und September blühen. Auf Naturpfaden kann der Besucher in diese Wunderwelt eintauchen und sich anschließend im Educational Centre näher mit den verschiedenen Pflanzenarten beschäftigen.

Zu dem kulturellen Erbe gehören auch die zahlreichen Schiffe, die entlang der Küste gesunken waren und deren Überbleibsel heute im **Bredasdorp Shipwreck Museum** zu besichtigen sind.

 Hinweis

Im Park gibt es keine Übernachtungsmöglichkeiten, zahlreich werden sie aber geboten in den nahe gelegenen Orten L'Agulhas, Struis Bay und Elim.

Information und Buchung
South African National Parks, *Kontakt s. S. 440.*
Agulhas National Park, ☎ *028-435-6222,* 🖨 *028-435-6225.*

👉 **Weiterfahrt**

Entweder die R319 über Bredasdorp auf die N2 und dann nach Swellendam oder Abstecher nach Arniston/Waenhuiskrans an der Küste, das man über die R316 erreicht (von Agulhas Richtung Bredasdorp, nach ca. 15 km rechts abbiegen nach Arniston).

Bredasdorp

Willkommen in Südafrikas erster Stadt. Sie wurde 1838 von Michael van Breda gegründet. Er konnte sich mit seinem Rivalen Pieter Voltelyn van der Byl nicht über den Standpunkt der Kirche einigen und so entstanden nicht nur zwei Kirchen, sondern auch zwei Städte, Bredasdorp und Napier. Sehenswert in Bredasdorp ist das Schiffswrack-Museum. **Shipwreck Museum:** *6 Independent Str.,* ☎ *028-424-1240, geöffnet Mo–Fr 9–16.45h, Sa–So 11–16h.*

Erste Stadt Südafrikas

 Information
Bredasdorp Tourism Office, ☎ *(028) 424-2584,* 🖨 *(028) 424-2731.*

Waenhuiskrans/Arniston

👉 **Alternative Anfahrt**

Hinter Heidelberg auf die R322 abbiegen und von hier aus zum De Hoop Nature Reserve - nach dem Besuch Weiterfahrt nach Arniston über Bredasdorp (ca. 1 ¼ Stunde Fahrzeit - den Park muss man um 18h verlassen).

Arniston, auch Waenhuiskrans genannt, ist ein hübsches altes Fischerdorf mit z. T. restaurierten Fischerhütten. Der Name „Arniston" stammt von einem britischen Truppenschiff, das 1815 in der Nähe gestrandet ist, wobei 372 Menschen ums Leben kamen. Der Ort ist zum Baden eine bessere, ruhigere Alternative als Hermanus. Er bietet einsame, sichere Sandstrände, Dünen und sehenswerte Erosionen an der Küste. Arniston ist auch heute noch ein intaktes Fischerdorf. Täglich (wetterabhängig) landen die Fischer mit ihren kleinen Booten an, um den Fang direkt zu verkaufen. Hier hat der Tourismus noch nicht so sehr Einzug gehalten. Lohnend ist ein Ausflug (ca. 1 ¼ Stunde Autofahrt) zum östlich gelegenen De Hoop Nature Reserve. Der Küstenabschnitt hier ist wirklich spektakulär (hohe Dünen, interessante Erosionsformen, wilde Brandung). Man findet hier die für das Kapland typische Fynbos-Vegetation. Das Arniston-Hotel bereitet für solche Ausflüge Lunchpakete vor.

Hübsches altes Fischerdorf

Weg zurück nach Kapstadt

Wenn man von Arniston aus nach Kapstadt möchte, kann man auf dem Weg Kap Agulhas besuchen. Im Gegensatz zu Arniston ist dieser Ort zur Übernachtung nicht zu empfehlen (Besiedlung sehr ungeordnet, Landschaft nicht spektakulär, praktisch keine Badestrände). Auf der Weiterfahrt fährt man am besten über Hermanus (Walbeobachtung), dann der R44 folgend über Kleinmond an der False Bay vorbei in Richtung Gordon's Bay. Der Abschnitt zwischen Betty's Bay und Gordon's Bay entspricht von der landschaftlichen Schönheit durchaus dem berühmten Chapman's Peak Drive auf der Kaphalbinsel. Von Gordon's Bay bis nach Kapstadt braucht man über die N2 nur etwa 30 Minuten.

Reisepraktische Informationen Waenhuiskrans/Arniston

Vorwahl: *028*

i Information
Tourist Information, *Suidpunt Tourism Bureau, P. O. Box 51, Bredasdorp 7280,* ☎ *424-2584.*

Unterkunft
Arniston Hotel $$$, *Beach Road direkt am Meer,* ☎ *445-9000,* 🖷 *445-9633, www.arnistonhotel.com, gepflegtes modernes Strandhotel mit guter Küche in unmittelbarer Strandnähe.*
Seaside Cottages, *P. O. Box 403, Bredasdorp 7280,* ☎ *445-9772,* 🖷 *086-541-0691, www. arniston-online.co.za, riedgedeckte Häuschen am Meer, Selfcatering.*
Arniston Lodge, *23 Main Road,* ☎ *445-9175,* 🖷 *445-9174, www.arnistonlodge.co.za, DZ in einem reetgedeckten Doppelhaus, Bar und Pool, Restaurants in der Nähe, deutschsprachige Rezeption.*

¶¶ Restaurant
Im **Arniston Hotel** *oder im* **Waenhuis Restaurant**, *Du Preez Str.,* ☎/🖷 *445-9797.*

Swellendam

Swellendam ist neben Tulbagh die drittälteste Stadt Südafrikas. Sie liegt malerisch am Fuße der Langeberg-Range und hat noch viele schöne kapholländische Häuser.

Der Ort wurde 1743 gegründet und nach dem Gouverneur *Hendrik Swellengrebel* und seiner Frau *Helena ten Damme* benannt. Im Jahre 1795 war Swellendam für einige Monate sogar die Hauptstadt eines Staates. Die damaligen Siedler ärgerten sich über die Misswirtschaft der Niederländisch-Ostindischen Handelsgesellschaft so sehr, dass sie den Landvogt absetzten und eine eigene Republik ausriefen. Doch der „Staat" bestand nur wenige Monate, bis durch die britische Okkupation eine neue Regentschaft eintrat.

Eine Farm bei Swellendam

Lohnend ist ein Besuch der Drostdy, der alten Landvogtei aus dem Jahre 1747, die inzwischen natürlich restauriert wurde. Heute befindet sich hier ein Museum mit sehr schönen alten Möbeln und Hausrat.

Drostdy Museum, *18 Swellengrebel Str.,* ☎ *028-514-1138, www.drostdymuseum.com, geöffnet Mo–Fr 9–16.45h, am Wochenende 10–15.45h.*

Reisepraktische Informationen Swellendam

Vorwahl: *028*

i Information
Swellendam Tourism Office, *22 Swellengrebel Str.,* ☎ *514-2422,* 🖨 *086-581-8118, www.swellendamtourism.co.za.*

Unterkunft
Swellendam Country Lodge $$, *237 Voortrek Street,* ☎ *514-3629,* 🖨 *514-1986, www.swellendamlodge.com, die stilvollen Zimmer liegen in einer schönen Gartenanlage. Die Gastgeber sprechen auch Deutsch.*

Braeside B&B $$, *13 Van Oudtshoornweg,* ☎ *514-3325,* 🖨 *514-1899, www.braeside. co.za, stilvolles viktorianisches Haus mit 4 Zimmern, Veranda und Swimmingpool, sehr familienfreundlich. Toll sind die „African rooms" mit ethnischem Ambiente.*

The Coachman Guest House $$, *14 Drostdy Street,* ☎ *514-2294,* 🖨 *514-3349, www.coachman.co.za, sehr nahe zum Drostdy Museum gelegen. Im kapholländischen Haupthaus gibt es 3 Doppelzimmer, 2 neue großzügige Cottages (mit Kamin) liegen im Garten, Schwimmbad.*

Rothman Manor $$, 268 Voortrek Street, ☎ 514-2771, 🖷 514-3966, www.rothmanmanor.de, altes kapholländisches Haus von 1834, sehr stilvolle Zimmer, toller Garten mit Swimmingpool. Ein kleines Idyll und „bezahlbarer Luxus"!

Swellengrebel Hotel $$$, 91 Voortrek Street, P. O. Box 9, Swellendam 6740, ☎ 514-1144, 🖷 514-2453, www.swellengrebelhotel.co.za, kleines, modernes Landhotel mit Swimmingpool, schönem Garten und gutbürgerlichem Restaurant – allerdings nicht so tolle Lage (Hauptstraße).

Klippe Rivier Homestead $$$, Klippe Rivier, ☎ 514-3341, 🖷 514-3337, www.klipperivier. com, sehr gediegene Anlage mit schönem alten, kapholländischen Haupthaus – gutes Essen.

Hinweis

In Swellendam gibt es sehr viele schöne B&B-Häuser, quasi in jeder Straße.

🛏 Backpackers

Swellendam Backpackers $, 5 Lichtenstein Str., ☎/🖷 514-2648, www. swellendambackpackers.co.za, angeboten werden Doppelzimmer, Schlafsäle und Campingmöglichkeit. Sauber und freundlich.

⛺ Camping

Bontebok National Park, ☎ 514-2735, 🖷 514-2646, www.sanparks.org, 6 km südöstlich von Swellendam.

🍴 Restaurants

Zanddrift, 32 Swellengrebel Str. (gegenüber dem „Drostdy"), ☎ 514-1789, historisches Gebäude, gute südafrikanische Küche. Der sehr schöne Rosengarten lädt zu einer Kaffeepause ein.

Roosje van de Kaap, 5 Drostdy Str., ☎ 514-3001, www.roosjevandekaap.com, sehr schönes Restaurant, gediegene Atmosphäre, typische Kapküche.

Bontebok National Park

Abstecher von ca. 6 km

Schutz der Buntböcke

Der 18 km² große Nationalpark schützt vor allem den **Bontebok** (Buntbock). Buntböcke sind in der südlichsten Kapprovinz zu Hause und zwar im Strand-Veld-Gebiet westlich und östlich des Kap Agulhas, südlich der Caledon-Berge und in der Kleinen Karoo. Bis auf 17 Exemplare war diese Tierart ausgerottet, heute ist dank der Schutzmaßnahmen ihr Bestand wieder auf über 200 angestiegen. Buntböcke lieben offenes Grasland mit nur wenigen Bäumen und Büschen. Sie fressen morgens und nachmittags, bei heißem Wetter liegen sie im Schatten. Ihre Feinde in freier Wildbahn waren Löwen, Leoparden, Geparde und Hyänen.

Ein Buntbock im Nationalpark

Seit der Erklärung zum Nationalpark im Jahre 1960 ist die Anzahl der Buntböcke so angestiegen, dass man einen Teil an andere Naturreservate geben konnte. Außer Buntböcken kann man auch Kap-Grys-Böcke, Graue Rehe, Springböcke und fast 200 Vogelarten sehen. Besonders im Frühling erfreut den Besucher ein farbenprächtiger Blumenteppich. Hier wurde eine Landschaft bewahrt, wie sie die ersten Siedler angetroffen haben dürften.

Fast unberührte Landschaft

Reisepraktische Informationen Bontebok National Park

Information und Buchung
South African National Parks, *Kontakt s. S. 440.*
Bontebok National Park, ☎ 028-514-2735, 🖷 028-514-2646, *sehr günstig ausgestattete Wohnwagen am Flussufer, für Selbstversorger, Campingplatz vorhanden. Öffnungszeiten: 1. Oktober–30. April: 7–19h, 1. Mai–30. September: 7–18h.*

De Hoop Nature Reserve

Das über 60.000 ha große Naturreservat liegt an einem Küstenabschnitt, der ein wichtiges Paarungs- und Aufzuchtgebiet des sog. „Südlichen Nordwals" darstellt. Außerdem gibt es hier den Buntbock, Bergzebras sowie etwa 230 Vogelarten zu beobachten (Brutgebiet von Geiern). Da das Gebiet sehr unterschiedliche Habitate umfasst, ist es ein Kleinod für Naturliebhaber. Etwa 20 km Schotterstraßen erschließen das Parkgebiet ebenso wie angelegte Wanderwege. Tolle Küstenszenerie mit hohen Dünen und Felsformationen!

☞ Streckenbeschreibung

Das einsam gelegene Naturreservat erreicht man entweder von Bredasdorp (ca. 60 km) oder von Swellendam zunächst über die N2 Richtung Kapstadt, dann nach ca. 13 km Straße nach links (= Süden) über Wydgelee.

Unterkunft
Im Naturreservat gibt es einfache **Hütten** *sowie einen* **Campingplatz** *– kein Restaurant.*
Reservierung: **De Hoop Nature Reserve**, *Private Bag X 16, Bredasdorp 7280,* ☎ 021-659-3500, www.suedafrika.net/Cape/dehoop.htm.

Anschluss-Strecken

*   Von Swellendam Anschluss an die „Garden Route" (siehe S. 483).
*   Von Swellendam über die R60 nach Montagu, danach R318 zur N1, die über Beaufort West und Bloemfontein nach Johannesburg führt (siehe Kapitel 11).

Alternative Garden Route

Paarl – Tulbagh – Montagu – Ladismith – Prince Albert – Oudtshoorn – Plettenberg Bay

Die **Garden Route** im engeren Sinne bezeichnet den Küstenabschnitt zwischen Mossel Bay im Westen und der Mündung des Storms River im Osten. Im erweiterten touristischen Sinne gilt sogar Swellendam oft als westlicher Endpunkt der Garden Route. Dieser gesamte Abschnitt wird von der Nationalstraße N 2 durchzogen. Die N 2 ist heute eine z. T. autobahnähnlich ausgebaute Straße, die zwischen Swellendam und Mossel Bay durch flaches, landwirtschaftlich genutztes Land führt (zumeist Getreideanbau).

Von subtropischer Vegetation ist hier keine Spur. Der landschaftlich schönste Teil der Garden Route liegt zwischen Wilderness und dem Storms River (= Tsitsikamma Forest). Fast alle Reisen führen von Port Elizabeth nach Kapstadt – mit Abstecher nach Oudtshoorn – wobei vor allem das nördlich der N 2 gelegene von Osten nach Westen sich hinziehende Gebirge (Overberg im Westen – Langberg im Osten) nicht überquert wird. Diese Gebirge bilden – im groben – die Trennung zwischen Küstenebenen und der Kleinen (= südlicheren) und Großen (= nördlicheren) Steppe Karoo.

 Streckenbeschreibung

Von Paarl über die R 301 nach Wellington, von hier aus über den wunderschönen Bain's Kloof Pass (701 m) und weiter über die R 43 über Wolseley nach Tulbagh.
Gesamt-Kilometer: ca. 100 km.
Der Bain's Kloof Pass – asphaltiert – ist einer der ältesten Pässe des südlichen Afrika, sehr eng, landschaftlich sehr schön: Schluchten und tolle Gebirgsflüsse, tolle Aussichten. Vom Bain's Pass kommt man in eine fruchtbare Ebene mit viel Obstanbau.

Tulbagh

Tulbagh hat 16.000 Einwohner. Der Ort wurde 1795 gegründet, 1969 wurde er von einem Erdbeben zerstört. Er besitzt viel Atmosphäre durch hervorragend restaurierte Bausubstanz an der Church Street – Weingüter wie Twee Jonge Gezellen und Drostdy sind hier zu Hause. Berühmt ist die Gegend u. a. für Sherry.

 Streckenbeschreibung

Von Tulbagh über die R 46 nach Süden und über den Mitchell's Pass (480 m) nach Ceres (Obstanbau) – von hier Abstecher auf den mehr als 1.000 m hohen Gydo Pass (= schöne Ausblicke auf Ceres und die fruchtbare Ebene) – dann wieder herunter über Ceres der R 46 nach Osten folgend über den Theronspass (1.091 m), dann abbiegen nach Süden über die R 46 – dann Versatz nach Westen auf der N 1 – dann wieder über die R 318 (Rooihoogte Pass/ 1.214 m) und Burger's Pass (840 m) nach Montagu.
Gesamtstrecke: 240 km, alles Asphalt.

Reisepraktische Informationen Tulbagh

Vorwahl: *023*

i **Information**
Tulbagh Tourism, *14 Church Str.*, ☎/🖷 *230-1348, www.tulbaghtourism.org.za, geöffnet Mo–Fr 9–17h, Sa 10–16h, So 11–16h.*

🛏 **Unterkunft**
Kliprivier Park Holiday Resort $, ☎ *230-0506, sehr schöner Campingplatz mit Chalets, wunderschöne Aussicht auf die Berge.*
De Oude Herberg Tulbagh $$, *6 Church Street*, ☎/🖷 *230-0260, www.deoudeherberg. co.za, Restaurant mit viel Atmosphäre, Antiquitäten, gutes Essen und sehr persönlich, beste Alternative in der Preiskategorie.*
Ebenso gut, wenn auch deutlich weniger Ambiente: **The Little Courtyards** $$, *30 Church Street*, ☎/🖷 *230-1448, www.littlecourtyards.com, mehr typisches B&B, typisches kapholländisches Haus.*
Rijks Ridge $$$$, *P. O. Box 34, Tulbagh 6820*, ☎ *230-1006, www.rijks.co.za, im kapholländischen Stil, schöne Anlage mit toller Sicht auf die Berge.*

🍴 **Restaurants**
Ein „Muss" ist das **Paddagang**, *23 Church Street*, ☎ *230-0242, geöffnet Mo–Do 9–17h zum Frühstück und Lunch, Fr–Sa 9–22h bis einschließlich zum Dinner, So 9–16h, Weinhaus mit tollem weinüberdachten Innenhof und schöner Aussicht auf gepflegten Garten, 1821 gegründet.*
Abendessen: am besten und schön in **De Oude Herberg Tulbagh** *(s. o.).*
Readers, *12 Church Str.*, ☎ *230-0087, sehr gemütliches Restaurant in einem alten Cottage, mit Kunstgalerie. Spezialität: Lamm mit Knoblauch. Di geschlossen.*

Montagu

Ein Städtchen mit kapholländischen und viktorianischen Häusern – von Bergen umgeben – heiße Quellen zum Baden (Montagu Hot Springs) – herrlicher Wanderweg durch die Schlucht des Keisie River von Montagu zu den heißen Quellen (Lovers' Walk, eine Strecke ca. 45 Minuten).

 Streckenbeschreibung

Von Montagu fährt man am besten über den Kogmanskloof (eine engere Gebirgsschlucht direkt hinter dem Südausgang des Ortes) nach Swellendam (hier vielleicht Besuch der alten Drostdy) und dann ca. 11 km auf der N 2 nach Osten, um gleich wieder nach Norden auf die R 324 abzubiegen, die über den herrlichen Tradouws Pass führt (351 m, sehr schöne Ausblicke von der Höhe in die vom Fluss geschaffene Gebirgsschlucht). Danach weiter auf der R 62 durch eine merklich trockene Landschaft, die einen fast wüstenähnlichen Charakter annimmt (Kleine Karoo), in das idyllische Landstädtchen Ladismith. **Insgesamt** 180 km.

Reisepraktische Informationen Montagu

Vorwahl: *023*

ℹ️ Information

Tourist Information Bureau, *24 Bath Str.,* ☎ *614-2471,* 🖷 *086-503-2397, gute regionale Tipps, geöffnet Mo–Fr 8–18h, Sa 9–17h, So 9.30–17h.*

🛏️ Unterkunft

Squirrel's Corner $, *3 Bloem Str.,* ☎ *614-1081, www.squirrelscorner.co.za, B&B, ebenfalls nettes Haus, leger, ruhig im alten Ortsteil gelegen.*

The John Montagu $$, *30 Joubert Str.,* ☎ *614-1331,* 🖷 *614-3981, www.johnmontagu. co.za, B&B-Haus, sehr hübsch, persönlich geführt, sehr angenehmes Ambiente, ruhige Lage im alten Ortsteil.*

Mimosa Lodge $$$, ☎ *614-2351,* 🖷 *086-535-0722, www.mimosa.co.za, von außen schön, großer Garten, Zimmer sehr unterschiedlich, Essen nicht ganz so überzeugend, ruhige Lage in einer Seitenstraße der Bath Street (Church Street).*

Kingna Lodge $$$$, *11 Bath Street,* ☎ *614-1066,* 🖷 *614-2405, www.kingnalodge.co.za, sehr stilvolles viktorianisches Haus voller Antiquitäten – mit tollem Speisezimmer, exquisitem Essen – im historischen Teil des Ortes gelegen. Selbst Nelson Mandela hat hier schon gewohnt.*

🍴 Restaurants

Preston's Restaurant, *an der Hauptstraße, 17 Bath Street,* ☎ *614-3013, mit Pub und Terrasse.*

Four Oaks Guest House & Templeton's Restaurant, ☎ *614-2778,* 🖷 *614-2911, www.fouroaks.lando.co.za, das Restaurant bietet tolle italienische Gerichte an. Sehr schön ist es, draußen unter den Bäumen zu sitzen. Mo geschlossen.*

Sie können auch als „Nicht-Übernachter" in der **Kingna-Lodge** *essen (Reservierungen bis mittags erforderlich).*

Montagu

Ladismith

Ladismith ist ein kleines, ruhiges Landstädtchen vor einer imposanten Bergkulisse (= Klein Swartberg) – gegründet 1852 und im Zuge des Straßen-Booms Ende des 19. Jh. weiterentwickelt – Zentrum von Obstanbau und Milchproduktion (große Käsefabrik) – toll für Wanderungen, Vogelbeobachtung, Ponyreiten. Markant ist der Towerkop (eine gespaltene Bergkuppe, Nature Reserve). Ausflüge möglich z. B. nach Amalienstein (15 km) mit der 1853 von der Berliner Missionsgesellschaft gegründeten Kirche. Geheimtipp für Individualisten!

Landschaft bei Ladismith

 ## Streckenbeschreibung

Fahren Sie die R 62 über Zoar/Amalienstein und den Huisrivier Pass und dann von Calitzdorp einen nördlichen Bogen über Schotterpisten über Kruisrivier und Matjiesrivier zur R 328, die dann über den fantastischen Swartbergpass nach Norden führt. Die Pass-Straße selbst ist unbefestigt und führt auf eine Höhe von über 1.568 m. Danach geht es ziemlich abenteuerlich durch enge Schluchten nach Prince Albert. Kurz nach der Passhöhe zweigt ein westlicher Weg nach „De Hell" ab, einen in der Einsamkeit der Berge gelegenen Ort (Schotterpiste). Prince Albert am Fuße der Pass-Straße ist wie eine kleine Oase. **Gesamt-Kilometer:** 140 km ohne Abstecher nach De Hell.

 ## Hinweis

Der Swartbergpass ist nur bei Trockenheit zu befahren. Wenn man nicht sicher ist, ob der Pass eventuell gesperrt ist, bitte anrufen beim Prince Albert Informationsbüro.

Reisepraktische Informationen Ladismith

Unterkunft
Bestes, individuelles Haus: **Albert Manor $$**, *26 Albert Street, P. O. Box 443, Ladismith 6655, ☎ 028-551-1127, 🖨 028-628-4738, www.albertmanor.co.za/, viktorianisches Haus in ruhiger Lage, von dem Ehepaar Bennie und Elizabeth Stroebel geführt, mit schönem Ambiente, organisiert auch Ausflüge in die Umgebung.*

Restaurant
Am besten im alten Stadthotel, **Royal Country Lodge,** *Van Riebeeck Str., ☎ 028-551-1044, an der Hauptstraße, rustikal, sehr preiswert.*

Prince Albert

Kleiner Ort in der Kleinen Karoo – viel Obstanbau – 8.000 Einwohner. Attraktion: Alte Wassermühle und Heimatmuseum in der Church Street – sehr interessante Wandermöglichkeiten.

Streckenbeschreibung

Von Prince Albert fährt man zunächst über die R 407 nach Süden/Osten bis nach Klaarstroom, wo die Straße in die R 329 mündet und über die herrliche Schlucht von Meiringspoort (ca. 600 m ü. NN) und De Rust nach Oudtshoorn führt. **Gesamtstrecke:** ca. 110 km. Aufenthalt unbedingt am Wasserfall (64 km von Prince Albert entfernt) in der Schlucht einplanen (kurzer Spaziergang, schöne Ausblicke).

Reisepraktische Informationen Prince Albert

Vorwahl: *023*

Information
Tourism Bureau, ☎ *541-1366,* 🖨 *541-1788, www.princealbert.org.za.*

Unterkunft
Kuierhuis $, *51 Church Str., ☎ 541-1675, altes kapholländisches Haus aus dem Jahre 1858, eines der ältesten in der Stadt.*
Am schönsten: im alten, aber hervorragend restaurierten **Hotel Swartberg $$**, *77 Church Str., ☎ 541-1332, 🖨 541-1383, www.swartberg.co.za, mit gutem Landrestaurant und einer hübschen Bar.*

Restaurant
Am besten isst man im Restaurant oder Bistro des **Swartberg Hotels**.

Garden Route (Swellendam – Nelson Mandela Metropole/Port Elizabeth)

Überblick

Der im Folgenden beschriebene Streckenabschnitt wird als „Garden Route" bezeich- *Beliebte* net, eine der beliebtesten Touristikrouten Südafrikas. Manchmal ist als „Garden Rou- *Touristen-* te" der Abschnitt zwischen Swellendam und Humansdorp gemeint, ein anderes Mal nur *strecke* die kürzere Strecke zwischen Mossel Bay und Storms River. Wie dem auch sei: Diese küstennahe Region zeichnet sich durch **malerische Buchten, einsame Strände, hohe Kliffs, Felswände** und z. T. durch **urweltliche Wälder** aus. Bald hinter der Küstenlinie beginnen z. T. recht hohe Gebirgsketten, die Niederschläge bis zu 2.500 mm pro Jahr aufweisen; binnenwärts allerdings sinken die Niederschlagswerte auf 250 mm ab.

Die Bezeichnung „Garden Route" verlockt zu der Annahme, dass man einen Garten Eden voller Blumen und Blütenteppiche vorfindet. Der Begriff „Garden Route" ist jedoch eher historisch zu verstehen: Für die ersten Siedler war dieses Gebiet im Vergleich zum Binnenland so herrlich fruchtbar, dass es tatsächlich als ein „Garten" empfunden wurde und zum Siedeln motivierte. Aufgrund der mediterranen Temperaturen und der Fruchtbarkeit des Bodens scheint hier alles zu gedeihen. Die Regenschauer sind zwar heftig, doch von kurzer Dauer und fallen zumeist auch nachts. Die Küstenterrasse, wie die Geologen den schmalen Abschnitt zwischen Meer und Gebirge nennen, wurde erstmals 1780 in ihrer gesamten Länge von dem Forscher François de Vaillant durchquert.

Redaktionstipps

▸ **Übernachten** im Eight Bells Mountain Inn (Robinson Pass), Rosenhof Country House oder Altes Landhaus (Oudtshoorn), Hunter's Country House, The Crescent Country House (Plettenberg Bay) oder Tsitsikamma Coastal National Park (Chalets). (S. 487, 492, 506, 505, 511)

▸ Probieren Sie ein **Straußen-Steak** auf einer Straußenfarm in Oudtshoorn! (S. 489)

▸ **Dampflok-Fahrt** mit dem Outeniqua Choo-Tjoe-Train von George nach Knysna (oder umgekehrt). (S. 495)

▸ **Heißer Tipp für Golfer**: das Fancourt Hotel in George mit seinem 27-Loch-Platz. (S. 496)

Besonders lohnend ist ein Abstecher in die Kleine Karoo, wo **Oudtshoorn** liegt. Hier finden Sie die berühmte Gegend der großen Straußenfarmen. Etwas weiter nördlich sind die Cango Caves zu bewundern, eines der imposantesten Tropfsteinhöhlen-Systeme der Erde. Man sollte sich für die Garden Route genügend Zeit nehmen. Erzählen die kleinen Orte ihre z. T. sehr interessante Geschichte – man denke nur an Mossel Bay mit dem „Briefkasten" für die alten Segler –, so lädt die Küste zum Baden, Fischen, Surfen oder ganz einfach zum Erholen ein. Auf den wanderfreudigen Touristen wartet der **Tsitsikamma Coastal National Park** mit seiner unberührten, von spektakulären Wanderwegen durchzogenen Wald- und Küstenlandschaft.

So hängt die Etappen- und Tageseinteilung stark von den individuellen Bedürfnissen ab. Manche „schaffen" die gesamte Strecke in zwei oder drei Tagen, doch mehr Zeit ist gerade entlang der Garden Route richtig investiert, um die Vielseitigkeit dieses Landstriches wirklich erleben zu können.

☞ Planungsvorschläge

Gesamtstrecke: Swellendam (N2) – Port Elizabeth (Garden Route)

Einzelstrecken	km	Tage
Swellendam – Heidelberg – Riversdale – Mossel Bay	174	1
Mossel Bay – Robinson Pass – Oudtshoorn	93	1
Oudtshoorn – Cango Caves – Oudtshoorn	54	1
Oudtshoorn – George – Wilderness	74	1
Wilderness – Knysna – Storms River	145	2
Storms River – Humansdorp – Port Elizabeth	172	1
gesamt	712	7

☞ Streckenbeschreibung

Von Kapstadt kommend gibt es zwei alternative Routen zur Garden Route. Die N2, in diesem Abschnitt „Eden Country Road" bezeichnet, von Kapstadt über Caledon, Swellendam, Heidelberg, Riversdale und Albertina nach Mossel Bay, wo die Garden Route offiziell beginnt, oder die R316. Die R316 empfiehlt sich, wenn Sie vom Kap Agulhas und Arniston kommen. Sie führt an der Küste entlang durch die schönen Badeorte Witsand und Stilbaai nach Mossel Bay.

Mossel Bay

Ankerplatz der ersten Europäer

Der erste Europäer, der in die weite Bucht eingefahren ist, dürfte *Bartolomeu Diaz* gewesen sein, als er am 3.2.1488 hier ankerte, nachdem er das Kap der Guten Hoffnung umsegelt hatte, ohne es – aufgrund zu großer Entfernung und heftiger Stürme – zu Gesicht bekommen zu haben. Mossel Bay ist damit die Stelle, an der die erste Landung durch Europäer an der Ostküste Südafrikas gelungen war. Doch Diaz behielt die Bucht in nicht allzu guter Erinnerung. Als er Anstalten machte, Kontakt mit den hier lebenden Khoikhoi aufzunehmen, wurde er mit einem Steinhagel empfangen. Er nannte die Bucht „Angra dos Vaqueiros", was so viel bedeutet wie „Bucht der Kühe". Wie gerne hätte er Vieh bei den hier lebenden Hirten eingetauscht, um nach der langen Seefahrt die Fleischvorräte aufzufüllen. Erst *Vasco da Gama*, der am 20.11.1497 hier ankam, konnte friedliche Beziehungen zu den Khoikhoi-Hirten knüpfen und die Nahrungsvorräte auffrischen. Fortan sollte Mossel Bay für viele portugiesische Schiffe ein Anlaufpunkt sein: Man konnte hier nicht nur Fleisch erstehen, sondern auch die Frischwasservorräte auffüllen. Und schließlich wurde sogar eine „Nachrichtenbörse" eröffnet: Seefahrer hängten in den Zweigen eines alten Milkwood-Baums Seeschuhe auf, in denen sie Nachrichten hinterließen. Dieser Baum befand sich in unmittelbarer Nähe der Quelle, an der sie frisches Wasser holten. Versäumen Sie nicht, diesen „Postamt-Baum" zu besichtigen!

Old Post Office Tree

Er liegt in der Nähe des Strandes. Heute gibt es hier einen Briefkasten in Form eines übergroßen Seemannsstiefels, und alle Post aus diesem „Briefkasten" erhält einen Sonderstempel. Manche Seefahrer ritzten auch Nachrichten in Felsen, im örtlichen Museum können Sie davon Abgüsse betrachten.

Bartolomeu Diaz Museum

Mossel Bay

Besonders interessant ist hier die in einer alten Mühle untergebrachte „Caravelle", ein eindrucksvoller Nachbau, der 1988 zur 500-Jahr-Feier von Portugal nach Mossel Bay segelte. Der Ort verdankt seinen Namen *Cornelius de Houtman* aus Holland, der die Bucht wegen der Vielzahl an Muscheln **„Muschelbucht"** nannte. In den folgenden Jahrzehnten sammelten holländische Seefahrer hier gerne Muscheln und Austern, und auch heute noch werden Schalentiere aus dem Gebiet der Mossel Bay in ganz Südafrika verkauft. Die Holländer nahmen 1734 Besitz von dieser Region, als der damalige Kap-Gouverneur *Jan de la Fontaine* auf dem Seeweg in diese Gegend gelangte und ein Steinzeichen mit dem Wappen Hollands sowie dem Monogramm der Niederländisch-Ostindischen Handelskompanie errichtete. Doch erst 1787 kamen die ersten Dauersiedler, die einen Kornspeicher bauten. Schon im Juli des Folgejahres wurde der erste Weizen, den man in der Umgebung anbaute, verschifft. Von diesen Tagen an wurde Mossel Bay, das heute ca. 35.000 Einwohner zählt, Hafenstadt für das südliche Kapland sowie für das Hinterland in der Kleinen Karoo. In den Boomjahren der Straußenfeder-Produktion wurden hier pro Jahr bis zu 800.000 kg Federn verschifft! Als das Geschäft mit den Federn nachließ, wurde Mossel Bay Umschlagplatz für Ocker, Wolle und Obst.

Touristischer Rummelplatz

Heute verunstaltet leider ein großes Tanklager einen Teil der Bucht, denn mittlerweile können hier Tankschiffe ihre Ladung mittels einer Unterwasserpipeline (die die erste ihrer Art in Südafrika war) löschen. Der Ort selbst entwickelte sich in den letzten Jahren zu einem touristischen Rummelplatz und verlor deshalb immer mehr von seinem Flair.
Diaz Museum Complex: *1 Market Str.,* ☏ *044-691-1067, www.gardenroute.co.za, geöffnet Mo–Fr 9–16.45h, Wochenende und Feiertage 9–15.45h.*

 Weiterfahrt

Bei der Fahrt in die Kleine Karoo reisen Sie nordwärts über die R328 Richtung Oudtshoorn und verlassen für einen kurzen Streckenabschnitt die Garden Route. Bald steigt die Straße an und führt hinauf auf den Robinson-Pass.

Robinson-Pass

Er hat eine Höhe von 838 m über dem Meeresspiegel. Von der Passhöhe aus gibt es einen eindrucksvollen Fernblick. Ab und zu sieht man Protea-Sträucher entlang der Passstraße, die bereits 1869 angelegt wurde, und je nach Jahreszeit unterschiedlich blühende Wildblumen.

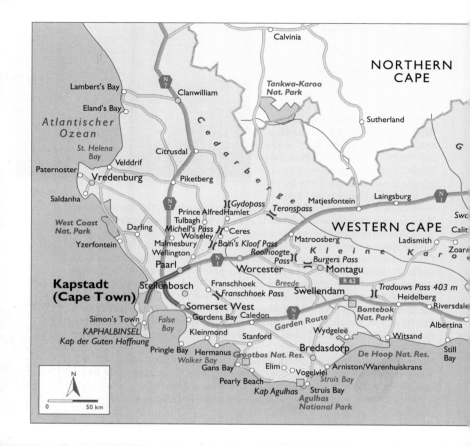

Reisepraktische Informationen Mossel Bay

Vorwahl: *044*

i Information

Mossel Bay Tourism Bureau, *Ecke Church und Market Str.,* ☎ *691-2202,* 🖷 *690-3077, www.visitmosselbay.co.za, viele Infos nicht nur zum Ort, sondern auch zur Garden Route.*

Unterkunft

The Old Post Office Tree Manor $$$, *Market Street,* ☎ *691-3738,* 🖷 *691-3104, www.oldposttree.co.za, geschmackvolle Zimmer, schöner Blick über die Bucht, gutes Restaurant (The Gannet). Bestes Haus am Platze (nahe dem Museum). Nett ist der kapholländische Baustil.*

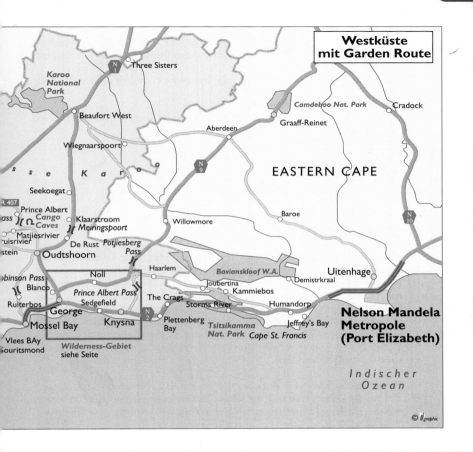

Three Sisters

Karoo National Park

Beaufort West

Wiegnaarspoort

Westküste mit Garden Route

Camdeboo Nat. Park

Cradock

Aberdeen

Graaff-Reinet

s s e K a r o

Seekoegat

EASTERN CAPE

R 407

Prince Albert

Cango Caves

ass

Matjiesrivier

uisrivier

stein

Klaarstroom

Meiringspoort

Willowmore

Baroe

De Rust Potjiesberg Pass

Oudtshoorn

Haarlem

Bavianskloof W.A.

Uitenhage

Demistrkraal

binson Pass

Noll

Blanco

Ruiterbos

Joubertina

Kammiebos

Prince Albert Pass

Sedgefield

The Crags

George

Knysna

Mossel Bay

Vlees BAy

Gouritsmond

Storms River

Humandorp

Plettenberg Bay

Jeffrey's Bay

Tsitsikamma Nat. Park Cape St. Francis

Nelson Mandela Metropole (Port Elizabeth)

Wilderness-Gebiet siehe Seite

Indischer Ozean

© graphic

Eight Bells Mountain Inn $$$, P. O. Box 436, Mossel Bay 6500, ☎ 631-0000, 🖷 631-0004, www.eightbells.co.za, *ruhig gelegen an der National Road R328 zwischen Mossel Bay und Oudtshoorn in der Höhe des Robinson-Passes (= beste Alternative außerhalb Richtung Oudtshoorn).*
The Point $$$, Point Road, ☎ 691-3512, 🖷 691-3513, www.pointhotel.co.za, *große Zimmer, toller Ausblick auf das Meer.*

JH Backpackers
Mossel Bay Backpackers $, 1 Marsh Str., ☎/🖷 691-3182, *saubere, sehr preiswerte Zimmer sowie Schlafsäle.*

⚠ Camping
De Bakke Beach Caravan Park und Santos, George Str., am Diaz-Strand, ☎ 691-2915, 🖷 691-1252, *Chalets, Campingplätze.*

🍴 **Restaurants**
The Gannet, Diaz Museum Komplex, Market Street, ☎ 691-1885, www.oldposttree.
co.za, frische Fischgerichte. Erstaunlich preiswert bei hoher Qualität. Sehr schöne Terrasse und Garten.
Tidals Waterfront Tavern and Pub, urige Atmosphäre, schöne Lage im Gebiet The Point.

🚍 **Öffentliche Verkehrsmittel**
Die großen Buslinien halten an der N 2/Kreuzung der Straße und Mossel Bay (Shell-Tankstelle), nur BAZ-Bus fährt hinein.
Intercity-Verbindungen:

Kapstadt	George
Johannesburg	Knysna
Port Elizabeth	Oudtshoorn

Oudtshoorn

Mit ca. 60.000 Einwohnern ist Oudtshoorn die größte Stadt in der Kleinen Karoo und liegt, von den umliegenden Bergen geschützt, in einem Tal. Ursprünglich gab es an der Stelle der Stadt die Farm „Hartenbeesrivier". Als die Bevölkerung im Gebiet der Kleinen Karoo allmählich anwuchs, stellte der Farmbesitzer C. P. Rademeyer 4 ha seines Grundes zur Verfügung und stiftete 1839 eine Kirche. Damit war der Grundstein für die spätere Stadt gelegt. Seinen Namen erhielt Oudtshoorn nach der Baronesse Gesina E. J. van Rheede van Oudtshoorn, der Frau des Kommissars von George, einem gewissen E. Bergh. Er war oberster Verwaltungsbeamter für die gesamte Region um George einschließlich der Kleinen Karoo.

Zentrum der Straußen-farmen

Obwohl die Gegend von Oudtshoorn sehr trocken ist, ist genügend Wasser vorhanden, das der Olifants River und sein Nebenfluss Grobbelaars herbeiführen. So konnte man sich von Anfang an mit landwirtschaftlichen Produkten versorgen, legte Gärten und Luzerne-Felder an, auf denen sich in den Boomjahren der Straußenfeder-Produktion über 100.000 Strauße tummelten. Die Zeit vor dem 1. Weltkrieg war sicherlich die wirtschaftlich bedeutsamste Periode des Städtchens. Die reichen Straußen-Farmer – als „Feder-Barone" bezeichnet – bauten sich „Straußenpaläste". Ein gutes Beispiel dafür stellt der Ostrich Palace Pinehurst dar, 1911 für E. J. Edemeades errichtet.

Nel Museum

Lohnend ist auch ein Besuch des **C. P. Nel Museums,** in dem es eine Ausstellung zum Thema „Die Geschichte des Straußes durch die Jahrhunderte" gibt.
C. P. Nel Museum: 3 Baron van Reede Str., ☎ 044-272-7306, www.cpnelmuseum.co.za, geöffnet Mo–Fr 8–17h, Sa und So 9–17h.

„Arbeidsgenot" ist das Haus des bekannten afrikaanssprachigen Dichters C. J. Langenhoven.
Langenhoven House („Arbeidsgenot"): 217 Jan van Riebeeckweg., ☎ 044-272-2968, www.cjlangenhoven.co.za, geöffnet Mo–Fr 9.30–13h und 14–17h, Sa nach Vereinbarung.

Straußenfarmen

Zwei Straußenfarmen haben sich darauf spezialisiert, Besuchern alles über Straußen-züchtung zu zeigen und zu erklären (Highgate Ostrich Show Farm und Ostrich Safari Farm). Man hat die Möglichkeit, Omelette aus den 1–1,5 kg schweren Eiern und auch Straußenfleisch zu probieren. Meistens enden die zweistündigen Führungen mit einem Straußenrennen. Mutige Besucher können einen Straußenritt versuchen.

☞ **Adressen einiger Straußenfarmen**
Highgate Ostrich Show Farm, *R328 nach Mossel Bay, nach ca. 8 km nach rechts abbiegen, P. O. Box 94, Oudtshoorn 6620,* ☎ *044-272-7115,* 🖷 *044-272-7111, www. highgate.co.za, die Touren dauern ca. 1 bis 1,5 Stunden.*
Ostrich Safari Farm, *an der R328 Richtung Mossel Bay, ca. 6 km von Oudtshoorn ent-fernt, P. O. Box 300, Oudtshoorn 6620,* ☎ *044-272-7311,* 🖷 *044-272-5896, www. safariostrich.co.za, geöffnet tgl. 7.30–17h.*
Cango Wildlife Ranch *(vorher Cango Crocodile Ranch & Cheetahland), P. O. Box 559, Oudtshoorn 6620,* ☎ *044-272-5593,* 🖷 *044-272-4167, www.cango.co.za, geöffnet tgl. 8–17h; außerhalb der Saison bis 16.30h.*
Cango Caves, ☎ *044-272-7410,* 🖷 *044-272-8001, www.cango-caves.co.za, Führungen täglich zu jeder vollen Stunde; Standardtour: zwischen 9 und 16h; Abenteuertour: zwischen 9.30 und 15.30h.*

Strauße – die größten Laufvögel der Welt

info

▶ **Strauße in freier Natur**

Allgemeines
Der Strauß ist der größte heute lebende Vogel. Aufgrund seiner außergewöhnlichen, auffälligen Erscheinung ist er zugleich einer der bekanntesten. Große Männchen können bis zu 2,60 m hoch werden, wobei der Hals fast die Hälfte der Körpergröße ausmacht. Das Gefieder des Männchens ist schwarz, ausgenommen die weißen Schmuckfedern an den Flügeln und am Schwanz. Wegen dieser Schmuckfedern ist der Bestand an Straußen zunächst stark vermindert worden; erst spä-ter wurden Straußenfarmen gegründet. Das Gefieder des Weibchens ist braun, die Federn wer-den zur Spitze hin heller. Der Kopf, der größte Teil des Halses und die Beine sind nackt, aber die Augenlider haben lange, schwarze Wimpern. Jeder Fuß hat zwei starke Zehen, die längere ist mit einer stärkeren Klaue versehen.

Verhalten
Strauße sind außerordentlich wachsam. Ihr langer Hals gestattet ihnen, schon in großer Entfer-nung Feinde zu erkennen. Es ist daher auch nicht sehr einfach, Strauße in der Wildnis zu beob-achten. Sie leben in sehr trockenen Gebieten und durchstreifen auf der Nahrungssuche das of-fene Land oftmals in starken Trupps. Während feuchter Perioden teilt sich die Gruppe in Fami-lien, bestehend aus einem Paar mit Küken und Jungtieren. Ein Hahn oder eine Henne führt den Trupp und entscheidet, ob das Revier gewechselt wird. Wenn die Gruppe vertrautes Gebiet ver-lässt oder an eine Wasserstelle kommt, wo keine anderen Tiere trinken, treibt das Leittier die Jung-tiere vor sich her, um einen eventuellen Angreifer aus der Deckung zu locken. Etwas Erstaunli-ches: Strauße können zur Not auch schwimmen.

Fressgewohnheiten

Strauße fressen nahezu alles. Bevorzugt werden Pflanzen, Früchte, Samen und Blätter. Sie fressen auch kleine Tiere, manchmal sogar Eidechsen und Schildkröten. Selbst Metallstücke werden geschluckt. Sie fressen auch beträchtliche Mengen an Sand und Steinen, um ihre Verdauung zu fördern. Durch die Aufnahme solch harter Materialien zerkleinern sie die Nahrung im Magen. Man sagt, aus der Art der Sandkörner und Kiesel könne man bei einer Obduktion genau die vom Strauß zurückgelegte Strecke verfolgen.

Familienverhältnisse

Noch bis vor kurzer Zeit rätselte man, ob Strauße polygam oder monogam veranlagt seien. Man weiß heute, dass Strauße monogam sein können, aber in der Regel polygam sind. Die gesellschaftliche Ordnung der Strauße ist recht anpassungsfähig und es kann sein, dass ein Männchen, das ein Weibchen mit Küken begleitet, durchaus nicht der Vater der Küken zu sein braucht.

Jede Henne legt 6 bis 8 etwa 15 cm lange und bis zu 1,5 kg schwere Eier. Die Hennen eines Harems legen alle in das gleiche Nest, das aus einer Bodenvertiefung von etwa 3 m Durchmesser besteht. Es kann drei Wochen dauern, bis alle Eier gelegt sind, dann treibt die Haupthenne die anderen weg und das Nest wird von ihr und dem Hahn behütet. Das Brüten besteht mehr darin, das Nest zu beschatten als es warm zu halten.

Interessant ist, dass die Männchen bei Nacht über den Eiern brüten, die Weibchen bei Tage. Gegen Ende der sechswöchigen Brutzeit werden die am meisten entwickelten Eier am Rand des Nestes zusammengebracht. Die Küken können kurz nach dem Schlüpfen laufen und einen Monat später schon eine Geschwindigkeit von 50 km pro Stunde erreichen. Im Alter von vier bis fünf Jahren werden sie fortpflanzungsfähig. Strauße können bis zu 40 Jahre alt werden.

Flucht vor Feinden

Erwachsene Strauße fürchten sich kaum vor Feinden. Sie sind sehr wachsam und können bis zu 65 km pro Stunde laufen. Eier und Küken können jedoch Schakalen und sonstigen Räubern zum Opfer fallen. Die Erwachsenen führen ihre Küken aus den Gefahrenzonen hinaus.

▶ **Straußenzucht um Oudtshoorn**

Um 1865 herrschte in der Kleinen Karoo eine lang andauernde Dürre. Sehr viel Vieh verendete und die Siedler hatten Not zu überleben. Man beobachtete, dass die Strauße mit der Trockenzeit ganz gut fertig wurden und wenigstens diese Tiere lieferten das dringend benötigte Fleisch, an dessen Geschmack man Gefallen fand. Außerdem lieferten die hübschen Federn der Tiere verkäuflich. Und so entwickelte sich allmählich der Gedanke, Strauße auf speziellen Farmen zu halten. Im Zuge dieser „Domestizierung" baute man Luzerne als besonders nahrhaftes Futter an, doch zunächst einmal herrschte Skepsis. Die Feder-Händler gaben vor, dass die Qualität der domestizierten Tiere nicht so gut sei wie die der in freier Wildbahn lebenden Strauße, daher zahlten sie niedrigere Preise. Aber beharrlich hielt man an der Idee fest. Der Farmer von Malitz war der erste, der im großen Rahmen mit der Straußenzucht begann. In der Folgezeit entwickelte man Brutapparate, baute Luzerne an und installierte stabile Drahtzäune.

Der Modetrend nahm die angebotenen Federn bereitwillig auf. Der Landpreis um Oudtshoorn stieg auf über 1.200 Rand pro Hektar, und man war bereit, für Zuchttiere bis zu 2.000 Rand auf den Tisch zu legen. Doch mit dem Ausbruch des 1. Weltkrieges brach der Straußenmarkt zusammen, eine große wirtschaftliche Depression traf das Oudtshoorn-Gebiet. Die Zahl der Tiere musste drastisch reduziert werden. In der Folgezeit begann man verstärkt, alle möglichen Nebenpro-

Strauße auf einer Farm bei Oudtshoorn

dukte aus Straußen herzustellen. So produziert man heute im großen Stil Biltong (gewürztes, luftgetrocknetes Fleisch), verwertet die Eingeweide als Viehfutter und verarbeitet die Knochen zu Knochenmehl. Aus den Häuten wird Leder hergestellt, aus dem man Taschen und andere Lederwaren produziert.

Heute gibt es in der Umgebung von Oudtshoorn etwa 150 bis 200 Farmer, die Strauße halten. Etwa 70 % der Federproduktion geht nach Europa, den Rest verarbeitet man in Südafrika zumeist für Staubwedel. Die Qualität der Federn hat sich stetig verbessert, denn Zuchtmethoden und Fütterung sind mittlerweile ausgefeilt. Man rupft Strauße, die in Herden von etwa 100 bis 150 Vögeln gehalten werden, ca. alle neun Monate. Dies ist jedoch für die Tiere nicht so schmerzhaft, da die langen Federn geschnitten werden. Rund 1 kg Federn pro Tier wird dabei gewonnen, je nach Qualität erhält der Farmer hierfür etwa 60 bis 200 Rand.

Federn als Staubwedel

Reisepraktische Informationen Oudtshoorn

Vorwahl: *044*

ℹ️ Information
Oudtshoorn Tourism, ☎ *279-0041, www.oudtshoorn.com, gut ist die kostenlose Reservierung von Zimmern und Straußenfarmbesuchen.*

🛏️ Unterkunft
Montana Guestfarm $$, *Montana Guestfarm, P. O. Box 40, Oudtshoorn, 6620,* ☎ *027-442-727-774,* 🖷 *027-442-794-026, www.montanaguestfarm.co.za, nette Guestfarm*

in Familienbetrieb, sehr freundliche Atmosphäre, etwas außerhalb von Oudtshoorn, schöner Garten und gute Küche.

Oudtshoorn Hotel & Resort $$, *Ecke Baron van Reede und Van der Riet Str., P. O. Box 52, Oudtshoorn 6620,* ☎ *272-2201,* 🖷 *272-3003, www.africanskyhotels.com, gutes Preis-Leistungs-Verhältnis, Swimmingpool.*

Altes Landhaus $$$, *etwa 10 km Richtung Cango Caves, P. O. Box 1491, Oudtshoorn 6620,* ☎ *272-6112,* 🖷 *279-2652, www.alteslandhaus.co.za, Luxus, ruhig und schön in der Natur gelegen: schöne Außenanlage, feinstes Essen, gediegen und geschmackvoll eingerichtete Zimmer. Super Abendessen!*

Adley House $$$, *Jan van Riebeeck Str.,* ☎ *272-4533,* 🖷 *272-4554, www.adleyhouse. co.za, sehr schönes, altes viktorianisches Haus (1905 in der Glanzzeit des Straußenbooms erbaut) mit Garten und Swimmingpool. Ruhig und persönlich. Tolles Frühstück.*

Queens Hotel $$$, *Baron van Reede Str.,* ☎ *272-2101,* 🖷 *272-2104, www.queenshotel. co.za, historisches, liebevoll restauriertes Stadthotel mit 40 Zimmern, Restaurant, Bar und Swimmingpool. Bitte rechtzeitig buchen.*

Rosenhof Country House $$$, *264 Baron van Reede Str.,* ☎ *272-2232,* 🖷 *272-3021, www.rosenhof.co.za, zweifelsohne das beste Haus am Platz. Tolle Außenanlagen, sehr gediegene Ausstattung mit viel Marmor. Ausgezeichnetes Restaurant.*

Lesertipps:

Hlangana Lodge $$, *51 North Street,* ☎ *272-2299,* 🖷 *279-1271, www.hlangana.co.za, gepflegte Anlage, leger, 18 freundliche Zimmer. Fragen Sie nach einem Drivers Room, falls die Lodge ausgebucht ist. Diese sind passabel ausgestattet und günstig.*

Oudtshoorn Red Stone Hills Holiday Farm $$, *P. O. Box 109, Oudtshoorn 6620,* ☎ *213-3783,* 🖷 *213-3291, www.redstone.co.za, die Cottages stammen noch aus dem 19. Jh. Die Farm bietet Reiten und Fluss-Schwimmen an.*

🛏 **Backpackers**

Backpackers Paradise, *P. O. Box 381, 6620 Oudtshoorn,* ☎ *272-3436, www. backpackersparadise.hostel.com, sehr sauberes, freundliches Haus mit Doppelzimmern und Schlafsälen inkl. Frühstück.*

⚠ **Camping**

Kleinplaas Holiday Resort, *171 Baron van Reede Street (Richtung Cango Caves),* ☎ *272-5811,* 🖷 *086-509-3761, www.kleinplaas.co.za, 54 Chalets, 35 Caravanplätze, Restaurant und Pool.*

Cango Mountain Resort, ☎ *272-4506,* 🖷 *272-6705, www.cangomountainresort.co.za, 7 km von den Cango Caves entfernt, inmitten der Swartberg Berge. Chalets, Zeltplätze und Jugendherberge.*

🍴 **Restaurants**

Bernhards Taphuis, *in der Baron van Reede Street gelegen (auf dem Weg zu den Cango Caves, gegenüber C.P.Nel-Museum),* ☎ *272-3208, der Inhaber ist Österreicher und bietet u. a. originelle Gerichte an wie Springbock- oder Straußen-Carpaccio. Straußenfleisch gibt es in jeder Art, u. a. als Steak oder Tartar, sonntags geschlossen.*

Headlines, *an der Baron van Reede Street gelegen,* ☎ *272-3434, gutes, legeres Restaurant mit einem breitem Angebot, preiswert (spezialisiert auf Straußengerichte).*

The Godfather Restaurant, *61 Voortreker Road,* ☎ *272-5404, bietet Straußensteaks, afrikanisches Wild, Pizza- und Pastagerichte sowie Seafood. Sehr beliebt, sonntags geschlossen.*

De Fijne Keuken-Restaurant, 114 Baron van Reede Street, neben Oudtshoorn Hotel & Resort, ☎. 272-6403, preiswert und nett, gute, leichte Gerichte zum Lunch und Dinner, man sitzt gerne draußen auf einer kleinen Terrasse, sonntags geschlossen.

Jemima's, 94 Baron van Reede Street, ☎ 272-0808, www.jemimas.com, zauberhafte Regionalküche, ohnegleichen, sonntags geschlossen.

Swiss Bistro, 119 Baron van Reede Street, ☎ 272-4289, bietet hervorragendes Essen. Gemütlich, preiswert und sehr leckere Gerichte.

Öffentliche Verkehrsmittel
Die überregionalen Buslinien von Translux (Haltestelle: Stanmar Motors, 87 Langenhoven Rd.) und Intercape (Haltestelle Queens River Mall) verbinden mit fast allen Orten der Garden Route.

Sehenswertes in der Umgebung von Oudtshoorn

Ausflug zu den Cango Caves

☞ Streckenbeschreibung

Über die R328 nach 27 km in nördlicher Richtung zu erreichen.

Auf dem Wege zu den Cango Caves passiert man die Cango Wildlife Ranch. Außer Krokodilen kann man Schlangen und Geparde bewundern.

Die Cango Caves gehören zu den größten und ausgedehntesten Tropfsteinhöhlen-Systemen der Welt.

Wunderwelt der Tropfsteinhöhlen

info

Unter Tropfstein versteht man in der Geologie verschieden geformte Gebilde, die vorwiegend aus Kalziumkarbonat bestehen. Sie entstehen dadurch, dass kalkreiches Wasser aus Gesteinsfugen herabtropft und verdunstet. An den Decken der Tropfsteinhöhlen bilden sich herabhängende **Stalaktiten**. Am Boden wachsen ihnen dann **Stalagmiten** entgegen. Manchmal verbinden sich Stalaktiten und Stalagmiten zu **Stalagnaten** als durchgehende Tropfstein-Säule. Der Eingangsbereich der Cango Caves wurde schon in Urzeiten von San als Behausung genutzt, die auch die Wände bemalten. Aber ohne tragbares Licht konnten die Bewohner der Vorzeit nicht weit in die Höhle eindringen. Nur Fledermäuse verirrten sich in die Tiefe, ihre Skelette wurden vom durchsichtigen Kalzit versteinert. Im Jahre 1780 stolperte zufällig ein Hirte in die Höhle, als er einem verwundeten Bock folgte, der hier verschwunden war. Der Mann erzählte die Entdeckung seinem Aufseher *Barend Appel*, der als Lehrer und Farmmanager beim Farmbesitzer *van Zyl* angestellt war. *Appel* informierte *van Zyl* über den Höhleneingang. Diesen interessierte die Entdeckung und er führte die erste Expedition in die Höhle. Man gelangte bis in die *van Zyl's Hall*, die eine imposante Größe von 98 m Länge, 49 m Breite und 15 m Höhe aufweist. Er entdeckte dabei ein besonders sehenswertes Tropfsteingebilde, die sogenannte *Cleopatra's Needle* (9 m hoch, schätzungsweise 150.000 Jahre alt).

Man weiß nicht genau, wie weit *van Zyl* in die Höhle eingedrungen ist. Nach und nach gelangten Forscher weiter, bis sie nach 762 m vom Eingang glaubten, an das Ende des Höhlensystems

In der Tropfsteinhöhle

gekommen zu sein. Doch andere Höhlenforscher gelangten bald zu der Überzeugung, dass es eine Fortsetzung der Höhlen geben müsse, da es hier frische Zugluft gab. Allerdings versperrten verzwickte Tropfsteinformationen und Felsen den Weg. Bis hierher bezeichnet man die Höhle als **„Cango 1"**. Sie wurde so ausgestattet, dass Touristen die Schönheit dieser „Unterwelt" bequem bewundern können (z. T. raffiniert illuminiert, was nicht jedermanns Geschmack ist). Die größte Höhle im Abschnitt Cango 1 ist 107 m lang und 16 m hoch, die höchste Tropfsteinformation ist eine 12,5 m hohe Säule in Botha's Hall.

Das Geheimnis um den weiteren Verlauf der Cango-Höhlen wurde erst später geklärt. 1956 begutachtete eine Expertenkommission die Höhlen und fand Folgendes heraus: Wenn draußen der Atmosphärendruck fiel, strömte Luft aus der Höhle heraus; stieg dagegen der Luftdruck draußen, so floss frische Luft in die Höhlen. Diese Beobachtung führte zu der Vermutung, dass es eine Fortsetzung der Höhlen geben muss. Diese Spekulation faszinierte zwei der Berufsführer, *James Craig-Smith* und *Luther Terblanche*, derart, dass sie einen großen Teil ihrer Freizeit opferten, um das Geheimnis zu lüften. In der letzten Höhle – im „Devil's Workshop" – folgten sie einem Luftzug, der sie zu einem schmalen Spalt führte. Monatelang vergrößerten sie die kleine Öffnung und gelangten schließlich am 17. September 1972 in ein neues Wunderland von 270 m Gesamtlänge, das sie **„Cango 2"** nannten. Zur weiteren Erkundung wurden Spezialisten eingeladen. Sie fanden am Ende einen Wasserlauf, der Richtung Eingang zurücklief und sich etwa 20 m unterhalb der Höhlenebene befand. Zwei Männer folgten diesem Strom, bis sie auf ein Hindernis stießen.

Im Jahre 1975 brachte man schließlich eine leistungsfähige Pumpe mit und senkte den Wasserspiegel so stark ab, bis man dem Wasserablauf folgen konnte und in die Fortsetzung des Höhlensystems, **Cango 3**, gelangte. Der neu entdeckte Abschnitt erwies sich mit 1.600 m Länge als doppelt so lang wie Cango 1 und 2 zusammen. Die erste Halle in Cango 3 alleine weist eine Länge von 300 m auf! Und man vermutet, dass dies noch nicht das Ende der Höhle ist.

Cango 2 und 3 stehen für den Besucher nicht offen. Dies ist insofern zu begrüßen, als man heute weiß, dass große Besucherströme die Schönheit der Tropfsteinhöhlen stark beeinträchtigen.

Ausflug zum Meiringspoort

 Streckenbeschreibung

Über die R29 in östlicher, ab De Rust in nördlicher Richtung zu erreichen.

Diese etwa 15 km lange Schlucht windet sich sehr eindrucksvoll durch die Swartberg Mountains und verbindet die Kleine mit der Großen Karoo. Sie folgt dem Grootrivier, der insgesamt 26mal überquert wird. Imposante Sandsteingebilde flankieren den Weg – einfach eine tolle, landschaftlich herrliche Fahrt.

George

Der Ort liegt malerisch am Fuße der Outeniqua Mountains, die Höhen bis zu 1.370 m (George Peak) erreichen. George ist der Hauptort entlang der Garden Route, liegt 226 m über dem Meer und zählt ca. 90.000 Einwohner. Im Jahre 1811 wurde hier die zweite Landvogtei nach der britischen Kap-Besetzung gebaut. Den entstehenden Ort benannte man nach *König George III*. George ist bekannt für seine breiten, eichengesäumten Straßen. Der legendäre Sklavenbaum, eine große Eiche vor der Library, ist so alt wie die Stadt selbst. Hier sollen Sklaven früher angekettet worden sein, wenn sie versteigert wurden. In die Baumrinde sind Teile der Eisenketten eingewachsen. 1842 erbaute man die Dutch Reformed Church, deren schöne Kanzel aus Stinkwood sowie die Pfeiler und die Kuppel aus Yellowwood an die nahe gelegenen Wälder erinnern. Da man am Beginn der Siedlerzeit unwahrscheinlich viel abholzte, schob die Regierung weiterem Raubbau einen Riegel vor, indem sie 1936 jedes weitere Baumfällen für die nächsten 200 Jahre verbot.

Der legendäre Sklavenbaum

Im **George Museum**/Old Drostdy Building (1813 erbaut) gibt es eine besonders interessante **Musikinstrumenten-Sammlung** zu bewundern.
George Museum: *Courtenay Street, am Ende der York Street, geöffnet Mo–Fr 9–16.30h, Sa 9–12.30h.*

Old Passes Road

Diese Straße ist eine Alternative für diejenigen, die sich gerne auf „Abseitspfaden" bewegen. Die Old Passes Road reicht von George bis nach Keytersnek (ca. 8 km westlich vor Knysna) und ist etwa 65 km lang. Die Straße – zum großen Teil nur mit Schot-

 Tipp

Die Fahrt mit dem legendären Dampflok-gezogenen Outeniqua Choo-Tjoe führt durch herrliche Landschaft. Ein Muss für alle, die genügend Zeit mitbringen.
Outeniqua Choo-Tjoe Dampf-Eisenbahn: Buchung über das **George Tourism Office** (s. u.) oder unter ☎ 044-801-8288. Fahrten: tgl., Abfahrt George 9.30h oder Knysna 9.45h, eine Fahrt dauert etwa 2,5 Stunden, am Zielort etwa 2 Stunden Aufenthalt.

ter bedeckt – führt durch eine bewaldete Landschaft, tiefe Schluchten und über schmale Brücken. Die Fahrt lohnt sich sehr, nur ist die Straße teilweise in schlechtem Zustand. Immer wieder gibt es Abzweigungen zur Küstenstraße. Unterwegs kommt man durch Woodville, Barrington, Rheenendal und Keytersnek.

Hinter der Abzweigung nach Hoekville (geht nach rechts ab, also nach Süden) kommen Sie an einen Wegweiser, der zum Big Tree führt. Wenn Sie dem Schild folgen, gelangen Sie zu einem der höchsten Gelbholzbäume (Yellowwood) der hiesigen Wälder.

Reisepraktische Informationen George

Vorwahl: 044

Information
George Tourism Office, 124 York Street, ☎ 801-9295/7, ☒ 873-5228, www.georgetourism.co.za, geöffnet Mo–Fr 8–17h, Sa 9–13h.

Unterkunft
Protea Hotel Outeniqua $$$, 123 York Road, P. O. Box 1746, George 6530, ☎ 874-4488, ☒ 874-4428, www.proteahotels.com, Mittelklasse-Hotel in der Stadt.
Oakhurst Hotel $$$, Ecke Meade und Cathedral Str., ☎ 874-7130, ☒ 874-7131, www.oakhursthotel.co.za, gemütliches Country Inn. 25 schön dekorierte Zimmer, schöne Bar mit Kamin, Restaurant im Haus.
Fancourt Hotel $$$$$, Montagu Street, Blanco (außerhab von George), P. O. Box 2266, George 6530, ☎ 804-0000, ☒ 804-0700, www.fancourt.co.za, ein erstklassiges Golfhotel mit bester Küche. Gary Players schuf den 27-Loch-Golfplatz. Parkähnlicher Garten, Swimmingpool.

Backpackers
George Backpackers Hostel $, 29 York Str., ☎ 874-7807, Schlafsäle und Doppelzimmer, sauber (BAZ-Bus-Haltestelle).

Camping
Victoria Bay Caravan Park, P. O. Box 12, George 6530, ☎/☒ 889-0081, www.victoriabaycaravanpark.co.za, liegt atemberaubend schön oberhalb der Bucht.

Restaurants
The Copper Pot, 12 Montagu St., Blanco, ☎/☒ 870-7378, copperpot@mweb.co.za, sehr gute Küche, gehobenes Niveau.
Montagu Restaurant im o. a. Fancourt Hotel, französische Küche.
Alte Feste Restaurant, 33 York Str., ☎/☒ 873-5788, internationale und regionale Schmankerl.

Busverbindungen
BAZ-Bus ab George Backpacker Hostel, ansonsten Verbindungen mit Greyhound, Intercape und Translux (George Station).

Flugverbindungen
Der Flughafen liegt etwa 11 km westlich der Stadt. Linienflüge nach Johannesburg, Kapstadt, Port Elizabeth mit Umsteigen in Johannesburg.

Wilderness

Bevor man diesen Ort erreicht, sollte man einige Kilometer vorher auf der Anhöhe an der N2 anhalten (Parkplatz). Von hier aus bietet sich ein phantastischer Blick auf den fast 8 km langen Sandstrand, an dem die weißen Schaumkronen des Ozeans auslaufen. Parallel zum Meer verläuft – von einer alten Dünenkette getrennt – eine Seen-Kette, die man einfach als „The Lakes" bezeichnet. Sie beginnt an der Mündung des Trouw River am Strand von Wilderness und erstreckt sich bis zur Mündung der Swartvlei Lagoon bei Sedgefield. Eine Straße führt von der Lagune bei Wilderness ostwärts am Nordufer dieser Seen entlang.

Die atemberaubend schöne Umgebung lädt zu Spaziergängen ein und es gibt eine Vielzahl von Wanderwegen. **Lesertipp:** Wandern Sie auf dem „Heritage-Trail" der Küste entlang. Eine Karte gibt es bei der Touristeninformation.

Garden Route National Park – Gebiet des ehem. Wilderness National Parks

Der Wilderness National Park ist seit März 2009 Teil des Garden Route National Parks (s. auch S. 502 und 507). Die oben beschriebene Landschaft zwischen dem Goukamma Nature Reserve im Osten und dem Touw River im Westen gehört zum 10.000 ha großen Gebiet des ehemaligen Wilderness National Parks. Im Einzelnen umfasst dieses Gebiet den Mündungsbereich des Touw River, die Wilderness Lagoon, Serpentine, Eilandvlei, Langvlei, Rondevlei, Swartvlei und den Knysna National Lake. „Vlei" bedeutet dabei in Afrikaans soviel wie „Sumpf". Swartvlei ist der größte Salzwassersee Südafrikas.

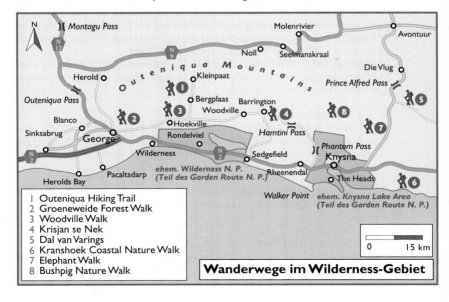

Wanderwege im Wilderness-Gebiet

1 Outeniqua Hiking Trail
2 Groeneweide Forest Walk
3 Woodville Walk
4 Krisjan se Nek
5 Dal van Varings
6 Kranshoek Coastal Nature Walk
7 Elephant Walk
8 Bushpig Nature Walk

Das Nebeneinander von Salz- und Süßwasser sorgt für eine vielfältige Flora und Fauna. Deshalb zählt diese Gegend zu den artenreichsten Wasservogel-Gebieten Südafrikas (u. a. Flamingos, Löffler).

Reisepraktische Informationen Wilderness

Vorwahl: *044*

i Information

Wilderness Tourism, *19 Pirates Creek*, ☎ *082-320-6338*, *www.wildernesstourism. co.za, zahlreiche Informationen zu Übernachtungen, Wanderungen und anderen Aktivitäten.* **South African National Parks**, *P. O. Box 787, Tshwane 0001*, ☎ *012-428-9111*, 📠 *012-426-5500, www.sanparks.org.* **Garden Route National Park**, ☎ *302-5600*, 📠 *302-5627, auch Buchung von Campingsites im Park.*

Unterkunft

Bruni's B&B $$, *937 8th Ave.*, ☎ *877-0551*, 📠 *086-530-8654, www.brunis.co.za, nettes, riedgedecktes Gästehaus, mit Strandzugang, sehr persönlich.* **Wilderness Beach Hotel** $$$, *P. O. Box 26, Wilderness 6560*, ☎ *877-1104*, 📠 *877-1134, www.africanskyhotels.com, angenehmes Hotel mit gutem Preis-Leistungs-Verhältnis.* **Palms Wilderness Guest House** $$$, ☎ *877-1420*, 📠 *877-1422, www.palms-wilderness.com, sehr gepflegt, mit Swimmingpool, 2 Minuten vom Sandstrand entfernt – was will man mehr?* **Wilderness Manor Guest House** $$$$, *397 Waterside Road, direkt an der Lagune*, ☎ *877-0264*, 📠 *877-0163, www.manor.co.za, ein absoluter Favorit. Sehr geschmackvoll eingerichtetes Gästehaus mit gemütlichen Aufenthaltsräumen und Billard-Raum, alle Zimmer mit Blick auf die Lagune. Umwerfendes Frühstück auf der Waldterrasse. Die freundlichen Gastgeber Johan und Marianne Nicol werden Sie sicher verwöhnen.* **Lesertipp: Inn 2 Wilderness B&B** $$, *906 8th Avenue*, ☎/📠 *877-0005, www. inn2wilderness.co.za, Überraschungsfrühstück. Die Gastgeber Jacques und Saskia sind ein sympathisches Paar aus den Niederlanden.*

Backpackers

Fairy Knowe Backpackers $, *Dumbleton Road*, ☎/📠 *877-1285, www. wildernessbackpackers.com, wird vom BAZ-Bus angefahren. Sauberes Haus mit Schlafsaal und Doppelzimmern (liegt nicht am Meer, sondern in der Nähe des Tours River).*

Camping

Island Lake Holiday Resort, *Lake Wilderness, P. O. Box 448, Wilderness 6560*, ☎ *877-1194*, 📠 *086-510-7221, www.islandlake.co.za, 4 Chalets, 57 Caravanplätze.*

Restaurants

Serendipity, *Freesia Ave.*, ☎ *877-0433*, 📠 *086-671-7992, www. serendipitywilderness.com, ausgezeichnetes Restaurant mit sehr romantischer Atmosphäre. Die Küche ist südafrikanisch inspiriert und die Besitzer Rudolf & Lizelle verstehen sich auf ihre Kunst. Für Feinschmecker!*

Wunderschöne Sandstände

Fairy Knowe Hotel & Restaurant, *Dumbleton Road*, ☎ *877-1100*, 🖷 *877-0364, www. fairyknowe.co.za, empfehlenswertes à-la-carte-Restaurant.*
Palms Restaurant, *im Palms Wilderness Guest House (s. o.), sehr gutes Restaurant, das gehobenen Ansprüchen gerecht wird. Typisch kreative südafrikanische Küche. Für abends Reservierung empfohlen.*

 Strände
Entlang der N2. Allerdings ist größte Vorsicht geboten (Strömungen)!

Knysna

Der Name dieses Ortes, der etwa 54.000 Einwohner zählt, stammt aus der Khoikhoi-Sprache. Seine Bedeutung ist letztlich nicht ganz geklärt, doch scheint Knysna so viel zu heißen wie „Ort des Holzes".

An der Einfahrt in die Knysna-Lagune stehen zwei hohe Sandsteinkliffs, als Heads bekannt. Als Gründer des heutigen Städtchens gilt *George Rex*, der 1797 nach Südafrika kam. Er kaufte zunächst die Farm Melkhout Kraal und erweiterte sie durch Zukauf weiterer Farmen. Als *Rex* 1839 starb, besaß er praktisch das ganze Land um Knysna. Doch seine Aktivitäten beschränkten sich nicht alleine auf die Landwirtschaft. Er war vielmehr davon überzeugt, dass Schiffe die enge und felsenreiche Passage bei den Heads passieren könnten. So veranlasste er, die Tiefe auszuloten, und richtete eine kleine Lotsenstation ein. 1817 lief schließlich die „Podargus" sicher in die Lagune ein – und damit begann Knysnas Aufschwung als Seehafen. Die Holzindustrie entwickelte sich nun stark, da endlich Transportmöglichkeiten bestanden.

1826 beschloss *Rex*, ein eigenes Schiff – die „Knysna" – zu bauen. Auf ihrer Jungfernfahrt im Jahre 1831 segelte die „Knysna" bis nach Kapstadt, später wurden sogar Fahrten bis nach St. Helena und Mauritius unternommen. Einen weiteren Wachstumsimpuls erhielt der Ort, als 1870 die Familie *Thesen* eintraf, die eine Reederei gründete und später Möbel herstellte.

Bekannt
für die
Möbel-
produktion

Als 1928 endlich die Eisenbahnlinie die Stadt an die Außenwelt anschloss, verlor der Hafen schlagartig an Bedeutung, da es nun schnellere Transportmöglichkeiten gab. Noch heute ist Knysna bekannt für seine Möbel aus Stink- und Yellowwood. Sehr schöne Möbel, die aus dem Holz der Helling, auf der die „Knysna" vom Stapel lief, gefertigt wurden, sind heute in den Büroräumen der Stadtverwaltung zu sehen. Im Millwood House (Queen Street, neben dem Rathaus) befindet sich ein Heimatmuseum. Das aus Gelbholz errichtete Millwood House diente als Wohnhaus bei den Goldfeldern von Millwood, bevor man es auseinander nahm und hier in Knysna wieder aufstellte.

Im Jahr 2001 wählten die Südafrikaner Knysna zu ihrer Lieblingsstadt – nicht ohne Grund, denn Knysna ist nicht nur landschaftlich wunderschön gelegen, sondern bietet auch jede Menge Unterhaltung. Das Angebot ist so reichhaltig, dass ein Besuch des Informationsbüros sehr zu empfehlen ist. Hier ein paar Highlights:
• Fahrt oder Bootsausflug zu den Knysna Heads
• Rundfahrt durch den bei Knysna gelegenen Wald (tolle Wanderwege)
• Picknick auf Leisure Isle
• Strandspaziergang am Strand bei Brenton on Sea
• Schlendern durch die vielen Kunstgalerien
• eines der vielen hervorragenden Restaurants besuchen und einfach genießen.
• Noetzi Beach anschauen

Blick auf Knysna

Reisepraktische Informationen Knysna

Vorwahl: *044*

ℹ️ Information
Knysna Tourism Office, *40 Main St./Ecke Gray St.,* ☏ *382-5510,* 🖨 *382-1646, www.tourismknysna.co.za, geöffnet: Mo–Fr 8–17h, Sa 8.30–13h.*

🛏️ Unterkunft
Fish Eagle Lodge $$, *Welbedacht Lane, P. O. Box 2064, Knysna 6570,* ☏ *382-5431,* 🖨 *382-7435, www.fisheaglelodge.co.za, sehr schön gelegenes Haus mit Blick auf Lagune und Berge. Ruhig, mit Swimmingpool – und preiswert (B&B). Die Gastgeber sind ein aus Deutschland eingewandertes Ehepaar (Renate und Klaus). Anfahrt: Von Kapstadt aus kommend die White Bridge (Lagunenbrücke) an der N2 überqueren und Richtung Knysna fahren. Nach etwa 2–3 km geht links die Welbedacht Lane ab, der Sie 1.400 m folgen. Danach geht es links (300 m) zur Fish Eagle Lodge.*

Eine absolut gute, individuelle und preisgünstige Übernachtungsalternative ist das **Harry's B's** $$, *47 Main Str.,* ☏ *382-5065, ein von zwei Brüdern betriebenes Haus, das 1863 erbaut wurde und heute unter Denkmalschutz steht. Im unteren Geschoss befindet sich ein Pub, dreimal in der Woche gibt es Live-Musik. Das kleine Restaurant bietet eine gute, wenn auch kurze Speisekarte. Die Besitzer sind sehr, sehr zuvorkommend und gastfreundlich.*

Zauberberg Cottage Guest House $$, *28 Ridge Drive, Paradise,* ☏ *382-5357, www.zauberberg-cottage.de, bietet eine zentrale, jedoch ruhig gelegene Unterkunft mit Blick auf die Lagune. Die deutschsprachigen Gastgeber – Familie Meister – bemühen sich sehr um die Gäste, indem sie Tipps für Naturfreunde und Sportbegeisterte geben. Hervorragendes Frühstück!*

Protea Knysna Quays $$$, *Waterfront Drive,* ☏ *382-5005,* 🖨 *382-5006, www.proteahotels.co.za, gutes Mittelklasse-Hotel, tolle Aussicht auf die Lagune, Swimmingpool.*

Graywood $$$, *Ecke Gray und Trotter Str., P. O. Box 2044, Knysna 6570,* ☏ *382-5850,* 🖨 *382-5224, www.graywood.co.za, die Zimmer sind Eisenbahnwaggons nachempfunden. Die Unterkünfte sind sehr sauber, originell, schön – und sehr preiswert. Swimmingpool und Restaurant sind vorhanden.*

Yellowwood Lodge $$$$, *18 Handel Street, P. O. Box 2020, Knysna 6570,* ☏ *382-5906,* 🖨 *382-4230, www.yellowwoodlodge.co.za, hübsche gemütliche Lodge, mit Antiquitäten eingerichtet. Swimmingpool und Garten. Kinder ab 13 Jahre zugelassen.*

Knysna Castles $$$$, *Noetzie Beach, P. O. Box 3544, Knysna 6570,* ☏ *384-1849,* 🖨 *086-611-5111, www.knysnacastles.co.za, schöne Lage neben eigenem Strand.*

The St. James of Knysna $$$$, *The Point, P. O. Box 1242, Knysna 6570,* ☏ *382-6750,* 🖨 *382-6756, www.stjames.co.za, schöne Lage am Rande der Knysna Lagoon. Stilvoll eingerichtet, mit Feinschmeckerrestaurant, Cocktailbar, guter Service.*

Belvidere Manor $$$$$, *Duthie Drive,* ☏ *387-1055,* 🖨 *387-1059, www.belvidere.co.za, das historische Haus liegt direkt am Wasser und sehr ruhig.*

Lesertipp: Dolphins Hill B&B, $$, *125 Protea Road,* ☏/🖨 *381-0527, www.dolphinshill.co.za, mit herrlichem Ausblick auf den Ozean, geschmackvoll eingerichtet.*

🛏️ Backpackers
Highfields Backpacker Guest House $, *2 Graham Str.,* ☏ *382-6266, www.highfieldsbackpackers.co.za, Schlafsäle und Doppelzimmer, Swimmingpool. Nett eingerichtet, sehr persönlich.*

⚠ Camping
Woodbourne Holiday Resort, George Rex Drive, ☎/🖨 384-0316, www.gardenroute.co.za/woodbourne/, sehr gute Ausstattung, nahe der Heads gelegen. Günstige Chalets.
Waterways Caravan Park, Holiday Park Drive, ☎ 382-2241, Chalets, Campingplätze, Schwimmbad.

🍴 Restaurants
Die an den Quais gelegenen Restaurants sollten unbedingt reserviert werden. Die Auswahl ist riesig, deshalb hier nur ein paar Tipps:
La Loerie, ☎ 382-1616, www.laloerie.co.za, bestes Restaurant im Ort mit Schwerpunkt Austern und Fisch. Nur abends geöffnet (So geschlossen).
34° South, an den Quays gelegen, ☎ 382-7331, www.34-south.com, frischer Fisch und Delikatessen.
The Knysna Oyster Co & Oyster Tavern, Long Str., Thesen Island, ☎ 382-6941/2, www.knysnaoysters.co.za, die frischesten und besten Austern der Stadt, auch andere Fischgerichte.
The Drydock Food Co, an den Knysna Quays gelegen, ☎ 382-7310, www.drydock.co.za, bei den Einheimischen sehr beliebtes Fischrestaurant.

🚌 Öffentliche Verkehrsmittel
Greyhound und **Intercape** halten an der Bern's Service Station (Main Street), **Translux** am Bahnhof. Der BAZ-Bus hält praktisch an allen gewünschten Unterkünften der Stadt. Von Knysna erreicht man täglich Durban, Johannesburg, Kapstadt, Nelson-Mandela-Metropole, Tshwane. Natürlich auch George, Mosselbay, Oudtshoorn, Plettenberg Bay.

🏖 Strände
An der **Buffels Bay** bei Brenton on Sea gibt es Sandstrände. Abzweigung von der N2 von Kapstadt aus kommend vor der Überquerung des Knysna River nach rechts (also südwärts).

Ausflug ins Knysna Forest Country

Ausgedehnte Waldbestände

Das südliche Afrika ist überwiegend durch weite, offene Savannenlandschaften geprägt. Nur ein Prozent der gesamten Staatsfläche Südafrikas ist mit Wald bedeckt. Die ausgedehntesten Wälder befinden sich in der Gegend zwischen George und Humansdorp. Hier haben sie vor allem genügend Niederschlag, mindestens 750 mm pro Jahr, doch meistens mehr. Dieser Waldgürtel, in dem Pinien und Eukalyptus angepflanzt wurden und wo von Natur aus **Stink- und Yellowwood-Bäume** heimisch sind, erstreckt sich auf einer Länge von 177 km und einer durchschnittlichen Breite von ca. 16 km auf der Küstenterrasse zwischen dem Meer und den Outeniqua und Tsitsikamma Mountain Ranges. In der Tiefe dieser Wälder finden wir uralte Bäume (bis zu 800 Jahre), Farne, Kletterpflanzen und Wildblumen.

Garden Route National Park – Gebiet der ehem. Knysna National Lake Area

Das Naturschutzgebiet Knysna National Lake Area ist seit März 2009 dem Garden Route National Park angeschlossen (s. auch S. 497 und 507). Das Gebiet befindet sich unmittelbar an der Garden Route etwa 10 km westlich von Knysna. Das Naturschutzgebiet hat eine Größe von 106 km². In diesem einzigartigen Ökosystem – einem ausge-

wiesenen Wasservogel-Gebiet – findet z. B. das Seahorse, eine bedrohte Seepferdchen-
art, seine Heimat. Die Naturschutzbestrebungen werden groß geschrieben und die
Wassersportaktivitäten stehen mit dem Ökosystem im Einklang. Übernachtungsmöglichkeiten gibt es hier keine, dafür bietet aber das malerische Städtchen Knysna hervorragende Unterkunftsmöglichkeiten.

Viele Vogelarten, Antilopen, ja sogar vereinzelt Elefanten sind hier noch heimisch. Seit
dem Zeitpunkt, als die ersten Europäer in diese Gegend kamen und das wertvolle Holz
entdeckten, kam es zum Raubbau. Vor allem Hartholzbäume, oft über 600 Jahre alt, wur- *Raubbau*
den rücksichtslos gefällt. Das Holz benutzte man zunächst zum Bau von Schiffen, später wurden daraus Bahnschwellen hergestellt. Im Jahre 1936 gelang es endlich, die Ab-
holzung unter staatliche Kontrolle zu bringen.

Eine schöne Route durch das Knysna Forest Country ist die Strecke bis nach Avon-
tuur über die Outeniqua Mountains und den Prince Alfred's Pass (hin und zurück knapp
150 km). Die Straße dorthin beginnt etwa 3 km hinter Knysna und zweigt nach links,
also nach Norden ab. Rund 14 km hinter der Abzweigung gelangt man an einen „**Big
Tree**" (an den „Grooten Boum"). Der King Edward's Big Tree – ein Gelbholzbaum –
ist ca. 46 m hoch und hat ein Alter von über 700 Jahren.

Wenn man etwa 1½ km weiter hinter der Abzweigung zum Big Tree nach Norden
fährt, erreicht man die Diepwalle Forest Station, die mitten im Knysna Forest liegt. Hier
beginnt der Elephant Walk, der insgesamt 18,2 km lang ist und ca. 6½ Stunden in Anspruch nimmt. Unterwegs kann man mehrere Riesen-Yellowwoodbäume sehen und,
wenn man Glück hat, vielleicht sogar Elefanten.

Wahre Prachtexemplare: die Knysna-Elefanten

info

Sie bilden heutzutage den Rest viel größerer Herden (2 Bullen, eine Kuh und ein Baby). Diese Elefanten werden – aufgrund des Überflusses an Wasser und Nahrung – sehr groß. In der Vergangenheit wurden sie rücksichtslos gejagt, da ihr Elfenbein hervorragend ist. Heute haben sie sich
in die Tiefe der Wälder zurückgezogen, sind still und scheu und nur selten zu sehen. Wenn es zu
feucht wird, macht ihnen das Klima zu schaffen, denn leicht können sie sich rheumatische Erkrankungen zuziehen. Auf Jungtiere lauern weitere Gefahren: Sie können im z. T. morastigen
Boden versinken, sich im Winter erkälten oder von umstürzenden Bäumen erschlagen
werden.

Bei der Diepwalle Forest Station beginnt auch ein weiterer Wanderweg, der über
150 km lang ist und über die gesamte Länge der Outeniqua Mountains bis zur Witfon-
tein Forest Station bei George führt (7 Hütten).

Garden of Eden

Er liegt 16 km östlich von Knysna, direkt an der Garden Route. Hier sind verschiedene Bäume mit Hinweisschildern gekennzeichnet.

Reisepraktische Informationen
zum Gebiet der ehem. Knysna National Lake Area

 Information und Buchung
South African National Parks, *Kontakt s. S. 440.*
Garden Route National Park, *Kontakt s. S. 498.*

Unterkunft
Im Park selber gibt es keine Unterkünfte, dafür aber umso mehr in Knysna.

Plettenberg Bay

Es handelt sich hier um einen der beliebtesten Badeorte an der Garden Route. Der Ort wurde 1778 nach Gouverneur *Joachim van Plettenberg* benannt, der hier ein See-Zeichen errichtete, um damit den Anspruch der Niederländisch-Ostindischen Handelskompanie auf diese Bucht zu dokumentieren. Dieses Zeichen wurde von der Historical Monuments Commission 1964 ins South African Cultural Museum in Kapstadt gebracht. Die Holländer unternahmen Anstrengungen, die Bucht als Hafen für das Verschiffen von Holz aus dem Hinterland zu benutzen, woran heute nur noch die Ruinen des im Jahre 1788 erbauten Lagerschuppens erinnern.

Beinahe in jedem Prospekt über Südafrika ist das Beacon Island Hotel abgebildet. Hier befand sich früher eine von norwegischen Siedlern erbaute Walfangstation. Als 1920 die Norweger diese Stelle verließen, begann Plettenbergs Entwicklung zum Ferienort. Leider ist der Ort in der Hochsaison oft völlig überlaufen.

Plettenberg Bay – einer der beliebtesten Badeorte an der Gardenroute

Tipp: Stanley Island

Stanley Island ist die einzige Privatinsel vor der südafrikanischen Küste. Die Inhaber errichteten hier ein wahres Natur-Refugium. Motorbootfahrten, Kanu fahren, Schwimmen, Fischen, Wandern und sogar ein Motor Glider Flugplatz sind die angebotenen Aktivitäten. Die Übernachtung erfolgt in riedgedeckten Häuschen und natürlich sind auch ein Restaurant sowie eine Bar vorhanden. Man erreicht Stanley Island über die Keurbooms River Bridge, ca. 7 km außerhalb von Plettenberg Bay.

Sie fahren nun weiter bis zur Abzweigung von der N2 nach rechts zum Storms Rivier Strand, falls Sie an die Mündung des Storms Rivier gelangen möchten. Sonst bleiben Sie auf der N2 und fahren weiter zur Paul Sauer Bridge.

 ## Reisepraktische Informationen Plettenberg Bay

Vorwahl: *044*

 ### Information
Plettenberg Bay Tourism Centre, *Main Str.,* ☎ *533-4065,* 🖷 *533-4066, www.plettenbergbay.co.za.*
Wal-Hotline: *083-910-1028.*

Unterkunft
Crescent Hotel $$, *Piesang Valley Road, Abzweig vom Beacon Island Crescent,* ☎ *533-3033,* 🖷 *533-2016, www.crescenthotels.com, zweckmäßige Zimmer, modernes Restaurant, alles blitzsauber und fast steril zu einem guten Preis.*
Forever Resorts Plettenberg $$, *Private Bag X 1000, Plettenberg Bay 6600,* ☎ *535-9309,* 🖷 *535-9912, www.foreverplettenberg.co.za, im Keurbooms Nature Reserve an den Ufern des Keurbooms River gelegen (Abzweig von der N2 nach links, 6 km östlich von Plettenberg). Sehr geräumige und saubere Chalets, alles inmitten einer wunderschönen Natur. Swimmingpool, Kanuverleih, Wanderwege – toll für Outdoor-Orientierte. Natürlich ist hier auch Camping möglich!*
Little Sanctuary $$, *14 Formosa Str.,* ☎ *533-1344, www.littlesanctuary.co.za, privat geführtes Haus am Strand, Zimmer mit eigener Veranda und Meeresblick.*
La Vista $$, *17 Rosheen Crescent,* ☎ *533-3491,* 🖷 *533-5065, www.lavista.co.za, wunderschöner Ausblick, saubere Zimmer, nur 5 Minuten zum Strand und zu diversen Restaurants. Tolles Frühstücksbuffet.*
Lily Pond Country Lodge $$$, *R 102 Nature's Valley Road, The Crags,* ☎ *534-8767,* 🖷 *534-8686, www.lilypond.co.za, eine wunderschöne Anlage, gepflegt, stilvoll, tolle Zimmer mit Wanne und Whirlpool, Dusche drinnen und draußen, eigene Terrasse, sehr gutes Frühstück, herzliche Gastgeber.*
The Crescent Country House $$$, *Kontakt wie Crescent Hotel (s. o.), am Ortsausgang an einem Flusslauf (Piesang Valley Road) gelegen, bietet moderne, geschmackvolle Unterkünfte. Die Zimmer sind geräumig und freundlich. Sehr gepflegte Außenanlagen mit Swimmingpool. Ein Restaurant steht zur Verfügung (mittelpreisig). Vom Hotelgelände (alles ist ebenerdig) kann man mit dem Kanu bis zur Meeresbucht hinausfahren. Gute Wandermöglichkeiten.*

Milkwood Manor $$$$, Salmack Road, Lookout Beach, ☎ 533-0420, 🖳 533-0921, www. milkwoodmanor.co.za, 12 sehr geräumige Zimmer. Toll gelegen, direkt am Strand. Im Haus befindet sich auch ein gutes thailändisches Restaurant.

Hog Hollow Country Lodge $$$$, P. O. Box 503, Plettenberg Bay 6600, ☎/🖳 534-8879, www.hog-hollow.com, in herrlicher Lage bietet die Lodge neben einem Swimmingpool, sehr gutem Essen und komfortablen Räumen verschiedenste Aktivitäten an (Bootstouren, Bungee Jumping, Reiten etc.).

The Plettenberg $$$$$, 40 Church Str., ☎ 533-2030, 🖳 533-2074, www.plettenberg. com, im Ort gelegen. Sehr schöner Blick von Restaurant und Terrasse auf die Meeresbucht. Die Zimmer sind normal, also eher klein, das Ambiente ist nicht „abgehoben", sondern eher „floridianisch" geprägt und zum Hotel-Einheitsstil neigend. Eher unpersönlicher, distanzierter Hotelbetrieb. Wer die teuren Zimmer am Swimmingpool mit Meerblick bucht, wird neben dem hohen Preis damit bestraft, dass ihn die Gäste von der Restaurant-Terrasse begaffen. Preis-Leistungs-Verhältnis unbefriedigend! Rat: hier nur mal bei schönem Wetter zum Lunch auf die Terrasse kommen oder zum Abendessen.

Lesertipp: Beacon Lodge B&B $-$$, 57 Beacon Way, P. O. Box 1694, Plettenberg Bay 6600, ☎ 533-2614, www.beaconlodge.co.za, wunderschöner Meerblick.

Außerhalb von Plettenberg Bay gelegen

Hunter's Country House $$$$$, P. O. Box 454, Plettenberg Bay 6600, ☎ 501-1111, 🖳 501-1100, www.hunterhotels.com, 10 km westlich von Plettenberg Bay biegt man auf eine Stichstraße nach rechts (Süden) ab und entdeckt dieses ruhig gelegene Refugium. Super Essen – toller Service! Eines der besten Hotels Südafrikas.

Tsala Treetop Lodge $$$$$, Kontakt wie Hunter's Country House (s. o.), eine Lodge der Luxusklasse unter derselben Führung, wie das Hunters. Die Zimmer sind in den Baumkronen mit Stegen verbunden. Dieses sagenhafte Ambiente hat aber auch seinen Preis.

Camping
Forever Resorts Plettenberg, Adresse s. o., Chalets und Campingplätze.

Keurbooms Lagoon Caravan Park, direkt neben Aventura, ☎ 533-2567, www. keurboomslagoon.co.za, sauberer und guter Platz.

Backpackers
Albergo for Backpackers $, 6 & 8 Church Str., ☎ 533-4434, 🖳 533-2149, www.albergo.co.za, Schlafsäle und Doppelzimmer, sauber und zentral gelegen.

Nothando Backpackers $, 3 Wilder Str., ☎/🖳 533-0220, www.nothando.co.za, Schlafsäle und Doppelzimmer, nahe zum Hauptstrand.

Restaurants
Blue Bay Cafe, Lookout Centre, Main Str., ☎ 533-1390, netter Pub im Zentrum, frischer Fisch, Pub-Food.

Brothers Restaurant, Melville Centre, Ecke Main und Strand Str., ☎ 533-5056, abwechslungsreiche Karte, vor allem Meeresfrüchte, & gute Preise. Schöner Blick aufs Meer.

The Islander, ☎ 532-7776, 8 km außerhalb von Plettenberg Bay Richtung Knysna an der linken Seite der N2 gelegen – sehr beliebtes Fischrestaurant – alles fangfrisch.

Cornuti´s, Ecke Odland und Perestralla Str., ☎ 533-1277, die beste Pizza der Stadt. Besonders bei jungen Leuten sehr beliebt.

Nach Voranmeldung im **Hunter's Country House** dinieren – vom Feinsten!

Öffentliche Verkehrsmittel
Haltestelle von **Intercape** und **Greyhound:** *Shell Ultra City Tankstelle an der N 2 (2 km in den Ort),* **BAZ-Bus** *bringt die Kunden zur Übernachtungsstelle.*
Verbindungen nach: Durban, George, Kapstadt, Knysna, Nelson-Mandela-Metropole (Port Elizabeth)

Strände
Sehr schöne weite Sandstrände am Beacon Island Hotel sowie am Lookout Beach (östlich von Plettenberg Bay).
Stanley Island, *P. O. Box 1227, Plettenberg Bay 6600,* ☏ *083-276-6929,* 🖷 *086-667-6631, www.stanleyisland.com. Kinder ab 12 Jahren erlaubt.*

Garden Route National Park – Gebiet des ehem. Tsitsikamma Coastal National Park

Überblick

Der Tsitsikamma Coastal National Park ist seit März 2009 Teil des Garden Route National Parks (s. auch S. 497). Der urige Name stammt aus der Khoi-Sprache und bedeutet „klares" oder „sprudelndes Wasser". Dieses Gebiet umfasst einen schmalen, 113 km langen Abschnitt. Es ist gekennzeichnet durch dichte Wälder mit z. T. sehr altem Baumbestand, hohen Regenfall, viele Bäche und Flüsse, Schluchten sowie eine malerische Steilküste. Die Hauptattraktionen sind die Storms River Gorge (Ausblick von der Storms River Bridge), der Storms River Mouth, die Küstenwanderwege und der Strand am Nature's Valley. Die wahre Schönheit und grandiose Natur dieser Landschaft bleiben nur dem Wanderer vorbehalten. Zwei der schönsten Wanderwege Südafrikas finden wir hier: den Otter Trail und den Tsitsikamma Trail:

Zwei weltberühmte Wanderwege

Der Tsitsikamma und vor allem der Otter Trail gehören ohne Zweifel zu den schönsten Wanderrouten des Landes. Für beide Trails gilt aber eine rechtzeitige Anmeldung (Monate im Voraus, ab 12 Monate im Voraus möglich!), denn es wird nur eine begrenzte Zahl an Wanderern zugelassen. Buchen müssen Sie über die Nationalparkbehörden in Kapstadt oder Tshwane (Pretoria). Bei der Buchung empfiehlt es sich, gleich Alternativdaten anzugeben.

Grandiose Landschaft und Wandergebiet

Otter Trail

Er beginnt am Storms River Mouth Restcamp des Tsitsikamma National Park, hat eine Länge von 48 km und endet im Nature's Valley. Der Trail dauert 5 Tage, unterwegs stehen vier einfache Hütten für die Übernachtung zur Verfügung. Die Etappen sind zwischen 4,6 (ca. 3 Std.) und 13,8 km (ca. 8 Std.) lang. Es darf nur in westliche Richtung gewandert werden. Der Trail ist aber nicht so einfach, wie es zuerst scheint. Flüsse müssen durchwatet und Felsen überwunden werden. Die Einsamkeit der faszinierenden Küstenlandschaft belohnt aber für alle Mühen. Zudem gibt es Gelegenheit zum Schnorcheln!

Im Gebiet des ehem. Tsitsikamma N. P.

Tsitsikamma Trail

Er beginnt am Groot River Campingplatz im Nature's Valley, hat eine Länge von 72 km und bietet 5 Hütten als Übernachtungsstätten. Er endet entweder am Tsitsikamma Total Village, am Storms River Village oder aber am Storms River Mouth Restcamp. Dieser Trail führt durch die Waldareale – vorwiegend unterhalb der Berge. Es darf nur in östliche Richtung gewandert werden. Gemeinsam mit dem Otter Trail bildet der Wanderweg eine kreisförmige Route.

Woran sollten Sie denken und was sollten Sie dabeihaben?

- Die **trockensten Monate** sind Juni und Juli.
- **Kleidung:** Regenschutz, Windjacke, mind. eine Ersatzgarnitur normale Kleidung, festes Schuhwerk für die Wanderung, leichte Schuhe für die Camps, langärmelige Hemden als Sonnenschutz, warme Kleidung im Winter bzw. für die Abende, Sonnenhut
- **Ausrüstung:** Wetterfester Rucksack, wasserdichte Säcke, um durch die Flüsse zu kommen, Schlafsack, 2 Wasserflaschen, Waschzeug, Handtuch, Campingkocher, -töpfe und -geschirr, Becher, Besteck, Streichhölzer, Taschenlampe, Kerzen
- **Kalorien- und vitaminreiche Nahrungsmittel:** Nudeln, Instantsuppe, Schokoriegel, getrocknete Früchte, dehydrierte Fertiggerichte, Obst, Tomaten, Kaffee/Tee, Milchpulver, Energie-Drinks
- **Sonstiges:** Badezeug, Sonnenbrille, Sonnencreme, kl. Erste-Hilfe-Set, evtl. Schnorchelutensilien (Maske, Flossen)

Sehenswertes im und um das Gebiet des ehem. Tsitsikamma Coastal National Park (von Osten nach Westen)

Auf den ersten Kilometern führt die N2 von Osten durch relativ unspektakuläre Waldregionen und passiert dabei die beliebte Tsitsikamma Lodge. Kurz darauf erreichen Sie dann die

* **Paul Sauer Bridge** (heute: **Storms River Bridge**) und **Tsitsikamma Total Village**. Erstere ist 192 m lang, wurde 1956 als erste Brücke ihrer Art erbaut und führt in 139 m über die schmale Schlucht des Storms River. Eine Aussichtsplattform bzw. ein Spaziergang über die Brücke verdeutlichen, welche Meisterleistung die Ingenieure damals vollbracht haben. Das Total Village, benannt nach dem Erdölkonzern direkt hinter der Brücke, weist neben der Tankstelle Snack-Restaurants, Souvenirshops, Outdoor-Anbieter sowie ein kleines Informations-Center für den Nationalpark auf. *Meisterleistung der Ingenieure*
* Gut 3 km weiter führt rechter Hand eine Piste sowie ein (lohnender) 15-minütiger Waldwanderweg zum **Big Tree**, einem 37 m hohen Yellowwood-Baum (Umfang: 8,5 m; Alter: 800 Jahre).
* Das **Storms River Village**, das 1 km südlich der N2 liegt, bietet einige Unterkünfte sowie kleine Geschäfte. Früher hatte es Bedeutung, als die ehemalige Hauptstraße hier durchführte und sich 4 km südöstlich vom Dorf über den (Old) Storms River Pass und die „Old Bridge" quälte. Heute werden hier Touren zu den Holzfällern organisiert. Die Piste endet auf der Ostseite des Storms River Mouth. Wanderwege und eine Mountainbike-Strecke erfreuen hier die Outdoor-Enthusiasten. *Atem beraubende*
* Das „leicht erreichbare Highlight" des Tsitsikamma Coastal National Park ist mit Sicherheit das **Mündungsgebiet des Storms River („Storms River Mouth")**, zu *Aussicht*

Die Bloukrans Bridge

Wunderschöne Bäume im Park

dem eine 10 km lange Stichstraße 9 km westlich der Storms River (Paul Sauer) Bridge hinunterführt. Bereits die letzten 4 km vor Erreichen des Parkplatzes sind atemberaubend. Zuerst fällt die Straße steil ab zum Meer, dann bieten sich zwei schöne Haltebuchten an für den direkten Ausblick aufs Meer. Am Ende der Straße befinden sich die Parkbehörde, ein Restaurant, ein Geschäft, ein Campingplatz und die beliebten Cottages, die zum Übernachten einladen. Am Tage ist dieses „Herzstück des Parks" leider stark besucht, was umso mehr für eine Übernachtung spricht. Das Meeresrauschen, die sich an den Felsen brechenden Wellen und ein kleiner Strand laden trotzdem zu einer Pause ein.

Dann aber sollten Sie sich aufmachen zu einer kurzen Wanderung (25 Min. je Richtung) zur **Suspension Bridge**, einer Hängebrücke über der Mündung des Storms River. Der Weg dorthin führt durch einen Feuchtwald, wie er für die Küste hier typisch ist. Der Weg ist befestigt, trotzdem an manchen Stellen steil und etwas mühselig. Wer nicht so gut zu Fuß ist, sollte nicht unbedingt auf die schaukelnde Brücke gehen. Auf der anderen Seite des Flusses führt dann noch ein sehr steiler Pfad hinauf zu einem einmaligen Aussichtspunkt. Der Aufstieg dauert etwa 20 Minuten, hinunter ist es dann keineswegs einfacher!

Nahe der Suspension Bridge legen kleine Boote ab zu einer kurzen Fahrt in die Storms-River-Schlucht. Die Fahrt ist schön und vermittelt einen guten Eindruck über die Schluchten entlang der Garden Route, ist dafür aber auch nicht gerade preiswert.
• Zurück auf der N2 werden Sie schnell wieder in die Realität zurückgeholt: Gleich hinter der nächsten Flussüberquerung macht ein riesiges Sägewerk darauf aufmerksam, welche Gefahren auf die Natur lauern.
• Bleiben Sie auf der in einem Teilstück kostenpflichtigen N2, gelangen Sie ca. 9 km westlich des Abzweigs der R102 zur **Bloukrans River Bridge**. Sie ist mit 216 m die höchste Brücke entlang der Garden Route und wird deswegen als Dorado und Adrenalin-Schocker der Bungee Jumper angesehen. Eine entsprechende Infrastruktur ist deswegen östlich der Brücke eingerichtet: Souvenirläden, Inforaum über den Bau der Brücke, Backpacker-Lodge, Aussichtsplattform, Campingplatz etc. Leider hat ein Feuer 1998/99 das gesamte Areal niedergebrannt, aber der Eindruck der Höhe wird durch die kahlen Flächen drumherum umso deutlicher. Übrigens: Für einen Sprung müssen Sie sich nicht unbedingt anmelden, so groß ist der Andrang dann auch wieder nicht.

Eldorado für Bungee Jumping

• Landschaftlich schöner als die N2 ist die alte Strecke, die R102, die zum einen nahe des Bloukrans River und dann wieder, nach Durchqueren des Nature's Valley, 25 km vor Plettenberg Bay auf die N2 trifft. Im Osten führt sie noch durch langweilige Aufforstungsgebiete der Holzkonzerne, um dann aber steil abzufallen am **Bloukrans Pass** (nicht geeignet für große Wohnmobile) und sich durch nahezu unberührte Schluchtenvegetation zu schlängeln.

Etwas westlich davon beeindruckt ein Ausblick auf die o. g., 216 m hohe **Bloukrans River Bridge** (vielleicht springt ja gerade jemand). Der Marine Drive führt hoch auf die Klippen über dem Meer und bietet spektakuläre Ausblicke.

Ausblick aufs Nature's Valley

• Weiter auf der R102 kreuzen Sie die N2 (die bis zur zweiten Einmündung der R102 nichts zu bieten hat), nach wenigen Kilometern wird an zwei Aussichtspunkten (ein größerer, ein sehr kleiner – mehr gibt es nicht!) deutlich, warum dieses die weitaus schönere Strecke ist: Der Ausblick aufs **Nature's Valley** mit der Lagune und dem satten Grün im Tal des Groot River ist atemberaubend. Unten angelangt, können Sie nun in den eigentlichen Nationalpark (**Nature's Valley-/De Vasselot**-Abschnitt) fahren, wo einfache Hütten, ein Campingplatz, kurze Wanderwege und ein bezaubernder Strand einladen. Naturfreunde werden sich hier bestimmt wohlfühlen.

• Der Ort **Nature's Valley** ist weniger interessant, sollten Sie nicht in einem der kleinen B&Bs hier nächtigen wollen. Zumeist handelt es sich dabei nur um größere Ferienhäuser mit Anliegerwohnung. Lohnend sind aber der Spaziergang zum Strand und die Möglichkeit, sich hier ein Kanu zu mieten, um den Groot River auf 7 km Länge abzufahren. Eine einfache Hütte weiter oberhalb des Flusses bietet Outdoor-Liebhabern zudem eine Übernachtungsstätte.

Reisepraktische Informationen zum Gebiet des ehem. Tsitsikamma Coastal National Park

ℹ Informationen und Buchungen
Aufgrund seiner Beliebtheit sollte man unbedingt ein halbes Jahr im Voraus buchen. Buchungen über **South African National Parks**, *Kontakt s. S. 440*, **Garden Route National Park**, *Kontakt s. S. 498.*

🛏 Unterkunft
Storms River Mouth Restcamp $$, ☎ 042-428-9111, 🖨 042-343-0905, *reservations@sanparks.org, sehr schön, tolle Wandermöglichkeiten.*
Tsitsikamma Lodge $$, *P. O. Box 10, Storms River 6308,* ☎ 042-280-3802, 🖨 042-280-3702, *www.tsitsikammalodge.com, hübsche, mit viel Holz ausgestattete Cabins, gutes Restaurant. Ausgezeichnet als bestes Freizeithotel in Südafrika 2003.*
Protea Tsitsikamma Village Inn $$, *P. O. Box 53, Storms River 6308,* ☎ 042-281-1711, 🖨 042-281-1669, *www.tsitsikammahotel.co.za, sehr gemütliche kleine „Southern Cape village"-Anlage – das Restaurant „Oude Martha" bietet gutes lokales Essen.*

Wanderungen
Otter Trail, *Buchungen:* **South African National Parks**, *s. S. 440*

9. EASTERN CAPE PROVINCE

Erholung am Umgazi River, Transkei

Nelson Mandela Metropole (Port Elizabeth) – Buffalo City (East London)

Überblick

Das Reisegebiet der Eastern Cape Province ist in besonderem Maße „geschichtsträchtig". Es ist die Region der Siedler von 1820, die die britische Regierung in den Osten der Kapprovinz schickte, um diese Gegend in Besitz zu nehmen. Es handelte sich meistens um Soldaten, die in den napoleonischen Kriegen gedient hatten und die man in England aufgrund der großen wirtschaftlichen Depression nur sehr schwer wieder integrieren konnte. Mehr als 4.000 ehemalige Söldner – z. T. mit Frauen und Kindern – landeten in der Algoa Bay von Port Elizabeth und zogen aus, um das Land zu besiedeln. Kaffraria, so nannte man jenes Gebiet, erstreckte sich von der Algoa Bay bis zum Great Fish River.

An der Grenze entlang des Fish River stießen zwei extrem unterschiedliche Zivilisationen zusammen: einerseits die von Norden nach Süden ziehenden schwarzen Siedler vom Stamme der Xhosa und andererseits die weißen Europäer, die sich anschickten das Land hier urbar zu machen, um sich eine neue Heimat aufzubauen. Große Konflikte traten auf, die in blutigen Schlachten gipfelten. Die heutigen Städte wie Grahamstown, King William's Town und Buffalo City begannen daher ihre Geschichte als Militärstützpunkte.

Jenseits des Great Fish River erstreckt sich die ehemalige **Ciskei**, das vierte ehemalige Homeland, das damals in die Schein-Unabhängigkeit entlassen worden war. So sind entlang dieses Streckenabschnitts die Unterschiede zwischen weißem und schwarzem Farmland und der Siedlungsstruktur erkennbar. Doch die wahren Probleme der ehemaligen Ciskei sind nicht direkt sichtbar: Die meisten Männer im arbeitsfähigen Alter verdienen ihr Geld außerhalb ihres Gebietes, sodass die Familien den größten Teil des Jahres auseinandergerissen sind. Eine moderne Agrarstruktur steckt noch in den Kinderschuhen. Krampfhaft ist man bemüht, die Bildungsmöglichkeiten zu verbessern. Praktisch fehlt dem Gebiet eine wesentliche Grundlage zum Aufbau einer eigenständigen Industrie, nämlich Bodenschätze.

Buffalo City bildet den Abschluss dieses Reisegebiets – und erinnert mit dem German Settler's Monument daran, dass auch Deutsche an der Erschließung dieser Landschaften beteiligt waren.

Planungsvorschlag

Einzelstrecken	km	Tage
Buffalo City – Idutywa – Bityi – Coffee Bay:	ca. 300 km	1 Tag
Coffee Bay – Umtata – Port St. Johns:	ca. 210 km	3 Tage (inkl. 1 Tag Aufenthalt)
Port St. Johns – Flagstaff – Kokstad – Durban:	ca. 440 km	3 Tage (inkl. 2 Tage Aufenthalt)
gesamt	**ca. 950 km**	**7 Tage**

Zusätzliche Alternativen		
Wild Coast Hiking Trail:		6 Tage (inkl. 1–2 Tage Vorbereitung)
Umtata – Elliot – Maclear – Umtata:	ca. 320 km	1–2 Tage
Küstenorte südwestlich von Coffee Bay:	ca. 100–300 km	2–3 Tage

Nelson Mandela Metropole (Port Elizabeth)

Östlicher Abschluss der Garden route

Port Elizabeth liegt im Osten der Kapprovinz an der Mündung des Baakens River und bildet fahrtechnisch gesehen den östlichen Abschluss der Garden Route. Es ist die größte Stadt der östlichen Kapprovinz und bildet mit Uitenhage und Despatch die neue Nelson-Mandela-Metropole. Sie erstreckt sich über 16 km entlang der Algoa Bay und bietet dem Reisenden mit ihren Stränden und Museen viele Möglichkeiten, hier zu verweilen. Die Strände sind teilweise sehr steinig und der Stadtkern hat, außer den historischen Bauten, nicht allzu viel zu bieten. Man sieht ihm sofort an, dass er – zwischen Berg und Meer – zu einer Zeit angelegt wurde, als die Stadt noch wesentlich kleiner war.

Entfernungen

von Port Elizabeth nach:
Durban: _ _ _ _ _ _ _ _984 km
Kapstadt: _ _ _ _ _ _ _769 km
Jo'burg: _ _ _ _ _ _ _1.075 km

Nicht unbedingt ein touristisches Highlight

Heute scheint er aus allen Nähten zu platzen. Sehr eindrucksvoll sind aber die alten Wohnhäuser an den Hangstraßen. Sie stammen zum großen Teil noch aus dem 19. Jh. Wer gerne durch Geschäfte bummeln möchte, muss heute in die Vororte, in eine der vielen Malls gehen. Die stetige Verschlechterung der Innenstadt hat dazu geführt, dass viele Geschäfte dorthin abgewandert sind. Sicherlich ist „P. E.", wie es die Südafrikaner nennen, nicht der Höhepunkt einer Südafrikareise, aber wer hier ist, sollte sich trotzdem einige Dinge anschauen. Wen die Großstadt zu sehr abschreckt, kann seine Zelte auf den Campingplätzen außerhalb der Stadt aufschlagen oder im ca. 70 km entfernten Addo Elephant Park ein Chalet mieten.

Geschichte

Als erster Europäer landete *Bartolomeu Diaz* 1488 in der Algoa Bay. Damals wurde die Bucht als Ankerplatz genutzt, um Proviant und vor allem Trinkwasser zu bunkern. In den folgenden Jahrhunderten kamen so zuerst die Portugiesen und später die anderen eu-

> ## ❗ Sicherheitshinweise
>
> Wie in allen Großstädten sollten Sie auch in Port Elizabeth einige Sicherheitsrichtlinien einhalten:
>
> * Vermeiden Sie das offene Tragen von Schmuck, Kamera- und Videoausrüstungen und anderen Wertsachen.
> * Tragen Sie Ihre Kamera nicht um den Hals, sondern in einer Schultertasche.
> * Tragen Sie Ihre Geldbörse in einer Innentasche und führen Sie keine hohen Bargeldbeträge mit sich.
> * Vermeiden Sie das Herumlaufen in der Innenstadt nach 17h. Sollten Sie sich nach Einbruch der Dunkelheit hier aufhalten, vermeiden Sie dunkle und einsame Plätze.
> * Planen Sie Ihre Route vorher und lassen Sie z. B. Ihr Hotel wissen, wohin Sie gehen.
> * Viele Überfälle und Diebstähle werden von jungen Straßenkindern begangen. Daher ist es gefährlich, bettelnden Kindern Geld zu geben.
> * Sollten Sie überfallen werden oder sollte jemand versuchen, Ihnen Ihre Tasche zu entreißen, leisten Sie keinen Widerstand. Verlieren Sie lieber eine Tasche, als Ihr Leben zu riskieren.

ropäischen Seefahrernationen immer wieder in die Bay. Bei diesen Unternehmungen strandeten einige Schiffe und mussten verlassen werden. Heute noch kann man nach ihren Überresten tauchen. Doch die Gründung von Port Elizabeth erfolgte erst 1799, als die Briten das **Fort Frederick** errichteten. Es handelt sich hierbei um das älteste Steingebäude in der östlichen Kapprovinz und das älteste britische Bauwerk südlich der Sahara. Der Anlass für den Bau lag in der Angst der Briten vor dem feindlichen Frankreich begründet, das damals mit dem Gedanken gespielt hatte, die Rebellen im Gebiet von Graaff-Reinet zu unterstützen. Von dem Fort aus überwachte Hauptmann *Francis Evatt* in der Zeit von 1817–1850 die Ankunft britischer Siedler.

Ihren Namen verdankt die Stadt dem damals amtierenden Kap-Gouverneur *Sir Rufane Donkin*, der 1820 die Siedlung nach seiner zwei Jahre zuvor in Indien verstorbenen Frau Elizabeth benannte. Im Donkin Reserve, einem Gedenkpark, steht eine Steinpyramide, die Donkin zu Ehren seiner Frau errichten ließ. Am Hafen erinnert der 1923 erbaute Gedenkturm „Campanile" an die ersten Siedler, die 1820 hier eintrafen.

Im Rahmen der Reorganisation der Verwaltungsbezirke bemüht sich die heutige Regierung um eine „Afrikanisierung" der aus der Kolonialzeit stammenden Städtenamen. Heute trägt die Stadt Port Elizabeth mit ihren Vororten Uitenhage und Despatch den Namen **Nelson-Mandela-Metropole**. Es wird aber sicherlich eine Weile dauern, bis sich der Name eingebürgert hat, auch auf den meisten Straßenschildern stehen noch die alten Namen. In der Übergangsphase sind auf jeden Fall beide Namen gebräuchlich.

Redaktionstipps

▸ **Übernachten** in den Pine Lodge Chalets oder, wer's ausgefallen haben möchte, im Edward Hotel (S. 524, 523)

▸ **Essen** in der Blackbeards' Seafood Tavern (S. 524)

▸ Das **Port Elizabeth Museum** (S. 521) und das **Nelson Mandela Metropolitan Art Museum** (S. 520) ansehen

▸ Die **Architektur** der Wohnhäuser am „The Hills" bewundern (S. 519)

▸ **Aussicht** vom Campanile (S. 518) auf die Stadt und den Hafen

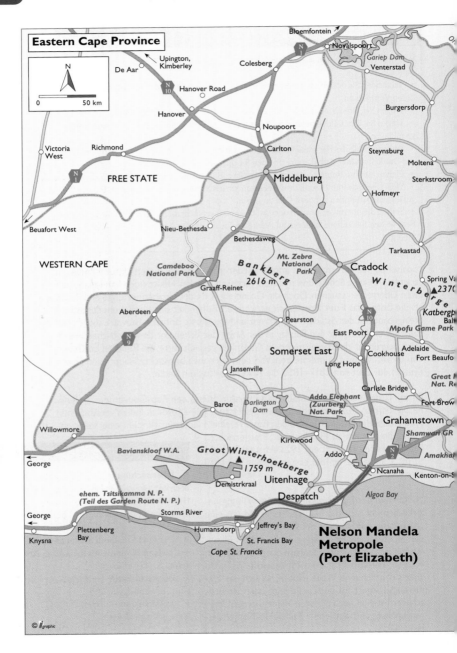

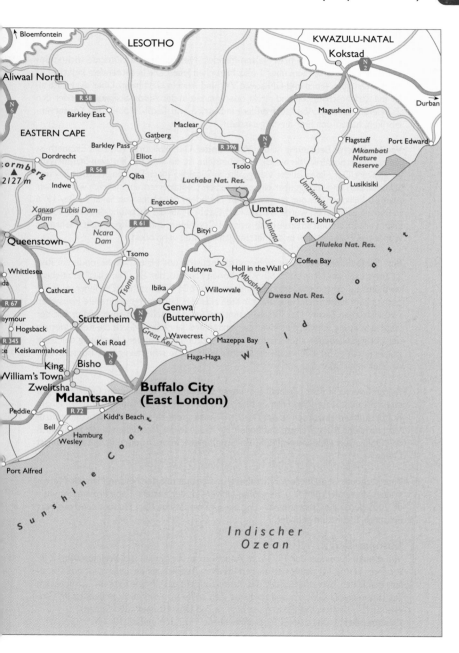

Sehenswertes

Blühende Industrie-stadt

Heute ist Port Elizabeth bzw. Nelson-Mandela-Metropole eine blühende **Industrie-stadt**, in deren Großraum über 1 Mio. Menschen leben. Die bedeutendste Industrie ist der Fahrzeugbau (Ford und GM sowie VW und Audi in Uitenhage). Über die Hälfte aller Industriebeschäftigten sind direkt oder indirekt in der Automobilindustrie oder den Zulieferfirmen tätig. Aber auch andere Industrien, wie Textil-, Möbel- und Konservenfabriken, haben sich hier niedergelassen.

Von besonderer Bedeutung ist der **Wollhandel**. Die Wollbörse von Port Elizabeth ist die größte in Südafrika. Bis auf die Hafenbetriebe ist die Industrie aus dem Stadtbereich ausgelagert. Der Hafen ist der viertgrößte in Südafrika (nach Durban, Richards Bay und Saldanha Bay) und verfügt über einen modernen Containerterminal. Jährlich werden hier über 10 Millionen Tonnen umgeschlagen. Nachdem der Hafen von Saldanha Bay 1976 in Betrieb genommen wurde, musste Port Elizabeth auf die Verladung des Erzes aus Sishen verzichten und spezialisierte sich auf Container- und Stückgutfracht. Mehrmals wurde das Hafenbecken in den letzten Jahrzehnten vergrößert.

Port Elizabeth hat aber mehr zu bieten als Industrie und Hafen. Von besonderem Reiz ist seine Lage am Hang eines 60–90 m hohen Plateaus, der als „The Hills" bezeichnet wird und auf dessen schönsten Grundstücken große Villen stehen. Die Innenstadt, die bereits kurz hinter den Hafenanlagen steil aufsteigt, beherbergt noch viele Häuser im viktorianischen Baustil. Das Geschäftszentrum ist leider sehr zersiedelt und es fällt der Stadtverwaltung schwer, die Fehler der letzten drei Jahrzehnte durch die Restaurierung der übrig gebliebenen alten Häuser wieder gutzumachen. In der Umgebung der Stadt gibt es unzählige Strände, wobei die stadtnahen teilweise sehr steinig sind. Trotzdem sind sie Ziel vieler Touristen.

Kulturell versucht Port Elizabeth sein Image aufzuputzen. Neben einem Opernhaus gibt es zwei Laientheater. Die Feather Market Hall am Ende der Main Street ist zu einem Kulturzentrum geworden, in dem neben Theatergruppen auch Musikgruppen auftreten und kleine Ausstellungen stattfinden. Für Freunde der klassischen Musik bietet auch das Opernhaus viele musikalische Veranstaltungen. Informationen erteilt das Tourist Office.

Port Elizabeth ist außerdem Bischofssitz und besitzt mit der Nelson Mandela Metropolitan University (NMMU) die größte Universität der Eastern Cape Provinz. Sie wurde 2005 durch die Zusammenführung der Universität von Port Elizabeth und des Port Elizabeth Technikum gebildet.

Campanile (1)

Von diesem Turm aus, der 1923 zum Andenken an die Siedler des beginnenden 19. Jh. errichtet wurde, hat man einen ausgezeichneten Ausblick auf die Innenstadt und vor allem den Hafen. Direkt unterhalb des Turms rangiert der „Apple Express". Dreimal am Tag läuten die 23 Glocken und zu dieser Zeit sollte man sich nicht unbedingt im Glockenturm aufhalten. Die 52 m muss man zu Fuß hinaufsteigen (204 Stufen).
Campanile: ☎ 041-506-3293, geöffnet Di–So 9–12.30h und 13.30–17h.

Historical Museum (3)

Am Castle Hill Nr. 7 wurde es 1830 als Wohnhaus des irischen Pfarrers *Francis McCle-* *... zur*
land erbaut. Für nur 3 Guineas (jetzt ca. 20 R) erwarb er das Grundstück von der Stadt *Geschichte*
unter der Bedingung, hier innerhalb von 13 Monaten ein solides, ansehnliches Haus zu *der Stadt*
errichten. Als Baumaterial wählte er Sandstein und Gelbholz, das der Verwitterung gut
standhalten sollte. 1962 kaufte es die Stadt zurück und man bemühte sich, es wie ein
bürgerliches Haus in der Mitte des 19. Jh. einzurichten. Im Hinterhof sind in einem Raum
Spielzeug und Puppen aus jener Zeit ausgestellt.
Besonders eindrucksvoll ist die Küche im Keller,
in der man u. a. eine handbetriebene Waschma-
schine bestaunen kann.
Historical Museum (Castle Hill Museum):
☎ 041-582-2515, geöffnet Mo–Do 9–13h und 14–
16.30, Fr 9–13h und 14–16h.

City Hall und Market Square (5)

Am Ende der Main Street befindet sich der Market Square, auf dem ein Modell des Diaz-Kreuzes
steht. In früheren Zeiten wurde der Platz nicht
nur für Marktveranstaltungen genutzt. Er war
schon von Beginn an als „Parkplatz" für die Ochsenkarren konzipiert und die Stadtverwaltung hatte einen Parkwächter angestellt, der für geordne-
tes Parkverhalten zu sorgen und die Tiere zu ver-
pflegen hatte. Die City Hall ist 1977 abgebrannt
und bei ihrem Wiederaufbau entschied man
sich für die heutige Anlage des Platzes. Schräg
gegenüber der City Hall befindet sich der vikto-

Der Market Square – Mittelpunkt der Stadt

risch-gotische Bau der **Library (Bücherei)**,
der im 19. Jh. als Gerichtsgebäude diente. Heute kann man dort auch als Tourist Bücher
einsehen und kurzfristig ausleihen (gegen einen gültigen Pass und einen geringen Geld-
betrag). Zu empfehlen ist die Abteilung der Geschichtsbücher. Nutzen Sie bei schlechtem Wetter einmal die Gelegenheit, sich hier über die Geschehnisse des Landes aus der
Sicht der Einheimischen zu informieren.

Spaziergang entlang „The Hills"

Wer etwas Zeit hat, sollte einmal einen ein- bis zweistündigen Spaziergang am Berghang
über die City machen. Die meisten Häuser hier entstammen noch dem 19. Jh. und sind
in der Regel sehr gut erhalten und gepflegt. Beginnen Sie Ihren Spaziergang am besten
am Market Square mit seinen großen Administrationsgebäuden und gehen Sie von dort
zur 1883 errichteten **Feather Market Hall (4)**, in der früher Straußenfedern gelagert
und versteigert wurden. Danach gehen Sie entlang der **Castle Hill Street** und besuchen Sie das o. g. Museum.
Wenn Sie oben am Hang angekommen sind, biegen Sie nach rechts ab und erreichen
das **Donkin Reserve (2)**. Hier befindet sich das „**Edward's Hotel**", ein ehemaliges
Wohnhaus im viktorianischen Baustil. Es hatte damals sogar schon eine überdachte La-
denpassage, die heute als Lounge und Cafeteria dient. Vom Donkin Reserve aus hat man
einen guten Blick über Hafen und Innenstadt. Der Leuchtturm aus dem Jahre 1869 dient

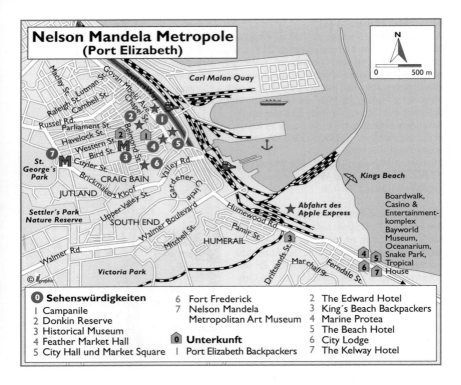

Nelson Mandela Metropole
(Port Elizabeth)

N

0   500 m

Carl Malan Quay

Macloy St. · Govan Mbeki Ave · Chapel St.

Raleigh St. · Lutman St. · Cambell St.

Russel Rd. · Parliament St.

Havelock St.

Western St. · Belmont St. · Bird St.

St. George's Park

Cuyler St.

Brickmaker's Kloof · CRAIG BAIN

JUTLAND

Valley Rd. · Gardener Cr.

Kings Beach

Settler's Park
Nature Reserve

Upper Valley St.
SOUTH END

Humewood Rd.

★ Abfahrt des
Apple Express

Boardwalk,
Casino &
Entertainment-
komplex
Bayworld
Museum,
Oceanarium,
Snake Park,
Tropical
House

Walmer Boulevard · Mitchell St.

HUMERAIL

Pamir St.

Walmer Rd.

Victoria Park

Driftsands St. · Marchall St. · Ferndale St.

© *L graphic*

❶ Sehenswürdigkeiten	6 Fort Frederick	2 The Edward Hotel
1 Campanile	7 Nelson Mandela	3 King's Beach Backpackers
2 Donkin Reserve	Metropolitan Art Museum	4 Marine Protea
3 Historical Museum		5 The Beach Hotel
4 Feather Market Hall	**❶ Unterkunft**	6 City Lodge
5 City Hall und Market Square	1 Port Elizabeth Backpackers	7 The Kelway Hotel

heute als Militärmuseum. Daneben befindet sich die Pyramide, die *Sir Rufane Donkin* zu Ehren seiner Frau *Elizabeth* errichten ließ.

Von hier aus sieht man bereits die **Donkin Street Houses**, die von 1860–70 erbaut wurden. Sie entstammen der ersten Glanzzeit der Stadt, als die britische Kolonialverwaltung begann, sich mehr für die Stadt zu interessieren, und Kaufleute größere Summen investierten. Heute beherbergen die Häuser Büros, daher sind sie leider nicht von innen zu besichtigen. Beenden Sie Ihren Rundgang an der Hill Street, wo die vollkommen restaurierten **Upper Hill Street Houses** zu bewundern sind.

Ausge-
dehnte
Spazier-
gänge
Für einen ausgedehnteren Spaziergang gehen Sie einen weiteren Bogen und laufen Sie von der Castle Hill Street hinauf zum **Fort Frederick (6)**, das 1799 als britische Bastion errichtet wurde. Von diesem Nationaldenkmal aus ist es nicht weit zu den **Cora Terrace Houses** in der Bird Street. Diese nach 1856 erbauten Häuser dienten als Truppenunterkunft, die feineren waren die Offiziershäuser. Am St. George's Park angelangt, steht man direkt vor dem

Nelson Mandela Metropolitan Art Museum (7)

Ursprünglich stellte die Galerie britische Kunst des 19. Jh. aus. Doch begann man in letzter Zeit damit, auch jüngeren Künstlern eine Chance zu geben, unter ihnen auch eine Reihe von Afrikanern. Da viele der Künstler nicht älter als 35 Jahre sind, findet sich ne-

Im Hintergrund sind die Donkin Street Houses zu sehen

ben Ölgemälden und Radierungen auch moderne Mixed-Media-, Keramik- und Video-Kunst. Ein Teil der Ausstellungsräume wird für Wanderausstellungen freigehalten. Die Galerie bietet sich an, um auch einmal ein anderes Bild von der Kunstwelt des Landes zu erhalten.

Nelson Mandela Metropolitan Art Museum: *1 Park Drive,* ☎ *041-506-2000, www.artmuseum.co.za, geöffnet Mo–Fr 9–18h (Di morgens geschlossen), Sa–So 13–17h, an Feiertagen 14–17h, erster So im Monat 9–14h.*

Bayworld Museum, Oceanarium, Snake Park und Tropical House

Entlang dem Humewood Beach, gleich hinter dem Elizabeth Sun Hotel, befindet sich das **Port Elizabeth Museum**. Besonders das Museum selbst ist einen Besuch wert. Die naturwissenschaftliche Abteilung bietet eine große Anzahl von ausgestopften Tieren, wobei gerade der maritimen Tierwelt Rechnung getragen wird. Das Skelett eines ausgewachsenen Wals beispielsweise veranschaulicht eindrucksvoll seine Größe. In der „wissenschaftlichen" Abteilung wird erläutert, wie Meeresströmungen verfolgt werden und welche Auswirkungen sie auf Klima und Umwelt haben. Eine sehr interessante Fotoausstellung zeigt Bilder von Port Elizabeth einst und jetzt. Das **Children's Museum** gleich nebenan bietet Kindern (und auch Erwachsenen) die Möglichkeit, Dinge anzufassen. Im Dolphinarium finden zwei- bis dreimal täglich Delfinshows statt.

Maritime Tierwelt …

Bayworld Museum, Oceanarium, Snake Park und Tropical House: ☎ *041-584-0650, www.bayworld.co.za, geöffnet tgl. 9–16.30h.*

Strände

Port Elizabeth verfügt über drei große Strände: gleich hinter dem Hafen der King's Beach, dahinter der Humewood Beach und etwa 5 km vom Stadtzentrum entfernt der

... und Promenieren   Summerstrand Beach. Diese Strände eignen sich aber nur bedingt zum Baden, da sie teilweise von kleinen Riffen durchzogen sind. Die Bevölkerung von Port Elizabeth nutzt sie daher eher zum Angeln, Promenieren oder als Joggingpfad. Es ist aber sehr schön, sich auf eine der Bänke oder bei Barney's (mit gezapftem Bier) zu setzen, dem Treiben der Menschen zuzusehen und die Schiffe zu beobachten, die in den Hafen einlaufen. Wer gerne baden möchte, sollte besser nach Jeffrey's Bay fahren. Das Gebiet entlang des Summerstrand gehörte ursprünglich zu der Farm des Voortrekkers Piet Retief.

Reisepraktische Informationen Nelson Mandela Metropole (Port Elizabeth)

Vorwahl: *041*

i Information

Nelson Mandela Bay Tourism, *Lighthouse Building, Belmont Terrace, www.nmbt. co.za,* ☎ *585-2575, geöffnet Mo–Fr 8–16.30h, So 9.30–15.30h, Buchung von Unterkünften ist gegen eine Gebühr möglich.*

☞ Wichtige Telefonnummern und Adressen
Feuerwehr: *585-1555*

Krankenhäuser
Provincial Hospital (staatlich), Sandford, ☎ *392-3911.*
St. Georges Hospital (privat), Pardrive, ☎ *392-6111.*

Apotheken
Humewood Pharmacy, 19 Humewood Rd., ☎ *585-1222, im Humeway Centre.*
Mount Road Medicine Deposit, geöffnet 24 Std., 13 Lower Mount Rd., ☎ *584-3838.*
Post: *259 Govan Mbeki Ave.,* ☎ *508-4039.*
Konsulat der Bundesrepublik Deutschland: *11 Uitenhage Rd., North End,* ☎ *587-2840.*

👁 Stadtrundfahrten/Ausflüge/Aktivitäten

Raggy Charters *organisiert Bootsfahrten in der Algoa Bucht und zu den Inseln St Croix, Jaheel und Benton Island mit ihren Seehund- und Pinguinkolonien,* ☎ *378-2528, www. raggycharters.co.za.*
Für Taucher gibt es die Möglichkeit, **mit Ocean Divers International**, ☎ *581-5121, www.odipe.co.za, nach Schiffen zu tauchen. Dies ist nur etwas für sichere Taucher mit Tauchlizenz. Es werden aber auch andere Exkursionen angeboten.*
Pembury Tours, ☎ *581-2581, www.pemburytours.com, bietet gut organisierte Besichtigungen der Townships an.*

Vergnügen für Familien mit Karussells, Hüpfburgen u.v.m.: **Funtasia**, *The Bridge Shopping Centre, Ring Road, Greenacres, www.sa-venues.com/things-to-do/easterncape.*

🛏 Hotels

The Kelway Hotel $$ (7), *Brookes Hill Drive, Humewood 6013,* ☎ *584-0638/9,* 🖷 *584-0637, www.thekelway.co.za, preiswerte und witzige Art zu Übernachten: Die Zimmer sind „Schlafwagen-Abteile" und auch sonst gilt hier das Motto Eisenbahn.*

City Lodge $$-$$$ (6), *Ecke Beach/Lodge Rd., P. O. Box 13352, Humewood 6013,* ☎ *584-0322,* 🖷 *584-0374, www.citylodge.co.za, neues, gepflegtes Hotel in Strandnähe. Swimmingpool & Fitnessraum.*

The Edward Hotel $$$ (2), *Belmont Terrace,* ☎ *586-2056,* 🖷 *586-4925, Hotel im Edwardian-Style, untergebracht im ehemaligen Mansionblock mitten in der Stadt, originelle Unterkunft ohne ausgefallenen Luxus.*

Marine Protea $$$$ (4), *Beach Road,* ☎ *583-2101,* 🖷 *583-2076, www.proteahotels. com, an der Beachfront gelegenes, luxuriöses Hotel.*

The Beach Hotel $$$$ (5), *Marine Drive, Humewood,* ☎ *583-2161,* 🖷 *583-6220, www. pehotels.co.za, direkt am Boardwalk Casino und Entertainment Komplex gelegenes Luxushotel. 58 Zimmer, 3 Restaurants und Swimmingpool.*

Lesertipp: King's Tide Boutique Hotel $$$, *16 Tenth Avenue, Summerstrand,* ☎ *086-111-5720,* 🖷 *583-3389, www.kingstide.co.za, ca. 10 Min. vom Flughafen. Stilvoll eingerichtete Zimmer, Bar, Swimmingpool, ab 320 ZAR/Person im DZ.*

🛏 **Holiday Apartments und Chalets**

Wie in allen Küstenstädten bietet sich auch in Nelson-Mandela-Metropole die Möglichkeit, günstig und komfortabel in Holiday Apartments bzw. Chalets zu wohnen. Sie kosten die Hälfte, die Zimmer sind größer. Es fehlt nur der Zimmerservice (Zimmer werden aber täglich gesäubert) und zum Essen (falls man nicht selber im Apartment kochen will) muss man halt ausgehen. Dieses ist nur eine Auswahl – es gibt noch unzählige weitere Apartments und Chalets zu mieten. Auskunft erteilt das Informationsbüro.

Andersons Guest House $, *4 Seestrand Str., Beachview,* ☎/🖷 *378-1207, www.lin.co.za/andersons/, dieses Gästehaus ist ca. 20 Minuten vom Zentrum entfernt und hat einen tollen Blick aufs Meer. Mit Glück können Sie von hier aus Wale und Delfine beobachten. Es stehen 5 Apartments zur Verfügung, Frühstück auf Anfrage erhältlich.*

Brookes Hill Suites $$$, *Brookes Hill Rd., Humewood,* ☎ *584-0444, www.brookeshill. co.za, Apartments mit bis zu 3 Schlafzimmern, alle mit Balkon-Blick aufs Meer.*

Beacon Lodge $$$, *10th Ave., Summerstrand,* ☎ *086-111-5717,* 🖷 *583-3910, preiswerte und gepflegte Apartments in zentraler Lage.*

🛏 **Bed'n Breakfast**

Auch in der Nelson-Mandela-Metropole ist das Bed'n Breakfast-System mittlerweile gut organisiert. Wer eine etwas persönlichere Unterkunft mit Kontakt zu den Einheimischen einmal ausprobieren will, wird sicherlich nicht. Informationen beim Informationsbüro.

Oak Tree Cottage B&B $, *112 Church Rd., Walmer,* ☎ *581-3611 oder 581-6392,* 🖷 *581-7749, www.time2travel.com/pe/oak, in zentraler Lage, 5 gemütliche Zimmer, schöner Garten, Swimmingpool.*

Hacklewood Hill Country House $$$$$, *152 Prospect Road, Walmer,* ☎ *581-1300,* 🖷 *581-4155, www.pehotels.co.za, untergebracht in einem alten viktorianischen Haus von 1898, bietet dieses Gästehaus allen Luxus. Die Zimmer und Badezimmer sind groß und gemütlich und haben alle Balkon oder Veranda mit Blick auf den Garten und Swimmingpool. Der Luxus hat aber auch einen nicht geringen Preis.*

🛏 **Jugendherbergen**

Port Elizabeth Backpackers $ (1), *7 Prospect Hill, abgehend von Whites Rd.,* ☎ *586-0697,* 🖷 *585-2302, www.pebackpackers.za.org, saubere Schlafsäle und Doppelzimmer, ruhige Lage unweit des überregionalen Busbahnhofs, gutes Frühstück.*

King's Beach Backpackers (3), 41 Windermere Rd., Humewood, ☎ 585-8113, kingsb@aqnet.co.za, sehr saubere Herberge, unweit vom Strand, Selbstversorgungsmöglichkeit. Es gibt Doppelzimmer und Schlafsäle sowie Gelegenheit zum Campen.

⚠ Camping
Pine Lodge, Marine Drive (7 km vom City Center), P. O. Box 13033, Humewood 6013, ☎ 583-4004, 🖷 583-3839, www.pinelodge.co.za, 50 Meter vom Strand entfernt, auch Selbstversorger-Chalets. Restaurant, Sportmöglichkeiten incl. Schwimmbad vorhanden. Lage schön am Strand im Bereich des Cape Precife Nature Reserve beim alten Leuchtturm.

🍴 Restaurants
Ranch House of Steaks (1), Ecke Russel und Rose Str., ☎ 585-9684, Lunch So–Fr, Dinner täglich, sicher das beste Steakhouse der Stadt. Preisgekrönt. Allein die Kellnerinnen sind einen Besuch wert.

Natti's Thai Kitchen (2), 21 Clyde Str., ☎ 373-2763, täglich Dinner, super Thai-Küche mit entsprechend scharf gewürzten Speisen. Legere Atmosphäre. Reservierung empfohlen.

Ocean Basket (3), Shop 3 Block A, Fig Tree Park, Ecke William Moffat und Circular Drive, ☎ 368-5525, gute Fischgerichte, schöner Blick aufs Meer.

Barney's Tavern, Shop 6, The Boardwalk, Marine Drive, Summerstrand, ☎ 583-4500, die „In"-Kneipe für Jung und Alt, direkt am Wasser, mit gezapftem Bier und einigen deutschen Gerichten (Kassler, Würste, Schweinshaxe und Sauerkraut). Am Wochenende Livemusik.

Blackbeards' Seafood Tavern, Shop Nr. G4, Brookes Pavillon, Brookes Hill, Humewood; ☎ 584-0678, geöffnet täglich zum Dinner, das Restaurant liegt in der Nähe vom Garden Court Kings Beach mit Blick auf die Stadtlichter und die Bucht. Erstklassiges Meeresfrüchte-Restaurant mit großer Auswahl an Fischspezialitäten. Es gibt auch Fleischgerichte wie Straußensteaks. Die Portionen sind sehr groß, gehobene Preisklasse, gute Weinauswahl.

Old Austria, 24 Westbourne Rd., ☎ 373-0299, rustikale, österreichische Küche, u. a. Leberknödel und Jägerschnitzel mit Spätzle, jedoch bekannt wegen seiner exzellenten Fischgerichte. Sehr empfehlenswert.

De Kelder, Ecke 6th Avenue und Marine Drive, ☎ 583-2750, sehr gute Fischgerichte.

Royal Delhi, 10 Burgess Str., ☎ 373-8216, So geschlossen, Sa nur abends geöffnet. Gute, leckere indische Küche.

Im **Boardwalk-Komplex** am Marine Drive gibt es eine gute Auswahl an Restaurants für jeden Geschmack.

Lesertipp: Elephant Walk Chalets, 94 Doorly Road, in Colleen Glen, zwischen Port Elizabeth und Seaview, südlich der N2, ☎/🖷 372-1470, www.elephantwalkec.co.za, leckere Gerichte und freundlicher Service.

🖙 Unterhaltung
The Boardwalk Casino and Entertainment World, 2nd Avenue, Summerstrand, ☎ 507-7777, 🖷 507-7778, www.boardwalk.co.za, neben dem Einkaufszentrum liegen das Casino und der Unterhaltungskomplex, der rund um die Uhr geöffnet ist.

🎁 Einkaufen
The Boardwalk, Marine Drive, Summerstrand.

The Bridge Shopping & Entertainment Centre, Langenhoven Dr., Greenacres.

Greenacres Shopping Centre, Cape Rd., Greenacres.

Walmer Park Shopping & Entertainment Centre, *Main Rd., Walmer.*
Diese z. T. riesigen Shopping Malls befinden sich alle in den Vororten, die Innenstadt eignet sich aufgrund der Abwanderung vieler Geschäfte im Moment nicht zum Einkaufen.

Golfplatz
Humewood Golf Club *(18 Löcher), Marine Drive, Summerstrand, Humewood,* ☎ *583-2137,* 🖷 *583-1775, www.humewoodgolf.co.za, sehr schöner Golfplatz direkt am Strand, das Clubhaus liegt in den Dünen. Die Gesamtlänge beträgt 6 202 m mit Standard 73.*

Busverbindungen
Alle großen Städte des Landes werden täglich angefahren, auch die Orte an der Garden Route.
Translux, ☎ *392-1304, www.translux.co.za.*
Greyhound, *Simson Building, Ring Road,* ☎ *363-4555, www.greyhound.co.za.*
Intercape/Mainliner, ☎ *0861-287-287, www.intercape.co.za.*
BAZ-Bus, ☎ *021-439-2323, www.bazbus.com, Passagiere können fast im ganzen Zentrum aussteigen bzw. an den entsprechenden Übernachtungsstellen. Verbindungen u. a.: Durban 5x wöchentlich, Kapstadt: täglich, Orte an der Garden Route: täglich.*
Es gibt noch weitere Busunternehmen, die die Stadt bedienen.

Eisenbahnverbindungen
Shosholoza Meyl, *www.shosholozameyl.co.za, täglich, außer samstags, fährt ein Zug nach Johannesburg und Bloemfontein.*

Flugverbindungen
Flughafen Nelson-Mandela-Metropole (Port Elizabeth), ca. 8 km vom Stadtzentrum entfernt, Information ☎ *507-7319, -7348. Shuttle-Bus in die Stadt: Super Cab Shuttle Bus, halb so teuer wie Taxis. Alle großen Hotels werden angefahren.*
SAA *unterhält tägliche Verbindungen in alle größeren Städte Südafrikas, wobei Johannesburg und Kapstadt in der Regel mehrmals täglich angeflogen werden. Auskünfte unter* ☎ *507-1111. Tägliche Verbindungen nach Johannesburg bietet auch* **British Airways/Comair** *an, Auskünfte unter* ☎ *011-921-0111.*

Taxi
Taxis muss man telefonisch bestellen. **Hurter's**, ☎ *585-5500. Minibustaxis verkehren entlang des Marine Drive und halten an den vorgegebenen Busstationen.*

Innerstädtische Busse
Die **Algoa Bus Company** *unterhält ein Streckennetz zu allen Vororten. Auskünfte unter* ☎ *404-1200.*

Mietwagen
Avis, ☎ *581-4291*
Europcar, ☎ *011-574-1000*
Budget, ☎ *581-4242*
Alle Fahrzeugvermieter haben ihre Büros am Flughafen. Man kann dort gleich nach der Ankunft ein Fahrzeug mieten.

Ausflüge von Port Elizabeth

Uitenhage

Etwas ausgefallen und sicherlich nicht jedermanns Sache ist ein Besuch beim **Volkswagenwerk** in Uitenhage. Um die Arbeitsbedingungen in Südafrika besser kennenzulernen, sollte man sich einmal die Zeit nehmen und sich eine Fabrik hier ansehen. Dienstags, mittwochs und donnerstags finden um 8.45h Führungen statt, die ca. 2 Stunden dauern. Voranmeldung ist aber Voraussetzung.

Volkswagen Südafrika: *P. O. Box 80, Uitenhage 6230,* ☎ *041-994-5448, www. volkswagen.de.*

 Streckenbeschreibung

Fahren Sie von Port Elizabeth entlang der R75. Kurz vor Uitenhage muss man den Highway wechseln, der aber immer noch die R75 bleibt (!). Nehmen Sie dann gleich die erste Ausfahrt von Uitenhage (Uitenhage-Noord/Industrial Sites bzw. Despatch) und fahren Sie zum Industriegebiet. Gleich die erste große Fabrik auf der linken Seite ist VW/Audi. Am Haupteingang melden Sie sich dann an der „Visitor's Reception". Die reine Fahrzeit beträgt eine knappe halbe Stunde.

Addo Elephant National Park

Als die ersten Siedler in dieser Gegend sesshaft wurden, begannen sie das Land zu roden. Doch sehr bald hatten sie Konkurrenten, die wie sie Besitzansprüche an das Land stellten: Elefanten! Die „grauen Eminenzen" verwüsteten oft die angelegten Felder und man überlegte, wie man das Farmland gegen weitere Verwüstungen schützen konnte. Nach langen Diskussionen beauftragte die Kap-Regierung 1919 den Berufsjäger *Jan Pretorius* mit der Aufgabe, die Elefanten auszurotten. Bereits nach einem Jahr waren 120 Dickhäuter erlegt, doch mittlerweile empfand die Bevölkerung Mitleid mit den Tieren und protestierte gegen weitere Tötungen. Nur elf Elefanten überlebten das Massaker. Diese Tiere waren aufgrund der Verfolgung sehr gereizt und gefährlich. 1931 entschloss

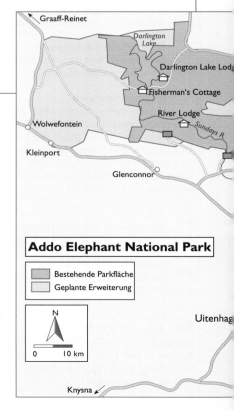

man sich daher, einen knapp 80 km² großen Lebensraum als Nationalpark für die Tiere bereitzustellen. Das gesamte Gebiet wurde mit elefantensicheren Zäunen umgeben.

Mittlerweile ist die Herde wieder auf 350 Elefanten angewachsen. Entlang einer Rundstraße, die auf kleine Beobachtungshügel führt, können Sie Elefanten an Wasserlöchern beobachten. Seit 1961 leben hier auch Schwarze Nashörner, Büffel, Leoparden, Kudus sowie andere Savannentiere. Besonders beeindruckend ist auch die Vielfalt an Vögeln. Es wurden über 170 Vogelarten gezählt, darunter Strauße, Habichte, Falken und Teichhühner. Am Stausee, in der Nähe des Restaurants, gibt es einen Beobachtungspunkt.

Nicht nur Elefanten sind hier anzutreffen

Die Vegetation besteht aus Kletterpflanzen und Bäumen, wobei kaum ein Baum höher als 4 m ist, da er vorher bereits von den Elefanten gestutzt wird. Typische Bäume sind der Spekboom, der Karoo Boer Bean und der Guarrie. Der Park verfügt neben dem Restaurant auch über mehrere Grill- und Picknickplätze. 1992 kaufte das National Parks Board weitere 3.000 ha hinzu, um dem erforderlichen Lebensraum der stetig wachsenden Elefantenpopulation gerecht zu werden. Heute hat der Park etwa 164.000 ha und

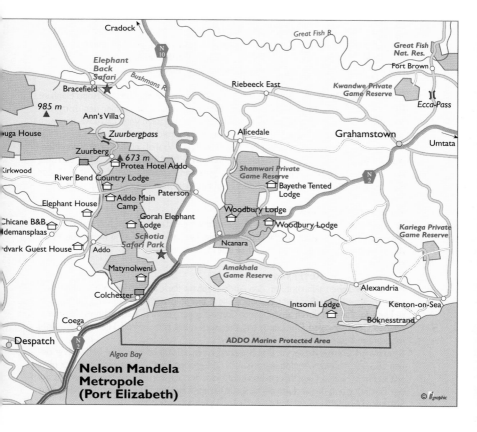

Der Schutz der Elefanten ist das Hauptanliegen der Nationalpark-Verwaltung

umfasst bereits große Teile des Gebiets von Bird Island, in der Algoa-Bucht, über die Zuurberg-Berge bis hinter den Darlington-Damm in der Karoo. Den Elefanten wird ermöglicht, zurück zur Mündung des Sundays-Flusses zu wandern. Das gesamte Gebiet muss dafür mit Zäunen „elefantensicher" gemacht werden und es muss eine Unterführung für die Tiere unter der Autobahn N2 gebaut werden.

Zurzeit entwickelt die Regierung den Addo Elephant Park zum „Greater Addo Elephant Park". Bei dem Projekt will man genügend Farmland aufkaufen, um hier den drittgrößten südafrikanischen Park zu eröffnen, der 360.000 ha umfassen wird. Dazu werden auch 120.000 ha Meeres-Schutzgebiet gehören. Dieser Park reicht dann von der Kleinen Karoo bis zum Indischen Ozean, wo der Southern-Right-Wal als eines der größten Meerestiere die „Big Five" vom Land (Elefant, Nashorn, Büffel, Leopard, Löwe) zu den „Big Six" komplettiert. Selbst Tauchgänge in Käfigen sind geplant. Inzwischen ist auch der Zuurberg National Park Teil des Addo Elephant National Parks.

Zuurberg National Park
Bergzebras Hier wurden 1991 die gefährdeten Bergzebras ausgesetzt. Ursprünglich war der Park eher ein Erholungsgebiet für die Städter als ein Tierpark. Es gibt eine Reihe von Wanderwegen und man kann auch Ausritte mit Pferden machen.

Private Game Reserves
Mittlerweile haben sich rund um den Addo Elephant Park, ähnlich wie am Kruger Park, einige private Game Reserves etabliert. Diese bieten meist eine exquisite Küche, beste Unterkünfte und durch ausgebildete Game Ranger geführte Beobachtungsfahrten in offenen Geländewagen. Der Luxus hat aber auch meist seinen Preis. Hier eine Auswahl mit kurzer Beschreibung:
Shamwari Game Reserve: Das Reservat ist ca. 20.000 ha groß und beherbergt neben 18 verschiedenen Antilopenarten auch „die großen Fünf". Insgesamt leben hier über 5.000 Tiere. Neben luxuriöser Unterkunft liegt der Schwerpunkt dieses Reservats auf der Erhaltung und dem Schutz der ursprünglichen Fauna und Flora dieses Gebietes. Das Shamwari Game Reserve wurde dafür mehrfach ausgezeichnet.

Kariega Game Reserve: Kariega liegt wunderschön, hoch über dem Kariega-Fluss-tal. Es ist 19.000 ha groß, hat über 25 verschiedene Tierarten und über 250 verschiedene Vogelarten. Der Ausblick von den Lodges ist atemberaubend. Für diejenigen, die die „Big Five" sehen möchten, bietet Kariega Exkursionen zu benachbarten Reservaten an. Ein Höhepunkt ist die Fahrt auf dem Kariega mit der „Kariega-Queen", eine ganz andere Weise, die Landschaft zu genießen.

Kwandwe Reserve: Wer traumhafte Landschaft, viele Tiere und luxuriöse Unterkunft mit bestem Service sucht, ist hier richtig. Auf 16.000 ha, 30 km entlang des Great Fish River leben über 7.000 Tiere, natürlich auch die „Big Five". Das Hauptgebäude liegt nahe beim Fluss und alle neun großzügigen Zimmer haben einen tollen Ausblick.

Amakhala Game Reserve: Dies ist eine preiswertere Alternative. Mehrere Unterkunftsmöglichkeiten sind zu unterschiedlichen Preisen zu buchen, vom erschwinglichen Gästehaus bis hin zur exklusiven Safari-Lodge. Das Reservat ist 5.000 ha groß. Mittlerweile wurden hier auch die „Big Five" angesiedelt.

Reisepraktische Informationen Addo Elephant National Park

Informationen und Unterkunft
Im Nationalpark gibt es Cottages, Chalets und Rondavels, ebenso ein Restaurant. Buchung und Information zentral: **South African National Parks**, *P. O. Box 787, Tshwane 0001,* ☎ *012-428-9111,* 🖷 *012-426-5500, www.sanparks.org. Park direkt:* ☎ *042-233-8600,* 🖷 *042-233-8643.*

Öffnungszeiten
Addo Elephants NP: 7–19h.

Unterkunft außerhalb des Parks
Happy Lands $, ☎ *042-234-0422,* 🖷 *086-518-8016, www.gardenroute.co.za/addo/happylands/index.htm, persönliche Atmosphäre, u. a. Pferdeausritte durch den Orangenhain der Obstfarm möglich. Entfernungen: 20 Min. zum Elephant Park, 45 Min. zum Shamwari, ca. 1h zur Nelson-Mandela-Metropole.*
Valleyview B&B $$, *P. O. Box 175, Addo 6105,* ☎ *042-233-0349,* 🖷 *086-616-4256, www. valleyview.co.za, im Herzen von Addo, nur 12 km vom Park gelegen. Swimmingpool, Wandern und Pferdeausritte in traumhafter Landschaft möglich.*
Zuurberg Mountain Inn $$$, ☎ *042-233-8300,* 🖷 *042-233-8333, www.addo.co.za, 150 Jahre altes historisches Hotel mit atemberaubendem Blick auf den Elephant Park. Elegant, stilvoll, internationaler Standard. 1h Autofahrt von Nelson-Mandela-Metropole (Port Elizabeth) entfernt.*
The Elephant House $$$, *P. O. Box 82, Addo 6105,* ☎ *042-233-2462,* 🖷 *042-233-0393, www.elephanthouse.co.za, exklusive Lodge mit strohbedecktem Dach, Swimmingpool, Zimmer mit jeweils privater Veranda, nur wenige Minuten vom Park entfernt.*
Woodall Country House $$$$, ☎/🖷 *042-233-0128, www.eastcape-venues. co.za/woodall.htm, Luxus-Gästehaus mit B&B, preisgekrönte charmante Unterkunft, auf einer wunderschönen Zitronenfarm 5 km nördlich vom Park entfernt gelegen an der R335.*

Es gibt eine Vielzahl wunderschöner **Game Reserves** *in dieser Region. Nachfolgend eine kleine Auswahl:*

Shamwari Game Reserve

20.000 ha großer privater Naturpark, am Ende der Gardenroute, Zwischen Port Elizabeth und Grahamstown mit jeweils ca. 70 km Entfernung gelegen. Information und Buchung: ☎ 041-407-1000, ☎ 041-407-1001, www.shamwari.com, exklusive Lodges mit afrikanischem Flair und ethnischer Dekoration. Von hier aus besteht eine der wenigen Möglichkeiten im Lande, die „Big Five" in einem malariafreien Naturpark zu erleben. 6 separate Luxuslodges, u. a.:

Riverdene Lodge $$$$$, eine restaurierte Siedler-Lodge mit 9 Suiten der Extraklasse. Alle sind mit eigenem Sandstein-Bad ausgestattet, vollklimatisiert, Satelliten-TV, Telefon und Aufenthaltsraums sowie einem Pool mit Sonnenterrasse. Während des Aufenthaltes wird einem ein Ranger zur persönlichen Betreuung zur Verfügung gestellt.

Eagles Crag Lodge $$$$$, 9 separate Suiten, jede mit privater Veranda und Pool. Es gibt einen „Boma"-Abschnitt, d. h. einem Grillplatz, an den sich die Gäste abends bei Lagerfeuer zum gemeinschaftlichen Essen und Trinken zusammensetzen. Mit je eigenem Wellnessbad und großem Aufenthaltsraum sowie einer Bücherei.

Kariega Game Reserve

Privater Naturpark, in dem sich Flussvegetation, Busch- und Graslandschaft miteinander abwechseln. Liegt inmitten der ursprünglichen Wildnis des malerischen Kariega River Valley. 80 Autominuten von Nelson-Mandela-Metropole (Port Elizabeth) entfernt. Einzigartig ist die Möglichkeit auf den gekennzeichneten Wegen ganz in der Nähe der Vielzahl an Wildtieren sicher gehen zu können. Safaritouren mit erfahrenen Rangern werden angeboten. Information und Buchung: Kariega Game Reserve, P. O. Box 35, Kenton-on-Sea 6191, ☎ 046-636-7904, ☎ 046-636-2288, www.kariega.co.za.

Ukhozi Lodge $$, geräumige und komfortable Chalets mit 1, 2 oder 3 Schlafzimmern, eigener Veranda sowie teilweise mit eigenem Pool. Squashplatz, Sauna und Wellnessbad vorhanden, rollstuhlgerecht. Gute traditionelle Gerichte gibt es im Restaurant, das übrigens einen Preis aufgrund seiner besonderen Architektur gewonnen hat. Phantastischer Rundumblick inklusive auf den Indischen Ozean.

Kwandwe Private Game Reserve

Privater Naturpark, der sich in der historischen Great Fish River Region befindet. Hier gibt es viele Elefantenherden, außerdem die sogenannten Big Five, nahe Grahamstown. Buchen über **CC Africa**, Private Bag X27, Benmore, 2010 Johannesburg, ☎ 011-809-4300, ☎ 011-809-4400, www.ccafrica.com, www.kwandwereserve.co.za, 2 familiäre Lodges:

Uplands Homestead $$$$, weltweit bekannt für ihre profunden Kenntnisse der afrikanischen Tierwelt, den superlativen Service und der köstlichen afrikanischen Küche. Das historische Farmgebäude, das unter Denkmalschutz steht, bietet 6 Personen Platz. Es ist elegant möbliert mit Antiquitäten und Gegenständen aus der Zeit der Besiedlung.

Kwandwe Main Lodge $$$$$, 9 luxuriöse strohgedeckte Suiten, von denen aus man eine herrliche Rundumschau über Valley Bushveld hat. Im Inneren dominiert ein klassischer Stil, in dem sich lokale afrikanische Kunst mit kolonialer Siedlergeschichte verbinden. Höhepunkt ist stets das ausgedehnte Abendessen, spezialisiert auf afrikanische Küche.

Amakhala Game Reserve

Amakhala Game Reserve $$-$$$$$, benannt dem Xhosa-Wort für Aloe, gehört das Amakhala Game Reserve zu den besten Games Reserves in der Region. Das 5.000 ha große Gebiet bietet großartige Möglichkeiten für Safaris und die Erkundung der Pflanzenwelt in der Region. Lage: Gelegen zwischen Port Elizabeth und Grahamstown, etwa 30 Min. vom Addo Elephants Park entfernt, verfügt das Amakhala Game Reserve über Guesthäuser, Lodges und Farmhäuser, ☎/☎ 046-636-2750, www.amakhala.co.za/.

Grahamstown

Die Stadt stellt mit ihrer Besiedlungsgeschichte einen großen Kontrast zum Kapland dar: Von diesem Teil der östlichen Kapprovinz nahmen britische Einwanderer Besitz.

Grahamstown hat viele Beinamen, die jeweils besondere Charakteristika dieser 62.000 Menschen zählenden Stadt betonen: **„Stadt der Heiligen"** (es gibt über 40 Stellen, an denen Gottesdienste abgehalten werden), **„Schlafendes Tal"** (der eher ruhige Ort liegt in einer geschützten Talmulde), **„Stadt der Schulen"** (neben einer Vielzahl von Schulen gibt es hier auch die Rhodes University mit ca. 6.000 Studenten), **„Settler's City"** (Stadt der Siedler).

An sich entstand Grahamstown aus dem Motiv der Angst heraus. Im Jahre 1806, als die Briten das Kap zum zweiten Male okkupierten, kam es unverzüglich zu Widerstand an den Ostgrenzen: Die Xhosa drohten gar mit einem Generalangriff. Morde, Überfälle und Viehdiebstähle störten die Entwicklung des Gebietes. Die Briten versuchten, den großen Konflikt abzuwenden und schlugen vor, die Xhosa sollten den Great Fish River als die Südgrenze ihres Bereiches anerkennen. Der Chefunterhändler der Briten wurde jedoch ermordet, die Überfälle häuften sich. Schließlich brach 1811 ein Krieg aus, den die weiße Regierung mit etwa 20.000 Soldaten bestritt. Um weitere Einfälle zu unterbinden, begann man, eine Reihe von Festungen entlang des Great Fish River zu bauen. Zwei Stellen sollten militärische Hauptquartiere werden. Mit der Auswahl dieser Plätze wurde Oberst John Graham beauftragt. Er fand ein verlassenes Farmhaus vor, das er herrichtete und bezog. Bald stellte man hier Zelte auf und begann auch damit, einfache Häuser zu errichten. Diese Stelle wurde nach dem Oberst Grahamstown benannt.

Festung gegen Überfälle

Blick auf Grahamstown

Die erste Bewährungsprobe fand am 22. April 1819 statt, als über 9.000 Xhosa-Krieger den Posten zu stürmen versuchten. Doch die 300 Garnisons-Soldaten konnten den Angriff abwehren, über 1.000 Xhosa kamen um. Nach Makana, ihrem Führer, wurde der **Makana's Kop** benannt, jener Hügel, auf dem sie sich zum Angriff versammelten.

Grahamstown bekam 1820 erheblichen Zuwachs durch neue Siedler. In den nächsten Jahren sollte hier sowohl die Feste als auch die Stadt weiter ausgebaut werden. Allmählich wuchs der Ort zur zweitgrößten Stadt Südafrikas heran. Viele Gebäude erinnern noch heute an jene frühen Tage: Die Einfahrt zur alten Drostdy, der Landvogtei, bildet jetzt den Eingang der Rhodes University; das Provost Building, das als Militärgefängnis 1836 erbaut wurde; die Cathedral of St. Michael und St. George mit ihrem 46 m hohen Turm, 1853 erbaut.

Beste Schulen Südafrikas
Bereits 1814 wurde die erste Schule eröffnet, heute zählen die Schulen der Stadt zu den besten Südafrikas. Das Schul- und Universitätsleben dominiert so stark, dass in der Ferienzeit die Leere und Stille sehr auffällig sind. Doch die Entwicklung von Grahamstown erlitt einen schweren Rückschlag, als 1834 die Xhosa im Grenzgebiet einen neuen Angriff starteten. In die Stadt flohen etwa 7.000 Menschen, um Schutz vor den Überfällen zu suchen. Als Oberst *Harry Smith*, der britische Militärkommandant, davon hörte, ritt er von Kapstadt die gesamten 900 km in nur sechs Tagen. Allmählich gelang es, den Einfall der Xhosa zu stoppen. In dieser Zeit wurden auch das Fort Selwyn und das Provost House gebaut.

Ausgangspunkt des „Großen Treks"
Bald verließen die holländischen Siedler, die sich von den Briten bedrängt fühlten, diese Gegend: Damit begann ihr „Großer Trek" ins Innere Südafrikas. Die Engländer blieben, doch Ruhe sollte es noch nicht geben. 1842 kam es erneut zu heftigen Zusammenstößen mit den Xhosa. Die Stadt war wiederum mit Flüchtlingen überfüllt, während auf dem Lande Plünderungen stattfanden. Schließlich konnten die Briten sich behaupten, doch schon 1859 kam es zu erneuten, diesmal besonders heftigen Kämpfen. Die britische Regierung entschied sich nun, die Gegend bis zum Kei River zu annektieren. Erst danach kehrte Ruhe ein. Der Botanische Garten wurde angelegt und als Zeichen des Friedens wurde gar 1864 eine Parlamentssaison in Grahamstown anstelle von Kapstadt abgehalten. In Erinnerung an eben diese Vorfahren errichtete man das **1820 Settlers' Monument** auf dem Gunfire Hill (in der Nähe des Forts Selwyn, das eine der Signalstationen war, die sich bis zum Fish River erstreckten).

Besuchenswert sind für diejenigen, die sich für Geschichte, aber auch Natur und Ethnologie interessieren, das **Albany Museum** und das **1820 Settlers' Memorial Museum** auf dem Universitätsgelände.
Albany Museum Complex (Natural Science Museum, History Museum, Observatory Museum u. a.), *Somerset Str.,* ☎ *046-622-2312, geöffnet Mo–Fr 9–13h, 14–17h, Sa 9–13h.*

The Observatory Museum

In dem liebevoll eingerichteten Museum findet man verschiedene Möbel und Gebrauchsgegenstände der ersten Siedler in typisch viktorianisch eingerichteten Räumen. Hauptattraktion ist aber die Sammlung alter Teleskope, die von *Henry Carter Galpin* an-

Ananas-Anbau in der Umgebung

Wenn Sie durch die Landschaften um Grahamstown reisen, werden Sie weite Ananasfelder entdecken. Die Geschichte des Ananasanbaus reicht bis ins Jahr 1865 zurück und hat einen mehr als ungewöhnlichen Beginn: Ein Farmer aus der Nähe um Bathurst entdeckte bei seinem Friseur in Grahamstown, dass dieser in großen Wasserkrügen Ananasstauden züchtete. Er nahm einige Pflanzen mit und pflanzte sie aus Spaß ein. Wie erstaunt war er, als er entdeckte, dass der Boden und das Klima ideal für die Ananasfrucht waren und die Früchte hervorragend gediehen.

Heutzutage wird Ananas in großem Umfang angebaut und man versorgt damit nicht nur den heimischen Markt, sondern exportiert sogar einen Teil.

Bei der Ananasernte

gelegt wurde, einem im 19. Jh. ansässigen Uhrmacher und Architekten, der sich sehr für Optik und Astronomie interessierte. In dem Turmgebäude hat er 1882 eine „Camera Obscura" aufgebaut. In einem abgedunkelten Raum kann man auf einer Platte mit Hilfe eines Spiegels und mehrerer Linsen die ganze Stadt und Umgebung beobachten. Durch Drehen des Spiegels auf dem Dach kann man sowohl den nächsten Hinterhof als auch Gebiete in einer Entfernung von mehreren Kilometern sehen.

Camera Obscura

Nur in England finden sich weitere Exemplare der „Camera Obscura" aus dieser Zeit.
The Observatory Museum: *s. o. Albany Museum Complex, S. 532.*

Reisepraktische Informationen Grahamstown

Vorwahl: *046*

i **Information**
Tourism Grahamstown, *63 High Street*, ☎ *622-3241*, 📠 *622-3266, www.grahamstown.co.za, geöffnet Mo–Fr 8.30–17h, Sa 9–13h.*

Unterkunft
Settlers Hill Manor $, *71 Hill Street*, ☎/📠 *622-4243, www.settlershillcottages.co.za/, romantisch und gemütlich. Die Gebäude stehen unter Denkmalschutz.*
The Cock House $$, *10 Market Street*, ☎/📠 *636-1287/95, www.cockhouse.co.za, ein schön restauriertes altes Stadthaus, in dem selbst Nelson Mandela schon zu Gast war.*
Elizabeth House $$, *6 Worcester Street*, ☎ *636-1368*, 📠 *622-2616, ruhig, hübsch und gemütlich.*
Aucklands Country House $$$, *8 km von der Stadt an der N 2, Richtung Nelson-Mandela-Metropole,* ☎ *622-2401, sehr schönes Landhotel (um 1800) auf 272 ha eigenem Land. Sehr gutes Essen, schöne Wanderwege (Blessbock-Herden).*

JH **Backpackers**
Old Gaol Backpackers $, *Somerset Str.*, ☎ *636-1001, www.oldgaol.com, Herberge in einem alten Gefängnis (1824). Düster...*

⚠ **Camping**
Makana Resort, *Grey Street*, ☎ *622-2159*, 📠 *086-504-1440, www.makanaresort.co.za, 4 Cabins, 12 Chalets, 16 Caravan Campingplätze.*

❚❚ **Restaurants**
The Cock House, *10 Market Street*, ☎ *636-1295, ein traditionelles Restaurant in altem Stadthaus mit typisch südafrikanischem Menu, tollen Lammgerichten und selbst gebackenem Brot. Reservierung empfohlen.*
The Calabash Restaurant, *123 High Str.*, ☎ *622-2324, Spezialität sind original „Xhosa Hot Pots", aber auch andere südafrikanische Gerichte.*
Redwood Spur – Steak Ranch, *97 High Str.*, ☎ *622-2629, bei der Kathedrale, Steaks, Burger, Salate... leger, preiswert und gut.*
Viele weitere Restaurants befinden sich entlang der **High Street**.

Nelson Mandela Metropole (Port Elizabeth) – Colesberg

Überblick

Nachdem Sie die Garden Route hinter sich gelassen haben, werden Sie sich entscheiden müssen, ob Sie weiter entlang der Küste nach Buffalo City/East London und durch die ehemalige Transkei fahren wollen oder ob Sie ins Landesinnere abzweigen und dem

Free State und eventuell Lesotho einen Besuch abstatten wollen. Falls Sie sich für Letzteres entscheiden, benutzen Sie am besten die R32 (auch N10 genannt), die Sie von Nelson-Mandela-Metropole/Port Elizabeth nach Colesberg führt.

Auf dieser Strecke passieren Sie zwei Nationalparks, von denen sicherlich der **Addo Elephant Park** (s. S. 526) der interessantere ist. Doch auch die Landschaft des **Mountain Zebra National Park** (s. S. 545) ist sehr reizvoll, der Park bietet sich für eine Übernachtung an. Entlang dieser Route finden Sie auch historisch interessante Städte wie Somerset-East, Cradock und etwas abseits Graaff-Reinet, die sicherlich eindrucksvollste Stadt hier. In **Somerset-East** sollten Sie sich daher entscheiden, ob Sie der Hauptroute folgen und den Mt. Zebra National Park aufsuchen möchten oder ob Sie über die R63 nach Graaff-Reinet fahren wollen. Hier liegt, neben den historischen Bauten der Stadt, etwas außerhalb das **Valley of Desolation**, ein Tal, das in seiner Entstehung hauptsächlich durch Erosionskräfte gebildet wurde und dabei bizarre Formen angenommen hat. Über die R57 erreichen Sie bei Middelburg dann wieder die Hauptstrecke.

☞ Entfernungen und Planungsvorschlag

Entfernungen

PE – Cradock (mit Abstecher nach Somerset-East): ____340 km
Cradock – Colesberg: _____195 km

Einzelstrecken	*km*	*Tage*
PE – Somerset-East – Mt. Zebra N. P.	360 km	1 (2 Tage mit Aufenthalt)
Mt. Zebra N. P. – Middelburg – Colesberg	200 km	1
alternativ		
PE – Somerset-East – Graaff-Reinet	355 km	1 (2 Tage mit Aufenthalt)
Graaff-Reinet – Middelburg – Colesberg	210 km	1

☞ Streckenbeschreibung

Fahren Sie auf der N2 aus P.E. heraus und zweigen Sie hinter Swartkops auf die R335 zum Addo Elephant Park ab. Falls Sie dort nicht hinfahren wollen, bleiben Sie auf der N2 und treffen nach ca. 80 km auf die Kreuzung bei Ncanaha, wo die R32 (N10) nach Norden abzweigt. Folgen Sie dieser Strecke gut 115 km bis Cookhouse, wo Sie nach links abbiegen und auf der R63 nach gut 20 km nach Somerset-East gelangen. Hier müssen Sie sich entscheiden, ob Sie auf der R63 weiterfahren nach Graaff-Reinet (weitere 115 km), um von dort über die R57 (auch N9 genannt) nach Middelburg zu kommen (110 km), oder ob Sie zurückfahren nach Cookhouse und der R32 (N10) folgen über Cradock und dem kurz dahinter abzweigenden Weg zum Mt. Zebra Park, um von dort etwa 100 km hinter Cradock nach Middelburg zu gelangen. 30 km hinter Middelburg gabelt sich die Hauptstraße bei Carlton. Nach links führt die R32 nach Hanover, wo sie auf die N1 trifft, nach rechts führt die R57 nach Colesberg, wo diese ebenfalls auf die N1 trifft. Für ganz Eilige empfiehlt sich die R75 von P.E. über Uitenhage nach Graaff-Reinet und dann, wie beschrieben, weiter nach Middelburg. Die Strecke lässt sich wegen der wenigen Ortschaften zügig fahren.
Für eilige Reisende in Richtung Bloemfontein empfiehlt sich die R390 ab Cradock, die über Hofmeyr führt.

Somerset-East

Das Gebiet der heutigen Stadt war Ende des 18. Jh. Teil einer Farm, auf der der Farmer *Louis Trichardt* erkannte, dass sich das Gebiet gut für den Tabakanbau eignete. Nachdem er weiter nach Norden gezogen war, gründete der damalige Kapgouverneur, *Lord Charles Somerset*, 1815 in dem Gebiet eine Versuchsfarm für Tabak, die schließlich die Truppen im Norden und Osten der Provinz mit dem Genussmittel versorgen sollte.

Redaktions-Tipps

▸ Einen Tag in **Graaff-Reinet** (S. 537) einplanen

▸ Dort übernachten und speisen im **Drostdy Hotel** (S. 541)

▸ **Rundflug** über die Karoo – Mt. Zebra National Park (S. 545) und hier eventuell auch eine Nacht bleiben

1825 wurde hier der Ort Somerset gegründet, der dann 30 Jahre später in Somerset-East umbenannt wurde, um sich von Somerset-West im Südwesten zu unterscheiden. Der Ort diente hauptsächlich als kleines Handelszentrum für Agrarprodukte. Die Hänge am Bosberg wurden 1827 den Wesley-Missionaren überlassen, die hier zuerst eine kleine Kapelle errichteten, aus der dann später das Pfarrhaus hervorging, welches heute das Museum der Stadt beherbergt:

Somerset-East-Museum

In diesem ältesten Gebäude der Stadt befinden sich eine Reihe von Möbelstücken und anderer Gegenstände aus Haushalten des Ortes. Am interessantesten aber sind die 700 Rosenbüsche und der kleine Gewürzgarten, welcher schon im 19. Jh. angelegt worden ist. Im Museum kann man davon interessante Marmeladenmischungen kaufen (z. B. Rosenmarmelade und Apfel-Pfefferminzgelee).

Somerset-East-Museum: *Beaufort Street, geöffnet Mo–Fr 8–17h.*

Berühmtestes Kind der Stadt war der Maler *Walter Battiss*, der später viel gereist ist und lange Zeit in Amerika gelebt hat. Er bewohnte mit seiner Familie ein Haus in der Paulet Street, das vormals eine Offiziersmesse gewesen ist. *Battiss* war ein etwas introvertierter Zeitgenosse, und in seinen Phantasien lebte er in einem selbst gegründeten Staat.

Fook-Island-Briefmarken und Fook-Island-Geld

Diesen nannte er „Fook Island". Die Idee von dieser kleinen selbst geschaffenen Oase verewigte er nicht nur auf seinen Bildern, sondern er fing auch an, Fook-Island-Briefmarken und schließlich auch Fook-Island-Geld zu entwerfen. Mit diesem Geld bezahlte er dann auch so einige Rechnungen im Ausland, ohne dass dieses immer auffiel. Nach seinem Tode vermachte er seiner Stadt 18 seiner Werke. Die Stadt eröffnete daraufhin die **Walter Battiss Art Gallery** in dem o. g. Haus. Neben seinen Bildern kann man hier auch Gemälde anderer Künstler der Kapprovinz besichtigen und es finden zusätzlich auch verschiedenste Wanderausstellungen statt.

Heute ist Somerset-East ein Zentrum der Mohairwollproduktion, in etwas feuchteren Lagen werden auch Zitrusfrüchte angebaut. Im Gegensatz zu Graaff-Reinet hat sich hier auch etwas Kleinindustrie niedergelassen. 3 km entfernt befindet sich das **Bosberg Nature Reserve**, in dem es einige Tiere zu sehen gibt, u. a. auch Bergzebras. In erster Linie lädt der Park aber zu Wanderungen ein. Ansonsten gibt es in Somerset-East nicht allzu viel zu sehen. Wenn Sie sich für kulturhistorische Dinge interessieren, sollten Sie lieber etwas mehr Zeit für Graaff-Reinet aufsparen.

Reisepraktische Informationen Somerset-East

Vorwahl: *042*

ⓘ Information
Das **Tourist Office**, *welches sich im o. g. Museum befindet, hat auch eine Liste über Farmunterkünfte*, ☎ *243-1333, www.somerseteast.co.za.*

🛏 Unterkunft
Somerset Hotel $, *83 Nojoli Str.,* ☎ *243-0557, www.somerseteast.co.za/somersethotel/, einfaches Kleinstadthotel.*

⚠ Camping
Caravan Park, *im Bosberg Nature Reserve.*
Besterhoek Chalets, *im Bosberg Nature Reserve,* ☎ *243-1333.*

🍴 Restaurants
Es gibt keine besonderen Restaurants. Wer Hunger hat, kann nur zwischen dem Hotelrestaurant und 2 kleinen Steakrestaurants in der Charlesstreet wählen.

Graaff-Reinet

Graaff-Reinet, das auch „Perle der Karoo" genannt wird, ist eine kleine Stadt mit heute 33.000 Einwohnern. Bereits 1786 gegründet, ist sie die viertälteste Stadt der Kapprovinz. Sie wurde in der Flussschleife des Sunday River angelegt, da man sich damals davon einen natürlichen Schutzwall versprach. In den ersten Jahrzehnten ihrer Existenz war Graaff-Reinet eher ein Dorf, das den Farmern als Versorgungszentrum diente und

Die Perle der Karoo

Die Hauptstraße in Graaff-Reinet

als Schutz während der zahlreichen Angriffe der Xhosa. Bereits 1794 gründete die Kapregierung hier einen Verwaltungssitz, den **Drostdy**. Doch wurden hier nur wenige Verwaltungsangestellte eingesetzt, die in Zeiten der Unruhen kaum militärische Hilfe versprachen. Unzufrieden mit diesem Zustand, riefen die Bürger daraufhin 1796 den „Landdrost" aus, vertrieben die Engländer und erklärten Graaff-Reinet zum eigenständigen Staat. Dieser Zustand hielt aber nicht lange an, denn die Engländer kamen, diesmal mit Militär, zurück und übernahmen wieder die Regierungsgewalt.

Doch blieb es für sie bis zu Beginn des 19. Jh. ein unruhiges Pflaster, die Bürger lehnten sich immer wieder auf. Viele von ihnen waren so unzufrieden, dass sie ihre Farmen verließen und sich dem Großen Trek von *Pretorius* und *Maritz* anschlossen, um ins damalige Transvaal zu ziehen. Selbst später, im Anglo-Burischen Krieg, kämpften sie verbittert gegen die Engländer.

200 Gebäude stehen unter Denkmalschutz

Mitte des 19. Jh. kamen viele englische und deutsche Siedler hierher und die Stadt wurde das zweitwichtigste landwirtschaftliche Handelszentrum der Kapprovinz. Benannt wurde die Stadt nach dem Gouverneur *Cornelis Jacob van der Graaff* und seiner Frau *Cornelia Reinet*. Heute ist Graaff-Reinet einer der **historischen Glanzpunkte des Landes** und rühmt sich damit, dass es 200 Gebäude hat, die unter Denkmalschutz stehen. Unter ihnen befinden sich Bauten aus allen Zeitepochen im kapholländischen Stil. Keine Stadt des Landes erreicht diese Zahl nur annähernd. Und keine andere Stadt ist, wie Graaff-Reinet, von einem Nationalreservat umgeben.

Hauptwirtschaftszweig dieser Region ist, bedingt durch die geringen Niederschläge, die Angoraziegen- und Merinoschafzucht. Doch wegen der Absatzschwierigkeiten für Wolle haben mittlerweile viele Farmer als zweites Standbein die Straußenzucht gewählt. Da es keine nennenswerte Industrie in dieser Region gibt und in den letzten Jahren eine große Trockenheit herrschte, haben viele Einwohner dieser Stadt wirtschaftliche Probleme und die Arbeitslosenrate ist entsprechend angestiegen. Viele von ihnen sind abgewandert nach Nelson-Mandela-Metropole/Port Elizabeth. Dank eines Hilfsprogramms von Seiten des Staates versucht man nun, mit Hilfe des wachsenden Tourismus eine alternative Einkommensquelle zu schaffen.

Sehenswertes

Die Innenstadt bietet unzählige schöne und interessante Gebäude, die alle im Umkreis von etwa 500 m um das Drostdy Hotel liegen, sodass man sie in Ruhe an einem Tag alle besichtigen und sich zwischendurch in den Tee-Gärten oder im Kromms Inn erholen kann.

Old Library Museum (3)

Hier finden sich u. a. zwei sehr interessante Abteilungen: Zum einen kann man Bilder des Fotografen *William Roe* bewundern, der in der zweiten Hälfte des 19. Jh. das Land bereist hat. Besonders eindrucksvoll sind vor allem die Fotos vom alten Graaff-Reinet und von den ersten Diamantenschürfungen am Big Hole in Kimberley. Zum anderen gibt es eine geologisch-paläontologische Abteilung, die über 200 Mio. Jahre alte Überreste von Sauriern ausstellt. Diese Tiere lebten im Gebiet der Karoo, als es sich noch um eine sumpfige Ebene handelte. Dazu muss man sich vor Augen halten, dass zu dieser Zeit der afrikanische Kontinent noch Teil des Gondwanalandes war, eines riesigen Ur-Kontinents, der die Antarktis, Südamerika, Australien und das heutige Afrika mit den „Anhängseln" Europa und Asien umfasste. Damals war die Karoo noch ein zentraler Teil des Kontinents. Die Oberfläche war das, was heute die Bergspitzen sind und die heutigen Steine wurden aus den Sand- und Tonablagerungen geschaffen, die die Flüsse in das Karoobecken eingeschwemmt hatten.

Blick in die Vergangenheit – der Urkontinent

Millionen Jahre später hob sich der Kontinent; die Flüsse begannen sich nun in die Sandsteinschichten einzugraben, sodass langsam das heutige Landschaftsbild entstand. Die Tierkadaver wurden häufig von den Flüssen mitgerissen und in die Ebenen gespült, wo sie in den später ausgetrockneten Lehmpfannen „konserviert" wurden.

Heute finden Farmer immer wieder neue Überreste; viele von den prähistorischen Tieren wurden nach den Farmerfamilien benannt, die sie gefunden hatten. Erstaunlicher-

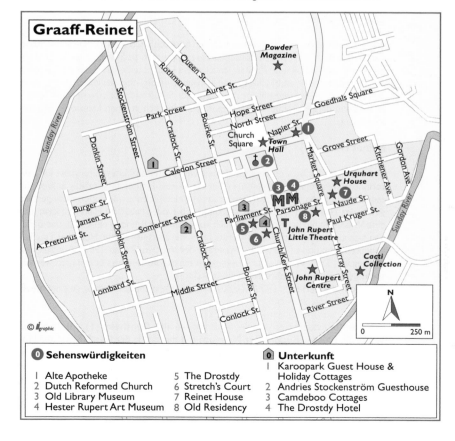

Graaff-Reinet

Sehenswürdigkeiten	
1 Alte Apotheke	5 The Drostdy
2 Dutch Reformed Church	6 Stretch's Court
3 Old Library Museum	7 Reinet House
4 Hester Rupert Art Museum	8 Old Residency

Unterkunft	
1 Karoopark Guest House &	
Holiday Cottages	
2 Andries Stockenström Guesthouse	
3 Camdeboo Cottages	
4 The Drostdy Hotel	

Prähistori- weise sind sogar Teile der Zähne erhalten. Bei den meisten Tieren handelt es sich um
sche Funde Übergangsformen vom Wassertier zum Landtier. Bekanntestes Exemplar ist der *Pareia-saurus*, ein Reptil, das bis zu einer Tonne wiegen konnte bei einer Länge von nur 3 Metern. In späteren Erdzeitaltern ist es aus diesem Gebiet ausgewandert und man hat Überreste von ihm bis in Sibirien gefunden.

Old Library Museum: *Ecke Church Str./Somerset Str.,* ☎ *049-892-3801, www. graaffreinetmuseums.co.za, geöffnet Mo–Fr 8–13h und 14–17h, Sa 9–15h, So 9–16h.*

The Drostdy (5)

Das Hauptgebäude, in dem sich heute die Eingangshalle des Hotels befindet, wurde bereits kurz nach der Gründung der Stadt errichtet und diente den Engländern als Verwaltungssitz. Doch nach den Streitigkeiten zwischen Bewohnern der Stadt und den Beamten wurde das Gebäude zum Hotel umfunktioniert. Im Laufe der Jahre wurde es immer weiter vergrößert und erst im 20. Jh. wieder in seinen ursprünglichen Zustand versetzt. Die Innenräume wurden zum größten Teil wieder so hergerichtet, wie sie Mitte des 19. Jh. ausgesehen haben.

Hinter dem Hauptgebäude befindet sich der **Stretch's Court (6)**, eine kleine Kopfsteinpflasterstraße mit sieben Häuschen, die ursprünglich als Sklavenunterkünfte dienten. Mitte des 19. Jh. kaufte Kapitän *Stretch* diese Häuser, teilte das Gebiet in Parzellen auf und verkaufte sie an Mischlinge und Schwarze weiter. 1966 schließlich gingen sie in den Besitz der „Vereinigung historischer Gebäude Südafrikas" über, die sie völlig restaurierten und dem Hotel übergaben. Heute befinden sich in ihnen luxuriöse Zimmerapartments.

Reinet House (7)

Das 1812 als Pfarrhaus erbaute Gebäude diente später als Veranstaltungsort für Lehrerinnenseminare. Heute findet man hier ein Museum mit einer sorgfältig ausgewählten Sammlung von Möbeln, Küchengeräten, Kinderspielzeug und anderen Dingen, die sich in den Haushalten des letzten Jahrhunderts befunden haben. Im Hinterhof kann man eine Wassermühle besichtigen, die auch vorgeführt wird, und in einer Scheune befinden sich alte landwirtschaftliche Geräte, vom Pferdewagen bis zur Heugabel. Eine besondere Attraktion ist die größte Weinrebe der Welt im Garten. 1983 hatte sie einen Umfang von 31 m. Wegen einer Pilzkrankheit musste sie allerdings beschnitten werden, sodass sie heute aus mehreren Teilen besteht.

Das Reinet House: ☎ *049-892-3801, www.graaffreinetmuseums.co.za, geöffnet Mo–Fr 8–17h, Sa 9–15h, So 9–16h.*

Weitere interessante Gebäude der Stadt sind die **alte Apotheke (1)** in der Caledon Street, das **Hester Rupert Art Museum (4)**, das sich in der Dutch Reformed Mission Church befindet und zeitgenössische südafrikanische Kunst bietet, und die die ganze Stadt überragende **Dutch Reformed Church (2)**, die der Salisbury-Kathedrale nachempfunden wurde. In der **Old Residency (8)**, Parsonage Street, aus dem Jahre 1820, kann man alte Werften anschauen.

Hester Rupert Art Museum: *Church Str.,* ☎ *049-892-2121, geöffnet Mo–Fr 9–12.30h, 14–17h, Sa und So 9–12h.*

Reisepraktische Informationen Graaff-Reinet

Vorwahl: *049*

i Information

Tourism Information Office, *13a Church Street,* ☎ *892-4248,* ✆ *086-549-3943, www.graaffreinet.co.za, geöffnet Mo–Fr 8–17h, Sa 9–12h.*

Unterkunft

Karoopark Guest House & Holiday Cottages (1) $$, *81 Caledon Str., P. O. Box 737, Graaff-Reinet 6280,* ☎ *892-2557,* ✆ *892-5730, www.karoopark.co.za, Zimmer in altem Stadthaus und Cottages, Swimmingpool.*

Camdeboo Cottages (3) $$, *16 Parliament Str., P. O. Box 360, Graaff-Reinet 6280,* ☎ *892-3180,* ✆ *891-0919, www.camdeboocottages.co.za, Selbstverpflegungsunterkünfte in alten historischen Stadthäuschen. Sehr gemütlich.*

The Drostdy Hotel (4) $$$, *30 Church Str., P. O. Box 400, Graaff-Reinet 6280,* ☎ *892-2161,* ✆ *892-4582, www.drostdy.co.za, ein Klassiker unter den Country Hotels mit ausgezeichnetem Restaurant, in dem man sich bei Kerzenlicht ins 19. Jh. zurückversetzt fühlt. Haus im kapholländischen Stil, tolle Lage.*

Andries Stockenström Guesthouse (2) $$$$, *100 Cradock Str.,* ☎/✆ *892-4575, www.asghouse.co.za, ausgezeichnetes Guesthouse mit 5 sehr schönen Zimmern. Denkmalgeschütztes Haus, super Essen im Restaurant, kreative Kombination von französischer Küche mit lokalen Einflüssen. Essen nur für Übernachtungsgäste.*

Das **Tourist Office** *informiert über weitere* **Unterkünfte***, wobei gerade die* **auf den Farmen** *sehr zu empfehlen sind, da meistens die Gäste im alten Farmhaus (teilweise über 200 Jahre alt) wohnen, während die Farmersfamilien mittlerweile in neuere Gebäude umgezogen sind. In der Regel handelt es sich um Selbstversorgungsunterkünfte, aber nach Vereinbarung werden auch Mahlzeiten zubereitet. Die Häuser haben nur eine Küche, ein gemeinsames Wohnzimmer, häufig teilen sich zwei Wohnparteien ein Badezimmer. Die Übernachtung hier verspricht daher eher Geselligkeit als Abgeschiedenheit, obwohl einige Farmen weit außerhalb des Ortes liegen. Dieses ist sicherlich eine sehr interessante Alternative und das Erlebnis ist einmalig. Die Preise rangieren um 50–70 ZAR pro Person und Nacht (ab drei Personen, für Kinder gibt es erhebliche Preisnachlässe).*

JH Backpackers

Le Jardin Backpackers $, *103 Caledon/Donkin Str.,* ☎ *892-5890, schöne Zimmer in einem alten Haus, netter Garten, Kücheneinrichtung.*

⚠ Caravanpark

Urquhart Park, ☎ *892-2136, graaffreinetcpark@wam.co.za, schön gelegen am Fluss (Achtung Mücken) und sauber. Hier kann man auch Hütten mieten. Die angebotenen Bungalows sind etwas größer als die Rondavels.*

🍴 Restaurants

Camdeboo Restaurant, *im Drostdy Hotel, Church Str.,* ☎ *892-2161, Speisesaal aus dem 19. Jh., mit Kerzenlicht und auserlesenen Weinen, geöffnet ab 18 Uhr.*

Die Kliphuis, *Bourke Str.,* ☎ *892-2345, für einen leichten Lunch bestens geeignet.*

Desert Springs Spur, Church Str., ☎ 892-3202, wie gewohnt gute Steaks und leckere Salate von der Salatbar.
Stockenström Guesthouse, Craddock Str., ☎ 892-4575, www.asghouse.co.za, sehr gut für Liebhaber afrikanischer Wildgerichte.
Number 8 Grill & Pub, 20 Somerset Street, ☎ 892-4464, gute Gerichte.

Busverbindungen

Intercape-Busse in den Orten entlang der Garden Route. Haltestation: Kudu-Motors, 84 Church Street.
Transluxbus: nach Kapstadt, Buffalo City. Informationen bei der Tourist Information.

Rundflüge

Ein Rundflug über die Karoo ist sicherlich ein Höhepunkt Ihres Aufenthaltes. Als Tipp dazu: Fliegen Sie über die Stadt und das Valley of Desolation und bitten Sie den Piloten, wenn das Wetter gut genug ist, einmal sehr hoch zu fliegen, damit Sie einen Eindruck von der Karoo und ihrer Weitläufigkeit erhalten. Der Flugplatz liegt etwa 8 km außerhalb an der Straße nach Middelburg.
Charterflüge: Buchung und Information über **Karoo Connection**, ☎ 892-3978, 🖷 891-1061, www.karooconnections.co.za.
Für ganz Mutige gibt es noch die Gelegenheit, mit einem Ultralightflieger mitzufliegen. Buchung und Information ebenfalls bei **Karoo Connection**.

Valley of Desolation

👉 Streckenbeschreibung

Fahren Sie etwa 5 km entlang der Straße nach Murraysburg und biegen Sie dann nach links auf die Piste ein. Die Wegweiser führen Sie dann automatisch zum Aussichtspunkt (bis auf einen Kilometer alles asphaltiert).

Schon die Anfahrtsstrecke ist den Ausflug wert. Zuerst steigt die Straße entlang eines kleinen Tales steil an. Nach etwa 6 km haben Sie einen ausgezeichneten Ausblick auf das fast 500 m tiefer gelegene Graaff-Reinet und die Camdeboo-Ebene. Schräg gegenüber befindet sich die Spandau-Koppe, die ihren Namen von einem deutschen Reiteroffizier erhielt, der sich an die Spandauburg in seiner Heimat erinnert fühlte. Nach weiteren 3 km erreichen Sie den Parkplatz, von dem aus Sie nach fünf Minuten zu den Aussichtsplattformen gelangen.

Ein imposantes Tal

Das Tal wurde im Laufe von Millionen von Jahren durch **Verwitterungserosion** geschaffen. Dabei „zerplatzen" die Steine durch den schnellen Wechsel von warmer und kalter Luft einerseits und von Nässe und Trockenheit andererseits, was beides Schrumpfungs- und Ausdehnungsprozesse hervorruft, denen die Steine nicht standhalten können. Hierbei sind verschiedenste Felsformationen entstanden und Steinsäulen von über 100 m Höhe ragen senkrecht auf. Wenn Sie etwas Muße haben, können Sie hier einem Wanderweg folgen, der Sie nach ca. 30 Minuten zurück zum Parkplatz führt.

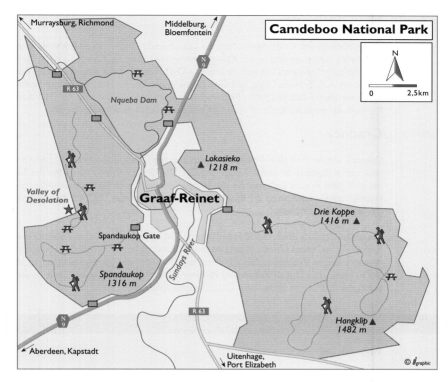

Das Karoo Nature Reserve wurde im Oktober 2005 zum Nationalpark erklärt und heißt seitdem **Camdeboo National Park**. Er hat eine Fläche von etwa 19.000 ha, womit es die Stadt fast ganz umschließt. Kernstück des Gebiets ist der Ryneveld's-Pass-Stausee, an dem man unzählige Vogelarten beobachten kann. In dem Reserve selbst sind mittlerweile mehrere Savannentiere eingeführt worden, einschließlich des Duiker und verschiedener Springbockarten. Neuerdings leben auch Bergzebras hier. In dem Park gibt es mehrere Wanderwege. Wer mit einem Boot auf dem Stausee rudern will, kann sich an den Graaff-Reinet Boat Club wenden.

Camdeboo National Park: South African National Parks, P. O. Box 787, Tshwane 0001, ☎ 012-428-9111, 📠 012-426-5500, www.sanparks.org. Park direkt: ☎ 049-892-3453, 📠 049-892-3456.

Valley of Desolation

Nieu Bethesda

50 km nördlich von Graaff-Reinet liegt das bezaubernde Örtchen Nieu Bethesda. Der Ort sprüht nur so vor trockenem Karoo-Charme. Hier lebte die Künstlerin *Helen Martins* ganz zurückgezogen. Das von ihr kreierte **Owl House** ist auf jeden Fall einen Besuch wert. Aus Zement, Draht und Glas hat sie in und um ihr Haus zahlreiche Skulpturen, vor allem Eulen, geschaffen. Nach ihrem Tode im Jahre 1976 wurde das Haus zum Museum. Einige nette Coffeeshops und Gasthäuser laden zum Verweilen ein.

Cradock

Cradock wurde 1813 als militärischer Stützpunkt gegründet. Gouverneur *Sir John Cradock* war maßgeblich an seiner Anlage beteiligt. Der Great Fishriver versorgte das Tal mit genügend Wasser nicht nur für die Truppen, sondern auch für zusätzliche Gemüsefelder, um Gemüse bis an die Küste hin verkaufen zu können. 1837 wurde dem Ort das Stadtrecht verliehen.

Heute hat Cradock etwa 40.000 Einwohner und ist agrarwirtschaftliches Zentrum der Region. Außer einem kleinen **Museum** mit Haushaltsgegenständen und Möbeln und dem ehemaligen Wohnhaus der Schriftstellerin *Olive Schreiner* hat es touristisch nicht viel zu bieten. Die **Dutch Reformed Mother Church** im Zentrum der Stadt ist der Londoner St. Martin's in the Field Church nachempfunden.

Reisepraktische Informationen Cradock

Vorwahl: *048*

i **Information**
Tourism Bureau, ☎ *881-2383, www.gardenroute.org/cradock/index.htm.*

Unterkunft
Victoria Manor $, *36 Market Str.,* ☎ *881-1650,* 🖶 *881-5388, altes, aber liebevoll restauriertes Hotel mit 19 preiswerten Zimmern.*
Die Tuishuise $$, *Market Str.,* ☎ *881-1322,* 🖶 *881-5388 www.tuishuise.co.za, altes Stadthaus und Cottages mit Selbstversorgung, sehr empfehlenswert.*

Caravanpark
Cradock Spa, *Marlow Road,* ☎ *881-2709,* 🖶 *881-2323, 4 km außerhalb der Stadt an der R390 nach Hofmeyr.*

Restaurants
Restaurant 1814, *J. A. Calata Street,* ☎ *881-5390, kleines Restaurant in altem Haus. Gut geeignet für den Mittagsimbiss. Probieren Sie die selbst gemachten Waffeln! Abends nicht geöffnet.*
Die Restaurants in den beiden **Hotels** *in der Innenstadt bieten gute „Landküche".*

Mountain Zebra National Park

Der Nationalpark wurde bereits 1937 eröffnet, als man erkannte, dass die Bergzebras vom Aussterben bedroht waren. Auf einem Gebiet von 1.712 ha lebten anfangs nur noch 6 Tiere, von denen im Jahre 1954 nur zwei Exemplare übrig waren. Doch dank eines benachbarten Farmers wurden weitere 11 Tiere eingeführt. Nach und nach kaufte das National Parks Board anliegende Farmen auf, sodass der Park heute 28.400 ha umfasst. Hier leben jetzt 200–230 Bergzebras, jedes Jahr können bis zu 20 Tiere an andere Parks abgegeben werden. Neben den Zebras leben hier noch eine Reihe anderer *Savannen-* Savannentiere, wie z. B. Elands, Springböcke, Kudus und Duiker. In dem Park gibt es zwei *tiere*

Bergzebras im Mountain Zebra N. P.

Reisepraktische Informationen Mountain Zebra National Park

ℹ️ **Information**
South African National Parks, P. O. Box 787, Tshwane 0001, ☎ 012-428-9111, 🖨 012-426-5500, www.sanparks.org.
Mountain Zebra National Park, ☎ 048-881-2427/-3434, 🖨 048-881-3943, Oktober–März 7–19h, April–September 7–18h.

🛏️ **Unterkunft**
Doornhoek Guest House, *das alte Farmhaus liegt ganz einsam. Es gibt drei Zimmer, die mit alten Möbeln ausgestattet sind. Laden, Tankstelle und Swimmingpool vorhanden. Es gibt ein kleines Restaurant, in dem auch Antilopenfleisch angeboten wird. Buchung über Mountain Zebra National Park: Kontakt s. o.*

Rundfahrten: Die eine führt über eine Hochebene, wo sich die meisten Tiere aufhalten und von der man einen ausgezeichneten Rundblick über die umliegende Landschaft hat. Die andere Strecke führt durch die Berg- und Talwelt der Karoo.

Das **Bergzebra** gilt als eines der seltensten Wirbeltiere und sein natürlicher Lebensraum beschränkt sich auf die hochgelegenen Kapregionen südlich des Oranjeflusses. Heute zählt man etwa 600 Exemplare. Es unterscheidet sich von seinen Artgenossen der ostafrikanischen Savannen dadurch, dass es kleiner ist, eine rotbraune Nase hat und einen weißen Bauch. Außerdem hat es keine Schattenstreifen.

Wer den Park ohne Fahrzeug erkunden will, hat die Möglichkeit, ihn entweder auf verschieden langen Wanderwegen (mit Übernachtungshütten) zu durchstreifen oder sich ein Pferd für Ausritte auszuleihen.

Middelburg

Middelburg wurde 1852 auf dem Gelände der Farm Driefontein („Drei Quellen") gegründet und sein Grundwasservorrat gilt als unerschöpflich (was bei einer Jahresniederschlagsmenge von nur 350 mm sehr entscheidend ist). Zuerst nur als Farmort mit einem kleinen militärischen Stützpunkt auf halbem Weg zwischen Cradock und Colesberg (daher der Name) angelegt, haben sich zu Beginn des 20. Jh. mehrere Industriebetriebe hier niedergelassen. Der wichtigste Industriezweig ist die Wollerzeugung und ihre Weiterverarbeitung. Es gibt sowohl Teppichknüpfereien und Textilfabriken als auch eine kleine Lederindustrie. Wer Knüpfarbeiten u. Ä. erstehen will, hat in mehreren Geschäften in der Stadt dazu Gelegenheit. Ansonsten gibt es noch zwei kleinere Museen: Das **Middelburgmuseum** bietet eine Auswahl von Waffen, Möbeln und Gegenständen des täglichen Gebrauchs aus dem 19. Jh. und das **Grootfonteinmuseum** stellt Agrargeräte und Waffen aller Art aus. Es befindet sich auf dem Gelände des Agricultural College, das im 19. Jh. ein Militärlager gewesen ist. Die Stadt hat heute 32.000 Einwohner und bietet eigentlich nichts von großem touristischen Interesse.

Wollverarbeitung

Reisepraktische Informationen Middelburg

ℹ Information
Middelburg Karoo Tourism, ☎/🖷 049-842-2188, 8 Meintjies Str., www.middelburgec.co.za.

🛏 Unterkunft
Karoo Country Inn $$, Ecke Loop und Meintjies Str., ☎ 049-842-1126, 🖷 049-842-1681, www.karoocountryinn.co.za, altes Kleinstadthotel, preiswert.

⚠ Caravanpark
Carochalet & Camping, 86 van der Walt Street, ☎/🖷 049-842-2910, www.carochalet.co.za, 4 Chalets, 10 Campingsites, Grillmöglichkeiten, Fernsehraum, Swimmingpool.

Anschluss-Strecken

Nach 82 km in nordöstlicher Richtung erreichen Sie über die R57 **Colesberg** an der N1 und damit den „Schnellanschluss" nach Bloemfontein, Lesotho oder nach Johannesburg.

Unterkunft

Colesberg Lodge $$, *P. O. Box 58, Colesberg 5980,* ☎ *051-753-0734,* 🖨 *051-753-0667, www.colesberglodge.co.za, großes altes Stadthotel mit Restaurant. In Colesberg gibt es noch drei weitere Hotels und eine Reihe von Gästehäusern. (Buchungen im Office in der Church Street.)*

Die ehemalige Ciskei

Überblick

Die ehemalige Ciskei liegt im östlichen Teil der Kapprovinz zwischen den Flüssen Swart Kei im Nordosten und Great Fish River im Südwesten. Sie war eines der vier „unabhängigen" Homelands und mit 8.300 km² (Angaben variieren) etwa halb so groß wie das Bundesland Schleswig-Holstein. Portugiesische Seefahrer waren die ersten Europäer, die an der Küste auf die hier ansässigen Xhosa trafen. Erst 200 Jahre später haben Buren und Briten sich in den umliegenden Gebieten niedergelassen.

Das **Landschaftsbild** der ehemaligen Ciskei ist sehr vielseitig und reicht von weiten Sandstränden des Indischen Ozeans bis hin zu den Amatola-Bergen und den Hochlandregionen der Kapprovinz (bis 2.000 m). Ferner gibt es große Waldstücke mit mediterranem Baumbestand. Der größte Teil des Landes besteht aber aus zusammengewürfelten Agrarflächen der Subsistenzlandwirtschaft, wovon der überwiegende Teil als Weideland genutzt wird. *Sandstrände und Amatola-Berge*

Für den Reisenden entlang der Garden Route bietet das Gebiet der ehemaligen Ciskei einen interessanten Kontrast zu den Feriengebieten im Kapland. Die Vegetation ist z. T. sehr üppig und durch die lang gestreckte Form des Landes, vom Ozean bis hin zum Oranjefluss, klima- und höhenbedingt sehr artenreich.

👉 Entfernungen und Planungsvorschläge

Entfernungen:

Bisho – Johannesburg: __936 km

Bisho – Port Elizabeth: __274 km

Bisho – East London: ____60 km

Küstenroute: R72, Port Alfred – East London (m. Abstechern ans Meer):	ca. 200 km	1–2 Tage
Grahamstown – Bisho – King William's Town – East London (N2):	ca. 200 km	1 Tag
Nordrundfahrt: Bisho – Alice – Katberg – Hogsback – Bisho:	ca. 300 km	2 Tage

Reiserouten durch die ehemalige Ciskei

Das Gebiet vollständig zu bereisen würde sich als sehr umständlich erweisen. Alle wichtigen Straßen führen von Ost nach West zu den Zentren. Nord-Südverbindungen bestehen vorwiegend aus **Pisten**. Hieran zeigt sich deutlich, wie das Land künstlich auf die Landkarte „geklebt" wurde und sich in die Planungsstrukturen des „weißen" Südafrika einpassen musste.

Straßen

Die Straßen in der ehemaligen Ciskei sind nicht alle asphaltiert und wer zu den Nationalparks will oder z. B. an die Küste bei Hamburg, muss auf Pisten fahren. Diese sind in einem verhältnismäßig guten Zustand dank der Tatsache, dass es hier nicht so viel regnet. Trotzdem sollten Sie bei Regen besonders die Bergpisten vorsichtig befahren oder den Regen abwarten, bevor Sie weiterfahren. Die Asphaltstraßen weisen an vielen Stellen Schlaglöcher und starke Unebenheiten auf, außerdem sind sie meist nicht so breit wie in den anderen Gebieten Südafrikas. Bei angepasster Fahrweise bieten sie aber wenig Probleme. Achten Sie nur auf frei herumlaufendes Vieh.

Nationalparks in der ehemaligen Ciskei/ Eastern Cape Game Reserves
* **Tsolwana Game Reserve**
* **Mpofu Game Reserve**
* **Double Drift Game Reserve** (vorm. L. L. Sebe Game Reserve)

Zentrale Reservierung und *Information unter:* ☎ *040-635-2115,* 🖷 *040-635-4019, www.ectourism.org.za.*

Wenn Sie sich das Land etwas näher anschauen möchten, aber nicht gleich eine Woche hier verbringen wollen, entscheiden Sie sich am besten für einen Teil. Mein Tipp lautet: Wählen Sie zwischen dem ehemaligen Ciskei-Gebiet südlich der N2 mit den schönen Stränden und dem ehemaligen Ciskei-Gebiet nördlich der N2 mit seinen Bergregionen oder, wenn Sie nur 1–2 Tage hier verbringen oder vielleicht nur mit kurzen Stopps durchfahren wollen, halten Sie sich am besten an die oben aufgeführten „Planungsvorschläge".

Die Hochglanzprospekte der Touristenbüros versprechen zu viele „interessante" Punkte in diesem Landstrich. Jeder bereits verwitterte kleine Stein wird aufgeführt und es werden Stellen beschrieben, die in der Geschichte nur eine geringe Bedeutung hatten und an denen heute rein gar nichts mehr zu sehen ist. Die Nationalparks sind sehr reizvoll, doch bieten sie keine Tierwelt, die Sie nicht bereits gesehen haben werden. Großtiere, wie Elefanten, Nashörner und Giraffen, gibt es hier (noch?) nicht. Die Parks eignen sich eher für ein bis zwei erholsame Tage mit nicht allzu viel Luxus, und man kann dort einige schöne Wanderungen machen.

Keine Großtiere

Geschichte und Politik

Stammesgebiet der Xhosa

Erste Bewohner des Gebietes der ehemaligen Ciskei waren San und Khoikhoi. Heute leben in diesem Gebiet, wie auch im Gebiet der ehemaligen Transkei, Angehörige des Stammes der **Xhosa**. Etwa um 1620 zogen die Xhosa, von Norden her kommend, zunächst in das Gebiet des heutigen Natal, zwischen 1660 und 1670 gelangten sie von den Drakensbergen zur Küste. Am Beginn des 18. Jh. lag ihr Siedlungsgebiet zwischen dem Umzimvubu River, der Küste und den Drakensbergen. Es kam zu einem Nachfolgestreit der Söhne des Xhosa-Häuptlings *Palo*, sodass ein Teil des Stammes (die Gcaleka) östlich, der andere Teil (die Rarabe) westlich des Kei River siedelten. In den sogenannten „Kaffernkriegen" (1780–1878) haben zunächst die Buren, später die Briten die Xhosa unterworfen. 1857 kamen etwa 2.000 deutsche Siedler in das Gebiet der ehemaligen Ciskei. Sie sollten, zusammen mit den Buren und Engländern, die weiße Vormachtstellung festigen und eine Art Bollwerk bilden zwischen den Xhosa nördlich des Kei River und der Kapprovinz.

1894 wurden **erste Selbstverwaltungseinrichtungen** für die Xhosa in bestimmten Gebieten geschaffen. 1934 wurden diese zum „Ciskei General Council" vereinheitlicht. In den 1950er-Jahren schließlich schuf Südafrika Stammes- und Regionalbehörden. 1971 wurde eine gesetzgebende Versammlung ins Leben gerufen und 1972 erhielt die damalige Ciskei den Status eines „Autonomstaates". Eine Expertenkommission wandte sich 1979 aber, vor allem aus wirtschaftlichen Gründen, gegen eine Abtrennung von Südafrika. Doch wurde dies beim Referendum über die geplante Unabhängigkeit nicht berücksichtigt: Bei einer Beteiligung von nur 60 % der Stimmberechtigten sprachen sich 98,7 % für die „Unabhängigkeit" aus.

Wirtschaftliche Probleme und innenpolitische Machenschaften ließen das Land nie zur Ruhe kommen. Immer wieder entflammte der Konflikt zwischen den beiden großen Stämmen: auf der einen Seite die „Fingos" unter Chief *Mabandla* und seinen Nachfolgern, auf der anderen Seite Dr. *Lennox Sebe* von den „Rarabe", der die Regierungsgewalt innehatte. 1990 wurde die Regierung von *Sebe* durch einen **Militärputsch** gestürzt. Es wurde ihr Korruption und zu enge Zusammenarbeit mit der Apartheidregierung Südafrikas vorgeworfen. Doch auch der folgende militärische Staatsrat arbeitete weiterhin mit Südafrika zusammen. 1992 rief die Regierung so-

Redaktionstipps

Küstenroute

▸ **Übernachten** im Mpekweni Beach Resort oder in einem gemieteten Ferienhaus (S. 551)

▸ 1 Tag für **Wanderungen** am Strand einplanen und sich dort den Wind um die Nase wehen lassen (S. 550)

▸ **Essen**: Seafood im Restaurant des Fish River Sun Hotel (S. 551)

Nordroute

▸ **Übernachten** im Katberg Hotel. Wer's billiger möchte: Chalet mieten in Hogsback. (S. 558)

▸ Einen halben Tag den Duft der Kiefernwälder auf einer **Wanderung** einatmen (Hogsback oder Katberg) (S. 557f)

▸ Fahren Sie auf den **Pisten zwischen Katberg und Hogsback** (S. 557f) und meiden Sie die großen Straßen.

▸ Ein kurzer Besuch in **Bisho** (S. 555)

Eine junge Xhosa

Innenpolitische Machenschaften gar südafrikanische Truppen zu Hilfe, als ANC-Gruppen einen friedlichen Marsch planten. Das Verhältnis zur damaligen Transkei und zum ANC war angespannt. Dies beruhte u. a. auf dem Streit zwischen beiden Staaten um das Land zwischen Transkei und Ciskei. Mit allen Mitteln versuchte die damalige Regierung, die Einmischungstendenzen des ANC zu unterbinden, und bei den vom ANC ausgerufenen „Mass Actions" (1992) beteiligten sich nur wenige Bewohner der damaligen Ciskei. Nachdem ein Marsch auf Bisho im August 1992 bereits an den Landesgrenzen gestoppt wurde, verlief der „Zweite Marsch auf Bisho" einen Monat später blutig. Bei Zusammenstößen zwischen ANC-Mitgliedern und der Ciskei Defence Force wurden 30 Menschen, hauptsächlich Protestanten, getötet.

1992 geriet die Regierung außerdem ins Kreuzfeuer der Kritik, als ihr mehrere politische Morde nachgewiesen werden konnten. Am 27. April 1994 wurde die Ciskei dann in die Republik Südafrika eingegliedert.

Geografie

Das Gebiet liegt zwischen dem Great Fish River im Südwesten und reicht östlich über den Keiskamma River hinaus. Im Südosten gibt es einen 66 km breiten Küstenabschnitt zum Indischen Ozean. Im Norden schließlich erstreckt sich das Land bis ins Kaphochland. Bis Ende der 1970er-Jahre war das Staatsgebiet noch zweigeteilt, das Gebiet um Seymour gehörte noch zu Südafrika. Erst Ende der 1980er-Jahre kam noch das Gebiet westlich von Balfour mit dem Mpofu Park dazu. In der Küstenregion steigt das Land steil auf bis in die Amatola-Berge. Hier ist die Landschaft von Flüssen stark zerfurcht.

Sehenswertes

Der Küstenabschnitt

Küste mit Dünen und Lagunen Die Küste der ehemaligen Ciskei bietet einige schöne Abschnitte und besonders die unzähligen Strände mit ihren Dünen und Lagunen lassen das Herz höher schlagen. Ein-

Port Alfred

sam kann man hier stundenlang am Wasser entlanglaufen, ohne eine Menschenseele *Einsamkeit*
anzutreffen. Doch hat das auch Nachteile: Bis auf das Fish River Sun Hotel und das *pur*
Mpekweni Beach Resort gibt es hier keine vernünftigen Unterkünfte. Alle anderen Hotels und Campingplätze sind nicht zu empfehlen, und die Holiday Resorts haben nur private Häuser. Trotzdem hat man manchmal das Glück, dass man eines dieser Häuser mieten kann. Das hängt aber von der Jahreszeit ab. Um sicherzugehen, sollten Sie entwe-

Reisepraktische Informationen Port Alfred

Vorwahl: *046*

i Information
Port Alfred Tourism Office, *www.portalfred.co.za*, ☎ *624-1235, geöffnet Mo–*
Sa 10.30–16.30h.

🛏 Unterkunft
The Residency Guest House $$, *11 Vroom Road*, ☎/🖳 *624-5382, www.*
theresidency.co.za, schönes, altes viktorianisches Haus (1898), sehr atmosphärisch, schöner
Garten auf dem hügeligen Gelände. Alles ist sehr geschmackvoll und gastlich.
The Halyards $$$, *Royal Alfred Marina, zentrale Reservierung:* ☎ *624-8525*, 🖳 *624-8529,*
www.riverhotels.co.za, das gediegene Haus in Port Alfred. Schöner Pool mit Holzterrasse, Wa-
terfront-Lage an der Royal Alfred Marina.
Fish River Sun Hotel, ☎ *676-1101*, 🖳 *676-1115, www.suninternational.co.za, gepfleg-*
tes Hotel mit 18-Loch-Golfplatz und atemberaubend schönem Strand.
Mpekweni Beach Resort, *R 72 Küstenstraße zwischen Port Alfred und East London,*
☎ *040-676-1026*, 🖳 *040-676-1040, www.mpekweni.com, Strandhotel mit Restaurant, Bars*
und Swimmingpool. Lagune mit Wassersportmöglichkeiten.

⚠ Camping
Es gibt mehrere Campingplätze in Port Alfred. Bitte beachten Sie, dass diese vor allem
in der Hochsaison vorab gebucht werden sollten.
Willows Caravan Park, *Riverside*, ☎ *624-5201, zentral, aber ansonsten keine besonde-*
re Lage.
Riverside Caravan Park, *Mentone Str.,* ☎ *624-2230, es werden auch Chalets angebo-*
ten. Sehr ruhig am Fluss gelegen.
Medolino Caravan Park, *Prince's Ave., Kowie West,* ☎/🖳 *624-1651, schöne Holzcha-*
lets, Swimmingpool, Anlage liegt direkt hinter den Dünen (schattig).

🍴 Restaurant
The Pig & Whistle Hotel $$, ☎ *625-0673, www.pigandwhistle.co.za, einfach,*
aber urgemütlich. Gut für eine Mittagspause mit Lunch geeignet.

☞ Aktivitäten
Reiten: *Three Sisters Horse Trails,* ☎ *645-6345, täglich Ausritte durch die schöne*
Umgebung und am Strand.
Wandern, *Informationen beim Tourist Information Centre.*
Wassersport, *Informationen beim Tourist Information Centre.*

der eine teure Übernachtung im Mpekwi Marine Resort einplanen oder sehr früh in Port Alfred bzw. East London starten, um Zeit genug zu haben für die Strände. Es gibt Übernachtungsmöglichkeiten in Kidd's Beach oder in der Region von **Port Alfred** und Bathurst.

Entlang der gesamten Küste führt ein Wanderweg, den die Touristenbehörde „**Shipwreck Hiking Trail**" genannt hat. Der Wanderweg entlang des Strandes ist ohne Frage ein Erlebnis, nur gibt es hier so gut wie keine Schiffswracks. Das einzig sichtbare Wrack befindet sich beim Mpekweni Beach Resort, schaut nur etwas aus dem Sand heraus und besteht nur noch aus vermoderten Holzresten. Es handelt sich um die Reste der norwegischen Holzbark „Emma", die am 31. Mai 1881 auf dem Weg von Liverpool nach Durban hier gestrandet ist.

Zwei Xhosa-Jungen mit ihren Draht-Autos

Von Port Alfred kommend, gelangen Sie gleich hinter der ehemaligen Grenze zum Fish River Sun Hotel. Der Golfplatz auf der Hotelanlage ist sehr gepflegt. Dieses Hotel eignet sich recht gut als Stützpunkt für Touren entlang der Küste, obwohl das **Mpekweni Beach Resort**, 10 km weiter, etwas ruhiger gelegen ist. Es liegt an

Ausgangspunkt für Touren in die Region der Mündungslagune des Mpekweni River. Wer gerne einmal eine längere Strandwanderung (10 km) unternehmen möchte, dem bietet sich eine Wanderung zwischen beiden Hotels an.

Etwa 10 km hinter Mpekweni treffen Sie auf die Brücke über den Bira River, 1.000 m weiter führt eine kurze Piste zum **Bira/Begha Resort**, einer kleinen Ferienhaussiedlung. Mit etwas Glück können Sie hier ein Ferienhaus mieten (und das ist allemal einen Versuch wert!), im Voraus können Sie dies leider nicht machen. Direkt vor der Flussmündung liegt das **Madagascar Reef**, die mit 4,5 m flachste Stelle entlang der Ciskeiküste. Hier sind früher einige Schiffe aufgelaufen. Bei Ebbe können Sie das Riff durch das Wasser schimmern sehen. Gerade die nordwärts fahrenden Schiffe, die wegen der günstigeren Strömung dicht unter Land segelten, waren bei Winden aus Süden (und die kommen gerade mit dem Sicht vermindernden Regen) besonders gefährdet. Auch heute noch kann man beobachten, dass die Schiffe in Richtung Norden dichter unter Land fahren.

Von hier aus verlässt die R72 die Küste und macht einen Schlenker ins Landesinnere. Bei **Wesley** können Sie eine Teppichknüpferei besichtigen, ein Showroom bietet die Möglichkeit, Teppiche zu kaufen. Sie können sie von hier direkt verschicken. Als Kooperative aufgezogen, gibt sie vor allem den Frauen eine Arbeit. Aber auch Behinderte und Alleinstehende arbeiten hier. Die Teppiche werden aus Schafwolle gefertigt, die Herstel-

In der Teppichknüpferei

lung eines Teppichs dauert bis zu 15 Monaten. Die Motive sind sehr unterschiedlich, wobei aber besonders die moderneren Stilrichtungen sehr ansprechend sind.

Nicht weit von hier zweigt eine Piste nach **Hamburg** ab. Hamburg ist eine Siedlung an der Mündung des Keiskamma River, der hier eine Innenlagune mit einem Durchmesser von über 1 km bildet. Auch hier gibt es Ferienhäuser. Der Ort wurde 1857 von deutschen Siedlern gegründet. Damals hofften sie, hier einen Hafen anlegen zu können, woraufhin sie den Namen wählten. Doch schon bald stellte sich heraus, dass die Flussmündung viel zu schnell versandet. Daher beschränkten sie sich auf Fischfang und legten Felder an einige Kilometer flussaufwärts, wo der Salzgehalt des Bodens nicht so hoch ist.

🛏️ **JH** **Backpackers**
Gaby's Lodge, *Main Street,* ☎ *040-678-1020, www.oyster-lodge.com, freundlich und sauber.*

5 km weiter zweigt die R345 nach links ab und wer sich noch Bisho und King William's Town ansehen möchte, sollte hier abbiegen. Die Strecke führt entlang riesiger **Ananasplantagen**. Ananas ist bis heute das Hauptexportgut der ehemaligen Ciskei. Die Böden sind gut geeignet, da sie keine Staunässe zulassen, was der Ananaspflanze nicht gut bekommt. Die kühlen Nächte in Meeresnähe bringen außerdem während der Blütezeit den erforderlichen Wachstumsschub. Einziges Problem ist der relativ geringe Niederschlag. Daher muss auf bestimmte Sorten zurückgegriffen werden (hier:

Ananas als Haupt-exportgut

„Queens"), die langsamer gedeihen, aber mit weniger Niederschlag auskommen. Eine Ananas kann 2- bis 4-mal geerntet werden, bevor eine neue Pflanze gesetzt werden muss. Die „Queens"-Sorte benötigt eine Vegetationszeit von etwa 20 Monaten, bevor sie geerntet werden kann. Übrigens ist das Ananasanbaugebiet East London bis Grahamstown das am weitesten vom Äquator entfernt liegende Anbaugebiet der Welt. Falls Sie weiterhin auf der R72 verbleiben, kommen Sie bald über die Brücke des Keiskamma River, der hier ein großes Tal geschaffen hat. Bevor Sie ins Tal kommen, schauen Sie einmal nach rechts. Man hat von dort einen schönen Blick über das Tal bis hin zur Mündung bei Hamburg. Der Keiskamma ist der größte Fluss des Landes und entspringt dem Amatola-Gebirge.

Kurz vor der ehemaligen „Grenze" nach Südafrika gelangen Sie zur Abzweigung nach Kiwane. Auch hier befindet sich ein kleines Feriengebiet mit einem einfachen Campingplatz und ein paar Chalets.

Entlang der N2

Die N2 bietet sich an, um schnell von Port Elizabeth nach East London zu kommen. Es ist zwar keine besonders schöne Strecke, doch sollten Sie sich trotzdem so viel Zeit nehmen, die interessanten Punkte hier anzuschauen. Peddie ist ein kleiner Ort mit alter Geschichte und Bisho die neue „Hauptstadt", die erst in den letzten Jahren aus dem Boden gestampft wurde. Sie hat sicherlich wenig Flair, vermittelt aber einen Eindruck davon, wie ein kleines Land versuchte, eine eigene Identität zu schaffen.

Nur 6 km entfernt liegt King William's Town, eine Stadt, die lange Zeit von der damaligen Ciskei beansprucht wurde und die bei den „Kaffernkriegen" häufig im Mittelpunkt stand.

Peddie

Zentrum der „Kaffernkriege"

Auch dieser Ort war häufig Brennpunkt während der „Kaffernkriege". Nachdem *Rev. J. Ayliff* 1835 die Mfengu, die Landstreitereien mit anderen Xhosa-Stämmen jenseits des Kei River hatten, hierher brachte und ihnen Land versprach, gab es aber auch hier für sie Probleme mit bereits angesiedelten Stämmen. Daher wurde ein Fort in Form eines achteckigen Sterns errichtet, in das sich die Mfengu im Ernstfall zurückziehen konnten. Das Fort wurde nur aus Lehm und Sand gebaut. Während der „Kaffernkriege" wurde dieses Fort militärischer Stützpunkt, viele der Mfengu kämpften sogar auf britischer Seite gegen die Xhosa. Heute steht das Fort nicht mehr, aber ein Aussichtsturm aus Stein, der erst 1841 errichtet wurde, ist immer noch vorhanden. Das Gebäude des Hospitals, die Kirche von St. Simon und St. Jude sowie die Ruinen der Kasernen der britischen Kavallerieeinheiten sind weitere Relikte aus dieser Zeit. Es gibt auch noch einen Friedhof, auf dem die gefallenen britischen Soldaten begraben wurden.

8 km hinter Peddie führt eine Piste links nach Alice, die das Double Drift Game Reserve durchquert.

Etwa 17 km hinter Peddie, entlang der N2, überquert die Straße den Keiskamma River. Diese Stelle heißt **Line Drift** und auch hier wurden ehemals Schutzanlagen für die

Mfengu angelegt, von denen heute aber nichts mehr zu sehen ist. Hier wurde 1931 das legendäre Flusspferd „Huberta" gefunden. Von Jägern erschossen, trieb es auf dem Fluss. *Captain C.* Shortridge, der Direktor des Kaffrarian Museum in King William's Town, ließ es bergen und im Museum ausstellen. Heute gibt es dort im Tal eine kleine Citrusplantage. Besonders schön ist die Vegetation aus Euphorbien entlang dieses Streckenabschnittes.

Bisho

Bisho (10.000 Ew.) war die Hauptstadt der damaligen Ciskei. Hier tagte das Parlament und neben einigen Ministerien war hier auch der Sitz des Obersten Gerichts. Alle anderen Regierungsgebäude befinden sich aber noch in der alten Hauptstadt Zwelitsha, etwa 15 km südlich von hier. Als Versuch, dem Land eine eigene Identität zu geben, wurde Mitte der 1970er-Jahre beschlossen, eine neue Hauptstadt zu bauen. Sie sollte zwei Voraussetzungen erfüllen: Zum einen sollte sie verkehrsgünstig liegen und zum anderen zum Leben des damaligen Präsidenten *Lennox Sebe* in Beziehung stehen. Aus diesen Gründen wurde Bisho 6 km von King William's Town angelegt: Der Präsident hatte als kleiner Junge auf der Anhöhe, wo jetzt das Stadtzentrum liegt, Rinder gehütet.

15 km westlich wurde ein großer Flughafen gebaut, auf dem mittlerweile, neben der Präsidentenmaschine, auch schon einige Charterflugzeuge gelandet sind. Bisho hat ein großes Einkaufszentrum und die Regierung bemüht sich um die Ansiedlung von Industriebetrieben.

Versuche der Industrialisierung

Mittelfristiger Plan der damaligen Regierung war es, nach der „Einverleibung" in das Staatsgebiet der Ciskei eine große Stadt zu schaffen: Bisho als Regierungssitz, King William's Town als Handels- und Wohnstadt sowie kulturellem Zentrum und Zwelitsha als Township mit Industriebetrieben.

 Information
Eastern Cape Tourism Board, *Palm Square Business Park, Iron Wood House, Bonza Bay Road, Beacon Bay 5247,* ☎ *043-701-9600, www.ectourism.co.za.*

Zwelitsha

Zwelitsha wurde 1946 als Township für die Da Gama Textilfabrik angelegt und diente bald auch als Hauptstadt, bis Bisho diese Aufgabe übertragen wurde. Heute ist es noch Sitz einiger Ministerien. Es ist eine uninteressante Stadt, man kann getrost daran vorbeifahren.

Mdantsane

Die Stadt erinnert an Soweto und kann eher als großes Township angesehen werden. Sie wurde erst 1962 angelegt und gilt als Wohngebiet für die Pendler nach East London. Mit schätzungsweise über 270.000 Einwohnern ist Mdantsane die größte Stadt im Gebiet der ehemaligen Ciskei. Täglich pendeln von hier 35.000 Menschen nach East London. Doch seitdem auch dort die Industrie in der Krise steckt, hat sich die Arbeits-

„Großes Township"

losenrate in Mdantsane drastisch erhöht: Schätzungen zufolge haben über 50 % der Menschen im arbeitsfähigen Alter kein geregeltes Einkommen. Daher gab es hier immer wieder Unruhen und des Öfteren wurde Militär eingesetzt.

Mdantsane ist in 15 Verwaltungsteile aufgegliedert, die „NU's" genannt werden. Jedem Bezirk stand ein Bürgermeister vor, der vom Staatsoberhaupt ernannt wurde. Gerade das hat aber immer wieder zu Problemen geführt. Alleine im August 1992 haben sieben dieser Bürgermeister ihren Rücktritt erklärt, da sie sich nicht mehr sicher fühlten, weil ihnen von Seiten der Bevölkerung die Schuld an der hohen Arbeitslosigkeit gegeben wurde.

King William's Town (KWT)

Ehemalige Missions-station Die Stadt liegt gerade außerhalb der ehemaligen Ciskei, war aber von drei Seiten von ihr umgeben. Ursprünglich befand sich hier eine 1826 gegründete Mission (zur London Missionary Society gehörend). 1835 zerstörten Xhosa die Missionsstation und vertrieben die Missionare.

Um das Gebiet für die Briten zu sichern, gründete der Kapgouverneur *Sir Benjamin D'Urban* 1835 hier einen militärischen Stützpunkt. Zunächst waren die Briten an einer Stadtgründung nicht interessiert, da sich die Regierung widersetzte, das gesamte Gebiet zu annektieren. Die Missionare kehrten zurück und der allmählich heranwachsende Ort wurde nach *King William IV* benannt. Doch die Xhosa beharrten auf ihrem Besitzanspruch und zerstörten im Jahre 1846 King William's Town sowie die Missionsstation. Nach den Auseinandersetzungen wurde der Ort zum Verwaltungszentrum der neu proklamierten Provinz British Kaffraria erhoben.

1857 kamen deutsche Siedler hierher. Der Kriegsminister der damaligen Königin *Victoria, Lord Panmure*, hatte nämlich zuvor über 2.000 deutsche Söldner für den Krimkrieg angeheuert. Und als dieser vorbei war, wurden die Söldner samt ihren Familien im Sinne von „Wehrbauern" nach British Kaffraria geschickt. Weitere 2.000 deutsche Bauern und Arbeiter kamen, weil sie glaubten, hier ein besseres Leben führen und eigenen Grund und Boden bewirtschaften zu können. Doch ebenso wie bei den Einwanderern in Amerika herrschte zunächst große Not: Viele Kleinkinder starben an Lungenentzündung, da die Unterkünfte nur sehr einfach waren. Mit primitivsten Methoden baute man Gemüse und Getreide an. Viele Siedler zogen selbst ihren Pflug, da sie kein Geld für Zugvieh besaßen. Mit der Bildung sah es ebenso schlecht aus, denn in Ermangelung von Lehrern blieben die meisten Kinder Analphabeten.

In King William's Town leben heute etwa 24.000 Menschen. Es gibt hier Gerbereien, man stellt Seifen und Kerzen, Bekleidung und Schuhwaren her. Wenn Sie Zeit haben, besuchen Sie das

Amathole Museum (ehem. Kaffrarian Museum)

Flusspferd Huberta Neben Exponaten der Naturgeschichte, dem Stammesleben sowie der Lokalhistorie gibt es als Unikum das ausgestopfte Flusspferd „Huberta" zu sehen, das in den Jahren 1928 bis 1931 eine spektakuläre Wanderung vollendet hatte. Etwa 800 km soll das Tier entlang der Küste gewandert sein, fast täglich berichteten die Zeitungen von diesem Ereignis. „Huberta" wurde zum Lieblingstier der Nation, fand jedoch ein tragisches Ende am Keiskamma River, wo sie von drei Jägern – man weiß nicht, ob absichtlich oder aus Zufall – getötet wurde.

Amathole Museum: *www.museum.za.net, geöffnet Mo–Fr 8–16.30h, Sa 9–13h.*

Reisepraktische Informationen King William's Town

Vorwahl: *043*

🛈 Information
Tourist Information Bureau, 🕿 *642-3450, das Büro befindet sich in der öffentlichen Bibliothek gegenüber dem Amathole Museum.*

🛏 Unterkunft
Grosvenor Lodge $, *48 Taylor Street,* 🕿 *642-1440, sauberes Hotel im Zentrum. Es gibt noch fünf weitere, einfache Hotels. Wer's komfortabler mag, sollte im Amatola Sun in Bisho absteigen.*
Dreamers Guest House $$, *29 Gordon St.,* 🕿/🗎 *642-3012, www.dreamersguesthouse. com, kleine Pension in einem viktorianisch anmutenden Haus. Schöne Gartenanlage mit Swimmingpool.*

🍴 Restaurant
Spur „St. Louis" Steak Ranch, *Ecke Alexandra/Cathcart Rd.,* 🕿 *633-6301, typisches Spur-Restaurant in altem Gebäude – wie immer gute Salatbar.*

Im Norden der ehemaligen Ciskei

Der Reiz des Nordens sind die Berge. Bis zu 2.000 m hoch reichen ihre höchsten Spitzen. Viele Berge wurden mit Kiefern aufgeforstet, die ihnen einen alpinen Charakter verleihen. Viele Südafrikaner machen hier Urlaub, um der Hitze der tiefer gelegenen Regionen zu entgehen. Die Wälder laden zu ausgedehnten Spaziergängen ein. Besonders die Gebiete um den Katberg Pass und Hogsback sind die Hauptziele. Falls Sie nach der Reise entlang der Garden Route genug von Meer und Strand haben, bietet sich hier eine interessante Alternative an. *Beliebtes Naherholungsgebiet*

Die wohl schönste Gegend liegt zwischen **Katberg** und Hogsback. Die Passstraße, von Süden kommend, nach Hogsback, das auf 1.300 m ü. NN liegt, ist ein besonderes Erlebnis.

 Streckenbeschreibung

Die wohl **reizvollste** Strecke führt von Fort Beaufort nach Norden (R67), entlang unzähliger Orangenplantagen, die sich in die Berghänge und Täler einfügen, dann weiter zum Katberg Pass.

Übernachtung

Katberg Hotel $$$, P. O. Box 665, Fort Beaufort 5720, ☎ 040-864-1010, 🖨 040-864-1003, www.katleisure.co.za/katberghotel/, *das Hotel bietet alle Annehmlichkeiten (inkl. Golfplatz), verschiedenste Wanderwege führen in die umliegenden Berge. In den Bergen gelegenes Resort-Hotel. Zum Hotel gehören ein 9-Loch-Golfplatz, ein Wellness-Center, Swimmingpool sowie diverse Sport- und Wandermöglichkeiten.*

Reizvolle Strecke über den Katberg Pass

Von Katberg aus fahren Sie dann wieder zurück nach Balfour und weiter nach Seymour, einem Ort, dem man noch heute den Charakter der weißen Siedlergemeinschaft ansieht. Erst 1985 wurde dieses Gebiet der damaligen Ciskei zugesprochen. Von hier aus führt eine Piste durch ehemaliges Farmland (wunderschönes Lichtspiel bei später Nachmittagssonne). Die alten Farmgebäude sind verwahrlost. Daneben stehen Rundhütten. Sie entsprechen den Bedürfnissen und Anforderungen der Einheimischen eher als die Farmhäuser der Weißen. In einer „weißen" Küche kann man kein offenes Feuer machen und die vielen Räumlichkeiten lassen sich nicht so gut beheizen.

Nach 24 km auf dieser Piste gelangen Sie an die R345, die von Alice nach Cathcart führt. Biegen Sie hier nach links ab. Nach etwa 15 km steigt die Straße steil an, und man hat einen schönen Blick auf das zurückliegende Tal.

Hogsback

Hogsback liegt inmitten eines großen Kiefernforstes. Der Ort dient dem Tourismus und der Forstwirtschaft und hat somit nur sehr wenige Einwohner. Auf 1.300 m ü. NN gelegen, kann es hier im Winter häufiger schneien.

Neben der wunderschönen Landschaft haben besonders die beiden älteren Hotels (Arminel Mountain Lodge und Hogsback Inn) ihren besonderen Reiz. In typisch englischer Atmosphäre, bei Kaminfeuer, mit Wärmflasche im Bett und Breakfast Tea, kann man hier ein bis zwei geruhsame Tage verbringen. Von Hogsback aus können Sie weiter nach Norden bis Cathcart fahren, wo Sie auf die N6 (Bloemfontein – East London) gelangen, oder Sie fahren zurück bis Alice und weiter bis Bisho.

Kurz vor Dimbaza fahren Sie dann nach links in Richtung Keiskamma, nach etwa 3 km biegt eine Piste zum **Ntaba KaNdoda National Shrine**, dem Nationalmonument der ehemaligen Ciskei, ab. Es handelt sich um einen großen Betonbau, oval angelegt, in einer sich nach oben hin verjüngenden Form. 1981 wurde es vom damaligen Prä-

Blick auf die Landschaft bei Hogsback

sidenten *Dr. Lennox Sebe* eröffnet. Als Ort wählte man den Fuß des heiligen Berges Ntaba KaNdoda, der den Xhosa Chiefs gewidmet war, die für das Vaterland gekämpft haben. Man plante, um dieses Gebäude herum eine kleine Stadt mit Museen und anderen kulturellen Bauten aufzubauen. Die veränderten politischen Verhältnisse in Südafrika aber hatten die Nationalfrage der Ciskei etwas in den Hintergrund treten lassen. Um nicht mit den politischen Parteien, wie z. B. dem ANC, zu sehr in Konflikt zu geraten, hatte die damalige Regierung das Monument in seiner Bedeutung zurückgestuft, es wurden selbst die Hinweisschilder abmontiert. Das Gebäude ist seit 1991 leer und wird nur noch von sechs Soldaten bewacht. Es wird aber in Erwägung gezogen, es für touristische Zwecke wieder „aufzupolieren".

Das Nationalmonument der ehemaligen Ciskei

Reisepraktische Informationen Hogsback

Vorwahl: *045*

i **Information**
Amathole District Municipality, ☎ *043-701-4000*, 🖷 *043-742-0337*, *www.amathole.gov.za, auch Informationen über gute Wanderwege.*

🛏 **Unterkunft**
Hogsback Inn $, *P. O. Box 129, Hogsback 5721,* ☎ *962-1006,* 🖷 *962-1016, www. hogsbackinn.co.za, Swimmingpool, Wandermöglichkeiten. Einfaches Hotel.*
Kings Lodge $$, ☎ *962-1024,* 🖷 *962-1222, zzt. die beste Unterkunft mit gutem Restaurant. Das Hotel bietet einfache, rustikale, gemütliche Zimmer. Es gibt Selbstversorger-Unterkünfte in Chalets.*
Away with the Fairies $$, *Hydrangea Lane,* ☎ *962-1031,* 🖷 *962 1345, www. awaywiththefairies.co.za, große Backpacker-Unterkunft, Schlafsäle und mehrere Doppelzimmer, toller Ausblick auf das Tyumi-Valley.*

Nationalparks in der ehemaligen Ciskei

Es gibt drei Nationalparks in der ehemaligen Ciskei, die alle an der westlichen Grenze gelegen sind. Alle sind auf ehemaligem Farmgelände angesiedelt und bieten daher Unterkunftsmöglichkeiten in den alten Farmhäusern. Die Tierwelt besteht hauptsächlich aus Savannentieren wie z. B. Springbock, Eland, Rebock u. a. Große Tiere wie Elefanten und Rhinos gibt es nicht, sollen aber eventuell eingeführt werden. Giraffen sind im Tsolwana Park zu finden. Wer bereits den Kruger Park oder den Addo Elephant Park gesehen hat, sollte sich nicht die Mühe machen, wegen der Tiere hierher zu kommen. Andererseits sind die Parks aber sehr gut für Wanderungen geeignet und alle haben speziell angelegte Wanderrouten. Da die Unterkunftsmöglichkeiten auf wenige Plätze beschränkt sind, ist ein ruhiger Aufenthalt gewährleistet. Das Beste ist, man mietet sich ein und bringt sein eigenes Essen mit. Eine vorherige Anmeldung ist essenziell, da die wenigen Plätze oft ausgebucht sind.

Angelegte Wanderrouten

① **Tsolwana Game Reserve**: Dieser Park liegt ganz im Norden und ist mit 10.000 ha der größte. Er liegt 1.300–1.800 m hoch in den Bergen westlich von Sada. Die Vegetation besteht aus Akazien, Dornbüschen und Trockensträuchern.

② **Mpofu Game Reserve**: Er gilt als der schönste Park und erstreckt sich südlich des Katbergs bis hin zum Katfluss (7.200 ha). Die Vegetation hier beschränkt sich auf Grasland, Büsche und einige kleine Forstareale.

③ **Double Drift Game Reserve (vorm. L. L. Sebe Game Reserve)**: Das Gebiet beherbergte ehemals Rinderfarmen. Noch heute sieht man alte Farmgebäude, von denen eines umgebaut wurde für die Beherbergung von Touristen. Aloen, Akaziendornbüsche und Euphorbien bestimmen das Vegetationsbild.

Buffalo City (East London)

Überblick

Die östlichste Großstadt der Eastern Cape Province liegt an der Mündung des Buffalo River zwischen den ehemaligen Homelands Transkei und Ciskei. Wie Port Elizabeth ist auch Buffalo City eine Industrie- und Hafenstadt (mit ca. 500.000 Einwohnern), die auch einige wenige kulturelle Sehenswürdigkeiten zu bieten hat. Interessanter und schöner ist aber sicherlich die Umgebung mit ihren unzähligen Stränden und den mit dunklem Grün bedeckten Bergen, die gleich dahinter aufsteigen und die besonders im Frühdunst mit der aufgehenden Sonne einen unvergesslichen Eindruck hinterlassen. Buffalo City eignet sich auch hervorragend als Ausgangspunkt für Touren in die ehemalige Ciskei. Es ist nur eine knappe Autostunde von Bisho, der alten Hauptstadt der Ciskei, entfernt.

*Interes-
sante
Umgebung*

☞ Entfernungen
Von Buffalo City nach:
Durban: _____676 km
Jo'burg: _____990 km
Kapstadt: ____1.100 km
Umtata: _____235 km

Wer von Port Elizabeth kommt oder dorthin fahren will, sollte sich nicht für die N2 entscheiden, sondern sich die Zeit nehmen, die Küstenstraße entlang der „Romantic Coast" zu benutzen (R72). Wer sich die Mühe ersparen will, Küstenorte in der ehemaligen Transkei anzusteuern, kann sich alternativ – und weniger „abenteuerlich" (dafür aber teurer!) – für die „Kap-Wild Coast" entscheiden und Orte wie Haga-Haga und Kei Mouth besuchen.

Geschichte

Das erste Schiff, das an der Mündung des Buffalo River anlegte, war im Jahre 1688 die „Centaurus". Die Mannschaft hatte den Auftrag, nach Überlebenden von **Schiffskatastrophen** zu suchen. Tatsächlich gelang es, 18 Männer zu retten. Diese lebten mittlerweile zusammen mit Xhosa in der Gegend von Cove Rock. Sie waren die ganze Strecke von Mkambati, wo ihr Schiff gestrandet war, bis hierher gelaufen. Drei von ihnen sind bei den Xhosa geblieben. Auch im darauf folgenden Jahr konnte ein anderes Schiff zwei Schiffbrüchige retten, die an der „Wild Coast" gestrandet waren. Holländische Segler nannten den Fluss damals „Eerste Rivier".

1752 machte *Ensign Beutler*, im Auftrag von Gouverneur *Ryk Tulbach*, eine erste richtige Erkundungsfahrt hierher. Er berichtete von einem Fluss, den die Einheimischen „Konka" (Büffelfluss) nannten. Alle betonten nach ihrer Heimkehr, dass sich diese Flussmündung hervorragend zur Anlage eines Hafens eigne. Doch zunächst gab es keinen Bedarf, denn wegen der immer wieder aufflammenden Auseinandersetzungen mit den dort lebenden Xhosa trieb man in dieser Gegend kaum Handel.

Erst 1835, als die Briten die Küstenregion annektierten, ritt Oberst *Harry Smith* zusammen mit dem Kap-Gouverneur *Sir Benjamin D'Urban* an die Flussmündung, um die Möglichkeit der Anlage eines Hafens zu untersuchen. Schon ein Jahr später ankerte an der gleichen Stelle die von George Rex gecharterte Brigg „Knysna", um Vorräte an Land zu bringen. *John Baille*, ein Offizier aus King William's Town, war hierher gekommen, um die Güter in Empfang zu nehmen. Als Zeichen der britischen Landnahme hisste er den Union Jack auf dem Signal Hill und nannte die Stelle Port Rex (nach dem Besitzer von Knysna). Aber erst 1847, nach Beendigung des „War of the Axe", wurde die Flussmündung geografisch vermessen und man baute das Fort Glamorgan als Teil einer Befestigungskette, um die Versorgungsroute von der Flussmündung bis nach King William's Town zu sichern. Offiziell wurde die Gegend 1848 annektiert und der Flusshafen erhielt den Namen Port East London.

Einen starken **Wachstumsimpuls** bekam der Ort, als 1857 entlassene Söldner der *Deutscher* Britisch-Deutschen Legion (die eigentlich für den Krimkrieg zusammengestellt worden *Einfluss* war) hier ankamen. Insgesamt handelte es sich um 2 362 Männer, 361 Frauen und 195 Kinder. Die Engländer schickten bald ein weiteres Schiff mit 157 irischen Frauen hinter-

Redaktionstipps

▸ **Übernachten** im Quarry Lake Inn (S. 566)

▸ Die **Strände außerhalb der Stadt** besuchen (S. 562)

▸ **Essen** im Le Petit (S. 567) oder einfach in einer „Spur"-Steakhausfiliale

▸ **East London Museum** (S. 564)

▸ Einmal eine **Fahrt entlang des Buffalo River** machen, vom Hafen bis etwa 30 km landeinwärts (mit Hilfe einer guten Karte)

Hafen von Buffalo City

her, um den Männerüberhang etwas auszugleichen. 1858 kamen weitere 2 315 deutsche Söldner. Da verwundert es nicht, dass die Region, besonders in den ersten Jahrzehnten, einem ausgeprägten deutschen Einfluss unterworfen war. Bereits in dieser Zeit wurde u. a. der „Deutsche Markt" installiert.

1872 wurde der Hafen richtig vermessen und 1880 bekam East London das Stadtrecht verliehen. Zu diesem Anlass pflanzte man auf dem Gelände des West Bank Post Office eine Norfolktanne, die auch heute noch hier steht.

Sehenswertes

Wichtige Industriestadt

Buffalo City hat heute knapp 500.000 Einwohner und ist eine Industriestadt, die ein wenig im Schatten von Port Elizabeth und Durban dahinvegetiert. In der Nahrungsmittelindustrie (Nestlé u. a.) arbeiten 30 % der Industriebeschäftigten, dazu kommen noch etwa 15 % in der Textilindustrie (größtenteils Wollverarbeitung). Bekanntestes Unternehmen ist CDA/Mercedes, die Mercedes-Lkw und teilweise auch Pkw zusammensetzen. Die Bauteile kommen zum überwiegenden Teil aus Deutschland. Motoren werden hier aber aus südafrikanischen Teilen gefertigt. Trotz der Wirtschaftsblockade während der Apartheidzeit der afrikanischen Nachbarstaaten konnte Südafrika jahrelang über verschiedene Kanäle dorthin exportieren.

Industrie und Hafen sind aber kaum ausgelastet. Dies wird an der Arbeitslosenquote von Mdantsane (mit mehr als 270.000 Einwohnern eine der größten Städte in dieser Region) deutlich: Sie liegt bei über 70 %! Die südafrikanischen Hafenbetriebe (SAR&H) haben daher bereits in den 1950er- und 1960er-Jahren East London zum Maisexporthafen bestimmt und versuchen, möglichst viele Transporte aus Zimbabwe und Zambia (bes. Kupfer) hierher umzuleiten. Erschwerend kommt für den Hafen noch hinzu, dass er als Flusshafen nur über begrenzten Tiefgang verfügt und seine Einfahrt immer wieder versandet, sodass jährlich über 500.000 m² Sand abgepumpt werden müssen, um die Fahrrinne schiffbar zu erhalten.

Die **Innenstadt** ist relativ klein und im Gegensatz zu Durban und Port Elizabeth herrscht hier ein gemütliches Treiben ohne besondere Hektik. Die Architektur ist nicht bestechend, doch teilweise ist es schon bemerkenswert, wie neben alten Gebäuden neue „Architektur" angesetzt wurde. Es wirkt so unpassend, dass man es schon wieder als komische Variante ansehen kann.

Buffalo City hat eine Universität und eine Technische Hochschule. Dennoch wird die Stadt gerne wegen ihrer Gemütlichkeit als Rentnerdomizil bezeichnet. Neben einem Besuch des East London Museum lohnt sich noch die Besichtigung der Wollbörse.

Strände

Bade- und Surfmöglichkeiten

Neben den drei Stränden im Stadtbereich (Orient, Eastern und Nahoon Beach) gibt es entlang der gesamten Küste schöne(re) Bade- und Surfmöglichkeiten. Das Tourist Office bietet genügend Infomaterial für Strandaufenthalte in der näheren Umgebung. Wer aber gerne in Stadtnähe bleiben möchte, dem sei die Fuller's Bay mit Shelly's Beach empfohlen. Sie liegt etwa 10 km südwestlich der Stadt.

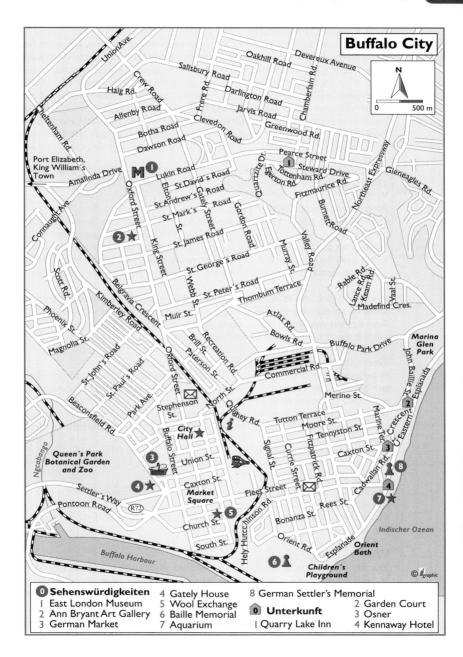

Buffalo City

N

0 — 500 m

Port Elizabeth, King William's Town

Buffalo Harbour

Indischer Ozean

© igraphic

⓿ **Sehenswürdigkeiten**	4 Gately House	8 German Settler's Memorial
1 East London Museum	5 Wool Exchange	⓿ **Unterkunft**
2 Ann Bryant Art Gallery	6 Baille Memorial	1 Quarry Lake Inn
3 German Market	7 Aquarium	2 Garden Court
		3 Osner
		4 Kennaway Hotel

East London Museum (1)

Hier ist die vielleicht umfangreichste naturkundliche Sammlung Südafrikas untergebracht. Eine Besonderheit stellen die Exponate über maritimes Leben dar. Unter ihnen spielt die primitive Fischart namens *Coelacanth* eine herausragende Rolle. Man glaubte, dass dieser Fisch seit etwa 50 Millionen Jahren ausgestorben sei und war mehr als erstaunt, als im Jahre 1938 das erste lebende Exemplar aus dem nahen Chalumna River gefischt wurde. 1954 und auch in späteren Jahren sind weitere Fänge geglückt. Ebenso gibt es hier auch das einzige Dodo-Ei zu sehen, das 1846 aus Mauritius gebracht wurde. Beim Dodo handelt es sich um einen im 17. Jh. ausgerotteten, flugunfähigen Vogel, der weit größer als der Truthahn war. Die heimatkundliche Abteilung zeigt einige Exponate aus dem Kulturkreis der Xhosa.

East London Museum: *Oxford Street,* ☏ *043-705-2637, geöffnet Mo–Fr 9.30–17 h, Sa 14–17h, So 11–16h.*

Ann Bryant Art Gallery (2)

Wechselnde Ausstellungen

1947 wurde das Museum der Stadt von *Ann Bryant* geschenkt. Das Haus selbst ist alleine einen Besuch wert. Hier werden, in z. T. wechselnden Ausstellungen, Werke südafrikanischer und anderer Künstler ausgestellt. Insbesondere sollen einheimische Künstler aus der Provinz unterstützt werden. Interessant ist auch das Modell der „Knysna", dem ersten Schiff, das in der Mündung des Buffalo River seine Ladung gelöscht hat.

Jeden dritten Sonntag im Monat findet die Ausstellung „**Art in the Garden**" statt, wo Künstler aus der Umgebung ihre Werke im Garten ausstellen und verkaufen. **Ann Bryant Art Gallery:** *9 St. Marks Road,* ☏ *043-722-4044, www.annbryant.co.za, geöffnet Mo–Fr 9–17h, Sa und an Feiertagen 9–12h.*

German Market (3)

Er befindet sich in der Buffalo Street (Ecke Jagger bzw. Union St). Ursprünglich haben sich die deutschen Frauen hier getroffen und Handelsware, bevorzugt Gemüsesorten und Gewürze, getauscht, die sie sonst nirgends gefunden hätten. Der Markt entwickelte sich schnell zum größten Markt der Stadt, neben Nahrungsmitteln werden auch Textilien und andere Dinge verkauft. Heute ist der Markt eher von afrikanischen Marktfrauen beherrscht.

German Market: *Fr/Sa 5.30–10h.*

Gately House (4)

Eines der ältesten Gebäude der Stadt. Im Auftrag von *Johan Gately* wurde das heutige Museum 1873 erbaut.

Gately House: *am Queens Park,* ☏ *043-722-2141, geöffnet Di–Sa 9.30–12.30h und 15–17h, So 15–17h.*

Wool Exchange (5)

Wie schon angedeutet, ist East London ein wichtiger Ausfuhrhafen für Wolle. Besonders im 19. Jh. hat der Wollexport dem Hafen seine spätere Bedeutung verliehen. An der Ecke Church/Cambridge Street befindet sich die Wollbörse, wo sich Aufkäufer aus der ganzen Welt an Auktionen beteiligen. Besucher sind willkommen.

Wool Exchange: *Ecke Hill und Station Str.,* ☏ *043-704-7000, Besichtigung nach Vereinbarung.*

Baille Memorial auf dem Signal Hill (6)

Hier wurde 1836 die britische Flagge durch den Marineoffizier John Baille gehisst, als das erste Schiff, die „Knysna" von George Rex, ankerte und ihre Ladung löschte. Im Gegenzug tauschte die „Knysna" Felle ein. Die Mündung des Buffalo River erschien damals als ein besonders günstiger Versorgungshafen, da der Nachschub für die britischen Söldner auf dem Landwege von Port Elizabeth aus durch Übergriffe der Xhosa erheblich behindert wurde.

Aquarium (7)

Das Aquarium von East London ist das älteste öffentliche Aquarium Südafrikas. Es zeigt mit über 400 Arten einen beachtlichen Querschnitt südafrikanischer Meeresbewohner.
Aquarium: ☎ *043-705-2637, geöffnet tgl. 9–17h.*

Das Rathaus von Buffalo City

German Settler's Memorial (8)

Es wurde in Erinnerung an die 1857 hier angekommenen deutschen Männer, Frauen und Kinder errichtet. Durch sie erhielt die Region wichtige Wachstumsimpulse. Das Denkmal aus Granit wurde von *Lippy Lipshitz* entworfen und stellt einen Mann, eine Frau und ein Kind dar.

Auf fünf Bronzetafeln erzählen Bilder die Abreise der Auswanderer aus Deutschland, ihre Überfahrt nach Südafrika, den Bau ihres neuen Heims, das Urbarmachen des Landes sowie die Ausschau einer Familie in die Zukunft. Die Inschrift in Deutsch lautet: *Deutsche* „Den deutschen Einwanderern". Im Umkreis von 100 km sind deutsche Ortsnamen wie *Ortsnamen* Braunschweig, Hamburg, Potsdam und Berlin zu finden.

Umgebung von Buffalo City

Die Küstenlandschaft, auch „Romantic Coast" und „Cape-Wild Coast" genannt, ist allemal einen Besuch wert, soweit man sich nicht bereits an der Garden Route oder der Transkei Wild Coast satt gesehen hat. Es gibt zwischen der ehemaligen Ciskei und der ehemaligen Transkei einige schöne Strände, gute Hotels und Ferienanlagen, die besonders in der Nebensaison sehr reizvoll und auch preiswert sind. Eine vollständige Liste ist im East London Tourist Office erhältlich.

Wer nach **Gonubie Mouth** kommt, sollte sich den **African Medical Plant Garden** ansehen. Man wird sich wundern, welche Heilkräfte die verschiedenen Pflanzen haben.
Gonubie Nature Reserve: ☎ *043-705-9777, geöffnet Mo–Fr 8.30–16h, am Wochenende nach Vereinbarung.*

Deap-Sea-Fishing Für Abenteuerlustige hier noch der Tipp: Die besten „**Deap-Sea-Fishing**"-Touren starten von Gonubie aus (Infos im Tourist Office in East London).

Der **Mpongo Park** ist ein kleiner privater Game Park, der eine Reihe bekannter Steppentiere beherbergt (u. a. Löwen). Hier kann man auch in Chalets oder auf einem Campingplatz übernachten.
Mpongo Park: ☎ 043-742-9001.

East London eignet sich auch für Touren in die ehemalige Ciskei, besonders für Fahrten entlang der wunderschönen Ciskeistrände. Man kann leicht an einem Tag von hier aus die Ciskeiküste erkunden und danach wieder ins Hotel in East London zurückkehren (siehe auch „Die ehemalige Ciskei").

Anschluss-Strecken

- Über die N2 in die ehemalige Transkei und weiter nach Durban (ab S. 569)
- Über die N6 nach Bloemfontein und dann weiter nach Johannesburg (siehe ab S. 153)

Reisepraktische Informationen Buffalo City (East London)

Vorwahl: *043*

Wichtige Telefonnummern
Feuerwehr, *722-1212*
Apotheken-Notdienst, *722-2062*
Krankenhäuser, *St. Dominics: 707-9000, East London Private Hospital:* ☎ *722-3128*

i **Informationen**
Tourism Buffalo City, *91 Western Avenue,* ☎ *721-1346,* 🖷 *721-1359, www.tourismbuffalocity.co.za.*
Wild Coast Holiday Reservation, *44 Drake Road,* ☎ *743-6181,* 🖷 *743-6188, www.wildcoastholidays.co.za.*
Municipality of East London, *King William's Town and Bisho, www.buffalocity.gov.za.*

Besichtigungstouren
Informieren Sie sich über das aktuelle Programm am besten bei www.buffalocity.gov.za/visitors, ☎ *705-3150 von Mo–Fr 9–18 Uhr.*

Hotels
Quarry Lake Inn (1) $$, *Quartzite Drive, Ecke Pearce Str.,* ☎ *707-5400,* 🖷 *707-5425, www.quarrylakeinn.co.za, kleines, aber luxuriöses Inn. Alle 16 Zimmer haben Ausblick auf den See.*
Osner (3) $$, *Court Crescent,* ☎/🖷 *743-3433, www.osnerhotel.co.za, am Strand, modern und funktional. Selbstversorger-Einrichtungen.*
Kennaway Hotel (4) $$, *Esplanade, Orient Beach,* ☎ *722-5531,* 🖷 *743-3433, www.kennawayhotel.co.za, nahe zur Stadt und zum Strand, sehr sauber.*

Garden Court (2) $$$, *John Baillie Str.,* ☎ 722-7260, 🖷 743-7360, *gceastlondon@ southernsun.com, Mittelklasse-Hotel mit üblicher Ausstattung.*

Lesertipps:
Dolphin View Lodge B&B, *6 Seaview Terrace, Quigney,* ☎ 702-8600, 🖷 742-3742, *schön eingerichtet, mehrere Restaurants und eine Sporthalle in der Nähe.*
Thornycroft Lodge and Spa, *P. O. Box 12495, Amalinda 5252,* ☎ 730-7300, 🖷 086-698-2350, www.thornycroft.co.za, direkt am Nahoon Fluss, ein wunderschönes Anwesen mit sehr guter Küche und herzlichen Gastgebern. Großes Schlafzimmer mit separater Küche und Bad.*

🛏 **Bed & Breakfast**
   The Oakhampton B&B, $, *8 Oakhamton Rd., Berea,* ☎ 726-9963, 🖷 726-4565, *www.oakhampton.co.za, sehr persönlich geführtes Haus mit neun Zimmern, die meisten mit eigenem Bad.*
Chateau Le Grand, *7 St. Lukes Rd., Belgravia,* ☎ 743-3999, 🖷 743-2471, *fünf sehr schöne Zimmer, zentrale Lage.*

🛏 **Backpackers**
   Sugarshack $, *Eastern Beach,* ☎/🖷 722-8240, www.sugarshack.co.za, schöne Lage am Strand, saubere Schlafsäle, sehr lebendige Backpacker-Atmosphäre.*
East London Backpackers, *11 Quanza Str.,* ☎ 722-2748, 🖷 743-0308, *www. elbackpackers.co.za.*

⚠ **Camping**
   Lagoon Valley Holiday Resort, *Cove Rock, Marine Drive,* ☎ 736-9785, *www. lagoonvalley.co.za, 12 km vom Zentrum. Fahren Sie 2 km hinter dem Flughafen weiter auf Settlers Way und dann nach links in den Marine Drive.*

🍴 **Restaurants**
   Le Petit, *54 Beach Rd., Nahoon,* ☎ 735-3685, *hier gibt's exotische Küche, u. a. Strau-ßen- u. Krokodilsteak. Mo–Sa.*
Strandloper Cafe, *93 Old Transkei Rd.,* ☎ 735-4114, *sehr gutes Seafood-Restaurant.*
Zhong Hua, *48 Beach Rd., Nahoon,* ☎ 735-3442, *chinesische Küche.*

🍸 **Pubs und Kneipen**
   Das Kneipenleben in Buffalo City ist etwas ruhiger, aber man findet trotzdem den einen oder anderen Pub, wo man gemütlich ein Bier trinken kann.
Buccaneers, *Marina Glen, Beachfront,* ☎ 743-5171, www.buccaneers.co.za, Bar, Restaurant, freitags und samstags Livemusik. Der In-Tipp für Buffalo City.*
Keg & Rose, *1 Patcyn Centre,* ☎ 726-6164, *immer für ein Essen und einen Drink gut.*

☞ **Unterhaltung**
   Kino: *Vincent Park Cinemas,* ☎ 086-130-0444.
Hemingways Casino and Entertainment Centre, *Ecke Western Ave. und Two Rivers Drive,* ☎ 707-7777, www.hemingways.tsogosun.co.za, Casino, Restaurant, Geschäfte und Indoor-Sport-Angebot.*

Einkaufen
Vincent Park Shopping Centre, Devereux Avenue, Vincent, ☎ 727-0990, www.vincentpark.co.za, sonntags findet hier ein Flohmarkt statt.

Golfplätze
East London Golf Club, ☎ 735-1356, 🖷 735-1390, www.elgc.co.za, anspruchsvoller 18-Loch-Meisterschaftsplatz mit tollem Blick auf die Küste. Länge: 5.971 m, Standard/Par 72.
Alexander Golf Club, Clovelly Road, Sunny Ridge, ☎ 736-3646, 18 Loch, wunderschöne Lage, Länge: 5 625 m, Standard 69 und Par 71.

Busverbindungen
Es gibt eine Reihe von Buslinien, die Buffalo City bedienen, und es besteht die Möglichkeit, alle größeren Städte des Landes täglich von hier aus zu erreichen.
Translux, am Bahnhof: ☎ 700-1015, Windmill: ☎ 743-7893, die Haltestelle ist auf der **Moore** Str. am Windmill Park Roadhouse.
Greyhound, ☎ 743-9284, die Haltestelle ist auf der Moore Str. am Windmill Park Roadhouse.
Intercape, ☎ 0861-287-287, die Haltestelle ist auf der Moore Str. am Windmill Park Roadhouse.

Zugverbindungen
Shosholoza Meyl, www.shosholozameyl.co.za, dienstags fährt ein Zug nach Kapstadt, täglich außer samstags nach Johannesburg.

Flugverbindungen
Täglich werden alle größeren Flugplätze des Landes vom Buffalo City Airport (ELS) angeflogen, in der Regel im System „Perlenkette", bei dem alle Flugplätze entlang der Ostküste der Reihe nach angeflogen werden (und wieder zurück).
Buchungen und Infos über **SAA**, ☎ 011-978-1000, www.flysaa.com.
Es gibt keinen Flughafenbus, sodass man mit dem Taxi hinfahren muss.

Mietwagen am Airport
Avis, ☎ 736-1344
Europcar, ☎ 011-574-1000
Budget, ☎ 736-2364
Hertz, ☎ 702-5700

Taxiunternehmen
Herman Taxi, Union Str., ☎ 743-8076 und 722-7901
Border Taxi, Gladstone Str., ☎ 722-3946

Die Wild Coast (ehemalige Transkei)

Überblick

Die Transkei – der östliche Teil der heutigen Eastern Cape Province – war der größte „Autonomstaat" innerhalb Südafrikas und hat 1976 als erstes Homeland die „Unabhängigkeit" erhalten. Mit über 43.000 km² war sie sogar größer als die Schweiz. Die Bevölkerung besteht hauptsächlich aus Xhosa, die sich hier seit dem 15. Jh. angesiedelt haben. Bedingt durch die schwer anzusteuernden Buchten sind nur wenige Europäer hierhergekommen.

Dieses Gebiet ist eines der interessantesten und schönsten Reisegebiete des südlichen Afrika. In Unkenntnis dessen fahren viele Touristen auf dem schnellsten Weg über Umtata nach KwaZulu/Natal, ohne links und rechts des Weges Abstecher gemacht zu haben.

Das Reizvolle an der ehemaligen Transkei sind die zum großen Teil noch **ursprünglichen Siedlungen** mit ihren über die Hügel und Berge verstreut liegenden Rundhütten. Die Menschen werden Ihnen freundlich begegnen! Wenn Sie an einer Stelle halten, die abgelegen erscheint, kann es sein, dass Sie nach wenigen Minuten von neugierigen Kindern, Frauen und Männern umringt werden. Manche verstehen etwas Englisch – aber auf jeden Fall Ihr Lächeln. Die Menschen sind z. T. sehr arm. An den Straßen, die des Öfteren in schlechtem Zustand sind, stehen Kinder und bieten Obst an.

Sie werden von der Schönheit der Landschaft begeistert sein: Die **„Wild Coast"**, die Sie u. a. bei Coffee Bay und Port St. Johns erreichen, ist einfach faszinierend und die Badestrände sind beileibe nicht so überfüllt, wie an manchen Küstenorten Natals oder der Garden Route. Auch das Hinterland hat seine Reize. Fast das gesamte Land ist mit weich auslaufenden Hügeln und einigen Bergen bedeckt. Gerade im Frühling und Sommer, während und nach der Regenzeit, erstreckt sich ein sattes Grün, so weit das Auge reicht. Ausgesprochen eindrucksvoll

Redaktionstipps

▸ **Buchen Sie die Aufenthalte an der Küste vor**!

▸ **Schön**: Hole in the Wall (S. 580), Mkambati Nature Reserve (S. 588), Bucht von Port St. Johns (S. 585).

▸ **Übernachten** in: „Hole in the Wall" oder im „Ocean View Hotel" in der Coffee Bay, „The Lodge on the Beach" am Second Beach in Port St. Johns und wenn in Umtata: im Garden Court Hotel. (S. 580, 587, 583)

▸ **Essen** Sie **ausgewachsenen Crayfish** an der Küste.

▸ Das **Seafood Buffet** im Hole in the Wall Hotel. (S. 580)

▸ Wenn Zeit sein sollte, **erwandern Sie Teile der Küste**. (S. 586)

▸ Erkundigen Sie sich bitte über die Sicherheitslage (South African Tourism). (S. 94)

Eine Xhosa-Frau

Geruh-
samer
Urlaub

wirken hierbei die Teeplantagen. Wer also einen geruhsamen Urlaub mit etwas Abenteuer verbringen will und dabei bereit ist, auf besonderen Luxus zu verzichten, wird
durch die Ursprünglichkeit und Großartigkeit der Natur mehr als entschädigt.

Geschichte und Politik

Die Bewohner der ehemaligen Transkei sind in der überwiegenden Mehrzahl **Xhosa**,
zugehörig zum südlichsten Stamm der Ngundi-Gruppe. Die ersten Xhosa dürften etwa um 1700 von Norden her eingewandert sein, die später nachgekommenen waren
vor allem vor dem Zuluhäuptling *Shaka* geflohen. Dieses ist eine wesentliche Ursache
dafür, dass Xhosa und Zulu auch heute noch verfeindet sind. Die erste Gruppe war bald

Kriminalität und Betteln

In den letzten Jahren wurden immer häufiger Beschwerden laut, dass Touristen von Einheimischen belästigt wurden oder sogar versucht wurde, in Fahrzeuge einzubrechen. Leider hat mit den wirtschaftlichen Problemen in den ehemaligen Homelands diese Rate von Jahr zu Jahr zugenommen. Doch bemüht man sich von Seiten des Staates und der Touristikorganisationen, dieses Problem zu lösen. Besonders an der Küste hat man dazu die **Polizeipräsenz** verstärkt, sodass mittlerweile ein gewisser Hemmfaktor für Straftäter eingesetzt hat. In Umtata gibt es aber trotzdem immer wieder Berichte von Touristen über Taschendiebstähle und versuchte Autoeinbrüche. Daher seien Sie in dieser Stadt besonders vorsichtig, lassen Sie nichts unbeaufsichtigt im Auto liegen und achten Sie besonders auf Ihre Kamera und Ihr Portemonnaie. An der Küste haben sich die Verhältnisse mittlerweile verbessert, obwohl besonders in Port St. Johns und Coffee Bay immer noch Vorsicht geboten ist. Parken Sie Ihr Fahrzeug nicht in abgelegenen Gebieten (z. B. dem Wanderweg zum Hole in the Wall); hier hört man immer noch von Autoaufbrüchen. Lassen Sie es auf den sicheren Hotelgeländen stehen und genießen Sie die Natur auf einem Spaziergang.

Ein besonderer Aspekt verdient Aufmerksamkeit, und zwar der politische. Die Xhosa haben mit ihren politischen Ambitionen entscheidend dazu beigetragen, dass das Apartheidsystem zum Kippen gebracht wurde. Sie sympathisieren in der Mehrzahl mit dem ANC und reagierten auf politische Ereignisse, indem sie sich an Massenaktionen beteiligten, zu denen aufgerufen wurde. Die Idee, dass **Betteln** Geld bringt, hat sich leider in die Köpfe vieler Kinder eingeschlichen. Besonders wenn man durch ländliche Gegenden fährt und sich einem touristischen Ziel an der Küste nähert, nimmt es zu. Daran sind sicherlich die Touristen Schuld, die Geld verschenken, und dazu sollte man auch das „Bezahlen" von Fotoaufnahmen zählen. Auf dem Land sind die Leute sehr arm, nur 1 Rand bedeutet für die Kinder sehr viel, sodass sie das Betteln so lange weiterführen werden, bis sie merken, dass sie nichts erhalten, ohne dafür eine **sinnvolle Gegenleistung** erbracht zu haben.

Die Landschaft der „Wild Coast"

mit dem Vordringen von Weißen in ihr Siedlungsgebiet konfrontiert, gegen das man sich nicht zu helfen wusste.

Eine Weissagung des Propheten *Mhlakaza* sollte Abhilfe bringen: *Mhlakaza* wusste von dem Krimkrieg zwischen Engländern und Russen. Da er auch sein Volk mit den Engländern konfrontiert sah, glaubte er, die Russen wären Schwarze, deren tapferste Krieger die Seelen toter Xhosa-Krieger in sich trügen. Er glaubte daher, dass diese Russen die weißen Engländer besiegen und die Xhosa von der Last der weißen Eindringlinge befreien würden. Die Xhosa müssten für diesen „Sieg" aber das gesamte Vieh und die gesamte Maisernte vernichten und der Zauberei entsagen. Dann würden am 18. Februar 1857 zwei blutrote Sonnen aufgehen und ein Wirbelsturm würde alle Weißen ins Meer fegen.

Verheerende Weissagung

Obwohl die Xhosa 200.000 Tiere töteten, erfüllte sich die Weissagung nicht. Stattdessen brach eine große Hungersnot aus, an der über 68.000 Xhosa starben. Den Überlebenden blieb nichts anderes übrig, als auf der Suche nach Arbeit und Brot in die Kapkolonie zu ziehen.

Zwischen 1879 und 1897 wurde das Gebiet der damaligen Transkei durch die Briten annektiert und der Kapprovinz angegliedert. Man behandelte es mehr wie ein Reservat, das die Briten durch „Magistrate" kontrollierten. Zuerst verfügten die Xhosa noch über ein begrenztes Stimmrecht in der gesetzgebenden Versammlung am Kap. Dieses Stimmrecht wurde jedoch immer mehr beschnitten und letztlich 1894 unter *Cecil Rhodes* ganz abgeschafft. Stattdessen wurde eine Hierarchie von Beratungsgremien ins Leben gerufen, in der Vertreter saßen, die z. T. von Schwarzen gewählt, z. T. von den Weißen ernannt wurden. Doch diese Gremien konnten lediglich Vorschläge und Wünsche der Transkeianer übermitteln, an die weißen Machthaber nicht gebunden waren.

Zu Beginn der 1930er-Jahre erhielten Schwarze passives und aktives Wahlrecht für das Parlament der Transkei, die Bunga, die sich nur mit lokalen Fragen (Bildung, Straßenbau, Landwirtschaft oder Stammesgesetzen) beschäftigen durfte. In der Bunga – wörtlich übersetzt „Schwatzbude" – konnten gebildete Transkeianer die Arbeitsweise westlicher Verwaltung kennenlernen. Schon zu Zeiten britischer Verwaltung hatten sie dazu Gelegenheit, denn die Briten sparten dadurch eigene Beamte ein. Immerhin verfügt die ehemalige Transkei dadurch heute über eine 80-jährige „quasi-parlamentarische" Erfahrung und z. T. über entsprechend geschulte Politiker.

Langjährige parlamentarische Erfahrung

Im Jahre 1936 wurden die Schwarzen vom Wahlrecht des südafrikanischen Parlaments entbunden, indem man ihre Anteile am Land beschränkte und sie in ethnische Grenzen zurechtwies. 1948 schließlich, als die Weißen mit ihrer Politik der Apartheid begannen, wurde der damaligen Transkei Selbstverwaltungsrecht zugestanden. Die „Selbstentwicklung" wurde durch Stammesbehörden in die Hand genommen. Südafrika bezeichnete die Transkei sowie die Ciskei als angestammte Siedlungsgebiete der Xhosa. Am 26. Oktober 1976 wurde die Transkei durch die Republik Südafrika in die **„Unabhängigkeit"** entlassen, wodurch der südafrikanischen Rechtsauffassung zufolge alle Bewohner der Transkei zu Ausländern wurden. Die UNO hat (bei Enthaltung der USA) dieses Land völkerrechtlich nie anerkannt – genauso wenig wie auch die anderen damals als „selbstständig" erklärten „Homelands".

In den 1980er-Jahren war die Transkei eine Republik mit einem Einkammerparlament aus 150 Mitgliedern, wovon 75 gewählt und 75 Häuptlinge waren. Die Wahlperiode lief über fünf Jahre, auch in Südafrika lebende Transkeianer hatten Wahlrecht. Es bestand außerdem eine allgemeine Wehrpflicht.

Der letzte Regierungschef war *General Holomisa*, ein junger Offizier, der sich 1988 relativ unblutig an die Macht geputscht hatte. Er war ein enger Vertrauter seines Vorgängers *Matanzima*. Als *Matanzimas* Regierung wegen Korruption und zu enger Zusammenarbeit mit Südafrika immer mehr ins Kreuzfeuer der Kritik geriet, putschte *Holomisa* mit Hilfe des Militärs und setzte einen Militärrat ein. Er beschnitt danach zwar die Machtbefugnisse des Parlaments, behielt aber dessen Grundstrukturen bei. *Matanzima* wurde auch nicht von seiner Funktion als Paramount Chief enthoben. *Holomisas* Bestreben, die Korruptionswirtschaft und die Verschwendung in den Regierungskreisen zu unterbinden, brachte ihm in der Folgezeit einige Feinde aus dem gebildeten und gut situierten Mittelstand ein. 1990 gab es einen letzten Putschversuch, der aber scheiterte.

Aufgrund der großen wirtschaftlichen Not nahmen **Bestrebungen zur Wiedereingliederung** in den Staatenbund der Südafrikanischen Union immer mehr zu. Dies wurde besonders vom ANC unterstützt. Am 27. April 1994 nach dem Ende der Apartheid wurde die Transkei im Rahmen der Neustrukturierung Südafrikas schließlich in die Eastern Cape Province eingegliedert.

Wirtschaft

Die **Landwirtschaft** trägt zu 45 % zum Bruttosozialprodukt bei, obwohl ihr Produktivitätsgrad – trotz des günstigen Klimas – eigentlich sehr niedrig ist. Der hohe Anteil beruht ausschließlich auf der Tatsache, dass kaum Industrie angesiedelt ist. Die traditionelle Landwirtschaft besteht neben Viehzucht (Rinder und Schafe) aus Ackerbau, wo-

Die Landwirtschaft ist ein wichtiger Faktor an der Wild Coast

bei hauptsächlich Mais als Grundnahrungsmittel angebaut wird und in geringerem Umfang Weizen und Hirse. Mittlerweile versucht man Plantagen anzulegen, um der Landbevölkerung ein geregeltes Einkommen zu verschaffen. U. a. wurden größere Tee- (bei Port St. Johns und bei Lusikisiki), Ananas- und Zitrusfrucht-Plantagen angelegt. Auch mit dem kommerziellen Anbau von Baumwolle auf Bewässerungsflächen wurde begonnen.

Wieder-
auffors-
tungspro-
gramme

Weiterhin ist man um den Ausbau der **Forstwirtschaft** bemüht. Durch Wiederaufforstungsmaßnahmen begegnet man nicht nur weiteren Erosionsschäden, sondern produziert auch einen wichtigen Rohstoff zur Weiterverarbeitung. Holzverarbeitende Fabriken stellen u. a. Möbel her und bieten so auf heimischer Rohstoffbasis Arbeitsplätze. Neben diesen „großen" Aufforstungen gibt es kleine, 1–4 ha große, in der Nähe vieler Dörfer, die zur Beschaffung von Feuerholz dienen. Diese Forstflächen sind jedoch eher zu klein, wenn man bedenkt, dass eine Großfamilie etwa 1 ha Eukalyptuswald benötigt, um ihren Bedarf an Feuerholz zu decken, ohne mehr abzuholzen als nachwachsen kann.

Vielen **Fertigungsbetrieben** – so z. B. in Genwa (ehem. Butterworth) – mangelt es an heimischen Rohstoffen. Sie fertigen ihre Produkte mit Hilfe zollfrei eingeführter Rohmaterialien (Kohle, Kautschuk, Kunststoff).

Nationaler
Entwick-
lungsplan

Durch einen „Nationalen Entwicklungsplan" versucht die Regierung Südafrikas, mangelnde Investitionsbereitschaft vieler Unternehmer zu überwinden und durch großzügige Fördermaßnahmen die Schaffung neuer Arbeitsplätze in oder nahe den benachteiligten ehemaligen Homelands zu fördern. Auf dem landwirtschaftlichen Sektor gilt es vor allem folgende **Missstände** zu beseitigen:

• Man muss die bereits eingetretene Bodenzerstörung beheben (ein bereits fast ausgewloses Unterfangen, da teilweise kaum noch Bodendecke vorhanden ist) und weitere Bodenschäden verhindern. Dazu müssen die Bauern verstärkt aufgeklärt werden, dass Kontur-Pflügen (wobei die Furchen parallel zum Hang verlaufen) bodenerhaltend wirkt. Außerdem müssen Mischkulturen angelegt werden (z. B. Erdnuss und Tomate), damit eine ganzjährige Bodenbedeckung gewährleistet ist. Reiner Maisanbau beispielsweise fördert die Erosion, da die Jungpflanzen den Boden nur spärlich bedecken.

• Die Einzäunung und Unterteilung des Weidelandes (Umtriebweide) erscheint vordringlich, um einen regelmäßigen Weideturnus und dadurch eine gleichmäßige Beweidung zu gewährleisten. Das gibt dem Gras die Chance der Regeneration. Die Viehzahl muss reduziert und dadurch an die Tragfähigkeit der Weiden angepasst werden. Ebenso muss die Qualität des Viehs verbessert werden. Ein schwieriges Problem, da man selbst während der Dürre in den letzten Jahren beobachten konnte, dass Fleisch in Geschäften gekauft wurde, nur um das Prestigeobjekt „Vieh" zu erhalten, egal wie abgemagert es ist.

• Schließlich muss langfristig die Landwirtschaft vom alleinigen System der Selbstversorgung zu einer stärker marktorientierten Wirtschaftsweise entwickelt werden.

Entwick-
lungs-
potenzial
für die Zu-
kunft –
Tourismus

Ein **Entwicklungspotenzial der Zukunft** stellt auch der Tourismus dar, da die „Wild Coast" zu den schönsten Landschaften Südafrikas zählt. Hierzu muss aber vor allem die Infrastruktur verbessert werden. Doch sollte man dabei immer im Auge behalten, dass besonders die verhältnismäßig unberührte Natur den Reiz ausmacht. Zu viele Straßen und zu große Hotels würden die Gäste abschrecken und doch wieder in die gewohnten Urlaubszentren der Küste KwaZulu/Natals oder der Garden Route zurückkehren lassen. Die wirtschaftlichen Probleme der „Wild Coast" sind für das „Neue Südafrika" ein nicht zu vernachlässigender Faktor.

Soziales Leben und Kultur

Stämme und Sitten

Ein großer Teil der Bewohner ist noch sehr der **Stammestradition verhaftet.** Die Xhosa gliedern sich in 12 Stammesgruppen auf, z. B. in Fingo, Gcaleka, Thembu, Mpondomise, Pondo, Xesibe u. a. Jede dieser Gruppen besitzt ein eigenes Gefühl ihrer Identität und sie wohnen in voneinander abgegrenzten Gebieten. Außerdem sprechen sie sehr unterschiedliche Dialekte, die sich so stark unterscheiden wie beispielsweise das Bayrische vom norddeutschen Platt. Sie schöpfen Geborgenheit und Sicherheit aus ihrer **Sippe**, die ein Häuptling aus adligem Geschlecht ungefochten leitet. Die überkommenen Riten und Mythen des Medizinmannes haben auch heute noch ihren Platz. Vielerorts werden noch immer Initiationsriten durchgeführt. So müssen z. B. die Abakwetha (vgl. Khwetha-Zeremonie) drei bis vier Monate bewacht und von ihrem Stamm isoliert in sehr primitiven Grashütten leben. Täglich sind sie angehalten, die weiße Schminke (aus gemörsertem Sandsteinkalk) am ganzen Körper anzubringen, die erst am Ende der Initiationsriten abgewaschen werden darf (siehe Khwetha-Zeremonie). *Initiationsriten*

Die **wirtschaftliche Tätigkeit** beschränkt sich auf die Versorgung der Familie mit Nahrungsmitteln. Die Arbeit auf dem Feld wird meist von Frauen verrichtet. Überhaupt leisten die Frauen der Xhosa schwere Knochenarbeit. Da seit Jahren das Brennholz in der Nähe der Dörfer knapp ist, müssen sie oft kilometerweit laufen, um neue Vorräte heranzuschaffen. Auch der Häuserbau ist Frauenarbeit. In traditioneller Weise schichten sie Mauern aus Ziegeln, die aus Lehm und Dung bestehen, die Fugen verschmieren sie mit Erde. Die älteste Frau des Kraaloberhaupts hat bei all diesen Tätigkeiten die Aufsicht und das Recht, die Jüngeren in die verschiedenen Arbeiten einzuweisen und sie zu „kommandieren". Den Männern ist es vorbehalten, die Dächer mit langem Buschgras abzudecken.

Ein Korbflechter bei der Arbeit

Die Steuerpflicht, die nicht immer ausreichende Nahrungsversorgung sowie die durch den Kontakt mit Weißen entstandenen zivilisatorischen Bedürfnisse zwingen Männer im arbeitsfähigen Alter, zumindest zeitweilig bezahlte Arbeit in anderen Gebieten aufzunehmen. Rund 25 % – in manchen Berichten heißt es sogar 40 % – aller Männer im arbeitsfähigen Alter arbeiten außerhalb, oft ist der Vater einer Familie nur wenige Wochen im Jahr zu Hause. Deshalb werden Sie bei Ihrer Fahrt durch die ehemalige Transkei sehr viele Frauen und noch mehr Kinder sehen, doch außer Greisen nur sehr wenige Männer. *Männer arbeiten in entfernten Gebieten*

Traditio-
nelle
Viehzucht

Die **traditionelle Viehzucht** nimmt im Gebiet der Wild Coast (84,2 % des Landes sind als Weideland klassifiziert) einen besonderen Stellenwert ein. Die Wertvorstellungen hierbei unterscheiden sich erheblich von der westlichen Wirtschaftsweise: Nicht so sehr die Qualität des Viehs hebt das Ansehen, sondern mehr die Anzahl der Tiere.

Die Xhosa kennen keine Dörfer und Städte im europäischen Sinne. Ihre **Hüttengehöfte** – bestehend aus drei bis vier Kugeldachhütten – sind unregelmäßig über das Sippenland verstreut. Das Weideland wird gemeinsam genutzt, das Ackerland vom Häuptling zugeteilt. Oft kann man beobachten, dass das Ackerland unterhalb der Siedlungen liegt, ohne Rücksicht auf die Hangneigung. Im Weideland gibt es Abschnitte, die nur spärlichen Graswuchs aufweisen: Es handelt sich hierbei um ehemalige Ackerflächen, die wegen Erschöpfung des Bodens nicht mehr bearbeitet werden können. Die Bodendecke in diesen subtropischen Bergregionen ist in der Regel sehr dünn. Dies kann man gut an ausgewaschenen Pisten sehen. Da auf den Weiden oft zu viele Tiere grasen, ist die Pflanzendecke so zerstört, dass sie bei starken Regengüssen die wertvollen Bodenteile nicht mehr festhält. Folge der langfristigen Überweidung sind dann zerfurchte Hänge. Aufgrund der einfachen Bearbeitungsmethoden (zum größten Teil ohne Maschinen, ohne gutes Saatgut und mit wenig Dünger) sind die Hektarerträge sehr niedrig.

Die Khwetha-Zeremonie

Während der Wintermonate können Reisende im Gebiet der Wild Coast Xhosa-Jungen begegnen, deren Körper weiß angemalt *(Abakwetha)* sind und die die seltsame Kleidung der Khwetha-Zeremonie tragen. In dieser Zeit leben die Jungen in einem Kraal, der speziell der Beschneidungszeremonie dient. Jeder Xhosa-Junge, sofern er später als Mann geachtet werden möchte, muss sich diesen Ritualen unterziehen. Die Zeit von Herbst bis Frühjahr verbringen die Heranwachsenden in diesem Kraal. Sie werden hier

Beschnei-
dungs-
zeremonie

Typisches Xhosa-Dorf in der Nähe von Peddie

in die Stammesbräuche eingeführt; dabei leben sie sehr karg und trainieren ihre Zähigkeit. Die Jugendlichen weißen ihre Körper mit geriebenem weißem Sandstein, um vor Bösem gefeit zu sein. Gewöhnlich tragen sie einen weißen Schafsfellmantel oder eine Decke. Zu besonderen zeremoniellen Anlässen tragen sie aus Ried geflochtene Röcke und Kopfbedeckungen. Die Jungen sind stolz, wenn man ihre Tänze bewundert. Erst im Frühjahr wird dann die Beschneidung durchgeführt. Danach müssen sie einen Fluss durchqueren, waschen dabei ihre weiße Bemalung ab und wenn sie das gegenüberliegende Ufer erreichen, haben sie ihre Kindheit und Jugend hinter sich gelassen. Frauen, die sich mit weißem oder braunem Sandstein das Gesicht einreiben, tun dieses nur zum Schutz gegen die Sonne. Nur wenige alte Frauen machen das noch aus traditionellen Gründen. In alten Zeiten bedeutete es Reinheit und Schutz vor bösen Geistern.

Xhosa-Hochzeit

Wie in fast allen afrikanischen Ländern noch üblich, wird die zukünftige Ehefrau von den Eltern des Mannes ausgewählt. Meistens bekommt die Familie der Frau Vieh und Teile von der kommenden Ernte zugesprochen, manchmal auch Geld. Daher wird der Reichtum einer Familie auch heute noch an der Zahl der unverheirateten Mädchen gemessen. So eine Heirat kommt die Familie des Mannes oft sehr teuer. Die Verhandlungen über den Preis der Ehefrau ziehen sich häufig über ein Jahr hin. Ist man sich schließlich „handelseinig" und ist man sich sicher, dass die Frau fruchtbar ist, dürfen sich die zukünftigen Ehepartner das erste Mal treffen. Eine Ablehnung des Partners ist dann aber schon fast ausgeschlossen. Nach einer Woche müssen beide miteinander schlafen, danach muss die Frau eine weitere Woche in einen Frauenkral ziehen und darf diesen nicht verlassen. Von da an darf sie nur mit einem Schleier umherlaufen, damit kein anderer Mann ihr Antlitz zu sehen bekommt und sie in Versuchung bringen kann. Erst wenn die Frau ein gesundes Kind gebiert, kann die eigentliche Heirat vonstatten gehen. Ist sie nicht schwanger, wird die ganze Prozedur wiederholt.

Preis-Verhand-lungen

Na denn Prost: „King Corn Bier"

info

Überall im Land sieht man Lastwagen, Pickups und Minibusse, vollbeladen mit großen Plastikkanistern, die eine milchig-gelbe Flüssigkeit enthalten. Hierbei handelt es sich um das vielgeliebte „King Corn Bier" oder auch „2-Tage-Bier". Es wird am Donnerstag angesetzt, bestehend aus Maismehl, Wasser und ein wenig Gewürzen. Nach einigen Stunden wird es dann umgerührt und dann für einen Tag in großen Bottichen gelagert. Freitag, rechtzeitig zum Wochenende, hat es ausreichend gegärt und enthält etwa 2 % Alkohol. Dann sieht man im ganzen Land die Männer an ihren Hütten sitzen und das Bier trinken. Dabei wird dann bis in die Abendstunden palavert.

Geschäftstüchtige Frauen brauen ihr eigenes Bier und eröffnen kleine Bars, „**Shebeens**" genannt, wo sich abends bei Kerzenlicht das halbe Dorf trifft. Diese Bars sind zwar illegal, werden aber von der Polizei geduldet. Die **Shebeen-Queens**, wie diese Frauen genannt werden, haben ihre „Trinker" fest im Griff und wenn sich einer daneben benimmt, hat man ihn hier das letzte Mal gesehen.

Wer dieses Bier einmal selber brauen möchte, muss sich in einem Laden ein Paket **Mnanti** besorgen, diese fertige Mischung mit 5 Liter Wasser anrühren, einen Tag aufbewahren und vor dem Trinken noch einmal umrühren.

Reisepraktische Informationen Wild Coast

Information
Eastern Cape Tourism Board, *Palm Square Business Park, Iron Wood House, Bonza Bay Road, Beacon Bay 5247,* ☎ *043-701-9600, www.ectourism.co.za.*

Unterkunft
Die Situation ist an der Wild Coast etwas verworren. Grundsätzlich kann man raten, alles vorzubuchen, das gilt auch für die Zeltplätze, die dem Nature Reserve Office unterstehen (alle südlich von Port St. Johns).
Neben der o. g. Adresse kann man auch in Buffalo City buchen: **Wild Coast Holiday Reservation**, *44 Drake Road,* ☎ *043-743-6181,* 🖷 *043-743-6188, www.wildcoastholidays. co.za. Die Qualität der Zeltplätze ist, um es höflich auszudrücken, sehr bescheiden und nicht empfehlenswert. Sie liegen zwar meistens sehr schön, aber alle Einrichtungen haben mehr als nur einen Frühjahrsputz nötig. Das gilt besonders für Port St. Johns. Dafür wohnen Sie aber in den privat geführten Hotels entlang der Küste sehr gut.*

Sehenswertes im Gebiet der Wild Coast

☞ Streckenbeschreibung

Straßen: Die Hauptstrecken nach Port St. Johns, Coffee Bay und Port Edward wie auch die nach Queenstown und Maclear sind asphaltiert und in gutem Zustand. Etwas anders verhält es sich aber mit den Pisten, und davon gibt es einige, die man benutzen muss, um zu den anderen Küstenorten zu gelangen. Sie werden zwar regelmäßig unterhalten, doch kommt man, besonders nach der Regenzeit, nicht immer damit nach, und so sind die Pisten dann häufig sehr ausgewaschen. Ein weiteres Problem stellen die Abschnitte auf dem Küstenplateau (Binnenterrasse) dar. Hier tritt an den Hängen der nackte Steinboden hervor und das macht die Piste bretthart und ungemütlich rau. Hier sollte man sehr langsam fahren, besonders auch um Reifenpannen zu vermeiden.

Vorsicht bei Nässe

Fahren mit einem herkömmlichen Pkw: In der Regel können Sie außerhalb der Regenzeit jede Piste fahren, Sie müssen sich nur Zeit dabei nehmen und eine Durchschnittsgeschwindigkeit von 40 km/h einkalkulieren. In der Regenzeit sollten Sie sich vorher über den Straßenzustand erkundigen und während eines Regenschauers eine Pause einlegen. Eine Pistenfahrt kann bei Nässe zu einer üblen Rutschpartie werden. Pisten in den Parks sind nicht immer einfach zu befahren. Erkundigen Sie sich am Eingang oder der Rezeption, ob Ihr Fahrzeug dafür geeignet ist. Gewarnt sei schließlich noch vor den „Transkei Robots", wie sie im Volksmund genannt werden, den Tieren auf den Straßen. Besonders die Rinder stellen sich sehr träge an, wenn ein Fahrzeug kommt. Sie haben sicherlich gelernt, dass die Fahrer Respekt vor ihnen haben, und wandern unkontrolliert über die Straßen.

Nachdem Sie an der Great Kei Bridge die ehemalige Grenze überquert haben, erreichen Sie Genwa (ehem. Butterworth) nach etwa 45 km.

Genwa (ehem. Butterworth)

Genwa ist die älteste Stadt des ehemaligen Transkei-Gebiets. 1827 wurde hier bereits *Älteste* eine Schule der Wesleyan Mission gegründet, die jedoch während der Grenzkriege *Stadt der* niederbrannte. Die Stadt liegt an der Haupteisenbahnlinie. Hier wurden die ersten In- *ehemaligen* dustriebetriebe errichtet, um Arbeitsplätze im Land selbst zu schaffen. Das führte inner- *Transkei* halb weniger Jahre zu einer Verdreifachung der Bevölkerung (heute über 30.000). Von der Nationalstraße N2 sieht man die Arbeitersiedlungen, die zwar relativ sauber und ordentlich sind, doch wegen ihrer Monotonie an das Erscheinungsbild Sowetos erinnern und gar nicht in die Landschaft der ehemaligen Transkei passen, wo man immer wieder die Rondavels mit ihren Grasdächern sieht.

1987 wurde in Genwa ein Zweig der Universität eröffnet, wo vornehmlich Ingenieu-re ausgebildet werden. Seit 2005 gehört dieser Zweig zur Walter Sisulu University mit Fakultäten in Umtata, East London, Queenstown und Genwa.

Unweit der Stadt gibt es die **Butterworth River Cascade**, Wasserfälle von 85 m Tie- *Die* fe. Ebenso sehenswert sind die Bawa Falls, 10 km südlich der Stadt (110 m). Früher wur- *„Hohen* den hier mutmaßliche Kriminelle ins Jenseits befördert, deshalb haben die Fälle auch den *Voll-* Beinamen „High Executioner" (Hoher Vollstrecker). *strecker"*

Wer die südlichen Küstenorte der „Wild Coast" aufsuchen möchte, biegt am besten in Genwa ab. Von hier aus führen Pisten nach Mazeppa Bay, Nxaxo Mouth und Qolo-ra Mouth. Folgen Sie der N2, erreichen Sie nach 10 km Ibika, wo nach rechts die Piste nach Willowvale abzweigt. Von hier aus erreichen Sie Qora Mouth.

Unterkunft
Wayside Protea $$, *Ecke Bell und Sauer Str.,* ☎ *047-491-4615,* 🖷 *491-0440, sehr sauberes, funktionales Mittelklassehotel.*

Dwesa Nature Reserve

35 km hinter Genwa auf der N2 kommen Sie nach Idutywa, einer kleinen Stadt, die vor-nehmlich als „Einkaufszentrum" der Region dient. Biegen Sie hier nach rechts ab und folgen der Piste über Fort Malan und der Lundie Mission, erreichen Sie nach ca. 75 km das Dwesa Nature Reserve. Es wurde als erstes großes Naturreservat gegründet und *Erstes gro-* man hat sich bemüht, einige Tiere wieder einzuführen. Es gibt mittlerweile Büffel, Elen- *ßes Natur-* antilopen, Kuhantilopen, Krokodile und einige andere. Interessanter aber ist die Vege- *reservat* tation. Neben weiten Grasflächen und tropischen Küstenwäldern gibt es auch Reste von *der Region* Mangrovenvegetation.

Die Unterbringung in Hütten ist sehr einfach (u. a. nur kaltes Wasser) und man muss sein eigenes Essen mitbringen. Es gibt auch einen Zeltplatz. Buchen muss man im Vor-aus beim **Environmental Conservation** in Umtata.

Es sei noch einmal auf den teilweise unzureichenden Zustand der Pisten hingewiesen. Nehmen Sie sich also Zeit dafür. Wer nicht mehr als vier Tage im Land bleiben möchte, sollte den Küstenabschnitt südlich von Coffee Bay aussparen. Wer viel Zeit hat, kann sich entlang der Küste von Qora Mouth bis Coffee Bay „vorarbeiten", sollte dafür aber mindestens fünf weitere Tage einkalkulieren.

Dwesa Nature Reserve, *buchen muss man im Voraus über Eastern Cape Parks,* ☎ *043-705-4400,* 🖷 *086-611-1623, www.ecparks.co.za.*

 ## Streckenbeschreibung

Zurück zur Fahrt auf der N2: 65 km hinter Idutywa kommt man nach Viedgesville, von wo aus die asphaltierte Teerstraße nach Coffee Bay führt. Hier verlassen Sie also die N2. Es ist eine wunderschöne Strecke, die besonders der Reisende mit der Abendsonne im Rücken genießen wird. Berge und Kliffe sorgen für eine sehr schöne Landschaftsszenerie. Sie führt durchs Tembuland. Fast alle Hütten sind grün-türkis angemalt. Alle Hütten haben den Anstrich nur in eine Richtung (Nord-Nordwest), während ein Teil nach hinten ausgespart ist. Der Grund dafür ist, dass die Farbe als Schutz vor der Sonne dienen soll, die die Lehmwände der Hütten ansonsten zu sehr austrocknen würde.

Coffee Bay

Hier soll 1863 ein Schiff gestrandet sein, dessen Kaffeeladung an den Strand gespült wurde. Einige der Kaffeebohnen entwickelten Wurzeln und wuchsen zu Kaffeesträuchern heran. Coffee Bay eignet sich gut, um zu Fuß Teile der Küste zu erwandern (siehe auch Port St. Johns). Leider hat der Tourismus hier negative Spuren hinterlassen: An jeder Ecke bekommt man von Kindern und Jugendlichen Muscheln u. ä. angeboten und kann sich diesem kaum entziehen.

Reisepraktische Informationen Coffee Bay

Unterkunft
Ocean View Hotel $, ☎ *047-575-2005,* 🖷 *047-575-2083, www.oceanview.co.za, Lage direkt an der Küste, freundliche Zimmer, Swimmingpool, gutes Restaurant (leckere frische Austern!).*
Hole in the Wall $, *P. O. Box 2335, Port Alfred 6170,* ☎ *047-575-0009,* 🖷 *047-575-0010, www.holeinthewall.co.za, Zimmer und Cottages, Restaurant. Insgesamt sehr einfach und wenig empfehlenswert. Beim „Seafoodbuffet" muss wg. regionaler Fangsperren (Crayfish bis 1.3.) mit Einschränkungen des Angebots gerechnet werden.*
Der **Coffee Bay Caravan Park** *liegt sehr schön unter schützenden Bäumen.*

Hole in the Wall

Etwa 20 km bevor Sie Coffee Bay erreichen, zweigt eine Piste zum „Hole in the Wall" ab. Nach 20 km erreichen Sie das Hotel, wo Sie am besten auch Ihr Fahrzeug abstellen sollten. Leider kommt es nämlich vor, dass die Autos auf dem Parkplatz an der Klippe aufgebrochen werden.

„Hole in the Wall"

Das „Hole in the Wall" ist sicherlich das markanteste Landschaftselement der Wild *Markante* Coast. Vor der Küste liegt der hohe Landblock, dessen Wände so steil sind, dass man *Landschaft* sie kaum erklimmen kann. Einige haben es versucht, doch viele von ihnen mussten gerettet werden, da besonders der Abstieg schwierig ist. Auch Schwimmer haben mehrfach versucht, das Loch zu durchschwimmen, doch viele haben den Versuch mit ihrem Leben bezahlt. Das Loch wurde im Laufe der Jahrtausende von den Wellen geschaffen.

Die Xhosa nennen das Loch „esiKhaleni" (der Platz des Gesanges). Häufig pfeift der Wind durch das Loch und singt sein Lied. Auch in der Mythologie der Xhosa nimmt es einen Platz ein: *Mhlakaza* hatte prophezeit, dass alle Weißen ins Meer gespült werden *Mytholo-* würden, wenn die Xhosa seinen Rat befolgen würden (siehe Geschichte). Dann wür- *gische* den die „Menschen des Meeres", in Gestalt der „schwarzen" Russen, ihre Seelen durch *Bedeutung* dieses Loch schicken, um sich bei den Xhosa niederzulassen. Selbst nachdem die Prophezeiung sich nicht bewahrheitet hatte, glaubte man daran. Die Erzählung endet damit, dass einer dieser Meeresmenschen sich in *Nongquase*, die Nichte von *Mhlakaza*, verliebte und er erst dieses Loch grub, um sie erreichen zu können. Damit wurde dann der Weg freigemacht für die Seelen der heldenhaften Russen.

Dieser Teil der Geschichte beruht sicherlich auf der Tatsache, dass der Stamm, der in der Nähe des Hole of the Wall wohnt, hellhäutiger ist und daher auch als Abelunga (europäische Leute) bezeichnet wird. Es handelt sich wahrscheinlich teilweise um Nachkommen von schiffbrüchigen Seglern, die es unfreiwillig an diese Küste verschlagen hatte.

Streckenbeschreibung

Fahren Sie von hier wieder zurück auf die Asphaltstraße und dann über Viedgesville nach Umtata (ca. 100 km).

Umtata

Umtata war die Hauptstadt der ehemaligen Transkei, in der heute etwa 60.000 Menschen leben (einige Quellen gehen auch von etwa 130.000 aus). Die Stadt wurde nach dem gleichnamigen Fluss benannt, der wiederum seinen Namen aus der Theorie ableitet, dass die Tembus hier bereits vor langer Zeit ihre Toten mit den Worten „mThathe Bawo" (nimm ihn, großer Vater!) begraben haben.

Grenze zwischen zwei Stämmen
Schon seit den Besiedlungsanfängen markiert dieser Fluss die Grenze zwischen dem Tembu- und dem Pondo-Stamm. Die Tembu ließen sich wahrscheinlich schon Mitte des 16. Jh. hier nieder. Immer wieder kam es zwischen beiden Stämmen zu Auseinandersetzungen, bis beide Häuptlinge beschlossen, eine Pufferzone zwischen sich anzulegen. Deshalb vergaben beide Stämme 1860 Farmland an Europäer. 1875 fiel das Tembuland in britische Hände und wurde in vier Verwaltungsbezirke aufgeteilt. 1877 trat *H. Callaway* sein Amt als erster Bischof der anglikanischen Diözese an. Er erwarb eine der Farmen am Mthatha River, wo er seinen Sitz errichtete. Hier entstanden in der Folgezeit eine Kirche, eine Schule und ein Hospital.

Die Stadt Umtata wurde 1879 angelegt. Das markanteste Gebäude ist die Bunga, wo ehemals das Parlament tagte. Umtata ist ein zentraler Versorgungsort für die Umgebung. Viele der Xhosa reisen mit Bussen an und versorgen sich mit Dingen, die sie in ihren entlegenen Siedlungen nicht kaufen können. Vor Läden, Supermärkten und besonders an den Bushaltestellen stehen stets Menschentrauben und man nimmt sich Zeit zum „Palavern". In der Thornhill Road befindet sich eine Töpferei, die man besichtigen und in deren Geschäft man auch Tonwaren erstehen kann.

Universität

Moderne Universität
Gleich am Stadteingang, von Genwa (ehem. Butterworth) kommend, befindet sich der moderne Komplex der ehemaligen University of Transkei (Unitra). Diese Universität wurde 1976 als „Geschenk" zur „Unabhängigkeit" des Landes von Südafrika gestiftet. Während 1976 nur 132 Studenten eingeschrieben waren, waren es 2004 ca. 3.500 und fast alle Fächer wurden hier gelehrt. 2005 wurde die Unitra mit dem Eastern Cape Technikon Main Campus in Genwa, dem Border Technikon in East London sowie dem Eastern Cape Technikon Campus in Queenstown zusammengelegt: 24.000 sind in der Walter Sisulu University eingeschrieben. Diplomierten Studenten wird in einer feierlichen Zeremonie vom Paramount Chief des Distrikts die Abschlussurkunde verliehen. Die Universität ist ein wichtiger Faktor für die Stadt, die Studenten beeinflussen in großem Maße das Stadtbild.

Mit etwas Glück kann man die Uni besichtigen. Anfragen richten Sie bitte an die Verwaltung der Universität.

Reisepraktische Informationen Umtata

Vorwahl: *047*

Information
Umtata Tourism Bureau, ☎ *531-5290, oder über Eastern Cape Tourism Board, Palm Square Business Park, Iron Wood House, Bonza Bay Road, Beacon Bay 5247,* ☎ *043-701-9600, www.ectourism.co.za.*

Unterkunft
Garden Court $$, *Nelson Mandela Drive, P. O. Box 334, Umtata 5100,* ☎ *537-0181,* 🖨 *537-0191, www.southernsun.com, an der Hauptstraße zur Durban/East London Autobahn (N 2) gelegen (daher etwas laut), nur 1 km von Nduli Game Reserve entfernt. 116 Zimmer in einem Mittelklassehotel mit Swimmingpool, Fahrten zum sicheren Strand, Ausflüge in eine der schönsten Regionen Südafrikas, sowie Forellenfang im Mabeleni Dam problemlos möglich.*
Umtata Protea Hotel $$, *36 Sutherland Str.,* ☎ *531-0721,* 🖨 *531-0721, im Zentrum gelegenes sauberes Mittelklassehotel mit 64 Zimmern, 12 km vom Flughafen entfernt, Babysitter-Service.*

Restaurant
Steer Restaurant, *Madeira Str.,* ☎ *531-1546, hier gibt es insbesondere Steaks.*

Öffentliche Verkehrsmittel
Greyhound, Translux und **BAZ-Bus** *halten an der Shell Ultra City, N 2. Tägliche Verbindungen: Durban, Johannesburg, East London (Buffalo City), Kapstadt, Tshwane (Pretoria). Minibusbahnhöfe für innerstaatliche Strecken befinden sich in der Bridge Street.*

Ausflug von Umtata in die Drakensberge

Wer nicht gleich wieder an die Küste möchte oder Kokstad anpeilt, dem bietet sich eine Tour in die Drakensberge bei Elliot und Maclear an. Die Rundtour ist etwa 360 km lang und dauert ein bis zwei Tage.

☞ Streckenbeschreibung

Fahren Sie in Richtung Kokstad auf der N2 und biegen Sie dann, etwa 35 km hinter Umtata, in Richtung Tsolo ab (R396). Die Strecke führt Sie zuerst durch weites Weideland. Hier werden die Auswirkungen der Überweidung besonders gut deutlich. Fast alle Hänge sind von Erosionsgräben durchfurcht. Ca. 25 km später steigt die Strecke zum Ntywenka Pass an. Von hier haben Sie eine wunderschöne Aussicht zurück aufs Tal. In Maclear biegen Sie nach links ab (R56) und fahren nun immer parallel zur Abbruchkante der Drakensberge. Dieser Teil der Kante wird auch „Kathedrale" genannt, da die Berge sich so mächtig gegen die Landschaft unterhalb erheben. Bei Gatberg, ca. 40 km hinter Maclear, befindet sich ein großes Loch im Berg, das durch fortschreitende Verwitterungserosion gebildet wurde.

Elliot bietet sich als Übernachtungsstation an. Das „Mountain Shadow Hotel" liegt 10 km nördlich am Barkly Pass. Alleine die Passstraße ist die Fahrt dorthin wert. Wer etwas Zeit mitgebracht hat, sollte der Piste gegenüber dem Hotel ca. 16 km folgen und von dort den Ausblick über das Vorland genießen. Bei guter Sicht kann man ganz über das Gebiet der ehemaligen Transkei schauen und den Indischen Ozean sehen. Dieses Gebiet ist auch ein Eldorado für Wanderfreunde. Elliot heißt bei den Xhosa „Ekowa", was so viel heißt wie Pilze. Im Sommer ist das ganze Gebiet mit Pilzen übersät.

Eine Schafherde bei Elliot

Von Elliot aus folgt man zuerst der Strecke nach Queenstown (R393), biegt aber bald nach links ab und fährt über den Satansnek Pass nach Engcobo. Diese Passstraße führt eine ganze Weile auf dem Bergkamm entlang und man hat einen hervorragenden Blick nach links über die Canyonlandschaft des Xuka-Tals. Bei Engcobo, einem kleinen Ort mit einigen Geschäften und einem sehr einfachen Hotel, fährt man auf der R61 zurück nach Umtata, wobei man sich 5 km hinter Engcobo ins Xuka-Tal hinunterschlängelt.

Von Umtata aus führt die ausgebaute Asphaltstraße (R61) bis nach Port St. Johns. Wer zum **Hluleka Nature Reserve** fahren möchte, biegt besser hinter Libode in die Piste ein und nicht schon kurz hinter Umtata. Dies erspart einige Kilometer Pistenfahrerei. Das Nature Reserve besticht durch seine immergrünen Küstenwälder und die Abgeschiedenheit. Besonders schön ist die Mündungslagune des Mnenu River, die man nach einer 4 km langen Wanderung in Richtung Norden erreicht.

Wieder auf der R61, biegt 17 km vor Port St. Johns die Piste zu den „**Umngazi River Bungalows**" ab. Am Umngazi Mouth und entlang des Flusses brachen früher viele Stammesfehden aus, da er zeitweilig die Grenze zwischen Pondos und Tembus bildete. Übersetzt heißt Umngazi River „Blutfluss". Die Mündungslagune ist eine bevorzugte Stelle für Angler. Im Umngazi-Tal sind über 130 Vogelarten heimisch.

Reisepraktische Informationen Hluleka Nature Reserve

i Information
Eastern Cape Parks, ☎ 043-705-4400, 🖷 086-611-1623, www.ecparks.co.za.

Unterkunft
Gibt es nur in Hütten (Selbstverpflegung). Keine Einkaufs- oder Tankmöglichkeiten im Park. Buchungen über über **Eastern Cape Parks**, s. o.

⚠ Camping
In Elliot gibt es zwei Campingplätze, wobei der am Thompson Dam, 2 km vom Ortszentrum, der attraktivere ist.

Unterkunft entlang der Strecke
Umngazi River Bungalows $$, ☎ 047-564-1115, 🖷 047-564-1210, www. umngazi.co.za, zurzeit der „In"-Tipp für Urlauber und Wochenendtouristen aus Umtata, da sie gut zu erreichen sind. Sie bieten komfortable Unterkünfte (Chalets und Hotel).

Port St. Johns

Der Ort liegt an der **Mündung des Umzimvubu River**. Die Flussmündung flankieren hohe Sandsteinkliffs (am Westufer der Mt. Thesinger und am Ostufer der Mt. Sullivan). Seinen Namen erhielt der Ort durch ein 89 km nördlich gestrandetes portugiesisches Schiff (1552), das den Namen „St. John" trug. Später nahm man fälschlicherweise an, dass dieses Schiff an der Mündung des Umzimvubu gestrandet sei. *Hohe Sandsteinkliffs*

Der Handel mit den Eingeborenen begann im Jahre 1846, als es einem Schiff gelang, hier anzulegen. Dies war nicht ganz leicht, da eine Sandbank die Einfahrt in die Flussmündung versperrte und diese nur bei günstigem Wasserstand überwunden werden konnte. Obwohl in der Folgezeit viele Schiffe aufliefen, entwickelte sich doch ein beständiger Handel. Bis 1878 war es ein wichtiger Schmugglerhafen. Zum einen wurden Waffen für die aufständischen Pondo und sogar für die Basotho hier durchgeschmuggelt, zum anderen sahen weiße Händler aus der östlichen Kapprovinz hier eine gute Möglichkeit, ihre Waren zollfrei durchzuschleusen. Daraufhin schickte 1878 die Kapprovinz einen Abgesandten, der mit dem ansässigen Pondohäuptling einen Kaufvertrag über die Flussmündung abschloss. Doch bevor dieser Handel vonstatten ging, besetzte eine britische Einheit aus Natal überraschend die nördliche Uferseite und erklärte das Gebiet zur britischen Kronkolonie.

Bald übernahmen die Briten das ganze Gebiet und errichteten ein Fort. Das Gebiet erhielt den Namen „St. Johns River Authority", wo ein Hafenmeister sowie Verwaltungsbeamte residierten. 1884 wurde das Gebiet schließlich doch der Kapkolonie zugeschrieben, die über diesen „Outpost" gar nicht mehr so glücklich war. In extremer Isolation lebten hier damals 300 Menschen. Der Handel beschränkte sich nun auf die Einfuhr von Perlen, Decken, Whiskey und anderen Gütern, die man den Pondos schmackhaft gemacht hatte. Dafür erhielt man Elfenbein, Mais und Felle.

info

Für Natur-Freaks: der Transkei Hiking Trail

Im Silaka Nature Reserve beginnt man am besten mit der Wanderung entlang des **Transkei Hiking Trail**. Dieser führt entlang der gesamten Wild Coast, doch ist der Abschnitt zwischen Port St. Johns und Coffee Bay der am meisten belaufene. Welcher Teil der Küste der schönste ist, darüber gehen die Meinungen auseinander. Der Abschnitt zwischen Coffee Bay und Port St. Johns ist 60 km lang und es werden 5 Tage dafür veranschlagt. Geübte Wanderer können die Strecke aber auch in 2–3 Tagen schaffen. Unterwegs gibt es einfache Hütten mit Betten und Matratzen, Nahrungsmittel muss man selbst mitbringen.

Landschaft entlang des Hiking Trail

 Wanderung
Beginnen Sie Ihre Wanderung im Silaka Nature Reserve und laufen Sie die gerade 6 km lange Strecke bis zur Umngazi-Mündung, während einer das Auto hierhin fährt. Das Hotel bietet eine Menge Freizeitaktivitäten (Wasserski, Bootfahrten, Tennis u. a.) und zählt daher zu den „belebteren" Plätzen an der Küste. Sonnabends gibt es auch hier ein „Seafood-Buffet" (das nur von dem im „Hole in the Wall Hotel" geschlagen wird).

Buchungen und Karten
Eastern Cape Parks, ☎ 043-705-4400, 🖨 086-611-1623, www.ecparks.co.za.

Unterkunft
Mbotyi River Lodge $$$, ☎ 039-253-7200, 🖨 039-253-7202, www.mbotyi. co.za, schön gelegenes Hotel an einer Flusslagune.

1930 kam hier das berühmte **Flusspferd Huberta** an (siehe auch Kapitel über King William's Town), das hier etwa ein halbes Jahr blieb und jede Nacht vom Fluss in den Ort kam, durch die Straßen lief und sich in den angelegten Gärten versorgte. 1944 kam das letzte Schiff an, denn allmählich waren die Landverbindungen ausgebaut, sodass keine Notwendigkeit mehr für den Hafen bestand. Drei Jahrzehnte dämmerte der Ort nun vor sich hin, bis er für den Tourismus entdeckt wurde. Die schöne Flusslagune, die Wandermöglichkeiten und die einfachen, aber guten Hotels waren schnell in aller Munde. Doch wegen der Konkurrenz durch die anderen Küstenorte blieben in den 1980er-Jahren viele Touristen aus, sodass die Hotels vernachlässigt wurden und der Staat auch kein Geld mehr frei machte für die Instandhaltung der städtischen Einrichtungen. Mittlerweile hat das Stadtbild darunter so gelitten, dass Investoren hier nicht mehr bauen oder renovieren wollen und sich lieber nach anderen Küstenregionen hin orientieren.

Berühmtes Flusspferd

Heute leben in Port St. Johns ca. 3.000 Menschen. Wanderungen entlang der Küste sind natürlich immer noch empfehlenswert. Wer hier übernachten will, sollte zum 3rd Beach fahren, wo das **Silaka Nature Reserve** angelegt wurde. In den Hütten kann man günstig übernachten, muss aber seine Verpflegung selbst mitbringen.

Silaka Nature Reserve

Reisepraktische Informationen Port St. Johns

Vorwahl: *047*

ℹ️ Information
Tourism Office, *P. O. Box 191, Port St. Johns 5120, www.portstjohns.org.za.,* ☎/🖷 *564-1187.*

Unterkunft
Bulolo Holiday Resort $, ☎ *564-1245, Selbstversorgungshütten.*
The Lodge on the Beach $, ☎ *564-1276,* 🖷 *086-617-7058, schönes, riedgedecktes Haus, Holzböden, gutes Restaurant. Ebenfalls am Second Beach gelegen – direkt an der Lagune mit schönem Blick.*
iNtaba River Lodge $$, ☎ *564-1707,* 🖷 *032-941-5572, www.intabariverlodge.co.za, die Lodge liegt am breiten Imzimvubu River. Es gibt geräumige Cottages, einen Swimmingpool und ein Restaurant (Fisch, indische Curries). Sehr zu empfehlen, da zusätzlich viele Aktivitäten angeboten werden wie Fahrten mit dem Kanu und Mountainbike, Schnorcheln und Tauchen, Delfin- und Walbeobachtung.*
Lily Lodge $$$, ☎ *564-1229,* 🖷 *564-1029, www.lilylodge.info, die schönen Steinhäuschen liegen in Nähe des Second Beach. Tropische Gartenanlage, gutes Restaurant (Fisch, Austern).*
Cremorne Estate $$$, *etwa 5 km vom Ort entfernt am Umzimvubu River, v 564-1110,* 🖷 *564-1113, www.cremorne.co.za, sehr schöne Holzhäuser auf Pfählen gebaut. Für Selbstversorger stehen 2 Schlafzimmer für 4 Personen zur Verfügung, daneben gibt es Doppelzimmer. Die Aussicht auf die Berge ist toll. Restaurant und Pool vorhanden.*
Silaka Nature Reserve, *Buchungen: Eastern Cape Parks,* ☎ *043-705-4400,* 🖷 *086-611-1623, www.ecparks.co.za.*
Es gibt noch zahlreiche **weitere Unterkunftsmöglichkeiten.** *Informationen erteilt das Touristenbüro.*

｜｜ Restaurants
Gecko Restaurant, *am First Beach*, ☎ *564-8354, hier kocht ein Schwabe (!): Köstliches und Deftiges (tolle Fischgerichte).*
Cremorne Estate, *Kontakt s. o., auch dieses Restaurant ist sehr gut, sehr vielseitige Speisekarte!*
The Lodge on the Beach, *Kontakt s. o., sehr gute Küche insbesondere Fisch und Austern, gute Weinkarte. Vorher reservieren, da sehr beliebt.*

Backpackers
Jungle Monkey Backpackers $, *Berea Road, nahe der Ortsmitte*, ☎ *564-1517, www.junglemonkey.co.za, saubere Schlafsäle und Doppelzimmer, Camping möglich.*

Öffentliche Verkehrsmittel
*Der **BAZ-Bus** hält an der Tankstelle Shell Ultra City in Umtata. Von hier aus besteht ein Transfer mit Minibus nach Port St. Johns.*

Weiterfahrt

Von Port St. Johns nach Kokstad gibt es zwei Wege, wobei die Strecke über Lusikisiki (R61) die schönere ist. Zurück nach Umtata und dann entlang der N2 ist auch nur geringfügig schneller. Etwa 4 km vor Port St. Johns zweigt die R61 nach Norden ab. Bis Lusikisiki sind die ersten 40 km nicht asphaltiert, aber gut zu fahren. Schauen Sie sich nach etwa 5 km auf der Piste einmal um: man hat eine gute Aussicht auf die Flusslagune von Port St. Johns.

Kurz bevor Sie Lusikisiki erreichen, biegt nach rechts die Piste T24/T26 ab. Sie führt zum **Mbotyi Protea Resort**, einem schön gelegenen Hotel an einer weiteren Flusslagune. Hier kann man noch einmal einen oder zwei Tage entspannen oder sich einmal die nahe gelegene **Magwa Tea Estate** ansehen. Tee ist mittlerweile das wichtigste Exportgut der Region. Die Teeplantage kann man besichtigen. Rufen Sie aber vorher an oder schreiben Sie, und melden Sie Ihren Besuch an.

Teefarm wichtiger Devisenbringer der Region

Magwa Tea Estate: *Buchung und Information durch das Informationszentrum in Port St. Johns*, ☎ *s. S. 587.*

Lusikisiki ist ein langweiliger kleiner Ort, den man schnell hinter sich lassen sollte. Kurz hinter dem Ort biegt eine Piste nach rechts ab. Wer zum **Mkambati Nature Reserve** fahren möchte, sollte diese Piste benutzen. Die Landschaft ist einmalig und man durchfährt zwei schöne Täler. Nach ca. 30 km, in der Nähe der Holy Cross Mission, biegen Sie nach rechts ab und kommen nach etwa 40 km an das Eingangstor des Mkambati Nature Reserves.

Mkambati Nature Reserve

Wenige Touristen

Dieses Nature Reserve gilt als Geheimtipp und wird wegen der abgelegenen Lage nur von relativ wenigen Touristen besucht. Dabei bietet es eine schöne Landschaft mit großen Grasflächen, Küstenwäldern und einer Küste, die alle Variationen der Wild Coast aufweist. Übernachten kann man entweder im komfortablen Hotel oder in Cottages

Informationen zum Teeanbau

info

Tee wird aus den Blättern des Teestrauches hergestellt. Die bekanntesten Sträucher sind *Camelia sinensis* (3–4 m hoch), *Thea sinensis* und *Camelia assamica* (10–15 m hoch). Im Gebiet der ehemaligen Transkei wird aufgrund der relativ geringen Niederschlagsmenge hauptsächlich die erste Sorte angebaut. Noch heute streiten sich die Gelehrten, ob der Teestrauch ursprünglich aus Indien oder China kommt. In das südliche Afrika gelangten die ersten Sträucher mit der Ostindien Kompanie, wobei der kommerzielle Anbau in großem Stile erst mit den Indern zu Beginn des 20. Jh. begann. Während in Indien nur in Regionen mit einem Niederschlag von mehr als 2.000 mm angebaut wird, muss im südlichen Afrika in der Regel bewässert werden.

Die Blätter des Teestrauches sind immergrün und ledrig, die Blüte ist rosa bis weiß. Teesträucher unter Kultur werden in einer Höhe von 1–1,5 m regelmäßig beschnitten, wobei die Erntereife im fünften Jahr nach der Pflanzung erreicht ist. Nach 25 Jahren müssen neue Sträucher gepflanzt werden. Die Ernte erfolgt per Hand, ein Strauch wird alle 8–10 Tage neu bepflückt. Dabei haben die Pflückerinnen einen Korb auf dem Rücken, in den sie die ausgewählten Blätter werfen. Es wird nach der Regel **„Two leaves and the bud"** (zwei Blättchen und die Knospe, der noch nicht aufgerollte Trieb) gepflückt. Eine geübte Pflückerin schafft über 30 kg grüne Blätter am Tag, was etwa 8 kg fertigen Tees ergibt. Bevorzugt werden übrigens Frauen für diese Arbeit herangezogen, da man ihnen mehr Gründlichkeit bei der Auswahl der Blätter nachsagt.

In der ehemaligen Transkei wird vornehmlich schwarzer Tee hergestellt. Als erstes nach der Ernte werden die Blätter zum Welken ausgelegt, danach werden sie gerollt (damit die Zellwände aufbrechen). Anschließend kommen sie zum Fermentieren für 4 Stunden bei 35–40 °C in die Gärkammer und werden dann bei 90–125 °C getrocknet. Der letzte Arbeitsgang ist das Sortieren, was meist noch per Hand erfolgt. Diese Arbeit ist sehr zeitaufwendig und verlangt einiges an Geschick und Erfahrung. Tee enthält 1,8–4,2 % Koffein, ferner Theobromin, Theophyllin und Äther. Gewöhnlich lässt man ihn drei Minuten ziehen, sodass sich die Aromastoffe entfalten, aber nicht die Gerbstoffe. Bei Magen-Darm-Katarrh erweisen sich die Gerbstoffe als ausgezeichnete Medizin.

Folgende Sorten werden beim schwarzen Tee angeboten:
- Flowery Orange Pekoe = fast nur die Knospe
- Orange Pekoe = Knospen und oberstes Blatt
- Pekoe Souchong = das zweite Blatt
- Souchong = das dritte und die gröbsten Blätter (selten Exportqualität)
- Blattbruch und Blattstiele (Fannings) und Teestaub (Dust) werden für den Beuteltee verwendet oder verbleiben als nicht exportfähige Ware in den Herstellungsländern.

(Selbstverpflegung). Ferner gibt es ein kleines Restaurant und ein Geschäft sowie die Möglichkeit, auf Pferden auszureiten oder in Kanus auf der Flusslagune zu paddeln. Da der Shop nur zweimal wöchentlich beliefert wird, bringen Sie besser genügend Lebensmittel mit.

Der Mkambati River im Mkambati Nature Reserve

Reisepraktische Informationen Mkambati Nature Reserve

 Information und Buchung
Eastern Cape Parks, ☎ 043-705-4400, 🖷 086-611-1623, *www.ecparks.co.za.*

Streckenbeschreibung

Wer nicht zum Mkambati Nature Reserve fahren möchte, folgt der R61 von Lusikisiki. Nach 76 km erreicht man den Abzweig nach Port Edward und der South Coast von Natal. Weiter auf der R61 treffen Sie auf die N2, die nach Kokstad führt.

Kokstad

Kokstad ist eine kleine Stadt, die nach einem Griqua-Häuptling benannt wurde. Er hatte seinen Stamm hierhergeführt, nachdem er von anderen Stämmen aus der Kapprovinz verdrängt worden war. Neben unzähligen großen und kleinen Kirchen verfügt die Stadt über ein kleines heimatkundliches Museum. Die Touristeninformation befindet sich in der Bücherei im Town House (Stadtzentrum). Heute hat Kokstad etwa 25.000 Einwohner und ist Versorgungszentrum für den Norden der ehemaligen Transkei. Viele Großmärkte bestimmen daher das Geschäftsleben. Ansonsten gibt es hier nichts zu sehen, die Stadt eignet sich höchstens als Ausgangsstation für Touren in die südlichen Drakensberge.

Reisepraktische Informationen Kokstad

Information
Kokstad Municipality, ☎ 039-797-6600, 🖷 039-727-3676, www.kokstad.org.za.

Unterkunft
Ingeli Forest Lodge Motel $$, *Private Bag X502, Kokstad 4700*, ☎ *039-553-0600*, 🖷 *039-553-0609, www.ingeliforestlodge.com, an der N2 zwischen Harding und Kokstad gelegen. Restaurant, Swimmingpool, im Wald gelegen.*
Mount Currie Inn $$, *Main Rd.*, ☎ *037-727-2178*, 🖷 *727-2196, www.mountcurrie.co.za, beste Adresse der Stadt.*

⚠ **Caravanpark**
Municipal Caravan Park, ☎ *037-727-3509, in der Nähe der Innenstadt.*

Anschluss-Strecken

Nach KwaZulu Natal/Durban

Die N2 führt Sie entlang der Küste bis nach Durban.

Nach Natal/Drakensberge

N2 bis Kokstad, danach R617 nach Underberg. Von hier erreichen Sie weiter auf Nebenstraßen (Schotter, aber gut zu befahren) die Landschaften des Giant's Castle Game Reserve sowie des Royal Natal National Parks (siehe S. 644, 646).

Nach Lesotho/Johannesburg

Von Umtata aus die R61 bis Engcobo, danach R58 bis Elliot und Lady Grey (am Grenzübergang nach Lesotho, siehe Kapitel 6). Nach Johannesburg geht es direkt über Aliwal North auf die N6 bis Bloemfontein, dann weiter die N1 nach Johannesburg (siehe S. 153).

10. KWAZULU-NATAL

Drakensberge

Natals Südküste

Überblick

Die South Coast von Natal erstreckt sich von der Südgrenze der ehemaligen Transkei bis nach Durban über ca. 160 km. Sie ist die „Spielwiese" der badestrandbegeisterten Städter aus Gauteng, die hier um die Weihnachts- und Osterzeit Urlaub machen.

In der übrigen Zeit ist es sehr ruhig, nur ein paar Rentner verweilen in ihren Ruhesitzen. Für Reisende aus Europa ist dieses Gebiet eigentlich nicht besonders zu empfehlen, vor allem da es schönere und ruhigere Küstenabschnitte in der ehemaligen Transkei und entlang der Garden Route gibt.

Wer aber trotzdem einmal einen Tag hier verbringen will, dem bieten sich einige Möglichkeiten: Die schönsten Gebiete entlang der South Coast sind die Wälder und Bananenplantagen südlich von Ramsgate, das Vernon Crookes Nature Reserve, das einen ruhigen Aufenthalt in rustikaler Atmosphäre verspricht, und das Oribi Gorge Nature Reserve, das durchzogen ist von der 24 km langen und bis zu 400 m tiefen **Oribi Gorge** (Gorge = Schlucht). Ansonsten würde ich empfehlen, hier schnell durchzufahren und sich die Zeit für die interessanteren Küstenabschnitte aufzusparen.

☞ Entfernung und Streckenbeschreibung

Entfernung: Port Edward – Durban: 163 km

Von der ehemaligen Transkei aus kommend, gelangt man über Kokstad via N2 an die Kwa-Zulu-Nataler Südküste. Um diesen Abschnitt komplett zu erkunden, biegt man hinter Paddock Richtung Port Edward ab. Man kann aber auch direkt die N2 bis Port Shepstone fahren und kommt beim Oribi Nature Reserve vorbei.

Vom südlichen Port Edward führt dann die R61 („Old Coastal Road") nordwärts nach Port Shepstone. Von Ramsgate bis Port Shepstone läuft parallel dazu die küstennahe R620, die die Küstenorte verbindet. In Port Shepstone zweigt die N2 ins Landesinnere ab und führt am Oribi Gorge Nature Reserve vorbei, während die R61 weiter entlang der Küste bis in die ehemalige Transkei führt.

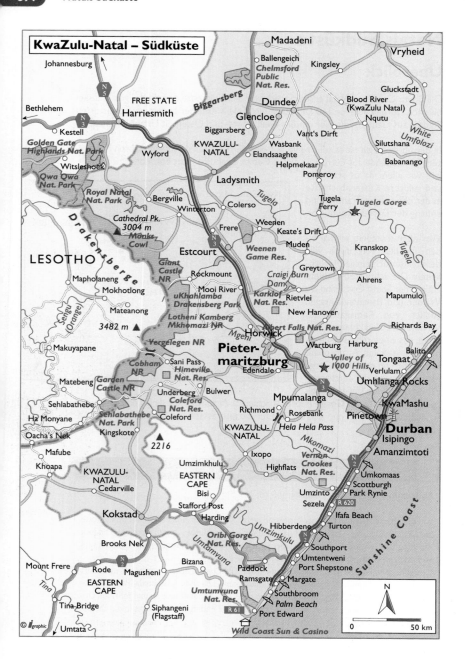

KwaZulu-Natal – Südküste

Madadeni
Vryheid
Ballengeich
Chelmsford Public Nat. Res.
Kingsley
Johannesburg
Glückstadt
Blood River (KwaZulu Natal)
Dundee
FREE STATE
Harriesmith
Biggarsberg
Nqutu
Bethlehem
Glencloe
Silutshana
White Umfolozi
Kestell
Biggarsberg
Vant's Dirft
KWAZULU-NATAL
Wasbank
Babanango
Golden Gate Highlands Nat. Park
Wyford
Elandsaaghte
Witsieshoek
Helpmekaar
Qwa Qwa Nat. Park
Ladysmith
Pomeroy
Royal Natal Nat. Park
Bergville
Colerso
Tugela
Tugela Ferry
Tugela Gorge
Cathedral Pk. 3004 m Monks Cowl
Winterton
Weenen
Keate's Drift
Drakensberge
Frere
Muden
Kranskop
LESOTHO
Estcourt
Weenen Game Res.
Greytown
Tugela
Mapholaneng
Giant Castle NR
Rockmount
Craigi Burn Dam
Ahrens
Mokhotlong
Mooi River
Karklof Nat. Res.
Rietvlei
Mapumulo
uKhahlamba Drakensberg Park
Mateanong
Lotheni Kamberg Mkhomazi NR
New Hanover
Sergu (Orange)
3482 m
Vergelegen NR
Albert Falls Nat. Res.
Richards Bay
Mgeni
Horwick
Wartburg
Harburg
Makuyapane
Cobham NR
Sani Pass
Himeville Nat. Res.
Pieter-maritzburg
Valley of 1000 Hills
Tongaat
Verulam
Balito
Matebeng
Garden Castle NR
Underberg
Coleford Nat. Res.
Bulwer
Edendale
Umhlanga Rocks
Sehlabathebe
Mpumalanga
KwaMashu
Ha Monyane
Sehlabathebe Nat. Park
Coleford
Richmond
Rosebank
Hela Hela Pass
Pinetown
Durban
Oacha's Nek
Kingskote
2216
KWAZULU-NATAL
Isipingo
Mafube
Ixopo
Mkomazi
Vernon Crookes Nat. Res.
Amanzimtoti
Khoapa
KWAZULU-NATAL
Cedarville
Umzimkhulu
Highflats
Umkomaas
EASTERN CAPE
Scottburgh
Park Rynie
Kokstad
Bisi
Umzinto
Sezela
R 620
Ifafa Beach
Stafford Post
Harding
Turton
Brooks Nek
Oribi Gorge Nat. Res.
Umzimkulu
Hibberdene
Sunshine Coast
Mount Frere
Rode
Magusheni
Bizana
Paddock
Southport
Umtentweni
Port Shepstone
EASTERN CAPE
Ramsgate
Margate
Tina Bridge
Siphangeni (Flaggstaff)
Umtumvuna Nat. Res.
R 61
Southbroom
Palm Beach
Port Edward
Umtata
Wild Coast Sun & Casino
© igraphic

N
0   50 km

Sehenswertes

Wild Coast Sun Casino Komplex

Gleich auf der anderen Seite des Umtamvuna River südlich von Port Edward gelangt man zum **Wild Coast Sun Casino**, einem weiteren langweiligen Casinokomplex, der so typisch ist für die grenznahen Gemeinden der ehemaligen Homelands. Der Hotelkomplex selbst ist zwar sehr gut, doch wird jegliche Ruhe durch das Casino gestört, sodass ein längerer Aufenthalt hier sicherlich nicht zu empfehlen ist. Wie groß solche Casinoanlagen aufgezogen werden, wird deutlich daran, dass im Jahre 1992 für den Umbau dieses Casinos alleine 93 Mio. Rand ausgegeben wurden.

Port Edward – Margate

Auf der Strecke von Port Edward nach Margate bieten eine Reihe von Farmen Gemüse und Früchte zu günstigen Preisen an. Eine gute Gelegenheit, seine Vitaminration für die nächsten Tage einzukaufen. Südlich von Port Edward fährt man durch einen fossilen Wald, bevor man auf die Brücke des Umtamvuna River gelangt.

Margate

Zentrum der Südküste

Margate ist das touristische Südzentrum der South Coast. Hier drängen sich Hotel- und Holidayflat-Burgen dicht entlang der Küste. Dieser Ort ist eigentlich nur zu empfehlen für abendliche Vergnügungen und wegen seiner Vielzahl an Restaurants.

Südlich von Margate, in Ramsgate, gibt es eine **Krokodilfarm**.
Riverbend Crocodile Farm: *www.crocodilecrazy.co.za, geöffnet 9–16.30h.*

Abschnitt an der Wild Coast

Port Shepstone

Bis 1900 war Port Shepstone eine wichtige Hafenstadt, von der aus Marmor, Bananen, Zuckerrohr und Zitrusfrüchte exportiert wurden. 1901 verlor dieser Hafen aber jede Bedeutung, da die South Coast Railline eröffnet wurde, mit der die Waren nach Durban gebracht werden konnten, wo die Verladung einfacher war. Heute ist Port Shepstone, zusammen mit Ramsgate, das Handelszentrum der South Coast.

Oribi Gorge Nature Reserve

Der Name leitet sich von den Namen der Oribi-Antilopen ab, die hier einmal sehr zahlreich waren. Der Umzimkulwana River hat sich hier eine 24 km lange und bis zu

400 m tiefe **Schlucht** in den Sandstein geschnitten. Besonders attraktiv sind die Wanderwege in die Schlucht hinein (einige sind etwas anstrengend) und natürlich der Ausblick über die Schlucht. Neben Oribis gibt es hier u. a. auch Leoparden, Duiker und Buschböcke.

Die Unterkunft in den Hütten ist einfach (Selbstverpflegung), aber durchaus reizvoll. Auch hier müssen Buchungen vorher abgeschlossen sein. Wer spontan eine Unterkunft sucht, kann sein Glück aber auch im privat geführten Oribi Gorge Hotel auf der Nordseite des Parks versuchen.

Südlich von Port Shepstone beginnt die **Hibiscus Coast**, wie fälschlicherweise des Öfteren auch die gesamte South Coast genannt wird. Hier nimmt die Vegetation deutlich zu und man findet einige tropische Elemente an. Während im Norden das Landesinnere ausschließlich von Zuckerrohrplantagen beherrscht wird, befinden sich hier vor allem Bananenplantagen und in höheren Lagen einzeln auch Kaffeeanpflanzungen. Dieser Teil der South Coast ist der schönste Abschnitt.

Reisepraktische Informationen Oribi Gorge Nature Reserve

i **Information und Buchung**
Hibiscus Coast Tourism Office, ☎ *039-682 7944, www.thehibiscuscoast.co.za.*
Oribi Gorge Nature Reserve, *Buchung über KZN Wildlife, P. O. Box 13069, Cascades, 3202,* ☎ *033-845-1000,* 🖷 *033-845-1001, www.kznwildlife.com, geöffnet tgl. 6.30–19.30h, Eintritt: 10 ZAR.*

Vernon Crookes Nature Reserve

Dieser Park wurde 1973 eingerichtet, um besonders die Vegetation des Küstenwaldes zu erhalten. Außerdem leben hier einige Zebras, Gnus, Kudus und Buschböcke; dazu ist das Gebiet von einer Reihe von Vogelarten besetzt. Es gibt einige Wanderwege, die einfachen Hütten (Selbstversorgung) bieten eine angenehme Unterkunft.

Crocworld

Eine der größten Krokodilfarmen der Welt

Diese Krokodilfarm liegt 4 km nördlich von Scottburgh und ist eine der größten Farmen der Welt (über 2.000 Nil-Krokodile). Neben Krokodilen gibt es vor

Begegnung auf der Farm

allem verschiedene Schlangen zu bewundern, wobei ein Spaziergang durch den Glastunnel des Schlangenhauses zu den größten Attraktionen gehört. Zu empfehlen ist hier auch das Restaurant, welches sich vor allem auf Krokodilfleisch spezialisiert hat (am besten ist immer Crocodile-Tail). Im Sommer werden auch Zulutänze vorgeführt. **Crocworld**, ☎ *039-976-1103, www.crocworld.co.za, geöffnet tgl. 8.30–16.30h, Fütterungszeiten: täglich 11h und 15h.*

☞ **Hinweis**

Der Küstenabschnitt südlich von Scottburgh eignet sich am besten fürs Baden. Hier gibt es Lagunen und Flussmündungen und die Bebauung ist relativ dünn. Einige Strandorte, wie z. B. Mtwalume und Hibberdene, haben ein Meerwasserschwimmbad (Gezeitenbad), in dem auch Kinder gefahrlos baden können.

Die Strecke hinauf bis nach Durban sollte man nun einfach durchfahren, da sie auch küstennah keine Besonderheiten mehr bietet.

Reisepraktische Informationen KwaZulu-Natals Südküste

 Informationen
Hibiscus Coast Publicity, ☎ *039-312-2322,* 🖷 *039-312-1868.*

 Unterkunft
Als Urlaubsgebiet, das besonders Familien ansprechen soll, wird hier weniger auf die teureren Hotels Wert gelegt, sondern es gibt vielmehr unzählige Holiday Apartments, in denen man während der Nebensaison sehr preisgünstig wohnen kann, und eine Reihe von Campingplätzen, wobei es dabei zum Teil große Qualitätsunterschiede gibt.
Margate Hotel $$, *Marine Drive, Margate,* ☎ *039-312-1410,* 🖷 *039-317-1440, nettes, kleines Hotel um einen Swimmingpool gebaut, nahe zum Strand, Restaurant.*
Oribi Gorge Hotel $$, *P. O. Box 575, Port Shepstone 4240,* ☎ *039-687-0253, www. oribigorge.co.za, direkt hinter dem Nature Reserve, erste Abzweigung von der N2 benutzen. Kleines, einfaches Hotel unter Leitung einer englischen Familie.*
Mondazur Resort Estate Hotel San Lameer $$$, *P. O. Box 88, Southbroom 4277,* ☎ *039-313-0011,* 🖷 *039-313-0157, www.mondazur.com, großes Luxus-Feriendorf, inmitten einer subtropischen Anlage. Strandnähe (500 m), alle Sportmöglichkeiten (auch 18-Loch-Golf), 2 Swimmingpools, 1 Meerwasserpool, Transfers mit Hotelbus nach Margate, Linienbus zwischen Durban und Margate.*
Brackenmoor Hotel $$$, *Skyline Avenue, Uvongo, P. O. Box 518, St. Michael's on Sea, 4265,* ☎ *039-315-0065, in altem Colonial Country House untergebracht. Wohl das schönste Hotel an der South Coast.*
Protea Hotel Karridene $$$, *Old South Coast Main Rd, Karridene, P. O. Box 20, Illovo Beach 4155,* ☎ *031-916-7228,* 🖷 *031-916-4093, Resort mit Komfort, nur 20 Min. südlich von Durban, unweit vom Strand.*
Selborne Country Lodge $$$$, *P. O. Box 2, Pennington 4184,* ☎ *039-688-1800,* 🖷 *039-975-1811, www.selborne.com, tolles Land-Anwesen, herrlicher Golfcourse, hervorragendes Restaurant – super für Leute, die sich verwöhnen lassen wollen.*

Weitere Hotels *gibt es vor allem in Scottburgh, Amanzimtoti und Margate. Holiday Flats wachsen an jeder Ecke aus dem Boden, sodass man sich am besten das geeignete Gebäude selbst aussucht. Der allgemeine Standard entspricht dabei den Kriterien eines sauberen 2-Ster-ne-Hotels.*
Lesertipp: Mutchies B&B $$, *1430 Beach Rd., Ramsgate 4285, ☎/🖹 39-314-9919, mutchies@iafrica.com, 200 m zum Meer, Pool, auf Anfrage auch Mittag- und Abendessen.*

🚐 Caravanparks
Es gibt etwa 50 Caravanparks entlang der South Coast, wobei aber einige nicht sehr zu empfehlen sind, da entweder die sanitären Anlagen unzureichend sind oder sie direkt an Bahnschienen oder Hauptstraßen liegen. Daher sollte man sich die Plätze vorher erst einmal ansehen. Auswahl:
Mac Nicol's Bazley Beach Resort, *P. O. Box 398, Scottsburgh 4180, ☎ 039-977-8863, familiäre Atmosphäre.*
ATKV Natalia Beach Resort, *35 Elizabeth Ave., Illovo Beach 4155, ☎ 031-916-4545, www.atkv.org.za, gute Gemeinschaftseinrichtungen.*
Margate Caravan Park, *P.O. Box 288, Margate 4275, ☎ 039-312-0852, großer, saube-rer Park.*

🛏 Backpackers
Ku-Boboyi River Lodge, *Old Main Road, Leisure Bay, Port Edward, Lower South Coast, ☎ 072-222-7760, www.kuboboyi.co.za, gehört zu den Häusern des Jugendherbergs-werks Südafrikas, Hostelling International South Africa (HISA).*

🍴 Restaurants
Es gibt entlang der South Coast einige gute Restaurants und es versteht sich von selbst, dass man hier Seafood essen sollte. Besonders im Juni/Juli empfiehlt es sich, Sardinengerich-te auszuwählen, da diese dann während des „Sardine Run" besonders günstig angeboten wer-den. Auswahl:
The Crayfish Inn, *Marine Drive, Ramsgate, ☎ 039-314-4957.*
Cutty Sark Restaurant, *38 Cutty Sark Avenue, Plettenberg Bay, 6600, Scottburgh 4180, ☎ 039-976-1230, www.cuttysark.co.za – im Cutty Sark Hotel.*

🚌 Busverbindungen
Täglich fahren Busse von **Translux** *(☎ 031-361-7670),* **Greyhound** *(☎ 031-334-9702) und* **Intercape** *(☎ 0861-287-287) entlang der South Coast, die meisten mit dem Endziel Umtata. Erkundigen Sie sich am Busbahnhof in Durban oder buchen Sie über* **Com-puticket** *(www.computicket.co.za).*

✈ Flugverbindungen
Die **SAA** *fliegt von Johannesburg den Flugplatz von Durban an, Margate wird nur sai-sonal angeflogen. Infos zu den Flügen unter: www.airline-direct.de/south_african_airways.html.*

Durban

Überblick

Beinahe jeder Südafrika-Besucher kommt auf seiner Reise nach Durban und auch die Südafrikaner verbinden mit Durban Badevergnügen und ganzjährig schönem Wetter. Die Stadt lebt in einem gewissen Gegensatz, denn sie ist nicht nur ein groß gewordener Badeort, sondern daneben auch eine bedeutende Industrie- und Hafenstadt. Und sie ist die „Indian-City", die Stadt der Inder.

Ein gewisser kosmopolitischer Reiz der ursprünglich britischen Siedlung geht damit von der Bevölkerung aus: Inder, Zulu und Weiße leben dicht beieinander und sorgen für ein buntes Völkergemisch.

Redaktionstipps

▶ **Übernachten** im Southern Sun North Beach, gut und preiswert (S. 608)
▶ **Curry-Essen** bei einem der vielen traditionellen indischen Restaurants (S. 609)
▶ **Besuch des Victoria Street Market** (S. 604), des Schlangenparks (S. 603) und der uShaka Marine World (S. 606)
▶ **Rikscha-Fahrt** (S. 602) und **Joggen** oder **Fahrrad fahren** entlang der Strandpromenade (S. 602)

Geschichte

Am Weihnachtstag 1497 erreichte *Vasco da Gama* die Bucht und nannte sie „Río de Natal" („Weihnachtsfluss"). Damals wuchsen dichte Wälder entlang der Ufer, kilometerweit erstreckten sich Mangrovensümpfe. In der Folgezeit kamen Piraten, Kaufleute und Sklavenhändler nach „Port Natal", doch zumeist blieben sie nur für kurze Zeit hier. Erst im November 1823 begann man, diese Stelle systematisch zu besiedeln. Eine Gesellschaft von Händlern vom Kap war von der Bucht und der Landestelle so begeistert, dass sie bereits im darauf folgenden Jahr unter der Führung von *Henry Francis Fynn* wiederkam und mit dem Aufbau einer Siedlung begann.

Das geschah etwa an der Stelle, wo heute der Bahnhof der Stadt liegt. 12 Jahre später, am 23. Juni 1835, wurde die Ansiedlung nach dem Kap-Gouverneur *Sir Benjamin Durban* benannt. Sie wuchs anfangs ohne die Unterstützung der britischen Regierung, die den Ort offiziell nicht anerkannte. Deshalb fehlte es zunächst an geordneten Verhältnissen; Planung und Verwaltung wurden vernachlässigt. Manchmal suchten Eingeborene Schutz vor Verfolgung bei den Weißen, denen sie sich als Diener anschlossen. Insgesamt war das Leben eher durch Unsicherheit geprägt. Dazu kommt, dass die Zulu Natal als ihr Stammesgebiet betrachteten. Durban akzeptierten sie als Ausnahme: In diesem Ort sahen die Zulu einen guten Handelsplatz und waren bereit, den Siedlern Land zuzugestehen. Wachsam achteten sie allerdings darauf, dass sich die Weißen nicht ausbreiteten.

1838 kamen die **Voortrekker** nach Natal. Die Händler begrüßten die Buren, da diese ihnen von ihrer Wesensart und Kultur her nahe standen. Es kam in dieser Zeit zu heftigen Auseinandersetzungen mit den Zulu, denen die Weißen das Land streitig machten. Am 17. April 1838 kam es bei Ndondakusuka zu einer großen Schlacht, in deren Verlauf 16 Händler und 600 ihrer schwarzen Gefolgsleute ihr Leben ließen. Die Überlebenden flohen aus Durban oder fanden Sicherheit auf der kleinen Insel Salisbury Island, wohin die Zulu nicht gelangen konnten, da sie keine Boote besaßen.

Konflikte zwischen Zulus und weißen Händlern

Blick auf die „Goldene Meile"

Die Nachricht von diesen Auseinandersetzungen rief die britische Regierung auf den Plan, sodass am 3. Dezember 1838 britisches Militär in Port Natal landete. Die nicht geflohenen Kaufleute schlossen sich den Voortrekkern an, um sich an der Schlacht am Blood River zu beteiligen und Rache zu nehmen (16. Dezember 1838). Als halbwegs Frieden eingekehrt war, zogen sich die Briten zurück, doch im Mai 1842 begannen neue Unruhen. Man entschloss sich

Schlacht am Blood River daher, ein Fort zu bauen. Denn mittlerweile beanspruchten Briten und Buren gleichermaßen die Gegend: Nach der Schlacht am Blood River gründeten die Buren die erste Voortrekker-Republik mit einem „Volksraad" (Repräsentantenhaus). Diese Republik wurde jedoch sofort von den Engländern bekämpft. Besonders wütend wurden sie, als der Volksraad 1841 beschloss, Tausende von heimatlosen Schwarzen entlang der Südgrenze Natals anzusiedeln. Dadurch fühlte sich der Kap-Gouverneur *Sir George Napier* an der Ostgrenze unter Druck gesetzt. Er schickte den Hauptmann *Smith* nach Durban, der sich jedoch in einer Schlacht bei Congella nicht gegen die Voortrekker behaupten konnte. Insgesamt 34 Tage lang belagerten die Voortrekker das Fort der Briten. Der Belagerung wurde erst dadurch ein Ende gesetzt, dass der berühmt gewordene Siedler *Richard Philip (Dick) King* in Grahamstown Hilfe holte.

Die schließlich besiegten Voortrekker zogen nach Norden, um eine neue Heimat im damaligen Oranje-Freistaat und in Transvaal zu finden. Im Mai 1844 wurde Natal durch die Briten der Kapkolonie angegliedert. Damit war Natal für britische Siedler geöffnet, der Weg zu einer eigenständigen Kolonie und zu einer späteren Provinz geebnet.

Von Durban ausgehend, begann der wirtschaftliche Aufschwung in Natal. Obwohl man gegen eine Einwanderung von Indern war, brauchte die rasch expandierende Zuckerindustrie Tausende von zuverlässigen Arbeitern für die Plantagen. 1859 ließ die Regierung Natals den Zuzug von Indern zu, in deren Arbeitsvertrag Lohn und Rückführung fixiert wurden.

In den folgenden 15 Jahren sollte sich die **Zuckerproduktion** verdoppeln. Nach einer Vertragszeit von fünf Jahren konnten die Inder selbst bestimmen, wo sie wohnen und arbeiten wollten. Viele nutzten dies als Chance, sich als freie Händler niederzulassen. Sie wurden zu unliebsamen Konkurrenten der Weißen, da sie sich mit niedrigeren Verdienstspannen zufrieden gaben. So lebten bereits 1887 über 30.000 Inder in Natal.

Unter den Einwanderern befand sich 1893 *Mahatma Gandhi*, der als junger Rechtsanwalt nach Durban kam. Er löste ein 1.-Klasse-Ticket nach Johannesburg, musste aber bald den Zug verlassen, da man ihn als indischen Passagier nicht duldete. Er verbrachte eine kalte Nacht im Warteraum für „Nicht-Europäer" im Bahnhof von Pietermaritzburg. Für *Gandhi* war dies ein Schlüsselerlebnis. Er blieb danach in Natal, um der wachsenden Gemeinschaft der Inder zu helfen. 21 Jahre lang setzte er sich für indische Rechte in Südafrika ein und formulierte die Doktrin vom „Passiven Widerstand". So widersetzten sich die Inder in Transvaal im Jahre 1906 der Registrierung ihrer Fingerabdrücke. Die Erkenntnisse, die *Gandhi* im Kampf um die Bürgerrechte der Inder in Transvaal gewann, wandte er später im Unabhängigkeitskampf Indiens gegen die Engländer an.

Durban heute

Im Großraum Durban leben insgesamt ca. 3 Millionen Menschen. Die bunt gemischte Bevölkerung sorgt für ein quicklebendiges Stadtbild.

Lebendiges Stadtbild

Von seiner Wirtschaftsstruktur her steht Durban auf drei Beinen:
1. Durban hat vom Umschlag her (Tonnage) den zweitgrößten **Hafen** Südafrikas (nach Richards Bay). Für das Hinterland ist Durban ein wichtiger Ein- und Ausfuhrhafen, der sich vor allem nach der Entdeckung der Goldminen am Witwatersrand entwickelte.
2. Die Stadt ist ein **Zentrum** der Zucker-, Textil-, Farben-, Chemie- und Nahrungsmittelindustrie.
3. Schließlich ist Durban einer der beliebtesten **Erholungsorte** Südafrikas (besonders im „Winter", wenn es im Binnenland kalt ist).

Die „Goldene Meile", so nennt man die mit Hotels und Restaurants gesäumte Strandfront, wird in Reiseführern oft als „herrlicher Strandabschnitt" beschrieben. Wer Trubel und Rummel mag, ist hier sicherlich in den Hotelpalästen gut aufgehoben, doch wer Erholung und Naturerlebnisse sucht, findet sie besser in den weiter südlich oder nördlich gelegenen Badeorten KwaZulu-Natals.

Der gesamte Uferbereich wurde in den letzten Jahren neu gestaltet. Es gibt hier keine breite Uferstraße mehr, sondern nur verkehrsberuhigte Zufahrten zu den Hotels. Alles ist fußgängerfreundlich gestaltet. Im südlichen Bereich der Marine Parade ist ein **Amusement-Park (7)** entstanden. Hier geht es laut und hektisch zu, sodass alle Hotels in der Nähe nun zwar nicht vom Verkehr, dafür aber durch die vielen Menschen und den Vergnügungsbetrieb (Sessellift!) Störungen ausgesetzt sind.

> ## ❗ Vorsicht insbesondere an den Stränden
>
> Bitte achten Sie im Bereich des Strandes und der Strandpromenade in besonderem Maße darauf, dass Sie keine Wertgegenstände mit sich führen. In der Abenddämmerung bzw. auch in warmen Nächten sollten Sie die Beachfront samt Strand auf jeden Fall meiden. Auch Kinder sind hier als Diebe tätig!

Sehenswürdigkeiten

Badestrände

Zum Baden geeignet sind der South Beach und der North Beach, wo auch die großen Hotels liegen. Beide Strände werden von Rettungsschwimmern bewacht. Der North Beach ist sogar mit Netzen gegen Haie gesichert.

Rikscha-Stände

Sie findet man am South Beach (Uferstraße) vor dem Schlangenpark und vor dem Aquarium. Auf diesen sehr attraktiv herausgeputzten Gefährten kann man sich entlang der

⓪ Sehenswürdigkeiten

1 Fitzsimon's Snake Park
2 Mini Town
3 Amphitheatre Gardens
4 Botanic Gardens
5 Cultural and Documentation Centre
6 Old Fort und Warrior's Gate
7 Amusement Park
8 Indisches Viertel und Victoria Street Market
9 Jumah Masjid Moschee
10 St. Paul's Church
11 Francis Farewell Square
12 City Hall mit Natural Science Museum und Art Gallery
13 Local History Museum

14 Sugar Terminal
15 Royal Natal Yacht Club
16 Dick King Statue
17 Maritime Museum
18 uShaka Marine World

⓪ Unterkunft

1 Southern Sun North Beach
2 Southern Sun Elangeni
3 Protea Hotel Edward
4 The Balmoral
5 Tropicana Hotel
6 The Royal Hotel

Der Botanische Garten in Durban

Strandpromenade fahren lassen oder – gegen ein kleines Entgelt – die Zulu mit ihren Rikschas fotografieren. Die Rikschas wurden bereits im 19. Jh. hier eingeführt und erfreuten sich früher noch größerer Beliebtheit. Heute gibt es nur noch relativ wenige Rikscha-Fahrer.
Rikshaw Rides: *Upper Marine Parade, Durban Beachfront,* ☎ *031-332-5671, geöffnet tgl. 8–17h.*

Fitzsimon's Snake Park (1)

Von den beinahe 120 Schlangenarten Südafrikas können Sie hier die meisten sehen (u. a. schwarze und grüne Mambas, Kobras, Puffottern). Der Schlangenpark dient auch der Schlangengiftforschung; man gewinnt hier jährlich 20.000 Dosen an lebensrettendem Serum, die der Versorgung des gesamten südlichen Afrika dienen. Wenn Ihnen die Schlangen nicht ausreichen sollten: es gibt auch Krokodile zu sehen!
Fitzsimon's Snake Park: *240 Lower Marine Parade,* ☎ *031-337-6456, geöffnet tgl. 9– 17h.*

Mini Town (2)

Direkt am Strand befindet sich Mini Town, das Durban im Kleinformat. Die vielen Sehenswürdigkeiten der Stadt lassen sich im Maßstab 1:25 bestaunen. Über 100 Modelle stehen hier auf der Fläche eines Fußballfeldes.
Mini Town: *Snell Parade, Nähe Schlangenpark, geöffnet tgl. 9.30–17.30h.*

Amphitheatre Gardens (3)

Diese tropisch anmutende Gartenanlage ist wegen ihrer Ruhe ausstrahlenden Atmosphäre mit Teichanlagen und Brunnen einen Besuch wert.

Botanic Gardens (4)

Der 20 ha große Garten, bereits 1849 angelegt, lädt auf schattigen Wegen zum Spazieren und Verweilen ein. Sehenswert sind u. a. die Palmfarne. Auf jeden Fall sollten Sie den Palmenweg abgehen. Beeindruckend ist die Orchideensammlung im Orchideen-Haus.
Botanic Gardens: *Nordwesten der Innenstadt, Stadtteil Berea, Kreuzung St. Thomas Road/Edith Benson Crescent, ☏ 031-309-1170, www.durbanbotanicgardens.org.za, geöffnet tgl. 7.30–17.45h, Eintritt ist kostenlos.*

Cultural and Documentation Centre (5)

Das Centre zeigt anhand von religiösen Gegenständen, Fotomaterial, Kunstgegenständen und Musikinstrumenten eine breite Vielfalt der indischen Bevölkerung im Zeitraum von 1860 bis heute. Insbesondere zeigt das Museum einiges zum Leben und Wirken Mahatma Gandhis.
Durban Cultural & Documentation Centre: *Ecke Epsom Road und Derby Street, ☏ 031-309-7559, geöffnet Mo–Fr, So 9–17h.*

Old Fort und Warrior's Gate (6)

1842 entstand dieses **Militärfort** der Briten, die später hier von den Voortrekkern belagert wurden. Von dieser Stelle aus unternahm *Dick King* seinen legendären Ritt, um Verstärkung aus Grahamstown zu holen. Heute ist eine schöne Gartenanlage zu sehen. Neben dem Old Fort befindet sich das **Warrior's Gate**. Hier ist zum einen das Hauptquartier ehemaliger Kriegsteilnehmer (MOTHS = Memorable Order of Tin Hats), zum anderen ein kleines Museum untergebracht. Die **Dick King Statue (16)** befindet sich übrigens südlich am Victoria Embankment, Ecke Gardiner Street.
Old Fort und **Warrior's Gate-Museum:** *an der Old Fort Street, Museumseingang N. M. R. Avenue, ☏ 031-307-3337, geöffnet Di–Fr und So 11–15h, Sa 10–12h.*

Indisches Viertel und Victoria Street Market (8)

Dieses Gebiet liegt nördlich der West Street und zwar dann nach Norden der Grey Street folgend. In diesem Gebiet liegen der **Victoria Street Market** sowie die **Jumah-Masjid-Moschee**. Hier herrscht buntes Treiben und man hat die Gelegenheit, die Köstlichkeiten der indischen Küche zu probieren. Ein Besuch der Hallen, die in einer Mischung aus Asien und Afrika Waren anbieten, lohnt sich. Der alte **Indian Market** brannte ab und dieser Markt hier dient als moderner Ersatz. Das Angebot an frischen Früchten, Currypulver, Masken, Korbwaren, Schmuck – und natürlich auch viel Ramsch! – sorgt mit seinen fast 200 Ständen für ein interessantes Erlebnis.
Victoria Street Market: *151 Victoria Str. Ecke Queeen Str., ☏ 031-306-4021, geöffnet Mo–Sa 6–17h, So 10–16h.*

Farbenpracht bei den indischen Gewürzen

Jumah Masjid Moschee (9)

Diese als größte und schönste bezeichnete Moschee auf der südlichen Halbkugel wurde *Schönste* 1927 erbaut. Die Moschee darf betreten werden, doch müssen Sie Ihre Schuhe draußen *Moschee* stehen lassen. An die Moschee schließt sich die Madressa Arcade an, wo quirlige Inder in *in Afrika* basarähnlichen Geschäften alles Mögliche anbieten, u. a. auch maßgeschneiderte Kleidung. **Jumah Masjid Moschee:** *Ecke Queen/Grey Street, Führungen möglich,* ☎ *031-306-0026.* **Amphitheatre Gardens:** *Snell Parade,* ☎ *031-311-1111, Eintritt frei.*

St. Paul's Church (10)

Diese Kirche war die erste anglikanische Kirche Natals und wurde 1853 erbaut. Insbesondere die wunderschönen Glasfenster lohnen eine Besichtigung.

Francis Farewell Square (11)

Den kolonialen Kern der Stadt bildet der palmengesäumte Platz. Hier campierten 1824 *Koloniales* die englischen Abenteurer *Francis Farewell* und *Henry Fynn* und handelten mit Elfenbein, *Flair* das sie den Zulus abkauften. Leider halten sich hier viele Obdachlose auf.

City Hall (12)

Das im neo-barocken Stil 1910 errichtete Rathaus (nach dem Vorbild des Rathauses von Belfast) ist eines der alten Wahrzeichen der Stadt. Hier ist heute u. a. das **Natural Science Museum** mit seinen naturkundlichen Sammlungen (Säugetiere, Insekten) untergebracht. Im zweiten Stockwerk ist die **Durban Art Gallery** einen Besuch wert, sie gilt als eine der größten südafrikanischen Kunstsammlungen (europäische und südafrikanische Maler). Auch das „neue Südafrika" ist hier vertreten: Zu bewundern gibt es Flechtkunst aus KwaZulu-Natal. Meistens flechten Frauen die Körbe, doch der berühmteste Flechter ist Reuben Ndwandwe. **City Hall:** *zwischen West und Smith Street,* ☎ *031-311-2256, Öffnungszeiten von Museum und Art Gallery: Mo–Sa 8.30–16h, So 11–16h, Eintritt frei.*

Local History Museum (13)

Das lokalhistorische Museum von Durban ist im ehemaligen Gerichtsgebäude (Old Courthouse aus dem Jahre 1865) untergebracht. Die beste Ausstellung zur Geschichte Durbans und Natals! Hier informieren alte Dokumente, Fotos und Karten über die *Geschichte* Geschichte der Zulus sowie der europäischen Besiedlung Natals. Interessant ist die Hüt- *der Zulus* te von *Henry Fynn*, Durbans erstes Bauwerk. Außerdem kann man die Trachten der ersten Siedler bewundern. **Local History Museum:** *Eingang: Aliwal Street, hinter der City Hall, geöffnet Mo–Sa 8.30– 17h, So 11–17h.*

Sugar Terminal (14)

Hier können Sie eine der größten **Zuckerumschlagsanlagen** der Welt besichtigen. Über 520.000 Tonnen Zucker können in drei Silos gelagert werden. Stündlich werden

bis zu 750 Tonnen Zucker umgeschlagen. Zwei Zuckerfabriken können besucht werden (arbeiten nur von April bis Ende September):
- Illovo Mill: 30 km südlich v. Durban
- Maidstone Mill: 30 km nördlich v. Durban

Sugar Terminal: *25 Leuchars Road, Maydone Wharf,* ☎ *031-365-8100, Führungen Mo–Fr zwischen 8.30h, und 15.30h.*

Royal Natal Yacht Club (15) und Maritime Museum (17)

An der Bay of Natal befinden sich sowohl der große **Yachthafen** als auch das **Maritime Museum** (Seefahrtsmuseum). Man kann drei kleine Schiffe besichtigen – zwei Schlepper und ein Patrouillenboot der Marine. Dazu gibt es eine kleine Fotoausstellung zur Geschichte des Hafens von Durban. Besonders für Kinder ein interessantes Museum. **Maritime Museum:** *Bay End, Aliwal Street,* ☎ *031-311-2231, geöffnet Mo–Sa 8.30–15.45h, So 11h–15.45h.*

uShaka Marine World (18)

Aquarium und Delfinarium

uShaka Marine World ist ein **Vergnügungspark** mit (Unter-)Wasser-Attraktionen wie Tauchen im Haifischbecken, **Aquarium und Delfinarium**, weiteren Spaß-Aktivitäten und Restaurants. Mit 15 ha feinstem Strand- und Wasserparkbereich ist der Themenpark der größte seiner Art in Afrika. 700 Mio. Rand wurden für den Marine Park am Bell's Beach neben dem Vetcht's Pier investiert. Geboten werden Frisch- und Meerwasseranlagen in der Größe von rund 720 normal großen Swimmingpools inmitten üppiger Subtropenvegetation mit Natursteinen. Das Ganze wurde um die Nachbildung eines 1920 gestrandeten Containerschiffwracks konzipiert. Mit über 18.000 m³ Wasser wurden rundherum die Pools für die Marine World (von der Beachfront hierher verlagert) gefüllt, d. h. die Becken für die Delfinshow, das Seehundbecken, das Ozeanarium mit Salzwasseraquarien und künstlich angelegten Lagunen, Unterwasseraquarien und drei spezielle Acrylcontainer für Haie. Aus dem unter Wasser im Heck liegenden Restaurant lassen sich durch die Acrylscheiben die Haie während des Essens beobachten.

Über Wasser gibt es zahlreiche weitere Ess- und Trinkmöglichkeiten, Händlerstände und Strandaktivitäten.

Die vier Themenzonen im Überblick:
① **Village Walk:** Gleich am Eingang liegt die Ess-, Trink- und Einkaufszone im Stil einer Kleinstadt (über 11.000 m² groß) auf einer Höhe von 10 m über dem Meeresspiegel. Von hier aus gibt es einen guten Überblick über die Sea World.
② **Sea World:** Der Mittelpunkt der uShaka Marine World. Hier werden täglich kombinierte Show- und Bildungstouren hinter den Kulissen angeboten sowie Schnorcheln in den künstlich angelegten Korallenriffen und Grotten.
③ **uShaka Beach:** Direkt im Anschluss an die uShaka Marine World befindet sich der uShaka Strand, wo das ganze Jahr über diverse Aktivitäten und Unterhaltungsprogramm geboten werden (Windsurfing, Strandvolleyball, Strandrugby, Wellenreiten, Wasserski, Kajaktouren, Delfinbeobachtung etc.).
④ **Wet 'n' Wild:** Bietet Wasserspiele in den Poolanlagen. Ein 750 m langer Fluss führt durch das Zentrum der Wasserlandschaft und mitten durch ein Schiffswrack.

Das Ozeanarium in Durban

uShaka Marine World: *an der Beachfront südl. des Addington Beach, zwischen Bell Str. und Bamperdown Rd,* ☎ *031-328-8000, www.ushakamarineworld.co.za, geöffnet tgl. 9–17h, Eintritt: Erwachsene ab 90 ZAR, Kinder ab 65 ZAR.*

Reisepraktische Informationen Durban

Vorwahl: *031*

Wichtige Telefonnummern
Addington Hospital, *Erskin Terrace, South Beach,* ☎ *327-2000*
24-Std.-Apotheke: *South Beach Medical Centre,* ☎ *332-3101, Rutherford Str.*
International Airport: *Auskunft Ankunft/Abflug:* ☎ *086 727 7888*

Informationen
Tourist Junction, *160 Pine Str., www.tourism-kzn.org,* ☎ *366-7500, www.durban. world-guides.com.*
South African National Parks, *P. O. Box 787, Tshwane 0001,* ☎ *012-428-9111,* 📠 *012-426-5500, www.sanparks.org.*
Whats on in Durban & Durban for all seasons, *www.whatson.co.za, www. durbanandall.co.za*

Sightseeing Tours
Alle Touren, von welcher Art und Company auch immer, können bei der **Tourist Junction,** *www.tourism-kzn.org gebucht werden. Touren bzw. weiterführende Informationen zu Themen wie 1000 Hills, The Amble, Freedom Route, Zululands Vogelwelt, Beer Route…*
Weitere Veranstalter:
Tekweni Eco Tours, ☎ *332 0575, www.tekweniecotours.co.za.*
Amatikulu Tours, ☎ *039-973-2534, www.amatikulu.com.*

Konsulate

Deutsches Konsulat, 9 Kensington Drive, 3629 Westville, ☎ 266-3920, www.pretoria.diplo.de.

Schweizerisches Konsulat, 216 Cozumel, 33 Northbeach Road, Umdloti Beach 4350, ☎/🖨 568-2457, www.eda.admin.ch.

Österreichisches Konsulat, 10A Princess Anne Place, Glenwood, ☎ 261-6233, www.bmeia.gv.at/botschaft/pretori.

Internet

Internet Cafe, Shop 11, Ground Floor, 320 West Street, ☎ 930-4331.

Hotels

Ridgeview Lodge $$, 17 Loudoun Road, off South Ridge Road, Glenwood, ☎ 202-9777, www.ridgeview.co.za, schöner Überblick über Durban und den Indischen Ozean, gediegen eingerichtet.

Southern Sun Elangeni (2) $$$, 63 Snell Parade, ☎ 362-1300, www.southernsun.com, modernes Hotel an der Uferpromenade, hoher Standard, allerdings als Großhotel unpersönlich.

Southern Sun North Beach (1) $$$, 83/91 Snell Parade, ☎ 332-7361, www.southernsun.com, ehemaliges First Class-Hotel Maharani – nun sehr preiswert und gut.

Tropicana Hotel (5) $$$, 85 Marine Parade, ☎ 337-4222, www.goodersonleisure.co.za, gutes Hotel an der Strandpromenade, Mittelklasse.

The Balmoral (4) $$$$, 125 Marine Parade, ☎ 368-5940, kolonial geprägtes, gediegenes Hotel mit noblen Zimmern, schöne Veranda zum Meer hin („sehen und gesehen werden").

The Royal Hotel (6) $$$$, 267 Smith Street, ☎ 333-6000, www.theroyal.co.za, sehr gutes, international geprägtes Hotel, zumeist für Geschäftsleute. Sehr guter Service, gute Restaurants (u. a. das indische Restaurant Ulundi).

Protea Hotel Edward (3) $$$$, 149 O. R. Tambo Parade, ☎ 337-3681, www.proteahotels.com, viktorianisch angehauchte Atmosphäre, sehr gepflegt – gute Restaurants, erstklassiger Service.

Apartments/Self Catering

Für den preisbewussten Reisenden mit Familie sind – vor allem in der billigen Nebensaison – Holiday Flats zu empfehlen. Sie sind in der Regel sehr sauber und wesentlich preiswerter als Hotels. Die Preise rangieren für ein Apartment (2 Personen) zwischen 60 und 140 Rand in der Nebensaison, in der Hochsaison das Doppelte. Eine vollständige Liste mit empfehlenswerten Apartments bekommen Sie bei der Tourist Information.

Jugendherbergen

Hippo Hide Lodge & Backpackers $, 2 Jesmond Rd., Berea, ☎/🖨 207-4636, www.hippohide.co.za, entspannte Atmosphäre, großer Garten, super Pool, sehr sauber, ruhig, tolle Gastgeber.

Tekweni Backpackers $, 169, 9th Ave., Morningside, ☎ 303-1433, www.tekwenibackpackers.co.za, sehr beliebt, Swimmingpool, schattige Terrasse, Bar vorhanden.

Nomad´s Backpackers $, 70 Essenwood Road, ☎ 202-9709, www.nomadsbp.com, in der Nähe des Einkaufszentrum Musgrave. Gehört zu den besten Hostels der Stadt, mit Swimmingpool. Es werden auch tolle scharfe Curries angeboten, Pub vorhanden.

Durban Beach Youth Hostel, 19 Smith Street, ☎ 332-4945, 🖨 332-4945, gehört zu den Häusern des Jugendherbergswerks Südafrikas, Hostelling International South Africa (HISA).

⚠ Campingplätze
Dolphin Holiday Resort *(N 2, ca. 45 km nördlich Durban), P. O. Box 6, Ballito 4420, ☎ 032-946-2187, www.dolphinholidayresort.co.za, Chalets, Camping, Swimmingpool.*
Anstey Caravan Park, *477 Marine Drive, Bluff, ☎ 467-1192, direkt am Strand, für Surfer.*
Durban Caravan Park, *55 Grays Inn Road, Bluff, ☎ 467-8865, www.durbancaranvanpark.co.za, außerhalb in Richtung Flughafen gelegen.*

🍴 Restaurants
Indische Küche
Saagries Curry, *im Holiday Inn Garden Court, 167 Marine Parade, Ethekwini, ☎ 332-7922, indisches Restaurant, das selbst von Indern empfohlen wird. Currys können – je nach Gaumen – auch mild zubereitet werden.*
Ulundi, *im Royal Hotel, 267 Smith Street, City Center, ☎ 303-0331, von Indern empfohlen, relativ kleines Restaurant.*
Jewel of India, *im Elangeni Hotel, 63 Snell Parade; ☎ 305-3859, geöffnet täglich zum Lunch und Dinner. Separater Raum mit authentisch niedrigen Tischen und Sitzkissen. Opulentes exotisches Dekor und exzellente nordindische Küche.*

Sehr beliebt in Durban: Rikschafahrten

Fischgerichte
The New Café Fish, *31 Yacht Mole, Victoria Embankment, ☎ 305-5062, schönes und preiswertes Restaurant. Tipp: Fish of the Day!*
The Famous Fish Co, *Kings Battery, Point Waterfront, ☎ 368-1060, tolles Essen, tolle Aussicht auf den Schiffsverkehr, leger.*
Coimbra, *36 Newport Ave., Glenashley; ☎ 562-1415, geöffnet Di–So zum Lunch und Dinner. Ausgezeichnete portugiesische Küche.*
Victoria Bar & Grill, *241 Point Rd., ☎ 337-4645, preisgünstige Seafood-Bar, aber Vorsicht: Besteck gibt es nur auf Wunsch, die Shrimps kommen ungepult auf den Tisch. Ein Geheimtipp für Abenteurer.*

Italienische Küche
Roma Revolving Restaurant, *32nd Floor, John Ross House, Esplanade, Victoria Embankment, ☎ 337-6707, www.roma.co.za, Drehrestaurant, geöffnet zum Lunch und Dinner (außer sonntags). Sehr gute italienische Küche, super Ausblick über die Stadt.*
Marco's, *45 Windermere, Greyville, ☎ 303-3078, sehr beliebt wegen seiner leckeren Pasta-Gerichte, unbedingt vorher reservieren.*

Japanische Küche
Daruma, *im Hotel Elangeni, 63 Snell Parade, ☎ 337-0423, gute Sushis.*

Südafrikanische Küche
Royal Grill, *267 Smith Str., ☎ 794-9050, geöffnet zum Lunch So–Fr; zum Dinner Mo–Sa. Es erwartet Sie ein breites Gourmet-Angebot in einem der besten Restaurants KwaZulu-Natals!*
Joop's Place, *Shop 14, Avonmore Centre, 9th Av, Morningside, ☎ 312-9135, top Steak-House, auch die Weinkarte kann sich sehen lassen.*

⚱ Pubs/Nachtleben
Joe Cool's, *Lower Marine Parade, North Beach, www.joecools.co.za, Durbans ältester und angesagtester Club, besonders sonntagabends.*
Weitere Clubs und Bars *auf Durbans Partymeile, der Point Road.*

✈ Flugverbindungen
Es gibt täglich Flüge zu den wichtigsten Städten im Land, Auskunft: ☎ 727-7888 **(Durban International Airport)**
SAA, ☎ 451-6666
SA Airlink, ☎ 451-7300
British Airways, ☎ 493-0787
Der neue Flughafen in Durban, der **La Mercy Airport**, *öffnet am 01.05.2010. Er liegt im Norden von Durban, rund 30 km vom Stadtzentrum entfernt, also doppelt so weit wie der alte Flughafen, in der Nähe von Ballito / Umhlanga. Der alte Durban International Airport wird seinen Betrieb einstellen.*

🚌 Busverbindungen
Überregional: *Der Busbahnhof befindet sich in der NMR Avenue, direkt am Bahnhof. Täglich fahren Busse nach Jo'burg und Port Elizabeth/Kapstadt.*
- **Greyhound**, ☎ 334-9720
- **Translux**, ☎ 361-7670
- **Intercape**, ☎ 0861-287-287
Busse zum Airport *fahren regelmäßig zu allen wichtigen Abflügen ab dem SAA-Terminal an der Ecke Smith/Aliwal Str. ab.* ☎ 465-1660.
Busse im Stadtgebiet *operieren im gesamten Stadtgebiet.*
Baz Bus, ☎ 021-439-2323, www.bazbus.com, *von Durban führt eine Route nach Kapstadt Am besten und aktuellsten ist die Auskunft über die Website.*

🚆 Bahn
Der „**Trans Natal**" *verkehrt 5x pro Woche zwischen Durban und Johannesburg, der* „**Trans Oranje**" *wöchentlich zwischen Kapstadt und Durban über Kimberley und Bloemfontein. Central Reservations:* ☎ 011-774-4555, www.seat61.com/SouthAfrica.htm.

🚕 Taxis
Bunny Cabs, ☎ 332-2914
Eagle, ☎ 337-8333

🚗 Mietwagen
Avis, ☎ 310-9700 (Downtown), 452-3500 (Flughafen)
Budget, ☎ 304-9023, 4081-1809 (Flughafen)
Europcar/Imperial, ☎ 0861-131-000
Tempest, ☎ 086-368-5231

KwaZulu-Natals Nordküste

Überblick

Nördlich von Durban verläuft die Nationalstraße N2 parallel zum Indischen Ozean. Eine Vielzahl von Badeorten reiht sich hier aneinander, die zum Verweilen und Erholen einladen.

Auf der Reise nach Norden durchquert man immer wieder Teile des ehemaligen Homelands KwaZulu, das immerhin 35% der Fläche Natals einnimmt und die traditionelle Heimat der Zulu ist. **Reizvolle kleine Wildreservate** warten auf den Besuch: *Schöne Wildreservate* St. Lucia Game Reserve, Umfolozi Game Reserve, Hluhluwe und Mkuze Game Reserve. Der intime Charakter dieser kleinen Naturschutzgebiete und ihre Besonderheiten werden den Tierfreund erfreuen. Auf dem Weg zurück nach Johannesburg sollte man dem Königreich Swasiland einen Besuch abstatten. Die Heimat der Swasi zeigt unterschiedliche landschaftliche Szenerien: hohe Berge, weite Ebenen und malerisch gelegene Siedlungen. Die Swasi beeindrucken durch ihre Freundlichkeit, aber auch durch den Stolz auf ihre Heimat.

Dieses Reisegebiet ist insgesamt etwas Besonderes, da es noch nicht so sehr vom Tourismus berührt ist. Sie finden überall saubere Unterkünfte, gute Straßen und ein ausgebautes Tankstellennetz.

☞ **Planungsvorschläge**

Gesamtstrecke: Durban – Umfolozi Game Reserve – St. Lucia Game Reserve – Hluhluwe Game Reserve – Mkuze Game Reserve – Swasiland (Mbabane) – Johannesburg

Einzelstrecken	km	Tage
Durban – St. Lucia GR:	260 km	2 (1 Tag Aufenthalt)
St. Lucia GR – Umfolozi GR:	ca. 80 km	2 Tage (1 Tag Aufenthalt)
Umfolozi GR – Hluhluwe GR:	ca. 60 km	2 Tage (1 Tag Aufenthalt)
Hluhluwe GR – Mkuze GR:	ca. 120 km	2 Tage (1 Tag Aufenthalt)
Mkuze GR – Swasiland (Mbabane):	293 km	3 Tage
Mbabane – Johannesburg:	370 km	1 Tag
gesamt:	**ca. 1.183 km**	**12 Tage**

⚓ **Strände**
Die schönsten (und wärmsten) Strände KwaZulu-Natals bieten Umhlanga Rocks, Umdloti Beach und Ballito Bay.

Umhlanga Rocks

Dieser nur knapp 20 km von Durban entfernt liegende Badeort ist wie für Urlauber gemacht: gute Hotels, viele Apartments, Einkaufszentren, Restaurants. Umhlanga Rocks ist gegenüber Durban die bessere Übernachtungsalternative, weil hier die Strän-

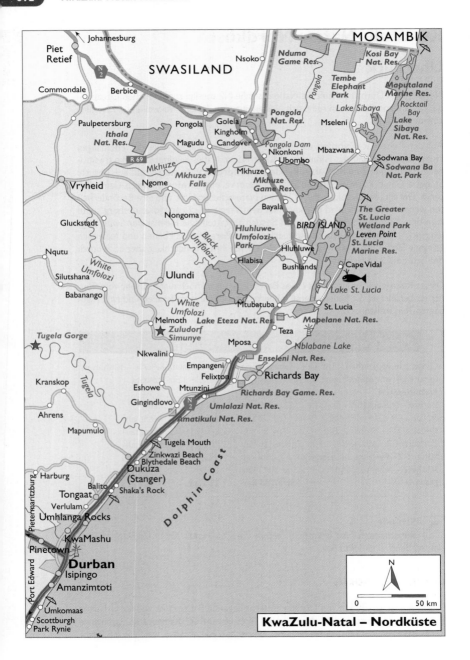

KwaZulu-Natal – Nordküste

Rückblick auf das ehemalige Homeland KwaZulu – den Flickenteppich der Zulu

info

Das ehemalige Homeland KwaZulu war insgesamt 32.733 km² groß, also von der Größe vergleichbar mit Nordrhein-Westfalen. Es nahm damit ungefähr 35 % der Gesamtfläche Natals ein. Doch das Homeland, das traditionelle Siedlungsgebiet der Zulu, war arg zersplittert und bestand aus zehn Einzelregionen, die über die ganze Provinz verstreut lagen – ein Ergebnis der räumlichen Apartheid. Die Zulu stellen Südafrikas größte schwarze ethnische Einheit dar. Von den 5,5 Millionen Zulu lebten Angaben zufolge nur ca. 3,2 Millionen im Heimatland, der Rest arbeitete auf weißen Farmen in Natal, in der Umgebung von Durban und in den Bergbau- und Industrieunternehmen am Witwatersrand (Quelle: Statistical Survey of Black Development). Außerdem lebten in dem ehemaligen Homeland KwaZulu 50.000 Swasi, Xhosa und Südsotho, 3.500 Weiße, 3.300 Asiaten und 1.800 Coloureds.

Zu den Zulu zählt man ca. 200 Nguni-Stämme, die heute überall in Natal leben. Sie kamen von Norden bereits um 1500 hierher. Unter ihrem berühmten Führer Shaka erstarkten die Zulu ab 1816 und unterwarfen benachbarte Stämme. Bald bildeten sie ein einflussreiches Königreich. Doch 1838 traf man auf stärkere Gegner: Die Voortrekker beanspruchten nun das Gebiet. Bei der berühmten Vergeltungsschlacht am Blood River im Jahre 1838 siegte die weiße Übermacht. Obwohl die Zulu unter ihrem Führer *Mpande* versuchten, sich der Vorherrschaft der Weißen zu widersetzen, konnten sie die Annexion des Zulu-Landes durch die Engländer nicht verhindern.

Der Zulu-Führer *Buthelezi* galt als eine herausragende Persönlichkeit im Kampf um mehr politische Rechte für die Schwarzen.

Zulu-Frau beim Filtern von Bier

1957 wählte man ihn zum Häuptling des Buthelezi-Stammes, 1970 übernahm er die Funktion als Kabinett-Chef der Zulu-Gebietskörperschaft. Diese wurde im Jahre 1972 in eine gesetzgebende Versammlung umgebildet, 1977 erhielt KwaZulu die „Selbstverwaltung". Tatsächlich war es jedoch sowohl wirtschaftlich als auch politisch völlig abhängig – ebenso wie die anderen schwarzen Homelands.

Buthelezi war Mitbegründer der Inkatha-Bewegung, die sich als kulturelle Befreiungsfront in Konkurrenz zu anderen eher links orientierten Befreiungsgruppen verstand. Man schätzt, dass die Bewegung 350.000 Anhänger hatte, darunter auch ein Teil der Zulu, die in Soweto lebten.

Landschaftlich sind die Gebiete des ehemaligen Homeland KwaZulu recht unterschiedlich: Sie umfassen Regionen in Küstennähe, hügelige und bergige Gebiete, vom Klima her sehr begünstigt. Die Niederschläge erreichen Werte bis zu 1.300 mm pro Jahr (wobei die Niederschläge im Inland geringer und die Winter trocken sind) und die Temperaturen schwanken zwischen Minimalwerten von 15 bis zu über 30 °C. Das ehemalige KwaZulu wird von einer Reihe von Flüssen durchzogen, deren Wasser für Bewässerungszwecke genutzt wird.

Die Viehzucht wegen der Graslandschaften eine herausragende Stellung ein. Der Feldanbau spielt eine untergeordnete Rolle, auf diesem Gebiet ist noch viel Entwicklungsarbeit zu leisten. Man erntet hauptsächlich Mais, Zuckerrohr, Sorghum, Kartoffeln und verschiedene Gemüsearten.

Zuletzt konnten Handel und Industrie einen Aufschwung verzeichnen. Der Tourismus nahm zu, denn die Nähe zu den kleineren Wildreservaten Natals und zum Indischen Ozean übt auf Reisende einen besonderen Reiz aus.

---

de einfach schöner sind: Weite sandige Abschnitte werden von felsigen unterbrochen. Am Strand führt ein Fußweg entlang und im Umhlanga Lagoon Nature Reserve gibt es Wanderwege durch die Dünenwelt.

 Übersicht

Auf der Strecke weiter nach Norden liegen folgende Badeorte, an denen es viele Ferienanlagen, kleine Hotels sowie Campingplätze gibt.
Ballito: *Guter Strand, Gezeitenpool, Sicherung durch Hai-Netze*
Shaka's Rock: *Guter Strand, ebenfalls mit Hai-Netzen gesichert*
Salt Rock: *Schöner Strand, hier gibt es auch das Protea-Hotel „Salt Rock"*
Sheffield Beach, Blythedale Beach und **Zinkwazi Beach**: *Alle Strände sind gegen Haie gesichert, relativ unberührtes Umland*

Reisepraktische Informationen Umhlanga Rocks

Vorwahl: *031*

 Information
Umhlanga Tourist Information, ☎/📠 *561-4257, http://sugarcoast.kzn.org.za.*

Hotels
Die großen und guten Hotels gehören alle der SUN-Gruppe an und liegen an den besten Strandabschnitten:
Breakers Resort $$, *88 Lagoon Drive,* ☎ *561-2271, www.breakersresort.co.za, Mittelklasse-Resort direkt am Strand, geeignet für den Familienurlaub.*
Shortens Country House $$, *Compensation Road, Umhlali 4390,* ☎ *032-947-1140, www.venuesearch.co.za, 30 Min. von Durban, N2 nach Ballito (Maut), dann Compensation Exit, links am Stoppzeichen, danach noch 400 m. Inmitten schöner Gartenanlagen. 5 Fahrminuten zum Strand. Golfplatz in der Nähe.*
Umhlanga Sands $$$, *44 Lagoon Drive, P. O. Box 223, Umhlanga Rocks 4320,* ☎ *561-2323, www.suntimeshare.com, am Strand gelegenes, gutes Hotel mit allen Annehmlichkeiten.*

Cabana Beach $$$, 10 Lagoon Drive, P. O. Box 10, Umhlanga Rocks 4320, ☎ 561-2323, www.suntimeshare.com, moderne Ferienanlage direkt am Strand mit einer schönen Garten- und Swimmingpool-Anlage.

Oyster Box $$$, 2,Lighthouse Road, Umhlanga Rocks 4320, ☎ 514-5000, www. oysterboxhotel.com, ansprechend eingerichtetes Hotel mit Wellness-Bereich in Strandlage.

Beverly Hills $$$$$, Lighthouse Road, Umhlanga Rocks 4320, ☎ 561-2211, www. southernsun.com, das beste Haus am Platz mit exzellenten Restaurants und allen Annehmlichkeiten eines (nicht allzu großen) Hotels (90 Zimmer), schöner Blick auf's Meer.

Lesertipp: Am nahe gelegenen Umdloti Beach liegt das B&B-Haus **The Dune $$**, 45 Bellamont Road, Umdloti 4350, ☎ 568-2089, www.thedune.net, vom Frühstücksraum aus lassen sich wunderbar Delfine beobachten. Leider sind keine Kinder unter 14 willkommen.

Apartments
Fleetwood on Sea, 50 Lagoon Drive, ☎ 575-9850, www.fleetwoodonsea.co.za, großzügige, schön eingerichtete und ausgestattete Apartments direkt am Strand.

Restaurants
Gute Restaurants befinden sich im Beverly Hills Hotel (**The Cabin**) und im Oyster Box. Beide bieten sehr gutes Essen, vor allem Seafood in gepflegtem Ambiente. Im **Oyster Box Restaurant** gibt es hervorragende indische Curries. Viele kleine Restaurants im Ort. **Razzmatazz** (Cabana Beach Hotel), preiswerte, vielseitige Küche. Von der Terrasse genießt man eine schöne Aussicht auf das Meer.

Ballito

Ballito ist ein kleiner Ort mit vielen privaten Ferienwohnungen. Im Ortszentrum gibt es alle Versorgungsmöglichkeiten. Die Strände sind feinsandig und gut zum Baden geeignet. Insgesamt geht es hier viel ruhiger zu als in Umhlanga Rocks. Nach Durban fährt man über die N 2 nur 45 Minuten, zum Flughafen etwa 1 ¼ Stunde.

Alternative zu den Umhlanga Rocks

Reisepraktische Informationen Ballito

Information
The Dolphin Coast Publicity Association, Ballito Drive, ☎ 032-946-1997, www.dolphincoast.co.za.

Unterkunft
Thompson's Bay Lodge, 87, Ocean Drive, ☎ 032-525-6506, die Lage direkt am Meer und die tolle Aussicht auf die Thompson Bay sind eindrucksvoll. Die Zimmer sind geräumig, wenn auch stellenweise etwas modernisiert werden müsste. Swimmingpool vorhanden. Es wird auch Abendessen serviert, aber alles sind Fertiggerichte... Sehr steile Ausfahrt für parkende Gäste.

Salt Rock Hotel $$, Basil Hulett Drive, ☎ 032-525-5025, www.saltrockbeach.co.za, schöne Ferienanlage.

The Boathouse $$$, 33 Compensation Beach Road, ☎ 032-946-0300, 🖷 032-946-0184, www.boathouse.co.za, das kleine Haus mit ca. zehn Zimmern liegt direkt am Strand. Alles ist sehr geschmackvoll eingerichtet. Die lichtdurchfluteten Räume sorgen für eine freundliche Grundatmosphäre – beste mittelpreisige Alternative am Meer!

Hotel Izulu, $$$-$$$$, P. O. Box X0004, Ballito 4420, ☎ 032-946-3444, 🖷 032-946-3494, www.hotelizulu.com, 18 Luxussuiten und Restaurant. Das Hotel bietet Wellness-Aufenthalte an.

Zimbali Lodge $$$$, ☎ 031-765-4446, www.zimbali.org, tolle Anlage an einem Berghang gelegen, umgeben von einer üppigen Vegetation und rauschenden (künstlichen) Bächen. Golfer-Paradies (18-Loch!), doch genauso gut für andere Gäste. Innerhalb von 15 Minuten wandert man auf malerischen Wegen hinunter zum Strand. Der Hauptkomplex ist architektonisch spektakulär, das Restaurant erstklassig. Die Zimmer sind sehr groß und verfügen über jeglichen Komfort. Zimbali ist die beste Alternative zu Umhlanga Rocks und beeindruckt durch Luxus und Natur – und das Ganze zu akzeptablen Preisen!

🍴 Restaurants
Im Ort gibt es eine Anzahl guter mittelpreisiger Restaurants – so z. B. Mariners (Seafood), Al Pescatore (italienisch/Seafood),, Beira Alta (portugiesisch).

Tugela Mouth

Der Tugela River markiert das Ende der Nordküste KwaZulu-Natals und ist dessen Hauptfluss. Er fließt durch ein gewaltiges Tal, z. T. von mächtigen Kliffs begrenzt. Die Zulu nennen den Fluss „Thukela" (= „etwas, das erschreckt"). Als Grenzfluss zwischen

Der Tugela River

Natal und KwaZulu spielte der Fluss eine wichtige historische Rolle. Viele Jahre lang bildete der Fluss ein großes Hindernis für Reisende, besonders während der Flut. Die heutige Brücke, 450 m lang, lässt den modernen Touristen die Schwierigkeiten der Vergangenheit vergessen. Benannt ist die Brücke nach *John Ross*, der als 15-jähriger Junge 1827 die über 900 km von Durban nach Laurenco Marques wanderte, um Medizin für Kaufleute und Jäger zu erwerben. Er benötigte dazu nur 40 Tage. Als der junge Ross den Zulukönig *Shaka* besuchte, um ihm seine Ehrerbietung zu zeigen, ordnete *Shaka* an, dass eine bewaffnete Begleitung den Jungen unter den Schutz des Königs stellte, um ihm auf der Reise Hilfe vor Gefahren zu gewähren.

Die etwa 5 km vor der John Ross Bridge abzweigende Straße führt zur Tugela-Mündung. Nach etwa 1,5 km passiert man den alten Flussübergang. Hier befindet sich auch das kleine **Fort Pearson**, das die Briten vor der Invasion des Zululandes im Jahre 1878 erbaut haben (benannt nach Charles Knight Pearson, Kommandant der Invasions-Truppen, die an dieser Stelle den Tugela überqueren mussten).

1,5 km vom Fort entfernt wächst an der Straße ein wilder Feigenbaum, bekannt als „**Ultimatum Tree**". Hier überreichten am 11.12.1878 die Briten der Zulu-Delegation ein Ultimatum, dessen Bedingungen zum Anglo-Zulu-Krieg führten. *Historischer Baum*

Weitere 7 km lang durchquert die Straße einen Küstenwald, um schließlich das Mündungsgebiet des Flusses zu erreichen. Hier befindet sich ein Camping-Platz.

 Tipp

Das ***Shakaland Zulu Village*** ist ein authentischer Kraal mit riedgedeckten Hütten am Umhlatuze Lake. Vor einigen Jahren haben hier Hollywood-Filmemacher das Leben des legendären Zulu-Königs Shaka nachgedreht; die Kulisse wurde später zu einem typischen Kraal umgebaut, wo Sitten und Gebräuche der Zulu anschaulich dargestellt werden. Der Besucher wird von „Zulukriegern" empfangen.

Zulu-Kraal bei Eshowe

Eshowe ist eine der ältesten Siedlungen im Zululand. In Shakaland, Kwabhekithunga Kraal und Stewart's Farm wird das traditionelle Leben der Zulu vorgeführt.

Reisepraktische Informationen Zulu-Kraal

Shakaland, *P. O. Box 103, Eshowe 3815,* ☏ *035-460-0912, www.shakaland.com, das Shakaland Zulu Village kann über die Protea-Kette gebucht werden. Es handelt sich hier um einen authentischen Kraal mit riedgedeckten Hütten am Umhlatuze Lake. Den Besucher empfangen „Zulukrieger". Vor einigen Jahren haben hier Hollywood-Filmemacher das Leben des legendären Zulu-Königs Shaka nachgedreht; die Kulisse wurde später zu einem typischen Kraal umgebaut, wo Sitten und Gebräuche der Zulu anschaulich dargestellt werden. Touren werden mehrmals täglich angeboten.*

Wildschutzgebiete im Norden KwaZulu-Natals

Hautnahes Natur-erlebnis Sicherlich werden Sie im Verlauf Ihrer Südafrika-Rundreise nicht alle Wildschutzgebiete KwaZulu-Natals aufsuchen können. Alle beschriebenen Wildreservate liegen in unmittelbarer Nähe zur Nationalstraße N2, sodass die Anfahrt keine Probleme bereitet.

Hluhluwe Umfolozi Park

Beide Parks bedecken etwa 1.000 km² und sind durch einen Landstreifen verbunden, durch den die R618 („The Corridor") führt. Das südliche Gebiet ist das frühere Umfolozi Game Reserve, das nördliche das Hluhluwe Game Reserve.

Umfolozi-Gebiet
Entfernung nach Durban: ca. 270 km

Dieses Gebiet – etwa 800 km² groß – liegt zwischen zwei Flüssen und umfasst besonders nahrhaftes Grasland. Das Klima ist warm bis heiß, ganzjährig steht genügend Wasser zur Verfügung. Damit sind ideale Lebensbedingungen gegeben. Als dieses Gebiet durch Weiße besiedelt wurde, engte sich der Lebensraum für das Wild ein. Um die Tsetsefliege zu bekämpfen, wurden unzählige Wildtiere (man spricht von 100.000) getötet. Erst als 1945 mit chemischen „Keulen" (DDT) die Tsetsefliege ausgerottet werden konnte, kehrte Ruhe in das bereits 1897 proklamierte Wildschutzgebiet ein.

Heute gibt es in Umfolozi über 1.000 Weiße und Schwarze Nashörner zu sehen, außerdem Löwen, Geparde, Impalas, Wildschweine, Blaugnus, Zebras, Wasser- und Riedbö-

Blick in die Landschaft des Parks...

cke, Leoparden, Schakale – ja sogar Krokodile in den Flüssen. Da jedes Wildschutzgebiet eine begrenzte Tragfähigkeit hat, werden überzählige Tiere in zoologische Gärten auf der ganzen Welt gegeben, um das ökologische Gleichgewicht im Reservat zu erhalten.

Das Wildschutzgebiet ist ganzjährig geöffnet. Die Wege durch das Naturschutzgebiet sind nicht allzu gut befestigt, sodass bei Regenwetter das Befahren bestimmter Abschnitte nicht leicht ist. Der „Umfolozi Mosaic Auto Trail" führt über 67 km durch das Parkgebiet (Fahrzeit: ca. 4–5 Stunden). Besonders reizvoll sind angebotene Wanderungen mit Wildhütern. So erreicht man wirklich abseits gelegene Gebiete. Diese „Wilderness Trails", die drei bis fünf Tage in Anspruch nehmen, garantieren ein hautnahes Naturerlebnis. Da dieses Abenteuer viele anlockt, ist eine frühzeitige Anmeldung dringend erforderlich (möglichst ein halbes Jahr im Voraus).

Hluhluwe-Gebiet
Entfernung nach Durban: ca. 280 km

Das „hl" im Namen wird wie „schl" ausgesprochen. Das 1897 zum Naturschutzgebiet erklärte Reservat (im gleichen Jahr wie das Umfolozi Game Reserve) umfasst ca. 200 km². Die Landschaft ist hügelig bis bergig, die nördlich gelegenen Gebiete sowie die Flussufer sind bewaldet. In den ebenen Gebieten herrscht Savannen-Vegetation vor, die z. T. aus dichtem Buschwerk besteht. Die Niederschläge betragen 700 mm pro Jahr, sorgen

...und seine Bewohner: die Giraffe...

also neben den Flüssen für genügend Wasser. Die Tierwelt ähnelt der des Umfolozi Game Reserve. Außerdem leben hier noch Giraffen und Buschschweine.

Auch Ornithologen kommen auf ihre Kosten: Es gibt hier u. a. den Marabu-Storch, Geier mit weißem Rücken, den Bateleur sowie das Perlhuhn zu sehen. Im Rastlager erhält man eine vollständige Liste aller in dieser Gegend lebenden Vögel. Vom Buschcamp aus genießt man einen sehr schönen Blick über das Gebiet. Auch in diesem Reservat können die Straßen bei Regen schwer zu befahren sein.

Reisepraktische Informationen Hluhluwe Umfolozi Game Reserve

i **Information zu den Parks**
www.southafrica-infoweb.com und www.africasafari.co.za

 Unterkunft
Mtwazi Lodge $$, *www.zululandreservations.co.za/Mtwazi_Lodge.asp*, nahe beim Hilltop Camp, für neun Selbstversorger.

Mpila Hutted Camp $$, zwölf Hütten mit je vier Betten, gemeinsame sanitäre Einrichtungen, auch Chalets für Selbstversorger, Camping. Toller Blick!

Masinda $$$, sehr abgeschieden beim Mambeni Gate, für acht Personen in vier Doppelzimmern. Man muss mindestens für vier Personen zahlen, Koch inbegriffen.

Hilltop $$$, schönstes Camp, da toller Überblick. Nette Zwei-Bett-Rondavels mit gemeinsamen sanitären Anlagen. Daneben gibt es Chalets mit eigenem Bad und Küche (Kaffee, kleiner Kühlschrank).

Muntulu $$$$, dieses Camp wird nur an Gruppen vermietet. Es gibt zwei Lodges mit je vier Schlafräumen, Blick auf den Hluhluwe River.

Zu buchen oder auch zu weiteren Übernachtungsmöglichkeiten in Hotels, privaten Game Lodges, B&B etc.: ☎ 031-208-3684, www.zululandreservations.co.za/ oder www.kznwildlife.com, Cascades 3202, ☎ 035-590-1676.

...und das Zebra

🛏 Unterkunft außerhalb des Parks

Hluhluwe Inn $$, 104 Bush Road, P. O. Box 92, Hluhluwe 3960, ☎ 035-562-0251, Mittelklasse-Hotel, Schwimmbad und Restaurant.

Bushlands Game Lodge $$$, Main Road 3960 Hluhluwe South, ☎ 035-562-0144, mitten im Herzen von Zululand gelegen, 12 km von Hluhluwe entfernt. 26 hölzerne Lodges, die auf Pfählen gebaut sind. Über eine hölzerne Fußbrücke gelangt man zum Speisesaal und Swimmingpool. Abends wird bei einem gemütlichen Lagerfeuer gegrillt, gegessen und getrunken. Einzigartig sind vor allem der exklusive und persönliche Service, sowie die ursprüngliche Landschaft.

Wenn das Hilltop Camp ausgebucht ist, gibt es **in der Umgebung** folgende Ausweichmöglichkeiten:

Bonamanzi Game Park $$$, *Bonamanzi Game Park, PO Box 48, Hluhluwe 3960,* ☏ *035-562-018, www.bonamanzi.co.za, dieses Camp liegt etwa 10 km südlich von Hluhluwe. Über ein großes Gebiet verstreut liegen die einzelnen Unterkünfte, Swimmingpool und Restaurant sind vorhanden. Besonders reizvoll ist die Unterbringung in den Treehouses: Sie liegen sehr privat mitten in der Natur. Tierwelt: wie Falaza.*

Falaza Luxury Tented Camp $$$$, *P. O. Box 2806, Durbanville 7551,* ☏ *021-975-2189, www.gamelodges.com/south_africa/kwazulu_natal/falaza/falaza_falaza.htm, dieses Camp liegt in der Nähe der False Bay, etwa 10 km vom Ort entfernt und ist mit einem normalen Pkw erreichbar. Die gesamte Anlage ist sehr gepflegt und wird von den Eigentümern selbst gemanagt. Die Zelte sind sehr geräumig, alle mit WC/Dusche ensuite. Schwimmbad und ein Wasserloch, das Tiere anlockt, sind vorhanden. Es gibt hier folgende Tiere zu sehen: Nashörner, Nyala, Wasserböcke, Red Duiker, Zebra, Gnus, Giraffen, Kudu, Impala, Warzenschweine und zahlreiche Vögel. Unternehmungen: Ausflüge mit einem Boot auf der False Bay, Landrover-Fahrten auf dem Gelände.*

🛏 **Backpackers**
Insinkwe Backpackers $$$$, *Wetland Lodge, 14 km südlich Hluhluwe beim Dumazulu Traditional Village,* ☏ *035-562-2258, www.isinkwe.co.za, Doppelzimmer, Schlafsäle und Campingmöglichkeit. Schöne, urige Buschumgebung, Selbstverpflegung, aber auch Restaurant.*

iSimangaliso Wetland Park (ehem. St. Lucia Wetland Park)

Das Naturschutzgebiet umfasst den St. Lucia-See sowie einen 1 km breiten Landstreifen um das Gewässer herum. Das insgesamt 370 km² große Naturreservat umfasst Gewässer, Küstenwald, Sumpfwald, Gebüsch, Schilf und Mangroven. Bewaldete Sanddünen trennen das See-System vom Indischen Ozean. Vor über 60 Millionen Jahren wich an der Stelle des heutigen Naturschutzgebietes das Meer allmählich zurück, als sich das Land hob. Zurück blieben seichte Vertiefungen, die heute von Lagunen, Seen und Meeresbuchten ausgefüllt werden.

Hier gibt es ideale Lebensbedingungen vor allem für die Vogelwelt (Pelikane, kaspische Seeschwalben, Ibisse, Störche). An den Flussmündungen leben Krokodile, die zu manchen Jahreszeiten auch den See bevölkern. Weit mehr als 400 Flusspferde sind hier beheimatet, Riedböcke, Buschböcke sowie das Nyala sind hier ebenfalls anzutreffen.

Ideale Lebensbedingungen für die Tiere

Diese Region unterteilt sich in folgende Naturschutzgebiete:
▶ **St. Lucia Marine Reserve**: erstreckt sich entlang der Küste von Cape Vidal im Süden und der Sodwana Bay im Norden (Uferzone u. Gebiet bis zu 3 km ins Meer). Hier liegen die südlichsten Korallenriffe der Welt.
▶ **Cape Vidal State Forest**: 32 km nördlich der St. Lucia-Mündung.
▶ **False Bay Park**: am Westufer des St. Lucia Lake.
▶ **St. Lucia Park**: 1 km breites Gebiet parallel zum Seeufer. Hier sind auch die Camps Charters Creek, Fanie's Island, Mapelane und die Ferienanlage St. Lucia.

Auch in diesem Reservat gibt es die Möglichkeit zur Teilnahme an Wildniswanderungen. So beginnen beispielsweise dreitägige Wanderungen in Charters Creek. Natürlich

Nilpferde im iSimangaliso Wetland Park

ist ein erfahrener Wildhüter dabei. Mit Booten gelangt man in die Wildnis, in der man zweimal übernachtet und täglich etwa 16 km wandert.

Reisepraktische Informationen iSimangaliso Wetland (ehem. St. Lucia Wetland Park)

Vorwahl: *035*

Information
KZN Wildlife *(KwaZulu-Natal), Peöican Str.,* ☎ *590-1340, www.kznwildlife.com, geöffnet tgl. 8–16.30h, dort gibt es die besten Infos zum Nationalpark, oder*
iSimangaliso Wetland Park Authority, *the Dredger Harbour, Private Bag X05, St Lucia 3936,* ☎ *590-1633, www.isimangaliso.com.*

Unterkunft
An folgenden Stellen sind **Camper** *willkommen, auch werden* **Übernachtungs-Chalets** *angeboten (keine Restaurants!):*
   St. Lucia Estuary Cape Vidal
   Kosi Bay
   False Bay
Alle Camps zu buchen über **KZN Wildlife,** *P. O. Box 13069, Cascades 3202,* ☎ *033-845-1000, www.kznwildlife.com. Weitere Informationen zum Übernachten im iSimangaliso Wetland Park unter www.isimangaliso.com.*

Außerdem gibt es in St. Lucia noch eine Reihe weiterer **privater Unterkunftsmöglichkeiten***:*

St. Lucia Wild's Apartments, ☎ *590-1033, es werden hier sehr schöne Apartments aller Preisklassen vermietet, ebenso Boote. Die Wohnungen liegen direkt am Meer, das über Laufstege zu erreichen ist. Sehr schöne Gartenanlage, super eingerichtete Küche für Selbstversorger.*

St. Lucia Wetlands Guesthouse $$, *20 Kingfisher Str.,* ☎ *590-1098, www. stluciawetlands.com, super Service und Komfort.*

St. Lucia Kingfisher Lodge $$$, *Mackenzie Rd.,* ☎ *590-1015, http:// stluciakingfisherlodge.co.za, sieben außergewöhnlich gestaltete Suiten, sehr komfortabel.*

Bootsvermietung
Direkt an der St. Lucia-Mündung – sehr lohnend.

Mkuze Game Reserve
Entfernung nach Durban: 335 km

Über den kleinen Ort Mkuze gelangt man in dieses 250 km² große Naturschutzgebiet, dessen weite Landschaft vom Mkuze und Umsunduzoi River durchflossen wird (beide Flüsse sind im Winter oft ausgetrocknet). Da die Gegend ziemlich flach ist, kann man große Tierherden beobachten. Insgesamt ist das Gebiet sehr trocken und die Tiere ziehen zu Wasserlöchern, wo man sie am besten beobachten kann. Die Tierwelt besteht hier vor allem aus dem Schwarzen Nashorn, Blaugnu, Nyala, Leopard, Kudu, Zebra und Riedbock. Von gut versteckten Aussichtspunkten kann man das Wild fotografieren. Auch hier kann man Wanderungen mit Wildhütern unternehmen.

Große Tierherden

Auch Pelikane gibt es hier zu sehen

Reisepraktische Informationen Mkuze Game Reserve

Reservierung
Das Camp (kein Restaurant) kann man reservieren bei **KZN Wildlife**, *P. O. Box 13069, Cascades 3202,* ☎ *033-845-1000, www.kznwildlife.com und www.mkuzefalls.co*

Unterkunft außerhalb des Parks
Overwin Country Lodge $$, *Ubombo,* ☎ *035-595-1018,* 🖨 *035-595-1009, long20@saol.com, der N2 folgen, Richtung Mkuze abbiegen und auf 16 km den Schildern Richtung Ubombo folgen. Das Farmhaus wurde von den Vorfahren der Besitzerfamilie Irons im Jahr 1902 erbaut.*

Sodwana Bay National Park
Entfernung nach Durban: 400 km, Anfahrt über die Lower Mkuze Road

Dieser Naturschutzpark liegt ca. 90 km östlich von Ubombo. Eine Gruppe von Seen ist mit dem Meer durch den Sodwana-Fluss verbunden. Die Tierwelt ist durch Antilopen und eine Vielzahl von Vögeln (Zulu Batis und Rudd's Apalis) vertreten. Ein Campingplatz lädt zum Aufenthalt ein.

Die von der N2 ostwärts abzweigende Sandstraße, die über Ubombo führt, endet nach etwa 100 km am Indischen Ozean, wo man in Boote umsteigt und zum Tauchen (Korallenriffe) oder Hochseefischen hinausfährt.

Strand im Sodwana Bay National Park

Reisepraktische Informationen Sodwana Bay National Park

Reservierung/Unterkunft
Die Unterkünfte (Campingplatz, Chalets) kann man reservieren bei **KZN Wildlife**, *P. O. Box 13069, Cascades 3202, ☎ 033-845-1000, www.kznwildlife.com, oder unter 035-571-005111000.*
Außerhalb des Parks: Sodwana Bay Lodge $$$, ☎ *083-255-5717, www. sodwanalodge.co.za, die Anlage wirkt unpersönlich und ist etwas in die Jahre gekommen. Für Selbstversorger werden Bungalows angeboten. Das Restaurant ist ganz passabel: Pizza und Fleischgerichte zu annehmbaren Preisen.*

Maputa-Land

Vorbemerkungen

Das Maputa-Land kann in den normalen Ablauf einer Reise von Johannesburg nach Durban „eingebaut" werden. Insgesamt ist das Gebiet für Individualisten geeignet, die Südafrika „von der wilden Seite" her kennenlernen wollen. Für Selbstfahrer gibt es zwei Möglichkeiten:

Das wilde Südafrika

▶ Grundsätzlich kann man diese Tour mit einem normalen Pkw absolvieren. Von den eingebuchten Lodges aus lässt man sich von einem vereinbarten Ort (Gate) abholen, um mit einem Allradfahrzeug das Ziel zu erreichen.
▶ Für Selbstfahrer empfiehlt sich dennoch ein Allradfahrzeug, da man
- 1. im Kruger Park sozusagen von einer „hohen Warte aus" Tierbeobachtungen unternehmen kann;
- 2. im Reisegebiet „Maputa-Land" alle Fahrten (bis auf das Gebiet Ndumo Game Reserve) selbst unternehmen kann, was mehr Erlebnis, Abenteuer und Unabhängigkeit verspricht.

Toll bei diesem Reiseablauf ist die Mischung aus dem Besuch der „normalen Highlights" wie Blyde River Canyon und Kruger National Park und dem Besuch besonders reizvoller, ungewöhnlicher und touristisch wenig besuchter Gegenden. Ebenso reizvoll ist die „Mischung" von Unterkünften wie Hotels, Lodgen und Camps.

Tourenabläufe
unter Berücksichtigung des Reisegebietes Maputa-Land

- 1 Ü Dullstroom
- 2 Ü Region Blyde River Canyon
- 3 Ü Region KNP/private Lodges
- 1 Ü Swasiland
- 2 Ü Itala/
  wahlweise Hluhluwe Game Reserve

- 2 Ü Ndumo
- 2 Ü Kosi Bay
- 2 Ü Rocktail Bay
- 2–3 Ü Küste bei Ballito

Sehenswertes

Itala Nature Reserve

 Streckenbeschreibung

Lage: Bei Louwsburg/KwaZulu-Natal gelegen, südlich von Swasiland. Diejenigen, die über Swasiland – von Mbabane aus – kommen, sollten von Manzini die Straße 9 zum Grenzübergang Mahamba nehmen, von hier aus über Paulpietersburg/Vryheid nach Itala.

Entfernungen: Mbabane – Itala über Grenzübergang Mahamba, Paulpietersburg und Vryheid nach Louwsburg ca. 400 km. Gute Straßen.

Unterkunft

Man wohnt im **Ntshondwe Camp**, das sehr geräumige, saubere und geschmackvoll eingerichtete Häuschen bietet. Swimmingpool vorhanden. Im Hauptgebäude befindet sich das Restaurant, angegliedert ist eine Bar. Vom Restaurant gelangt man auf eine Terrasse, wo man auch essen kann und von wo aus man eine sehr schöne Aussicht genießen kann. Das Essen ist sehr schmackhaft und reichhaltig (Buffet), dazu preiswert. Zu buchen unter ☎ 021-424-1037, www.nature-reserve.co.za.

Itala wurde bereits 1972 gegründet und umfasst 30.000 ha. Das Gelände ist hügelig bis bergig, es herrscht Grassavanne vor. Die Nordgrenze des Parkgebiets bildet der Pongola River, verschiedene seiner Nebenflüsse durchqueren das Parkgebiet. Die Tierwelt

Blick auf das Itala Nature Reserve

Im Ndumo Game Reserve leben auch Nashörner

ist reichhaltig: über 400 Vogelarten, Spitz- und Breitmaulnashorn, Giraffen, Zebras, Warzenschweine, Krokodile, einige Elefanten, Tsetsebe-Antilopen, Hyänen, Leoparden, Geparde. Itala ist ein sehr ruhig wirkender Park, der relativ wenig besucht wird, da er abseits der touristischen „Trampelpfade" liegt. Das Wegenetz ist weit verzweigt, es gibt sogar einen 4 x 4-Trail, auf dem man auf eigene Faust auf Pirschfahrt gehen kann.

Ruhiger National-park

Ndumo Game Reserve

 Streckenbeschreibung

Lage: Ndumo liegt direkt an der Südgrenze zu Mosambik. Von Itala folgt man der R 69 nach Osten und erreicht die N 2 bei Candover, der man – entlang dem riesigen Staudamm von Jozini – bis Nkonkoni folgt. Von hier aus biegt man nach Jozini ab und folgt der Straße nach Jozini. In diesem Ort gibt es alle Versorgungseinrichtungen. Von Jozini aus erreicht man nach 56 km den Abzweig nach Ndumo, nach weiteren 15 km ist man am Gate.
Entfernungen: Strecke Itala - Ndumo Game Reserve: ca. 190 km.
Ein Transfer zum Wilderness Camp erfolgt per Landrover (obligatorisch) stets um 14h ab dem Gate, wo es einen sicheren Parkplatz gibt.

Südafrikas Kleinod

Der Park ist 10.000 ha groß und umfasst einige Überflutungsbecken des Pongola River. Tierwelt: 420 Vogelarten, allerdings keine Tierherden. Die Vegetation besteht z. T. aus dichten Auenwäldern. Breit- und Spitzmaul-Nashörner gibt es ebenso wie Nyala-Antilopen, Impala, Buschbock, Red Duiker, Giraffen, Büffel, Krokodile und Flusspferde. Ndumo ist etwas für Landschaftsliebhaber und vor allem für Vogelfreunde!

Game Reserve für Vogelliebhaber

> **Besonderes**
> Ndumo strahlt Ruhe aus, ist touristisch wenig besucht und deshalb für den Naturfreund ein Highlight im südlichen Afrika! Malaria-Gebiet! Im Sommer sehr heiß und schwül!

Reisepraktische Informationen Ndumo Game Reserve

 Unterkunft/Buchung
Im Ndumo Game Reserve gibt es zwei Konzessionsgebiete: ein privates (zu Wilderness Safari gehörend) und ein öffentliches (zum Natal Parks Board gehörend). Entsprechend gibt es an zwei Stellen die Unterkünfte:
Ndumo Wilderness Camp, zu buchen über **Wilderness Safari**, P. O. Box 78573, Sandton 2146, ☎ 011-883-0747, ✆ 011-883-0911, www.wilderness-safaris.com, oder über ihren Reiseveranstalter.
Das **Wilderness Camp** bietet acht luxuriöse Doppelzelte am Wasser an, sehr schöne Veranda, WC/Duschen ensuite. Das Wilderness Camp hat ein sehr schönes, offenes riedgedecktes Haupthaus mit wunderschöner Aussicht auf's Wasser – direkt an der Banzi Pan. Hier gibt es auch einen kleinen Swimmingpool. Das Essen ist sehr geschmackvoll und entspricht im Stil der Verpflegung in privaten Lodges. Die Öffnungszeiten des Camps ändern sich von Jahr zu Jahr. Informationen: ☎ 0027-11-807-1800.
Das **öffentliche Camp** verfügt über einfache Hütten, WC/Duschen werden gemeinschaftlich genutzt. Alles ist sehr, sehr sauber. Im öffentlichen Camp gibt es **kein Restaurant** – nur Selbstversorgung. Das Mitgebrachte wird von einem Koch zubereitet. Es gibt einen schönen Swimmingpool.

Tembe Elephant Park

👉 Streckenbeschreibung

Lage: Südlich an Mosambik grenzend, etwa 25 km vom Ndumo entfernt an der Straße Richtung Kosi Bay gelegen.
Entfernung: Ndumo – Tembe Elephant Park: ca. 40 km.

Das wilde Afrika

Tembe umfasst mehr als 30.000 ha und ist wie Ndumo ein Paradies für Vogelfreunde, da es über 340 Arten gibt. Tierwelt: Elefanten, Nashörner, Büffel, Giraffen, Hyänen, Kudu, Wasserböcke, Zebras, Giraffen und Warzenschweine. Die Elefanten sind relativ aggressiv, da ihnen aufgrund des Bürgerkriegs in Mosambik sozusagen noch die Angst in den Knochen steckt. Die Herden besuchen regelmäßig die Wasserstellen, wo man dann „ansitzt". Man unternimmt Fahrten im Landrover, da das Gebiet absolut sandig ist.

> **Besonderes**
> Ein sehr großes, völlig einsames Gebiet. Ebenso wie Ndumo ein kleiner Geheimtipp für Naturliebhaber. Im Vergleich zum Wilderness Camp muss man Qualitätsabstriche bei den Unterkünften machen!

Reisepraktische Informationen Tembe Elephant Park

 Unterkunft/Buchung
Nur 2 km vom Eingang entfernt gibt es ein Camp mit komfortabel eingerichteten Zelten, die man allerdings nicht als Luxusunterkünfte bezeichnen kann. Das privat gemanagte Camp verfügt über ein riedgedecktes Areal, wo man isst, sich aufhält und wo es auch einen Swimmingpool gibt. Weitere Informationen unter ☎ *031-267-0144, www.tembe.co.za.*

Gebiet Kosi Bay Nature Reserve/Kosi Bay Coastal Forest Reserve

👉 Streckenbeschreibung

Lage: Im äußersten Nordosten von KwaZulu-Natal gelegen.
Entfernung: Tembe Elephant Park – Kosi Bay Nature Reserve: ca. 55 km.

Das Kosi Bay Nature Reserve besteht nicht aus einer Bay im eigentlichen Sinne (= Zugang zum Meer), sondern aus einem System von vier Seen, von Norden nach Süden:
Outback Südafrikas
• Lake Makhawulani (= First Lake)
• Lake Mpunwini (= Second Lake)
• Lake Nhlange (= Third Lake)
• Lake Amanzimnyama (= Fourth Lake).

Diese Seen sind vom Meer durch Sanddünen abgeschottet und haben nur bei Kosi Mouth einen Wasserzugang bei Flut. In Meeresnähe gibt es Palmenwälder, die Seen sind durch kurze Kanäle verbunden. Hier kann man gut Kanu fahren. Die Landschaft ist vor allem geeignet für Vogelbeobachtungen, zum Fischen und zum Schnorcheln.

👉 Hinweis

Die Wege sind sehr sandig, ebenfalls müssen Flüsse durchquert werden – ein Allrad-angetriebenes Fahrzeug ist deshalb ein Muss! Die normale Straße endet 7 km vor der Küste, ab hier also nur noch mit 4x4!

Das Schnorcheln konzentriert sich auf Kosi Bay Mouth, wo im Schutze der Dünen das Meer in das Seen-Gebiet eindringt. Hier kann man insbesondere herrliche Fische beobachten. Kosi Mouth ist sicherlich einen Ausflug wert, ein Allradfahrzeug absolut erforderlich, ebenso ein entsprechendes Permit, das man über die Lodges anfordert. Die Anfahrt ist landschaftlich sehr schön, vor allem, wenn man die Höhe der Dünen erklommen hat, um danach zum Meer hinunterzufahren.

In der Meeresbucht gibt es „Fish-Traps", mit deren Hilfe die Eingeborenen Fische fangen. Erlebnisreich ist sicherlich auch die Beobachtung, wie die Menschen hier – in kleineren lockeren Dorfgemeinschaften – an der Grenze zu Mosambik leben.

Ein Fischer im Kosi Bay Nature Reserve

Reisepraktische Informationen Kosi Bay Nature Reserve

Unterkunft

Unterkunft ist in Hütten möglich. Zu buchen bei **KZN Wildlife**, P. O. Box 13069, Cascades 3202, ☎ 033-845-1000, www.kznwildlife.com, oder unter 035-571-0051/1000.

Kosi Bay Lodge $$$, Kosi Bay, Kwangwanase, ☎ 035-592-9561, www.kosibaylodge.co.za, die Lodge liegt auf einem Hügel und überblickt den Lake Nhlange (= Third Lake). Man erreicht die Lodge von Kwangwanase aus mit einem normalen Pkw. Es gibt hier saubere, einfach eingerichtete Chalets, einen gepflegten Swimmingpool, schöne Außenanlagen sowie ein kleines „Handwerkerdorf" gleich nebenan, wo hübsche Souvenirs gefertigt werden. Ein 10-minütiger Spaziergang führt durch einen dichten Wald an das Seeufer, wo das Boot der Lodge liegt, mit dem man Ausflüge unternimmt.

Kosi Forest Lodge $$$$, ☎ 035-474-1473, www.isibindiafrica.co.za, diese Lodge liegt bei Kwangwanase, ab hier ist die Lodge ausgeschildert. Man kann sie nur mit einem Allradfahrzeug erreichen, Kunden mit Pkw parken den Wagen auf einem eingezäunten Gelände und werden hier um 12h oder 16h abgeholt. Fahrzeit ab hier: ca. 15 Minuten – der Weg ist sehr, sehr sandig! Die Lodge liegt in einem kleinen Wäldchen auf einer Anhöhe unweit eines Sees, wo es ein „Sundowner Deck" gibt. Die „Bush Suites" sind komfortabel, alle ensuite mit WC/Dusche und Badewanne (alles ist draußen unter freiem Himmel in den Sand gebaut). Es gibt kein elektrisches Licht, dafür ist abends alles sehr schön mit Kerzen illuminiert. An Aktivitäten gibt es Kanufahrten auf einem benachbarten Fluss, Schnorcheln, Vogelbeobachtungen.

Rocktail Bay

 ## Streckenbeschreibung

Lage: Im Maputa-Land Coastal Forest Reserve gelegen, südlich von Kosi Bay.
Entfernung: Kwangwanase – Rocktail Bay: ca. 65 km.

Rocktail Bay liegt wirklich „jenseits von Afrika". Der sehr sandige Weg führt direkt hinter den bewaldeten Dünen entlang zu wunderschönen Stellen, nachdem man das Eingangstor zum Coastal Forest Reserve passiert hat.

- Eine Spur führt ans Meer zum Lala Nek, einer einsamen Meeresbucht, wo man baden und schnorcheln kann.
- Die Rocktail Bay-Bucht ist weit, einsam und innerhalb von zwei Minuten auf einem „Bordwalk" von der Rocktail Bay Lodge zu erreichen.
- Den Black Rock erreicht man auf einem sehr sandigen, abenteuerlichen Weg. Hier ist das Schwimmen eine Wonne!

Wildnis und Natur pur

Von der Rocktail Bay Lodge werden Fahrten in ein Eingeborenen-Dorf unternommen, ebenso fährt man in Marschlandschaften, wo Flusspferde leben. Die ganze Gegend ist insbesondere für Vogelliebhaber hochinteressant. In den Sommermonaten kann man Riesenschildkröten am Strand beobachten.

Rocktail Bay

Reisepraktische Informationen Rocktail Bay

🛏️ **Unterkunft/Buchung**
Die **Rocktail Bay Lodge**, *www.rocktailbay.com, liegt nahe zum unberührten Strand und besteht aus Chalets auf Stelzen, die ensuite mit WC/Dusche ausgestattet sind und über eine kleine Veranda verfügen. Der Bar- und Restaurantbereich ist riedgedeckt, zu den Seiten offen und hat auch eine Lagerfeuerstelle, um die herum man beim Sundowner sitzt. Kleiner Plungepool vorhanden, aber schöner ist natürlich das Baden im Meer (auf dem Weg zurück zu den Chalets gibt es eine Süßwasserdusche). Alle Gäste ohne Allradfahrzeug werden am Gate zum Coastal Forest Reserve abgeholt, Fahrzeit dann etwa 30 Minuten.
Zu buchen auch über* **Wilderness Safaris**, *P. O. Box 78573, Sandton 2146, www.wilderness-safaris.com oder über ihren Reiseveranstalter.*

Lake Sibaya/Mabibi

Größter Süßwasser-see Südafrikas

Der See liegt etwa 10 km nördlich von Sodwana. Mit 77 km² ist er der größte natürliche Süßwassersee Südafrikas. Die Gegend ist sehr ruhig und beschaulich und eignet sich zum Beobachten der Vogelwelt und der im See lebenden Flusspferde und Krokodile.

Das Camp Mabibi zählt zu den schönsten und ruhigsten Campingplätzen Südafrikas. Mabibi gehört zum Maputa-Land Coastal Forest Reserve. Die Strände sind ein Traum.

Reisepraktische Informationen Maputaland

ℹ️ **Information und Reservierung**
KZN Wildlife, *P. O. Box 13069, Cascades 3202,* ☎ *033-845-1000, www.kznwildlife. com, oder unter* ☎ *035-571-005111000 und* ☎ *034-907-5105.*

Private Wildschutzgebiete/„naturnahe" Unterkünfte im Norden KwaZulu-Natals

info

Die privaten Wildschutzgebiete im Norden KwaZulu-Natals ähneln denen am Westrand des Kruger Parks, sind jedoch kleiner und weniger bekannt:

BONAMANZI liegt nur 10 km südlich von Hluhluwe und bietet traditionelle strohgedeckte Hütten. Die besondere Attraktion sind herrliche Baumhütten hoch im dichten Laubwerk der Bäume. Von einer sehr komfortabel gestalteten Baumlodge genießt der Besucher einen faszinierenden Blick auf eine regelmäßig von Tieren besuchte Wasserstelle. Selbstversorgung möglich, gutes Restaurant aber vorhanden. Schwimmbad.

BUSHLANDS GAME LODGE ist ebenfalls nur 11 km südlich von Hluhluwe gelegen. Die schönen Blockhäuser liegen hoch in den Bäumen und sind durch Stege verbunden. Jedes Baumhaus hat Schlafzimmer, Dusche, WC, Terrasse. Verpflegung. Schwimmbad. Sehr persönlich geführt von Rob und Marlene Deane. Es werden Zululand-Safaris zu allen umliegenden Naturschutzgebieten angeboten.

ZULULAND SAFARI LODGE. Vor den Eingangstoren zum Hluhluwe-Park liegt diese sehr schöne Anlage auf der Ubizane Game Ranch mitten im Busch, gutes Restaurant, Schwimmbad, privat geführt (SUN-Kette). Guter Ausgangspunkt für die Hluhluwe/Umfolozi-Parks.

TAMBOTI BUSH CAMP. 30 km nördlich von Hluhluwe, Richtung Sodwana Bay (hier von der N 2 abfahren). Der Name ist mit der Bezeichnung für eine Baumart identisch, die bei der Zulubevölkerung als Brennholz geschätzt wird. Strohgedeckte Bungalows, Schwimmbad, Restaurant.

PHINDA RESOURCE RESERVE. Phinda Izilwane bedeutet so viel wie „Rückkehr des Wildes". Im unberührten Maputaland liegt das neue und größte private Wildschutzgebiet Natals, genau zwischen dem Mkuze Game Reserve und Lake St. Lucia. Auf engem Raum treffen hier die verschiedensten Öko-Systeme zusammen: Bergregionen und Busch, Savannen und Strand, Sumpf- und Marschlandschaften.
Seit einigen Jahren läuft unter dem Motto „game restocking programme" die Wiedereinführung früher hier lebender Tiere wie Elefanten, Löwen, Giraffen, Zebras und anderer Savannentiere. Für den Tierfreund und Naturliebhaber ergeben sich verschiedene Möglichkeiten für Aktivitäten. Wildbeobachtungsfahrten im offenen Landrover, Tauchen, Sundowner- und Kanufahrten auf dem Mzinene River (dem „Mini-Okavango"). Luxusunterkünfte, geschickt im Busch getarnt, erstklassige Küche sowie hervorragende Betreuung sind dem zahlungskräftigen Reisenden sicher.

Der Sekretärsvogel, auch „Schicksalsvogel" genannt

Unterkunft

Zululand Safari Lodge $$$, im Ubizane Wildlife Reserve, ☎ 035-562-1020, www.zululandsafarilodge.co.za, komfortable strohbedeckte Rondavels, mit Swimmingpool und einer schönen „Boma" zum abendlichen gemeinsamen Essen in entspannter Atmosphäre. Zusätzlich 24 Chalets für Selbstversorger. Informationen über das **Ubizane Wildlife Reserve**, P. O. Box 116, Hluhluwe 3960, ☎ 035-562-1020, ☎ 035-562-1032.

Bonamanzi Game Park $$$, P. O. Box 48 Hluhluwe 3960, ☎ 035-562-0181, www.bonamanzi.co.za, Baumhauscamp: mit acht Baumhütten für Selbstversorger. Lodges auf Pfählen mit drei Doppelzimmern, Gamelodge. Luxuslodge, mit Swimmingpool und schönem Esszimmer.

Bushlands Game Lodge $$$, Main Road 3960 Hluhluwe South, ☎ 035-562-0144, mitten im Herzen von Zululand gelegen, 12 km von Hluhluwe entfernt. 26 hölzerne Lodges, die auf Pfählen gebaut sind. Über eine hölzerne Fußbrücke gelangt man zum Speisesaal und Swimmingpool. Abends wird bei einem gemütlichen Lagerfeuer gegrillt. Einzigartig sind vor allem der exklusive und persönliche Service sowie die ursprüngliche Landschaft. Hier kann man die „Big Five" beobachten.

Pakamisa Private Game Reserve $$$-$$$$, P. O. Box 1097, Pongola 3170, ☎ 034-413-355, www.pakamisa.co.za, Anfahrt von Pongola aus über die R66. Liegt im dünnbesiedelten Gebiet nahe der Grenze zu Swasiland. Die Besitzerin führt außerdem ein Arabergestüt mit Reitmöglichkeit für die Gäste der acht Luxussuiten. „Big-Five"-Photosafaris in benachbarte Nationalparks möglich.

Phinda $$$$-$$$$$, Private Bag X27, Benmore 2010, Johannesburg, ☎ 011-809-4300, www.phinda.com, dieser Park liegt in einem der ökologisch vielseitigsten Gebiete Südafrikas, nahe dem Greater St. Lucia Wetland Park. Die Big Five sind hier zu erleben. Die Unterkunft in 16 separaten Suiten bietet höchsten Standard mit einem herrlichen Blick. Sechs verschiedene Lodges (Forest Lodge, Vlei Lodge, Mountain Lodge, Rock Lodge, Zuka Lodge, Getty House).

Lalapanzi Luxuri Camp, zehn Chalets, Restaurant mit Bar, Pool, geführte Safaris und „Bush Walks", im Bonamanzi Game Park gelegen (Buchungsadresse s. o.).

Anschluss-Strecken

• Nach Swasiland und weiter zum Kruger Park: Die N2 fahren Sie bis zum Grenzübergang Golela und von hier nach Mbabane, später über Pigg's Head und Malelane in den Südteil des Kruger National Park.

• Nach Johannesburg: Über die N2 und weiter die R29 (via Piet Retief, Ermelo, Bethal) und später die N17 (ab Leandra) nach Johannesburg.

Durban – Pietermaritzburg – Drakensberge (Giant's Castle Game Reserve – Royal Natal National Park)

Übersicht

Auf dem Weg von Durban nach Johannesburg erwarten Sie historische und landschaftliche Höhepunkte. Pietermaritzburg lenkt den Blick zurück in die Vergangenheit, denn die Stadt war einst Hauptstadt der Voortrekker-Republik. Weiter nordwestlich steigt die **Bergkette der Drakensberge** auf Höhen von über 3.000 m an. Großartige Landschaften warten auf den Besucher, deren schönste Stellen heute Naturschutzgebiete sind. Ob das Giant's Castle Game Reserve oder der Royal Natal National Park – das südafrikanische Mosaik des Kontrastreichtums gipfelt hier im wahrsten Sinne des Wortes.

Ein Abstecher zum Blood River erinnert an die großen Auseinandersetzungen zwischen den zu neuen Siedlungsräumen aufgebrochenen Voortrekkern und den Zulu, die vergeblich ihre Besitzansprüche durchzusetzen versuchten.

👉 Planungsvorschläge

Gesamtstrecke: Durban – Pietermaritzburg – Drakensberge – Johannesburg

Einzelstrecken	*km*	*Tage*
Durban – Pietermaritzburg	82	1
Pietermaritzburg – Giant's Castle Game Reserve		
(über Mooirivier)	ca. 140	1
Giant's Castle Game Reserve – Royal Natal Game Reserve	ca. 160	1
Royal Natal National Park – Johannesburg		
(über Harrismith, N16)	340	1
gesamt	**ca. 722**	**4**

Pietermaritzburg

Die z. T. altenglisch wirkende Stadt in den KwaZulu-Nataler Midlands liegt inmitten einer fruchtbaren Landschaft. Pietermaritzburg nennt man auch dank seiner architektonischen Reminiszenzen die „letzte Bastion des British Empire": Enge, kopfsteingepflasterte Gassen, viktorianische Häuser, rote Backsteinvillen und Elite-Internate unterstreichen diesen Eindruck. Voortrekker hinterließen hier ihre Spuren ebenso wie Inder, deren Kirchen und Moscheen der Stadt ein verwirrend kosmopolitisches Antlitz verleihen.

„Letzte Bastion des British Empire"

Pietermaritzburg ist die Hauptstadt von KwaZulu-Natal. Nach der erfolgreichen Schlacht am Blood River gegen die Zulus wählten die Voortrekker im Jahre 1839 diese Stelle aus, um hier die Hauptstadt ihrer Republik Natal zu gründen. Sie benannten sie nach ihren

Führern *Pieter Retief* und *Gerrit Maritz*. Die Stadt wurde mit breiten Straßen angelegt, an deren Seiten kleine Kanäle verliefen. Doch bereits im Jahre 1843 übernahmen die Briten Pietermaritzburg; von hier aus regierten sie KwaZulu-Natal. Heute leben in der Region etwa 200.000 Menschen. Die Umgebung ist sehr fruchtbar, da der Regenfall rund 1.000 mm pro Jahr beträgt. Neben ihrer Funktion als Verwaltungs- und Gerichtsort ist die Stadt Sitz der University of KwaZulu-Natal, die auch in Durban vertreten ist.

Sehenswertes

Msunduzi Museum (ehem. Voortrekker Museum) und Memorial Church (1)
Hier sind Exponate aus der Geschichte der Voortrekker zu besichtigen. Interessant ist ein Stuhl, der für den Zulu-Häuptling *Dingaan* aus Eisenholz geschnitzt wurde. Neben dem Msunduzi Museum steht die Voortrekker-Gedächtniskirche, deren Gestaltung die Geschichte und den Kampf der Voortrekker in KwaZulu-Natal symbolisiert. Die „Kirche des Gelübdes" wurde im Gedenken an die Schlacht am Blood River erbaut.
Msunduzi Museum und Memorial Church, *351 Langalibalele (Longmarket) Street, Ecke Boshoff Str.,* ☏ *033-394-6834/5, www.voortrekkermuseum.co.za, geöffnet Mo–Fr 9– 16h, Sa 9–13h.*

City Hall (2)
1893 fertiggestellt, soll es sich hierbei um das größte aus Klinkersteinen erbaute Gebäude südlich des Äquators handeln. 47 m hoher Glockenturm!

Natal Museum (3)
In diesem bereits 1905 gegründeten Museum sind afrikanische Tiere, geologische Sammelstücke, Originalgemälde der San, Kunstobjekte der Zulus sowie Exponate zur Ethnologie aufbewahrt.
Natal Museum, *237 Jabu Ndlovu (Loop) Street,* ☏ *033-345-1404, www.nmsa.org.za, geöffnet Mo–Fr 9–16.30h, Sa 10–16h, So 11–15h.*

St. Peter's Church (4)
Die St. Peter's Church wurde 1857 erbaut. Neben schönen Bleiglasfenstern gibt es ein kleines Museum zu sehen. Das Grab des Bischofs *John William Colenso* befindet sich vor dem Altar; *Colenso* hat als erster ein Englisch-Zulu-Wörterbuch herausgegeben und auch das Neue Testament in Zulu übersetzt.

Old Government House (5)
Voortrekker-Architektur
Es wurde 1846 erbaut und ist das älteste Gebäude der Stadt. Die Decken aus Yellowwood und die Fliesenböden sind ein gutes Beispiel gepflegter Voortrekker-Architektur. Einziges erhaltenes zweistöckiges Haus aus der Voortrekker-Zeit.
Old Government House: *333 Boom Street, geöffnet Mo–Fr 8.30–16h, Sa 8.30–13h.*

Natal Provincial Administration Collection
Eine sehr schöne Ausstellung über die afrikanischer Kunst in dieser Gegend. Die Hall of KwaZulu-Natal History enthält eine rekonstruierte Straße des viktorianischen Pietermaritzburg.
Natal Provincial Administration Collection: *Longmarket Str.*

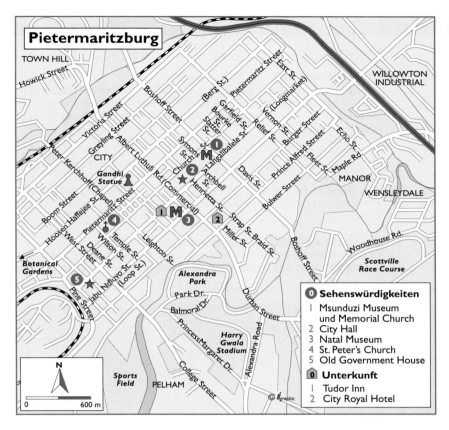

Pietermaritzburg

TOWN HILL

WILLOWTON INDUSTRIAL

CITY

Gandhi Statue

MANOR

WENSLEYDALE

Botanical Gardens

Scottville Race Course

Alexandra Park

Harry Gwala Stadium

Sports Field

PELHAM

N

0   600 m

© graphic

❶ Sehenswürdigkeiten
1   Msunduzi Museum und Memorial Church
2   City Hall
3   Natal Museum
4   St. Peter's Church
5   Old Government House

❶ Unterkunft
1   Tudor Inn
2   City Royal Hotel

Auf der Weiterfahrt kommen Sie nach **Howick**. Hier stürzt der Umgeni River 95 m in die Tiefe. In der Nähe liegen drei Naturschutzgebiete:

▶ Umgeni Valley Nature Reserve eignet sich besonders für schöne Spaziergänge und Vogelbeobachtungen;

▶ Midmar Nature Reserve, hauptsächlich ein Erholungsgebiet mit Wassersportmöglichkeiten und Picknickplätzen;

▶ Albert Falls Resources Reserve, ca. 25 km von Howick, hier gibt es einen Campingplatz und das Ecabazine Zulu Cultural Homestead, wo Sie in traditionellen Zuluhütten übernachten können.

Erholungsgebiet nahe Pietermaritzburg

Auf der R103 kurz hinter Howick befindet sich die Stelle, an der Nelson Mandela 1962 auf seinem Weg nach Johannesburg verhaftet wurde, woraufhin er die nächsten 27 Jahre im Gefängnis verbrachte. Heute erinnert ein Denkmal an dieses Ereignis.

Reisepraktische Informationen Pietermaritzburg

Vorwahl: *033*

i Informationen
Pietermaritzburg Publicity Association, *177 Commercial Road/Longmarket Street,* ☎ *345-1348, hier erhalten Sie die Broschüren „What's on in Pietermaritzburg" und „Natal Experience". Hier kann man auch Buskarten für Greyhound und Translux kaufen, geöffnet Mo–Fr 8–17h, Sa 8–13h.*

Unterkunft
Tudor Inn (1) $$, *18 Theatre Lane,* ☎ *342-1778,* 🖨 *345-1030, gehobenes Mittelklassehotel.*
City Royal Hotel (2) $$$$, *301 Burger Str.,* ☎ *394-7072,* 🖨 *394-7080, www. cityroyalhotel.co.za, renoviertes Gebäude, das beste Haus am Platz, richtet sich vor allem an Geschäftsleute.*

Unterkunft außerhalb von Pietermaritzburg
*Ca. 30 km nordöstlich liegt das **Orion Wartburg Hotel $$**, das an eine Unterkunft im Voralpenland erinnert. Sehr familiäre (deutsche) Atmosphäre, Gemütlichkeit im traditionellen*

Blick auf Pietermaritzburg

Stil. Der Ort Wartburg wurde von einer pastoralen Gemeinschaft gegründet. 52 Noodsberg Road, Wartburg 3233, ☎ 503-1482.

Old Halliwell Country Inn $$$, *Old Curry's Post Road, Howick, Route R114 von der N3, ☎ 330-2602, 🖷 330-3430, www.oldhalliwell.com, tolles Landanwesen, ursprünglich Station auf der Wagenroute zwischen Küste und Binnenland.*

12 km nordwestlich liegt in Hilton das Hilton Hotel (nicht zur gleichnamigen Hotelkette gehörend!), idyllische, ruhige Lage und sehr empfehlenswert: **Hilton $$$**, *1 Hilton Ave., Hilton 3245, ☎ 343-3311, www.hiltonhotel.co.za.*

⬛ Backpackers
Prince Alfred Street Backpackers, *312 Prince Alfred Street, P. O. Box 13804, Cascades 3202, ☎ 345-7045, www.chauncey.co.za, zentral gelegenes Hostel mit Doppelzimmern und Frühstücksmöglichkeit im Garten. Die Preise gelten pro Person, sodass allein Reisende nicht benachteiligt werden.*

🍴 Restaurants
Els Amics, *380 Longmarket Street, ☎ 345-6524, Lunch Di–Fr, Dinner Di–Sa, v. a. spanische Gerichte in sehr gepflegtem Ambiente, umfangreiche Weinkarte, gute Parkmöglichkeiten. Reservierung empfohlen. So und Mo geschlossen.*

Turtle Bay Restaurant, *Cascade Centre, Mc Carthy Drive, ☎ 347-1555, Lunch und Dinner. Raffinierte internationale Speisen wie Schweinemedaillon gefüllt mit Pflaume und Aprikose. Die Inhaber legen Wert auf ihr vegetarisches Angebot.*

🚌 Busse
Intercape: *Haltestelle Busbahnhof Longmarket Str./ Commercial Rd.*
Greyhound: *Haltestelle 267 Burger Str., ☎ 345-3175, Buchungen unter ☎ 083-915-9000.*
BAZ-Bus: *Von allen innerstädtischen Übernachtungsstellen (nur absetzen).*

Verkehrshäufigkeit:
Bloemfontein: 2x täglich
Durban: 9x täglich
Johannesburg: 6x täglich
Kapstadt: 4x täglich
Ladysmith: 2x täglich

🚌 Bahn
Der Bahnhof befindet sich am südlichen Ende der Longmarket Street in der Railway Street. Die Gegend dort ist nicht sehr sicher (vor allem abends).

Ziele im Drakensberg-Gebiet

☞ Planungsvorschlag

Strecke	km	Zeit
Butha-Buthe – Golden Gate Park	75 km	1 Tag
Golden Gate Park – Qwa-Qwa-Hotels	75 km	1 Tag
Qwa-Qwa – Bethlehem – Jo'burg	365 km	1 Tag

☞ Streckenbeschreibung

Für Eiligere: 10 km hinter dem Grenzübergang Caledonspoort kommen Sie an eine Kreuzung. Dort folgen Sie der Ausschilderung nach Bethlehem über die R26. Von Bethlehem aus nehmen Sie die R51 nach Reitz, die von dort weiter führt nach Francfort und zur N3. Von der N3 geht nach wenigen Kilometern die R54 ab zum interessanteren nördlichen Teil des Vaal Dam Reserve. Bleiben Sie auf der N3, gelangen Sie direkt nach Jo'burg.

Wer zum Golden Gate Park will, nimmt ab der o. g. Kreuzung die R711 bis Clarens und folgt von dort den Schildern zum Park. Durch den Park in Richtung Osten geht's dann nach Qwa-Qwa, auf einem kurzen Stück auf einer Piste. In Qwa-Qwa bleiben Sie immer auf der Hauptstraße, die Sie schließlich zu den beiden Berghotels führt. Zurück fahren Sie auf der R720 bis Kestell und von dort nach Bethlehem. Schneller geht's von Qwa-Qwa über die R712 nach Harrismith und dann auf die N3 nach Johannesburg.

Das Gebiet der KwaZulu-Nataler Drakensberge teilt man in folgende Regionen auf:
▶ Southern Berg
▶ Central Berg: Hierzu gehört das Giant's Castle Game Reserve
▶ Northern Berg: Hierzu gehört der Royal Natal National Park

Ukhahlamba Drakensberg Park

Dieser Park liegt etwa 100 km westlich von Ladysmith und ist 2.428 km² groß. Der Ukhahlamba Drakensberg Park ist ein Hochgebirgspark mit tollen Gebirgsszenerien. Es sind Felszeichnungen zu sehen und der Park verfügt über gut markierte Wanderwege. Es gibt unterschiedliche Möglichkeiten der Unterkunft – von Camps bis zu sehr guten Hotels.

 Information und Buchung
KZN Wildlife, P. O. Box 13069, Cascades 3202, ☎ 033-845-1000, www.kznwildlife.com.

Besuch des Southern Berg

Zum Southern Berg gehören das Lotheni Nature Reserve, Kamberg Nature Reserve, Vergelegen Nature Reserve, Himeville Nature Reserve, Garden Castle Nature Reserve, Cobham Nature Reserve und das Mkhomazi Nature Reserve. Das gesamte Gebiet eignet sich hervorragend für ausgedehnte Wanderungen, zum Angeln, Reiten oder einfach nur zum Erholen.

Kamberg Nature Reserve

Dieses am Fuße der Drakensberge liegende Naturschutzgebiet (22.232 ha) ist insbesondere für Angler eine Empfehlung. Es sind Hütten vorhanden und es bestehen Campingmöglichkeiten.

Tierbeobachtungen: Berg- und Großriedböcke, Blessböcke, Rehantilopen, Weißschwanzgnus, Elenantilopen, Grauducker.

Lotheni Nature Reserve

76 km westlich von Nottingham Road entfernt gelegen. Der Name dieses wilden und einsamen Naturschutzgebietes (3.984 ha) stammt vom Lotheni-Fluss, der flach ist und viele Forellen hat. Hier an den Vorbergen der Drakensberge leben u. a. Riedböcke, Elenantilopen, Oribis und Buschböcke. Früher befand sich hier eine Schaffarm; in einem „Settler's Museum" werden Utensilien aus jener Zeit ausgestellt.

Interessant ist die Möglichkeit zu reiten. Pferde werden für Morgen- und Tagesritte vermietet. Hier stehen auch zwei Cottages und zwölf Bungalows zur Verfügung. Das Reservat ist von Sonnenauf- bis -untergang geöffnet. Für Wanderfreunde bietet sich der 12 km lange Rundwanderweg „Eagle Trail" an.

Vergelegen Nature Reserve

Das Naturschutzgebiet liegt in 1.500 m Höhe und ist 1.100 ha groß. Zwei Hütten (mit je fünf

Drakensberge – das Dach Südafrikas

Betten) können gebucht werden. Besonders interessant ist dieses Reservat für Angler (Forellen).

Sani-Pass

Einer der aufre- gendsten Bergpässe Südafrikas

Der **Sani-Pass** ist einer der aufregendsten Bergpässe Südafrikas. Er folgt dem Lauf des Umkomanazana River nach Lesotho. Mulis und Packesel sind beliebte Transportmittel. Die Überquerung des Passes nach Lesotho ist vor allem bei schlechtem Wetter nur mit einem Allradfahrzeug möglich. Vom Sani-Pass aus führt bei Bushman's Nek ein 63 km langer Wanderweg nach **Silver Streams**, in dessen Verlauf es Übernachtungshütten gibt.

Garden Castle Nature Reserve

Wanderun- gen und Aktivurlaub

Garden Castle ist das südlichste Nature Reserve der Drakensberge. Es ist 35.000 ha groß. Die Wanderwege sind sehr schön und für die Übernachtung stehen Chalets und sogar Berghöhlen zur Verfügung. Außerdem sind in diesem Gebiet viele Felsmalereien zu finden.

info

KwaZulu-Natals Drakensberge – das Dach Südafrikas

Der Drakensberg, jener mächtige Gebirgszug Südafrikas, der die schönsten Gebirgsszenerien des Landes aufweist, blickt auf eine interessante geologische Entwicklung zurück: Vor mehr als 100 Millionen Jahren war das südliche Afrika ein Gebiet ausgedehnter Sümpfe und Regenwälder. Durch Klimaveränderungen dörrte das Gebiet aus, die Sümpfe wurden trocken, die Wälder starben ab, urzeitliche Tiere wurden zu Fossilien. Aus dem Schlamm entstanden allmählich verschiedenfarbige Sande. Oxidiertes Eisen sorgte für gelbe, orange und rote Verfärbungen. Winde wehten diese Sande auf, die sich in höheren Gebieten auftürmten und letztlich eine 300 m mächtige Sandsteinschicht bildeten.

Vor etwa 25 Millionen Jahren drangen dann durch Risse im Gesteinsgefüge Lavamassen nach oben. Die durch Vulkane eruptierten Basalte waren über 1.000 m mächtig und bilden heute das „Dach" Südafrikas. Diese Gesteinsformationen wurden bis auf 4.000 m über den Meeresspiegel angehoben. An diesem „Dach" regnen sich die feuchten Luftmassen des Indischen Ozeans ab und im Laufe der Zeit wurden tiefe Täler geschaffen. Da es an der Ostseite des Gebirgsmassivs besonders viel regnet, ist hier die Abtragung am intensivsten. Durch diese Erosion wurde der Basalt wieder abgetragen und der darunter liegende Sandstein freigelegt. Die Gipfel allerdings bestehen weiter aus Basalt. Von der Ostseite aus betrachtet, formen die Basaltmassen eine hohe Wand, die nur durch Schluchten und enge Täler unterbrochen wird. Auf den Höhen des Gebirges liegen Hochland-Moore.

Die Zulu im Osten nennen die Basaltwand *„Khahlamba"*, „Barriere". Das Volk der Sotho, das auf den Höhen lebt, nennt den östlichen Gebirgskamm *Dilomo tsa Natala* (die Kliffs von Natal). Der Basalt ist recht porös und „krümelig", sodass das ablaufende Wasser tiefe Schluchten ausgewaschen hat. In diese Schluchten stürzen Wasserfälle.

Typische südafrikanische Gebirgslandschaft

Die Europäer nannten den südlichen Teil des Basalt-Massivs Drakensberg („Drachenberg"). Legenden früherer Zeiten erzählen von Drachen, die auf den Höhen lebten. In dieser einsamen Bergregion gibt es viele Höhlen mit Felszeichnungen von San, die bis vor etwa 100 Jahren hier gelebt haben.

Himeville Nature Reserve

Dieses Naturschutzgebiet ist 105 ha groß und insbesondere für Forellenangler interessant. Campingplätze können reserviert werden.

Coleford Nature Reserve

Das 1.272 ha große Naturschutzgebiet liegt 27 km südlich von Underberg und ist ebenfalls ein bevorzugtes Anglerziel (Forellen). Außerdem können hier Blessböcke, schwarze Gnus und Kuhantilopen beobachtet werden. Übernachtungen im Camp (Hütten, Bungalows) können gebucht werden.

Giant's Castle Game Reserve

Das ganze Gebiet eignet sich hervorragend für einen aktiven Urlaub. Ein herrliches Gebirgspanorama, Grasland, Wasserfälle und Gebirgsflüsse, Wildblumen, Antilopen usw. erfreuen den Naturfreund. Höhlen nahe des Giant's Castle Camps weisen Hunderte von San-Zeichnungen auf.

Südlich des Cathkin Peak erreicht der Hauptkamm der Drakensberge auf einer Länge von über 35 km Höhen von rund 3.000 m. Diese unüberwindbare Basaltwand gipfelt

Die Drakensberge sind z. T. über 3.000 Meter hoch

im Giant's Castle („Burg des Riesen") mit 3.312 m. Die Zulu hatten vor diesem Berg großen Respekt und nannten ihn in ihrer Sprache „Ntabayikonjwa" („der Berg, auf den man nicht zeigen darf"). Der Name leitet sich aus einer Legende ab, nach der es der Berg den Menschen übel nehme, wenn sie auf ihn zeigten, denn dann räche er sich mit schlechtem Wetter. Tatsächlich brauen sich hier extreme Wettersituationen zusammen, die allerdings weniger mystisch als vielmehr naturwissenschaftlich erklärbar sind: Die steile Bergwand zwingt feuchtwarme Luftmassen zum Aufstieg, sodass die Luftfeuchtigkeit kondensiert und als heftige Regenschauer wieder herunterkommt. Im Winter verzeichnet dieses Gebiet hohe Schneefälle, während sich in den Sommermonaten schwere Gewitterstürme zusammenbrauen können.

Sanzeichnungen im Gebiet des Bushman's River

Bereits im Jahre 1903 wurde ein Gebiet von 300 km² als Naturschutzgebiet deklariert, wozu auch die Vorberge sowie die Abhänge des Giant's Castle gehörten. Die Vorberge bieten hervorragendes Weideland für Elenantilopen, Gnus, Ried- und Buschböcke, Klippspringer, Kuhantilopen, Bleichböckchen und Steppenducker. Am zahlreichsten vertreten sind allerdings die **Elenantilopen**, die sich hier besonders rasch vermehren. Seltener sieht man Schakale, Paviane und Leoparden. Die Vogelwelt ist vor allem durch Geier, Adler und Falken vertreten.

Im Gebiet des Bushman's River gibt es im oberen Abschnitt der Schlucht einige Höhlen mit ausgezeichneten **Sanzeichnungen**. Sie legen Zeugnis davon ab, dass diese Regionen schon vor Tausenden von Jahren zumindest zeitweise besiedelt waren.

Das gesamte Gebiet eignet sich hervorragend zur Erholung. Eine Vielzahl von Reit- und Wanderwegen (50 km) erschließt die grandiose Naturlandschaft. Im Camp gibt es einen Reitstall, von dem aus man zu zwei bis vier Tage dauernden Reitausflügen aufbrechen kann. Camping- und Übernachtungsmöglichkeiten sind vorhanden (Hütten und Rondavels).

Reisepraktische Informationen Giant's Castle Game Reserve

Benzin
Nur am Giant's Castle Main Gate gibt es eine Tankmöglichkeit.

Lebensmittel und Getränke
Alle Nahrungsmittel müssen mitgebracht werden.

Öffnungszeiten
Ganzjährig; besonders großer Andrang im Dezember und während der Osterferien.

Reservierungen
Buchungen für das **Übernachtungen** und für die **Bergtrails** müssen vorgenommen werden bei: **KZN Wildlife**, P. O. Box 13069, Cascades 3202, ☎ 033-845-1000, www.kznwildlife.com oder unter ☎ 035-571-0051/1000 und ☎ 034-907-5105.

Cathkin Peak-Gebiet

In diesem zentral gelegenen Gebiet gibt es eine Reihe von guten Unterkünften, die „logistisch" die Erkundung der nördlichen und südlichen Gefilde entlang der Drakensberge ermöglichen.

Reisepraktische Informationen Cathkin Peak-Gebiet

Unterkunft
Champagne Castle $$$-$$$$, R600 Champagne Valley, Central Drakensberg, ☎ 036-468-1063, www.champagnecastle.co.za, gutes Hotel am Ende der Stichstraße zur Gebirgsmauer der Drakensberge.
Drakensberg Sun $$$$, P. O. Box 335, Winterton 3340, ☎ 036-468-1000, ☐ 036-468-1224, großzügige Hotelanlage der Sun-Kette mit gutem Restaurant und allen Freizeitmöglichkeiten. Sehr gute Ausflugsmöglichkeiten in Richtung Norden und Süden.

Royal Natal National Park

Im Visitor Centre gibt es ein kleines Museum mit Exponaten zur Pflanzenwelt, Geschichte, Archäologie, Tierwelt und Geologie. Proteas und andere Wildblumen können bewundert werden. Über 184 Vogelarten sind im Parkgebiet registriert. Wanderwege stehen ebenso zur Verfügung wie Pferde, die man zum Ausritt mieten kann.

Umgeben von den höchsten Bergen Südafrikas

Das Nationalpark-Gebiet liegt am Fuße des **Mont-Aux-Sources** und ist etwa 80 km² groß. Die steilen Felsabhänge an der Ostseite formen einen weiten Bogen, den man als „Amphitheater" bezeichnet. Dieser halbmondförmige, lange Bogen des „Amphitheaters" wirkt majestätisch und ist umrahmt von den beiden Gipfeln des Sentinel (3.165 m) und des Eastern Buttress (3.047 m). Der Mont-Aux-Sources selbst ist mit 3.282 m der

Nebel auf dem „Amphitheater"

höchste Berg Südafrikas. Der Tugela River hat in diesem Massiv seine Quelle, seine Wassermassen stürzen in einer Abfolge von vielen Wasserfällen von über 3.000 m Höhe auf 1.432 m in die Tiefe. Der höchste Wasserfall hat dabei eine Falltiefe von 614 m.

Bereits 1906 wurde diese Hochgebirgsregion zum Nationalpark erklärt. Der Beiname „Royal" wurde hinzugefügt, nachdem die britische königliche Familie anlässlich des Staatsbesuches im Jahre 1947 hier weilte. Es ist sicherlich nicht übertrieben, wenn man das Drakenstein-Amphitheater, diese eindrucksvolle Hochgebirgskette, als eine der herausragenden landschaftlichen Schönheiten Südafrikas bezeichnet. Die dem Gebirgsmassiv vorgelagerten Ebenen sind ein idealer Lebensraum für Rehantilopen, Bergriedböcke, Klippspringer, Paviane und Gnus.

Herausragende landschaftliche Schönheit

Auf die Höhe des Mont-Aux-Sources führt ein 23 km langer Wanderpfad, auf dem man das „Dach Südafrikas" erklimmen kann. Bei der Erkundung dieser Landschaft waren zwei Franzosen tätig, die protestantischen Missionare *Thomas Arbousset* und *François Daumas*, die 1830 ebenfalls das Hochland von Lesotho erforschten. Sie nannten den Berg aufgrund seines Quellenreichtums „Mont-Aux-Sources" („Quellenberg").

Reisepraktische Informationen Royal Natal National Park

Öffnungszeiten
In den Weihnachts- und Osterferien wird das Gebiet besonders gern besucht. Das Tendele Camp sowie das Royal Natal National Park Camp sind zwischen Sonnenaufgang und Sonnenuntergang geöffnet. Der Zugang zum Royal Natal National Park Hotel ist dagegen jederzeit möglich.

Unterkunft
Little Switzerland $$, *Private Bag X1661, Bergville 3350,* ☎ *036-438-2500, www.lsh.co.za, schöne Lage am Oliviershoek-Pass, allerdings ca. 30 km außerhalb des eigentlichen Parks gelegen. Älteres, einfacheres Hotel.*
Orion Mont-aux-Sources $$$, *Private Bag X1670, Bergville 3353, KwaZulu-Natal 3350,* ☎ *036-438-8000 oder 086-199-1199, www.orion-hotels.co.za, das am schönsten gelegene Hotel vor einer herrlichen Gebirgsszenerie. Gutes Restaurant, Schwimmbad, Tennisplatz.*
Rugged Glen Campsite, *diese Anlage ist bedeutend ruhiger, liegt nahe zum Mont-Aux-Sources-Hotel.*
Thendele Hüttet Camp, *ganz tolle Lage mit allerbestem Blick auf die Berge. Hier stehen 30 Bungalows unterschiedlichster Größe zur Verfügung, alle mit Selbstversorgungseinrichtungen.*
Reservierung über: ☎ *036 468 1000, www.drakensberg-tourist-map.com und bei* **KZN Wildlife**, *P. O. Box 13069, Cascades 3202,* ☎ *033-845-1000, www.kznwildlife.com.*

Camping
Mahai, *dieser Campingplatz liegt an einem Flussufer und ist sehr groß. Entsprechend lebhaft geht es hier in den südafrikanischen Ferienzeiten zu! An diesem Campingplatz startet eine Reihe von wunderschönen Wanderungen. Die Campingplätze von Mahai müssen direkt gebucht werden bei:* **KZN Wildlife**, *P. O. Box 13069, Cascades 3202,* ☎ *033-845-1000, www.kznwildlife.com.*

Abstecher zum Blood River Monument

Reisenden, die sich für die Historie des Landes interessieren, empfehle ich einen Abstecher über den Ort Endumeni (Dundee), 47 km von hier, zum **Blood River Monument**. Diese Gedenkstätte soll an den Sieg der Voortrekker über die Zulu unter der Führung von *Andries Pretorius* erinnern. Am 16. Dezember 1838 fand hier die Entscheidungsschlacht statt. Über 3.000 Zulu starben damals, während die waffenmäßig überlegenen Weißen nur vier Tote zu beklagen hatten. *Pretorius* stand mit seinen 464 Männern etwa 10.000 Zulu-Kriegern gegenüber.

Reisepraktische Informationen Drakensberge

i **Anmeldung und Auskünfte**
für folgende Nature Reserves unter der Adresse:
KZN Wildlife, *P. O. Box 13069, Cascades 3202,* ☎ *033-845-1000, www.kznwildlife.com.*

- Sani-Pass
- **Lotheni Nature Reserve**
- **Vergelegen Nature Reserve**
- **Himeville Nature Reserve**
- **Coleford Nature Reserve**
- **Kamberg Nature Reserve**
- **Ukhahlamba Drakensberg Park**
- **Royal Natal National Park**

🛏 Hotels

Drakensberg Gardens $$$, *Underberg Rd., 4056, Underberg 3251,* ☎ *033-701-1355, gutes Gebirgshotel direkt im Mzimkulwana Nature Reserve.*
Sani Pass Hotel $$$, *P. O. Box Himeville 4085,* ☎ *033-702-1320, www.sanipasshotel.co.za, Gebirgshotel auf dem Wege zum Sani-Pass. Gute Unterkunft und Verpflegung. Fahrten zum Sani-Pass hinauf ab Hotel möglich.*

Das Blood River Monument

Unterkunftstipp: *Zwischen Fouriesburg und Bethlehem gibt es eine Reihe von Farmen, die Übernachtungsmöglichkeiten anbieten. Falls Sie noch nicht in den Genuss eines Farmaufenthaltes gekommen sind, sollten Sie die Chance hier nutzen. Es ist meist billiger und allemal interessanter als in einem Hotel. Nähere Auskünfte erhalten Sie in den Gemeindehäusern oder beim Tourist Office in Bethlehem. Häufig hängen auch Angebote in den größeren Supermärkten aus.*

⚠ Cottages und Campingplätze

Im Lotheni Nature Reserve, Vergelegen Nature Reserve, Coleford Nature Reserve, Kamberg Nature Reserve und Himeville Nature Reserve stehen saubere Camps mit Selbstverpflegung, Hütten und Campingplätzen zur Verfügung. Buchungsadresse: KZN Wildlife Accommodation, ☎ *033-845-1000, www.kznwildlife.com.*

Abstecher/Anschluss-Strecken

Zum Golden Gate Highlands National Park und nach Lesotho (s. S. 332, 301)

11. VON GAUTENG NACH WESTERN CAPE PROVINCE

Giraffe: ein stolzes Tier

Johannesburg – Bloemfontein – Kapstadt

Überblick

Von Gauteng nach Western Cape Province mit Free State

SIMBABWE

NAMIBIA · BOTSWANA

Pretoria

Johannesburg

FREE STATE

Alexander Bay

Maseru

SWASILAND

ATLANTIK

LESOTHO

Durban

INDISCHER OZEAN

Kapstadt

Port Elizabeth

500 km © graphic

N

Nach Verlassen des Stadtgebiets von Johannesburg führt die Route an dem Industriegebiet Vanderbijlpark-Vereeniging-Sasolburg vorbei, das die Südafrikaner einfach mit **Vaal-Triangel** bezeichnen. Wer die Autobahn benutzt, muss Maut zahlen. Das lohnt sich allemal, da nicht viel zu sehen ist und ein Durchqueren der Städte wenig reizvoll wäre. Die Industrie besteht aus Chemie-, Stahl- und anderen Schwermetallwerken. In Sasolburg wird Öl aus Kohle hergestellt. 70 km südwestlich von Kroonstad liegen in der Umgebung von Welkom die Goldfelder des Free States. Obwohl sie den meisten kaum bekannt sind, kommt ihnen eine fast gleichrangige Bedeutung zu wie denen des Witwatersrandes um Johannesburg. In dieser Region leben mittlerweile 400.000 Menschen.

Den Naturfreunden bietet sich der **Willem Pretorius Game Park** an, wo es u. a. Weiße Nashörner gibt. Schließlich empfiehlt sich noch **Winburg**, gut 100 km nördlich von Bloemfontein, als ehemalige und erste Hauptstadt des Free State. Mein persönlicher Tipp lautet: Wenn man es nicht besonders eilig hat, die Strecke Johannesburg – Kapstadt zurückzulegen, wählt man lieber eine interessantere Alternativroute, entweder

 Entfernungen und Planungsvorschläge

Entfernungen: Jo'burg – Welkom: 250 km, Welkom – Bloemfontein: 155 km

Strecke:	**km**	**Zeit**
Jo'burg – Welkom – W. Pretorius Game Reserve:	320 km	1 Tag
W. Pretorius Game Reserve – Bloemfontein:	160 km	1 Tag
Bloemfontein:		1 Tag

Streckenbeschreibung

Entweder Sie bleiben einfach auf der N1 oder Sie verlassen die N1 bei Kroonstad, um von dort über die R34 nach Welkom zu gelangen. Von hier fahren Sie nach Virginia und bei Ventersburg zurück auf die N1. Nach 20 km geht es nach links zum Willem Pretorius Game Park. Danach kehren Sie zurück auf die N1, die Sie direkt an Winburg vorbeiführt und schließlich nach Bloemfontein bringt.

über Kimberley oder durch Lesotho. Der Free State hat nämlich bei den Südafrikanern keinen so guten Stellenwert und Bloemfontein gilt mit Recht als die langweiligste Großstadt Südafrikas.

Reisepraktische Informationen von Gauteng nach Kapstadt

Unterkunftsmöglichkeiten an der Strecke

Marina's Guest House $, *141 Pienaar Street, Richmond,* ☎/🖷 *053-693-0142, marinasguest@mweb.co.za.*

Cherry Tree Cottage $$, *12 A Peter Crescent, Waverly, Bloemfontein,* ☎/🖷 *051-436-4334, cherry@imaginet.co.za. Persönlich und in schöner Gartenlage.*

Matoppo Inn $$, *7 Bird Street, Beaufort West, nahe der N1,* ☎ *023-415-1055,* 🖷 *023-415-1080, www.matoppoinn.co.za.*

Hanover Lodge Hotel $$, *88 Hanover 5960,* ☎ *053-643-0019, www.hanover.co.za, kleines gepflegtes Landhotel. Genau auf halber Strecke zwischen Jo'burg und Kapstadt. Alle Unterkünfte entlang der Strecke sollte man im Voraus buchen, besonders, wenn man spät eintreffen wird.*

Die Städte des Vaaldreiecks

Touristisch weniger interessant

Die drei großen Städte des Vaaldreiecks sind **Vereeniging** (390.000 E), **Vanderbijlpark** (400.000 E, aufgrund vieler eingemeindeter Townships) und **Sasolburg** (25.000 E). Sie bilden ein geografisches Dreieck. Vereeniging war die erste Stadt, die gegründet wurde, nachdem hier 1878 die ersten Steinkohlevorkommen gefunden wurden. Die Kohle wurde nach Kimberley und später auch nach Johannesburg geliefert und war Grundlage für die Ansiedlung der Schwerindustrie in dieser Region. Nach dem Zweiten Weltkrieg wurden die anderen beiden Städte als „New Towns" gegründet. Wegen der minderwertigen Kohle in Sasolburg wurde hier 1951 eine Kohleverflüssigungsanlage errichtet.

Alle Städte weisen einen planerischen Aspekt auf: Es wurde von Beginn an auf genügend Grünflächen geachtet. Das ändert jedoch nichts an ihrem industriellen Charakter und besonders die Gerüche der chemischen Industrie hängen stets in der Luft. Seit den 1950er-Jahren wuchs das Konglomerat der drei Städte stetig an und mittlerweile gibt es eine Art Konkurrenz zwischen den beiden größten. Sowohl Sharpville, das 1976 durch die Erschießung vieler Zivilisten in die Schlagzeilen geriet, als auch Boipatong, wo es 1992 bei Unruhen in einem Wohnheim 37 Tote gab, liegen vor den Toren von Vanderbijlpark. Touristisch gibt es in allen drei Städten sicherlich nichts zu sehen.

Redaktions-Tipps

▶ **Übernachten** im Hobbit Boutique Hotel oder im preisbrecherischen Southern Sun (S. 661)

▶ **Essen** im Jazz Time (S. 662)

▶ **Rundfahrt** auf dem Naval Hill (S. 658)

▶ Versuchen Sie einen Besuch in einer **Goldmine** beim Chambers of Mine in Jo'burg zu arrangieren oder in Welkom - die **Weißen Nashörner** im W. Pretorius Game Reserve (S. 655) - ansonsten schnell durchfahren bis Bloemfontein

▶ Falls Sie gerade am Wochenende durch den Free State fahren sollten, übernachten Sie doch einfach einmal in einem Hotel in einer **ländlichen Kleinstadt** und setzen Sie sich abends in die Bar oder gehen Sie in eine der Discos (meistens auch im Hotel).

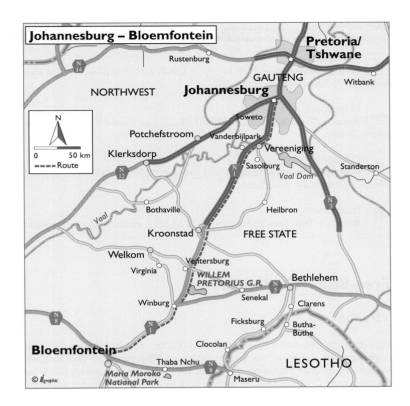

Kroonstad

Kroonstad wurde 1855 gegründet, wuchs aber zuerst sehr langsam. 1880, nachdem es bereits Stadtrechte erhalten hatte, wohnten hier gerade 330 Menschen. Als wichtiger Eisenbahnstützpunkt und bedeutendes Agrarzentrum des nördlichen Free State wuchs die Stadt seit Beginn des 20. Jh. aber schneller. Kleinere Goldfunde ließen zudem einige Glückssucher hierher kommen. Doch stellte sich kein Boom ein, sodass in den 1940er-Jahren die letzten von ihnen weiter nach Virginia und Welkom strömten.

Heute gibt es hier einige Relikte aus der frühen Burenzeit zu sehen, aber nichts von besonderem Interesse. Das **Sarel Cilliers Museum** stellt Gegenstände aus der Gründerzeit aus, vornehmlich Kleidungsstücke, ein paar Möbel und landwirtschaftliche Geräte.

Sarel Cilliers Museum: *Crn. Hill & Steyn Street,* ☎ *056-269-249, geöffnet Mo–Fr 10–12h, 14–17.30h.*

Reisepraktische Informationen Kroonstad

i **Information**
Tourist Information, *in der Library,* ☎ *056-213-2754,* 🖥 *056-213-2754, www. routes.co.za/fs/kroonstad/index.html.*

Unterkunft
Arcadia Guesthoese $$, ☎ *056-212-8280, www.arcadiakroonstad.co.za, sehr schöne Zimmer.*

⚠ **Camping**
Kroonpark Holiday Resort, *am Val River, Box 302, Kroonstad 9500,* ☎ *056-213-1942, Caravanpark und gute Chalets.*

🍴 **Restaurant**
Angelo's Trattoria, *38 Reitz Str.,* ☎ *0213-2833, wohlschmeckende italienische Gerichte.*

Free-State-Goldfelder

Virginia

Die Goldfelder bedecken ein Gebiet von ca. 1.000 km² zwischen Virginia und Alanridge. Sie gelten als das reichste zusammenhängende Goldgebiet der Welt. *Archibald Megson* war der erste Prospektor, der bereits 1904 auf der Farm Aandenk (wo heute Alanridge liegt) Gold fand. Doch es dauerte noch bis 1932, bevor eine hierzu gegründete Firma anfing, ernsthafte Bohrungen zu machen. Diese waren schließlich erfolglos. 1936 versuchte es dann der bekannte Geologe *Dr. Hans Merensky* erneut, und er hatte auf den Farmen Uitsig und St. Helena mehr Glück und fand das große **Basal Reef**. Der Zweite Weltkrieg stoppte aber weitere Untersuchungen. Doch begann dann „Anglo-American" 1945 mit groß angelegten Bohrungen. Von 500 Bohrlöchern versprachen knapp 100 ausreichende Goldvorkommen. Auf der Farm Geduld bei Odendaalsrus fand man sogar eine Probe, die 47mal so viel Gold enthielt wie mindestens nötig wäre, um rentabel zu fördern.

Zu dieser Zeit begann die groß angelegte Förderung. 1947 gründete man die Stadt **Welkom** und 1954 Virginia. Beide wurden nach modernsten städteplanerischen Maßstäben angelegt. Weite Straßen, ein großes Zentrum und genügend Grünflächen sollten den Minenarbeitern ein annehmbares Leben in der sonst ziemlich eintönigen Landschaft bieten. Das ist sicherlich gelungen. Die Städte sind mittlerweile eingekreist von riesigen Dumps (Halden des bereits bearbeiteten Sandes). Es gibt Führungen zu den Minen und zum Teil auch unter Tage, in Welkom in der Regel dienstags. Bei ausreichender Besucherzahl können auch an anderen Tagen Führungen durchgeführt werden. Falls Sie also in Johannesburg noch nicht in den Genuss einer **echten Mine** gekommen sind, lässt sich dies hier noch nachholen.

Reisepraktische Informationen Virginia und Welkom

Vorwahl: *057*

Information
Tourist Publicity Ass., *Clock Tower, Civic Centre, Stateway,* ☎ *352-9244*

Unterkunft
FranDori Guesthouse $$, *12 km von Welkom entfernt auf der R70 Richtung Hennenman und Odendaalsrus,* ☎ *388-5370, www.frandori-guesthouse.com.*
Mantovani Guesthouse $$, *6 Volks Road, Jim Fouche Park, Welkom,* ☎ *352-1738, www. mantovaniguesthouse.co.za.*
Tikwe Lodge $$, *Highlands Avenue, Virginia,* ☎ *212 3306, info@tikwe.co.za.*

Camping
Circle Caravan Park, *281 Koppie Alleen Rd.,* ☎ *355-3987, 36 Stellplätze für Zelte und Caravans. 2 km nördlich des Zentrums.*
De Rust Nature Reserve, *Welkom,* ☎ *354-2497, Caravan- und Camping-Möglichkeit.*

Restaurants
Es gibt im Zentrum von Welkom eine Reihe von guten Steakhäusern und italienischen Restaurants, die man nicht verfehlen kann, z. B. **Al's Grill** *und* **The Blues Grill** *(beides Steakhäuser in der van Bruggen Street) und* **Indiana Spur** *im Volksblad Center.*

Willem Pretorius Game Reserve

Der Park ist um den Allemanskraal-Stausee angelegt worden und dient z. T. als Ausflugsziel für die Bewohner der Goldstädte. Eine Piste führt um den See und es gibt einige schöne Aussichtspunkte. Neben Giraffen und Weißen Nashörnern gibt es eine Reihe von Savannentieren zu sehen. In der Regel halten sich die Tiere in den Ebenen dicht am Wasser auf. Falls Sie sie also aus der Nähe sehen wollen, halten Sie sich am besten an die kleinen Seitenpisten am Seeufer. Die Bergstrecke bietet dagegen ein wunderschönes Panorama. Sicherlich ist der Park nicht der interessanteste in Südafrika, doch bietet er sich für eine erste Zwischenübernachtung auf dem Weg nach Kapstadt an und die Chalets im o. g. Resort sind hervorragend ausgestattet.

Reisepraktische Informationen Willem Pretorius Game Reserve

Information und Buchung
Willem Pretorius Game Reserve, *Ventersburg,* ☎ *057-651-4003.*

Unterkunft
Aldam Resort $$–$$$$, ☎ *057-652-2200,* 🖷 *652-0014, 150 km nördlich von Bloemfontein, etwa 5 km vom Willem Pretorius Game Reserve entfernt. Es gibt alle Arten von Unterkünften: luxuriöse Wohnungen, Chalets und einen Campingplatz, sehr gepflegt.*

Winburg

Winburg ist ein kleiner Ort, 40 km südlich der Abzweigung zum W. Pretorius Game Reserve. Er wurde 1942 gegründet und war die erste Hauptstadt des Free State. Einige ältere Häuser und Monumente zeugen noch von dieser Zeit. Es gibt ein **Voortrekker Museum** und ein Voortrekker Monument, die aber beide nicht besonders eindrukksvoll sind. Ansonsten ist der Ort äußerst verschlafen. Wer nicht gerade historisch interessiert ist, sollte einfach daran vorbeifahren.

Reisepraktische Informationen Winburg

 Information
Tourist Information, in der Library, Brand Str. 26.

 Unterkunft
Es gibt ein kleines Hotel, das **Winburg Hotel $**, 16 Brand Str., P. O. Box 116, Winburg 9420, und einen einfachen Campingplatz.

Bloemfontein

Überblick

Als Hauptstadt des Free States liegt Bloemfontein äußerst zentral. Damit ist es gut geeignet für einen Zwischenstopp auf dem Weg nach Kapstadt und auch für Ausflüge in den Free State selbst. Bloemfontein wird die „Stadt der Rosen" ge-

Die Stadt der Rosen

Entfernungen

Von Bloemfontein nach
Jo'burg:	398 km
Kapstadt:	1.004 km
Maseru:	157 km
Port Elizabeth:	677 km

nannt. Die Stadt ist die „Hochburg" des Burentums, die Buren wählten sie schon früh zu ihrem wichtigsten Ort. Heute ist sie dritte Hauptstadt Südafrikas mit dem Sitz des Obersten Gerichts des Staates. Klimatisch gesehen ist sie eine Stadt der Extreme. Während im Sommer die durchschnittlichen täglichen Maximaltemperaturen bei 30 °C liegen, betragen die Werte im Winter „nur" 15 °C (Vergleich Durban: 27 bzw. 22 °C). Es wird somit im Sommer sehr heiß, aber wegen des relativ trockenen Klimas (547 mm Niederschlag) nicht schwül. Ein frischer Wind aus dem Highveld macht es zusätzlich erträglich.

Geschichte

Wo sich heute Eerste- und St. Andrew's Street kreuzen, haben schon vor Jahrhunderten San ihr Wasser aus einer Quelle geholt. Mit unzähligen Blumen bestanden, inspirierte sie *Nicolaa Brits*, den ersten Siedler in diesem Gebiet, dazu, seiner Farm den Namen Bloemfontein zu geben („Die Blumen an der Quelle"). Er kam 1840 mit dem Burentrek hierher. Doch schon 1841 entschlossen sich die Briten, gerade an dieser Quelle eine Garnison zu stationieren und einen Verwaltungssitz zu errichten. Sie kauften Brits seine Farm ab und erbauten 1846–48 das Queens Fort. Das britische Vordringen nach Norden behagte den Buren nicht besonders, sodass sie den Briten in den ersten Jahren viele Probleme bereiteten. Obwohl viele Buren weiter nach Norden auswichen und

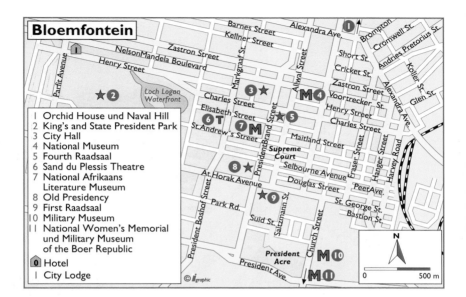

Bloemfontein

1 Orchid House und Naval Hill
2 King's and State President Park
3 City Hall
4 National Museum
5 Fourth Raadsaal
6 Sand du Plessis Theatre
7 National Afrikaans
  Literature Museum
8 Old Presidency
9 First Raadsaal
10 Military Museum
11 National Women's Memorial
   und Military Museum
   of the Boer Republic

0 Hotel
1 City Lodge

in Transvaal siedelten, entwickelte sich Bloemfontein immer mehr zum Zentrum des *Zentrum* bereits 1842 gegründeten Oranje-Free-State, der vornehmlich den Buren vorbehalten *der Buren* bleiben sollte. 1849 wurde das heute älteste Gebäude der Stadt, der First Raadsaal, gebaut, das später dann als Schule, Parlamentsgebäude, Tagungsort, Kirche und Rathaus diente (heute Museum).

Die Anwesenheit der Briten blieb den Buren stets ein Dorn im Auge, waren diese doch de facto Kolonialherren. So wurde z. B. 1860 zu Ehren von *Prinz Alfred*, einem Sohn von *Königin Victoria*, eine groß angelegte Jagdsafari veranstaltet, bei der alleine 4.000 Antilopen abgeschossen wurden. Doch lebten Briten und Buren verhältnismäßig friedlich nebeneinander, denn sie hatten ein gemeinsames Ziel: die Besitznahme von möglichst viel afrikanischem Land und die Konsolidierung der weißen Machtposition im südafrikanischen Raum. 1885 wurde dann die Old Presidency, der Sitz dreier burischer Präsidenten, im viktorianischen Stil erbaut – ein Zeichen des weißen Zusammenhaltes.

Während des Burenkrieges war Bloemfontein hart umkämpft. Die Briten schossen vom Naval Hill mit Kanonen auf die Buren in der Ebene. 1900 schließlich fiel die Stadt. Mit der Eingliederung des Oranje-Free-State in die Südafrikanische Union wurde Bloemfontein Sitz des obersten südafrikanischen Gerichts und damit neben Pretoria und Kapstadt dritte Hauptstadt des Landes.

Bloemfontein heute

Auch heute noch spiegelt die Stadt den Stolz der Buren wider. Neben einem burischen Kriegsmuseum sind das Haus des ehemaligen Burengenerals *Hertzog* und verschiede-

Bloemfontein

ne andere burisch geprägte Museen zu sehen. Bloemfontein ist auch ein Industriestandort mit vorwiegend Leichtindustrie (Möbel-, Glas-, Konserven- und Nahrungsmittelproduktion). Durch seine zentrale Lage ist es Verkehrsknotenpunkt und verfügt über ein großes Eisenbahnausbesserungswerk, das im Osten einen ganzen Stadtteil einnimmt.

Besonders angenehm sind die vielen Parks, die in den heißen Mittagsstunden den verdienten Schatten spenden. Im Hamilton Park gibt es mit über 3.000 Exemplaren die größte Orchideensammlung Südafrikas. Viel bietet die Stadt dem Touristen aber nicht. Wer nicht gerade historisch interessiert ist und die Vielzahl von Museen ansehen möchte, sollte hier nicht allzu lange verweilen.

Sehenswürdigkeiten und Museen

Das **Orchid House** (1), das eine große Orchideensammlung beherbergt, sowie der **Naval Hill** (1), von dem man eine ausgezeichnete Aussicht auf die Stadt hat und wo es einen kleinen Wildpark mit Affen und Giraffen gibt, befinden sich nördlich des Stadtzentrums.
Orchid House: *Park, Union Avenue, geöffnet Mo–Fr 10–16h, Sa und So 10–17h.*

Der **King's and State President Park** (2) mit 4.000 Rosenbüschen. Weiterhin gibt es einen kleinen **Zoo** und einen botanischen Garten. Die **City Hall** (3), die 1935 nach italienischen Motiven entworfen wurde und bei deren Holzarbeiten Teakholz aus Bur verwandt wurde. Den Grundstein legte Prince George, der spätere Duke of Kent.

Das **National Museum** (4) zeigt archäologische Funde sowie kulturelle und historische Gegenstände.

National Museum: *36 Aliwal Street, geöffnet Mo–Sa 8–17h, Sa 12–17h, So 12–17.30h.*

Der **Fourth Raadsaal** (5), der 1893 erbaut wurde und wo der letzte Volksraad des „freien" Oranje-Free-State residierte. Bloemfontein ist bekannt für seine Theater, doch leider ist es schwierig, an Karten zu kommen, da sie meist früh ausverkauft sind. Manchmal hat man aber Glück an der Abendkasse. Das **Sand du Plessis Theatre** (6), der große Stolz der Stadt. Für 60 Mio. Rand wurde es 1985 eröffnet und gilt als eines der modernsten Theater der Welt. Gegenüber im H. F. Verwoerd Building befindet sich ein Fenster aus 17.000 Einzelgläsern; es ist damit das größte seiner Art auf der Welt.

Auskunft über weitere Theater erteilt **Wynand Mouton Theatre:** *Civic Theatre, Observatory Theatre, Andre Hugenot Theatre, ☎ 401-9111, Scaena Theatre u. Odeon, ☎ 447-7771.*

Das **National Afrikaans Literature Museum** (7) stellt Manuskripte, Bücher, Fotografien und persönliche Dinge südafrikanischer Dichter und Autoren aus.

National Afrikaans Literature Museum: *Pres. Brand St., geöffnet Mo–Fr 7.30–12h, 13–15.45h, Sa 9–12h.*

Das Kulturzentrum **Old Presidency** (8) zeigt eine geschichtliche Ausstellung, Gemälde, Möbel und wechselnde Kunstausstellungen.

Old Presidency: *17 Pres. Brand Str., geöffnet Di–Fr 10–12h und 13–16h, Sa und So 14–17h.*

Fourth Raadsaal

Im Museum des **First Raadsaal (9)** gibt es verschiedenste Gegenstände zu sehen, die die Geschichte Bloemfonteins und der Buren widerspiegeln.
First Raadsaal: *95 St. Georges Str., geöffnet Mo–Fr 10–13h, 14–17h, Sa, So, Fei 14–17h.*

Im **Military Museum (10)** sind militärische Gegenstände aus dem 20. Jh. ausgestellt.
Military Museum: *116 Church Str., geöffnet Di–Fr 10–12.15h, 13–16h.*

Das **National Women's Memorial (11)**, eine 37 m hohe Skulptur, die an die 26.000 Frauen und Kinder erinnern soll, die im Anglo-Burischen Krieg umgekommen sind, und das **Anglo-Boer Museum (11)**, in dem es militärische Gegenstände aus der Zeit der Burenaufstände zu sehen gibt, sind südlich des Stadtzentrums.
Anglo-Boer Museum: *Monument Rd., geöffnet Mo–Fr 9–16.30h, Sa 10–17h, So 14–17h.*

Ausflug nach Thaba 'Nchu
ca. 70 km östlich Bloemfontein

Dieses Gebiet liegt an der Grenze zu Lesotho. Thaba 'Nchu bedeutet „Schwarzer Berg". Das gleichnamige Städtchen liegt am Fuße dieses schwarzen Berges, von dem aus sich ein grandioser Blick auf die weiten Ebenen bietet. Die Barolong waren hier um 1800 ansässig, litten aber unter Angriffen von Zulus und die Matabele. Ihr Chief *Moroka* bat deshalb die Voortrekker um Hilfe. In diesem weiten, unbewohnten Landstrich schlugen die Voortrekker permanente Hauptquartiere auf. Hier etablierten sie die erste Voortrekker-Regierung, den Volksraad (1836). Im Örtchen Morokashoek erinnert ein Denkmal an dieses Ereignis.

In Thaba 'Nchu lädt der

Maria Moroka National Park (34 km²)

zu einem Besuch ein. Hier kann man an privaten Safaris teilnehmen, private Fahrzeuge sind nicht zugelassen. Gäste des im Park liegenden **Thaba 'Nchu-Hotels** dürfen allerdings bis zum Hotel vorfahren und können von hier aus an Safaris teilnehmen. Es werden auch Pferde vermietet! Beobachtet werden können Elenantilopen, Springböcke, Buntböcke, Kuhantilopen und Zebras.

Reisepraktische Informationen Thaba 'Nchu

Unterkunft
Naledi Sun $$$, *5 Bridge Rd., Thaba 'Nchu, P. O. Box 131, Thaba 'Nchu 9780,* ☎ *051-875-1060,* 🖨 *875-2329, www.suninternational.com, 1 Apartment und 30 Zimmer, Kasino und Spielautomaten.*
Thaba 'Nchu Sun $$$$, *Groot Hoek Dam Rd. - Bloemfontein,* ☎ *051-871-4200,* 🖨 *051-871- 2329, an der N8, Kasino-Hotel.*

Restaurant
Kika Restaurant, *3 Bridge Rd., Thaba 'Nchu, geöffnet 7–22.30h, britische Hausmannskost.*

Reisepraktische Informationen Bloemfontein

Vorwahl: *051*

Wichtige Nummern und Adressen
Hydromed/Medi-Clinic: *51-404-6666,*
Rosepark Hospital: *505-5111*
Apotheke: *27 Harvey Road,* ☎ *51-430-4487ý*
Wettervorhersage: *www.wetter.com/suedafrika/bloemfontein/ZAXY00001.html*
Flughafenauskunft *(Ankunft/Abflug): 433-1772*
Taxi: *433-3776*

i **Touristeninformation**
Tourist Information Center, *60 Park Rd., am Busbahnhof,* ☎ *405-8489, www. linx.co.za/bloemfontein oder www.bloemfontein.co.za, geöffnet Mo–Fr 8–16.15h, Sa 8–12h.*

Besichtigungstouren
Stadtbesichtigungstouren gibt es nur nach Voranmeldung (nur Gruppen). Aber man kann die wesentlichen Sehenswürdigkeiten auch zu Fuß erreichen. Das Tourist Office bietet dazu eine Broschüre mit Routenvorschlag an.

Feste
In der dritten Oktoberwoche findet das **„Bloemfontein Rose Festival"** *statt, bei dem nicht nur die Blumen im Mittelpunkt stehen, sondern auch kulturelle Veranstaltungen nebst Volksfest geboten werden.*

Hotels und Guesthouses
De Oude Kraal *$$, ca. 35 km südlich von Bloemfontein an der N1, Ausfahrt Riversford,* ☎ *564-0733,* 🖷 *564-0635, www.oudekraal.co.za, altes Farmhaus. Die gemütlichen Zimmer haben alle einen Kamin. Die Küche ist umwerfend.*
Southern Sun *$$$, Cnr. Nelson Mandela and Melville Drive, Brandwag, P. O. Box 12015, Bloemfontein 9324,* ☎ *444-1253,* 🖷 *444-0671, schöner Swimmingpool.*
Protea Hotel *$$$, 202 Nelson Mandela Drive, Brandwag,* ☎ *444-4321,* 🖷 *444-5714, www.proteahotels.com/protea-hotel-bloemfontein.html, modernes Hotel in zentraler Lage.*
Hobbit Boutique Hotel *$$$, 19 President Steyn Ave.,* ☎/🖷 *447-0663, www.hobbit.co.za, schönstes Guesthouse der Stadt. Sehr schöne Zimmer, ausgezeichneter und sehr freundlicher Service.*
City Lodge *(1) $$$, Ecke Nelson Mandela Drive & Parfitt Avenue, P. O. Box 3552, Bloemfontein 9300,* ☎ *444-2974,* 🖷 *447-2192, www.citylodge.co.za/cl1.htm, modernes Hotel mit hohem Standard.*

Selbstverpflegungsapartments
Lakewood Flats, *First Avenue,* ☎ *447-7771.*

Camping
Reyneke Caravan Park, *Brendar Rd, Kwaggafontein, P. O. Box 11688, Universitas, Bloemfontein* ☎ *523-3888,* 🖷 *523-3887, kinderfreundlicher Campingplatz etwa 2 km außerhalb der Stadt.*

Backpackers

Naval Hill Backpackers, 3 Delville Drive, ☎ 430-7266, 🖷 447-4413, www.
navalhillbackpackers.co.za, in einer alten Wasserpumpstation untergebracht, daher sehr interessantes Industrie-Dekor. Saubere Schlafräume, Internetzugang, Bar, Restaurant und gute In-
formationsstelle.

Restaurants

Bloemfontains Restaurantszene liegt um die 22 Second Avenue.
Mussel Cracker Restaurant, 51B Main Rd., Saldanha Bay., ☎ 714-1264, gutes Seafood-
Restaurant.
Jazz Time Café, in der Waterfront, Henry Str., ☎ 430-5727, angesagtes Szene-Lokal. Su-
per Speisekarte, riesige Portionen.
Alabama Spur, Kelner/Zastron Str., ☎ 444-6750, Steakhouse, aber auch empfehlenswert
wegen der einladenden Salatbar.

Pubs & Nachtleben

Neben dem Gebiet um die 22 Second Avenue, Kelner Str., Zastron Str. und Voortrek-
ker Str. ist die Bloemfontein Waterfront ein gutes Ziel für den Abend und die Nacht.
Mystic Boer, 84 Kelner Str., ☎ 430-2206, ein absolutes Erlebnis! Gemischtes Publikum, öfter
Konzerte.

Überregionale Busverbindungen

Täglich fahren Busse von Bloemfontein in die wichtigsten Städte Südafrikas. Maseru
kann man aber nur per Minibus erreichen. Buchungen:
Translux, Tourist Center, 60 Park Road, Willows, Bloemfontein, ☎ 408-4888, zentrale Buchung: ☎ 0861-589-282.
Greyhound, Tourist Center, 60 Park Road, Willows, Bloemfontein, www.greyhound.co.za,
☎ 447-1558 (hier befindet sich auch Computicket, über die man aber nur Veranstaltungen
außerhalb Bloemfonteins buchen kann).

Eisenbahnverbindungen

www.seat61.com/SouthAfrica.htm, www.railsafari.com
Zugverbindungen sind sehr langsam. Wer trotzdem in die Genuss einer Zugfahrt kommen
möchte, kann mit dem „**Trans Oranje Express**" nach Durban oder Kapstadt mit dem
„**Amatola Express**" nach Johannesburg oder Buffalo City bzw. mit dem „**Algoa-Ex-
press**" nach Johannesburg oder P. E. fahren. Buchungen: ☎ 086-008888.

Flugverbindungen

Der Airport befindet sich 7 km außerhalb der Stadt in Richtung Osten. Einen Busver-
kehr dorthin gibt es nicht, sodass Sie sich ein Taxi rufen müssen. Täglich gibt es Flüge nach Johannesburg, Kapstadt, Durban und Port Elizabeth, Informationen zu Flügen: ☎ 86 727 7888.

Mietwagen

Alle Mietwagenunternehmen haben einen Sitz am Flughafen.
Avis, ☎ 433-2931, **Budget**, ☎ 433-2931, **Europcar/Imperial**, ☎ 011-574-1000.

Taxis (müssen per Telefon gerufen werden)
Silverleaf Taxis, ☎ 430-2005

Bloemfontein – Beaufort West – Kapstadt (N1)

Überblick

Die Strecke führt zuerst durch den südlichen Free State. Dabei durchquert man hauptsächlich Weideland. Dieser Teil ist äußerst eintönig, abgesehen von dem alten Städtchen Philippolis und dem Gariep Dam, dem größten Stausee Südafrikas, gibt es hier nichts zu sehen.

Nachdem man den Oranjefluss überquert hat, befindet man sich in der Western Cape Province und schon bald führt die Straße durch die Karoo. Obwohl die Karoo sicherlich sehr eintönig erscheinen mag, hat sie trotzdem ihren Reiz. Weite Flächen, *Weite* kaum Bäume, riesige Farmen und bizarre Felsformationen geben dieser Landschaft eine ganz persönliche Note. Orte wie Colesberg, Hanover oder Richmond können Sie *die Karoo* getrost passieren, falls Sie hier nicht übernachten wollen. Außer kleinen Museen und ein paar übrig gebliebenen alten Häusern bieten sie nichts.

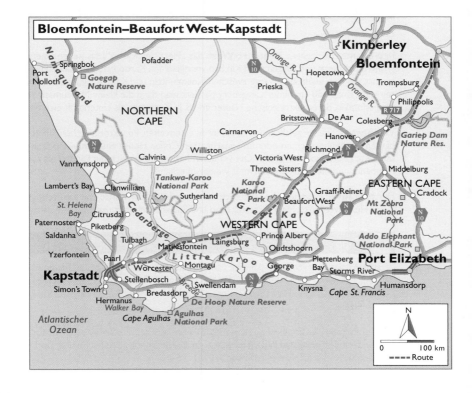

Das Hex River Valley

Interessanter ist dagegen **Beaufort-West**, das „Herz der Karoo", das neben einem größeren Museum und einigen alten Kirchen vor allem den Karoo National Park zu bieten hat, wo man, auf halbem Wege zwischen Bloemfontein und Kapstadt, gut übernachten kann. Knapp 30 km hinter Laingsburg passiert man dann die kleine Museumsstadt Matjiesfontein, deren viktorianische Häuser im 19. Jh. Kurgästen als Unterkunft dienten.

Wer etwas schneller gefahren ist, kann hier in einem alten, im viktorianischen Stil erbauten Hotel übernachten oder im benachbarten Coffee House einen Imbiss einnehmen. Kurz nachdem man diesen Ort verlassen hat, verändert sich die Landschaft zunehmend, und die Farbe Grün nimmt wieder überhand.

Der **Hex River Pass** beendet schließlich das Hochplateau der Karoo und man gelangt in das Hex River Valley. Mit Worcester, Paarl und Stellenbosch trifft man von hier an auf

 Tipp

Statt durch den Hugenot Tunnel (kurz vor Paarl) zu fahren, nehmen Sie die 11 km Umweg in Kauf und fahren über den Du-Toitskloof-Pass. Von der Passhöhe haben Sie einen hervorragenden Blick über das Tal von Paarl und am Horizont können Sie bereits den Tafelberg von Kapstadt erkennen.

Wer es aber sehr eilig hat, kann die Fahrt auch in einem Tag schaffen, sollte aber früh losfahren und trotzdem **genügend Pausen** machen. Als reine Fahrzeit von Bloemfontein nach Paarl können Sie etwa neun Stunden rechnen.

Entfernungen und Planungsvorschläge

Strecke	km	Zeit
Bloemfontein – Gariep Dam:	210 km	½ Tag
Gariep Dam – Beaufort West:	335 km	½ Tag
Beaufort West – Kapstadt:	465 km	1 Tag

historische Städte und von Weinreben und Obstplantagen bedeckte Hänge. Welch ein Gegensatz auf nur 50 km!

Mein Vorschlag für diese Strecke: Halten Sie sich nicht lange in der Karoo auf, lassen Sie sie einfach auf sich wirken und verbringen Sie lieber mehr Zeit in den Städten der Kaphalbinsel. Teilen Sie sich die Strecke aber trotzdem besser in zwei Tage ein, die langen, eintönigen Fahrten sind sehr ermüdend, daher ist eine Pause alle zwei bis drei Stunden ratsam.

Streckenbeschreibung

Grundsätzlich bleiben Sie einfach auf der N1. Nach Philippolis biegen Sie in Trompsburg ab auf die R717 und fahren nach Verlassen des Ortes weiter auf der R717 bis nach Colesberg, wo Sie wieder auf die N1 gelangen.
Der Karoo Nat. Park hat seinen Eingang 4 km hinter Beaufort-West. Die Auffahrt zum Du-Toitskloof-Pass beginnt direkt vor dem Hugenot Tunnel und ist gut ausgeschildert.

Gariep Dam (ehemals: H. F. Verwoerd Dam)

Der Gariep Dam ist der größte Stausee in Südafrika und seine über 900 m lange Staumauer die zweitlängste in Afrika. Er staut den **Oranje River** und bildet zusammen mit dem etwas kleineren P. K. Le Roux-Stausee das Oranje River Development Scheme, das größte Bewässerungsprojekt Afrikas. Somit kann man diesen Damm mit Recht einen „Damm der Superlative" nennen. Er wurde 1972 fertiggestellt und sorgt auch für die Stromversorgung des südlichen Free State sowie teilweise für die Border Region.

Der Stausee wird umschlossen vom **Gariep Nature Reserve**, in dem hauptsächlich Savannentiere leben. Der Stausee ist über 100 km lang und teilweise bis zu 15 km breit. Das Wasserreservoir eignet sich toll zum Segeln und zum Fischen. Das fast 37.000 ha große Naturschutzgebiet besitzt u. a. die größte Springbock-Population Südafrikas.

Redaktionstipps

▶ 1. Tag: Mittagspause in Colesberg – ansonsten durchfahren bis Beaufort-West – dort den verbleibenden Nachmittag verbringen – Abendessen im **Ye Olde Thatch** – übernachten auch dort. (S. 667)
▶ 2. Tag: Am frühen Morgen den **Karoo Park** besichtigen (früh, da die Morgenstunden in der Karoo am schönsten sind) – Imbiss in **Matjiesfontein** – Kaffeepause in Worcester – Du-Toitskloof-Pass – Weinorte besichtigen (eher wohl am 3. Tag) (S. 668, 669, 670)

Große Raststätten

(Tanken, kleine Werkstatt, kleines Restaurant, Shop ... und alles relativ sauber) an der Strecke:
Tom's Place: 30 km hinter Bloemfontein, Colesberg, Richmond, Three Sisters, Beaufort-West, Laingsburg. Es gibt natürlich noch eine Reihe anderer, aber die sind nicht unbedingt empfehlenswert.

Reisepraktische Informationen Gariep Dam

⚠️ **Camping**
Forever Resorts Gariep, *190 km südlich von Bloemfontein*, ☎ *051-754-0045*, 🖨 *051-754-0135*, *www.forevergariep.co.za*, *Chalets, Caravanplätze, Pool, Restaurant, Shop. Möglichkeit zum Golfen, Reiten und Tennisspielen.*

🛏️ **Unterkunft**
Aventura Midwaters *$*, ☎ *051-754-0045*, *schöne Chalets, Caravanpark und Restaurant.*

Gariep Dam

Beaufort-West

Die Stadt wurde 1818 auf dem Gelände der Farm Hooijvlakte gegründet. Initiator war der damalige Kapgouverneur *Lord Charles Somerset*. Die Niederländisch-Ostindische Handelskompanie unterstützte das Projekt. Schon kurz nach der Gründung wurde ein Bewässerungsprojekt ins Leben gerufen, sodass die Stadt zunehmend ergrünte. Diese

Oase der Karoo

Grünanlagen brachten ihr die Beinamen „Oasis in the Karoo" und „Heart of the Karoo" ein. Auch die ersten Voortrekker wussten dieses zu schätzen und verweilten hier häufig monatelang, bevor sie weiterzogen auf ihrem großen Trek. Doch auch dem Reisenden heute bietet der Ort den erforderlichen Kontrast zu der eintönigen Halbwüstenlandschaft. Beaufort-West ist auch bekannt für seine Birnenbäume, die die großen Straßen säumen. Im September/Oktober beginnen sie zu blühen und man beginnt schnell zu vergessen, dass man sich in einem Gebiet befindet, wo kaum 250 mm Niederschlag im Jahr fallen.

Der 4x4 Trail im Karoo N. P. nahe Beaufort West

Wenn Sie noch genügend Zeit haben, machen Sie einmal einen Spaziergang durch den Ort. Es gibt einige schöne alte Häuser und Kirchen und ein nettes Museum, in dem neben historischen Gegenständen auch eine Ausstellung zu Ehren von *Prof. Chris Barnard,*

Reisepraktische Informationen Beaufort-West

i Information
Tourist Office, *Donkin Street, Ecke Church Street,* ☎ *023-415-1488, www. beaufortwestsa.co.za, hier erhalten Sie auch Auskünfte über Farmunterkünfte.*

🛏 Unterkunft
Oasis Hotel $$, *66 Donkin Str., P. O. Box 115, Beaufort-West 6970.* ☎ *023-414-3221, einfaches Hotel, relativ laut wegen Translux-Haltestelle.*
Matoppo Inn $$, *7 Bird Str., P. O. Box 132, Beaufort-West 6970.* ☎ *023-415-1055, typisches Landhotel, sauber, Swimmingpool.*
Es gibt noch vier **weitere Hotels** *im Ort. Außerdem gibt es unzählige private Stadt- wie auch Farmunterkünfte. Auskünfte erteilt das Tourist Office.*
Tipp: *Wenn Sie sowieso abends im* **Ye Olde Thatch** *speisen wollen, können Sie am besten in der dazugehörigen Unterkunft bleiben (Adresse s. unter „Restaurant").*

⚠ Camping
Caravanpark: Beaufort-West Caravan Park, Danie Theron Street, P. O. Box 352, Beaufort-West 6970. ☎ *023-415-1223.*

🍴 Restaurant
Ye Olde Thatch, *155 Donkin Str., gegenüber der BP-Tankstelle,* ☎ *023-414-2209, altes kapholländisches Rieddachhaus. Typische Karoo-Küche.*

dem bekannten Herzchirurgen, zu sehen ist. Er ist in Beaufort-West geboren, als Sohn eines Reverends. Das Museumsgebäude wurde 1867 fertiggestellt und diente lange Jahre als erstes Bürgermeisteramt in der Karoo. In dieser Zeit mussten viele Farmer Hunderte von Kilometern hierher reisen, um amtliche Dinge zu regeln.
Stadtmuseum: *geöffnet Mo–Fr 8.30–12.45, 13.45–16.45h, Sa 9–12h, Eintritt.*

Karoo National Park

Erhaltung der typischen Vegetation Der Karoo Park wurde erst 1979 eingerichtet und seitdem immer weiter vergrößert. Heute bedeckt er eine Fläche von 28.000 ha. Ziel war es, die typische Vegetation der Karoo zu erhalten und der Allgemeinheit zugänglich zu machen. Lehrpfade und Wanderwege führen durch den Park und wer Lust auf eine längere Tour hat, kann unterwegs in einfachen Hütten übernachten.

Die **Vegetation** besteht aus Zwergsträuchern, Gräsern und Zwiebelgewächsen. Letztere haben die Eigenschaft, während ungünstiger Jahreszeiten unterirdisch auszuharren. Typischer Vertreter dieser Halbwüste ist der „Karoo Busch", der aber eher einer Kräuterpflanze ähnelt als einem Busch. Sie sehen ihn auch entlang der Straße. Er bedeckt die größten Flächen der Karoo. Die Fauna besteht aus Steppentieren, wobei das Bergzebra und die Raubvögel (u. a. Bussarde) wohl die interessantesten Spezies darstellen. Weiterhin sind besonders die fossilen Funde sehenswert: Man hat Knochen von rep-

Der Karoo National Park

tilienartigen Säugetieren in der Karoo gefunden, die vor über 240 Mio. Jahren hier lebten. Vor Jahren bereits wurde ein „Fossil Walk" eingerichtet, entlang dessen man einige Relikte aus prähistorischen Zeiten erkennen kann.

Reisepraktische Informationen Karoo National Park

i **Information & Buchung**
South African National Parks, *P. O. Box 787, Tshwane 0001, ☎ 012-428-9111, 🖷 012-426-5500, www.sanparks.org.*

Unterkunft
Karoo National Park, *N1 Highway, P. O. Box 316, Beaufort-West 6970, ☎ 023-415-2828, 🖷 023-415-1671, Selbstversorgungs-Cottages, Restaurant und kleiner Laden.*

Matjiesfontein

Matjiesfontein war eigentlich nur eine kleine Bahnstation, an der die Dampflokomotiven ihren Kühlwasservorrat auffüllten. Doch ein Pionier, *James Douglas Logan*, entschloss sich dazu, die „Stadt" aufzukaufen und einen privaten Kurort zu etablieren. Das trockene Klima sollte besonders Lungenkranken zugutekommen. Im Laufe der Zeit entwickelte sich die kleine „Oase im Nichts" zu einem Tummelplatz der Prominenz, die sich hier etwas Ruhe vor dem Trubel der Städte erhoffte. Betuchte Persönlichkeiten, wie der Sultan von Zansibar, mieteten gleich den ganzen Ort und luden nur ausgewählte Gäste ein. Weitere Persönlichkeiten, die hier verweilten, waren *Cecil Rhodes*, *Edgar Wallace* und die Schriftstellerin *Olive Schreiner*.

Ende des 19. Jh. galt es für reiche Kapstädter als schick, mit dem Zug hierher zu kommen, um Champagnerfeste zu feiern. Während des Anglo-Burischen Krieges diente der Ort als englisches Truppenlager und das Hotel wurde zum Lazarett umgebaut. Im 20. Jh. geriet er dann etwas in Vergessenheit, erst 1968 wurde er schließlich restauriert. Heute bietet er eine willkommene Gelegenheit, einen kurzen Imbiss einzunehmen und etwas zwischen den viktorianischen Gebäuden herumzuwandern.

Reisepraktische Informationen Matjiesfontein

i **Information**
Matjiesfontein Tourism Bureau: *im Post Office Shop, 023-551-3011.*

Unterkunft
Lord Milner Hotel $$–$$$: *Matjiesfontein 6901, ☎ 023-561-3011, 🖷 023-561-3020, www.matjiesfontein.com, stilvolles Hotel in viktorianischem Gebäude. Viele Antiquitäten und historische Räume mit alten Holzfußböden. Und besonders originell: Es gibt auch Unterkünfte in der ehemaligen, nahen Polizeistation sowie einem ebenfalls sehr nahen Cottage. Das Hotel „versprüht" geradezu viktorianischen Charme und koloniales Ambiente. Abends, zum Dinner, wird das Horn geblasen, und der Absacker in der Bar aus dickem Holz („Laird's Arms")*

sollte schon einen guten Brandy wert sein. Zimmer 29 hat einen Kamin, und Zimmer 32 besticht durch zwei parallel gesetzte Badewannen. Wenn Sie für $$ nächtigen möchten, fragen Sie nach den Zimmern im Guesthouse „Losieshuis".

Restaurant
Im o. g. **Lord Milner Hotel** *gibt es ein gepflegtes Restaurant mit Karoo-Gerichten.*

Worcester

Auf dem Rückweg von seiner Erkundungstour in Richtung des heutigen Beaufort-West kam der Abgesandte von *Lord Charles Somerset, Johannes Fischer,* durch das Breede-Tal. Der fruchtbare Boden und die schöne Landschaft veranlassten ihn, dem Kapgouverneur davon zu berichten. So wurde 1820 die Ortschaft Worcester gegründet. Bereits 1822, *Industrie-* als die Drostdy von Tulbagh durch einen Sturm zerstört wurde, entschloss man sich, *und* die neue Drostdy in Worcester zu etablieren. Das Gebäude steht noch heute am En- *Handels-* de der High Street. Heute ist Worcester eher eine Industrie- und Handelsstadt. Wein- *stadt* abfüllanlagen und Obstgroßmärkte bestimmen das wirtschaftliche Leben. Obwohl es einige Museen und alte Häuser im Ort zu besichtigen gibt, sollten Sie sich die Zeit für interessantere Städte sparen, wie z. B. Paarl und Stellenbosch.

Einzig sehenswert sind hier das **Hugo Naude Haus**, in dem eine Kunstausstellung mit Gemälden bekannter Maler der Kapprovinz untergebracht ist, und der **Karoo National Botanical Garden**, der auf 144 ha alle Pflanzen der Karoo und auch anderer Halb-

Der Karoo National Botanical Garden

wüstengegenden des südlichen Afrika bietet. Dazu findet sich an jeder Pflanze eine kurze Erläuterungstafel. Der Wanderweg im Park führt auf eine kleine Anhöhe, von wo man einen hervorragenden Blick auf Worcester und das Breede-Tal hat. Wer Weingüter besichtigen möchte, sollte dieses besser in Paarl tun, dort befinden sich die älteren und sehenswerteren Kellereien.

Hugo Naudé Haus: *Russel Str., geöffnet Mo–Fr 9–16h.*
Karoo National Botanical Garden: *nördlich der N1, geöffnet tgl. 8–17h.*

Beschreibungen der Städte Paarl und Stellenbosch siehe S. 449 bzw. S. 455.

Reisepraktische Informationen Worcester

Vorwahl: *023*

Information
Tourism Bureau, *23 Baring Str.,* ☎ *348-2795, www.tourismworcester.co.za.*

Unterkunft
Cumberland Protea Hotel $$$, *2 Stockenström Street, P. O. Box 8, Worcester 6850,* ☎ *347-2641,* 🖷 *347-3613, www.cumberland.co.za, größtes Hotel am Ort.*
Guest Houses *und* **Bed'n-Breakfast-Unterkünfte** *vermittelt das Tourist Office.*

Caravanparks
Die Nekkies $$, *Rosenville Rd. (am Breede River),* ☎ *343-2909, schöne Holz-Chalets.*
Rustig Holiday Resort, *Brandwacht, nördlich der N1,* ☎ *231-27245, Chalets u. Caravanpark.*

Restaurants
Nuy Valley Restaurant, ☎ *342-7025,* 🖷 *347-1356, traditionelle südafrikanische Küche.*
Damas Restaurant in Brandwacht, ☎ *342-1477, www.damas.co.za, südafrikanische Küche.*

ANHANG
Tierlexikon

Büffel (Afrikanischer Büffel, *Syncerus caffer*)

Höhe: 1,40 m (Schulter); Gewicht: 800/750 kg
Erkennungsmerkmale: Mächtige, muskelbepackte
Tiere mit massiven Hörnern, die bis 1,30 m weit zu
beiden Seiten ausladen. Grauschwarzes Fell.
Lebensraum: Savanne mit reichlich Gras, Schatten
und Wasser.
Büffel leben in großen Herden von manchmal mehreren 1.000 Tieren (z. B. lebt bei Savuti (Botswana) eine
Herde von 3.000 Tieren). Die Herden bilden recht stabile soziale Einheiten, die sich gemeinsam erfolgreich
auch gegen große Raubtiere verteidigen. Büffel sind
ruhige und meist friedliche Tiere, die aber – einmal in
Wut geraten – gefährliche Gegner sind. Selbst der Angriff auf einzelne Büffel ist für ein Löwenrudel ein ris-
kantes, manchmal tödliches Unternehmen. Die plötz-
liche Begegnung mit einem verletzten Büffel ist eine
der gefährlichsten Situationen, in die man in Afrika
geraten kann.

Innerhalb der Herde herrscht zwischen den Bullen eine lineare Rangordnung, die mit Imponiergehabe festgelegt wird. Ernste Kämpfe sind selten. Wenn der ran-
gniedere Bulle nicht den Kopf als Demütigkeitsgeste
senkt, kann es zu heftigen Horngefechten kommen,
die aber selten zu Verletzungen führen: Die Gegner
senken im letzten Moment vor dem Zusammen-
prall die Köpfe, sodass die Gewalt der schweren Stöße
von den mächtigen Stirnwülsten der Hörner aufgenommen wird. Büffel führen ein ruhiges Leben:
Der Tagesablauf besteht zu 3/4 aus Grasen (meist
nachts) und Wiederkäuen. Den Rest des Tages wird
im Schatten geruht.

Buntbock

Der Buntbock (Bontebok, *Damaliscus dorcas dorcas*)
gehört zu den seltensten Antilopen Afrikas, sein Lebensraum war auch ursprünglich auf ein kleines Areal am Kap (ca. 270 x 60 km) begrenzt. Nachdem sein
Bestand durch Jagd nachhaltig dezimiert war, wurde
1931 bei Bredasdorp der Bontebok National Park eingerichtet. Sehr erfolgreich war diese Schutzmaß-
nahme jedoch anfangs nicht, und man musste 1960
den Nationalpark an seinen heutigen Ort bei Swellendam „verlegen". Die Population bleibt weiterhin ge-

fährdet, da die Anzahl der Tiere in dem kleinen Park
für eine eigene Weiterentwicklung zu klein ist. Zudem
fehlen dem Bontebok seine natürlichen Feinde, er ist
im Park quasi zum Zootier degradiert. Der Buntbock
gehört zu den schönsten Antilopenarten. Der Kopf ist
lang und zugespitzt. Beide Geschlechter haben gerin-
gelte Gehörne.

Duiker

Duiker kommen in Südafrika in allen drei Arten vor:
Common Duiker, auch Grey Duiker oder Kronen-
duiker genannt (*Sylvicapra grimmia*), **Red Duiker**

Red Duiker

(*Cephalophus natalensis*) und **Blue Duiker**, manchmal mit Blauböckchen übersetzt (*Philantomba mon-
ticola*). Der Name Duiker leitet sich vom afrikaansen
Wort für „Tauchen" (duik) her: Auf der Flucht entwickeln die Tiere eine hohe Geschwindigkeit, wobei sie

nicht nur häufig hoch springen, sondern hinter jedem sich bietenden Sichtschutz auch abtauchen. Die Bezeichnung Grey Duiker ist missverständlich, denn ihr Fell ist regional unterschiedlich von dunkelgrau bis gelblich gefärbt.

Erkennungsmerkmale: Auffallend kleine Antilope mit einer Schulterhöhe von etwa 50 cm und 15-18 kg, die etwas größeren Weibchen bis 21 kg Gewicht. Das Fell ist variabel gefärbt (s. o.), der Bauch ist aber fast immer weiß. Das Gesicht trägt einen ebenfalls variablen schwarzen Längsstreifen. Beide Geschlechter tragen kurze, gerade Hörner. Red Duiker sind etwas kleiner und haben ein intensiv haselnussbraunes Fell. Blue Duiker sind mit 30 cm Schulterhöhe und 4-4 ½ kg Gewicht die kleinsten Antilopen der Region.

Lebensraum: Duiker kommen ausschließlich im Busch vor, der ihnen die erforderlichen Verstecke und die Nahrungsgrundlage aus Blättern, Sprossen, Blüten und Früchten bietet. Duiker vermeiden offenen Hochwald und kommen praktisch nie im offenen Grasland vor.

Duiker sind Einzelgänger, nur Mutter und Kind oder zur Paarungszeit bleiben zwei, selten mehr, einige Zeit zusammen. Die Hauptaktivitäten entfalten Duiker am späten Nachmittag und in der Nacht, tagsüber wird man kaum welche finden, es sei denn, die Tage sind kühl und haben bedecktes Wetter. Duiker vertrauen auf ihre Tarnung: Wenn man sich ihnen nähert, bleiben sie bis zuletzt liegen, springen dann plötzlich auf und rennen springend und sich duckend im Zickzack-Kurs davon. Wenn man sie nachts mit Licht findet, kann man sich leicht nähern – vorausgesetzt, man ist sehr leise. Bereits das kleinste Knacken eines Ästchens erzeugt eine Fluchtreaktion.

Irgendwann im Jahr wird ein einzelnes Kalb geboren. Die etwa 1 ½ kg schweren Neugeborenen werden zunächst für einige Tage im dichten Gestrüpp versteckt. Im Gefahrfalle erstarren die Jungen am Boden und werden so von den meisten Raubtieren übersehen. Sie wachsen sehr schnell und sind bereits nach 6-7 Monaten kaum noch von den erwachsenen Tieren zu unterscheiden.

Elefant (*Loxodonta africana*, Elephant)

Er ist das größte Landtier. Es gibt zwei Arten: den Afrikanischen und den Indischen Elefanten. Beim Afrikanischen Elefanten sind Ohren und Rüssel größer und die Stirn niedriger als beim Indischen Elefanten. Der Afrikanische Elefant wird bis zu 4 m hoch und 6.000 kg schwer. Allein seine Haut wiegt 10 Zentner,

das Hirn 5 bis 6 kg, das Herz 25 kg. Pro Tag trinkt er ca. 350 l Wasser und frisst 500 kg „Grünzeug". Mit dem Rüssel führt der Elefant Nahrung und Wasser ins Maul, beim Baden verspritzt er Wasser über den Körper oder beim Staubbad auch Staub.

Er besitzt nur zwei Zähne, auf jeder Seite einen. Die Backenzähne des Elefanten weisen breite Mahlflächen auf, die dem Zerkauen von Pflanzenfasern dienen. Der Verschleiß an Zähnen ist beträchtlich. Der Elefant (der bis zu 70 Jahre alt werden kann) verbraucht in seinem Leben auf jeder Seite im Ober- und Unterkiefer je 7 Zähne, insgesamt also 28. Wenn ein Zahn abgenutzt ist, wächst ein anderer nach. Sind die letzten Zähne verbraucht, muss der Elefant verhungern.

Elefant

Der Afrikanische Elefant kommt in den meisten Gebieten südlich der Sahara vor. Er lebt in Herden aus Kühen und Jungtieren. Die Bullen leben einzeln, nur zur Paarung kommen sie mit den Kühen zusammen.

Elefanten treiben intensive Hautpflege. Sie tauchen beim Bad fast völlig unter und besprizen sich mit Hilfe des Rüssels mit Wasser. Sie lieben auch Staubbäder und bei Wassermangel suhlen sie sich im Schlamm. Auch in Trockenzeiten beherrscht der Elefant die Kunst, Wasser zu finden: Er bohrt Löcher, indem er seinen Rüssel als Ahle benutzt. In der Mittagszeit sucht der Afrikanische Elefant Schatten auf. Er sorgt für Abkühlung, indem er mit seinen Ohren fächert. Aufgrund der riesigen Oberfläche seiner Ohren verliert er so viel an Körperwärme.

Auch Elefanten brauchen natürlich Schlaf. Sie können sowohl im Stehen als auch im Liegen schlafen. Beim stehenden Schlaf atmet er in der normalen Atemfrequenz, beim Liegen nur halb so oft. Gewöhnlich schläft ein Elefant fünf Stunden, die meiste Zeit im Liegen.

Dort, wo Elefanten geschützt aufwachsen, kommt es oft zu Überbevölkerung (z. B. im Kruger National Park). Da ein Elefant aber viel frisst, gefährdet er beim zu starken Anwachsen seiner Population das ökologische Gleichgewicht und muss in seinem Bestand dezimiert werden. Bei natürlichen Voraussetzungen ziehen Elefanten von einem Gebiet zum anderen und können so dem Reifestand der Vegetation folgen, die sich während ihrer Abwesenheit wieder erholen kann. Dabei legen sie oft große Entfernungen zurück.

Die Tragzeit beträgt bei Elefanten ca. 22 Monate. Das Junge ist etwa 90 cm hoch und wiegt 90 kg. Es kann bald nach der Geburt (nach zwei Tagen) in der Herde mitlaufen. In ihrem Gesamtverhalten sind Elefanten furchtlos: Sie kennen keine Feinde und brauchen beim Anzug auf ein Wasserloch keine Vorsichtsmaßnahmen zu treffen. Bei Gefahr für die Herde „trompeten" Elefanten. Das Sozialverhalten in der Herde ist stark ausgeprägt. Gefährlich werden Elefantenkühe, wenn ihr Junges bedroht wird.

Elenantilope (*Taurotragus oryx*, Eland Antelope)

Höhe: 1,70 m (Schulter); Gewicht: bis 840 kg
Erkennungsmerkmale: Mächtige Antilope mit gleichmäßig grau-braunem, kurzem Fell, dunklerem Längsstreifen auf dem Rücken und charakteristisch geschraubten Hörnern, die bei alten Böcken 1 m lang werden können.
Lebensraum: Elenantilopen sind hinsichtlich ihres Lebensraumes sehr flexibel. Sie wurden sowohl in Wäldern als auch in wüstenähnlichen Gebieten und in der Nähe von Feuchtgebieten, nicht jedoch in Sümpfen, gefunden.
Der Name ist entliehen: Diese größte Antilopenart wurde nach der holländischen Bezeichnung für „Elch" benannt.

Elenantilopen sind gesellige Tiere, die in kleineren Herden, manchmal auch in riesigen Gruppen leben (Herden bis zu 700 Köpfen wurden im Hwange Nationalpark/Zimbabwe und dem Kgalagadi Transfrontier Park/Botswana gezählt). Über Details der Sozialstruktur der Herden ist nur wenig bekannt.
Elenantilopen benötigen eine eiweißreiche Nahrung und grasen im Sommer, während sie im Winter Blätter fressen. Dabei sind sie extrem wählerisch. Die Hörner werden sehr effektiv dazu benutzt, um an die gewünschte Nahrung heranzukommen. Dabei werden bis zu 8 cm dicke Äste abgebrochen. Wasser wird gerne getrunken, wenn welches vorhanden ist, aber es ist nicht unbedingt notwendig, weil der Flüssigkeitsbedarf auch über die Nahrung gedeckt werden kann.
Die meisten Kälber kommen August – Oktober zur Welt und wiegen 25–30 kg. Bereits 3–4 Stunden nach der Geburt können die Kälber laufen.

Fleckenhyäne (*Crocuta crocuta*, Spotted Hyena)

Hyänen leben meist in Halbwüsten bis Trockensavannen, nicht in dichten Wäldern. Sie sind im Allgemeinen ortstreu und leben in einem mehrere Quadratkilometer großen Territorium. Dieses wird markiert, und zwar durch Harnen, Koten, Absetzen von Afterdrüsensekreten an Grashalmen und durch Bodenkratzen mit den Vorderpfoten. Diese Gebiete sind festgelegt, werden regelmäßig patrouilliert und Rudelfremde verjagt. Rudelangehörige erkennen sich am Geruch. Hyänen jagen vorwiegend in der Dämmerung und bei Nacht; ihr Seh-, Hör- und Riechvermögen ist sehr gut ausgeprägt. Tagsüber ruhen sie in Erdhöhlen, in hohem Gras oder dichtem Busch. Welpen werden durch rudelfremde Artgenossen gefährdet, daher rührt ein starker Schutztrieb des Weibchens. Selten sind Fleckenhyänen einzeln anzutreffen, häufiger paarweise oder in Trupps. Im Rudel haben die Weibchen die Vormachtstellung.

Die Hauptnahrung der Hyänen ist Aas, oft in Form von Löwenbeuteresten. Kadaver werden mit Haut und Haaren, ja selbst mit großen Röhrenknochen, die zerbissen werden, gefressen. Auch im Kampf getötete Artgenossen werden nicht verschmäht. Manchmal werden im Rudel Gazellen, Zebras und Antilopen gejagt. Die Opfer werden bei lebendigem Leibe zerrissen. Es werden auch durch das Opfer angelockte andere Tiere wie Löwe, Leopard, Gepard und Hyänenhund vom Rudel vertrieben. Auch einzelne Menschen sind durch Rudel nachts gefährdet.

Die Tragzeit beträgt bei Hyänen 99 bis 130 Tage, meistens werden ein bis zwei Welpen geworfen. Schon eine Woche nach der Geburt können die Welpen gut laufen; ihre Säugezeit beträgt ein bis eineinhalb Jahre. Die Geschlechtsreife ist bei Weibchen mit zwei, bei Männchen mit drei Jahren erreicht. In Gefangenschaft können Hyänen bis zu 40 Jahre alt werden.

Flusspferd (*Hippopotamus amphibius*, Hippo)

Höhe: 1,50 m; Gewicht: 1.500/1.300 kg
Erkennungsmerkmale: „Dicke", plump wirkende Tiere mit kurzen Beinen, von vorne eckig wirkendem Kopf und riesigem Maul. Grauschwarze Haut, Unterseite rosa.

Lebensraum: Reichlich offenes Wasser ist unbedingt notwendig. Es muss so tief sein, dass die Tiere vollständig untertauchen können. Bevorzugt wird ruhiges Wasser an sandigen Ufern, die zum Sonnenbaden genutzt werden.

Hippos leben oft jahrelang an der gleichen Stelle im festen Herdenverband. Das Territorium der Herde wird mit Drohgebärden gegen Rivalen verteidigt. Nur selten kommt es zu ernsten Kämpfen, bei denen die unteren großen Zähne gegen die Flanken des Gegners eingesetzt werden, was zu schweren, manchmal tödlichen Verletzungen führen kann. Hippos können über 30 Jahre alt werden.

Gefressen wird meist nachts an Land. Dabei wandern Hippos 10 bis über 20 km von ihrem Pool weg, je nach Futterangebot. Müttern mit Kälbern bleibt der Äsungsgrund in Poolnähe vorbehalten. In Poolnähe werden immer die gleichen Pfade benutzt. Sie sind oft tief ausgetreten. Hier herrscht absolutes Campingverbot! Hippos fressen jede Nacht etwa 40 kg Gras.

Im Wasser tauchen sie bis zu 6 Minuten. Beim Auftauchen blasen sie ähnlich wie Wale die Atemluft mit einem lauten Geräusch aus. Daher hört man sie oft längst, bevor man sie sieht. Ihr Ruf gleicht einem tiefen Grunzen, gefolgt von 4 oder 5 kurzen Stakkatostößen. Hippos haben praktisch keine natürlichen Feinde. Sie nutzen im Gefahrenfalle die erste Gelegenheit zur Flucht ins Wasser, wo sie praktisch unangreifbar sind. **Vorsicht** ist beim Kanufahren geboten: großen Abstand halten und auf getauchte Tiere aufpassen! Vorsicht ist in der Nähe von Hippos immer geboten: Trotz ihrer scheinbaren Behäbigkeit rennen sie an Land über kurze Strecken enorm schnell!

Bereits bei der Geburt sind Hippos 50 kg schwer. Zunächst halten sie sich mit ihrer Mutter abseits der Herde. Im Herdenverband sieht man oft, dass Jungtiere im Wasser mit ihrem Kopf auf dem Rücken der erwachsenen Tiere ruhen. Sie tun dies, weil sie noch nicht mit ihren Füßen den Grund erreichen können.

Gepard (*Acinonyx jubatus*, Cheetah)

Er lebt hauptsächlich in offenen Landschaften von der Wüste bis zur Trockensavanne, kommt aber auch im offenen Buschland, bis zum Rande der Feuchtsavanne und bis zu Höhen von 2.000 m vor. Sein Revier markiert das Männchen mit Harnspritzern, diese Markierung hält 24 Stunden an. Andere Tiere erkennen dann daraus die Wanderrichtung und meiden die Gegend. Auch bei Sichtbegegnung mit anderen Geparden kommt es nicht zum Kampf, sondern lediglich

zum Ausweichen. Der Gepard ist Sichtjäger, d. h., dass er besonders morgens und am späten Nachmittag jagt, manchmal aber auch in mondhellen Nächten.

Er ernährt sich von Hasen, Schakalen, Stachelschweinen, verschiedenen Antilopenarten, Warzenschweinen, Trappen, Frankolinen und jungen Straußen. Zuerst schleicht sich der Gepard an die Beute heran. Erst die letzten 100 m werden in Höchstgeschwindigkeit gerannt. Bei der Verfolgung seiner Opfer kann er

Gepard

bis zu 500 m mit einer Geschwindigkeit von 80 km pro Stunde rennen und macht dabei 7 m lange Sprünge! Manche Geparde rennen bis zu 110 km pro Stunde! Mehrere erwachsene Geparde greifen auch manchmal Großantilopen und Zebras an. Vor der Jagd bezieht der Gepard oft als Aussichtspunkt einen Termitenhügel oder einen Baum. Er kehrt zum Riss nicht zurück, da er kein Aasfresser ist. Sein Wasserbedarf ist gering; oft trinkt er den Harn der Beutetiere oder frisst Wüstenmelonen.

Seine Hauptfeinde sind Löwen, Leoparden und Fleckenhyänen, die v. a. junge Geparde erlegen. Der Gepard ist von Natur aus friedlich.

Die Tragzeit bei Geparden beträgt 91 bis 95 Tage. Die Geschlechtsreife tritt bei Männchen nach 9 bis 10 Monaten ein, bei Weibchen erst nach 14 Monaten. Die Jungen werden lange Zeit geführt, um die Jagdweise zu erlernen; so wird die Mutter erst nach ca. eineinhalb Jahren verlassen.

Das Gewicht eines ausgewachsenen Gepards beträgt 40 bis 60 kg. In Gefangenschaft können sie bis zu 16 Jahre alt werden.

Giraffe (*Giraffa camelopardis*)

Höhe: 5,0/4,4 m; Gewicht: 1.200/830 kg
Erkennungsmerkmale: Höchstes Tier der Welt.

Das Verbreitungsgebiet in Südafrika umfasst insbesondere den Hluhluwe/Umfolozi-Park, den Kruger Nationalpark, das Gebiet um Pilanesberg und den Kgalagadi Transfrontier NP.

Lebensraum: Typisches Tier der Busch- und Baumsavanne, nie im Wald, nur gelegentlich auf offenen Flächen. Trinkwasser wird gerne genommen, muss jedoch nicht zwangsweise vorhanden sein, da eine Flüssigkeitsaufnahme über die Nahrung ausreicht.

Giraffen bevorzugen für ihre Aktivität die Morgen- und Abenddämmerung. Tagsüber rasten sie im Schatten. Man vermutet, dass die dunklen Fellpartien dabei eine wesentliche Funktion im Wärmehaushalt haben (Wärmeabstrahlung). In schwingendem Galopp erreichen sie bis zu 56 km/h. Bullen sind gefürchtete Gegner, die mit einem wohlgezielten Schlag ihrer Hinterhufe auch Löwen den Schädel einschlagen können. Rivalenkämpfe werden dagegen vorzugsweise mit pendelnden Schlägen des langen Halses gegen die Hals- oder Kopfpartie des Gegners ausgeführt. Die Schläge können so heftig sein, dass der Gegner zu Boden geht. Ernste Verletzungen sind aber selten. Lange hat man gerätselt, ob es den Tieren mangels ausreichendem Blutdrucks schwindelig wird, wenn sie sich nach dem Trinken wieder aufrichten. Ihre Hirndurchblutung ist aber durch spezielle Ventile (Klappen) in den Blutgefäßen von der Kopfhaltung weitgehend unabhängig. Giraffen fressen überwiegend Blätter verschiedener Akazien-, Combretum- und Terminaliaarten.

Die Tragzeit ist die längste der großen Säugetiere – über 1 Jahr. Die Geburt verläuft recht rüde: Das 100 kg schwere Kalb, das schon eine Schulterhöhe von 1,50 m hat, fällt aus 3 m Höhe auf den Boden. Nach etwa 1 Stunde kann es stehen, wird jedoch noch einige Zeit von der Herde getrennt gehalten. Wenn man die lebhaft herumtollenden Jungtiere einer Herde be-

obachtet, vergisst man leicht die extreme Sterblichkeit der Jungtiere von etwa 48 % im südlichen Afrika und bis zu 73 % in Kenia.

Gnu (*Connochaetes taurinus*)

Höhe: 1,50/1,35 m; Gewicht: 250/180 kg
Erkennungsmerkmale: Silbergrau, manchmal mit einem Stich ins Bräunliche oder Bläuliche, mit dunkleren Streifen am Hals und vorderer Körperhälfte. Kurze, stark gebogene Hörner bei beiden Geschlechtern.
Verbreitung: Hluhluwe/Umfolozi, Kruger Nationalpark, Kgalagadi Transfrontier NP.
Lebensraum: Bevorzugt Baumsavannen. Das Vorhandensein von Trinkwasser und Schatten ist lebensnotwendig.
Streifengnus leben in Herden von meist 20–30, manchmal aber auch von Tausenden von Tieren (Botswana). Dominante Männchen etablieren Reviere, die sie gegen Nebenbuhler mit Imponiergehabe, Hörnerstößen oder Schieben Stirn an Stirn verteidigen und in denen sie 10–30 Weibchen zusammentreiben. Männchen ohne Revier streunen in kleinen Gruppen herum. Wenn sie nicht in eingezäuntem Gelände leben, wandern die Herden abhängig vom Wasser- und Futterangebot über weite Strecken. Als Futter bevorzugen sie kurzes Gras, ganz besonders frische Triebe (96 % ihrer Nahrung).
Nach einer Tragzeit von 250 Tagen wird ein einziges, 22 kg schweres Kalb geboren, das innerhalb von nur 5 Minuten der Mutter folgen kann. Gnus werden bis zu 18 Jahre alt.

Impala (*Aepyceros melampus*)

Die Impalas gehören zu den anmutigsten Antilopen. Sie haben 75 bis 100 cm Rückenhöhe, wiegen 65 bis 75 kg und sind kastanienbraun. Der Bock hat 50 bis 75 cm lange Hörner, das Weibchen ist nicht gehörnt.
Die Impalas bewohnen große Gebiete Ost- und Südafrikas. Sie lieben die Nähe des Wassers und meiden offene Landschaften. Sie sind vor allem in Busch- und Dornbuschsteppen anzutreffen, weniger in Gebieten mit geschlossener Vegetationsdecke. Je nach den Verhältnissen kann die Bevölkerungsdichte einige wenige bis 80 Tiere pro Quadratkilometer betragen. In der Trockenzeit leben sie zumeist in der Nähe der Wasserstellen, in feuchteren Jahreszeiten mehr verstreut – bis zu 25 km vom Wasserloch entfernt.

Impalaböcke werden in der Brunft recht aggressiv, besonders wenn sie ihre Territorien abstecken. Sie liefern sich dann Kämpfe und jagen sich. Wenn sie ihre Territorien begründet haben, begeben sie sich an die Wasserlöcher, die als Niemandsland gelten. Das Auffälligste an den Impalas ist ihr Verhalten bei Gefahr. Die ganze Gruppe vollführt dann so etwas wie ein Schauspringen: Sie springen geradeaus oder plötzlich zur Seite, bis zu 3 m hoch, rund herum und in alle Richtungen. Sinn dieses Verhaltens ist es, den Angreifer, z. B. eine Großkatze, zu verwirren, der versucht, aus der Herde ein bestimmtes Tier zu reißen. Die durcheinander springenden Impalas haben damit anscheinend Erfolg: Der Angreifer hat Schwierigkeiten, ein bestimmtes Tier zu fixieren.

Impala

Paarungszeit ist der Beginn der Trockenheit. Nach 180 bis 210 Tagen wird das Junge geboren, und zwar zum Zeitpunkt der Regenzeit, wenn es am meisten zu fressen gibt. Die Jungen wachsen schnell auf, sodass sie vor der nächsten Brunftzeit entwöhnt sind. In der Brunft sind rund 97 % der Weibchen trächtig. Die Weibchen leben das ganze Jahr in Herden zusammen; gegen Ende der Geburtszeit der Jungen haben die Herden eine Größe von 100 Tieren. Die Herden sind meist gemischt, nur während der Geburtszeit setzen sich die Weibchen ab.

Kudu (*Tragelaphus strepsiceros*)

Die Hörner sind beim Männchen locker geschraubt (zweieinhalb Windungen um die Längsachse). Das Fell ist kurz und glatt, die Fellfarbe braungrau. Jungtiere sind mehr rötlich grau bis hellbraun. Der Kudu bevorzugt steiniges, locker mit Buschwald bedecktes Hügel- und Bergland, doch auch Flachland mit gleichem Bewuchs, dort vor allem Akazienbäume (z. B. Kameldornbäume). Wasserstellen sind nicht lebenswichtig, dagegen aber größere Dickichte für den ruhigen Tageseinstand. Er ist in hohem Maße standorttreu, solange die Lebensbedingungen günstig sind. Zu über 80 % ernährt sich der Kudu von Baum- und Strauchlaub, nebenher auch von Gräsern und Kräutern. Hauptfutterpflanze ist vor allem die Akazie. Sein Geruch und Gehör sind sehr gut ausgebildet, dagegen ist die Sehstärke eher schwach.

Tagsüber steht der Kudu bevorzugt im dichten Gebüsch, spätnachmittags zieht er aus zum Äsen. Er äst manchmal auch vor- und nachmittags, außer in der heißen Mittagszeit.

Man findet den Kudu vor allem in kleinen Trupps aus mehreren Weibchen mit ihren Jungen, denen sich zeitweise ältere Bullen zugesellen. Meistens sind 6 bis 12 Tiere zusammen, seltener bis zu 30. Nur während der Trockenzeit kann die Truppstärke durch Ansammlung an günstigen Futterplätzen steigen (bis zu 100 Tiere). Männchen bilden z. T. eigene Trupps. Im Erwachsenenalter beträgt das Verhältnis Männchen zu Weibchen 1 : 5.

Kudu-Bullen

Hauptfeinde sind vor allem der Leopard, die Hyäne, der Gepard und der Löwe. Die Rettung vor Feinden geschieht durch Flucht. Auch Altmännchen verteidigen sich nur selten, selbst wenn sie in die Enge getrieben wurden. Bis 2,50 m hohe Zäune können übersprungen werden.

Die Tragzeit beträgt beim Kudu ca. 7 Monate, die Geburtszeit liegt zwischen Februar und März. Das Neugeborene wiegt ca. 15 kg (ein ausgewachsener Kudu wiegt 200 bis 250 kg). Die Säugezeit erstreckt sich über ein halbes Jahr, die erste feste Nahrung erhält das Junge nach einem Monat. Bei Männchen tritt die Geschlechtsreife nach eindreiviertel bis zwei Jahren ein, bei Weibchen mit eineinviertel bis eindreiviertel Jahren. Die erste Hornwindung sieht man bei Männchen im Alter von zwei Jahren, die volle Ausbildung bis zweieinhalb Windungen nach etwas mehr als sechs Jahren. In Freiheit wird der Kudu etwa sieben bis acht Jahre alt.

Leopard (*Panthera pardus*)

Der Leopard lebt in allen Landschaften von der Wüste bis zum Urwald. Wo er ungestört ist, ist er tags und nachts unterwegs. Er sonnt sich gerne auf Bäumen oder Felsen. Seine Kletter- und Schwimmfähigkeiten sind gut. Meistens schlafen Leoparden auf Bäumen, in einem Erdbau, in Felsspalten, im Gebüschhorst etc. Sein Hörvermögen ist außerordentlich gut (15.000 bis 45.000 Hertz); er verfügt aber auch über ein sehr gutes Seh- und ein gutes Riechvermögen.

Seine Feinde sind gelegentlich Löwe, Hyänenhund und Fleckenhyäne. Löwe und Fleckenhyäne vertreiben den Leoparden manchmal von seiner Beute.

Als Nahrung dienen dem Leoparden alle Säugetiere (auch Raubtiere), manchmal sogar Großantilopen, Löwenjunge und Menschenaffen, Schlangen etc., auch Haustiere. Aas wird auch gefressen. Gelegentlich wird eine größere Beute nach und nach verzehrt und dabei gern zum Schutz vor Mitfressern auf Bäume geschleppt. Manchmal können Leoparden monatelang ohne Wasser auskommen, aber wenn sie die Möglichkeit haben, trinken sie regelmäßig. Leoparden sind Einzelgänger.

Die Tragzeit beträgt 90 bis 112 Tage; es werden ein bis sechs Jungtiere geworfen. Nach einer Woche können die Jungen die Augen öffnen. Die Säugezeit beläuft sich auf drei Monate; mit eineinhalb bis zwei Jahren wird die Mutter verlassen. Die Geschlechtsreife wird mit zweieinhalb bis drei Jahren erreicht. In Gefangenschaft ist ein Alter bis 21 Jahre nachgewiesen.

Löwe (*Panthera leo*, Lion)

Länge: 2,80 m; Höhe: 1,25 m (Weibchen sind deutlich kleiner); Gewicht: 190/125 kg
Erkennungsmerkmale: Größtes Raubtier Afrikas; gleichmäßig hellbraunes Fell, Männchen mit unterschiedlich ausgeprägter Mähne.
Verbreitung: Kruger NP, Hluhluwe/Umfolozi, Kgalagadi Transfrontier NP.
Lebensraum: Löwen leben in fast jedem Lebensraum außer im Wald. Trinkwasser ist zwar willkommen, muss aber nicht unbedingt vorhanden sein, denn der Flüssigkeitsbedarf kann über die Beute gedeckt werden. Mittelgroße und große Beutetiere müssen dagegen vorhanden sein.

Die größte Katze ist enorm „faul": Löwen schlafen oder dösen 20 von 24 Tagesstunden im Schatten. In der Dämmerung gehen sie auf die Jagd. Auf das Sozialleben der Gruppe sind sie extrem angewiesen. Vereinzelt man sie in Gefangenschaft, so sind sie auf den täglich mehrstündigen Kontakt zu den Pflegern angewiesen! Die Gruppengröße ist vor allem vom Futterreichtum des Reviers abhängig, manchmal teilt sich die Gruppe bei Futterknappheit und geht in unterschiedlichen Revierbereichen getrennt auf die Jagd. Zur Jagd bevorzugen sie offenes Gelände, weil dieses die Zusammenarbeit der Gruppe erleichtert. Die Reviergröße schwankt ebenfalls mit dem Nahrungsangebot. Kämpfe zur Revierverteidigung werden normalerweise vermieden, können aber sehr heftig und sogar tödlich werden. Ein erfahrenes Weibchen ist das Zentrum der Gruppe, beim Sozialleben ebenso wie bei der Jagd. Die Hauptbeute besteht aus Tieren von 50–300 kg, jedoch werden ab und zu sogar Nashörner, Hippos, Büffel und (junge) Elefanten ebenso gerissen wie Kleinsäuger und sogar Insekten.

Nur ein kleiner Teil (etwa 30 %) der Paarungen führt zur Trächtigkeit. Nach 110 Tagen kommen meist 3 Junge zur Welt, die nur 1,5 kg Geburtsgewicht haben. Die Jungen bleiben etwa 2 Jahre eng bei der Mutter. Die Sterblichkeit der Jungtiere ist bei Löwen mit 30–50 % enorm. Löwen können etwa 30 Jahre alt werden.

Meeresbewohner

Als würde die Vielfalt von Flora und Fauna an Land noch nicht ausreichen, leben in den Gewässern Südafrikas die verschiedensten Meerestiere. So sind neben Walen, Haien und Seehunden sogar Pinguine anzutreffen. Grundlage für die marine Vielfalt ist der Nährstoffreichtum des kalten Benguela-Stromes: Plankton, Seegras und Tang stehen am Anfang einer langen Nahrungskette. Die Charakteristik der beiden Meeresströme, neben dem kalten Benguela-Strom ist dies der warme Agulhas-Strom, spiegelt sich am auffälligsten im Aussehen der Fische wider. Sind die Arten des warmen Indischen Ozeans meist auffallend bunt, so erscheinen die des kühlen Atlantischen Ozeans grau gefärbt und eher langweilig.

Da sich die Tiere des Meeres bis auf Ausnahmen nur schwer beobachten lassen, ist ein Ausflug in das Two-Oceans-Aquarium an der Kapstädter Victoria and Alfred Waterfront unbedingt zu empfehlen.

Nashorn

Es gibt zwei Arten von Nashörnern: das **Spitzmaulnashorn** (*Diceros bicornis*/ Black rhinoceros) und das **Breitmaulnashorn** (*Ceracthesium simum*/White rhinoceros).

Das Spitzmaulnashorn bevorzugt meist trockenes, mit Büschen bestandenes Grasland, ebenso trifft man es aber auch auf offenen Savannenflächen mit wenig Deckung an. Es ist hauptsächlich morgens und abends unterwegs und gönnt sich sechs bis sieben Stunden täglich Ruhe. Während der Tageshitze ruht oder schläft es im Schatten. Eine Lieblingstätigkeit ist das oft stundenlange Schlammsuhlen. In Trockenzeiten wälzt es sich im Sand. Ein Nashorn hat einen enormen Geruchssinn über viele Kilometer hinweg. Auch das Hörvermögen ist sehr gut ausgeprägt, während dagegen das Sehen schlecht ist. Kaum ein anderes Tier kann dem Spitzmaulnashorn gefährlich werden. Löwen und Fleckenhyänen machen sich manchmal an ein Kalb heran. Ausgewachsene Nashörner sind gefährliche Gegner: Im Galopp bringen sie es auf 50 km in der Stunde. Vor dem Angriff senken sie den Kopf, schnauben und bremsen oft vor dem Ziel plötzlich ab, wobei es auch vorkommt, dass sie dann umdrehen und flüchten.

Spitzmaulnashörner fressen vorwiegend Blätter und Zweigenden von Büschen und Bäumen. Sie verdauen auch schadlos Pflanzen, die für Menschen hochgiftig sind. Gerne fressen sie salzhaltige Erde und trinken täglich. Spitzmaulnashörner sind typische Einzelgänger, nur durch Mutter-Kind-Beziehungen bilden sie kleine Gruppen. Diese „Urtiere" können bis zu 40 Jahre alt werden.
Breitmaulnashörner bevorzugen Buschland mit Dickichten zur Deckung, Bäume als Schattenspender, Grasflächen zum Äsen und Wasserstellen zum Saufen.

Weißes Nashorn

Sie äsen und ruhen im Abstand von wenigen Stunden nachts, morgens, spätnachmittags und abends. Der Tageshitze weichen sie unter Schatten spendenden Bäumen aus. Außer den Menschen haben sie keine Feinde. Sie fressen nur Gras und trinken täglich (in Trockenzeiten alle zwei bis drei Tage). Sie leben z. T. in kleinen Trupps zusammen.

Oribi (*Ourebia ourebi*, Bleichbock)

Höhe: 60 cm (Schulterhöhe); Gewicht: 14 kg
Erkennungsmerkmale: Kleine Antilope mit goldbrauner Oberseite und schneeweißer Unterseite, zwei charakteristischen weißen Flecken beiderseits der Nasenspitze (Unterschied zum Steinbock!) und unproportional groß wirkenden Ohren. Feines, seidiges Fell. Nur Böcke tragen Hörner, die zunächst gerade aufstreben, um sich an den Spitzen leicht nach vorne zu neigen. Im Gegensatz zu den glatten Hörnern des Steinbocks tragen sie deutliche Wülste im Bereich der Basis.
Lebensraum: Offenes Gelände (Grasflächen, Flussauen, Dambos), jedoch nicht im sehr hohen Gras. Besonders beliebt sind Flächen mit kurzem Gras und einigen 40 cm hohen Grasbüscheln, die als Versteck beim Rasten dienen. Viehwirtschaft, die für offene Grasflächen sorgt, vergrößert für Oribis den Lebensraum, während sie sich von unbewirtschafteten Flächen wieder zurückziehen. In Wald- und Trockengebieten wird man nie Oribis finden. Der Name leitet sich vermutlich vom Begriff der Khoikhoi „orabi" ab. Oribis sind Einzelgänger, die nur manchmal zu zweit

Oribi

oder zu dritt (Bock mit 2 Kühen) angetroffen werden. Bei Gefahr stoßen sie einen weit hörbaren Warnpfiff aus. Überwiegend fressen sie Gras, wobei sie sich auf wenige Grasarten beschränken (bekannt sind acht, wovon überwiegend nur vier gefressen werden, die anderen offensichtlich nur bei Nahrungsknappheit). Besonders scheinen sie frische Grassprossen zu lieben.

Auch wenn Wasser vorhanden ist, wurden sie nie beim Trinken beobachtet. Sie nutzen die Flüssigkeit sukkulenter Pflanzen. Die Kälber verstecken sich sehr gut, indem sie sich auf den Boden ducken und dort erstarren. Für 3–4 Monate werden sie von der Mutter versteckt, bis sie sich befristet einer Herde anschließen, bevor sie später auch das überwiegende Einzelgängerleben der Erwachsenen führen.

Pavian (*Pan troglodytis*, Baboon)

Paviane schlafen nachts auf Bäumen oder Felsen. Morgens ziehen sie mit der Horde auf Nahrungssuche. Mittags ruhen sie im Schatten, um nachmittags wie-

Pavian

der zum Fressen aufzubrechen. Paviane sind sehr laut, können bellen, grunzen, schmatzen und laut schreien. Ihr Seh- und Hörvermögen ist sehr gut. Die Hauptfeinde sind (vor allem für Jungtiere) Leoparden, manchmal auch Löwen und Hyänen. Paviane sind Allesfresser, wobei Gras den Hauptteil der pflanzlichen Nahrung bildet.
Gelegentlich wird auch von Kannibalismus berichtet: Alte Paviane sollen Jungtiere der eigenen Horde gefressen haben. Paviane fressen gerne Bienenwaben, Würmer, Skorpione und Eidechsen. Sie leben in Horden von 10 bis 150 Tieren. In Gefangenschaft werden sie 30 Jahre und mehr alt.

Pferdeantilope (*Hippotragus equinus*, Roan)

Höhe: 1,40 m (Schulter); Gewicht: 270 kg
Erkennungsmerkmale: Die schwarz-weiße Gesichtszeichnung ähnelt der der Rappenantilope (s. u.) und auch der in Namibia beheimateten Oryxantilope. Die mit kräftigen Querrippen versehenen Hörner sind mittellang und deutlich nach hinten gebogen (beide Geschlechter tragen Hörner).

Am graubraunen, zum Rücken hin zunehmend braunen Fell sind sie leicht von den Rappenantilopen zu unterscheiden. Lebensraum: In Afrika weit verbreitet, reagieren jedoch sehr empfindlich auf Veränderungen ihrer Umgebung. Offene Baumsavanne mit größeren freien Flächen mit mittelhohem und hohem Gras wird bevorzugt, Trinkwasser muss vorhanden sein.

Die geselligen, großen Antilopen leben in kleinen Herden von 5-12 Tieren (manchmal bis 80). Sie gelten als „bodenständig", Territorien im eigentlichen Sinne werden jedoch nicht etabliert. Der dominante Bulle verteidigt seine Weibchen, nicht ein Revier. Die Herdenführung obliegt einem erfahrenen Weibchen zusammen mit dem dominanten Bullen. Pferdeantilopen fressen fast ausschließlich mittelhohes und hohes Gras (90 % der Nahrung). Besonders aktiv sind sie in den kühleren Tagesstunden.

Ein paar Tage bevor das Kalb geboren wird, verlässt die Mutter die Herde und sucht ein Versteck, in dem das Kalb die ersten Wochen seines Lebens verbringen wird. Nach etwa zwei Monaten schließt es sich der Herde an.

Pinguin

Südlich von Simon's Town am Strand Boulders Beach lebt eine Kolonie von **Brillenpinguinen** (*Sphensicus demersus*, african penguins). Diese an Land eher tollpatschig wirkenden, kleinen (60 cm), schwarz-weißen Pinguine sind im Wasser sehr gute Schwimmer und Taucher. Die Pinguine brüten meist zwei Eier in flachen Löchern und sind schon von weitem an ihren Lauten zu erkennen, die dem Gebrüll von Eseln am ähnlichsten kommen. Nur zwei weitere Kolonien gibt es in Südafrika, 28 in der ganzen Welt, deshalb gehören die Pinguine zu den gefährdetsten Tierarten des Landes. 1994 wurde die Kolonie nach Strandung des Erzfrachters „Apollo Sea" durch auslaufenden Treibstoff zwar dezimiert, aber zum Glück nicht ausgerottet. Trotzdem sind Ölteppiche weiterhin die größte Gefahr für die kleine Pinguinkolonie.

Rappenantilope (*Hippotragus niger*, Sable)

Höhe: 1,35 m (Schulter); Gewicht: 230 kg
Erkennungsmerkmale: Auffallend dunkle, gleichmäßig schwarzbraune Antilope mit schwarz-weißer Gesichtszeichnung und mittellangen, nach hinten gebogenen Hörnern (beide Geschlechter), die dicke Querrippen tragen.

Lebensraum: Offenes Waldgebiet mit benachbarten Dambos oder Grasflächen mit mittelhohem und hohem Gras.

Die etwas weniger massiv als die nahe verwandten Pferdeantilopen gebauten Rappenantilopen leben gesellig in Herden von 20-30, manchmal bis zu 200 Tieren. Der dominante Bulle etabliert sein Territorium während der Brunftzeit und verteidigt es heftig, manchmal mit Todesfolge für den Gegner. Auch dem Menschen können brünftige Bullen mit ihren spitzen Hörnern sehr gefährlich werden. Innerhalb der Herde besitzt ein dominantes Weibchen die Führungsposition. Jüngere Bullen ohne Territorium bilden wie auch andere gesellig lebende Antilopenarten Junggesellenherden unterschiedlicher Größe. Die Nahrung besteht vorwiegend aus hohem Gras. Die Tiere sind sehr „bodenständig", nur selten entfernen sie sich mehr als 3 km vom Trinkwasser. Normalerweise trinken sie täglich, meist zwischen 10 und 16 Uhr, d. h. dass man sie im Gegensatz zu vielen anderen Tieren in der Mittagshitze am Wasserloch antrifft! Die erste Lebenswoche verbringt das Kalb alleine in einem Versteck, die Mutter kommt zweimal täglich zum Säugen.

Reptilien

Vier Schildkrötenarten (davon endemisch die Geometric Tortoise), jeweils mehr als zwanzig Schlangen- und Eidechsenarten und eine Chamäleonart sind in der Gegend um Kapstadt heimisch. Einige wenige der vorkommenden Schlangen, wie die **Cape Cobra** und die **Puff Adder** (Puffotter), sind giftig. Allerdings sind Reptilien meistens an sehr naturnahe, ungestörte Biotope gebunden und scheu. Sollten Sie doch einmal einer Schlange begegnen, bieten Sie ihr die Möglichkeit zur Flucht, indem Sie ruhig stehen bleiben. Mit etwas Glück erblicken Sie vielleicht auch ein **Cape Dwarf Chameleon**, das in den Gebüschen des Fynbos auf Insektenjagd ist. Die bis 15 cm langen Chamäleons können ihre kegelförmigen Augen unabhängig voneinander bewegen und benutzen ihren Schwanz beim Klettern als fünftes Glied. Durch ihre Fähigkeit, die Hautfarbe der Umgebung anzupassen, sind sie meist gut getarnt und schwer zu entdecken.

Schirrantilope (*Tragelaphus scriptus*, Buschbock)

Höhe: 80 / 70 cm (Schulter); Gewicht: 54 kg
Erkennungsmerkmale: Mittelbraun oder graubraun mit hellen Punkten und einigen helleren Querstreifen auf dem Rücken. Relativ gerade, fast parallel verlaufende, geschraubte Hörner (nur Böcke).

Lebensraum: Immer in Flussnähe, vorzugsweise in der Nähe dichten Gebüsches.

Die scheuen Schirrantilopen leben sehr ortstreu, da ihr Lebensraum ganzjährig alles bietet, was sie benötigen. Sie gelten als Einzelgänger, nur manchmal finden sie sich zu Gruppen von bis zu 9 Tieren zusammen. Insbesondere in der Trockenzeit bewegen sie sich nur innerhalb eines extrem kleinen Bereiches (4.000 m²), daher sind Tipps anderer Reisender oder Ranger viel wert! Man trifft sie vor allem in den frühen Morgen- oder späteren Abendstunden. Kämpfe zwischen Rivalen während der Brunft haben die höchste Todesrate aller Antilopen. Buschböcke sind gute und schnelle Schwimmer, die etliche km ohne sichtliche Ermüdung zurücklegen können. Dies sichert ihnen das Überleben bei saisonalem Hochwasser. Schirrantilopen fressen Blätter, nur selten Gras. Beim Futter sind sie sehr wählerisch. Besonders mögen sie Knobby Combretum, einige Akazienarten und Leberwurstbaum.

Springbock (*Antidorcas marsupialis*, Springbuck)

Sie leben in Gebieten mit offenen, trockenen und steinigen Böden mit leichtem Bewuchs (spärliche Sträucher). Hohes Gras und reine Wüste werden gleichermaßen gemieden. Hauptsächlich frühmorgens und spätnachmittags bis abends wird geäst, bei Mondschein auch nachts. Seh-, Hör- und Riechvermögen sind sehr gut entwickelt. Springböcke fressen Gräser und Kräuter oder Strauchlaub, Wurzeln und Knollen. Sie trinken regelmäßig Wasser, können es aber auch längere Zeit entbehren; sie trinken auch Salzwasser und fressen mineralhaltige Erde.

Diese Tiere leben in Großherden, oft zusammen mit Antilopen, Spießböcken und Straußen. Ihre Feinde sind Löwe, Leopard und Gepard. Bei ihrer Flucht können sie bis zu 90 km in der Stunde laufen und bis zu 15 m weite Sprünge machen! Die Tragzeit dauert 167 bis 171 Tage. Meist wird ein Laufjunges geboren, zwei Geburten pro Jahr sind möglich. Weibchen sind mit sechs bis sieben Monaten geschlechtsreif, die Männchen mit einem Jahr.

Steppenzebra (*Equus burchellii*, Burchell's Zebra)

Von Pferden und Eseln unterscheiden sich Zebras durch ihre Streifenzeichnung, den Schädelbau und die Zähne. Es gibt drei Zebraarten. Das verbreitetste ist das Steppenzebra. Es kommt vom Zulu-Land im Südosten und der Etoscha-Pfanne in Namibia bis zum südlichen Somali-Land und südlichen Sudan vor.

Die Steppenzebras sind sehr gesellig, sie leben in Herden. Gruppen von ein bis sechs Stuten mit ihren Fohlen bilden eine Gemeinschaft unter der Führerschaft eines Hengstes, der sie beschützt und andere Hengste abwehrt. Manchmal verschwindet das männliche Tier einfach und ein anderes nimmt seine Stelle ein. Die überzähligen Hengste leben in größeren Junggesellenrudeln. Steppenzebras sind ziemlich zahm. Sie leben oft in Gemeinschaft mit Gnus. Gemeinsam mit ihnen sind sie auch bevorzugtes Beutetier der Löwen. Da das Zebra gefährlich werden kann, muss das Löwenrudel die Beute schlagartig töten. Es kann durchaus vorkommen, dass ein Zebrahengst einen Löwen im Kampf tötet.

Die Tragzeit beträgt ca. 370 Tage. Das Neugeborene wiegt 30 bis 34 kg und ist etwa 90 cm hoch. Normalerweise bekommt eine Stute alle drei Jahre ein Jun-

Zebras

ges. Junge männliche Tiere verlassen die Gruppe nach ein bis drei Jahren und schließen sich dem Junggesellenrudel an. Mit fünf bis sechs Jahren versuchen sie, junge weibliche Tiere zu treiben. Wenn es ihnen gelingt, dann bilden sie eine neue Gruppe.

Strauß (*Strathio camelus*, Ostrich)

Die Region der Kleinen Karoo um Oudtshoorn ist das Zentrum der südafrikanischen Straußenzucht. Schon 1822 wurde der Strauß in Südafrika unter Schutz gestellt, da seine Ausrottung zu befürchten war. Seine Federn waren als Schmuck seit vielen Jahrhunderten heiß begehrt (auch von Europas Modeindustrie). 1867 wurde dann in der Kleinen Karoo die erste Straußenfarm der Welt mit ca. 80 Tieren gegründet. 1895 gab es in diesem Gebiet schon 250.000 Tiere. Strauße werden bis zu 2,70 m groß und können ausgewachsen rund 125 Kilogramm wiegen. Durch die starke Beinmuskulatur laufen sie bis 70 km/h schnell und tragen dabei auch das Gewicht eines Menschen.

Von Oudtshoorn aus werden Lederwaren, cholesterinarmes Straußenfleisch, Straußenfedern (vor einigen Jahren noch eines der wichtigsten Exportprodukte Südafrikas) und andere Produkte in alle Welt exportiert. Zu Beginn des 20. Jh. erlebte Oudtshoorn da-

Strauß

durch seine wirtschaftliche Glanzzeit. Seit mehreren Jahren werden auch in anderen Ländern (z. B. USA, Namibia und sogar Deutschland) Strauße gezüchtet, sodass Südafrika neue Konkurrenz auf diesem Gebiet bekommen hat.

Vögel

In den Berghängen des Table Mountain und der benachbarten Bergzüge finden sich die endemischen Arten **Cape Sugar Bird** (Kap Honigfresser) und **Protea Seed-Eater**, der **Cape Siskin** und der **Grassbird**. Der **Schwarze Adler** (Black Eagle) erbeutet am Table Mountain Kleinsäuger wie die Rock Dassies. An der

Gelbschnabeltoko

Gaukler

Meeresküste können **Möwen, Tölpel, Albatrosse** (Flügelspannweite bis 2,4 m!), **Pelikane, Kormorane, Sturmvögel, Seeschwalben** und mit Glück **Afrikanische Seeadler** (African Sea Eagle) gesehen werden. In den felsigen Buchten lebt der **Schwarze Austernfischer**, der mit seinem speziellen Schnabel zweischalige Muscheln knackt.

Seevögel lassen sich am besten vom Boot aus beobachten, die geeignetste Jahreszeit ist der Winter. Aber auch alle anderen Vogelliebhaber können auf ihre Kosten kommen. An der Hout Bay liegt mit dem **World of Birds Wildlife Sanctuary** der größte Vogelpark Afrikas mit mehr als 3.000 Vögeln in 450 Arten.

African Jacana: Blaustirnblatthühnchen

Wale

Der häufigste Wal vor Südafrika ist der **Southern Right Whale** (*Balaena glacialis*). Diese bis zu 16 m langen und 60 Tonnen schweren Wale kommen von Frühling bis Winter in die False Bay und ihre Nachbarbuchten (gut zu beobachten vor Witsand, dem de Hoop NR und Hermanus), um sich zu paaren. Den Großteil des Jahres verbringen sie in den planktonreichen, kalten Wassern der Antarktis, Tausende von Kilometern weiter südlich. Die Walweibchen kalben nur etwa alle drei Jahre, allein die Tragzeit nimmt schon ein Jahr in Anspruch. Die meisten Geburten finden im August und September statt.

Neben dem Southern Right Whale kommt in den Gewässern und Buchten um Kapstadt noch der ähnlich große **Humpback Whale** vor, allerdings ist er schon seltener zu beobachten. Im Gegensatz zum Southern Right Whale besitzt er Furchen an seinem weißen „Hals" und eine kleine Rückenflosse. Andere Walarten, wie z. B. der **Orca** (Killerwal), kommen nur ab und zu an die afrikanische Südküste.

Warzenschwein (*Phacochoerus aethiopicus*, Warthog)

Höhe: 70/60 cm (Schulter); Gewicht: 100/70 kg
Erkennungsmerkmale: Grau mit den typischen Gesichts„warzen", die bis 12 cm groß werden können. Keiler besitzen davon zwei Paar, Bachen nur eines. Die vorderen Eckzähne sind extrem verlängert, die oberen wachsen nach oben aus dem Oberkiefer heraus. Insbesondere das untere Paar ist messerscharf und eine wirksame Verteidigungswaffe.
Lebensraum: Offenes Land, Grasflächen, Pfannen, offenes Busch- und Waldland.

Warzenschweine leben in verlassenen Bauten von Erdferkeln oder Ameisenbären, die sie gemäß eigenen Vorstellungen „umbauen". Vormittags und nachmittags gehen sie auf Futtersuche. Sie sind typische Allesfresser, wenn auch vorwiegend Vegetarier. Besonders bevorzugen sie frisches grünes Gras. Auf Trinkwasser sind sie nicht zwingend angewiesen, sie trinken jedoch wenn möglich regelmäßig und baden gerne im Schlamm. Die anhaftende Schlammschicht schützt vor der Hitze und vor Insekten. Sie leben in stabilen Familienverbänden aus Eltern und ihren Nachkommen. Junggesellengruppen sind nur vorübergehende Erscheinungen. Die Gruppen haben weit überlappende Territorien von 65–340 ha Größe (Größenzunahme in der Trockenzeit mit zunehmender Futter-

Warzenschwein

knappheit). Heftige Kämpfe sind selten. Warzenschweine reagieren sofort auf die Warnrufe von Säugetieren und Vögeln: Die ganze Familie flüchtet, dabei ist der hoch erhobene Schwanz wie eine Signalfahne auch im hohen Gras zu sehen. Anderen Tieren gegenüber verhalten sie sich ungesellig und verjagen sie meist aus ihrer unmittelbaren Umgebung. Einer ihrer Hauptfeinde sind Löwen, die sie auch aus ihren Bauten ausgraben.

Wasserbock (*Cebus ellipsiprymus*, Waterbuck)

Wasserböcke lieben Grasland und Gebüsch und benötigen die Nähe zu einem Gewässer, da sie täglich trinken. Sie äsen morgens und nachmittags bis abends, während sie tagsüber ruhen. Als Hauptfeinde gelten Löwen, Leoparden und Hyänenhunde, wobei Leoparden und Hyänen Kälber reißen. Doch die Feinde mögen Wasserböcke nur, wenn kein anderes Wild vorhanden ist, denn ihr Fleisch schmeckt ab dem Alter von drei Monaten zäh und ranzig. Bis zu 90 % besteht die Nahrung der Wasserböcke aus Gräsern, der Rest aus Laub. Wasserböcke leben in kleinen Trupps und können in Gefangenschaft bis zu 17 Jahre alt werden.

Ausgewählte Buchtipps

Reiseführer:
Iwanowski: Südafrika mit Lesotho und Swasiland, 2010
Iwanowski: Reisegast in Südafrika, 2010
Iwanowski: Südafrikas Norden & Ostküste mit Swaziland und Maputo, 2006
Iwanowski: Kapstadt und Garden Route, 2007

Regionalia:

Steinman, H.: **Kirstenbosch - beyond words**, Briza 2005. Wunderschöne Details des bekannten Botanischen Garten Kirstenbosch.
Cleary, M.; Du Plessis, K.: **The Overberg. Inland from the Tip of Africa**, Struik 2005.
Wicomb, Zoe: **In Kapstadt kannst du nicht verlorengehen**. Lamuv 1997, Erzählungen.
Taylor, W. et al.: **The Waterberg. The natural Splendours and the People**, Struik 2003
Nell, Leon: **The Garden Route and Little Karoo. Between the Desert to the Deep Blue Sea**, Struik 2003.
Du Plessis, K.: **West Coast - Cederberg to Sea**, Struik 2006.
Dennis, Nigel: **Kruger - Images of a Great African Park**, Struik 2004
Naidoo, Indres: **Robben Island. Insel in Ketten**, Lamuv 2003
Manning, John: **Ecoguide Namaqualand**, Briza 2008
Marais, Chris: **101 Beloved Bars of Southern Africa**, Zebra Press 2007

Landkarten:

Map Studio ist ein bekannter südafrikanischer Kartenverlag. Hier eine Auswahl: South Africa Lesotho & Swasiland Road Map; Richtersveld & Fish River Canyon Adventures Map; Table Mountain & Cape Peninsula Activities Map ; Mpumalanga, Kruger National Park & Panorama Route; Cape Town Street Map; Kruger National Park Tourist Map; KwaZulu-Natal Road Map; Flower Route; West Coast & Namaqualand Road Map; Table Mountain Road Map; Cape Peninsula National Park; West Coast & Namaqualand; Garden Route & Route 62; Cape Town & Surrounding Attractions Map; Mpumalana/ Lowveld Tourist Map; Winelands of the Western Cape Road Map.

Baardskeerder ist ein kleiner Hersteller hochwertiger Reisekarten: Fynbos Road; Garden Route; Cederberg; Cape Winelands; Overberg Whale Coast; Day Drives from Cape Town; Baviaanskloof Mega-Reserve; Cape Peninsula & Cape Town's Southern Suburbs; Wild Coast; Simon's Town; Table Mountain

Das gesamte Gebiet von Südafrika decken die offiziellen **Topographischen Karten 1:500.000** und **1:250.000** ab und stellen - für anspruchsvollere Anwendungen - eine sehr gute Alternative dar.

Politik:

Das Schweigen gebrochen. „Out of the Shadows". Geschichte-Anhörungen-Perspektiven. Brandes & Apsel 2000. Hier wird die Aufarbeitung der Apartheidszeit mit Hilfe der Wahrheits- und Versöhnungskommission sehr anschaulich dargestellt.

Hagemann, Albrecht: **Nelson Mandela**, Rowohlt 1995. Auf wenigen Seiten werden in einem kostengünstigen Bändchen mit zahlreichen Fotos die wichtigsten Infos über das Leben des großen südafrikanischen Präsidenten lebendig dargestellt.

Mandela, Nelson: **Der lange Weg zur Freiheit**, Fischer 1997. Die Autobiographie Nelson Mandelas ist ein Muss für jeden Reisenden in das Südliche Afrika. Seine Lebensgeschichte dokumentiert die Lebensbedingungen einer ganzen Generation. So ist dieses Buch Autobiographie und Beschreibung der südafrikanischen Verhältnisse während der Unterdrückungszeit zugleich.

Tutu, Desmond: **Versöhnung**. Herder, 2008. Erzbischof Desmond Tutus Botschaft von Gerechtigkeit, Versöhnung und Miteinander berührt die Herzen der Menschen und bestimmt maßgeblich die Aufarbeitung der Konflikte aus jüngerer Vergangenheit.

Belletristik:

Breytenbach, Breyten: **Mischlingsherz**. Hanser 1999. Roman: Der Sohn einer Burenfamilie beschreibt die Rückkehr aus dem Exil in ein zweigeteiltes Land mit herausragenden Beschreibungen von Landschaften und unter die Haut gehenden Porträts von Menschen.

Coetzee, J. M.:. **Schande**. 1999. **Der Junge**. **Eine afrikanische Kindheit** 1997. **Im Herzen des Landes**. 1997. **Eiserne Zeit**. 1995. **Zeitlupe** 2007. **Sommer des Lebens** 2010. Alle im S. Fischer Verlag.

Gordimer, Nadine: **Die endgültige Safari** 1992. **Beute und andere Erzählungen**. Berlin Verlag 2003. **Loot Bloomsbury** 2003. **Entzauberung** 2003, **Der Mann von der Straße** 2002, **Niemand der mit mir geht** 2002. **Der Besitzer** 2008. **Burgers Tochter** 2008. Im BVT und S. Fischer Verlag.

Post, Laurens van der: **Das Gesicht neben dem Feuer** 1997. **Der Jäger und der Wal** 1998. **Flamingofeder** 2006. **Das Herz des kleinen Jägers** 2006. **Die verlorene Welt der Kalahari** 2006. **Wenn Stern auf Stern aus der Milchstrasse fällt** 2006. **Durchs große Durstland müßt ihr ziehn** 2006. Alle im Diogenes Verlag.

Meyer, Deon: **Der traurige Polizist** 2008. **Tod vor Morgengrauen** 2008. **Der Atem des Jägers** 2009. **Schwarz. Weiß. Tot.** 2009. **Weißer Schatten** 2010.. Meyers preisgekrönte, packende Krimis liefern tiefe und schonungslose Einblicke in die entlehnte Realität des heutigen Südafrika.

Kappelsberger, Sepp: **Vom Krämerbuben zum Brotmillionär**, Maurus 2009. Sehr unterhaltsam: der spannende Aufstieg eines deutschen Auswanderers und Originals zum bekanntesten Bäcker Kapstadts.

Haberstich, H Paul: **Daheim in Südafrika. Erfahrungen eines Pendlers zwischen der schwarzen und der weissen Welt**, Frieling 2001

Küche:

Kornmayer, Evert: **Klassische & moderne Rezepte aus Südafrika**. Verl. Gebr. Kornmayer, 2004. Über 230 Rezepte aus den Provinzen am Kap der Guten Hoffnung - viele erstmals in deutscher Sprache.

Kornmayer, Evert: **Südafrikas kulinarische Geheimnisse**. 4. Aufl., Verl. Gebr. Kornmayer 2010. Die geheimen Rezepte der besten Restaurants, Lodges, Hotelküchen & Weingüter in Südafrika.

Stauffer, H.-U.; Fontana, H.: **Südafrikanisch kochen**. Gerichte und ihre Geschichte. Die Werkstatt, 2002. Stellt 100 landestypische Rezepte für Fleisch- und Fischgerichte, für Gemüse, Süßkartoffeln, Salate und Desserts vor und erläutert die Traditionen der südafrikanischen Küche.

Stroebel, Garth: **Modern South African Cuisine**, Struik 2004.

Wein und Weingüter:

Platter's South African Wines 2010 (McDowall), englisch. Seit 30 Jahren das Referenzwerk zur Vorstellung und Bewertung südafrikanischer Weine. Mit vielen fachlichen und touristischen Informationen über die Weingüter und deren Angebote.
Wine Tourism Handbook 2010. South Africa's ultimate Guide to the Cape Winelands. Für Reisen in die südafrikanischen Weinregionen ist dies die erste Wahl bezüglich Aktualität, Fachkunde und Detail! Hier werden Weingüter und Weine vorgestellt und weitgefächerte Information, wie Veranstaltungstermine, Unterkunftsnachweise, Detailkarten, Weinkundliches, gastronomische und Unternehmungstipps geboten.
Hoberman, Gerald: **South Africa's Winelands**, Hoberman Collection 2005. Bekannt opulenter und grandios fotografierter Bildband.

Sprachen:

Der Verlag Reise Know-How bietet in seiner „Kauderwelsch"-Reihe, u. a. Lernprogramme für **Afrikaans, Xhosa** und **Englisch** an, die auf ein schnelles Erlernen einer praxistauglichen Grundlage abzielt.

Wandern:

Lundy, Mike: **Best Walks in the Cape Peninsula**, Struik 2006
Bristow, David: **Best Walks of the Drakensberg**, Struik 2007
Paterson-Jones, C.: **Best Walks of the Garden Route**, Struik 2006
Olivier, W.: **Hiking Trails of South Africa**, Struik 2007
Slingsby, P.: **Slingsby's Walks whith a fat dog**, Baardskeerder 2006
Geomap: **Drakensberg Hiking Map No 1 – 6** (1:50.000)

Flora und Fauna:

Conradie, F.: **Einführung in den südlichen Sternenhimmel,** NWG 2004. Hier werden die faszinierenden Himmelskörper südlich des Äquators leicht verständlich erklärt.
Carruthers: **Fauna und Flora im südlichen Afrika**, Struik 2007. Der Klassiker der Tier- und Pflanzenführer! Hochwertige Illustrationen und Beschreibung von Niedrigen Wirbellosen, Spinnen, Spinnentieren, Insekten, Süßwasserfischen, Fröschen, Reptilien, Vögel, Säugetiere, Gräser, Seggen, Farne, Pilze, Wildblumen und Bäumen.
Newman, K.: **Newman's Birds of Southern Africa,** Struik 2002. Dieser führende ornithologische Führer beschreibt die Vögel zwischen Sambesi und Antarktis und enthält einen Namensindex in Deutsch.
Sycholt, August: **Ökoführer. Südafrikanische Reiseziele**, Briza 2010, Ausgezeichneter, bildreicher Führer für Reisen in die Natur- und Wildparke Südafrikas, mit allen spezifischen Informationen, Hinweisen und Kontakten.
van Wyk, Ben Eric et al.: **Muthi and myths of the African bush**, Briza 2008

Alle oben aufgeführten Buchtitel sind erhältlich bei Namibiana Buchdeport, www.namibiana.de, Tel. 04221-1230240, Fax 04221-1230241.

Stichwortverzeichnis

Bildnachweis

Foresters Arms, Swasiland: S. 270

U. Iwanowski: S. 121, 673

City of Johannesburg (www.joburg.org.za): S. 155, 170, 172, 173, 186

Di Jones, Malealea Lodge: S. 301, 305, 307, 390, 311, 317, 321, 322, 324, 327

Lars Missalla: S. 54, 59, 64, 65 (2), 75, 83, 87, 214, 215, 221, 228, 232, 234, 275, 277, 279, 285, 391, 392, 394, 395, 397, 399, 400, 403, 405, 406, 411, 415, 416, 418, 421, 425, 427, 434, 436, 462, 463, 464, 491, 494, 504, 508, 509, 510, 511, 618, 619, 620, 680

South African Airlines: S. 108

South African Tourism: S. 16, 67, 69, 70, 74, 77, 78, 79, 80 (2), 84. 86, 89, 92, 129, 152, 153, 159, 161, 162, 164, 168, 191, 192, 195, 199, 200, 202, 205, 206, 211, 213, 218, 224, 227, 230, 231, 241, 242, 243, 245, 246, 248, 250, 251, 254, 260, 261, 262, 266, 268, 270, 331, 332, 333, 336, 341, 342, 344, 348, 351, 352, 354, 358, 363, 366, 370, 372, 375, 377, 379, 385, 387, 388, 430, 431, 432, 439, 442, 443, 450, 455, 466, 470, 472, 475, 477, 480, 481, 485, 499, 500, 512, 519, 521, 528, 531, 533, 537, 543, 545, 549, 550, 552, 553, 558, 561, 565, 569, 571, 573, 575, 576, 581, 584, 586, 590, 592, 595, 596, 600, 603, 604, 607, 609, 613, 616, 622, 623, 624, 626, 627, 630, 631, 633, 638, 642, 643, 644, 645, 647, 649, 650, 651, 658, 659, 664, 666, 667, 668, 670, 672, 675, 676, 677, 679, 681, 682,683, 684,

Swasiland Tourism, www.swazi.trails: S. 93, 280, 284, 288, 289, 290, 291, 294, 297, 299

Literatur
& Landkarten
Medien

> Namibia
> Südafrika
> Botswana

Das größte Angebot nördlich von Windhoek!

Namibiana Buchdepot ist der einzige spezialisierte Anbieter für Bücher, Landkarten, Video, DVD und CD zu den Themen Namibia und südliches Afrika. 1981 gegründet, führen wir ein Gesamtangebot von über 4000 Artikeln von mehr als 780 Verlagen und Autoren und liefern binnen 24 Stunden aus.

namibiana
BUCHDEPOT

Telefon ++49 - (0)42 21 - 1 230 240
Fax   ++49 - (0)42 21 - 1 230 241
buchdepot@namibiana.de

www.namibiana.de

"Unterwegs mit..."

Group P
VW Chico

Group M
Toyota Yaris T1

Group B
Toyota Yaris T3,
Toyota Corolla

Group C
Toyota Corolla

Group D
Toyota Corolla
auto

Group E
Honda Civic,
Ford Focus,
Audi A3 Sportback

Group F
BMW 320i,
Audi A4, Honda
Accord

Group G
Mercedes Benz
C Class

Group J
Mercedes Benz
E Class

Group I
Toyota Avanza

Group K
Nissan X-Trail,
Honda CR-V

Group N
Toyota Quantum

Group S
Toyota 4x4
single cab

Group L
Toyota 4x4
double cab

Group X
Only in Namibia

*All vehicle models are subject to availability and no specific model can be guaranteed

Budget – wir bieten Ihnen unübertroffene Dienstleistung und eine breite Palette an Fahrzeugmodellen für jede Gelegenheit in Südafrika.

Bitte fragen Sie nach unseren Satellitennavigationssystemen, der Handyvermietung und vielen weiteren Zusatzleistungen, wenn Sie reservieren.

PROUDLY
BIDVest

www.budget.co.za
www.afrika.de

MONTANA

Guest Farm

— *Classic and Stylish with African hints* —

Montana Guestfarm, gelegen im zauberhaften Tal von Schoemanshoek, am Fuße des Swartbergpasses, nahe der Touristenstrasse 328, bietet mit seinem restaurierten alten Farmhaus, seinen Suiten, seinem parkähnlichen Garten, seinem Salzwasserpool, seinen Straußen und Ponys, dem Reichtum seiner Pflanzenwelt eine ideale Urlaubsatmosphäre inmitten der Kleinen Karoo.

Alles, was einen individuellen Urlaub ausmacht, die großzügig eingerichteten Suiten mit eigenem Eingang, Terrasse, TV, Telefon, einen ausgezeichneten Service zu fairen Preisen, eine Küche für den verwöhnten Gaumen und Weine aus der Region findet man auf Montana.

Montana ist idealer Ausgangspunkt für Ausflüge zu den Swartbergen bis hin zum Indischen Ozean.

Wir beraten Sie gerne und helfen , spektakuläre Sehenswürdigkeiten zu entdecken, sowie sich mit dem reichhaltigen Angebot von Straußenfarmen und Tierparks vertraut zu machen.

Montana Guestfarm - PO Box 40 - ZA Oudtshoorn, 6620 - Südafrika
Telefon: 0027 442727774 - Fax: 0027 442794026 -
E-mail: dbeitz@mweb.co.za - www.montanaguestfarm.co.za

Sigurwana
close to heaven

...in wohlgehüteter Geheimtip in der unberührten Wildnis des Soutpansbergs, in der Limpopo Provinz. Maximal 8 Gästen wird in dieser ungewöhnlichen Lodge umgeben von Suedafrikas ...rtenreicher Tier- und Vogelwelt ein Aufenthalt geboten, der eine unvergessliche Zeit verspricht: ...igurwana ist ein Paradies "close to heaven"

Sigurwana ist malariafrei

www.sigurwana.co.za

lily pond country lodge
Plettenberg Bay :: Nature's Valley

Vom Ferienort Plettenburg Bay führt die malerische Strecke nach Nature's Valley am Rande des Tsitsikammma Nationalparks. Nah am Strand liegt Lily Pond Country Lodge: Ein einzigartige Architektur mit modernem Chic und afrikanischem Flair. Lassen Sie sich überraschen von der herrlichen „Fusionküche".
Die deutschsprachigen Inhaber Niels und Margret heissen Sie willkommen mit ihrer typisch niederländischen Gastfreundschaft. **www.lilypond.co.za**

E-mail: info@lilypond.co.za; Tel: + 27 (0)44 534 8767; Fax: + 27 (0)44 534 8686
R102 Nature's Valley Rd., The Crags, Garden Route Western Cape

ESPERANZA

IWANOWSKI'S

SÜDAFRIKA – Autorentipps

Michael Iwanowski bereist seit über 25 Jahren regelmäßig das südliche Afrika. 1983 veröffentlichte der studierte Geograf den ersten deutschsprachigen Reiseführer über Namibia. Das Reisehandbuch Südafrika wurde erstmals 1985 aufgelegt, es folgten Reisebücher zu Botswana und Zimbabwe.

Sein erfolgreicher Verlag sowie sein renommiertes Reiseunternehmen „Iwanowski's Individuelles Reisen" entwickelten sich zu Marktführern für Individualreisen in das südliche Afrika. Durch den ständigen Kontakt zum Land ist es möglich, die Informationen auf hohem und aktuellem Niveau zu halten.

Der Autor und Verleger Michael Iwanowski gibt Ihnen hier nützliche Tipps und individuelle Empfehlungen:

1. TIPP

Eine landschaftlich reizvolle Tour durch den **Norden Südafrikas**, entlang dem Oranje, mit unendlich weiten Ebenen und dem Oasen-Tal. **Seite 359**

2. TIPP

Das Maputaland an der Grenze zu Mosambik bietet eine Fülle herausragender Lodges und wenig besuchter Game und Nature Reserves.
Seite 625

3. TIPP

Pässe und tiefgrüne Oasen:
Die alternative Garden-Route zwischen Paarl und Oudtshoorn erleben.
Seite 478

4. TOP-TIPP

Auf einer der traditionsreichen Weinfarmen Südafrikas, dem Weingut Vergelegen bei Somerset West, können Sie exzellente Weine probieren. Ein unvergessliches Erlebnis für den Weinkenner. **Seite 461**